CLT
Interpretada
ARTIGO POR ARTIGO, PARÁGRAFO POR PARÁGRAFO

CLT Interpretada

ARTIGO POR ARTIGO, PARÁGRAFO POR PARÁGRAFO

Organizador
Costa Machado

Coordenador
Domingos Sávio Zainaghi

Adalberto Martins
Bosco Araújo de Menezes
Carlos Augusto M. de Oliveira Monteiro
Claudete Terezinha Tafuri Queiroz
Davi Furtado Meirelles
Dulce Maria Soler Gomes Rijo
Elaine Berini da Costa Oliveira
Erotilde Ribeiro dos Santos Minharro
Francisco Luciano Minharro
Gerson Lacerda Pistori
Ivani Contini Bramante
Laura Bittencourt Ferreira Rodrigues
Luciana Helena Brancaglione
Márcio Mendes Granconato
Maria de Lourdes Ribeiro
Miron Tafuri Queiroz
Moyses Simão Sznifer
Nordson Gonçalves de Carvalho
Osvaldo Dias Andrade
Raimundo Simão de Melo
Ricardo Regis Laraia

Súmulas, Orientações Jurisprudenciais e Precedentes Normativos do Tribunal Superior do Trabalho

12ª EDIÇÃO
revisada e atualizada
2021

MANOLE

PRODUÇÃO EDITORIAL Retroflexo Serviços Editoriais
CAPA Ricardo Yoshiaki Nitta Rodrigues
IMAGEM DA CAPA iStock.com
PROJETO GRÁFICO Departamento Editorial da Editora Manole

CIP-Brasil. Catalogação na publicação
Sindicato Nacional dos Editores de Livros, RJ

C53
12. ed.

Martins, Adalberto

CLT interpretada: artigo por artigo, parágrafo por parágrafo / Adalberto Martins ... [et al.]; organização Costa Machado; coordenação Domingos Sávio Zainaghi. – 12.ed., rev. e atual. – Santana de Parnaíba [SP]: Manole, 2021.

Inclui índice
ISBN 978-65-5576-151-1

1. Brasil. [Consolidação das leis do trabalho (1943)]. 2. Direito do trabalho – Brasil. I. Machado, Costa. II. Zainaghi, Domingos Sávio. III. Título.

20-65537 CDU-349.2(81)

Camila Donis Hartmann – Bibliotecária – CRB-7/6472

1ª edição – 2007; 2ª edição – 2009 3ª edição – 2012; 4ª edição – 2013;
5ª edição – 2014; 6ª edição – 2015; 7ª edição – 2016; 8ª edição – 2017;
9ª edição – 2018; 10ª edição – 2019; 11ª edição – 2020; 12ª edição – 2021

Data de fechamento desta edição: 30.12.2020.

Editora Manole Ltda.
Alameda América, 876 – Tamboré
06543-315 – Santana de Parnaíba – SP – Brasil
Tel.: (11) 4196-6000
www.manole.com.br | https://atendimento.manole.com.br/

Impresso no Brasil | *Printed in Brazil*

ANTÔNIO CLÁUDIO DA COSTA MACHADO

(ORGANIZADOR)

Bacharel, mestre e doutor pela Faculdade de Direito da Universidade de São Paulo (USP). Professor de Teoria Geral do Processo e Direito Processual Civil da USP desde 1984, tendo regido, recentemente, as cadeiras Instituições Judiciárias, Tutela Jurisdicional dos Interesses Transindividuais, Processo Civil Aplicado, Procedimentos Especiais e Tutelas Sumárias em Espécie. Professor do curso de mestrado em Direitos Humanos Fundamentais do Centro Universitário FIEO (UNIFIEO). Pró-reitor de desenvolvimento e relações comunitárias do UNIFIEO. Ex-professor dos cursos de mestrado da Universidade de Guarulhos (UnG) e da Universidade de Franca (Unifran). Ex-coordenador de Processo Civil da Escola Paulista de Direito (EPD). Advogado – consultor jurídico e parecerista – em São Paulo.

DOMINGOS SÁVIO ZAINAGHI

(COORDENADOR)

Doutor e mestre em Direito do Trabalho pela Pontifícia Universidade Católica de São Paulo (PUC/SP). Pós-doutorado em Direito do Trabalho pela Universidad de Castilla-La Mancha/Espanha. Presidente honorário da Asociación Iberoamericana de Derecho del Trabajo y de la Seguridad Social e do Instituto Iberoamericano de Derecho Deportivo. Membro da Academia Paulista de Direito e da Academia Nacional de Direito Desportivo. Professor *Honoris Causa* da Universidad Paulo Freire, da Nicarágua. Professor do curso de mestrado do UNIFIEO. Advogado.

SOBRE OS AUTORES

Adalberto Martins
Desembargador do Tribunal Regional do Trabalho da 2ª Região, professor-assistente doutor da Faculdade de Direito da Pontifícia Universidade Católica de São Paulo (PUC/SP), em graduação, mestrado e doutorado, professor licenciado dos cursos de graduação e pós-graduação das Faculdades Metropolitanas Unidas (FMU), professor convidado da Coordenadoria Geral de Especialização, Aperfeiçoamento e Extensão da PUC-Cogeae/SP.

Bosco Araújo de Menezes
Bacharel em Direito pela Universidade de São Paulo (USP), onde fez mestrado em Direito Romano nas áreas de História do Direito e Filosofia do Direito. Juiz do trabalho em São Paulo, Santos, São Bernardo do Campo, São Caetano do Sul e no Estado de Mato Grosso do Sul. Aposentou-se como juiz do TRT-2ª Região. Professor titular da Faculdade de Direito de São Bernardo do Campo (FDSBC) na cadeira de Direito Processual do Trabalho.

Carlos Augusto Marcondes de Oliveira Monteiro
Mestre e Doutor em Direito do Trabalho pela Pontifícia Universidade Católica de São Paulo (PUC/SP). Advogado. Membro da Asociación Iberoamericana de Derecho del Trabajo y de la Seguridad Social e do Instituto Iberoamericano de Derecho Deportivo. Coordenador e professor do curso de pós-graduação da Escola Paulista de Direito (EPD).

Claudete Terezinha Tafuri Queiroz *(in memoriam)*
Bacharel em Direito pela Universidade de São Paulo (USP). Mestre em Direito das Relações Sociais pela Pontifícia Universidade Católica de São Paulo (PUC/SP). Foi juíza titular da 80ª Vara do Trabalho de São Paulo.

Davi Furtado Meirelles
Graduado em Direito pela Universidade Federal de Juiz de Fora (UFJF). Mestre e doutorando em Direito do Trabalho pela Pontifícia Universidade Católica de São Paulo (PUC/SP). Desembargador Federal do TRT-2ª Região. Professor titular de Direito do Trabalho da Faculdade de Direito de São Bernardo do Campo (FDSBC). Ex-coordenador-geral do Departamento Jurídico do Sindicato dos Metalúrgicos do ABC. Ex-assessor jurídico da Central Única dos Trabalhadores (CUT) e da bancada dos trabalhadores no Fórum Nacional do Trabalho (FNT).

Dulce Maria Soler Gomes Rijo
Graduada pela Faculdade de Direito de São Bernardo do Campo (FDSBC). Mestre em Direito Político e Econômico pela Universidade Presbiteriana Mackenzie. Juíza titular da 2ª Vara do Trabalho de Santo André. Professora de pós-graduação convidada na Faculdade de Direito de Sorocaba (Fadi) e na Faculdade de Direito de São Bernardo do Campo (FDSBC).

Elaine Berini da Costa Oliveira
Mestre em Direito e Processo do Trabalho pela Pontifícia Universidade Católica de São Paulo (PUC/SP). Especialista em Direito e Processo do Trabalho pela Universidade São Francisco (USF). Pós-graduada em Economia do Trabalho e Sindicalismo pela Universidade Estadual de Campinas (Unicamp). Coordenadora e professora do curso de pós-graduação da Faculdade de Direito de Itu (FADITU). Advogada.

Erotilde Ribeiro dos Santos Minharro
Juíza titular da 20ª Vara do Trabalho de São Paulo. Doutora e mestre em Direito do Trabalho pela Universidade de São Paulo (USP). Especialista em Direito do Trabalho pela Faculdade de Direito de São Bernardo do Campo (FDSBC). Professora titular da disciplina de Prática Trabalhista na FDSBC, onde coordena e ministra as aulas de Direito Processual do Trabalho do curso de pós-graduação em Direito e Relações do Trabalho. Professora convidada do GV*law*, da Escola Paulista de Direito Social (EPDS) e da Associação dos Advogados de São Paulo (AASP).

Francisco Luciano Minharro
Doutor em Direito do Trabalho pela Universidade de São Paulo (USP). Mestre e especialista em Direito do Trabalho pela Pontifícia Universidade Católica de São Paulo (PUC/SP). Especialista em Direito Público pela Escola Superior do Ministério Público de São Paulo (ESMP/SP). Professor universitário.

Gerson Lacerda Pistori
Mestre em Direito do Trabalho pela Pontifícia Universidade Católica de São Paulo (PUC/SP) e em Direito Processual Civil pela Universidade Paulista (Unip). Especialista em Direito do Trabalho pela Universidade de São Paulo (USP). Desembargador Federal do TRT-15ª Região. Professor de Direito do Trabalho e Direito Processual do Trabalho em cursos de pós-graduação desde 1991.

Ivani Contini Bramante
Bacharel pela Faculdade de Direito de São Bernardo do Campo (FDSBC). Mestre e doutora pela Pontifícia Universidade Católica de São Paulo (PUC/SP). Especialista em Relações Coletivas de Trabalho pela Organização Internacional do Trabalho (OIT). Professora de Direito Coletivo do Trabalho e Direito Previdenciário na FDSBC, onde coordena o curso de pós-graduação em Direito das Relações do Trabalho. Membro do Conselho de Justiça e Ética do Conselho Arbitral do Estado de São Paulo, da Asociación Iberoamericana de Derecho del Trabajo y de la Seguridad Social, da Comissão de Trabalho Decente do TRT-2ª Região, junto ao Tribunal Superior do Trabalho (TST). Desembargadora Federal do TRT-2ª Região.

Laura Bittencourt Ferreira Rodrigues
Doutora em Direito do Trabalho e da Seguridade Social pela Universidade de São Paulo (USP). Mestre em Direito das Relações Sociais (Direito do Trabalho) pela Pontifícia Universidade Católica de São Paulo (PUC/SP). Pós-graduada em Direito Processual Civil pela Escola Paulista da Magistratura (EPM). Professora da Escola da Magistratura do TRT-15ª Região. Professora convidada da Escola Nacional da Magistratura do Trabalho (ENAMAT). Professora das Faculdades de Campinas (Facamp). Juíza titular da 2ª Vara do Trabalho de Americana/SP.

Luciana Helena Brancaglione
Graduada em Administração de Empresas pela Fundação Getulio Vargas (FGV) e em Direito pela Universidade de São Paulo (USP). Especialista em

Direito do Trabalho e mestre em Direito das Relações Sociais pela Pontifícia Universidade Católica de São Paulo (PUC/SP). Especialista em Direito Previdenciário pela Escola Paulista de Direito Social (EPDS). Analista judiciário no Tribunal Regional do Trabalho da 2ª Região.

Márcio Mendes Granconato

Juiz do Trabalho do TRT da 2ª Região. Especialista em Direito do Trabalho pelo IDT da FDUL – Lisboa, Portugal. Mestre em Estudios en Derechos Sociales pela Universidad de Castilla-La Mancha. Mestre e Doutor em Direito do Trabalho pela Pontifícia Universidade Católica de São Paulo (PUC/SP). Professor e Coordenador dos Cursos de Pós-Graduação em Direito do Trabalho da Escola Paulista de Direito – EPD.

Maria de Lourdes Ribeiro

Especialista em Direito do Trabalho e mestre em Positivação e Concretização, Jurisdição dos Direitos Humanos.

Miron Tafuri Queiroz

Procurador do Trabalho da Procuradoria Regional do Trabalho-2ª Região. Mestre em Direito na área de concentração Direito do Trabalho e da Seguridade Social pela Universidade de São Paulo (USP). Bacharel em Direito pela USP.

Moyses Simão Sznifer

Mestre em Direito das Relações Sociais pela Pontifícia Universidade Católica de São Paulo (PUC/SP). Especialista em Direito das Obrigações e Contratos pela Escola Superior de Advocacia (ESA/SP). Professor convidado em cursos de pós-graduação, complementação e extensão universitária em Direito. Professor de Direito do Consumidor e Direito do Trabalho em cursos preparatórios ao ingresso no Ministério Público do Trabalho. Procurador Regional do Trabalho aposentado do Ministério Público do Trabalho da 2ª Região. Ex-diretor de assuntos legislativos da Associação Nacional dos Procuradores do Trabalho (ANPT). Advogado.

Nordson Gonçalves de Carvalho

Mestre em Direitos Fundamentais (Positivação e Concretização Jurídica dos Direitos Fundamentais) pelo Centro Universitário FIEO (UNIFIEO). Pós-graduado em Direito do Trabalho pelo Centro Universitário FIEO (UNIFIEO). Professor visitante nos cursos de pós-graduação *lato sensu* em Direito e Processo do Trabalho no Centro Universitário de Rio Preto (UNIRP).

Professor visitante nos cursos de pós-graduação *lato sensu* em Direito e Processo do Trabalho na Faculdade Capital Federal (FECAF). Membro da Asociación Iberoamericana de Derecho del Trabajo y de la Seguridad Social (AIDTSS) e do Instituto Iberoamericano de Derecho Deportivo (IIDD). Advogado.

Osvaldo Dias Andrade

Mestre em Direito Difuso e Coletivo pela Universidade Metropolitana de Santos (Unimes). Especialista em Direito Comercial pela Universidade de São Paulo (USP). Especialista em Direito Empresarial pela Universidade Presbiteriana Mackenzie. Professor de Direito do Trabalho e Direito Processual do Trabalho. Advogado.

Raimundo Simão de Melo

Mestre e doutor em Direito das Relações Sociais pela Pontifícia Universidade Católica de São Paulo (PUC/SP). Pós-graduado em Direito do Trabalho pela Universidade de São Paulo (USP). Especialista em Relações Coletivas de Trabalho pela Organização Internacional do Trabalho (OIT). Procurador Regional do Trabalho aposentado. Membro da Escola Superior do Ministério Público da União (ESMP). Professor coordenador da disciplina Meio Ambiente do Trabalho do curso de pós-graduação da Faculdade de Direito de São Bernardo do Campo (FDSBC). Professor convidado nos cursos de pós-graduação *lato sensu* em Direito da Fundação Getulio Vargas (FGV/SP), da Coordenadoria Geral de Aperfeiçoamento e Especialização (PUC-Cogeae/SP) e da Universidade Presbiteriana Mackenzie. Membro da Academia Nacional de Direito do Trabalho. Ordem do Mérito Judiciário dos TRTs das 2ª e 15ª Regiões.

Ricardo Regis Laraia

Doutor e mestre em Direito pela Pontifícia Universidade Católica de São Paulo (PUC/SP). Desembargador do Tribunal Regional do Trabalho da 15ª Região. Ex-professor de Direito do Trabalho e de Processo do Trabalho nos cursos de graduação e especialização da PUC/SP (1990/2014).

SUMÁRIO

ÍNDICE DOS COMENTÁRIOS

APRESENTAÇÃO DO ORGANIZADOR

É com enorme alegria que presencio a conclusão deste longo trabalho iniciado há mais de dois anos, envolvendo quase duas dezenas de autores, para a construção da *CLT interpretada – artigo por artigo, parágrafo por parágrafo.*

Foi a partir da ideia de reproduzir a fórmula bem-sucedida empregada no meu *CPC interpretado*, ora em 6ª edição pela Editora Manole, que tomei a iniciativa de convidar um especialista de renome e de reconhecida competência como o Prof. Domingos Sávio Zainaghi para coordenar a presente obra de tantas mãos e de tantas perspectivas. Tal iniciativa e o consequente e árduo labor da coordenação e dos autores que incansavelmente escreveram, reescreveram e revisaram seus textos, ao lado do não menos dedicado trabalho da equipe da Editora Manole, sob o comando de Rodrigo da Silva Botelho, é que permitiram a publicação do livro que ora chega ao mercado.

Não posso deixar de manifestar, por último e mais uma vez, meus sinceros agradecimentos à família Manole (Dr. Dinu, Roberto, Amarylis e Daniela) pela visão editorial, pelo incentivo constante e pela seriedade no trato de todas as coisas que envolveram a produção desta obra. Meus agradecimentos, ainda, ao empenho do Dr. Carlos Augusto Marcondes de Oliveira Monteiro, que não poupou esforços para tornar possível a presente publicação.

Santana de Parnaíba, abril de 2007.
Antônio Cláudio da Costa Machado

APRESENTAÇÃO DO COORDENADOR

Falar de um sucesso é muito fácil, mas tem de se colocar cautela nas palavras e nas atitudes.

Nossa *CLT interpretada: artigo por artigo, parágrafo por parágrafo* é um sucesso mesmo, mas este se deve à humildade de todos nós que a construímos, principalmente seus comentadores, que, com seriedade e dedicação, se debruçam sobre o texto da lei e levam até você, querido profissional do Direito, um instrumento eficaz, útil e prático para o dia a dia.

Nestes tempos de publicações digitais, é muito bom saber que nosso trabalho, em formato prático de manuseio, tem a aceitação do público, seja o professor que utiliza, como eu, em sala de aula, ou os demais profissionais, advogados, juízes, membros do Ministério Público, assessores de magistrados e até as pessoas da área de recursos humanos das empresas.

E para quem gosta de livro digital, ela também é comercializada nesse formato.

Agora apresentamos já a 12ª edição, igualmente atualizada. Este é o grande incentivo que todos nós recebemos e nos faz continuar no mesmo caminho até hoje trilhado.

Domingos Sávio Zainaghi
Coordenador

NOTAS DO COORDENADOR

1 – Órgãos e cargos: procuramos manter a designação original da lei ou de suas alterações posteriores no que se refere à denominação de Ministérios, Secretarias, autarquias, demais órgãos públicos e cargos, uma vez que a flutuação dessas denominações é uma constante em nosso sistema. Raras vezes há determinação legal para a substituição, nas leis vigentes, da designação desses cargos, órgãos, Secretarias e Ministérios. Todavia, sempre que houve expressa determinação legal, processamos as devidas modificações.

2 – Revogações: verificamos que, em alguns casos, a alteração trazida por diploma legal posterior modifica expressamente a redação de dispositivo existente, dando-lhe nova redação ou excluindo-o do sistema jurídico por revogação; em outros casos, o novo diploma legal, ao trazer nova disposição, não revoga expressamente o texto anterior, mas este fica sem aplicação devido à sua incompatibilidade com a norma vigente. Nessas situações, o legislador vale-se da ordem geral "revogam-se as disposições em contrário". Para diferenciarmos tais casos, optamos por usar, em notas abaixo dos textos legais, as expressões "redação dada" – para as alterações no texto; e "artigo revogado" – para os casos expressamente ditados pela lei. Nas circunstâncias em que a aplicação do dispositivo tornou-se incompatível com a norma posterior, entendemos que ele foi derrogado tacitamente (em todos os casos, indicamos o respectivo ato legal com as novas disposições). Mantivemos a mesma redação de dispositivos da CLT cuja vigência acha-se suprimida pela superveniência da Constituição Federal de 1988 e suas Emendas. Anotamos, contudo, que a interpretação de alguns dispositivos da CLT deve ser orientada pelos arts. 7º a 11 e 111 a 116 da Constituição Federal.

3 – Anexos: no intuito de possibilitar uma consulta mais completa, a obra contém cinco anexos legislativos com temas complementares à CLT. São eles:

I – "Disposições da CF orientadoras para a CLT"; II – "Composição atual de cada um dos TRTs (art. 670, CLT)"; III – "Divisão territorial atual dos TRTs (art. 674, CLT)"; IV – "LC n. 75, de 20.05.1993 *(excertos)*"; e V – "Portaria n. 88 (SIT/DSST), de 28.04.2009, e Decreto n. 6.481, de 12.06.2008".

4 – TST: esta edição traz a íntegra de todos os textos das Súmulas, das Orientações Jurisprudenciais e dos Precedentes Normativos do Tribunal Superior do Trabalho, atualizados até 30.12.2020. O leitor poderá manter-se informado sobre as alterações desses textos no site www.manoleeducacao.com.br/codigosmanole até 31.10.2021.

LISTA DE ABREVIATURAS E SIGLAS

ADC: ação declaratória de constitucionalidade
ADCT: Ato das Disposições Constitucionais Transitórias
ADI: ação direta de inconstitucionalidade
ADPF: ação de descumprimento de preceito fundamental
Ag. Reg.: agravo regimental
AGU: Advocacia-Geral da União
ANS: Agência Nacional de Saúde Suplementar
Anvisa: Agência Nacional de Vigilância Sanitária
Ap.: apelação
Bacen: Banco Central do Brasil
BTN: Bônus do Tesouro Nacional
c/ rev.: com revisão
Câm.: Câmara
Câm. de Dir. Priv.: Câmara de Direito Privado
Câm. de Dir. Públ.: Câmara de Direito Público
CC: Código Civil
CC/1916: Código Civil de 1916 (Lei n. 3.071/16)
CC/2002: Código Civil de 2002 (Lei n. 10.406/2002)
CCom: Código Comercial (Lei n. 556/1850)
CDC: Código de Defesa do Consumidor (Lei n. 8.078/90)
CEJ: Centro de Estudos Jurídicos
CF: Constituição Federal
CJF: Conselho da Justiça Federal
CMN: Conselho Monetário Nacional
CNE: Conselho Nacional do Esporte
CNJ: Conselho Nacional de Justiça
CNPJ: Cadastro Nacional de Pessoas Jurídicas
CP: Código Penal (Decreto-lei n. 2.848/40)
CPC/73: Código de Processo Civil (Lei n. 5.869/73)
CPC/2015: Código de Processo Civil (Lei n. 13.105/2015)
CPF: Cadastro de Pessoas Físicas
CPM: Código Penal Militar (Decreto-lei n. 1.001/69)

CPP: Código de Processo Penal (Decreto-lei n. 3.689/41)
CPPM: Código de Processo Penal Militar (Decreto-lei n. 1.002/69)
CR: Constituição da República
CSJT: Conselho Superior da Justiça do Trabalho
CTB: Código de Trânsito Brasileiro (Lei n. 9.503/97)
CTN: Código Tributário Nacional (Lei n. 5.172/66)
CTPS: Carteira de Trabalho e Previdência Social
Des.: desembargador
DJ: *Diário da Justiça*
EC: emenda constitucional
ECR: emenda constitucional de revisão
FGTS: Fundo de Garantia do Tempo de Serviço
HC: *habeas corpus*
IBGE: Instituto Brasileiro de Geografia e Estatística
INSS: Instituto Nacional do Seguro Social
ISS: Imposto sobre Serviço de Qualquer Natureza
j.: julgado
LC: lei complementar
LDO: Lei de Diretrizes Orçamentárias
LINDB: Lei de Introdução às normas do Direito Brasileiro (Decreto-lei n. 4.657/42)
LRP: Lei de Registros Públicos (Lei n. 6.015/73)
Min.: Ministro(a)
MJ: Ministério da Justiça
MP: Ministério Público
MP n.: Medida Provisória n.
MPF: Ministério Público Federal
n.: número
OAB: Ordem dos Advogados do Brasil
OIT: Organização Internacional do Trabalho
OJ: orientação jurisprudencial
OMS: Organização Mundial da Saúde
ONU: Organização das Nações Unidas
p.: página
PL: projeto de lei
r.: referido(a)
RE: recurso especial
rel.: relator(a)
REsp: recurso especial
RN: resolução normativa
S.A.: sociedades anônimas
s/ rev.: sem revisão
STF: Supremo Tribunal Federal
STJ: Superior Tribunal de Justiça
STM: Superior Tribunal Militar
Sunab: Superintendência Nacional de Abastecimento
SUS: Sistema Único de Saúde
T.: Turma
TAC: Tribunal de Alçada Civil
TRF: Tribunal Regional Federal
TRT: Tribunal Regional do Trabalho
TSE: Tribunal Superior Eleitoral
TST: Tribunal Superior do Trabalho
Ufir: Unidade Fiscal de Referência
v.: *vide*

ÍNDICE SISTEMÁTICO DA CLT

Título II-A
Do Dano Extrapatrimonial

Título III
Das Normas Especiais de Tutela do Trabalho

Título IV
Do Contrato Individual do Trabalho

Título IV-A
Da Representação dos Empregados

Título V
Da Organização Sindical

Título VI
Das Convenções Coletivas de Trabalho

Título VI-A
Das Comissões de Conciliação Prévia

Título VII
Do Processo de Multas Administrativas

Título VII-A
Da Prova de Inexistência de Débitos Trabalhistas

Título VIII
Da Justiça do Trabalho

Título IX
Do Ministério Público do Trabalho

Título X
Do Processo Judiciário do Trabalho

Título XI
Disposições Finais e Transitórias

DECRETO-LEI N. 5.452, DE 1º DE MAIO DE 1943

Aprova a Consolidação das Leis do Trabalho.

O Presidente da República, usando da atribuição que lhe confere o art. 180 da Constituição, decreta:

Refere-se à Constituição Federal de 1937.

Art. 1º Fica aprovada a Consolidação das Leis do Trabalho, que a este Decreto-lei acompanha, com as alterações por ela introduzidas na legislação vigente.

Parágrafo único. Continuam em vigor as disposições legais transitórias ou de emergência, bem como as que não tenham aplicação em todo o território nacional.

Art. 2º O presente Decreto-lei entrará em vigor em 10 de novembro de 1943.

Rio de Janeiro, 1º de maio de 1943;
122º da Independência e 55º da República.

GETÚLIO VARGAS
Alexandre Marcondes Filho

CONSOLIDAÇÃO DAS LEIS DO TRABALHO

TÍTULO I
INTRODUÇÃO

Art. 1º Esta Consolidação estatui as normas que regulam as relações individuais e coletivas de trabalho, nela previstas.

A CLT sistematizou a legislação esparsa em matéria trabalhista existente à época em que foi publicada e também criou novos institutos para regulamentar as relações individuais e coletivas de trabalho, sendo a primeira lei geral aplicável a todos os empregados.

Isso explica o seu nome: Consolidação das Leis do Trabalho. De fato, a CLT, apesar de ter criado novas regras de direito do trabalho, teve por principal função a reunião, ou seja, a *consolidação* das normas trabalhistas até então em vigor. É por isso que se diz que a CLT não pode ser considerada um "código do trabalho", porque os códigos criam leis novas, algo que a CLT não fez, ao menos não em uma dimensão considerável para receber essa nomenclatura.

Hoje, as relações de emprego (relações individuais de trabalho) são regidas por esta norma, a CLT. Ela também é a lei que trata das relações coletivas de trabalho, abrangendo entidades sindicais, empresas ou grupos de trabalhadores. Mas a CLT não é o único texto legal a tratar dessas relações todas. Há muitas outras normas que abordam direitos de trabalhadores e disciplinam profissões, como ocorre com os domésticos (LC n. 150/2015) e os rurais (Lei n. 5.889/73). Também a CF cuida de matéria trabalhista, notadamente em seus arts. 7º a 11.

Sobre matéria trabalhista, somente a União tem competência legislativa, conforme art. 22, I e XVI, da CF. Mas isso não exclui a aplicação das convenções internacionais ratificadas pelo Brasil, principalmente aquelas editadas pela OIT, dos acordos e convenções coletivas de trabalho e das normas oriundas dos regulamentos de empresa, entre outras. Todas essas são fontes do direito do trabalho, no qual vigora uma hierarquia dinâmica entre as normas, sendo aplicável à relação jurídica aquela que for mais benéfica ao trabalhador, observadas as teorias do conglobamento ou da acumulação ou a teoria do diálogo das fontes, a critério do intérprete.

O princípio da aplicação da norma mais benéfica, todavia, pode ceder espaço quando houver regras menos favoráveis ao empregado previstas em contrato individual de trabalho, convenção ou acordo coletivo de trabalho, observadas as restritas hipóteses dos arts. 444, parágrafo único, 611-A, 611-B e 620 da CLT.

Os Estados detêm competência para fixar o valor do piso salarial previsto no art. 7º, V, da CF, conforme o art. 22, parágrafo único, da Constituição, e LC n. 103/2000, interferindo diretamente nas relações de trabalho. A condição para tanto é que a categoria não tenha piso salarial definido em lei federal, convenção ou acordo coletivo de trabalho (art. 1º da LC n. 103/2000).

A situação dos trabalhadores contratados no Brasil por empresa estrangeira ou transferidos por seus empregadores para prestar serviços no exterior é tratada pela Lei n. 7.064/82, que foi regulamentada pelo Decreto n. 89.339/84.

Art. 2º Considera-se empregador a empresa, individual ou coletiva, que, assumindo os riscos da atividade econômica, admite, assalaria e dirige a prestação pessoal de serviço.

A CLT optou por considerar o empregador como sendo a empresa que admite empregados. Não importa para o legislador se a sua composição é individual ou coletiva, ou seja, se ela possui um proprietário (empresário) ou vários sócios ou acionistas que administram o negócio. Havendo empregados prestando-lhe serviços, a empresa será empregadora.

O conceito de empresa é vago e envolve um conjunto de bens materiais e imateriais organizados para a produção de bens e serviços e com o objetivo de lucro. Pode-se dizer que empresa, para a CLT, é uma atividade. Assim, para ser qualificada como empregadora, é irrelevante se a empresa é regular ou irregular, se está ou não registrada nos órgãos competentes e se tem ou não alvará de funcionamento. O conjunto acima verificado será suficiente para a conformação legal.

O empregador também é aquele que assume os riscos da atividade econômica, o que significa que se o negócio passar por dificuldades ou mesmo falir, os prejuízos não poderão ser repassados aos empregados.

Os riscos do empreendimento não podem ser transferidos para os trabalhadores que estão a serviço da empresa, como, aliás, também revela o art. 449 da CLT.

Mas o empregador não apenas admite empregados. Ele também detém o poder de direção. É o empregador quem dita os rumos de seu negócio, direcionando a atividade produtiva segundo o seu entender. Esse seu poder não atinge a pessoa do empregado, mas a forma como a atividade deverá ser desenvolvida. E não se trata, o poder de direção, de um poder absoluto, pois ele encontra limites na lei, no contrato e na dignidade da pessoa humana, à medida em que o trabalhador não perde sua cidadania ao passar pelas portas da empresa.

O dispositivo ainda faz referência a um dos requisitos para que o trabalhador seja considerado empregado. Trata-se da prestação pessoal de serviço. Só é empregado quem presta serviços pessoais, ou seja, aquele trabalhador que não se faz substituir. O contrato de trabalho é firmado *intuitu personae* em relação ao prestador de serviços. Substituições consentidas e esporádicas não comprometerão esse requisito, mas se essa prática se tornar uma rotina, então a relação de emprego não existirá entre as partes por ausência de um requisito essencial: a *pessoalidade*.

---

§ 1º Equiparam-se ao empregador, para os efeitos exclusivos da relação de emprego, os profissionais liberais, as instituições de beneficência, as associações recreativas ou outras instituições sem fins lucrativos, que admitirem trabalhadores como empregados.

Os chamados empregadores por equiparação estão relacionados aqui, em um rol que não é taxativo. Há também empregadores rurais e domésticos, com obrigações trabalhistas próprias, nos termos da Lei n. 5.889/73 e da LC n. 150/2015, respectivamente. Até mesmo o Poder Público poderá ter empregados. Nem sempre o empregador será a empresa.

Para os efeitos da relação de emprego, não importa o tipo ou a finalidade do empreendimento, desde que ele envolva uma atividade lícita. Ele poderá ou não ter fins econômicos, sociais, recreativos ou religiosos. Se possuir empregado a seu serviço, a entidade será empregadora. É por isso que se define o empregador como aquele que admite empregado, pouco importando sua estrutura jurídica, se possui ou não personalidade jurídica e se tem ou não fins lucrativos.

Não se quer dizer com isso que todas as pessoas que estiverem a serviço dessas instituições referidas no § 1º devem ser consideradas empregadas. Nada impede que nesses locais haja trabalhadores sem vínculo empregatício, tais como religiosos, voluntários (Lei n. 9.608/98) ou autônomos (art. 442-B da CLT). O que se afirma aqui é que essas entidades poderão ser empregadoras, desde que as pessoas que trabalham para elas preencham os requisitos para a caracterização da figura do empregado.

---

§ 2º Sempre que uma ou mais empresas, tendo, embora, cada uma delas, personalidade jurídica própria, estiverem sob a direção, controle ou administração de outra, ou ainda quando, mesmo guardando cada uma sua autonomia, integrem grupo econômico, serão responsáveis solidariamente pelas obrigações decorrentes da relação de emprego.

Parágrafo com redação dada pela Lei n. 13.467, de 13.07.2017.

Existindo duas ou mais empresas atuando em conjunto, mesmo que possuam estruturas autônomas, haverá formação de um grupo econômico, também chamado de grupo de empresas.

A formação do grupo ocorre em duas situações reconhecidas pelo legislador:

a) quando as empresas, mantendo cada uma sua personalidade jurídica, unem-se sob o controle de outra, com objetivos econômicos. Nesse caso, existirá um grupo econômico por direção, também chamado de vertical ou hierárquico, em que uma empresa comandará as outras, tal como se dá com as *holdings* de controle e suas controladas. A legislação faz referência a esse modelo empresarial nos arts. 243, § 2º, da Lei n. 6.404/76 e 1.098 do CC. Esse sempre foi o grupo econômico reconhecido pelo legislador;

b) quando as empresas, mantendo cada uma sua personalidade jurídica, unem-se sem perder a autonomia que possuem e passam a trabalhar em conjunto. Aqui existirá um grupo econômico por coordenação, também conhecido pelos nomes de horizontal ou por integração. Exemplo desse tipo de grupo econômico está no art. 1.099 do CC, que trata da sociedade coligada. Para a configuração do grupo econômico por coordenação, a segunda parte do § 3º do art. 2º da CLT exige três características: interesse integrado, efetiva comunhão de interesses e atuação conjunta das empresas.

Há muito tempo a jurisprudência considera o grupo econômico como empregador único, conforme pode ser visto na redação da Súmula n. 129 do Col. TST, entendendo pela existência de solidariedades ativa e passiva (art. 264 do CC) "para os efeitos da relação de emprego". Com a alteração do § 2º do art. 2º da CLT, promovida pela Lei n. 13.467/2017, que trocou essa expressão da antiga redação da norma por "pelas obrigações decorrentes da relação de emprego", alguns passaram a sustentar que a solidariedade ativa (art. 267 do CC) desapareceu e que o grupo econômico, assim, não é mais empregador único, mas apenas responsável solidário (solidariedade passiva) pelas dívidas trabalhistas (art. 275 do CC).

Sendo ou não empregador único e havendo ou não solidariedade ativa, as empresas integrantes do grupo econômico responderão solidariamente pelos débitos trabalhistas de seus empregados.

Atualmente, prevalece o entendimento de que todas as empresas do grupo respondem pelas dívidas trabalhistas, ainda que não tenham todas elas participado da fase de conhecimento do processo trabalhista, sendo essa a direção dada pelo Col. TST ao cancelar sua Súmula n. 205. Assim, caso a empresa demandada não salde sua dívida em uma execução, as demais empresas integrantes do grupo econômico poderão ser chamadas a fazê-lo nesse momento processual, assumindo as obrigações daquela.

Não se pode negar, porém, que, ao se admitir que o grupo econômico não é mais empregador único (solidariedade ativa), pode surgir a necessidade de ajuizamento da reclamação trabalhista desde o início em face de todas as empresas que o compõem, em litisconsórcio passivo. Isso porque o grupo deixaria de ser visto como um único responsável, tese que influenciou a execução nos moldes retratados no parágrafo anterior. Logo, não formando o litisconsórcio, o autor da demanda não poderia executar aquela empresa que não participou da fase de conhecimento e não constou da sentença condenatória objeto de execução.

Resta saber, portanto, qual tese prevalecerá com o passar do tempo: aquela que entende pela manutenção das solidariedades ativa e passiva do grupo, sem necessidade da formação do litisconsórcio, ou aquela que sustenta que agora só há solidariedade passiva e que todas as empresas do grupo devem figurar como parte reclamada no processo desde o seu começo, com as consequências executivas correlatas.

Situação diversa se dá nos casos de terceirização, em que é indubitável que o tomador de serviços deve necessariamente participar da relação jurídica processual desde o início para que seja responsabilizado pelo pagamento da dívida, responsabilidade essa, aliás, subsidiária (art. 5º-A, § 5º, da Lei n. 6.019/74 e Súmula n. 331, IV a VI, do Col. TST).

O art. 3º, § 2º, da Lei n. 5.889/73 possui redação bastante semelhante à do dispositivo legal aqui analisado.

---

§ 3º Não caracteriza grupo econômico a mera identidade de sócios, sendo necessárias, para a configuração do grupo, a demonstração do interesse integrado, a efetiva comunhão de interesses e a atuação conjunta das empresas dele integrantes.

Parágrafo acrescentado pela Lei n. 13.467, de 13.07.2017.

Para a caracterização de um grupo econômico vertical ou horizontal não basta que haja entre duas ou mais empresas sócios em comum. Uma mesma pessoa pode, por exemplo, ser simultaneamente sócia de uma padaria e de uma metalúrgica, empresas essas que têm ramos de atividade totalmente distintos e não atuam em conjunto no mercado. Nesse caso, não será possível responsabilizar uma empresa pelas dívidas trabalhistas da outra, porque o art. 2º, § 2º, da CLT não socorrerá o empregado.

Demonstrado, porém, que as empresas, tendo ou não sócios em comum, possuem interesse integrado, efetiva comunhão de interesses e atuação conjunta, estará configurado o grupo econômico por coordenação.

O “interesse integrado” e a “comunhão de interesses” revelam que as empresas compartilham seus planos, de modo que o que é importante para uma também é para outra, havendo entre elas anseios que são homogêneos. Em outras palavras, há nisso tudo um elemento subjetivo que caracteriza a formação do grupo.

Já a “atuação conjunta” significa que as empresas não apenas compartilham seus objetivos, mas também os lucros e prejuízos, pois uma empresa perde ou ganha de acordo com o resultado da outra, afinal agem vinculadas perante o mercado. Reside aí o elemento objetivo que também caracteriza o grupo econômico por coordenação.

Para a caracterização do grupo econômico por coordenação, também se pode dizer que: o "interesse integrado" representa o exercício de atividades complementares pelas diversas empresas que formam o grupo, de modo que uma complementa a atividade da outra; a "comunhão de interesses" envolve a participação de todas elas no sucesso e na ruína dos diversos negócios, entendendo-se por "interesse" o proveito da atividade econômica; a "atuação conjunta" significa o modo como as empresas se apresentam perante o mercado, em que seus produtos e serviços são ofertados como se viessem da mesma e única fonte.

Pensar na relação entre franqueador e franqueado pode facilitar a compreensão desse novo grupo econômico (por coordenação) reconhecido pelo legislador, apesar de a jurisprudência anterior à Lei n. 13.467/2017 não verificar nessa relação comercial uma hipótese que se enquadrava na antiga redação do art. 2º, § 2º, da CLT.

A demonstração do interesse integrado, da efetiva comunhão de interesses e da atuação conjunta das empresas integrantes de um suposto grupo econômico pode ser uma prova difícil de ser produzida pelo empregado. Assim, poderá o juiz atribuir esse encargo probatório para as empresas, valendo-se do disposto pelo art. 818, § 1º, da CLT, notadamente quando entre elas houver identidade de sócios e ramos de atividades que possam se interligar.

Note-se, todavia, que a demonstração desses requisitos já estudados resume-se à hipótese do grupo econômico por coordenação, porque no grupo econômico por direção a atividade de comando de uma empresa sobre as outras é que será o elemento caracterizador de sua existência.

Art. 3º Considera-se empregado toda pessoa física que prestar serviços de natureza não eventual a empregador, sob a dependência deste e mediante salário.

Não seria equivocado afirmar que o coração da CLT encontra-se aqui, em seu art. 3º. Sem dúvida alguma, este dispositivo da Consolidação é o mais importante. Dele depende a aplicação de todos os seus outros preceitos, por tratar do empregado, que é a figura central de todo o direito do trabalho. É claro que o art. 2º contempla elemento importante para a caracterização da relação de emprego, a *pessoalidade*, mas isso não retira em hipótese alguma a importância central do texto ora abordado, pois nele estão previstas as principais características do trabalhador considerado empregado.

A CLT considera empregado toda *pessoa física*, ou seja, toda pessoa natural. Esse requisito deve ser estudado em conjunto com o art. 7º, XXXIII, da CF, que somente autoriza o maior de 16 anos a trabalhar. Menores de 16 anos e maiores de 14 somente poderão atuar na condição de aprendizes (arts. 424 a 433 da CLT).

Não poderá ser empregado a pessoa jurídica, o que leva alguns empregadores mal-intencionados a exigir aberturas de empresas por parte do pessoal que está à sua disposição, buscando mascarar uma verdadeira relação de emprego. Trata-se do fenômeno que foi denominado *pejotização*. Esses empregadores não levam em conta que no direito do trabalho vigora o princípio da primazia da realidade sobre a forma e que o art. 9º da CLT considera nulo de pleno direito qualquer ato que busque fraudar direitos trabalhistas.

Outro requisito contido no *caput* do art. 3º da CLT é a *não eventualidade* ou *habitualidade*. Aqui, interessa saber se o serviço prestado é habitual, e não ocasional ou episódico. A prestação de serviços não precisa guardar relação com o objeto social da empresa para ser considerada habitual. Se o trabalho é esperado e a ausência do trabalhador acarretar prejuízos ao tomador de serviços, a habitualidade estará caracterizada e a figura do empregado, uma vez preenchidos os demais requisitos legais, presente.

O trabalho prestado pelo empregado é feito para outra pessoa, o empregador, que é aquele que corre os riscos da atividade econômica. O empregado não pode ser seu próprio empregador nem sofrer os prejuízos do negócio. Ele também não participa dos lucros da empresa, ressalvadas as hipóteses previstas em instrumentos coletivos (art. 611-A, XV, da CLT e Lei n. 10.101/2000). Trata-se aqui da *alteridade*, mais uma das características da relação de emprego. Isso atrai questionamentos que envolvem o fato de o sócio poder ou não ser empregado da sociedade em que participa, bem como a possibilidade de haver relação de emprego entre pessoas da mesma família. A resposta para essa questão passa pela possibilidade de existência ou não da subordinação no ajuste. Se ela se fizer presente, haverá uma relação de emprego; se não existir, porque o sócio da empresa a ninguém se subordina ou porque o grau de parentesco a inibe, então não estará configurado um pacto laboral protegido pela CLT.

A dependência é outro requisito que informa a relação de emprego. O termo *dependência* deve ser interpretado como *subordinação*, o item mais importante para caracterizar um trabalhador como empregado. O empregado não é alguém que se autodetermina na realização de suas tarefas. Seu trabalho é dirigido por alguém que pode lhe dar ordens e tem poderes para puni-lo: o empregador. A subordinação é o que diferencia o empregado do trabalhador autônomo. Este tem ampla liberdade de atuação, enquanto aquele se submete às ordens do patrão, ao seu poder de direção.

Mais recentemente passou-se a tratar da figura do trabalhador parassubordinado, que é aquele que atua com maior liberdade e autonomia, mas mediante dependência econômica e com suas atividades coordenadas. O representante comercial autônomo, regido pela Lei n. 4.886/65, pode exemplificar uma hipótese de trabalhador parassubordinado.

Assunto relativamente novo no âmbito do direito do trabalho envolve o estudo da subordinação estrutural, reticular ou integrativa, que dispensa a imposição de ordens diretas pela empresa para que ela seja considerada empregadora, bastando para tanto que a sua estrutura organizacional envolva a obediência a ordens das quais o trabalhador (agora empregado) não poderá se afastar.

A exclusividade normalmente é confundida como um requisito para a formação do vínculo empregatício. Entretanto, ela poderá se apresentar apenas como um desdobramento da subordinação. O empregador poderá exigir, desde que isso seja realmente necessário para o bom desenvolvimento do contrato de trabalho, que o empregado se abstenha de prestar serviços para outras empresas. A princípio, porém, nada impede que o empregado tenha vários empregos, como ocorre com os professores, médicos e muitos outros profissionais da saúde.

O art. 442-B da CLT permite a celebração de cláusula de exclusividade no contrato de trabalho do autônomo, afirmando, ainda, que não caracteriza a qualidade de empregado o fato de haver prestação de serviços contínuos ou não ao tomador de seus serviços.

O último pressuposto da relação de emprego previsto no *caput* do art. 3º da CLT é o *salário*. Cuida-se da *onerosidade*. O empregado é alguém que presta seus serviços mediante uma contraprestação. Ele trabalha e recebe seu pagamento até o 5º dia útil do mês subsequente ao vencido, como manda o art. 459, § 1º, da CLT. Todavia, se não houver pagamento de salário, não estará impedido o reconhecimento de uma relação de emprego, porque a sonegação dessa parcela não poderá beneficiar a empresa que agiu de forma torpe e o empregado também não pode renunciar aos seus direitos trabalhistas. Nem mesmo a falta de estipulação do valor do salário é impedimento para o surgimento da onerosidade, como revela o art. 460 da CLT.

O *animus contrahendi* é mais um requisito para a formação da relação de emprego. Trata-se de um elemento pouco explorado pelo direito do trabalho, porque os direitos trabalhistas são irrenunciáveis e independem da vontade das partes para que passem a valer. Acontece que há casos em que a vontade das partes pode fazer uma grande diferença na relação, como se dá nos serviços voluntários (Lei n. 9.608/98) e religiosos, em que a pedra de toque é justamente o desejo de ser solidário e professar a fé, respectivamente.

Parágrafo único. Não haverá distinções relativas à espécie de emprego e à condição de trabalhador, nem entre o trabalho intelectual, técnico e manual.

A CLT proíbe tratamento discriminatório na relação de emprego, consagrando princípio que protege a dignidade da pessoa humana. O trabalhador é antes de tudo um ser humano e, como tal, merece tratamento que não despreze essa sua condição. Pouco importa, pois, se o empregado é um operário sem instrução ou um alto executivo, a norma trabalhista será aplicada a ambos, de acordo com o comando do art. 7º, XXXII, da CF.

Admite-se, é claro, que o empregador disponha de sua atividade econômica dentro das necessidades que a produção exige, quiçá imprimindo jornadas menores para atividades mais extenuantes ou remunerando melhor profissionais que possuam maior formação intelectual e mais conhecimento técnico.

Art. 4º Considera-se como de serviço efetivo o período em que o empregado esteja à disposição do empregador, aguardando ou executando ordens, salvo disposição especial expressamente consignada.

De acordo com o texto consolidado, não é necessário que o empregado trabalhe para que seja computado seu tempo de serviço. Basta-lhe que fique à disposição do empregador. Se estiver ou não recebendo e/ou executando ordens não importa. O simples fato de aguardá-las já é suficiente para que seja computado o trabalho, pois haverá tempo à disposição do empregador. Se, por exemplo, o empregado sai para desfrutar o intervalo para refeição e descanso, como manda o art. 71 da CLT, mas continua à disposição de seu empregador durante essa pausa, aguardando ordens, então esse tempo deve ser considerado de efetivo serviço, pouco importando se houve sua efetiva interrupção ou não. Esse tempo à disposição do empregador deverá ser considerado tempo de trabalho e computado na jornada, sem prejuízo da indenização devida pela supressão da pausa (art. 71, § 4º, da CLT).

A hipótese não se aplica a casos excepcionais expressamente previstos em contrato individual de trabalho (art. 444, parágrafo único, da CLT), acordo coletivo de trabalho, convenção coletiva de trabalho (art. 611-A, I a III e VIII, da CLT) ou na lei, como ocorre com os ferroviários de sobreaviso ou de prontidão, na forma do art. 244, §§ 2º e 3º, da CLT, motoristas profissionais na espera, de acordo com o art. 235-C, §§ 8º a 12, da CLT, e rurais em serviços intermitentes, nos termos do art. 6º da Lei n. 5.889/73.

---

§ 1º Computar-se-ão, na contagem de tempo de serviço, para efeito de indenização e estabilidade, os períodos em que o empregado estiver afastado do trabalho prestando serviço militar e por motivo de acidente do trabalho.

Parágrafo renumerado e com redação dada pela Lei n. 13.467, de 13.07.2017.

As expressões "indenização" e "estabilidade" contidas aqui fazem referência ao regime de trabalho anterior ao FGTS. Antes da CF de 1988, era possível ao empregado adquirir estabilidade no emprego após dez anos de efetivo serviço (a chamada estabilidade decenal – art. 492 da CLT), enquanto nas hipóteses de rescisão contratual o acerto era feito mediante pagamento de uma indenização devida na forma do art. 478 da CLT. Essas regras não foram recepcionadas pela CF/88, que universalizou o regime do FGTS e aboliu tanto a estabilidade decenal como a indenização do art. 478 da CLT, substituindo-a por uma multa correspondente a 40% dos depósitos realizados na conta vinculada do trabalhador (arts. 10, I, do ADCT e 18, § 1º, da Lei n. 8.036/90).

Todavia, ainda hoje o tempo de afastamento do empregado que presta serviço militar ou sofre acidente de trabalho gera efeitos, pois nos dois casos a contagem do tempo de serviço não é paralisada (arts. 131, III, 133, IV, e 472 da CLT) e há obrigatoriedade de realização de depósitos na conta do FGTS (art. 15, § 5º, da Lei n. 8.036/90).

---

§ 2º Por não se considerar tempo à disposição do empregador, não será computado como período extraordinário o que exceder a jornada normal, ainda que ultrapasse o limite de cinco minutos previsto no § 1º do art. 58 desta Consolidação, quando o empregado, por escolha própria, buscar proteção pessoal, em caso de insegurança nas vias públicas ou más condições climáticas, bem como adentrar ou permanecer nas dependências da empresa para exercer atividades particulares, entre outras:

Parágrafo acrescentado pela Lei n. 13.467, de 13.07.2017.

Somente deve ser considerado tempo à disposição do empregador aquele em que o empregado estiver aguardando ou executando ordens, observadas as exceções apontadas pelo próprio legislador ou então previstas em contrato individual de trabalho (art. 444, parágrafo único, da CLT), acordo coletivo de trabalho ou convenção coletiva de trabalho (art. 611-A, I a III e VIII, da CLT).

Por outro lado, diferenças muito pequenas entre os horários contratuais e os horários efetivos de entrada e de saída do empregado são desprezadas pelo legislador, como expressamente previsto no art. 58, § 1º, da CLT: "não serão descontadas nem computadas como jornada extraordinária as variações de horário no registro de ponto não excedentes de cinco minutos, observado o limite máximo de dez minutos diários". Sobre esses minutos residuais, ou microtempos, ocupa-se a Súmula n. 366 do Col. TST e também a tese jurídica firmada pelo Col. TST no julgamento do Incidente de Recursos Repetitivos n. 1384-61.2012.5.04.0512, Tema n. 14, que trata do intervalo para refeição e descanso e cuja redação é a seguinte: "a redução eventual e ínfima do intervalo intrajornada, assim considerada aquela de até 5 (cinco) minutos no total, somados os do início e término do intervalo, decorrentes de pequenas variações de sua marcação nos controles de ponto, não atrai a incidência do art. 71, § 4º, da CLT. A extrapolação desse limite acarreta as consequências jurídicas previstas na lei e na jurisprudência".

Mas caso o empregado resolva permanecer na empresa para atender interesses privados por 5 ou 10 minutos ou até por mais tempo, sem que isso guarde qualquer relação com a atividade que desenvolve junto ao seu empregador, esse período não será computado como tempo de trabalho.

Se o trabalhador, por escolha própria, decidir deixar a empresa um pouco mais tarde por temer a violência existente no horário de saída ou porque houve uma inundação nas ruas em virtude de fortes chuvas, isso não poderá ser computado na jornada de trabalho. Não pode o empregador ser responsabilizado por situações adversas, como a segurança pública e o clima, porque não possui controle sobre essas questões.

Também pode ocorrer de o empregado resolver permanecer mais tempo na empresa para o exercício de atividades particulares, caso em que também não haverá tempo à disposição, por expressa referência legal.

A norma traz um rol com exemplos de atividades particulares que o empregado pode vir a realizar dentro da empresa, mas nada impede que outros casos ocorram e também representem exceções, como evidencia o uso da expressão "entre outras" pelo legislador.

I – práticas religiosas;

Inciso acrescentado pela Lei n. 13.467, de 13.07.2017.

Não pode o empregador exigir dos seus empregados a participação em algum tipo de culto, porque o poder de direção que ele possui não pode restringir a liberdade religiosa de seus subordinados (art. 5º, VI, da CF). Todavia, é sabido que muitas empresas permitem que haja reuniões confessionais em suas dependências. Caso o empregado participe dessas atividades fora da jornada de trabalho, chegando mais cedo ou saindo mais tarde, o período que ali passou não poderá ser visto como parte integrante do tempo de serviço. A prática religiosa e o tempo à disposição do empregador nessas circunstâncias são hipóteses que se excluem reciprocamente.

II – descanso;

Inciso acrescentado pela Lei n. 13.467, de 13.07.2017.

Caso resolva permanecer na empresa descansando antes ou depois da jornada de trabalho, o empregado não estará à disposição do empregador. Se houver na empresa um alojamento destinado ao descanso do empregado, o seu uso não caracterizará tempo à disposição, como regra. É muito importante, no entanto, que o descanso tenha sido desfrutado ali por iniciativa do trabalhador, e não por determinação da empresa ou exigência do trabalho, caso contrário pode-se estar diante de uma situação de prontidão (art. 244, § 3º, da CLT) ou de efetivo trabalho (art. 4º, *caput*, da CLT).

III – lazer;

Inciso acrescentado pela Lei n. 13.467, de 13.07.2017.

Por definição, as atividades de lazer são exercidas fora da jornada de trabalho. O problema surge quando o empregador permite que suas dependências sejam utilizadas para essas práticas, notadamente as desportivas, porque isso pode abrir espaço para algum tipo de confusão. O empregador pode acreditar que ainda tem o trabalhador a seu dispor e este, por sua vez, pode entender que por estar dentro da empresa ainda deve obediência nas horas de ócio. A lei deixa claro que nada disso deve se dar nesse período. Afora os deveres de respeito e colaboração recíprocos, naturais e existentes a todo e qualquer momento, esse tempo em que o empregado permanece dentro da empresa é livre e pode ser investido em qualquer tipo de diversão disponível naquele espaço. Isso ainda significa dizer que se o empregado sofrer uma lesão física durante uma partida de futebol dentro da empresa, por exemplo, não poderá alegar a ocorrência de um acidente de trabalho; já o superior hierárquico que sofreu uma falta em campo não poderá suscitar uma justa causa para despedida por ofensa física (art. 482, *j*, da CLT).

IV – estudo;

Inciso acrescentado pela Lei n. 13.467, de 13.07.2017.

Havendo na empresa local destinado a estudo, como uma biblioteca ou um laboratório de pesquisas, o empregado que ali permanecer para atender a finalidades privadas não estará à disposição do empregador nem terá esse tempo computado na jornada de trabalho. É claro que isso não se confunde com casos em que os estudos ocorrem por determinação do empregador, que exige certa carga horária em cursos ministrados sob sua supervisão, inclusive pela internet ou intranet da empresa. Nessas situações, há tempo à disposição do empregador, que se aproveita da leitura e da pesquisa do empregado para aumentar sua capacidade produtiva e obter maiores ganhos com a mão de obra contratada.

V – alimentação;

Inciso acrescentado pela Lei n. 13.467, de 13.07.2017.

O período gasto na alimentação feita dentro da empresa, durante o intervalo intrajornada, antes ou depois do horário contratual, não se computa na jornada como regra. Se ao término de seu dia de trabalho o empregado resolver alimentar-se no refeitório da empresa para ganhar tempo e poder chegar mais cedo na faculdade em que estuda, certamente não poderá ter esses minutos ou horas computados como período extraordinário. A permanência nas dependências da empresa em circunstâncias como essa não gera obrigações para o empregador.

Já "os intervalos concedidos pelo empregador na jornada de trabalho, não previstos em lei, representam tempo à disposição da empresa, remunerados como serviço extraordinário, se acrescidos ao final da jornada", a teor da Súmula n. 118 do Col. TST. Observe-se, porém, que o contrato individual de trabalho ou as normas coletivas poderão atribuir natureza jurídica diversa para pausas adicionais ocorridas durante a jornada de trabalho, conforme permissivo contido nos arts. 444, parágrafo único, e 611-A da CLT.

VI – atividades de relacionamento social;

Inciso acrescentado pela Lei n. 13.467, de 13.07.2017.

Por atividades de relacionamento social deve-se entender qualquer tipo de confraternização ocorrida na empresa ou até uma conversa particular com um colega de serviço ali ocorrida. Caso isso se passe dentro da empresa e venha a ultrapassar a jornada normal de trabalho, esse tempo a mais não será computado como período extraordinário. Como em todos os demais exemplos dados pelo legislador, este também deve representar uma escolha do empregado e corresponder a atividades privadas. Sua participação na festa da empresa não deve acontecer por imposição do empregador e a conversa com o colega de trabalho não pode corresponder a uma reunião para a melhoria do desempenho da equipe, por exemplo. Tudo deve acontecer de maneira espontânea e voluntária, por escolha própria e sem o exercício de atividades profissionais, conforme dispõe o § 2º do art. 4º da CLT.

VII – higiene pessoal;

Inciso acrescentado pela Lei n. 13.467, de 13.07.2017.

Não é incomum empregados fazerem sua higiene pessoal na empresa logo após o término da jornada de trabalho. Atividades fisicamente extenuantes podem sugerir um maior cuidado com o asseio ao final do dia, fazendo com que o empregado venha a banhar-se na empresa antes de pegar uma condução pública, para assim se sentir mais confortável. Outros, por outro lado, podem se valer do vestiário da empresa simplesmente para economizar algum dinheiro com as contas de energia e água, chegando em casa já de banho tomado, por exemplo. Nesses dois casos, não haverá tempo à disposição e jornada extraordinária, porque a higiene pessoal ocorre no interesse particular do trabalhador.

Afora essas situações exemplificadas, pode acontecer de a atividade do empregado exigir uma cuidadosa higiene pessoal antes de deixar o posto de trabalho. O trabalho com determinados agentes químicos, como o asbesto e o manganês e seus compostos, exige que o empregador crie condições para a troca de roupa e banho do trabalhador (Anexo 12 da NR-15). Em situações dessa natureza é óbvio que o tempo gasto na higiene pessoal não ocorre por interesse particular do trabalhador, mas, sim, por motivo profissional, devendo ser considerado tempo à disposição e afinal ser estimado como extraordinário se acrescido à jornada normal.

VIII – troca de roupa ou uniforme, quando não houver obrigatoriedade de realizar a troca na empresa.

Inciso acrescentado pela Lei n. 13.467, de 13.07.2017.

Não há lei que proíba o empregado de ir e voltar ao trabalho uniformizado ou usando a mesma vestimenta. Sendo assim, caso o trabalhador opte por se trocar na empresa, não poderá reclamar o tempo gasto na mudança de roupa como tempo de serviço. A lei deixa evidente que isso se passa por vontade do trabalhador e por motivação particular, de tal sorte que não cria obrigações para o empregador.

É claro que não se pode ignorar que o empregador pode proibir o uso externo de seu uniforme e até que existem situações em que a ida e volta ao trabalho usando o fardamento da empresa é inviável, por motivo de higiene, contaminação ou complexidade do traje. Há atividades que exigem até um vestiário duplo no local de trabalho, para que não haja o risco de contaminação da roupa do trabalhador pelo uniforme de trabalho. No Estado de São Paulo, a Lei estadual n. 12.254/2006 dispõe em seu art. 1º que "as empresas que utilizam produtos nocivos à saúde do trabalhador e ao meio ambiente são responsáveis pela lavagem dos uniformes de seus empregados". Ora, em situações dessa natureza, em que a troca de roupa deve ser feita necessariamente na sede da empresa, o tempo despendido nessa ocupação deve ser considerado tempo à disposição do empregador e se exceder a jornada normal deverá ser considerado extraordinário.

Art. 5º A todo trabalho de igual valor corresponderá salário igual, sem distinção de sexo.

Em mais um dispositivo que rechaça a discriminação, a CLT dá destaque especial ao sexo, impedindo que ele seja motivo para diferenças salariais. Agindo assim, a Consolidação iguala homens e mulheres e obsta desigualdades remuneratórias que não observarem os requisitos dispostos pelo art. 461 da CLT.

Como não poderia deixar de ser, o dispositivo foi recepcionado pela CF/88, que em seu art. 7º, XXX, contém texto semelhante.

Também a Convenção n. 100 da OIT, ratificada pelo Brasil, dispõe sobre a igualdade de remuneração entre a mão de obra feminina e a mão de obra masculina, por um trabalho de igual valor.

Art. 6º Não se distingue entre o trabalho realizado no estabelecimento do empregador, o executado no domicílio do empregado e o realizado a distância, desde que estejam caracterizados os pressupostos da relação de emprego.

Caput *com redação dada pela Lei n. 12.551, de 15.12.2011.*

Não é necessário que o empregado trabalhe no estabelecimento do empregador para que seja considerado como tal. Também é possível que o trabalho se desenvolva longe de suas vistas, como atualmente se dá no teletrabalho, em que há o uso intensivo de tecnologias da informação e sói ocorrer na casa do empregado ou então em locais denominados telecentros. Sobre o teletrabalho, dispõe a CLT em seus arts. 62, III, e 75-A a 75-E.

Trabalhando em sua residência, em outro local distante da empresa ou na sede desta, o trabalhador não poderá ser tratado de forma desigual. Ele terá os mesmos direitos daquele que atua no estabelecimento do empregador, desde que, é óbvio, exista uma relação de emprego entre ambos.

Não se pode perder de vista que nos trabalhos realizados em domicílio e a distância o requisito subordinação é atenuado, porque, estando longe do empregador, é natural que sobre o empregado pese uma menor quantidade de ordens e que essas sejam de outra natureza, como a imposição de produção de certo número de peças por dia. Nesses casos, o ideal é que se verifique se ao menos há possibilidade de que essas ordens sejam dadas ou se a empresa detém poderes para punir o trabalhador com advertências, suspensões ou até com a despedida por justa causa. A mera possibilidade de dar ordens ou punir já será suficiente para caracterizar a subordinação.

Também a pessoalidade é reduzida nessas hipóteses (trabalho em domicílio e trabalho a distância). É que se presume que o empregador admitiu a possibilidade de o empregado atuar eventualmente com o auxílio de membros de sua família ou até terceiros, que nem por isso serão seus empregados, mas que também não impedirão que surja nesse contexto um vínculo empregatício com o trabalhador contratado. O caráter *intuitu personae* da relação de emprego pode ficar, então, mitigado no trabalho em domicílio e a distância.

Seja como for, não se pode perder de vista o princípio da *lex loci executionis*, de acordo com o qual deverão ser aplicadas à relação de emprego as leis do país da prestação de serviços, e sequer olvidar das demais disposições da Lei n. 7.064/82, que cuida da situação dos trabalhadores contratados no Brasil por empresa estrangeira ou transferidos por seus empregadores para prestar serviços no exterior.

Parágrafo único. Os meios telemáticos e informatizados de comando, controle e supervisão se equiparam, para fins de subordinação jurídica, aos meios pessoais e diretos de comando, controle e supervisão do trabalho alheio.

Parágrafo acrescentado pela Lei n. 12.551, de 15.12.2011.

O parágrafo incluído no art. 6º adequa a CLT às modernas tecnologias da informação. Atento para o fato de que os meios telemáticos e informatizados podem permitir até mesmo um controle mais rígido e eficaz sobre os empregados, o texto legal equiparou-os aos meios pessoais e diretos de comando, controle e supervisão. Não importa, portanto, como o poder de direção é exercido, se pessoal e diretamente ou por meio de ferramentas como o computador, a *internet*, a *webcam* ou o *e-mail*, o importante é que nos dois casos haverá subordinação, o que poderá caracterizar uma relação de emprego. O empregado poderá estar a centenas de quilômetros do empregador, mas se este conseguir supervisionar suas atividades por meio de uma câmera e, por esse recurso, comandar os trabalhos, certamente haverá subordinação na relação jurídica.

O dispositivo é especialmente relevante para os casos em que o empregado exerce suas atividades fora da empresa e com o uso de tecnologias de informação e comunicação, sendo, por isso, considerado um *teletrabalhador*. O regime de *teletrabalho*, de acordo com o texto legal, não impedirá a existência de subordinação e, assim, o surgimento de uma relação de emprego, desde sejam preenchidos os demais requisitos dos arts. 2º e 3º da CLT, tal como reconhecido pelos arts. 62, III, e 75-A a 75-E da Consolidação.

Nos casos de *teletrabalho* em domicílio deve ser acrescentado que o empregador tem de usar seus poderes de comando, controle e supervisão com uma cautela a mais, pois deverá respeitar a privacidade do trabalhador e de sua família, especialmente quando realizar visitas no local de trabalho. Estas devem ser limitadas ao controle das atividades laborais e à manutenção dos equipamentos de trabalho e nunca poderão interferir na rotina do lar, pois a casa do trabalhador é seu *asilo inviolável* (art. 5º, XI, da CF). A instalação de câmera (*webcam*) no computador do empregado, por exemplo, caso exponha sua intimidade e a de seus familiares, poderá ser traduzida como um ato ilícito e acarretar a condenação do empregador numa indenização por danos morais (arts. 187 e 927 do CC).

Deve ficar claro que o legislador, atento às novas tecnologias, reconheceu a equiparação dos diversos meios de subordinação jurídica, como não poderia deixar de ser, mas isso não pode ser traduzido como uma autorização para o empregador ampliar seu poder de direção e, assim, não somente alterar o contrato de trabalho de forma lesiva, como também desrespeitar os direitos fundamentais de seus empregados.

Ainda no contexto dessa norma legal, podem ser objeto de estudo os casos dos trabalhadores que atuam por meio de plataformas digitais ou aplicativos de telefone celular. Motoristas, entregadores e prestadores de serviços em geral podem ter o requisito subordinação preenchido facilmente em razão da aplicação do art. 6º, parágrafo único, da CLT.

Por meio de mecanismos de informática, poderá o tomador de serviços facilmente controlar as atividades do trabalhador, restando saber se isso de fato ocorre naquela relação e, para a caracterização da relação de emprego, se todos os demais requisitos dos arts. 2º e 3º da CLT foram implementados.

Há situações em que o trabalhador recebe nomes tais como "parceiro", "usuário" e "cliente", quando na verdade acha-se prestando serviços pessoais, onerosos, habituais e subordinados a outrem, ainda que a distância e por meios digitais. Se a empresa que detém a plataforma digital determina como o serviço será prestado, avalia sua qualidade, fixa seu preço, controla sua quantidade e até pune o trabalhador pelo que faz ou deixa de fazer, é óbvio que há subordinação nessa atividade, de tal sorte que, uma vez preenchida a totalidade dos elementos legais, haverá aí uma relação de emprego típica.

É óbvio, todavia, que não se pode generalizar todas as hipóteses que envolvem trabalhadores vinculados a algum tipo de plataforma digital, pois existem casos em que se verifica a ocorrência de trabalho tipicamente autônomo, dentro das novas perspectivas e dinâmicas contratuais criadas pelas modernas tecnologias. Não há, certamente, um empregado por detrás de cada relação contratual de prestação de serviços na economia digital.

Art. 7º Os preceitos constantes da presente Consolidação, salvo quando for, em cada caso, expressamente determinado em contrário, não se aplicam:

A CLT é aplicável a um tipo especial de trabalhador: o empregado. Nem todo trabalhador é abrangido por esse regime e aqui o texto legal enumera as hipóteses de exclusão. Os empregados que não estiverem aqui excepcionados, invariavelmente terão seus direitos expostos no texto consolidado. Deve ficar claro, todavia, que a CLT deixará de ser aplicada quando houver outra norma mais benéfica dispondo sobre o assunto (princípio da aplicação da norma mais benéfica) ou então uma condição de trabalho mais favorável (princípio da prevalência da condição mais benéfica). Explica-se: se por meio de convenção coletiva de trabalho houve fixação do adicional noturno em 50%, então o adicional de 20% contido no texto do art. 73, *caput*, da CLT, deixará de valer para a categoria, porque aquele índice é mais benéfico ao empregado. Atualmente, o princípio da aplicação da norma mais benéfica deve ser analisado no contexto da prevalência do negociado sobre o legislado, tal como previsto nos arts. 444, parágrafo único, 611-A e 611-B da CLT.

***a)* aos empregados domésticos, assim considerados, de um modo geral, os que prestam serviços de natureza não econômica à pessoa ou à família, no âmbito residencial destas;**

Empregado doméstico é aquele que presta serviços de forma contínua, subordinada, onerosa e pessoal e de finalidade não lucrativa à pessoa ou à família, no âmbito residencial destas, por mais de dois dias por semana (art. 1º da LC n. 150/2015). Assim, deve ser considerado empregado doméstico, desde que satisfeitos os requisitos legais, o motorista, a babá, o caseiro, o jardineiro, a cuidadora de idosos e a faxineira, por exemplo.

O trabalho contínuo, também referido pela antiga lei dos domésticos (Lei n. 5.859/72), sempre foi motivo de relevantes discussões. De fato, parte da doutrina e da jurisprudência estabelecia distinção entre os conceitos de continuidade e de habitualidade, esta prevista no art. 3º da CLT, concluindo que a diarista que trabalhasse até 2 ou 3 dias na semana não seria empregada doméstica, mesmo que preenchesse os demais requisitos legais, por não prestar serviços de natureza contínua. Para outros, no entanto, essa distinção servia apenas para discriminar um profissional que historicamente desfrutava de menos direitos do que os empregados em geral, não sendo justificável, pois consideravam que trabalho contínuo e trabalho não eventual eram expressões sinônimas. Aconteceu que a LC n. 150/2015 resolveu esse impasse e estabeleceu que somente o trabalho por mais de dois dias por semana poderá ser considerado contínuo para fins de caracterização de um vínculo empregatício doméstico. Logo, se em uma residência houver uma pessoa que trabalha um ou dois dias por semana ou quinzena, não poderá ser considerada empregada doméstica. Com isso, a lei fixou uma clara definição do que é trabalho contínuo: aquele que representar pelo menos três dias de serviço por semana junto ao mesmo empregador. Note-se, porém, que essa regra não vale para o empregado comum, para quem o requisito habitualidade do art. 3º da CLT continua valendo e não guarda, necessariamente, vinculação com a intermitência ou não do trabalho. A ressalva, nesse ponto, deve ficar apenas por conta do contrato de prestação de trabalho intermitente, observada a redação do art. 443, § 3º, da CLT.

Os empregados domésticos estão, a princípio, excluídos da CLT e encontram-se sujeitos a normas próprias. Todavia, a CLT será fonte subsidiária de regulamentação do trabalho doméstico, observadas as peculiaridades dessa profissão, como passou a determinar o art. 19 da LC n. 150/2015, norma essa que, portanto, revogou tacitamente esta alínea do dispositivo consolidado em comento (art. 7º, *a*, da CLT).

Os direitos dos domésticos estão previstos no art. 7º, parágrafo único, da CF e foram ampliados de maneira significativa pela EC n. 72/2013. A LC n. 150/2015 regulamenta e contempla direitos dessa categoria profissional, como a proibição de desconto salarial pelo fornecimento de alimentação, vestuário, higiene ou moradia, bem como por despesas com transporte, hospedagem e alimentação em caso de acompanhamento em viagem (art. 18), por exemplo. A Convenção n. 182 da OIT, ratificada pelo Brasil por meio do Decreto Legislativo n. 178/99, promulgada pelo Decreto n. 3.597/2000 e regulamentada pelo Decreto n. 6.481/2008, proíbe o trabalho doméstico aos menores de 18 anos, por considerá-lo uma das piores formas de trabalho infantil, no que foi acompanhada pelo art. 1º, parágrafo único, da LC n. 150/2015. A OIT aprovou ainda a Convenção n. 189 e a Recomendação n. 201, ratificadas pelo Brasil por meio do Decreto Legislativo n. 172/2017, visando à equiparação dos direitos dos domésticos aos dos demais empregados, sendo elas importantes fatores que levaram à aprovação da EC n. 72/2013 e da LC n. 150/2015.

***b)* aos trabalhadores rurais, assim considerados aqueles que, exercendo funções diretamente ligadas à agricultura e à pecuária, não sejam empregados em atividades que, pelos métodos de execução dos respectivos trabalhos ou pela finalidade de suas operações, se classifiquem como industriais ou comerciais;**

Considera-se empregado rural aquele que presta serviços em propriedade rural ou prédio rústico (aquele destinado à lavoura, dentro ou fora da cidade), de forma habitual, onerosa e subordinada. Em síntese, segundo a Lei n. 5.889/73, que trata do rurícola, empregado rural é a pessoa física que presta serviços a empregador rural. Este, por sua vez, é aquele que explora atividade agroeconômica, em caráter permanente ou temporário, diretamente ou por meio de prepostos e com o auxílio de empregados (art. 3º, *caput*, da Lei n. 5.889/73).

Os serviços do rural compreendem atividades na agricultura ou na pecuária, mas não importam na transformação da matéria-prima. Haverá apenas trabalho em atividades que compreendem o primeiro tratamento dos produtos agrários *in natura*, sem transformá-los em sua natureza (art. 2º do Decreto n. 73.626/74). O art. 3º, § 1º, da Lei n. 5.889/73 ainda considera atividade econômica rurícula, além da exploração industrial em estabelecimento agrário não compreendido na CLT, a exploração do turismo rural acessório à exploração agroeconômica.

A OJ n. 38 da SDI-1 do Col. TST trata dos empregados em empresas de reflorestamento cuja atividade está diretamente ligada ao manuseio da terra e de matéria-prima, classificando-os como rurícolas para todos os efeitos legais.

A exclusão ditada pela CLT não foi recepcionada pela CF, que em seu art. 7º, *caput*, igualou os direitos dos trabalhadores urbanos e rurais. Isso não significa dizer que a Lei n. 5.889/73 deixou de valer; ela contém disposições específicas envolvendo essa categoria profissional e também deverá ser respeitada naquilo em que for mais benéfica, como ocorre com o trabalho noturno, que se dá das 21h às 5h do dia seguinte, na lavoura, e das 20h às 4h do dia seguinte na atividade pecuária, e deve ser remunerado com adicional de 25% sobre a remuneração normal (art. 7º da Lei n. 5.889/73).

***c)* aos funcionários públicos da União, dos Estados e dos Municípios e aos respectivos extranumerários em serviço nas próprias repartições;**

Alínea com redação dada pelo Decreto-lei n. 8.079, de 11.10.1945.

Funcionário público é aquele regido por estatuto próprio, legal, apresentando-se como espécie do gênero servidor público.

Servidor público também será aquele contratado pelo regime contratual da CLT, que receberá o nome de empregado público.

Extranumerário era o servidor público não concursado, categoria que deixou de existir na Administração (ao menos formalmente) depois da CF/88. Hoje, somente os cargos declarados em lei de livre nomeação e exoneração podem ser ocupados por servidores que não fizeram concurso público (art. 37, II, da CF).

A União, os Estados, o Distrito Federal e os Municípios devem instituir, no âmbito de sua competência, regime jurídico único para os servidores da administração direta, das autarquias e das fundações públicas, como manda o art. 39 da CF (ADI n. 2.135-4, *DJ* 07.03.2008). Havendo instituição desse regime, como ocorreu com a União por meio da Lei n. 8.112/90, ele é que regerá as relações entre a administração e seus servidores, sendo da Justiça Comum a competência para analisar eventual lide daí decorrente (ADI n. 3.395-6, *DJ* 10.11.2006). Todavia, não é incomum que os órgãos públicos admitam seus servidores concursados por meio de contratos regidos pela CLT. Nesses casos, a Consolidação será a norma que regerá essa relação de emprego com o Poder Público, que se sujeitará a todas as regras próprias do regime privado, inclusive pagamento do FGTS, sendo da competência da Justiça do Trabalho a apreciação das lides daí advindas.

Se acaso não for observado o requisito do concurso público previsto no art. 37, II e § 2º, da CF, o contrato de trabalho não será válido e o trabalhador terá direito apenas aos salários recebidos e ao FGTS, conforme entendimento jurisprudencial cristalizado por meio da Súmula n. 363 do Col. TST e previsão contida no art. 19-A, *caput*, da Lei n. 8.036/90.

***d)* aos servidores de autarquias paraestatais, desde que sujeitos a regime próprio de proteção ao trabalho que lhes assegure situação análoga à dos funcionários públicos;**

Alínea com redação dada pelo Decreto-lei n. 8.079, de 11.10.1945.

Segundo o disposto pelo art. 5º, I, do Decreto-lei n. 200/67, autarquia é "o serviço autônomo, criado por lei, com personalidade jurídica, patrimônio e receita próprios, para executar atividades típicas da Administração Pública, que requeiram, para seu melhor funcionamento, gestão administrativa e financeira descentralizada". São características das autarquias a sua criação por lei específica, com personalidade de direito público, patrimônio próprio, capacidade de autoadministração sob controle estatal e desempenho de atribuições públicas típicas. O regime dos trabalhadores das autarquias será o mesmo dos servidores públicos, como analisado na alínea *c* supra, por força do art. 39 da CF.

Como na autarquia só se devem executar serviços tipicamente públicos, e não atividades industriais ou econômicas, ainda que de interesse coletivo, estas últimas são desenvolvidas por organizações particulares ou entidades paraestatais.

A expressão "paraestatal" corresponde a algo que caminha ao lado do Estado, com ele não se confundindo. Desse modo, podem ser consideradas entidades paralelas ao Estado, ou paraestatais, os serviços sociais autônomos (Senai, Sesc, Senac e Sesi), as fundações e as organizações sociais. As paraestatais são entidades privadas, desempenham serviços em colaboração com o Estado, recebem incentivos do poder público e o regime jurídico de seus empregados é o da CLT, porque os preceitos publicísticos as alcançam apenas parcialmente.

Também são exemplos de entidades paraestatais a empresa pública e a sociedade de economia mista, que, nos termos do art. 173, § 1º, II, da CF, devem observar os preceitos da CLT. Assim, a expressão utilizada pela Consolidação – autarquias paraestatais – não é atual e deve ser analisada em conformidade com a atual CF, a legislação de direito administrativo correlata e a moderna doutrina existente em torno da matéria.

Superada essa questão conceitual, deve ficar claro que o texto legal não exclui a aplicação da CLT aos trabalhadores de que trata. Ele apenas condiciona essa exclusão à adoção, pela entidade pública, de um regime análogo ao dos funcionários públicos. Inexistente esse modelo, então a Consolidação é que deverá ser utilizada para disciplinar o contrato de trabalho.

---

e) (***Revogada pelo Decreto-lei n. 8.079, de 11.10.1945.***)

---

f) **às atividades de direção e assessoramento nos órgãos, institutos e fundações dos partidos, assim definidas em normas internas de organização partidária.**

Alínea acrescentada pela Lei n. 13.877, de 27.09.2019.

A presente alínea deve ser lida em sintonia com o art. 44-A da Lei n. 9.096/95, também criado pela Lei n. 13.877/2019. Eis seu texto: "As atividades de direção exercidas nos órgãos partidários e em suas fundações e institutos, bem como as de assessoramento e as de apoio político-partidário, assim definidas em normas internas de organização, não geram vínculo de emprego, não sendo aplicável o regime jurídico previsto na Consolidação das Leis do Trabalho, aprovada pelo Decreto-lei n. 5.452, de 1º de maio de 1943, quando remuneradas com valor mensal igual ou superior a 2 (duas) vezes o limite máximo do benefício do Regime Geral de Previdência Social".

As disposições legais em questão foram criadas no contexto da proposta feita pelo Congresso Nacional para uma nova organização do financiamento das estruturas partidárias, notadamente após o Col. STF decidir pelo fim das doações das pessoas jurídicas aos partidos políticos (ADI n. 4.650, *DJ* 04.03.2016). Segundo a justificativa do PL n. 5.029/2019, posteriormente transformado na Lei n. 13.877/2019, tornou-se necessário utilizar os recursos do fundo partidário com maior responsabilidade e transparência, "com a adoção de uma organização que atente para a promoção de pessoal a ser contratado na condição de funcionário e a respectiva punição daqueles que fraudarem a lei". Em algum momento do processo legislativo, no entanto, esse projeto de lei, que na sua origem previa que o pagamento do funcionário de partido político seria equiparado à remuneração dos servidores em cargos em comissão disciplinados pela Lei n. 8.112/90, desapareceu, surgindo a redação do art. 44-A acima transcrita, que apenas excluiu os trabalhadores ali referidos do regime da CLT.

Decorre disso tudo que o dirigente, o assessor e o auxiliar (apoiador) de partido político, de seus institutos e fundações, tal como definido em estatuto, não serão empregados e deverão ser tratados como prestadores de serviços autônomos, desde que recebam quantia igual ou superior a duas vezes o limite máximo do benefício do Regime Geral de Previdência Social vigente. Caso recebam menos ou exerçam outras funções, bem como preencham os requisitos dos arts. 2º e 3º da CLT, serão obviamente empregados.

Essa exclusão dos prestadores de serviços a partidos políticos do regime da CLT não é de todo uma novidade na legislação. Nesse sentido já se encontra o *caput* do art. 100 da Lei n. 9.504/97, que trata da contratação de cabos eleitorais durante as eleições: "A contratação de pessoal para prestação de serviços nas campanhas eleitorais não gera vínculo empregatício com o candidato ou partido contratantes, aplicando-se à pessoa física contratada o disposto na alínea *h* do inciso V do art. 12 da Lei n. 8.212, de 24 de julho de 1991".

Deve-se atentar, contudo, que as normas em questão, à semelhança do que se passa com o disposto pelos arts. 442, parágrafo único, e 442-B da CLT, cuidam de presunções relativas de inexistência de relação de emprego. Caso se façam presentes os requisitos legais e haja uma vã tentativa de fraudar a legislação trabalhista, não importa o nome do cargo do trabalhador ou quem o contratou, existirá uma relação de emprego, que poderá ser objeto de postulação e reconhecimento pelo Poder Judiciário, conforme dispõe o art. 9º da CLT.

Não bastasse isso, deve-se questionar dispositivos legais dessa natureza à luz da Constituição Federal, por violação ao princípio da igualdade (art. 5º, *caput*, da CF), que exige tratamento isonômico a todos. E mesmo o trabalho enquanto valor social (art. 1º, IV, da CF) e direito fundamental (art. 6º da CF) se vê ameaçado com essa ampla exclusão de direitos daqueles que atuam junto a entidades partidárias. A origem dos valores que serão pagos aos trabalhadores e a responsabilidade dos dirigentes partidários no seu uso não podem servir de fundamento para a supressão de direitos mínimos, constitucionalmente assegurados.

Parágrafo único. (*Revogado pelo Decreto-lei n. 8.249, de 29.11.1945.*)

Art. 8º As autoridades administrativas e a Justiça do Trabalho, na falta de disposições legais ou contratuais, decidirão, conforme o caso, pela jurisprudência, por analogia, por equidade e outros princípios e normas gerais de direito, principalmente do direito do trabalho, e, ainda, de acordo com os usos e costumes, o direito comparado, mas sempre de maneira que nenhum interesse de classe ou particular prevaleça sobre o interesse público.

Tanto as autoridades administrativas que têm por incumbência a fiscalização do trabalho, como os magistrados trabalhistas, na ausência de disposições legais ou contratuais, não poderão se eximir de decidir as questões trabalhistas que lhes forem propostas. Havendo lacunas, deverão tomar suas decisões valendo-se de outras fontes e meios de integração do Direito. Mas em qualquer uma dessas hipóteses deverá ser observado que nenhum interesse poderá se sobrepor ao interesse público.

O presente dispositivo encontra disposição similar no CPC, que em seu art. 140 consagra o princípio da inafastabilidade da jurisdição.

---

§ 1º O direito comum será fonte subsidiária do direito do trabalho.
Parágrafo renumerado e com redação dada pela Lei n. 13.467, de 13.07.2017.

O diálogo entre as fontes do Direito é um método moderno utilizado para a solução das dificuldades encontradas na aplicação do Direito. E com a ampliação da competência da Justiça do Trabalho, fixada pela EC n. 45/2004, que alterou a redação do art. 114 da Constituição, cada vez mais os operadores do direito do trabalho se socorrem do direito comum para tratar de questões não abordadas pela CLT. Assim é que dispositivos que disciplinam direitos da personalidade (arts. 11 a 21 do CC), responsabilidade civil (arts. 927 e segs. do CC) e reparação por danos materiais e morais, por exemplo, passaram a ser utilizados com frequência no ambiente do direito do trabalho. E isso ocorre com o aval da CLT, desde que não haja incompatibilidade com os princípios fundamentais que norteiam esse ramo do Direito, notadamente os princípios da proteção e do não retrocesso social.

---

§ 2º Súmulas e outros enunciados de jurisprudência editados pelo Tribunal Superior do Trabalho e pelos Tribunais Regionais do Trabalho não poderão restringir direitos legalmente previstos nem criar obrigações que não estejam previstas em lei.
Parágrafo acrescentado pela Lei n. 13.467, de 13.07.2017.

Não é função dos tribunais criar normas, mas, sim, interpretá-las e aplicá-las ao caso concreto. Essa tarefa é exercida diariamente pelos juízes, desembargadores e ministros do trabalho ao prolatarem suas decisões. Outra maneira de fazê-lo envolve a edição de súmulas, orientações jurisprudenciais e teses jurídicas prevalecentes, cujo processo de sedimentação acha-se disciplinado pelo art. 702, I, *f*, e §§ 3º e 4º, da CLT. No cumprimento desse importante mister, não pode o Poder Judiciário investir-se no papel de legislador e passar a criar restrições não previstas em lei para o exercício de um direito, nem mesmo instituir obrigações nunca previstas na legislação. Ele poderá interpretar e aplicar a norma jurídica posta, mas não puramente preencher o vazio normativo cerceando direitos ou impondo deveres às partes, notadamente por meio da edição de súmulas e outros enunciados de jurisprudência. Ressalte-se, porém, que a Justiça do Trabalho ainda pode exercer seu poder normativo, tal como previsto no art. 114, § 2º, da CF.

§ 3º No exame de convenção coletiva ou acordo coletivo de trabalho, a Justiça do Trabalho analisará exclusivamente a conformidade dos elementos essenciais do negócio jurídico, respeitado o disposto no art. 104 da Lei n. 10.406, de 10 de janeiro de 2002 (Código Civil), e balizará sua atuação pelo princípio da intervenção mínima na autonomia da vontade coletiva.

Parágrafo acrescentado pela Lei n. 13.467, de 13.07.2017.

O exame das convenções coletivas de trabalho e dos acordos coletivos de trabalho, na Justiça do Trabalho, ocorre quando são ajuizadas ações anulatórias de cláusulas desses instrumentos (art. 611-A, § 4º, da CLT). Essas demandas podem ser coletivas ou individuais, como previsto no art. 611-A, § 5º, da CLT. Fato é que a lei exige que a análise de validade da norma coletiva deverá estar fincada no princípio da intervenção mínima na autonomia da vontade coletiva, restringindo-se o juiz a avaliar sua conformidade aos elementos essenciais do negócio jurídico. Segundo o art. 104 do CC, são os seguintes esses elementos: agente capaz, objeto lícito, possível, determinado ou determinável, forma prescrita ou não defesa em lei. Acontece que na análise dos elementos essenciais do negócio jurídico, o juiz ainda deverá examinar a matéria à luz dos princípios da probidade, da boa-fé e da função social do contrato, tal como exigem os arts. 113, 421 e 422 do CC. Já segundo o disposto pelo art. 5º da LINDB, "na aplicação da lei, o juiz atenderá aos fins sociais a que ela se dirige e às exigências do bem comum". De fato, a autonomia da vontade coletiva não poderá abreviar a atividade do magistrado e muito menos prevalecer frente às normas e princípios aqui referidos.

Art. 9º Serão nulos de pleno direito os atos praticados com o objetivo de desvirtuar, impedir ou fraudar a aplicação dos preceitos contidos na presente Consolidação.

A subordinação jurídica que pesa sobre o empregado faz com que o legislador presuma a nulidade de qualquer ato seu de renúncia a direitos trabalhistas. Como regra, até mesmo uma simples alteração contratual que conte com a anuência do empregado não será válida se lhe acarretar prejuízos, como dispõe o art. 468 da CLT.

Em uma dimensão ainda maior, o art. 9º da CLT dispõe que qualquer ato praticado pelo empregador (ou por terceiros, como o tomador de serviços) que objetive desvirtuar, impedir ou fraudar a legislação trabalhista não produzirá efeitos, pois será nulo de pleno direito. O resultado será o afastamento daquele pretenso empecilho para a aplicação das normas trabalhistas e a consequente incidência do texto consolidado e de todas as demais regras aplicáveis à espécie, como acordos ou convenções coletivas de trabalho, por exemplo.

Impera no direito do trabalho o princípio da primazia da realidade sobre a forma, de tal modo que a aparência dada pela empresa a uma contratação, tal como ocorre com a admissão de empregados por meio de cooperativas ou pessoas jurídicas, não se traduzirá em impedimento para a aplicação de seus preceitos à relação. Reconhecida a fraude, incidirão as normas de proteção em favor do empregado, que fará jus a todas as garantias destinadas à sua categoria.

Art. 10. Qualquer alteração na estrutura jurídica da empresa não afetará os direitos adquiridos por seus empregados.

Um dos objetivos do direito do trabalho é o aumento e a manutenção das conquistas sociais do trabalhador. Isso ocorre por meio de mecanismos que fixam o empregado no âmbito da empresa. Não é por acaso que os contratos de trabalho presumem-se firmados por prazo indeterminado e, por outro lado, a CLT e a CF dispõem de regras que penalizam o empregador pela dispensa sem justa causa. Trata-se de desdobramentos do princípio da continuidade da relação de emprego, que igualmente visa à proteção dos direitos trabalhistas.

Assim, havendo qualquer mudança na estrutura jurídica da empresa, tais como a alteração em seu fim social, a elevação de seu capital social, a mudança de seu quadro societário ou a mudança do tipo de sociedade, os direitos adquiridos por seus empregados não serão atingidos.

Se determinada empresa, por exemplo, modificar sua finalidade social, não poderá alterar o valor do vale-refeição dos empregados que continuarem a seu serviço só porque a norma coletiva da nova categoria profissional prevê um valor menor para esse benefício, pois isso seria traduzido como uma alteração contratual lesiva.

Sequer os empregados que já saíram da empresa poderão ser afetados por ditas modificações em sua estrutura jurídica, porquanto a norma trata de direitos adquiridos. Esse dispositivo, aliás, deve ser lido em sintonia com o art. 448 da CLT.

Art. 10-A. O sócio retirante responde subsidiariamente pelas obrigações trabalhistas da sociedade relativas ao período em que figurou como sócio, somente em ações ajuizadas até dois anos depois de averbada a modificação do contrato, observada a seguinte ordem de preferência:

Caput *acrescentado pela Lei n. 13.467, de 13.07.2017.*

O sócio que se retira de uma sociedade empregadora não fica isento de responsabilidades para com os empregados da época em que figurou como tal. Ele poderá ser chamado a responder por dívidas trabalhistas relativas a esses trabalhadores, caso eles venham a cobrá-las judicialmente no período de até dois anos após averbada a modificação do contrato social na Junta Comercial. A responsabilidade patrimonial do ex-sócio funda-se no fato de ter se aproveitado da mão de obra e, assim, ter obtido aumento de sua riqueza.

Para a cobrança da dívida trabalhista ser direcionada para o sócio retirante não se faz necessária a prova de sua culpa ou dolo na gestão do negócio. A mera inadimplência da empresa devedora e dos sócios atuais é suficiente para que a execução volte-se contra ele. As exigências do art. 50 do CC não se aplicam ao direito e ao processo do trabalho.

A responsabilidade do sócio retirante ficará restrita ao período em que figurou como sócio da sociedade, mas é claro que isso envolverá as dívidas já existentes à época em que ele ingressou na sociedade, como previsto no art. 1.025 do CC.

O período de dois anos a que faz referência a lei corresponde ao prazo para ajuizamento da reclamação trabalhista e é computado da data da saída formal do sócio retirante da sociedade, não se confundindo com o prazo prescricional disciplinado pelo arts. 7º, XXIX, da CF e 11, I, da CLT. Isso significa dizer que se o sócio deixou a empresa em 2017 e uma reclamação trabalhista foi ajuizada em 2018, havendo procedência do pedido e inadimplência da empresa e dos sócios da época da execução, o sócio retirante poderá ser chamado a responder pela dívida em 2025, por exemplo. Por outro lado, se o sócio formalizou sua saída da empresa em 2017 e o empregado dessa época foi despedido e ajuizou sua reclamação trabalhista em 2020, então nada poderá cobrar dele.

Para que ocorra a responsabilização patrimonial dos sócios e dos ex-sócios, deve-se observar o procedimento processual referido pelo art. 855-A da CLT, denominado incidente de desconsideração da personalidade jurídica, bem como a ordem sucessiva a seguir analisada.

I – a empresa devedora;

Inciso acrescentado pela Lei n. 13.467, de 13.07.2017.

A empresa reclamada (ou o grupo econômico) é a primeira responsável pelo pagamento do débito existente em face do trabalhador reclamante, de eventuais recolhimentos previdenciários devidos à União e de todas as despesas do processo, inclusive no caso de sucessão (arts. 10, 448 e 448-A da CLT). Ela, portanto, na condição de ré e devedora, deverá ser citada para pagamento da dívida, na forma do art. 880 da CLT. Caso não pague ou deixe de garantir a execução (art. 882 da CLT), o processo terá seu curso, com a penhora de tantos bens quantos bastem para a satisfação do valor devido (art. 883 da CLT). Se a empresa não possuir bens penhoráveis ou suficientes para o pagamento da execução, então o processo deverá prosseguir por meio da desconsideração da personalidade jurídica e consequente direcionamento da cobrança em face dos sócios e ex-sócios (art. 855-A da CLT).

II – os sócios atuais; e

Inciso acrescentado pela Lei n. 13.467, de 13.07.2017.

Frustrada a execução promovida contra a empresa devedora (ou grupo econômico), então a cobrança dos valores devidos deverá se voltar contra os sócios atuais em segundo lugar, observado o procedimento estabelecido pelo art. 855-A da CLT. Essa responsabilidade subsidiária dos sócios também está prevista nos arts. 1.024 do CC e 795, § 1º, do CPC e diz respeito àqueles que figurarem na sociedade no momento da execução. Entre os sócios atuais não haverá uma ordem de preferência ou um limite de responsabilidade, como expressamente dispõe a lei. Nessa fase, todos eles responderão solidariamente pelo valor integral da dívida, independentemente da cota de participação de cada um no capital social da empresa (*vide*, também, o art. 4º, V, da Lei n. 6.830/80).

III – os sócios retirantes.

Inciso acrescentado pela Lei n. 13.467, de 13.07.2017.

Os sócios retirantes vêm em terceiro lugar. Se a execução não resultar positiva em face da empresa (ou grupo econômico) e dos sócios atuais, então todos aqueles que se retiraram da sociedade responderao pelas dívidas trabalhistas da época em que dela participaram. Para a cobrança ser dirigida contra esses sócios também é necessário que o incidente de desconsideração da personalidade jurídica seja ajuizado pelo exequente, tal como previsto no art. 855-A da CLT. Além de observar esse procedimento, ainda é preciso que o exequente atente para o prazo previsto no *caput*, segundo o qual a responsabilidade subsidiária do sócio retirante somente ocorre em ações ajuizadas até dois anos depois de averbada a modificação do contrato social. Como pode haver vários sócios retirantes ao longo do período trabalhado pelo exequente, o ideal é que se observe a ordem cronológica decrescente nessa responsabilização, de modo que os últimos sócios que saíram da sociedade sejam os primeiros a responder pelas dívidas deixadas para trás. Feita essa ressalva e observando-se o art. 1.025 do CC, deve-se atentar que o sócio retirante responde pelo valor integral da dívida da época em que participou da sociedade, independentemente da cota de participação que tinha no capital social da empresa.

Parágrafo único. O sócio retirante responderá solidariamente com os demais quando ficar comprovada fraude na alteração societária decorrente da modificação do contrato.

Parágrafo acrescentado pela Lei n. 13.467, de 13.07.2017.

Se a saída do sócio da sociedade mostrar-se fraudulenta, como ocorre nos casos de simulação (art. 167 do CC), então todos os sócios, atuais e retirantes mediante fraude, responderão solidariamente pelas dívidas trabalhistas. Nesse caso, somente a responsabilidade subsidiária dos sócios é que deverá ser observada na execução, de tal modo que em primeiro lugar será executada a empresa (ou grupo econômico) para que depois a cobrança se volte contra eles.

Art. 11. A pretensão quanto a créditos resultantes das relações de trabalho prescreve em cinco anos para os trabalhadores urbanos e rurais, até o limite de dois anos após a extinção do contrato de trabalho.

Caput *com redação dada pela Lei n. 13.467, de 13.07.2017.*

A prescrição é definida como a extinção da ação pelo decurso do tempo. É um mecanismo que serve para consolidar as relações com o passar do tempo, gerando segurança jurídica e estabilidade na sociedade.

Este dispositivo legal que trata da prescrição trabalhista recebeu redação semelhante à do art. 7º, XXIX, da CF.

Por força do art. 8º da CLT, doutrina e jurisprudência vinham entendendo pela aplicação dos preceitos alusivos à prescrição na forma prevista no CC, que contém prazos mais amplos, desde que o direito postulado tivesse origem no contrato de trabalho e previsão na norma de direito civil, como ocorre nas causas envolvendo indenizações por danos morais e materiais por acidente de trabalho (art. 206, § 3º, V, do CC), por exemplo. A tese, no entanto, só em parte foi acolhida pelo Col. TST. Para esse tribunal, se a lesão fundamentada no CC ocorreu após a entrada em vigor da EC n. 45/2004, deve ser aplicado o prazo prescricional previsto no art. 7º, XXIX, da CF, pois as indenizações daí decorrentes constituem créditos trabalhistas sujeitos à incidência da norma prescricional trabalhista. Ocorrida a lesão antes da EC n. 45/2004, aí, sim, é aplicável o prazo contido no CC, observada a regra de transição de seu art. 2.028.

Apesar das opiniões em contrário, parcela considerável da doutrina e da jurisprudência entende que o reconhecimento da prescrição de ofício pelo juiz, na forma prevista pelos arts. 332, § 1º, e 487, II e parágrafo único, ambos do CPC, não é aplicável na Justiça do Trabalho. Para essa corrente de pensamento, a CLT disciplina a matéria, ou seja, não é omissa, e referida norma não é compatível com seus princípios de proteção (arts. 8º, *caput*, e 769, ambos da CLT).

Os prazos prescricionais aplicáveis aos créditos trabalhistas de trabalhadores urbanos e rurais foram igualados pela EC n. 28/2000, o que foi reproduzido pela CLT.

Assim, se o empregado trabalhou de 03.05.2002 a 02.12.2011, foi despedido e resolveu ingressar com uma reclamação, só poderá fazê-lo até 02.12.2013, hipótese em que o réu poderá invocar a prescrição dos direitos anteriores a 02.12.2008.

Caso o aviso-prévio desse trabalhador tenha sido indenizado, então os 57 dias desse período (30 dias + 27 dias – Lei n. 12.506/2011) deverão ser computados para fins prescricionais, conforme art. 487, § 1º, da CLT e OJ n. 83 da SDI-1 do Col. TST. No exemplo dado, com o aviso-prévio indenizado, o trabalhador despedido em 02.12.2011 teria sua dispensa projetada para 28.01.2012 (Súmula n. 380 do Col. TST), de tal modo que deveria ingressar com sua ação trabalhista o mais tardar em 28.01.2014, e o prazo quinquenal nesse caso retroagiria para 28.01.2009.

Sobre a prescrição alusiva ao FGTS, cuida a Súmula n. 362 do Col. TST. Após o julgamento do Recurso Extraordinário com Agravo n. 709.212/DF pelo Col. STF, tal verbete recebeu nova redação e criou regra de transição para aplicação da prescrição trintenária aos contratos em vigor em 13.11.2014 (I). Para os demais casos, todavia, a súmula terminou por igualar a contagem do prazo prescricional do FGTS à dos demais direitos trabalhistas (II).

A Lei n. 14.010, de 10.06.2020, instituiu normas de caráter transitório e emergencial para a regulação de relações jurídicas de Direito Privado em virtude da pandemia do coronavírus (Covid-19). Em seu art. 3º, essa norma considerou os prazos prescricionais impedidos ou suspensos a partir de sua entrada em vigor, em 12.06.2020 até 30.10.2020, estendendo esse mesmo efeito à decadência. Como o direito do trabalho é um ramo do direito privado, apesar de suas normas cogentes, tais regras são plenamente aplicáveis aqui também.

I e II – (*Revogados pela Lei n. 13.467, de 13.07.2017.*)

---

§ 1º O disposto neste artigo não se aplica às ações que tenham por objeto anotações para fins de prova junto à Previdência Social.

Parágrafo acrescentado pela Lei n. 9.658, de 05.06.1998.

As ações declaratórias não se sujeitam a prazos prescricionais, porque visam tão somente a declaração da existência ou não de uma relação jurídica ou da autenticidade ou falsidade de um documento.

A ação declaratória que tenha por objetivo a anotação da CTPS não se refere a um crédito, pois não tem valor econômico e não acarretará uma execução para pagamento, caso a sentença que deferir seus pedidos não seja cumprida. Assim, os arts. 7º, XXIX, da CF e 11 da CLT não incidirão nessa hipótese.

O trabalhador poderá requerer a anotação desse documento pelo empregador com a data que foi omitida em sua saída ou com a evolução salarial correta e satisfeita na vigência do contrato de trabalho, por exemplo, tudo para fazer prova junto à Previdência Social, hipóteses em que não haverá prescrição alguma a ser declarada. Aqui ainda vale salientar que o art. 39, §§ 1º e 2º, da CLT determina que o juiz ordene que a Secretaria da Vara providencie as correspondentes anotações da CTPS.

---

§ 2º Tratando-se de pretensão que envolva pedido de prestações sucessivas decorrente de alteração ou descumprimento do pactuado, a prescrição é total, exceto quando o direito à parcela esteja também assegurado por preceito de lei.

Parágrafo com redação dada pela Lei n. 13.467, de 13.07.2017.

A Súmula n. 294 do Col. TST possui conteúdo praticamente idêntico ao deste parágrafo, sendo sua verdadeira fonte: "Prescrição. Alteração contratual. Trabalhador urbano. Tratando-se de ação que envolva pedido de prestações sucessivas decorrente de alteração do pactuado, a prescrição é total, exceto quando o direito à parcela esteja também assegurado por preceito de lei". Na visão da norma, quando o direito do trabalhador encontrar previsão legal e não for respeitado, tem-se uma lesão que se repete a cada prestação sonegada, como se daria no caso de o empregador reduzir unilateralmente o adicional noturno pelo trabalho das 22h às 5h de 20% para 10%. Ainda que transcorram dez anos dessa alteração, ela não se consolidará, porque a pretensão renasce a cada pagamento em valor inferior ao mínimo previsto em lei. Assim, o empregado poderá reclamar os últimos cinco anos de adicional noturno pagos a menor em caso de ajuizamento de reclamação trabalhista. Por outro lado, se a empresa pagou por vários anos, voluntariamente, um adicional noturno de 30% e depois resolveu reduzi-lo unilateralmente ao percentual legal, de 20%, passados cinco anos o trabalhador nada mais poderá reclamar, porque a lei não prevê aquele índice maior e a alteração contratual prejudicial, assim, é tida como única no tempo.

---

§ 3º A interrupção da prescrição somente ocorrerá pelo ajuizamento de reclamação trabalhista, mesmo que em juízo incompetente, ainda que venha a ser extinta sem resolução do mérito, produzindo efeitos apenas em relação aos pedidos idênticos.

Parágrafo com redação dada pela Lei n. 13.467, de 13.07.2017.

Também este texto legal encontra sua fonte na jurisprudência do Col. TST, cuja Súmula n. 268 diz o seguinte: "Prescrição. Interrupção. Ação trabalhista arquivada. A ação trabalhista, ainda que arquivada, interrompe a prescrição somente em relação aos pedidos idênticos". Paralelamente a este dispositivo, tem-se também os arts. 240, § 1º, e 802 do CPC.

Uma vez proposta a reclamação trabalhista, mesmo que em juízo relativa ou absolutamente incompetente, a prescrição será interrompida quanto aos mesmos pedidos formulados. Isso se dará inclusive se houver extinção do processo sem resolução do mérito, de que é espécie o arquivamento de que trata o art. 844 da CLT, decorrente do não comparecimento do reclamante à primeira audiência.

Interrompida a prescrição, ela começará a fluir do zero com o trânsito em julgado da decisão que pôs fim ao processo anterior. Logo, terá o reclamante mais dois anos para a propositura de nova reclamação trabalhista em face da mesma reclamada. Sobre esse assunto o Col. TRT de São Paulo possui a Súmula n. 35, cuja transcrição é oportuna: "Prescrição bienal e quinquenal. Interrupção. Ação arquivada ou extinta. A ação ajuizada anteriormente, extinta ou arquivada, interrompe os prazos prescricionais de dois anos e de cinco anos, quanto aos pedidos idênticos. Conta-se o prazo quinquenal pretérito, a partir do ajuizamento da primeira ação e o novo prazo bienal futuro, a partir de seu arquivamento ou trânsito em julgado da decisão que a extinguiu".

A interrupção da prescrição, segundo disposto pelo art. 202, *caput*, do CC, somente poderá ocorrer uma vez.

Será ônus do demandante comprovar que a prescrição foi interrompida em virtude da propositura anterior de reclamação trabalhista com pedidos idênticos.

Art. 11-A. Ocorre a prescrição intercorrente no processo do trabalho no prazo de dois anos.

Caput *acrescentado pela Lei n. 13.467, de 13.07.2017.*

A prescrição intercorrente é aquela que ocorre no curso do processo, mais precisamente na sua fase de execução, incluída aí a sua etapa preparatória denominada liquidação de sentença. A admissão dessa modalidade de prescrição nunca foi pacífica no processo trabalhista, porque nele a execução sempre se processou de ofício, o que foi modificado pela Lei n. 13.467/2017. Essa lei trouxe várias mudanças na CLT, alterando também seu art. 878, que passou a contar com a seguinte redação: "A execução será promovida pelas partes, permitida a execução de ofício pelo juiz ou pelo Presidente do Tribunal apenas nos casos em que as partes não estiverem representadas por advogado".

Como a execução de ofício não era uma obrigação do juiz, mas, sim, uma faculdade, a jurisprudência oscilava entre a admissão ou não da prescrição intercorrente no processo do trabalho, havendo duas súmulas que se enfrentavam abertamente: a Súmula n. 114 do Col. TST e a Súmula n. 327 do Col. STF. Agora o legislador trabalhista pacificou a questão e passou a admiti-la expressamente.

A matéria também é tratada pelos arts. 40 da Lei n. 6.830/80 e 921 do CPC, ambos de aplicação ao processo do trabalho quando houver omissão da CLT (arts. 769 e 889 da CLT e 15 do CPC).

Somente não será cabível a aplicação da prescrição intercorrente quando a parte exequente exercer o *jus postulandi* de que trata o art. 791 da CLT ou então a causa for de alçada, porque nesses casos a execução poderá ser processada de ofício (arts. 878 da CLT e 4º da Lei n. 5.584/70).

O prazo prescricional intercorrente é de dois anos e levará à extinção da execução, nos termos do art. 924, V, do CPC.

§ 1º A fluência do prazo prescricional intercorrente inicia-se quando o exequente deixa de cumprir determinação judicial no curso da execução.

Parágrafo acrescentado pela Lei n. 13.467, de 13.07.2017.

O prazo da prescrição intercorrente tem seu início no momento em que a parte exequente é instada a cumprir determinada ordem judicial e deixa de fazê-lo sem apresentar qualquer justificativa para tanto. Seria o caso, por exemplo, de o exequente receber a ordem de apresentação de contas de liquidação e permanecer inerte ao longo de mais de dois anos, sem explicar o motivo de sua paralisia, ou ainda a hipótese de o juiz ordenar a apresentação de determinada certidão de imóvel penhorado, para fins de alienação judicial, e o exequente não atender ao comando judicial e não oferecer outra alternativa ao andamento do processo, deixando transcorrer o biênio prescricional.

Por outro lado, diante da redação dos arts. 40 da Lei n. 6.830/80 e 921 do CPC e da omissão da CLT, no caso específico de o executado não ser localizado ou não possuir bens penhoráveis, a execução deverá ser suspensa pelo período de um ano, após o qual o processo será arquivado e, não havendo manifestação do exequente, começará a correr o prazo de prescrição intercorrente de dois anos.

A Lei n. 14.010, de 10.06.2020, instituiu normas de caráter transitório e emergencial para a regulação de relações jurídicas de Direito Privado em virtude da pandemia do coronavírus (Covid-19). Em seu art. 3º, essa norma considerou os prazos prescricionais impedidos ou suspensos a partir de sua entrada em vigor, em 12.06.2020, até 30.10.2020, estendendo esse mesmo efeito à decadência. O dispositivo em questão é plenamente aplicável ao direito do trabalho, inclusive no tocante à prescrição intercorrente, pois a lei não fez ressalvas a esse respeito.

---

§ 2º A declaração da prescrição intercorrente pode ser requerida ou declarada de ofício em qualquer grau de jurisdição.

Parágrafo acrescentado pela Lei n. 13.467, de 13.07.2017.

A prescrição intercorrente poderá ser declarada mediante provocação da parte ou declarada de ofício pelo juiz, independentemente de o processo estar na Vara, no TRT ou no TST. Seja como for, o juiz deverá ouvir as partes no prazo de quinze dias, pois o processo do trabalho também não admite a decisão surpresa (art. 10 do CPC) e deve sempre garantir o contraditório e a ampla defesa (art. 5º, LV, da CF). Nesse sentido também estão os arts. 40, § 4º, da Lei n. 6.830/80 e 921, § 5º, do CPC, de aplicação subsidiária ao processo do trabalho.

Art. 12. Os preceitos concernentes ao regime de seguro social são objeto de lei especial.

As normas trabalhistas e previdenciárias são autônomas, porém interdependentes. A CLT trata das relações entre empregado e empregador, mas da relação destes com a Previdência Social cuidam normas específicas, como as Leis ns. 8.212/91 e 8.213/91.

TÍTULO II
DAS NORMAS GERAIS DE TUTELA DO TRABALHO

CAPÍTULO I
DA IDENTIFICAÇÃO PROFISSIONAL

Seção I
Da Carteira de Trabalho e Previdência Social

Por força do disposto no art. 1º do Decreto-lei n. 926, de 10.10.1969, que instituiu a CTPS, que substituirá a Carteira Profissional, a Carteira de Trabalho do Menor e a Carteira Profissional do Trabalhador Rural, substituímos todas as expressões anteriores alusivas a esse documento pela nova nomenclatura determinada, independentemente de referência feita a esse Decreto-lei.

Art. 13. A Carteira de Trabalho e Previdência Social é obrigatória para o exercício de qualquer emprego, inclusive de natureza rural, ainda que em caráter temporário, e para o exercício por conta própria de atividade profissional remunerada.

Caput *com redação dada pelo Decreto-lei n. 926, de 10.10.1969.*

Este artigo cuida da obrigatoriedade da CTPS para as situações que discrimina. Esse documento foi instituído originalmente pelo Decreto n. 21.175/32, que foi regulamentado pelo Decreto n. 22.035/32, e posteriormente consolidado pelo Decreto-lei n. 5.452, de 01.05.1943.

Denominação. A redação original deste dispositivo utilizava a expressão *carteira profissional*. Atualmente, o mesmo documento passou a ser denominado CTPS. Parte da doutrina condena o uso do termo *carteira*, alegando que este tem o significado de bolsa ou porta-objetos. Invocam a terminologia estrangeira – *livret d'ouvrier* ou *libretto di lavoro* – para afirmar que a expressão mais adequada para retratar o documento e suas peculiares características seria *caderneta de trabalho*.

Situações de obrigatoriedade de uso. O artigo prevê a obrigatoriedade da CTPS para o exercício de qualquer emprego, quer seja urbano (arts. 2º e 3º da CLT), quer seja rural (arts. 2º e 3º da Lei n. 5.889/73). O vínculo de natureza doméstica (art. 1º da LC n. 150/2015) também está sujeito à anotação na CTPS (art. 9º da LC n. 150/2015 e art. 28, II, da Lei n. 8.212/91). Os atletas de futebol (art. 28, § 4º, da Lei n. 9.615/98), bem como os treinadores profissionais de futebol (art. 6º da Lei n. 8.650/93), devem, obrigatoriamente, possuir CTPS. O dispositivo esclarece ainda, para não deixar dúvidas, que mesmo para o vínculo de natureza temporária a CTPS é imprescindível. Além dessas situações de emprego, a CTPS é fundamental para o exercício, por conta própria, de atividade profissional remunerada, portanto, sem vínculo empregatício – profissionais liberais, autônomos, avulsos etc. – além de outras mencionadas nos parágrafos seguintes. Posteriormente ao Decreto-lei n. 926/69, que traçou novos contornos ao art. 13 da CLT, promulgou-se a Lei n. 6.019/74, que disciplina o trabalho temporário. Para os que entendem que há contrato de trabalho entre a empresa de trabalho temporário e o trabalhador temporário, dúvidas não restam acerca da necessidade da CTPS para a celebração de tal vínculo. Alguma dúvida poderia pairar ao se admitir a não existência de vínculo de emprego em tal situação. Mesmo nessa hipótese, a CTPS é imprescindível, pois a condição de temporário deve ser anotada na CTPS do trabalhador (art. 12, § 1º, da Lei n. 6.019/74. Atualmente, há um carimbo padronizado que menciona a condição de temporário e o prazo máximo de duração de seu contrato, que é de três meses.

Exceções à regra da obrigatoriedade. Nos termos do art. 21 e seus parágrafos da Lei n. 6.815/80, o estrangeiro residente em região que faça fronteira com o Brasil pode trabalhar em cidades brasileiras próximas à fronteira com seu país, pois para tanto, não necessita de CTPS: basta o documento de identidade fornecido pela Polícia Federal. Ressalte-se, entretanto, que o estrangeiro, com visto temporário, que exerça atividade remunerada está sujeito à regra geral, ou seja, necessita da CTPS para o exercício da mencionada atividade. O estagiário não está obrigado a possuir a CTPS. Para trabalho em localidade onde não exista serviço de emissão, veja comentário ao art. 13, § 3º. Para os empregadores – sócios em geral, titulares de empresa individual e diretores não empregados –, a CTPS não é obrigatória, mas facultativa, para efeitos exclusivamente previdenciários, nos termos do art. 15, parágrafo único, da Lei n. 3.807/60, alterado pela Lei n. 5.890/73.

Atributos da CTPS. Os atributos da CTPS são os seguintes: fornece subsídios informativos ao Estado para controle estatístico da situação do emprego no país, essencial para a tomada de postura do Poder Executivo com vistas a aumentar e estabilizar a renda nacional e incrementar a empregabilidade; serve de atestado de antecedentes do trabalhador na ocasião da procura de novo emprego. Tem, sob esse aspecto, a mesma função do *certificado de trabalho* previsto em outros ordenamentos jurídicos; serve de prova do contrato de trabalho e de suas cláusulas fundamentais, como remuneração, férias, jornada etc. A CTPS deixou de ser considerada documento hábil a atestar a identificação civil. A nova redação do *caput* do art. 40 da CLT, dada pela Lei n. 13.874/2019, retirou da CTPS a qualidade de poder ser utilizada como documento de identidade, revogando tacitamente o disposto no inciso II do art. 2º da Lei n. 12.037/2009, que permitia que a Carteira de Trabalho atestasse a identidade civil do portador.

Consequências da obrigatoriedade. Pode parecer, à primeira vista, que a CTPS é um requisito formal obrigatório para a concretização do vínculo de emprego. Assim, como regra (veja a exceção do § 3º), o trabalhador não poderia ser admitido caso não a possuísse ou não a apresentasse. Tal entendimento, contudo, não merece prosperar. A relação jurídica de emprego concretiza-se plenamente mesmo que o empregado não possua CTPS ou não a apresente. Os direitos do empregado não ficam prejudicados pelo descumprimento desse requisito, sob pena de enriquecimento sem causa do empregador (veja comentário ao art. 29).

Indisponibilidade. Podemos observar que o objeto da tutela jurídica a qual o dispositivo legal em comento visa a assegurar envolve bens jurídicos de natureza diversa. De um lado, a tutela de ordem pública, que se manifesta, por exemplo, na finalidade de a CTPS fornecer dados para o controle da empregabilidade por parte do Estado, bem como servir como um dos meios de controle para o INSS fiscalizar a correição dos lançamentos tributários referentes às contribuições previdenciárias. De outro lado, podemos observar que a regra visa igualmente a tutelar um interesse particular do trabalhador, qual seja, o de possuir um atestado de trabalho com presunção relativa de veracidade. A conclusão que se tira das assertivas expostas é que a CTPS, nas hipóteses em que a lei determina a sua obrigatoriedade, é irrenunciável por qualquer das partes envolvidas na relação jurídica, quer seja em juízo quer seja fora dele, bem como por sindicatos em acordos ou convenções coletivas. O bem jurídico tutelado é de ordem pública e há direitos que envolvem terceiros (INSS). Ademais, as contribuições sociais, por terem natureza tributária, devem ser cobradas mediante atividade administrativa plenamente vinculada (art. 3º do CTN). Assim, não havendo margem de discricionariedade sequer para a Administração Pública, tanto menos haverá para o particular.

---

§ 1º O disposto neste artigo aplica-se, igualmente, a quem:

Parágrafo acrescentado pelo Decreto-lei n. 229, de 28.02.1967, e com redação dada pelo Decreto-lei n. 926, de 10.10.1969.

Para não restar dúvidas, os incisos do § 1º especificam algumas situações que poderiam, eventualmente, dar margem a alguma controvérsia, apesar de se enquadrarem na regra geral do *caput* do artigo: "exercício por conta própria de atividade profissional remunerada". Ademais, a obrigatoriedade nessas hipóteses tem forte conotação social, uma vez que o fato de o dispositivo atingir um número considerável de pessoas simples e desconhecedoras de seus direitos torna os benefícios da previdência social acessíveis a elas.

I – proprietário rural ou não, trabalhe individualmente ou em regime de economia familiar, assim entendido o trabalho dos membros da mes-

ma família, indispensável à própria subsistência, e exercido em condições de mútua dependência e colaboração;

Inciso acrescentado pelo Decreto-lei n. 926, de 10.10.1969.

Trata-se aqui de trabalhador rural, e não de empregado rural. Não se cuida também de empresa rural, apesar do fim econômico a que se presta a atividade. Vale ressaltar que, se o proprietário rural ou usufrutuário, possuidor, assentado, parceiro ou meeiro outorgados, comodatário ou arrendatário rurais explorarem atividade agropecuária em área de até quatro módulos fiscais ou atividade de seringueiro ou extrativista vegetal baseadas na coleta e extração de modo sustentável (inciso XII do art. 2º da Lei n. 9.985/2000), serão considerados segurados especiais da Previdência Social, desde que trabalhem em regime de economia familiar (ainda que com o auxílio eventual de terceiros a título de mútua colaboração), façam dessas atividades o principal meio de vida e residam no imóvel rural (art. 12, VII, da Lei n. 8.212/91, com redação conferida pela Lei n. 11.718/2008).

II – em regime de economia familiar e sem empregado, explore área não excedente do módulo rural ou de outro limite que venha a ser fixado, para cada região, pelo Ministério do Trabalho e Previdência Social.

Inciso acrescentado pelo Decreto-lei n. 926, de 10.10.1969.
Veja nota 1 na página XXI.

As atribuições do Ministério do Trabalho e Emprego foram redistribuídas para outros ministérios (*vide* comentários ao § 2º deste artigo).

O módulo rural está definido no art. 4º, III, da Lei n. 4.504/64 (Estatuto da Terra). O antigo Ministério do Trabalho e Previdência Social corresponde, atualmente, ao Ministério do Trabalho e Emprego.

---

§ 2º A Carteira de Trabalho e Previdência Social (CTPS) obedecerá aos modelos que o Ministério da Economia adotar.

Parágrafo acrescentado pelo Decreto-lei n. 229, de 28.02.1967, e com redação dada pela Lei n. 13.874, de 20.09.2019.
Veja nota 1 na página XXI.

A Medida Provisória n. 870/2019, convertida na Lei n. 13.844/2019, altera toda a estrutura organizacional do Poder Executivo Federal, criando e extinguindo ministérios. Entre as providências adotadas, ressalta uma especialmente notável: a transformação do Ministério do Trabalho e Emprego no Ministério da Economia (art. 57, I, da Lei n. 13.844). Analisando, entretanto, o conteúdo da lei em comento, parece-nos mais adequado falar em extinção do Ministério do Trabalho e Emprego. O art. 83, *caput*, da Lei n. 13.844/2019 prevê o retalhamento e a transferência de suas competências para: 1) Ministério da Justiça e Segurança Pública (Coordenação-Geral de Imigração e Conselho Nacional de Imigração, nos termos do art. 83, I, *a* e *b*, da Lei n. 13.844/2019); 2) Ministério da Cidadania (Subsecretaria de Economia Solidária e Conselho Nacional de Economia Solidária, consoante o art. 83, II, *a* e *b*, da Lei n. 13.844/2019); 3) Ministério da Economia. Duas Secretarias no âmbito do Ministério do Trabalho (Secretaria Especial de Previdência e Trabalho e Secretaria Especial de Produtividade, Emprego e Competitividade – art. 59, VI, *c* e *f*, da Lei n. 13.844/2019) foram criadas para absorver as competências do extinto Ministério. No âmbito da proteção ao trabalhador, princípio basilar do direito do trabalho, esta parece ser mais uma medida complementar às outras que vêm sendo adotadas nos últimos anos e que produziram uma profunda mudança na legislação trabalhista. Observa-se em todas elas uma unidade: diminuir a proteção ao trabalhador, ora retirando direitos consolidados há décadas, ora diminuindo a proteção coletiva, com o enfraquecimento do movimento sindical. Todas essas medidas possuem um objetivo comum que é o de diminuir o custo decorrente da contratação de mão de obra e, consequentemente, minimizar os riscos do empreendedorismo. O golpe, desta vez, incide sobre o Poder Executivo, exatamente na sua função institucional de dar efetividade à legislação protetora do trabalho. Retirando-a do patamar ministerial, a nobre função de tornar efetivo esse arcabouço legislativo provoca, obviamente, o enfraquecimento de tal atribuição.

O modelo adotado pelo Ministério da Economia foi o da Carteira de Trabalho Digital, previsto no art. 1º da Portaria n. 1.065/2019 da Secretaria Especial de Previdência e Trabalho do Ministério da Economia. A adoção desse modelo digital não excluiu a tradicional Carteira de Trabalho em meio físico, uma vez que seu uso pode ser feito, em caráter excepcional, enquanto o empregador não for obrigado ao uso do eSocial (art. 7º da Portaria n. 1.065).

§§ 3º e 4º (*Revogados pela Lei n. 13.874, de 20.09.2019.*)

Seção II
Da Emissão da Carteira de Trabalho e Previdência Social

Seção com denominação dada pelo Decreto-lei n. 926, de 10.10.1969.

Art. 14. A CTPS será emitida pelo Ministério da Economia preferencialmente em meio eletrônico.

Caput *com redação dada pela Lei n. 13.874, de 20.09.2019.*

A adoção do modelo eletrônico da Carteira de Trabalho e a transferência das atribuições do Ministério do Trabalho e Emprego para o Ministério da Economia mudaram substancialmente as regras de emissão e trouxeram dúvidas quanto ao órgão emissor da Carteira de Trabalho.

Pela redação anterior, competia às Delegacias Regionais do Trabalho (DRT), originariamente, o encargo da emissão da CTPS – as DRT foram substituídas pelas Coordenadorias de Relações de Trabalho e por divisões ou serviços, nos estados de menor porte, o que perdurou até 1992, quando a Lei n. 8.422/92 revigorou-as. A Lei n. 13.874/2019 revogou o dispositivo. As Delegacias Regionais do Trabalho foram extintas? Não há nenhuma menção na legislação modificadora a respeito. O inciso III do art. 83 da Lei n. 13.844/2019 determina a transferência para o Ministério da Economia "das demais unidades administrativas e órgãos colegiados" do extinto Ministério do Trabalho e Emprego, exceto aqueles mencionados nas alíneas dos incisos II e III, que foram realocados para outros ministérios. Apesar da omissão em mencionar as Delegacias Regionais do Trabalho, elas não deixaram de existir, pois são unidades administrativas do Ministério do Trabalho que foram realocadas no Ministério da Economia.

Parágrafo único. Excepcionalmente, a CTPS poderá ser emitida em meio físico, desde que:

Parágrafo com redação dada pela Lei n. 13.874, de 20.09.2019.

A redação anterior deste parágrafo único previa que os sindicatos estavam autorizados a emitir CTPS em situações excepcionais, desde que fosse celebrado um convênio com o sindicato, que poderia ser celebrado desde que não houvesse Superintendências Regionais do Trabalho e Emprego na localidade e que não houvesse convênios destas com outros órgãos estatais encarregados da emissão do documento em apreço. Tal hipótese, que só era possível diante da expressa autorização legislativa, foi revogada pela Lei n. 13.874/2019. Assim, os sindicatos perderam uma importante atribuição que lhes conferia a legislação anterior, o que contribui para o enfraquecimento do movimento sindical, uma vez que diminui o seu campo de atuação. A redação atual mudou o objeto tratado por este parágrafo único, que passou a se referir às condições para a emissão da CTPS (poderá ser emitida, desde que...). Entretanto, os novos incisos referem-se apenas aos órgãos autorizados a emitir a CTPS em meio físico, e não às condições que induz esclarecer.

I – nas unidades descentralizadas do Ministério da Economia que forem habilitadas para a emissão;

Inciso acrescentado pela Lei n. 13.874, de 20.09.2019.

As unidades descentralizadas do Ministério da Economia habilitadas para a emissão da CTPS são as Delegacias Regionais do Trabalho e seus órgãos, até que passem a ter denominação diferente, que passaram a pertencer ao Ministério da Economia.

II – mediante convênio, por órgãos federais, estaduais e municipais da administração direta ou indireta;

Inciso acrescentado pela Lei n. 13.874, de 20.09.2019.

Tal convênio era previsto, antes da mudança introduzida pela Lei n. 13.874/2019, no *caput* do art. 14 da CLT. Agora sua previsão foi deslocada para o inciso II do parágrafo único, acrescentado pela referida lei. O objetivo é facilitar o acesso a tão importante documento, permitindo o convênio com órgãos federais, estaduais e municipais da administração direta e indireta. Tal descentralização traz inúmeros benefícios tanto aos trabalhadores (facilidade de acesso ao documento, sobretudo em localidades distantes) como à administração pública, que descentraliza e racionaliza esse serviço público.

III – mediante convênio com serviços notariais e de registro, sem custos para a administração, garantidas as condições de segurança das informações.

Inciso acrescentado pela Lei n. 13.874, de 20.09.2019.

A Lei n. 13.874/2019 retirou dos sindicatos, entidades privadas, o poder de emitir CTPS em determinadas situações (*vide* comentários ao parágrafo único deste artigo), mas permitiu que outro órgão privado auxilie na tarefa da emissão da CTPS por meio físico: os serviços notariais e de registro. A designação veio acompanhada de um ônus, qual seja, o de não gerar custos para a administração. Resta a dúvida sobre se tal serviço pode ser cobrado dos trabalhadores. Em face da ausência de proibição, uma interpretação superficial nos leva a entender que tal serviço pode ser cobrado do trabalhador, assim como o são os serviços notariais e de registro, que são cobrados dos usuários. Entretanto, uma interpretação sistemática nos leva à conclusão contrária. O art. 4º, parágrafo único, I, da Portaria n. 1.065/2019 da Secretaria Especial de Previdência e Trabalho do Ministério da Economia prevê gratuidade para o acesso ao aplicativo específico Carteira de Trabalho Digital, coerente com o fundamento dos direitos de liberdade econômica da Lei n. 13.874/2019. Assim, a emissão pelos órgãos notariais e de registro deve realizar-se sem ônus para o trabalhador. Tal incumbência atribuída a essas entidades é um ônus legal que lhes foi destinado para colaborar com o processo de desburocratização, quais sejam, emitir sem custo a CTPS física e garantir as condições de segurança das informações.

Art. 15. Os procedimentos para emissão da CTPS ao interessado serão estabelecidos pelo Ministério da Economia em regulamento próprio, privilegiada a emissão em formato eletrônico.

Artigo com redação dada pela Lei n. 13.874, de 20.09.2019.

A redação anterior do art. 15 exigia o comparecimento pessoal do trabalhador ao órgão emissor para que fosse procedida a sua identificação. Não se admitia, assim, sequer uma procuração ou mandato para a prática desse ato, que era um procedimento de caráter eminentemente pessoal. Mesmo o menor de 18 anos (art. 17, § 1º, da CLT) deveria comparecer pessoalmente, muito embora as declarações devessem ser prestadas por seus responsáveis legais. Igualmente, no caso de solicitação de emissão de CTPS pelo empregador ou pelo sindicato, a presença do interessado era indispensável. A adoção do formato eletrônico para a CTPS tem por objetivo desburocratizar e facilitar sua emissão. Assim, ao contrário da legislação anterior, o comparecimento deixa de ser obrigatório, pois a habilitação da Carteira de Trabalho Digital será realizada por aplicativo específico para dispositivos móveis ou por serviço específico, denominado Carteira de Trabalho Digital, por meio do sítio eletrônico www.gov.br (art. 4º, parágrafo único, I e II, da Portaria n. 1.065/2019 da Secretaria Especial de Previdência e Trabalho do Ministério da Economia). No caso de emissão de CTPS física, a obrigação de comparecimento pessoal permanece, apesar da revogação do dispositivo legal que a exigia, pois se trata de uma emissão de documento, para a qual se exige, como regra geral, o comparecimento do interessado. Ressalte-se, por fim, a fragilização da certeza da veracidade das informações contidas no documento digital, não se podendo atribuir-lhe, portanto, a fé pública, própria dos documentos de identificação.

Art. 16. A CTPS terá como identificação única do empregado o número de inscrição no Cadastro de Pessoas Físicas (CPF).

Caput *com redação dada pela Lei n. 13.874, de 20.09.2019.*

O modelo físico de CTPS anterior deveria ter uma numeração serial própria e espaços destinados às anotações de dados dos contratos de trabalho, bem como espaços reservados para anotações de interesse da Previdência Social. A atual legislação prevê que o próprio número do CPF do portador sirva para identificar a CTPS digital e, ao que parece, as CTPS físicas emitidas posteriormente à modificação legislativa desburocratizadora. A exigência de apresentação de fotografia do portador e outras informações deixou de existir, em consonância com a ideia de simplificação.

I a IV – (*Revogados pela Lei n. 13.874, de 20.09.2019.*)
Parágrafo único. (*Revogado pela Lei n. 13.874, de 20.09.2019.*)
***a)* a *b)* (*Revogadas pela Lei n. 13.874, de 20.09.2019.*)**

Art. 17. (*Revogado pela Lei n. 13.874, de 20.09.2019.*)

Arts. 18 e 19. (*Revogados pela Lei n. 7.855, de 24.10.1989.*)

Arts. 20 e 21. (*Revogados pela Lei n. 13.874, de 20.09.2019.*)

Arts. 22 a 24. (*Revogados pelo Decreto-lei n. 926, de 10.10.1969.*)

Seção III
Da Entrega das Carteiras de Trabalho e Previdência Social

Arts. 25 e 26. (*Revogados pela Lei n. 13.874, de 20.09.2019.*)

Arts. 27 e 28. (*Revogados pela Lei n. 7.855, de 24.10.1989.*)

Seção IV
Das Anotações

Art. 29. O empregador terá o prazo de 5 (cinco) dias úteis para anotar na CTPS, em relação aos trabalhadores que admitir, a data de admissão, a remuneração e as condições especiais, se houver, facultada a adoção de sistema manual, mecânico ou eletrônico, conforme instruções a serem expedidas pelo Ministério da Economia.

Caput *com redação dada pela Lei n. 13.874, de 20.09.2019.*

O contrato de trabalho e a anotação na CTPS. Deixou de ser obrigatória a apresentação da CTPS física pelo trabalhador ao seu empregador. A exigência de que o empregador faça as anotações referentes à data de admissão, à remuneração e às condições especiais na CTPS continua existindo. Dilatou-se o prazo para que isso seja feito, passando das exíguas 48 horas da legislação anterior para o prazo de cinco dias, de acordo com a redação atual. Desta redação poder-se-ia, erroneamente, concluir que a hipótese apresenta um requisito formal para a efetivação do contrato de trabalho. Ao contrário, a celebração do contrato de trabalho prescinde de qualquer formalidade, uma vez que a lei não estabelece essa exigência. O descumprimento do dispositivo legal que determina a anotação do contrato de trabalho na CTPS – e sua obrigatoriedade, portanto – não pode trazer prejuízos ao empregado. Essa regra tem sua rigidez mitigada pelo princípio da primazia da realidade, que norteia o Direito do Trabalho e determina que a realidade fática deve sobrepor-se aos documentos – ou à sua ausência, como na hipótese. Assim, o empregado que trabalha com subordinação, habitualidade, pessoalidade e onerosidade celebrou um contrato de trabalho, mesmo sem anotação na CTPS, tem garantidos todos os seus direitos trabalhistas. Pensar de forma contrária seria premiar o infrator da lei, no caso o empregador, ao desonerá-lo de encargos trabalhistas pelo fato de ter descumprido a lei que determina a obrigatoriedade da anotação na CTPS e o respectivo registro do contrato de trabalho.

O pacto laboral pode até ser celebrado de forma tácita (art. 443 da CLT). Quando o contrato de trabalho for pactuado de forma expressa, pode ser celebrado tanto na forma escrita como na verbal. Ao empregador incumbe, entretanto, a obrigação de anotar na CTPS do trabalhador o essencial, ou seja, os elementos básicos daquilo que foi pactuado nas formas anteriormente descritas. A utilização do termo "anotar" indica que esse ato deve ser feito por escrito no documento indicado. A Lei n. 7.855/89 substituiu o termo "empregado" por "trabalhador", o que deixa clara a ideia de que há situações fora do contrato de trabalho que ensejam a anotação na CTPS.

Preceito de ordem pública. Irrenunciabilidade da anotação. A anotação na CTPS é uma imposição de ordem pública e não um simples direito do empregado. Assim, o empregador não pode escusar-se de anotar a CTPS do empregado por solicitação deste, com o propósito de evitar descontos de natureza tributária, obrigação imposta pela legislação ao empregador. Trata-se, como se vê, de um direito irrenunciável. Nem mesmo a convenção coletiva ou o acordo coletivo podem flexibilizar essa exigência legal. Ressalte-se que há interesses de terceiros – INSS, sindicatos, gestor do FGTS etc. – que ficariam prejudicados com a relativização do dispositivo. O momento para a apresentação da CTPS pelo empregado é o da admissão, ocasião em que o empregador deve ofertar ao empregado recibo de sua entrega.

Do conteúdo da anotação e do prazo máximo para realizá-la. O prazo atual para a anotação é de cinco dias úteis. No caso de CTPS física, quando a lei admitir seu uso, o prazo para a devolução da CTPS pelo empregador também é de cinco dias e é improrrogável. Apesar de não haver determinação legal para tanto, o empregador pode e deve exigir recibo de devolução da CTPS física, a ser passado pelo empregado, a fim de garantir-se contra eventuais e futuras acusações de retenção indevida de documento. A violação do dispositivo prevê uma consequência penal, prevista na Lei n. 5.553/68, que dispõe sobre a apresentação e uso de documentos de identificação pessoal, que estabelece, em seu art. 3º, um tipo contravencional, punido com pena de prisão simples de 1 a 3 meses ou multa, que consiste na retenção da CTPS – à época, a denominação *carteira profissional* era a utilizada e foi adotada pelo art. 1º dessa lei. O prazo-limite para devolução é de cinco dias (art. 2º, *caput*, da Lei n. 5.553/68), que, se for ultrapassado, configurará tipo contravencional. A pena administrativa de multa para o caso de ser ultrapassado o prazo de devolução foi revogada pela Lei n. 13.874/2019. Ressalte-se ainda que o prazo de cinco dias úteis previsto no artigo não significa um período de experiência, em que o empregado ficaria sem registro. Todo o período de experiência, independentemente de sua duração, deve ser anotado na CTPS do trabalhador. Assim, apesar do prazo de anotação de cinco dias úteis, a anotação do início do contrato de trabalho deve reportar-se à data em que o empregado iniciou efetivamente a prestação de trabalho. Deve-se atentar, contudo, para a situação do trabalhador eventual, cujo contrato de prestação de serviços não enseja anotação na CTPS, por não se enquadrar no perfil dos arts. 2º e 3º da CLT. Para distingui-lo dos contratos com prazo determinado de curta duração, mister se faz averiguar se o trabalho prestado insere-se na atividade normal da empresa. Em caso negativo, deve-se considerá-lo trabalhador eventual. Ao contrário, se positiva a resposta, é imprescindível considerá-lo empregado, e a anotação do contrato de trabalho na CTPS, digital ou física, conforme o caso, impõe-se, independentemente da exiguidade ou não da duração do pacto laboral. Cumpre frisar, à guisa de esclarecimento, que nada impede o empregador de contratar empregados em atividades que não se insiram na rotina normal da empresa.

Empregadores obrigados a anotar a CTPS. A obrigação é extensível a qualquer empregador – doméstico, rural ou urbano. As empresas de pequeno porte, bem como as microempresas, estão igualmente abrangidas pelo preceito (art. 52, I, da LC n. 123/2006). Em caso de sucessão de empregadores, o sucessor assume o encargo das anotações que deveriam ter sido feitas e não o foram, bem como de anotar as alterações que daí por diante ocorrerem. É inaceitável a alegação do adquirente da empresa de que está desonerado da obrigação de anotar as carteiras de trabalho por disposição contratual pactuada com o alienante do empreendimento.

Sistema manual, mecânico ou eletrônico. A Lei n. 7.855/89 referendou a prática já adotada por algumas empresas à época de sua promulgação e esclareceu que a anotação, além de manual, poderia também ser feita por meio mecânico ou eletrônico. Exemplificativamente, poderíamos apontar a utilização de carimbos, etiquetas etc. como formas permitidas de anotação. Tal determinação ainda permanece para o caso da CTPS física.

Cláusulas contratuais a serem anotadas na Carteira de Trabalho (digital ou física). Como vimos, as cláusulas essenciais do contrato de trabalho devem ser anotadas na Carteira de Trabalho (digital ou física) do trabalhador. O dispositivo menciona, exemplificativamente, algumas delas. A anotação quanto à remuneração será analisada no comentário ao § 1º. A data da admissão é citada expressamente pelo artigo, com toda a propriedade. Por meio dela, podemos aferir vários direitos do trabalhador, entre os quais o período aquisitivo de férias, o valor do 13º salário do primeiro ano de contrato etc. Por fim, são mencionadas as condições especiais, se houver. Apontamos como condição especial, além de outras: o exercício de atividade externa incompatível com a fixação de horário de trabalho (expressamente referida pelo art. 62, I, da CLT); a fixação de jornada de trabalho inferior à jornada padrão geral ou especial, se for o caso; a condição de trabalhador temporário; o contrato de aprendizagem, sob pena de invalidade (art. 428, § 1º, da CLT) etc. Há doutrinadores que entendem dever o contrato de trabalho por prazo determinado estar anotado expressamente na CTPS, sob pena de invalidade, por ser condição especial. É preciso esclarecer, entretanto, que a duração do contrato de trabalho – por prazo determinado ou indeterminado – não pode ser considerada condição especial de trabalho, mas cláusula que diz respeito ao contrato de trabalho como um todo. Ademais, cumpre frisar que a simples falta de anotação não torna inválido o pacto especial, mas constitui mera infração administrativa – ressalvadas as hipóteses em que a lei menciona, explicitamente, a necessidade de anotação sob pena de invalidade, como é o caso dos mencionados arts. 62, I, e 428, § 1º, ambos da CLT.

Apesar da falta de menção expressa no presente dispositivo, outras anotações essenciais devem ser apostas na CTPS do trabalhador, como a função para a qual ele foi contratado, o número da comunicação de dispensa para seguro desemprego quando houver rescisão sem justa causa (Portaria MTb n. 3.339/86), a dispensa, as férias (art. 135 da CLT), períodos em que o contrato de trabalho tenha permanecido suspenso ou interrompido etc. Além dessas informações relativas ao contrato de trabalho, outras devem ser anotadas na CTPS, como os acidentes de trabalho (art. 30, adiante comentado), alterações do estado civil e dependentes etc.

Prescrição do direito de reclamar contra a falta de anotação. A Súmula n. 64 do TST esclarecia que o prazo prescricional para reclamar contra a anotação da CTPS fluía da data da cessação do contrato, de forma a admitir a incidência da prescrição para a anotação. Tal jurisprudência foi cancelada pela Resolução Administrativa do TST (Pleno) n. 121, de 28.10.2003. Entende-se o motivo. A razão de ser do instituto da prescrição é consolidar uma situação contrária ao direito pelo decurso do tempo. Ao se tratar, contudo, de mera pretensão declaratória, não se busca reparar uma situação de afronta ao ordenamento jurídico, mas uma simples declaração de que um estado de fato é conforme o direito. Assim, a simples pretensão da anotação na CTPS tem natureza declaratória, razão pela qual sobre ela não incide o instituto da prescrição. Aliás, o legislador deixou explícito esse posicionamento no art. 11, § 1º, da CLT, ao estabelecer que os prazos prescricionais ali fixados não atingiriam as ações que tivessem por objeto anotações para fins de prova junto à Previdência Social. Ressalte-se, contudo, que a reparação dos direitos correlatos a essa anotação podem ser atingidos pela prescrição.

§ 1º As anotações concernentes à remuneração devem especificar o salário, qualquer que seja sua forma e pagamento, seja ele em dinheiro ou em utilidades, bem como a estimativa da gorjeta.

Parágrafo com redação dada pelo Decreto-lei n. 229, de 28.02.1967.

Podemos afirmar que a cláusula concernente à remuneração é uma das mais importantes do contrato de trabalho, senão a mais importante. Tanto é assim que mereceu tratamento especial. Ao ser mencionada no *caput* do artigo, a anotação quanto à remuneração mereceu ser tratada em um parágrafo próprio. Alguns aspectos devem ser destacados. O primeiro deles é a forma de aferição do salário do empregado, que deve ser mencionada. Esta pode levar em conta: a) o tempo à disposição do empregador – valor por hora, por dia, por semana ou por mês; b) execução de tarefas – especificação da tarefa e o valor a ela atribuído ou ainda o valor da tarefa e um percentual sobre ela aplicável; c) por produção – valor da tarifa e a unidade de produção. Deve estar claro na anotação qual o meio que será utilizado no pagamento ou, nos termos do texto legal, "sua forma de pagamento", que pode ser em pecúnia ou em utilidades, hipótese na qual seu valor deverá ser especificado. O art. 457 da CLT estabelece que as gorjetas compreendem a remuneração do empregado. O TST, por meio da Súmula n. 354, interpreta o dispositivo, determinando em quais parcelas as gorjetas *não* integram a base de cálculo, e menciona aviso-prévio, adicional noturno, horas extras e repouso semanal remunerado. Infere-se que, para parcelas não mencionadas, as gorjetas integram sua base de cálculo, como férias, 13º salário, depósitos do FGTS, contribuições previdenciárias etc. Importante, assim, é saber qual a média das gorjetas recebidas pelo empregado para efeito de cálculo dessas verbas, motivo este que levou o legislador a determinar a anotação da média das gorjetas recebidas pelo empregado na CTPS. Em algumas convenções coletivas de trabalho, negociadas por sindicatos de categorias que, tradicionalmente, são remuneradas em parte por gorjetas, foram estabelecidas tabelas com estimativas de gorjetas, em face da dificuldade natural que há em averiguar o montante recebido diariamente pelo empregado.

---

§ 2º As anotações na Carteira de Trabalho e Previdência Social serão feitas:

Parágrafo acrescentado pela Lei n. 7.855, de 24.10.1989.

Este parágrafo foi acrescentado pela Lei n. 7.855/89, que inseriu o conteúdo do antigo § 2º no atual § 3º, de forma a ampliar o texto deste último. O art. 12-A da Portaria MTPS/GM n. 3.626/91, acrescido pela Portaria n. 628/2000, permite a adoção de uma Ficha de Anotações e Atualizações da CTPS, cuja cópia deverá ser fornecida ao empregado, que deverá passar recibo. A cada doze meses, no máximo – desde que o seja na data-base –, será fornecida cópia dessa ficha ao empregado, e ela será parte integrante da CTPS do trabalhador. Caso o empregado necessite de cópia da ficha, para fins previdenciários ou por sua solicitação, ser-lhe-á fornecida a qualquer momento. O empregador, entretanto, continuará obrigado a efetuar as anotações na CTPS original quando da admissão, extinção do contrato de trabalho ou, se o empregado exigir, do último aumento salarial.

***a)* na data-base;**

Alínea acrescentada pela Lei n. 7.855, de 24.10.1989.

A data-base é o momento no qual as negociações coletivas de trabalho para reajustes salariais são efetivadas. Em caso de a negociação coletiva redundar em aumento salarial, essa alteração contratual deverá ser anotada na CTPS.

***b)* a qualquer tempo, por solicitação do trabalhador;**

Alínea acrescentada pela Lei n. 7.855, de 24.10.1989.

Sempre que houver interesse e a qualquer momento, o trabalhador pode solicitar a anotação de dados sobre questões relevantes relacionadas ao contrato de trabalho em sua CTPS.

***c)* no caso de rescisão contratual; ou**

Alínea acrescentada pela Lei n. 7.855, de 24.10.1989.

No momento da rescisão contratual do empregado, além da anotação referente ao término do contrato de trabalho, o empregador deve fazer a atualização de todas as anotações referentes a questões relevantes que tenham ficado defasadas com o decurso do tempo e que sejam seu encargo, sobretudo no que concerne à remuneração do trabalhador, cuja atualização deve ficar consignada, sob pena de haver prejuízo no momento de ele procurar nova colocação no mercado de trabalho.

***d)* necessidade de comprovação perante a Previdência Social.**

Alínea acrescentada pela Lei n. 7.855, de 24.10.1989.

Na hipótese de concessão de benefícios, a Previdência deve estar informada acerca dos salários de contribuição do empregado para que possa efetuar o cálculo do valor do benefício a ser concedido. O meio mais indicado para atingir essa finalidade, entretanto, seria o fornecimento pelo empregador de uma relação completa dos salários de contribuição, além das anotações contidas na CTPS.

§ 3º A falta de cumprimento pelo empregador do disposto neste artigo acarretará a lavratura do auto de infração, pelo Fiscal do Trabalho, que deverá, de ofício, comunicar a falta de anotação ao órgão competente, para o fim de instaurar o processo de anotação.

Parágrafo acrescentado pelo Decreto-lei n. 229, de 28.02.1967, e com redação dada pela Lei n. 7.855, de 24.10.1989.

Por força do disposto na Lei n. 7.855/89, este parágrafo resultou de uma fusão dos antigos §§ 2º e 3º do art. 29 da CLT, que passaram a constituir o atual § 3º. A violação do disposto neste artigo pode ocorrer de duas maneiras: a) pela falta completa de anotação na CTPS, cuidando-se de omissão de quem deveria anotá-la e não o fez; b) anotação falsa ou fraudulenta, ou seja, uma atitude comissiva do anotante, ao estabelecer um descompasso entre o que foi anotado e a realidade dos fatos. A título de exemplo, poderíamos mencionar algumas dessas atitudes. A falta de anotação do contrato de trabalho na CTPS é a mais comum das condutas infratoras. Ela pode ocorrer tanto pela admissão de empregado que não possua CTPS como pela omissão da anotação relativa àqueles empregados que a possuam. Outra forma de violar o dispositivo consiste na anotação de dados irreais, que pode ocorrer tanto por dolo exclusivo do empregador como por conluio entre empregado e empregador, com o objetivo de cometer fraudes contra terceiros, sobretudo contra o INSS, e obter vantagens pecuniárias. Um contrato de trabalho simulado – às vezes chancelado pelo Poder Judiciário, em caso de ter sido ajuizada ação trabalhista fraudulenta – pode levar ao recebimento de benefícios indevidos à custa da coletividade.

Penalidade administrativa. As condutas infratoras anteriormente descritas estão sujeitas à penalidade de multa administrativa. O valor da multa é atualmente regulado pela Portaria MTb n. 290, de 11.04.1997, que aprova normas para a imposição de multas administrativas previstas na legislação trabalhista. Além disso, o fiscal do trabalho, funcionário competente para lavrar o auto de infração, deverá, de ofício, ou seja, sem necessidade de solicitação do empregado, comunicar a falta de anotação ao órgão competente a fim de instaurar o processo de anotação. Trata-se a anotação do contrato de trabalho na CTPS, como pudemos observar, de direito indisponível do empregado.

Consequências penais. Além da penalidade administrativa pela prática dos atos mencionados anteriormente, não se deve olvidar que algumas condutas constituem tipos penais e estão sujeitas às respectivas sanções (veja comentário ao art. 49 da CLT).

Exceção à regra. Não se pode esquecer de que, nas localidades onde não houver emissão da CTPS, poderá ser admitido o exercício de emprego ou atividade remunerada por quem não a possua, nos termos do art. 13, § 3º, da CLT (veja comentário).

---

§ 4º É vedado ao empregador efetuar anotações desabonadoras à conduta do empregado em sua Carteira de Trabalho e Previdência Social.

Parágrafo acrescentado pela Lei n. 10.270, de 29.08.2001.

O antigo § 3º do art. 32 da CLT previa a possibilidade de averbação de notas desabonadoras de conduta referentes ao possuidor da CTPS, mas somente na ficha do empregado e desde que efetuada por funcionários do Departamento do Trabalho, das Delegacias Regionais e do Ministério do Trabalho e até por repartições estaduais, se a isso autorizadas por convênio e mediante sentença, transitada em julgado, condenatória do empregado. Assim, as anotações somente poderiam ser feitas por autoridade administrativa e desde que autorizada por sentença transitada em julgado. Tal dispositivo foi revogado pelo Decreto-lei n. 229/67. Duas razões poderiam ser apontadas para tal revogação: ou agora estariam liberadas as anotações desabonadoras, que poderiam ser feitas até pelo empregador, ou nem mesmo as autoridades administrativas teriam tal prerrogativa. A segunda opção é a correta. A Lei n. 10.270/2001, que introduziu o presente § 4º, que proíbe ao empregador apontar anotações desabonadoras na CTPS do empregado, veio confirmar esse entendimento. O dispositivo justifica-se pela dificuldade que essas anotações trariam à vida do empregado. Elas provavelmente dificultariam ainda mais a já tão árdua tarefa de conseguir novos postos de trabalho. Uma anotação de rescisão contratual por justa causa – com possíveis detalhes de sua causa – induziriam o eventual futuro empregador a não admitir o titular de tal documento. Ademais, tais alegações podem ser revistas pela Justiça do Trabalho, o que é mais um fator para impedir que sejam feitas. Além disso, a admissão da possibilidade de que tais anotações fossem feitas traria extrema insegurança ao empregado, que estaria sujeito às mais variadas formas de chantagens e pressões desnecessárias.

---

§ 5º O descumprimento do disposto no § 4º deste artigo submeterá o empregador ao pagamento de multa prevista no art. 52 deste Capítulo.

Parágrafo acrescentado pela Lei n. 10.270, de 29.08.2001.

O lançamento de informações desabonadoras do empregado em sua CTPS, feito pelo empregador ao arrepio do disposto no art. 29, § 4º, da CLT, sujeita o empregador à mesma multa a que estaria sujeito caso extraviasse ou inutilizasse a CTPS do empregado por sua culpa (multas administrativas trabalhistas: Portaria MTb/GM n. 290/97). Cumpre ressaltar que, além da penalidade administrativa, o empregador, com tal atitude, sujeita-se igualmente a sanções penais – crime de calúnia ou difamação, na hipótese de as anotações desabonadoras virem a se enquadrar na descrição de tais tipos penais –, bem como civis, uma vez que estará sujeito a pagar indenização por danos morais ocasionados pela sua atitude ilícita.

---

§ 6º A comunicação pelo trabalhador do número de inscrição no CPF ao empregador equivale à apresentação da CTPS em meio digital, dispensado o empregador da emissão de recibo.

Parágrafo acrescentado pela Lei n. 13.874, de 20.09.2019.

A Carteira de Trabalho Digital não possui número de série próprio, uma vez que terá o mesmo número do CPF do empregado. Assim, o momento do mero fornecimento do número do CPF pelo empregado ao empregador passou a ser considerado o momento virtual equivalente ao da entrega física da CTPS. Como tudo fica registrado virtualmente, desnecessário o fornecimento de recibo.

---

§ 7º Os registros eletrônicos gerados pelo empregador nos sistemas informatizados da CTPS em meio digital equivalem às anotações a que se refere esta Lei.

Parágrafo acrescentado pela Lei n. 13.874, de 20.09.2019.

Esclarece este artigo o que já era passível de conclusão óbvia: os registros eletrônicos gerados pelo empregador nos sistemas informatizados da CTPS possuem o mesmo efeito das antigas anotações escritas.

---

§ 8º O trabalhador deverá ter acesso às informações da sua CTPS no prazo de até 48 (quarenta e oito) horas a partir de sua anotação.

Parágrafo acrescentado pela Lei n. 13.874, de 20.09.2019.

Este novo dispositivo destina-se ao gestor do sistema informatizado da CTPS. Feita a anotação pelo empregador ou pelo agente administrativo, o empregado deve ter acesso a essas anotações em, no máximo, 48 horas.

Arts. 30 a 34. (*Revogados pela Lei n. 13.874, de 20.09.2019.*)

Art. 35. (*Revogado pela Lei n. 6.533, de 24.05.1978.*)

Seção V
Das Reclamações por Falta ou Recusa de Anotação

Art. 36. Recusando-se a empresa a fazer as anotações a que se refere o art. 29 ou a devolver a Carteira de Trabalho e Previdência Social recebida, poderá o empregado comparecer, pessoalmente ou por intermédio de seu sindicato, perante a Delegacia Regional ou órgão autorizado, para apresentar reclamação.

Artigo com redação dada pelo Decreto-lei n. 229, de 28.02.1967.

A legislação trabalhista permite que o empregado socorra-se das vias administrativas para tentar obter a anotação do contrato de trabalho em sua CTPS, bem como para obter sua carteira de volta. Tal procedimento ocorrerá independentemente de iniciativa do empregado na hipótese de o Fiscal do Trabalho averiguar a ausência da anotação em carteira. O fiscal, de ofício, deve comunicar a infração ao órgão competente que, por sua vez, deverá instaurar o processo de anotação. O registro na CTPS é regra de ordem pública e impõe-se tanto ao empregado e ao empregador como às autoridades administrativas.

A via administrativa não é uma opção que deve ser necessariamente escolhida pelo reclamante. O art. 5º, XXXV, da CF assegura-lhe o acesso ao Poder Judiciário a fim de reparar a lesão de seu direito. Esse caminho pode ser diretamente trilhado, independentemente da opção pela via administrativa.

A redação anterior do art. 36 da CLT estabelecia um prazo de dez dias para o empregado apresentar a reclamação administrativa. A contagem do prazo iniciava após o escoamento das 48 horas que o empregador tinha para anotar a CTPS do trabalhador (art. 29, *caput*, da CLT). Tratava-se de prazo decadencial do direito de reclamar administrativamente contra a falta de anotação ou contra o ato omissivo de devolver a CTPS no prazo legal, que foi tacitamente derrogado pelo Decreto-lei n. 229/67. O empregado pode, tanto individualmente como assistido por seu sindicato, interpor reclamação contra a falta de anotação ou contra a não devolução da CTPS. Caso opte por fazê-lo individualmente, deverá comparecer pessoalmente perante a Delegacia Regional para apresentar a reclamação, mesmo que seja assistido por advogado. Somente a reclamação feita via sindicato dispensa o comparecimento pessoal do empregado.

Art. 37. No caso do art. 36, lavrado o termo de reclamação, determinar-se-á a realização de diligência para instrução do feito, observado, se for o caso, o disposto no § 2º do art. 29, notificando-se posteriormente o reclamado por carta registrada, caso persista a recusa, para que, em dia e hora previamente designados, venha prestar esclarecimentos ou efetuar as devidas anotações na Carteira de Trabalho e Previdência Social ou sua entrega.

Caput *com redação dada pelo Decreto-lei n. 229, de 28.02.1967.*

Este artigo e os seguintes estabelecem o procedimento que deve ser adotado em caso de utilização da via administrativa. A reclamação será feita verbalmente, pelo empregado ou por seu sindicato, ao funcionário da DRT encarregado de recebê-la, que lavrará o termo de reclamação. Na hipótese de a iniciativa da reclamação ter sido do empregado, necessária se faz a realização de diligências pelo fiscal do trabalho, que colherá informações e, se for o caso, autuará o infrator nos termos do art. 29, § 3º, da CLT. Caso persista a recusa, o reclamado deverá ser notificado para que, em dia e hora previamente determinados, compareça para efetuar as devidas anotações ou justifique as razões de não o fazer. Uma observação: apesar da menção ao § 2º, devemos entender § 3º. A redação atual do presente artigo entrou em vigor em 29.02.1967, com o Decreto-lei n. 229/67. À época, o conteúdo do § 2º não havia sido incorporado pelo § 3º, o que veio a ocorrer somente em 24.10.1989, com a Lei n. 7.855.

Parágrafo único. Não comparecendo o reclamado, lavrar-se-á termo de ausência, sendo considerado revel e confesso sobre os termos da reclamação feita, devendo as anotações ser efetuadas por despacho da autoridade que tenha processado a reclamação.

Parágrafo com redação dada pelo Decreto-lei n. 229, de 28.02.1967.

A omissão do reclamado em comparecer, quer seja para efetuar as anotações – ou efetuar a sua entrega, se for o caso – quer seja para apresentar as razões de sua recusa, gera as seguintes consequências administrativas: a) presumir-se-ão verdadeiras as alegações do reclamante e a própria autoridade administrativa deverá proceder às anotações. Cumpre ressaltar que, aos termos *revelia* e *confissão*, não podem ser atribuídos significados semelhantes ao que se lhes atribui o processo do trabalho, pois uma eventual e futura decisão judicial do feito poderá entender contrariamente ao estabelecido pela administração; b) sujeita-o à penalidade de multa nos termos do art. 54 da CLT. Os fatos serão consignados em um termo de ausência a ser lavrado pelo funcionário encarregado. A autoridade que dirigiu o processo tem a incumbência de aplicar as penalidades administrativas cabíveis, mandando anotar a CTPS do reclamante, se for o caso.

Art. 38. Comparecendo o empregador e recusando-se a fazer as anotações reclamadas, será lavrado um termo de comparecimento, que deverá conter, entre outras indicações, o lugar, o dia e hora de sua lavratura, o nome e a residência do empregador, assegurando-se-lhe o prazo de 48 (quarenta e oito) horas, a contar do termo, para apresentar defesa.

Este artigo trata de um segundo caminho possível no processo administrativo, que se inicia com o comparecimento do empregador. Lavrar-se-á, desta feita, um termo circunstanciado com data, hora e local do comparecimento, dados do empregador etc. Duas são as vias que o empregador pode tomar: anotar a CTPS, aceitando como verazes as afirmações do reclamante, ou recusar-se a fazê-lo. Na segunda hipótese, terá um prazo de 48 horas para apresentar suas razões para não reconhecer o alegado pelo reclamante. Caso o empregador utilize o prazo que lhe é concedido, a defesa deve ser escrita e protocolada, uma vez que não há previsão de uma nova audiência para a sua apresentação. Cumpre ressaltar que não há óbice para a apresentação da defesa por ocasião da audiência. Portanto, entendemos que as razões da recusa poderão ser feitas no momento do comparecimento do empregador, na forma verbal, e apostas no próprio termo de comparecimento.

Parágrafo único. Findo o prazo para a defesa, subirá o processo à autoridade administrativa de primeira instância, para se ordenarem diligências, que completem a instrução do feito, ou para julgamento, se o caso estiver suficientemente esclarecido.

Esgotado o prazo de 48 horas (apresentada ou não defesa pelo empregador), o processo seguirá para o delegado regional do trabalho, que é a autoridade administrativa de primeiro grau habilitada a apreciar e julgar o feito. Caso julgue necessário, poderá requisitar diligências antes de decidir sobre o feito. Admite-se recurso administrativo da decisão da autoridade de primeiro grau para o órgão administrativo superior, que funciona como órgão revisor.

Art. 39. Verificando-se que as alegações feitas pelo reclamado versam sobre a não existência de relação de emprego, ou sendo impossível verificar essa condição pelos meios administrativos, será o processo encami-

nhado à Justiça do Trabalho, ficando, nesse caso, sobrestado o julgamento do auto de infração que houver sido lavrado.

Caput *com redação dada pelo Decreto-lei n. 229, de 28.02.1967.*

Se a alegação do reclamado consistir na negação da existência do vínculo de emprego, os órgãos administrativos, por expressa disposição legal, estarão impedidos de apreciar o feito. Devem encaminhar o procedimento administrativo para a Justiça do Trabalho, órgão do Poder Judiciário que tem competência constitucional para apreciar o feito definitivamente, nos termos do art. 114 da CF. Uma leitura superficial do artigo pode induzir ao entendimento de que somente na hipótese de as alegações feitas pelo reclamado versarem sobre a não existência de relação de emprego, ou sendo impossível verificar esta condição, é que o processo deverá ser encaminhado à Justiça do Trabalho. Tal interpretação meramente gramatical é inadmissível na hipótese, pois, como vimos anteriormente, o processo administrativo não é caminho obrigatório antes da via judicial, pois o acesso ao Judiciário é garantia constitucional.

Cumpre esclarecer ainda que, se houver pedido de reparação de danos a direitos lesados em decorrência da ausência do registro formal em carteira, o processo administrativo é via incorreta, pois somente a Justiça do Trabalho tem competência para apreciar essa causa, uma vez que só o Poder Judiciário tem competência para determinar a reparação da lesão. O Decreto-lei n. 229/67 esclareceu o desfecho que o auto de infração deve tomar caso o feito seja encaminhado para a Justiça do Trabalho: fica sobrestado o seu julgamento. Ressalte-se que o processo enviado à Justiça do Trabalho segue os trâmites do processo do trabalho.

---

§ 1º Se não houver acordo, a Junta de Conciliação e Julgamento, em sua sentença, ordenará que a Secretaria efetue as devidas anotações, uma vez transitada em julgado, e faça a comunicação à autoridade competente para o fim de aplicar a multa cabível.

Parágrafo acrescentado pelo Decreto-lei n. 229, de 28.02.1967.

A EC n. 24, de 09.12.1999, substituiu a expressão Juntas de Conciliação e Julgamento, como órgãos da Justiça do Trabalho, pelas expressões Juízes do Trabalho e Varas do Trabalho, essas confirmadas posteriormente pela EC n. 45, de 08.12.2004.

A EC n. 24/99 transformou as Juntas de Conciliação e Julgamento em Varas do Trabalho. O Decreto-lei n. 229/67 acrescentou este parágrafo e possibilitou que a execução do julgado seja feita na esfera judicial, ou seja, já não é necessário o retorno dos autos do processo à DRT para que se efetuem as anotações na CTPS, o que assegurou maior agilidade ao feito, uma vez que a própria secretaria da Vara pode fazê-lo. Cumpre esclarecer que essa medida só deve ser tomada em caso de recusa do empregador em cumprir a obrigação de fazer. Antes de determinar que a secretaria da Vara faça as anotações, deve-se determinar que elas sejam feitas pelo empregador sob pena de multa pelo descumprimento da obrigação de fazer. Para o empregado, não é interessante que sua carteira seja anotada pela secretaria da Vara, pois pode, por ocasião da procura de nova colocação, ser discriminado por isso. Antes da introdução deste § 1º, parte da doutrina sustentava que exclusivamente a autoridade administrativa poderia fazer as anotações a fim de cumprir a ordem judicial. Tanto na hipótese de reconhecimento do vínculo de emprego pela via judicial como quando se verifica a sua existência pela via administrativa, sempre é necessária a comunicação à autoridade administrativa competente (DRT) para fins de aplicação da penalidade administrativa cabível à espécie.

§ 2º Igual procedimento observar-se-á no caso de processo trabalhista de qualquer natureza, quando for verificada a falta de anotações na Carteira de Trabalho e Previdência Social, devendo o juiz, nesta hipótese, mandar proceder, desde logo, àquelas sobre as quais não houver controvérsia.

Parágrafo acrescentado pelo Decreto-lei n. 229, de 28.02.1967.

De ofício, isto é, independentemente de pedido, o juiz deve ordenar a anotação na CTPS do trabalhador. A decisão que determina a anotação deve ter transitado em julgado, ou seja, deve ter se tornado definitiva e não estar sujeita a alterações pela via recursal (art. 39, § 1º, da CLT). A lei esclarece, entretanto, que as anotações referentes a pontos incontroversos devem ser feitas de plano, ou seja, independentemente do trânsito em julgado da decisão determinante da anotação.

Seção VI
Do Valor das Anotações

Art. 40. A CTPS regularmente emitida e anotada servirá de prova:

Caput *com redação dada pela Lei n. 13.874, de 20.09.2019.*

A nova redação do *caput* do art. 40 da CLT, dada pela Lei n. 13.874/2019, retirou da CTPS a qualidade de poder ser utilizada como documento de identidade, revogando tacitamente o disposto no inciso II do art. 2º da Lei n. 12.037/2009, que permitia que a Carteira de Trabalho atestasse a identidade civil do portador.

As anotações apostas na CTPS presumem-se verdadeiras até prova contrária. A Súmula n. 12 do TST esclareceu que "as anotações apostas pelo empregador na carteira profissional do empregado não geram presunção *juris et de jure*" (presunção absoluta de veracidade). No mesmo sentido é o entendimento do STF (Súmula n. 225). No direito do trabalho, prevalece o princípio da primazia da realidade (veja comentários ao art. 29 da CLT). Assim, o empregado pode demonstrar por qualquer meio admitido em direito que tal ou qual anotação em sua CTPS não corresponde à realidade. Caso obtenha sucesso em sua empreitada, prevalecerão os fatos por ele alegados e provados, que serão sobrepostos à prova documental, que é a anotação regular em sua CTPS emitida regularmente. Quanto ao empregador, essa regra não deve ser aplicada no que concerne às anotações por ele apostas. É princípio de direito que ninguém pode aproveitar-se de sua própria torpeza. A anotação inverídica, feita dolosa ou culposamente pelo empregador, milita contra ele. Já as anotações de incumbência de terceiros – INSS, órgão emissor – podem ser contestadas pelo empregador, bem como ele pode alegar erro ou coação. A CTPS deixou de ser documento de identidade do trabalhador, com as mudanças legislativas mencionadas.

I – nos casos de dissídio na Justiça do Trabalho entre a empresa e o empregado por motivo de salário, férias, ou tempo de serviço;

Inciso com redação dada pelo Decreto-lei n. 229, de 28.02.1967.

O art. 818 da CLT, que regula o ônus da prova no processo do trabalho, determina que a prova das alegações incumbe à parte que as fizer. Assim, como é o autor quem alega o fato constitutivo de seu direito, a ele incumbe a sua prova. O réu, além da possibilidade de negar o fato constitutivo do autor, pode alegar outros fatos impeditivos, modificativos ou extintivos. Esses são os fatos que ele deve provar. Nesse sentido, é o art. 373, I e II, do CPC/2015 (art. 333, I e II, do CPC/73), que alguns autores entendem aplicável ao processo trabalhista por omissão parcial do mencionado art. 818 da CLT – desnecessariamente, pois o artigo referido apresenta a mesma regra do diploma civilista, só que de forma sucinta e menos detalhada. A omissão no cumprimento desse ônus probatório terá consequências processuais, pois o fato alegado e não provado por quem tinha o ônus de fazê-lo não será considerado como verdadeiro pelo julgador ao apreciar o feito. As anotações na CTPS presumem-se verdadeiras. Assim, a parte que alegar fato contrário a essa prova documental deverá demonstrar a veracidade do que afirma. Caso não o faça, prevalecerão as informações contidas nas anotações da CTPS – nas hipóteses e situações mencionadas nos comentários ao *caput* deste artigo. Cumpre esclarecer, entretanto, que a CTPS é prova preferencial na demonstração do vínculo de emprego, do valor do salário do empregado etc. Assim, ao ser solicitada judicialmente a apresentação da CTPS pelo empregado – desde que haja a designação do documento e de seu conteúdo, a indicação dos fatos que com ele se deseja provar e as razões pelas quais se crê que o documento encontra-se em poder da parte contrária, nos termos do art. 397 do CPC/2015 (art. 356 do CPC/73) – e se houver recusa injustificada, presumir-se-ão verdadeiros os fatos alegados pelo empregador com base em anotações na CTPS, ou seja, será declarada a confissão ficta do empregado (art. 400 do CPC/2015 – art. 359 do CPC/73 – e art. 769 da CLT). O art. 399, III, do CPC/2015 (art. 358, III, do CPC/73 e art. 769 da CLT) determina que a parte não pode recusar a exibição de documento em seu poder, desde que ele seja comum ao requerente e ao detentor em razão de seu conteúdo. É inegável o interesse comum das informações contidas na CTPS no caso de litígio entre empregado e empregador. Nela devemos encontrar os principais dados relativos ao contrato de trabalho, anotações que terão presunção relativa de veracidade. Deve-se levar em conta, entretanto, que essa presunção é relativa, ou seja, se houver prova contrária, o magistrado pode e deve decidir contrariamente a ela. Ressalte-se ainda que meros indícios e suposições não têm o condão de infirmar as anotações contidas na CTPS, que somente poderão ser sobrepostas por sólido arcabouço probatório.

II – (*Revogado pela Lei n. 13.874, de 20.09.2019.*)

III – para cálculo de indenização por acidente do trabalho ou moléstia profissional.

Inciso com redação dada pelo Decreto-lei n. 229, de 28.02.1967.

A informatização dos dados relativos às contribuições para o INSS possibilitou o cálculo dos benefícios por meio das informações constantes em seus arquivos. Entretanto, tais informações podem chocar-se com os apontamentos constantes na CTPS, de forma a gerar diferenças quanto aos valores dos benefícios. Isso ocorre geralmente em desfavor do empregado, uma vez que, frequentemente, o empregador não utiliza o valor real do salário do empregado como base de cálculo do salário de contribuição, com o intuito de fraudar e recolher valores menores. Nesse caso, as anotações constantes da CTPS são de grande valia para se obter o valor correto do benefício e para se responsabilizar e onerar o autor da fraude ao INSS.

Seção VII
Dos Livros de Registro de Empregados

Art. 41. Em todas as atividades será obrigatório para o empregador o registro dos respectivos trabalhadores, podendo ser adotados livros, fichas

ou sistema eletrônico, conforme instruções a serem expedidas pelo Ministério do Trabalho.

Caput com redação dada pela Lei n. 7.855, de 24.10.1989.

Trata-se de obrigação administrativa do empregador manter o registro dos respectivos trabalhadores para efeito de fiscalização. Em relação ao INSS, o registro dos empregados é obrigação tributária acessória (art. 113, § 2º, do CTN), pois é um dos meios de a fiscalização verificar a correição dos valores dos recolhimentos das contribuições previdenciárias. A redação original do dispositivo previa o registro somente em livros. Esse sistema é ainda adotado pela maioria das pequenas empresas. As fichas agora podem ter sua matriz arquivada eletronicamente, o que torna mais fácil sua utilização. A vantagem da ficha em relação ao livro é a facilidade de seu manuseio e a utilização de meios mecânicos e eletrônicos em seu preenchimento, o que é inviável em relação aos livros. A documentação a ser apresentada para a fiscalização trabalhista pode ter controle único e centralizado no caso de empresas com vários estabelecimentos. O art. 42 da CLT exigia a autenticação, mas tal dispositivo foi revogado pela Lei n. 10.243/2001. A Portaria do Ministro de Estado e do Trabalho e Emprego n. 41, de 28.03.2007, disciplina o registro e anotação de Carteira de Trabalho e Previdência Social de empregados.

Parágrafo único. Além da qualificação civil ou profissional de cada trabalhador, deverão ser anotados todos os dados relativos à sua admissão no emprego, duração e efetividade do trabalho, a férias, acidentes e demais circunstâncias que interessem à proteção do trabalhador.

Parágrafo com redação dada pela Lei n. 7.855, de 24.10.1989.

A Portaria n. 3.626/91 do extinto Ministério do Trabalho e Emprego dispõe sobre a matéria e apresenta algumas regras que detalham este dispositivo. Em seu art. 1º, aponta algumas informações que deverão obrigatoriamente constar do registro de empregados: identificação do empregado, com número e série da CTPS ou número de identificação do trabalhador, data de admissão e demissão, se for o caso, cargo ou função, remuneração e forma de pagamento, local e horário de trabalho, concessão de férias, identificação da conta vinculada do FGTS e da conta do PIS/Pasep e acidente de trabalho e doença profissional, se tiverem ocorrido. O registro de empregados deve estar sempre atualizado e numerado sequencialmente por estabelecimento.

Art. 42. (*Revogado pela Lei n. 10.243, de 19.06.2001.*)

Arts. 43 e 44. ***(Revogados pela Lei n. 7.855, de 24.10.1989.)***

Arts. 45 e 46. ***(Revogados pelo Decreto-lei n. 229, de 28.02.1967.)***

Art. 47. O empregador que mantiver empregado não registrado nos termos do art. 41 desta Consolidação ficará sujeito a multa no valor de R$ 3.000,00 (três mil reais) por empregado não registrado, acrescido de igual valor em cada reincidência.

Caput *com redação dada pela Lei n. 13.467, de 13.07.2017.*

Muito embora o Capítulo I – "Da Identificação Profissional" – do Título II – "Das Normas Gerais de Tutela do Trabalho" – possua uma seção específica para tratar das penalidades (Seção VIII), os dois últimos artigos da Seção VII tratam de penalidades para as empresas que não registram seus empregados nos termos do art. 41 da CLT.

A Lei n. 13.467/2017 converteu em reais o valor da multa a ser aplicada em desfavor de sociedades empresariais que mantiverem empregados sem o devido registro formal e manteve a penalidade de nova multa no mesmo valor para o caso de reincidência na prática da infração.

§ 1º Especificamente quanto à infração a que se refere o *caput* deste artigo, o valor final da multa aplicada será de R$ 800,00 (oitocentos reais) por empregado não registrado, quando se tratar de microempresa ou empresa de pequeno porte.

Parágrafo renumerado e com redação dada pela Lei n. 13.467, de 13.07.2017.

Atendendo ao princípio insculpido no art. 170, IX, da CF/88, de que as empresas de pequeno porte devem ter tratamento favorecido, a multa por manutenção de empregado sem registro foi reduzida substancialmente pela Lei n. 13.467/2017, atingindo pouco menos de 27% do valor da multa original.

§ 2º A infração de que trata o *caput* deste artigo constitui exceção ao critério da dupla visita.

Parágrafo acrescentado pela Lei n. 13.467, de 13.07.2017.

A fim de dar à fiscalização do cumprimento da legislação do trabalho um caráter mais educativo que punitivo e arrecadativo, o art. 627 da CLT consagrou como regra da fiscalização do trabalho a ser realizada pelo Poder Executivo o princípio da dupla visita, ou seja, a orientação deve preceder à punição. Esta regra considera a hipótese de a regra trabalhista não ser cumprida por desconhecimento e não por má-fé, nos casos de atualização legislativa acontecida há pouco tempo ou em caso de estabelecimentos recentemente inaugurados. Assim, esclarecido o correto sentido e alcance da norma, espera-se que dali em diante seja ela respeitada sem necessidade de uma sanção.

Entretanto, em relação ao registro profissional do empregado, o princípio da dupla visita foi excluído, em face da importância da observação desta formalidade legal, como forma de proteger o empregado e assegurar a regularidade dos dados estatísticos da movimentação econômica do país e da arrecadação tributária, uma vez que a contratação de empregados é fato gerador de importantes contribuições sociais e impostos.

Art. 47-A. Na hipótese de não serem informados os dados a que se refere o parágrafo único do art. 41 desta Consolidação, o empregador ficará sujeito à multa de R$ 600,00 (seiscentos reais) por empregado prejudicado.

Artigo acrescentado pela Lei n. 13.467, de 13.07.2017.

A Lei n. 13.467/2017 instituiu uma multa específica para o caso de ausência de registro formal dos empregados. Esta determinação tem a mesma motivação que levou à introdução do § 2º do art. 47, qual seja, forçar o empregador a observar a regra do registro formal do empregado, em face da importância desta determinação.

Art. 48. As multas previstas nesta Seção serão aplicadas pelas Delegacias Regionais do Trabalho.

A multa aplicável pela falta de registro interno do empregador (art. 41 da CLT) é independente daquelas aplicadas para as infrações relativas à CTPS (arts. 13 e respectivos parágrafos, 29, § 3º, 47, parágrafo único, e 55 da CLT). Somente os fiscais das Superintendências Regionais do Trabalho e Emprego poderão aplicar multas administrativas trabalhistas.

Seção VIII
Das Penalidades

Art. 49. Para os efeitos da emissão, substituição ou anotação de Carteiras de Trabalho e Previdência Social, considerar-se-á crime de falsidade, com as penalidades previstas no art. 299 do Código Penal:

Caput *com redação dada pelo Decreto-lei n. 229, de 28.02.1967.*

Regra instituidora de tipo penal. Estabelece este artigo um tipo penal que se desdobra em cinco condutas detalhadas nos incisos subsequentes. O legislador, apesar de descrever em minúcias as condutas típicas penais, preferiu remeter ao CP, mais precisamente ao seu art. 299, a quantificação da pena: reclusão de um a cinco anos e multa, se o documento for público, e reclusão de um a três anos e multa, se o documento for particular. Caso o agente seja funcionário público, que comete o crime prevalecendo-se do cargo, a pena é aumentada de um sexto. Trata-se de tipo penal específico, com conduta típica suficientemente descrita e, por consequência, não vinculada à conduta do tipo penal geral de falsidade ideológica do art. 299 do CP. Somente a penalidade é coincidente com a desse tipo penal. Verifica-se que o *caput* não distingue falsidade material e ideológica. A distinção será feita pelos incisos, que descrevem as diversas condutas típicas. Cumpre frisar ainda que a catalogação das formas de falsidade nos cinco incisos importa considerar como crime apenas essas cinco condutas. Não é possível considerar outras condutas de falsidade relacionadas à CTPS como tipo penal em face dessa catalogação, salvo se houver previsão da conduta em outro artigo do CP ou em legislação penal esparsa. Só é possível cometer esse crime na forma dolosa. A forma culposa não é considerada crime, por falta de expressa disposição legal. A ação penal é pública incondicionada.

Competência para julgamento da ação penal. O processo e o julgamento do crime de falsa anotação na CTPS é da competência da Justiça Estadual (Súmula n. 62 do STJ). Entretanto, se a falsificação for utilizada perante a Justiça do Trabalho, consistir crime contra a organização do trabalho ou ferir direitos dos trabalhadores considerados coletivamente, a competência para processá-los e julgá-los será da Justiça Federal (art. 109, VI, da CF).

I – fazer, no todo ou em parte, qualquer documento falso ou alterar o verdadeiro;

Inciso com redação dada pelo Decreto-lei n. 229, de 28.02.1967.

A conduta típica deste inciso somente pode ser entendida em consonância com o *caput*. Assim, a conduta de fazer, no todo ou em parte, qualquer documento falso ou alterar o verdadeiro só pode ser enquadrada nesse tipo penal quando tiver relação com o uso em emissão, substituição ou anotação de CTPS. Este tipo penal não exclui o crime de falsidade anterior, ou seja, ocorre o concurso material com o crime de falsidade, punível com as penalidades previstas no CP. É especial, entretanto, em relação ao crime de uso de documento falso, previsto no art. 304 do CP. Nessa hipótese, não há concurso material.

II – afirmar falsamente a sua própria identidade, filiação, lugar de nascimento, residência, profissão ou estado civil e beneficiários, ou atestar os de outra pessoa;

Inciso com redação dada pelo Decreto-lei n. 229, de 28.02.1967.

O tipo objetivo é afirmar falsamente a sua própria identidade, filiação, lugar de nascimento, profissão, estado civil ou beneficiários com o fim específico de produzir efeitos em emissão, substituição ou anotação de CTPS. Esse tipo penal é especial em relação ao de falsidade ideológica, previsto no art. 299 do CP. O art. 16, parágrafo único, *b*, da CLT determina que a CTPS será fornecida mediante apresentação de documento oficial de identificação pessoal do interessado. Na impossibilidade dessa apresentação, a CTPS será fornecida mediante declaração verbal de duas testemunhas. Assim, somente para efeito de emissão de CTPS é que se admite a conduta de atestar falsamente os dados de outra pessoa, ou seja, o interessado na obtenção da CTPS. Nessa hipótese, o declarante age em concurso com o interessado. Tratando-se de menor de 18 anos, as declarações deverão ser prestadas pelo responsável legal. Sendo o menor de 18 anos inimputável penalmente, somente o responsável legal declarante responderá pelo delito. Nas demais hipóteses, a conduta somente pode ser praticada pelo interessado, quer por ocasião da emissão, quer na substituição ou na anotação. O art. 32 da CLT prevê que as anotações relativas a alterações no estado civil serão feitas mediante prova documental. Assim, não há como configurar-se o tipo penal previsto neste inciso. A conduta enquadrar-se-ia na descrição do inciso III.

III – servir-se de documentos, por qualquer forma falsificados;

Inciso com redação dada pelo Decreto-lei n. 229, de 28.02.1967.

O tipo objetivo, neste caso, é servir-se de documento falso para produzir efeitos na emissão, na substituição ou na anotação da CTPS. Essa conduta constitui um tipo penal especial em relação ao de uso de documento falso, previsto no art. 304 do CP.

IV – falsificar, fabricando ou alterando, ou vender, usar ou possuir Carteiras de Trabalho e Previdência Social assim alteradas;

Inciso com redação dada pelo Decreto-lei n. 229, de 28.02.1967.

Cuida este dispositivo de um tipo penal especial de falsidade material (falsificar, especificamente, a CTPS). As condutas dessa falsidade material consistem em falsificar, fabricando ou alterando a CTPS. O tipo descreve ainda outras condutas, posteriores à falsificação material, quais sejam, a venda, o uso ou a posse de CTPS falsificada. Tais condutas estão sujeitas às mesmas penalidades da falsificação material. Destaca-se esse tipo penal especial do preceito geral que cuida da falsidade material de documento público, previsto no art. 297 do CP, por referir-se exclusivamente à falsificação de CTPS. Ressalte-se ainda que, muito embora se trate de falsidade material, a pena aplicável é a da falsidade ideológica, uma vez que o próprio *caput* deste artigo especifica expressamente que a pena aplicável é a do art. 299 do CP – que é o tipo geral de falsidade ideológica.

V – anotar dolosamente em Carteira de Trabalho e Previdência Social ou registro de empregado, ou confessar ou declarar, em juízo ou fora dele, data de admissão em emprego diversa da verdadeira.

Inciso com redação dada pelo Decreto-lei n. 229, de 28.02.1967.

Trata este inciso de um tipo especial de falsidade ideológica. O objeto da falsificação é o conteúdo do documento e não o próprio documento, como no inciso anterior. Cumpre ressaltar que a anotação falsa da CTPS refere-se exclusivamente à data de admissão de emprego. Outras anotações que não sejam sobre esse assunto não podem levar à aplicação deste dispositivo, uma vez que a capitulação penal não admite analogia ou interpretação extensiva. O tipo prevê outras condutas além da anteriormente descrita. Trata-se da falsa confissão ou declaração de data de admissão no emprego. A menção à forma dolosa da conduta é desnecessária. Não há previsão para pena pela conduta culposa. Por essa razão, somente a conduta dolosa é punível.

Distinção: falsidade material e ideológica. A falsidade material tem por objeto a própria forma do documento, que é forjada ou alterada, no todo ou em parte, pelo agente. Já a falsidade ideológica tem por objeto o conteúdo ou a ideia do documento que é inserida falsamente pelo agente. É importante essa distinção por dois aspectos: a) no processo penal, o exame de corpo de delito só é indispensável na falsidade material, o que não ocorre na falsidade ideológica; b) há distinção quanto às penas aplicáveis à falsidade ideológica e à falsidade material, nos tipos gerais do CP (arts. 297 e 299). Ao se tratar, contudo, do tipo especial que concerne apenas à CTPS (art. 49 da CLT), a distinção não apresenta tal importância nesse particular, pois, para ambos os delitos, a pena aplicável é a mesma.

Art. 50. Comprovando-se falsidade, quer nas declarações para emissão de Carteira de Trabalho e Previdência Social, quer nas respectivas anotações, o fato será levado ao conhecimento da autoridade que houver emitido a carteira, para fins de direito.

A obrigatoriedade da CTPS e de suas respectivas anotações é norma de ordem pública, e o Poder Executivo deve zelar pelo seu cumprimento. Assim, ao ser comprovada a falsidade nas declarações para a emissão da CTPS ou em sua respectiva anotação, a autoridade administrativa ou judicial – no processo penal ou trabalhista – deverá comunicar ao órgão emissor a ocorrência da falsidade mencionada para que seja efetuada a respectiva correção. Além da comunicação ao órgão emissor e da verificação, em tese, da ocorrência de algum dos tipos penais descritos no artigo anterior, deverá a autoridade judicial – Justiça do Trabalho – ou administrativa oficiar ao Ministério Público, que deverá, se entender cabível, oferecer a denúncia e deflagrar a respectiva ação penal.

Art. 51. Incorrerá em multa de valor igual a 3 (três) vezes o salário mínimo regional aquele que, comerciante ou não, vender ou expuser à venda qualquer tipo de carteira igual ou semelhante ao tipo oficialmente adotado.

Artigo com redação dada pelo Decreto-lei n. 229, de 28.02.1967.

Além de cometer o crime previsto no art. 49, IV, da CLT, aquele – não necessariamente comerciante – que vende ou simplesmente expõe à venda CTPS igual ou semelhante ao tipo oficialmente adotado – e, portanto, falsificada –, sujeita-se a uma penalidade administrativa que consiste em uma multa, atualmente no valor de três vezes o salário mínimo regional.

Art. 52. O extravio ou inutilização da Carteira de Trabalho e Previdência Social por culpa da empresa sujeitará esta à multa de valor igual à metade do salário mínimo regional.

Artigo com redação dada pelo Decreto-lei n. 926, de 10.10.1969.

A culpa a que se refere o artigo deve ser entendida em seu sentido amplo, ou seja, abrangente da situação de dolo e de culpa em sentido estrito – negligência, imprudência e imperícia. A multa não visa a reparar a lesão sofrida pelo empregado. Trata-se de penalidade de caráter administrativo.

Arts. 53 e 54. (*Revogados pela Lei n. 13.874, de 20.09.2019.*)

Art. 55. Incorrerá na multa de valor igual a 1 (um) salário mínimo regional a empresa que infringir o art. 13 e seus parágrafos.

Artigo com redação dada pelo Decreto-lei n. 229, de 28.02.1967.

Ressalte-se que essa multa, que atualmente corresponde a 378,2847 Ufirs (veja art. 1º da Lei n. 8.383/91 e Portaria MTb/GM n. 290/97), não se confunde com aquela prevista no art. 47, *caput* e parágrafo único, da CLT, que se aplica ante à falta de registro interno do empregado. A multa prevista neste artigo aplica-se às infrações ao dispositivo que obriga o uso da CTPS nas situações descritas no art. 13 e seus parágrafos da CLT (veja comentários a esse artigo).

Art. 56. (*Revogado pela Lei n. 13.874, de 20.09.2019.*)

CAPÍTULO II
DA DURAÇÃO DO TRABALHO

Seção I
Disposição Preliminar

Art. 57. Os preceitos deste Capítulo aplicam-se a todas as atividades, salvo as expressamente excluídas, constituindo exceções as disposições especiais, concernentes estritamente a peculiaridades profissionais constantes do Capítulo I do Título III.

O art. 57 é o primeiro do Capítulo II, Título II, da CLT, que trata da duração do trabalho. Este capítulo é dividido em: a) jornada de trabalho; b) períodos de descanso; c) trabalho noturno; e d) quadro de horário. Por este artigo, temos que as regras de duração de trabalho previstas no capítulo em que se insere aplicam-se a todas as atividades, à exceção daquelas especiais, previstas no Capítulo I, Título III, da CLT, relativas aos bancários (arts. 224 a 226), telefonistas (arts. 227 a 231), operadores cinematográficos (arts. 234 e 235), motoristas profissionais (arts. 235-A a 235-H), ferroviários (arts. 236 a 247), equipagens das embarcações da marinha mercante nacional (arts. 248 a 252), serviços frigoríficos (art. 253), trabalho em minas de subsolo (arts. 293 a 301), jornalistas (arts. 302 a 316), professores (arts. 317 a 323) e químicos (arts. 325 a 350).

Além das disposições especiais contidas na CLT, existem leis esparsas que também constituem exceções, eis que estabelecem regras próprias para a categoria, como aquelas referentes aos aeronautas (Decretos-leis ns. 18/66 e 78/66, Lei n. 7.183/84), médicos e dentistas (Lei n. 3.999/61), radialistas (Lei n. 6.615/78), técnicos em radiologia (Lei n. 7.394/85), advogados (Lei n. 8.906/94), fisioterapeutas e terapeutas ocupacionais (Lei n. 8.856/94), músicos profissionais (Lei n. 3.857/60, que revogou os arts. 232 e 233 da CLT) e serviços de estiva (Lei n. 8.630/93, que revogou os arts. 254 a 292 da CLT).

Caso não haja exclusão expressa nas regras especiais, seja na jornada de trabalho, seja nos períodos de descanso, seja no trabalho noturno, aplica-se a regra geral prevista neste artigo.

Seção II
Da Jornada de Trabalho

É necessário fazer uma distinção entre duração, jornada e horário de trabalho. A primeira abrange o tempo de disponibilidade do empregado perante seu empregador em virtude do contrato; apresenta um aspecto mais amplo, podendo abranger as férias, por exemplo. A segunda tem um sentido mais restrito, compreendendo o tempo diário em que o empregado está à disposição de seu empregador, ou seja, é o lapso temporal diário. O terceiro compreende o tempo de início e de término do trabalho prestado, devendo haver publicidade, no âmbito da empresa, sobre os horários de trabalho (art. 74 da CLT).

Art. 58. A duração normal do trabalho, para os empregados em qualquer atividade privada, não excederá de 8 (oito) horas diárias, desde que não seja fixado expressamente outro limite.

Dispõe o inciso XIII do art. 7º da CF que a duração do trabalho normal não poderá ser superior a oito horas diárias e 44 semanais, sendo facultada a compensação de horários e a redução da jornada mediante acordo ou convenção coletiva. Assim, após a CF/88, a jornada diária passou a ser de oito horas desde que não ultrapasse a 44ª hora semanal, podendo haver acordo ou convenção coletiva em sentido contrário.

A discussão gira em torno da possibilidade de a compensação de jornada ser também por acordo individual, o que é admissível, eis que, quando o texto constitucional pretendeu limitar a negociação de direitos apenas por acordo coletivo, assim o fez expressamente, conforme se pode verificar no inciso VI do art. 7º, que trata da hipótese de redução de salário. Nesse sentido é a redação do inciso II da Súmula n. 85 do TST.

Não será admitido acordo individual apenas se houver norma coletiva proibindo-o expressamente.

Existem outros limites de jornada que são fixados pela própria lei; por exemplo, quanto aos turnos ininterruptos de revezamento, em que a jornada de trabalho é de seis horas, salvo negociação coletiva. Ou seja, é lícito fixar jornada superior a seis horas e limitada a oito horas por meio de regular negociação coletiva. Nesse sentido, Súmula n. 423 do TST. Trabalham em turnos ininterruptos de revezamento aqueles que laboram ora no período da manhã, ora no período vespertino, ora no período noturno.

Para caracterizar turno ininterrupto de revezamento, é necessário que haja a ininterrupção, não da atividade da empresa, mas sim do trabalho do empregado que ora labora, por exemplo, das 6 às 14, ora das 14 às 22, ora das 22 às 6 horas.

O intervalo intrajornada, em hipótese alguma descaracteriza o turno ininterrupto, como muito se discutiu após o advento da Carta Magna de 1988, o que originou a Súmula n. 360 do TST. Ao se utilizar do poder diretivo e do *ius variandi*, pode o empregador fixar o turno de um determinado empregado que labora em turnos ininterruptos de revezamento, sem que isso viole o art. 468 da CLT, posto que não se trata de alteração ilícita do contrato de trabalho nem de violação ao direito adquirido, por ser alteração mais benéfica para a saúde do trabalhador. Nesse sentido é a Portaria n. 412, de 20.09.2007, do extinto Ministério do Trabalho e Emprego.

Também é importante destacar os termos da Súmula n. 444 do TST, segundo a qual "É válida, em caráter excepcional, a jornada de doze horas de trabalho por trinta e seis de descanso, prevista em lei ou ajustada exclusivamente mediante acordo coletivo de trabalho ou convenção coletiva de trabalho, assegurada a remuneração em dobro dos feriados trabalhados. O empregado não tem direito ao pagamento de adicional referente ao labor prestado na décima primeira e décima segunda horas" e os termos da OJ n. 323 da SDI-I do TST no que tange à chamada semana espanhola: "É válido o sistema de compensação de horário quando a jornada adotada é a denominada 'semana espanhola', que alterna a prestação de 48 horas em uma semana e 40 horas em outra, não violando os arts. 59, § 2º, da CLT e 7º, XIII, da CF/88 o seu ajuste mediante acordo ou convenção coletiva de trabalho".

---

§ 1º Não serão descontadas nem computadas como jornada extraordinária as variações de horário no registro de ponto não excedentes de cinco minutos, observado o limite máximo de dez minutos diários.

Parágrafo acrescentado pela Lei n. 10.243, de 19.06.2001.

Este parágrafo foi incluído pela Lei n. 10.243, de 19.06.2001. A determinação prevista neste dispositivo já vinha sendo há muito aplicada pela jurisprudência, tendo originado inclusive a Súmula n. 366 do TST. É o chamado "tempo residual". O limite de dez minutos é lícito desde que sejam distribuídos cinco minutos antes e cinco minutos depois da jornada. Se for ultrapassado, o limite não será descontado para o pagamento de horas extras, ou seja, os minutos totais ultrapassados são devidos ao empregado sem o desconto do limite.

Tal dispositivo é de suma importância para empresas com grande número de funcionários, nas quais há necessidade de que o empregado chegue ao trabalho minutos antes para proceder a anotação do controle de frequência. De acordo com a Súmula n. 449 do TST, é inválida norma coletiva que elasteça o limite de cinco minutos. Assim dispõe referida súmula: "A partir da vigência da Lei n. 10.243, de 19.06.2001, que acrescentou o § 1º ao art. 58 da CLT, não mais prevalece cláusula prevista em convenção ou acordo coletivo que elastece o limite de 5 minutos que antecedem e sucedem a jornada de trabalho para fins de apuração das horas extras".

---

§ 2º O tempo despendido pelo empregado desde a sua residência até a efetiva ocupação do posto de trabalho e para o seu retorno, caminhando ou por qualquer meio de transporte, inclusive o fornecido pelo empregador, não será computado na jornada de trabalho, por não ser tempo à disposição do empregador.

Parágrafo com redação dada pela Lei n. 13.467, de 13.07.2017.

O referido dispositivo também foi alterado pela Lei n. 13.467/2017, a chamada "reforma trabalhista" para eliminar as chamadas horas *in itinere*, criadas pela Lei n. 10.243/2001, que institui o antigo § 2º do art. 58 da CLT. O TST, com base na antiga redação, editou duas importantes súmulas sobre o tema (Súmulas ns. 90 e 320) que fatalmente serão alteradas em razão da nova disposição. A partir da vigência da Lei n. 13.467/2017, que se deu em 11.11.2017, o tempo no transporte de deslocamentos da residência até o trabalho e do trabalho para a residência passa a deixar de ser computado na jornada, ainda que o local seja de difícil acesso ou não servido por transporte público regular. Além dessa alteração, a redação do novo dispositivo nos leva a impressão de que a jornada só começa a ser computada a partir da "efetiva ocupação" e não mais a partir da entrada do empregado na empresa. Contudo, referido dispositivo deve ser interpretado juntamente com o art. 4º da CLT, cujo *caput* restou mantido pela reforma trabalhista, estabelecendo exceções no § 2º. Ou seja, caso o empregado esteja à disposição do empregador, ainda que não no local da sua efetiva ocupação, a jornada já deve ser computada. Quanto ao § 2º do art. 4º da CLT importante ressaltar que tais exceções devem ser interpretadas de forma restritiva, ou seja, todos os incisos devem ser analisados considerando o exercício exclusivo de atividades particulares do empregado. Por exemplo: o inciso VIII estabelece que o tempo da troca de uniforme não será computado na jornada quando não houver a obrigatoriedade de realizar a troca na empresa. Pensamos que para verificar se será considerado tempo à disposição é imprescindível avaliar não só a obrigatoriedade, mas também a possibilidade. Ou seja, ainda que o empregador não obrigue seus empregados a trocarem os uniformes ao final da jornada, é necessário verificar se há a possibilidade de esses empregados retornarem para suas residências sem a troca, ou seja, uniformizados.

§ 3º (*Revogado pela Lei n. 13.467, de 13.07.2017.*)

Art. 58-A. Considera-se trabalho em regime de tempo parcial aquele cuja duração não exceda a trinta horas semanais, sem a possibilidade de horas suplementares semanais, ou, ainda, aquele cuja duração não exceda a vinte e seis horas semanais, com a possibilidade de acréscimo de até seis horas suplementares semanais.

Caput *com redação dada pela Lei n. 13.467, de 13.07.2017.*

O art. 58-A e seus parágrafos foram incluídos pela MP n. 2.164/2001. Sua redação primária definia trabalho em regime parcial como aquele não excedente a 25 horas semanais. A Lei n. 13.467/2017, chamada "reforma trabalhista", alterou o referido dispositivo para estabelecer que regime em tempo parcial será aquele cuja duração não exceda a 26 horas semanais. Contudo, essa não foi a principal alteração, mas, sim, a possibilidade de horas suplementares nesta espécie de contratação, o que antes não era vedado, por expressa disposição no § 4º do art. 59 da CLT, ora revogado. Importante destacar aqui que antes da entrada em vigor da lei da reforma trabalhista as férias do empregado sob o regime em tempo parcial eram proporcionais, nos termos do art. 130-A da CLT, que restou revogado pela mesma lei, ou seja, mesmo em regime parcial o direito de férias será igual ao do empregado contratado por tempo integral.

§ 1º O salário a ser pago aos empregados sob o regime de tempo parcial será proporcional à sua jornada, em relação aos empregados que cumprem, nas mesmas funções, tempo integral.

Parágrafo acrescentado pela MP n. 2.164-41, de 24.08.2001.

O pagamento de salário proporcional ao tempo de trabalho está de acordo com a característica sinalagmática do contrato de trabalho, em que há equilíbrio formal entre as prestações onerosas. Na verdade, a redução proporcional do salário aplica-se a qualquer situação de redução de jornada, não só no trabalho em regime parcial.

§ 2º Para os atuais empregados, a adoção do regime de tempo parcial será feita mediante opção manifestada perante a empresa, na forma prevista em instrumento decorrente de negociação coletiva.

Parágrafo acrescentado pela MP n. 2.164-41, de 24.08.2001.

O referido dispositivo permite a flexibilização do princípio da inalterabilidade contratual e o da intangibilidade salarial, devendo para tanto haver previsão em instrumento decorrente de negociação coletiva. É salutar condicionar tal medida à negociação coletiva, senão estaria ampliada a ressalva aos princípios mencionados e poderiam ser impostas práticas abusivas de alteração contratual. Dessa forma, para reduzir-se a jornada de trabalho e, consequentemente, o salário, é necessária a manifestação do empregado perante a empresa na forma prevista em convenção ou acordo coletivo.

---

§ 3º As horas suplementares à duração do trabalho semanal normal serão pagas com o acréscimo de 50% (cinquenta por cento) sobre o salário-hora normal.

Parágrafo acrescentado pela Lei n. 13.467, de 13.07.2017.

O referido dispositivo foi incluído pela Lei n. 13.467/2017, em razão da alteração do *caput* que passou a permitir horas suplementares em contratos por tempo parcial e estabeleceu como adicional mínimo 50%, o que não poderia ser diferente em razão do que dispõe a CF em seu art. 7º, XVI.

---

§ 4º Na hipótese de o contrato de trabalho em regime de tempo parcial ser estabelecido em número inferior a vinte e seis horas semanais, as horas suplementares a este quantitativo serão consideradas horas extras para fins do pagamento estipulado no § 3º, estando também limitadas a seis horas suplementares semanais.

Parágrafo acrescentado pela Lei n. 13.467, de 13.07.2017.

O referido dispositivo também restou inserido pela Lei n. 13.467/2017, que entrou em vigor em 11.11.2017, para estabelecer que a limitação de horas suplementares a seis horas semanais previstas no *caput* também se aplica aos contratos firmados em número de horas inferior ao teto de 26 horas.

---

§ 5º As horas suplementares da jornada de trabalho normal poderão ser compensadas diretamente até a semana imediatamente posterior à da sua execução, devendo ser feita a sua quitação na folha de pagamento do mês subsequente, caso não sejam compensadas.

Parágrafo acrescentado pela Lei n. 13.467, de 13.07.2017.

O referido dispositivo, também incluído pela Lei n. 13.467/2017, prevê a possibilidade de compensação das horas suplementares da semana, considerando válida somente quando ocorrer na semana subsequente a sua realização. Não sendo dessa forma, deverá ser paga em folha de pagamento no mês subsequente. Referido dispositivo nos leva a conclusão de que o legislador excluiu o sistema de compensação do contrato normal de trabalho, o que inclui banco de horas e compensação mensal (modalidade também instituída pela "reforma trabalhista"), uma vez que criou uma regra específica e restritiva para o regime em tempo parcial.

---

§ 6º É facultado ao empregado contratado sob regime de tempo parcial converter um terço do período de férias a que tiver direito em abono pecuniário.

Parágrafo acrescentado pela Lei n. 13.467, de 13.07.2017.

O referido dispositivo também foi incluído pela Lei n. 13.467/2017, cuja redação se torna desnecessária em razão do disposto no art. 143 da CLT, segundo o qual é facultado a todo e qualquer empregado (seja regime parcial ou não), converter um terço do período de férias em abono pecuniário, desde que se observe o disposto no § 1º do art. 143 que estabelece que o abono deverá ser requerido até quinze dias antes do término do período aquisitivo, regra que entendemos também aplicável ao regime em tempo parcial.

---

§ 7º As férias do regime de tempo parcial são regidas pelo disposto no art. 130 desta Consolidação.

Parágrafo acrescentado pela Lei n. 13.467, de 13.07.2017.

O referido dispositivo também foi inserido pela Lei n. 13.467/2017, que prevê o óbvio, pois com a revogação do art. 130-A da CLT pela mesma lei, a conclusão lógica é de que as férias para os contratos em regime parcial passam a ser regidas pelo capítulo específico da CLT sobre as férias, razão pela qual, da mesma forma que o parágrafo anterior, a inserção do referido dispositivo é totalmente desnecessária.

Art. 59. A duração diária do trabalho poderá ser acrescida de horas extras, em número não excedente de duas, por acordo individual, convenção coletiva ou acordo coletivo de trabalho.

Caput com redação dada pela Lei n. 13.467, de 13.07.2017.

As horas suplementares são as chamadas horas extras. São consideradas horas extras todas aquelas em que se laborou além do limite legal ou contratual. O presente dispositivo trata da compensação de horas, que é limitada a duas horas extras diárias, devendo para tanto haver acordo ou convenção coletiva nesse sentido, não sendo admitida a forma tácita (Súmula n. 85, I, do TST). A alteração trazida pela Lei n. 13.467/2017, chamada "reforma trabalhista", nada mais fez do que atualizar referido dispositivo com o entendimento do TST, quanto à possibilidade de compensação por acordo individual. Normalmente, é utilizada a compensação de horas para que o empregado tenha também o sábado para descanso. Por exemplo, caso haja negociação coletiva ou acordo individual nesse sentido, poderá um empregado trabalhar de segunda a quinta-feira das 8 às 18 horas e, às sextas-feiras, das 8 às 17 horas, sempre com uma hora de intervalo intrajornada, tendo o sábado e o domingo de descanso. Como exceção, a jurisprudência vem admitindo o regime 12 x 36, estipulado em acordos coletivos, no qual o empregado trabalha 12 horas e descansa 36, posto que se trata de jornada mais favorável ao empregado que, em um mês, tem mais horas de descanso, conforme a Súmula n. 444 do TST, que estabelece: "É válida, em caráter excepcional, a jornada de doze horas de trabalho por trinta e seis de descanso, prevista em lei ou ajustada exclusivamente mediante acordo coletivo de trabalho ou convenção coletiva de trabalho, assegurada a remuneração em dobro dos feriados trabalhados. O empregado não tem direito ao pagamento de adicional referente ao labor prestado na décima primeira e décima segunda horas". Também é admitida a chamada "semana espanhola", na qual o empregado alterna a prestação de 48 horas em uma semana com 40 horas em outra, mediante ajuste por negociação coletiva (OJ n. 323 da SDI-1 do TST).

O FGTS incide sobre as horas extras (Súmula n. 63 do TST), como também a gratificação natalina (Súmula n. 115 do TST), e o DSR (Súmula n. 172 do TST), sendo que o cálculo será composto pelo valor da hora normal, integrado por parcelas de natureza salarial e acrescido do adicional previsto em lei, convenção ou acordo coletivo (Súmula n. 264 do TST).

O TST editou a Súmula n. 291, em substituição à Súmula n. 76, que estabelece: "A supressão total ou parcial, pelo empregador, de serviço suplementar prestado com habitualidade, durante pelo menos 1 (um) ano, assegura ao empregado o direito à indenização correspondente ao valor de 1 (um) mês das horas suprimidas, total ou parcialmente, para cada ano ou fração igual ou superior a seis meses de prestação de serviço acima da jornada normal. O cálculo observará a média das horas suplementares nos últimos 12 (doze) meses anteriores à mudança, multiplicada pelo valor da hora extra do dia da supressão". Antes da Súmula n. 291 do TST, as horas extras prestadas habitualmente por mais de dois anos não poderiam ser suprimidas. Após a súmula, as horas extras prestadas com habitualidade poderão ser suprimidas, mas o empregador terá de pagar um mês de salário para cada ano ou fração de ano igual ou superior a seis meses de horas extras suprimidas.

O valor das horas extras habitualmente prestadas integra o cálculo dos haveres trabalhistas, independentemente da limitação prevista no *caput* do art. 59 da CLT (Súmula n. 376 do TST). "O cálculo do valor das horas extras habituais, para efeito de reflexos em verbas trabalhistas, observará o número de horas efetivamente prestadas e a ele aplica-se o valor do salário-hora da época do pagamento daquelas verbas" (Súmula n. 347 do TST).

O empregado remunerado à base de comissões tem direito ao adicional pelo trabalho em horas extras, calculado sobre o valor-hora das comissões recebidas no mês, considerando-se divisor o número de horas efetivamente trabalhadas (Súmula n. 340 do TST).

---

§ 1º A remuneração da hora extra será, pelo menos, 50% (cinquenta por cento) superior à da hora normal.

Parágrafo com redação dada pela Lei n. 13.467, de 13.07.2017.

Conforme o art. 7º, XVI, da CF, o adicional mínimo para a hora extra é de 50%. O trabalhador comissionista terá direito tão somente ao adicional de hora extra, que será calculado sobre o valor das comissões a elas referentes (Súmula n. 340 do TST). Em caso de empregado que recebe por produção, também é devido apenas o adicional, exceto o cortador de cana, conforme dispõe a OJ n. 235 da SDI-1 do TST: "O empregado que recebe salário por produção e trabalha em sobrejornada tem direito à percepção apenas do adicional de horas extras, exceto no caso do empregado cortador de cana, a quem é devido o pagamento das horas extras e do adicional respectivo".

---

§ 2º Poderá ser dispensado o acréscimo de salário se, por força de acordo ou convenção coletiva de trabalho, o excesso de horas em um dia for compensado pela correspondente diminuição em outro dia, de maneira que não exceda, no período máximo de 1 (um) ano, à soma das jornadas semanais de trabalho previstas, nem seja ultrapassado o limite máximo de 10 (dez) horas diárias.

Parágrafo com redação dada pela MP n. 2.164-41, de 24.08.2001.

A redação anterior, dada pela Lei n. 9.601, de 21.01.1998, assim dispunha:

"§ 2º Poderá ser dispensado o acréscimo de salário se, por força de acordo ou convenção coletiva de trabalho, o excesso de horas em um dia for compensado pela correspondente diminuição em outro dia, de maneira que não exceda, no período máximo de 120 (cento e vinte) dias, à soma das jornadas semanais de trabalho previstas, nem seja ultrapassado o limite máximo de 10 (dez) horas diárias".

A Lei n. 9.601/98 alterou o § 2º do art. 59 da CLT e inseriu o § 3º, em que cria o chamado *banco de horas*, no qual as horas extras trabalhadas em um dia são compensadas com a diminuição em outro dia. Com isso, a compensação de horas semanal foi estendida a qualquer período, desde que não supere um ano. Sua implantação depende de acordo coletivo ou convenção coletiva de trabalho, não podendo a jornada diária ultrapassar o limite de dez horas. Ou seja, se os sindicatos acordarem, mediante negociação coletiva, as horas extras praticadas em um certo período não precisarão ser pagas, desde que sejam compensadas no período máximo de um ano.

Há aqueles que entendem ser inconstitucional essa norma, por violar o disposto no art. 7º, XXII, da CF. Entendemos que não há inconstitucionalidade, pois a implementação do banco de horas depende de negociação com o sindicato da categoria. É necessário ainda que as horas lançadas no banco possam ser consultadas pelo empregado, ou seja, o empregado tem o direito de controlar seu extrato de horas.

Os termos da Súmula n. 85 do TST não se aplicam ao regime do banco de horas, que somente pode ser instituído por negociação coletiva (Súmula n. 85, V, do TST).

---

§ 3º Na hipótese de rescisão do contrato de trabalho sem que tenha havido a compensação integral da jornada extraordinária, na forma dos §§ 2º e 5º deste artigo, o trabalhador terá direito ao pagamento das horas extras não compensadas, calculadas sobre o valor da remuneração na data da rescisão.

Parágrafo com redação dada pela Lei n. 13.467, de 13.07.2017.

Caso haja rescisão do contrato de trabalho, o trabalhador fará jus ao recebimento das horas armazenadas no banco de horas, que deverão ser calculadas sobre o valor da remuneração na data da rescisão. No ato da rescisão, se o empregado for devedor de horas, entendemos que o empregador poderá compensar no termo de rescisão até o valor equivalente a um mês de remuneração do empregado (art. 477, § 5º, da CLT). No final do período estipulado na convenção ou no acordo coletivo, se houver horas a serem pagas, deverão elas refletir sobre os demais pagamentos, eis que a natureza jurídica da hora extra é salarial. Entretanto, por ser uma hipótese em que a obrigação de pagar surgiu após o pagamento da obrigação principal, não incidem multas ou outros acréscimos.

---

§ 4º (*Revogado pela Lei n. 13.467, de 13.07.2017.*)

---

§ 5º O banco de horas de que trata o § 2º deste artigo poderá ser pactuado por acordo individual escrito, desde que a compensação ocorra no período máximo de seis meses.

Parágrafo acrescentado pela Lei n. 13.467, de 13.07.2017.

O referido dispositivo foi inserido pela Lei n. 13.467/2017, a chamada "reforma trabalhista", que estabelece a possibilidade de banco de horas individual, sendo mantida a redação do § 2º do mesmo dispositivo de forma a concluir que banco de horas para compensação de até seis meses pode ser estabelecido por acordo individual, mais de seis meses até um ano só por negociação coletiva. Quando o banco de horas foi instituído em 1998, com a inserção do § 2º no art. 59 da CLT, a discussão que surgiu à época foi da constitucionalidade dessa modalidade de compensação de horas, pois a CF consagrou a compensação semanal como regra (art. 7º, XIII), uma vez que se estabelecido uma compensação a longo prazo colocar-se-ia em risco a saúde do trabalhador. Invocava-se não só o art. 7º, XIII, como também o inciso XXII que estabelece que são direitos dos trabalhadores "redução dos riscos inerentes ao trabalho, por meio de normas de saúde, higiene e segurança". Pois bem, prevaleceu o entendimento de que não havia inconstitucionalidade no dispositivo sob o principal argumento de que havia a necessidade de previsão em norma coletiva, com base no inciso XXVI do art. 7º da CF. Contudo, parece-nos que a referida discussão voltará à tona diante da possibilidade de banco de horas por acordo individual. Para defender a constitucionalidade do § 5º do art. 59 da CLT não se poderá valer dos argumentos do passado, pois aqui não há necessidade de autorização do sindicato, de forma que nos parece, de fato, padecer de inconstitucionalidade referido dispositivo. Só nos resta aguardar o posicionamento dos tribunais.

---

§ 6º É lícito o regime de compensação de jornada estabelecido por acordo individual, tácito ou escrito, para a compensação no mesmo mês.

Parágrafo acrescentado pela Lei n. 13.467, de 13.07.2017.

Este parágrafo também foi inserido pela Lei n. 13.467/2017, a chamada "reforma trabalhista", e estabelece a possibilidade de compensação mensal, estabelecido por acordo individual, tácito ou escrito. Primeira questão que chama a atenção é a análise constitucional do referido dispositivo, pois o art. 7º, XIII, da CF consagra a compensação semanal, o que nos parece que seria vedado à lei ordinária ampliar a possibilidade de compensação semanal para mensal, sem anuência do sindicato. A prevalecer referido dispositivo, para apuração das horas extras, deverá ser considerado o módulo mensal (220 horas) e não mais o módulo semanal (44 horas). Outro ponto que chama a atenção é a contrariedade ao entendimento já pacificado pelo TST quanto à possibilidade de compensação por acordo tácito. Segundo a jurisprudência do TST, insculpida no item III da Súmula n. 85, não é válido o acordo tácito para a compensação da jornada. Assim é a redação do referido verbete: "O mero não atendimento das exigências legais para a compensação de jornada, inclusive quando encetada mediante acordo tácito, não implica a repetição do pagamento das horas excedentes à jornada normal diária, se não dilatada a jornada máxima semanal, sendo devido apenas o respectivo adicional".

Art. 59-A. Em exceção ao disposto no art. 59 desta Consolidação, é facultado às partes, mediante acordo individual escrito, convenção coletiva ou acordo coletivo de trabalho, estabelecer horário de trabalho de doze horas seguidas por trinta e seis horas ininterruptas de descanso, observados ou indenizados os intervalos para repouso e alimentação.

Caput *acrescentado pela Lei n. 13.467, de 13.07.2017.*

A Lei n. 13.467/2017 criou o art. 59-A da CLT, permitindo o estabelecimento de jornada 12 x 36 por meio de acordo individual. Antes disso, por outro lado, o entendimento do TST, expresso na Súmula n. 444, já era diverso, estabelecendo que referida jornada só será possível se prevista em norma coletiva: "É válida, em caráter excepcional, a jornada de doze horas de trabalho por trinta e seis de descanso, prevista em lei ou ajustada exclusivamente mediante acordo coletivo de trabalho ou convenção coletiva de trabalho, assegurada a remuneração em dobro dos feriados trabalhados. O empregado não tem direito ao pagamento de adicional referente ao labor prestado na décima primeira e décima segunda horas".

Parágrafo único. A remuneração mensal pactuada pelo horário previsto no *caput* deste artigo abrange os pagamentos devidos pelo descanso semanal remunerado e pelo descanso em feriados, e serão considerados compensados os feriados e as prorrogações de trabalho noturno, quando houver, de que tratam o art. 70 e o § 5º do art. 73 desta Consolidação.

Parágrafo acrescentado pela Lei n. 13.467, de 13.07.2017.

Referido dispositivo também foi inserido pela Lei n. 13.467/2017, cuja redação da Súmula n. 444 do TST, que estabelece que na jornada 12 x 36 fica assegurada a remuneração em dobro dos feriados trabalhados. O dispositivo em comento vai além e estabelece que não só os feriados restam abrangidos, mas também os descansos semanais e o trabalho noturno e sua prorrogação, quando houver. Aqui é importante fazer uma distinção, ao contrário do que estabelece a súmula, pensamos que a jornada 12 x 36 já remunera feriados e descansos semanais remunerados. Contudo, não se pode considerar remunerado a jornada noturna, pois a própria CF estabelece que deve haver remuneração diferenciada para o labor em jornada noturna.

Art. 59-B. O não atendimento das exigências legais para compensação de jornada, inclusive quando estabelecida mediante acordo tácito, não implica a repetição do pagamento das horas excedentes à jornada normal

diária se não ultrapassada a duração máxima semanal, sendo devido apenas o respectivo adicional.
Caput *acrescentado pela Lei n. 13.467, de 13.07.2017.*

O referido dispositivo foi incluído pelo Lei n. 13.467/2017, a chamada "reforma trabalhista", e seu conteúdo reflete exatamente o item III da Súmula n. 85 do TST: "O mero não atendimento das exigências legais para a compensação de jornada, inclusive quando encetada mediante acordo tácito, não implica a repetição do pagamento das horas excedentes à jornada normal diária, se não dilatada a jornada máxima semanal, sendo devido apenas o respectivo adicional". Referido verbete, frise-se, agora previsto no artigo em comento, deixa claro que o acordo tácito não é válido. Contudo, de forma contraditória, o § 6º do art. 59 da CLT admite acordo tácito de compensação.

Parágrafo único. A prestação de horas extras habituais não descaracteriza o acordo de compensação de jornada e o banco de horas.
Parágrafo acrescentado pela Lei n. 13.467, de 13.07.2017.

O referido dispositivo também foi incluído pela Lei n. 13.467/2017 e sua redação é exatamente o oposto do que é pacificado pelo TST, por meio do item IV da Súmula n. 85, que possui a seguinte redação: "IV – A prestação de horas extras habituais descaracteriza o acordo de compensação de jornada. Nesta hipótese, as horas que ultrapassarem a jornada semanal normal deverão ser pagas como horas extraordinárias e, quanto àquelas destinadas à compensação, deverá ser pago a mais apenas o adicional por trabalho extraordinário". Todo acordo (seja coletivo ou individual) deve ser cumprido pelas partes, de forma que se uma das partes não cumpre, resta descaracterizado, conforme entendimento do TST. Parece-nos que o legislador está permitindo, por exemplo, que, se acordado compensação para trabalhar dez horas diárias mas o empregado de fato trabalhar doze, este terá direito somente às horas além da 10ª ou, ainda, se ultrapassado o limite de horas a ser lançado em banco de horas, restará devido apenas as horas excedentes a esse limite. Não nos parece a consequência mais adequada dar validade a um acordo quando descumprida por uma das partes. De outro lado, resta verificar a consequência do descumprimento.

Art. 60. Nas atividades insalubres, assim consideradas as constantes dos quadros mencionados no capítulo "Da Segurança e da Medicina do Trabalho", ou que neles venham a ser incluídas por ato do Ministro do Trabalho, Indústria e Comércio, quaisquer prorrogações só poderão ser acordadas mediante licença prévia das autoridades competentes em ma-

téria de higiene do trabalho, as quais, para esse efeito, procederão aos necessários exames locais e à verificação dos métodos e processos de trabalho, quer diretamente, quer por intermédio de autoridades sanitárias federais, estaduais e municipais, com quem entrarão em entendimento para tal fim.

Veja nota 1 na página XXI.

Até maio de 2011, o entendimento do TST era de que a jornada de trabalho em atividade insalubre prescindia de inspeção prévia da autoridade competente, em razão do disposto no art. 7º, XIII, da CF. Ou seja, o entendimento era de que o dispositivo em comento não havia sido recepcionado pela CF. Pois bem, com o cancelamento da Súmula n. 349 do TST, voltou a discussão quanto à validade de acordo e convenção de trabalho para compensação de jornada em ambiente insalubre. De acordo com referido dispositivo, é necessária a autorização da autoridade competente, e o entendimento atual (com o cancelamento da Súmula e com a inserção do item VI da Súmula n. 85 do TST – "VI – Não é válido acordo de compensação de jornada em atividade insalubre, ainda que estipulado em norma coletiva, sem a necessária inspeção prévia e permissão da autoridade competente, na forma do art. 60 da CLT") é de que não há qualquer inconstitucionalidade no referido dispositivo. Isso porque o mesmo art. 7º da CF, no inciso XXII, estabelece que são direitos dos trabalhadores "redução dos riscos inerentes ao trabalho, por meio de normas de saúde, higiene e segurança", razão pela qual a negociação coletiva encontra limites nas normas de segurança e medicina do trabalho.

Em outras palavras, é inválida compensação de jornada em ambiente insalubre sem autorização prévia da autoridade competente.

Parágrafo único. Excetuam-se da exigência de licença prévia as jornadas de doze horas de trabalho por trinta e seis horas ininterruptas de descanso.

Parágrafo acrescentado pela Lei n. 13.467, de 13.07.2017.

O referido parágrafo também foi instituído pela Lei n. 13.467/2017 e excepciona o trabalho em 12 x 36 na aplicação do *caput*, o que levou o legislador a chegar a essa conclusão foi o fato de que tal jornada possui uma carga menor de trabalho que a jornada comum. Pensamos que o labor em locais insalubres, que diz respeito a condições agressivas à saúde, não se confunde com o cansaço decorrente do trabalho, de forma que, se o empregado possui 36 horas para se recuperar da fadiga do trabalho, tal fato não traz qualquer relação com a agressividade decorrente de ambiente insalubre. Arriscamos dizer que em jornada de 12 horas (pouco importa o tempo de descanso subsequente) em local insalubre é mais grave que o labor nas mesmas condições por 8 horas. Daí o grave equívoco do legislador de confundir alhos com bugalhos.

Art. 61. Ocorrendo necessidade imperiosa, poderá a duração do trabalho exceder do limite legal ou convencionado, seja para fazer face a motivo de força maior, seja para atender à realização ou conclusão de serviços inadiáveis ou cuja inexecução possa acarretar prejuízo manifesto.

Há duas hipóteses de necessidade imperiosa. A primeira é a ocorrência de força maior, cuja definição encontra-se no art. 501 da CLT – "todo acontecimento inevitável, em relação à vontade do empregador, e para a realização do qual este não concorreu, direta ou indiretamente". São exemplos de força maior incêndios, o chamado *apagão* etc. A segunda hipótese é a necessidade de cumprimento de serviços inadiáveis, ou cuja não execução possa produzir prejuízo, por exemplo, a utilização de matéria-prima perecível ou ainda a colheita que está sob ameaça de inundação etc. O Precedente Administrativo n. 31 do extinto Ministério do Trabalho estabelece o conceito de necessidade imperiosa.

§ 1º O excesso, nos casos deste artigo, pode ser exigido independentemente de convenção coletiva ou acordo coletivo de trabalho.

Parágrafo com redação dada pela Lei n. 13.467, de 13.07.2017.

O dispositivo autoriza exceder o limite nas hipóteses previstas no *caput* independentemente de instrumentos coletivos ou acordo individual. Ou seja, basta a ocorrência da necessidade imperiosa para que o trabalho extraordinário esteja autorizado. A alteração trazida pela Lei n. 13.467/2017 foi eliminar a exigência anterior de comunicar, no prazo de dez dias, o Ministério do Trabalho, que era a autoridade competente mencionada na redação do parágrafo anterior. Pensamos que na prática pouca alteração ocorrerá, pois o dispositivo exige ainda a ocorrência de necessidade imperiosa.

§ 2º Nos casos de excesso de horário por motivo de força maior, a remuneração da hora excedente não será inferior à da hora normal. Nos demais casos de excesso previstos neste artigo, a remuneração será, pelo menos, 25% (vinte e cinco por cento) superior à da hora normal, e o trabalho não poderá exceder de 12 (doze) horas, desde que a lei não fixe expressamente outro limite.

Se houver a necessidade de excedê-la, a jornada deverá ser limitada a quatro horas, e deverão essas horas suplementares ser pagas com o adicional de 50%, tanto para a hipótese de força maior como para a de serviços inadiáveis, deixando de prevalecer a distinção feita pelo dispositivo em razão do disposto no art. 7º, XVI, da CF.

O trabalho em dia de repouso semanal é permitido, devendo haver comunicação ao delegado regional do trabalho no prazo de dez dias (art. 8º, *a*, do Decreto n. 27.048/49).

---

§ 3º Sempre que ocorrer interrupção do trabalho, resultante de causas acidentais, ou de força maior, que determinem a impossibilidade de sua realização, a duração do trabalho poderá ser prorrogada pelo tempo necessário até o máximo de 2 (duas) horas, durante o número de dias indispensáveis à recuperação do tempo perdido, desde que não exceda de 10 (dez) horas diárias, em período não superior a 45 (quarenta e cinco) dias por ano, sujeita essa recuperação à prévia autorização da autoridade competente.

No período de paralisação do trabalho em decorrência de força maior ou de causas acidentais, o empregado terá direito ao salário, eis que estava à disposição do empregador. Para a reposição dessas horas, o parágrafo em comento autoriza a compensação diária de duas horas, em período não superior a 45 dias por ano, sendo que essas horas deverão ser pagas apenas na forma singela, sem o adicional de 50%, pois se trata de caso excepcional autorizado por lei. Em que pese serem do empregador os riscos da atividade, no presente caso estamos diante de uma autorização excepcional da lei, sendo devido apenas o adicional quando for extrapolado o limite determinado.

Ao contrário da hipótese tratada no § 1º deste artigo, em caso de interrupção, é necessária a autorização do delegado regional do trabalho. Incorre em falta grave o empregado que se recusa a trabalhar em horas suplementares nas hipóteses do mencionado artigo.

Art. 62. Não são abrangidos pelo regime previsto neste capítulo:
Caput *com redação dada pela Lei n. 8.966, de 27.12.1994.*

O capítulo em que está inserido o artigo em comento trata da duração do trabalho. Menciona que não estão abrangidos pelo regime previsto neste capítulo os empregados de que tratam os incisos deste artigo, o que implica eles não terem direito ao recebimento de hora extra nem de seu adicional, bem como de todos os demais direitos previstos neste capítulo, como adicional noturno e período de descanso.

O que este artigo estabelece são presunções relativas de que, em razão da natureza e das prerrogativas dessas funções, torna-se incompatível a sistemática do controle de jornada. Tal presunção é relativa, ou seja, havendo controle de jornada pelo empregador, fará jus o empregado a horas extras.

I – os empregados que exercem atividade externa incompatível com a fixação de horário de trabalho, devendo tal condição ser anotada na Carteira de Trabalho e Previdência Social e no registro de empregados;

Inciso acrescentado pela Lei n. 8.966, de 27.12.1994.

A primeira hipótese são os empregados que exercem atividade externa incompatível com o controle de horários. Não basta o trabalho ser externo; é necessário que não haja possibilidade de controlar a jornada e que tal condição seja anotada na carteira de trabalho do empregado. Trata-se de condições cumulativas a serem observadas.

O trabalhador que é obrigado a comparecer na sede da empresa ou em qualquer outro local por ela designado, no início ou no término da jornada de trabalho, não está incluído nessa exceção. Também não se pode incluir no presente inciso o trabalhador que, a despeito de desenvolver atividade externa, tem sua jornada controlada por qualquer meio.

A exceção prevista neste dispositivo justifica-se em razão da impossibilidade de conhecer-se o real tempo de trabalho do empregado. O exemplo muito utilizado é o do motorista viajante, que poderá ou não estar inserido na exceção deste dispositivo, dependendo do caso concreto, em que se verificarão as condições cumulativas anteriormente mencionadas.

"O tacógrafo, por si só, [...] não serve para controlar a jornada de trabalho de empregado que exerce atividade externa" (OJ n. 332 da SDI-1 do TST).

É preciso destacar que o disposto neste inciso perdeu-se no tempo. Isso porque, em 1943, data de sua redação, de fato não era possível realizar o efetivo controle de jornada do trabalhador externo. Porém, hodiernamente, o disposto neste artigo não se coaduna com as relações da sociedade, eis que o controle da jornada pode se dar por diversos meios eletrônicos, razão pela qual o que se deve verificar é se o empregador teria como controlar a jornada e não o fez por opção.

II – os gerentes, assim considerados os exercentes de cargos de gestão, aos quais se equiparam, para efeito do disposto neste artigo, os diretores e chefes de departamento ou filial;

Inciso acrescentado pela Lei n. 8.966, de 27.12.1994.

O presente inciso exclui do regime previsto neste capítulo os gerentes, que exercem cargos de gestão. São equiparados aos gerentes os diretores e chefes de departamento ou filial. Antigamente, exigia-se a existência de mandato para caracterização da exclusão legal, entendimento que resta afastado após a nova redação dada pela Lei n. 8.966/94.

A denominação do cargo utilizada pela empresa não tem relevância, em face do princípio da primazia da realidade. O que deve ser levado em consideração é o poder de autonomia nas decisões importantes a serem tomadas, cujos atos obrigam a empresa.

No que tange aos bancários, a CLT estabelece regra específica, inclusive no que se refere ao cargo de confiança (art. 224, § 2º, da CLT), podendo ser aplicado apenas quanto ao gerente geral (Súmula n. 287 do TST).

III – os empregados em regime de teletrabalho.

Inciso acrescentado pela Lei n. 13.467, de 13.07.2017.

Referido dispositivo restou inserido na CLT por força da Lei n. 13.467/2017 e criou a terceira exceção que não fará jus a horas extras, intervalos a adicional noturno. Trata-se do empregado sob o regime de teletrabalho, atividade regulamentada pelos arts. 75-A a 75-E da CLT. Importante destacar, conforme ressaltamos no comentário ao *caput*, que será necessário verificar se existe a incompatibilidade do controle da jornada. O que o legislador nos traz são hipóteses de presunção relativa e não absoluta.

Parágrafo único. O regime previsto neste capítulo será aplicável aos empregados mencionados no inciso II deste artigo, quando o salário do cargo de confiança, compreendendo a gratificação de função, se houver, for inferior ao valor do respectivo salário efetivo acrescido de 40% (quarenta por cento).

Parágrafo acrescentado pela Lei n. 8.966, de 27.12.1994.

O salário do cargo de confiança, que compreende a gratificação de função, se houver, não poderá ser inferior ao valor do respectivo salário efetivo acrescido de 40%. Ou seja, para configuração do cargo de gerente, não basta o poder de autonomia e o exercício de cargo de gestão; é necessário também auferir salário maior que o dos demais empregados, conforme determina o presente dispositivo. Em regra, retornando o empregado ao cargo efetivo, fica o empregador autorizado a suprimir o adicional de 40%, exceto se percebida a gratificação de função por dez ou mais anos e a reversão ocorrer sem justo motivo (Súmula n. 372, I, do TST). Mantido o empregado no exercício da função comissionada, não pode o empregador reduzir o valor da gratificação.

Art. 63. Não haverá distinção entre empregados e interessados, e a participação em lucros e comissões, salvo em lucros de caráter social, não exclui o participante do regime deste Capítulo.

A palavra *interessados* refere-se àqueles que participam dos lucros. O objetivo deste dispositivo é demonstrar, de forma clara, que interessado e empregado são tratados da mesma forma, não sendo excluído o empregado que recebe participação nos lucros do regime de duração de horário.

A participação nos lucros e resultados – PLR é estabelecida pela Lei n. 10.101/2000 e não tem caráter salarial. É preciso que tal verba seja de fato vinculada aos resultados financeiros da empresa sob pena de ser considerada gratificação habitual. Trata-se de benefício próprio de empregados da ativa, não havendo a integração para fins de aposentadoria. Sobre a PLR, o TST editou a Súmula n. 451, que assim dispõe: "Participação nos lucros e resultados. Rescisão contratual anterior à data da distribuição dos lucros. Pagamento proporcional aos meses trabalhados. Princípio da isonomia".

Fere o princípio da isonomia instituir vantagem mediante acordo coletivo ou norma regulamentar que condiciona a percepção da parcela da participação nos lucros e resultados ao fato de estar o contrato de trabalho em vigor na data prevista para a distribuição dos lucros. Assim, inclusive na rescisão contratual antecipada, é devido o pagamento da parcela de forma proporcional aos meses trabalhados, pois o ex-empregado concorreu para os resultados positivos da empresa.

Art. 64. O salário-hora normal, no caso de empregado mensalista, será obtido dividindo-se o salário mensal correspondente à duração do trabalho, a que se refere o art. 58, por 30 (trinta) vezes o número de horas dessa duração.

Com o advento da CF/88, a base de cálculo do salário-hora passou a ser a jornada de trabalho, limitada a 220 horas mensais, e não mais os números de horas de trabalho (8 x 30 = 240), eis que seu art. 7º, XIII, reduziu o limite semanal de trabalho de 48 para 44 horas, mantendo a jornada máxima diária de oito horas.

Assim, antes da promulgação da CF/88, a carga de trabalho mensal era de 240 horas, que correspondia a 6 dias de trabalho na semana com oito horas de labor diário (6 x 8 = 48), perfazendo uma jornada de 240 horas mensais (48 x 5 = 240).

Se a jornada de trabalho for reduzida, para se obter o divisor, multiplica-se por 30 o número de horas diárias. Por exemplo, para o cômputo do divisor dos bancários, dos telefonistas e daqueles que laboram em turnos ininterruptos de revezamento, a jornada diária de seis horas é multiplicada por 30, resultando no divisor 180.

Já o jornalista, por exemplo, tem jornada diária de cinco horas, sendo portanto o divisor 150 (5 horas x 30 dias).

Para efeito de apuração da base de cálculo de horas suplementares – salário-hora normal –, o divisor será sempre o mesmo – jornada de trabalho – em caso de trabalhador mensalista, não importando quantos dias tem o mês, quais os dias ou quantas horas foram efetivamente laboradas.

Sobre essa questão, o TST editou a Súmulas ns. 431 e 124: "431. Para os empregados a que alude o art. 58, *caput*, da CLT, quando sujeitos a 40 horas semanais de trabalho, aplica-se o divisor 200 (duzentos) para o cálculo do valor do salário-hora". "124. Bancário. Salário-hora. Divisor. I – O divisor aplicável para o cálculo das horas extras do bancário será: *a)* 180, para os empregados submetidos à jornada de seis horas, prevista no *caput* do art. 224 da CLT; *b)* 220, para os empregados submetidos à jornada de oito horas, nos termos do § 2º do art. 224 da CLT. II – Ressalvam-se da aplicação do item anterior as decisões de mérito sobre o tema, qualquer que seja o seu teor, emanadas de Turma do TST ou da SBDI-I, no período de 27.09.2012 até 21.11.2016, conforme a modulação aprovada no precedente obrigatório firmado no Incidente de Recursos de Revista Repetitivos n. TST-IRR-849-83.2013.5.03.0138, *DEJT* 19.12.2016".

Parágrafo único. Sendo o número de dias inferior a 30 (trinta), adotar-se-á para o cálculo, em lugar desse número, o de dias de trabalho por mês.

Não sendo trabalhador mensalista, a remuneração por hora é obtida dividindo-se o valor recebido pelo número de dias trabalhados.

Art. 65. No caso do empregado diarista, o salário-hora normal será obtido dividindo-se o salário diário correspondente à duração do trabalho, estabelecido no art. 58, pelo número de horas de efetivo trabalho.

Para efeito de cálculo de hora extra, é importante a obtenção do correto valor do salário-hora normal. Para empregado diarista, o salário-hora normal é obtido dividindo-se o valor do salário diário pelo número de horas de efetivo trabalho, observando-se, para tanto, os limites legais diário e semanal. Assim, o salário diário deverá ser dividido, no máximo, por oito horas diárias (art. 7º, XIII, da CF). Em se tratando de categorias cuja jornada de trabalho estiver fixada em lei, por exemplo, a de médico, o limite legal deve ser observado.

Seção III
Dos Períodos de Descanso

Art. 66. Entre 2 (duas) jornadas de trabalho haverá um período mínimo de 11 (onze) horas consecutivas para descanso.

O intervalo mínimo entre o final de uma jornada de trabalho e o início de outra é de onze horas, denominado intervalo *interjornada*. Esse intervalo deve somar-se ao descanso semanal que é de 24 horas. Assim, uma vez por semana, o intervalo entre duas jornadas deve ser, no mínimo, de 35 horas. Inicia-se a contagem do intervalo quando o trabalho cessa e não quando cessa a jornada normal.

O objetivo da concessão desse intervalo é de o empregado poder descansar e repor suas energias, evitando assim o estresse. Esse período é considerado como suspensão do contrato de trabalho.

A Súmula n. 110 do TST estabelece que, "No regime de revezamento, as horas trabalhadas em seguida ao repouso semanal de 24 horas, em prejuízo do intervalo mínimo de onze horas consecutivas para descanso entre jornadas, devem ser remuneradas como extraordinárias, inclusive com o respectivo adicional". Em que pese o enunciado falar em regime de revezamento, tem-se entendido que é devido também em todas as hipóteses nas quais não se observa o descanso de onze horas consecutivas, nos termos da OJ n. 355 da SDI-1 do TST.

Trata-se de uma ficção jurisprudencial, eis que não se trata de horas extras, mas de horas trabalhadas durante o período correspondente do descanso, sem, contudo, ultrapassar as horas normais. Revendo posicionamento anterior, entendemos como correta a referida OJ. Apenas de o referido verbete mencionar que as horas serão remuneradas nos termos do art. 71, § 4º, da CLT, entendemos que deverão ser pagas como horas extras as horas não usufruídas e não o período integral. Ou seja, se o empregado usufruir de apenas 7 horas de intervalo interjornada, é devido a ele 4 horas extras, e não 11 (referentes ao período total).

Art. 67. Será assegurado a todo empregado um descanso semanal de 24 (vinte e quatro) horas consecutivas, o qual, salvo motivo de conveniência pública ou necessidade imperiosa do serviço, deverá coincidir com o domingo, no todo ou em parte.

A Lei n. 605/49, que dispõe sobre o repouso semanal remunerado, foi regulamentada pelo Decreto n. 27.048/49. O art. 1º da Lei n. 605/49 derrogou de forma tácita o *caput* do artigo sob exame, pois determina o repouso dever coincidir com o domingo, enquanto aquele dispõe o repouso dever ser "preferencialmente" aos domingos, atendendo assim o disposto no art. 7º, XV, da CF, que regula a matéria. Desse modo, a determinação de que as folgas deveriam ser aos domingos, salvo motivo de conveniência ou necessidade imperiosa do serviço, não é mais exigível.

O cálculo da remuneração do repouso semanal é objeto do art. 7º da Lei n. 605/49, em que estão relacionadas as várias modalidades de remuneração e indicadas as diferentes formas de cálculo. Todos os pagamentos de natureza salarial são computados na remuneração dos repousos, inclusive aos comissionistas (Súmula n. 27 do TST).

Se houver faltas injustificadas, o empregado perde o direito à remuneração do descanso.

As gratificações de produtividade e por tempo de serviço, pagas mensalmente, não repercutem no cálculo do repouso semanal remunerado (Súmula n. 225 do TST).

Diante dos termos do art. 5º da Lei n. 605/49, esta não se aplica: aos funcionários públicos da União, dos estados e dos municípios e aos respectivos extranumerários em serviço nas próprias repartições; e aos servidores de autarquias paraestatais, desde que sujeitos a regime próprio de proteção ao trabalho que lhes assegure situação análoga à dos funcionários públicos. O art. 9º da Lei n. 11.324/2006 revogou a alínea *a* do art. 5º da Lei n. 605/49, que excluía da sua aplicação os empregados domésticos.

Aos funcionários públicos que não estejam sujeitos ao regime do funcionalismo público, é devido o repouso semanal remunerado (art. 4º da Lei n. 605/49).

Parágrafo único. Nos serviços que exijam trabalho aos domingos, com exceção quanto aos elencos teatrais, será estabelecida escala de revezamento, mensalmente organizada e constando de quadro sujeito à fiscalização.

Os arts. 8º e 9º da Lei n. 605/49, regulamentados pelo art. 6º do Decreto n. 27.048/49, derrogaram tacitamente o parágrafo único em comento. O § 2º deste art. 6º repete o disposto neste parágrafo, acrescentando como exceção os elencos teatrais e congêneres, que trabalham em espetáculos em geral, casos em que determina escala de revezamento previamente organizada e constante de quadro sujeito à fiscalização.

A Lei n. 10.101/2000, ao tratar do trabalho no comércio, estabelece que o descanso deverá coincidir com o domingo a cada três semanas por mês. A organização prévia é para que o empregado tenha tempo razoável para programar seu descanso. O revezamento deve ser imposto de forma que não acumule descansos semanais e nem os deixe próximos uns dos outros.

Art. 68. O trabalho em domingo, seja total ou parcial, na forma do art. 67, será sempre subordinado à permissão prévia da autoridade competente em matéria de trabalho.

O presente dispositivo foi tacitamente derrogado pelo art. 10 da Lei n. 605/49, que foi regulamentada pelo art. 7º do Decreto n. 27.048/49, em que, para haver trabalho aos domingos, serão observadas as exigências técnicas de ordem econômica, permanentes ou ocasionais, bem como as peculiaridades locais.

Parágrafo único. A permissão será concedida a título permanente nas atividades que, por sua natureza ou pela conveniência pública, devem ser exercidas aos domingos, cabendo ao Ministro do Trabalho, Indústria e Comércio expedir instruções em que sejam especificadas tais atividades. Nos demais casos, ela será dada sob forma transitória, com discriminação do período autorizado, o qual, de cada vez, não excederá de 60 (sessenta) dias.

Veja nota 1 na página XXI.

Também derrogado de forma tácita, juntamente com o *caput*, pelo art. 10 da Lei n. 605/49 e pelo art. 7º do Decreto n. 27.048/49. Os trabalhos aos domingos são permitidos nas atividades constantes da relação anexa ao decreto, sendo que os pedidos de permissão para quaisquer outras atividades deverão ser apresentados às autoridades regionais, que os encaminharão ao Ministério do Trabalho e Emprego (o ministério foi extinto, e suas competências foram redistribuídas de acordo com o art. 83 da Lei n. 13.844, de 18.06.2019 – *v.* comentários ao art. 13, § 2º, da CLT).

Art. 69. Na regulamentação do funcionamento de atividades sujeitas ao regime deste Capítulo, os municípios atenderão aos preceitos nele estabelecidos, e as regras que venham a fixar não poderão contrariar tais preceitos nem as instruções que, para seu cumprimento, forem expedidas pelas autoridades competentes em matéria de trabalho.

Este dispositivo também se encontra tacitamente derrogado pelo art. 10, parágrafo único, da Lei n. 605/49, que regulamenta as atividades em dias de repouso semanal remunerado.

Art. 70. Salvo o disposto nos arts. 68 e 69, é vedado o trabalho em dias feriados nacionais e feriados religiosos, nos termos da legislação própria.

Artigo com redação dada pelo Decreto-lei n. 229, de 28.02.1967.

A redação original do art. 70 resta derrogada tacitamente pela Lei n. 605/49. Entretanto, a redação atual é dada pelo Decreto-lei n. 229/67, motivo pelo qual não há que se falar em derrogação pela Lei n. 605/49, por esta ser anterior. Contudo, o dispositivo não tem qualquer utilidade, pois a matéria já se encontra regulada pelo art. 8º da Lei n. 605/49.

Art. 71. Em qualquer trabalho contínuo, cuja duração exceda de 6 (seis) horas, é obrigatória a concessão de um intervalo para repouso ou alimentação, o qual será, no mínimo, de 1 (uma) hora e, salvo acordo escrito ou contrato coletivo em contrário, não poderá exceder de 2 (duas) horas.

O presente artigo trata do intervalo *intrajornada*, que será de uma hora em trabalho contínuo cuja duração exceda de seis horas. Por trabalho contínuo entende-se, inclusive, o tempo do empregado à disposição do empregador. O intervalo será, no mínimo, de uma hora e, no máximo, de duas. Para que exceda duas horas, é necessário acordo individual ou coletivo ou ainda convenção coletiva. Isso porque, durante o intervalo intrajornada, há a suspensão do contrato de trabalho, o que se traduz em verdadeira compensação de horas, que só é admitida por convenção coletiva ou por acordo individual ou coletivo, nos termos do art. 7º, XIII, da CF.

A concessão de intervalos não previstos em lei representa tempo à disposição da empresa, remunerados como serviço extraordinário, se acrescidos ao final da jornada (Súmula n. 118 do TST).

§ 1º Não excedendo de 6 (seis) horas o trabalho, será, entretanto, obrigatório um intervalo de 15 (quinze) minutos quando a duração ultrapassar 4 (quatro) horas.

Sendo a jornada superior a quatro e inferior a seis horas, o intervalo a ser concedido é de quinze minutos. Ou seja, só não será obrigatória a concessão de intervalo intrajornada para labor com duração inferior a quatro horas.

§ 2º Os intervalos de descanso não serão computados na duração do trabalho.

Trata-se de suspensão do contrato individual de trabalho o efetivo gozo do intervalo intrajornada, em que há paralisação do serviço sem remuneração. Assim, para se computar a jornada de trabalho do empregado, é necessário deduzir o intervalo intrajornada.

§ 3º O limite mínimo de 1 (uma) hora para repouso ou refeição poderá ser reduzido por ato do Ministro do Trabalho, Indústria e Comércio, quando, ouvido o Departamento Nacional de Higiene e Segurança do Trabalho – DNHST, se verificar que o estabelecimento atende integralmente às exigências concernentes à organização dos refeitórios e quando os respectivos

empregados não estiverem sob regime de trabalho prorrogado a horas suplementares.

Veja nota 1 na página XXI.

O parágrafo em questão autoriza a redução do intervalo intrajornada por ato do Ministério do Trabalho e Emprego, que avaliará se o estabelecimento atende integralmente às exigências concernentes à organização dos refeitórios e se os empregados laboram em jornada suplementar (o ministério foi extinto, e suas competências foram redistribuídas de acordo com o art. 83 da Lei n. 13.844, de 18.06.2019 – *v.* comentários ao art. 13, § 2º, da CLT). Em que pese a redação do item II da Súmula n. 437 do TST (antiga OJ n. 342 da SDI-I), entendemos ser válida a redução também por negociação coletiva (convenção ou acordo coletivo), com base no art. 7º, XIII e XXVI, da CF, que conferiu autonomia aos acordos e convenções coletivas, sendo que o disposto no dispositivo em comento nada mais é do que mais uma hipótese de redução da intrajornada.

§ 4º A não concessão ou a concessão parcial do intervalo intrajornada mínimo, para repouso e alimentação, a empregados urbanos e rurais, implica o pagamento, de natureza indenizatória, apenas do período suprimido, com acréscimo de 50% (cinquenta por cento) sobre o valor da remuneração da hora normal de trabalho.

Parágrafo com redação dada pela Lei n. 13.467, de 13.07.2017.

O presente parágrafo foi inserido no art. 71 da CLT por força da Lei n. 8.923/94 e alterado pela Lei n. 13.467/2017. Antes de 1994, a não concessão do intervalo ensejava apenas multa administrativa. De 1994 até a entrada em vigor da Lei n. 13.467/2017, o parágrafo dispunha que a não concessão do intervalo intrajornada ensejaria remuneração do período correspondente, com acréscimo de, no mínimo, 50% sobre o valor da remuneração da hora normal do trabalho. A primeira discussão em torno deste dispositivo gira em torno da questão sobre a natureza jurídica do intervalo intrajornada, se indenizatória ou salarial. O TST, por meio do item III da Súmula n. 437 do TST (antiga OJ n. 354 da SDI-1), pacificou entendimento de que se tratava de natureza salarial.

Outra questão que suscitava muita discussão sobre a matéria é o termo "período correspondente".

O TST, por intermédio do item I da Súmula n. 437 do TST (antiga OJ n. 307 da SDI-1), firmou entendimento de que a não concessão total ou parcial enseja o pagamento de uma hora mais o adicional.

Agora, o legislador, por meio da nova redação do § 4º do art. 71 da CLT, contrariando entendimento do TST, estabeleceu que será devido somente os minutos não usufruídos e não haverá reflexos por se tratar de natureza indenizatória, o que fatalmente fará com que o TST altere a Súmula n. 437.

Pensamos que pelo princípio da razoabilidade, a reforma trabalhista acertou ao determinar o pagamento apenas do período não usufruído, pois de acordo com a Súmula n. 437 do TST leva a situação em que aquele que goza de cinco minutos de intervalo intrajornada terá o mesmo direito daquele que goza de cinquenta minutos.

Essa proporcionalidade, que deverá ser observada, também está prevista no art. 413 do CC. Até porque, durante o intervalo intrajornada, ocorre a suspensão do contrato de trabalho, não havendo que se falar em pagamento desse período, sob pena de enriquecimento ilícito. Contudo, quanto à natureza jurídica, pensamos que andou mal o legislador, eis que desvirtuou a real natureza jurídica da verba.

---

§ 5º O intervalo expresso no *caput* poderá ser reduzido e/ou fracionado, e aquele estabelecido no § 1º poderá ser fracionado, quando compreendidos entre o término da primeira hora trabalhada e o início da última hora trabalhada, desde que previsto em convenção ou acordo coletivo de trabalho, ante a natureza do serviço e em virtude das condições especiais de trabalho a que são submetidos estritamente os motoristas, cobradores, fiscalização de campo e afins nos serviços de operação de veículos rodoviários, empregados no setor de transporte coletivo de passageiros, mantida a remuneração e concedidos intervalos para descanso menores ao final de cada viagem.

Parágrafo acrescentado pela Lei n. 12.619, de 30.04.2012, e com redação dada pela Lei n. 13.103, de 02.03.2015.

Dispositivo inserido pela Lei n. 12.619/2012, que trata do motorista profissional. Antes do referido dispositivo, havia o item II da OJ n. 342 da SDI-I do TST, já cancelado, que autorizava a redução do intervalo mediante a negociação coletiva para os motoristas e cobradores de veículos rodoviários. Referido dispositivo foi alterado pela Lei n. 13.103/2015 tão somente para estabelecer que o intervalo previsto no § 1º poderá ser fracionado, não podendo mais ser reduzido, conforme a redação anterior.

De acordo com este dispositivo, as empresas deverão conceder intervalo ao longo da jornada e de forma fracionada, que não poderá ser descontado da jornada diária, sendo válido o fracionamento apenas se concedido mediante negociação coletiva. Não se pode fracionar por acordo individual.

Ao contrário do cancelado item II da OJ n. 342 da SDI-I do TST, referido dispositivo não obriga o empregador a reduzir a jornada para sete horas diárias ou 42 semanais e também não impede a extrapolação da jornada diária e semanal.

Art. 72. Nos serviços permanentes de mecanografia (datilografia, escrituração ou cálculo), a cada período de 90 (noventa) minutos de trabalho consecutivo corresponderá um repouso de 10 (dez) minutos não deduzidos da duração normal de trabalho.

Aqueles que exercem serviços permanentes de mecanografia terão direito a dez minutos de intervalo a cada noventa trabalhados. Serviços permanentes são aqueles que não são intercalados com outros serviços. Ao exercer-se serviço de mecanografia juntamente com outras funções, não será devido o adicional previsto neste dispositivo.

O dispositivo em comento não é taxativo, mas exemplificativo, podendo ser incluídas outras atividades, como a de digitador (Súmula n. 346 do TST). Esse intervalo é considerado tempo à disposição do empregador.

Seção IV
Do Trabalho Noturno

Art. 73. Salvo nos casos de revezamento semanal ou quinzenal, o trabalho noturno terá remuneração superior à do diurno e, para esse efeito, sua remuneração terá um acréscimo de 20% (vinte por cento), pelo menos, sobre a hora diurna.

Caput *com redação dada pelo Decreto-lei n. 9.666, de 28.08.1946.*

É assegurado pela CF de 1988, no inciso IX do art. 7º, o direito de remuneração do trabalho noturno superior à do diurno.

O presente dispositivo estabelece que o trabalho noturno terá remuneração superior ao diurno, com acréscimo, no mínimo, de 20%. A ressalva feita pelo artigo, segundo o qual o trabalho em revezamento semanal ou quinzenal não gera o direito ao adicional noturno, é inconstitucional, conforme entendimento já sumulado pelo STF (Súmula n. 213).

O adicional de 20% recai sobre o valor da remuneração do trabalho do mesmo empregado ou de outro que execute o mesmo serviço no período diurno. Esse adicional poderá ser superior, se convencionado.

Se houver alteração do turno de trabalho, de noturno para diurno, o empregado perderá o direito de recebimento do adicional noturno (Súmula n. 265 do TST).

§ 1º A hora do trabalho noturno será computada como de 52 (cinquenta e dois) minutos e 30 (trinta) segundos.

Parágrafo com redação dada pelo Decreto-lei n. 9.666, de 28.08.1946.

A hora noturna é uma ficção da lei, pela qual uma hora equivale a 52 minutos e 30 segundos. O trabalho durante sete horas noturnas equivale a oito horas diurnas, ou seja, 52 minutos e meio equivalem a sessenta minutos. Assim, 480 minutos – que é o equivalente a oito horas – correspondem a 420 minutos – que equivalem a sete horas.

Logo, as horas trabalhadas acima da sétima noturna equivalem a hora extra, devendo ser pagas com o adicional de 20% mais o adicional de hora extra. O cálculo do adicional noturno e das horas extras será feito em separado, após a conversão do período noturno em 52 minutos e 30 segundos.

---

§ 2º Considera-se noturno, para os efeitos deste artigo, o trabalho executado entre as 22 (vinte e duas) horas de um dia e as 5 (cinco) horas do dia seguinte.

Parágrafo com redação dada pelo Decreto-lei n. 9.666, de 28.08.1946.

É considerado trabalho noturno, para trabalhador urbano, aquele realizado entre 22 e 5 horas. Para o agrícola, o trabalho noturno é das 21 às 5 horas; para o pecuário, das 20 às 4 horas (Lei n. 5.889/73); e, para o advogado, das 20 às 5 horas (Lei n. 8.906/94).

---

§ 3º O acréscimo a que se refere o presente artigo, em se tratando de empresas que não mantêm, pela natureza de suas atividades, trabalho noturno habitual, será feito tendo em vista os quantitativos pagos por trabalhos diurnos de natureza semelhante. Em relação às empresas cujo trabalho noturno decorra da natureza de suas atividades, o aumento será calculado sobre o salário mínimo geral vigente na região, não sendo devido quando exceder desse limite, já acrescido da percentagem.

Parágrafo acrescentado pelo Decreto-lei n. 9.666, de 28.08.1946.

A primeira parte deste dispositivo estabelece que, não havendo trabalho noturno em determinadas atividades, devido a sua natureza, o adicional será calculado sobre os quantitativos pagos por trabalhos diurnos de natureza semelhante. A segunda parte deste dispositivo perdeu eficácia ante o que dispõe o art. 7º, IX, da CF.

---

§ 4º Nos horários mistos, assim entendidos os que abrangem períodos diurnos e noturnos, aplica-se às horas de trabalho noturno o disposto neste artigo e seus parágrafos.

Antigo § 3º renumerado e com redação dada pelo Decreto-lei n. 9.666, de 28.08.1946.

As jornadas que se iniciam no período diurno e se estendem para o período noturno são consideradas horários mistos, previstos neste dispositivo. Serão computadas como hora noturna e, consequentemente, com o adicional de 20%, todas as horas trabalhadas após as 22 horas. As jornadas que se iniciam em período noturno e se estendem até o período diurno não são consideradas horários mistos.

---

§ 5º Às prorrogações do trabalho noturno aplica-se o disposto neste Capítulo.

Antigo § 4º renumerado e com redação dada pelo Decreto-lei n. 9.666, de 28.08.1946.

A melhor interpretação para este dispositivo é a de que as horas que excedem o horário noturno devem ser remuneradas como suplementares. Ou seja, o trabalhador que labora em turno noturno e estende sua jornada para além das 5 horas faz jus ao recebimento das horas suplementares como se fossem horas noturnas, sob pena de incentivar-se a prorrogação da jornada. Nesse sentido é a Súmula n. 60 do TST.

Este parágrafo regula os trabalhos iniciados no período noturno e finalizados no período diurno, que não são considerados horários mistos previstos no parágrafo anterior.

Aqueles que iniciam sua jornada às 21 e finalizam às 6 horas estarão laborando em horário noturno após as 22 horas, fazendo jus, portanto, ao adicional de 20% e à hora reduzida, sendo que, após as 5 horas, terão direito ao recebimento de hora extra considerando a hora reduzida, sem prejuízo do adicional de 20%.

Seção V
Do Quadro de Horário

Art. 74. O horário de trabalho será anotado em registro de empregados.

Caput *com redação dada pela Lei n. 13.874, de 20.09.2019.*

Com esta redação, tem-se eliminadas as exigências relativas à existência de quadro organizado e discriminação de horário caso este não seja o único para todos os empregados de uma mesma seção ou turma.

O registro da jornada é feito de forma eletrônica, regida pela Portaria Ministerial de n. 1.510/2009, que teve início de vigência prevista para 2012, na forma determinada pela Portaria n. 2.686/2011.

---

§ 1º (*Revogado pela Lei n. 13.874, de 20.09.2019.*)

---

§ 2º Para os estabelecimentos com mais de 20 (vinte) trabalhadores será obrigatória a anotação da hora de entrada e de saída, em registro manual, mecânico ou eletrônico, conforme instruções expedidas pela Secretaria Especial de Previdência e Trabalho do Ministério da Economia, permitida a pré-assinalação do período de repouso.

Parágrafo com redação dada pela Lei n. 13.874, de 20.09.2019.

Na redação anterior, a anotação do horário de entrada e de saída era obrigatória para estabelecimentos com mais de dez empregados; com a atual redação, essa obrigatoriedade passou a ser para estabelecimentos com mais de vinte empregados.

Por precaução, mesmo que com menos de vinte empregados, deve a empresa manter o controle do horário para que possa pagar as horas efetivamente trabalhadas pelo empregado, ou, então, para compensá-las, de forma correta. Ademais, o ônus da prova quanto à jornada de trabalho é do empregador, e em caso de não juntada dos controles de frequência prevalecerá a jornada declinada na petição inicial, podendo, no entanto, ser produzida prova em contrário (Súmula 338, TST).

§ 3º Se o trabalho for executado fora do estabelecimento, o horário dos empregados constará do registro manual, mecânico ou eletrônico em seu poder, sem prejuízo do que dispõe o *caput* deste artigo.

Parágrafo com redação dada pela Lei n. 13.874, de 20.09.2019.

Este parágrafo foi parcialmente revogado. A antiga redação do § 3º dispunha que: "Se o trabalho for executado fora do estabelecimento, o horário dos empregados constará, explicitamente, de ficha ou papeleta em seu poder, sem prejuízo do que dispõe o § 1º deste artigo".

Tanto a redação atual como a antiga tratam de trabalhador externo que mantém controle de ponto, e não do trabalhador externo a que se refere o art. 62-I, da CLT.

§ 4º Fica permitida a utilização de registro de ponto por exceção à jornada regular de trabalho, mediante acordo individual escrito, convenção coletiva ou acordo coletivo de trabalho.

Parágrafo acrescentado pela Lei n. 13.874, de 20.09.2019.

O registro de ponto por exceção permite ao empregado registrar somente situações excepcionais, por exemplo, o registro de horas extras, faltas, atrasos.

O antes citado § 4º se assemelha à Portaria n. 373, de 25.02.2011, do então Ministério do Trabalho, que em seus arts. 1º e 2º autorizavam a adoção pelos empregadores de sistemas alternativos de controle de jornada de trabalho e desde que previstos em convenção ou acordo coletivo do trabalho.

Destarte, deve ser ressaltado que a validade do registro de ponto por exceção depende de sua previsão em acordo individual, convenção ou acordo coletivo do trabalho.

Seção VI
Das Penalidades

Art. 75. Os infratores dos dispositivos do presente Capítulo incorrerão na multa de cinquenta a cinco mil cruzeiros, segundo a natureza da infração, sua extensão e a intenção de quem a praticou, aplicada em dobro no caso de reincidência, e oposição à fiscalização ou desacato à autoridade.

A redação do presente dispositivo foi adaptada pelas Leis ns. 6.205/75 e 6.986/82. Caso haja qualquer infração às disposições contidas no Capítulo II, do Título II, da CLT, que abrange os arts. 57 a 75, deverá ser aplicada a pena prevista no artigo em comento. A hipótese de aplicação em dobro refere-se apenas aos casos de reincidência, oposição à fiscalização ou desacato à autoridade.

Parágrafo único. São competentes para impor penalidades as Delegacias Regionais do Trabalho.

A competência mencionada é das Superintendências Regionais do Trabalho e Emprego, e não do juiz do trabalho, que, se verificar infração a esses dispositivos, deverá oficiar à DRT.

CAPÍTULO II-A
DO TELETRABALHO

Capítulo acrescentado pela Lei n. 13.467, de 13.07.2017.

Art. 75-A. A prestação de serviços pelo empregado em regime de teletrabalho observará o disposto neste Capítulo.

Artigo acrescentado pela Lei n. 13.467, de 13.07.2017.

A Lei n. 13.467/2017 regulamentou o teletrabalho pela inserção dos arts. 75-A a 75-E na CLT, o que deve ser conjugado com o disposto no art. 62, III, da CLT: "Art. 62. Não são abrangidos pelo regime previsto neste capítulo [...] III – os empregados em regime de teletrabalho".

Art. 75-B. Considera-se teletrabalho a prestação de serviços preponderantemente fora das dependências do empregador, com a utilização de

tecnologias de informação e de comunicação que, por sua natureza, não se constituam como trabalho externo.

Caput *acrescentado pela Lei n. 13.467, de 13.07.2017.*

O artigo em comento, inserido pela Lei n. 13.467/2017, traz a definição do teletrabalho. A primeira observação a ser feita é de que na mesma linha da Lei n. 12.551/2011, que deu nova redação ao art. 6º da CLT, a Lei n. 13.467/2017 ressalta a ideia de subordinação estrutural através de uma nova interpretação do art. 3º da CLT, de forma a considerar empregado (e não um autônomo) o trabalhador que presta serviços em local diverso das dependências da empresa, concedendo toda proteção inerente ao contrato de emprego. Sendo realizado na residência do empregado, entendemos que para efeitos de fiscalização do trabalho deverá ser observado, por analogia, os termos do art. 44 da LC n. 150/2015, que possui a seguinte redação: "Art. 44. A Lei n. 10.593, de 6 de dezembro de 2002, passa a vigorar acrescida do seguinte art. 11-A: 'Art. 11-A. A verificação, pelo Auditor-Fiscal do Trabalho, do cumprimento das normas que regem o trabalho do empregado doméstico, no âmbito do domicílio do empregador, dependerá de agendamento e de entendimento prévios entre a fiscalização e o empregador. § 1º A fiscalização deverá ter natureza prioritariamente orientadora. § 2º Será observado o critério de dupla visita para lavratura de auto de infração, salvo quando for constatada infração por falta de anotação na Carteira de Trabalho e Previdência Social ou, ainda, na ocorrência de reincidência, fraude, resistência ou embaraço à fiscalização. § 3º Durante a inspeção do trabalho referida no *caput*, o Auditor-Fiscal do Trabalho far-se-á acompanhar pelo empregador ou por alguém de sua família por este designado'".

Parágrafo único. O comparecimento às dependências do empregador para a realização de atividades específicas que exijam a presença do empregado no estabelecimento não descaracteriza o regime de teletrabalho.

Parágrafo acrescentado pela Lei n. 13.467, de 13.07.2017.

Evidentemente que a presença do empregado nas dependências do empregador não é fator de descaracterizar o regime de teletrabalho. O que deverá ser verificado na prática é a frequência desses comparecimentos. Pensamos que o comparecimento excessivo, entende-se como tal tornar regra e não exceção, é suficiente para descaracterizar o regime do teletrabalho.

Art. 75-C. A prestação de serviços na modalidade de teletrabalho deverá constar expressamente do contrato individual de trabalho, que especificará as atividades que serão realizadas pelo empregado.

Caput *acrescentado pela Lei n. 13.467, de 13.07.2017.*

Por se tratar de situação considerada excepcional, prudente constar do contrato individual, com a especificação das atividades que serão realizadas, de forma a dar transparência à relação e possibilitar a aferição da compatibilidade entre as atividades exercidas e o regime do teletrabalho.

---

§ 1º Poderá ser realizada a alteração entre regime presencial e de teletrabalho desde que haja mútuo acordo entre as partes, registrado em aditivo contratual.

Parágrafo acrescentado pela Lei n. 13.467, de 13.07.2017.

O dispositivo em comento autoriza a conversão do contrato atual em teletrabalho, desde que haja mútuo acordo entre as partes e, evidentemente, não haja vício de consentimento. Pensamos que a ideia da conversão deva atender o interesse de ambas as partes e ainda de forma a não violar o princípio da inalterabilidade contratual lesiva (art. 468 da CLT).

---

§ 2º Poderá ser realizada a alteração do regime de teletrabalho para o presencial por determinação do empregador, garantido prazo de transição mínimo de quinze dias, com correspondente registro em aditivo contratual.

Parágrafo acrescentado pela Lei n. 13.467, de 13.07.2017.

O dispositivo em comento estabelece que decorre do *jus variandi* do empregador a conversão do regime em teletrabalho para o presencial, desde que concedido prazo mínimo de quinze dias ao empregado para tal adaptação. Pensamos que tal conversão será lícita somente se verificada a existência da necessidade e da possibilidade real, principalmente quando a contratação se deu desde o início na modalidade de teletrabalho.

Art. 75-D. As disposições relativas à responsabilidade pela aquisição, manutenção ou fornecimento dos equipamentos tecnológicos e da infraestrutura necessária e adequada à prestação do trabalho remoto, bem como ao reembolso de despesas arcadas pelo empregado, serão previstas em contrato escrito.

Caput *acrescentado pela Lei n. 13.467, de 13.07.2017.*

O dispositivo em comento permite que as partes estabeleçam sobre a responsabilidade pela aquisição, manutenção e fornecimento das ferramentas adequadas à prestação dos serviços. Referido dispositivo deve ser interpretado juntamente com o art. 2º da CLT, que traz o requisito da alteridade. Não pode o empregador transferir ônus que lhe é inerente ao empregado, de forma que o "acordo escrito" previsto no dispositivo não possui autonomia plena de negociação.

Parágrafo único. As utilidades mencionadas no *caput* deste artigo não integram a remuneração do empregado.

Parágrafo acrescentado pela Lei n. 13.467, de 13.07.2017.

O parágrafo único deixa claro que as utilidades previstas no *caput* não possuem natureza salarial. Contudo, independentemente da previsão expressa, pela regra já se chegaria a tal conclusão, pois se a utilidade é fornecida *para* o trabalho, não possui natureza salarial; contudo, se fornecido *pelo* trabalho, terá natureza salarial, salvo dispositivo legal em sentido contrário (art. 458, § 2º, da CLT).

Art. 75-E. O empregador deverá instruir os empregados, de maneira expressa e ostensiva, quanto às precauções a tomar a fim de evitar doenças e acidentes de trabalho.

Caput *acrescentado pela Lei n. 13.467, de 13.07.2017.*

Apesar de o trabalho ser exercido longe das vistas do empregador, a lei não lhe retira o ônus de reduzir os riscos à saúde do trabalhador, por meio de medidas preventivas. É importante o empregador não só instruir como também investir em equipamentos destinados à proteção do empregado para a execução do trabalho.

Parágrafo único. O empregado deverá assinar termo de responsabilidade comprometendo-se a seguir as instruções fornecidas pelo empregador.

Parágrafo acrescentado pela Lei n. 13.467, de 13.07.2017.

Além da prova escrita de que lhe foi fornecido a instrução necessária, será verificado se na prática o empregador disponibilizou meios para a sua observação, de forma a evitar o dano à saúde do empregado.

CAPÍTULO III
DO SALÁRIO MÍNIMO

Seção I
Do Conceito

O presente capítulo trata do conceito de salário mínimo e das disposições gerais, sendo que as seções que tratam "Das Regiões, Zonas e Subzonas" – Seção II –, "Da Constituição das Comissões" – Seção III –, "Das Atribuições das Comissões de Salário Mínimo" – Seção IV – e "Da Fixação do Salário Mínimo" – Seção V – estão revogadas ou derrogadas tacitamente, como veremos a seguir.

É necessário fazer a distinção entre salário e remuneração. Remuneração engloba todas as parcelas pagas ao trabalhador decorrentes do contrato de trabalho, sendo o salário uma dessas parcelas; ou seja, o salário integra a remuneração.

Art. 76. Salário mínimo é a contraprestação mínima devida e paga diretamente pelo empregador a todo trabalhador, inclusive ao trabalhador rural, sem distinção de sexo, por dia normal de serviço, e capaz de satisfazer, em determinada época e região do País, as suas necessidades normais de alimentação, habitação, vestuário, higiene e transporte.

O artigo sob análise restou tacitamente derrogado pelo art. 6º da Lei n. 8.542/92, que está de acordo com o texto constitucional (art. 7º, IV). No dispositivo da CLT, os componentes básicos que deveriam ser garantidos pelo salário mínimo são: alimentação, habitação, vestuário, higiene e transporte. No dispositivo constitucional e no art. 6º da Lei n. 8.542/92, são incluídos como componentes básicos a educação, a saúde, o lazer e a previdência social.

Dispõe o art. 6º, § 1º, da Lei n. 8.542/92 que o salário mínimo diário corresponderá a 1/30 do salário mínimo mensal e o salário mínimo horário a 1/220 do mensal.

O salário mínimo estabelecido por lei é devido àqueles que laboram em jornada normal de trabalho, sendo certo que, no caso do trabalhador que laborar em tempo inferior à jornada normal, o salário será reduzido proporcionalmente.

Para os trabalhadores que tenham por disposição legal a jornada máxima diária de trabalho inferior a oito horas, determina o art. 6º, § 2º, da Lei n. 8.542/92 que o salário mínimo será igual ao definido no § 1º do mesmo artigo, anteriormente mencionado, multiplicado por oito e dividido pelo máximo legal.

Dispõe a CF, em seu art. 7º, IV, que é vedada a vinculação do salário mínimo para qualquer fim. Tal dispositivo visa a evitar efeitos inflacionários decorrentes do reajuste do salário mínimo.

O salário é pago diretamente pelo empregador e não por terceiros, de forma que a gorjeta não pode ser considerada para efeitos de se garantir o mínimo.

Art. 77. (*Revogado pelo art. 23 da Lei n. 4.589, de 11.12.1964.*)

Art. 78. Quando o salário for ajustado por empreitada, ou convencionado por tarefa ou peça, será garantida ao trabalhador uma remuneração diária nunca inferior à do salário mínimo por dia normal.

Na hipótese de um trabalhador possuir remuneração variável, o salário mínimo fica garantido. A CF, em seu art. 7º, VII, também garante salário mínimo àqueles que percebem remuneração variável. A garantia é de salário e não de remuneração.

A Lei n. 8.716/93 dispõe sobre a garantia do salário mínimo aos trabalhadores que percebem remuneração variável, fixada por comissão, peça, tarefa ou outras modalidades (art. 1º), bem como aos trabalhadores que percebem salário misto, integrado por parte fixa e parte variável (art. 2º). Contrato de empreitada é aquele pelo qual alguém se propõe a fazer ou a mandar fazer determinado serviço mediante importância previamente ajustada.

Salário pago por tarefa tem como base a produção, caso no qual se acorda que, em um tempo previamente definido, deverá haver a produção de uma determinada tarefa. Salário convencionado por peça é o salário por unidade de obra.

Parágrafo único. Quando o salário mínimo mensal do empregado à comissão ou que tenha direito à percentagem for integrado por parte fixa e parte variável, ser-lhe-á sempre garantido o salário mínimo, vedado qualquer desconto em mês subsequente a título de compensação.

Parágrafo acrescentado pelo Decreto-lei n. 229, de 28.02.1967.

Esta vedação também encontra-se prevista no art. 3º da Lei n. 8.716/93. Seja o empregado interno ou externo, recebendo por comissão ou percentagem, deverá o empregador garantir-lhe o salário mínimo, que não será pago a título de adiantamento, mas sim como remuneração base, já que o risco do negócio não pode ser transferido ao empregado.

Art. 79. (*Revogado pelo art. 23 da Lei n. 4.589, de 11.12.1964.*)

Art. 80. (*Revogado pela Lei n. 10.097, de 19.12.2000.*)

Art. 81. O salário mínimo será determinado pela fórmula Sm = a + b + c + d + e, em que *a*, *b*, *c*, *d* e *e* representam, respectivamente, o valor das despesas diárias com alimentação, habitação, vestuário, higiene e transporte necessários à vida de um trabalhador adulto.

O art. 6º da Lei n. 8.542/92 e o art. 7º, IV, da CF ampliaram os itens necessários para a vida do trabalhador que devem ser satisfeitos pelo salário mínimo. Além da alimentação, da habitação, do vestuário, da higiene e do transporte, o salário mínimo deverá satisfazer também a educação, a saúde, o lazer e a previdência social.

O vale-refeição, fornecido por força do contrato de trabalho, tem caráter salarial (Súmula n. 241 do TST). O fornecimento de vale-transporte, previsto na Lei n. 7.418/85 e no seu Decreto Regulamentar n. 95.247/87, não tem natureza salarial, não tendo incidência sobre a verba da Previdência Social ou do FGTS. O empregado poderá ter descontado até 6% do seu salário.

---

§ 1º A parcela correspondente à alimentação terá um valor mínimo igual aos valores da lista de provisões, constantes dos quadros devidamente aprovados e necessários à alimentação diária do trabalhador adulto.

Os descontos por fornecimento de alimentação deverão ser feitos de acordo com a Portaria n. 19/52. Quando a alimentação for preparada pelo próprio empregador, os descontos não poderão exceder de 25% do salário mínimo (art. 1º da Lei n. 3.030/56). Para essa hipótese, é necessário que as refeições sejam preparadas e fornecidas no próprio estabelecimento empregador (art. 2º).

Não se inclui como salário de contribuição a parcela paga *in natura* pela empresa nos programas de alimentação do trabalhador (PAT) (art. 3º da Lei n. 6.321/76). A ajuda alimentação fornecida por empresa participante do PAT não tem caráter salarial (OJ n. 133 da SDI-1 do TST).

---

§ 2º Poderão ser substituídos pelos equivalentes de cada grupo, também mencionados nos quadros a que alude o parágrafo anterior, os alimentos, quando as condições da região o aconselharem, respeitados os valores nutritivos determinados nos mesmos quadros.

Hodiernamente, as convenções e os acordos coletivos das categorias estabelecem regras quanto à alimentação, o que torna obsoleto o presente dispositivo.

---

§ 3º O Ministério do Trabalho, Indústria e Comércio fará, periodicamente, a revisão dos quadros a que se refere o § 1º deste artigo.

O presente dispositivo estabelece a competência do Ministério do Trabalho e Emprego para revisar o quadro a que se refere o § 1º deste artigo (o ministério foi extinto, e suas competências foram redistribuídas de acordo com o art. 83 da Lei n. 13.844, de 18.06.2019 – *v.* comentários ao art. 13, § 2º, da CLT). Entretanto, na maioria das vezes, a questão é tratada em convenções ou acordos coletivos.

Art. 82. Quando o empregador fornecer, *in natura*, uma ou mais das parcelas do salário mínimo, o salário em dinheiro será determinado pela fórmula Sd = Sm – P, em que Sd representa o salário em dinheiro, Sm o salário mínimo e P a soma dos valores daquelas parcelas na região.

Salário *in natura* é o pagamento em utilidades, que tem previsão legal no art. 458 da CLT. Os percentuais fixados em lei relativos ao salário *in natura* se referem apenas às hipóteses em que o empregado percebe salário mínimo, apurando-se, nas demais, o real valor da utilidade (Súmula n. 258 do TST).

Parágrafo único. O salário mínimo pago em dinheiro não será inferior a 30% (trinta por cento) do salário mínimo fixado para a região.

Ainda que as utilidades superem 70% da remuneração, deverá o empregador pagar 30% em dinheiro. Para os rurais, estabelece o art. 9º da Lei n. 5.889/73 que o desconto será limitado a 20% pela ocupação de morada e a 25% pelo fornecimento de alimentação, calculado sobre o valor do salário mínimo.

Art. 83. É devido o salário mínimo ao trabalhador em domicílio, considerado este como o executado na habitação do empregado ou em oficina de família, por conta de empregador que o remunere.

Trabalho em domicílio é aquele em que o empregado cumpre suas obrigações decorrentes do contrato de trabalho em sua residência. Não se distingue entre o trabalho realizado no estabelecimento do empregador e o executado no domicílio do empregado, desde que esteja caracterizada a relação de emprego (art. 6º da CLT). Na prática, para se verificar se o trabalho em domicílio é relação de emprego, é necessário verificar, via de regra, se: a) a remuneração do empregado corresponde a salário fixo; b) o trabalhador tem de executar suas tarefas como se houvesse controle de jornada, embora não haja; e c) o trabalhador responde pessoalmente pela execução do serviço, ainda que tenha algum auxiliar.

O dispositivo em comento garante aos trabalhadores em domicílio salário mínimo, desde que não haja piso salarial estabelecido em norma coletiva.

Seção II
Das Regiões, Zonas e Subzonas

Os dispositivos da presente Seção restaram todos tacitamente derrogados pela CF/88, que estabelece, em seu art. 7º, IV, que o salário mínimo é nacional e unificado.

Art. 84. (*Revogado pela Lei n. 13.467, de 13.07.2017.*)

Art. 85. (*Revogado pelo art. 23 da Lei n. 4.589, de 11.12.1964.*)

Art. 86. (*Revogado pela Lei n. 13.467, de 13.07.2017.*)

Seção III
Da Constituição das Comissões

Arts. 87 a 100. (*Revogados pelo art. 23 da Lei n. 4.589, de 11.12.1964.*)

Seção IV
Das Atribuições das Comissões de Salário Mínimo

Arts. 101 a 111. (*Revogados pelo art. 23 da Lei n. 4.589, de 11.12.1964.*)

Seção V
Da Fixação do Salário Mínimo

Arts. 112 a 115. (*Revogados pelo art. 23 da Lei n. 4.589, de 11.12.1964.*)

Art. 116. O decreto fixando o salário mínimo, decorridos 60 (sessenta) dias de sua publicação no *Diário Oficial*, obrigará a todos que utilizem o trabalho de outrem mediante remuneração.

§ 1º O salário mínimo, uma vez fixado, vigorará pelo prazo de 3 (três) anos, podendo ser modificado ou confirmado por novo período de 3 (três) anos, e assim seguidamente, por decisão da respectiva Comissão de Salário Mínimo, aprovada pelo Ministro do Trabalho, Indústria e Comércio.

Veja nota 1 na página XXI.

§ 2º Excepcionalmente, poderá o salário mínimo ser modificado, antes de decorridos 3 (três) anos de sua vigência, sempre que a respectiva Comissão de Salário Mínimo, pelo voto de 3/4 (três quartos) de seus componentes, reconhecer que fatores de ordem econômica tenham alterado de maneira profunda a situação econômica e financeira da região interessada.

O presente artigo foi tacitamente derrogado pelo Decreto-lei n. 2.351/87. Com base nesse dispositivo, foi editada a Súmula n. 131 do TST, cancelada pela Res. Adm. do Pleno do TST n. 121/2003 ante a sua inaplicabilidade, pois editada em uma época superada. Assim dispunha a Súmula: "O salário mínimo, uma vez decretado em condições de excepcionalidade, tem imediata vigência (ex-prejulgado n. 2)".

Seção VI
Disposições Gerais

Art. 117. Será nulo de pleno direito, sujeitando o empregador às sanções do art. 120, qualquer contrato ou convenção que estipule remuneração inferior ao salário mínimo estabelecido na região em que tiver de ser cumprido.

Em que pese o artigo em questão mencionar nulidade do contrato, é necessário declarar nula apenas a cláusula contratual que estabelece salário inferior ao mínimo, sob pena de se tornar sem efeito um contrato no qual constem cláusulas de proteção ao empregado. Em se tratando de contrato individual, poderá o empregado pleitear a rescisão por culpa do empregador, caso haja uma cláusula nesse sentido. Ainda que não existisse o presente dispositivo, referidas cláusulas seriam nulas, conforme determina o art. 9º da CLT.

Art. 118. O trabalhador a quem for pago salário inferior ao mínimo terá direito, não obstante qualquer contrato ou convenção em contrário, a reclamar do empregador o complemento de seu salário mínimo estabelecido na região em que tiver de ser cumprido.

Poderá ser pleiteada a complementação do salário inferior ao mínimo, observando-se a prescrição prevista no art. 7º, XXIX, da CF. Assim, no prazo de dois anos da extinção do contrato de trabalho, poderá ser reclamado o complemento salarial referente aos últimos cinco anos contados da data da propositura da ação.

Art. 119. Prescreve em 2 (dois) anos a ação para reaver a diferença, contados, para cada pagamento, da data em que o mesmo tenha sido efetuado.

Ao se tratar de ação que envolva pedido de prestações sucessivas decorrentes de alteração do pactuado, a prescrição é total, exceto quando o direito à parcela esteja também assegurado por preceito de lei (Súmula n. 294 do TST).

Quando não se questionar o direito, as prestações vão prescrevendo, nas quais, por preceito constitucional, contam-se os últimos cinco anos.

Art. 120. Aquele que infringir qualquer dispositivo concernente ao salário mínimo será passível de multa de cinquenta a dois mil cruzeiros, elevada ao dobro na reincidência.

A Lei n. 7.855/89 triplicou o valor das multas previstas na CLT. Quem impõe a multa é o órgão administrativo e não a Justiça do Trabalho.

Art. 121. (*Revogado pelo Decreto-lei n. 229, de 28.02.1967.*)

Arts. 122 e 123. (*Revogados pelo art. 23 da Lei n. 4.589, de 11.12.1964.*)

Art. 124. A aplicação dos preceitos deste Capítulo não poderá, em caso algum, ser causa determinante da redução do salário.

Prescreve o art. 7º, VI, da CF a irredutibilidade do salário salvo convenção ou acordo coletivo, desde que seja respeitado o salário mínimo, eis que este é o mínimo para atender as necessidades vitais.

Art. 125. (*Revogado pelo art. 23 da Lei n. 4.589, de 11.12.1964.*)

Art. 126. O Ministro do Trabalho, Indústria e Comércio expedirá as instruções necessárias à fiscalização do salário mínimo, podendo cometer essa fiscalização a qualquer dos órgãos componentes do respectivo Ministério, e, bem assim, aos fiscais dos Institutos de Aposentadoria e Pensões na forma da legislação em vigor.

Veja nota 1 na página XXI.

A inspeção do trabalho encontra previsão legal nos arts. 626 e segs. da CLT.

Arts. 127 e 128. (*Revogados pelo Decreto-lei n. 229, de 28.02.1967.*)

CAPÍTULO IV
DAS FÉRIAS ANUAIS

Capítulo com denominação dada pelo Decreto-lei n. 1.535, de 13.04.1977.

Seção I
Do Direito a Férias e da sua Duração

Seção com denominação dada pelo Decreto-lei n. 1.535, de 13.04.1977.

Art. 129. Todo empregado terá direito anualmente ao gozo de um período de férias, sem prejuízo da remuneração.

Artigo com redação dada pelo Decreto-lei n. 1.535, de 13.04.1977.

Férias é um período contínuo consagrado ao descanso do empregado para recuperação das forças e da energia despendidas durante um ano de trabalho. Conforme previsto na CF (art. 7º, XVII), todos os empregados, urbanos e rurais, têm direito ao gozo de férias anuais remuneradas, com, pelo menos, um terço a mais do que o salário normal. Também a Declaração Universal dos Direitos do Homem, de 10.12.1948, em seu art. 24, determina que todo homem tem direito a repouso e lazer, inclusive com a limitação razoável das horas de trabalho, e a férias remuneradas periódicas. Também a Convenção n. 132 da OIT, incorporada ao ordenamento jurídico interno, trata sobre as férias anuais remuneradas. Aprovada pelo Congresso Nacional por meio do Decreto Legislativo n. 47/81, promulgada e publicada pelo Decreto n. 3.197/99 (*DJU* 06.10.1999), deve ser executada e cumprida inteiramente como nela se contém (art. 1º da Convenção n. 132). O art. 2º da Convenção Internacional n. 132 determina sua aplicação a todas as pessoas empregadas, à exceção dos marítimos (a exclusão dos trabalhadores marítimos é em razão de ser considerada uma categoria profissional com atividades e condições específicas). Conclui-se assim a inclusão dos trabalhadores domésticos e rurais, sobretudo porque o Brasil não apresentou ressalvas ao ratificar a Convenção, não excluindo de sua abrangência essas categorias de trabalhadores, propondo-se a executá-la e cumpri-la inteiramente (art. 2º, §§ 2º e 3º, da Convenção n. 132). As férias individuais constituem-se no direito de o empregado interromper o contrato de trabalho durante período variável em cada ano sem perda da remuneração.

O fundamento para o gozo de férias é físico, moral e social. O objetivo visado pela sua instituição é garantir a saúde e a produtividade do trabalhador. As férias visam a sanar necessidades fisiológicas e morais, capazes de satisfazer as condições da dignidade humana. Sua finalidade, contudo, é mais ampla e profunda, pois tem em mira os progressos cultural, social e econômico da população. Trata-se de hipótese de interrupção do contrato de trabalho, pois não haverá a prestação de serviço pelo empregado; entretanto, mantém-se a obrigação do pagamento de salários pelo empregador.

O terço constitucional é uma gratificação compulsória instituída pela Carta Magna, cuja finalidade é proporcionar melhores condições financeiras ao empregado para usufruir suas férias. Nada obsta, porém, que a lei ordinária, o acordo coletivo ou a convenção coletiva de trabalho estabeleçam percentual superior para a respectiva gratificação compulsória. Tal gratificação é devida tanto nas férias integrais como nas proporcionais, sejam gozadas ou indenizadas.

Art. 130. Após cada período de 12 (doze) meses de vigência do contrato de trabalho, o empregado terá direito a férias, na seguinte proporção:

Caput *com redação dada pelo Decreto-lei n. 1.535, de 13.04.1977.*

O empregado adquire o direito a férias a cada período de doze meses de vigência do contrato de trabalho. Trata-se do período aquisitivo. As férias devem ser concedidas nos doze meses subsequentes à aquisição do direito, período este denominado concessivo. Se um empregado, por exemplo, foi admitido em 20.10.2016, seu primeiro período aquisitivo será de 20.10.2016 a 19.10.2017, iniciando-se o segundo período a partir de 20.10.2017. O empregador deverá conceder as férias dentro do período concessivo, ou seja, nos doze meses subsequentes à aquisição do direito, portanto, de 20.10.2017 a 20.09.2018, sob pena de pagamento em dobro. A Convenção n. 132 da OIT dispõe em seu art. 3º, § 3º, que a duração das férias não deverá ser inferior a três semanas. O Brasil, ao ratificar a referida Convenção, informou a OIT conforme facultado pelo art. 3º, § 4º, a duração do período de férias de no mínimo trinta dias, conforme já estabelecido na CLT. Em seu art. 6º, § 1º, a Convenção prevê a exclusão dos dias feriados oficiais ou costumeiros que se encontram ou não dentro do período de férias anuais. Assim, na hipótese de um empregado gozar férias em determinado mês, os feriados eventualmente existentes no período não poderão ser computados. Dessa forma, o empregado que gozar férias, por exemplo, no mês de novembro e fizer jus a trinta dias corridos, não terá os dois dias de feriados (Dia da República e de Finados) computados em suas férias, tendo direito a mais dois dias.

I – 30 (trinta) dias corridos, quando não houver faltado ao serviço mais de 5 (cinco) vezes;

Inciso com redação dada pelo Decreto-lei n. 1.535, de 13.04.1977.

A duração das férias depende da assiduidade do empregado, sofrendo redução na proporção das faltas não justificadas. Assim, o empregado gozará trinta dias corridos de férias se tiver faltado ao serviço de 1 a 5 dias injustificados.

II – 24 (vinte e quatro) dias corridos, quando houver tido de 6 (seis) a 14 (quatorze) faltas;

Inciso com redação dada pelo Decreto-lei n. 1.535, de 13.04.1977.

Dependendo do número de faltas injustificadas pelo empregado, este sofrerá redução de suas férias. O inciso em comento dispõe que o empregado que faltar ao serviço sem justificativa de 6 a 14 dias fará jus a 24 dias corridos de férias.

III – 18 (dezoito) dias corridos, quando houver tido de 15 (quinze) a 23 (vinte e três) faltas;

Inciso com redação dada pelo Decreto-lei n. 1.535, de 13.04.1977.

Se o empregado faltar ao serviço de 15 a 23 dias, sem justificativa, terá dezoito dias corridos de férias.

IV – 12 (doze) dias corridos, quando houver tido de 24 (vinte e quatro) a 32 (trinta e duas) faltas.

Inciso com redação dada pelo Decreto-lei n. 1.535, de 13.04.1977.

Acima de 32 faltas injustificadas, no curso do período aquisitivo, o empregado não tem direito a férias.

§ 1º É vedado descontar, do período de férias, as faltas do empregado ao serviço.

Parágrafo com redação dada pelo Decreto-lei n. 1.535, de 13.04.1977.

As faltas injustificadas cometidas pelo empregado não podem ser descontadas do período de férias do trabalhador, uma vez que ele já sofreu o desconto no salário. Assim, as faltas não justificadas durante o período aquisitivo não poderão ser compensadas com a respectiva diminuição do período de gozo. Por isso, o legislador estabeleceu a escala de dias de férias conforme o número de faltas injustificadas durante a prestação do serviço. Exemplo: imagine-se que um empregado tivesse faltado sem justificativa por quatorze dias. Conforme a escala do art. 130, o empregado terá direito a gozar de 24 dias corridos de férias. No entanto, se a lei não vedasse o desconto, esse mesmo empregado teria somente dezesseis dias de férias. Portanto, é nesse sentido a vedação do desconto das faltas não justificadas no período de férias.

§ 2º O período das férias será computado, para todos os efeitos, como tempo de serviço.

Parágrafo com redação dada pelo Decreto-lei n. 1.535, de 13.04.1977.

Embora ocorra a interrupção do contrato de trabalho, visto que não haverá a obrigação da prestação de serviço pelo empregado, o período das férias será computado como tempo de serviço. Contudo, cabe lembrar que somente entrarão nesse cômputo as férias usufruídas, ficando excluídas aquelas indenizadas.

Art. 130-A. (*Revogado pela Lei n. 13.467, de 13.07.2017.*)

Art. 131. Não será considerada falta ao serviço, para os efeitos do artigo anterior, a ausência do empregado:

Caput *com redação dada pelo Decreto-lei n. 1.535, de 13.04.1977.*

A seguir, estão previstas as hipóteses de ausências legais que não serão consideradas no cômputo dos dias de férias. Além das faltas abaixo justificadas, podem ocorrer outros motivos também abonados pelo empregador ou constantes de acordo ou convenção coletiva de trabalho.

I – nos casos referidos no art. 473;

Inciso com redação dada pelo Decreto-lei n. 1.535, de 13.04.1977.

O art. 473 da CLT apresenta as hipóteses em que o empregado poderá deixar de comparecer ao serviço, sem que haja a diminuição ou o desconto de seu salário, configurando-se como faltas justificadas. Veja os comentários do referido artigo.

II – durante o licenciamento compulsório da empregada por motivo de maternidade ou aborto, observados os requisitos para percepção do salário-maternidade custeado pela Previdência Social;

Inciso com redação dada pela Lei n. 8.921, de 25.07.1994.

Os arts. 71 a 73 da Lei n. 8.213/91 asseguram à empregada o direito de receber, se forem preenchidos os requisitos necessários, o salário-maternidade. Trata-se de um benefício previdenciário concedido quando do nascimento do filho da segurada, permitindo-lhe o afastamento do exercício de sua atividade por um período de 120 dias (art. 7º, XVIII, da CF), sem prejuízo do emprego e do salário. No caso de aborto involuntário, considerado, portanto, legal, a empregada terá direito ao afastamento do trabalho por um período de duas semanas. Ressalta-se que o art. 71-A da Lei n. 8.213/91, acrescentado pelas Leis ns. 10.421/2002 e 12.873/2013, concedem tratamento igualitário à mãe biológica e ao segurado ou segurada da Previdência Social que adotar ou obtiver guarda judicial para fins de adoção de criança, porque estes podem não estar debilitados fisicamente, mas também necessitam de um período de afastamento da atividade profissional para convivência e adaptação junto ao filho. A lei, portanto, concede o pagamento do salário-maternidade pelo período de 120 dias também ao segurado ou segurada que adotarem crianças. Assim, o período de licença-maternidade não será considerado falta ao serviço.

III – por motivo de acidente do trabalho ou enfermidade atestada pelo Instituto Nacional do Seguro Social – INSS, excetuada a hipótese do inciso IV do art. 133;

Inciso com redação dada pela Lei n. 8.726, de 05.11.1993.

Acidente de trabalho é aquele que ocorre pelo exercício do trabalho a serviço da empresa, ou ainda pelo exercício do trabalho dos segurados especiais, de forma a provocar lesão corporal ou perturbação funcional que cause a morte, a perda ou a redução da capacidade para o trabalho, permanente ou temporária. Classicamente, diz-se que o acidente de trabalho é um acontecimento casual, fortuito e imprevisto que ocorre pelo exercício da atividade profissional, a serviço de uma empresa. No entanto, na maioria dos casos, ele ocorre pelo descumprimento das normas de segurança e higiene do trabalho, por negligência do empregador.

Para fins previdenciários, as doenças profissionais, as doenças do trabalho e os acidentes de percurso – *in itinere* – equiparam-se aos acidentes de trabalho. Se o afastamento decorrer de acidente de trabalho, o empregado receberá auxílio-doença acidentário; se, ao contrário, decorrer de doença comum, receberá auxílio-doença. A diferença fundamental entre um e outro se refere à obrigatoriedade do depósito do FGTS na primeira hipótese. O empregado terá direito a férias desde que, dentro do período aquisitivo o afastamento por auxílio-doença não tenha ultrapassado seis meses, mesmo descontínuos (art. 133, IV, da CLT).

IV – justificada pela empresa, entendendo-se como tal a que não tiver determinado o desconto do correspondente salário;

Inciso com redação dada pelo Decreto-lei n. 1.535, de 13.04.1977.

As faltas justificadas pela empresa são aquelas em que o empregado não comparece ao serviço, mas o empregador não procede ao desconto no salário.

V – durante a suspensão preventiva para responder a inquérito administrativo ou de prisão preventiva, quando for impronunciado ou absolvido; e

Inciso com redação dada pelo Decreto-lei n. 1.535, de 13.04.1977.

De acordo com o art. 853 da CLT, o empregado estável somente poderá ter como extinto o seu contrato de trabalho por justa causa após a apuração de falta grave por meio do respectivo inquérito, ajuizado perante a Justiça do Trabalho. Durante a tramitação da respectiva ação, o empregado poderá ser suspenso de suas atividades. Assim, não será considerado falta o período de suspensão enquanto estiver respondendo ao inquérito administrativo. Durante a prisão preventiva para apuração de crime, o empregado ficará impedido de comparecer ao serviço. Se ocorrer a impronúncia, ou seja, se o juiz concluir que não há provas suficientes para incriminar o réu, de modo a submetê-lo ao júri popular, ou se o empregado for absolvido nos demais crimes, o respectivo período de afastamento não será considerado falta ao serviço para aplicação da regra do art. 130 da CLT.

VI – nos dias em que não tenha havido serviço, salvo na hipótese do inciso III do art. 133.

Inciso com redação dada pelo Decreto-lei n. 1.535, de 13.04.1977.

Prevalece a regra geral de que as faltas injustificadas cometidas pelo empregado durante o período aquisitivo das férias serão descontadas de seu salário. Contudo, o art. 133 da CLT excepcionou algumas hipóteses, que são consideradas faltas legais. O inciso em comento estabelece que a não prestação de serviço pelo empregado nos dias em que não houver expediente nas dependências da empresa não será considerada falta, salvo se o empregado não trabalhar por mais de trinta dias com recebimento de salário.

Art. 132. O tempo de trabalho anterior à apresentação do empregado para serviço militar obrigatório será computado no período aquisitivo, desde que ele compareça ao estabelecimento dentro de 90 (noventa) dias da data em que se verificar a respectiva baixa.

Artigo com redação dada pelo Decreto-lei n. 1.535, de 13.04.1977.

Em razão do serviço militar obrigatório (art. 143 da CF), o contrato de trabalho fica suspenso. Se o empregado retornar ao trabalho dentro de noventa dias da data da respectiva baixa, o tempo de serviço anterior à incorporação será computado no período aquisitivo.

Art. 133. Não terá direito a férias o empregado que, no curso do período aquisitivo:

Caput *com redação dada pelo Decreto-lei n. 1.535, de 13.04.1977.*

As férias têm como finalidade repor as energias do trabalhador. Assim, na ocorrência das hipóteses arroladas nos incisos do presente artigo, o empregado que permanecer afastado da prestação do serviço, dentro do período aquisitivo, por algum dos motivos a seguir apresentados, deixará de gozar as férias, pois suas energias já foram restauradas. Caso ocorram os motivos que ensejem a perda do direito às férias, inicia-se um novo período aquisitivo a partir do retorno do empregado aos serviços.

I – deixar o emprego e não for readmitido dentro de 60 (sessenta) dias subsequentes à sua saída;

Inciso com redação dada pelo Decreto-lei n. 1.535, de 13.04.1977.

O empregado que, por exemplo, pede demissão ou se aposenta voluntariamente no curso do período aquisitivo e não retorna ao emprego no período de sessenta dias perde o direito de usufruir férias.

II – permanecer em gozo de licença, com percepção de salários, por mais de 30 (trinta) dias;

Inciso com redação dada pelo Decreto-lei n. 1.535, de 13.04.1977.

Essa é a hipótese de licença remunerada. O empregado deixará de gozar férias se ficar afastado do serviço, dentro do período aquisitivo, além de trinta dias. A licença-maternidade não interrompe o período aquisitivo das férias. Sendo assim, os 120 dias de afastamento da licença-maternidade são computados normalmente como se a empregada estivesse em serviço. Se o parto ocorrer durante o período das férias, elas serão interrompidas e, quando do término da licença-maternidade, será retomado o restante do gozo das férias.

III – deixar de trabalhar, com percepção do salário, por mais de 30 (trinta) dias, em virtude de paralisação parcial ou total dos serviços da empresa; e

Inciso com redação dada pelo Decreto-lei n. 1.535, de 13.04.1977.

Caso a empresa venha a paralisar suas atividades por um período superior a trinta dias e o empregado não prestar seus serviços, porém receber seu salário, ele perderá o direito às férias.

IV – tiver percebido da Previdência Social prestações de acidente de trabalho ou de auxílio-doença por mais de 6 (seis) meses, embora descontínuos.

Inciso com redação dada pelo Decreto-lei n. 1.535, de 13.04.1977.

Se durante o período aquisitivo de férias ocorrer percepção de auxílio-doença pelo empregado por mais de seis meses, mesmo com interrupções no período, ele perderá o direito às férias. A perda do direito às férias decorrente de percepção de auxílio-doença, bem como o novo período aquisitivo, deverão ser anotados na CTPS e no livro de registro. Portanto, o recebimento de prestações por doença ou acidente por um período superior a seis meses, ainda que descontínuos, desconsiderados os quinze primeiros dias de afastamento, que são pagos pela empresa, no mesmo período aquisitivo, implica a perda do direito às férias correspondentes. Caso o afastamento, embora superior a seis meses, recaia em períodos aquisitivos diversos, de forma que em nenhum deles, isoladamente considerados, supere o período de seis meses, o direito às férias não sofrerá qualquer alteração em quaisquer dos períodos aquisitivos.

---

§ 1º A interrupção da prestação de serviços deverá ser anotada na Carteira de Trabalho e Previdência Social.

Parágrafo com redação dada pelo Decreto-lei n. 1.535, de 13.04.1977.

Os afastamentos por motivo de acidente de trabalho e de auxílio-doença devem ser anotados em CTPS pelo INSS. As demais hipóteses de interrupção (incisos I a III) deverão ser anotadas pelo empregador.

---

§ 2º Iniciar-se-á o decurso de novo período aquisitivo quando o empregado, após o implemento de qualquer das condições previstas neste artigo, retornar ao serviço.

Parágrafo com redação dada pelo Decreto-lei n. 1.535, de 13.04.1977.

Se o empregado deixar o emprego e não for readmitido dentro de sessenta dias da sua saída; se permanecer em gozo de licença ou deixar de trabalhar em virtude de paralisação da empresa por mais de trinta dias com percepção de salário; ou ainda, se tiver percebido do INSS prestações de acidente de trabalho ou auxílio-doença, o empregado perderá o período aquisitivo anterior, iniciando-se novo período aquisitivo de férias a partir de seu retorno ao trabalho.

---

§ 3º Para os fins previstos no inciso III deste artigo a empresa comunicará ao órgão local do Ministério do Trabalho, com antecedência mínima de 15 (quinze) dias, as datas de início e fim da paralisação total ou parcial dos serviços da empresa, e, em igual prazo, comunicará, nos mesmos termos, ao sindicato representativo da categoria profissional, bem como afixará aviso nos respectivos locais de trabalho.

Parágrafo acrescentado pela Lei n. 9.016, de 30.03.1995.

Para evitar que a empresa se utilize indiscriminadamente do expediente da paralisação parcial ou total de suas atividades, acarretando ao empregado a perda do direito às férias, com o intuito de não pagamento do terço constitucional, o dispositivo legal determina a comunicação ao órgão do Ministério do Trabalho e Emprego e ao sindicato de classe do empregado, com antecedência de quinze dias, o início e fim da paralisação, além da afixação de aviso nos locais de trabalho (o ministério foi extinto, e suas competências foram redistribuídas de acordo com o art. 83 da Lei n. 13.844, de 18.06.2019 – *v.* comentários ao art. 13, § 2º, da CLT).

§ 4º *(Vetado.)*

Parágrafo acrescentado pela Lei n. 9.016, de 30.03.1995.

Seção II
Da Concessão e da Época das Férias

Seção com denominação dada pelo Decreto-lei n. 1.535, de 13.04.1977.

Art. 134. As férias serão concedidas por ato do empregador, em um só período, nos 12 (doze) meses subsequentes à data em que o empregado tiver adquirido o direito.

Caput *com redação dada pelo Decreto-lei n. 1.535, de 13.04.1977.*

A concessão de férias é ato do empregador no exercício de seu poder de direção. Portanto, dentro do período concessivo, isto é, nos doze meses subsequentes à aquisição do direito às férias, estas serão concedidas para gozo em um só período, que não pode iniciar-se no domingo, já que se trata de descanso semanal remunerado.

§ 1º Desde que haja concordância do empregado, as férias poderão ser usufruídas em até três períodos, sendo que um deles não poderá ser inferior a quatorze dias corridos e os demais não poderão ser inferiores a cinco dias corridos, cada um.

Parágrafo com redação dada pela Lei n. 13.467, de 13.07.2017.

Em regra, as férias deverão ser concedidas em só um período. Contudo, a CLT, com a redação dada pela Lei n. 13.467/2017, permite que, havendo a concordância do empregado, elas podem ser concedidas em até três períodos. Porém, um deles não poderá ser inferior a quatorze dias corridos, sendo que os demais poderão ser inferiores a cinco dias corridos. A Convenção n. 132 da OIT estabelece em seu art. 8º, § 2º, que, salvo estipulação em contrário contida em acordo, uma das frações do período deverá corresponder pelo menos a duas semanas de trabalho.

§ 2º (*Revogado pela Lei n. 13.467, de 13.07.2017.*)

§ 3º É vedado o início das férias no período de dois dias que antecede feriado ou dia de repouso semanal remunerado.
Parágrafo acrescentado pela Lei n. 13.467, de 13.07.2017.

A concessão das férias individuais deverá observar o seu início, pois é proibido iniciar-se no período de dois dias que antecede feriado ou dia de repouso semanal remunerado, pois, tanto o feriado como o DSR são devidamente remunerados sem que haja a prestação de serviço pelo empregado.

Art. 135. A concessão das férias será participada, por escrito, ao empregado, com antecedência de, no mínimo, 30 (trinta) dias. Dessa participação o interessado dará recibo.
Caput *com redação dada pela Lei n. 7.414, de 09.12.1985.*

A comunicação da concessão das férias é um ato do empregador no exercício de seu poder diretivo e deverá ser feita ao empregado de forma escrita, com antecedência mínima de trinta dias, logicamente para que o empregado possa planejar suas férias. Ao receber a comunicação, o empregado assinará o respectivo recibo.

§ 1º O empregado não poderá entrar no gozo das férias sem que apresente ao empregador sua Carteira de Trabalho e Previdência Social, para que nela seja anotada a respectiva concessão.
Parágrafo com redação dada pelo Decreto-lei n. 1.535, de 13.04.1977.

É indispensável, para que o empregado possa iniciar o gozo das férias, que apresente sua CTPS para o procedimento das respectivas anotações relativas às férias.

§ 2º A concessão das férias será, igualmente, anotada no livro ou nas fichas de registro dos empregados.
Parágrafo com redação dada pelo Decreto-lei n. 1.535, de 13.04.1977.

A concessão das férias será anotada também em livro ou ficha de registro dos empregados. De acordo com a LC n. 123/2006, art. 51, II, as microempresas e as empresas de pequeno porte são dispensadas de procederem à anotação das férias de seus empregados nos respectivos livros ou fichas de registro.

§ 3º Nos casos em que o empregado possua a CTPS em meio digital, a anotação será feita nos sistemas a que se refere o § 7º do art. 29 desta Consolidação, na forma do regulamento, dispensadas as anotações de que tratam os §§ 1º e 2º deste artigo.

Parágrafo acrescentado pela Lei n. 13.874, de 20.09.2019.

Com a nova redação do art. 14 (*vide* comentários no respectivo artigo), a CTPS será emitida pelo Ministério da Economia por meio digital. Conforme o § 7º do art. 29 da CLT, o empregador procederá à anotação nos sistemas informatizados da CTPS, cujos registros eletrônicos equivalerão às respectivas anotações, ficando dispensada, assim, a apresentação da CTPS, pelo empregado, para anotação relativa às férias, bem como a anotação da concessão destas em livro ou ficha de registro dos empregados.

Art. 136. A época da concessão das férias será a que melhor consulte os interesses do empregador.

Caput *com redação dada pelo Decreto-lei n. 1.535, de 13.04.1977.*

O poder diretivo do empregador consiste na capacidade de organizar e controlar as regras de trabalho e produção de seu empreendimento. A organização da época da concessão de férias encontra-se dentro do poder diretivo do empregador, a quem cabe decidir acerca do melhor momento para conceder o período de férias a serem gozadas pelo empregado.

A Convenção n. 132 da OIT, inserida no ordenamento jurídico brasileiro, prevê em seu art. 10, § 1º, que o período de gozo das férias será determinado pelo empregador, porém após consulta ao empregado, salvo a fixação por regulamento, acordo coletivo, sentença arbitral ou qualquer outra maneira conforme a prática nacional. Para a fixação do período de férias, o empregador deverá levar em conta as necessidades do trabalho e as possibilidades de repouso e diversão ao alcance da pessoa empregada (art. 10, § 2º, da Convenção Internacional).

§ 1º Os membros de uma família, que trabalharem no mesmo estabelecimento ou empresa, terão direito a gozar férias no mesmo período, se assim o desejarem e se disto não resultar prejuízo para o serviço.

Parágrafo com redação dada pelo Decreto-lei n. 1.535, de 13.04.1977.

Referido dispositivo trata de uma exceção à regra, já que, de maneira geral, é o empregador quem decide o momento da concessão das férias. Porém, quando os membros de uma família trabalharem para o mesmo empregador, terão o direito de gozar férias conjuntamente, desde que isso não acarrete prejuízo ao serviço.

---

§ 2º O empregado estudante, menor de 18 (dezoito) anos, terá direito a fazer coincidir suas férias com as férias escolares.

Parágrafo com redação dada pelo Decreto-lei n. 1.535, de 13.04.1977.

A razão deste dispositivo é permitir que o trabalhador possa coincidir suas férias com as escolares, a fim de permitir-lhe viajar, passear, enfim, desfrutar efetivamente do descanso, que é o objetivo maior das férias.

Art. 137. Sempre que as férias forem concedidas após o prazo de que trata o art. 134, o empregador pagará em dobro a respectiva remuneração.

Caput *com redação dada pelo Decreto-lei n. 1.535, de 13.04.1977.*

As férias devem ser concedidas pelo empregador após o período aquisitivo, dentro dos doze meses subsequentes. Sempre que forem concedidas após o prazo legal – período concessivo –, o empregador pagará em dobro a respectiva remuneração. Ressalte-se que fica mantida a obrigação de o empregador conceder as férias. Exemplos. a) o empregado foi admitido em 05.05.2015; o período aquisitivo ocorrerá de 05.05.2015 a 04.05.2016; o período concessivo será de 05.05.2016 a 04.05.2017; se as férias forem concedidas em qualquer tempo a partir dessa data, a remuneração deverá ser paga em dobro, inclusive com o terço constitucional; b) o empregado foi admitido em 03.05.2015; o período aquisitivo ocorrerá de 03.05.2015 a 02.05.2016; o período concessivo será de 03.05.2016 a 02.05.2017; as férias serão gozadas de 16.04 a 15.05.2017; a remuneração deverá ser de forma simples para os dezessete dias gozados dentro do período concessivo – 16.04 a 02.05.2017 – e os treze dias gozados após o período concessivo – 03.05 a 15.05.2017 – serão remunerados em dobro. Ressalte-se que o período de gozo das férias é normal, somente a remuneração é paga em dobro. Ainda que o empregado tenha usufruído as férias na época própria, mas o pagamento tenha sido feito fora do prazo, é devido o pagamento em dobro da respectiva remuneração (*v.* Súmula n. 450 do TST).

---

§ 1º Vencido o mencionado prazo sem que o empregador tenha concedido as férias, o empregado poderá ajuizar reclamação pedindo a fixação, por sentença, da época de gozo das mesmas.

Parágrafo com redação dada pelo Decreto-lei n. 1.535, de 13.04.1977.

O Poder Judiciário é o último lugar em cuja porta o cidadão pode bater para fazer valer os seus direitos. Assim, se o empregador, mesmo sabendo da obrigação de conceder as férias, não se incumbir dessa obrigação, pode o trabalhador, sozinho ou com a assistência do seu sindicato de classe, buscar a efetivação do direito ao gozo das férias e o pagamento em dobro da respectiva remuneração. A decisão, se não for cumprida, ensejará até a condenação criminal do empregador por crime de desobediência (art. 330 do CP).

§ 2º A sentença cominará pena diária de 5% (cinco por cento) do salário mínimo da região, devida ao empregado até que seja cumprida.

Parágrafo com redação dada pelo Decreto-lei n. 1.535, de 13.04.1977.

Ao ser ajuizada a ação pelo empregado, a pleitear a fixação do gozo de férias, o juiz, na sentença, fixará o respectivo período e ainda fixará pena pecuniária diária de 5% do salário mínimo a ser imposta ao empregador até que este cumpra a decisão. A pena pecuniária será revertida ao trabalhador, não se tratando, portanto, de multa administrativa. Essa multa cominada tem por fim punir o empregador que descumpre a lei e representa uma verdadeira coação econômica, uma vez que o seu valor aumenta conforme a demora no cumprimento do comando judicial. Como se vê, não há limitação para o seu valor final, porque não se trata de cláusula penal, mas sim de verdadeira astreinte.

§ 3º Cópia da decisão judicial transitada em julgado será remetida ao órgão local do Ministério do Trabalho, para fins de aplicação da multa de caráter administrativo.

Parágrafo com redação dada pelo Decreto-lei n. 1.535, de 13.04.1977.

A concessão das férias é norma de ordem pública, cujo descumprimento, reconhecido em sentença transitada em julgado, ensejará a remessa de cópia ao Ministério do Trabalho para a aplicação da multa administrativa pelo referido órgão, o que também constitui uma forma de punição pelo Estado (o ministério foi extinto, e suas competências foram redistribuídas de acordo com o art. 83 da Lei n. 13.844, de 18.06.2019 – *v.* comentários ao art. 13, § 2º, da CLT).

Art. 138. Durante as férias, o empregado não poderá prestar serviços a outro empregador, salvo se estiver obrigado a fazê-lo em virtude de contrato de trabalho regularmente mantido com aquele.

Artigo com redação dada pelo Decreto-lei n. 1.535, de 13.04.1977.

Nada impede que o trabalhador preste serviço para mais de um empregador, ou seja, não é requisito do contrato de trabalho a exclusividade, desde que haja compatibilidade de horário. O presente artigo dispõe que o trabalhador não pode exercer durante as férias qualquer outra atividade remunerada, salvo se já a viesse exercendo cumulativamente ou a entidade patronal o autorizar a isso. O objetivo da norma é forçar o empregado a gozar as férias para recuperar as energias perdidas durante o período aquisitivo.

Seção III
Das Férias Coletivas

Seção com denominação dada pelo Decreto-lei n. 1.535, de 13.04.1977.

Art. 139. Poderão ser concedidas férias coletivas a todos os empregados de uma empresa ou de determinados estabelecimentos ou setores da empresa.

Caput *com redação dada pelo Decreto-lei n. 1.535, de 13.04.1977.*

São férias coletivas as concedidas, de forma simultânea, a todos os empregados de uma empresa, ou apenas aos empregados de determinados estabelecimentos ou setores de uma empresa, independentemente de terem sido completados ou não os respectivos períodos aquisitivos. As férias coletivas deverão abranger, necessariamente, todos os empregados da unidade considerada, seja um estabelecimento, seja apenas um setor. As férias coletivas serão gozadas na época fixada em acordo ou convenção coletiva de trabalho. Caso não haja tal previsão, cabe ao empregador a adoção do regime e a determinação da época de sua concessão. Não há disposição legal que proíba a concessão de férias coletivas aos empregados contratados em regime de tempo parcial (art. 58-A da CLT).

Na concessão das férias coletivas também se aplica a regra da vedação de desconto das faltas injustificadas cometidas pelo empregado (art. 130, § 1º, da CLT). As férias coletivas também deverão ser remuneradas com o acréscimo de um terço, como previsto na CF.

---

§ 1º As férias poderão ser gozadas em 2 (dois) períodos anuais desde que nenhum deles seja inferior a 10 (dez) dias corridos.

Parágrafo com redação dada pelo Decreto-lei n. 1.535, de 13.04.1977.

As férias coletivas poderão ser fracionadas em dois períodos, sendo vedado, entretanto, período inferior a dez dias, independentemente da ocorrência de casos excepcionais. A razão é que prazo inferior ao anteriormente referido é insuficiente e ineficaz para atingir os objetivos das férias. Em um período muito curto de férias, o empregado sequer consegue desligar-se mentalmente dos afazeres laborais para bem usufruir as férias.

§ 2º Para os fins previstos neste artigo, o empregador comunicará ao órgão local do Ministério do Trabalho, com a antecedência mínima de 15 (quinze) dias, as datas de início e fim das férias, precisando quais os estabelecimentos ou setores abrangidos pela medida.

Parágrafo com redação dada pelo Decreto-lei n. 1.535, de 13.04.1977.

Veja nota 1 na página XXI.

Entre outras formalidades, a concessão de férias coletivas carece da comunicação de sua ocorrência ao Ministério do Trabalho e Emprego, com antecedência mínima de quinze dias, exceto para microempresas e empresas de pequeno porte (o ministério foi extinto, e suas competências foram redistribuídas de acordo com o art. 83 da Lei n. 13.844, de 18.06.2019 – *v.* comentários ao art. 13, § 2º, da CLT). Na comunicação, o empregador dará conhecimento à entidade das datas de início e fim das férias, mencionando os estabelecimentos ou setores abrangidos. Trata-se de mera comunicação e não de pedido de autorização, pois a concessão das férias coletivas é ato do empregador.

§ 3º Em igual prazo, o empregador enviará cópia da aludida comunicação aos sindicatos representativos da respectiva categoria profissional, e providenciará a afixação de aviso nos locais de trabalho.

Parágrafo com redação dada pelo Decreto-lei n. 1.535, de 13.04.1977.

O dispositivo legal analisado determina o envio de cópia da comunicação das férias coletivas ao sindicato dos trabalhadores – sindicato da categoria profissional –, sem fazer menção à necessidade de se comunicar ao sindicato da categoria econômica (sindicato dos empregadores). Ainda sob pena de multa administrativa, o empregador deverá afixar, nos locais de trabalho, o aviso das respectivas férias coletivas com data de início e término, bem como indicar os setores abrangidos.

Art. 140. Os empregados contratados há menos de 12 (doze) meses gozarão, na oportunidade, férias proporcionais, iniciando-se, então, novo período aquisitivo.

Artigo com redação dada pelo Decreto-lei n. 1.535, de 13.04.1977.

O empregado só fará jus às férias após cada período completo de doze meses de vigência do contrato de trabalho. As férias proporcionais são calculadas à razão de 1/12 de 30, 24, 18 ou 12 dias por mês de serviço ou fração superior a 14 dias, considerado o total de faltas injustificadas verificadas no período correspondente. Quando se tratar de férias coletivas, que acarretam paralisação das atividades da empresa ou de determinados estabelecimentos ou setores, os empregados que não completaram ainda o período aquisitivo ficam impedidos de prestar serviços. Assim, o empregado que tiver menos de doze meses de serviço gozará férias proporcionais, com quitação do período aquisitivo anterior e início da contagem de novo período. Exemplo: o empregado foi contratado em 02.05.2016. O empregador concederá férias coletivas de vinte dias a partir de 17.12.2016 até o dia 05.01.2017. Nesse caso, o direito adquirido do empregado constitui 8/12, o que corresponde a vinte dias, tempo idêntico ao da duração das férias. Assim, o período aquisitivo desse empregado ficará quitado, iniciando novo período a partir do dia 17.12.2016.

Sendo as férias proporcionais do trabalhador inferiores ao período das férias coletivas a serem concedidas e na impossibilidade de este ser excluído da medida, o empregador deverá considerar licença remunerada os dias que excederem àqueles correspondentes ao direito adquirido pelo empregado, e o valor não poderá ser descontado dele posteriormente, seja em rescisão, seja em concessão de férias do próximo período aquisitivo. Exemplo: o empregado foi contratado em 03.09.2016; o empregador concederá férias coletivas de quinze dias a partir de 20.12.2016 até o dia 04.01.2017. O direito adquirido do empregado constitui 4/12, o que corresponde a dez dias de férias proporcionais. Serão pagos como férias coletivas dez dias, e os cinco dias restantes serão pagos como licença remunerada, ou seja, na folha de pagamento normal. O período aquisitivo desse empregado ficará quitado, iniciando novo período a partir do dia 20.12.2016.

Se, na ocasião das férias coletivas, o empregado tiver direito a férias proporcionais superiores ao período de férias coletivas concedido pela empresa, o empregador deverá conceder o período de férias coletivas ao empregado e complementar os dias restantes em outra época, dentro do período concessivo, ou ainda conceder ao empregado todo o período de férias adquirido para que haja quitação total. Exemplo: o empregado foi contratado em 01.03.2016. O empregador concederá coletivas de vinte dias a partir do dia 17.12.2016 até o dia 05.01.2017. O direito adquirido do empregado constitui em 10/12, o que corresponde a 25 dias de férias. Nesse caso, serão pagos como férias coletivas vinte dias, e os cinco dias restantes deverão ser concedidos posteriormente, dentro do período concessivo, ou, se o empregador preferir, poderão ser concedidos na sequência das férias coletivas. O novo período aquisitivo desse empregado inicia-se no dia 17.12.2016.

Art. 141. ***(Revogado pela Lei n. 13.874, de 20.09.2019.)***

Seção IV
Da Remuneração
e do Abono de Férias

Seção com denominação dada pelo Decreto-lei n. 1.535, de 13.04.1977.

Art. 142. O empregado perceberá, durante as férias, a remuneração que lhe for devida na data da sua concessão.

Caput com redação dada pelo Decreto-lei n. 1.535, de 13.04.1977.

Durante as férias, o empregado perceberá a remuneração que lhe for devida na data da sua concessão. A CF/88, em seu art. 7º, XVII, assegura o gozo de férias anuais com, pelo menos, um terço a mais do salário normal. Se ocorrer reajuste do salário no mês de concessão das férias, o empregado terá direito às diferenças – inclusive no terço constitucional e no abono pecuniário, se for o caso.

---

§ 1º Quando o salário for pago por hora com jornadas variáveis, apurar-se-á a média do período aquisitivo, aplicando-se o valor do salário na data da concessão das férias.

Parágrafo com redação dada pelo Decreto-lei n. 1.535, de 13.04.1977.

Para os empregados que recebem por hora, com jornadas variáveis, apura-se a média de horas do período aquisitivo, multiplicado pelo valor da hora do dia da concessão das férias, acrescido do terço constitucional. O valor do salário das férias não poderá ser inferior ao salário mínimo legal ou convencional (*v.* Súmula n. 199 do STF).

---

§ 2º Quando o salário for pago por tarefa tomar-se-á por base a média da produção no período aquisitivo do direito a férias, aplicando-se o valor da remuneração da tarefa na data da concessão das férias.

Parágrafo com redação dada pelo Decreto-lei n. 1.535, de 13.04.1977.

O pagamento de salário por tarefa compreende forma mista de remuneração, que resulta na realização de um serviço dentro de um determinado tempo. O cálculo para pagamento das férias do empregado remunerado por tarefa será feito pela média da produção no período aquisitivo, multiplicado pelo valor da tarefa no dia da concessão, acrescido do terço constitucional.

---

§ 3º Quando o salário for pago por percentagem, comissão ou viagem, apurar-se-á a média percebida pelo empregado nos 12 (doze) meses que precederem à concessão das férias.

Parágrafo com redação dada pelo Decreto-lei n. 1.535, de 13.04.1977.

Para os empregados que recebem por comissão ou percentagem sobre vendas, a remuneração-base para o cálculo das férias é obtida pela média aritmética dos valores recebidos nos doze meses anteriores à concessão das férias, acrescida de um terço constitucional. Se a base da remuneração do empregado for por viagem, apurar-se-á a média de viagens no período, multiplicando-se pelo valor da viagem no dia da concessão das férias.

---

§ 4º A parte do salário paga em utilidades será computada de acordo com a anotação na Carteira de Trabalho e Previdência Social.

Parágrafo com redação dada pelo Decreto-lei n. 1.535, de 13.04.1977.

O art. 458 da CLT permite o pagamento de salário em utilidades e enumera de forma exemplificativa, não taxativa, as prestações *in natura*. Contudo, o art. 82, parágrafo único, do mesmo diploma legal dispõe que pelo menos 30% do salário mínimo deverá ser pago em pecúnia. O presente parágrafo determina que a parte do salário pago em utilidades será computada na formação da base de cálculo para a remuneração das férias do empregado, de acordo com a anotação na CTPS. Caso não tenha havido a anotação do salário-utilidade na CTPS, mas tenha sido pago, este integrará o cálculo das férias.

---

§ 5º Os adicionais por trabalho extraordinário, noturno, insalubre ou perigoso serão computados no salário que servirá de base ao cálculo da remuneração das férias

Parágrafo com redação dada pelo Decreto-lei n. 1.535, de 13.04.1977.

Os pagamentos de adicionais, tais como por horas extras, por insalubridade, por periculosidade, por trabalho noturno etc., verificados durante o período aquisitivo, integrarão o salário que servirá de base ao cálculo da remuneração das férias, independentemente de sua habitualidade ou não. Com relação ao pagamento de gorjetas e gratificações habituais, se estas forem pagas ao empregado, entende-se que deverão ser integradas ao salário para fins de cálculo e pagamento de férias, devendo ser calculados pela média recebida durante o período aquisitivo.

---

§ 6º Se, no momento das férias, o empregado não estiver percebendo o mesmo adicional do período aquisitivo, ou quando o valor deste não tiver sido uniforme, será computada a média duodecimal recebida naquele período, após a atualização das importâncias pagas, mediante incidência dos percentuais dos reajustamentos salariais supervenientes.

Parágrafo com redação dada pelo Decreto-lei n. 1.535, de 13.04.1977.

Quando da concessão das férias, os valores pagos a título de adicional integrarão a respectiva base de cálculo, devendo, no caso de o valor não ser o mesmo durante todo o período aquisitivo, ser computada a média dos últimos doze meses do período, a qual será atualizada mediante a utilização dos mesmos índices de reajuste aplicados aos salários percebidos durante o período de aquisição do direito às férias.

Art. 143. É facultado ao empregado converter 1/3 (um terço) do período de férias a que tiver direito em abono pecuniário, no valor da remuneração que lhe seria devida nos dias correspondentes.

Caput *com redação dada pelo Decreto-lei n. 1.535, de 13.04.1977.*

O abono pecuniário é a faculdade concedida por lei ao empregado em converter um terço do seu período de fruição de férias em dinheiro, no valor da remuneração que lhe seria devida nos dias correspondentes. O objetivo do direito do empregado às férias é de lhe conceder um justo e reparador descanso. Por isso, a lei não permite a conversão de todo o período em pecúnia, ou seja, *vender as férias*, autorizando apenas que um terço do direito a que o empregado fizer jus seja convertido em dinheiro. Se no decorrer das férias houver reajuste salarial, o empregado terá direito às diferenças apuradas em relação ao abono pecuniário.

---

§ 1º O abono de férias deverá ser requerido até 15 (quinze) dias antes do término do período aquisitivo.

Parágrafo com redação dada pelo Decreto-lei n. 1.535, de 13.04.1977.

A faculdade de o empregado converter um terço de suas férias em dinheiro depende de um procedimento formal, ou seja, do requerimento ao empregador até quinze dias antes de completar o período aquisitivo de férias. Caso o empregado não requeira dentro desse prazo e o faça extemporaneamente, ficará na dependência da concordância ou não do empregador.

---

§ 2º Tratando-se de férias coletivas, a conversão a que se refere este artigo deverá ser objeto de acordo coletivo entre o empregador e o sindicato representativo da respectiva categoria profissional, independendo de requerimento individual a concessão do abono.

Parágrafo com redação dada pelo Decreto-lei n. 1.535, de 13.04.1977.

No caso de férias coletivas, a conversão de um terço em abono pecuniário deverá ser objeto de negociação firmada por meio de acordo coletivo.

---

§ 3º (*Revogado pela Lei n. 13.467, de 13.07.2017.*)

Art. 144. O abono de férias de que trata o artigo anterior, bem como o concedido em virtude de cláusula do contrato de trabalho, do regulamento da empresa, de convenção ou acordo coletivo, desde que não excedente de 20 (vinte) dias do salário, não integrarão a remuneração do empregado para os efeitos da legislação do trabalho.

Artigo com redação dada pela Lei n. 9.528, de 10.12.1997.

O artigo antecedente faculta ao empregado converter um terço de suas férias em pecúnia, cuja verba tem natureza indenizatória. Nada impede, desde que seja previsto em cláusulas contratuais ou em ajustes coletivos, que o abono pecuniário seja superior a um terço das férias. Se for assim, somente integrarão a remuneração do empregado para os efeitos da legislação trabalhista caso seja superior a vinte dias de salário.

Art. 145. O pagamento da remuneração das férias e, se for o caso, o do abono referido no art. 143 serão efetuados até 2 (dois) dias antes do início do respectivo período.

Caput com redação dada pelo Decreto-lei n. 1.535, de 13.04.1977.

O empregador é obrigado a efetuar o pagamento das férias, do adicional de um terço e do abono pecuniário, se for o caso, em até dois dias antes da concessão das férias, para propiciar ao empregado os recursos financeiros necessários ao custeio das próprias férias. A não observância desse prazo, ainda que o empregado tenha usufruído na época própria, conforme Súmula n. 450 do TST, acarretará ao empregador a obrigação de pagamento em dobro da remuneração das férias.

Parágrafo único. O empregado dará quitação do pagamento, com indicação do início e do termo das férias.

Parágrafo com redação dada pelo Decreto-lei n. 1.535, de 13.04.1977.

Quando do pagamento, o empregado assinará documento de quitação, do qual constará, além dos valores pagos, a indicação do início e término das férias.

Seção V
Dos Efeitos da Cessação do Contrato de Trabalho

Seção com denominação dada pelo Decreto-lei n. 1.535, de 13.04.1977.

Art. 146. Na cessação do contrato de trabalho, qualquer que seja a sua causa, será devida ao empregado a remuneração simples ou em dobro,

conforme o caso, correspondente ao período de férias cujo direito tenha adquirido.

Caput com redação dada pelo Decreto-lei n. 1.535, de 13.04.1977.

Com a ruptura do contrato de trabalho, haverá a impossibilidade do gozo das férias durante o período contratual. Nesse caso, deverão ser pagas, na rescisão, as férias simples, que são aquelas em que o período aquisitivo consumou-se, mas não o concessivo, e as férias vencidas, também chamadas de dobradas (art. 137 da CLT), que são aquelas em que os períodos aquisitivo e concessivo já se esgotaram, sem que o empregado as usufruísse. Serão devidas ao empregado em qualquer tipo de rescisão contratual – pedido de demissão, dispensa com ou sem justa causa e aposentadoria espontânea –, pois é direito adquirido.

As férias proporcionais, aquelas cujo período aquisitivo ainda não se completou, serão calculadas à base de 1/12 por mês do período em aquisição. O recebimento das férias proporcionais depende do tipo de rescisão contratual. No caso de rescisão do contrato por culpa recíproca, o empregado terá direito às férias simples ou vencidas e à metade das férias proporcionais acrescidas de um terço (atual redação da Súmula n. 14 do TST).

Parágrafo único. Na cessação do contrato de trabalho, após 12 (doze) meses de serviço, o empregado, desde que não haja sido demitido por justa causa, terá direito à remuneração relativa ao período incompleto de férias, de acordo com o art. 130, na proporção de 1/12 (um doze avos) por mês de serviço ou fração superior a 14 (quatorze) dias.

Parágrafo com redação dada pelo Decreto-lei n. 1.535, de 13.04.1977.

A cada doze meses de trabalho, completa-se um período aquisitivo de férias do empregado. Caso seja demitido sem justa causa, fará jus à remuneração relativa às frações do período aquisitivo incompleto, ou seja, 1/12 por mês ou fração de mês, superior a quatorze dias. No caso de pedido de demissão, independentemente do tempo do contrato (nova redação da Súmula n. 261 do TST), o empregado terá direito às férias proporcionais acrescidas do terço constitucional. Se houver a cessação do contrato por justa causa, as férias proporcionais não serão devidas (Súmula n. 171 do TST). O art. 11 da Convenção n. 132, contudo, estabelece que toda pessoa empregada que tenha completado o período mínimo de serviço deverá ter direito, em caso de cessação da relação empregatícia, a um período de férias remuneradas proporcional à duração do período de serviço pelo qual ele ainda não gozou tais férias, a uma indenização compensatória, ou a um crédito de férias equivalente. Analisando tal dispositivo, verifica-se que a norma em comento não especificou a forma de extinção do contrato de trabalho. Portanto, o empregado terá direito às férias proporcionais mesmo que seja demitido por justa causa, independentemente do número de meses trabalhados.

Art. 147. O empregado que for despedido sem justa causa, ou cujo contrato de trabalho se extinguir em prazo predeterminado, antes de completar 12 (doze) meses de serviço, terá direito à remuneração relativa ao período incompleto de férias, de conformidade com o disposto no artigo anterior.

Artigo com redação dada pelo Decreto-lei n. 1.535, de 13.04.1977.

O dispositivo em comento refere-se aos contratos de trabalho extintos com menos de doze meses de serviço. Caso ocorra a demissão sem justa causa, o empregado terá direito de receber férias proporcionais. Se a dispensa ocorrer por justa causa, ele perde o direito à remuneração do período incompleto de férias.

As férias proporcionais serão devidas mesmo que o contrato de trabalho por prazo determinado seja firmado com duração inferior a doze meses de serviços. Elas serão devidas na extinção por implemento do termo final do referido contrato ou na dispensa sem justa causa. Não serão devidas caso a rescisão contratual ocorra por demissão por justa causa. Remete-se o leitor aos comentários do artigo anterior relativamente à Convenção n. 132 da OIT.

Art. 148. A remuneração das férias, ainda quando devida após a cessação do contrato de trabalho, terá natureza salarial, para os efeitos do art. 449.

Artigo com redação dada pelo Decreto-lei n. 1.535, de 13.04.1977.

A cessação do contrato de trabalho não altera a natureza salarial da remuneração das férias, mesmo que devida após a extinção do vínculo, em casos de falência, recuperação empresarial ou dissolução da empresa; por exemplo, devendo ser tratada como crédito privilegiado.

Seção VI
Do Início da Prescrição

Seção com denominação dada pelo Decreto-lei n. 1.535, de 13.04.1977.

Art. 149. A prescrição do direito de reclamar a concessão das férias ou o pagamento da respectiva remuneração é contada do término do prazo mencionado no art. 134 ou, se for o caso, da cessação do contrato de trabalho.

Artigo com redação dada pelo Decreto-lei n. 1.535, de 13.04.1977.

A CF/88 (art. 7º, XXIX) assegura aos trabalhadores urbanos e rurais o direito de ação quanto aos créditos resultantes das relações de trabalho, com prazo prescricional de 5 anos até o limite de 2 anos após a extinção do contrato de trabalho. O período concessivo compreende os doze meses subsequentes do período aquisitivo. Dentro do período concessivo, o empregador poderá conceder as férias ao empregado a qualquer momento. Portanto, o empregado somente terá direito de reclamar o direito de usufruir as férias ou seu pagamento após o término do período concessivo.

Seção VII
Disposições Especiais

Seção acrescentada pelo Decreto-lei n. 1.535, de 13.04.1977.

Art. 150. O tripulante que, por determinação do armador, for transferido para o serviço de outro, terá computado, para o efeito de gozo de férias, o tempo de serviço prestado ao primeiro, ficando obrigado a concedê-las o armador em cujo serviço ele se encontra na época de gozá-las.

Caput *com redação dada pelo Decreto-lei n. 1.535, de 13.04.1977.*

Os arts. 248 a 252 da CLT tratam especificamente das equipagens das embarcações da Marinha Mercante nacional, de navegação fluvial e lacustre, do tráfego nos portos e da pesca. Tripulante é o profissional habilitado inscrito em uma capitania, delegacia ou agência e embarcado, que exerce funções na operação da embarcação; é o trabalhador – empregado –, inscrito marítimo, que faz parte do rol de tripulação de uma embarcação de pesca ou foi contratado para dela fazer parte. Armador é a pessoa física ou jurídica que, em seu nome ou sob sua responsabilidade, prepara a embarcação para sua utilização, pondo-a ou retirando-a de navegação por sua conta; é a pessoa singular ou coletiva, titular do direito de exploração econômica da embarcação – empregador.

As férias dos marítimos são disciplinadas pela Convenção n. 91 da OIT (Decreto n. 66.875/70). O dispositivo legal em análise estabelece que, caso um tripulante seja transferido para serviço de outro armador, terá computado, para efeito de férias, o tempo de serviço prestado ao primeiro. As férias serão concedidas pelo armador que estiver utilizando-se dos serviços do tripulante.

---

§ 1º As férias poderão ser concedidas, a pedido dos interessados e com aquiescência do armador, parceladamente, nos portos de escala de grande estadia do navio, aos tripulantes ali residentes.

Parágrafo com redação dada pelo Decreto-lei n. 1.535, de 13.04.1977.

Poderão os tripulantes residentes em portos de escala de grande estadia do navio solicitar ao armador o parcelamento das férias, cuja concessão depende da aquiescência do armador.

---

§ 2º Será considerada grande estadia a permanência no porto por prazo excedente de 6 (seis) dias.

Parágrafo com redação dada pelo Decreto-lei n. 1.535, de 13.04.1977.

Grande estadia é a permanência no porto por tempo superior a seis dias.

---

§ 3º Os embarcadiços, para gozarem férias nas condições deste artigo, deverão pedi-las, por escrito, ao armador, antes do início da viagem, no porto de registro ou armação.

Parágrafo com redação dada pelo Decreto-lei n. 1.535, de 13.04.1977.

Para fazerem jus ao direito de gozo das férias, deverão os tripulantes solicitá-las ao armador, por escrito, antes do início da viagem.

---

§ 4º O tripulante, ao terminar as férias, apresentar-se-á ao armador, que deverá designá-lo para qualquer de suas embarcações ou o adir a algum dos seus serviços terrestres, respeitadas a condição pessoal e a remuneração.

Parágrafo com redação dada pelo Decreto-lei n. 1.535, de 13.04.1977.

Ao findar o gozo das férias, deverá o tripulante apresentar-se ao armador, que o designará para serviços em quaisquer de suas embarcações ou ainda para serviços terrestres, sendo mantidos seu salário e sua condição de embarcadiço.

---

§ 5º Em caso de necessidade, determinada pelo interesse público, e comprovada pela autoridade competente, poderá o armador ordenar a suspensão das férias já iniciadas ou a iniciar-se, ressalvado ao tripulante o direito ao respectivo gozo posteriormente.

Parágrafo com redação dada pelo Decreto-lei n. 1.535, de 13.04.1977.

Caso haja interesse público devidamente comprovado, é possível a suspensão das férias já iniciadas ou não, por determinação do armador, ficando garantido o direito de o tripulante gozá-las oportunamente.

---

§ 6º O Delegado do Trabalho Marítimo poderá autorizar a acumulação de 2 (dois) períodos de férias do marítimo, mediante requerimento justificado:

Parágrafo com redação dada pelo Decreto-lei n. 1.535, de 13.04.1977.

O Delegado do Trabalho Marítimo é a autoridade competente para autorizar, ou não, a acumulação de dois períodos de férias do tripulante, se for justificadamente requerida.

I – do sindicato, quando se tratar de sindicalizado; e

Inciso com redação dada pelo Decreto-lei n. 1.535, de 13.04.1977.

Caso o tripulante seja sindicalizado, é o sindicato que apresentará o requerimento para acumulação de férias.

II – da empresa, quando o empregado não for sindicalizado.

Inciso com redação dada pelo Decreto-lei n. 1.535, de 13.04.1977.

Caso o tripulante não seja sindicalizado, é a empresa que apresentará o requerimento para acumulação de férias.

Art. 151. Enquanto não se criar um tipo especial de caderneta profissional para os marítimos, as férias serão anotadas pela Capitania do Porto na caderneta-matrícula do tripulante, na página das observações.

Artigo com redação dada pelo Decreto-lei n. 1.535, de 13.04.1977.

As férias dos marítimos serão anotadas pela Capitania do Porto, na respectiva caderneta-matrícula do tripulante, enquanto não for criado um tipo especial de caderneta profissional.

Art. 152. A remuneração do tripulante, no gozo de férias, será acrescida da importância correspondente à etapa que estiver vencendo.

Artigo com redação dada pelo Decreto-lei n. 1.535, de 13.04.1977.

Durante o gozo das férias, o tripulante receberá sua remuneração habitual, acrescida da verba destinada a sua subsistência no navio, relativamente ao período que estiver vencendo.

Seção VIII
Das Penalidades

Seção acrescentada pelo Decreto-lei n. 1.535, de 13.04.1977.

Art. 153. As infrações ao disposto neste Capítulo serão punidas com multas de valor igual a 160 BTN por empregado em situação irregular.

Caput *com redação dada pela Lei n. 7.855, de 24.10.1989.*

De acordo com as normas aprovadas pelo extinto Ministério do Trabalho e Emprego, as multas administrativas previstas na legislação trabalhista por infração às normas previstas na CLT correspondem a 160 Ufirs por empregado, sujeitando-se o empregador ao pagamento da multa sempre que deixar de cumprir quaisquer dos preceitos e das obrigações contidos no capítulo referente às férias. Ressalte-se que a Ufir foi extinta em 27.10.2000 e, de acordo com a Lei n. 10.192/2001, para a conversão em real utiliza-se R$ 1,0641 (último valor da Ufir, fixado para o ano 2000).

Parágrafo único. Em caso de reincidência, embaraço ou resistência à fiscalização, emprego de artifício ou simulação com o objetivo de fraudar a lei, a multa será aplicada em dobro.

Parágrafo com redação dada pela Lei n. 7.855, de 24.10.1989.

Será punido com a aplicação da multa em dobro o empregador que, pessoalmente ou por meio de prepostos, incorrer em reincidência de infração, ou, por ato ou omissão, criar embaraços ou resistência à fiscalização, ou utilizar-se de expedientes fictícios com o claro objetivo de eximir-se do cumprimento de exigências legais.

CAPÍTULO V
DA SEGURANÇA E DA MEDICINA DO TRABALHO

Capítulo com denominação dada pela Lei n. 6.514, de 22.12.1977.

Seção I
Disposições Gerais

Art. 154. A observância, em todos os locais de trabalho, do disposto neste Capítulo, não desobriga as empresas do cumprimento de outras disposições que, com relação à matéria, sejam incluídas em códigos de obras ou regulamentos sanitários dos Estados ou Municípios em que se situem os respectivos estabelecimentos, bem como daquelas oriundas de convenções coletivas de trabalho.

Artigo com redação dada pela Lei n. 6.514, de 22.12.1977.

Até a edição da Lei n. 6.514/77, o presente capítulo era denominado "Segurança e Higiene do Trabalho". Por força da referida lei, adotou-se a expressão "Segurança e Medicina do Trabalho".

As normas de segurança e medicina do trabalho têm por finalidade fixar condições que garantam a saúde e a segurança dos trabalhadores – quer no aspecto preventivo, quer no aspecto protetivo – dentro do ambiente de trabalho, bem como recuperar e preservar sua integridade psicofísica. Em resumo, a segurança do trabalho visa prevenir doenças profissionais e acidentes de trabalho no meio ambiente laboral, ao passo que a medicina do trabalho preza pela preservação da saúde dos trabalhadores.

A CF/88, em seu art. 7º, XXII, estabeleceu como direito dos trabalhadores a "redução dos riscos inerentes ao trabalho, por meio de normas de saúde, higiene e segurança". Logo, é obrigação de todo empregador proporcionar aos trabalhadores um ambiente laboral hígido, de modo a zelar pela integridade física e mental daqueles que lhe prestam serviços.

Ainda, o artigo em comento estabelece que além das disposições gerais (legislação federal), o empregador tem a obrigação de cumprir todas as demais normas provenientes de autoridades estaduais ou municipais, assim como aquelas decorrentes de convenções coletivas.

Art. 155. Incumbe ao órgão de âmbito nacional competente em matéria de segurança e medicina do trabalho:

Caput com redação dada pela Lei n. 6.514, de 22.12.1977.

Atualmente, o órgão de âmbito nacional competente para fixar normas ligadas à segurança e medicina do trabalho é a Secretaria de Trabalho, por meio da Subsecretaria de Inspeção do Trabalho (Decreto n. 9.745/2019, Anexo I, art. 79, I), do Ministério da Economia.

Cumpre esclarecer que, por força da MP n. 871/2019 (convertida na Lei n. 13.844/2019), o Ministério do Trabalho foi extinto e incorporado ao Ministério da Economia.

Desde então, é a Secretaria Especial de Previdência e Trabalho o órgão responsável pelas atribuições do extinto Ministério do Trabalho (art. 59, VI, *c*, da Lei n. 13.844/2019).

I – estabelecer, nos limites de sua competência, normas sobre a aplicação dos preceitos deste Capítulo, especialmente os referidos no art. 200;

Inciso com redação dada pela Lei n. 6.514, de 22.12.1977.

Compete à Secretaria do Trabalho, por meio da Subsecretaria de Inspeção do Trabalho, conforme o art. 79, Anexo I, do Decreto n. 9.745/2019, formular e propor as diretrizes da inspeção do trabalho, inclusive do trabalho portuário, de maneira a priorizar o estabelecimento de política de combate ao trabalho forçado e infantil e a todas as formas de trabalho degradante (I); formular e propor as diretrizes e normas de atuação da área de segurança e saúde do trabalhador (II); participar, em conjunto com as demais subsecretarias, da elaboração de programas especiais de proteção ao trabalho (III), além de outras incumbências.

Ainda, o inciso em análise remete ao art. 200 da presente Consolidação, que se destina a matérias relacionadas à prevenção de doenças profissionais e acidentes de trabalho.

II – coordenar, orientar, controlar e supervisionar a fiscalização e as demais atividades relacionadas com a segurança e a medicina do trabalho em todo o território nacional, inclusive a Campanha Nacional de Prevenção de Acidentes do Trabalho;

Inciso com redação dada pela Lei n. 6.514, de 22.12.1977.

Segundo disposição da NR n. 1, item 1.3.1, da Portaria n. 3.214/78, compete à Secretaria do Trabalho, por intermédio da Subsecretaria de Inspeção do Trabalho, entre outras atribuições, subsidiar a formulação e proposição das diretrizes e normas de atuação da área de segurança e saúde do trabalhador (*a*); coordenar e orientar a execução da Campanha Nacional de Prevenção de Acidentes do Trabalho (*b*); do Programa de Alimentação do Trabalhador (*c*); promover a fiscalização do cumprimento dos preceitos legais e regulamentares sobre segurança e saúde no trabalho (*d*); participar da implementação da Política Nacional de Segurança e Saúde no Trabalho (*e*); e conhecer, em última instância, dos recursos das decisões proferidas pelo órgão regional competente em matéria de segurança e saúde no trabalho (*f*).

III – conhecer, em última instância, dos recursos, voluntários ou de ofício, das decisões proferidas pelos Delegados Regionais do Trabalho, em matéria de segurança e medicina do trabalho.

Inciso com redação dada pela Lei n. 6.514, de 22.12.1977.

O Decreto n. 5.063/2004 (revogado pelo Decreto n. 8.894/2016) não especificava qual era o órgão do Ministério do Trabalho incumbido de analisar eventuais recursos interpostos contra autos de infração decorrentes do descumprimento das normas de segurança e medicina do trabalho.

Todavia, na prática, tem sido atribuída referida competência à Superintendência Regional do Trabalho e Emprego (com o advento do Decreto n. 6.341/2008, também revogado pelo Decreto n. 8.894/2016, foi alterada a nomenclatura de Delegacias Regionais do Trabalho para Superintendências Regionais do Trabalho e Emprego – SRTE).

Art. 156. Compete especialmente às Delegacias Regionais do Trabalho, nos limites de sua jurisdição:

Caput *com redação dada pela Lei n. 6.514, de 22.12.1977.*

Embora o legislador tenha se utilizado do vocábulo "jurisdição" (atribuição do Poder Judiciário), quer nos parecer que a intenção foi estabelecer a "competência" (poder atribuído a um indivíduo em razão de seu cargo ou função) das Superintendências Regionais do Trabalho e Emprego.

A NR n. 1 da Portaria n. 3.214/78 estabelece a competência das atuais Superintendências Regionais do Trabalho e Emprego no que concerne à segurança e medicina do trabalho, destacando-se a execução da Campanha Nacional de Prevenção dos Acidentes do Trabalho (item 1.4.), e o embargo de obras ou a interdição de estabelecimentos (item 1.4.1., *c*).

I – promover a fiscalização do cumprimento das normas de segurança e medicina do trabalho;

Inciso com redação dada pela Lei n. 6.514, de 22.12.1977.

O agente público, em sua função fiscalizadora, deve zelar pelo cumprimento das normas de segurança e saúde do trabalhador por parte dos empregadores.

A NR n. 28, da Portaria n. 3.214/78, trata da fiscalização e das penalidades decorrentes das violações às normas de segurança e saúde do trabalhador, discorrendo sobre a metodologia a ser adotada pelo agente de inspeção do trabalho no que se refere à fiscalização e aplicação de sanções

---

II – adotar as medidas que se tornem exigíveis, em virtude das disposições deste Capítulo, determinando as obras e reparos que, em qualquer local de trabalho, se façam necessárias;

Inciso com redação dada pela Lei n. 6.514, de 22.12.1977.

A fiscalização do trabalho tem caráter não só punitivo, mas também preventivo e pedagógico. Dessa forma, o órgão fiscalizador, por meio de seus agentes, deve sempre orientar e, dependendo da infração, com base em critérios técnicos, conceder prazos para as correções das irregularidades detectadas.

III – impor as penalidades cabíveis por descumprimento das normas constantes deste Capítulo, nos termos do art. 201.

Inciso com redação dada pela Lei n. 6.514, de 22.12.1977.

Uma vez constatada a violação às normas de segurança e medicina do trabalho, o agente público irá aplicar as sanções previstas no art. 201 da CLT.

Nos casos de reincidência, embaraço ou resistência à fiscalização, deve-se aplicar a multa de que trata o art. 201, parágrafo único, da presente Consolidação.

Art. 157. Cabe às empresas:
Caput *com redação dada pela Lei n. 6.514, de 22.12.1977.*

O artigo em comento repete um equívoco constante do art. 2º desta Consolidação, ao utilizar a expressão "empresa" para se referir ao conceito de empregador. O dispositivo em questão trata das obrigações dos empregadores no que se refere às normas de segurança e medicina do trabalho de modo a minimizar a probabilidade de ocorrência de doenças profissionais ou acidentes de trabalho.

I – cumprir e fazer cumprir as normas de segurança e medicina do trabalho;
Inciso com redação dada pela Lei n. 6.514, de 22.12.1977.

É obrigação do empregador zelar pelas normas de segurança e medicina do trabalho. O descumprimento dessas por parte do empregador pode lhe acarretar sanções administrativas (art. 201 da CLT), interdição do estabelecimento (art. 161 da CLT), rescisão indireta do contrato de trabalho por parte do empregado (art. 483, *c* e *d*, da CLT), sem prejuízo das sanções civis (arts. 186 e 927 do CC) e penais correspondentes. Assim, o inciso em apreço estabelece ao empregador uma conduta, uma ação.

II – instruir os empregados, através de ordens de serviço, quanto às precauções a tomar no sentido de evitar acidentes do trabalho ou doenças ocupacionais;
Inciso com redação dada pela Lei n. 6.514, de 22.12.1977.

O empregador é obrigado a orientar por escrito (ordens de serviço) seus empregados acerca das medidas preventivas a serem utilizadas no sentido de se evitar moléstias profissionais ou acidentes de trabalho. Também, está o empregador obrigado a fornecer equipamentos de proteção individual, a fim de diminuir ou eliminar agentes insalubres que possam colocar em risco a integridade psicofísica de seus empregados.

Desse modo, o empregado que descumprir as instruções do empregador somente será punido se comprovado que teve prévio conhecimento das normas relativas à segurança e medicina do trabalho. É aconselhável que o empregador oriente seus empregados sobre as normas de segurança e medicina do trabalho no momento da admissão.

III – adotar as medidas que lhes sejam determinadas pelo órgão regional competente;
Inciso com redação dada pela Lei n. 6.514, de 22.12.1977.

É óbvio que o empregador está obrigado a adotar todas as medidas determinadas pela autoridade competente que tenham por finalidade salvaguardar a integridade psicofísica dos empregados. Assim, na hipótese de a fiscalização determinar alguma medida acerca do ambiente de trabalho, o empregador deve cumpri-la, sob pena de sofrer as sanções descritas no inciso I do presente artigo.

IV – facilitar o exercício da fiscalização pela autoridade competente.

Inciso com redação dada pela Lei n. 6.514, de 22.12.1977.

O empregador não pode opor nenhum óbice à fiscalização, devendo sempre facilitar a inspeção realizada pela autoridade competente.

Art. 158. Cabe aos empregados:

Caput *com redação dada pela Lei n. 6.514, de 22.12.1977.*

Os empregados também estão obrigados por lei a cumprirem as normas ligadas à segurança e medicina do trabalho, sendo certo que no caso de descumprimento injustificável de tais normas sofrerão sanções.

I – observar as normas de segurança e medicina do trabalho, inclusive as instruções de que trata o item II do artigo anterior;

Inciso com redação dada pela Lei n. 6.514, de 22.12.1977.

Assim como a lei obriga os empregadores a cumprirem as normas de segurança e medicina do trabalho, a fim de prevenir doenças profissionais e acidentes de trabalho, também imputa aos empregados o dever de observarem referidas normas, inclusive instruções ou ordens de serviços relativas ao meio ambiente laboral.

O meio ambiente de trabalho hígido tem por finalidade proteger a integridade psicofísica do empregado, de tal modo que este deve zelar pela observância das normas de segurança e medicina do trabalho.

II – colaborar com a empresa na aplicação dos dispositivos deste Capítulo.

Inciso com redação dada pela Lei n. 6.514, de 22.12.1977.

Não basta apenas observar as normas atinentes ao meio ambiente laboral. O empregado deve participar, com seu empregador, no sentido de fazer com que os demais colegas de trabalho cumpram com referidas normas. Pouco adianta o empregador adotar os melhores equipamentos de segurança se o empregado não tomar consciência de que somente com sua participação efetiva será possível alcançar um ambiente de trabalho hígido.

Parágrafo único. Constitui ato faltoso do empregado a recusa injustificada:
Parágrafo com redação dada pela Lei n. 6.514, de 22.12.1977.

Como mencionado, o descumprimento injustificável das normas de segurança e medicina do trabalho, por parte do empregado, implica sanções. Hipóteses de descumprimento justificáveis seriam a recusa em utilizar equipamento de proteção individual (EPI) não aprovado pela autoridade competente ou que não se presta a eliminar o agente insalubre, EPI com prazo de validade vencido ou danificado etc.

***a)* à observância das instruções expedidas pelo empregador na forma do item II do artigo anterior;**
Alínea com redação dada pela Lei n. 6.514, de 22.12.1977.

Caso o empregado descumpra ordens de serviço destinadas à proteção do meio ambiente laboral, comete ato faltoso, podendo ser advertido, suspenso ou até mesmo dispensado por justa causa (art. 482, *h*, da CLT – indisciplina, caso se trate de descumprimento reiterado de ordens gerais; ou insubordinação, em se tratando de inobservância de ordem direta de seu superior).

***b)* ao uso dos equipamentos de proteção individual fornecidos pela empresa.**
Alínea com redação dada pela Lei n. 6.514, de 22.12.1977.

O empregador está obrigado a fornecer ao seu empregado EPI capaz de diminuir ou eliminar agentes insalubres encontrados no ambiente laboral. Assim, constitui obrigação do empregado utilizar referidos equipamentos, sob pena de incidir em ato faltoso, o que pode lhe acarretar até mesmo a dispensa por justa causa, como mencionado na alínea anterior.

Art. 159. Mediante convênio autorizado pelo Ministério do Trabalho, poderão ser delegadas a outros órgãos federais, estaduais ou municipais atribuições de fiscalização ou orientação às empresas quanto ao cumprimento das disposições constantes deste Capítulo.
Artigo com redação dada pela Lei n. 6.514, de 22.12.1977.

O art. 23, parágrafo único, da Constituição da República, possibilita a celebração de convênios entre a União e os estados, o Distrito Federal e os municípios para fins de fiscalização e orientação aos empregadores acerca do cumprimento das normas de segurança e medicina do trabalho.

Importa destacar que aludidos convênios não podem ser celebrados com entidades sindicais, por se tratarem de entidades privadas.

Seção II
Da Inspeção Prévia e do Embargo ou Interdição

Seção com denominação dada pela Lei n. 6.514, de 22.12.1977.

Art. 160. Nenhum estabelecimento poderá iniciar suas atividades sem prévia inspeção e aprovação das respectivas instalações pela autoridade regional competente em matéria de segurança e medicina do trabalho.

Caput *com redação dada pela Lei n. 6.514, de 22.12.1977.*

O referido dispositivo tem por finalidade a preservação da segurança e da saúde dos trabalhadores. Pela redação do texto legal, tanto a indústria como a empresa comercial, a prestadora de serviços e outras estão obrigadas à inspeção (a antiga redação do art. 162 da CLT obrigava apenas a indústria à inspeção).

Após a realização da inspeção pelo órgão do Ministério do Trabalho (o ministério foi extinto, e suas competências foram redistribuídas de acordo com o art. 83 da Lei n. 13.844, de 18.06.2019 – *v.* comentários ao art. 13, § 2º, da CLT), será emitido um Certificado de Aprovação de Instalações (NR n. 2 da Portaria n. 3.214/78, item 2.2.).

---

§ 1º Nova inspeção deverá ser feita quando ocorrer modificação substancial nas instalações, inclusive equipamentos, que a empresa fica obrigada a comunicar, prontamente, à Delegacia Regional do Trabalho.

Parágrafo com redação dada pela Lei n. 6.514, de 22.12.1977.

Ocorrendo modificação substancial nas instalações, o empregador deve comunicar imediatamente a Superintendência Regional do Trabalho e Emprego, a fim de que seja realizada nova inspeção.

---

§ 2º É facultado às empresas solicitar prévia aprovação, pela Delegacia Regional do Trabalho, dos projetos de construção e respectivas instalações.

Parágrafo com redação dada pela Lei n. 6.514, de 22.12.1977.

Ainda, é facultado ao empregador solicitar prévia aprovação de seu projeto de construção e respectivas instalações nos casos em que não for possível realizar a inspeção prévia antes do início das atividades empresariais (NR n. 2 da Portaria n. 3.214/78, item 2.3.).

Embora não haja obrigação legal de solicitar a inspeção prévia, é aconselhável que se faça, de modo a evitar embargo ou interdição de obra que não esteja em harmonia com as especificações necessárias.

Art. 161. O Delegado Regional do Trabalho, à vista do laudo técnico do serviço competente que demonstre grave e iminente risco para o trabalhador, poderá interditar estabelecimento, setor de serviço, máquina ou equipamento, ou embargar obra, indicando na decisão, tomada com a brevidade que a ocorrência exigir, as providências que deverão ser adotadas para prevenção de infortúnios de trabalho.

Caput *com redação dada pela Lei n. 6.514, de 22.12.1977.*

Trata-se de relevante avanço no que se refere à proteção do trabalhador. Atualmente, o órgão incumbido de tal tarefa é a Secretaria de Trabalho, por meio da Subsecretaria de Inspeção do Trabalho (Decreto n. 9.745/2019, Anexo I, art. 79, I), do Ministério da Economia. Referido órgão, com fundamento em laudo técnico que indique grave e iminente risco para o trabalhador (toda condição ambiental que possa causar acidente de trabalho ou doença profissional – NR n. 3 da Portaria n. 3.214/78, item 3.1.1), tem a faculdade de interditar o estabelecimento ou embargar a obra, indicando com brevidade as providências a serem tomadas, para que o empregador possa solucionar os problemas detectados.

Embora se trate de medidas drásticas, são extremamente necessárias, eis que têm por objetivo evitar acidentes de trabalho e doenças profissionais, zelando assim pela integridade psicofísica dos trabalhadores.

---

§ 1º As autoridades federais, estaduais e municipais darão imediato apoio às medidas determinadas pelo Delegado Regional do Trabalho.

Parágrafo com redação dada pela Lei n. 6.514, de 22.12.1977.

A Secretaria de Trabalho, por meio da Subsecretaria de Inspeção do Trabalho (Decreto n. 9.745/2019, Anexo I, art. 79, I), do Ministério da Economia, conta com o apoio das autoridades federais, estaduais e municipais para que sua decisão (de interdição ou embargo à obra) seja devidamente cumprida, podendo, por exemplo, solicitar intervenção da autoridade policial para se efetivar sua determinação.

---

§ 2º A interdição ou embargo poderão ser requeridos pelo serviço competente da Delegacia Regional do Trabalho e, ainda, por agente da inspeção do trabalho ou por entidade sindical.

Parágrafo com redação dada pela Lei n. 6.514, de 22.12.1977.

O legislador possibilitou ao órgão competente da Secretaria de Trabalho, por meio da Subsecretaria de Inspeção do Trabalho (Decreto n. 9.745/2019, Anexo I, art. 79, I), do Ministério da Economia, ao agente de inspeção do trabalho e às entidades sindicais (o sindicato tem o "poder-dever" de representar a categoria, conforme o art. 8º da CF) solicitar a interdição ou o embargo, a fim de preservar a integridade física e mental dos trabalhadores.

§ 3º Da decisão do Delegado Regional do Trabalho poderão os interessados recorrer, no prazo de 10 (dez) dias, para o órgão de âmbito nacional competente em matéria de segurança e medicina do trabalho, ao qual será facultado dar efeito suspensivo ao recurso.

Parágrafo com redação dada pela Lei n. 6.514, de 22.12.1977.

Caso o empregador não concorde com a interdição ou o embargo, poderá, no prazo de 10 dias, interpor recurso, sendo facultado ao referido órgão conferir efeito suspensivo ao apelo.

§ 4º Responderá por desobediência, além das medidas penais cabíveis, quem, após determinada a interdição ou embargo, ordenar ou permitir o funcionamento do estabelecimento ou de um dos seus setores, a utilização de máquina ou equipamento, ou o prosseguimento de obra, se, em consequência, resultarem danos a terceiros.

Parágrafo com redação dada pela Lei n. 6.514, de 22.12.1977.

O empregador que não cumprir a determinação de interdição ou embargo responderá por crime de desobediência (art. 330 do CP), independentemente de causar ou não prejuízos a terceiros. Ademais, o art. 132 do CP tipifica como crime "expor a vida ou a saúde de outrem a perigo direto e iminente".

Assim, caso a desobediência do empregador em relação à determinação de interdição ou embargo coloque em perigo direto a vida ou a saúde do empregado, poderá ele responder pelo tipo penal previsto no art. 132 do CP.

Havendo danos a terceiros, além da responsabilidade penal, responderá também pelo ilícito civil.

§ 5º O Delegado Regional do Trabalho, independente de recurso, e após laudo técnico do serviço competente, poderá levantar a interdição.

Parágrafo com redação dada pela Lei n. 6.514, de 22.12.1977.

É facultado à Secretaria de Trabalho, por meio da Subsecretaria de Inspeção do Trabalho (Decreto n. 9.745/2019, Anexo I, art. 79, I), do Ministério da Economia, independentemente de recurso, após laudo técnico (que indique as medidas adotadas pelo empregador para a eliminação dos riscos) elaborado pelo serviço competente, levantar a interdição.

---

§ 6º Durante a paralisação dos serviços, em decorrência da interdição ou embargo, os empregados receberão os salários como se estivessem em efetivo exercício.

Parágrafo com redação dada pela Lei n. 6.514, de 22.12.1977.

O legislador considerou, acertadamente, como interrupção o período em que os empregados não prestarão serviços em razão da interdição ou do embargo, uma vez que a paralisação dos serviços se deu por conta de conduta inadequada do empregador, o qual não observou as normas de segurança e medicina do trabalho, não podendo assim os empregados sofrerem quaisquer prejuízos em seus salários. Trata-se de hipótese de risco da atividade do empregador (art. 2º da CLT), que não pode ser transferido ao empregado.

Seção III
Dos Órgãos de Segurança e de Medicina do Trabalho nas Empresas

Seção com denominação dada pela Lei n. 6.514, de 22.12.1977.

Art. 162. As empresas, de acordo com normas a serem expedidas pelo Ministério do Trabalho, estarão obrigadas a manter serviços especializados em segurança e em medicina do trabalho.

Caput *com redação dada pela Lei n. 6.514, de 22.12.1977.*

Conforme a NR n. 4, da Portaria n. 3.214/78, item 4.1., todas as empresas privadas e públicas que tenham empregados regidos pela CLT têm a obrigação de manter Serviços Especializados em Engenharia de Segurança e em Medicina do Trabalho (SESMT).

Parágrafo único. As normas a que se refere este artigo estabelecerão:

Parágrafo com redação dada pela Lei n. 6.514, de 22.12.1977.

***a)* classificação das empresas segundo o número mínimo de empregados e a natureza do risco de suas atividades;**

Alínea com redação dada pela Lei n. 6.514, de 22.12.1977.

A classificação se dá conforme o risco da atividade (há quatro graus de riscos, conforme o Quadro I, NR n. 4 da Portaria n. 3.214/78), bem como pelo número de empregados em cada estabelecimento (no mínimo 50, segundo Quadro II, NR n. 4, da Portaria n. 3.214/78).

b) **o número mínimo de profissionais especializados exigido de cada empresa, segundo o grupo em que se classifique, na forma da alínea anterior;**

Alínea com redação dada pela Lei n. 6.514, de 22.12.1977.

Como referido na alínea anterior, o dimensionamento do SESMT se dá em função do grau de risco da atividade do empregador (Quadro I, NR n. 4, da Portaria n. 3.214/78) e do número mínimo de empregados (Quadro II, NR n. 4, da Portaria n. 3.214/78).

Desse modo, fixa-se o número de engenheiros de segurança do trabalho, técnicos de segurança do trabalho, auxiliares ou técnicos de enfermagem do trabalho, enfermeiros do trabalho e médicos do trabalho que integrarão o SESMT.

c) **a qualificação exigida para os profissionais em questão e o seu regime de trabalho;**

Alínea com redação dada pela Lei n. 6.514, de 22.12.1977.

A NR n. 4, da Portaria n. 3.214/78, item 4.4. e Quadro II, além de estabelecer a qualificação dos profissionais que irão compor o SESMT, fixa também o tempo mínimo de trabalho de cada um dos profissionais.

d) **as demais características e atribuições dos serviços especializados em segurança e em medicina do trabalho, nas empresas.**

Alínea com redação dada pela Lei n. 6.514, de 22.12.1977.

A NR n. 4, da Portaria n. 3.214/78, traz todas as regras acerca de criação, estrutura e funcionamento do SESMT.

Art. 163. Será obrigatória a constituição de Comissão Interna de Prevenção de Acidentes – CIPA, de conformidade com instruções expedidas pelo Ministério do Trabalho, nos estabelecimentos ou locais de obra nelas especificadas.

Caput *com redação dada pela Lei n. 6.514, de 22.12.1977.*

A Comissão Interna de Prevenção de Acidentes (CIPA) passou a ser obrigatória a partir da Lei n. 6.514/77, que alterou o art. 163 da CLT.

A CIPA é disciplinada pela NR n. 5 da Portaria n. 3.214/78, sendo obrigatória sua constituição para empresas privadas e públicas que tenham empregados regidos pela CLT.

Assim, tendo a empresa 20 ou mais empregados, deve, obrigatoriamente, constituir a CIPA (Quadro I, NR n. 5, da Portaria n. 3.214/78).

Parágrafo único. O Ministério do Trabalho regulamentará as atribuições, a composição e o funcionamento das CIPAs.

Parágrafo com redação dada pela Lei n. 6.514, de 22.12.1977.

A NR n. 5, da Portaria n. 3.214/78 dispõe sobre criação, estrutura, atribuições e funcionamento da CIPA.

Art. 164. Cada CIPA será composta de representantes da empresa e dos empregados, de acordo com os critérios que vierem a ser adotados na regulamentação de que trata o parágrafo único do artigo anterior.

Caput *com redação dada pela Lei n. 6.514, de 22.12.1977.*

A CIPA tem composição mista, uma vez que é formada por representantes dos empregados e do empregador.

§ 1º Os representantes dos empregadores, titulares e suplentes, serão por eles designados.

Parágrafo com redação dada pela Lei n. 6.514, de 22.12.1977.

Os representantes do empregador, titulares e suplentes, serão por este indicados (não há eleição).

§ 2º Os representantes dos empregados, titulares e suplentes, serão eleitos em escrutínio secreto, do qual participem, independentemente de filiação sindical, exclusivamente os empregados interessados.

Parágrafo com redação dada pela Lei n. 6.514, de 22.12.1977.

No que concerne aos representantes dos empregados, titulares e suplentes, estes serão escolhidos mediante processo eleitoral. Todos os empregados interessados podem participar do referido processo eletivo, independentemente de filiação sindical (art. 8º, V, da CF).

§ 3º O mandato dos membros eleitos da CIPA terá a duração de 1 (um) ano, permitida uma reeleição.

Parágrafo com redação dada pela Lei n. 6.514, de 22.12.1977.

Tais critérios estabelecidos pelo legislador têm por objetivo evitar que o mandato seja utilizado para fins diversos daqueles para os quais o membro da CIPA fora eleito (a efetiva participação do empregado no ambiente laboral de modo a colaborar para a preservação e segurança dos trabalhadores).

Referida disposição não se aplica aos membros indicados pelo empregador, em razão de inexistir processo eleitoral.

§ 4º O disposto no parágrafo anterior não se aplicará ao membro suplente que, durante o seu mandato, tenha participado de menos da metade do número de reuniões da CIPA.

Parágrafo com redação dada pela Lei n. 6.514, de 22.12.1977.

Caso o membro suplente não tenha participado de mais da metade das reuniões da CIPA durante seu mandato, poderá ser reeleito. O tratamento diferenciado se dá em razão de o membro suplente somente participar das reuniões na ausência do titular.

§ 5º O empregador designará, anualmente, dentre os seus representantes, o Presidente da CIPA, e os empregados elegerão, dentre eles, o Vice-Presidente.

Parágrafo com redação dada pela Lei n. 6.514, de 22.12.1977.

O presidente da CIPA é indicado, anualmente, pelo empregador, ao passo que os empregados elegem o vice-presidente. Como já ressaltado, pelo fato de não haver eleição para representante do empregador, mas mera indicação, este pode ser indicado indeterminadas vezes pelo empregador.

Art. 165. Os titulares da representação dos empregados nas CIPAs não poderão sofrer despedida arbitrária, entendendo-se como tal a que não se fundar em motivo disciplinar, técnico, econômico ou financeiro.

Caput *com redação dada pela Lei n. 6.514, de 22.12.1977.*

O presente dispositivo veda a dispensa arbitrária aos membros eleitos da CIPA, ou seja, aos representantes dos empregados. Trata-se de garantia provisória de emprego que tem por objetivo proporcionar ao membro da CIPA autonomia para o pleno exercício de seu mandato.

Entende-se por despedida arbitrária aquela que não se funda em motivo disciplinar (descumprimento das determinações do empregador), técnico (resultante das adoções de novas tecnologias ou metodologias operacionais), financeiro ou econômico (decorrente das receitas e despesas do empregador, bem como dos custos da produção).

Ainda, o art. 10, II, *a*, do ADCT, proíbe a dispensa arbitrária do empregado eleito para cargo de direção de CIPA, desde o registro da candidatura até um ano após o término do mandato, se eleito.

Segundo jurisprudência do TST (Súmula n. 339, I) e do STF (Súmula n. 676), o suplente da CIPA goza da garantia provisória de emprego prevista no art. 10, II, *a*, do ADCT.

A referida garantia provisória de emprego deixa de existir com a comunicação da demissão do empregado (o qual deve ser assistido pelo respectivo sindicato, aplicando-se por analogia o art. 500 desta Consolidação), bem como em razão da extinção do estabelecimento (Súmula n. 339, II, do TST).

Parágrafo único. Ocorrendo a despedida, caberá ao empregador, em caso de reclamação à Justiça do Trabalho, comprovar a existência de qualquer dos motivos mencionados neste artigo, sob pena de ser condenado a reintegrar o empregado.

Parágrafo com redação dada pela Lei n. 6.514, de 22.12.1977.

Havendo a despedida de um membro da CIPA, o *onus probandi* é do empregador em relação à motivação da dispensa, sob pena de reintegrar o membro da CIPA imotivadamente despedido. É de se ressaltar que, para a dispensa do membro da CIPA, não se exige inquérito para apuração de falta grave, devendo o empregador justificar a despedida com motivos disciplinares, técnicos, financeiros ou econômicos. Há, contudo, posição doutrinária em sentido contrário, segundo a qual a dispensa do empregado membro da CIPA dependeria de inquérito para apuração de falta grave (art. 853 da CLT). O empregado que se sentir lesado deve procurar o Poder Judiciário laboral, a fim de pleitear sua reintegração aos quadros da empresa.

Seção IV
Do Equipamento de Proteção Individual

Seção com denominação dada pela Lei n. 6.514, de 22.12.1977.

Art. 166. A empresa é obrigada a fornecer aos empregados, gratuitamente, equipamento de proteção individual adequado ao risco e em perfeito estado de conservação e funcionamento, sempre que as medidas de ordem geral não ofereçam completa proteção contra os riscos de acidentes e danos à saúde dos empregados.

Artigo com redação dada pela Lei n. 6.514, de 22.12.1977.

Segundo a NR n. 6, da Portaria n. 3.214/78, item 6.1., considera-se equipamento de proteção individual todo dispositivo ou produto, de uso individual do empregado, destinado à proteção de riscos suscetíveis de ameaçar a segurança e a saúde no trabalho.

É obrigação do empregador fornecer ao empregado, sem qualquer custo, EPIs adequados ao risco e em perfeito estado de conservação e funcionamento. Ainda, deve o empregador proporcionar treinamento aos seus empregados, para que o trabalhador possa se proteger adequadamente dos agentes nocivos à sua saúde existentes no ambiente laboral. Caso o equipamento apresente algum vício ou não se enquadre nas especificações técnicas, deverá ser substituído.

Art. 167. O equipamento de proteção só poderá ser posto à venda ou utilizado com a indicação do Certificado de Aprovação do Ministério do Trabalho.

Artigo com redação dada pela Lei n. 6.514, de 22.12.1977.

Agiu com acerto o legislador ao estabelecer referida exigência, uma vez que a utilização de EPIs que não obedeçam às especificações técnicas pode não se prestar à sua finalidade, expondo assim o empregado a riscos acentuados à sua integridade psicofísica. Logo, o equipamento de proteção individual somente será colocado à venda ou utilizado após indicação do Certificado de Aprovação do Ministério do Trabalho (o ministério foi extinto, e suas competências foram redistribuídas de acordo com o art. 83 da Lei n. 13.844, de 18.06.2019 – *v.* comentários ao art. 13, § 2º, da CLT). No mesmo sentido é a orientação da NR n. 6, da Portaria n. 3.214/78, item 6.2.

Seção V
Das Medidas Preventivas de Medicina do Trabalho

Seção com denominação dada pela Lei n. 6.514, de 22.12.1977.

Art. 168. Será obrigatório exame médico, por conta do empregador, nas condições estabelecidas neste artigo e nas instruções complementares a serem expedidas pelo Ministério do Trabalho:

Caput *com redação dada pela Lei n. 7.855, de 24.10.1989.*

Por ser o exame médico uma das medidas de prevenção da medicina do trabalho, o legislador entendeu por bem torná-lo obrigatório, sendo sempre por conta do empregador. Não se permite, portanto, que seja exigido qualquer valor do empregado. O trabalhador deve tomar ciência do resultado dos exames realizados.

I – na admissão;

Inciso com redação dada pela Lei n. 7.855, de 24.10.1989.

Por ocasião da admissão, o empregado será submetido a exame médico, a fim de verificar sua condição de saúde (física e mental) para o exercício das atividades laborais. O referido exame é realizado antes do início da prestação de serviços.

II – na demissão;

Inciso com redação dada pela Lei n. 7.855, de 24.10.1989.

Quando da dispensa do empregado, é obrigatória a realização de exame médico, levando-se em conta o grau de risco da atividade e o número de dias entre o último exame médico realizado (NR n. 7, da Portaria n. 3.214/78, item 7.4.3.5.).

Todavia, a ausência de exame médico por ocasião da despedida não torna nulo o ato, configurando mera infração administrativa (art. 201 da CLT).

III – periodicamente.

Inciso com redação dada pela Lei n. 7.855, de 24.10.1989.

Os exames periódicos devem ser realizados a cada dois anos para os empregados que não estejam expostos a riscos ou situações de trabalho que impliquem o desencadeamento ou agravamento de doenças ocupacionais, assim como para os maiores de 18 anos e menores de 45 anos de idade; a cada ano ou intervalo inferior a critério do médico do trabalho para aqueles empregados portadores de doenças crônicas, assim como para os menores de 18 anos e maiores de 45 anos de idade (NR n. 7, da Portaria n. 3.214/78, item 7.4.3.2.).

§ 1º O Ministério do Trabalho baixará instruções relativas aos casos em que serão exigíveis exames:

Parágrafo com redação dada pela Lei n. 7.855, de 24.10.1989.

Atualmente, compete à Secretaria Especial de Previdência e Trabalho, do Ministério da Economia, fixar as situações em que os exames médicos obrigatórios e complementares serão necessários.

***a)* por ocasião da demissão;**

Alínea com redação dada pela Lei n. 7.855, de 24.10.1989.

O exame médico por ocasião da dispensa do empregado tem por finalidade verificar as condições de saúde (física e mental) do trabalhador. O empregador deve fornecer ao trabalhador o Atestado de Saúde Ocupacional (ASO), conforme NR n. 7, da Portaria n. 3.214/78, item 7.4.4.2.

***b)* complementares.**

Alínea com redação dada pela Lei n. 7.855, de 24.10.1989.

Acerca dos exames complementares, compete à Secretaria Especial de Previdência e Trabalho, do Ministério da Economia, fixar as hipóteses em que serão exigíveis.

§ 2º Outros exames complementares poderão ser exigidos, a critério médico, para apuração da capacidade ou aptidão física e mental do empregado para a função que deva exercer.

Parágrafo com redação dada pela Lei n. 7.855, de 24.10.1989.

Dependendo do tipo de atividade a ser exercida, o médico pode solicitar outros exames complementares, cuja a finalidade é verificar a aptidão física e mental do empregado para o desenvolvimento daquela atividade.

§ 3º O Ministério do Trabalho estabelecerá, de acordo com o risco da atividade e o tempo de exposição, a periodicidade dos exames médicos.

Parágrafo com redação dada pela Lei n. 7.855, de 24.10.1989.

O legislador conferiu competência ao extinto Ministério do Trabalho para estabelecer a periodicidade dos exames médicos, segundo o risco da atividade e o tempo de exposição do empregado a condições adversas à sua saúde. Atualmente, o órgão responsável é a Secretaria Especial de Previdência e Trabalho, do Ministério da Economia.

§ 4º O empregador manterá, no estabelecimento, o material necessário à prestação de primeiros socorros médicos, de acordo com o risco da atividade.

Parágrafo com redação dada pela Lei n. 7.855, de 24.10.1989.

O referido dispositivo se aplica a qualquer tipo de empregador (Precedente Normativo n. 107 do TST), independentemente do número de empregados, eis que se trata de norma de proteção permanente à saúde dos trabalhadores. Logo, os empregadores estão obrigados a manter material capaz de prestar atendimento de primeiros socorros a empregados que tenham sofrido acidente até sua locomoção para um hospital.

§ 5º O resultado dos exames médicos, inclusive o exame complementar, será comunicado ao trabalhador, observados os preceitos da ética médica.

Parágrafo com redação dada pela Lei n. 7.855, de 24.10.1989.

Como mencionado, para cada exame médico realizado, o médico emitirá o Atestado de Saúde Ocupacional (ASO), sempre em duas vias (NR n. 7, da Portaria n. 3.214/78, item 7.4.4.).

Os resultados dos exames médicos realizados serão entregues ao empregado, mediante recibo (NR n. 7, da Portaria n. 3.214/78, item 7.4.4.2.), sendo certo que a primeira via ficará arquivada no local de trabalho do empregado, à disposição da fiscalização do trabalho (NR n. 7, da Portaria n. 3.214/78, item 7.4.4.1.).

---

§ 6º Serão exigidos exames toxicológicos, previamente à admissão e por ocasião do desligamento, quando se tratar de motorista profissional, assegurados o direito à contraprova em caso de resultado positivo e a confidencialidade dos resultados dos respectivos exames.

Parágrafo acrescentado pela Lei n. 13.103, de 02.03.2015.

O referido parágrafo, acrescido pela Lei n. 13.103/2015, torna obrigatória a exigência de exames toxicológicos quando se tratar de motorista profissional (de veículos automotores de transporte rodoviário de passageiros e de transporte rodoviário de cargas) previamente à admissão e, também, por ocasião da dispensa, sendo assegurado ao motorista o direito à contraprova na hipótese de o resultado ser positivo, assim como a confidencialidade dos resultados dos mencionados exames.

---

§ 7º Para os fins do disposto no § 6º, será obrigatório exame toxicológico com janela de detecção mínima de 90 (noventa) dias, específico para substâncias psicoativas que causem dependência ou, comprovadamente, comprometam a capacidade de direção, podendo ser utilizado para essa finalidade o exame toxicológico previsto na Lei n. 9.503, de 23 de setembro de 1997 – Código de Trânsito Brasileiro, desde que realizado nos últimos 60 (sessenta) dias.

Parágrafo acrescentado pela Lei n. 13.103, de 02.03.2015.

Para os fins do disposto no parágrafo anterior, a Lei n. 13.103/2015 torna obrigatório o exame toxicológico com janela de detecção mínima de noventa dias, específico para substâncias psicoativas capazes de causar dependência ou que, comprovadamente, comprometam a capacidade de direção.

Poderá, segundo o parágrafo em comento, para tal finalidade ser utilizado o exame toxicológico previsto na Lei n. 9.503/97 (CTB), desde que realizado nos últimos sessenta dias.

De ressaltar, por fim, que segundo a redação do art. 3º da Lei n. 13.103/2015: "Aos motoristas profissionais dependentes de substâncias psicoativas é assegurado o pleno atendimento pelas unidades de saúde municipal, estadual e federal, no âmbito do SUS, podendo ser realizados convênios com entidades privadas para o cumprimento da obrigação".

Art. 169. Será obrigatória a notificação das doenças profissionais e das produzidas em virtude de condições especiais de trabalho, comprovadas ou objeto de suspeita, de conformidade com as instruções expedidas pelo Ministério do Trabalho.

Artigo com redação dada pela Lei n. 6.514, de 22.12.1977.

O empregador está obrigado a comunicar ao INSS eventual doença profissional ou do trabalho, confirmadas ou objetos de suspeita.

A doença profissional é equiparada ao acidente de trabalho, sendo considerada aquela "produzida ou desencadeada pelo exercício do trabalho peculiar a determinada atividade e constante da relação elaborada pelo Ministério do Trabalho e da Previdência Social" (art. 20, I, da Lei n. 8.213/91).

É considerada doença do trabalho aquela adquirida ou desencadeada em função das condições especiais em que o trabalho é realizado e que com ele se relacione diretamente, constante da relação mencionada (art. 20, II, da Lei n. 8.213/91). É necessária referida comunicação para que sejam tomadas as providências profiláticas, a fim de se evitar novos casos.

Seção VI
Das Edificações

Seção com denominação dada pela Lei n. 6.514, de 22.12.1977.

Art. 170. As edificações deverão obedecer aos requisitos técnicos que garantam perfeita segurança aos que nelas trabalhem.

Artigo com redação dada pela Lei n. 6.514, de 22.12.1977.

A NR n. 8, da Portaria n. 3.214/78, versa sobre as edificações, estabelecendo os requisitos técnicos mínimos que devem ser observados para garantir segurança e conforto aos trabalhadores (NR n. 8, da Portaria n. 3.214/78, item 8.1.).

Art. 171. Os locais de trabalho deverão ter, no mínimo, 3 (três) metros de pé-direito, assim considerada a altura livre do piso ao teto.

Caput *com redação dada pela Lei n. 6.514, de 22.12.1977.*

O legislador tratou de fixar parâmetros mínimos que devem ser observados, sob pena de interdição ou embargo (art. 161 da CLT). Como mencionado, a

NR n. 8, da Portaria n. 3.214/78 traz todas as especificações técnicas que devem ser observadas no que se refere às edificações.

Parágrafo único. Poderá ser reduzido esse mínimo desde que atendidas as condições de iluminação e conforto térmico compatíveis com a natureza do trabalho, sujeitando-se tal redução ao controle do órgão competente em matéria de segurança e medicina do trabalho.

Parágrafo com redação dada pela Lei n. 6.514, de 22.12.1977.

O parágrafo em comento possibilita modificar os padrões estabelecidos no *caput*, desde que seja objeto de avaliação pela autoridade administrativa competente e sejam mantidas as condições de iluminação e conforto térmico. Havendo aprovação por parte da autoridade competente, a alteração pode ser realizada.

Art. 172. Os pisos dos locais de trabalho não deverão apresentar saliências nem depressões que prejudiquem a circulação de pessoas ou a movimentação de materiais.

Artigo com redação dada pela Lei n. 6.514, de 22.12.1977.

A intenção é clara no sentido de se prevenir acidentes de trabalho. Saliências e depressões nos pisos podem dificultar o trânsito de pessoas ou movimentação de materiais, ocasionando acidentes.

Art. 173. As aberturas nos pisos e paredes serão protegidas de forma que impeçam a queda de pessoas ou de objetos.

Artigo com redação dada pela Lei n. 6.514, de 22.12.1977.

Novamente se vê o objetivo de prevenir acidentes de trabalho, em especial quedas (NR n. 8, da Portaria n. 3.214/78, item 8.3.2.).

Art. 174. As paredes, escadas, rampas de acesso, passarelas, pisos, corredores, coberturas e passagens dos locais de trabalho deverão obedecer às condições de segurança e de higiene do trabalho estabelecidas pelo Ministério do Trabalho e manter-se em perfeito estado de conservação e limpeza.

Artigo com redação dada pela Lei n. 6.514, de 22.12.1977.

As condições de segurança e de higiene de que trata o presente artigo se encontram na NR n. 8, da Portaria n. 3.214/78. Assim, as rampas e as escadas fixas devem ser construídas em conformidade com as normas técnicas oficiais e mantidas sempre em perfeito estado de conservação (NR n. 8, da Portaria n. 3.214/78, item 8.3.4).

Os pisos, escadas e rampas devem oferecer resistência suficiente para suportar as cargas móveis e fixas para as quais a edificação se destina (NR n. 8, da Portaria n. 3.214/78, item 8.3.3). Ainda, nos locais de trabalho onde existir perigo de escorregamento, devem ser utilizados materiais ou processos antiderrapantes (NR n. 8, da Portaria n. 3.214/78, item 8.3.5).

As partes externas, assim como as que separam unidades autônomas de uma edificação, devem, obrigatoriamente, observar as normas técnicas oficiais referentes à resistência ao fogo, isolamento térmico, isolamento e condicionamento acústico, resistência estrutural e impermeabilidade (NR n. 8, da Portaria n. 3.214/78, item 8.4.1).

Os pisos e as paredes dos locais de trabalho devem ser – sempre que possível – impermeabilizados e protegidos contra umidade (NR n. 8, da Portaria n. 3.214/78, item 8.4.2). As coberturas dos locais de trabalho devem assegurar proteção contra chuvas (NR n. 8, da Portaria n. 3.214/78, item 8.4.3). As edificações dos locais de trabalho devem ser projetadas e construídas de modo a evitar insolação excessiva ou falta de iluminação (NR n. 8, da Portaria n. 3.214/78, item 8.4.4).

Seção VII
Da Iluminação

Seção com denominação dada pela Lei n. 6.514, de 22.12.1977.

Art. 175. Em todos os locais de trabalho deverá haver iluminação adequada, natural ou artificial, apropriada à natureza da atividade.

Caput *com redação dada pela Lei n. 6.514, de 22.12.1977.*

A iluminação deixou de ser considerada fator insalubre a partir de 23.02.1991, passando a fazer parte das regras de ergonomia constantes da NR n. 17, da Portaria n. 3.214/78, por força da Portaria n. 3.751/90, que revogou o Anexo n. 4 da NR n. 15, da Portaria n. 3.214/78. A iluminação adequada é fundamental para que o empregado exerça suas atividades de modo apropriado.

---

§ 1º A iluminação deverá ser uniformemente distribuída, geral e difusa, a fim de evitar ofuscamento, reflexos incômodos, sombras e contrastes excessivos.

Parágrafo com redação dada pela Lei n. 6.514, de 22.12.1977.

A fim de se evitar que os fenômenos acima relatados interfiram no exercício da atividade laboral do empregado, em especial de modo a não prejudicar sua visão, o empregador deve obedecer aos critérios técnicos especificados no referido parágrafo, bem como na NR n. 17, da Portaria n. 3.214/78, itens 17.5.3.1. e 17.5.3.2.

---

§ 2º O Ministério do Trabalho estabelecerá os níveis mínimos de iluminamento a serem observados.

Parágrafo com redação dada pela Lei n. 6.514, de 22.12.1977.

A NR n. 17, da Portaria n. 3.214/78, item 17.5.3.3, destaca que os métodos de medição e os níveis mínimos de iluminação conforme o tipo de atividade laboral exercida serão estabelecidos pela Norma de Higiene Ocupacional n. 11 (NHO 11), da Fundacentro.

Seção VIII
Do Conforto Térmico

Seção com denominação dada pela Lei n. 6.514, de 22.12.1977.

Art. 176. Os locais de trabalho deverão ter ventilação natural, compatível com o serviço realizado.

Caput *com redação dada pela Lei n. 6.514, de 22.12.1977.*

A CF/88, nos arts. 6º e 7º, XXII, XXIII, XXVIII e XXXIII, dispõe sobre segurança e saúde dos trabalhadores. A CLT dedica o Capítulo V do Título II à segurança e medicina do trabalho. A melhoria das condições de trabalho tem como objetivo primordial a diminuição do custo social com os acidentes de trabalho e a valorização da autoestima e da qualidade de vida dos trabalhadores. A qualidade do ambiente de trabalho não pode ser tratada com indiferença. Os riscos do ambiente de trabalho e as boas práticas de segurança e higiene ocupacional são importantes para evitar acidentes e garantir a saúde dos trabalhadores. Os ambientes quentes representam questão importante no estudo da patologia ocupacional, em decorrência da fadiga física ocasionada por ambiente quente e perda de produtividade. O organismo pode perder ou ganhar calor de acordo com as condições ambientais.

Parágrafo único. A ventilação artificial será obrigatória sempre que a natural não preencha as condições de conforto térmico.

Parágrafo com redação dada pela Lei n. 6.514, de 22.12.1977.

A ventilação no ambiente de trabalho é essencial, seja natural, seja artificial. O trabalho em condições de sobrecarga térmica, sem o controle adequado, ocasiona efeitos nocivos ao trabalhador. O equilíbrio térmico do corpo deve ser mantido, caso contrário, poderá causar estados patológicos.

Art. 177. Se as condições de ambiente se tornarem desconfortáveis, em virtude de instalações geradoras de frio ou de calor, será obrigatório o uso de vestimenta adequada para o trabalho em tais condições ou de capelas, anteparos, paredes duplas, isolamento térmico e recursos similares, de forma que os empregados fiquem protegidos contra as radiações térmicas.

Artigo com redação dada pela Lei n. 6.514, de 22.12.1977.

Há necessidade de atenuar e proteger as lesões que decorrem do desconforto térmico. Para tanto, deve ser usado equipamento de proteção. A observância da segurança e higiene ocupacional é importante para que se evitem acidentes e para que se possa garantir a saúde dos trabalhadores, o que, sem dúvida, está vinculado à melhoria das condições de trabalho. Não se pode criar ambiente de trabalho propício a acidentes; portanto, medidas de proteção que eliminam ou reduzam a formação de agentes prejudiciais à saúde devem ser implantadas.

Art. 178. As condições de conforto térmico dos locais de trabalho devem ser mantidas dentro dos limites fixados pelo Ministério do Trabalho.

Artigo com redação dada pela Lei n. 6.514, de 22.12.1977.

O empregador é obrigado a realizar avaliações quantitativas e adotar medidas com o objetivo de controlar a exposição do empregado a agentes nocivos à saúde. O desconforto térmico prejudica a capacidade de trabalho. O calor causa nível de estresse; no entanto, existem formas de manter o local de trabalho confortável termicamente. Há de se evitar que o calor venha do ambiente externo, motivo pelo qual são usadas técnicas de ventilação – colocar abertura de janelas ou portas e instalar mecanismos de ventilação; evitar pisos que retêm calor; usar cores suaves para paredes internas e boa ventilação próxima ao telhado. As condições ambientais devem ser adequadas às características psicofisiológicas dos trabalhadores e à natureza do trabalho a ser exercido.

Seção IX
Das Instalações Elétricas

Seção com denominação dada pela Lei n. 6.514, de 22.12.1977.

Art. 179. O Ministério do Trabalho disporá sobre as condições de segurança e as medidas especiais a serem observadas relativamente a instalações elétricas, em qualquer das fases de produção, transmissão, distribuição ou consumo de energia.

Artigo com redação dada pela Lei n. 6.514, de 22.12.1977.

A NR n. 10 estabelece condições mínimas exigíveis para garantir a segurança dos empregados que trabalham em instalações elétricas. A eletricidade consubstancia-se em um agente de risco, por causar acidentes tanto a profissionais que operam sistemas elétricos como a usuários. As operações em sistemas energizados devem ser supervisionadas por pessoas competentes na área elétrica. A principal medida de segurança adotada em instalações elétricas é o aterramento, ou seja, a eliminação, através do solo, das correntes perigosas ao ser humano. Já os ambientes com instalações elétricas que apresentem risco de incêndio devem ter proteção contra o fogo.

Art. 180. Somente profissional qualificado poderá instalar, operar, inspecionar ou reparar instalações elétricas.

Artigo com redação dada pela Lei n. 6.514, de 22.12.1977.

Os serviços de manutenção e reparos em instalações elétricas sob tensão somente podem ser executados por profissionais qualificados e devidamente treinados em cursos especializados. A corrente elétrica pode causar queimaduras e morte, motivo pelo qual somente eletricistas qualificados devem ser destacados para resolver problemas de manutenção e reparos. Profissionais qualificados são aqueles que comprovam perante o empregador a capacitação por meio de curso específico e de treinamento na empresa, conduzido por profissional autorizado.

Art. 181. Os que trabalharem em serviços de eletricidade ou instalações elétricas devem estar familiarizados com os métodos de socorro a acidentados por choque elétrico.

Artigo com redação dada pela Lei n. 6.514, de 22.12.1977.

Em situação de emergência, todo profissional, para instalar, operar, inspecionar ou reparar instalações elétricas, deve estar apto a prestar os primeiros socorros a acidentados, ter conhecimento de técnicas de reanimação cardiorrespiratória, bem como estar apto a manusear e operar equipamentos de combate a incêndio. Os profissionais qualificados devem ser instruídos quanto às precauções relativas ao seu trabalho e devem apresentar estado de saúde compatível com as atividades.

Seção X
Da Movimentação, Armazenagem e Manuseio de Materiais

Seção com denominação dada pela Lei n. 6.514, de 22.12.1977.

Art. 182. O Ministério do Trabalho estabelecerá normas sobre:

Caput *com redação dada pela Lei n. 6.514, de 22.12.1977.*

As normas regulamentadoras do trabalho são estabelecidas pelo Ministério do Trabalho e Emprego com o objetivo de fixar requisitos de segurança que devem ser observados no local de trabalho, evitando acidentes (o ministério foi extinto, e suas competências foram redistribuídas de acordo com o art. 83 da Lei n. 13.844, de 18.06.2019 – *v.* comentários ao art. 13, § 2º, da CLT).

I – as precauções de segurança na movimentação de materiais nos locais de trabalho, os equipamentos a serem obrigatoriamente utilizados e as condições especiais a que estão sujeitas a operação e a manutenção desses equipamentos, inclusive exigências de pessoal habilitado;

Inciso com redação dada pela Lei n. 6.514, de 22.12.1977.

A NR n. 11 estabelece os requisitos de segurança a serem observados nos locais de trabalho no que se refere ao transporte, à movimentação, à armazenagem e ao manuseio de materiais, seja de forma mecânica, seja de forma manual. Os equipamentos de içamento de cargas devem ser projetados para o uso seguro, além de possuir todos os dispositivos de segurança necessários. Os mencionados equipamentos devem ser inspecionados de forma periódica, bem como passar por manutenções preventivas e corretivas.

II – as exigências similares relativas ao manuseio e à armazenagem de materiais, inclusive quanto às condições de segurança e higiene relativas aos recipientes e locais de armazenagem e os equipamentos de proteção individual;

Inciso com redação dada pela Lei n. 6.514, de 22.12.1977.

Os operadores dos equipamentos devem ser treinados a respeito de como a carga será amarrada e suspensa, além de alertados sobre os riscos de içamento mecânico ao ar livre em decorrência do vento. No caso especial de empilhadeiras, utilizadas para movimentação de materiais, deve ser dada especial importância, haja vista o número de acidentes. Nos equipamentos de içamento, a preocupação com ganchos e com travas de segurança deve ser constante, e a inspeção deve ser feita periodicamente. Com relação ao armazenamento de materiais, há que se considerar a resistência do piso e a ventilação, bem como facilitar o combate ao fogo em caso de incêndio. Não se devem deixar pontas fora do alinhamento, e devem ser removidos pregos ou arames que se projetem para fora, devido à situação de perigo que oferecem. É importante levar-se em consideração o tipo de material e sua embalagem. Os trabalhadores envolvidos no trabalho de içamento devem usar equipamentos de proteção: capacete, sapato com proteção reforçada nos dedos, luvas. Para os carrinhos manuais de movimentação de carga, deve existir proteção para as mãos, a fim de se evitar impactos.

III – a obrigatoriedade de indicação de carga máxima permitida nos equipamentos de transporte, dos avisos de proibição de fumar e de advertência quanto à natureza perigosa ou nociva à saúde das substâncias em movimentação ou em depósito, bem como das recomendações de primeiros socorros e de atendimento médico e símbolo de perigo, segundo padronização internacional, nos rótulos dos materiais ou substâncias armazenados ou transportados.

Inciso com redação dada pela Lei n. 6.514, de 22.12.1977.

O equipamento não deve operar sobrecarregado, sob pena de algumas peças vitais se quebrarem. A operação de içamento deve estar devidamente coordenada com o restante do trabalho. Para evitar riscos, a área deve ser isolada.

Parágrafo único. As disposições relativas ao transporte de materiais aplicam-se, também, no que couber, ao transporte de pessoas nos locais de trabalho.

Parágrafo com redação dada pela Lei n. 6.514, de 22.12.1977.

O levantamento manual de carga é abordado especificamente na NR n. 17 – Ergonomia. A capacidade de levantamento manual de uma pessoa não é, necessariamente, proporcional à sua altura ou a seu peso. Se o peso de uma carga for superior ao que um operário pode remover, deve ser designado mais um trabalhador para a operação ou deve ser utilizado equipamento mecânico.

Art. 183. As pessoas que trabalharem na movimentação de materiais deverão estar familiarizadas com os métodos racionais de levantamento de cargas.

Artigo com redação dada pela Lei n. 6.514, de 22.12.1977.

As pessoas são diferentes em altura, estrutura óssea e muscular, por isso têm, obviamente, capacidades diferenciadas. Os fatores básicos não podem ser alterados e servem para planejar condições de trabalho. O trabalho manual pesado aumenta a frequência respiratória e as batidas do coração; ao levantarem-se cargas pesadas, devem ser usadas as pernas e não as costas como apoio e sustentação do movimento. Os ombros devem ser posicionados para trás, a coluna deve ser mantida ereta e os joelhos, flexionados. A carga deve ser posicionada perto do corpo, os pés devem estar separados e o corpo equilibrado, o pescoço e as costas devem ficar alinhados, as pernas enrijecidas e as costas retas, devendo a carga ser sustentada com as duas mãos. Devem-se evitar o carregamento e levantamento de carga pesada manualmente.

Seção XI
Das Máquinas e Equipamentos

Seção com denominação dada pela Lei n. 6.514, de 22.12.1977.

Art. 184. As máquinas e os equipamentos deverão ser dotados de dispositivos de partida e parada e outros que se fizerem necessários para a prevenção de acidentes do trabalho, especialmente quanto ao risco de acionamento acidental.

Caput *com redação dada pela Lei n. 6.514, de 22.12.1977.*

A NR n. 12 estabelece medidas de prevenção de segurança e higiene do trabalho, as quais devem ser adotadas na instalação, operação e manutenção de máquinas e equipamentos com o objetivo de prevenir acidentes de trabalho. As máquinas e os equipamentos devem ser construídos, instalados e utilizados de tal forma a não expor o trabalhador a risco. A posição dos controles deve permitir uma operação simples e segura, ou seja, os controles de partida devem ter posição que não permita o acionamento acidental, e o comando de parada deve ser posicionado próximo ao comando de partida, assim como os pedais de operação devem ser protegidos contra operação acidental. Todos os controles devem ser identificados de forma clara.

Parágrafo único. É proibida a fabricação, a importação, a venda, a locação e o uso de máquinas e equipamentos que não atendam ao disposto neste artigo.

Parágrafo com redação dada pela Lei n. 6.514, de 22.12.1977.

Quando um equipamento é adquirido, deve atender aos requisitos básicos de segurança. A máquina deve ser construída de modo a evitar proteção extra e deve dispor de instrução de manutenção, segurança e proteção. Quando a máquina é instalada, deve-se verificar se todas as instalações estão bem fixadas.

Art. 185. Os reparos, limpeza e ajustes somente poderão ser executados com as máquinas paradas, salvo se o movimento for indispensável à realização do ajuste.

Artigo com redação dada pela Lei n. 6.514, de 22.12.1977.

A revisão cuidadosa de máquinas é muito importante. Enquanto a máquina estiver em movimento, não devem ser feitos reparos. Além disso, sempre deve levar-se em consideração que uma máquina parada oferece risco de voltar a funcionar de forma repentina. A lubrificação excessiva das máquinas e dos equipamentos deve ser evitada, e a inspeção deve ser feita de forma periódica pelo supervisor.

Art. 186. O Ministério do Trabalho estabelecerá normas adicionais sobre proteção e medidas de segurança na operação de máquinas e equipamentos, especialmente quanto à proteção das partes móveis, distância entre estas, vias de acesso às máquinas e equipamentos de grandes dimensões, emprego de ferramentas, sua adequação e medidas de proteção exigidas quando motorizadas ou elétricas.

Artigo com redação dada pela Lei n. 6.514, de 22.12.1977.

Existem normas adicionais referentes a medidas de segurança na operação de máquinas e equipamentos, até porque há necessidade de garantir a segurança dos trabalhadores durante seu funcionamento. Os pisos em que se encontram instaladas as máquinas e os equipamentos devem ser vistoriados e limpos; as áreas de circulação e espaços em torno das máquinas devem permitir a movimentação dos trabalhadores e do material de forma segura, bem como deve existir uma distância mínima que separa as máquinas. Além disso, a área de trabalho deve ser adequada aos tipos de operação, de máquina e de equipamento.

Seção XII
Das Caldeiras, Fornos e Recipientes sob Pressão

Seção com denominação dada pela Lei n. 6.514, de 22.12.1977.

Art. 187. As caldeiras, equipamentos e recipientes em geral que operam sob pressão deverão dispor de válvulas e outros dispositivos de segurança, que evitem seja ultrapassada a pressão interna de trabalho compatível com a sua resistência.

Caput *com redação dada pela Lei n. 6.514, de 22.12.1977.*

A NR n. 13 estabelece requisitos técnicos e legais relativos à instalação, operação e manutenção de caldeiras e vasos de pressão, a fim de prevenir a ocorrência de acidentes de trabalho. As caldeiras são os equipamentos que, simultaneamente, geram e acumulam vapor de água ou outro fluido. As válvulas de segurança devem ser adequadamente projetadas, instaladas e mantidas. A quantidade e o local de instalação de válvulas de segurança devem atender às normas técnicas aplicáveis, e é preciso haver pelo menos um instrumento que indique a pressão do vapor acumulado.

Parágrafo único. O Ministério do Trabalho expedirá normas complementares quanto à segurança das caldeiras, fornos e recipientes sob pressão, especialmente quanto ao revestimento interno, à localização, à ventilação dos locais e outros meios de eliminação de gases ou vapores prejudiciais à saúde, e demais instalações ou equipamentos necessários à execução segura das tarefas de cada empregado.

Parágrafo com redação dada pela Lei n. 6.514, de 22.12.1977.

O Ministério do Trabalho e Emprego estabelece norma regulamentadora de segurança e medicina do trabalho, na qual existem requisitos técnicos e legais referentes à instalação, operação e manutenção de caldeiras e vasos de pressão para prevenir acidentes de trabalho (o ministério foi extinto, e suas competências foram redistribuídas de acordo com o art. 83 da Lei n. 13.844, de 18.06.2019 – *v.* comentários ao art. 13, § 2º, da CLT).

Art. 188. As caldeiras serão periodicamente submetidas a inspeções de segurança, por engenheiro ou empresa especializada, inscritos no Ministério do Trabalho, de conformidade com as instruções que, para esse fim, forem expedidas.

Caput *com redação dada pela Lei n. 6.514, de 22.12.1977.*

As inspeções em caldeiras devem ser periódicas e realizadas por profissionais habilitados, aqueles que têm competência para o exercício da profissão de engenheiro nas atividades em questão. O registro nos Conselhos Federais é a única comprovação necessária a ser exigida do profissional habilitado. Os laudos, relatórios e pareceres têm valor legal se forem assinados por profissional habilitado.

§ 1º Toda caldeira será acompanhada de "Prontuário", com documentação original do fabricante, abrangendo, no mínimo: especificação técnica, desenhos, detalhes, provas e testes realizados durante a fabricação e a montagem, características funcionais e a pressão máxima de trabalho permitida (PMTP), esta última indicada, em local visível, na própria caldeira.

Parágrafo com redação dada pela Lei n. 6.514, de 22.12.1977.

Toda caldeira deve ter o prontuário no estabelecimento onde está instalada. Esse prontuário deve conter código de projeto, ano de edição, especificação de materiais, procedimentos utilizados, dados necessários para o monitoramento da vida útil da caldeira, características funcionais, dados dos dispositivos de segurança, ano de fabricação e categoria da caldeira. Os documentos que compõem o prontuário devem estar agrupados, e a documentação deve ser mantida durante toda a vida útil do equipamento.

A pressão máxima de trabalho admitida (PMTA) é o maior valor de pressão compatível com o código de projeto, a resistência de materiais utilizados e as dimensões do equipamento. A sua atualização deve ser efetuada de acordo com os procedimentos escritos que estão indicados no prontuário.

§ 2º O proprietário da caldeira deverá organizar, manter atualizado e apresentar, quando exigido pela autoridade competente, o Registro de Segurança, no qual serão anotadas, sistematicamente, as indicações das provas efetuadas, inspeções, reparos e quaisquer outras ocorrências.

Parágrafo com redação dada pela Lei n. 6.514, de 22.12.1977.

O registro de segurança deve ser constituído por um livro com páginas numeradas, exclusivo para cada caldeira. Nesse livro, devem ser registradas as ocorrências que podem afetar, positiva ou negativamente, a integridade física do ser humano. Quando da inspeção da caldeira, o profissional habilitado deve anotar no registro de segurança a data e o tipo de inspeção realizada.

§ 3º Os projetos de instalação de caldeiras, fornos e recipientes sob pressão deverão ser submetidos à aprovação prévia do órgão regional competente em matéria de segurança do trabalho.

Parágrafo com redação dada pela Lei n. 6.514, de 22.12.1977.

O projeto de instalação de caldeiras e fornos é de responsabilidade do profissional habilitado e deve obedecer aos aspectos de segurança, saúde e meio ambiente previstos nas normas regulamentadoras, nas convenções e nos dispositivos legais aplicáveis.

Seção XIII
Das Atividades Insalubres ou Perigosas

Seção com denominação dada pela Lei n. 6.514, de 22.12.1977.

Art. 189. Serão consideradas atividades ou operações insalubres aquelas que, por sua natureza, condições ou métodos de trabalho, exponham os empregados a agentes nocivos à saúde, acima dos limites de tolerância fixados em razão da natureza e da intensidade do agente e do tempo de exposição aos seus efeitos.

Artigo com redação dada pela Lei n. 6.514, de 22.12.1977.

A palavra *insalubre* tem origem no latim e significa tudo aquilo que origina doença. O conceito legal de insalubridade observa os princípios de higiene industrial. A higiene do trabalho é uma ciência que se direciona ao reconhecimento, à avaliação e ao controle do agente agressivo passível de ensejar a aquisição de doença profissional.

Os agentes agressivos dividem-se em físicos, químicos e biológicos. Os físicos são o ruído, o calor, as radiações, o frio e a umidade; os químicos são as poeiras, os gases e os vapores, as névoas e os fumos; os biológicos são os micro-organismos, os vírus e as bactérias.

O surgimento de doença profissional depende da natureza, da intensidade e do tempo de exposição ao agente agressivo, motivo pelo qual foram estabelecidos limites de tolerância para os agentes. A insalubridade somente se caracteriza quando o limite de tolerância for superado.

Art. 190. O Ministério do Trabalho aprovará o quadro das atividades e operações insalubres e adotará normas sobre os critérios de caracterização da insalubridade, os limites de tolerância aos agentes agressivos, meios de proteção e o tempo máximo de exposição do empregado a esses agentes.

Caput *com redação dada pela Lei n. 6.514, de 22.12.1977.*

O Ministério do Trabalho e Emprego (MTE) estabeleceu o quadro de atividades insalubres, as normas de caracterização da insalubridade, os limites de tolerância e os meios de proteção (o ministério foi extinto, e suas competências foram redistribuídas de acordo com o art. 83 da Lei n. 13.844, de 18.06.2019 – *v.* comentários ao art. 13, § 2º, da CLT).

A NR n. 15 e os seus anexos regulamentam as atividades e as operações insalubres, e três critérios foram estabelecidos para a caracterização da insalubridade: avaliação quantitativa, qualitativa e qualitativa de riscos inerentes à atividade. Na avaliação quantitativa, verifica-se a intensidade do agente, bem como se verifica se o limite de tolerância foi ultrapassado; na avaliação qualitativa, devem ser analisados os postos de trabalho e a função do trabalhador; já a avaliação qualitativa de riscos inerentes à atividade verifica se há meios de eliminar ou neutralizar a insalubridade, ou se esta é inerente à atividade.

Parágrafo único. As normas referidas neste artigo incluirão medidas de proteção do organismo do trabalhador nas operações que produzem aerodispersoides tóxicos, irritantes, alergênicos ou incômodos.

Parágrafo com redação dada pela Lei n. 6.514, de 22.12.1977.

A higiene ocupacional dedica-se à prevenção, ao reconhecimento, à avaliação e ao controle dos riscos e dos possíveis impactos sobre o ambiente de trabalho que existem ou que se originam no local de trabalho, e que podem prejudicar a saúde e o bem-estar dos trabalhadores. Há obrigatoriedade de levantamentos ambientais dos agentes químicos e físicos quantificáveis. A caracterização das atividades e das operações insalubres somente será possível após um exame criterioso das avaliações quantitativas e qualitativas, com o objetivo de orientar o empregador sobre a necessidade de pagamento do adicional de insalubridade ao empregado.

Art. 191. A eliminação ou a neutralização da insalubridade ocorrerá:

Caput *com redação dada pela Lei n. 6.514, de 22.12.1977.*

O ambiente insalubre não gera o pagamento do adicional de insalubridade quando existem medidas que o neutralizam ou o eliminam.

I – com a adoção de medidas que conservem o ambiente de trabalho dentro dos limites de tolerância;

Inciso com redação dada pela Lei n. 6.514, de 22.12.1977.

A eliminação ou neutralização da insalubridade ocorrerá com a adoção de medidas que mantenham o ambiente de trabalho dentro dos limites de tolerância, com a utilização de equipamentos de proteção individual (EPIs) pelo empregado, os quais diminuem a intensidade do agente agressor.

O controle de exposição aos riscos ocupacionais é realizado por meio de medidas relativas ao ambiente e ao homem.

A obrigatoriedade do pagamento do adicional de insalubridade é suprimida com a eliminação ou neutralização em razão do uso do EPI, desde que haja diminuição dos riscos em níveis abaixo dos limites de tolerância.

II – com a utilização de equipamentos de proteção individual ao trabalhador, que diminuam a intensidade do agente agressivo a limites de tolerância.

Inciso com redação dada pela Lei n. 6.514, de 22.12.1977.

As medidas de proteção destinam-se a eliminar o problema em sua fonte e, caso não seja possível o controle no ambiente, deve-se utilizar o controle individual. Entre as medidas individuais, a lei prevê o uso do EPI, o qual deverá diminuir a intensidade do agente, de forma a mantê-la nos limites de tolerância.

O equipamento a ser adquirido deve adequar-se ao risco e possibilitar proteção que permita reduzir a intensidade do agente insalubre, de modo a mantê-la dentro dos limites de tolerância. O uso efetivo do EPI é fundamental, o que não significa somente portar. A empresa deve fornecer gratuitamente o EPI, que deve ser adequado à atividade; além disso, o trabalhador precisa ser treinado para o uso e para sua conservação, que devem ser obrigatórios.

Parágrafo único. Caberá às Delegacias Regionais do Trabalho, comprovada a insalubridade, notificar as empresas, estipulando prazos para sua eliminação ou neutralização, na forma deste artigo.
Parágrafo com redação dada pela Lei n. 6.514, de 22.12.1977.

A autoridade regional competente em matéria de segurança e saúde do trabalhador deve fixar adicional aos empregados expostos à insalubridade quando é impraticável a sua eliminação ou neutralização. A comprovação da insalubridade é feita por laudo técnico de engenheiro de segurança do trabalho ou médico do trabalho devidamente habilitado.

A eliminação ou neutralização da insalubridade ficará caracterizada por meio de avaliação pericial que comprove a inexistência de risco à saúde do trabalhador.

Art. 192. O exercício de trabalho em condições insalubres, acima dos limites de tolerância estabelecidos pelo Ministério do Trabalho, assegura a percepção de adicional respectivamente de 40% (quarenta por cento), 20% (vinte por cento) e 10% (dez por cento) do salário mínimo da região, segundo se classifiquem nos graus máximo, médio e mínimo.
Artigo com redação dada pela Lei n. 6.514, de 22.12.1977.

O grau de insalubridade depende do tipo de agente insalubre a que o empregado está exposto. O grau varia de acordo com a intensidade do agente, e a determinação do grau de insalubridade é definida pela Portaria n. 3.214/78, NR n. 15.

É vedada a percepção cumulativa de adicionais de insalubridade: se o empregado estiver exposto a dois agentes insalubres de diferentes graus, percebe somente sobre aquele de maior grau. Para os agentes do mesmo grau, os adicionais não se somam.

A base de cálculo do adicional de insalubridade, de acordo com a CLT, é o salário mínimo. Ocorre que o art. 7º, XXIII, da CF usou o termo "remuneração" para qualificar o adicional, havendo a intenção de aumentar a base sobre a qual incide o trabalho realizado em condições adversas. Alguns entendem que houve a derrogação do art. 192 da CLT, posição que se fundamenta na distinção entre remuneração e salário e no próprio espírito do legislador no sentido de reduzir os riscos inerentes ao trabalho por meio de normas de saúde, higiene e segurança.

Art. 193. São consideradas atividades ou operações perigosas, na forma da regulamentação aprovada pelo Ministério do Trabalho e Emprego,

aquelas que, por sua natureza ou métodos de trabalho, impliquem risco acentuado em virtude de exposição permanente do trabalhador a:

Caput *com redação dada pela Lei n. 12.740, de 08.12.2012.*

I – inflamáveis, explosivos ou energia elétrica;

Inciso acrescentado pela Lei n. 12.740, de 08.12.2012.

II – roubos ou outras espécies de violência física nas atividades profissionais de segurança pessoal ou patrimonial.

Inciso acrescentado pela Lei n. 12.740, de 08.12.2012.

A Lei n. 12.740/2012 (*DOU* 10.12.2012), em vigor desde sua publicação, modificou a redação deste artigo da CLT, implicando significativa alteração no regramento do adicional de periculosidade.

O art. 193 contemplava apenas as hipóteses de atividades em contato permanente com inflamáveis ou explosivos. Com a mudança, além dessas hipóteses, foram também contempladas, desde que com risco acentuado, a exposição à energia elétrica (inciso I, *in fine*) e a exposição a "roubos ou outras espécies de violência física nas atividades profissionais de segurança pessoal ou patrimonial" (inciso II).

A primeira situação acrescentada pelo novo diploma é a dos trabalhadores que laboram, com risco acentuado, em exposição permanente à energia elétrica.

A Lei n. 12.740/2012 revogou expressamente a Lei n. 7.369/85, que, em seu art. 1º, previa a percepção de adicional de 30% aos empregados que exercessem atividade no setor de energia elétrica sobre o salário que percebesse. Com a revogação, esses profissionais passam a ser regulados pelo art. 193 da CLT.

Assim, enquanto o dispositivo revogado estabelecia a incidência do adicional sobre o salário dos eletricitários, o novo regramento genérico prevê a incidência sobre o salário básico (sem os acréscimos resultantes de gratificações, prêmios ou participações nos lucros da empresa). Nesse sentido, já rezava a Súmula n. 191 do Col. TST: "I – O adicional de periculosidade incide apenas sobre o salário básico e não sobre este acrescido de outros adicionais. II – O adicional de periculosidade do empregado eletricitário, contratado sob a égide da Lei n. 7.369/85, deve ser calculado sobre a totalidade das parcelas de natureza salarial. Não é válida norma coletiva mediante a qual se determina a incidência do referido adicional sobre o salário básico. III – A alteração da base de cálculo do adicional de periculosidade do eletricitário promovida pela Lei n. 12.740/2012 atinge somente contrato de trabalho firmado a partir de sua vigência, de modo que, nesse caso, o cálculo será realizado exclusivamente sobre o salário básico, conforme determina o § 1º do art. 193 da CLT".

O inciso II do art. 193 consolidado visa a abranger os profissionais do setor de segurança pessoal e patrimonial. Agora, os vigilantes, regidos pela Lei n.

7.102/83, também fazem jus ao adicional de periculosidade, desde que expostos de forma permanente a risco acentuado no desenvolver de suas atividades.

Cabe esclarecer que o *caput* do art. 193 fala em "atividades ou operações perigosas, na forma da regulamentação aprovada pelo Ministério do Trabalho e Emprego". Assim, a situação do inciso II diz respeito exclusivamente aos vigilantes, profissionais regidos por lei própria e que atendam a uma série de requisitos, como os do art. 16 de sua lei regente.

Sendo assim, os vigias, que são os trabalhadores do setor de vigilância não habilitados conforme a Lei n. 7.102/83, não fazem jus ao adicional de periculosidade.

---

§ 1º O trabalho em condições de periculosidade assegura ao empregado um adicional de 30% (trinta por cento) sobre o salário sem os acréscimos resultantes de gratificações, prêmios ou participações nos lucros da empresa.

Parágrafo com redação dada pela Lei n. 6.514, de 22.12.1977.

Ao ser instituído, o adicional de periculosidade teve como objetivo indenizar o empregado, uma vez que não é possível eliminar o risco a que se expõe em virtude da prestação laboral, sendo imprevisível o momento em que o infortúnio pode ocorrer. O período diário de exposição ao risco não retira do empregado o direito do adicional de periculosidade, que não é proporcional ao tempo de serviço. O adicional de periculosidade incide sobre o salário contratual, ou seja, sobre o salário básico, e não sobre este acrescido de outros adicionais.

---

§ 2º O empregado poderá optar pelo adicional de insalubridade que porventura lhe seja devido.

Parágrafo com redação dada pela Lei n. 6.514, de 22.12.1977.

Os adicionais de insalubridade e de periculosidade não podem ser cumulativos; por isso, o empregado não terá direito a esses dois adicionais concomitantemente, deve optar por um deles. Normalmente, o empregado opta pelo adicional de periculosidade, pois este é calculado sobre o salário e não sobre o salário mínimo – de acordo com a CLT –, o que é, sem dúvida, mais vantajoso.

---

§ 3º Serão descontados ou compensados do adicional outros da mesma natureza eventualmente já concedidos ao vigilante por meio de acordo coletivo.

Parágrafo acrescentado pela Lei n. 12.740, de 08.12.2012.

Se o trabalhador já percebe adicional de insalubridade ou mesmo adicional de risco de vida por força de norma coletiva, este poderá ser abatido do acréscimo do adicional de periculosidade. Esse adicional deverá ser apurado sobre a remuneração.

---

§ 4º São também consideradas perigosas as atividades de trabalhador em motocicleta.

Parágrafo acrescentado pela Lei n. 12.997, de 18.06.2014.

Foi sancionada a lei que inclui o pagamento de adicional de periculosidade para mototaxistas, motoboys e motofretistas, sob o argumento de que a medida é justa e um direito de trabalhadores que enfrentam perigos e risco de vida. A lei alterou a CLT e determina que os brasileiros que usam a motocicleta para trabalhar com o transporte de passageiros e mercadorias recebam adicional de 30% sobre o salário. O projeto tramitou por mais de dois anos no Congresso.

O pagamento foi suspenso em decisão tomada pela 20ª Vara da Justiça Federal da Seção Judiciária do Distrito Federal, que deferiu o pedido de tutela antecipada feito pela Associação Brasileira das Indústrias de Refrigerantes e de Bebidas não Alcoólicas – ABIR. A Justiça determinou que o Ministério do Trabalho e Emprego suspenda os efeitos da Portaria n. 1.565 MTE, de 13.10.2014 (que regulamenta o pagamento de adicional de periculosidade aos motociclistas), até o julgamento final dessa demanda (o ministério foi extinto, e suas competências foram redistribuídas de acordo com o art. 83 da Lei n. 13.844, de 18.06.2019 – *v.* comentários ao art. 13, § 2º, da CLT).

Art. 194. O direito do empregado ao adicional de insalubridade ou de periculosidade cessará com a eliminação do risco à sua saúde ou integridade física, nos termos desta Seção e das normas expedidas pelo Ministério do Trabalho.

Artigo com redação dada pela Lei n. 6.514, de 22.12.1977.

O pagamento do adicional de insalubridade e do adicional de periculosidade cessa com a eliminação do risco à saúde e à integridade física do empregado. Por força do art. 191 da CLT, o pagamento do adicional de insalubridade ficará suprimido com a eliminação ou neutralização do risco por meio do uso do EPI, desde que este seja hábil e suficiente a diminuir o risco. O pagamento do adicional de periculosidade somente poderá ser cessado com a eliminação do risco.

A caracterização da insalubridade e da periculosidade é de suma importância, haja vista que a cessação do pagamento somente é possível com nova perícia que comprove a efetiva eliminação ou neutralização dos riscos. A cessação do pagamento ocorre da seguinte forma: a reclassificação ou descaracterização da insalubridade por ato da autoridade competente e comprovação da modificação de fato das condições insalubres ou periculosas, fazendo-se nova avaliação pericial do local, no sentido de constatar a eliminação ou neutralização do risco.

Art. 195. A caracterização e a classificação da insalubridade e da periculosidade, segundo as normas do Ministério do Trabalho, far-se-ão através de perícia a cargo de Médico do Trabalho ou Engenheiro do Trabalho, registrados no Ministério do Trabalho.

Caput *com redação dada pela Lei n. 6.514, de 22.12.1977.*

A norma legal impõe a prova pericial. A perícia é obrigatória para a caracterização da insalubridade ou periculosidade. A perícia é realizada por perito único designado pelo juiz, fixando-se o prazo de entrega do laudo pericial. O perito deve ser médico do trabalho ou engenheiro do trabalho, e o seu laudo pericial deve ser claro, objetivo e fundamentado, assim como deve apresentar conclusão de forma a contribuir para a formação do convencimento. O perito deve recorrer aos princípios e às normas da higiene industrial e da segurança e medicina do trabalho para o correto enquadramento das atividades.

---

§ 1º É facultado às empresas e aos sindicatos das categorias profissionais interessadas requererem ao Ministério do Trabalho a realização de perícia em estabelecimento ou setor deste, com o objetivo de caracterizar e classificar ou delimitar as atividades insalubres ou perigosas.

Parágrafo com redação dada pela Lei n. 6.514, de 22.12.1977.

O parágrafo citado atribui competência ao Executivo para a realização de perícia. O Ministério do Trabalho e Emprego tem como função primordial a fiscalização do cumprimento das normas de segurança e de medicina do trabalho, motivo pelo qual os sindicatos e a empresa fazem a perícia por intermédio de profissionais por eles escolhidos (o ministério foi extinto, e suas competências foram redistribuídas de acordo com o art. 83 da Lei n. 13.844, de 18.06.2019 – *v.* comentários ao art. 13, § 2º, da CLT).

---

§ 2º Arguida em juízo insalubridade ou periculosidade, seja por empregado, seja por sindicato em favor de grupo de associados, o juiz designará perito habilitado na forma deste artigo, e, onde não houver, requisitará perícia ao órgão competente do Ministério do Trabalho.

Parágrafo com redação dada pela Lei n. 6.514, de 22.12.1977.

Ao ser designada a perícia pelo juiz, é nomeado perito e as partes poderão indicar assistentes técnicos, cujo laudo deve ser apresentado no mesmo prazo assinado para o perito oficial.

O perito deve cumprir o encargo e, para o desempenho de sua função, pode utilizar-se de todos os meios necessários fixados em lei, agindo com ética e imparcialidade.

No laudo, o perito deve: mencionar a legislação em que se baseou para a prova pericial; especificar os instrumentos utilizados nas medições; declinar qual a metodologia de avaliação usada; descrever, de forma detalhada, as atividades desenvolvidas, os locais de trabalho e os agentes agressivos presentes; fazer constarem os resultados de avaliação no que se refere a tempo de exposição, avaliação quantitativa, área de risco, análises químicas; se for constatada a insalubridade, deve ser verificado o grau; os quesitos das partes devem ser respondidos de maneira objetiva e fundamentada; por último, deve elaborar conclusão clara e decorrente da atividade analisada.

No âmbito judicial, o juiz não está adstrito ao laudo pericial e pode formar a sua convicção com outros elementos.

---

§ 3º O disposto nos parágrafos anteriores não prejudica a ação fiscalizadora do Ministério do Trabalho, nem a realização *ex officio* da perícia.

Parágrafo com redação dada pela Lei n. 6.514, de 22.12.1977.

O Ministério do Trabalho e Emprego estabelece normas quanto: à classificação das empresas segundo o número de empregados e a natureza do risco de suas atividades; à qualificação exigida para os profissionais especializados em medicina e segurança do trabalho e às demais características e atribuições dos serviços especializados nessa área nas empresas (o ministério foi extinto, e suas competências foram redistribuídas de acordo com o art. 83 da Lei n. 13.844, de 18.06.2019 – *v.* comentários ao art. 13, § 2º, da CLT).

A inspeção é feita antes de iniciar o funcionamento do estabelecimento do empregador; além disso, quando ocorrerem modificações substanciais no local de trabalho, será feita nova fiscalização.

Estabelecimentos, setores, máquinas ou equipamentos podem ser interditados em razão de laudo técnico que demonstre grave e iminente risco para o empregado. Há possibilidade, inclusive, de embargar a obra. A interdição ou o embargo pode ser levantado após laudo técnico do serviço competente.

Art. 196. Os efeitos pecuniários decorrentes do trabalho em condições de insalubridade ou periculosidade serão devidos a contar da data da inclusão da respectiva atividade nos quadros aprovados pelo Ministério do Trabalho, respeitadas as normas do art. 11.

Artigo com redação dada pela Lei n. 6.514, de 22.12.1977.

Os adicionais de insalubridade e de periculosidade são devidos, não a contar da data do ajuizamento da ação trabalhista, mas, sim, da data da vigência da Lei n. 6.514/77, enquanto não decorrem dois anos de sua vigência.

Art. 197. Os materiais e substâncias empregados, manipulados ou transportados nos locais de trabalho, quando perigosos ou nocivos à saúde, devem conter, no rótulo, sua composição, recomendações de socorro imediato e o símbolo de perigo correspondente, segundo a padronização internacional.

Caput *com redação dada pela Lei n. 6.514, de 22.12.1977.*

A existência de objetivos preventivos contra acidentes e danos à saúde é constante. Reduzem-se as causas de riscos inerentes ao meio ambiente de trabalho.

Parágrafo único. Os estabelecimentos que mantenham as atividades previstas neste artigo afixarão, nos setores de trabalho atingidos, avisos ou cartazes, com advertência quanto aos materiais e substâncias perigosos ou nocivos à saúde.

Parágrafo com redação dada pela Lei n. 6.514, de 22.12.1977.

A segurança do trabalho visa prevenir e evitar acidentes de trabalho, e as normas de proteção à vida e à saúde do trabalhador deverão ser amplamente observadas.

Seção XIV
Da Prevenção da Fadiga

Seção com denominação dada pela Lei n. 6.514, de 22.12.1977.

Art. 198. É de 60 (sessenta) quilogramas o peso máximo que um empregado pode remover individualmente, ressalvadas as disposições especiais relativas ao trabalho do menor e da mulher.

Caput *com redação dada pela Lei n. 6.514, de 22.12.1977.*

O artigo em exame tem vinculação direta com a ergonomia, ciência que estuda as relações do homem com o seu trabalho sob o aspecto psicofisiológico.

O limite máximo de 60 quilos para remoção individual diz respeito ao homem, uma vez que a mulher não pode fazer serviços que empreguem força superior a 20 quilos no trabalho contínuo, ou 25 quilos no trabalho ocasional. Os menores também obedecem limitações de peso de acordo com o art. 405, § 5º, da CLT.

Parágrafo único. Não está compreendida na proibição deste artigo a remoção de material feita por impulsão ou tração de vagonetes sobre

trilhos, carros de mão ou quaisquer outros aparelhos mecânicos, podendo o Ministério do Trabalho, em tais casos, fixar limites diversos, que evitem sejam exigidos do empregado serviços superiores às suas forças.
Parágrafo com redação dada pela Lei n. 6.514, de 22.12.1977.

O limite máximo de peso pode ser alterado por fixação do Ministério do Trabalho e Emprego, desde que seja feita a remoção por aparelhos mecânicos, até porque estes exigem menos esforço por parte do empregado (o ministério foi extinto, e suas competências foram redistribuídas de acordo com o art. 83 da Lei n. 13.844, de 18.06.2019 – *v.* comentários ao art. 13, § 2º, da CLT).

Art. 199. Será obrigatória a colocação de assentos que assegurem postura correta ao trabalhador, capazes de evitar posições incômodas ou forçadas, sempre que a execução da tarefa exija que trabalhe sentado.
Caput *com redação dada pela Lei n. 6.514, de 22.12.1977.*

O trabalho manual sentado e o trabalho que deve ser feito em pé exigem alguns equipamentos para resguardar as condições ergonômicas. Bancadas, mesas, escrivaninhas e painéis devem proporcionar ao empregado condições de boa postura, visualização e operação. Quando o trabalho é realizado em pé, os empregados devem ter à disposição assentos para ser utilizados nas pausas que o serviço permitir.

As medidas preventivas devem ser implementadas pelos empregadores no intuito de proteção contra os efeitos desfavoráveis de fatores físicos, químicos e biológicos no local de trabalho, de promoção de melhores condições de trabalho e da adaptação das instalações e locais de trabalho à capacidade mental e física dos trabalhadores, mediante aplicação da ergonomia.

Parágrafo único. Quando o trabalho deva ser executado de pé, os empregados terão à sua disposição assentos para serem utilizados nas pausas que o serviço permitir.
Parágrafo com redação dada pela Lei n. 6.514, de 22.12.1977.

As condições de trabalho devem ser adequadas às características psicofisiológicas dos trabalhadores e à natureza do trabalho a ser executado, de modo a proporcionar o máximo de conforto, segurança, desempenho eficiente e satisfação no que fazem.

Devem ser estabelecidas regras de higiene e de segurança no trabalho, a fim de prevenir danos que as tarefas possam causar e evitar o esgotamento físico e mental dos trabalhadores.

A finalidade é social, econômica e jurídica: é de interesse da sociedade ter homens e mulheres sadios e aptos para o trabalho; se houver um número menor de incapacitados, haverá produção maior e garantia do direito à integridade e à saúde.

Seção XV
Das Outras Medidas Especiais de Proteção

Seção com denominação dada pela Lei n. 6.514, de 22.12.1977.

Art. 200. Cabe ao Ministério do Trabalho estabelecer disposições complementares às normas de que trata este Capítulo, tendo em vista as peculiaridades de cada atividade ou setor de trabalho, especialmente sobre:

Caput *com redação dada pela Lei n. 6.514, de 22.12.1977.*

O meio ambiente de trabalho deve ser ecologicamente equilibrado, equilíbrio que precisa ser defendido e preservado.

I – medidas de prevenção de acidentes e os equipamentos de proteção individual em obras de construção, demolição ou reparos;

Inciso com redação dada pela Lei n. 6.514, de 22.12.1977.

Os materiais empregados nas construções devem ser arrumados de forma a não prejudicar o trânsito de pessoas, a circulação de materiais, o acesso aos equipamentos de combate a incêndio e o acesso a saídas de emergência. As pilhas de material devem ser arrumadas de forma a garantir a estabilidade e o manuseio; as partes perigosas das máquinas ao alcance dos empregados devem ser protegidas e, em obras de construção, de demolição ou de reparos, há necessidade de tapumes.

As medidas preventivas não podem ser inócuas e tampouco deixar de ser implementadas.

II – depósitos, armazenagem e manuseio de combustíveis, inflamáveis e explosivos, bem como trânsito e permanência nas áreas respectivas;

Inciso com redação dada pela Lei n. 6.514, de 22.12.1977.

As causas dos riscos inerentes ao meio ambiente de trabalho devem ser reduzidas ao mínimo. O ambiente de trabalho deve ser digno e proporcionar total segurança ao trabalhador, sem qualquer afronta à sua integridade física.

III – trabalho em escavações, túneis, galerias, minas e pedreiras, sobretudo quanto à prevenção de explosões, incêndios, desmoronamentos e

soterramentos, eliminação de poeiras, gases etc., e facilidades de rápida saída dos empregados;

Inciso com redação dada pela Lei n. 6.514, de 22.12.1977.

A NR n. 22 especifica o trabalho em subterrâneos. Nas proximidades dos locais de acesso ao subsolo e dos locais de mineração de superfície, serão mantidos chuveiros e instalações sanitárias adequadas, bem como dependência adequada para refeição com condições satisfatórias de conforto e água potável.

Nas explorações de subsolo, haverá instalações móveis dotadas de recipientes portáteis destinados à satisfação de necessidades fisiológicas.

Deverá existir proporcionalidade entre a quantidade de ar puro em circulação e o número de empregados e o de lâmpadas, motores e outros agentes que consomem oxigênio.

A galeria deve ter altura que permita ao mineiro posição adequada para o trabalho.

IV – proteção contra incêndio em geral e as medidas preventivas adequadas, com exigências ao especial revestimento de portas e paredes, construção de paredes contra fogo, diques e outros anteparos, assim como garantia geral de fácil circulação, corredores de acesso e saídas amplas e protegidas, com suficiente sinalização;

Inciso com redação dada pela Lei n. 6.514, de 22.12.1977.

A NR n. 23 trata de proteção contra incêndios. As empresas deverão estabelecer proteção contra incêndio em geral. As portas e paredes devem ser revestidas e devem ser construídas paredes contra o fogo.

Devem existir saídas em número suficiente para a retirada rápida, em caso de incêndio, das pessoas que estiverem trabalhando, além de ser de absoluta necessidade equipamento suficiente para combater o fogo, assim como pessoas treinadas para o uso de tais equipamentos. As portas não podem e não devem impedir as vias de passagem, e escadas, plataformas e patamares devem ser feitos com material resistente ao fogo.

V – proteção contra insolação, calor, frio, umidade e ventos, sobretudo no trabalho a céu aberto, com provisão, quanto a este, de água potável, alojamento e profilaxia de endemias;

Inciso com redação dada pela Lei n. 6.514, de 22.12.1977.

A NR n. 21 cuida do trabalho a céu aberto. Nesse tipo de trabalho, é obrigatória a existência de abrigos com o objetivo de proteger os empregados de intempéries.

Deverão existir medidas especiais para proteger os empregados de insolação, calor, frio, umidade e ventos que não sejam convenientes.

Se os empregados residirem no local, deverão possuir condições sanitárias adequadas, sendo proibida a moradia coletiva em família, além de ser obrigatória a observância de normas de saúde pública em trabalhos realizados em regiões pantanosas.

VI – proteção do trabalhador exposto a substâncias químicas nocivas, radiações ionizantes e não ionizantes, ruídos, vibrações e trepidações ou pressões anormais ao ambiente de trabalho, com especificação das medidas cabíveis para eliminação ou atenuação desses efeitos, limites máximos quanto ao tempo de exposição, à intensidade da ação ou de seus efeitos sobre o organismo do trabalhador, exames médicos obrigatórios, limites de idade, controle permanente dos locais de trabalho e das demais exigências que se façam necessárias;

Inciso com redação dada pela Lei n. 6.514, de 22.12.1977.

A primeira preocupação é relativa à eliminação, neutralização ou redução dos riscos à vida, saúde e integridade física e moral do empregado, a fim de evitarem-se prejuízos à sua vida e à sua integridade física e moral.

O empregador deve cumprir e fazer cumprir as disposições regulamentares sobre a segurança e medicina do trabalho, prevenir atos inseguros no desempenho da atividade, adotar medidas para eliminar ou neutralizar os agentes agressivos e as condições inseguras de trabalho, informar os empregados sobre os riscos profissionais que podem originar-se no local de trabalho e sobre os meios para prevenir e limitar esses riscos, manter serviços especializados em segurança, elaborar programa de controle médico de saúde ocupacional e fornecer, de forma gratuita, equipamentos de proteção individual.

VII – higiene nos locais de trabalho, com discriminação das exigências, instalações sanitárias, com separação de sexos, chuveiros, lavatórios, vestiários e armários individuais, refeitórios ou condições de conforto por ocasião das refeições, fornecimento de água potável, condições de limpeza dos locais de trabalho e modo de sua execução, tratamento de resíduos industriais;

Inciso com redação dada pela Lei n. 6.514, de 22.12.1977.

A NR n. 24 especifica as condições sanitárias e de conforto nos locais de trabalho, e a NR n. 25 dispõe sobre resíduos industriais.

Os resíduos gasosos deverão ser eliminados dos locais de trabalho, e é proibido o lançamento ou a liberação nos ambientes de trabalho de quaisquer contaminantes gasosos. Os resíduos líquidos e sólidos deverão ser convenientemente tratados, a fim de evitar riscos à saúde e à segurança dos trabalhadores.

VIII – emprego das cores nos locais de trabalho, inclusive nas sinalizações de perigo.

Inciso com redação dada pela Lei n. 6.514, de 22.12.1977.

Os materiais e as substâncias empregados e manipulados nos locais de trabalho, quando perigosos ou nocivos à saúde, devem conter no rótulo a sua composição e as recomendações de socorro, bem como o símbolo de perigo correspondente. Os locais de trabalho devem conter avisos ou cartazes com advertências quanto aos materiais e às substâncias perigosas e nocivas à saúde.

A sinalização, que tem como objetivo a prevenção de acidentes, deve mostrar os equipamentos de segurança, delimitar área, identificar canalizações de líquidos e gases e advertir contra riscos.

No local de trabalho, devem ser utilizadas cores: a cor vermelha é usada para indicar e distinguir equipamentos de proteção e combate a incêndio; a cor amarela é utilizada para identificar gases não liquefeitos ou é empregada para indicar cuidado; a cor branca é usada para mostrar passarelas e corredores de circulação, localização de bebedouros, zonas de segurança, área de armazenagem; a cor preta indica canalizações de inflamáveis e combustíveis; a cor azul indica cuidado e aviso contra uso e movimentação de equipamentos; a cor verde é usada para indicar segurança; a cor púrpura indica perigo proveniente das radiações eletromagnéticas; a cor lilás é usada para indicar canalizações que contenham álcalis; a cor cinza-claro indica canalizações em vácuo e a cor cinza-escuro, eletrodutos; o alumínio é usado para canalizações que contêm gases liquefeitos, inflamáveis e combustíveis de baixa viscosidade; e a cor marrom é usada a critério da empresa para identificar qualquer fluido não identificável pelas demais cores.

Parágrafo único. Tratando-se de radiações ionizantes e explosivos, as normas a que se refere este artigo serão expedidas de acordo com as resoluções a respeito adotadas pelo órgão técnico.

Parágrafo com redação dada pela Lei n. 6.514, de 22.12.1977.

Fixam-se normas de tal forma a coordenar, orientar, controlar e fiscalizar as atividades empresariais, sendo devida uma prévia inspeção e aprovação dessas atividades.

Seção XVI
Das Penalidades

Seção com denominação dada pela Lei n. 6.514, de 22.12.1977.

Art. 201. As infrações ao disposto neste Capítulo relativas à medicina do trabalho serão punidas com multa de 3 (três) a 30 (trinta) vezes o valor

de referência previsto no art. 2º, parágrafo único, da Lei n. 6.205, de 29 de abril de 1975, e as concernentes à segurança do trabalho com multa de 5 (cinco) a 50 (cinquenta) vezes o mesmo valor.

Caput *com redação dada pela Lei n. 6.514, de 22.12.1977.*

Quando as irregularidades forem sanáveis, o inspetor deverá conceder um prazo à empresa para que cumpra as determinações. Se a infração for insanável, a fiscalização autuará a empresa, impondo-lhe multa.

A multa prevista no final do capítulo revela uma sanção para o descumprimento da legislação trabalhista.

Parágrafo único. Em caso de reincidência, embaraço ou resistência à fiscalização, emprego de artifício ou simulação com o objetivo de fraudar a lei, a multa será aplicada em seu valor máximo.

Parágrafo com redação dada pela Lei n. 6.514, de 22.12.1977.

O intuito de fraudar a lei deve ser inibido, e por tal motivo, as penalidades deverão ser agravadas até o grau máximo. Há que se levar em consideração as circunstâncias atenuantes e agravantes, a situação econômico-financeira do infrator e os meios a seu alcance para cumprir a lei.

Arts. 202 a 223. ***(Revogados pela Lei n. 6.514, de 22.12.1977.)***

TÍTULO II-A
DO DANO EXTRAPATRIMONIAL

Título acrescentado pela Lei n. 13.467, de 13.07.2017.

As mudanças relacionadas aos danos morais, na CLT, a partir de 11.11.2017, estão dispostas nos arts. 223-A a 223-G.

Art. 223-A. Aplicam-se à reparação de danos de natureza extrapatrimonial decorrentes da relação de trabalho apenas os dispositivos deste Título.

Artigo acrescentado pela Lei n. 13.467, de 13.07.2017.

Neste artigo, verifica-se um limite legal, uma vez que somente poderá ser aplicado o disposto na CLT nos casos de dano moral em relações de trabalho. Ocorre que o CC é utilizado como lei subsidiária para reger pedidos de indenizações em danos morais. Ademais, há restrição à aplicação de regras de direito comum, o que é permitido pelo art. 8º da CLT. Significa dizer que o limite imposto é o que se enquadra no Título II-A, todavia, inviável desprezar que as condutas sociais são imprevisíveis. As normas da CLT são as únicas permitidas à análise do dano extrapatrimonial, não se mencionando os dispositivos constitucionais e de forma supletiva o CC.

Art. 223-B. Causa dano de natureza extrapatrimonial a ação ou omissão que ofenda a esfera moral ou existencial da pessoa física ou jurídica, as quais são as titulares exclusivas do direito à reparação.

Artigo acrescentado pela Lei n. 13.467, de 13.07.2017.

Define o artigo o dano de natureza extrapatrimonial, o que se compreende como dano moral acrescido do dano existencial, além de estabelecer que as pessoas física ou jurídica ofendidas na esfera moral são as titulares exclusivas do direito à reparação. Visualiza-se, mais uma vez, uma limitação. Em um primeiro momento, a garantia expressa da possibilidade de empresas acionarem os trabalhadores em razão de práticas que afrontem a esfera extrapatrimonial da empresa. No entanto, o artigo usa a expressão "titulares exclusivas", não havendo menção, por exemplo, aos entes despersonalizados, sociedades de fato não se podendo interpretar a previsão legal com um caráter taxativo, e, sim, exemplificativo. Segundo o artigo, somente a vítima direta tem direito à reparação da lesão extrapatrimonial, o que significa dizer que ficarão sem direito a pleitear indenização por dano moral na Justiça do Trabalho os descendentes, cônjuge e pais do trabalhador que sofrerem o dano em decorrência de ato ilícito do empregador. Foram desconsiderados o núcleo família e o dano em ricochete.

Art. 223-C. A honra, a imagem, a intimidade, a liberdade de ação, a autoestima, a sexualidade, a saúde, o lazer e a integridade física são os bens juridicamente tutelados inerentes à pessoa física.

Artigo acrescentado pela Lei n. 13.467, de 13.07.2017.

Este artigo prevê a indenização de pessoa física que tiver sido ferida nos bens jurídicos elencados em qualquer relação de trabalho, quais sejam: a honra, a imagem, a intimidade, a liberdade de ação, a autoestima, a sexualidade, a saúde, o lazer e a integridade física. Estabelece qual pessoa poderá pleitear a indenização em âmbito jurídico, assim como os bens jurídicos que uma vez afrontados possibilitam as indenizações por dano moral. Há restrição aos bens jurídicos tutelados. São direitos da personalidade aqueles de natureza extrapatrimonial que dizem respeito às peculiaridades definidoras de uma pessoa. Os direitos da personalidade têm como finalidade a valorização da dignidade do ser humano. Os direitos de personalidade, como prerrogativas do sujeito, são direitos absolutos, intransmissíveis, irrenunciáveis, indisponíveis e de difícil estimação pecuniária. São os direitos que transcendem o ordenamento jurídico positivo, porque ínsitos na própria natureza do homem, como ente dotado de personalidade. Intimamente ligados ao homem, para sua proteção jurídica, sendo intangíveis. A dignidade da pessoa humana é uma cláusula geral de proteção e promoção da pessoa humana, não se podendo entender como um rol taxativo de direitos da personalidade.

Art. 223-D. A imagem, a marca, o nome, o segredo empresarial e o sigilo da correspondência são bens juridicamente tutelados inerentes à pessoa jurídica.

Artigo acrescentado pela Lei n. 13.467, de 13.07.2017.

O artigo pacifica o cabimento da indenização por danos morais quando sofridos por pessoas jurídicas nas relações de trabalho, indicando cinco possibilidades de indenização por dano moral para a pessoa jurídica. Demonstra-se a necessidade de proteger a esfera extrapatrimonial das pessoas jurídicas, o que torna inviável atribuir um caráter taxativo às hipóteses constantes do artigo em questão. A importância da reparação do dano moral por meio de indenização tem seu fundamento legal no art. 5º, V e X, da CF/88 que prevê : "invioláveis a intimidade, a vida privada, a honra e a imagem das pessoas, assegurando o direito a indenização pelo dano material ou moral decorrente de sua violação". A admissibilidade do dano não patrimonial em relação à pessoa jurídica veio acolher o disposto na Súmula n. 227 do STJ: "A pessoa jurídica pode sofrer dano moral".

Art. 223-E. São responsáveis pelo dano extrapatrimonial todos os que tenham colaborado para a ofensa ao bem jurídico tutelado, na proporção da ação ou da omissão.

Artigo acrescentado pela Lei n. 13.467, de 13.07.2017.

O artigo esclarece quem deverá pagar a indenização se restar comprovado o dano moral, de modo que o pagador será sempre quem der causa ao dano, e, mesmo que um sujeito seja o principal ofensor ao bem jurídico, os demais sujeitos que, de qualquer modo, participarem da ofensa também deverão responder, sendo observada a proporção a ser aplicada a cada um deles na medida de sua participação. Há uma referência a um partilhamento da indenização a qual deve ser feita de forma equitativa considerando os corresponsáveis pela lesão, o que enseja as temáticas das responsabilidades solidária e subsidiária.

Art. 223-F. A reparação por danos extrapatrimoniais pode ser pedida cumulativamente com a indenização por danos materiais decorrentes do mesmo ato lesivo.

Caput *acrescentado pela Lei n. 13.467, de 13.07.2017.*

O artigo estabelece que será possível o pleito cumulativo de indenização por danos morais e materiais. Seguido o já previsto na Súmula n. 37 do STJ, que assim dispõe: "São cumuláveis as indenizações por dano material e dano moral oriundos do mesmo fato". Assim, poderá haver a cumulação de danos patrimoniais (danos emergentes e lucros cessantes), com os danos extrapatrimoniais, decorrentes da indenização por dano moral ou dano estético, decorrentes do mesmo evento lesivo, havendo nexo causal entre o dano e a lesão. É possível cumular as indenizações por dano material e extrapatrimonial por terem naturezas jurídicas diversas.

§ 1º Se houver cumulação de pedidos, o juízo, ao proferir a decisão, discriminará os valores das indenizações a título de danos patrimoniais e das reparações por danos de natureza extrapatrimonial.

Parágrafo acrescentado pela Lei n. 13.467, de 13.07.2017.

De acordo com a previsão legal, deverão ser discriminados os valores das indenizações de danos patrimoniais e dos extrapatrimoniais, não podendo, dessa forma, fixar-se apenas um valor. Os valores devem ser separados e com a respectiva fundamentação, até porque qualquer decisão tem de ser motivada. A lei exige que se discrimine, caso a caso, os valores relativos a cada tipo de indenização ou reparação.

§ 2º A composição das perdas e danos, assim compreendidos os lucros cessantes e os danos emergentes, não interfere na avaliação dos danos extrapatrimoniais.

Parágrafo acrescentado pela Lei n. 13.467, de 13.07.2017.

Poderão ser também contemplados os danos emergentes e lucros cessantes, não previstos pelo art. 223-B, de modo não individualizado, mas sendo utilizados como critérios para fixar e valorar os prejuízos. Não há interferência da avaliação dos danos patrimoniais com os danos morais, pois possuem natureza jurídica diversa, o que, por si só, enseja a cumulação.

Art. 223-G. Ao apreciar o pedido, o juízo considerará:

Caput *acrescentado pela Lei n. 13.467, de 13.07.2017.*

O *caput* determina que o juiz deverá levar em conta as circunstâncias do caso concreto, descrevendo-as e enumerando-as a fim de fixar o cabimento e o *quantum* da indenização. O valor da indenização sobre a remuneração da vítima confronta com a necessidade de a análise do caso concreto, a situação econômica e social das partes, o momento e o ambiente em que ocorreu a lesão, a extensão do dano na intimidade, na autoestima e na moral do lesado conforme previsto no artigo. Há necessidade de avaliar as condições particulares da vítima em conjunto para que se verifique qual a importância que o direito da personalidade violado tinha na vida da parte lesada. O dano moral possui um caráter pedagógico para que se evitem ofensas ao direito da personalidade, garantindo-se o ressarcimento. A regra constitucional (art. 5º, V) estabelece a proporcionalidade da indenização ao agravo e o princípio da reparação integral no campo da responsabilidade civil. Trata-se de posição contrária a qualquer pretensão de limitar o valor da indenização por danos morais.

I – a natureza do bem jurídico tutelado;

Inciso acrescentado pela Lei n. 13.467, de 13.07.2017.

II – a intensidade do sofrimento ou da humilhação;

Inciso acrescentado pela Lei n. 13.467, de 13.07.2017.

III – a possibilidade de superação física ou psicológica;

Inciso acrescentado pela Lei n. 13.467, de 13.07.2017.

IV – os reflexos pessoais e sociais da ação ou da omissão;

Inciso acrescentado pela Lei n. 13.467, de 13.07.2017.

V – a extensão e a duração dos efeitos da ofensa;

Inciso acrescentado pela Lei n. 13.467, de 13.07.2017.

VI – as condições em que ocorreu a ofensa ou o prejuízo moral;

Inciso acrescentado pela Lei n. 13.467, de 13.07.2017.

VII – o grau de dolo ou culpa;

Inciso acrescentado pela Lei n. 13.467, de 13.07.2017.

VIII – a ocorrência de retratação espontânea;

Inciso acrescentado pela Lei n. 13.467, de 13.07.2017.

IX – o esforço efetivo para minimizar a ofensa;

Inciso acrescentado pela Lei n. 13.467, de 13.07.2017.

X – o perdão, tácito ou expresso;

Inciso acrescentado pela Lei n. 13.467, de 13.07.2017.

XI – a situação social e econômica das partes envolvidas;

Inciso acrescentado pela Lei n. 13.467, de 13.07.2017.

XII – o grau de publicidade da ofensa.

Inciso acrescentado pela Lei n. 13.467, de 13.07.2017.

Com base nos incisos, podemos concluir que não existem parâmetros exatos, sendo necessário o juiz utilizar o seu prudente arbítrio, o bom senso, a proporcionalidade ou a razoabilidade para valorar o dano moral. Com base nos parâmetros declinados nos incisos I a XII, há a possibilidade de se encontrar uma quantia que não seja ínfima, simbólica, demonstrando a relevante natureza jurídica dos direitos da personalidade. Da mesma forma, impede que se estabeleça um valor para o dano moral que represente um enriquecimento ilícito da vítima, um injustificado aumento patrimonial, ou corresponda a um montante desproporcional à condição econômica do ofensor, fato capaz de levá-lo à ruína. Ou seja, os critérios declinados são subjetivos e se vinculam a valores humanísticos e sociológicos.

---

§ 1º Se julgar procedente o pedido, o juízo fixará a indenização a ser paga, a cada um dos ofendidos, em um dos seguintes parâmetros, vedada a acumulação:

Parágrafo e incisos acrescentados pela Lei n. 13.467, de 13.07.2017.

I – ofensa de natureza leve, até três vezes o último salário contratual do ofendido;

II – ofensa de natureza média, até cinco vezes o último salário contratual do ofendido;

III – ofensa de natureza grave, até vinte vezes o último salário contratual do ofendido;

IV – ofensa de natureza gravíssima, até cinquenta vezes o último salário contratual do ofendido".

Ao contrário do previsto no *caput* do artigo e seus incisos, existe no § 1º e seus incisos uma tarifação. Os direitos personalíssimos não comportam avaliação pecuniária, não sendo suscetíveis de aferição monetária. A necessidade de reparação não se iguala à tarifação. O arbitramento da indenização por dano moral deve considerar a gravidade do dano, a dimensão dos prejuízos sofridos, a capacidade patrimonial dos ofensores, o princípio da razoabilidade e o caráter pedagógico da medida, conforme já previsto nos arts. 5º, V e X, da CF/88 e 12, 186, 187 e 944 do CC brasileiro.

Impõe-se parâmetros a serem adotados nos dissídios que envolvam dano extrapatrimonial. Revela o artigo um tabelamento, uma tarifação do montante indenizatório. Trata-se de polêmica trazida pelo legislador: a limitação da fixação do valor da reparação. A aplicação do CC permitia ao juiz a plena liberdade para fixar o valor de reparação caso a caso, levando-se em conta as possibilidades do autor, o princípio da proporcionalidade e a extensão do dano do ofendido. Os direitos personalíssimos não comportam avaliação pecuniária, não sendo suscetíveis de aferição monetária. A necessidade de reparação não se iguala à tarifação. O parâmetro é o teto dos benefícios previdenciários.

---

§ 2º Se o ofendido for pessoa jurídica, a indenização será fixada com observância dos mesmos parâmetros estabelecidos no § 1º deste artigo, mas em relação ao salário contratual do ofensor.

Parágrafo acrescentado pela Lei n. 13.467, de 13.07.2017.

O parágrafo refere-se à indenização por dano extrapatrimonial para pessoa jurídica, havendo, da mesma foram, um parâmetro tabelado que é o salário contratual do ofensor.

---

§ 3º Na reincidência entre partes idênticas, o juízo poderá elevar ao dobro o valor da indenização.

Parágrafo acrescentado pela Lei n. 13.467, de 13.07.2017.

Salienta-se que, em caso de reincidência, poderá o juiz elevar ao dobro o valor da indenização, considerando tratar-se de partes idênticas. Adota-se critério objetivo ao fixar o montante indenizatório e a indenização segundo o art. 944 do CC se mede pela extensão do dano.

TÍTULO III
DAS NORMAS ESPECIAIS DE TUTELA DO TRABALHO

CAPÍTULO I
DAS DISPOSIÇÕES ESPECIAIS SOBRE DURAÇÃO E CONDIÇÕES DE TRABALHO

Seção I
Dos Bancários

Art. 224. A duração normal do trabalho dos empregados em bancos, casas bancárias e Caixa Econômica Federal será de 6 (seis) horas contínuas nos dias úteis, com exceção dos sábados, perfazendo um total de 30 (trinta) horas de trabalho por semana.

Caput *com redação dada pela Lei n. 7.430, de 17.12.1985.*

A jornada de trabalho é o número de horas diárias de trabalho que o empregado presta. O horário de trabalho consubstancia-se no período em que o empregado presta serviços ao empregador, contado do momento em que inicia até seu término, não se computando o tempo de intervalo. Ao lado da duração padrão de trabalho – 8 horas por dia, 44 horas por semana e 220 horas por mês – existem módulos temporais de caráter especial, os quais dizem respeito a certas categorias profissionais. As circunstâncias particulares da atividade laboral e a capacidade de organização ensejam que os bancários tenham diplomas legais especialmente a ele dirigidos. A atividade bancária é uma atividade penosa, haja vista a complexidade das operações e o manuseio de grandes quantias, e, por tais motivos, a jornada de trabalho é reduzida a seis horas diárias. A jornada de seis horas diárias e trinta horas semanais também se aplica aos empregados de empresas de crédito, financiamento ou investimento. A mesma jornada não se aplica aos empregados de estabelecimento de crédito, pertencentes a categoria diferenciada; o mesmo ocorre com os empregados de empresas distribuidoras e corretoras de títulos e valores imobiliários.

O sábado do bancário é dia útil não trabalhado, não sendo dia de repouso remunerado.

§ 1º A duração normal do trabalho estabelecida neste artigo ficará compreendida entre 7 (sete) e 22 (vinte e duas) horas, assegurando-se ao empregado, no horário diário, um intervalo de 15 (quinze) minutos para alimentação.

Antigo parágrafo único renumerado pela Lei n. 1.540, de 03.01.1952, e com redação dada pelo Decreto-lei n. 229, de 28.02.1967.

A jornada de seis horas diárias pode ser desempenhada no período entre as 7 e as 22 horas, não podendo desprezar-se que, em uma jornada de trabalho que não exceda seis horas diárias, é obrigatório um intervalo para descanso e refeição de quinze minutos, obviamente, desde que a duração da jornada de trabalho ultrapasse as quatro horas diárias (art. 71, § 1º, da CLT).

---

§ 2º As disposições deste artigo não se aplicam aos que exercem funções de direção, gerência, fiscalização, chefia e equivalentes, ou que desempenhem outros cargos de confiança, desde que o valor da gratificação não seja inferior a 1/3 (um terço) do salário do cargo efetivo.

Parágrafo acrescentado pela Lei n. 1.540, de 03.01.1952, e com redação dada pelo Decreto-lei n. 754, de 11.08.1969.

Este parágrafo refere-se ao cargo de confiança bancário. Para os bancários que exercem cargo de confiança, a jornada de seis horas diárias não se aplica. É importante salientar que o cargo de confiança em regime bancário tem características próprias: a jurisprudência já pacificou que as circunstâncias as quais caracterizam o bancário como exercedor de cargo de confiança são as especiais mencionadas no art. 224, e não as previstas no art. 62 da CLT. Não se exigem amplos poderes de mando, representação e substituição do empregador. Há exigência do pagamento da gratificação de função não inferior a um terço do salário do cargo efetivo. Para o empregado bancário que exerce cargo de confiança, aplica-se a jornada de trabalho padrão, ou seja, oito horas diárias, o que significa dizer que as horas diárias excedentes à oitava são devidas como horas extras, e aplica-se o divisor 220.

Art. 225. A duração normal de trabalho dos bancários poderá ser excepcionalmente prorrogada até 8 (oito) horas diárias, não excedendo de 40 (quarenta) horas semanais, observados os preceitos gerais sobre a duração do trabalho.

Artigo com redação dada pela Lei n. 6.637, de 08.05.1979.

De forma excepcional, a duração normal de trabalho dos bancários pode ser prorrogada até oito horas diárias, desde que não sejam excedidas quarenta horas semanais. A contratação de serviço suplementar quando da admissão do empregado bancário é nula. Os valores ajustados dessa forma apenas remuneram a jornada normal de trabalho, sendo devidas as horas extras com o adicional de, no mínimo, 50%. Para o bancário mensalista, deve ser aplicado o divisor 180, e, para o bancário que exerce cargo de confiança, o divisor 220.

Art. 226. O regime especial de 6 (seis) horas de trabalho também se aplica aos empregados de portaria e de limpeza, tais como porteiros, telefonistas de mesa, contínuos e serventes, empregados em bancos e casas bancárias.

Caput *com redação dada pela Lei n. 3.488, de 12.12.1958.*

A intenção protecionista não visa apenas às atividades típicas dos bancários, haja vista serem beneficiados os empregados que não exercem atividade típica de bancário, cujos serviços são classificados de portaria a limpeza. Esses empregados beneficiam-se da jornada especial de seis horas diárias.

Parágrafo único. A direção de cada banco organizará a escala de serviço do estabelecimento de maneira a haver empregados do quadro da portaria em função, meia hora antes e até meia hora após o encerramento dos trabalhos, respeitado o limite de 6 (seis) horas diárias.

Parágrafo com redação dada pela Lei n. 3.488, de 12.12.1958.

O limite de seis horas diárias deve ser observado; no entanto, serão organizadas escalas de trabalho relativas aos trabalhos de portaria em bancos. A organização deve levar em consideração que o serviço de portaria haverá de estar disponível meia hora antes do início da atividade bancária e meia hora após o encerramento dos trabalhos bancários. Há observância das condições de segurança, até porque o serviço de portaria cuida das portas, ou seja, do que por elas entra e do que por elas sai. Há necessidade de enfatizar que o vigilante tem legislação específica e não é considerado bancário.

Seção II
Dos Empregados nos Serviços de Telefonia, de Telegrafia Submarina e Subfluvial, de Radiotelegrafia e Radiotelefonia

Art. 227. Nas empresas que explorem o serviço de telefonia, telegrafia submarina ou subfluvial, de radiotelegrafia ou de radiotelefonia, fica estabelecida para os respectivos operadores a duração máxima de 6 (seis) horas contínuas de trabalho por dia ou 36 (trinta e seis) horas semanais.

Caput *com redação dada pelo Decreto-lei n. 6.353, de 20.03.1944.*

A lei exige, de forma expressa, que o dispositivo aplica-se a "empresas que explorem o serviço". A jurisprudência predominante, todavia, tem sido no sentido de aplicar a jornada reduzida aos telefonistas de outras empresas, desde que o trabalho desenvolva-se na mesa própria de *central interna*, em relação às quais há presunção de serviço intenso para o operador. O ramo de atividade não impede a aplicação do disposto no art. 227; porém, não se despreze que telefonista é somente aquele que se dedica a operar equipamento de telefonia, não aquele que faz uso do telefone para alcançar outro fim.

A jornada de trabalho máxima é de seis horas contínuas por dia ou de 36 horas semanais.

§ 1º Quando, em caso de indeclinável necessidade, forem os operadores obrigados a permanecer em serviço além do período normal fixado neste artigo, a empresa pagar-lhes-á extraordinariamente o tempo excedente com acréscimo de 50% (cinquenta por cento) sobre o seu salário-hora normal.

A prorrogação do horário de trabalho deverá ser paga como trabalho extraordinário com o acréscimo de 50%. O serviço extraordinário exige necessidade imperiosa, ou seja, aquele que inadiável ou cuja inexecução cause prejuízo. Na realidade, a atividade é penosa e o serviço, extenuante, motivo pelo qual é feito restrição ao trabalho extraordinário.

§ 2º O trabalho aos domingos, feriados e dias santos de guarda será considerado extraordinário e obedecerá, quanto à sua execução e remuneração, ao que dispuserem empregadores e empregados em acordo, ou os respectivos sindicatos em contrato coletivo de trabalho.

Parágrafo com redação dada pelo Decreto-lei n. 6.353, de 20.03.1944.

O trabalho aos domingos e feriados é considerado como extra; no entanto, o trabalho em tais dias e sua remuneração depende do estipulado em acordo ou convenção coletiva.

Art. 228. Os operadores não poderão trabalhar, de modo ininterrupto, na transmissão manual, bem como na recepção visual, auditiva, com escrita manual ou datilográfica, quando a velocidade for superior a 25 (vinte e cinco) palavras por minuto.

Há que distinguir trabalho contínuo de trabalho permanente ou ininterrupto. O trabalho contínuo refere-se à atividade da empresa, e no trabalho ininterrupto, a atividade que não cessa é do empregado. Em certas hipóteses, a ininterrupção ultrapassa a capacidade normal do ser humano, e esse é o motivo da redução legal, cuja finalidade é evitar o desgaste produzido por atividade ou ambiente de trabalho maléfico.

Art. 229. Para os empregados sujeitos a horários variáveis, fica estabelecida a duração máxima de 7 (sete) horas diárias de trabalho e 17 (dezes-

sete) horas de folga, deduzindo-se deste tempo 20 (vinte) minutos para descanso, de cada um dos empregados, sempre que se verificar um esforço contínuo de mais de 3 (três) horas.

No caso de horários variáveis, a duração máxima da jornada de trabalho será de sete horas diárias. A empresa tanto poderá ajustar que os serviços sejam executados em seis jornadas por semana de seis horas cada uma, como estabelecer jornadas de duração variável, que não podem ultrapassar, em cada semana, o total de 36 horas de trabalho. Na hipótese de horário variável, a jornada de trabalho não pode ser superior a sete horas e só pode ter início após dezessete horas do término da jornada anterior, devendo ainda, ser concedido ao empregado um intervalo de vinte minutos para descanso. O intervalo mencionado é computado como de serviço efetivo sempre que o empregado laborar por mais de três horas seguidas.

---

§ 1º São considerados empregados sujeitos a horários variáveis, além dos operadores, cujas funções exijam classificação distinta, os que pertençam a seções de técnica, telefones, revisão, expedição, entrega e balcão.
Parágrafo com redação dada pelo Decreto-lei n. 6.353, de 20.03.1944.

A duração de trabalho prevista nos artigos mencionados aplica-se aos operadores propriamente ditos, aos que exercem controle das operações ou funções conexas, bem como aos empregados que integram seções de técnica de telefones, de revisão, de expedição, de entrega e de balcão.

---

§ 2º Quanto à execução e remuneração aos domingos, feriados e dias santos de guarda e às prorrogações de expediente, o trabalho dos empregados a que se refere o parágrafo anterior será regido pelo que se contém no § 1º do art. 227 desta Seção.
Parágrafo com redação dada pelo Decreto-lei n. 6.353, de 20.03.1944.

Aplica-se o previsto no art. 227, § 1º, da CLT, ou seja, há que ser pago o adicional de 50%, e o serviço extraordinário depende de necessidade imperiosa, ou seja, inarredável ou imediata, que não pode ser postergada e que decorre de força maior ou de serviços que, se não forem executados, acarretarão prejuízos manifestos.

Art. 230. A direção das empresas deverá organizar as turmas de empregados, para a execução dos seus serviços, de maneira que prevaleça sempre o revezamento entre os que exercem a mesma função, quer em escalas diurnas, quer em noturnas.

Os serviços a que se refere a lei são de natureza contínua, sendo admitido um revezamento. O objetivo do revezamento é evitar que sejam sempre os mesmos empregados a trabalhar nas horas de atividade mais intensa. Por tal motivo, há necessidade de organizar turmas de revezamento – grupo de trabalhadores que se sucedem na realização do serviço.

§ 1º Aos empregados que exerçam a mesma função será permitida, entre si, a troca de turmas, desde que isso não importe em prejuízo dos serviços, cujo chefe ou encarregado resolverá sobre a oportunidade ou possibilidade dessa medida, dentro das prescrições desta Seção.

Os empregados que exercem a mesma função podem, entre si, fazer a troca de turmas. Essa troca não pode prejudicar o desenvolvimento do serviço, e a possibilidade de troca de turmas exige dois requisitos: a oportunidade e a possibilidade.

§ 2º As empresas não poderão organizar horários que obriguem os empregados a fazer a refeição do almoço antes das 10 (dez) e depois das 13 (treze) horas e a de jantar antes das 16 (dezesseis) e depois das 19:30 (dezenove e trinta) horas.

A refeição relativa ao almoço não pode ser realizada antes das 10 horas e após as 13 horas, e a relativa ao jantar, antes das 16 horas e depois das 19:30 horas, a fim de evitar-se a afronta ao sistema biológico do ser humano. Trata-se de medida de proteção, até porque o intuito primordial da refeição é de reposição de energias ao empregado para retornar ao trabalho. Uma das garantias básicas do empregado é a recomposição física e mental.

Art. 231. As disposições desta Seção não abrangem o trabalho dos operadores de radiotelegrafia embarcados em navios ou aeronaves.

As disposições desta Seção não se aplicam aos telegrafistas embarcados em navios ou em aeronaves, haja vista que estes estão sujeitos às normas aprovadas pela Convenção Radiotelegráfica Internacional de Washington.

Seção III
Dos Músicos Profissionais

Arts. 232 e 233. ***(Revogados pela Lei n. 3.857, de 22.12.1960.)***

Seção IV
Dos Operadores Cinematográficos

Art. 234. A duração normal do trabalho dos operadores cinematográficos e seus ajudantes não excederá de 6 (seis) horas diárias, assim distribuídas:

Caput *com redação dada pelo Decreto-lei n. 6.353, de 20.03.1944.*

***a)* 5 (cinco) horas consecutivas de trabalho em cabina, durante o funcionamento cinematográfico;**

***b)* 1 (um) período suplementar, até o máximo de 1 (uma) hora para limpeza, lubrificação dos aparelhos de projeção, ou revisão de filmes.**

A operação da maquinaria cinematográfica sujeita aqueles que a realizam a uma tensão constante, assim como a um desgaste físico; por esses motivos, a CLT fixa um regime especial de trabalho, cuja jornada não pode exceder seis horas diárias: a) cinco horas consecutivas de trabalho em cabina durante o funcionamento cinematográfico, as quais podem corresponder ao manejo ou controle do funcionamento da aparelhagem; b) um período suplementar de, no máximo, uma hora para limpeza, lubrificação dos aparelhos de projeção ou revisão de filmes. Uma hora a mais pode ser empregada na conservação do maquinário e na revisão dos filmes.

Parágrafo único. Mediante remuneração adicional de 50% (cinquenta por cento) sobre o salário da hora normal e observado um intervalo de 2 (duas) horas para folga, entre o período a que se refere a alínea *b* deste artigo e o trabalho em cabina de que trata a alínea *a*, poderá o trabalho dos operadores cinematográficos e seus ajudantes ter a duração prorrogada por 2 (duas) horas diárias, para exibições extraordinárias.

A lei faculta a prorrogação da jornada normal de trabalho para os casos de exibições extraordinárias; porém, o período suplementar não pode ultrapassar duas horas. A remuneração da hora suplementar deve ser paga com o acréscimo de 50% sobre o salário-hora normal. Deve ser observado, ainda, o intervalo de duas horas entre o período complementar da duração normal, destinado à limpeza dos aparelhos ou à revisão dos filmes, e o início das horas suplementares.

Não se despreze que a fadiga tem repercussão marcante na produtividade, e as determinações legais possibilitam a recuperação orgânica.

Art. 235. Nos estabelecimentos cujo funcionamento normal seja noturno, será facultado aos operadores cinematográficos e seus ajudantes,

mediante acordo ou contrato coletivo de trabalho e com um acréscimo de 50% (cinquenta por cento) sobre o salário da hora normal, executar o trabalho em sessões diurnas extraordinárias e, cumulativamente, nas noturnas, desde que isso se verifique até 3 (três) vezes por semana e entre as sessões diurnas e as noturnas haja o intervalo de 1 (uma) hora, no mínimo, de descanso.

A acumulação de tempos somente pode ser feita três vezes por semana, no máximo. A característica da profissão é o desgaste produzido: a divisão entre as horas de trabalho e descanso pode diminuir os efeitos fisiológicos, de forma a preservar-se a saúde e manter-se a produtividade.

§ 1º A duração de trabalho cumulativo a que alude o presente artigo não poderá exceder de 10 (dez) horas.

Na hipótese de acumulação, o serviço não pode exceder dez horas, o que revela mais um princípio de proteção ao trabalhador, pois todos têm direito a um trabalho equilibrado.

§ 2º Em seguida a cada período de trabalho haverá um intervalo de repouso no mínimo de 12 (doze) horas.

As horas de descanso interjornada são de suma importância, e o intervalo revela-se como uma tutela especial, haja vista a necessidade de evitar a fadiga, de favorecer a eliminação de substâncias tóxicas e de manter a produtividade.

Seção IV-A
Do Serviço do Motorista Profissional Empregado

Seção acrescentada pela Lei n. 12.619, de 30.04.2012, e com denominação dada pela Lei n. 13.103, de 02.03.2015.

Art. 235-A. Os preceitos especiais desta Seção aplicam-se ao motorista profissional empregado:

Caput *acrescentado pela Lei n. 12.619, de 30.04.2012, e com redação dada pela Lei n. 13.103, de 02.03.2015.*

Foi publicada no *Diário Oficial da União* em 02.05.2012, a Lei n. 12.619, sancionada pela Presidente Dilma Rousseff em 30.04.2012, regulamentando o exercício da profissão de motorista. Com seu art. 3º, que inseriu, com efeito, a categoria profissional de motorista no corpo da CLT, por meio dos arts. 235-A a

235-H, a Lei inovou e trouxe especificidades em relação às regras trabalhistas gerais previstas na CLT e na CF/88.

I – de transporte rodoviário coletivo de passageiros;
Inciso acrescentado pela Lei n. 13.103, de 02.03.2015.

Este inciso tem como destinatários os motoristas profissionais, devidamente habilitados junto à autoridade de trânsito, que transportam passageiros.

II – de transporte rodoviário de cargas.
Inciso acrescentado pela Lei n. 13.103, de 02.03.2015.

Este inciso tem como destinatários os motoristas profissionais, devidamente habilitados junto à autoridade de trânsito, que transportam cargas.

Art. 235-B. São deveres do motorista profissional empregado:
Caput *acrescentado pela Lei n. 12.619, de 30.04.2012, e com redação dada pela Lei n. 13.103, de 02.03.2015.*
I – estar atento às condições de segurança do veículo;
Inciso acrescentado pela Lei n. 12.619, de 30.04.2012.

Observar as condições de segurança do veículo é uma obrigação natural de qualquer motorista, mais ainda do profissional. A Lei destaca a segurança do "veículo", mas a segurança também deve ser encarada como a do próprio motorista e seus auxiliares e dos passageiros, quando for o caso.

II – conduzir o veículo com perícia, prudência, zelo e com observância aos princípios de direção defensiva;
Inciso acrescentado pela Lei n. 12.619, de 30.04.2012.

Aumenta a responsabilidade do motorista profissional, e o próprio empregador poderá atribuir a ele certa responsabilidade. Deve agir com as cautelas necessárias.

III – respeitar a legislação de trânsito e, em especial, as normas relativas ao tempo de direção e de descanso controlado e registrado na forma do previsto no art. 67-E da Lei n. 9.503, de 23 de setembro de 1997 – Código de Trânsito Brasileiro;
Inciso acrescentado pela Lei n. 12.619, de 30.04.2012, e com redação dada pela Lei n. 13.103, de 02.03.2015.

Este inciso trata de obrigação não apenas vinculada à obrigação contratual, tendo natureza de ética profissional.

IV – zelar pela carga transportada e pelo veículo;

Inciso acrescentado pela Lei n. 12.619, de 30.04.2012.

Zelar pelos bens guardados decorre do dever geral da guarda, observando-se, sempre, os direitos personalíssimos saúde e vida.

V – colocar-se à disposição dos órgãos públicos de fiscalização na via pública;

Inciso acrescentado pela Lei n. 12.619, de 30.04.2012.

Necessária uma fiscalização e a colaboração do motorista para esse fim em uma tentativa de amenizar problemas de acidentes, sonegações e cargas proibidas, protegendo, dessa forma, o próprio trabalhador.

VI – (*vetado*)

Inciso acrescentado pela Lei n. 12.619, de 30.04.2012.

VII – submeter-se a exames toxicológicos com janela de detecção mínima de 90 (noventa) dias e a programa de controle de uso de droga e de bebida alcoólica, instituído pelo empregador, com sua ampla ciência, pelo menos uma vez a cada 2 (dois) anos e 6 (seis) meses, podendo ser utilizado para esse fim o exame obrigatório previsto na Lei n. 9.503, de 23 de setembro de 1997 – Código de Trânsito Brasileiro, desde que realizado nos últimos 60 (sessenta) dias.

Inciso acrescentado pela Lei n. 12.619, de 30.04.2012, e com redação dada pela Lei n. 13.103, de 02.03.2015.

O trânsito seguro nas rodovias deve prevalecer sobre o interesse individual ou mesmo coletivo dos trabalhadores. Há necessidade de constatar problema do trabalhador com o álcool ou drogas na tentativa de solucionar o problema, observando-se, sempre, os direitos fundamentais.

O Ministério do Trabalho e Previdência Social publicou no *Diário Oficial da União* (*DOU*) portaria que regulamenta a realização dos exames toxicológicos em motoristas profissionais do transporte rodoviário coletivo de passageiros e do transporte rodoviário de cargas, previstos na CLT. As novas regras entraram em vigor em 2 de março de 2016.

Os exames devem ser realizados previamente à admissão e por ocasião do desligamento do profissional. Os testes devem avaliar, no mínimo, a presença das seguintes substâncias e derivados: maconha; cocaína, incluindo *crack* e merla; opiáceos, incluindo codeína, morfina e heroína; anfetaminas e metanfetaminas; *ecstasy*; anfepramona; femproporex; e mazindol, sendo assegurado ao trabalhador o direito à contraprova e à confidencialidade dos resultados dos exames.

Os exames toxicológicos não devem constar de atestados de saúde ocupacional nem estar vinculados à definição de aptidão do trabalhador. Os exames têm validade de sessenta dias, a partir da data da coleta da amostra, e são sigilosos.

Parágrafo único. A recusa do empregado em submeter-se ao teste ou ao programa de controle de uso de droga e de bebida alcoólica previstos no inciso VII será considerada infração disciplinar, passível de penalização nos termos da lei.

Parágrafo acrescentado pela Lei n. 12.619, de 30.04.2012, e com redação dada pela Lei n. 13.103, de 02.03.2015.

A recusa do empregado em submeter-se ao teste e ao programa de controle de uso de droga e de bebida alcoólica representa infração disciplinar. O objetivo é aumentar a segurança da vida dos motoristas e terceiros.

Art. 235-C. A jornada diária de trabalho do motorista profissional será de 8 (oito) horas, admitindo-se a sua prorrogação por até 2 (duas) horas extraordinárias ou, mediante previsão em convenção ou acordo coletivo, por até 4 (quatro) horas extraordinárias.

Caput *acrescentado pela Lei n. 12.619, de 30.04.2012, e com redação dada pela Lei n. 13.103, de 02.03.2015.*

Este *caput* trata da jornada de trabalho de todos os motoristas profissionais, fazendo menção à negociação coletiva. O ajuste coletivo permite a prorrogação da jornada dos motoristas profissionais, podendo-se chegar a quatro horas extraordinárias, o que não representa fixação de jornada ordinária de doze horas, mas, sim, guarida para prorrogação extraordinária.

---

§ 1º Será considerado como trabalho efetivo o tempo em que o motorista empregado estiver à disposição do empregador, excluídos os intervalos para refeição, repouso e descanso e o tempo de espera.

Parágrafo acrescentado pela Lei n. 12.619, de 30.04.2012, e com redação dada pela Lei n. 13.103, de 02.03.2015.

O trabalho efetivo engloba todo o tempo à disposição do empregador, conforme o art. 4º da CLT: "Considera-se como de serviço efetivo o período em que o empregado esteja à disposição do empregador, aguardando ou executando ordens, salvo disposição especial expressamente consignada".

---

§ 2º Será assegurado ao motorista profissional empregado intervalo mínimo de 1 (uma) hora para refeição, podendo esse período coincidir com o tempo de parada obrigatória na condução do veículo estabelecido pela Lei n. 9.503, de 23 de setembro de 1997 – Código de Trânsito Brasileiro, exceto quando se tratar do motorista profissional enquadrado no § 5º do art. 71 desta Consolidação.

Parágrafo acrescentado pela Lei n. 12.619, de 30.04.2012, e com redação dada pela Lei n. 13.103, de 02.03.2015.

Este parágrafo assegura ao motorista profissional empregado intervalo mínimo de uma hora para refeição, o que já é estabelecido no art. 71 da CLT, e esse período pode coincidir com o tempo de parada obrigatória.

---

§ 3º Dentro do período de 24 (vinte e quatro) horas, são asseguradas 11 (onze) horas de descanso, sendo facultados o seu fracionamento e a coincidência com os períodos de parada obrigatória na condução do veículo estabelecida pela Lei n. 9.503, de 23 de setembro de 1997 – Código de Trânsito Brasileiro, garantidos o mínimo de 8 (oito) horas ininterruptas no primeiro período e o gozo do remanescente dentro das 16 (dezesseis) horas seguintes ao fim do primeiro período.

Parágrafo acrescentado pela Lei n. 12.619, de 30.04.2012, e com redação dada pela Lei n. 13.103, de 02.03.2015.

Este parágrafo assegura ao motorista profissional empregado repouso de onze horas a cada 24 horas, que já é previsto no art. 66 da CLT. Flexibiliza-se mais, assim, o gozo do intervalo de onze horas entre uma jornada e outra, de modo que o empregado deverá gozar minimamente de oito horas ininterruptas de descanso no primeiro período, usufruindo do tempo remanescente nas dezesseis horas seguintes, considerado o fim do primeiro período de descanso. O motorista apenas poderá iniciar nova viagem se observado o intervalo em questão.

---

§ 4º Nas viagens de longa distância, assim consideradas aquelas em que o motorista profissional empregado permanece fora da base da empresa, matriz ou filial e de sua residência por mais de 24 (vinte e quatro) horas, o repouso diário pode ser feito no veículo ou em alojamento do emprega-

dor, do contratante do transporte, do embarcador ou do destinatário ou em outro local que ofereça condições adequadas.

Parágrafo acrescentado pela Lei n. 12.619, de 30.04.2012, e com redação dada pela Lei n. 13.103, de 02.03.2015.

Permanece o conceito de viagem de longa distância para as superiores a 24 horas, consideradas como tais as que o motorista permanece por 24 horas fora da base, matriz, filial ou residência e se oferecem condições adequadas para o descanso do motorista.

§ 5º As horas consideradas extraordinárias serão pagas com o acréscimo estabelecido na Constituição Federal ou compensadas na forma do § 2º do art. 59 desta Consolidação.

Parágrafo acrescentado pela Lei n. 12.619, de 30.04.2012, e com redação dada pela Lei n. 13.103, de 02.03.2015.

Este dispositivo repete o que já é previsto no § 2º do art. 59 da CLT, no entanto, exige previsão de compensação em norma coletiva. O próprio TST já havia se posicionado no sentido de somente ser possível o banco de horas instituído por negociação coletiva.

§ 6º À hora de trabalho noturno aplica-se o disposto no art. 73 desta Consolidação.

Parágrafo acrescentado pela Lei n. 12.619, de 30.04.2012, e com redação dada pela Lei n. 13.103, de 02.03.2015.

Este parágrafo remete a jornada noturna ao art. 73 da CLT, não havendo qualquer novidade.

§ 7º *(Vetado.)*

Parágrafo acrescentado pela Lei n. 12.619, de 30.04.2012.

§ 8º São considerados tempo de espera as horas em que o motorista profissional empregado ficar aguardando carga ou descarga do veículo nas dependências do embarcador ou do destinatário e o período gasto com a fiscalização da mercadoria transportada em barreiras fiscais ou alfandegárias, não sendo computados como jornada de trabalho e nem como horas extraordinárias.

Parágrafo acrescentado pela Lei n. 12.619, de 30.04.2012, e com redação dada pela Lei n. 13.103, de 02.03.2015.

O "tempo de espera" constitui inovação da norma, correspondendo ao tempo excedente à jornada normal de trabalho no qual o motorista aguarda na fila a carga/descarga da mercadoria ou, ainda, a fiscalização da mercadoria em barreiras fiscais ou alfandegárias.

O tempo de espera são as horas em que o motorista fica aguardando carga ou descarga do veículo, e o período gasto com a fiscalização da mercadoria e não é computado como jornada de trabalho nem como horas extraordinárias. As horas relativas ao tempo de espera serão indenizadas na proporção de 30% do salário-hora normal. O tempo de espera não pode interferir no recebimento da remuneração correspondente ao salário-base diário.

---

§ 9º As horas relativas ao tempo de espera serão indenizadas na proporção de 30% (trinta por cento) do salário-hora normal.

Parágrafo acrescentado pela Lei n. 12.619, de 30.04.2012, e com redação dada pela Lei n. 13.103, de 02.03.2015.

O "tempo de espera", embora não seja computado na jornada de trabalho, é indenizado com adicional de 30% sobre o salário-hora.

---

§ 10. Em nenhuma hipótese, o tempo de espera do motorista empregado prejudicará o direito ao recebimento da remuneração correspondente ao salário-base diário.

Parágrafo acrescentado pela Lei n. 13.103, de 02.03.2015.

As horas relativas ao tempo de espera serão indenizadas na proporção de 30% do salário-hora normal, mas não pode interferir no recebimento da remuneração correspondente ao salário-base diário.

---

§ 11. Quando a espera de que trata o § 8º for superior a 2 (duas) horas ininterruptas e for exigida a permanência do motorista empregado junto ao veículo, caso o local ofereça condições adequadas, o tempo será considerado como de repouso para os fins do intervalo de que tratam os §§ 2º e 3º, sem prejuízo do disposto no § 9º.

Parágrafo acrescentado pela Lei n. 13.103, de 02.03.2015.

Quando a espera for superior a duas horas ininterruptas e for exigida a permanência do motorista empregado junto ao veículo, caso o local ofereça condições adequadas, o tempo será considerado de repouso. As movimentações necessárias do veículo no tempo de espera não serão consideradas parte da jornada de trabalho. Ao mesmo tempo que tais horas são computadas como tempo de espera e pagas com o adicional correspondente (somente adicional), também podem ser consideradas tempo de gozo dos intervalos intra e interjornadas.

§ 12. Durante o tempo de espera, o motorista poderá realizar movimentações necessárias do veículo, as quais não serão consideradas como parte da jornada de trabalho, ficando garantido, porém, o gozo do descanso de 8 (oito) horas ininterruptas aludido no § 3º.

Parágrafo acrescentado pela Lei n. 13.103, de 02.03.2015.

A nova lei esclarece que o motorista poderá realizar movimentações necessárias do veículo, durante o tempo de espera, sem que sejam consideradas parte da jornada de trabalho (garantindo gozo de descanso de oito horas). Durante o tempo de espera (remunerado como tal), o motorista deverá movimentar o veículo, porém, tal tempo não será considerado jornada, e sim parte de gozo do seu intervalo, embora garantido o gozo do intervalo mínimo de oito horas entre uma jornada e outra de trabalho.

§ 13. Salvo previsão contratual, a jornada de trabalho do motorista empregado não tem horário fixo de início, de final ou de intervalos.

Parágrafo acrescentado pela Lei n. 13.103, de 02.03.2015.

De acordo com a lei, a jornada de trabalho não tem horário fixo de início, fim ou intervalos. Desde que não se comprometa a segurança rodoviária, a duração da jornada de trabalho poderá ser elevada pelo tempo necessário até o veículo chegar a um local seguro ou ao seu destino.

§ 14. O empregado é responsável pela guarda, preservação e exatidão das informações contidas nas anotações em diário de bordo, papeleta ou ficha de trabalho externo, ou no registrador instantâneo inalterável de velocidade e tempo, ou nos rastreadores ou sistemas e meios eletrônicos, instalados nos veículos, normatizados pelo Contran, até que o veículo seja entregue à empresa.

Parágrafo acrescentado pela Lei n. 13.103, de 02.03.2015.

A jornada de trabalho deve ser controlada e registrada de maneira fidedigna mediante anotação em diário de bordo, papeleta ou ficha de trabalho externo, ou sistema e meios eletrônicos instalados nos veículos, à escolha do empregador.

§ 15. Os dados referidos no § 14 poderão ser enviados a distância, a critério do empregador, facultando-se a anexação do documento original posteriormente.

Parágrafo acrescentado pela Lei n. 13.103, de 02.03.2015.

A exigência legal de controle fidedigno da jornada de trabalho e do tempo de direção do motorista profissional não contém ressalva quanto aos estabelecimentos com até dez empregados (art. 74, § 2º, da CLT) e torna inaplicável aos motoristas em geral o tratamento diferenciado e excludente do art. 62, I, da CLT.

§ 16. Aplicam-se as disposições deste artigo ao ajudante empregado nas operações em que acompanhe o motorista.

Parágrafo acrescentado pela Lei n. 13.103, de 02.03.2015.

O mesmo do parágrafo anterior se aplica ao ajudante que acompanha o motorista.

§ 17. O disposto no *caput* deste artigo aplica-se também aos operadores de automotores destinados a puxar ou a arrastar maquinaria de qualquer natureza ou a executar trabalhos de construção ou pavimentação e aos operadores de tratores, colheitadeiras, autopropelidos e demais aparelhos automotores destinados a puxar ou a arrastar maquinaria agrícola ou a executar trabalhos agrícolas.

Parágrafo acrescentado pela Lei n. 13.154, de 30.07.2015.

As regras de limite de jornada de trabalho do motorista profissional empregado também se aplicam aos operadores de automotores destinados a puxar ou a arrastar maquinaria de qualquer natureza ou a executar trabalhos de construção ou pavimentação e aos operadores de tratores, colheitadeiras, autopropelidos e demais aparelhos automotores destinados a puxar ou a arrastar maquinaria agrícola ou a executar trabalhos agrícolas.

Art. 235-D. Nas viagens de longa distância com duração superior a 7 (sete) dias, o repouso semanal será de 24 (vinte e quatro) horas por semana ou fração trabalhada, sem prejuízo do intervalo de repouso diário de 11 (onze) horas, totalizando 35 (trinta e cinco) horas, usufruído no retorno do motorista à base (matriz ou filial) ou ao seu domicílio, salvo se a empresa oferecer condições adequadas para o efetivo gozo do referido repouso.

Caput *acrescentado pela Lei n. 12.619, de 30.04.2012, e com redação dada pela Lei n. 13.103, de 02.03.2015.*

Viagem de longa distância é aquela em que o motorista profissional permanece fora da base da empresa, matriz ou filial e de sua residência por mais de

24 horas. São consideradas como tais as viagens que o motorista permaneça ausente da base da empresa e de sua residência por mais de 24 horas.

I a III – *(Revogados pela Lei n. 13.103, de 02.03.2015.)*

§ 1º É permitido o fracionamento do repouso semanal em 2 (dois) períodos, sendo um destes de, no mínimo, 30 (trinta) horas ininterruptas, a serem cumpridos na mesma semana e em continuidade a um período de repouso diário, que deverão ser usufruídos no retorno da viagem.

Parágrafo acrescentado pela Lei n. 13.103, de 02.03.2015.

O repouso poderá ser feito no veículo ou em alojamento do contratante, do empregador, do embarcador ou do destinatário, ou em qualquer outro local que ofereça condições adequadas. O repouso poderá, ainda, ser fracionado em dois períodos, cada um destes com no mínimo trinta minutos a serem cumpridos na mesma semana da viagem e em continuidade a um período no retorno daquela.

§ 2º A cumulatividade de descansos semanais em viagens de longa distância de que trata o *caput* fica limitada ao número de 3 (três) descansos consecutivos.

Parágrafo acrescentado pela Lei n. 13.103, de 02.03.2015.

Nessas viagens é permitida a cumulatividade de descansos semanais limitada ao número de três consecutivos.

§ 3º O motorista empregado, em viagem de longa distância, que ficar com o veículo parado após o cumprimento da jornada normal ou das horas extraordinárias fica dispensado do serviço, exceto se for expressamente autorizada a sua permanência junto ao veículo pelo empregador, hipótese em que o tempo será considerado de espera.

Parágrafo acrescentado pela Lei n. 13.103, de 02.03.2015.

Quando o veículo ficar parado, após o cumprimento da jornada normal ou das horas extraordinárias, o motorista ficará dispensado do serviço, mas, se exigida sua permanência, esse tempo será considerado de espera.

§ 4º Não será considerado como jornada de trabalho, nem ensejará o pagamento de qualquer remuneração, o período em que o motorista

empregado ou o ajudante ficarem espontaneamente no veículo usufruindo dos intervalos de repouso.

Parágrafo acrescentado pela Lei n. 13.103, de 02.03.2015.

É considerado jornada de trabalho o tempo que o motorista empregado estiver à disposição do empregador, excluídos intervalos para refeição, repouso, descanso e o tempo de espera.

§ 5º Nos casos em que o empregador adotar 2 (dois) motoristas trabalhando no mesmo veículo, o tempo de repouso poderá ser feito com o veículo em movimento, assegurado o repouso mínimo de 6 (seis) horas consecutivas fora do veículo em alojamento externo ou, se na cabine leito, com o veículo estacionado, a cada 72 (setenta e duas) horas.

Parágrafo acrescentado pela Lei n. 13.103, de 02.03.2015.

Se o empregador adotar dois motoristas trabalhando no mesmo veículo, o tempo de repouso poderá ser realizado com o veículo em movimento, assegurado o repouso mínimo de seis horas consecutivas fora do veículo em alojamento externo, ou, se houver cabine leito, com o veículo estacionado a cada 72 horas. Tal regra vigora para o transporte de cargas e de passageiros.

§ 6º Em situações excepcionais de inobservância justificada do limite de jornada de que trata o art. 235-C, devidamente registradas, e desde que não se comprometa a segurança rodoviária, a duração da jornada de trabalho do motorista profissional empregado poderá ser elevada pelo tempo necessário até o veículo chegar a um local seguro ou ao seu destino.

Parágrafo acrescentado pela Lei n. 13.103, de 02.03.2015.

Há a possibilidade de elevar a duração da jornada de trabalho pelo tempo necessário, o que é condicionado à chegada do veículo a um local seguro ou ao seu destino. Isso não pode afetar a segurança rodoviária.

§ 7º Nos casos em que o motorista tenha que acompanhar o veículo transportado por qualquer meio onde ele siga embarcado e em que o veículo disponha de cabine leito ou a embarcação disponha de alojamento para gozo do intervalo de repouso diário previsto no § 3º do art. 235-C, esse tempo será considerado como tempo de descanso.

Parágrafo acrescentado pela Lei n. 13.103, de 02.03.2015.

O período gasto com acompanhamento de veículo não é computado como jornada de trabalho nem como horas extraordinárias.

§ 8º Para o transporte de cargas vivas, perecíveis e especiais em longa distância ou em território estrangeiro poderão ser aplicadas regras conforme a especificidade da operação de transporte realizada, cujas condições de trabalho serão fixadas em convenção ou acordo coletivo de modo a assegurar as adequadas condições de viagem e entrega ao destino final.

Parágrafo acrescentado pela Lei n. 13.103, de 02.03.2015.

Há necessidade de regulamentar a forma pela qual serão transportadas cargas vivas e perecíveis de forma a manter os requisitos mínimos e condições adequadas de trabalho.

Art. 235-E. Para o transporte de passageiros, serão observados os seguintes dispositivos:

Caput *acrescentado pela Lei n. 12.619, de 30.04.2012, e com redação dada pela Lei n. 13.103, de 02.03.2015.*

I – é facultado o fracionamento do intervalo de condução do veículo previsto na Lei n. 9.503, de 23 de setembro de 1997 – Código de Trânsito Brasileiro, em períodos de no mínimo 5 (cinco) minutos;

Inciso acrescentado pela Lei n. 13.103, de 02.03.2015.

Trata-se do fracionamento do intervalo de condução previsto pelo CTB, em períodos de no mínimo cinco minutos, o que parece dar guarida para que os intervalos obrigatórios decorrentes de direção ininterrupta possam ser usufruídos de modo parcelado em locais como rodoviárias para embarque de passageiros e pontos de parada (no que toca ao motorista interestadual de passageiros) e também de modo fracionado para o motorista de coletivo urbano, que poderá gozar de no mínimo cinco minutos no ponto final, considerando tal tempo parte da parada obrigatória.

II – será assegurado ao motorista intervalo mínimo de 1 (uma) hora para refeição, podendo ser fracionado em 2 (dois) períodos e coincidir com o tempo de parada obrigatória na condução do veículo estabelecido pela Lei n. 9.503, de 23 de setembro de 1997 – Código de Trânsito Brasileiro, exceto quando se tratar do motorista profissional enquadrado no § 5º do art. 71 desta Consolidação;

Inciso acrescentado pela Lei n. 13.103, de 02.03.2015.

Possibilidades de desmembramento e fracionamento dos intervalos, além da possibilidade quanto ao local e condições de usufruir o gozo dos referidos intervalo.

III – nos casos em que o empregador adotar 2 (dois) motoristas no curso da mesma viagem, o descanso poderá ser feito com o veículo em movimento, respeitando-se os horários de jornada de trabalho, assegurado, após 72 (setenta e duas) horas, o repouso em alojamento externo ou, se em poltrona correspondente ao serviço de leito, com o veículo estacionado.

Inciso acrescentado pela Lei n. 13.103, de 02.03.2015.

Quando o empregador adotar dois motoristas em coletivo de passageiros, na mesma viagem, o empregado poderá gozar do descanso com o veículo em movimento, respeitados os horários de trabalho, assegurado após 72 horas o repouso em alojamento externo ou na cabine do leito se a poltrona corresponder ao serviço de leito, desde que o veículo esteja estacionado.

§ 1º *(Revogado pela Lei n. 13.103, de 02.03.2015.)*

§ 2º *(Vetado.)*

Parágrafo acrescentado pela Lei n. 12.619, de 30.04.2012.

§§ 3º a 7º *(Revogados pela Lei n. 13.103, de 02.03.2015.)*

§ 8º *(Vetado.)*

Parágrafo acrescentado pela Lei n. 12.619, de 30.04.2012.

§§ 9º a 12. *(Revogados pela Lei n. 13.103, de 02.03.2015.)*

Art. 235-F. Convenção e acordo coletivo poderão prever jornada especial de 12 (doze) horas de trabalho por 36 (trinta e seis) horas de descanso para o trabalho do motorista profissional empregado em regime de compensação.

Artigo acrescentado pela Lei n. 12.619, de 30.04.2012, e com redação dada pela Lei n. 13.103, de 02.03.2015.

A nova redação do artigo em referência não mais exige a existência de razão que justifique a jornada 12 x 36 horas, bastando que seja fixada por meio de acordo ou convenção coletiva de trabalho, prestigiando-se, assim, o ajuste coletivo. Não se olvide, todavia, do teor da Súmula n. 444 do TST, que enuncia o pagamento em dobro pelo trabalho em feriados, no regime de 12 horas de trabalho por 36 horas de descanso.

Art. 235-G. É permitida a remuneração do motorista em função da distância percorrida, do tempo de viagem ou da natureza e quantidade de produtos transportados, inclusive mediante oferta de comissão ou qualquer outro tipo de vantagem, desde que essa remuneração ou comis-

sionamento não comprometa a segurança da rodovia e da coletividade ou possibilite a violação das normas previstas nesta Lei.

Artigo acrescentado pela Lei n. 12.619, de 30.04.2012, e com redação dada pela Lei n. 13.103, de 02.03.2015.

Trata-se de regra proibitiva. O objetivo é preservar a saúde do motorista e a segurança nas estradas. A infração, pelo empregador, deste dispositivo implica a aplicação da multa administrativa prevista no art. 351 da CLT, a cargo do fiscal do trabalho.

Art. 235-H. ***(Revogado pela Lei n. 13.103, de 02.03.2015.)***

Seção V
Do Serviço Ferroviário

Art. 236. No serviço ferroviário – considerado este o de transporte em estradas de ferro abertas ao tráfego público, compreendendo a administração, construção, conservação e remoção das vias férreas e seus edifícios, obras de arte, material rodante, instalações complementares e acessórias, bem como o serviço de tráfego, de telegrafia, telefonia e funcionamento de todas as instalações ferroviárias – aplicam-se os preceitos especiais constantes desta Seção.

O regime especial não se aplica somente aos trabalhadores que exercem atividade ferroviária propriamente dita, mas também àqueles que servem a diferentes setores, os quais constituem aquilo que a lei define como serviço ferroviário. Aplica-se ao empregado das estradas de ferro abertas ao tráfego público, o que exclui empregados de ferrovia de uso exclusivo da empresa. A Lei n. 1.652/52 estende as condições de ferroviário aos empregados das empresas que exploram os serviços de carros-restaurantes.

Art. 237. O pessoal a que se refere o artigo antecedente fica dividido nas seguintes categorias:

***a)* funcionários de alta administração, chefes e ajudantes de departamentos e seções, engenheiros residentes, chefes de depósitos, inspetores e demais empregados que exercem funções administrativas ou fiscalizadoras;**

***b)* pessoal que trabalhe em lugares ou trechos determinados e cujas tarefas requeiram atenção constante; pessoal de escritório, turmas de conservação e construção da via permanente, oficinas e estações principais, inclusive os respectivos telegrafistas; pessoal de tração, lastro e revistadores;**

c) **das equipagens de trens em geral;**

d) **pessoal cujo serviço é de natureza intermitente ou de pouca intensidade, embora com permanência prolongada nos locais de trabalho; vigias e pessoal das estações do interior, inclusive os respectivos telegrafistas.**

Há uma divisão em categorias do *complexo orgânico* dos ferroviários, da qual estão excluídos os empregados de empresa que possui ferrovia para uso exclusivo: a) funcionários de alta administração, chefes e ajudantes de departamentos e seções, engenheiros residentes, chefes de depósitos, inspetores e demais empregados que exercem funções administrativas ou fiscalizadoras – são funcionários que exercem funções administrativas, fiscalizadoras ou funções de direção; b) pessoal que trabalhe em lugares ou trechos determinados e cujas tarefas requeiram atenção constante; pessoal de escritório, turmas de conservação e construção da via permanente, oficinas e estações principais, inclusive, os respectivos telegrafistas; pessoal de tração, lastro e revistadores – esses funcionários prestam trabalhos em lugares determinados e cuja execução depende do elemento *atenção*; c) das equipagens de trens em geral – tal categoria refere-se ao pessoal que trabalha com equipagem de trens em geral; d) pessoal cujo serviço é de natureza intermitente ou de pouca intensidade, embora com permanência prolongada nos locais de trabalho, vigias e pessoal das estações do interior, inclusive os respectivos telegrafistas – essa categoria diz respeito a serviço intermitente ou de pouca intensidade, porém, com permanência nos locais de trabalho de forma prolongada.

Art. 238. Será computado como de trabalho efetivo todo o tempo em que o empregado estiver à disposição da Estrada.

Caput *com redação dada pela Lei n. 3.970, de 13.10.1961, que foi posteriormente revogada e restaurada pelo art. 36 do Decreto-lei n. 5, de 04.04.1966.*

Regula como de trabalho efetivo todo o tempo em que o empregado está à disposição da estrada. No direito do trabalho brasileiro, temos dois critérios básicos de fixação de jornada de trabalho: tempo à disposição e tempo de deslocamento. No tempo à disposição, considera-se componente da jornada de trabalho o tempo à disposição do empregador independentemente de ocorrer ou não a efetiva prestação de serviços.

§ 1º Nos serviços efetuados pelo pessoal da categoria *c*, não será considerado como de trabalho efetivo o tempo gasto em viagens do local ou para o local de terminação e início dos mesmos serviços.

Parágrafo com redação dada pela Lei n. 3.970, de 13.10.1961, que foi posteriormente revogada e restaurada pelo art. 36 do Decreto-lei n. 5, de 04.04.1966.

O tempo *in itinere*, ou seja, o tempo gasto em deslocamento, em viagem, não é computado como de trabalho efetivo para o pessoal que trabalha com equipagens de trens. Tempo de deslocamento é acolhido como critério pátrio em algumas situações especiais – uma parcela da categoria dos ferroviários.

§ 2º Ao pessoal removido ou comissionado fora da sede será contado como de trabalho normal e efetivo o tempo gasto em viagens, sem direito à percepção de horas extraordinárias.

Parágrafo com redação dada pela Lei n. 3.970, de 13.10.1961, que foi posteriormente revogada e restaurada pelo art. 36 do Decreto-lei n. 5, de 04.04.1966.

Quando ocorre comissionamento ou remoção fora da sede, o tempo de deslocamento não enseja o pagamento das horas de trânsito como horas extras.

§ 3º No caso das turmas de conservação da via permanente, o tempo efetivo do trabalho será contado desde a hora da saída da casa da turma até a hora em que cessar o serviço em qualquer ponto compreendido dentro dos limites da respectiva turma. Quando o empregado trabalhar fora dos limites da sua turma, ser-lhe-á também computado como de trabalho efetivo o tempo gasto no percurso da volta a esses limites.

Parágrafo com redação dada pela Lei n. 3.970, de 13.10.1961, que foi posteriormente revogada e restaurada pelo art. 36 do Decreto-lei n. 5, de 04.04.1966.

Nos casos de *turmas de conservação de ferrovias*, é computado como tempo de serviço o período de deslocamento desde a hora da saída da casa da turma até a hora em que cessar o serviço em qualquer ponto compreendido dentro dos limites da respectiva turma. Essa é considerada uma situação especial e o ramo justrabalhista acolhe o critério do tempo de deslocamento. O mesmo ocorre quando o empregado trabalha fora dos limites de sua turma, e o tempo gasto no percurso da volta a esses limites é computado como tempo de serviço.

§ 4º Para o pessoal da equipagem de trens, só será considerado esse trabalho efetivo, depois de chegado ao destino, o tempo em que o ferroviário estiver ocupado ou retido à disposição da Estrada. Quando, entre dois períodos de trabalho, não mediar intervalo superior a 1 (uma) hora, será esse intervalo computado como de trabalho efetivo.

Parágrafo com redação dada pela Lei n. 3.970, de 13.10.1961, que foi posteriormente revogada e restaurada pelo art. 36 do Decreto-lei n. 5, de 04.04.1966.

Para o pessoal de equipagens de trens, somente é considerado trabalho efetivo, depois que chegar ao destino, o tempo em que estiver à disposição da estrada, e se, entre dois períodos de trabalho, não existir intervalo superior a uma hora. Em tais situações, será computado como de trabalho efetivo.

§ 5º O tempo concedido para refeição não se computa como de trabalho efetivo, senão para o pessoal da categoria *c*, quando as refeições forem tomadas em viagem ou nas estações durante as paradas. Esse tempo não será inferior a 1 (uma) hora, exceto para o pessoal da referida categoria em serviço de trens.

Parágrafo com redação dada pela Lei n. 3.970, de 13.10.1961, que foi posteriormente revogada e restaurada pelo art. 36 do Decreto-lei n. 5, de 04.04.1966.

O intervalo para refeição não é computado como de trabalho efetivo, excetuando-se o caso do pessoal das equipagens de trens em geral, desde que as refeições sejam tomadas em viagem ou nas estações durante as paradas.

§ 6º No trabalho das turmas encarregadas da conservação de obras de arte, linhas telegráficas ou telefônicas e edifícios, não será contado como de trabalho efetivo o tempo de viagem para o local do serviço, sempre que não exceder de 1 (uma) hora, seja para ida ou para volta, e a Estrada fornecer os meios de locomoção, computando-se sempre o tempo excedente a esse limite.

Parágrafo com redação dada pela Lei n. 3.970, de 13.10.1961, que foi posteriormente revogada e restaurada pelo art. 36 do Decreto-lei n. 5, de 04.04.1966.

O tempo de viagem para o local de serviço que não exceda a uma hora, seja para a ida, seja para a volta, se a estrada fornecer meios de locomoção, não é considerado como de trabalho efetivo; todavia, o tempo excedente a uma hora é computado como de trabalho efetivo.

Art. 239. Para o pessoal da categoria *c*, a prorrogação do trabalho independe de acordo ou contrato coletivo, não podendo, entretanto, exceder de 12 (doze) horas, pelo que as empresas organizarão, sempre que possível, os serviços de equipagens de trens com destacamentos nos trechos das linhas de modo a ser observada a duração normal de 8 (oito) horas de trabalho.

É possível a prorrogação do trabalho do pessoal das equipagens dos trens, sem haver necessidade de acordo ou convenção coletiva que preveja tal situação. Porém, a prorrogação não pode exceder 12 horas, nunca se olvidando que a duração normal de trabalho é de 8 horas diárias e de 44 horas semanais, sendo computado como de trabalho efetivo todo o tempo em que o ferroviário permanece à disposição da respectiva estrada de ferro.

§ 1º Para o pessoal sujeito ao regime do presente artigo, depois de cada jornada de trabalho haverá um repouso de 10 (dez) horas contínuas, no mínimo, observando-se, outrossim, o descanso semanal.

Há necessidade de repouso de dez horas contínuas, no mínimo, depois de cada jornada de trabalho, bem como deve ser observado o descanso semanal. Entenda-se que o maior ou menor espaçamento da jornada atua de forma direta na deterioração ou melhoria das condições internas de trabalho, de modo a aumentar ou diminuir riscos e males inerentes ao ambiente de trabalho.

§ 2º Para o pessoal da equipagem de trens, a que se refere o presente artigo, quando a empresa não fornecer alimentação, em viagem, e hospedagem, no destino, concederá uma ajuda de custo para atender a tais despesas.

Caso não se forneçam alimentação e hospedagem em viagem, será paga uma ajuda de custo para que tais despesas sejam atendidas. Medidas sociais e econômicas são essenciais e não podem ser transferidos aos empregados quaisquer prejuízos, devendo o empregador proporcionar condições de eficácia da saúde do trabalhador e do trabalho digno.

§ 3º As escalas do pessoal abrangido pelo presente artigo serão organizadas de modo que não caiba a qualquer empregado, quinzenalmente, um total de horas de serviço noturno superior às de serviço diurno.

Não é cabível um total de horas noturnas superior às de serviço diurno a cada quinze dias e, em razão disso, as escalas de trabalho devem ser organizadas. Mais uma vez, depreende-se da necessidade de medidas sociais que visam à redução dos riscos, a fim de atentar-se para a saúde do trabalhador, até porque o trabalho noturno é mais penoso e desgastante sob o ponto de vista físico e psíquico.

§ 4º Os períodos de trabalho do pessoal a que alude o presente artigo serão registrados em cadernetas especiais, que ficarão sempre em poder do empregado, de acordo com o modelo aprovado pelo ministro do Trabalho, Indústria e Comércio.

Existem registros em cadernetas especiais dos períodos de trabalho, que ficam em poder do empregado. Tal procedimento visa ao controle da duração do trabalho, e a modulação desta é parte integrante da política de saúde pública. A norma jurídica relativa à duração do trabalho e ao seu controle não é de cunho estritamente econômico, tendo função determinante nas normas de saúde e de segurança laborais. As normas relativas à duração da jornada de trabalho são normas de Saúde Pública.

Art. 240. Nos casos de urgência ou de acidente, capazes de afetar a segurança ou regularidade do serviço, poderá a duração do trabalho ser excepcionalmente elevada a qualquer número de horas, incumbindo à Estrada zelar pela incolumidade dos seus empregados e pela possibilidade de revezamento de turmas, assegurando ao pessoal um repouso correspondente e comunicando a ocorrência ao Ministério do Trabalho, Indústria e Comércio, dentro de 10 (dez) dias da sua verificação.

A duração do trabalho pode ser elevada a qualquer número de horas em casos excepcionais de urgência ou de acidente. Porém, a segurança e regularidade dos serviços não podem ser afastadas, devendo zelar-se pela incolumidade dos empregados e pela realização de revezamento de turmas, uma vez que o repouso é essencial. A elevação da jornada de trabalho deve ser comunicada ao Ministério do Trabalho e Emprego, no prazo de dez dias, para efetivo controle da política de saúde do empregado (o ministério foi extinto, e suas competências foram redistribuídas de acordo com o art. 83 da Lei n. 13.844, de 18.06.2019 – *v.* comentários ao art. 13, § 2º, da CLT).

É direito do trabalhador a redução dos riscos inerentes ao trabalho. A ação administrativa no controle da saúde pública, da medicina e da segurança do trabalho não é inválida, até porque a saúde é direito de todos e dever do Estado.

Parágrafo único. Nos casos previstos neste artigo, a recusa, sem causa justificada, por parte de qualquer empregado, à execução de serviço extraordinário será considerada falta grave.

A conduta do empregado que se recusar ao trabalho extraordinário, no caso mencionado no art. 246, revelar-se-á como falta grave. Trata-se de ato motivado do empregador que faz parte do *jus variandi* empresarial. O motivo da jornada extra decorre de fatores objetivos sem culpa do empregador. O *jus variandi* é a concretização do poder diretivo do empregador, e o direito de resistência do empregado somente se justifica no caso de determinações ilícitas.

Art. 241. As horas excedentes das do horário normal de 8 (oito) horas serão pagas como serviço extraordinário na seguinte base: as 2 (duas) primeiras com o acréscimo de 25% (vinte e cinco por cento) sobre o salário-hora normal; as 2 (duas) subsequentes com um adicional de 50% (cinquenta por cento) e as restantes com um adicional de 75% (setenta e cinco por cento).

As horas que excedem as oito horas diárias são pagas como serviço extraordinário, sendo que as quatro primeiras têm o adicional de 50%, e as restantes, de 75%.

O adicional de horas extras previsto na CF representa um valor mínimo, o que significa dizer que pode existir previsão legal com um adicional superior ou este pode ser fixado por negociação coletiva. Não mais se pode aplicar o adicional de 25%, haja vista que o adicional mínimo previsto na Carta Magna é de 50%.

Parágrafo único. Para o pessoal da categoria *c*, a primeira hora será majorada de 25% (vinte e cinco por cento), a segunda hora será paga com o acréscimo de 50% (cinquenta por cento) e as 2 (duas) subsequentes com o de 60% (sessenta por cento), salvo caso de negligência comprovada.

O adicional de horas extras será de 50% para as duas primeiras horas e de 60% para as duas subsequentes, caso se trate de pessoal de equipagens de trens, desde que não tenha existido negligência.

Apesar de o artigo mencionar 25%, há que se entender que o adicional mínimo é de 50%, nos termos do art. 7º, XVI, da CF/88.

Art. 242. As frações de meia hora superiores a 10 (dez) minutos serão computadas como meia hora.

As frações superiores a dez minutos serão computadas como meia hora, para evitarem-se prejuízos aos empregados, como forma de recompensa pela dificuldade do trabalho desenvolvido.

Art. 243. Para os empregados de estações do interior, cujo serviço for de natureza intermitente ou de pouca intensidade, não se aplicam os preceitos gerais sobre duração do trabalho, sendo-lhes, entretanto, assegurado o repouso contínuo de 10 (dez) horas, no mínimo, entre 2 (dois) períodos de trabalho e descanso semanal.

Os preceitos gerais sobre duração de trabalho não se aplicam aos empregados de estações do interior, com serviço de natureza intermitente ou de pouca intensidade. Sempre é assegurado um repouso contínuo de dez horas, no mínimo, entre dois períodos de trabalho e o descanso semanal.

De acordo com a Súmula n. 61 do TST, para os ferroviários que trabalham em estações do interior, não são devidas horas extras. Não se despreze que uma das características do serviço é a pouca intensidade.

Art. 244. As estradas de ferro poderão ter empregados extranumerários, de sobreaviso e de prontidão, para executarem serviços imprevistos ou para substituições de outros empregados que faltem à escala organizada.

Caput *revogado pela Lei n. 3.970, de 13.10.1961, e restaurado pelo art. 36 do Decreto-lei n. 5, de 04.04.1966.*

As estradas de ferro podem ter empregados de sobreaviso e de prontidão para o caso de ocorrerem serviços que não estavam previstos ou de não comparecerem ao trabalho empregados que estavam escalados.

---

§ 1º Considera-se "extranumerário" o empregado não efetivo, candidato à efetivação, que se apresentar normalmente ao serviço, embora só trabalhe quando for necessário. O extranumerário só receberá os dias de trabalho efetivo.

Parágrafo revogado pela Lei n. 3.970, de 13.10.1961, e restaurado pelo art. 36 do Decreto-lei n. 5, de 04.04.1966.

Considera-se empregado extranumerário o empregado que é candidato à efetivação, o qual trabalha quando há necessidade e recebe pelos dias de efetivo trabalho. A necessidade decorre da imprevisão do serviço ou da substituição de pessoal.

---

§ 2º Considera-se de "sobreaviso" o empregado efetivo, que permanecer em sua própria casa, aguardando a qualquer momento o chamado para o serviço. Cada escala de "sobreaviso" será, no máximo, de 24 (vinte e quatro) horas. As horas de "sobreaviso", para todos os efeitos, serão contadas à razão de 1/3 (um terço) do salário normal.

Parágrafo revogado pela Lei n. 3.970, de 13.10.1961, e restaurado pelo art. 36 do Decreto-lei n. 5, de 04.04.1966.

O empregado que trabalha de sobreaviso é efetivo e permanece em sua própria casa, aguardando a qualquer momento um chamado para o serviço não previsto ou para substituição. A escala de sobreaviso não pode ser superior a

24 horas, e as horas de sobreaviso devem ser remuneradas à razão de um terço do salário-hora normal.

Há restrição à liberdade de locomoção. A restrição à disponibilidade pessoal do empregado é relativa, haja vista que o empregado está fora do ambiente e do local de trabalho.

---

§ 3º Considera-se de "prontidão" o empregado que ficar nas dependências da Estrada, aguardando ordens. A escala de prontidão será, no máximo, de 12 (doze) horas. As horas de prontidão serão, para todos os efeitos, contadas à razão de 2/3 (dois terços) do salário-hora normal.

Parágrafo revogado pela Lei n. 3.970, de 13.10.1961, e restaurado pelo art. 36 do Decreto-lei n. 5, de 04.04.1966.

O empregado que trabalha em sistema de prontidão é empregado efetivo e permanece nas dependências da estrada aguardando ordens. A escala de prontidão não pode ser superior a doze horas, e as horas de prontidão devem ser remuneradas à razão de dois terços do salário-hora normal.

Há restrição significativa à disponibilidade pessoal do empregado, uma vez que ele permanece no ambiente de trabalho.

---

§ 4º Quando, no estabelecimento ou dependência em que se achar o empregado, houver facilidade de alimentação, as 12 (doze) horas de prontidão, a que se refere o parágrafo anterior, poderão ser contínuas. Quando não existir essa facilidade, depois de 6 (seis) horas de prontidão, haverá sempre um intervalo de 1 (uma) hora para cada refeição, que não será, nesse caso, computada como de serviço.

Parágrafo revogado pela Lei n. 3.970, de 13.10.1961, e restaurado pelo art. 36 do Decreto-lei n. 5, de 04.04.1966.

Se houver facilidade de alimentação no local onde se encontra o empregado, as doze horas de prontidão poderão ser laboradas de forma contínua. Caso não haja tal facilidade, após seis horas de trabalho em sistema de prontidão, deverá haver um intervalo de uma hora para refeição, que não é computada como de serviço.

Art. 245. O horário normal de trabalho dos cabineiros nas estações de tráfego intenso não excederá de 8 (oito) horas e deverá ser dividido em 2 (dois) turnos com intervalo não inferior a 1 (uma) hora de repouso, não podendo nenhum turno ter duração superior a 5 (cinco) horas, com um período de descanso entre 2 (duas) jornadas de trabalho de 14 (quatorze) horas consecutivas.

A jornada normal de trabalho, que é de oito horas diárias, deve ser dividida em dois turnos de cinco horas cada um, no máximo, quando se tratar de cabineiros nas estações de tráfego intenso. Mais uma vez, a norma é de proteção em decorrência do trabalho desgastante, a fim de evitarem-se fadiga e afronta às normas de saúde laboral.

Art. 246. O horário de trabalho dos operadores telegrafistas nas estações de tráfego intenso não excederá de 6 (seis) horas diárias.

A jornada de trabalho não deve exceder seis horas diárias para os operadores telegrafistas nas estações de tráfego intenso. A lei reduz a jornada de trabalho em razão do trabalho penoso e extenuante.

Art. 247. As estações principais, estações de tráfego intenso e estações do interior serão classificadas para cada empresa pelo Departamento Nacional de Estradas de Ferro.

É o Departamento Nacional de Estradas de Ferro que tem competência para classificar as estações principais, estações de tráfego intenso e estações do interior.

Seção VI
Das Equipagens das Embarcações da Marinha Mercante Nacional, de Navegação Fluvial e Lacustre, do Tráfego nos Portos e da Pesca

---

Art. 248. Entre as horas zero e 24 (vinte e quatro) de cada dia civil, o tripulante poderá ser conservado em seu posto durante 8 (oito) horas, quer de modo contínuo, quer de modo intermitente.

Há regulamentação especial do trabalho dos marítimos em razão das peculiaridades de prestação de seus serviços. A duração normal do trabalho dos marítimos é de oito horas diárias, o que pode compreender qualquer período entre a 0 e as 24 horas de cada dia civil. A jornada de trabalho pode ser contínua ou intermitente, o que fica a critério do comandante da embarcação.

---

§ 1º A exigência do serviço contínuo ou intermitente ficará a critério do comandante e, neste último caso, nunca por período menor que 1 (uma) hora.

A jornada de trabalho contínua é interrompida pelo intervalo para repouso e refeição e, na jornada intermitente, os períodos que a compõem não podem ser inferiores a uma hora.

§ 2º Os serviços de quarto nas máquinas, passadiço, vigilância e outros que, consoante parecer médico, possam prejudicar a saúde do tripulante serão executados por períodos não maiores e com intervalos não menores de 4 (quatro) horas.

Os serviços mencionados no artigo são executados obrigatoriamente em jornadas intermitentes, com períodos de trabalho não superiores a quatro horas consecutivas e com intervalo nunca inferior a quatro horas, em razão de serem serviços que podem prejudicar a saúde do tripulante.

Art. 249. Todo o tempo de serviço efetivo, excedente de 8 (oito) horas, ocupado na forma do artigo anterior, será considerado de trabalho extraordinário, sujeito à compensação a que se refere o art. 250, exceto se se tratar de trabalho executado:

***a)* em virtude de responsabilidade pessoal do tripulante e no desempenho de funções de direção, sendo consideradas como tais todas aquelas que a bordo se achem constituídas em um único indivíduo com responsabilidade exclusiva e pessoal;**

***b)* na iminência de perigo, para salvaguarda ou defesa da embarcação, dos passageiros, ou da carga, a juízo exclusivo do comandante ou do responsável pela segurança a bordo;**

***c)* por motivo de manobras ou fainas gerais que reclamem a presença, em seus postos, de todo o pessoal de bordo;**

***d)* na navegação lacustre e fluvial, quando se destina ao abastecimento do navio ou embarcação de combustível e rancho, ou por efeito das contingências da natureza da navegação, na transposição de passos ou pontos difíceis, inclusive operações de alívio ou transbordo de carga, para obtenção de calado menor para essa transposição.**

O tempo de serviço efetivo excedente da jornada normal é trabalho extraordinário, exceto: "*a)* em virtude de responsabilidade pessoal do tripulante e no desempenho de funções de direção, sendo consideradas como tais todas aquelas que a bordo se achem constituídas em um único indivíduo com responsabilidade exclusiva e pessoal" – não haverá de se falar em horas extras se existir responsabilidade pessoal do tripulante, quando, no desempenho de funções de direção, haja vista que não decorra de conduta do empregador a necessidade de prorrogar a jornada, ou seja, exercida função equiparada a cargo de confiança; "*b)* na iminência de perigo, para salvaguarda ou defesa da embarcação, dos passageiros, ou da carga, a juízo exclusivo do comandante ou do responsável pela segurança a bordo" – se houver necessidade de serviço sob pena de perigo iminente, levando-se em consideração a natureza do serviço; "*c)* por motivo de manobras ou fainas gerais que reclamem a presença, em seus postos, de todo o pessoal de bordo" – não há falar em horas extras em caso de necessidade de manobras, por não ser tempo computado como de serviço; "*d)* na navegação lacustre e fluvial, quando se destina ao abastecimento do navio ou embarcação de combustível e rancho, ou por efeito das contingências da natureza da navegação na transposição de passos ou pontos difíceis, inclusive operações de alívio ou transbordo de carga, para obtenção de calado menor para essa transposição" – na navegação lacustre e fluvial ou em razão de contingências da natureza da navegação.

§ 1º O trabalho executado aos domingos e feriados será considerado extraordinário, salvo se se destinar:

***a)* ao serviço de quartos e vigilância, movimentação das máquinas e aparelhos de bordo, limpeza e higiene da embarcação, preparo de alimentação da equipagem e dos passageiros, serviço pessoal destes e, bem assim, aos socorros de urgência ao navio ou ao pessoal;**

***b)* ao fim da navegação ou das manobras para a entrada ou saída de portos, atracação, desatracação, embarque ou desembarque de carga e passageiros.**

O trabalho realizado aos domingos e feriados é considerado extraordinário, porém, existem situações de exceção: "*a)* ao serviço de quartos e vigilância, movimentação das máquinas e aparelhos de bordo, limpeza e higiene da embarcação, preparo de alimentação da equipagem e dos passageiros, serviço pessoal destes e, bem assim, aos socorros de urgência ao navio ou ao pessoal" – em caso de serviços de quarto e vigilância, movimentação de máquinas e aparelhos de bordo, limpeza e higiene, preparo de alimentação e socorros de urgência, que são considerados de absoluta necessidade; "*b)* ao fim da navegação ou das manobras para a entrada ou a saída de portos, atracação, desatracação, embarque ou desembarque de carga e passageiros" – serviços relativos à entrada e à saída de portos, atracação, desatracação, embarque ou desembarque de carga e de pessoas, haja vista serem serviços essenciais.

§ 2º Não excederá de 30 (trinta) horas semanais o serviço extraordinário prestado para o tráfego nos portos.

O serviço extraordinário para tráfego nos portos não pode ser superior a trinta horas semanais.

Art. 250. As horas de trabalho extraordinário serão compensadas, segundo a conveniência do serviço, por descanso em período equivalente

no dia seguinte ou no subsequente dentro das do trabalho normal, ou no fim da viagem, ou pelo pagamento do salário correspondente.

O comandante da embarcação poderá compensar o trabalho suplementar de uma jornada com a correspondente redução de uma ou mais jornadas de viagem, sem que exista prejuízo na remuneração. Caso o comandante não faça uso do sistema de compensação, pagará o serviço extraordinário (Súmula n. 96 do TST).

Parágrafo único. As horas extraordinárias de trabalho são indivisíveis, computando-se a fração de hora como hora inteira.

As horas extras não são divisíveis, e a fração é computada como hora inteira.

Art. 251. Em cada embarcação haverá um livro em que serão anotadas as horas extraordinárias de trabalho de cada tripulante, e outro, do qual constarão, devidamente circunstanciadas, as transgressões dos mesmos tripulantes.

As horas extras devem ser objeto de anotação pelo comandante da embarcação em livro próprio. Deve existir controle do trabalho extraordinário, o que é de responsabilidade do comandante, com vistas à própria conservação da saúde do empregado e ao trabalho equilibrado.

Parágrafo único. Os livros de que trata este artigo obedecerão a modelos organizados pelo Ministério do Trabalho, Indústria e Comércio, serão escriturados em dia pelo comandante da embarcação e ficam sujeitos às formalidades instituídas para os livros de registro de empregados em geral.

O modelo do livro é aprovado pelo Ministério do Trabalho e sujeita-se às formalidades que são exigidas nos livros de registro de empregados (o ministério foi extinto, e suas competências foram redistribuídas de acordo com o art. 83 da Lei n. 13.844, de 18.06.2019 – *v.* comentários ao art. 13, § 2º, da CLT).

Art. 252. Qualquer tripulante que se julgue prejudicado por ordem emanada de superior hierárquico poderá interpor recurso, em termos, perante a Delegacia do Trabalho Marítimo, por intermédio do respectivo comandante, o qual deverá encaminhá-lo com a respectiva informação dentro de 5 (cinco) dias, contados de sua chegada ao porto.

Tripulante é todo o marítimo embarcado mediante contrato que exerce suas atividades a bordo, estando sujeito a ordens. Uma ordem pode ser objeto de recurso caso exista prejuízo ao marítimo, sendo o comandante quem presta as informações a respeito e que encaminha ao órgão competente no prazo de cinco dias, que é contado da chegada ao porto.

Seção VII
Dos Serviços Frigoríficos

Art. 253. Para os empregados que trabalham no interior das câmaras frigoríficas e para os que movimentam mercadorias do ambiente quente ou normal para o frio e vice-versa, depois de 1 (uma) hora e 40 (quarenta) minutos de trabalho contínuo, será assegurado um período de 20 (vinte) minutos de repouso, computado esse intervalo como de trabalho efetivo.

O trabalho nas câmaras frigoríficas, em razão das condições em que é exercido, provoca distúrbios na saúde do trabalhador e, por tal motivo, impõe-se um regime especial.

Após uma hora e quarenta minutos de trabalho consecutivo, é assegurado um período de vinte minutos de repouso, e tal intervalo é remunerado e computado como de trabalho efetivo. Assim, o tempo de trabalho efetivo é de sete horas.

Parágrafo único. Considera-se artificialmente frio, para os fins do presente artigo, o que for inferior, nas primeira, segunda e terceira zonas climáticas do mapa oficial do Ministério do Trabalho, Indústria e Comércio, a 15º (quinze graus), na quarta zona a 12º (doze graus), e nas quinta, sexta e sétima zonas a 10º (dez graus).

O ambiente artificialmente frio é o de temperatura inferior a quinze graus na primeira, segunda ou terceira zona climática, doze graus na quarta zona climática, e dez graus na quinta, sexta ou sétima zona climática.

Seção VIII
Dos Serviços de Estiva

Arts. 254 a 284. ***(Revogados pela Lei n. 8.630, de 25.02.1993.)***

Seção IX
Dos Serviços de Capatazias nos Portos

Arts. 285 a 292. ***(Revogados pela Lei n. 8.630, de 25.02.1993.)***

Seção X
Do Trabalho em Minas de Subsolo

Art. 293. A duração normal do trabalho efetivo para os empregados em minas no subsolo não excederá de 6 (seis) horas diárias ou de 36 (trinta e seis) semanais.

Este artigo dá início à Seção X do Título III da CLT, que estabelece normas especiais de tutela do trabalho, referindo-se ora a profissões específicas, como a dos mineiros, jornalistas e químicos, ora a qualidades próprias do trabalhador, como a nacionalidade, o sexo e a idade.

Trata-se de Seção dedicada à atividade em minas de subsolo e inicia-se pela regulamentação da jornada própria a tal trabalho. Acerca do trabalho dos mineiros, verifique-se também a Portaria n. 3.214/78, a NR n. 22 – trabalhos subterrâneos – e a NR n. 15 – poeiras minerais.

A duração do trabalho é questão de extrema importância no Direito Obreiro porque se relaciona à integridade e higidez física e mental do trabalhador; por isso mesmo, consideradas as peculiaridades do trabalho exercido em minas de subsolo, no qual ocorre a presença de agentes insalubres e perigosos como carvão e poeiras minerais, além do risco iminente de acidentes de trabalho, a duração recebeu especial atenção do legislador, que a limitou a seis horas diárias ou 36 horas semanais. O divisor para o cálculo do valor do salário ho ra é 180.

A regulamentação acerca da matéria é inovadora, pois a Convenção Internacional n. 46 recomenda que o limite da jornada seja fixado entre sete e oito horas diárias. Note-se que o legislador brasileiro estabeleceu ainda uma possibilidade ao empregador do mineiro, ao determinar que o número de horas diárias pode variar desde que não seja ultrapassado o limite máximo semanal.

A Lei n. 13.467/2017 trouxe a possibilidade, em um primeiro momento, de que a jornada laboral fosse pactuada diretamente entre as partes, mediante acordo individual, permitindo o sistema 12 x 36, sem excepcionar nenhuma situação. Posteriormente, a MP n. 880/2017 estabeleceu que tal pactuação somente poderá ocorrer mediante acordo coletivo, excepcionando os trabalhadores da área da saúde. Entretanto, o texto do art. 59-A da CLT, constante na referida MP, garante que as leis específicas sejam excepcionadas em relação à possibilidade de flexibilização da jornada. A caducidade da MP em questão faz retornar ao *status quo ante*, de modo que se conclui que o texto legal ora em comento não sofreu alteração, o que equivale a dizer que a duração do trabalho dos mineiros permaneceu incólume com as mudanças legislativas referidas.

Art. 294. O tempo despendido pelo empregado da boca da mina ao local do trabalho e vice-versa será computado para o efeito de pagamento do salário.

A jornada de trabalho do trabalhador em minas e subsolo deve ser computada incluindo-se o tempo despendido para a descida ao subterrâneo, até o local do efetivo trabalho, bem como o tempo necessário para a subida, tendo em vista que, também nesse trajeto, não se afastam as condições adversas dessa atividade e o perigo que a envolve. Trata-se da adoção da teoria da remuneração do tempo à disposição do empregador, expressa no art. 4º da CLT. Pode-se falar ainda em aplicação do conceito de horas *in itinere* ou horas de percurso, cuja matéria é disciplinada no art. 58, § 2º, da CLT, sendo, nesse caso, autorizado o pagamento do tempo por expressa determinação legal. Se somente ao chegar ao local de trabalho é que o empregador passa a computar a jornada de seis horas, o tempo despendido no transporte da boca da mina e até seu retorno deve ser considerado como jornada extraordinária.

A Lei n. 13.467/2017 estabeleceu nova redação ao art. 58, § 2º, da CLT, mediante a qual o tempo de deslocamento entre a residência do empregado e o efetivo posto de ocupação e o período de retorno não são considerados tempo à disposição, desobrigando o empregador da respectiva remuneração. Tal dispositivo, todavia, aos mineiros não se aplica, pois a referida Lei não trouxe nenhuma modificação ao artigo ora em comento. Prevalece, pois, a lei especial sobre a geral.

Art. 295. A duração normal do trabalho efetivo no subsolo poderá ser elevada até 8 (oito) horas diárias ou 48 (quarenta e oito) semanais, mediante acordo escrito entre empregado e empregador ou contrato coletivo de trabalho, sujeita essa prorrogação à prévia licença da autoridade competente em matéria de higiene do trabalho.

É vedada a transação tácita da jornada de trabalho do trabalhador em subsolo, sendo autorizada a modificação dos limites fixados no art. 293 mediante acordo individual escrito ou negociação coletiva; porém, em ambos os casos, sempre sujeita à autorização prévia da autoridade competente em Segurança e Medicina do Trabalho. Observe-se que não houve revogação deste artigo quanto à possibilidade de acordo individual, pois o entendimento majoritário é de que o art. 7º, XIII, da CF, não vedou tal possibilidade. Quanto ao limite máximo semanal, estabelecido no artigo em comento como sendo de 48 horas, houve derrogação tácita pelo art. 7º, XIII, da CF/88, que o fixou em 44 horas. A dilatação da jornada, portanto, deve sempre respeitar o limite máximo de duas horas por dia e de 44 horas semanais.

A ausência de um dos requisitos legais para elastecer a jornada acarretará a nulidade da situação, nulidade que, entretanto, não poderá ser invocada pelo empregador a seu benefício, devendo o empregado receber as horas extras trabalhadas com os acréscimos legais, assim como seus reflexos. A autoridade administrativa competente deverá ser noticiada sobre a ocorrência para a adoção das medidas e aplicação das penalidades cabíveis.

A Lei n. 13.467/2017 trouxe a possibilidade de se firmar acordo de compensação mensal e não apenas semanal, bem como a possibilidade de se firmar banco de horas semestral (art. 59, §§ 6º e 5º, respectivamente). Entretanto, tratando-se de labor sujeito a condições especiais, como o ora em comento, tais possibilidades não têm aplicabilidade sobre os mineiros, uma vez que as condições adversas do trabalho e os riscos a que se submetem os trabalhadores em minas justificam a interpretação de que deve ser evitada qualquer análise extensiva quanto à jornada, restringindo-se, assim, sua permanência no subsolo.

Parágrafo único. A duração normal do trabalho efetivo no subsolo poderá ser inferior a 6 (seis) horas diárias, por determinação da autoridade de que trata este artigo, tendo em vista condições locais de insalubridade e os métodos e processos do trabalho adotado.

A jornada laboral fixada no art. 293 poderá ser diminuída, independentemente da vontade patronal ou de acordo celebrado individual ou coletivamente com o empregado, pela autoridade competente em matéria de medicina e segurança do trabalho, desde que as condições de insalubridade do local ou o modo com que o trabalho é executado assim o exijam.

Trata-se, mais uma vez, da expressão da preocupação do legislador com o trabalho exercido pelos mineiros do subsolo, o qual é por demais prejudicial ao trabalhador, já que o afeta não só em suas condições físicas, devido ao esforço que despende em seu exercício, mas também no que diz respeito aos aspectos psicológicos e morais de sua vida.

Art. 296. A remuneração da hora prorrogada será no mínimo de 50% (cinquenta por cento) superior à da hora normal e deverá constar do acordo ou contrato coletivo de trabalho.

A remuneração pela hora extraordinária é determinada pelo art. 7º, XVI, da CF no percentual mínimo de 50%, estando, pois, tacitamente derrogado este artigo nesse particular. Também pelo mesmo motivo, é desnecessário que esse percentual mínimo conste expressamente no acordo ou contrato coletivo de trabalho. Eventual negociação para pagamento em percentual superior deverá consignar expressamente do contrato individual ou coletivo, não sendo admitido percentual inferior.

Art. 297. Ao empregado no subsolo será fornecida, pelas empresas exploradoras de minas, alimentação adequada à natureza do trabalho, de acordo com as instruções estabelecidas pela Secretaria da Segurança e Medicina do Trabalho e aprovadas pelo Ministério do Trabalho, Indústria e Comércio.

Atualmente, é a Secretaria de Segurança e Medicina do Trabalho o órgão competente para a fixação de instruções próprias para o trabalho exercido na forma deste artigo. A alimentação fornecida deverá ser adequada à natureza do trabalho cumprido, observando-se o desgaste físico despendido durante a jornada laboral. Trata-se de mais um dispositivo que revela a preocupação do legislador em proteger o trabalhador que atua no subsolo, garantindo-lhe o mínimo de reposição nutricional pela energia consumida, como forma de recompor, ainda que parcialmente, a inadequação desse trabalho com relação à vida humana. A concessão, todavia, não se reveste da natureza de salário *in natura* (art. 458 da CLT), pois não deve ser considerada parte do pagamento salarial do trabalhador. Também não há de ser atribuída natureza salarial a tal parcela, pois essa concessão significa tão somente o cumprimento, pelo empregador, da legislação própria que rege a matéria. Ademais, o benefício não é concedido pelo trabalho, mas para o trabalho.

Art. 298. Em cada período de 3 (três) horas consecutivas de trabalho, será obrigatória uma pausa de 15 (quinze) minutos para repouso, a qual será computada na duração normal de trabalho efetivo.

A dicção deste artigo faz concluir que, na jornada normal de seis horas diárias, o trabalhador cumprirá apenas cinco horas e meia de efetivo labor, pois os trinta minutos restantes serão destinados ao descanso obrigatório de quinze minutos a cada três horas consecutivas de trabalho. Tal interregno de descanso é computado na duração normal da jornada do obreiro, motivo pelo qual difere daquele conceito de intervalo intrajornada fixado pelo art. 71, § 2º, da CLT, segundo o qual não se computa o intervalo na duração do trabalho. No caso de não ser concedido tal período para repouso, o empregador deverá remunerá-lo com o acréscimo legal ou contratual, se for superior, remunerando ainda todos os reflexos pertinentes, sem prejuízo da comunicação à autoridade competente para a aplicação das sanções cabíveis.

A Lei n. 13.467/2017 trouxe nova redação ao art. 71, § 4º, a qual, todavia, não afeta o dispositivo ora em comento, face à sua especificidade, valendo o registro de que a legislação já previa, anteriormente, a possibilidade de intervalos remunerados, como na hipótese.

Art. 299. Quando nos trabalhos de subsolo ocorrerem acontecimentos que possam comprometer a vida ou saúde do empregado, deverá a empresa comunicar o fato imediatamente à autoridade Regional do Trabalho, do Ministério do Trabalho, Indústria e Comércio.

Mais uma vez, constata-se a preocupação do legislador em atribuir proteção especial ao trabalhador em minas de subsolo, pois, a partir da premissa do risco iminente no exercício das funções pertinentes, procedeu-se à determinação de que o empregador faça a comunicação à autoridade competente de todo e qualquer acontecimento que possa colocar em risco a vida ou a saúde do trabalhador. Competirá a essa autoridade tomar as providências saneadoras ou preventivas necessárias ao restabelecimento da segurança mínima ao trabalhador no exercício de suas funções. Tal situação poderá desonerar o empregador de eventual responsabilização por infortúnio superveniente, sem prejuízo, todavia, da manutenção de seu poder-dever de prevenção de acidentes e de provisão de necessidades na hipótese de sua ocorrência. A infortunística, portanto, deverá ser considerada caso a caso.

Art. 300. Sempre que, por motivo de saúde, for necessária a transferência do empregado, a juízo da autoridade competente em matéria de segurança e medicina do trabalho, dos serviços no subsolo para os de superfície, é a empresa obrigada a realizar essa transferência, assegurando ao transferido a remuneração atribuída ao trabalhador de superfície em serviço equivalente, respeitada a capacidade profissional do interessado.

Caput *com redação dada pela Lei n. 2.924, de 21.10.1956.*

Na hipótese de existência de risco ou prejuízo à saúde, cabe à autoridade em matéria de Segurança e Medicina do Trabalho transferir o trabalhador do subsolo para a superfície independentemente da vontade patronal, que não poderá recusar-se ao cumprimento da determinação de ordem administrativa. Trata-se de transferência compulsória, em evidente exemplo de intervenção da autoridade pública no contrato de trabalho, independentemente da vontade das partes. Até mesmo o empregado, caso queira recusar-se à transferência, deverá submeter a questão ao Estado, conforme se verá no parágrafo único deste artigo. Justifica-se tal intervencionismo pela necessidade de garantir-se ao hipossuficiente condições mínimas de saúde e segurança, condições estas que, caso contrário, poderiam vir a ser negadas ou renunciadas em nome da sobrevivência do trabalhador e da natureza alimentar do salário. Além disso, a presença da autoridade pública na relação trabalhista tem o objetivo de alcançar situações idênticas às vividas por outros trabalhadores, configurando-se a atividade pedagógica e profilática desejáveis em tais hipóteses.

O trabalhador transferido terá assegurada a identidade de salário com o trabalhador da superfície em serviço equivalente, respeitando-se, em qualquer situação, sua capacidade profissional. Isso significa que, na hipótese de não existir trabalho compatível, o trabalhador permanecerá à disposição do empregador, sem prejuízo de sua remuneração, até que seja recolocado no serviço. Também significa que não se exige a identidade de função (art. 461 da CLT), devido à mera equivalência exigida pela lei. Caberá ao empregador invocar, no âmbito da Justiça do Trabalho, as teses que entender cabíveis caso a caso, sendo esta a esfera judicial competente para a análise da questão.

A modificação quanto ao local de trabalho não acarreta a possibilidade de alterar-se a jornada laboral do mineiro, a qual permanecerá sendo de seis horas diárias. A superação de tal limite implicará o pagamento da sobrejornada correspondente.

Parágrafo único. No caso de recusa do empregado em atender a essa transferência, será ouvida a autoridade competente em matéria de segurança e medicina do trabalho, que decidirá a respeito.

Parágrafo com redação dada pela Lei n. 2.924, de 21.10.1956.

Este artigo permite que a transferência compulsória seja recusada pelo empregado, pois este é o destinatário da proteção à integridade de sua saúde e vida, cabendo-lhe, por isso, invocar motivos que, no seu entender, sejam suficientes ao cancelamento da determinação de remoção quanto ao local de trabalho. O órgão administrativo deverá sopesar tais motivos com a nocividade do local de trabalho, objetivamente considerada, para somente então decidir acerca da manutenção ou não da transferência. Na hipótese de insatisfação do empregado com a decisão, a matéria poderá ser submetida ao conhecimento da Justiça do Trabalho, que detém competência material para tanto (art. 114 da CF).

Art. 301. O trabalho no subsolo somente será permitido a homens, com idade compreendida entre 21 (vinte e um) e 50 (cinquenta) anos, assegurada a transferência para a superfície nos termos previstos no artigo anterior.

Também este artigo refere-se à proteção do trabalhador sujeito à adversidade própria do trabalho em minas de subsolo. Estabeleceu o legislador que somente podem executá-lo homens entre 21 e 50 anos, sendo que, por remeter ao artigo anterior, fica ainda estabelecida a hipótese de transferência para a superfície caso haja riscos à saúde. Antes da idade mínima e após a idade máxima fixadas, a autoridade administrativa poderá, igualmente, determinar a transferência compulsória estabelecida pelo artigo anterior. A respeito do presente artigo, veja o art. 922 da CLT, o qual, em face do decurso do tempo, encontra-se inaplicável atualmente, uma vez que a vigência da Consolidação iniciou-se em 10.11.1943 (art. 911 da CLT). As limitações deste artigo quanto ao sexo e à idade do trabalhador não devem ser consideradas discriminatórias, eis que fixadas em razão da nocividade da tarefa e do meio ambiente laboral, próprios do labor em minas de subsolo.

Seção XI
Dos Jornalistas Profissionais

Art. 302. Os dispositivos da presente Seção se aplicam aos que nas empresas jornalísticas prestem serviços como jornalistas, revisores, fotógrafos, ou na ilustração, com as exceções nela previstas.

O STF decidiu que é inconstitucional a exigência do diploma de jornalismo e registro profissional no extinto Ministério do Trabalho como condição para o exercício da profissão de jornalista, com base no entendimento de que o art. 4º, V, do Decreto-lei n. 972/69 não foi recepcionado pela CF/88, bem como as exigências nele contidas ferem a liberdade de imprensa e contrariam o direito à livre manifestação do pensamento inscrita no art. 13 da Convenção Americana dos Direitos Humanos, também conhecida como Pacto de San José da Costa Rica. A decisão foi tomada no julgamento do RE n. 511.961, interposto pelo Ministério Público Federal (MPF) e pelo Sindicato das Empresas de Rádio e Televisão do Estado de São Paulo (Sertesp) contra acórdão do TRF da 3ª Região que afirmou a necessidade do diploma, contrariando uma decisão da 16ª Vara Cível Federal em São Paulo, em uma ação civil pública. Sendo assim, a situação fática deverá ser examinada casuisticamente, a fim de se enquadrar o trabalhador nas regras da presente Seção. É também pertinente a averiguação da circunstância prevista pela Lei n. 6.612/78 e pelo Decreto n. 83.284/79 da atividade de "colaborador autônomo", cujo traço marcante é a liberdade de criação, pela adoção de critérios e métodos próprios para a produção das matérias, o que descaracteriza a existência de subordinação e, em consequência, de vínculo empregatício. O mencionado Decreto n. 83.284/79 definiu o "colaborador" como aquele que exerce trabalho de natureza técnica, científica ou cultural mediante remuneração e sem relação de emprego. Segundo a Lei n. 6.615/78, radialista e locutor-entrevistador não são considerados jornalistas, por isso não se enquadram nas regras da presente Seção.

---

§ 1º Entende-se como jornalista o trabalhador intelectual cuja função se estende desde a busca de informações até a redação de notícias e artigos e a organização, orientação e direção desse trabalho.

A decisão proferida pelo E. STF, referida no comentário ao *caput* deste artigo, diz respeito à desnecessidade de exigência de diploma de curso superior em Jornalismo para a atuação dos profissionais dessa área. Sendo assim, é possível a contratação de pessoas não graduadas para o exercício das funções de jornalista. E o presente dispositivo legal conceitua esse profissional. Não há que ser confundido o profissional de jornalismo com um simples divulgador de notícias ou repassador de informações. A Portaria GM/MTb n. 3.071/88 atribui aos jornalistas profissionais a natureza de categoria profissional diferenciada, de tal modo que as disposições legais a eles se aplicam mesmo que atuem em empresa que não seja jornalística. Entretanto, para que o profissional tenha direito às vantagens estabelecidas por meio de norma coletiva, é necessário que a empresa haja participado da respectiva negociação, devido à natureza contratual do respectivo instrumento, que vincula somente os seus signatários. A propósito, verifique a Súmula n. 374 do TST. Acerca de seguro de vida instituído em norma coletiva, veja o Precedente Normativo n. 112 da SDC do TST.

Outra questão importante acerca do salário do jornalista é a relativa à equiparação salarial, pois, ainda que se trate de trabalho intelectual, é possível o deferimento da pretensão, bastando que sejam demonstrados os requisitos legais necessários para tanto.

---

§ 2º Consideram-se empresas jornalísticas, para os fins desta Seção, aquelas que têm a seu cargo a edição de jornais, revistas, boletins e periódicos, ou a distribuição de noticiário, e, ainda, a radiodifusão em suas seções destinadas à transmissão de notícias e comentários.

Este dispositivo legal conceitua as empresas jornalísticas. A propósito, deve-se consultar o disposto no art. 3º do Decreto-lei n. 972/69, que, além de definir as empresas jornalísticas, também define as a elas equiparadas. Consulte também a Lei de Imprensa (Lei n. 5.250/67 – em 2009, o STF julgou esta lei incompatível com a CF), o Decreto-lei n. 7.984/45, o Decreto n. 52.287/63, a Lei n. 6.615/78 e o Decreto n. 84.134/79. Sobre o salário profissional de cada categoria, consultar os Decretos-lei n. 7.037/44 e n. 7.858/45 e a Lei n. 4.117/62.

Art. 303. A duração normal do trabalho dos empregados compreendidos nesta Seção não deverá exceder de 5 (cinco) horas, tanto de dia como à noite.

A Seção XI do Capítulo I do Título III da CLT, que estabelece normas especiais de tutela do trabalho, referindo-se ora a profissões específicas, ora a qualidades próprias do trabalhador, dedica-se à atividade do profissional em jornalismo e regulamenta, entre outros direitos, a jornada própria a tal trabalho. A duração do trabalho é questão de extrema importância no direito obreiro, porque se relaciona à integridade e higidez física e mental do trabalhador; por isso mesmo, pelas peculiaridades do referido trabalho, houve, por parte do legislador, a decisão de limitar sua jornada a cinco horas diárias, tanto de dia como de noite. Esse limite prevalece mesmo na hipótese de o jornalista trabalhar em empresas não jornalísticas, tal como se depreende do art. 3º, § 2º, combinado com o art. 15 do Decreto n. 83.284/79, que regulamentou o Decreto-lei n. 972/69, sobre o exercício da profissão de jornalista.

Art. 304. Poderá a duração normal do trabalho ser elevada a 7 (sete) horas, mediante acordo escrito, em que se estipule aumento de ordenado, correspondente ao excesso do tempo de trabalho, em que se fixe um intervalo destinado a repouso ou a refeição.

Uma vez que a limitação da jornada de trabalho visa à integridade e higidez física e mental do trabalhador, é vedada a transação tácita a seu respeito, ficando autorizada a elevação do limite fixado no art. 303 mediante acordo individual escrito até o máximo de sete horas. Essa possibilidade também ocorre mediante negociação coletiva, devido ao disposto no art. 7º, XIII, da CF. A propósito, observe-se que esse dispositivo constitucional não revogou a possibilidade de celebração de acordo individual, devido ao entendimento majoritário que vigora a esse respeito. Em caso de acordo para a majoração da duração do trabalho, deverá também ser estipulado o correspondente aumento salarial, bem como o tempo de intervalo intrajornada destinado ao repouso e à refeição.

Este dispositivo legal autoriza a pré-contratação de horas extras quanto ao jornalista, motivo pelo qual não ocorre a aplicação analógica do entendimento consubstanciado na Súmula n. 199 do TST, que a veda com relação aos bancários.

A ausência de um dos requisitos legais para elastecer-se a jornada acarretará a nulidade da situação, a qual, entretanto, não poderá ser invocada pelo empregador a seu benefício, devendo o empregado receber as horas extras trabalhadas com os acréscimos legais, assim como seus reflexos. A autoridade administrativa competente deverá ser noticiada sobre a ocorrência para a adoção das medidas e aplicação das penalidades cabíveis.

O aumento salarial previsto neste dispositivo legal deve ser superior ao salário estipulado em norma coletiva (art. 9º do Decreto-lei n. 972/69), de modo que não será admitida a contratação individual de jornalista com pagamento salarial ajustado para a jornada de cinco horas, pois a fixação em instrumento coletivo assim já o faz, dada a redação do art. 303 da CLT.

A Lei n. 13.467/2017 trouxe a possibilidade de se firmar acordo de compensação mensal e não apenas semanal, bem como a possibilidade de se firmar banco de horas semestral (art. 59, §§ 6º e 5º, respectivamente). Entretanto, tratando-se de labor sujeito a condições especiais, como o ora em comento, tais possibilidades não têm aplicabilidade sobre os empregados compreendidos neste dispositivo, uma vez que as normas especiais prevalecem sobre as normas gerais.

Parágrafo único. Para atender a motivos de força maior, poderá o empregado prestar serviços por mais tempo do que aquele permitido nesta Seção. Em tais casos, porém, o excesso deve ser comunicado à Divisão de Fiscalização do Departamento Nacional do Trabalho ou às Delegacias Regionais, do Ministério do Trabalho, Indústria e Comércio, dentro de 5 (cinco) dias, com a indicação expressa dos seus motivos.

Verifique-se a conceituação legal de força maior no art. 501 da CLT. A lei não estabelece limite para a sobrejornada em situação de força maior, já que é omissa a esse respeito. É obrigatória a comunicação da ocorrência à autoridade administrativa, sendo que a respectiva omissão ensejará a aplicação das penalidades administrativas cabíveis sem prejuízo do pagamento da sobrejornada efetivamente cumprida.

Art. 305. As horas de serviço extraordinário, quer as prestadas em virtude de acordo, quer as que derivam das causas previstas no parágrafo único do artigo anterior, não poderão ser remuneradas com quantia inferior à que resulta do quociente da divisão da importância do salário mensal por 150 (cento e cinquenta) para os mensalistas, e do salário diário por 5 (cinco) para os diaristas, acrescido de, pelo menos, 50% (cinquenta por cento).

A remuneração pela hora extraordinária é determinada pelo art. 7º, XVI, da CF, no percentual mínimo de 50%, estando, pois, tacitamente derrogado este artigo nesse particular. Quanto ao divisor estabelecido, prevalece o de 150, dada a jornada máxima de 5 horas diárias, fixada no *caput* do art. 303.

O disposto neste artigo difere da regulamentação legal da hipótese com relação aos trabalhadores em geral, como se verifica no art. 61, § 2º, da CLT, pelo qual a jornada extraordinária em caso de força maior não será remunerada com adicional.

Art. 306. Os dispositivos dos arts. 303, 304 e 305 não se aplicam àqueles que exercem as funções de redator-chefe, secretário, subsecretário, chefe e subchefe de revisão, chefe de oficina, de ilustração e chefe de portaria.

Este dispositivo legal afasta a jornada de cinco horas ao jornalista, de modo a refletir a mesma orientação dada ao trabalhador em geral pelo legislador no art. 62, II, da CLT, de acordo com o qual aquele que exerce cargo de confiança não se sujeita à limitação de jornada. Os critérios básicos a serem verificados são o da fidúcia diferenciada, o da remuneração superior e o da ausência de sujeição a controle de horário. Caso o trabalhador exerça as funções especificadas no artigo sem jornada controlada, porém, sem que reste evidenciada a fidúcia especial a autorizar a inaplicabilidade da limitação da jornada, deve prevalecer a jornada regular de cinco horas.

O art. 6º, parágrafo único, do Decreto-lei n. 972/69 definiu que o cargo de editor é considerado de confiança; por isso, atrai a incidência do art. 306 da CLT, desse modo, o dispositivo legal ora em comento não contém uma lista taxativa de cargos.

Parágrafo único. Não se aplicam, do mesmo modo, os artigos acima referidos aos que se ocuparem unicamente em serviços externos.

Este dispositivo legal reflete a mesma orientação dada ao trabalhador em geral pelo legislador no art. 62, I, da CLT.

A Lei n. 13.467/2017 regulamentou o teletrabalho, estabelecendo requisitos e condições cuja validade, certamente, deverá ser analisada no caso concreto, sob pena de serem deslocados ao empregado os riscos do empreendimento.

Art. 307. A cada 6 (seis) dias de trabalho efetivo corresponderá 1 (um) dia de descanso obrigatório, que coincidirá com o domingo, salvo acordo escrito em contrário, no qual será expressamente estipulado o dia em que se deve verificar o descanso.

O art. 7º, XV, da CF estabelece o repouso semanal remunerado preferencialmente aos domingos, o que já autoriza, portanto, que tal se dê em outro dia da semana. Todavia, como a legislação específica não foi revogada, para tanto é necessária a celebração com o jornalista de acordo escrito, no qual conste expressamente o dia destinado ao descanso semanal. A considerar o disposto nos arts. 303 e 304, tem-se que os limites máximos semanais permitidos ao jornalista são de 30 e 42 horas, respectivamente. Observe-se que o limite máximo semanal de 44 horas, fixado no art. 7º, XIII, da CF, consiste na fixação de parâmetro mínimo para tal limitação.

O Decreto n. 27.048/49 autorizou o funcionamento das empresas aos domingos, porém tal fato não as desobriga da remuneração das horas extras prestadas em dia de descanso com o respectivo adicional, se não houve compensação.

Art. 308. Em seguida a cada período diário de trabalho haverá um intervalo mínimo de 10 (dez) horas, destinado ao repouso.

O legislador deferiu ao jornalista tratamento diferenciado do atribuído aos trabalhadores em geral, pois o art. 66 da CLT fixa o intervalo interjornadas em 11 horas. Caso não respeitado tal interregno, o profissional terá direito a auferir o período como jornada extraordinária.

Art. 309. Será computado como de trabalho efetivo o tempo em que o empregado estiver à disposição do empregador.

A Lei 13.467/2017 trouxe nova redação ao art. 4º da CLT, retirando algumas situações dos contornos interpretativos de tempo à disposição do empregador. Considerando-se que a norma especial prevalece sobre a geral, tal norma não se aplica aos empregados atingidos pelo dispositivo ora em comento, restando incólume a dicção do artigo.

Arts. 310 a 314. ***(Revogados pelo Decreto-lei n. 972, de 17.10.1969.)***

Art. 315. O Governo Federal, de acordo com os governos estaduais, promoverá a criação de escolas de preparação ao jornalismo, destinadas à formação dos profissionais da imprensa.

A medida tem por fundamento o fato de o jornalista exercer importante e fundamental papel na formação da opinião pública acerca dos mais diversos assuntos. Por tal razão, sua formação, nos aspectos ético, intelectual e cultural, é de extrema relevância. A propósito, verifique-se o Decreto-lei n. 5.480/43.

Art. 316. ***(Revogado pelo Decreto-lei n. 368, de 19.12.1968.)***

Seção XII
Dos Professores

Art. 317. O exercício remunerado do magistério, em estabelecimentos particulares de ensino, exigirá apenas habilitação legal e registro no Ministério da Educação.

Caput *com redação dada pela Lei n. 7.855, de 24.10.1989.*

Os estabelecimentos de ensino podem ser públicos ou particulares. No primeiro caso, os professores serão funcionários públicos e, no segundo, empregados regidos pelas normas desta Seção. É possível que o professor de estabelecimento de ensino público seja regido pela CLT, hipótese em que a presente Seção também lhe será aplicável. O art. 37, II, da CF, estabelece que os cargos e empregos públicos devem ser preenchidos mediante prévia aprovação em regular concurso público de provas ou de provas e títulos, no qual se assegure igualdade de condições de acesso a todos os interessados. Assim, o magistério de professor que não preencher tal requisito será considerado nulo para fins trabalhistas. Também nessa hipótese, não deverá ser admitido o desvio de função, ou seja, o professor é admitido em um determinado cargo, mas, efetivamente, exerce outro diverso, para o qual a investidura depende do requisito fixado no art. 37 da CF, anteriormente citado. A propósito, veja as OJs ns. 65 da SDI-1 e 38 da SDI-2, ambas do Col. TST.

A regra do art. 317 dirige-se ao estabelecimento de ensino, portanto ao empregador, o qual, caso não a cumpra, não poderá vir a ser beneficiado sob a alegação de existência dessa irregularidade no que diz respeito aos direitos trabalhistas de seus professores. Há julgados, entretanto, que não consideram o exercício da função de ensino, por si só, suficiente ao enquadramento na categoria profissional diferenciada de professor, sendo necessária a habilitação técnica própria e específica, além do registro no Ministério da Educação (MEC).

À vista do disposto no art. 3º desta Consolidação, o professor jamais poderá vir a ser considerado autônomo ou eventual, pois sua atividade sempre diz respeito ao objetivo típico de seu empregador, a instituição de ensino. Poderá, todavia, ser admitido mediante contrato de trabalho por tempo determinado. Poderá, ainda, atuar como professor convidado, ministrando aula magna ou específica acerca de determinado tema.

A Lei n. 13.467/2017 trouxe a possibilidade de se firmar contrato de trabalho mediante terceirização e a na modalidade de contrato intermitente. Tais situações não excepcionam a atividade-fim ou meio do trabalhador, porém, vulneram a proteção a que têm direito, tanto no que diz respeito aos direitos sociais como aos direitos previdenciários. São regras, salvo melhor juízo, que não encontram guarida no sistema constitucional eleito pelo Constituinte originário, que firmou o Estado Social como ator ativo na diminuição das desigualdades.

---

§§ 1º a 3º *(Suprimidos pela Lei n. 7.855, de 24.10.1989.)*

Art. 318. O professor poderá lecionar em um mesmo estabelecimento por mais de um turno, desde que não ultrapasse a jornada de trabalho semanal estabelecida legalmente, assegurado e não computado o intervalo para refeição.

Artigo com redação dada pela Lei n. 13.415, de 16.02.2017.

Para o cômputo das aulas nos termos deste artigo, devem ser observados a Portaria n. 204/45 do Ministério da Educação, a Portaria n. 887/52, os Pareceres do Conselho Federal de Educação n. 459/85 e n. 28/92, os quais fixaram, assim como repetidas normas coletivas, a duração das aulas diurnas em 50 minutos e as noturnas em 45 minutos cada uma. O excesso de jornada deverá ser remunerado com o adicional respectivo, sendo o mínimo de 50% (art. 7º, XVI, da CF). A propósito, veja a OJ n. 206 da SDI-1 do TST. Acerca da denominada *janela*, isto é, o intervalo existente entre uma aula e outra, verifique o Precedente Normativo n. 31 do TST, que a limita a uma hora por dia, a qual deve ser remunerada como aula.

Art. 319. Aos professores é vedado, aos domingos, a regência de aulas e o trabalho em exames.

O repouso semanal do professor é o domingo, obrigatoriamente. Caso haja trabalho nesse dia, deverá ocorrer a respectiva remuneração em dobro, na forma do art. 9º da Lei n. 605/49.

Art. 320. A remuneração dos professores será fixada pelo número de aulas semanais, na conformidade dos horários.

Quanto ao professor, assim como em relação aos demais trabalhadores, vigora o princípio da irredutibilidade salarial, de modo que caberá a verificação caso a caso da redução da carga horária determinada pelo empregador. Vale lembrar que é típico do professor exercer o magistério em diversos estabelecimentos, de modo que eventual redução de jornada pode ocorrer inclusive por seu próprio interesse. Pequenas variações não são consideradas redução salarial injusta; todavia, releva verificar o lapso temporal em que elas ocorreram, pois, às vezes, o prejuízo é verificável somente ao longo do tempo. Não pode haver, entretanto, redução no valor da hora aula contratada. No salário-base ajustado, já se consideram remuneradas as denominadas *horas atividade*, aquelas praticadas para o cumprimento de atividades extraclasse, como preparação de aulas e correção de provas.

A OJ n. 244 da SDI-1 do TST cristalizou o entendimento de que a redução da carga horária do professor em virtude da diminuição do número de alunos não constitui alteração contratual, já que não implica redução do valor da hora-aula. A propósito, veja o Precedente Normativo n. 78 do TST.

---

§ 1º O pagamento far-se-á mensalmente, considerando-se para este efeito cada mês constituído de quatro semanas e meia.

Por este artigo, verifica-se que o professor, na verdade, é horista, embora receba sua remuneração mensalmente. Deve ser acrescido ao pagamento do professor o descanso semanal remunerado (art. 7º, § 2º, da Lei n. 605/49), à base de uma sexta parte do valor da hora-aula por cada aula dada, nos termos do entendimento consubstanciado na Súmula n. 351 do TST (conversão da OJ n. 66 da SDI-1 do TST). A propósito, a Lei n. 605/49 é posterior ao artigo em comento, de modo que neste não poderia estar incluído o direito ao DSR. É possível que norma coletiva discipline diversamente a periodicidade estabelecida neste artigo, porém sempre de forma mais benéfica ao trabalhador, sob pena de ser inválida a pactuação.

---

§ 2º Vencido cada mês, será descontada, na remuneração dos professores, a importância correspondente ao número de aulas a que tiverem faltado.

O desconto pelas ausências injustificadas diz respeito somente ao número de aulas não ministradas, não havendo previsão para a dedução do correspondente período de repouso semanal.

---

§ 3º Não serão descontadas, no decurso de 9 (nove) dias, as faltas verificadas por motivo de gala ou de luto em consequência de falecimento do cônjuge, do pai ou mãe, ou de filho.

O tratamento das ausências do professor pelos motivos mencionados neste artigo é diferenciado daquele atribuído aos demais empregados, os quais têm justificadas as faltas nas hipóteses do art. 473 da CLT. Os incisos III a VI de tal dispositivo consolidado, todavia, aplicam-se aos professores, eis que, quanto a estes, não há norma específica.

Art. 321. Sempre que o estabelecimento de ensino tiver necessidade de aumentar o número de aulas marcado nos horários, remunerará o professor, findo cada mês, com uma importância correspondente ao número de aulas excedentes.

Este artigo não se refere à jornada extraordinária, a qual deverá ser remunerada com o respectivo adicional, mas sim às aulas que vierem a ser ministradas em número excedente ao contratado.

Art. 322. No período de exames e no de férias escolares, é assegurado aos professores o pagamento, na mesma periodicidade contratual, da remuneração por eles percebida, na conformidade dos horários, durante o período de aulas.

Caput *com redação dada pela Lei n. 9.013, de 30.03.1995.*

As férias do professor não se confundem com as dos alunos, pois o repouso anual do primeiro ocorre sempre no mês de julho, enquanto que os últimos também têm férias em janeiro. No mês de julho, portanto, o professor não pode ser convocado pelo estabelecimento de ensino, uma vez que o contrato de trabalho encontra-se interrompido. Nos demais períodos em que não há magistério de aulas, o professor encontra-se em recesso e por tal motivo, pode vir a ser convocado pelo empregador para o comparecimento na instituição, seja para reuniões, seja para participação em outras atividades correlatas.

Presumem-se concedidas as férias do professor em período coincidente com as férias escolares, a fim de se evitarem prejuízos ao funcionamento da escola, presunção esta em acordo com o costume, regras de experiência e de observação do que normalmente acontece.

A peculiaridade da coincidência do período de férias do professor com o de férias dos alunos inviabiliza a utilização do disposto no art. 143 da CLT, qual seja, a conversão de um terço do interregno em pecúnia. É cabível ao professor o pagamento de pelo menos um terço a mais do que o salário normal quando de suas férias anuais remuneradas (art. 7º, XVII, da CF).

A Lei n. 13.467/2017 trouxe a possibilidade de se fruir das férias em até três períodos (art. 134 da CLT), o que, no caso dos professores, poderá significar prejuízo ao curso e aos alunos, razão pela qual o caso concreto deverá indicar a aplicabilidade ou não de tal norma aos empregados ora em comento.

§ 1º Não se exigirá dos professores, no período de exames, a prestação de mais de 8 (oito) horas de trabalho diário, salvo mediante o pagamento complementar de cada hora excedente pelo preço correspondente ao de uma aula.

Este dispositivo visa a tipificar a situação em que não ocorre o magistério de aulas, comparecendo o professor ao estabelecimento de ensino apenas para a aplicação de exames, como nas épocas de recuperação escolar. Nessa hipótese, a jornada máxima permitida é a de oito horas diárias, salvo o DSR, sendo que a extrapolação de tal limite ensejará o pagamento correspondente ao valor de uma aula por hora.

---

§ 2º No período de férias, não se poderá exigir dos professores outro serviço senão o relacionado com a realização de exames.

Este dispositivo refere-se às férias dos alunos e não às do professor, estas havidas no mês de julho, pois, nesse período, o contrato de trabalho está interrompido, não podendo o empregado ser convocado por qualquer motivo. Veja o *caput* deste artigo.

---

§ 3º Na hipótese de dispensa sem justa causa, ao término do ano letivo ou no curso das férias escolares, é assegurado ao professor o pagamento a que se refere o *caput* deste artigo.

Parágrafo acrescentado pela Lei n. 9.013, de 30.03.1995.

Não há óbice legal à despedida imotivada do professor ao término do ano letivo ou no curso das férias escolares. Todavia, caso ocorra tal situação, é assegurado ao professor dispensado o direito ao recebimento do mesmo valor recebido por ele durante o período de aulas. A propósito, verifique a Súmula n. 10 do TST. É possível, portanto, a concessão de aviso-prévio no curso do recesso, porém sem prejuízo do pagamento a que se refere o presente dispositivo legal.

Art. 323. Não será permitido o funcionamento do estabelecimento particular de ensino que não remunere condignamente os seus professores, ou não lhes pague pontualmente a remuneração de cada mês.

Esta regra, em verdade, deveria ser dirigida a todo o estabelecimento particular que contratasse empregados. Por ser expressa com relação ao professor, enseja a comunicação ao órgão público fiscalizador, o qual atuará na aplicação de penalidades pecuniárias (art. 351 da CLT) ou, até mesmo, poderá, ao exercer o poder de polícia típico da administração, fechar o estabelecimento.

Parágrafo único. Compete ao Ministério da Educação fixar os critérios para a determinação da condigna remuneração devida aos professores bem como assegurar a execução do preceito estabelecido no presente artigo.

Veja as Portarias Ministeriais ns. 887/52 e 460/56, que fixaram os critérios para a condignidade da remuneração do professor, tais como número de alunos e nível do curso ministrado. A questão, todavia, é sempre passível de apreciação pelo Judiciário Trabalhista. Sem prejuízo do estabelecido neste dispositivo legal, também mediante negociação coletiva ou dissídio coletivo, é possível a fixação do salário e das demais condições de trabalho do professor.

Art. 324. ***(Revogado pela Lei n. 7.855, de 24.10.1989.)***

Seção XIII
Dos Químicos

Art. 325. É livre o exercício da profissão de químico em todo o território da República, observadas as condições de capacidade técnica e outras exigências previstas na presente Seção:

Acerca do exercício profissional dos químicos, veja a Lei n. 2.800/56, regulamentada pelo Decreto n. 85.877/81, e as Leis ns. 5.530/68 e 6.192/74, esta última sobre os direitos dos naturalizados.

a) **aos possuidores de diploma de químico, químico industrial, químico industrial agrícola ou engenheiro químico, concedido, no Brasil, por escola oficial ou oficialmente reconhecida;**

É condição legal para o exercício da profissão de químico sua titulação como diplomado nos cursos mencionados nesta alínea. O art. 20 da Lei n. 2.800/56 estabelece que, além destes, é também considerado profissional de química o bacharel em química e o técnico químico, ambos após o registro de seus respectivos diplomas. Os arts. 22 e 23 da referida lei também autorizam os engenheiros químicos e os engenheiros industriais – modalidade da área – a se inscreverem no Conselho Regional de Química, podendo, com isso, exercer atividades como químicos.

b) **aos diplomados em química por instituto estrangeiro de ensino superior, que tenham, de acordo com a lei e a partir de 14 de julho de 1934, revalidado os seus diplomas;**

A profissão de químico também pode ser exercida por aqueles que se diplomaram no exterior, desde que hajam revalidado seus diplomas no Brasil. Se for brasileiro o químico, deverá ser verificada a regra do § 4º deste artigo, a estabelecer que o diploma deverá ser revalidado. Se for brasileiro naturalizado, o exercício da profissão será permitido somente com a prévia prestação do serviço militar no Brasil (§ 3º deste artigo, norma não recepcionada pela CF/88). Se for estrangeiro o químico, o exercício da profissão estará sujeito às condições estabelecidas no § 2º deste artigo. Nessas hipóteses, a lei chama os profissionais de licenciados (§ 1º deste artigo).

***c)* aos que, ao tempo da publicação do Decreto n. 24.693, de 12 de julho de 1934, se achavam no exercício efetivo de função pública ou particular, para a qual seja exigida a qualidade de químico, e que tenham requerido o respectivo registro até a extinção do prazo fixado pelo Decreto-lei n. 2.298, de 10 de junho de 1940.**

Este é mais um requisito que deve ser atendido pelo profissional de química para o livre exercício de sua profissão. Também têm o livre exercício da profissão aqueles que cumpriam as funções de químico com anotação de carteira anteriormente à Lei n. 2.800/56 (Lei n. 5.530/68).

§ 1º Aos profissionais incluídos na alínea *c* deste artigo, se dará, para os efeitos da presente Seção, a denominação de "licenciados".

Se o licenciado cometer qualquer infração prevista no art. 346 da CLT, tanto ele quanto seus cúmplices sofrerão as penas por consequência de seu crime (art. 345 da CLT), além da cassação do registro profissional (arts. 345 e 348 da CLT), sem prejuízo de sua dispensa por justa causa (art. 482 da CLT).

§ 2º O livre exercício da profissão de que trata o presente artigo só é permitido a estrangeiros, quando compreendidos:

A CF/88, em seu art. 5º, *caput*, proíbe de forma genérica a distinção entre brasileiros e estrangeiros. No art. 12, § 2º, da Lei Maior, todavia, constata-se que há distinção entre brasileiros natos e naturalizados; o § 3º desse artigo constitucional ressalva os cargos públicos que são privativos de brasileiros natos. É oportuno ressaltar que o princípio da isonomia pressupõe a igualdade de situação jurídica, de acordo com a qual se tratam igualmente os iguais e desigualmente os desiguais. Não há de se falar, portanto, em inaplicabilidade do artigo em comento por estabelecer distinção de tratamento aos profissionais estrangeiros. Trata-se de medida de proteção à mão de obra brasileira em face da concorrência dos trabalhadores estrangeiros. A propósito, veja os arts. 352 e seguintes da CLT.

a) **nas alíneas *a* e *b*, independentemente de revalidação do diploma, se exerciam, legitimamente, na República, a profissão de químico em a data da promulgação da Constituição de 1934;**

Os profissionais de química estrangeiros que exerciam a profissão no período indicado nesta alínea podem exercer livremente suas atividades independentemente de revalidação do diploma, assim como se, no país de origem, existir reciprocidade admitida em lei para o reconhecimento dos respectivos diplomas. A esse respeito, verifique-se o art. 5º, XIII, da CF.

b) **na alínea *b*, se a seu favor militar a existência de reciprocidade internacional, admitida em lei, para o reconhecimento dos respectivos diplomas;**

Os profissionais de química estrangeiros que forem diplomados no exterior podem exercer livremente suas atividades, revalidando seus diplomas, desde que haja reciprocidade admitida em lei para o reconhecimento dos respectivos diplomas.

c) **na alínea *c*, satisfeitas as condições nela estabelecidas.**

A intelecção deste dispositivo leva a concluir que não se faz distinção entre o brasileiro e o estrangeiro que cumprir as condições estabelecidas neste artigo, *caput*, *c*.

§ 3º O livre exercício da profissão a brasileiros naturalizados está subordinado à prévia prestação do serviço militar, no Brasil.

A CF/88 é expressa em estabelecer a igualdade e em vedar discriminações, como se vê do art. 5º, I e X. Também estabelece, no mesmo artigo, no inciso XIII, a liberdade para o trabalho. Desses dispositivos extrai-se que a norma em comento reveste-se de inconstitucionalidade, na medida em que promove distinção entre brasileiros natos e naturalizados; trata desigualmente os iguais e institui restrição ao exercício regular de profissão, condicionando-o à prestação de serviço militar.

§ 4º Só aos brasileiros natos é permitida a revalidação dos diplomas de químicos, expedidos por institutos estrangeiros de ensino superior.

O art. 12, § 2º, da CF permite a distinção entre brasileiros natos e naturalizados. O § 3º do mesmo dispositivo constitucional ressalva a possibilidade de distinção entre brasileiros natos e naturalizados na medida em que menciona os cargos públicos que são privativos aos primeiros. É oportuno ressaltar que o princípio da isonomia pressupõe a igualdade de situação jurídica, de acordo com a qual se tratam igualmente os iguais e desigualmente os desiguais. Como a norma constitucional é expressa ao fixar seus limites de distinção entre os brasileiros natos e os naturalizados, a distinção feita por lei infraconstitucional não prevalece.

Art. 326. Todo aquele que exercer ou pretender exercer as funções de químico é obrigado ao uso de Carteira de Trabalho e Previdência Social, devendo os profissionais que se encontrarem nas condições das alíneas *a* e *b* do art. 325, registrar os seus diplomas de acordo com a legislação vigente.

A CTPS é indispensável ao exercício da profissão de químico, pois prova a qualidade profissional de seu portador. São o Conselho Federal de Química e os Conselhos Regionais de Química os órgãos que fiscalizam o exercício regular da função de químico.

§ 1º A requisição de Carteiras de Trabalho e Previdência Social para uso dos químicos, além do disposto no capítulo "Da Identificação Profissional", somente será processada mediante apresentação dos seguintes documentos que provem:

Parágrafo com redação dada pelo Decreto-lei n. 926, de 10.10.1969.

Os documentos indicados neste parágrafo devem acompanhar o requerimento da expedição da CTPS do químico, levado a efeito junto ao Conselho Regional de Química com jurisdição na localidade (art. 13, *a*, da Lei n. 2.800/56).

***a)* ser o requerente brasileiro, nato ou naturalizado, ou estrangeiro;**

Alínea com redação dada pelo Decreto-lei n. 926, de 10.10.1969.

Trata-se da prova da nacionalidade do requerente. Veja, a propósito, os comentários ao art. 325, *caput* e §§ 2º e 3º, da CLT.

***b)* estar, se for brasileiro, de posse dos direitos civis e políticos;**

Alínea com redação dada pelo Decreto-lei n. 926, de 10.10.1969.

Não é possível ao requerente obter sua carteira profissional na hipótese de haver sido declarada judicialmente sua interdição ou curatela. Também assim não será no caso de não estar quite com a Justiça Eleitoral, devendo apresentar comprovante de votação ou certidão de regularidade expedida pela Justiça Eleitoral.

***c)* ter diploma de químico, químico industrial, químico industrial agrícola ou engenheiro químico, expedido por escola superior oficial ou oficializada;**

Alínea com redação dada pelo Decreto-lei n. 926, de 10.10.1969.

Trata-se do requisito de comprovação de habilitação profissional obtido mediante frequência e aprovação em cursos específicos para o exercício da profissão.

***d)* ter, se diplomado no estrangeiro, o respectivo diploma revalidado nos termos da lei;**

Alínea com redação dada pelo Decreto-lei n. 926, de 10.10.1969.

Veja os comentários aos arts. 325, *b*, e 326, *caput*.

***e)* haver, o que for brasileiro naturalizado, prestado serviço militar no Brasil;**

Alínea com redação dada pelo Decreto-lei n. 926, de 10.10.1969.

Veja o comentário ao art. 325, § 3º.

***f)* achar-se o estrangeiro, ao ser promulgada a Constituição de 1934, exercendo legitimamente, na República, a profissão de químico, ou concorrer a seu favor a existência de reciprocidade internacional, admitida em lei, para o reconhecimento dos diplomas dessa especialidade.**

Alínea com redação dada pelo Decreto-lei n. 926, de 10.10.1969.

Veja o comentário ao art. 325, *c*.

§ 2º A requisição de que trata o parágrafo anterior deve ser acompanhada:

A prova das condições necessárias ao requerimento da Carteira Profissional e de Previdência Social do químico deve, desde logo, acompanhar a respectiva requisição.

***a)* do diploma devidamente autenticado no caso da alínea *b* do artigo precedente, e com as firmas reconhecidas no país de origem e na Secreta-**

ria de Estado das Relações Exteriores, ou da respectiva certidão, bem como do título de revalidação, ou certidão respectiva, de acordo com a legislação em vigor;

O requisito estabelecido nesta alínea é aplicável na hipótese de o diploma haver sido expedido no estrangeiro.

***b)* do certificado ou atestado comprobatório de se achar o requerente na hipótese da alínea *c* do referido artigo, ao tempo da publicação do Decreto n. 24.693, de 12 de julho de 1934, no exercício efetivo de função pública, ou particular, para a qual seja exigida a qualidade de químico, devendo esses documentos ser autenticados pelo Delegado Regional do Trabalho, quando se referirem a requerentes moradores nas capitais dos Estados, ou coletor federal, no caso de residirem os interessados nos municípios do interior;**

Veja o comentário ao art. 325, *c*.

***c)* de 3 (três) exemplares de fotografia exigida pelo art. 329 e de 1 (uma) folha com as declarações que devem ser lançadas na Carteira de Trabalho e Previdência Social de conformidade com o disposto nas alíneas do mesmo artigo e seu parágrafo único.**

Veja o comentário ao art. 325, *c*.

§ 3º Reconhecida a validade dos documentos apresentados, os Conselhos Regionais de Química registrarão, em livros próprios, os documentos a que se refere a alínea *c* do § 1º e, juntamente com a Carteira de Trabalho e Previdência Social emitida, os devolverão ao interessado.

Este parágrafo foi tacitamente derrogado pelo art. 26 da Lei n. 2.800/56.

Art. 327. Além dos emolumentos fixados no Capítulo "Da Identificação Profissional", o registro do diploma fica sujeito à taxa de Cr$ 30,00 (trinta cruzeiros).

Dispositivo tacitamente derrogado pelo art. 26 da Lei n. 2.800/56.

Art. 328. Só poderão ser admitidos a registro os diplomas, certificados de diplomas, cartas e outros títulos, bem como atestados e certificados que estiverem na devida forma e cujas firmas hajam sido regularmente

reconhecidas por tabelião público e, sendo estrangeiros, pela Secretaria do Estado das Relações Exteriores, acompanhados estes últimos da respectiva tradução, feita por intérprete comercial brasileiro.

Os documentos que instruirão o requerimento de expedição da CTPS do químico deverão ter firma reconhecida em cartório e, no caso de estrangeiros, em órgão próprio da Secretaria de Estado das Relações Exteriores, com a correspondente tradução.

Parágrafo único. Os Conselhos Federal e Regionais de Química publicarão, periodicamente, a lista dos químicos registrados na forma desta Seção.

Este parágrafo foi tacitamente derrogado pelos arts. 8º, *e*, e 13, *d*, da Lei n. 2.800/56.

Art. 329. A cada inscrito, e como documento comprobatório do registro, será fornecida pelos Conselhos Regionais de Química uma Carteira de Trabalho e Previdência Social numerada, que, além da fotografia, medindo 3 (três) por 4 (quatro) centímetros, tirada de frente, com a cabeça descoberta, e das impressões do polegar, conterá as declarações seguintes:

Trata-se dos requisitos que devem constar da carteira profissional do químico.

***a)* o nome por extenso;**

Deve ser grafado o nome completo do profissional de química, portador da carteira profissional expedida.

***b)* a nacionalidade e, se estrangeiro, a circunstância de ser ou não naturalizado;**

Deve constar da carteira profissional a nacionalidade do profissional de química e, no caso de ser estrangeiro, a circunstância de ser ou não naturalizado.

***c)* a data e lugar do nascimento;**

Os dados relativos à data e ao local de nascimento complementam a qualificação do indivíduo.

***d)* a denominação da escola em que houver feito o curso;**

Trata-se da identificação da instituição em que o químico portador da carteira de trabalho realizou os estudos necessários à sua formação profissional específica.

***e)* a data da expedição do diploma e o número do registro no respectivo Conselho Regional de Química;**

Esses dados são obtidos no próprio diploma devidamente registrado no Conselho Regional.

***f)* a data da revalidação do diploma, se de instituto estrangeiro;**

Tal requisito faz-se necessário para a hipótese de formação profissional no estrangeiro.

***g)* a especificação, inclusive data, de outro título ou títulos de habilitação;**

A carteira profissional do químico deve conter todos os elementos necessários à verificação de sua habilitação profissional, não apenas de seu diploma de nível superior.

***h)* a assinatura do inscrito.**

A firma do profissional de química é indispensável para a validade de sua carteira profissional.

Parágrafo único. A carteira destinada aos profissionais a que se refere o § 1º do art. 325 deverá, em vez das declarações indicadas nas alíneas *d*, *e* e *f* deste artigo, e além do título – licenciado – posto em destaque, conter a menção do título de nomeação ou admissão e respectiva data, se funcionário público, ou do atestado relativo ao exercício, na qualidade de químico, de um cargo em empresa particular, com designação desta e da data inicial do exercício.

Parágrafo tacitamente derrogado pelos arts. 13 e 15 da Lei n. 2.800/56.

Art. 330. A Carteira de Trabalho e Previdência Social, expedida nos termos desta Seção, é obrigatória para o exercício da profissão, substitui em todos os casos o diploma ou título e servirá de carteira de identidade.

Artigo com redação dada pelo Decreto-lei n. 5.922, de 25.10.1943.

A propósito da identificação do profissional, veja o Capítulo I do Título II da CLT.

Art. 331. Nenhuma autoridade poderá receber impostos relativos ao exercício profissional de químico, senão à vista da prova de que o interessado se acha registrado de acordo com a presente Seção, e essa prova será também exigida para a realização de concursos periciais e todos os outros atos oficiais que exijam capacidade técnica de químico.

Trata-se de um cuidado a mais para o exercício regular da profissão de químico, pois somente em vista da Carteira Profissional devidamente registrada nos termos desta Seção é que serão recebidos os tributos necessários ao exercício profissional, bem como será autorizada a realização de concursos e demais atos que exijam a capacidade técnica do profissional interessado.

Art. 332. Quem, mediante anúncio, placas, cartões comerciais ou outros meios capazes de ser identificados, se propuser ao exercício da química, em qualquer dos seus ramos, sem que esteja devidamente registrado, fica sujeito às penalidades aplicáveis ao exercício ilegal da profissão.

Além dos fatos tipificados neste artigo como exercício ilegal da profissão, também pode assim ser considerado o exercício das funções de químico sem o respectivo registro do profissional e sem a expedição da respectiva CTPS, além do não pagamento da contribuição anual obrigatória ao respectivo Conselho Regional (art. 25 da Lei n. 2.800/56).

Art. 333. Os profissionais a que se referem os dispositivos anteriores só poderão exercer legalmente as funções de químicos depois de satisfazerem as obrigações constantes do art. 330 desta Seção.

Trata-se do porte da regular CTPS do químico, a qual, para a respectiva expedição, deve ser previamente anotada de acordo com a documentação constante do art. 326 da CLT.

Art. 334. O exercício da profissão de químico compreende:

Este artigo é exemplificativo no que diz respeito às atividades que podem ser exercidas pelo profissional de química. A propósito, veja o art. 341.

***a)* a fabricação de produtos e subprodutos químicos em seus diversos graus de pureza;**

Trata-se da modificação dos produtos encontrados na natureza de maneira tal que, de acordo com a combinação efetuada, gera novo bem ou subproduto.

_b)_ a análise química, a elaboração de pareceres, atestados e projetos de especialidade e sua execução, perícia civil ou judiciária sobre essa matéria, a direção e a responsabilidade de laboratórios ou departamentos químicos, de indústria e empresas comerciais;

Trata-se de análise ou decomposição do produto submetido a exame com a finalidade de especificar-lhe a composição, atestando ou firmando a perícia, com a devida assunção da responsabilidade decorrente. O art. 337 da CLT dá fé pública aos documentos assinados por químico nas condições deste artigo, desde que sejam regularmente cumpridos os requisitos do art. 325, *a* e *b*, da CLT.

_c)_ o magistério nas cadeiras de química dos cursos superiores especializados em química;

É permitido ao profissional de química o exercício da função de magistério, independentemente da realização de curso de pedagogia ou outro em área de educação. Sobre o ensino em instituições públicas, veja o art. 338.

_d)_ a engenharia química.

O engenheiro químico é também considerado um exercedor da profissão de químico.

---

§ 1º Aos químicos, químicos industriais e químicos industriais agrícolas que estejam nas condições estabelecidas no art. 325, alíneas _a_ e _b_, compete o exercício das atividades definidas nos itens _a_, _b_ e _c_ deste artigo, sendo privativa dos engenheiros químicos a do item _d_.

As atividades exercidas pelo químico, pelo químico industrial e pelo químico industrial agrícola são diferenciadas da atividade exercida pelo engenheiro químico propriamente dito.

---

§ 2º Aos que estiverem nas condições do art. 325, alíneas _a_ e _b_, compete, como aos diplomados em medicina ou farmácia, as atividades definidas no art. 2º, alíneas _d_, _e_ e _f_ do Decreto n. 20.377, de 08 de setembro de 1931, cabendo aos agrônomos e engenheiros agrônomos as que se acham

especificadas no art. 6º, alínea *h*, do Decreto n. 23.196, de 12 de outubro de 1933.

Trata-se da regulamentação das atividades específicas de cada profissão citada neste dispositivo.

Art. 335. É obrigatória a admissão de químicos nos seguintes tipos de indústria:

Este artigo especifica as indústrias que têm como requisito necessário de funcionamento a admissão de químicos em seus quadros de empregados. Tal exigência prende-se à necessidade de satisfazer tanto o interesse técnico do ponto de vista da especialidade do trabalhador, quanto o interesse social, ao garantir-se a utilização do produto industrializado sem danos ao consumidor.

***a)* de fabricação de produtos químicos;**

O art. 8º da Lei n. 2.800/56, ao atribuir competência ao Conselho Federal de Química, acabou por autorizar a ampliação do quadro das indústrias para as quais é indispensável a admissão de químicos, eis que o mencionado Conselho expediu a Resolução Normativa n. 3/57. Esse entendimento, entretanto, é polêmico, pois há quem defenda a inferioridade na escala hierárquica legislativa da resolução relativamente à CLT.

***b)* que mantenham laboratório de controle químico;**

Independentemente da fabricação de produtos químicos, a mera existência de laboratório de controle químico enseja a admissão de químicos, conforme expresso no *caput* deste artigo. Veja, ainda, comentário à alínea *a*.

***c)* de fabricação de produtos industriais que são obtidos por meio de reações químicas dirigidas, tais como: cimento, açúcar e álcool, vidro, curtume, massas plásticas artificiais, explosivos, derivados de carvão ou de petróleo, refinação de óleos vegetais ou minerais, sabão, celulose e derivados.**

Como já mencionado na alínea *a*, o art. 8º da Lei n. 2.800/56, ao atribuir competência ao Conselho Federal de Química, acabou por autorizar a ampliação do quadro das indústrias para as quais é indispensável a admissão de químicos, eis que o mencionado Conselho expediu a Resolução Normativa n. 3/57. Esse entendimento, entretanto, é polêmico, pois há quem defenda a inferioridade na escala hierárquica legislativa da resolução relativamente à CLT.

Art. 336. No preenchimento de cargos públicos, para os quais se faz mister a qualidade de químico, ressalvadas as especializações referidas no § 2º do art. 334, a partir da data da publicação do Decreto n. 24.693, de 12 de julho de 1934, requer-se, como condição essencial, que os candidatos previamente hajam satisfeito as exigências do art. 333 desta Seção.

Trata-se do porte da regular CTPS do químico, a qual, para a respectiva expedição, deve ser previamente anotada de acordo com a documentação constante do art. 326 da CLT.

Art. 337. Fazem fé pública os certificados de análises químicas, pareceres, atestados, laudos de perícias e projetos relativos a essa especialidade, assinados por profissionais que satisfaçam as condições estabelecidas nas alíneas *a* e *b* do art. 325.

O art. 334, *b*, da CLT, refere-se à análise ou à decomposição de produtos submetidos a exame com a finalidade de especificar-lhes a composição, atestando ou firmando a perícia, com a devida assunção da responsabilidade decorrente. Desde que sejam cumpridos os requisitos do art. 325, *a* e *b*, da CLT, o químico, ao firmar tais documentos, atribuirá a eles fé pública.

Art. 338. É facultado aos químicos que satisfizerem as condições constantes do art. 325, alíneas *a* e *b*, o ensino da especialidade a que se dedicarem, nas escolas superiores, oficiais ou oficializadas.

É permitido ao profissional de química o exercício do magistério, independentemente da realização de curso de pedagogia ou outro em área de educação. Veja o art. 334, *c*, da CLT.

Parágrafo único. Na hipótese de concurso para o provimento de cargo ou emprego público, os químicos a que este artigo se refere terão preferência, em igualdade de condições.

A propósito de provimento de cargos ou empregos públicos, veja o art. 37, II, da CF, o qual estabelece que a investidura em cargos e empregos públicos ocorre após prévia aprovação em concurso público de provas ou de provas e títulos. Tal exigência tem por fim garantir o cumprimento do disposto no *caput* do mesmo dispositivo constitucional, no que diz respeito à moralidade, legalidade, eficiência, publicidade e impessoalidade, princípios regedores da administração pública. Assim sendo, a preferência fixada no dispositivo consolidado ora em comento não prevalece.

Art. 339. O nome do químico responsável pela fabricação dos produtos de uma fábrica, usina ou laboratório deverá figurar nos respectivos rótulos, faturas e anúncios, compreendida entre estes últimos a legenda impressa em cartas e sobrecartas.

Tal exigência prende-se ao fato de que é necessário garantir e preservar a segurança da sociedade como um todo, não apenas a do consumidor do produto industrializado de responsabilidade do químico.

Art. 340. Somente os químicos habilitados, nos termos do art. 325, alíneas *a* e *b*, poderão ser nomeados *ex officio* para os exames periciais de fábricas, laboratórios e usinas e de produtos aí fabricados.

A atividade prevista neste artigo não pode ser cumprida por simples técnicos químicos ou profissionais de química que não foram devidamente diplomados.

Parágrafo único. Não se acham compreendidos no artigo anterior os produtos farmacêuticos e os laboratórios de produtos farmacêuticos.

O parágrafo estabelece uma exceção à regra geral fixada no *caput* do artigo em comento.

Art. 341. Cabe aos químicos habilitados, conforme estabelece o art. 325, alíneas *a* e *b*, a execução de todos os serviços que, não especificados no presente regulamento, exijam por sua natureza o conhecimento de química.

A propósito, veja o art. 334, o qual é meramente exemplificativo.

Art. 342. A fiscalização do exercício da profissão de químico incumbe aos Conselhos Regionais de Química.

Dispositivo tacitamente derrogado pelos arts. 1º, 13 e 15 da Lei n. 2.800/56.

Art. 343. São atribuições dos órgãos de fiscalização:

O Conselho Federal e os Conselhos Regionais de Química são os órgãos responsáveis por fiscalizar o exercício da profissão de químico, nos termos do art. 1º da Lei n. 2.800/56. Diz o art. 2º da mesma lei que tais órgãos apresentam personalidade jurídica de direito público, autonomia administrativa e autonomia patrimonial. A Lei n. 9.649/98 estabelece que os Conselhos Regionais são autorizados a fiscalizar, cobrar e executar contribuições.

_a)_ examinar os documentos exigidos para o registro profissional de que trata o art. 326 e seus §§ 1º e 2º e o art. 327, proceder à respectiva inscrição e indeferir o pedido dos interessados que não satisfizerem as exigências desta Seção;

O profissional de química deve submeter a documentação ao Conselho Regional de Química da localidade onde atua.

_b)_ registrar as comunicações e contratos, a que aludem o art. 350 e seus parágrafos, e dar as respectivas baixas;

O profissional de química deve dirigir-se ao Conselho Regional de Química da localidade onde atua para as devidas comunicações, situação que o vinculará ou desvinculará de todas as obrigações funcionais perante a fiscalização (art. 350, *caput* e § 2º, da CLT).

_c)_ verificar o exato cumprimento das disposições desta Seção, realizando as investigações que forem necessárias, bem como o exame dos arquivos, livros de escrituração, folhas de pagamento, contratos e outros documentos de uso de firmas ou empresas industriais ou comerciais, em cujos serviços tome parte 1 (um) ou mais profissionais que desempenhem função para a qual se deva exigir a qualidade de químico.

A propósito, veja as Leis ns. 2.800/56 e 9.649/98, bem como o art. 344 da CLT, que faculta aos sindicatos profissionais dos químicos o auxílio quanto à função estabelecida nesta alínea.

Art. 344. Aos sindicatos de químicos devidamente reconhecidos é facultado auxiliar a fiscalização, no tocante à observação da alínea _c_ do artigo anterior.

Os sindicatos profissionais dos químicos podem atuar como auxiliares dos Conselhos Regionais de Química na fiscalização do disposto no art. 343, *c*, da CLT.

Art. 345. Verificando-se, pelos Conselhos Regionais de Química, serem falsos os diplomas ou outros títulos dessa natureza, atestados, certificados e quaisquer documentos exibidos para os fins de que trata esta Seção, incorrerão os seus autores e cúmplices nas penalidades estabelecidas em lei.

A falsificação de documentos enseja a aplicação de penalidades não só pelos órgãos fiscalizadores, os Conselhos Regionais de Química (art. 1º da Lei n. 2.800/56), mas também sanções criminais.

Parágrafo único. A falsificação de diploma ou outros quaisquer títulos, uma vez verificada, implicará a instauração, pelo respectivo Conselho Regional de Química, do processo que no caso couber.

Tanto o autor da falsidade quanto seus cúmplices sofrerão as penas por consequência do crime cometido (art. 345 da CLT).

Art. 346. Será suspenso do exercício de suas funções, independentemente de outras penas em que possa incorrer, o químico, inclusive o licenciado, que incidir em alguma das seguintes faltas:

Visa-se à proteção do segredo industrial, que, se violado, pode, inclusive, gerar a ruptura contratual por justa causa (art. 482 da CLT). De fato, o trabalho do profissional de química requer o conhecimento de técnicas que, caso reveladas, podem ser usadas por empresas concorrentes. Além das faltas relacionadas neste artigo, há também o exercício ilegal da profissão (art. 332 da CLT).

***a)* revelar improbidade profissional, dar falso testemunho, quebrar o sigilo profissional e promover falsificações, referentes à prática de atos de que trata esta Seção;**

As penalidades mencionadas neste artigo aplicam-se tanto aos diplomados quanto aos licenciados (art. 325 da CLT), sem prejuízo da dispensa por justa causa (art. 482 da CLT). No caso de ser diplomado, o químico sofrerá suspensão; no caso de ser licenciado, sofrerá cassação do registro profissional.

***b)* concorrer com seus conhecimentos científicos para a prática de crime ou atentado contra a pátria, a ordem social ou a saúde pública;**

Trata-se de mais uma hipótese de falta grave cometida pelo profissional de química. As penalidades mencionadas neste artigo aplicam-se tanto aos diplomados quanto aos licenciados (art. 325 da CLT), sem prejuízo da dispensa por justa causa (art. 482 da CLT). No caso de ser diplomado, o químico sofrerá suspensão e, no caso de ser licenciado, sofrerá cassação do registro profissional.

---

c) deixar, no prazo marcado nesta Seção, de requerer a revalidação e registro do diploma estrangeiro, ou o seu registro profissional no respectivo Conselho Regional de Química.

Isso porque é uma garantia para a sociedade a habilitação técnica do profissional de química. As penalidades mencionadas neste artigo aplicam-se tanto aos diplomados quanto aos licenciados (art. 325 da CLT), sem prejuízo da dispensa por justa causa (art. 482 da CLT). No caso de ser diplomado, o químico sofrerá suspensão; no caso de ser licenciado, sofrerá cassação do registro profissional.

Parágrafo único. O tempo de suspensão a que alude este artigo variará entre 1 (um) mês e 1 (um) ano, a critério do Conselho Regional de Química, após processo regular, ressalvada a ação da justiça pública.

Tanto o autor da falsidade quanto seus cúmplices sofrerão as penas por consequência do crime cometido (art. 345 da CLT), sem prejuízo da suspensão pelo prazo de um a doze meses. No caso de o infrator ser licenciado, a pena de suspensão será comutada em cassação do registro profissional (art. 348 da CLT), sem prejuízo da dispensa por justa causa (art. 482 da CLT).

Art. 347. Aqueles que exercerem a profissão de químico sem ter preenchido as condições do art. 325 e suas alíneas, nem promovido o seu registro, nos termos do art. 326, incorrerão na multa de 200 cruzeiros a 5.000 cruzeiros, que será elevada ao dobro, no caso de reincidência.

Artigo com redação ajustada nos termos da Lei n. 6.205, de 29.04.1975.

A Lei n. 6.205/75 alterou o valor da multa referida neste artigo. Veja também as Leis ns. 6.986/82, 7.855/89 e 13.467/2017.

Art. 348. Aos licenciados a que alude o § 1º do art. 325 poderão, por ato do Conselho Regional de Química, sujeito à aprovação do Conselho Federal de Química, ser cassadas as garantias asseguradas por esta Seção,

desde que interrompam, por motivo de falta prevista no art. 346, a função pública ou particular em que se encontravam por ocasião da publicação do Decreto n. 24.693, de 12 de julho de 1934.

Tanto o autor da falsidade como seus cúmplices sofrerão as penas por consequência do crime cometido (art. 345 da CLT) sem prejuízo da suspensão pelo prazo de 1 a 12 meses (art. 346, parágrafo único, da CLT). No caso de o infrator ser licenciado, a pena de suspensão será comutada em cassação do registro profissional.

Art. 349. O número de químicos estrangeiros a serviço de particulares, empresas ou companhias não poderá exceder de 1/3 (um terço) aos dos profissionais brasileiros compreendidos nos respectivos quadros.

A CF/88, em seu art. 5º, *caput*, proíbe de forma genérica a distinção entre brasileiros e estrangeiros. No art. 12, § 2º, da Lei Maior, todavia, constata-se haver distinção entre brasileiros natos e naturalizados; o § 3º desse dispositivo constitucional ressalva os cargos públicos privativos de brasileiros natos. É oportuno ressaltar que o princípio da isonomia pressupõe a igualdade de situação jurídica, segundo a qual se tratam igualmente os iguais e desigualmente os desiguais. Não há que se falar, portanto, em inaplicabilidade do art. 349 da CLT por estabelecer tratamento distinto aos profissionais estrangeiros. Trata-se de medida de proteção à mão de obra brasileira em face da concorrência dos trabalhadores estrangeiros. A propósito, veja os arts. 352 e seguintes da CLT.

Art. 350. O químico que assumir a direção técnica ou cargo de químico de qualquer usina, fábrica, ou laboratório industrial ou de análise deverá, dentro de 24 (vinte e quatro) horas e por escrito, comunicar essa ocorrência ao órgão fiscalizador, contraindo, desde essa data, a responsabilidade da parte técnica referente à sua profissão, assim como a responsabilidade técnica dos produtos manufaturados.

Este artigo regulamenta a responsabilidade profissional do químico. O órgão responsável por fiscalizar o exercício da profissão de químico é o Conselho Regional de Química (arts. 1º e 2º da Lei n. 2.800/56), que deve ser comunicado obrigatoriamente pelo profissional de química quando este assumir ou deixar a responsabilidade técnica em qualquer empresa, situação que o vinculará ou desvinculará de todas as obrigações funcionais perante a fiscalização (veja o § 2º deste artigo). Veja também o art. 343, *b*, da CLT.

§ 1º Firmando-se contrato entre o químico e o proprietário da usina, fábrica ou laboratório, será esse documento apresentado, dentro do prazo de 30 (trinta) dias, para registro, ao órgão fiscalizador.

O órgão responsável por fiscalizar o exercício da profissão de químico é o Conselho Regional de Química (arts. 1º e 2º da Lei n. 2.800/56), que deve, obrigatoriamente, ser comunicado pelo empregador quando este contratar profissional de química, solicitando o registro do respectivo contrato dentro do prazo de trinta dias da contratação.

§ 2º Comunicação idêntica à de que trata a primeira parte deste artigo fará o químico quando deixar a direção técnica ou o cargo de químico, em cujo exercício se encontrava, a fim de ressalvar a sua responsabilidade e fazer-se o cancelamento do contrato. Em caso de falência do estabelecimento, a comunicação será feita pela firma proprietária.

O órgão responsável por fiscalizar o exercício da profissão de químico é o Conselho Regional de Química (arts. 1º e 2º da Lei n. 2.800/56), que deve, obrigatoriamente, ser comunicado pelo profissional de química quando este assumir ou deixar a responsabilidade técnica em qualquer empresa, situação que o vinculará ou desvinculará de todas as obrigações funcionais perante a fiscalização (veja o *caput* deste artigo). Veja também art. 343, *b*, da CLT.

Seção XIV
Das Penalidades

Art. 351. Os infratores dos dispositivos do presente Capítulo incorrerão na multa de cinquenta a cinco mil cruzeiros, segundo a natureza da infração, sua extensão e a intenção de quem a praticou, aplicada em dobro no caso de reincidência, oposição à fiscalização ou desacato à autoridade.

A multa de que trata o presente artigo tem natureza administrativa e, portanto, não integra o patrimônio de qualquer das partes envolvidas na relação contratual trabalhista. O seu pagamento não isenta o infrator da responsabilização trabalhista pela sua conduta, sendo competência da Justiça do Trabalho analisar o caso concreto no que diz respeito ao contrato de trabalho.

Parágrafo único. São competentes para impor penalidades as autoridades de primeira instância incumbidas da fiscalização dos preceitos constantes do presente Capítulo.

O órgão competente para a aplicação das penalidades previstas neste dispositivo é o Ministério do Trabalho e Emprego, por meio de suas Superintendências Regionais do Trabalho e Emprego e de seus agentes de fiscalização, mediante lavratura de auto de infração (o ministério foi extinto, e suas competências foram redistribuídas de acordo com o art. 83 da Lei n. 13.844, de 18.06.2019 – *v.* comentários ao art. 13, § 2º, da CLT).

CAPÍTULO II
DA NACIONALIZAÇÃO DO TRABALHO

A doutrina majoritária defende que o presente capítulo foi tacitamente derrogado pela CF/88, notadamente porque seu art. 5º, I, abriga o princípio da igualdade, não excepcionando a figura do estrangeiro, inclusive quanto ao livre exercício de qualquer trabalho, ofício ou profissão, desde que atendidas as qualificações profissionais estabelecidas em lei (art. 5º, XIII, da CF). Na vigência da Constituição anterior, podia-se argumentar que todas as normas referentes à nacionalização do trabalho ainda se encontravam recepcionadas (art. 165, XII); contudo, nada foi mencionado na atual. De qualquer maneira, à míngua de uma revogação expressa, seja da própria Constituição vigente, seja do legislador ordinário, empreendemos os comentários necessários a cada um dos artigos e parágrafos que ainda não foram revogados expressamente por leis posteriores, deixando que o leitor opte por um dos posicionamentos, embora abracemos a tese da derrogação tácita dos arts. 352 a 371 da presente Consolidação.

Seção I
Da Proporcionalidade de Empregados Brasileiros

Art. 352. As empresas, individuais ou coletivas, que explorem serviços públicos dados em concessão, ou que exerçam atividades industriais ou comerciais, são obrigadas a manter, no quadro do seu pessoal, quando composto de 3 (três) ou mais empregados, uma proporção de brasileiros não inferior à estabelecida no presente Capítulo.

O Decreto n. 19.482/30, que também impôs a obrigatoriedade de contratação de dois terços de trabalhadores nacionais pelas empresas, é o embrião do presente dispositivo, que visa a favorecer o ingresso de brasileiros no mercado de trabalho; e a Constituição de 1934, que inaugurou o constitucionalismo social no Brasil, determinou que a legislação ordinária se encarregasse de estabelecer o percentual de empregados brasileiros nos estabelecimentos de determinados ramos do comércio e da indústria, bem como nos serviços públicos dados em concessão, e ainda vedou a diferença de salário por motivo de nacionalidade. Como se vê, as concessionárias de serviços públicos ficaram obrigadas a empregar uma proporção de brasileiros, desde que seu quadro de pessoal não fosse inferior a três empregados.

---

§ 1º Sob a denominação geral de atividades industriais e comerciais compreendem-se, além de outras que venham a ser determinadas em portaria do Ministro do Trabalho, Indústria e Comércio, as exercidas:

Veja nota 1 na página XXI.

a) **nos estabelecimentos industriais em geral;**

b) **nos serviços de comunicações, de transportes terrestres, marítimos, fluviais, lacustres e aéreos;**

c) **nas garagens, oficinas de reparos e postos de abastecimento de automóveis e nas cocheiras;**

d) **na indústria da pesca;**

e) **nos estabelecimentos comerciais em geral;**

f) **nos escritórios comerciais em geral;**

g) **nos estabelecimentos bancários, ou de economia coletiva, nas empresas de seguros e nas de capitalizaçao;**

h) **nos estabelecimentos jornalísticos, de publicidade e de radiodifusão;**

i) **nos estabelecimentos de ensino remunerado, excluídos os que neles trabalhem por força de voto religioso;**

j) **nas drogarias e farmácias;**

k) **nos salões de barbeiro ou cabeleireiro e de beleza;**

l) **nos estabelecimentos de diversões públicas, excluídos os elencos teatrais, e nos clubes esportivos;**

m) **nos hotéis, restaurantes, bares e estabelecimentos congêneres;**

n) **nos estabelecimentos hospitalares e fisioterápicos cujos serviços sejam remunerados, excluídos os que neles trabalhem por força de voto religioso;**

o) **nas empresas de mineração;**

p) **nas autarquias, empresas públicas, sociedades de economia mista e demais órgãos da Administração Pública, direta ou indireta, por empregados sujeitos ao regime da CLT.**

Alínea acrescentada pela Portaria n. 3.151, de 19.03.1969.

O presente parágrafo vem acompanhado de dezesseis alíneas, nas quais se apresenta o rol das atividades que estariam enquadradas na exigência do *caput*, atribuindo espectro bastante amplo à denominação de atividades industriais e comerciais, de forma a abranger atividades que, rigorosamente, nada teriam de comerciais ou industriais, a exemplo de bancos, seguradoras, empresas jornalísticas, escolas, salões de beleza, barbeiros ou cabeleireiros, companhias de teatro, hotéis e similares. Curiosamente, jamais se tratou de rol exaustivo, uma vez que, no próprio dispositivo mencionado, se encontra delineada a atribuição do extinto Ministério do Trabalho e Previdência Social (atual Secretaria Especial de Previdência e Trabalho, vinculada ao Ministério da Economia) para, por meio de portaria, acrescentar outras atividades.

---

§ 2º Não se acham sujeitas às obrigações da proporcionalidade as indústrias rurais, as que, em zona agrícola, se destinem ao beneficiamento ou transformação de produtos da região e as atividades industriais de natureza extrativa, salvo a mineração.

As indústrias rurais compreendem as agrícolas e pecuárias, que são espécies de indústrias extrativas, ao lado das indústrias de pesca e mineração. As indústrias de mineração estão obrigadas à regra de proporcionalidade disciplinada no *caput* do artigo, mesmo porque as "empresas de mineração" foram mencionadas expressamente no parágrafo anterior do artigo em comento (alínea *o*), e o mesmo se diga das indústrias de pesca, não obstante o fato de que não foram excepcionadas expressamente, pois constam da alínea *o* do parágrafo anterior.

Art. 353. Equiparam-se aos brasileiros, para os fins deste Capítulo, ressalvado o exercício de profissões reservadas aos brasileiros natos ou aos brasileiros em geral, os estrangeiros que, residindo no País há mais de 10 (dez) anos, tenham cônjuge ou filho brasileiro, e os portugueses.

Artigo com redação dada pela Lei n. 6.651, de 23.05.1979.

O artigo equipara ao brasileiro o estrangeiro residente no país há mais de dez anos, desde que tenha cônjuge ou filho brasileiro; quanto aos portugueses, nada se exige. Contudo, há ressalva expressa quanto às profissões reservadas a brasileiros natos, cuja definição encontra-se no art. 12, I, *a*, *b* e *c*, da CF – os nascidos no Brasil, ainda que de pais estrangeiros, desde que não estejam a serviço de seu país; os nascidos no estrangeiro, de pai brasileiro ou mãe brasileira, desde que qualquer deles esteja a serviço do nosso país; os nascidos no estrangeiro, de pai brasileiro ou mãe brasileira, que sejam registrados em repartição brasileira competente ou venham a residir no Brasil e optem, a qualquer tempo, depois da maioridade, pela nacionalidade brasileira. No entanto, verifica-se que o art. 2º da Lei n. 6.192/74 substituiu em leis e decretos a expressão *brasileiro nato* por *brasileiro*, vedando qualquer distinção entre brasileiros natos e naturalizados (art. 1º). São privativos de brasileiro nato os cargos de presidente e vice-presidente da República, presidente da Câmara dos Deputados, presidente do Senado Federal, ministro do STF, diplomatas, oficial das Forças Armadas e ministro de Estado da Defesa (art. 12, § 3º, da CF).

Art. 354. A proporcionalidade será de 2/3 (dois terços) de empregados brasileiros, podendo, entretanto, ser fixada proporcionalidade inferior, em atenção às circunstâncias especiais de cada atividade, mediante ato do Poder Executivo, e depois de devidamente apurada pelo Departamento Nacional do Trabalho e pelo Serviço de Estatística de Previdência e Trabalho a insuficiência do número de brasileiros na atividade de que se tratar.

Veja nota 1 na página XXI.

O artigo tolera a proporcionalidade inferior a dois terços de brasileiros desde que haja a insuficiência do número de brasileiros na atividade correspondente, por meio de decreto do presidente da República. Trata-se de dispositivo que objetivou viabilizar o exercício de atividades com a utilização de técnicos estrangeiros, sem observância da proporcionalidade já mencionada, quando houver carência de técnicos ou trabalhadores brasileiros habilitados.

Parágrafo único. A proporcionalidade é obrigatória não só em relação à totalidade do quadro de empregados, com as exceções desta Lei, como ainda em relação à correspondente folha de salários.

O presente dispositivo permite inferir que a proporcionalidade deve ser verificada em relação não apenas ao estabelecimento do empregador, mas também à folha de salários. Se uma empresa possuir doze estabelecimentos, com dois empregados em cada um, terá a obrigação de contratar dezesseis empregados brasileiros (dois terços de 24), não podendo argumentar-se a inexistência de estabelecimento com menos de três empregados.

Art. 355. Consideram-se como estabelecimentos autônomos, para os efeitos da proporcionalidade a ser observada, as sucursais, filiais e agências em que trabalhem 3 (três) ou mais empregados.

Sob determinado aspecto, o presente artigo acaba atenuando o disposto no artigo anterior, ao considerar que cada estabelecimento, com três ou mais empregados, deverá observar individualmente a proporcionalidade. O referido dispositivo inviabiliza, por exemplo, a circunstância de um estabelecimento comercial empregar 100% de mão de obra estrangeira se outros estabelecimentos do mesmo empregador contratarem apenas brasileiros para, na contagem final, ser observada a proporcionalidade legal em relação ao total de empregados. Além disso, ao contrário do que se poderia imaginar à primeira vista, o disposto neste artigo não se aplica a diversas empresas integrantes do mesmo grupo econômico. Entendemos que sua redação sugere a existência de apenas uma empresa comercial, industrial ou concessionária de serviço público, que tenha filiais, sucursais ou agências, o que não se confunde com grupo econômico. Em síntese, o dispositivo consolidado não abrigou a tese do grupo econômico como empregador único.

Art. 356. Sempre que uma empresa ou indivíduo explore atividades sujeitas a proporcionalidades diferentes, observar-se-á, em relação a cada uma delas, a que lhe corresponder.

Consoante se observa no art. 354, a regra geral é no sentido de que dois terços dos empregados sejam brasileiros, mas referida proporcionalidade pode ser inferior, desde que mediante ato do Poder Executivo, se for constatada a inexistência de brasileiros suficientes para o exercício da atividade em determinada região. Poderá ocorrer, no entanto, que uma empresa exerça duas ou mais atividades nas quais se verifiquem proporcionalidades diferentes em face do nível de profissionalização de uma determinada atividade. Nessa situação, observa-se a proporcionalidade de cada atividade que, consoante já se verificou, pode ser inferior a dois terços, mas nunca superior. Trata-se de dispositivo legal que reforça o *status* de fonte formal do direito do trabalho que atribuímos às portarias do extinto Ministério do Trabalho e Previdência Social.

Art. 357. Não se compreendem na proporcionalidade os empregados que exerçam funções técnicas especializadas, desde que, a juízo do Ministério do Trabalho, Indústria e Comércio, haja falta de trabalhadores nacionais.

Veja nota 1 na página XXI.

Aparentemente, a disposição deste artigo poderia ser inócua, já que o art. 354 também se encarregou de estabelecer a possibilidade de redução da proporcionalidade de brasileiros, em face das peculiaridades que norteiam determinada atividade. Contudo, o presente artigo trata especificamente da situação daqueles empregados que exercem funções técnicas especializadas, independentemente da atividade empresarial, desde que haja falta de trabalhadores nacionais, a critério da Secretaria Especial de Previdência e Trabalho (vinculada ao Ministério da Economia), o que também difere do art. 354, já que este último pressupõe a existência de um decreto do presidente da República. Em verdade, o art. 354 trata da redução da proporcionalidade, enquanto o presente exclui determinadas funções dessa mesma proporcionalidade.

Art. 358. Nenhuma empresa, ainda que não sujeita à proporcionalidade, poderá pagar a brasileiro que exerça função análoga, a juízo do Ministério do Trabalho, Indústria e Comércio, à que é exercida por estrangeiro a seu serviço, salário inferior ao deste, excetuando-se os casos seguintes:

Veja nota 1 na página XXI.

***a)* quando, nos estabelecimentos que não tenham quadros de empregados organizados em carreira, o brasileiro contar menos de 2 (dois) anos de serviço, e o estrangeiro mais de 2 (dois) anos;**

***b)* quando, mediante aprovação do Ministério do Trabalho, Indústria e Comércio, houver quadro organizado em carreira em que seja garantido o acesso por antiguidade;**

***c)* quando o brasileiro for aprendiz, ajudante ou servente, e não o for o estrangeiro;**

***d)* quando a remuneração resultar de maior produção, para os que trabalham à comissão ou por tarefa.**

O referido artigo consagra uma hipótese específica de equiparação salarial, com vistas à proteção do trabalhador brasileiro, e, ao contrário do que dispõe o art. 461, não exige a identidade de função, e, sim, que a função exercida pelo trabalhador nacional seja análoga àquela exercida pelo estrangeiro; não há restriçoes quanto à localidade nem ressalvas referentes à maior perfeição técnica. Mas são fatos impeditivos do direito à equiparação salarial a existência de quadro de carreira ou adotar, por meio de norma interna da empresa, convenção ou acordo coletivo, plano de cargos e salários, ficando dispensada qualquer forma de homologação ou registro no órgão do Ministério da Economia, conforme o art. 461, § 2º, da CLT, com redação dada pela Lei n. 13.467/2017, podendo a promoção ser feita por merecimento e por antiguidade (art. 461, § 3º, da CLT). A maior produtividade do empregado estrangeiro, por si só, não exime o empregador da obrigação de equiparar os salários, salvo na hipótese de salário pago à base de comissão ou tarefa.

Parágrafo único. Nos casos de falta ou cessação de serviço, a dispensa do empregado estrangeiro deve preceder à de brasileiro que exerça função análoga.

Este dispositivo obriga a que, no caso de falta ou cessação de serviço, a despedida do empregado estrangeiro anteceda a despedida do brasileiro que exerce função análoga, sem levar em consideração critérios objetivos, tais como produtividade, perfeição técnica ou maior aptidão para a função, motivo pelo qual se revela nítido o caráter discriminatório, que, a nosso ver, não passa pelo crivo do art. 5º da CF.

Seção II
Das Relações Anuais de Empregados

Art. 359. Nenhuma empresa poderá admitir a seu serviço empregado estrangeiro sem que este exiba a carteira de identidade de estrangeiro devidamente anotada.

O estrangeiro precisa estar regular no país para ter o direito de trabalhar. Contudo, a regra do presente artigo destina-se às empresas e não diretamente ao trabalhador. É certo, ainda, que, além da exibição da carteira de identidade de estrangeiro, o trabalhador deverá entregar, para registro, sua CTPS, na qual também constará a data da chegada ao Brasil e demais elementos constantes da identidade de estrangeiro (art. 16, IV, da CLT). Permite-se a admissão do estrangeiro que possua, no mínimo, o visto temporário (art. 14, I, *e*, da Lei n. 13.445, de 24.02.2017), sendo vedada a atividade remunerada na situação de visto de visita (art. 13, § 1º, da Lei n. 13.445/2017).

Parágrafo único. A empresa é obrigada a assentar no registro de empregados os dados referentes à nacionalidade de qualquer empregado estrangeiro e o número da respectiva carteira de identidade.

Os dados referentes ao trabalhador estrangeiro devem ser transportados para a ficha de registro de empregados, obrigação que também é patronal, e sua inobservância não acarreta ônus ao trabalhador. É certo, no entanto, que a admissão do estrangeiro em situação irregular não exime o empregador das obrigações trabalhistas correspondentes (art. 4º, XI, da Lei n. 13.445/2017), pois se trata de trabalho proibido e não de trabalho ilícito. Os direitos trabalhistas devem ser assegurados como se fosse válido o contrato, já que não é possível devolver ao trabalhador a energia despendida com a prestação do trabalho sem observância dos ditames legais. O contrato de trabalho é contrato-realidade.

Art. 360. Toda empresa compreendida na enumeração do art. 352, § 1º, deste Capítulo, qualquer que seja o número de seus empregados, deve apresentar anualmente às repartições competentes do Ministério do

Trabalho, de 02 de maio a 30 de junho, uma relação, em 3 (três) vias, de todos os seus empregados, segundo o modelo que for expedido.

Caput *com redação ajustada nos termos do Decreto-lei n. 6.353, de 20.03.1944.*
Veja nota 1 na página XXI.

As informações exigidas no presente artigo passaram a ser feitas por meio da Relação Anual de Informações Sociais (Rais), instituída pelo Decreto n. 76.900/75, a qual acabou substituída pelo Documento de Informações Sociais (DIS) com o Decreto n. 97.936/89, ao criar o Cadastro Nacional do Trabalhador. Na prática, o DIS não é utilizado, persistindo a entrega da Rais. As microempresas (ME) e as empresas de pequeno porte (EPP) têm obrigação de entregar a Rais e o Cadastro Geral de Desempregados (Caged); contudo, estão desobrigadas do cumprimento das exigências do presente artigo, conforme o art. 52, IV, da lei complementar mencionada.

---

§ 1º As relações terão, na primeira via, o selo de três cruzeiros pela folha inicial e dois cruzeiros por folha excedente, além do selo do Fundo de Educação, e nelas será assinalada, em tinta vermelha, a modificação havida com referência à última relação apresentada. Se se tratar de nova empresa, a relação, encimada pelos dizeres – Primeira Relação – deverá ser feita dentro de 30 (trinta) dias de seu registro no Departamento Nacional da Indústria e Comércio ou repartições competentes.

O selo foi abolido pela Lei n. 3.519/58, e até mesmo a exigência destinada especificamente às novas empresas não prevalece na atualidade, já que a obrigação da informação contida no *caput* foi substituída pela entrega da Rais, a qual possui seus próprios prazos.

---

§ 2º A entrega das relações far-se-á diretamente às repartições competentes do Ministério do Trabalho, Indústria e Comércio, ou, onde não as houver, às do Departamento da Receita Federal do Ministério da Economia, Fazenda e Planejamento, que as remeterão desde logo àquelas repartições. A entrega operar-se-á contra recibo especial, cuja exibição é obrigatória, em caso de fiscalização, enquanto não for devolvida ao empregador a via autenticada da declaração.

Veja nota 1 na página XXI.

Atualmente, considerando a extinção do Ministério do Trabalho e Emprego, a Rais deve ser entregue nas repartições competentes do Ministério da Economia.

§ 3º Quando não houver empregado far-se-á declaração negativa.

Observa-se que nem mesmo a ausência de empregados é capaz de eximir as empresas da exigência contida no *caput* do artigo. Todas as empresas cujas atividades encontram-se relacionadas no art. 352, § 1º, ficam obrigadas à entrega da Rais com as informações pertinentes a seus empregados, e, quando não existirem, a relação será negativa.

Art. 361. Apurando-se, das relações apresentadas, qualquer infração, será concedido ao infrator o prazo de 10 (dez) dias para defesa, seguindo-se o despacho pela autoridade competente.

É claro que se trata de defesa administrativa, cujo prazo de dez dias conta-se a partir da notificação das irregularidades. A autoridade competente, do Ministério da Economia, proferirá sua decisão (art. 635, parágrafo único, da CLT), e, se persistir o inconformismo da empresa, deverá valer-se da via judicial, restando evidente a competência da Justiça do Trabalho para processar e julgar o conflito (art. 114, VII, CF). De qualquer maneira, nada obriga o empregador a percorrer a instância administrativa de que trata o presente artigo consolidado, podendo ajuizar eventual demanda desde logo (art. 5º, XXXV, da CF).

Art. 362. As repartições às quais competir a fiscalização do disposto no presente Capítulo manterão fichário especial de empresas, do qual constem as anotações referentes ao respectivo cumprimento, e fornecerão aos interessados as certidões de quitação que se tornarem necessárias, no prazo de trinta dias, contados da data do pedido.

Caput *com redação dada pelo Decreto-lei n. 229, de 28.02.1967.*

A redação do *caput* foi dada pelo Decreto-lei n. 229/67. A certidão mencionada atestava que o empregador cumpriu o seu dever de apresentar a relação de empregados, que observou a proporcionalidade nos termos do art. 354, entre outras informações, de forma a demonstrar que o empregador estava quite com as obrigações previstas no presente capítulo.

§ 1º As certidões de quitação farão prova até 30 de setembro do ano seguinte àquele a que se referiram e estarão sujeitas à taxa correspondente a 1/10 (um décimo) do salário mínimo regional. Sem elas nenhum fornecimento ou contrato poderá ser feito com o Governo da União, dos

Estados ou Municípios, ou com as instituições paraestatais a eles subordinadas, nem será renovada autorização a empresa estrangeira para funcionar no País.

Parágrafo com redação dada pelo Decreto-lei n. 229, de 28.02.1967.

A redação do presente parágrafo foi determinada pelo Decreto-lei n. 229/67. Contudo, a taxa para fornecimento da certidão mencionada no presente parágrafo foi extinta pelo art. 1º, III, da Lei n. 8.522/92. Tratava-se de documento muito importante para participação em licitações públicas, com vistas a firmar contrato com a União, os Estados, os Municípios ou suas respectivas autarquias – referidas, indevidamente, como "instituições paraestatais a eles subordinadas" –, bem como para renovar-se a autorização de funcionamento de empresa estrangeira no Brasil.

Com a edição da MP n. 958, de 24.04.2020, as instituições financeiras ficaram desobrigadas, até 30.09.2020, da apresentação da certidão mencionada no parágrafo *supra* nas contratações e renegociações de operações de crédito realizadas diretamente ou por meio de agentes financeiros.

Nesse mesmo sentido, a MP n. 975/2020 suspendeu a exigência de observância da certidão mencionada neste parágrafo, até 31.12.2020, pelos agentes financeiros nas operações contratadas no âmbito do Programa Emergencial de Acesso a Crédito. Trata-se de política pública destinada a facilitar o acesso a crédito por meio da disponibilização de garantias e preservar empresas de pequeno e de médio porte em face dos impactos da pandemia de Covid-19. E nessa mesma linha, o art. 4º da Lei n. 13.999, de 18.05.2020, ao dispensar a certidão mencionada para fins de concessão de crédito no âmbito do Programa Nacional de Apoio às Microempresas e Empresas de Pequeno Porte (Pronampe).

---

§ 2º A primeira via da relação, depois de considerada pela repartição fiscalizadora, será remetida, anualmente, ao Departamento Nacional de Mão de Obra (DNMO), como subsídio ao estudo das condições de mercado de trabalho, de um modo geral, e, em particular, no que se refere à mão de obra qualificada.

Parágrafo com redação dada pelo Decreto-lei n. 229, de 28.02.1967.

Na redação do presente parágrafo, que foi atribuída pelo Decreto-lei n. 229/67, consta que a primeira via da relação destina-se ao Departamento Nacional de Mão de Obra (DNMO); contudo, a denominação do órgão foi alterada para Secretaria de Emprego e Salário.

§ 3º A segunda via da relação será remetida pela repartição competente ao Serviço de Estatística da Previdência e Trabalho e a terceira via devolvida à empresa, devidamente autenticada.

Parágrafo com redação dada pelo Decreto-lei n. 229, de 28.02.1967.

A redação do presente parágrafo foi determinada pelo Decreto-lei n. 229/67. A relação a que se refere é aquela prevista no art. 360, substituída pela Rais, nos termos do Decreto n. 76.900/75, e, finalmente, pelo DIS, nos termos do Decreto n. 97.936/89. Já o Centro de Documentação e Informática do Ministério do Trabalho foi substituído pelo Serviço de Estatística da Previdência Social. Atualmente, o preenchimento ocorre em apenas duas vias, sendo a segunda devolvida à empresa.

Seção III
Das Penalidades

Art. 363. O processo das infrações do presente Capítulo obedecerá ao disposto no título "Do Processo de Multas Administrativas", no que lhe for aplicável, com observância dos modelos de auto a serem expedidos.

O título mencionado no presente artigo, "Do Processo de Multas Administrativas", insere-se entre os arts. 626 e 642 da presente Consolidação, sendo indispensável a lavratura do auto de infração, nos termos do art. 628, na hipótese de alguma irregularidade, bem como o registro da inspeção no livro intitulado *Inspeção do Trabalho*, inclusive com a possibilidade de interposição de recursos administrativos no caso de discordância (art. 635 da CLT), no prazo de dez dias contados do recebimento da notificação (art. 636 da CLT).

Art. 364. As infrações do presente capítulo serão punidas com a multa de cem a dez mil cruzeiros.

Os valores das multas administrativas, previstos na presente Consolidação, passaram por várias modificações, mas não houve lei que alterasse a redação deste artigo, por isso a manutenção do texto original, com multas expressas em cruzeiros. As mudanças no padrão monetário e a própria inflação justificaram as sucessivas alterações nos valores mencionados, que decorrem das Leis ns. 6.205/75, 6.708/79, 6.986/82 e 7.855/89, que triplicaram os valores das referidas multas administrativas e determinaram a sua conversão para BTN. Contudo, houve a extinção do BTN pela Lei n. 8.177/91, com determinação de conversão para cruzeiros, e, posteriormente, foi instituída a Ufir (Lei n. 8.383/91) como medida de valor e parâmetro de atualização monetária das multas e penalidades administrativas de qualquer natureza, inclusive tributos federais, tendo o extinto Ministério do Trabalho e Previdência Social elaborado um quadro de multas trabalhistas com base nessa unidade. Para o descumprimento das normas de nacionalização do trabalho, fixou-se a multa de, no mínimo, 75,6569, e, no máximo, 7.565,6943 Ufirs, nos termos da Portaria n. 290, de 11.04.1997, que segue vigente não obstante a extinção da Ufir e a determinação de reconversão para o real dos débitos de qualquer natureza com a Fazenda Nacional pela Lei n. 10.522/2002. O valor da última Ufir corresponde a R$ 1,0641, nos termos da MP n. 1.973-67, de outubro de 2000, convertida na lei supramencionada (Lei n. 10.522/2002). Contudo, a Lei n. 13.467/2017 acrescentou o § 2º ao art. 634 da CLT, estabelecendo que os valores das multas administrativas expressos em moeda corrente serão reajustados anualmente pela Taxa Referencial (TR) ou pelo índice que vier a substituí-la, mas não se pode ter certeza que isto é motivo suficiente para modificação da portaria ministerial, considerando decisão da 2ª Turma do Excelso STF, que declarou inconstitucional a atualização de créditos trabalhistas pela taxa referencial, tendo em vista o desempenho histórico do referido índice, que não traduz a efetiva atualização monetária.

Parágrafo único. Em se tratando de empresa concessionária de serviço público, ou de sociedade estrangeira autorizada a funcionar no País, se a infratora, depois de multada, não atender afinal ao cumprimento do texto infringido poderá ser-lhe cassada a concessão ou autorização.

Para as empresas concessionárias de serviços públicos e para as empresas estrangeiras autorizadas a funcionar no Brasil, ainda é possível aplicar-se penalidade acessória, que consistiria na cassação da concessão ou da autorização, mas somente após o término do procedimento administrativo, desde que haja recusa em submeter-se ao comando do texto legal violado. No entanto, a perda da autorização ou de concessão não se opera por ato da autoridade do Ministério da Economia, mas sim por resolução do poder concedente do serviço público ou daquele que autorizou o funcionamento da empresa no Brasil.

Seção IV
Disposições Gerais

Art. 365. O presente Capítulo não derroga as restrições vigentes quanto às exigências de nacionalidade brasileira para o exercício de determinadas profissões nem as que vigoram para as faixas de fronteiras, na conformidade da respectiva legislação.

O referido artigo alude às restrições que vigoram para as faixas de fronteiras e que atingem, portanto, os trabalhadores estrangeiros fronteiriços, ou seja, aqueles domiciliados em cidade contígua ao território nacional, aos quais, respeitados os interesses da segurança nacional, permite-se a entrada nos municípios fronteiriços para a realização de atos da vida civil (art. 23 da Lei n. 13.445/2017).

Art. 366. Enquanto não for expedida a carteira a que se refere o art. 359 deste Capítulo, valerá, a título precário, como documento hábil, uma certidão, passada pelo serviço competente do Registro de Estrangeiros, provando que o empregado requereu sua permanência no País.

Trata-se de dispositivo que consagra a possibilidade de substituição precária da CTPS por uma certidão expedida pela autoridade competente em que se indique ter o estrangeiro requerido a permanência no país, nos termos da Lei n. 13.445/2017. Neste tópico, torna-se oportuno mencionar que ao estrangeiro não se permite o trabalho remunerado com visto de visita (art. 13, § 1º, da Lei n. 13.445/2017).

Art. 367. A redução a que se refere o art. 354, enquanto o Serviço de Estatística da Previdência e Trabalho não dispuser dos dados estatísticos necessários à fixação da proporcionalidade conveniente para cada atividade, poderá ser feita por ato do Ministro do Trabalho, Indústria e Comércio mediante representação fundamentada da associação sindical.

Veja nota 1 na página XXI.

Trata-se de artigo que disciplinava uma espécie de *disposição transitória* enquanto o Serviço de Estatística da Previdência e Trabalho não dispusesse dos dados estatísticos à fixação da proporcionalidade. A atribuição passou a ser da Secretaria de Mão de Obra – atual Secretaria das Relações do Trabalho – em face do Decreto n. 69.014/71.

Parágrafo único. O Serviço de Estatística da Previdência e Trabalho deverá promover, e manter em dia, estudos necessários aos fins do presente Capítulo.

O Serviço de Estatística da Previdência e Trabalho foi substituído pela Secretaria de Mão de Obra, por meio do Decreto n. 69.014/71, e, atualmente, denomina-se Secretaria das Relações do Trabalho.

Seção V
Das Disposições Especiais sobre a Nacionalização da Marinha Mercante

Art. 368. O comando de navio mercante nacional só poderá ser exercido por brasileiro nato.

O referido artigo não foi recepcionado pela Constituição de 1988, na medida em que discrimina o brasileiro naturalizado. Além disso, a própria Lei n. 6.815/80 (Estatuto do Estrangeiro revogado pela Lei n. 13.445/2017 - Lei da Migração) já se encarregara de estabelecer a vedação de algumas atividades aos estrangeiros (art. 106), o que permitia inferir que não há qualquer restrição ao brasileiro naturalizado, ficando apenas ressalvados os cargos que só podem ser exercidos por brasileiros natos, nos termos do art. 12, § 3º, da atual Carta Magna. Além disso, dispõe o art. 12, § 2º, da CF, que "a lei não poderá estabelecer distinção entre brasileiros natos e naturalizados [...]".

Art. 369. A tripulação de navio ou embarcação nacional será constituída, pelo menos, de 2/3 (dois terços) de brasileiros natos.

Caput *com redação dada pela Lei n. 5.683, de 21.07.1971.*

O presente artigo e seu respectivo parágrafo não foram recepcionados pela CR por incompatibilidade com o seu art. 12, § 2º.

Neste artigo, verificamos a repetição da regra de proporcionalidade prevista no art. 354 em relação aos empregadores arrolados no art. 352, que também incorre na discriminação quanto aos brasileiros naturalizados; vale, pois, a mesma observação que fizemos no comentário ao artigo anterior, caso não se entenda que a restrição já foi tacitamente derrogada há muitos anos pela Lei n. 6.192/74.

Parágrafo único. O disposto neste artigo não se aplica aos navios nacionais de pesca, sujeitos a legislação específica.

Parágrafo acrescentado pela Lei n. 5.683, de 21.07.1971.

A redação do presente parágrafo foi atribuída pela Lei n. 5.683/71. Quanto aos navios nacionais de pesca, não se exige a proporcionalidade mencionada no *caput*, podendo a tripulação inteira ser composta por estrangeiros. Contudo, ressalvamos a hipótese de se tratar de navio pertencente a uma indústria de pesca, situação em que se pode reclamar o disposto no art. 352, *d*, desde que haja, pelo menos, três empregados.

Art. 370. As empresas de navegação organizarão as relações dos tripulantes das respectivas embarcações, enviando-as no prazo a que se refere a Seção II deste Capítulo à Delegacia do Trabalho Marítimo onde as mesmas tiverem sede.

Trata-se de regra que se mostra semelhante àquela do art. 360 e que é suprida pelo preenchimento e pela entrega da Rais. Com a extinção do Conselho Superior do Trabalho Marítimo e das Delegacias do Trabalho Marítimo, por meio da Lei n. 7.731/89, impõe-se a conclusão de que o procedimento adotado em relação às empresas de navegação e a obrigação mencionada neste artigo não diferem daqueles consagrados às demais empresas, nos termos do art. 360 consolidado.

Parágrafo único. As relações a que alude o presente artigo obedecerão, na discriminação hierárquica e funcional do pessoal embarcadiço, ao quadro aprovado pelo regulamento das Capitanias dos Portos.

Com a extinção das Delegacias do Trabalho Marítimo, também fica sem efeito o referido dispositivo.

Art. 371. A presente Seção é também aplicável aos serviços de navegação fluvial e lacustre e à praticagem nas barras, portos, rios, lagos e canais.

O referido dispositivo tem o mérito de evitar qualquer discussão em torno de interpretação extensiva ou aplicação analógica das disposições desta Seção à navegação fluvial e lacustre, e também à praticagem em barras, portos, rios, lagos e canais.

CAPÍTULO III
DA PROTEÇÃO DO TRABALHO DA MULHER

Seção I
Da Duração, Condições do Trabalho e da Discriminação contra a Mulher

Seção com denominação dada pela Lei n. 9.799, de 26.05.1999.

Art. 372. Os preceitos que regulam o trabalho masculino são aplicáveis ao trabalho feminino, naquilo em que não colidirem com a proteção especial instituída por este Capítulo.

As disposições que regem a proteção ao trabalho, de forma geral, também se aplicam às mulheres, salvo se existir norma mais favorável constante do presente capítulo. O art. 5º, I, da CF, consagra a igualdade entre homens e mulheres no que diz respeito a direitos e obrigações, motivo pelo qual as regras de proteção ao trabalho da mulher justificam-se em face das peculiaridades que norteiam o trabalho feminino, mormente em face da proteção que se deve prestar à maternidade, com vistas ao art. 7º, XX, da CF, que assegura "proteção do mercado de trabalho da mulher, mediante incentivos específicos, nos termos da lei".

Parágrafo único. (*Revogado pela Lei n. 13.467, de 13.07.2017.*)

Este dispositivo aludia ao trabalho em regime de economia familiar. Contudo, nada obstava a aplicação da CLT – especialmente do presente capítulo – se houvesse o vínculo de emprego, pois as normas trabalhistas não vedam a existência de relação de emprego entre familiares – pais e filhos, cônjuges etc.; no entanto, fica inviabilizado, do ponto de vista prático, o exercício do poder disciplinar na relação de emprego entre cônjuges. Neste sentido, a revogação do presente dispositivo merece mais elogios que críticas.

Art. 373. A duração normal de trabalho da mulher será de 8 (oito) horas diárias, exceto nos casos para os quais for fixada duração inferior.

Em relação à jornada de trabalho, aplica-se ao trabalho da mulher o que dispõe o art. 7º, XIII, da CF – jornada de oito horas, limitada ao módulo semanal de 44, salvo jornada mais benéfica –, sendo facultada a compensação, nos próprios termos do texto constitucional, inclusive pelo banco de horas consagrado no art. 59, § 2º, da CLT. Da mesma maneira, não está proibido à mulher o trabalho em turnos ininterruptos de revezamento (art. 7º, XIV, da CF).

Art. 373-A. Ressalvadas as disposições legais destinadas a corrigir as distorções que afetam o acesso da mulher ao mercado de trabalho e certas especificidades estabelecidas nos acordos trabalhistas, é vedado:

Caput *acrescentado pela Lei n. 9.799, de 26.05.1999.*

O presente artigo foi acrescentado pela Lei n. 9.799/99, com vistas a impedir as práticas discriminatórias, com violação do princípio da igualdade, via de regra, lembrado como princípio da não discriminação no âmbito trabalhista. Trata-se, na verdade, de uma espécie de detalhamento daquilo que já se encontrava estampado no próprio diploma constitucional. Afinal, o art. 7º,

XXX, da CF consagra a "proibição de diferença de salários, de exercício de funções e de critério de admissão por motivo de sexo, idade, cor ou estado civil".

I – publicar ou fazer publicar anúncio de emprego no qual haja referência ao sexo, à idade, à cor ou situação familiar, salvo quando a natureza da atividade a ser exercida, pública e notoriamente, assim o exigir;
Inciso acrescentado pela Lei n. 9.799, de 26.05.1999.

Observa-se que referido inciso não se limita à proteção da mulher, na medida em que pode ser invocado em favor dos homens, e também veda discriminação em relação a idade, raça e estado civil. Por óbvio, ficam ressalvadas as restrições que decorrem da idade mínima para o trabalho (art. 7º, XXXIII, da CF), bem como as atividades que, sabidamente, são mais bem desempenhadas por homens, mormente quando demandam maior esforço físico. Além disso, não se pode ignorar que uma empresa possa preferir, sem justificativa plausível, a contratação apenas de mulheres, de modo a discriminar a figura masculina, ou ainda prestigiar as mulheres nas oportunidades de ascensão profissional ou fixação da remuneração, daí a possibilidade de invocar-se referido dispositivo em favor do trabalhador do sexo masculino.

II – recusar emprego, promoção ou motivar a dispensa do trabalho em razão de sexo, idade, cor, situação familiar ou estado de gravidez, salvo quando a natureza da atividade seja notória e publicamente incompatível;
Inciso acrescentado pela Lei n. 9.799, de 26.05.1999.

Trata-se de norma que também pode ser invocada em favor de homens e mulheres, e até mesmo idosos, que hoje contam com a proteção integral disciplinada na Lei n. 10.741/2003 (Estatuto do Idoso), assegurando-lhes, com absoluta prioridade, o direito à vida, à saúde, à alimentação, à educação, à cultura, ao esporte, ao lazer, ao trabalho, à cidadania, à liberdade, à dignidade, ao respeito e à convivência familiar e comunitária (art. 3º do Estatuto do Idoso). A condição de idoso não é motivo para a despedida, que pode ser considerada discriminatória, o que acarreta ao empregador os ônus decorrentes em face de eventual demanda trabalhista. Para coibir a discriminação no momento da admissão, pode o Ministério Público do Trabalho atuar por meio de inquérito civil público e de eventual ação civil pública. Contudo, diante da não aprovação da Medida Provisória n. 808, de 14.11.2017, foi restabelecida a redação do art. 394-A, atribuída pela Lei n. 13.467/2017, impondo-se a conclusão de que é legítima a recusa de emprego à mulher em estado de gravidez quando se tratar de atividade ou local insalubre em grau máximo e, eventualmente, até no grau médio ou mínimo, a critério do médico responsável pelo exame admissional, hipótese que também abriga a hipótese da mulher em período de lactação.

III – considerar o sexo, a idade, a cor ou situação familiar como variável determinante para fins de remuneração, formação profissional e oportunidades de ascensão profissional;

Inciso acrescentado pela Lei n. 9.799, de 26.05.1999.

No que respeita à remuneração, pensamos que o referido dispositivo revela-se absolutamente desnecessário, na medida em que a própria CF já assegura o direito ao salário igual para trabalho igual. Do mesmo modo, não se tolera a atribuição de maiores oportunidades de ascensão e de formação profissional em face de sexo, idade, cor ou estado civil, e, a exemplo dos incisos anteriores, pensamos que o atual dispositivo pode ser invocado em favor de homens e idosos, independentemente de cor ou situação familiar.

IV – exigir atestado ou exame, de qualquer natureza, para comprovação de esterilidade ou gravidez, na admissão ou permanência no emprego;

Inciso acrescentado pela Lei n. 9.799, de 26.05.1999.

A prática discriminatória mencionada neste inciso tipificará crime, pois não se permite "a exigência de teste, exame, perícia, laudo, atestado, declaração ou qualquer outro procedimento relativo à esterilização ou a estado de gravidez" (art. 2º, I, da Lei n. 9.029/95), sujeitando-se o infrator à pena de detenção de um a dois anos. No entanto, o art. 394-A desta Consolidação consagra que as atividades insalubres no grau máximo não podem ser acometidas a mulheres grávidas, de forma que, no próprio interesse da candidata ao emprego que exige atuação em locais ou atividades insalubres, é importante se ter a confirmação da ausência de gravidez, sob pena de responsabilidade civil ou penal do empregador (art. 132 do CP – periclitação da vida ou saúde de outrem, por exemplo). Enfim, a leitura deste dispositivo precisa de atualização, não se podendo criminalizar a inclusão do exame de gravidez por ocasião da admissão em locais ou atividades sabidamente insalubres, notadamente quando se tratar de insalubridade no grau máximo.

V – impedir o acesso ou adotar critérios subjetivos para deferimento de inscrição ou aprovação em concursos, em empresas privadas, em razão de sexo, idade, cor, situação familiar ou estado de gravidez;

Inciso acrescentado pela Lei n. 9.799, de 26.05.1999.

O disposto neste inciso, por sua vez, comporta interpretação extensiva para também vincular as empresas públicas e demais entes do Poder Público que, por disposição constitucional, estão obrigados a contratar funcionários, mesmo aqueles regidos pela CLT, por meio de concurso público (art. 37, II, da CF), e ainda obrigados à observância dos princípios insculpidos no art. 37, *caput*, da Constituição: legalidade, impessoalidade, moralidade, publicidade e eficiência.

VI – proceder o empregador ou preposto a revistas íntimas nas empregadas ou funcionárias.

Inciso acrescentado pela Lei n. 9.799, de 26.05.1999.

Igualmente, não parece razoável a suposição de que não se permite as revistas íntimas nas "empregadas ou funcionárias" se referida prática puder ser tolerada em relação ao trabalhador homem, mormente em face do art. 5º, I, da CF, bem como pelo fato de que o princípio da dignidade da pessoa humana (art. 1º, III, da CF), que motivou referida disposição legal, também ampara a figura masculina. Contudo, não se está negando ao empregador a possibilidade de revistas pessoais no exercício de seu poder de fiscalização, desde que o procedimento não seja discriminatório, não cause constrangimento ao trabalhador e, a nosso ver, que não seja instituído após a contratação, hipótese em que haveria afronta ao art. 468 da CLT. O que não se permite são as revistas íntimas. Por fim, na medida em que o diploma consolidado regula, basicamente, a relação existente entre empregado e empregador, o legislador ficou a dever uma boa explicação para o uso da expressão *funcionárias*. Trata-se de dispositivo consolidado reforçado pela Lei n. 13.271, de 15.04.2016 (*DOU* de 18.04.2016), ao estabelecer, no art. 1º, que "as empresas privadas, os órgãos e entidades da administração pública, direta e indireta, ficam proibidos de adotar qualquer prática de revista íntima de suas funcionárias e de clientes do sexo feminino", sob pena de multa de R$ 20.000,00, revertidos aos órgãos de proteção dos direitos da mulher, por óbvio, sem prejuízo da indenização por dano moral à empregada.

Parágrafo único. O disposto neste artigo não obsta a adoção de medidas temporárias que visem ao estabelecimento das políticas de igualdade entre homens e mulheres, em particular as que se destinam a corrigir as distorções que afetam a formação profissional, o acesso ao emprego e as condições gerais de trabalho da mulher.

Parágrafo acrescentado pela Lei n. 9.799, de 26.05.1999.

Trata-se de uma espécie de *disposição transitória* com vistas a implementar a política de igualdade consagrada na própria Lei n. 9.799/99, que acrescentou referido artigo ao diploma consolidado. Contudo, pensamos que se torna difícil justificar, passados quase dez anos, que medidas temporárias possam continuar sendo adotadas com a finalidade de disciplinar formação profissional, condições de trabalho e acesso ao emprego da mulher. É certo que o dispositivo legal não determinou o prazo de referidas *medidas temporárias*, mas se deve ter o cuidado de não dotá-lo de cunho indeterminado, uma vez que poderia representar um argumento para esconder alguma outra espécie de discriminação, contra homens e idosos, por exemplo.

Arts. 374 e 375. ***(Revogados pela Lei n. 7.855, de 24.10.1989.)***

Art. 376. ***(Revogado pela Lei n. 10.244, de 27.06.2001.)***

Art. 377. A adoção de medidas de proteção ao trabalho das mulheres é considerada de ordem pública, não justificando, em hipótese alguma, a redução de salário.

A redução salarial só é permitida mediante convenção ou acordo coletivo, a teor do art. 7º, VI, da CF. O próprio art. 503 da presente Consolidação, se não está derrogado tacitamente, deve ter sua interpretação subordinada ao texto constitucional, pois não se admite a redução salarial por ato unilateral do empregador nem mesmo na hipótese de força maior ou prejuízo devidamente comprovado. A manutenção do presente artigo no diploma consolidado se justifica na hipótese de se interpretar que a expressão "redução de salário" abarca as situações de descontos salariais e não apenas os casos de redução salarial propriamente dita, pois, em caso contrário, sua manutenção se revelaria absolutamente inócua, já que a proteção dispensada pelo texto constitucional (art. 7º, VI) abarca o trabalho de homens e mulheres.

Art. 378. ***(Revogado pela Lei n. 7.855, de 24.10.1989.)***

Seção II
Do Trabalho Noturno

Arts. 379 e 380. ***(Revogados pela Lei n. 7.855, de 24.10.1989.)***

Art. 381. O trabalho noturno das mulheres terá salário superior ao diurno.

O dispositivo em apreço também se revela inócuo, pois o art. 7º, IX, da CF já consagra a "remuneração do trabalho noturno superior à do diurno", o qual se aplica indistintamente a homens e mulheres.

§ 1º Para os fins desse artigo, os salários serão acrescidos duma percentagem adicional de 20% (vinte por cento) no mínimo.

A regra do presente parágrafo coincide com aquela do art. 73, *caput*, quanto ao percentual mínimo para o adicional noturno destinado aos empregados urbanos em geral. A empregada rural terá direito ao percentual mínimo de 25% (art. 7º, parágrafo único, da Lei n. 5.889/73), cumprindo assinalar que o mesmo percentual de 20% será assegurado à empregada doméstica, nos termos do art. 13, § 2º, da LC n. 150/2015.

§ 2º Cada hora do período noturno de trabalho das mulheres terá 52 (cinquenta e dois) minutos e 30 (trinta) segundos.

O referido dispositivo coincide com aquele do art. 73, § 1º, da CLT, destinado aos empregados urbanos, e não se aplica ao trabalho rural, eis que se sujeita à legislação específica (Lei n. 5.889/73), ao trabalho doméstico, que passou a ter idêntica disciplina a partir do art. 14, § 1º, da LC n. 150/2015.

Seção III
Dos Períodos de Descanso

Art. 382. Entre 2 (duas) jornadas de trabalho, haverá um intervalo de 11 (onze) horas consecutivas, no mínimo, destinado ao repouso.

Trata-se do intervalo interjornada, também consagrado no art. 66 desta Consolidação. Doutrina e jurisprudência ainda se digladiam quanto às consequências da inobservância de referido intervalo. Entendemos que a inobservância deste dispositivo, a exemplo do que ocorre quanto ao art. 66 da CLT, implica ilícito administrativo, não autorizando, por si só, o pagamento de horas extras. O TST vem acenando em sentido contrário, consoante se infere de sua Súmula n. 110, editada em face do trabalho em regime de revezamento, e OJ n. 355 da SDI-1, que recomenda a aplicação analógica do disposto no art. 71, § 4º, da CLT, quando houver desrespeito ao intervalo interjornada previsto no art. 66 da CLT, entendimento que deve ser estendido ao período de descanso do qual estamos tratando, pois tem idêntica natureza.

Art. 383. Durante a jornada de trabalho, será concedido à empregada um período para refeição e repouso não inferior a 1 (uma) hora nem superior a 2 (duas) horas salvo a hipótese prevista no art. 71, § 3º.

O referido artigo disciplina o intervalo intrajornada, também abrigado no art. 71 desta Consolidação. Ao que parece, o presente artigo parte da premissa de que a jornada de trabalho seja de oito horas, pois, do contrário, seria possível reivindicar o intervalo de uma hora até mesmo em jornada de seis horas ou menos, em contradição com o art. 71, § 1º, da CLT – que alude a quinze minutos –, o que não se revela razoável e contribuiria para a discriminação. Em síntese, a disciplina dos intervalos intrajornadas encontra-se no art. 71 desta Consolidação de maneira bem mais detalhada, inclusive quanto à possibilidade de redução (art. 71, § 3º) e quanto às consequências de sua inobservância (art. 71, § 4º, da CLT), o que se revela plenamente aplicável ao trabalho da mulher; afinal, homens e mulheres são iguais em direitos e obrigações (art. 5º, I, da CF). Contudo, a jurisprudência vem se inclinando pela impossibilidade do intervalo intrajornada superior a 2 horas, ainda que o seja mediante acordo escrito ou convenção coletiva de trabalho (*caput* do art. 71 da CLT), vez que o presente artigo apenas ressalva a hipótese do § 3º do art. 71 deste Diploma consolidado, e a jurisprudência capitaneada pelo TST tem se mostrado sensível ao argumento de que a mulher trabalhadora está sujeita à dupla jornada, em face das tarefas domésticas e dos cuidados com os filhos, não se revelando desarrazoada a proteção especial do presente artigo.

Ademais, verifica-se que a Lei n. 13.467/2017 revogou expressamente o art. 384 desta Consolidação, mantendo íntegro o presente artigo, que é imediatamente anterior, o que consubstancia mais um argumento em favor de sua plena vigência.

Art. 384. (*Revogado pela Lei n. 13.467, de 13.07.2017.*)

Art. 385. O descanso semanal será de 24 (vinte e quatro) horas consecutivas e coincidirá no todo ou em parte com o domingo, salvo motivo de conveniência pública ou necessidade imperiosa de serviço, a juízo da autoridade competente, na forma das disposições gerais, caso em que recairá em outro dia.

O direito ao descanso semanal foi assegurado também no art. 67 da presente Consolidação, e por isso revela-se inócua a referida norma específica. Além disso, a remuneração do repouso foi consagrada, posteriormente, na Lei n. 605/49 (art. 1º), a qual não fez distinção entre homens e mulheres, pois destina-se a "todo empregado". Por fim, o art. 7º, XV, da atual Constituição, aplicável aos trabalhadores de ambos os sexos, consagra o "repouso semanal remunerado, preferencialmente aos domingos".

Parágrafo único. Observar-se-ão, igualmente, os preceitos da legislação geral sobre a proibição de trabalho nos feriados civis e religiosos.

As disposições do presente parágrafo sempre foram desnecessárias, pois remetem aos preceitos gerais sobre a proibição do trabalho em feriados civis e religiosos, o que se encontra disciplinado no art. 70 desta mesma Consolidação, e cuja remuneração também encontrou abrigo na Lei n. 605/49 (art. 1º), sempre subordinada à assiduidade do empregado ao longo da semana anterior (art. 6º da Lei n. 605/49).

Art. 386. Havendo trabalho aos domingos, será organizada uma escala de revezamento quinzenal, que favoreça o repouso dominical.

Até a terceira edição desta obra, adotávamos o entendimento de que a referida disposição não foi recepcionada pela Constituição atual (art. 5º, I), já que atribuiria à mulher, de maneira absolutamente injustificada, disposição mais favorável do que a disciplinada no art. 67, parágrafo único, que alude à exigência de escala mensal. Contudo, na mesma linha dos argumentos que defendem a plena vigência do art. 384 da presente Consolidação, que apregoa o tratamento diferenciado entres os sexos, a jurisprudência tende a afirmar que o presente artigo também foi recepcionado pela Constituição da República. Contudo, parece-nos que eventual descumprimento da escala de revezamento quinzenal implicará apenas ilícito administrativo, pois não vislumbramos disposição legislativa que favoreça a tese de que seria devido o pagamento de hora extra.

Seção IV
Dos Métodos e Locais de Trabalho

Art. 387. ***(Revogado pela Lei n. 7.855, de 24.10.1989.)***

Art. 388. Em virtude de exame e parecer da autoridade competente, o Ministro do Trabalho, Indústria e Comércio poderá estabelecer derroga-

ções totais ou parciais às proibições a que alude o artigo anterior, quando tiver desaparecido, nos serviços considerados perigosos ou insalubres, todo e qualquer caráter perigoso ou prejudicial mediante a aplicação de novos métodos de trabalho ou pelo emprego de medidas de ordem preventiva.

Veja nota 1 na página XXI.

A vigência do presente artigo denuncia o descuido do legislador, pois trata-se de dispositivo que faz remissão expressa ao artigo anterior, que vedava o trabalho da mulher em atividades perigosas e insalubres e também nos subterrâneos, nas minerações em subsolo, nas pedreiras e obras de construção pública ou particular, o qual foi revogado expressamente pela Lei n. 7.855/89. Verifica-se, portanto, que desapareceu a razão de ser do presente artigo, tratando-se de uma hipótese de lacuna ontológica no direito do trabalho, pois a norma encontrar-se-ia vigente, mas não há fatos sobre os quais possa incidir.

Art. 389. Toda empresa é obrigada:

Caput *com redação dada pelo Decreto-lei n. 229, de 28.02.1967.*

I – a prover os estabelecimentos de medidas concernentes à higienização dos métodos e locais de trabalho, tais como ventilação e iluminação e outros que se fizerem necessários à segurança e ao conforto das mulheres, a critério da autoridade competente;

Inciso com redação dada pelo Decreto-lei n. 229, de 28.02.1967.

A obrigatoriedade de proporcionar ambiente de trabalho confortável, ventilação e iluminação adequada encontra-se detalhada nos arts. 175 a 178 da CLT (Capítulo V do Título II "Da Segurança e da Medicina do Trabalho"), motivo pelo qual entendemos desnecessário o presente dispositivo, destinado especificamente ao trabalho da mulher. Além disso, o art. 200, VII, desta mesma Consolidação, consagra a obrigação patronal quanto à observância da higiene nos locais de trabalho.

II – a instalar bebedouros, lavatórios, aparelhos sanitários; dispor de cadeiras ou bancos, em número suficiente, que permitam às mulheres trabalhar sem grande esgotamento físico;

Inciso com redação dada pelo Decreto-lei n. 229, de 28.02.1967.

A obrigação de fornecimento de água potável, lavatórios e instalações sanitárias, com separação por sexos, também é determinada no art. 200, VII, deste mesmo diploma consolidado, a critério da Secretaria Especial de Previdência e Trabalho, vinculada ao Ministério da Economia, sempre levando em consideração as peculiaridades de cada atividade ou setor de trabalho.

III – a instalar vestiários com armários individuais privativos das mulheres, exceto os estabelecimentos comerciais, escritórios, bancos e atividades afins, em que não seja exigida a troca de roupa e outros, a critério da autoridade competente em matéria de segurança e higiene do trabalho, admitindo-se como suficientes as gavetas ou escaninhos, onde possam as empregadas guardar seus pertences;

Inciso com redação dada pelo Decreto-lei n. 229, de 28.02.1967.

Nesse mesmo sentido, o art. 200, VII, desta Consolidação alude à obrigação quanto aos vestiários e armários individuais, o que tornaria o presente dispositivo absolutamente inócuo. Contudo, tem o mérito de antecipar-se às normas da Secretaria Especial de Previdência e Trabalho, estabelecendo, indiretamente, que a exigência aplica-se aos estabelecimentos industriais, hospitalares e similares, nos quais se exige a troca de roupa. Para os estabelecimentos comerciais, escritórios, bancos e atividades afins, a simples existência de gavetas ou escaninhos para a guarda dos pertences já atende ao comando legal.

IV – a fornecer, gratuitamente, a juízo da autoridade competente, os recursos de proteção individual, tais como óculos, máscaras, luvas e roupas especiais, para a defesa dos olhos, do aparelho respiratório e da pele, de acordo com a natureza do trabalho.

Inciso com redação dada pelo Decreto-lei n. 229, de 28.02.1967.

O art. 166 desta Consolidação estabelece idêntica obrigação relativamente aos empregados em geral, apenas não especificando, de forma exemplificativa, as espécies de equipamentos de proteção individual. Entendemos que, a exemplo dos anteriores, trata-se de dispositivo absolutamente dispensável.

§ 1º Os estabelecimentos em que trabalharem pelo menos 30 (trinta) mulheres com mais de 16 (dezesseis) anos de idade terão local apropriado onde seja permitido às empregadas guardar sob vigilância e assistência os seus filhos no período da amamentação.

Parágrafo com redação dada pelo Decreto-lei n. 229, de 28.02.1967.

A redação do presente parágrafo foi atribuída pelo Decreto-lei n. 229/67, com vistas a dar efetividade ao disposto no art. 396 desta mesma Consolidação. Contudo, a Portaria n. 3.296/86, alterada pela Portaria MTB n. 670/97, do extinto Ministério do Trabalho e Previdência Social consagra a possibilidade de adoção do reembolso-creche, desde que seja estipulado em convenção ou acordo coletivo. Trata-se de benefício que deve cobrir, integralmente, as despesas com creche até os seis meses de idade da criança, período no qual o empregador está obrigado a proporcionar os intervalos para amamentação (art. 396 da CLT), e não é exigível quando o estabelecimento tiver menos de trinta mulheres. Devemos ainda atentar para o fato de que o limite de trinta empregadas é contado por estabelecimento e não por empregador; vale dizer, se a empresa tiver três estabelecimentos com quinze mulheres empregadas em cada um, não estará obrigada a proporcionar o benefício.

§ 2º A exigência do § 1º poderá ser suprida por meio de creches distritais mantidas, diretamente ou mediante convênios, com outras entidades públicas ou privadas, pelas próprias empresas, em regime comunitário, ou a cargo do SESI, do SESC, da LBA ou de entidades sindicais.

Parágrafo com redação dada pelo Decreto-lei n. 229, de 28.02.1967.

A redação do presente parágrafo também é obra do Decreto-lei n. 229/67, e continua em plena vigência, pois a possibilidade de reembolso-creche é uma faculdade que depende de negociação coletiva. Se o empregador não tiver meios de proporcionar o local adequado para a amamentação no próprio estabelecimento, poderá utilizar-se de creches conveniadas, mantidas por sindicatos, Sesc, Sesi etc. Mesmo se tiver local apropriado no próprio estabelecimento, será ônus do empregador custear as despesas com a vigilância e assistência, que, por óbvio, só podem ser feitas mediante a contratação ou alocação de pessoal exclusivamente para essa finalidade.

Art. 390. Ao empregador é vedado empregar a mulher em serviço que demande o emprego de força muscular superior a 20 (vinte) quilos para o trabalho contínuo, ou 25 (vinte e cinco) quilos para o trabalho ocasional.

O artigo destina-se a proteger a mulher em face de serviços considerados pesados, objetivando resguardar sua integridade física, já que, em geral, a mulher tem compleição física mais frágil. De qualquer maneira, revela-se discutível a manutenção da vigência deste artigo, pois há casos em que a mulher apresenta compleição superior à de muitos homens, tanto que algumas até exercem atividades outrora reconhecidamente masculinas. Pensamos que o melhor seria permitir à mulher a possibilidade de escolher sua própria atividade, inclusive com emprego de força muscular superior a 20 quilos se tiver condições de fazê-lo, reservando-se a proibição apenas ao caso de gestante, com vistas à proteção da maternidade.

Parágrafo único. Não está compreendida na determinação deste artigo a remoção de material feita por impulsão ou tração de vagonetes sobre trilhos, de carros de mão ou quaisquer aparelhos mecânicos.

A vedação do *caput* não subsiste quando a remoção do material ocorre com a utilização de carrinhos de mão ou de qualquer equipamento mecânico que facilite a locomoção, hipótese em que até poderá haver o transporte de material mais pesado.

Art. 390-A. *(Vetado.)*

Artigo acrescentado pela Lei n. 9.799, de 26.05.1999.

Art. 390-B. As vagas dos cursos de formação de mão de obra, ministrados por instituições governamentais, pelos próprios empregadores ou por qualquer órgão de ensino profissionalizante, serão oferecidas aos empregados de ambos os sexos.

Artigo acrescentado pela Lei n. 9.799, de 26.05.1999.

Trata-se de dispositivo acrescentado pela Lei n. 9.799/99, que objetiva coibir práticas discriminatórias relacionadas ao sexo no momento de se atribuírem vagas em cursos de formação de mão de obra ministrados por qualquer órgão de ensino profissionalizante – Senai, Senac, Senar e Senat –, pelo próprio empregador ou por instituições governamentais, com vistas a possibilitar a todos os empregados – homens e mulheres – idênticas oportunidades de ascensão profissional.

Art. 390-C. As empresas com mais de 100 (cem) empregados, de ambos os sexos, deverão manter programas especiais de incentivos e aperfeiçoamento profissional da mão de obra.

Artigo acrescentado pela Lei n. 9.799, de 26.05.1999.

Estamos diante de outro dispositivo que foi acrescentado pela Lei n. 9.799/99 e que obriga todas as empresas com mais de cem empregados; vale dizer, até cem empregados, não se exige a manutenção de programas especiais de incentivos e aperfeiçoamento profissional da mão de obra, cumprindo assinalar que o limite de cem empregados destina-se a toda a empresa e não se conta por estabelecimento. Pensamos que referida disposição legal carece de regulamentação pormenorizada, pois não foi definida a maneira de implementarem-se referidos programas. Não se sabe, por exemplo, se deverão ser oferecidos cursos durante a jornada ou fora dela, tampouco esclarece se o incentivo pode ser ofertado em pecúnia, para que o próprio empregado possa buscar o curso que mais lhe interessa.

Art. 390-D. ***(Vetado.)***
Artigo acrescentado pela Lei n. 9.799, de 26.05.1999.

Art. 390-E. A pessoa jurídica poderá associar-se a entidade de formação profissional, sociedades civis, sociedades cooperativas, órgãos e entidades públicas ou entidades sindicais, bem como firmar convênios para o desenvolvimento de ações conjuntas, visando à execução de projetos relativos ao incentivo ao trabalho da mulher.
Artigo acrescentado pela Lei n. 9.799, de 26.05.1999.

O dispositivo em apreço trata de projetos destinados, exclusivamente, ao incentivo do trabalho da mulher e consiste em uma faculdade do empregador pessoa jurídica. Não se aplica às pessoas físicas, tampouco se trata de norma cogente, pois não existe a obrigatoriedade da associação mencionada.

Seção V
Da Proteção à Maternidade

Art. 391. Não constitui justo motivo para a rescisão do contrato de trabalho da mulher o fato de haver contraído matrimônio ou de encontrar-se em estado de gravidez.

Diante dos dispositivos legais atuais que vedam as práticas discriminatórias, mormente a Lei n. 9.029/95, afirmamos que a despedida, nas hipóteses mencionadas, autoriza a reintegração no emprego (art. 4º da Lei n. 9.029/95), de modo a restar inócuo o referido artigo consolidado. Além disso, no rol de justas causas (art. 482 da CLT), jamais se inseriu o estado de gravidez ou o fato de a mulher contrair matrimônio.

Parágrafo único. Não serão permitidos em regulamentos de qualquer natureza contratos coletivos ou individuais de trabalho, restrições ao direito da mulher ao seu emprego, por motivo de casamento ou de gravidez.

As práticas discriminatórias mencionadas no *caput* não se encontravam legitimadas nem mesmo em convenção ou acordos coletivos, tampouco as restrições poderiam constar dos contratos de trabalho ou dos regulamentos de empresa. Atualmente, a vedação das práticas discriminatórias encontra-se na Lei n. 9.029/95 e também tem assento constitucional (art. 7º, XXX, da CF).

Art. 391-A. A confirmação do estado de gravidez advindo no curso do contrato de trabalho, ainda que durante o prazo do aviso-prévio trabalhado ou indenizado, garante à empregada gestante a estabilidade provisória prevista na alínea *b* do inciso II do art. 10 do Ato das Disposições Constitucionais Transitórias.

Artigo acrescentado pela Lei n. 12.812, de 16.05.2013.

Trata-se de inovação legislativa que confirma o entendimento que já vinha sendo adotado pela jurisprudência do TST, notadamente em face da modificação da Súmula n. 244, afastando o dogma da impossibilidade de reconhecimento da estabilidade destinada à gestante nos contratos de prazo determinado (inciso III da Súmula mencionada). Com efeito, diante do entendimento da Súmula n. 244, III, do TST, tornara-se indefensável a afirmação de que o aviso-prévio convola o contrato por prazo indeterminado em contrato a prazo e que, por esse motivo, não se admitia o reconhecimento da garantia de emprego destinada à gestante quando a gravidez fosse confirmada nesse período. Assim, a despeito de eventual modificação de entendimento do TST quanto à estabilidade destinada à gestante nos contratos por prazo determinado, não se poderá ignorar a garantia de emprego quando a gravidez for confirmada no período de aviso-prévio. Contudo, não obstante o silêncio do legislador, parece-nos que a estabilidade supramencionada pressupõe a confirmação da gravidez no período de aviso-prévio dado pelo empregador, não favorecendo a empregada demissionária que esteja cumprindo o aviso-prévio concedido ao empregador, nos termos do art. 487 da CLT, a menos que se cogite de nulidade do próprio pedido de demissão em face da não observância dos requisitos do art. 477 da CLT quando a empregada conta mais de um ano de serviço prestado ao empregador.

Quanto ao alcance do art. 10, II, *b*, do ADCT, já temos o entendimento do Excelso Supremo Tribunal Federal, adotado na sessão plenária de 10.10.2018, no julgamento do recurso extraordinário (RE) n. 629.053, no sentido de que a estabilidade incide desde que a gravidez tenha início antes da dispensa arbitrária ou sem justa causa, carecendo de relevância a ciência da empregada ou a comunicação ao empregador, notadamente porque se trata de um direito instrumental com vistas à proteção da maternidade.

Assim, vencido o relator, ministro Marco Aurélio, que entendia pela necessidade de que o empregador tivesse ciência prévia da gravidez, restou aprovada a tese de repercussão geral proposta pelo ministro Alexandre de Moraes, designado redator do acórdão, nos seguintes termos: "A incidência da estabilidade prevista no art. 10, II, *b*, do Ato das Disposições Constitucionais Transitórias (ADCT) somente exige a anterioridade da gravidez à dispensa sem justa causa".

Parágrafo único. O disposto no *caput* deste artigo aplica-se ao empregado adotante ao qual tenha sido concedida guarda provisória para fins de adoção.

Parágrafo acrescentado pela Lei n. 13.509, de 22.11.2017.

Trata-se de acréscimo legal que se revela oportuno e vem complementar disposição anterior, trazida no art. 392-A, acrescentado ao bojo desta Consolidação pela Lei n. 10.421, de 15.04.2001, e parágrafos subsequentes, acrescentados pela Lei n. 12.873/2013, em que foi disciplinada a licença-maternidade aos adotantes. A curiosidade reside no fato de que o presente parágrafo único não alude à empregada adotante, preferindo a expressão genérica "empregado", atraindo a conclusão de que a estabilidade provisória no emprego, na hipótese de adoção, beneficia tanto homem como mulher e até mesmo o casal, simultaneamente, quando figurarem como adotantes, ao contrário da licença-maternidade, que é devida apenas a um dos adotantes ou guardiães, nos termos do art. 392-A, § 5º, da CLT.

Art. 392. A empregada gestante tem direito à licença-maternidade de 120 (cento e vinte) dias, sem prejuízo do emprego e do salário.

Caput *com redação dada pela Lei n. 10.421, de 15.04.2002.*

A atual redação do presente artigo foi atribuída pela Lei n. 10.421/2002, com vistas a harmonizar-se com o texto constitucional (art. 7º, XVIII). O benefício do salário-maternidade foi consagrado a todas as empregadas, inclusive domésticas (art. 7º, parágrafo único, da CF), e traduz-se no único benefício previdenciário que não se subordina a nenhum teto, correspondendo à remuneração integral da empregada (art. 72 da Lei n. 8.213/91). O referido benefício pode ser prorrogado por sessenta dias quando se tratar de pessoa jurídica que tenha aderido ao Programa Empresa Cidadã, nos termos da Lei n. 11.770/2008, desde que a empregada faça o requerimento até o final do primeiro mês após o parto.

No caso de mães de crianças acometidas por sequelas neurológicas decorrentes da síndrome congênita do zika vírus, nascidas até 31.12.2019, a licença e respectivo salário-maternidade corresponde a 180 dias, sem prejuízo da pensão vitalícia correspondente a um salário mínimo, tudo nos termos da Lei n. 13.985, de 07.04.2020.

§ 1º A empregada deve, mediante atestado médico, notificar o seu empregador da data do início do afastamento do emprego, que poderá ocorrer entre o 28º (vigésimo oitavo) dia antes do parto e ocorrência deste.

Parágrafo com redação dada pela Lei n. 10.421, de 15.04.2002.

A alteração verificada no presente dispositivo, também pela Lei n. 10.421/2002, revela-se razoável e faz justiça ao empregador, uma vez que, pela redação anterior do *caput*, era proibido o trabalho da empregada gestante no período de quatro semanas antes do parto e, assim, o descumprimento poderia implicar punição administrativa ao empregador (art. 401 da CLT). A atual redação deste parágrafo permite que a empregada trabalhe até as vésperas de dar à luz, desde que tenha condições de fazê-lo, já que a ela se dirige a faculdade – não a obrigatoriedade – de iniciar o afastamento a partir do 28º dia antes do parto; e não é incomum a gestante pretender trabalhar até o último dia antes do parto, objetivando o gozo da licença-maternidade já na companhia de sua prole, o que é humanamente explicável.

§ 2º Os períodos de repouso, antes e depois do parto, poderão ser aumentados de 2 (duas) semanas cada um, mediante atestado médico.

Parágrafo com redação dada pela Lei n. 10.421, de 15.04.2002.

A atual disposição não é muito diferente daquela já existente antes da Lei n. 10.421/2002. O afastamento antes do período de 28 dias que antecede o parto poderá ocorrer por indicação médica, e a ele se aplicam as disposições que regem o afastamento para tratamento de doença; o mesmo se diga do período posterior ao gozo dos 120 dias de licença-maternidade. Além disso, tanto o afastamento pelo período de duas semanas antes como o de duas semanas depois ocorrem sem prejuízo da remuneração integral, que fica a cargo do empregador, eis que não são períodos de afastamento superiores a quinze dias.

§ 3º Em caso de parto antecipado, a mulher terá direito aos 120 (cento e vinte) dias previstos neste artigo.

Parágrafo com redação dada pela Lei n. 10.421, de 15.04.2002.

Entendemos que o dispositivo em apreço é absolutamente desnecessário, na medida em que o texto constitucional não faz nenhuma restrição ao parto prematuro. Portanto, parece-nos óbvio que, mesmo na hipótese de parto antecipado, subsiste o direito aos 120 dias de licença-maternidade, o qual também não deixa de existir se o filho nascer sem vida. Se houve parto, o direito está assegurado, pois objetiva a recuperação da gestante e não somente os cuidados com o recém-nascido.

§ 4º É garantido à empregada, durante a gravidez, sem prejuízo do salário e demais direitos:

Parágrafo com redação dada pela Lei n. 9.799, de 26.05.1999.

I – transferência de função, quando as condições de saúde o exigirem, assegurada a retomada da função anteriormente exercida, logo após o retorno ao trabalho;

Inciso acrescentado pela Lei n. 9.799, de 26.05.1999.

O presente inciso foi acrescentado pela Lei n. 9.799/99 com vistas a proporcionar uma gravidez tranquila, que resguarde o desenvolvimento do nascituro sem as complicações decorrentes do exercício de uma atividade perigosa ou insalubre, por exemplo; também contempla as hipóteses em que a gestante apresenta gravidez de risco, de forma a merecer atenção especial, não podendo ficar muitas horas em pé, por exemplo. Trata-se de uma hipótese de alteração objetiva do contrato de trabalho, pelo período necessário, que ocorre em benefício e no interesse da trabalhadora. Em relação à hipótese de trabalho em locais ou atividades insalubres, a gestante passou a contar com o art. 394-A deste Diploma consolidado, que foi acrescentado pela Lei n. 13.287/2016, tendo sido flexibilizado com a Lei n. 13.467/2017, e terá comentário específico.

II – dispensa do horário de trabalho pelo tempo necessário para a realização de, no mínimo, 6 (seis) consultas médicas e demais exames complementares.

Inciso com redação dada pela Lei n. 9.799, de 26.05.1999.

Além da alteração contratual assegurada no inciso anterior, a Lei n. 9.799/99 também acrescentou o dispositivo em apreço, em que se assegura o direito de a empregada realizar, no mínimo, seis consultas médicas e demais exames complementares, no próprio horário de trabalho; e, para tanto, é possível a entrada mais tarde, a saída antecipada ou até mesmo a realização das consultas e exames no meio da jornada, com o compromisso de retorno ao trabalho.

§ 5º *(Vetado.)*

Parágrafo acrescentado pela Lei n. 10.421, de 15.04.2002.

Art. 392-A. À empregada que adotar ou obtiver guarda judicial para fins de adoção de criança ou adolescente será concedida licença-maternidade nos termos do art. 392 desta Lei.

Caput *com redação dada pela Lei n. 13.509, de 22.11.2017.*

Trata-se de artigo acrescentado pela Lei n. 10.421/2002, com redação atualizada pela Lei n. 13.509/2017, com vistas a favorecer a figura do adolescente, e que se revela bastante louvável, na medida em que se coaduna com a ideia de que a licença presta-se à proteção da maternidade; pois não se resume a um benefício destinado à mãe, mormente porque a Constituição adota o princípio da proteção integral à criança, ao adolescente e ao jovem (art. 227 da CR), a cargo da família, da sociedade e do Estado. O salário-maternidade da mãe adotiva é pago diretamente pela Previdência Social (art. 71 da Lei n. 8.213/91) e requer a observância do art. 1.619 do CC; vale dizer, a diferença de idade entre adotante e adotado deve ser igual ou superior a 16 anos, e o adotante tem de ser maior de 18 anos (art. 1.618 do CC e art. 42, *caput* e § 3º, do ECA).

A redação original do artigo fazia menção ao § 5º do artigo anterior ("o empregador que, utilizando-se de qualquer estratégia, obsta o pleno gozo, pela empregada, da licença-maternidade prevista neste artigo, incorrerá em multa, em favor da gestante, de 5 (cinco) vezes o salário pago por ele à empregada gestante"), que foi vetado pelo Presidente da República, sob o fundamento de que a cominação é inadequada, haja vista a necessidade de lei complementar para disciplinar o art. 7º, I, da CR, e porque a disposição de referido parágrafo poderia acarretar o desestímulo à contratação da mulher. Em síntese, a exclusão da referência ao mencionado parágrafo revogado, com a nova redação conferida pela Lei n. 12.873/2013, veio corrigir um deslize do legislador. Assim, eventual indenização por dano moral ou material em favor da empregada deverá ser avaliada pelo Poder Judiciário, em cada caso concreto, inclusive com observância dos arts. 223-A a 223-G da CLT, não subsistindo a tarifação pretendida sob o rótulo de multa em favor da gestante.

Diante do art. 8º da Lei n. 12.010/2009, que revogou os §§ 1º a 3º do referido artigo consolidado, já não subsiste o escalonamento do período de licença-maternidade em favor da mãe adotante em função da idade da criança. Conclui-se que a licença corresponderá, invariavelmente, ao período de 120 dias, a exemplo do que ocorre com a mãe biológica (art. 392 da CLT), não subsistindo a antinomia com o art. 71-A da Lei n. 8.213/91, que mantinha referido escalonamento, cuja redação atual contempla, expressamente, o direito à licença-maternidade correspondente a 120 dias, inteiramente suportada pela Previdência Social, mas persiste o descompasso com a presente disposição consolidada, pois a norma previdenciária, com redação atribuída pela Lei n. 12.873/2013, não alude à adoção de adolescente, que só foi acrescentada a partir da atual redação do presente artigo, trazida pela Lei n. 13.509/2017. De qualquer sorte, em qualquer situação de antinomia, a solução deve favorecer a trabalhadora, devendo o empregador suportar o ônus daí decorrente, conforme já entendera o TST quando houve a ampliação da licença-maternidade pela Constituição de 1988, por meio da OJ n. 44 do SDI-1, já que não se pode impingir ao órgão previdenciário a interpretação extensiva para se afirmar a derrogação do art. 71-A da lei que rege os benefícios previdenciários.

§§ 1º a 3º *(Revogados pela Lei n. 12.010, de 03.08.2009.)*

§ 4º A licença-maternidade só será concedida mediante apresentação do termo judicial de guarda à adotante ou guardiã.

Parágrafo acrescentado pela Lei n. 10.421, de 15.04.2002.

O referido dispositivo condiciona a concessão do benefício à apresentação do termo judicial de adoção ou de guarda da criança, não se exigindo o trânsito em julgado da decisão judicial.

§ 5º A adoção ou guarda judicial conjunta ensejará a concessão de licença-maternidade a apenas um dos adotantes ou guardiães empregado ou empregada.

Parágrafo acrescentado pela Lei n. 12.873, de 24.10.2013.

Trata-se de dispositivo que veio dissipar questionamentos que já decorriam de situações reais, em que se verifica a adoção ou guarda judicial em favor de duas mulheres, ambas seguradas da Previdência Social, além de acenar a maior novidade retratada no art. 392-C da CLT, corroborada pelo art. 71-A da Lei n. 8.213/91, ambos acrescentados pela mesma Lei n. 12.873/2013, em que se assegura idêntico benefício ao homem, desde que ostente a condição de empregado. É certo que a interpretação teleológica do art. 392-A da CLT jamais autorizou a conclusão de que fosse possível a concessão de dois benefícios previdenciários (licença-maternidade) na mesma situação, pois o que se pretendeu, inicialmente, foi assegurar à empregada adotante ou guardiã os mesmos direitos da mãe biológica e não colocar o casal adotante (ou guardião) em situação mais vantajosa do que aquela que se assegura aos pais biológicos, em que apenas a mãe tinha direito à licença-maternidade.

Art. 392-B. Em caso de morte da genitora, é assegurado ao cônjuge ou companheiro empregado o gozo de licença por todo o período da licença-maternidade ou pelo tempo restante a que teria direito a mãe, exceto no caso de falecimento do filho ou de seu abandono.

Artigo acrescentado pela Lei n. 12.873, de 24.10.2013.

Referido artigo, com vigência após noventa dias da data de publicação da Lei n. 12.873/2013, ocorrida em 25.10.2013, assegura a possibilidade ao cônjuge ou companheiro, desde que empregado, do gozo da licença-maternidade na sua integralidade ou pelo período remanescente, em caso de óbito da mãe, excepcionando a hipótese de abandono ou falecimento do próprio filho. A inovação legislativa contempla apenas as situações de licença-maternidade destinada à mãe biológica, pois alude à "morte da genitora", e representa grande progresso legislativo, na medida em que se coaduna com o princípio constitucional da proteção integral à criança e ao adolescente (art. 227 da CF). Por outro lado, não se exige que o cônjuge ou companheiro seja o pai biológico, mas o benefício só favorece o cônjuge ou companheiro na hipótese em que permanecer com a guarda da criança, afirmação que decorre de uma interpretação extensiva da expressão "ou de seu abandono", que se encontra no final do dispositivo. Em síntese, não obstante a ausência de menção expressa ao pai biológico, situação que se repete no art. 71-B da Lei n. 8.213/91 (também acrescentado pela Lei n. 12.873/2013), que só alude à figura do cônjuge ou companheiro sobrevivente, que tenha a qualidade de segurado, quando trata do direito ao salário-maternidade, parece-nos que deve se equiparar o pai biológico à figura do cônjuge, desde que permaneça com a guarda do próprio filho e ostente a condição de empregado (para fins de licença-maternidade) ou que esteja na condição de outra modalidade de segurado da Previdência Social (apenas para fins de salário-maternidade). A LC n. 146, de 25.06.2014, assegura, inclusive, a estabilidade provisória destinada à gestante (art. 10, II, *b*, do ADCT) a quem detiver a guarda do filho, na hipótese de falecimento da respectiva genitora, não estabelecendo qualquer distinção de gênero; vale dizer, já se concebe a possibilidade de referida estabilidade ser usufruída por trabalhador do sexo masculino, sempre no intuito de salvaguardar o interesse do nascituro.

Art. 392-C. Aplica-se, no que couber, o disposto no art. 392-A e 392-B ao empregado que adotar ou obtiver guarda judicial para fins de adoção.
Artigo acrescentado pela Lei n. 12.873, de 24.10.2013.

Trata-se de inovação legislativa que confirma o anúncio do § 5º do art. 392-A e se harmoniza com o princípio da proteção integral à criança e ao adolescente, corrigindo a discriminação existente quando se comparava a situação da criança adotada ou que estivesse sob a guarda judicial de mulher com aquela adotada ou sob a guarda judicial de um homem. Ao contrário do artigo anterior, que apresentou *vacatio legis* de noventa dias antes de entrar em vigor, o referido dispositivo legal está vigente desde o dia da publicação da Lei n. 12.873/2013. Em síntese, já não tem a mínima relevância o fato de a adoção ou guarda judicial de criança ter sido concedida em favor de empregado ou empregada, respeitando-se a restrição do § 5º do art. 392-A da CLT, que impede a concessão da licença-maternidade a mais de um empregado na hipótese de adoção ou guarda judicial conjunta. Observa-se, no entanto, que o salário-maternidade, na hipótese mencionada, será pago diretamente pela Previdência Social ao segurado ou segurada (art. 71-A da Lei n. 8.213/91, com redação dada pela Lei n. 12.873/2013); vale dizer, a licença-maternidade pressupõe a condição de empregado ou empregada, mas a concessão do salário-maternidade pressupõe a condição de segurado ou segurada em qualquer modalidade.

Art. 393. Durante o período a que se refere o art. 392, a mulher terá direito ao salário integral e, quando variável, calculado de acordo com a média dos 6 (seis) últimos meses de trabalho, bem como aos direitos e vantagens adquiridos, sendo-lhe ainda facultado reverter à função que anteriormente ocupava.

Artigo com redação dada pelo Decreto-lei n. 229, de 28.02.1967.

O presente artigo coaduna-se com o art. 7º, XVIII, da CF, que consagra a licença-maternidade sem prejuízo da remuneração integral, o que também se encontra previsto no art. 72 da Lei n. 8.213/91. Não há teto para o benefício previdenciário mencionado, pois o art. 14 da EC n. 20/98 foi considerado inconstitucional pelo STF neste particular; ou seja, o limite máximo para o valor dos benefícios do regime geral de Previdência Social não se aplica ao salário-maternidade, eis que conflita com o disposto no art. 7º, XVIII, da CF. Na hipótese de salário variável, assegura-se a média dos últimos seis meses de trabalho, não havendo espaço para norma mais favorável, pois não se trata de benefício pago pelo empregador, ficando excepcionada a hipótese em que eventual convenção ou acordo coletivo assegure critério mais vantajoso, desde que o acréscimo remuneratório seja suportado pelo empregador, já que as normas coletivas não vinculam o órgão previdenciário. A reversão à função anteriormente ocupada também se encontra consagrada, na hipótese de a gestante ter se beneficiado com as disposições do art. 392, § 4º, I, desta Consolidação.

Art. 394. Mediante atestado médico, à mulher grávida é facultado romper o compromisso resultante de qualquer contrato de trabalho, desde que este seja prejudicial à gestação.

Uma análise superficial poderia sugerir a inocuidade deste dispositivo legal, pois ninguém é obrigado a permanecer vinculado a uma relação de emprego se não estiver disposto a fazê-lo. Porém, assegura-se à gestante a possibilidade de romper o vínculo de emprego mediante atestado médico que comprove que o trabalho pode causar prejuízos à gestação, ficando isenta da obrigação de outorgar aviso-prévio em contrato por prazo indeterminado ou mesmo de indenizar o empregador de eventuais prejuízos nos contratos de trabalho por prazo determinado (art. 480 da CLT). Igualmente, o empregador não será devedor de indenização em favor da gestante, pois não se trata de rescisão indireta do contrato de trabalho. Pensamos que se tornam devidos os saldos salariais, as férias proporcionais acrescidas de um terço – se for o caso – e também o 13º salário proporcional. Em síntese, a hipótese se equipara ao pedido de demissão, com a única ressalva de que a empregada não estará obrigada à dação do aviso-prévio nem tampouco obrigada a indenizar o empregador.

Art. 394-A. Sem prejuízo de sua remuneração, nesta incluído o valor do adicional de insalubridade, a empregada deverá ser afastada de:

Caput *com redação dada pela Lei n. 13.467, de 13.07.2017.*

A redação anterior do referido dispositivo legal, atribuída pela Lei n. 13.287, de 11.05.2016, revelava maior sensibilidade e fazia justiça à empregada gestante ou lactante, às quais não se permitia quaisquer atividades, operações ou locais insalubres, inovação legislativa que durou pouco mais de um ano, não resistindo ao ímpeto da flexibilização trazida pela Lei n. 13.467/2017, parcialmente modificada pela MP n. 808, de 14.11.2017, após três dias de vigência.

Diante da ausência de aprovação da Medida Provisória n. 808, de 14.11.2017, ficou restabelecido o inteiro teor do *caput* deste artigo, com redação atribuída pela lei da reforma trabalhista, na qual apenas se impôs restrições ao trabalho insalubre da gestante, assegurando a remuneração integral, sem exclusão do adicional de insalubridade, mesmo que a empregada seja afastada da atividade ou condição insalubre.

A redação proposta pela MP n. 808 representava inovação legislativa decorrente da inequívoca percepção de que o trabalho em locais ou atividades insalubres é prejudicial à saúde do trabalhador e de que referida situação se mostra potencializada durante a gravidez, podendo comprometer o desenvolvimento saudável do feto, e se estende ao período de lactação, quando o leite materno deve ser o único alimento nos primeiros meses de vida da criança e precisa estar isento de qualquer risco de contaminação por agentes insalubres.

Contudo, a lei da reforma trabalhista estabeleceu a possibilidade do trabalho em condições insalubres a gestantes ou lactantes, conforme incisos e parágrafos deste artigo, situação corrigida no julgamento da ADI n. 5.938 pelo Supremo Tribunal Federal.

I – atividades consideradas insalubres em grau máximo, enquanto durar a gestação;

Inciso acrescentado pela Lei n. 13.467, de 13.07.2017.

A proibição automática de qualquer atividade insalubre à gestante ficou restrita apenas ao grau máximo e não favorece a lactante, a qual depende de atestado médico em que seja recomendado o afastamento da atividade. Trata-se de um retrocesso social, quando comparado com a redação trazida pela Lei n. 13.287, de 11.05.2016, na qual se verificava a vedação ao trabalho em atividades, operações ou locais insalubres enquanto durasse a gestação ou lactação.

A partir deste inciso, trazido pela lei da reforma trabalhista, a expressa proibição remete ao contato com agentes químicos e agentes biológicos em atividades específicas, e também ao contato com radiações ionizantes, sendo que este último autoriza, igualmente, o pagamento do adicional de periculosidade, ficando pendente a discussão acerca da possibilidade de cumulação de ambos os adicionais, não obstante o art. 193, § 2º, desta Consolidação.

II – atividades consideradas insalubres em grau médio ou mínimo, quando apresentar atestado de saúde, emitido por médico de confiança da mulher, que recomende o afastamento durante a gestação;

Inciso acrescentado pela Lei n. 13.467, de 13.07.2017.

O afastamento das atividades consideradas insalubres em grau médio ou mínimo tinha deixado de ser automático para depender de recomendação médica, mediante atestado que deveria ser apresentado pela empregada gestante. Curiosamente, a maior parte das atividades consideradas insalubres está situada no grau médio ou mínimo, conclusão que se extrai de breve análise dos anexos da NR-15 da Portaria n. 3.214/78.

Contudo, o Supremo Tribunal Federal, no julgamento da ADI n. 5.938, na data de 29.05.2019, sob relatoria do Ministro Alexandre de Moraes, considerou inconstitucional referido dispositivo consolidado, restabelecendo o entendimento que decorria da MP n. 808/2017, beneficiando as empregadas gestantes, à luz do art. 7º, XX e XXII, da Constituição da República. Nesse sentido, houve declaração de inconstitucionalidade da expressão "quando apresentar atestado de saúde, emitido por médico de confiança da mulher, que recomende o afastamento".

III – atividades consideradas insalubres em qualquer grau, quando apresentar atestado de saúde, emitido por médico de confiança da mulher, que recomende o afastamento durante a lactação.

Inciso acrescentado pela Lei n. 13.467, de 13.07.2017.

Consoante já afirmamos alhures, a redação do *caput* do presente artigo, atribuída pela Lei n. 13.287/2016, favorecia igualmente a empregada lactante, com a vedação de qualquer atividade considerada insalubre. No entanto, a Lei n.

13.467/2017, ao acrescentar o presente inciso, a exemplo do anterior, condicionou o afastamento da atividade considerada insalubre à apresentação de atestado emitido por médico de confiança da empregada. A vedação ao trabalho em condições insalubres no período de lactação deveria ser a regra geral, independentemente de condição, nos termos da redação anterior deste artigo. Em síntese, a alteração promovida pela Lei n. 13.467/2017 representou inequívoco retrocesso social nesse aspecto, e que não fora corrigido sequer pela Medida Provisória n. 808, de 14.11.2017, olvidando o legislador do princípio da proteção integral da criança e do adolescente (art. 227, CF).

Referida disposição consolidada também foi objeto da ADI n. 5.938, a qual foi julgada procedente, considerando inconstitucional a expressão "quando apresentar atestado de saúde, emitido por médico de confiança da mulher, que recomende o afastamento", por afronta ao art. 7º, XX e XXII, da Constituição da República.

---

§ 1º (*Vetado.*)

Parágrafo acrescentado pela Lei n. 13.287, de 11.05.2016, e renumerado pela Lei n. 13.467, de 13.07.2017.

---

§ 2º Cabe à empresa pagar o adicional de insalubridade à gestante ou à lactante, efetivando-se a compensação, observado o disposto no art. 248 da Constituição Federal, por ocasião do recolhimento das contribuições incidentes sobre a folha de salários e demais rendimentos pagos ou creditados, a qualquer título, à pessoa física que lhe preste serviço.

Parágrafo acrescentado pela Lei n. 13.467, de 13.07.2017.

O afastamento das atividades insalubres não prejudicará o recebimento do adicional de insalubridade pela gestante ou lactante, nas hipóteses do inciso I ou quando houver recomendação médica nesse sentido. A redação do *caput* deste artigo, atribuída pela MP n. 808, de 14.11.2017, fazia exclusão expressa do adicional de insalubridade enquanto perdurasse o afastamento das atividades que justificavam o mencionado adicional, opção legítima, que não implicava afronta ao texto constitucional (art. 7º, VI), pois trata-se de salário-condição. No entanto, a ausência de convolação em texto de lei impôs a plena vigência da redação anterior, atribuída pela Lei n. 13.467/2017 e que tem o mérito de não inibir a apresentação do atestado pela empregada gestante ou lactante, na medida em que não terá prejuízo no valor da remuneração, transferindo o encargo para a Previdência Social, devendo o empregador adotar procedimento idêntico àquele que corresponde ao pagamento do salário-maternidade, nos termos do art. 72, § 1º, da Lei n. 8.213/91.

§ 3º Quando não for possível que a gestante ou a lactante afastada nos termos do *caput* deste artigo exerça suas atividades em local salubre na empresa, a hipótese será considerada como gravidez de risco e ensejará a percepção de salário-maternidade, nos termos da Lei n. 8.213, de 24 de julho de 1991, durante todo o período de afastamento.

Parágrafo acrescentado pela Lei n. 13.467, de 13.07.2017.

Naquelas hipóteses em que a atividade insalubre está inserida no grau máximo, o afastamento da gestante é compulsório (inciso I), podendo haver dificuldades de proporcionar a transferência para local ou atividade salubre.

Trata-se de dificuldade que surgira na aplicação do *caput* deste artigo, na vigência da Lei n. 13.287/2016, notadamente naquelas situações em que o empregador não dispõe de outro setor ou atividade para transferência da empregada, a exemplo dos estabelecimentos de saúde, fato que levou a Confederação Nacional de Saúde, Hospitais, Estabelecimentos e Serviços – CNS a ajuizar Ação Direta de Inconstitucionalidade perante o Excelso STF (ADI n. 5.605/DF), sob o argumento de violação de diversos dispositivos constitucionais: livre-iniciativa, função social da propriedade, do livre exercício da profissão, da igualdade e da proporcionalidade, conforme arts. 1º, IV, 5º, I, XIII, XXII e XXIII, 6º, 7º, XXVI, XXX e XXXII, 60, § 4º, IV, 170, *caput*, II e III, 227, *caput*, e 230, *caput*, da CF. No entanto, os argumentos não chegaram a sensibilizar o relator, Ministro Edson Fachin, que, na data de 11.10.2016, reconheceu a relevância da matéria e adotou o rito previsto no art. 12 da Lei n. 9.868/99, com vistas à análise definitiva pelo STF, mas considerou os princípios constitucionais que favorecem a maternidade, seguindo o feito sem concessão de medida liminar.

Ao que parece, o dispositivo *supra* busca assegurar o afastamento da empregada desde logo, independentemente do requisito do art. 392, § 1º, desta Consolidação, vale dizer, sem a necessidade de se encontrar a 28 dias do parto. No entanto, longe de termos uma solução definitiva para a questão, impõe-se observar que a Lei n. 13.467/2017 não promoveu nenhuma alteração na Lei n. 8.213/91, de forma a contemplar o salário-maternidade durante todo o período de afastamento na hipótese de gravidez de risco, e não estabeleceu a fonte de custeio respectiva, nos termos do art. 195, § 5º, CF ("Nenhum benefício ou serviço da seguridade social poderá ser criado, majorado ou estendido sem a correspondente fonte de custeio total"). O salário-maternidade continua disciplinado no art. 71 da Lei n. 8.213/91, iniciando no período entre 28 dias antes do parto e a data de ocorrência deste, com a possibilidade de ampliação correspondente a duas semanas antes e depois do parto (art. 392, § 2º, CLT), a qual se encontra disciplinada no Decreto n. 3.048/99 (art. 93, § 3º).

Diante da lacuna normativa, pensamos que uma solução possível seja a interpretação restritiva da referida inovação legislativa, de maneira que o benefício previdenciário corresponda ao auxílio-doença, enquanto não atingido o período a que se refere ao art. 392, § 1º, CLT, já que a lei trata a hipótese como gravidez de risco. Quanto à situação da empregada lactante, com muito mais razão, não haverá sentido em prorrogar-se o salário-maternidade para além dos 120 dias a que se refere o texto constitucional, motivo pelo qual deverá receber o auxílio-doença no período remanescente em que houver a necessidade de afastamento da atividade insalubre.

Art. 395. Em caso de aborto não criminoso, comprovado por atestado médico oficial, a mulher terá um repouso remunerado de 2 (duas) semanas, ficando-lhe assegurado o direito de retornar à função que ocupava antes de seu afastamento.

O atestado médico oficial é aquele fornecido pelo SUS ou pelo serviço médico próprio da empresa ou por ela credenciado. Trata-se de repouso remunerado pago pela Previdência Social sob a forma de salário-maternidade (art. 93, § 5º, do Decreto n. 3.048/99 – Regulamento da Previdência Social, com redação dada pelo Decreto n. 3.265/99), que só tem cabimento nos casos de aborto não criminoso.

Art. 396. Para amamentar seu filho, inclusive se advindo de adoção, até que este complete 6 (seis) meses de idade, a mulher terá direito, durante a jornada de trabalho, a 2 (dois) descansos especiais de meia hora cada um.

Caput *com redação dada pela Lei n. 13.509, de 22.11.2017.*

A concessão dos intervalos referidos é compatível com a Convenção n. 103 da OIT, promulgada pelo Decreto n. 58.820/66, que consagra as interrupções do trabalho com a finalidade de amamentar o próprio filho, de acordo com a lei nacional. Não obstante a ausência de menção expressa do legislador, entendemos que o referido intervalo deve ser computado na jornada de trabalho; vale dizer, trata-se de intervalo intrajornada remunerado, pois não teria sentido facultar o gozo dos intervalos para amamentação se fosse para descontar da remuneração ou obrigar a mulher a permanecer no emprego por uma hora a mais com vistas à compensação. Trata-se, ainda, de interpretação autorizada pelo art. 377 desta Consolidação, que estabelece a impossibilidade de "redução de salário" em face da adoção das medidas de proteção ao trabalho da mulher. A Lei n. 13.509/2017, que dispôs sobre a adoção e imprimiu modificações na Lei n. 8.069/90 (ECA), corrigiu a distinção que havia na redação anterior do presente artigo, que se referia apenas ao filho biológico, pois mencionava amamentação do próprio filho, e se mostra em perfeita sintonia ao princípio da proteção integral da criança e do adolescente (art. 227 da CR).

---

§ 1º Quando o exigir a saúde do filho, o período de 6 (seis) meses poderá ser dilatado, a critério da autoridade competente.

Parágrafo renumerado pela Lei n. 13.467, de 13.07.2017.

O presente parágrafo corresponde ao parágrafo único na redação anterior à Lei n. 13.467/2017, mas não sofreu alteração de fundo, persistindo a observação de que a autoridade competente é o médico do SUS, o médico da própria empresa ou do serviço médico credenciado pela empregadora, não se podendo afirmar que seja o médico de confiança da empregada.

---

§ 2º Os horários dos descansos previstos no *caput* deste artigo deverão ser definidos em acordo individual entre a mulher e o empregador.

Parágrafo acrescentado pela Lei n. 13.467, de 13.07.2017.

Referido dispositivo legal foi acrescentado pela Lei n. 13.467/2017 e não sofreu alteração pela MP n. 808, de 14.11.2017. Trata-se de inovação que permite a adequação de referidos intervalos às contingências da empregada e do empregador, notadamente naquelas hipóteses em que o empregador está desobrigado de manter locais para amamentação, por não se enquadrar na situação do art. 389, § 1º, da CLT, chancelando práticas que não estavam previstas anteriormente e que consistiam em autorizações para saídas antecipadas ou ingresso no trabalho em horário posterior ao estabelecido contratualmente.

Art. 397. O Sesi, o Sesc, a LBA e outras entidades públicas destinadas à assistência à infância manterão ou subvencionarão, de acordo com suas possibilidades financeiras, escolas maternais e jardins de infância, distribuídos nas zonas de maior densidade de trabalhadores, destinados especialmente aos filhos das mulheres empregadas.

Artigo com redação dada pelo Decreto-lei n. 229, de 28.02.1967.

O art. 7º, XXV, da CF assegura o direito à assistência gratuita aos filhos e dependentes, desde o nascimento até os cinco anos de idade, em creches e pré-escolas; o presente dispositivo consolidado possibilita que o Sesi e o Sesc, além de outras entidades públicas, mantenham ou subvencionem escolas maternais e jardins de infância destinados especialmente aos filhos das empregadas. Não se trata de norma cogente, mas de uma faculdade, que só pode ser exercida na medida em que existam recursos financeiros disponíveis. A Legião Brasileira de Assistência – LBA foi extinta; por isso, deve-se entender derrogado o texto legal nesse particular. Algumas normas coletivas costumam consagrar a obrigação do empregador em proporcionar a assistência em creches ou pré-escolas; contudo, torna-se imperioso mencionar que o dever de proporcionar o benefício consagrado no art. 7º, XXV, da CF é do Estado e não do empregador, em face do que dispõe o art. 208, IV, da própria Constituição.

Art. 398. *(Revogado pelo Decreto-lei n. 229, de 28.02.1967.)*

Art. 399. O Ministro do Trabalho, Indústria e Comércio conferirá diploma de benemerência aos empregadores que se distinguirem pela organização e manutenção de creches e de instituições de proteção aos menores em idade pré-escolar, desde que tais serviços se recomendem por sua generosidade e pela eficiência das respectivas instalações.

Veja nota 1 na página XXI.

O art. 398 determinava que as instituições de previdência deveriam financiar os serviços de manutenção das creches construídas pelos empregadores ou por instituições privadas. Com a revogação de referido artigo pelo Decreto-lei n. 229/67, resta ao empregador apenas a possibilidade do reconhecimento do Ministério da Economia, por meio da outorga do diploma de benemerência no caso de organização e manutenção de creches e de instituições de proteção às crianças em idade pré-escolar, desde que se destaquem pela eficiência de suas instalações e do trabalho desenvolvido. O art. 7º, XXV, da CF assegura a "assistência gratuita aos filhos e dependentes desde o nascimento até cinco anos de idade em creches e pré-escolas" e não remete a regulamentação para o legislador infraconstitucional, motivo pelo qual não se duvida de sua autoaplicabilidade; mas a obrigação não é patronal e sim do Estado (art. 208, IV, da CF).

Art. 400. Os locais destinados à guarda dos filhos das operárias durante o período da amamentação deverão possuir, no mínimo, um berçário, uma saleta de amamentação, uma cozinha dietética e uma instalação sanitária.

O presente artigo complementa o disposto no art. 389, § 1º, desta mesma Consolidação, que obriga a existência de local para guarda dos filhos no período de amamentação. Parece-nos óbvio que um local dessa natureza deve possuir, no mínimo, um berçário, uma saleta para amamentação, uma cozinha dietética e uma instalação sanitária, pois o bom senso assim recomenda. Do contrário, não se estaria dando efetivo cumprimento à obrigação contida no art. 389, § 1º, da CLT. O local apropriado jamais poderia resumir-se a um simples depósito de crianças.

Seção VI
Das Penalidades

Art. 401. Pela infração de qualquer dispositivo deste Capítulo, será imposta ao empregador a multa de cem a mil cruzeiros, aplicada pelas Delegacias Regionais do Trabalho ou por autoridades que exerçam funções delegadas.

Caput *com redação ajustada nos termos da Lei n. 6.205, de 29.04.1975.*

Conforme lembrado no comentário ao art. 364, os critérios de atualização e os parâmetros para fixação das multas administrativas foram alterados em diversas oportunidades, mas encontra-se mantido o teor da redação original deste artigo, consagrado pela Lei n. 6.205/75. A Lei n. 8.383/91 determinou a observância da Ufir como medida de valor e atualização monetária de multas e penalidades de qualquer natureza, fato que motivou o extinto Ministério do Trabalho e Emprego, com amparo na Constituição da República (art. 87, parágrafo único, II), a editar a Portaria n. 290, de 11.04.1997, estabelecendo a multa de, no mínimo, 75,6569, e, no máximo, 756,5694 Ufirs, norma administrativa que persiste apesar da extinção da Ufir pelo art. 29, § 3º, da Lei n. 10.522/2002, a qual estabeleceu a reconversão para o real dos débitos de qualquer natureza para com a Fazenda Nacional.

O valor da última Ufir corresponde a R$ 1,0641, nos termos da MP n. 1.973-67, de outubro de 2000, a qual foi convertida na Lei n. 10.522/2002. Referido valor se prestou à conversão de todas as multas administrativas em reais, e sobre as quais deve incidir a atualização monetária anual pela taxa referencial (TR) a partir da vigência da Lei n. 13.467/2017, haja vista o disposto no art. 634, § 2º, desta Consolidação.

---

§ 1º A penalidade será sempre aplicada no grau máximo:

***a)* se ficar apurado o emprego de artifício ou simulação para fraudar a aplicação dos dispositivos deste Capítulo;**

***b)* nos casos de reincidência.**

A multa será sempre fixada no valor máximo nos casos de reincidência e quando o auditor-fiscal do trabalho concluir que houve emprego de artifício ou simulação para fraudar as regras de proteção do presente capítulo.

§ 2º O processo na verificação das infrações, bem como na aplicação e cobrança das multas, será o previsto no título "Do Processo de Multas Administrativas", observadas as disposições deste artigo.

Dispõem os arts. 626 a 642 desta Consolidação sobre o *Processo de Multas Administrativas*, que disciplina a fiscalização, autuação, imposição de multas, recursos cabíveis e respectiva cobrança, o que deve ser observado em relação ao descumprimento das normas do presente capítulo, sem prejuízo de eventual controle jurisdicional (art. 5º, XXXV, da CF), não estando a empresa obrigada a conformar-se com a decisão administrativa.

Arts. 401-A e 401-B. *(Vetados.)*

Artigos acrescentados pela Lei n. 9.799, de 26.05.1999.

CAPÍTULO IV
DA PROTEÇÃO DO TRABALHO DO MENOR

A CLT destina um capítulo inteiro para estabelecer regras especiais de proteção do trabalho do menor. Tal capítulo está inserido no Título III: "Das Normas Especiais de Tutela do Trabalho", cuja razão de existir funda-se, sobretudo, na aplicação do princípio tutelar, base de todo o direito do trabalho, que se faz sentir com maior intensidade quando, em um dos polos da relação de emprego, estão trabalhadores que notadamente necessitam de uma proteção maior que aquela conferida aos demais.

A norma consolidada considera menor o trabalhador com idade compreendida entre 14 e 18 anos. Ao partir da premissa de que o indivíduo nessa faixa etária ainda é um ser em desenvolvimento – não só do ponto de vista fisiológico, mas também cultural, profissional, social, moral e psicológico – estabelece uma série de normas tendentes a preservar-lhe a saúde e garantir-lhe a compatibilidade de seu trabalho com o alcance de todas as etapas necessárias a uma formação satisfatória. De fato, esse foi o espírito que orientou o legislador celetista na elaboração do presente capítulo, como se pode notar no item 38 da Exposição de Motivos da CLT: "O trabalho dos menores, entre catorze e dezoito anos, ou tem como finalidade a preparação dos mesmos para um ofício, uma profissão, ou, então, constitui uma exploração e um aniquilamento da juventude".

Na atual sistemática da CLT, concorrem dois regimes de proteção ao trabalho do menor. O primeiro, aplicável somente aos menores com idade entre 16 e 18 anos, estabelece normas tutelares a esse trabalhador no âmbito de uma relação empregatícia típica. O segundo regime, aplicável aos indivíduos com idade entre 14 e 24 anos, regula a denominada *aprendizagem*, contendo normas próprias que distinguem essa espécie de liame jurídico de uma relação comum de emprego. Acerca desse regime, merece destaque a alteração introduzida pela Lei n. 11.180/2005, que incluiu no rol de pessoas a quem o sistema de aprendizagem era aplicável não apenas menores, como ocorria originalmente, mas também maiores com idade inferior a 24 anos. É oportuno ressaltar, outrossim, que a Lei n. 10.097/2000 criou dentro do sistema de aprendizagem uma subespécie de relação jurídica de trabalho, com características ainda mais particulares.

Esclareça-se, por fim, que as disposições da CLT não têm o condão de excluir a aplicação de outras normas de tutela ao trabalhador menor, em decorrência do princípio da proteção integral à criança e ao adolescente e dos próprios princípios que estruturam o segmento juslaboral. Assim, paralelamente a elas, hão de ser observadas as regras previstas no art. 227 da CF, na Lei n. 8.069/90 – Estatuto da Criança e do Adolescente (ECA) –, em leis específicas de certas profissões, bem como em tratados e convenções internacionais que a República Federativa do Brasil ratificar.

Quanto a estas últimas, merecem destaque especial as Convenções da OIT de ns. 138 e 182.

A primeira, ratificada pelo Brasil em 28.06.2001 e promulgada pelo Decreto n. 4.134/2001, dispõe sobre a idade mínima para admissão em emprego e estabelece algumas normas programáticas de abolição do trabalho infantil, entre as quais a adoção por parte dos Estados-membros de uma política nacional com tal finalidade.

A segunda, ratificada pelo Brasil em 02.02.2000 e promulgada pelo Decreto n. 3.597/2000, prevê o compromisso dos países signatários em adotar medidas efetivas e imediatas com o escopo de proibir e eliminar as piores formas de trabalho infantil. O art. 3º dessa convenção delimita o alcance da expressão *piores formas de trabalho infantil* como: "*a)* todas as formas de escravidão ou práticas análogas à escravidão, tais como a venda e tráfico de crianças, a servidão por dívidas e a condição de servo, e o trabalho forçado ou obrigatório, inclusive o recrutamento forçado ou obrigatório de crianças para serem utilizadas em conflitos armados; *b)* a utilização, o recrutamento ou a oferta de crianças para a prostituição, a produção de pornografia ou atuações pornográficas; *c)* a utilização, recrutamento ou a oferta de crianças para a realização de atividades ilícitas, em particular a produção e o tráfico de entorpecentes, tais como definidos nos tratados internacionais pertinentes; e *d)* o trabalho que, por sua natureza ou pelas condições em que é realizado, é suscetível de prejudicar a saúde, a segurança ou a moral das crianças". A própria norma internacional em apreço deixa a cargo de cada país a especificação da alínea *d* supracitada. No Brasil, esta é feita pelo Decreto n. 6.481/2008, que aprovou um extenso rol das atividades que considera prejudiciais à segurança, saúde e moral das crianças e dos adolescentes, também conhecida como Lista das Piores Formas de Trabalho Infantil ou simplesmente Lista TIP. A mencionada lista deverá ser periodicamente examinada e, se necessário, revista em consulta com as organizações de empregadores e de trabalhadores interessadas, competindo ao Ministério do Trabalho e Emprego organizar referidos processos de exame e consulta (o ministério foi extinto, e suas competências foram redistribuídas de acordo com o art. 83 da Lei n. 13.844, de 18.06.2019 – *v.* comentários ao art. 13, § 2º, da CLT). O exercício das atividades expressas nessa lista é vedado ao menor de 18 anos, salvo em hipóteses muito excepcionais, previstas, expressamente, no citado decreto.

Seção I
Disposições Gerais

Art. 402. Considera-se menor para os efeitos desta Consolidação o trabalhador de 14 (quatorze) até 18 (dezoito) anos.

Caput *com redação dada pela Lei n. 10.097, de 19.12.2000.*

Esta regra passou a ser objeto de grandes indagações por todos os profissionais do Direito a partir da entrada em vigor do CC/2002, que, ao tratar da capacidade civil da pessoa natural, estabeleceu como absolutamente incapazes os menores com idade inferior a 16 anos e relativamente incapazes aqueles com idade compreendida entre 16 e 18 anos (arts. 3º e 4º do CC). Além disso, previu como causa de cessação da incapacidade a existência de relação de emprego que possibilite ao menor com 16 anos completos ter economia própria (art. 5º, parágrafo único, V, do CC). É justamente este último dispositivo que tem suscitado grande controvérsia na doutrina e na jurisprudência, e, consequentemente, tem gerado enorme insegurança jurídica.

De fato, muito se tem questionado acerca da aplicabilidade da citada regra às relações tipicamente regidas pelo direito do trabalho. Há quem sustente a sua inaplicabilidade, com fulcro nos mais diversos argumentos. Afirma-se que o direito do trabalho é um ramo autônomo do Direito, com regras e princípios próprios, sendo a CLT seu principal instrumento normativo. Esta, por sua vez, por ser uma norma especial que regula as relações jurídicas havidas sob a égide do direito do trabalho, não poderia ser alterada por uma norma geral de igual hierarquia – o CC. Assim, uma vez que a CLT disciplina de maneira específica o tema da capacidade dos menores e nada prevê acerca da possibilidade de cessação antecipada da incapacidade, não seria aplicável a nova regra do art. 5º, parágrafo único, V, do CC na disciplina das relações juslaborais.

Assevera-se, outrossim, que a adoção do direito comum nessa hipótese poderia acarretar uma posição jurídica inferior no que tange ao aspecto da proteção do trabalhador menor, o que violaria o princípio tutelar que embasa o direito do trabalho. Logo, por incompatibilidade com um dos princípios justrabalhistas fundamentais, não seria o Direito comum invocável supletivamente.

Finalmente, argui-se que as regras de proteção ao trabalho do menor previstas na legislação trabalhista não guardam correlação com a sua incapacidade, mas decorrem de um critério exclusivamente cronológico, semelhante ao adotado pelo direito penal para a caracterização da inimputabilidade. Dessa forma, não haveria campo para a incidência no direito do trabalho dos dispositivos do CC referentes à emancipação.

Em sentido oposto, há corrente que sustenta a inexistência de óbice para a aplicação da regra civilista à disciplina empregatícia, desde que essa aplicação limite-se aos atos de manifestação de vontade do menor. Em outros termos, no que tange aos atos de formação, alteração e extinção do contrato de trabalho, prevaleceriam as normas sobre capacidade previstas no CC, permitindo-se ao menor realizá-los independentemente de assistência de seu representante legal – firmar termo de rescisão contratual, por exemplo. Todavia, com pertinência às disposições celetistas relativas à proteção da integridade física, biológica, moral, cultural, psicológica e social do trabalhador menor, continuaria a ser adotado o critério cronológico do presente artigo, deferindo-se todas as normas tutelares previstas neste capítulo aos menores com idade inferior a 18 anos, ainda que emancipados.

Essa concepção alicerça-se, fundamentalmente, no seguinte raciocínio: a) na premissa de que não haveria razão lógica para privar um indivíduo com capacidade civil plena, que lhe autoriza a praticar todos os atos jurídicos do meio social, de também manifestar sua vontade de forma semelhante aos demais trabalhadores, no âmbito das relações empregatícias; b) na constatação de que as normas de proteção ao trabalhador menor são de duas ordens – as que visam a proteger-lhe a integridade e a garantir-lhe o completo desenvolvimento – quase todo o Capítulo IV –, e aquelas que objetivam apenas suprir-lhe a manifestação de vontade – *v. g.*, art. 439 da CLT; c) na conclusão de que, em relação às últimas, as regras do direito comum, pertinentes ao instituto da emancipação, não denotam qualquer incompatibilidade com os fins do direito do trabalho, sendo, por isso, aplicáveis a ele.

Para os defensores dessa posição, há ainda uma questão importante a ser resolvida: a delimitação exata do termo *economia própria,* expresso na parte final do art. 5º, parágrafo único, V, do CC. Nesse tocante, cumpre esclarecer que, de modo inovador, o atual diploma civilista foi elaborado segundo a técnica legislativa de cláusulas gerais, com o fulcro de permitir aos profissionais do Direito promoverem sempre a adequação dos seus preceitos à realidade social vigorante e, consequentemente, manterem sempre atuais as suas disposições. De forma sucinta, entende-se por cláusula geral a modalidade de norma em que certas condutas ou certos conceitos não estão explicitados, sendo apenas especificada a consequência jurídica deles advinda. É função do intérprete da lei definir a conduta ou o conceito apresentados, bem como delimitar o alcance deles segundo os valores sociais existentes à época da aplicação da norma.

No que tange à expressão *economia própria*, o art. 5º, parágrafo único, V, do CC, apresenta um exemplo de cláusula geral. Cabe assim ao aplicador do Direito determinar o sentido do termo citado, segundo critérios que, do ponto de vista fático-jurídico, se mostrem apropriados no momento da subsunção da regra a um caso concreto. Como critério de economia própria, tem-se sustentado a percepção de um salário mínimo. Em sentido oposto, existe corrente apontando que esse critério não é por si só válido, devendo proceder-se uma análise casuística para ser verificado se o menor reúne condições de se autossustentar em função de seu labor.

Parágrafo único. O trabalho do menor reger-se-á pelas disposições do presente Capítulo, exceto no serviço em oficinas em que trabalhem exclusivamente pessoas da família do menor e esteja este sob a direção do pai, mãe ou tutor, observado, entretanto, o disposto nos arts. 404, 405 e na Seção II.

Parágrafo com redação dada pelo Decreto-lei n. 229, de 28.02.1967.

O presente dispositivo apresenta hipótese expressa de exclusão da proteção conferida pela CLT aos menores em geral. Os motivos para o estabelecimento dessa norma de exceção são basicamente os seguintes: a) a inexistência de liame propriamente empregatício entre o menor e seus pais – ou tutor –, entre os quais há apenas um vínculo de colaboração e cooperação; b) a ficção legal de que entre o menor e os membros de sua família existe uma relação de respeito e de afeto, que faz pressupor que aqueles que dirigem o trabalho do menor jamais exigirão dele serviços prejudiciais à sua integridade ou incompatíveis com o seu desenvolvimento. De qualquer forma, são aplicáveis, em quaisquer casos, os arts. 404 e 405 e a Seção II.

Art. 403. É proibido qualquer trabalho a menores de 16 (dezesseis) anos de idade, salvo na condição de aprendiz, a partir dos 14 (quatorze) anos.

Caput *com redação dada pela Lei n. 10.097, de 19.12.2000.*

A redação conferida a este artigo pela Lei n. 10.097, de 19.12.2000, acabou por adequar a CLT ao comando constitucional expresso no art. 7º, XXXIII, alterado pela EC n. 20/98.

Nota-se que a vedação contida neste dispositivo diz respeito não apenas ao trabalho do menor no âmbito de uma relação de emprego, mas a qualquer forma de trabalho. Alcança, dessa maneira, também aquele realizado em serviços temporários, o trabalho avulso, o eventual, o autônomo, entre outras modalidades de prestação laboral.

O trabalho sob a condição de aprendiz é permitido ao indivíduo com idade entre 14 e 24 anos e pode desenvolver-se por meio de uma relação empregatícia de natureza especial (aprendizagem típica - art. 428) ou por modalidade válida de intermediação de serviços (aprendizagem atípica - art. 431) – sobre aprendizagem, veja comentários aos arts. 428 a 433. É relevante destacar, outrossim, que a norma celetista encontra-se em consonância com a Convenção n. 138 e a Recomendação n. 146 da OIT, ratificadas pelo Brasil e promulgadas pelo Decreto n. 4.134/2002.

Por fim, cumpre esclarecer que a prestação de serviços pelo menor com idade inferior ao mínimo fixado em lei é hipótese que encerra a nulidade do contrato de trabalho. Contudo, tal declaração não deve implicar prejuízo ao trabalhador, visto que ele não pode ter restituída sua força de trabalho. Logo, ainda que seja proibido o labor do menor, o contrato de trabalho gerará efeitos enquanto durar, sem prejuízo da aplicação de eventuais penas de ordem administrativa, ou mesmo penal, ao empregador. Em tal hipótese, deve-se invocar a clássica teoria das nulidades de Cabanellas, que distingue trabalho ilícito (inapto a gerar qualquer efeito) de trabalho meramente proibido (que produz efeitos enquanto perdurar).

Parágrafo único. O trabalho do menor não poderá ser realizado em locais prejudiciais à sua formação, ao seu desenvolvimento físico, psíquico, moral e social e em horários e locais que não permitam a frequência à escola.

Parágrafo com redação dada pela Lei n. 10.097, de 19.12.2000.

Trata-se de regra tutelar que demonstra a preocupação do legislador em preservar a integridade do menor e garantir o seu pleno desenvolvimento. Neste dispositivo, arrolaram-se, apenas de forma genérica, as principais vedações ao trabalho do menor. Os artigos subsequentes é que de fato explicitarão as limitações impostas à prestação de serviços dos menores.

Em paralelo, o relativamente recente Decreto n. 6.481/2008 (que regulamenta dispositivos da Convenção n. 182 da OIT – *v.* comentários introdutórios do presente capítulo) traz, de maneira ainda mais específica, algumas vedações impostas ao trabalho dos menores de 18 anos de idade.

a) (*Revogada pela Lei n. 10.097, de 19.12.2000.*)
b) (*Revogada pela Lei n. 10.097, de 19.12.2000.*)

Art. 404. Ao menor de 18 (dezoito) anos é vedado o trabalho noturno, considerado este o que for executado no período compreendido entre as 22 (vinte e duas) e as 5 (cinco) horas.

A legislação trabalhista claramente reconhece que o trabalho noturno é mais desgastante e prejudicial ao trabalhador que aquele realizado durante o dia. Tanto que a CF, em seu art. 7º, IX, estabelece que a remuneração do trabalho realizado à noite deverá ser, necessariamente, superior ao que é realizado no período diurno.

Não é apenas do ponto de vista fisiológico que o trabalho executado à noite mostra-se desfavorável. No que tange aos aspectos sociais e psicológicos, a prestação de serviços nesse período pode acarretar consequências ainda mais nefastas. Não se deve olvidar que o trabalhador que troca as horas normalmente destinadas ao repouso pelo labor sofrerá, no âmbito de suas relações pessoais, enorme prejuízo, pois dificilmente poderá harmonizar sua rotina com a dos demais membros da coletividade, inclusive com a de sua família.

Para os menores, esses danos podem revelar-se de forma mais intensa, tendo em vista ainda estarem em formação. Além disso, a execução de serviços à noite incompatibiliza-se por completo com a possibilidade de frequência à escola. A vedação contida neste artigo, portanto, é plenamente justificável e encontra-se também expressa no art. 7º, XXXIII, da CF, e no art. 67, I, do ECA. Ressalte-se que a proibição em pauta tem caráter absoluto, alcançando todos os menores com idade inferior a 18 anos, inclusive aqueles arrolados no art. 402, parágrafo único, da CLT.

Quanto ao trabalhador rural com idade inferior a 18 anos, veda-se, por aplicação dos arts. 7º e 8º da Lei n. 5.889/73, o labor realizado entre 21 e 5 horas, na lavoura, e entre 20 e 4 horas, na pecuária.

Art. 405. Ao menor não será permitido o trabalho:
Caput *com redação dada pelo Decreto-lei n. 229, de 28.02.1967.*

Segundo a lógica de preservação da integridade física, biológica e moral do menor, o presente dispositivo passa a enunciar vedações ao seu trabalho, sem prejuízo de outras previstas na própria CLT (*v. g.*, art. 301) e na legislação extravagante (*v. g.*, art. 67 do ECA, art. 3º da Lei n. 6.224/75 e art. 5º da Lei n. 6.354/76).

I – nos locais e serviços perigosos ou insalubres, constantes de quadro para esse fim aprovado pela Secretaria de Segurança e Medicina do Trabalho;

Inciso com redação dada pelo Decreto-lei n. 229, de 28.02.1967.

Veja Portaria n. 88, de 28.04.2009 da Secretaria de Inspeção do Trabalho (Anexo V da CLT).

Veja Decreto n. 6.481, de 12.06.2008 (Anexo V da CLT).

A própria CLT apresenta os conceitos de serviços insalubres e perigosos, respectivamente em seus arts. 193 e 189. Em linhas gerais, considera atividades perigosas aquelas que, por sua natureza e por seu método, impliquem o contato permanente com inflamáveis ou explosivos em condições de risco acentuado. A NR n. 16, aprovada pela Portaria n. 3.214/78 do Ministério do Trabalho, regulamenta a questão da periculosidade, tendo incluído também como serviço perigoso o que submete o agente à exposição de radioatividade. Finalmente, a Lei n. 7.369/85 e o seu regulamento – Decreto n. 93.412/86 – complementam a matéria, considerando perigosas as atividades desenvolvidas pelos trabalhadores do setor de energia elétrica. O quadro a que se refere o inciso em epígrafe era apresentado pela Portaria n. 20/2001 do MTE/SIT. Todavia, após a regulamentação da Convenção n. 182 da OIT, efetuada pelo Decreto n. 6.481/2008, houve o advento da Lista das Piores Formas de Trabalho Infantil (Lista TIP), que estabelece em seu item I um minucioso quadro de atividades prejudiciais à segurança e à saúde do menor. Com isso, a Portaria n. 20/2001 do MTE/SIT perdeu sua razão de existir, sendo expressamente revogada pela Portaria n. 88/2009 do MTE/SIT, que faz remissão direta à Lista TIP.

A proibição do desempenho de serviços pelos menores em locais e em atividades considerados perigosos assenta-se na constatação de que eles não apresentam desenvolvimento mental completo, o que os impossibilita de discernir plenamente sobre os riscos que podem advir da execução desses serviços.

As atividades insalubres, por sua vez, são consideradas aquelas que, por sua natureza, por suas condições ou por seus métodos de trabalho, exponham os empregados a agentes nocivos à saúde acima dos limites de tolerância fixados, da intensidade do agente e do tempo de exposição a seus efeitos. O extinto Ministério do Trabalho e Emprego disciplinou a matéria por meio da NR n. 15 e de seus anexos, em que se determinaram os critérios – avaliações quantitativas e qualitativas – para a caracterização das atividades e operações insalubres, bem como pela Portaria n. 88/2009 do MTE/SIT.

O expresso impedimento ao trabalho do menor em condições insalubres tem como sustentáculo o fato de seu organismo ser comprovadamente mais frágil que de um adulto e, portanto, mais suscetível aos efeitos deletérios dos agentes nocivos presentes no ambiente de trabalho. Trata-se o presente dispositivo, pois, de uma norma tutelar de caráter absoluto, que atinge a todos os que tenham idade inferior a 18 anos e que tem como escopo proteger-lhes a saúde e a integridade física.

II – em locais ou serviços prejudiciais à sua moralidade.
Inciso com redação dada pelo Decreto-lei n. 229, de 28.02.1967.

A existência dessa regra tem por objetivo legal assegurar ao indivíduo um desenvolvimento satisfatório em sua esfera moral. De maneira indireta, a presente norma visa também a tutelar os próprios interesses da sociedade que anseia pela correta formação do caráter de seus jovens. A caracterização dos serviços prejudiciais à moralidade do menor é apresentada pelo § 3º do presente artigo.

Novamente, merece referência a Lista TIP, anexa ao Decreto n. 6.481/2008, que também especifica, em seu item II, as atividades prejudiciais à moralidade das crianças e adolescentes, embora, nessa hipótese, sem significativas novidades em relação ao texto celetista.

§ 1º ***(Revogado pela Lei n. 10.097, de 19.12.2000.)***

§ 2º O trabalho exercido nas ruas, praças e outros logradouros dependerá de prévia autorização do Juiz da Infância e da Juventude, ao qual cabe verificar se a ocupação é indispensável à sua própria subsistência ou à de seus pais, avós ou irmãos e se dessa ocupação não poderá advir prejuízo à sua formação moral.
Parágrafo com redação dada pelo Decreto-lei n. 229, de 28.02.1967.

O "Juiz de Menores" a que o texto da CLT se refere passou a corresponder ao Juiz da Vara de Infância e Juventude, segundo denominação introduzida pelo ECA (Lei n. 8.069/90). Durante muito tempo, as autorizações referidas no texto em comento foram concedidas exclusivamente por tal autoridade judiciária, por meio de alvarás que ostentam natureza administrativa e não, propriamente, jurisdicional. Isso porque se configuram como o resultado de um típico caso de procedimento de jurisdição voluntária, que, segundo boa parte da doutrina processual, não detém as características da verdadeira *jurisdictio*. De fato, não há na jurisdição voluntária a existência de lide, justificando-se a interferência do Poder Judiciário sobre as questões sujeitas a esse procedimento especial apenas em razão de a lei reputá-las como de alta relevância social. Após a promulgação da EC n. 45/2004, que ampliou significativamente a competência da Justiça do Trabalho, incertezas passaram a existir quanto à definição do juiz competente para a apreciação dos pedidos de autorização para o trabalho do menor. Uma linha argumentativa pautou-se pela natureza administrativa da atividade desempenhada pelo magistrado ao conceder tais alvarás, que, como dito anteriormente, decorrem de um procedimento de jurisdição voluntária. Por tal razão, referida atividade não teria sido transferida à Justiça especializada, pois a EC n. 45/2004, por ser uma norma disciplinar de competência, apenas cuidou da redistribuição das atividades propriamente jurisdicionais. Todavia, sedimentou-se o entendimento de que, a despeito de serem expedidas por juiz estadual, caso extrapolassem os limites legais e constitucionais, poderiam ser revistas na Justiça do Trabalho, foro competente para dirimir questões relativas às relações de trabalho em sentido amplo, nos moldes do art. 114, I, da CF, podendo, inclusive, serem declaradas ineficazes. Em sentido antípoda, firmou-se a corrente que apregoa ser a transferência, para a Justiça do Trabalho, da atribuição para a concessão dos alvarás autorizadores do labor do menor uma decorrência lógica e indissociável da modificação de competência jurisdicional empreendida pela EC n. 45/2004. Tal tese ganhou corpo, sobretudo, após a publicação do Ato do Gabinete da Presidência (GP) n. 19/2013 do TRT da 2ª Região, mediante o qual foi instituído, no âmbito do referido Tribunal, o Juízo Auxiliar da Infância e Juventude; do Provimento GP/CR n. 12/2013, posteriormente substituído pelo Provimento GP/CR n. 7/2014, ambos do TRT da 2ª Região, pelos quais foram fixados parâmetros de instrução do processo para a concessão de alvarás de autorização do trabalho de menores; da Recomendação Conjunta n. 1/2014, subscrita pela Corregedoria-Geral de Justiça do Tribunal de Justiça do Estado de São Paulo e pelas Corregedorias Regionais do Trabalho da 2ª e 15ª Regiões, pela Coordenadoria da Infância e da Juventude do Tribunal de Justiça do Estado de São Paulo e pelos Ministérios Públicos do Estado de São Paulo e do Trabalho das 2ª e 15ª Regiões; da Recomendação Conjunta n. 1/2014, subscrita pelos Ministérios Públicos do Estado de Mato Grosso e do Trabalho de Mato Grosso e pelas Corregedorias do TRT de Mato Grosso e Geral de Justiça do Tribunal de Justiça do Estado de Mato Grosso. Entretanto, cumpre registrar que em Medida Cautelar na ADI n. 5.326/DF, ajuizada pela Associação Brasileira de Emissoras de Rádio e Televisão, foi concedida liminar pelo Excelentíssimo Ministro do STF Marco Aurélio Mendes de Farias Mello, publicada no *DJe* em 24.08.2015, no sentido de suspender a eficácia dos preceitos supra aludidos, reconhecendo a competência da Justiça comum para a análise dos pedidos de autorização para o trabalho de crianças e adolescentes (ao menos no que diz respeito às representações artísticas).

Finalmente, mister destacar que o dispositivo encimado estabelece uma presunção *iuris tantum* de que o trabalho realizado em logradouros – assim entendidos como os locais destinados à circulação pública – são prejudiciais à moralidade dos menores. Somente o juiz poderá autorizá-lo, desde que cumulativamente se verifique dois requisitos: a) a necessidade imperiosa do trabalho do menor para o seu próprio sustento ou de sua família; b) a constatação de que do desenvolvimento dessa atividade não resultará concretamente prejuízo à sua formação moral.

---

§ 3º Considera-se prejudicial à moralidade do menor o trabalho:

Parágrafo com redação dada pelo Decreto-lei n. 229, de 28.02.1967.

Este parágrafo descreve os locais de trabalho que podem ser prejudiciais à moralidade do menor, tendo em vista o seu caráter ainda em formação.

***a)* prestado de qualquer modo em teatros de revista, cinemas, boates, cassinos, cabarés, *dancings* e estabelecimentos análogos;**

Alínea com redação dada pelo Decreto-lei n. 229, de 28.02.1967.

Algumas expressões e alguns estabelecimentos apontados na regra em apreço estão em dissonância com a realidade atual. De fato, quase não se ouve falar mais de teatros de revista. Os cassinos também já não existem mais. Os termos *cabarés* e *dancings* caíram em completo desuso. Não obstante tal fato, a regra celetista ainda se mantém válida e eficaz, pois a sua parte final apresenta uma fórmula genérica ("estabelecimentos análogos") que permite adequar o seu comando aos dias de hoje.

Desse modo, embora não mais existam cassinos, há estabelecimentos que muito se assemelham a eles: os bingos. Os *dancings* e *cabarés*, hoje, são genericamente conhecidos como boates e danceterias. Em todos esses locais, potencialmente, existe perigo para a formação moral dos menores. Quanto aos cinemas, muito se tem criticado a vedação estabelecida nesse artigo. Todavia, a exibição de certos filmes nesses locais pode afrontar a moralidade do menor, mormente se houver acesso a eles.

***b)* em empresas circenses, em funções de acrobata, saltimbanco, ginasta e outras semelhantes;**

Alínea com redação dada pelo Decreto-lei n. 229, de 28.02.1967.

O estilo de vida itinerante e de alta exposição pública dos profissionais das empresas circenses alimentou o legislador no sentido de considerar prejudicial à formação moral do menor a sua agregação a essas atividades. Entretanto, o conteúdo do presente dispositivo não está isento de críticas.

***c)* de produção, composição, entrega ou venda de escritos, impressos, cartazes, desenhos, gravuras, pinturas, emblemas, imagens e quaisquer outros objetos que possam, a juízo da autoridade competente, prejudicar sua formação moral;**

Alínea com redação dada pelo Decreto-lei n. 229, de 28.02.1967.

Indubitavelmente, a participação do menor nas atividades relacionadas à produção, composição, entrega e venda dos referidos materiais pode representar afronta direta à sua formação moral. Ainda que esses materiais estejam revestidos por algum invólucro que lhe impeça a visualização, há sempre o perigo de a criança ou o adolescente ter acesso ao seu conteúdo. Justifica-se assim plenamente a proibição estabelecida.

***d)* consistente na venda, a varejo, de bebidas alcoólicas.**

Alínea com redação dada pelo Decreto-lei n. 229, de 28.02.1967.

A nocividade do produto e a possibilidade de fácil acesso ao consumo pelo menor servem de fundamento para esse impedimento.

---

§ 4º Nas localidades em que existirem, oficialmente reconhecidas, instituições destinadas ao amparo dos menores jornaleiros, só aos que se encontrem sob o patrocínio dessas entidades será outorgada a autorização do trabalho a que alude o § 2º.

Parágrafo acrescentado pelo Decreto-lei n. 229, de 28.02.1967.

O comando em tela estabelece mais um requisito que deve ser cumulado com os do § 2º – autorização judicial e não existência de prejuízo à formação moral – para a outorga de autorização ao menor no desempenho de atividades de jornaleiro.

---

§ 5º Aplica-se ao menor o disposto no art. 390 e seu parágrafo único.

Parágrafo acrescentado pelo Decreto-lei n. 229, de 28.02.1967.

O artigo da CLT a que este dispositivo remete a aplicação está inserido no Capítulo III – "Da Proteção do Trabalho da Mulher" – e trata-se de uma norma tutelar de caráter especial destinada a prevenir a fadiga e, consequentemente, a resguardar a saúde e a segurança da trabalhadora.

Segundo a citada regra, é vedada a utilização da mão de obra da mulher em serviços que demandem a utilização de força muscular equivalente a 20 quilos, de forma contínua, ou superior a 25 quilos, de forma ocasional. Exclui-se dessa regra a remoção de material feita por impulsão ou tração de vagonetes sobre trilhos, de carros de mão ou de quaisquer aparelhos mecânicos.

A base para a elaboração dessa proteção especial reside na circunstância de que, em geral, o organismo da mulher é, sob o ponto de vista físico, menos forte que o do homem.

De forma acertada, a CLT, ao tratar do trabalho do menor, remete à aplicação do art. 390, pois esse trabalhador ainda não possui um desenvolvimento físico completo e, portanto, uma força muscular comparável à de um trabalhador adulto.

Há quem entenda cuidar o comando em tela da vedação ao trabalho penoso de que trata o art. 67, II, do ECA. Essa, entretanto, não parece ser uma posição muito acertada, uma vez que a noção de atividade penosa, também referida pela CF (art. 7º, XXIII), tende a abarcar vários aspectos – psicológico, social, entre outros – e não só o meramente físico. Saliente-se, por fim, que o presente § 5º alcança a todos os trabalhadores com idade inferior a 18 anos, pouco importando o tipo de atividade que desempenhe.

Art. 406. O Juiz da Infância e da Juventude poderá autorizar ao menor o trabalho a que se referem as letras *a* e *b* do § 3º do art. 405:

Caput *com redação dada pelo Decreto-lei n. 229, de 28.02.1967.*

Novamente, a CLT apresenta hipóteses em que a autoridade judiciária pode autorizar o trabalho do menor em condições que, normalmente, ser-lhe-iam vedadas. Em relação ao juiz competente para a expedição dessas autorizações, assim como a natureza de tais atos, cabem aqui as mesmas observações feitas no § 2º do artigo anterior.

A concessão da autorização prevista neste artigo depende da verificação da ocorrência cumulativa – e não concorrente – dos requisitos descritos nos incisos.

I – desde que a representação tenha fim educativo ou a peça de que participe não possa ser prejudicial à sua formação moral;

Inciso com redação dada pelo Decreto-lei n. 229, de 28.02.1967.

Há certos estabelecimentos arrolados no art. 405, § 3º, *a*, que jamais comportarão a exceção aqui prevista. De fato, em boates, em bingos e em danceterias, não existe representação de fim educativo, sendo o desenvolvimento de suas atividades principais sempre incompatível com a frequência de crianças e adolescentes.

II – desde que se certifique ser a ocupação do menor indispensável à própria subsistência ou à de seus pais, avós ou irmãos e não advir nenhum prejuízo à sua formação moral.

Inciso com redação dada pelo Decreto-lei n. 229, de 28.02.1967.

A indispensabilidade do trabalho do menor para o provimento de sua própria subsistência ou a de sua família deve ser analisada pelo juiz, de forma concreta, antes da concessão da autorização. A parte final do inciso em comento ("não advir nenhum prejuízo à sua formação moral") mostra-se redundante em face do conteúdo do inciso I.

Art. 407. Verificado pela autoridade competente que o trabalho executado pelo menor é prejudicial à sua saúde, ao seu desenvolvimento físico ou à sua moralidade, poderá ela obrigá-lo a abandonar o serviço, devendo a respectiva empresa, quando for o caso, proporcionar ao menor todas as facilidades para mudar de funções.

Caput *com redação dada pelo Decreto-lei n. 229, de 28.02.1967.*

Veja Portaria n. 88, de 28.04.2009, da Secretaria de Inspeção do Trabalho (Anexo V da CLT).

Veja Decreto n 6.481, de 12.06.2008 (Anexo IV da CLT).

A presente norma não deixa claro qual seria a autoridade competente para executar essa verificação. Todavia, uma análise sistemática da própria CLT permite inferir que se trata da autoridade do Ministério do Trabalho e Emprego, responsável pela fiscalização do cumprimento das normas de proteção ao trabalho (art. 626 da CLT). Atualmente, esta corresponde ao auditor-fiscal do Trabalho. Nesse mesmo sentido, a Lei n. 10.683/2003 também tende a indicar a atribuição do MTE para o desempenho de tal função em seu art. 27, XXI (o ministério foi extinto, e suas competências foram redistribuídas de acordo com o art. 83 da Lei n. 13.844, de 18.06.2019 – *v.* comentários ao art. 13, § 2º, da CLT).

Esclareça-se que uma leitura precipitada dos arts. 148 e 149 do ECA poderia suscitar algumas dúvidas quanto à possibilidade de o Juiz da Infância e da Juventude ser a autoridade a que se refere o artigo em apreço. No entanto, é sabido que o papel de fiscalização não é tipicamente acometido a um órgão jurisdicional. Além disso, no âmbito das relações de trabalho, já existe órgão

(Superintendência Regional do Trabalho – SRT) e carreira (de auditor fiscal do trabalho) próprios para o seu desempenho.

Uma vez constatado o efetivo prejuízo à saúde e ao desenvolvimento físico e moral do menor, advindo do trabalho, a autoridade fiscalizadora tem o dever – e não a faculdade – de obrigar o menor a abandonar o serviço quando não puderem ser alteradas as suas funções. Igualmente, é um dever do empregador – reafirmado inclusive pelo art. 426 – proporcionar, quando cabíveis, meios e facilidades para que o menor altere suas funções.

Parágrafo único. Quando a empresa não tomar as medidas possíveis e recomendadas pela autoridade competente para que o menor mude de função, configurar-se-á a rescisão do contrato de trabalho, na forma do art. 483.

Parágrafo acrescentado pelo Decreto-lei n. 229, de 28.02.1967.

Se o empregador tiver a possibilidade de promover as medidas necessárias e recomendadas pela autoridade referida no *caput* do artigo e assim não o proceder, estará praticando falta grave, que enseja a rescisão indireta do contrato de trabalho (art. 483). Nesse caso, a extinção do contrato de trabalho é imperativa, devendo a autoridade fiscalizadora realizá-la caso o trabalhador ou seu representante não tome essa iniciativa.

Art. 408. Ao responsável legal do menor é facultado pleitear a extinção do contrato de trabalho, desde que o serviço possa acarretar para ele prejuízos de ordem física ou moral.

Artigo com redação dada pelo Decreto-lei n. 229, de 28.02.1967.

Caso o trabalho represente potencialmente alguma ameaça à integridade física e moral do menor, poderá ser extinto sem a necessidade de concessão de aviso-prévio ou pagamento de indenização. Cuida-se de uma modalidade excepcional de rescisão motivada, mas não fundada em falta grave. A hipótese é distinta da prevista no artigo anterior, visto que não há ofensa efetiva à saúde e à garantia do desenvolvimento do menor, mas apenas risco de ocorrência de tal prejuízo.

O artigo menciona o responsável legal como legitimado a pedir a extinção, mas nada impede que o próprio trabalhador o faça, mormente se for adotada a tese de o menor, quando emancipado, poder praticar os atos de manifestação de vontade da relação de emprego, como pôr fim ao contrato de trabalho (veja comentários ao art. 402).

Art. 409. Para maior segurança do trabalho e garantia da saúde dos menores, a autoridade fiscalizadora poderá proibir-lhes o gozo dos períodos de repouso nos locais de trabalho.

Os períodos de repouso que normalmente são gozados pelo menor no próprio local de trabalho são: o intervalo intrajornada destinado à alimentação e ao descanso (art. 71) e o intervalo de quinze minutos que antecede a prorrogação da jornada (art. 413, parágrafo único, c/c o art. 384). A autoridade fiscalizadora pode, em determinados casos, considerar prejudicial à segurança e à saúde dos menores o gozo desses intervalos no lugar onde laboram. Nessa situação, pode determinar que seja efetuado em outro local.

Art. 410. O Ministro do Trabalho, Indústria e Comércio poderá derrogar qualquer proibição decorrente do quadro a que se refere o inciso I do art. 405 quando se certificar haver desaparecido, parcial ou totalmente, o caráter perigoso ou insalubre, que determinou a proibição.

Veja nota 1 na página XXI.

O quadro a que se refere o art. 405, I, é atualmente dado pela Portaria n. 88/2009 do MTE, que remete expressamente à Lista TIP, criada pelo Decreto n. 6.481/2008. Registre-se, entretanto, que o comando expresso neste artigo não foi integralmente recepcionado pela CF/88, uma vez que seu art. 7º, XXXIII, veda qualquer forma de trabalho insalubre ou perigoso aos menores e não traça qualquer exceção relativa à sua possibilidade caso haja o desaparecimento parcial do caráter perigoso ou insalubre da atividade. Essa também é a orientação traçada pelo art. 67, II, do ECA.

Seção II
Da Duração do Trabalho

Art. 411. A duração do trabalho do menor regular-se-á pelas disposições legais relativas à duração do trabalho em geral, com as restrições estabelecidas neste Capítulo.

As disposições legais relativas à duração do trabalho em geral estão contidas no Capítulo II do Título II da CLT (arts. 57 a 75), bem como na CF, em seu art. 7º, XIII a XVI. Via de regra, a duração do trabalho do menor é a mesma do trabalhador adulto – 8 horas diárias até o limite de 44 horas semanais –, sendo-lhe vedado, contudo, o trabalho noturno (art. 404 da CLT e art. 7º, XXXIII, da CF). No que tange ao contrato de aprendizagem, porém, a CLT estabelece normas específicas para regular a duração da prestação de serviços feita sob esse regime.

Embora não exista expressamente disposição que vede a aplicação do sistema de turnos ininterruptos de revezamento (art. 7º, XIV, da CF) ao menor, tal sistema mostra-se incompatível com sua frequência à escola. Incide, assim, nessa modalidade de jornada de trabalho a proibição de caráter genérico contida no parágrafo único do art. 403.

Art. 412. Após cada período de trabalho efetivo, quer contínuo, quer dividido em 2 (dois) turnos, haverá um intervalo de repouso, não inferior a 11 (onze) horas.

O artigo em tela tem o mesmo conteúdo do art. 66, nada trazendo de novidade. Cuida do intervalo interjornada sobre o que estabelece regra geral aplicável ao menor semelhante àquela que se aplica ao trabalhador adulto.

Art. 413. É vedado prorrogar a duração normal diária do trabalho do menor, salvo:

Caput *com redação dada pelo Decreto-lei n. 229, de 28.02.1967.*

O dispositivo tem como escopo preservar a saúde do trabalhador menor e compatibilizar o seu horário de labor com a realização das demais atividades necessárias ao seu adequado desenvolvimento.

I – até mais 2 (duas) horas, independentemente de acréscimo salarial, mediante convenção ou acordo coletivo nos termos do Título VI desta Consolidação, desde que o excesso de horas em um dia seja compensado pela diminuição em outro, de modo a ser observado o limite máximo de 48 (quarenta e oito) horas semanais ou outro inferior legalmente fixado;

Inciso com redação dada pelo Decreto-lei n. 229, de 28.02.1967.

Com este artigo, foram traçadas, a um só tempo, três distinções entre a disciplina da duração do trabalho do menor e aquela deferida aos demais trabalhadores. São elas: a) a proibição de prestação de horas extras pelo menor, em razão de acordo de vontades firmado com o seu empregador; b) a possibilidade de prorrogação da jornada apenas com o fim de compensação semanal, sendo vedada a adoção do regime de banco de horas (art. 59, § 2º, da CLT); c) a impossibilidade do estabelecimento do sistema de compensação por meio de acordo individual.

II – excepcionalmente, por motivo de força maior, até o máximo de 12 (doze) horas, com acréscimo salarial de pelo menos 25% (vinte e cinco por cento) sobre a hora normal e desde que o trabalho do menor seja imprescindível ao funcionamento do estabelecimento.

Inciso com redação dada pelo Decreto-lei n. 229, de 28.02.1967.

O inciso em comento prevê a única hipótese de prestação de horas extras pelo menor sem que haja compensação de horários. Para essa hipótese, devem ser preenchidos, cumulativamente, dois requisitos: a) a existência de motivo de força maior; b) a imprescindibilidade do trabalho do menor para o funcionamento do estabelecimento. Diferentemente do que ocorre com o trabalhador adulto, não poderá o empregador, no caso de força maior, exigir a prestação de serviços do menor além do limite de doze horas.

No que se refere ao adicional de 25% incidente sobre a hora normal, tem-se que o presente dispositivo não foi recepcionado quanto a essa parte pela CF/88, porque seu art. 7º, XVI, prescreve que o mencionado adicional sempre deverá ser de no mínimo 50%.

Ressalte-se, por fim, que o presente dispositivo nada explicita sobre a necessidade de comunicação à autoridade competente sobre a ocorrência do fato e da prestação do labor extraordinário. Deve-se aplicar, dessa forma, o art. 61, § 1º, da CLT, por força do comando do próprio art. 411.

Parágrafo único. Aplica-se à prorrogação do trabalho do menor o disposto no art. 375, no parágrafo único do art. 376, no art. 378 e no art. 384 desta Consolidação.

Parágrafo acrescentado pelo Decreto-lei n. 229, de 28.02.1967.

Quase todos os artigos a que o dispositivo *in casu* faz remissão foram revogados. Apenas o art. 384 encontra-se ainda em vigor e prescreve, ao tratar da proteção do trabalho da mulher, que, em caso de prorrogação do horário normal, será obrigatório um descanso de quinze minutos antes do início do período extraordinário. A aplicação da referida regra também ao menor justifica-se pelo fato de que ele, assim como a mulher, apresenta compleição mais frágil que a de um trabalhador adulto do sexo masculino.

Art. 414. Quando o menor de 18 (dezoito) anos for empregado em mais de um estabelecimento, as horas de trabalho em cada um serão totalizadas.

O menor que exercer atividades em mais de um emprego deverá somar a jornada efetivamente laborada em ambos para compor o limite de oito horas diárias. O objetivo de tal regra é, mais uma vez, preservar a saúde do trabalhador menor e compatibilizar o seu horário de labor com a realização das demais atividades necessárias ao seu satisfatório desenvolvimento.

Seção III
Da Admissão em Emprego e da Carteira de Trabalho e Previdência Social

Todas as disposições da presente Seção encontram-se revogadas, devendo-se aplicar ao menor, quanto a essa matéria, as normas gerais aplicáveis aos demais trabalhadores.

Art. 415. ***(Revogado pelo Decreto-lei n. 926, de 10.10.1969.)***

Arts. 416 e 417. ***(Revogados pela Lei n. 5.686, de 03.08.1971.)***

Art. 418. ***(Revogado pela Lei n. 7.855, de 24.10.1989.)***

Arts. 419 a 423. ***(Revogados pela Lei n. 5.686, de 03.08.1971.)***

Seção IV
Dos Deveres dos Responsáveis Legais de Menores e dos Empregadores. Da Aprendizagem

Art. 424. É dever dos responsáveis legais de menores, pais, mães, ou tutores, afastá-los de empregos que diminuam consideravelmente o seu tempo de estudo, reduzam o tempo de repouso necessário à sua saúde e constituição física, ou prejudiquem a sua educação moral.

Constitui obrigação dos responsáveis legais do menor, a exemplo do que ocorre com a autoridade fiscalizadora do art. 407, afastá-lo de emprego que efetivamente constitua prejuízo à sua saúde e formação. A hipótese tratada no artigo em comento é distinta daquela prevista no art. 408, em que há apenas ameaça de prejuízo à integridade do trabalhador, enquanto no presente dispositivo já existe concretamente a ofensa. O conteúdo de tal norma está, portanto, mais próximo ao conteúdo do art. 407 que ao do art. 408. Saliente-se, finalmente, que o não cumprimento desse dever poderá constituir infração punível com a multa a que alude o art. 434.

Art. 425. Os empregadores de menores de 18 (dezoito) anos são obrigados a velar pela observância, nos seus estabelecimentos ou empresas, dos bons costumes e da decência pública, bem como das regras de higiene e medicina do trabalho.

O dever de velar pelos bons costumes, pela decência pública e pelas regras de segurança e medicina do trabalho impõe-se a todos os empregadores, e não apenas àqueles que empregam menores. Não obstante, os que empregam menores, caso descumpram essa norma, sofrerão, sem prejuízo de outras penalidades, a imposição da multa prevista no art. 434.

Art. 426. É dever do empregador, na hipótese do art. 407, proporcionar ao menor todas as facilidades para mudar de serviço.

O comando em apreço repete o que já havia sido dito na parte final do art. 407, *caput*. Caso o empregador tenha condições e não facilite a alteração do serviço pelo menor, seu ato poderá constituir falta grave, capaz de fomentar a rescisão indireta do contrato de trabalho (art. 483), além de suscitar a cominação da multa do art. 434.

Art. 427. O empregador, cuja empresa ou estabelecimento ocupar menores, será obrigado a conceder-lhes o tempo que for necessário para a frequência às aulas.

O artigo em questão deve ser conjugado com a vedação expressa no art. 403, parágrafo único, *in fine*, bem como com as próprias regras especiais de duração da jornada (arts. 411 a 414). De fato, o desenvolvimento social e cultural do adolescente revela-se como uma das principais preocupações da legislação protetora do trabalhador menor. Esse desenvolvimento, por sua vez, somente pode ser satisfatoriamente obtido com a adequação da prestação de serviços de modo a proporcionar a frequência do menor à escola. Por tal razão, justifica-se a imposição ao empregador do dever de conceder o tempo que for necessário ao empregado menor frequentar as aulas.

Parágrafo único. Os estabelecimentos situados em lugar onde a escola estiver a maior distância que 2 (dois) quilômetros, e que ocuparem, permanentemente, mais de 30 (trinta) menores analfabetos, de 14 (quatorze) a 18 (dezoito) anos, serão obrigados a manter local apropriado em que lhes seja ministrada a instrução primária.

O art. 205 da CF expressa que a educação é um direito de todos e um dever do Estado e da família. Assim, em um primeiro momento, são esses os entes responsáveis pela instrução primária. Contudo, o próprio comando constitucional citado impõe a toda a sociedade – em que se incluem os empregadores – o dever de colaborar com o incentivo e com a promoção da educação. Essa colaboração pode ocorrer de forma passiva – pela não oposição de óbices à frequência escolar – ou de forma ativa, como é o caso previsto neste parágrafo único. Conclui-se, desse modo, que o dispositivo em análise foi plenamente recepcionado pela Carta Maior de 1988, devendo ser integralmente observado. Seu desrespeito pode gerar, outrossim, a imposição da multa do art. 434 ao infrator.

Art. 428. Contrato de aprendizagem é o contrato de trabalho especial, ajustado por escrito e por prazo determinado, em que o empregador se compromete a assegurar ao maior de 14 (quatorze) e menor de 24 (vinte e quatro) anos inscrito em programa de aprendizagem formação técnico-profissional metódica, compatível com o seu desenvolvimento físico, moral e psicológico, e o aprendiz, a executar com zelo e diligência as tarefas necessárias a essa formação.

Caput *com redação dada pela Lei n. 11.180, de 23.09.2005.*

Antes do advento da Lei n. 10.097/2000, a situação jurídica do labor do menor aprendiz era determinada por um complexo de normas, que deveriam ser sistematicamente interpretadas e harmonizadas. A CF/88 sempre admitiu a aprendizagem, passando, após a EC n. 20/98, a fixar como 14 anos a idade mínima para o trabalho como aprendiz. A CLT estabelecia regras que obrigavam os estabelecimentos industriais de qualquer natureza a destinar percentual de seus quadros para a contratação de aprendizes, bem como previa, de forma pouco adequada, alguns requisitos para a configuração e para o desenvolvimento da aprendizagem. O ECA, por sua vez, é que trazia o conceito desse instituto em seu art. 62. Por fim, a Lei n. 9.394/96 (Lei de Diretrizes e Bases da Educação Nacional) e seu regulamento (Decreto n. 2.208/97) apresentaram a definição de educação profissional. A Lei n. 10.097/2000 mudou o panorama até então existente, ao adaptar a CLT ao conjunto de regras citadas, de modo a conferir unidade normativa ao instituto da aprendizagem. Recentemente, a Lei n. 11.180/2005 ampliou o espectro de aplicação da aprendizagem, ao permitir que tal regime também alcançasse pessoas com idade entre 18 e 24 anos. Atualmente, tem-se como aprendizagem o sistema pelo qual o trabalhador, com idade compreendida entre 14 e 24 anos, presta serviços à empresa, sob o compromisso de participar de um programa educativo destinado à sua formação técnico-profissional, sendo orientado por entidade qualificada para tanto.

De acordo com a atual sistemática legal, passaram a existir duas formas distintas de contratação do aprendiz: a) por meio de contrato de trabalho especial, na forma do presente artigo celetista – aprendizagem típica; b) por meio de hipótese válida de interposição de mão de obra, conforme estabelecido na segunda parte do art. 431, *caput* – aprendizagem atípica. A aprendizagem típica desenvolve-se por uma modalidade especial de contrato de trabalho a prazo determinado, necessariamente escrito, pelo qual o empregador obriga-se não somente a pagar uma remuneração pela prestação dos serviços, mas também a submeter o aprendiz a uma formação técnico-profissional metódica relacionada ao ofício ou à função para o qual foi contratado; por sua vez, o empregado-aprendiz compromete-se a executar as tarefas necessárias a essa formação. A relação existente entre a empresa e o aprendiz é de subordinação direta. Porém, é necessária à validade do contrato de aprendizagem a concorrência de outros requisitos traçados nos parágrafos do artigo em apreço.

Finalmente, mostra-se extremamente oportuno tecer alguns comentários acerca das consequências advindas da alteração legislativa promovida pela promulgação da Lei n. 11.180/2005. Ao elevar o limite máximo de idade para 24 anos, possibilitou-se a inclusão de maiores no sistema de aprendizagem, antes reservado aos trabalhadores menores. Em decorrência disso, o campo de atividades em que esse contrato especial de trabalho poderá desenvolver-se aumentou consideravelmente. Agora, por essa nova regra, atividades insalubres e perigosas, antes excluídas do âmbito da aprendizagem, poderão, em tese, nela se inserir, desde que desenvolvidas por maiores. Com efeito, o art. 405, I, da CLT, veda apenas o trabalho do menor em condições insalubres e perigosas, não o do aprendiz. No entanto, havia a impressão de que essa vedação tinha maior amplitude, pois no quadro delineado anteriormente à Lei n. 11.180/2005, o contrato de aprendizagem destinava-se somente aos menores, fazendo, portanto, com que a regra do art. 405, I, atingisse todos os aprendizes. O aumento do campo de aplicação da aprendizagem repercute nos critérios de cálculo para a fixação e para o preenchimento das quotas destinadas aos aprendizes nas empresas (veja comentários ao art. 429). Tais critérios deverão ser revistos, de forma a incluir no cálculo das quotas as atividades insalubres e perigosas, desde que, por meio delas, seja possível o alcance de uma formação técnico-profissional metódica pelo indivíduo.

Embora a nova redação do art. 428, dada pela Lei n. 11.180/2005, não estabeleça expressamente uma prioridade na contratação de menores de 18 anos como aprendizes, em detrimento dos indivíduos com idade compreendida entre 18 e 24 anos, a exegese sistemática e teleológica da citada norma consolidada permite essa inferência. De fato, o art. 227 da CF estabelece como dever do Estado, da família e da sociedade assegurar à criança, ao adolescente e ao jovem, com *absoluta prioridade*, o direito à profissionalização. Além disso, a disciplina normativa da aprendizagem está inserida no capítulo da CLT referente à proteção do trabalho do menor, o que revela ser o escopo maior do dispositivo em comento a tutela do aprendiz com idade inferior a 18 anos. Assim, conclui-se que, apesar de o atual regime permitir a contratação de maiores, com idade inferior a 24 anos, na condição de aprendizes, a prioridade deve ser dada aos menores com idade entre 14 e 18 anos. Portanto, a contratação de maiores aprendizes deverá ocorrer apenas supletivamente.

Em conclusão, deve-se consignar ao aplicador do Direito o alerta de que o presente dispositivo, em sua redação atual, deve ser muito bem refletido e interpretado antes de aplicado. Em nenhum momento deve-se perder de vista o real objetivo do instituto da aprendizagem: garantir ao aprendiz uma formação técnico-profissional. Qualquer desvirtuamento desse fim colimado deverá ser integralmente rechaçado, com fundamento no art. 9º da CLT. O aumento da idade máxima para a aprendizagem não pode ser encarado como possibilidade de criação de novos postos de emprego, resultante da precarização das condições de trabalho. Tampouco deve ser utilizado como mecanismo de fraude à legislação protetora do trabalhador.

---

§ 1º A validade do contrato de aprendizagem pressupõe anotação na Carteira de Trabalho e Previdência Social, matrícula e frequência do aprendiz na escola, caso não haja concluído o ensino médio, e inscrição em programa de aprendizagem desenvolvido sob orientação de entidade qualificada em formação técnico-profissional metódica.

Parágrafo com redação dada pela Lei n. 11.788, de 25.09.2008.

Além dos pressupostos já expressos no *caput* deste artigo, são também necessárias à validade do contrato de aprendizagem: a) a sua anotação na CTPS do trabalhador; b) a frequência do aprendiz à escola, caso não haja concluído o ensino médio, que, de acordo com a Lei de Diretrizes e Bases da Educação Nacional (Lei n. 9.394/96), corresponde ao que anteriormente era denominado *curso colegial* ou *segundo grau*, bem como à educação técnica de nível médio; c) a inscrição do trabalhador em programa de aprendizagem desenvolvido sob a orientação de entidade qualificada em formação técnico-profissional metódica.

O último requisito apresentado merece melhor desenvolvimento. A definição das entidades qualificadas a que faz referência o dispositivo é dada pelo art. 430. Correspondem elas aos Serviços Nacionais de Aprendizagem – Senai, Senac, Senat, Senar e Sescoop –, às Escolas Técnicas de Educação, às entidades sem fins lucrativos e às entidades de prática desportiva filiadas ao Sistema Nacional do Desporto e aos Sistemas de Desporto dos Estados, do Distrito Federal e dos Municípios, que tenham por objetivo a assistência ao adolescente e a educação profissional, registradas no Conselho Municipal dos Direitos da Criança e do Adolescente. A vinculação do aprendiz a uma dessas entidades é condição essencial para a validade de sua contratação, uma vez que serão elas as responsáveis pela orientação das atividades teóricas e práticas que caracterizarão o processo de formação técnico-profissional. Tal orientação, entretanto, não faz desaparecer, tampouco desnaturar, o liame de subordinação existente entre o trabalhador aprendiz e a empresa que o contratar.

Digna de nota mostra-se também a alteração introduzida pela Lei n. 11.788/2008. Anteriormente o requisito de matrícula e frequência do aprendiz à escola era exigido apenas quando este não havia completado o ensino fundamental. Pelo novo regime, ampliou-se a exigência para o ensino médio. Tal iniciativa do legislador parece ter sido salutar, por estimular uma maior qualificação dos jovens, indo, nesse sentido, ao encontro dos próprios objetivos da aprendizagem.

---

§ 2º Ao aprendiz, salvo condição mais favorável, será garantido o salário mínimo hora.

Parágrafo acrescentado pela Lei n. 10.097, de 19.12.2000, e com redação dada pela Lei n. 13.420, de 13.03.2017.

A Lei n. 10.097/2000 revogou expressamente o art. 80 da CLT e adequou o texto celetista às normas contidas no art. 7º, IV – garantia do salário mínimo a todos os trabalhadores – e XXX – vedação de discriminação salarial por motivo de idade –, da CF/88 com a introdução do presente parágrafo ao art. 428.

De maneira análoga, a OJ n. 26 da SDC do TST traz o entendimento pretoriano acerca da impossibilidade de discriminação do menor em cláusula de norma coletiva que estabeleça salário mínimo profissional.

A Lei n. 13.420/2017 conferiu maior precisão sistêmica ao parágrafo ao subtrair de sua redação original a expressão "menor", porquanto desde a edição da Lei n. 11.180/2005 a aprendizagem não se circunscreve a trabalhadores com idade inferior a 18 anos.

---

§ 3º O contrato de aprendizagem não poderá ser estipulado por mais de 2 (dois) anos, exceto quando se tratar de aprendiz portador de deficiência.

Parágrafo com redação dada pela Lei n. 11.788, de 25.09.2008.

O contrato de aprendizagem, assim como as demais modalidades de contrato a prazo determinado em geral (art. 445), deve ter duração máxima de dois anos. No entanto, tal espécie de contrato sofre outra limitação temporal: perdurará apenas enquanto o aprendiz tiver idade inferior a 24 anos. Caso o trabalhador complete 24 anos, ainda que não tenha havido o decurso dos dois anos a que alude o presente dispositivo, o contrato deverá ser extinto.

A exceção relativa ao aprendiz portador de deficiência é mais uma das alterações introduzidas pela Lei n. 11.788/2008. A redação da atual regra encontra a mesma justificativa que determinou a inclusão dos §§ 5º e 6º ao presente artigo pela Lei n. 11.180/2005, ou seja, facilitar a formação técnico-profissional e, consequentemente, o ingresso ou reingresso no mercado de trabalho dos portadores de deficiência. Tal medida é salutar porque permite que trabalhadores os quais, em via de regra, podem ter maiores dificuldades de adaptação e desenvolvimento das atividades de formação proporcionadas pela aprendizagem não sofram com a limitação temporal imposta pela lei. A não estipulação de uma duração máxima para o contrato de trabalho desses aprendizes põe fim à incoerência gerada pela Lei de 2005, que já havia excepcionado o requisito da idade máxima previsto no *caput*, mas mantido a limitação de dois anos de contrato.

§ 4º A formação técnico-profissional a que se refere o *caput* deste artigo caracteriza-se por atividades teóricas e práticas, metodicamente organizadas em tarefas de complexidade progressiva desenvolvidas no ambiente de trabalho.

Parágrafo acrescentado pela Lei n. 10.097, de 19.12.2000.

O comando em apreço apresenta os elementos caracterizadores da formação técnico-profissional metódica do aprendiz, que, em linhas gerais, constitui-se no grande escopo do sistema de aprendizagem. Deve ela ser obtida por um processo gradativo de atividades práticas e teóricas desenvolvidas no ambiente de trabalho sob a orientação de entidade qualificada para esse fim.

§ 5º A idade máxima prevista no *caput* deste artigo não se aplica a aprendizes portadores de deficiência.

Parágrafo acrescentado pela Lei n. 11.180, de 23.09.2005.

A inclusão do presente parágrafo, feita pela recente Lei n. 11.180/2005, deve ser vista como uma medida adotada em benefício do portador de deficiência. Pode-se asseverar que, por meio dela, houve o reconhecimento pelo legislador da ineficiência do atual sistema de inserção de trabalhadores deficientes e reabilitados no mercado de trabalho, servindo a aprendizagem como mecanismo que permite a formação técnico-profissional do portador de deficiência física e/ou mental no momento em que desejar, garantindo-se a ele o ingresso ou reingresso no setor produtivo.

Por fim, merece ser destacado que as quotas relativas à contratação obrigatória de aprendizes e aquelas destinadas à contratação de deficientes – art. 36 do Decreto n. 3.298/99, que regulamenta a Lei n. 7.853/89 – não devem ser preenchidas pelos mesmos trabalhadores.

§ 6º Para os fins do contrato de aprendizagem, a comprovação da escolaridade de aprendiz com deficiência deve considerar, sobretudo, as habilidades e competências relacionadas com a profissionalização.

Parágrafo acrescentado pela Lei n. 11.180, de 23.09.2005, e com redação dada pela Lei n. 13.146, de 06.07.2015.

A regra em comento, introduzida originalmente pela Lei n. 11.180/2005, traz disciplina mais flexível ao contrato de aprendizagem de pessoas com deficiência do que aquela prevista no § 1º deste mesmo artigo. Com efeito, não se exige em relação ao aprendiz deficiente a comprovação de conclusão do ensino médio, tampouco de matrícula e frequência em escola regular, bastando a verificação de que o nível de escolaridade do aprendiz tenha-lhe conferido habilidades e competências compatíveis com o processo de profissionalização. O escopo do legislador claramente foi o de facilitar a formação técnico-profissional e, consequentemente, o ingresso ou reingresso dos portadores de deficiência no mercado de trabalho. Trata-se, pois, de uma política legislativa que coloca o instituto da aprendizagem como um importante instrumento de inclusão das pessoas com deficiência no mercado de trabalho.

A redação conferida pela Lei n. 13.146/2015 ampliou o espectro de aplicação da regra, antes restrita aos deficientes mentais, a todas as pessoas com deficiência, isto é, a todo indivíduo com algum tipo de impedimento de longo prazo de natureza física, mental, intelectual ou sensorial, o qual, em interação com uma ou mais barreiras, pode obstruir sua participação plena e efetiva na sociedade em igualdade de condições com as demais pessoas.

§ 7º Nas localidades onde não houver oferta de ensino médio para o cumprimento do disposto no § 1º deste artigo, a contratação do aprendiz poderá ocorrer sem a frequência à escola, desde que ele já tenha concluído o ensino fundamental.

Parágrafo acrescentado pela Lei n. 11.788, de 25.09.2008.

Antes do advento da Lei n. 11.788/2008, a exigência de matrícula e frequência do aprendiz na escola era feita somente em relação àqueles que não houvessem terminado o ensino fundamental. Com a nova disciplina, o legislador agiu acertadamente ao impor o mesmo requisito também ao aprendiz que não concluiu o ensino médio. Como já ressaltado no comentário ao § 1º do presente artigo, o escopo da reforma legislativa foi o de estimular uma maior capacitação do jovem. Todavia, tal iniciativa não desconsiderou a realidade do sistema educacional brasileiro, que é deficitário quanto à oferta de cursos, principalmente de ensino médio, em muitas localidades. Dessa forma, por meio da norma excetiva prescrita neste § 7º, permite-se que a ampliação trazida pela lei não se traduza em um óbice para a contratação de aprendizes.

---

§ 8º Para o aprendiz com deficiência com 18 (dezoito) anos ou mais, a validade do contrato de aprendizagem pressupõe anotação na CTPS e matrícula e frequência em programa de aprendizagem desenvolvido sob orientação de entidade qualificada em formação técnico-profissional metódica.

Parágrafo acrescentado pela Lei n. 13.146, de 06.07.2015.

A regra introduzida pela Lei n. 13.146/2015 (Estatuto da Pessoa com Deficiência) parece estar em contradição com o *caput* e o § 1º do presente artigo. Com efeito, o requisito concernente à inscrição em programa de aprendizagem desenvolvido sob a orientação de entidade qualificada em formação técnico-profissional metódica é da índole do próprio instituto da aprendizagem, não podendo ser dispensado em nenhuma hipótese, sob pena de desvirtuamento de seu escopo. Da forma como redigida, a norma em comento parece restringir a exigência às pessoas com deficiência maiores de 18 anos, deixando aos menores que, em última análise, deveriam ser o foco da aprendizagem, a possibilidade de contratação como aprendizes sem a inscrição em programa desenvolvido por entidade qualificada em formação técnico-profissional metódica. Essa diferenciação de tratamento, vista sob o prisma da isonomia (art. 5º, *caput*, CF), não se sustenta, porquanto não está embasada em nenhum fator lógico de discrime. Além disso, colide com os próprios fins perseguidos pela Lei n. 13.146/2015, que são justamente assegurar e promover, em condições de igualdade, o exercício dos direitos e das liberdades fundamentais por pessoa com deficiência, visando à sua plena inclusão social e cidadania.

Art. 429. Os estabelecimentos de qualquer natureza são obrigados a empregar e matricular nos cursos dos Serviços Nacionais de Aprendizagem número de aprendizes equivalente a 5% (cinco por cento), no mínimo, e 15% (quinze por cento), no máximo, dos trabalhadores existentes em cada estabelecimento, cujas funções demandem formação profissional.

Caput *com redação dada pela Lei n. 10.097, de 19.12.2000.*

Os Serviços Nacionais de Aprendizagem são: o Serviço Nacional de Aprendizagem Industrial (Senai), o Serviço Nacional de Aprendizagem Rural (Senar), o Serviço Nacional de Aprendizagem Comercial (Senac), o Serviço Nacional de Aprendizagem no Transporte (Senat) e o Serviço Nacional de Aprendizagem do Cooperativismo (Sescoop). De acordo com o prescritivo *in casu*, todos os estabelecimentos são obrigados a empregar menores e a matriculá-los nos cursos de uma dessas entidades, em número equivalente a 5%, no mínimo, e 15%, no máximo, dos trabalhadores existentes em cada estabelecimento, cujas funções desempenhadas exijam formação profissional.

As microempresas e as empresas de pequeno porte estão excluídas de tal obrigatoriedade, por força do disposto no art. 11 da Lei n. 9.841/99. Isso não significa, entretanto, que elas não possam contratar aprendizes, mas contratando-os ficam obrigadas a matriculá-los em uma das entidades acima citadas.

Desde 1º de julho de 2007, a Lei n. 9.841/99 foi revogada pela LC n. 123/2006, como previsto no art. 89 desta lei, desobrigando as microempresas e as empresas de pequeno porte de contratar aprendizes e, contratando-os, estão também desobrigados de matriculá-los nos Serviços Nacionais de Aprendizagem.

A LC n. 123/2006 desvirtua e precariza a aprendizagem, pois possibilita a utilização de mão de obra dos denominados aprendizes sem o cumprimento das exigências legais, impossibilitando-lhes a formação metódica.

Todavia, até o dia 30 de junho de 2007, as microempresas e as empresas de pequeno porte que contratassem aprendizes deveriam matriculá-los nos Serviços Nacionais de Aprendizagem, como estabelecido na Lei n. 9.841/99.

As Portarias ns. 43/53, 127/56, 28/58 e 1.055/64 apresentavam uma relação das funções e dos ofícios que obrigavam o empregador a admitir e matricular menores em cursos de aprendizagem destinados à formação técnico-profissional. Elas foram expressamente revogadas pela Portaria n. 702/2001, que determinou como incumbência da Secretaria de Inspeção do Trabalho do MTE a delimitação das funções de que trata o presente artigo celetista. Esta última, por sua vez, foi revogada pela Portaria n. 615/2007, que foi substituída pela Portaria n. 723/2012, sendo esta, com as alterações imprimidas pela Portaria n. 1.005/2013, a que apresenta os atuais critérios para a referida delimitação, bem como a que regulamenta o Cadastro Nacional de Aprendizagem Nacional (CNAD).

Por fim, cabe salientar que as quotas relativas à contratação obrigatória de aprendizes e aquelas destinadas à contratação de deficientes – art. 36 do Decreto n. 3.298/99, que regulamenta a Lei n. 7.853/89 – não devem ser preenchidas pelos mesmos trabalhadores.

---

a) (Revogada pela Lei n. 10.097, de 19.12.2000.)

b) (Revogada pelo Decreto-lei n. 9.576, de 12.08.1946, e pela Lei n. 10.097, de 19.12.2000.)

---

§ 1º-A. O limite fixado neste artigo não se aplica quando o empregador for entidade sem fins lucrativos, que tenha por objetivo a educação profissional.

Parágrafo acrescentado pela Lei n. 10.097, de 19.12.2000.

Dentro da vigente sistemática da aprendizagem, introduzida pela Lei n. 10.097/2000, foi criada a figura da entidade sem fins lucrativos que tenha como objetivo a assistência ao adolescente e a educação profissional. A ela foi conferida uma dupla função: a) servir, de forma supletiva, como entidade qualificada em formação técnico-profissional metódica, responsável pela orientação dos programas desenvolvidos no âmbito do contrato de aprendizagem firmado diretamente entre a empresa e o aprendiz, quando os Serviços Nacionais de Aprendizagem não tiverem vagas suficientes (art. 430); b) figurar como empregadora dos aprendizes e ente de interposição dessa mão de obra para empresas tomadoras de tais serviços (art. 429, § 1º-A, c/c o art. 431, *in fine*).

No desenvolvimento da segunda função supracitada, as entidades sem fins lucrativos não poderão sofrer a limitação prevista no *caput* do art. 429, uma vez que a contratação de aprendizes constitui uma de suas principais razões de existir.

---

§ 1º-B. Os estabelecimentos a que se refere o *caput* poderão destinar o equivalente a até 10% (dez por cento) de sua cota de aprendizes à formação técnico-profissional metódica em áreas relacionadas a práticas de atividades desportivas, à prestação de serviços relacionados à infraestrutura, incluindo as atividades de construção, ampliação, recuperação e manutenção de instalações esportivas e à organização e promoção de eventos esportivos.

Parágrafo acrescentado pela Lei n. 13.420, de 13.03.2017.

O parágrafo acrescentado pela Lei n. 13.420/2017 criou mais uma hipótese de aprendizagem atípica (*v.* comentário ao art. 431). A formação técnico-profissional metódica desses aprendizes dar-se-á pelas entidades de práticas desportivas filiadas ao Sistema Nacional do Desporto e aos Sistemas de Desporto dos Estados, do Distrito Federal e dos Municípios (*v.* comentário ao inciso III do art. 430). As empresas têm a faculdade, e não a obrigatoriedade, de contratar aprendizes formados pelas citadas entidades, porém essa contratação é limitada em até 10% de sua cota, ou seja, 1,5% do número total de trabalhadores existentes em cada um de seus estabelecimentos, já que a cota máxima para contratação de aprendizes é de 15%, de acordo com o estabelecido no *caput* do art. 429. Mister destacar, por fim, que a prestação de serviços relacionados à infraestrutura, incluindo as atividades de construção, ampliação, recuperação e manutenção de instalações esportivas, em tese, pode corresponder a atividades insalubres e perigosas, sendo vedadas aos aprendizes menores de 18 anos.

§ 1º As frações de unidade, no cálculo da percentagem de que trata o *caput*, darão lugar à admissão de um aprendiz.

Antigo parágrafo único renumerado e com redação dada pela Lei n. 10.097, de 19.12.2000.

O parágrafo apenas traz um critério de cálculo das quotas afixadas no *caput* para a admissão de aprendiz. De acordo com a regra, deve-se considerar como um inteiro as frações que por ventura advierem.

§ 2º Os estabelecimentos de que trata o *caput* ofertarão vagas de aprendizes a adolescentes usuários do Sistema Nacional de Atendimento Socioeducativo (Sinase) nas condições a serem dispostas em instrumentos de cooperação celebrados entre os estabelecimentos e os gestores dos Sistemas de Atendimento Socioeducativo locais.

Parágrafo acrescentado pela Lei n. 12.594, de 18.01.2012.

O § 2º do art. 429 da CLT foi introduzido pela Lei n. 12.594/2012, que instituiu o Sistema Nacional de Atendimento Socioeducativo – Sinase e regulamentou a execução das medidas socioeducativas destinadas a adolescentes que pratiquem atos infracionais, previstas no Capítulo IV do Título III da Lei n. 8.069/90 (ECA).

Prima facie, para a boa compreensão deste dispositivo legal, mostra-se necessário que se exponham, em linhas gerais, algumas características básicas da Lei que o introduziu.

A Lei n. 12.594/2012 tem como escopo precípuo aperfeiçoar a gestão de programas e políticas relacionadas ao atendimento dos menores infratores, bem como suprir algumas lacunas deixadas pelo ECA relacionadas ao tema e que acabavam por conferir menor segurança jurídica à fase de aplicação das medidas socioeducativas. Definiu o Sinase como "o conjunto ordenado de princípios, regras e critérios que envolvem a execução de medidas socioeducativas, incluindo-se nele, por adesão, os sistemas estaduais, distrital e municipais, bem como todos os planos, políticas e programas específicos de atendimento a adolescente em conflito com a lei". Com isso, criou um sistema coordenado pela União, mas cuja implementação fica a cargo dos estados, do Distrito Federal e dos municípios, cada qual com competências próprias, definidas nos arts. 4º e 5º da referida Lei. Dentre as mencionadas competências, destacam-se: a criação, o desenvolvimento e a manutenção de programas para a execução das medidas socioeducativas de semiliberdade e internação, acometidas aos Estados; e a criação e manutenção de programas de atendimento para a execução das medidas socioeducativas em meio aberto, confiadas aos municípios. Outra nota de relevo do sistema é que a integração dos entes federados dá-se por adesão, e não de maneira compulsória e automática. Ou seja, pode cada ente federativo manifestar sua opção para integrar o Sinase – recebendo, em consequência, o repasse de verbas federais –, ou organizar seu sistema de atendimento socioeducativo, de forma autônoma.

No campo das relações de trabalho, a Lei n. 12.594/2012, em seu Capítulo VIII, estabelece não apenas a regra em comento, mas também altera as respectivas normas que instituem e regulam os Serviços Nacionais de Aprendizagem, por meio de uma fórmula genérica de que estes poderão ofertar vagas aos usuários do Sinase nas condições a serem dispostas em instrumentos de cooperação celebrados entre os operadores do correspondente Serviço Nacional de Aprendizagem e os gestores dos Sistemas de Atendimento Socioeducativo locais.

Apresentados alguns dos aspectos essenciais da nova lei, passa-se, agora, à análise, propriamente, do fragmento legal introduzido na CLT.

Em primeiro lugar, transparece da leitura do citado dispositivo a preocupação do legislador em utilizar o instituto da aprendizagem como o principal instrumento para o alcance da profissionalização, prevista como um dos direitos básicos do adolescente infrator (arts. 120, 121 e 124 do ECA). Entretanto é mister reconhecer que tal modelo de contrato de trabalho não se compatibiliza com todos os tipos de medida socioeducativas existentes. De fato, dúvidas não pairam quanto ao fato de que os regimes de semiliberdade e de liberdade assistida amoldam-se ao sistema de aprendizagem, na medida em que possibilitam ao adolescente atendido a disponibilidade física para a prestação de serviços nos estabelecimentos previstos no *caput*. Quanto ao regime de internação, a adequação dessa espécie de medida ao sistema de aprendizagem dependerá de permissão da equipe técnica da entidade que mantém o menor para a realização de atividade externa e da inexistência de determinação judicial que vede a sua concessão (art. 121, § 1º, do ECA). O que não implica dizer que, aos jovens que cumprem medida privativa de liberdade (e que estejam completamente impedidos de exercer atividades externas), não seja assegurado o direito de capacitação profissional, que deverá, porém, ser atendido por outras formas. O tipo de medida socioeducativa também repercute na definição do gestor do Sistema de Atendimento Socioeducativo local, referido no parágrafo em comento. Como há uma divisão de competências entre os entes federativos, conforme apontado anteriormente, em se tratando de medidas de internação e de semiliberdade, o citado gestor local será um representante do Estado, ao passo que, se a medida for de liberdade assistida (ou seja, em meio aberto), o gestor será representante do município.

Em segundo lugar, importante salientar que o dispositivo está topograficamente inserto no art. 429, que estabelece cotas mínima e máxima para a contratação de aprendizes pelas empresas. O recém-introduzido § 2º impõe uma obrigação nova: a contratação de aprendizes pelos estabelecimentos referidos no *caput*, entre os usuários do Sinase, contudo, não faz nenhuma menção quanto ao número de adolescentes atendidos que deverão ser contratados. Uma exegese sistemática, porém, parece conduzir à conclusão de que as cotas mínima (de 5%) e máxima (de 15%) devem manter-se inalteradas, concorrendo os menores com medidas socioeducativas com os demais adolescentes e jovens, dentro desse parâmetro. Não obstante isso, cumpre destacar que nenhuma proporção foi estabelecida, cabendo ao gestor do Sistema de Atendimento Socioeducativo local definir tal número, casuisticamente, na medida em que celebrar o instrumento de cooperação com a empresa.

Outro ponto digno de nota diz respeito ao fato de que o campo de incidência da norma em apreço é mitigado em razão da necessidade de adesão do ente federativo ao Sinase. Assim, caso determinado estado ou município opte por não fazer parte do mencionado sistema, os estabelecimentos nele situados obviamente não estarão obrigados a contratar como aprendizes adolescentes infratores por eles respectivamente atendidos.

Finalmente, talvez o ponto nevrálgico suscitado pela regra sob análise refira-se à imprescindibilidade ou não da matrícula do jovem usuário do Sinase a algum programa de aprendizagem desenvolvido sob orientação de uma das entidades qualificadas em formação técnico-profissional metódica previstas na CLT.

A dúvida surge, em um primeiro momento, porque a simples leitura do dispositivo inserido na CLT, descontextualizada das demais disposições previstas na Lei n. 12.594/2012, dá a impressão de que se está diante de um novo sistema de qualificação técnico-profissional metódica, concorrente com aquelas entidades preexistentes. Todavia, a análise perfunctória da mencionada lei revelou que o Sinase não tem esse condão.

Outra incerteza relacionada à questão advém do fato de que, ao tratar da capacitação profissional, a Lei n. 12.594/2012, em seu Capítulo VIII, acrescentou ao regramento dos Serviços Nacionais de Aprendizagem (Sistema "S"), como já visto, dispositivos legais que indicam que as entidades que compõem tais Serviços "poderão ofertar vagas", dando margem a um possível entendimento de que a matrícula nos cursos do Sistema "S" seria facultativa e, portanto, dispensável para o aperfeiçoamento do contrato especial de aprendizagem no caso de adolescentes usuários do Sinase. Tal exegese, no entanto, não parece ser compatível com as demais regras celetistas que estruturam o instituto da aprendizagem, tampouco reflete a finalidade da própria norma em apreço, muito mais voltada à qualificação profissional do adolescente infrator, do que a sua simples inserção no mercado de trabalho.

De se ressaltar, por derradeiro, que a ênfase colocada pelo legislador sobre o Sistema "S" suscita outra questão: podem os usuários do Sinase também se beneficiarem dos cursos ofertados pelas demais entidades qualificadas em formação técnico-profissional metódica, previstas nos incisos I e II do art. 430 da CLT? A resposta, ao nosso sentir, é positiva. Embora a Lei n. 12.594/2012 refira-se exclusivamente aos Serviços Nacionais de Aprendizagem, é indiscutível que as Escolas Técnicas de Educação e as entidades sem fins lucrativos registradas no Conselho Municipal dos Direitos da Criança e do Adolescente cumprem uma importante e necessária função supletiva, tendo em vista a insuficiência de vagas ofertadas pelo Sistema "S" em certas localidades. Ademais não há qualquer incompatibilidade na utilização dessas entidades também pelos adolescentes em atendimento pelo Sinase.

---

§ 3º Os estabelecimentos de que trata o *caput* poderão ofertar vagas de aprendizes a adolescentes usuários do Sistema Nacional de Políticas Públicas sobre Drogas – SISNAD nas condições a serem dispostas em instrumentos de cooperação celebrados entre os estabelecimentos e os gestores locais responsáveis pela prevenção do uso indevido, atenção e reinserção social de usuários e dependentes de drogas.

Parágrafo acrescentado pela Lei n. 13.840, de 05.06.2019.

A Lei n. 13.840/2019, além de introduzir o novel § 3º do art. 429 da CLT, trouxe significativas alterações à Lei n. 11.343, de 23.08.2006, que instituiu o Sistema Nacional de Políticas Públicas sobre Drogas (Sisnad), também chamada de "Lei de Drogas", aperfeiçoando, em linhas gerais, toda a política nacional de enfrentamento das questões relacionadas ao uso de entorpecentes.

De início, cumpre tecer alguns comentários gerais sobre a Lei de Drogas para que se situe e se compreenda adequadamente este novo parágrafo, em comento.

A Lei n. 13.840/2019 acrescentou o § 1º ao art. 3º da Lei n. 11.343/2006, passando a definir o Sisnad como "o conjunto ordenado de princípios, regras, critérios e recursos materiais e humanos que envolvem as políticas, planos, programas, ações e projetos sobre drogas, incluindo-se nele, por adesão, os Sistemas de Políticas Públicas sobre Drogas dos Estados, Distrito Federal e Municípios". De acordo com o art. 5º da referida lei, são objetivos do Sisnad: "I – contribuir para a inclusão social do cidadão, visando a torná-lo menos vulnerável a assumir comportamentos de risco para o uso indevido de drogas, seu tráfico ilícito e outros comportamentos correlacionados; II – promover a construção e a socialização do conhecimento sobre drogas no país; III – promover a integração entre as políticas de prevenção do uso indevido, atenção e reinserção social de usuários e dependentes de drogas e de repressão a sua produção não autorizada e ao tráfico ilícito e as políticas públicas setoriais dos órgãos do Poder

Executivo da União, Distrito Federal, Estados e Municípios; IV – assegurar as condições para a coordenação, a integração e a articulação das atividades de que trata o art. 3º desta Lei".

Percebe-se, claramente, entre os objetivos do Sisnad, uma ênfase na reinserção social dos usuários e dependentes, o que perpassa pela adoção de medidas concretas visando a melhoria na educação, a qualificação profissional e a inserção no mercado de trabalho dos viciados em entorpecentes, como se pode observar nos incisos IV, VIII e IX do art. 8º-D, da Lei n. 11.343/2006, que enumera os objetivos do Plano Nacional de Políticas sobre Drogas: "IV – ampliar as alternativas de inserção social e econômica do usuário ou dependente de drogas, promovendo programas que priorizem a melhoria de sua escolarização e a qualificação profissional; VIII – articular programas, ações e projetos de incentivo ao emprego, renda e capacitação para o trabalho, com objetivo de promover a inserção profissional da pessoa que haja cumprido o plano individual de atendimento nas fases de tratamento ou acolhimento; IX – promover formas coletivas de organização para o trabalho, redes de economia solidária e o cooperativismo, como forma de promover autonomia ao usuário ou dependente de drogas egresso de tratamento ou acolhimento, observando-se as especificidades regionais".

É nesse contexto, visando justamente o alcance de alguns dos fins acima expostos, que se deve compreender o parágrafo celetista em análise. No campo das relações de trabalho, a Lei n. 13.840/2019 estabelece não apenas a regra em comento (art. 15), mas também altera as respectivas normas que instituem e regulam os Serviços Nacionais de Aprendizagem, por meio de uma fórmula genérica de que estes poderão ofertar vagas aos usuários do Sisnad nas condições a serem dispostas em instrumentos de cooperação celebrados entre os operadores do correspondente Serviço Nacional de Aprendizagem e os gestores locais responsáveis pela prevenção do uso indevido, atenção e reinserção social de usuários e dependentes de drogas (arts. 11 a 14).

Apresentados alguns dos aspectos essenciais da nova lei, passa-se, agora, à análise, propriamente, do fragmento legal introduzido na CLT.

De plano, importante salientar que o dispositivo está topograficamente inserto no art. 429, que estabelece cotas mínima e máxima para a contratação de aprendizes pelas empresas. O recém-introduzido § 3º impõe uma obrigação nova: a contratação de aprendizes pelos estabelecimentos referidos no *caput*, entre os usuários do Sisnad; contudo, não faz nenhuma menção quanto ao número de adolescentes atendidos que deverão ser contratados. Uma exegese sistemática, porém, parece conduzir à conclusão de que as cotas mínima (de 5%) e máxima (de 15%) devem manter-se inalteradas, concorrendo os adolescentes usuários do Sisnad com aqueles do Sinase e com os demais adolescentes e jovens, dentro desse parâmetro. Não obstante isso, cumpre destacar que nenhuma proporção foi estabelecida, cabendo ao gestor do Sisnad local definir tal número, casuisticamente, na medida em que celebrar o instrumento de cooperação com a empresa.

Outro ponto digno de nota diz respeito ao fato de que o campo de incidência da norma em apreço é mitigado em razão da necessidade de adesão do ente federativo ao Sisnad. Assim, caso determinado estado ou município opte por não fazer parte do mencionado sistema, os estabelecimentos nele situados obviamente não estarão obrigados a contratar como aprendizes adolescentes infratores por eles respectivamente atendidos.

Finalmente, talvez o ponto essencial suscitado pela regra sob análise refira-se à imprescindibilidade ou não da matrícula do jovem usuário do Sisnad em algum programa de aprendizagem desenvolvido sob orientação de uma das entidades qualificadas em formação técnico-profissional metódica previstas na CLT.

A dúvida surge, em um primeiro momento, porque a simples leitura do dispositivo inserido na CLT, descontextualizada das demais disposições previstas na Lei n. 13.840/2019, dá a impressão de que se está diante de um novo sistema de qualificação técnico-profissional metódica, concorrente com aquelas entidades preexistentes. Todavia, a análise da mencionada lei revelou que o Sisnad não tem esse condão.

Outra incerteza relacionada à questão advém do fato de que a Lei n. 13.840/2019, em seus arts. 11 a 14, acrescentou ao regramento dos Serviços Nacionais de Aprendizagem (Sistema "S"), como já visto, dispositivos legais que indicam que as entidades que compõem tais Serviços "poderão ofertar vagas", dando margem a um possível entendimento de que a matrícula nos cursos do Sistema "S" seria facultativa e, portanto, dispensável para o aperfeiçoamento do contrato especial de aprendizagem no caso de adolescentes usuários do Sisnad. Tal exegese, no entanto, não parece ser compatível com as demais regras celetistas que estruturam o instituto da aprendizagem, tampouco reflete a finalidade da própria norma em apreço, muito mais voltada à qualificação profissional do adolescente usuário e dependente de drogas do que a sua simples inserção no mercado de trabalho.

De se ressaltar, por derradeiro, que a ênfase colocada pelo legislador sobre o Sistema "S" suscita outra questão: podem os usuários do Sisnad também se beneficiar dos cursos ofertados pelas demais entidades qualificadas em formação técnico-profissional metódica, previstas nos incisos I e II do art. 430 da CLT? A resposta, ao nosso sentir, é positiva. Embora a Lei n. 13.840/2019 refira-se exclusivamente aos Serviços Nacionais de Aprendizagem, é indiscutível que as Escolas Técnicas de Educação e as entidades sem fins lucrativos registradas no Conselho Municipal dos Direitos da Criança e do Adolescente cumprem uma importante e necessária função supletiva, tendo em vista a insuficiência de vagas ofertadas pelo Sistema "S" em certas localidades. Ademais, não há qualquer incompatibilidade na utilização dessas entidades também pelos adolescentes em atendimento pelo Sisnad.

Art. 430. Na hipótese de os Serviços Nacionais de Aprendizagem não oferecerem cursos ou vagas suficientes para atender à demanda dos estabelecimentos, esta poderá ser suprida por outras entidades qualificadas em formação técnico-profissional metódica, a saber:

Caput *com redação dada pela Lei n. 10.097, de 19.12.2000.*

Trata-se de regra introduzida pela Lei n. 10.097/2000 que estabelece poderem os estabelecimentos, somente de maneira supletiva, utilizar-se de trabalhadores aprendizes inscritos nas entidades elencadas nos incisos.

I – Escolas Técnicas de Educação;

Inciso acrescentado pela Lei n. 10.097, de 19.12.2000.

As Escolas Técnicas de Educação – ETEs – são entidades componentes do Sistema Nacional de Educação e destinam-se a jovens e adultos que estejam cursando ou tenham concluído o ensino médio, mas cuja titulação pressupõe a conclusão da educação básica de onze anos. A disciplina normativa dessas ETEs é dada pela Lei n. 9.394/96 (arts. 36-A a 36-D e 39 a 42) e pelo Decreto n. 5.154/2004.

II – entidades sem fins lucrativos, que tenham por objetivo a assistência ao adolescente e à educação profissional, registradas no Conselho Municipal dos Direitos da Criança e do Adolescente;

Inciso acrescentado pela Lei n. 10.097, de 19.12.2000.

As entidades a que se refere o inciso em apreço poderão contar com a cooperação de outras instituições públicas e privadas, devendo ter por objetivo precípuo a assistência ao adolescente e a educação profissional, bem como, necessariamente, devem ser registradas no Conselho Municipal dos Direitos da Criança e do Adolescente, conforme é previsto no art. 90 do ECA. Exercem elas uma dupla função no sistema de aprendizagem, a qual já foi explicitada no comentário feito ao art. 429, § 1º-A.

III – entidades de prática desportiva das diversas modalidades filiadas ao Sistema Nacional do Desporto e aos Sistemas de Desporto dos Estados, do Distrito Federal e dos Municípios.

Inciso acrescentado pela Lei n. 13.420, de 13.03.2017.

O Sistema Nacional do Desporto é disciplinado pela Lei n. 9.615, de 24.03.1998, em seu Capítulo IV, Seção IV. O art. 13 da referida lei estabelece que "O Sistema Nacional do Desporto tem por finalidade promover e aprimorar as práticas desportivas de rendimento". Já o parágrafo único do mesmo artigo apresenta o rol das referidas entidades, assim prescrevendo: "O Sistema Nacional do Desporto congrega as pessoas físicas e jurídicas de direito privado, com ou sem fins lucrativos, encarregadas da coordenação, administração, normatização, apoio e prática do desporto, bem como as incumbidas da Justiça Desportiva e, especialmente: I – o Comitê Olímpico Brasileiro – COB; II – o Comitê Paraolímpico Brasileiro; II – as entidades nacionais de administração do desporto; IV – as entidades regionais de administração do desporto; V – as ligas regionais e nacionais; VI – as entidades de prática desportiva filiadas ou não àquelas referidas nos incisos anteriores; VII – a Confederação Brasileira de Clubes". Além das entidades filiadas ao Sistema Nacional de Desporto, o novo inciso III do art. 430 qualifica como entidade prestadora de formação técnico-profissional metódica para as hipóteses de contratação de aprendizes previstos no art. 429, § 1º-B, também as entidades filiadas aos Sistemas de Desporto dos Estados, do Distrito Federal e dos Municípios, segundo regramento de cada um desses entes federativos (art. 25 da Lei n. 9.615/98). Como se observa, trata-se de um elenco vasto que, *a priori*, acaba por albergar quase a totalidade de entidades que têm como sua principal finalidade o fomento à pratica esportiva.

---

§ 1º As entidades mencionadas neste artigo deverão contar com estrutura adequada ao desenvolvimento dos programas de aprendizagem, de forma a manter a qualidade do processo de ensino, bem como acompanhar e avaliar os resultados.

Parágrafo acrescentado pela Lei n. 10.097, de 19.12.2000.

Tanto as Escolas Técnicas de Educação como as entidades sem fins lucrativos referidas no inciso II deverão ter uma estrutura satisfatória para o desenvolvimento de programas de aprendizagem, competindo a elas, ainda, acompanhar a execução de todo o processo de formação técnico-profissional metódica e avaliar os resultados dele advindos.

---

§ 2º Aos aprendizes que concluírem os cursos de aprendizagem, com aproveitamento, será concedido certificado de qualificação profissional.

Parágrafo acrescentado pela Lei n. 10.097, de 19.12.2000.

A previsão dessa garantia representa o alcance máximo das finalidades do próprio instituto da aprendizagem: a qualificação profissional do indivíduo. O certificado que atesta essa qualificação, quando registrado, tem validade em todo o território nacional, em decorrência da aplicação analógica do art. 41 da Lei n. 9.394/96.

§ 3º O Ministério do Trabalho fixará normas para avaliação da competência das entidades mencionadas nos incisos II e III deste artigo.

Parágrafo acrescentado pela Lei n. 10.097, de 19.12.2000, e com redação dada pela Lei n. 13.420, de 13.03.2017.

As normas a que se refere o parágrafo em comento são atualmente dadas pelas Portarias do MTE ns. 723/2012, 1.005/2013 e 693/2017.

§ 4º As entidades mencionadas nos incisos II e III deste artigo deverão cadastrar seus cursos, turmas e aprendizes matriculados no Ministério do Trabalho.

Parágrafo acrescentado pela Lei n. 13.420, de 13.03.2017.

Embora o parágrafo supra tenha sido introduzido apenas pela Lei n. 13.420/2017, na prática, a exigência de cadastramento das entidades já vinha sendo feita desde a edição da Portaria MTE n. 723/2012, pela qual foi criado o Cadastro Nacional de Aprendizagem Profissional – CNAP, destinado ao cadastramento das entidades qualificadas em formação técnico-profissional metódica definidas no art. 50 do Decreto n. 9.579, de 22.11.2018. A medida é necessária ante a pluralidade dos entes autorizados à formação de aprendizes que passou a existir após o advento da Lei n. 10.097/2000 e, mais recentemente, da Lei n. 13.420/2017. Com efeito, por meio desse cadastramento é possível ao Ministério do Trabalho e Emprego orientar e padronizar a oferta de programas da aprendizagem profissional, em consonância com a Classificação Brasileira de Ocupações – CBO, bem como efetuar a avaliação de competência das entidades qualificadas em formação técnico-profissional metódica e dos programas, assegurando-se, assim, que o sistema de aprendizagem atinja adequadamente suas finalidades (o ministério foi extinto, e suas competências foram redistribuídas de acordo com o art. 83 da Lei n. 13.844, de 18.06.2019 – *v.* comentários ao art. 13, § 2º, da CLT).

§ 5º As entidades mencionadas neste artigo poderão firmar parcerias entre si para o desenvolvimento dos programas de aprendizagem, conforme regulamento.

Parágrafo acrescentado pela Lei n. 13.420, de 13.03.2017.

A atual regulamentação das parcerias entre as entidades habilitadas para a formação de aprendizes é dada pela Portaria MTE n. 723/2012 que estabelece, em seu art. 15 que: "Para inserção no CNAP dos programas de aprendizagem desenvolvidos em parceria devem participar, no máximo, duas entidades que, em conjunto, inscreverão o programa no CNAP, no endereço eletrônico previsto no art. 3º, com justificativa da necessidade da parceria, detalhamento da participação e responsabilidade de cada uma das entidades e especificação das respectivas atribuições na execução do programa. § 1º A análise da SPPE para autorização da inserção da parceria no CNAP se fundamentará nas informações da inscrição do programa de aprendizagem e naquelas constantes do Cadastro referentes às entidades parceiras. § 2º A entidade parceira que assumir a condição de empregador fica responsável pelo ônus decorrente da contratação do aprendiz, sem prejuízo da responsabilidade subsidiária da outra entidade parceira e do estabelecimento responsável pelo cumprimento da cota de aprendizagem. § 3º A parceria não será autorizada se a participação e a responsabilidade de uma entidade limitar-se ao registro e anotação da CTPS do aprendiz. § 4º Em caso de constatação, pela fiscalização, de desvirtuamento da parceria para a hipótese prevista no § 3º deste artigo a aprendizagem será descaracterizada, devendo ser enviado relatório para a SPPE, nos moldes do art. 7º desta Portaria, para fins de suspensão do programa de aprendizagem feito em parceria e da autorização de inserção das entidades no CNAP".

Art. 431. A contratação do aprendiz poderá ser efetivada pela empresa onde se realizará a aprendizagem ou pelas entidades mencionadas nos incisos II e III do art. 430, caso em que não gera vínculo de emprego com a empresa tomadora dos serviços.

Caput *com redação dada pela Lei n. 13.420, de 13.03.2017.*

Pela disciplina introduzida pela Lei n. 10.097/2000, o contrato de aprendizagem pode operar-se diretamente entre a empresa e o aprendiz – aprendizagem típica, tratada pelo art. 428 – ou por vínculo de emprego celebrado com uma entidade sem fins lucrativos que tenha como objetivo a assistência ao adolescente e a educação profissional (inciso II do art. 430) ou com entidades de prática desportiva das diversas modalidades filiadas aos Sistema Nacional do Desporto e aos Sistemas de Desporto dos Estados, do Distrito Federal e dos Municípios. Nestes últimos casos, as referidas entidades acumulam as funções de empregadoras e de entes de formação técnico-profissional, ao encaminharem o trabalhador-aprendiz para prestar seu labor a uma empresa que é simples tomadora de serviços – aprendizagem atípica, art. 431, *in fine*. Configura-se, dessa forma, uma hipótese de intermediação de mão de obra lícita não contemplada na Súmula n. 331 do TST, em que a entidade sem fins lucrativos ou a entidade de prática desportiva assumem todas as obrigações decorrentes do contrato de trabalho. A relação jurídica entre a entidade empregadora e a empresa tomadora limita-se a um simples contrato de prestação de serviços. Todavia, esta última pode ser responsabilizada subsidiariamente, caso a entidade sem fins lucrativos não cumpra as obrigações trabalhistas que tem perante o aprendiz (exegese da Súmula n. 331, IV, do TST).

a) a c) (Revogadas pela Lei n. 10.097, de 19.12.2000.)
Parágrafo único. (*Vetado.*)

Art. 432. A duração do trabalho do aprendiz não excederá de 6 (seis) horas diárias, sendo vedadas a prorrogação e a compensação de jornada.
Caput *com redação dada pela Lei n. 10.097, de 19.12.2000.*

O presente artigo tem como objetivo preservar a saúde do adolescente aprendiz e compatibilizar o seu horário de labor com a realização das demais atividades necessárias ao seu adequado desenvolvimento. O limite de seis horas diárias previsto no *caput* em epígrafe deve compreender as atividades teóricas e práticas. Ao trabalhador aprendiz, diferentemente do que ocorre com o menor não aprendiz, é vedada qualquer forma de compensação de horários e de prorrogação da jornada, não se aplicando a ele as regras do art. 413 e seus incisos.

§ 1º O limite previsto neste artigo poderá ser de até 8 (oito) horas diárias para os aprendizes que já tiverem completado o ensino fundamental, se nelas forem computadas as horas destinadas à aprendizagem teórica.
Parágrafo com redação dada pela Lei n. 10.097, de 19.12.2000.

O motivo da adoção de tratamento distinto entre o aprendiz que já completou o ensino fundamental e aquele que ainda não o fez reside no pressuposto de que parte do tempo gasto, durante o dia, por este último se destina à sua frequência às aulas. O raciocínio, no entanto, é falacioso, pois nada impede que o menor que já completou o ensino fundamental continue frequentando a escola, no ensino médio. De qualquer forma, deve-se ressaltar que, dentro do limite de oito horas, já devem estar englobadas as horas de atividades teóricas.

§ 2º (*Revogado pela Lei n. 10.097, de 19.12.2000.*)

Art. 433. O contrato de aprendizagem extinguir-se-á no seu termo ou quando o aprendiz completar 24 (vinte e quatro) anos, ressalvada a hipó-

tese prevista no § 5º do art. 428 desta Consolidação, ou ainda antecipadamente nas seguintes hipóteses:

Caput *com redação dada pela Lei n. 11.180, de 23.09.2005.*

Assim como os demais contratos a prazo determinado, o contrato de aprendizagem extingue-se naturalmente com o advento de seu termo final. Este pode dar-se até dois anos do início do contrato ou quando o trabalhador completar 24 anos de idade, salvo no caso de portadores de deficiência, para os quais este último limite não se aplica. Tal hipótese, por ser modalidade normal de terminação da relação de trabalho, não impõe a nenhuma das partes o dever de concessão de aviso-prévio ou de pagamento de qualquer tipo de indenização rescisória. Contudo, poderá o trabalhador aprendiz levantar os depósitos do FGTS (art. 20, IX, da Lei n. 8.036/90), cujos valores são de 2% sobre a sua remuneração (art. 15, § 7º, da Lei n. 8.036/90). São devidas também ao aprendiz, quando existirem, as férias proporcionais (Súmula n. 171 do TST) e as gratificações natalinas proporcionais (art. 1º, § 3º, I, da Lei n. 4.090/62).

Deve-se destacar que a continuidade do liame empregatício após o advento do termo final transforma o contrato de aprendizagem em um contrato regular de trabalho, por prazo indeterminado (aplicação analógica do art. 451 da CLT).

Ao contrário do *caput*, que regula a forma de extinção natural do contrato, os casos expressos nos incisos cuidam de situações em que a extinção da aprendizagem se dá de forma antecipada, excepcional e motivada.

---

a) (Revogada pela Lei n. 10.097, de 19.12.2000.)

b) (Revogada pela Lei n. 10.097, de 19.12.2000.)

I – desempenho insuficiente ou inadaptação do aprendiz, salvo para o aprendiz com deficiência quando desprovido de recursos de acessibilidade, de tecnologias assistivas e de apoio necessário ao desempenho de suas atividades;

Inciso acrescentado pela Lei n. 10.097, de 19.12.2000, e com redação dada pela Lei n. 13.146, de 06.07.2015.

Ocorre o desempenho insuficiente do aprendiz quando este age de forma pouco zelosa, descuidada, sem diligência na realização das atividades práticas e teóricas que compõem o programa de aprendizagem. Já a inadaptação caracteriza-se pela exacerbada dificuldade que o indivíduo tem em aprender as tarefas destinadas à sua formação técnico-profissional metódica, de modo a incompatibilizar a manutenção do contrato de aprendizagem com o alcance de seu fim. Em ambos os casos, poderá o empregador rescindir unilateralmente o contrato sem o pagamento da indenização prevista no art. 479. Não poderá o trabalhador sacar os depósitos do FGTS de sua conta vinculada, mas terá direito às férias proporcionais e ao 13º salário proporcional, já que a hipótese é de dispensa motivada, mas não por justa causa – fundada em falta disciplinar grave.

No que concerne à exceção de dispensa do aprendiz com deficiência, introduzida pela redação do inciso I do art. 433 da CLT, conferida pela Lei n. 13.146/2015, observa-se que a *mens legis* não foi a de criar um novo tipo de estabilidade, mas o de fomentar o fornecimento de recursos de tecnologia assistiva e a adaptação razoável no ambiente de trabalho, por parte do empregador. Deveras, poderá o empregador dispensar o aprendiz deficiente a qualquer momento, mas caso não forneça os meios necessários para o desenvolvimento adequado de suas atividades, tal dispensa não poderá ser motivada em inadaptação ou desempenho insuficiente do aprendiz.

II – falta disciplinar grave;

Inciso acrescentado pela Lei n. 10.097, de 19.12.2000.

A falta disciplinar grave de que cuida o dispositivo em apreço pode ser tanto do trabalhador – são as previstas taxativamente na legislação trabalhista, sobretudo no art. 482 da CLT –, como do empregador – expressas no art. 483 da CLT, de maneira meramente exemplificativa.

Quando forem cometidas pelo menor aprendiz, configura-se hipótese de dispensa por justa causa, não lhe sendo devida qualquer indenização ou verba rescisória. De igual forma, não poderá o adolescente sequer levantar os depósitos do FGTS. Se, entretanto, for patronal a falta praticada, a situação é de dispensa indireta, fazendo jus o trabalhador a todos os consectários legais de uma dispensa imotivada, ao contrário do que se poderia supor da redação pouco precisa do § 2º deste artigo (veja comentário infra ao dispositivo citado).

III – ausência injustificada à escola que implique perda do ano letivo; ou

Inciso acrescentado pela Lei n. 10.097, de 19.12.2000.

Também é motivo para a rescisão promovida por iniciativa do empregador a falta injustificada às aulas pelo aprendiz que acarrete a perda do ano letivo. Nesse caso, também não existe necessidade de indenização rescisória ou possibilidade de levantamento dos depósitos do FGTS. Há, porém, o direito do menor de receber as férias proporcionais e a gratificação natalina proporcional, a exemplo do que ocorre quando a dispensa é fundada em um dos motivos previstos no inciso I.

IV – a pedido do aprendiz.

Inciso acrescentado pela Lei n. 10.097, de 19.12.2000.

O aprendiz tem a faculdade de, a qualquer momento e sem qualquer tipo de limitação, pôr fim ao contrato de aprendizagem. Tal regra é justificada pelo próprio escopo do sistema de aprendizagem: a garantia ao adolescente de um desenvolvimento satisfatório em todos os aspectos, associado à obtenção de uma qualificação técnico-profissional. Assim, se, por qualquer razão, entender ele que o trabalho está sendo prejudicial ou desinteressante à sua formação, deixará de existir o porquê de sua continuidade. Em tal hipótese, não deverá o menor arcar com a indenização prevista no art. 480 e tampouco existe a necessidade de concessão de aviso-prévio. Além disso, tem ele direito às férias proporcionais e ao 13º salário proporcional.

Parágrafo único. ***(Revogado pela Lei n. 3.519, de 30.12.1958.)***

§ 2º Não se aplica o disposto nos arts. 479 e 480 desta Consolidação às hipóteses de extinção do contrato mencionadas neste artigo.

Parágrafo acrescentado pela Lei n. 10.097, de 19.12.2000.

Objetivou-se com o art. 433 a criação de um sistema que permitisse a rescisão motivada do contrato de aprendizagem, não mais limitada aos casos de dispensa por justa causa – fundada em faltas disciplinares graves. Permite-se, desse modo, que o empregador ponha fim ao vínculo de emprego por motivos meramente técnicos – *v. g.*, por inadaptação do aprendiz –, sem que haja a necessidade de pagamento de indenização. Ao mesmo tempo, buscou-se assegurar ao menor a possibilidade de rescindir unilateralmente o contrato a qualquer tempo e sem sofrer limitações.

Ocorre, entretanto, que a redação pouco precisa do parágrafo em epígrafe acabou expressando mais que o devido. De fato, nem todas as hipóteses mencionadas no art. 433 têm o condão de afastar a aplicação do estatuído no art. 479. No caso do inciso II, quando a falta disciplinar grave for praticada pelo empregador, configurar-se-á a rescisão indireta do contrato, que assegura ao empregado o direito a todas as verbas advindas de uma dispensa sem justa causa (art. 483), inclusive a indenização prevista no art. 479. Pensamento em contrário subverteria o princípio tutelar que fundamenta o direito do trabalho, violaria o disposto no art. 7º, I, da CF, e, além disso, beneficiaria o infrator.

De outra parte, nos casos em que o empregador dispensar o aprendiz de maneira arbitrária – sem basear-se em alguma das hipóteses previstas nos incisos do artigo em comento –, também deverá ser garantida a este último o recebimento da indenização do art. 479 (exegese do art. 7º, I, da CF). Ressalte-se, ainda, que, em qualquer caso de rescisão antecipada do contrato de aprendizagem, quando este já tiver mais de um ano de existência, ao empregado será assegurada a assistência de que trata o art. 477, § 1º. Registre-se, por fim, existir uma corrente doutrinária a sustentar que o escopo do art. 433 foi a criação de um sistema de garantia provisória no emprego ao adolescente aprendiz, sendo vedada a sua dispensa fora dos casos taxativamente previstos no artigo citado.

Seção V
Das Penalidades

Art. 434. Os infratores das disposições deste Capítulo ficam sujeitos à multa de valor igual a 1 (um) salário mínimo regional, aplicada tantas vezes quantos forem os menores empregados em desacordo com a lei, não podendo, todavia, a soma das multas exceder a 5 (cinco) vezes o salário mínimo, salvo no caso de reincidência, em que esse total poderá ser elevado ao dobro.

Artigo com redação dada pelo Decreto-lei n. 229, de 28.02.1967.

A multa em questão tem natureza administrativa e, por isso, não reverte em prol do trabalhador. A autoridade fiscalizadora tem a competência para aplicá-la, observando os critérios estabelecidos na Portaria do MTE n. 290/97. Cumpre esclarecer que o valor da multa foi triplicado pelo disposto no art. 2º da Lei n. 7.855/89. Já o sistema de valor de referência regional corresponde, hoje, à Ufir, instituída pela Lei n. 8.383/91, como medida de valor tanto de tributos quanto de multas e penalidades de qualquer natureza. Atualmente, as disposições relativas à Ufir estão contidas no art. 6º da Lei n. 10.192/2001.

Art. 435. Fica sujeita à multa de valor igual a 1 (um) salário mínimo regional e ao pagamento da emissão de nova via a empresa que fizer na Carteira de Trabalho e Previdência Social do menor anotação não prevista em lei.

Artigo com redação dada pelo Decreto-lei n. 229, de 28.02.1967.

A anotação falsa ou não prevista em lei na CTPS do menor feita pelo empregador sujeitará este ao pagamento da multa prevista no artigo em comento e ao ressarcimento das despesas derivadas da emissão de uma nova carteira ao menor, sem prejuízo de eventual responsabilidade criminal (art. 297 do CP).

Arts. 436 e 437. ***(Revogados pela Lei n. 10.097, de 19.12.2000.)***

Art. 438. São competentes para impor as penalidades previstas neste Capítulo:

a) **no Distrito Federal, a autoridade de 1ª instância da Delegacia Regional do Trabalho;**

b) **nos Estados e Território do Acre, os delegados regionais do Ministério do Trabalho, Indústria e Comércio ou os funcionários por eles designados para tal fim.**

Parágrafo único. O processo, na verificação das infrações, bem como na aplicação e cobrança das multas, será o previsto no título "Do Processo de Multas Administrativas", observadas as disposições deste artigo.

O preceptivo em tela esclarece qual é a autoridade competente para impor as multas decorrentes das violações das normas existentes neste Capítulo. Em um primeiro momento, essa atribuição cabe aos superintendentes regionais do trabalho, que, no entanto, poderão delegar essa atribuição a outros funcionários da SRT a eles subordinados.

Com exceção da regra que define competência do superintendente regional do trabalho e dos funcionários por eles designados para a imposição das penalidades, observar-se-á, quanto ao mais, o estatuído nos arts. 626 a 642 da CLT.

Seção VI
Disposições Finais

Art. 439. É lícito ao menor firmar recibo pelo pagamento dos salários. Tratando-se, porém, de rescisão do contrato de trabalho, é vedado ao menor de 18 (dezoito) anos dar, sem assistência dos seus responsáveis legais, quitação ao empregador pelo recebimento da indenização que lhe for devida.

Novamente, a principal questão que se coloca concerne à aplicação dos dispositivos do CC/2002, que cuidam da capacidade (sobretudo, o art. 5º, parágrafo único, V) às relações tipicamente reguladas pelo direito do trabalho. Esse tema já foi tratado nos comentários feitos ao art. 402, cuja leitura remetemos. Independentemente da posição jurídica que se adote, quando o menor contar com mais de um ano de serviço, será sempre necessária, na rescisão, a assistência do sindicato ou a presença da autoridade do Ministério do Trabalho (art. 477, § 1º) – o ministério foi extinto, e suas competências foram redistribuídas de acordo com o art. 83 da Lei n. 13.844, de 18.06.2019; *v.* comentários ao art. 13, § 2º, da CLT.

Art. 440. Contra os menores de 18 (dezoito) anos não corre nenhum prazo de prescrição.

A prescrição é, segundo a lição de Pontes de Miranda, a perda da pretensão material decorrente de um direito subjetivo, em razão da inércia de seu titular no prazo fixado pela lei. Atinge ela não o direito em si, mas a sua exigibilidade. A prescrição tem como fundamento não exatamente o valor justiça, mas os valores como a segurança e a certeza das relações jurídicas, que também são importantes para a estabilização social.

No que tange às situações regidas pelo direito do trabalho, a principal regra prescricional encontra-se no art. 7º, XXIX, da CF. De acordo com ela, aplicam-se às relações de emprego dois prazos de prescrição: o primeiro de cinco anos, relativo aos créditos resultantes da vigência do contrato de trabalho – prescrição parcial –, o último de dois anos, quando da extinção do contrato – prescrição total ou nuclear.

O artigo em comento, ao estabelecer que não corre contra o menor de 18 anos nenhum tipo de prescrição, teve como objetivo afastar desse trabalhador a incidência tanto da prescrição parcial como da total. Uma questão que suscita polêmica é saber se a regra celetista em apreço sofre influência das normas do CC que tratam do instituto da prescrição, principalmente a prevista no art. 198, I. Mais uma vez, o problema que se coloca é o da prevalência ou não da disciplina da capacidade apresentada no diploma civilista de 2002, em face das relações tipicamente regidas pelo direito do trabalho. Tal problema já foi tratado, de maneira ampla, nos comentários realizados ao art. 402, a cuja leitura remetemos.

Por fim, registre-se a existência de posição doutrinária a sustentar que a presente regra do texto consolidado aplica-se somente ao menor trabalhador, não ao menor herdeiro – *v. g.*, aquele que exige as obrigações decorrentes do vínculo de emprego de um de seus pais –, com relação ao qual deve ser observado o CC.

Art. 441. O quadro a que se refere o item I do art. 405 será revisto bienalmente.

Artigo com redação dada pelo Decreto-lei n. 229, de 28.02.1967.

O quadro a que se refere o art. 405, I, é, atualmente, dado pela Portaria n. 88/2009 do MTE, que remete expressamente à Lista TIP, criada pelo Decreto n. 6.481/2008. Nela, estão descritos locais e serviços considerados insalubres ou perigosos para menores. O teor do mencionado rol deverá ser revisto a cada dois anos pelo Ministério do Trabalho e Emprego, que poderá realizar consultas com as organizações de empregadores e trabalhadores interessadas (o ministério foi extinto, e suas competências foram redistribuídas de acordo com o art. 83 da Lei n. 13.844, de 18.06.2019 – *v.* comentários ao art. 13, § 2º, da CLT).

TÍTULO IV
DO CONTRATO INDIVIDUAL DO TRABALHO

CAPÍTULO I
DISPOSIÇÕES GERAIS

Art. 442. Contrato individual de trabalho é o acordo tácito ou expresso, correspondente à relação de emprego.

A expressão "contrato individual de trabalho", adotada pelo legislador, é equivocada, porque permite confundi-lo com outros contratos que também têm por escopo o labor prestado por pessoa física, mas que não revestem relação de natureza empregatícia – empreitada, mandato, representação etc. Esse equívoco é ainda mais acentuado pela redação do art. 114 da CF, dada pela EC n. 45/2004. Por ser da competência da Justiça do Trabalho processar e julgar as ações oriundas da *relação de trabalho*, é evidente que muitos outros contratos trabalhistas devem ser considerados, não exclusivamente o tratado neste artigo. Melhor seria denominá-lo *contrato de emprego*. Todavia, a denominação legal consagrou-se, sendo usual na doutrina e na jurisprudência, daí ser a adotada.

O contrato de trabalho é o negócio jurídico pelo qual uma pessoa física se obriga, mediante remuneração, a prestar serviços não eventuais a outra pessoa ou a entidade, sob a direção destas (arts. 2º e 3º da CLT).

Tem por características ser: a) *bilateral ou sinalagmático* – e não unilateral, porque resulta em prestações de ambas as partes; b) *oneroso* – e não gratuito, porque as partes transferem, reciprocamente, direitos uma à outra; c) *consensual* – e não formal, porque não requer forma especial, salvo exceções em que se exige a forma escrita (ex.: atleta profissional); d) *consensual* – e não real, porque se aperfeiçoa com a manifestação da vontade das partes e não com a entrega de coisa; e) *de trato sucessivo* – e não imediato, porque se desenvolve com o tempo, aperfeiçoando-se sucessivamente; f) *comutativo* – e não aleatório, porque as prestações – trabalho e salário – podem ser aquilatadas pelas partes imediata ou mediatamente.

São elementos constitutivos – essenciais – do contrato de trabalho: a) a *autonomia privada*, visto que as partes podem dispor conforme seus próprios interesses, desde que observada sua função social, isto é, respeitados os princípios e as regras de proteção ao empregado e o interesse público (art. 444 da CLT); b) a *obrigação de fazer – facienda necessitas* –, pois seu principal objeto consiste na obrigação de fazer prestada pelo empregado, a qual é infungível e personalíssima – *intuitu personae*; c) a *continuidade*, uma vez que a relação de emprego é contínua, de trato sucessivo e de débito permanente, que não se exaure em uma única prestação; d) a *subordinação*, eis que incumbe ao empregador dirigir o trabalho, ficando o empregado subordinado a tal poder de direção (art. 2º da CLT); e) a *alteridade*, porque o trabalho se desenvolve por conta do empregador, o qual assume os riscos da atividade econômica (art. 2º da CLT); f) a *onerosidade*, dada a existência de obrigações recíprocas e a transferência recíproca de direitos. Sem tais elementos o contrato se descaracteriza: faltando a continuidade, por exemplo, o trabalho pode ser reputado eventual; ausente a subordinação, tem-se o labor autônomo etc.

Não são elementos essenciais: a *profissionalidade*, pois normalmente não se exige que o empregado seja qualificado para o trabalho, salvo no caso de profissões regulamentadas por lei – por exemplo, médico; a *exclusividade*, porque, exceto cláusula contratual proibitiva, é permitido ao empregado manter outro emprego simultaneamente, havendo previsão expressa nesse sentido na hipótese do trabalho intermitente, conforme § 1º do art. 452-C da CLT (sobre a obtenção de novo emprego nas férias: art. 138 da CLT; e sobre cláusula de exclusividade, *vide* art. 22 da Lei n. 6.615/78 e art. 11 da Lei n. 6.533/78); e a *colaboração*, porque, embora sejam inerentes à relação de trabalho, os deveres de fidelidade, diligência e obediência por parte do empregado, bem como os deveres de o empregador pagar salário e tratar com dignidade o empregado, mesmo sem eles, o contrato pode subsistir, se as partes assim desejarem ou tolerarem.

Por fim, são elementos acidentais o *termo* e a *condição*. Termo é o evento futuro e certo, ao qual se subordina o nascimento ou a extinção de um negócio jurídico. Distingue-se da condição, que é o *evento futuro e incerto*, ao qual se subordina a eficácia total ou parcial de um negócio jurídico (art. 121 do CC). É aquele cuja *ocorrência* é incerta – pode ocorrer ou não –, podendo ser, igualmente, de diversos tipos.

No estudo do contrato de trabalho interessam apenas o *termo final* e a *condição resolutiva* (art. 127 do CC), que extinguem o negócio jurídico ou fazem cessar a sua eficácia. Ambos são admitidos excepcionalmente: o termo, conforme o art. 443, §§ 1º e 2º, e a condição resolutiva, consoante o art. 475, § 2º, ambos da CLT (veja os comentários respectivos).

Parágrafo único. Qualquer que seja o ramo de atividade da sociedade cooperativa, não existe vínculo empregatício entre ela e seus associados, nem entre estes e os tomadores de serviços daquela.

Parágrafo acrescentado pela Lei n. 8.949, de 09.12.1994.

O dispositivo repete aquele contido no art. 90 da Lei n. 5.764/71, que define a Política Nacional de Cooperativismo e institui o regime jurídico das sociedades cooperativas. Foi inserido na CLT com o objetivo bem-intencionado de desestimular os pedidos de reconhecimento da existência da relação de emprego entre membros e autênticas cooperativas de trabalho, integrantes de movimentos sociais, mas terminou incentivando a proliferação de falsas entidades criadas com a intenção de subtrair a proteção legal a verdadeiros empregados, aumentando, sobremaneira, os litígios trabalhistas. Demonstração típica de que legislar em demasia é prejudicial.

O genuíno destinatário do parágrafo em questão é a pessoa física autônoma, associada à cooperativa constituída com a finalidade de angariar serviços aos seus membros sem objetivo de lucro (art. 3º da Lei n. 5.764/71). Distingue-se do empregado por vários traços, entre eles, a associação para o alcance de um fim comum, a liberdade de associação e desassociação, e, principalmente, a autonomia. Se houver subordinação jurídica entre o trabalhador e aquele que lhe toma os serviços, além dos outros elementos típicos do contrato de emprego, tem-se descaracterizada a relação cooperada e configurado o vínculo empregatício, deixando de incidir a previsão em comento.

É importante ressaltar o princípio da primazia da realidade, que, muitas vezes, é propositadamente esquecido em benefício do formalismo jurídico. Não é a forma de contratação que define o trabalhador como empregado ou não e, sim, as circunstâncias de fato que envolvem a relação. O verdadeiro associado de cooperativa é autônomo e age como tal; de maneira diversa, o empregado, supostamente cooperado, subordina-se juridicamente a outrem, que exerce sobre ele o poder de direção.

Esse mesmo princípio deve ser observado na aplicação e na interpretação do art. 442-B da CLT, comentado a seguir, o qual prevê que a relação de trabalho autônomo não configura relação de emprego, desde que observadas as formalidades legais. Por óbvio, se forem observadas as formalidades legais, o trabalhador prestará serviços com autonomia e não será subordinado, por conseguinte, não será empregado. Porém, se restar configurada a subordinação jurídica e os demais elementos característicos da relação de emprego, será empregado e não autônomo.

Art. 442-A. Para fins de contratação, o empregador não exigirá do candidato a emprego comprovação de experiência prévia por tempo superior a 6 (seis) meses no mesmo tipo de atividade.

Artigo acrescentado pela Lei n. 11.644, de 10.03.2008.

A Lei n. 11.644/2008 acrescentou à CLT o art. 442-A, o qual dispõe que, para fins de contratação, o empregador não poderá exigir do candidato a emprego comprovação de experiência por tempo superior a seis meses no mesmo tipo de atividade.

Trata-se de reação à exigência sem necessidade por alguns empregadores, que publicam anúncios em que requerem dos candidatos prova de vários anos de experiência em funções para as quais a qualificação não tem relevância alguma. A intenção é louvável, todavia, é desmedida e de duvidosa eficácia.

Em diversas funções, a experiência de mais de seis meses não é apenas desejável, mas indispensável. Em regra, são aquelas que demandam maiores especialização e responsabilidade. Não se pode entender, por exemplo, que uma grande empresa contrate gerente de finanças pouco experiente.

Por outro lado, é pouco provável que a regra provoque os efeitos pretendidos pelo legislador. Como dito, ela proíbe a oferta de emprego mediante exigência de comprovação de experiência prévia superior a seis meses. Porém, não vincula a escolha, de sorte que, no momento da seleção, é lícito ao empregador optar pelo candidato mais experiente, o que torna letra morta o dispositivo legal. Além do mais, seu descumprimento implica tão somente a imposição de multa, que não é persuasiva.

Art. 442-B. A contratação do autônomo, cumpridas por este todas as formalidades legais, com ou sem exclusividade, de forma contínua ou não, afasta a qualidade de empregado prevista no art. 3º desta Consolidação.

Artigo acrescentado pela Lei n. 13.467, de 13.07.2017.

Diferente do parágrafo único do art. 442 da CLT, que foi redigido com a boa intenção de evitar ações intentadas por associados verdadeiramente autônomos contra autênticas cooperativas de trabalho, este *caput* do art. 442-B aparentemente foi acrescentado com a má pretensão de iludir. Tomado em sua literalidade, este dispositivo atenta contra a realidade, o bom senso e numerosas teorias jurídicas desenvolvidas há séculos pela humanidade. Em sua acepção literal e equivocada, significa que o trabalhador será autônomo se as partes assim ajustarem em contrato sem vícios formais, isto é, celebrado por agentes capazes, com objeto lícito, possível, determinado ou determinável e de acordo com a forma prevista ou não proibida por lei (CC, art. 104), ainda que de fato sejam verificados os elementos característicos da relação de emprego. Mal comparando, é como afirmar que uma empresa será de comércio exterior se assim for previsto no contrato social celebrado sem vícios formais, porque os tributos são menores para esse ramo, não obstante sua atividade exclusiva seja o comércio a varejo no mercado nacional e, pior, acreditar que isso não implicará sonegação. Disposições como essas e outras de igual natureza não têm validade em nenhum ramo do Direito, não só no direito do trabalho, porque constituem vícios previstos no inciso II do art. 171 do CC: erro, dolo, coação, estado de perigo, lesão, simulação e fraude. A ocorrência de algum desses vícios invalida a disposição por contrato e permite ao prejudicado demandar em juízo, uma vez que o inciso XXXV do art. 5º da CF assegura que toda lesão ou a ameaça a direito possa ser levada ao exame do Poder Judiciário. Assim também prevê o art. 9º da CLT, que continua vigente. Por esse motivo, é muito importante não alimentar ilusões: tal como ocorreu com o acréscimo do parágrafo único do art. 442 da CLT, que terminou por gerar muitos milhares de ações, este art. 442-B deverá ter o mesmo destino. A interpretação mais adequada e segura do dispositivo em exame é aquela em consonância com o sistema jurídico: se o trabalhador prestar serviços com autonomia, isto é, sem subordinação jurídica, não será empregado, não importando se o fizer de maneira contínua ou descontínua, com ou sem exclusividade. Mas, será empregado se o fizer de maneira não eventual, pessoal, remunerada e subordinada, como previsto no art. 3º da CLT, independentemente do que se estipular em contrato. Em suma, o dispositivo é inútil, porque o trabalhador será ou não será considerado empregado se forem ou não configurados os elementos dos arts. 2º e 3º da CLT, como sempre ocorreu.

Art. 443. O contrato individual de trabalho poderá ser acordado tácita ou expressamente, verbalmente ou por escrito, por prazo determinado ou indeterminado, ou para prestação de trabalho intermitente.

Caput *com redação dada pela Lei n. 13.467, de 13.07.2017.*

O contrato de trabalho classifica-se quanto à *forma* em: a) *tácito*, que se constitui independentemente da manifestação expressa de vontade das partes, pela simples execução; e b) *expresso*, que se constitui pela vontade expressa das partes, podendo ser *verbal* ou *escrito*. Usualmente, o contrato é expresso e verbal, mas alguns devem ser, obrigatoriamente, escritos; por exemplo, os contratos de artista (art. 9º da Lei n. 6.533/78), de atleta profissional (art. 28 da Lei n. 9.615/98), de músico (art. 69 da Lei n. 3.857/60), de radialista (art. 8º da Lei n. 6.615/78), de aprendizagem (art. 428 da CLT), de trabalho intermitente (art. 452-A da CLT) etc.

Quanto à *duração*, o contrato pode ser ajustado por *prazo determinado* (a termo) ou por *prazo indeterminado*. O contrato por prazo determinado constitui exceção, sendo admitido apenas nas hipóteses legalmente previstas (*v.* §§ 1º e 2º, a seguir). Diversamente, o contrato por prazo indeterminado representa a regra, sendo preferido e presumido em decorrência do princípio da continuidade da relação de emprego.

A Lei n. 13.467/2017 acrescentou a essas modalidades a figura do trabalho intermitente, que está mal colocada neste Título IV da CLT, pois a intermitência é do trabalho, e não do contrato, que permanece vigente mesmo nos períodos em que não ocorra a prestação de serviços. Se intermitente é o trabalho e não o contrato, melhor seria que sua regulamentação constasse do Capítulo II do Título II da CLT, relativo às normas sobre a duração do trabalho, tal como ocorre com o trabalho em regime de tempo parcial, previsto inicialmente pela

MP n. 2.164-41/2001, porque é disso que se trata. Neste Título IV da CLT, sobre o contrato, deveriam constar somente as normas sobre as formalidades para a celebração do contrato para trabalho intermitente e não toda a sua regulamentação, o que demonstra mais uma vez a atecnia da reforma trabalhista açodada e mal debatida.

---

§ 1º Considera-se como de prazo determinado o contrato de trabalho cuja vigência dependa de termo prefixado ou da execução de serviços especificados ou ainda da realização de certo acontecimento suscetível de previsão aproximada.

Antigo parágrafo único renumerado pelo Decreto-lei n. 229, de 28.02.1967.

O parágrafo em apreço cuida do contrato por prazo determinado, também denominado *contrato a termo*. Termo é o *evento futuro e certo* ao qual se subordina o nascimento ou a extinção de um negócio jurídico. É aquele cuja *ocorrência* é certa – necessariamente acontecerá. Distingue-se da condição, cuja ocorrência futura é duvidosa (sobre a distinção entre *termo* e *condição*, veja a parte final do comentário ao *caput* do art. 442, *supra*).

Uma vez certa a ocorrência do evento, o termo pode ser *certo* (determinado) ou *incerto* (indeterminado) no que diz respeito ao *momento de sua realização*. *Certo* é o termo que se implementa em data previamente conhecida – por exemplo: a expiração do contrato de experiência em noventa dias –, e *incerto* é aquele cujo implemento ocorre em data desconhecida *a priori*, mas suscetível de previsão aproximada – por exemplo: o término da safra ou da obra. Resumidamente, *certus an, certus quando* – ou termo certo – é aquele cuja ocorrência é certa e cuja data é sabida por antecipação; e *certus an, incertus quando* – ou termo incerto – é aquele que certamente acontecerá, mas que não se sabe antecipadamente quando vai ocorrer. Essa é a razão de afirmar-se que o contrato a termo é de duração determinada ou determinável.

Assim, a primeira parte do parágrafo refere-se a contrato estipulado a *termo certo*: "Considera-se como de prazo determinado o contrato de trabalho cuja vigência dependa de termo prefixado"; e a segunda cuida de contrato ajustado a *termo incerto*, cuja duração depende "da execução de serviços especificados ou ainda da realização de certo acontecimento suscetível de previsão aproximada".

---

§ 2º O contrato por prazo determinado só será válido em se tratando:

Parágrafo acrescentado pelo Decreto-lei n. 229, de 28.02.1967.

O princípio da continuidade enuncia que o contrato de trabalho deve durar o máximo possível, pois, em regra, o emprego é a fonte de subsistência do empregado e de sua família. Uma das consequências desse princípio é a preferência pelos contratos de duração indeterminada, em detrimento dos contratos de duração determinada ou determinável - a termo certo ou a termo incerto. Os contratos de duração indeterminada conferem ao empregado maior proteção; por exemplo, a possibilidade de beneficiar-se com a garantia provisória de permanência no emprego - estabilidade em sentido impróprio, também denominada estabilidade provisória, temporária ou especial -, ou, na hipótese da despedida sem justa causa, de receber o aviso-prévio (art. 487 da CLT), a indenização de 40% do FGTS (art. 18, § 1º, da Lei n. 8.036/90) e o seguro-desemprego (art. 3º da Lei n. 7.998/90). Isso não ocorre nos contratos de prazo determinado, embora em alguns casos seja reconhecido o direito a garantia no emprego, como exemplificam a Súmula n. 244, III, do TST, referente à gestante, a Súmula n. 378, III, do TST, relativa ao empregado acidentado, ou o art. 1º, § 4º, da Lei n. 9.601/98, que trata de contratos a prazo determinado. Por isso, a contratação a termo só é admitida nas hipóteses legalmente previstas, que são as referidas nas alíneas deste § 2º e na Lei n. 9.601/98.

Os contratos da Lei n. 9.601/98 constituem um capítulo à parte. São admitidos em qualquer tipo de atividade, permanente ou temporária, mas apenas para elevar o número de empregados já existentes na empresa, até o limite máximo fixado pelo legislador (art. 3º da Lei n. 9.601/98); requerem autorização prévia por negociação coletiva (art. 1º da Lei n. 9.601/98), com discriminação individualizada de cada empregado contratado nesse sistema (art. 4º, § 3º, da Lei n. 9.601/98). Entretanto, sua utilização na prática tem sido limitada ou quase inexistente, pois não se criam empregos por decreto.

Em algumas circunstâncias, o contrato para trabalho intermitente, previsto no § 3º deste art. 443 e nos arts. 452-A a 452-H da CLT talvez se sobreponha em parte às alíneas *a* e *b* deste § 2º em comento. É possível que em determinados serviços de natureza transitória ou em certas atividades empresariais de caráter transitório seja viável optar entre uma modalidade ou outra, isto é, entre a contratação por prazo determinado ou para trabalho intermitente. A experiência prática e o tempo permitirão avaliar melhor essa hipótese.

***a)* de serviço cuja natureza ou transitoriedade justifique a predeterminação do prazo;**

Alínea acrescentada pelo Decreto-lei n. 229, de 28.02.1967.

Trata-se de serviços que, por sua natureza, não se desenvolvem de maneira permanente, isto é, que não se destinam a durar no tempo. São vários os exemplos, alguns previstos expressamente pela legislação, como os contratos de: aprendiz (art. 428 da CLT); artista (art. 10, II, da Lei n. 6.533/78); atleta profissional (art. 30 da Lei n. 9.615/98); obra certa (Lei n. 2.959/56); peão de rodeio (art. 2º, II, da Lei n. 10.220/2001); radialista (art. 8º, II, da Lei n. 6.615/78); safra (art. 14, parágrafo único, da Lei n. 5.889/73, e art. 19, parágrafo único, do Decreto n. 73.626/74); técnico estrangeiro (art. 1º do Decreto-lei n. 691/69); treinador de futebol (art. 6º, I, da Lei n. 8.650/93) etc.

***b)* de atividades empresariais de caráter transitório;**

Alínea acrescentada pelo Decreto-lei n. 229, de 28.02.1967.

Trata-se de atividades empresariais transitórias, vale dizer, empreendimentos não permanentes, como o comércio de produtos de época, as atividades voltadas ao turismo em épocas de temporada etc.

***c)* de contrato de experiência.**

Alínea acrescentada pelo Decreto-lei n. 229, de 28.02.1967.

O contrato de experiência é aquele destinado a que as partes possam avaliar-se reciprocamente. A avaliação abrange os mais diversos aspectos, como a qualificação, a destreza e a disciplina do empregado ou a adimplência, o trato e as propostas do empregador, entre outros.

Normalmente, o contrato de experiência é admitido em qualquer atividade e para qualquer empregado, independentemente do nível hierárquico ou cultural. Desde que atendida sua finalidade, não há restrições a que seja celebrado, inclusive nos contratos de empregados domésticos, aos quais não se aplicam as normas da CLT (art. 7º, *a*). Contrário senso, não é lícita sua celebração nos casos em que a experimentação já tenha ocorrido, como nas hipóteses de readmissão de ex-empregado em condições idênticas às de contrato anterior e recente, na contratação como empregado de trabalhador que já tenha trabalhado anteriormente como temporário (art. 11, parágrafo único, da Lei n. 6.019/74) etc.

---

§ 3º Considera-se como intermitente o contrato de trabalho no qual a prestação de serviços, com subordinação, não é contínua, ocorrendo com alternância de períodos de prestação de serviços e de inatividade, determinados em horas, dias ou meses, independentemente do tipo de atividade do empregado e do empregador, exceto para os aeronautas, regidos por legislação própria.

Parágrafo acrescentado pela Lei n. 13.467, de 13.07.2017.

O dispositivo define trabalho intermitente e prevê que possa ser ajustado para qualquer atividade, exceto para os aeronautas. Conforme a previsão legal, trabalho intermitente é o que se desenvolve com alternância de períodos de prestação de serviços e inatividade, a qual pode ocorrer em horas, dias ou meses. Evidentemente, a inatividade em horas não se confunde com os períodos de descanso entre jornadas, como aquele previsto no art. 66 da CLT ou com o repouso semanal. Do mesmo modo, a inatividade em dias não se confunde com o descanso em férias. Por sua vez, é estranha a expressão "com subordinação" contida na definição legal, porque esse elemento pertence aos conceitos de empregado e de contrato de emprego. Se o trabalho intermitente é o que presta o empregado no âmbito de contrato de emprego, é redundante e desnecessário mencionar a subordinação como elemento constitutivo do trabalho intermitente.

O trabalho intermitente é inconstitucional sob vários aspectos principiológicos, entre eles por não respeitar a dignidade humana e o valor social do trabalho e da livre-iniciativa (CF, art. 1º, III e IV), pois submete o trabalhador à condição remuneratória degradante e concede a seu empregador vantagem indevida sobre os demais empreendedores, promovendo *dumping* social. Além desses princípios, ao menos duas regras constitucionais são diretamente violadas por esse regime perverso de labor. A remuneração apenas das horas de trabalho estabelecidas unilateralmente pelo empregador poderá importar (e certamente importará) salário inferior ao mínimo legal e ao menor salário de contribuição previdenciária, em desrespeito à regra de que o salário mínimo deve ser capaz de atender às necessidades vitais básicas do trabalhador e às de sua família, com moradia, alimentação, educação, saúde, lazer, vestuário, higiene, transporte e previdência social (CF, art. 7º IV). Considerando que a Constituição deve ser interpretada em sua máxima eficácia e que essa interpretação deve balizar a aferição da conformidade das normas infraconstitucionais, não há como admitir que o trabalho intermitente ou qualquer outra modalidade implique violação tão flagrante ao texto constitucional. No mesmo sentido, o pagamento das férias ao final de cada período de convocação, e não por ocasião de sua fruição, contraria norma constitucional expressa sobre o direito ao gozo de férias anuais remuneradas (CF art. 7º, XVII).

Art. 444. As relações contratuais de trabalho podem ser objeto de livre estipulação das partes interessadas em tudo quanto não contravenha às disposições de proteção ao trabalho, aos contratos coletivos que lhes sejam aplicáveis e às decisões das autoridades competentes.

No direito do trabalho, vigora o mesmo princípio da autonomia da vontade privada que regula o direito comum, que, por sinal, é fonte subsidiária de normas trabalhistas (art. 8º, parágrafo único, da CLT). Por pertencer o direito do trabalho ao ramo do direito privado, é possível estipular como contrato tudo o que não seja proibido pelas regras de proteção ao empregado. No entanto, o limite de tal autonomia da vontade é mais estreito que o verificado no direito civil, posto que as partes, na relação de emprego, encontram-se em situação desigual de poder e sujeição, razão pela qual são bastante numerosas as regras de proteção ao empregado que tolhem sobremaneira a possibilidade de estipulação contratual. Cabe notar que a função social do contrato, tão destacada no CC, é realidade que se verifica no direito do trabalho desde sua formação.

Parágrafo único. A livre estipulação a que se refere o *caput* deste artigo aplica-se às hipóteses previstas no art. 611-A desta Consolidação, com a mesma eficácia legal e preponderância sobre os instrumentos coletivos, no caso de empregado portador de diploma de nível superior e que perceba salário mensal igual ou superior a duas vezes o limite máximo dos benefícios do Regime Geral de Previdência Social.

Parágrafo acrescentado pela Lei n. 13.467, de 13.07.2017.

Este dispositivo estabelece que o empregado que tenha concluído curso de nível superior e que perceba salário igual ou superior a duas vezes o limite máximo dos benefícios do Regime Geral de Previdência Social é diferente dos demais, pois lhe é permitido dispor de modo diverso que o previsto em lei, acordo coletivo, convenção coletiva, sentença normativa etc. Sua suposta vontade (ou a de seu empregador) se sobrepõe às normas legais e convencionais e sobre as decisões judiciais em dissídios coletivos sobre as matérias previstas nos incisos do art. 611-A da CLT, relativas à duração do trabalho, intervalo intrajornada, banco de horas, teletrabalho, sobreaviso, trabalho intermitente, compensação de feriados, controle de horário, enquadramento como empregado de confiança, remuneração por produtividade ou por desempenho individual, prêmios de incentivo, participação nos lucros ou resultados, grau de insalubridade, prorrogação do horário em trabalho insalubre, adesão ao seguro-desemprego etc. Este parágrafo único é inconstitucional, porque o tratamento diferenciado dispensado a esses empregados, retirando-lhes a proteção legal, convencional ou judicial, viola disposição contida no *caput* do art. 5º da CF de que todos são iguais perante a lei, sem distinção de qualquer natureza.

Art. 445. O contrato de trabalho por prazo determinado não poderá ser estipulado por mais de 2 (dois) anos, observada a regra do art. 451.

Caput *com redação dada pelo Decreto-lei n. 229, de 28.02.1967.*

O artigo em comento estabelece a regra geral de que os contratos a termo não podem durar mais que dois anos. A mesma regra é encontrada em leis esparsas, como as que regulam o trabalho do artista (art. 10, II, da Lei n. 6.533/78), do radialista (art. 8º, II, da Lei n. 6.615/78), do técnico estrangeiro (art. 1º do

Decreto-lei n. 691/69), do treinador de futebol (art. 6º, I, da Lei n. 8.650/93), do trabalhador admitido nos termos da Lei n. 9.601/98 (art. 3º do Decreto n. 2.490/98), do peão de rodeio (art. 2º, II, da Lei n. 10.220/2001) e do aprendiz (art. 428 da CLT), salvo se este último for pessoa com deficiência (CLT, art. 428, § 3º). Porém, esse limite não é absoluto: há exceções, como na hipótese do atleta profissional, cujo contrato pode durar até cinco anos (arts. 29 e 30 da Lei n. 9.615/98), ou na hipótese do contrato de safra, cuja duração é sempre inferior a um ano (parágrafo único do art. 14 da Lei n. 5.889/73 e parágrafo único do art. 19 do Decreto n. 73.626/74). Existem, ainda, diversas regras especiais sobre a duração mínima e máxima, detalhadas no parágrafo único, a seguir. A menção feita ao art. 451 representa que, mesmo havendo prorrogação, o prazo máximo não pode ser ultrapassado, isto é, que a soma do contrato e de sua eventual prorrogação não pode ultrapassar o limite previsto em lei.

Parágrafo único. O contrato de experiência não poderá exceder de 90 (noventa) dias.

Parágrafo acrescentado pelo Decreto-lei n. 229, de 28.02.1967.

A par da regra geral do *caput* deste artigo, há uma série de regras especiais: a) o contrato de experiência não pode durar mais que noventa dias (arts. 443, § 2º, *c*, e 445, parágrafo único, da CLT); b) o contrato do atleta profissional pode durar até o máximo de cinco anos, em se tratando do primeiro contrato firmado com entidade formadora de atleta (art. 29 da Lei n. 9.615/98), ou o mínimo de três meses até o máximo de cinco anos para os demais contratos (art. 30 da Lei n. 9.615/98); c) o contrato do peão de rodeio pode durar o mínimo de quatro dias e o máximo de dois anos (art. 2º, II, da Lei n. 10.220/2001); d) o contrato do aprendiz tem a duração proporcional ao tempo de duração da aprendizagem, limitado ao máximo de dois anos, "exceto quando se tratar de aprendiz portador de deficiência" (art. 428, § 3º, da CLT); e) o contrato de obra certa tem a duração proporcional à da obra ou da parcela desta desenvolvida pelo empregado (Lei n. 2.959/56), limitado ao máximo de dois anos (art. 445 da CLT), estando superada a Súmula n. 195 do STF, que admitia a duração de até quatro anos; f) o contrato de safra tem a duração dependente da duração da safra, mas não pode ser superior a um ano, já que depende das variações estacionais da atividade agrária, que ocorrem, no máximo, nesse prazo (art. 14, parágrafo único, da Lei n. 5.889/73, e art. 19, parágrafo único, do Decreto n. 73.626/74); g) o contrato rural por pequeno prazo para o exercício de atividades de natureza temporária pode durar até dois meses no período de um ano (art. 14-A, § 1º, da Lei n. 5.889/73).

Art. 446. ***(Revogado pela Lei n. 7.855, de 24.10.1989.)***

Art. 447. Na falta de acordo ou prova sobre condição essencial ao contrato verbal, esta se presume existente, como se a tivessem estatuído os interessados na conformidade dos preceitos jurídicos adequados à sua legitimidade.

Costuma-se afirmar que o artigo estabelece o óbvio, o que não é verdade. O legislador quis dizer que, à falta de provas, o ordinário deve ser presumido e o extraordinário cabe ser comprovado. Assim, por exemplo, à míngua de outros elementos, deve-se entender que o trabalho foi ajustado para fins lícitos, por oito horas diárias e quarenta e quatro semanais (art. 7º, XIII, da CF), que o salário foi pactuado pelo mínimo (art. 7º, IV, da CF) etc.

Art. 448. A mudança na propriedade ou na estrutura jurídica da empresa não afetará os contratos de trabalho dos respectivos empregados.

O artigo cuida de dois temas: o primeiro, mais simples, é o da mudança na estrutura jurídica da empresa, tratado também no art. 10 da Consolidação. Sobre ele, o dispositivo não causa nenhuma dificuldade em sua interpretação. Estabelece que são irrelevantes as mudanças na estrutura jurídica empresarial no que se refere à manutenção do contrato de emprego, como a mudança do tipo societário – por exemplo, de sociedade anônima para limitada –, a alteração do objetivo social etc. Pode ocorrer que tais modificações impliquem novo enquadramento sindical do empregador e de seus empregados. Mas essa questão só tem relevância no tocante à aplicação das normas previstas nos acordos e convenções coletivos e das sentenças normativas, isto é, que concerne à eficácia temporal daquelas regras, assunto que foge ao tema abordado (veja a Súmula n. 277 do TST, que adota uma das diversas teorias existentes a respeito).

O segundo tema tratado no artigo em comento é o da sucessão de empregadores, cuja complexidade extrapola, em muito, a simplicidade do dispositivo. O conceito original de sucessão trabalhista aqui previsto era de simples mudança na propriedade do empreendimento. Entretanto, tal conceito foi ampliado pela jurisprudência e pela doutrina, entendendo-se atualmente como a transferência da titularidade da unidade econômico-jurídica a outro empregador. O instituto tem fundamento no princípio da continuidade do contrato de emprego e na ideia de impessoalidade da figura do empregador – despersonalização –, salvo se ele for pessoa física (art. 483, § 2º, da CLT). Também se funda na premissa de que créditos trabalhistas são garantidos pelo patrimônio do empreendimento.

São três as modalidades de sucessão de empregadores: a *sucessão de empresas* – ou do empreendimento –, que ocorre entre pessoas jurídicas ou físicas, por meio de atos de vontade, como na alienação, fusão, cisão, incorporação etc.

(OJ Transitória n. 28 da SDI-1 do TST); a *sucessão causa mortis*, que ocorre pela morte do empregador pessoa física ou equiparado, sendo facultado ao empregado romper o contrato de trabalho ou prosseguir com os sucessores (art. 483, § 2º, da CLT); e a *sucessão inominada*, que ocorre com a extinção do empregador pessoa física ou jurídica, e sua substituição por entidade sem personalidade jurídica – sucessão da sociedade pela massa falida, da pessoa física pelo espólio etc.

Em regra, na sucessão trabalhista, o sucessor responde integralmente pelas obrigações do sucedido (art. 448-A da CLT). Mas as consequências variam conforme a sucessão seja total ou parcial, e a extinção da relação de emprego ocorra antes ou depois da sucessão. Além disso, há casos em que a sucessão resulta em efeitos diversos, ou sequer se configura. Vejamos cada uma delas.

Na *sucessão total*, que se dá quando o sucedido deixa de existir, por ser absorvido integralmente pelo sucessor, aplica-se a regra geral de que este responde por todas as obrigações do sucedido, tanto em relação aos contratos de trabalho em vigor à época da sucessão, quanto em face dos contratos extintos anteriormente (OJs Transitórias ns. 28 e 48 da SDI-1 do TST).

Na *sucessão parcial*, que tem vez quando somente parte da unidade econômico-jurídica é transferida ao sucessor, permanecendo outra parte na titularidade do sucedido – por exemplo, alienação de filiais, de estabelecimentos, de departamentos etc. –, as consequências podem ser diversas. Os *contratos em vigor* não são atingidos, salvo se o empregador for pessoa física (art. 483, § 2º, da CLT), aplicando-se a eles a regra geral de que o sucessor responde integralmente pelas obrigações trabalhistas do sucedido. Vale dizer, o sucedido é substituído pelo sucessor, que passa a figurar como novo empregador daqueles empregados. Quanto aos *contratos extintos antes da sucessão*, não havendo fraude, permanece a responsabilidade do sucedido, sem obrigação para o sucessor. Mas caso se verifique o intuito de fraudar os direitos dos empregados (arts. 9º e 448-A, parágrafo único, da CLT) ou a simples transferência de todo o ativo do sucedido ao sucessor, mesmo sem o intuito de burla, ambos podem responder de maneira solidária, mantendo-se a responsabilidade do sucessor (OJ Transitória n. 30 da SDI-1 do TST). Assim aconteceu quando da intervenção nos bancos por meio do Proer (OJ n. 261 da SDI-1 do TST).

O caso da *concessão de serviço público* é peculiar. Segundo o TST, quando uma empresa (primeira concessionária) outorga à outra (segunda concessionária) bens de sua propriedade, no todo ou em parte, mediante arrendamento, ou qualquer outra forma contratual, a título transitório, as consequências podem ser diversas: a) havendo a cessação do contrato de trabalho após a entrada em vigor da concessão, a segunda concessionária responde como sucessora pelos direitos decorrentes do contrato de trabalho, sem prejuízo da responsabilidade subsidiária da primeira concessionária pelos débitos trabalhistas contraídos até a concessão; b) sendo o contrato de trabalho extinto antes da vigência da concessão, a responsabilidade pelos direitos dos trabalhadores é exclusivamente da antecessora. Tal solução, construída a partir da privatização da Rede Ferroviária Federal S/A, foi estendida às hipóteses análogas por meio da OJ n. 225 da SDI-1 do TST.

No caso de *desmembramento de municípios*, não se configura a sucessão. Devido à sua autonomia e à indisponibilidade de seus bens, cada um responde pelos direitos trabalhistas dos empregados no período em que figurarem como real empregador (OJ n. 92 da SDI-1 do TST).

Conforme a jurisprudência do STJ, não ocorre sucessão na hipótese de alienação judicial conjunta ou separada de ativos do devedor, em casos de deferimento de recuperação judicial ou de decretação da falência. Isso porque, os arts. 60, parágrafo único, e 141, II, da Lei n. 11.101/2005, preveem que a alienação judicial é livre de qualquer ônus e não resulta em sucessão do arrematante nas obrigações do devedor. O § 2º, do mesmo art. 141, ainda acrescenta que os empregados do devedor contratados pelo arrematante devem ser admitidos mediante novos contratos, não respondendo este mesmo arrematante pelas obrigações decorrentes do contrato anterior. Tais dispositivos não são facilmente aceitos no âmbito trabalhista por contrariarem os princípios de proteção ao trabalhador e de continuidade da relação de emprego. Todavia, parece que foi intenção estimular a alienação e elevar-lhe o preço, mediante a garantia dada ao adquirente de não se deparar no futuro com ações inesperadas de parte dos ex-empregados da empresa em recuperação judicial ou do falido.

Art. 448-A. Caracterizada a sucessão empresarial ou de empregadores prevista nos arts. 10 e 448 desta Consolidação, as obrigações trabalhistas, inclusive as contraídas à época em que os empregados trabalhavam para a empresa sucedida, são de responsabilidade do sucessor.

Caput *acrescentado pela Lei n. 13.467, de 13.07.2017.*

Toda a doutrina e a jurisprudência acerca da sucessão trabalhista se desenvolveu a partir do art. 448 da CLT, já comentado, razão pela qual se faz remissão àquele dispositivo, tratando nos comentários a este novo art. 448-A e seu parágrafo único apenas das inovações por eles trazidas. Este art. 448-A explicitou o que já havia sido consagrado pela doutrina e pela jurisprudência, a partir da interpretação dada ao art. 448, comentado anteriormente, no sentido de que o sucessor responde por todas as obrigações inerentes aos contratos de emprego celebrados pelo sucedido, inclusive as contraídas antes da sucessão. Esse novo dispositivo não explicita se a regra se aplica apenas aos contratos vigentes na época da sucessão ou se a responsabilidade do sucessor também abrange as obrigações relativas aos contratos extintos antes de sua ocorrência. A interpretação dada ao art. 448 deve permanecer com o acréscimo deste art. 448-A, isto é, de que a responsabilidade do sucessor abrange todas as obrigações trabalhistas do sucedido, tanto as relativas aos contratos vigentes quando da sucessão, como as inerentes aos contratos extintos antes dela. Por isso, na hipótese do sucedido ser demandado em juízo e ter sido constituído título executivo judicial em seu nome, transitado em julgado, a execução deve ser direcionada ao sucessor (CPC, art. 779, II).

Algo que este dispositivo e o anterior não abordam é a questão da responsabilidade do sucedido pelas obrigações anteriores à sucessão quando não há fraude, do que a doutrina não cuida igualmente. Tal como este art. 448-A da CLT, o art. 1.146 do Código Civil dispõe que o adquirente do estabelecimento empresarial (sucessor) responde pelas obrigações anteriores à transferência, desde que regularmente contabilizadas, porém acrescenta que o devedor primitivo (sucedido) responde solidariamente pelos créditos anteriores pelo prazo de um ano. Tal dispositivo pode ser aplicado aos casos de sucessão trabalhista com uma adaptação quanto ao prazo, pois a esse respeito deve ser considerado aquele previsto no inciso XXIX do art. 7º da Constituição Federal e no art. 11 da CLT, relativo à prescrição. Em outras palavras, o sucessor pode responder solidariamente pelas obrigações anteriores à sucessão, desde que observado o prazo prescricional. No entanto, é importante ressaltar que a proposiçao de aplicar o art. 1.146 do Código Civil à sucessão trabalhista não é unânime.

Parágrafo único. A empresa sucedida responderá solidariamente com a sucessora quando ficar comprovada fraude na transferência.

Parágrafo acrescentado pela Lei n. 13.467, de 13.07.2017.

É muito salutar a afirmação de que a fraude na transferência da titularidade da unidade econômico-jurídica implica responsabilidade solidária entre o sucedido e o sucessor, pois embora a solidariedade fosse prevista pelo art. 942 do CC, algumas vezes a jurisprudência afirmava a responsabilidade subsidiária do sucessor. A solidariedade, nesse caso, é passiva, de maneira que o credor poderá exigir a obrigação do sucedido, do sucessor ou de ambos (CC, art. 275). Portanto, nessa hipótese o litisconsórcio passivo é facultativo e não necessário e, se não for promovido pelo autor da reclamação trabalhista na petição inicial, poderá ser requerido pelo reclamado em contestação, por meio do chamamento ao processo do outro devedor solidário (CPC, art. 130, III).

Art. 449. Os direitos oriundos da existência do contrato de trabalho subsistirão em caso de falência, concordata ou dissolução da empresa.

A matéria, anteriormente disciplinada pelo Decreto-lei n. 7.661/45, conhecido como Lei de Falências, passou a ser objeto da Lei n. 11.101 (art. 201), publicada em 09.02.2005. Pela disciplina em vigor, não existe mais a concordata preventiva, substituída pela recuperação judicial; permanece, porém, a possibilidade de decretação da falência do empresário ou da sociedade empresarial, excetuando-se, contudo, os casos de empresa pública, sociedade de economia mista, instituição financeira pública ou privada (sobre esta veja a parte final do comentário a este mesmo dispositivo), cooperativa de crédito, consórcio, entidade de previdência complementar, sociedade operadora de plano de assistência à saúde, sociedade seguradora, sociedade de capitalização ou qualquer outra entidade equiparada a estas mencionadas (art. 2º da Lei n. 11.101/2005).

O deferimento da recuperação judicial e a decretação da falência não extinguem os créditos trabalhistas, nem fazem cessar a competência da Justiça do Trabalho para julgá-los até a apuração do respectivo montante (arts. 6º, § 2º, e 76 da Lei n. 11.101/2005), ou seja, até a liquidação de sentença ou o julgamento dos eventuais embargos, impugnação (art. 884 da CLT) ou agravo de petição supervenientes (art. 897, *a*, da CLT). Porém, o deferimento da recuperação ou a decretação da quebra suspendem a prescrição e o curso das ações em face do devedor (art. 6º da Lei n. 11.101/2005), salvo em caso de plano especial de recuperação de microempresa ou empresa de pequeno porte (art. 71, I e parágrafo único, da Lei n. 11.101/2005). Na recuperação, a suspensão dos processos não pode ser superior a 180 dias (art. 6º, § 4º, da Lei n. 11.101/2005). Depois, tanto as ações quanto as execuções trabalhistas podem ser normalmente concluídas na Justiça do Trabalho, ainda que o crédito já esteja inscrito no quadro geral de credores (art. 6º, § 5º, da Lei n. 11.101/2005). Contudo, a despeito da previsão expressa da lei, o STJ tem decidido que as execuções devem tramitar na Justiça do Trabalho até a apuração do crédito e, daí em diante, no juízo universal da recuperação, como ocorre na falência (STJ, CC n. 103.025/SP, Proc. n. 0026066-16.2009.3.00.0000, 2ª Seção, rel. Min. Fernando Gonçalves, j. 14.10.2009, *DJe* 05.11.2009). Na falência, as ações em face do falido também são retomadas após a suspensão, mas as execuções são suspensas em definitivo, devendo ser concluídas perante o juízo universal, com uma única ressalva. A antiga Lei de Falências mandava que, se houvesse bens penhorados no juízo da execução trabalhista, a praça fosse por este realizada, revertendo-se à massa todo o seu produto para a divisão entre os credores, inclusive o individual. Excetuava-se a circunstância de já ter havido arrematação antes da decretação da quebra, caso em que deveria ser primeiramente satisfeito o credor individual, revertendo-se a sobra que porventura existisse (art. 24, § 1º, do Decreto-lei n. 7.661/45). Todavia, firmou-se jurisprudência no sentido de que, em qualquer hipótese, se fosse a penhora anterior à falência, os bens deveriam ser levados à praça na Justiça do Trabalho para a satisfação do crédito individual, revertendo-se à massa somente a eventual sobra (Súmula n. 44 do extinto TFR). Em essência, a nova lei repetiu a anterior, ao prever que o produto dos bens penhorados ou apreendidos entrem para a massa (art. 108, § 3º, da Lei n. 11.101/2005). Caberia supor que fosse mantida essa jurisprudência, mas isso não ocorreu.

A recuperação judicial é um processo complexo que visa à superação da crise econômico-financeira do devedor, a fim de permitir a manutenção da fonte produtora, do emprego dos trabalhadores e dos interesses dos credores, preservando a empresa, sua função social e o estímulo à atividade econômica (art. 47 da Lei n. 11.101/2005). Pode ser promovida por diversos meios, entre eles a cisão, a incorporação, a fusão ou a transformação de sociedade, o trespasse ou o arrendamento de estabelecimento, até mesmo para sociedade constituída pelos próprios empregados (art. 50, II e VII, da Lei n. 11.101/2005). Todavia, a alienação judicial de ativos, conjunta ou separadamente, não implica sucessão por parte do arrematante (art. 60, *caput* e parágrafo único, da Lei n. 11.101/2005). O mesmo ocorre na falência (art. 141, II, da Lei n. 11.101/2005), o que encontra resistência no âmbito trabalhista, embora pareça que a intenção foi estimular a alienação por melhor preço, mediante a garantia ao adquirente de não responder pelos créditos dos ex-empregados da empresa em recuperação judicial ou do falido (veja parte final do comentário ao art. 448).

Na recuperação, os créditos relativos a salários *stricto sensu*, até o limite de cinco salários mínimos, vencidos nos três meses anteriores ao pedido de recuperação judicial, devem ser quitados em até trinta dias (art. 54, parágrafo único, da Lei n. 11.101/2005). Já os créditos oriundos da relação de trabalho e os decorrentes de acidentes, vencidos até a data do pedido e que não sejam objeto de ação judicial, devem ser pagos em prazo não superior a um ano (art. 54 da Lei n. 11.101/2005).

Tais regras não se aplicam à hipótese de deferimento de plano especial de recuperação de microempresa ou empresa de pequeno porte, pois nesta só se incluem os créditos quirografários (art. 71, I, da Lei n. 11.101/2005). Vale dizer que, em tais casos, os créditos trabalhistas não são atingidos de nenhuma maneira pela recuperação. Como acontecia na concordata, na recuperação judicial se computam atualização monetária e juros legais (Súmula n. 227 do STF).

A falência também é um processo complexo, que tem por escopo preservar e otimizar a utilização produtiva dos bens, ativos e recursos produtivos, inclusive os intangíveis, da empresa (art. 75 da Lei n. 11.101/2005). Nela, os créditos relativos a salário em sentido estrito, até o limite de cinco salários mínimos, vencidos nos três meses anteriores à decretação, podem ser pagos tão logo haja disponibilidade de caixa, antes mesmo de sua inclusão no quadro geral de credores (art. 151 da Lei n. 11.101/2005). Os demais créditos, até o limite de 150 salários mínimos, devem ser habilitados perante o juízo universal da falência, tendo prevalência sobre quaisquer outros (art. 83, I, da Lei n. 11.101/2005). O eventual saldo que exceder a esse limite (art. 83, VI, *c*, da Lei n. 11.101/2005), assim como os créditos trabalhistas cedidos a terceiros (art. 83, § 4º, da Lei n. 11.101/2005), são reputados quirografários, perdendo a preferência.

Como na recuperação, a atualização monetária é exigível na falência, mas os juros vencidos após a decretação da quebra só o são se o ativo apurado bastar para o pagamento dos credores subordinados (art. 124 da Lei n. 11.101/2005). Em suma, a decisão sobre o seu pagamento compete ao juízo universal, dependendo da sobra da arrecadação, o que é raro ocorrer.

Com a nova lei, vislumbra-se a possibilidade de ser requerida a quebra do devedor por inadimplência de crédito trabalhista, visto que, atualmente, o pedido pode ser formulado por qualquer credor (art. 97, IV, da Lei n. 11.101/2005), e não apenas por comerciante, inclusive com base em certidão expedida pelo juízo da execução, caso o devedor seja executado por quantia líquida não paga e não deposite ou não indique bens à penhora dentro do prazo legal (art. 94, II, III e § 4º, da Lei n. 11.101/2005). A questão, porém, deverá ser dirimida pela jurisprudência.

Como foi visto, as instituições financeiras não estão sujeitas à recuperação judicial e à falência (art. 2º, II, da Lei n. 11.101/2005). Elas submetem-se à intervenção ou à liquidação extrajudicial promovidas pelo Bacen, nos termos da Lei n. 6.024/74. Nessas duas hipóteses, bem como na liquidação extrajudicial de empresas de qualquer outro ramo de atividade, mantém-se a competência da Justiça do Trabalho para processar e julgar até o final as ações e as execuções em face do devedor. É o que se depreende dos arts. 5º e 29 da Lei de Execuções Fiscais (Lei n. 6.830/80), de aplicação subsidiária à execução trabalhista, conforme o art. 889 da CLT (OJ n. 143 da SDI-1 do TST). Os créditos em face das empresas submetidas a regime de intervenção ou liquidação extrajudicial são sujeitos à atualização monetária (art. 46 do ADCT). Também são acrescidos de juros de mora, exceto em caso de liquidação de entidades financeiras pelo Bacen, hipótese em que não incidem (art. 18, *d*, da Lei n. 6.024/74 e Súmula n. 304 do TST).

---

§ 1º Na falência, constituirão créditos privilegiados a totalidade dos salários devidos ao empregado e a totalidade das indenizações a que tiver direito.

Parágrafo com redação dada pela Lei n. 6.449, de 14.10.1977.

Este parágrafo foi tacitamente derrogado pela Lei n. 11.101/2005, que regulou inteiramente a matéria. Essa lei prevê que, na falência, os créditos relativos a salário em sentido estrito, até o limite de cinco salários mínimos, vencidos nos três meses anteriores à decretação, podem ser pagos tão logo haja disponibilidade de caixa, antes mesmo de sua inclusão no quadro geral de credores (art. 151 da Lei n. 11.101/2005), e que os demais créditos, até o limite de 150 salários mínimos, devem ser habilitados perante o juízo universal da falência, tendo prevalência sobre quaisquer outros (art. 83, I, da Lei n. 11.101/2005). Prevê ainda que o eventual saldo que exceder a esse limite (art. 83, VI, *c*, da Lei n. 11.101/2005), assim como os créditos trabalhistas cedidos a terceiros (art. 83, § 4º, da Lei n. 11.101/2005), são reputados quirografários, perdendo a preferência.

---

§ 2º Havendo concordata na falência, será facultado aos contratantes tornar sem efeito a rescisão do contrato de trabalho e consequente indenização, desde que o empregador pague, no mínimo, a metade dos salários que seriam devidos ao empregado durante o interregno.

O juízo da falência pode permitir a continuação provisória das atividades do falido (art. 99, XI, da Lei n. 11.101/2005), circunstância em que se opera a sucessão inominada, isto é, a sucessão do empresário ou da sociedade empregadora cuja quebra foi decretada, pela entidade sem personalidade jurídica que é a massa falida. Mas essa não é a praxe: normalmente, a decretação da falência implica a extinção dos contratos de trabalho dos empregados do falido, em virtude de o estabelecimento haver sido lacrado e de seus bens haverem sido arrecadados (art. 109 da Lei n. 11.101/2005).

Diferentemente do Decreto-lei n. 7.661/45, que permitia a conversão da falência em concordata suspensiva (arts. 177 a 185), a Lei n. 11.101/2005 não prevê, de modo expresso, a possibilidade de convolar a falência em recuperação judicial. Assim, em tese, não haveria mais condição de o empregador anular a extinção provocada pela falência e retomar os contratos pagando, no mínimo, a metade dos salários do período entre a decretação da quebra e a concessão da concordata. De qualquer modo, mesmo antigamente, essa hipótese era pouco usual, pois costumava ser preferível – e mais barato – para o empregador contratar novos empregados em vez de readmitir os antigos.

Art. 450. Ao empregado chamado a ocupar, em comissão, interinamente, ou em substituição eventual ou temporária, cargo diverso do que exercer na empresa, serão garantidas a contagem do tempo naquele serviço, bem como volta ao cargo anterior.

A *substituição* caracteriza-se pelo fato de o empregado ocupar o cargo de outro trabalhador que se encontra temporariamente afastado, inclusive por motivo de férias (Súmula n. 159, I, do TST). Já o *comissionamento* é caracterizado pela circunstância de o empregado ocupar cargo de provimento temporário mediante gratificação ou comissão de função, sendo normalmente consistente em cargo de confiança – por exemplo, o cargo de confiança bancária (art. 224, § 2º, da CLT). Por sua vez, a *interinidade* caracteriza-se pelo empregado ocupar temporariamente cargo diverso do seu, que se encontra vago.

O empregado ocupante de cargo em substituição, comissionamento ou interinidade pode retornar ao cargo de origem, o que é denominado *reversão*. Nessa hipótese, podem ser suprimidas as vantagens salariais percebidas durante a ocupação do cargo superior (arts. 450 e 468, §§ 1º e 2º, da CLT). Todavia, enquanto for ocupado o cargo, essas vantagens não podem ser diminuídas (Súmula n. 372, II, do TST). Afora o comissionamento, que pode ocorrer em longo prazo, a reversão não deve ser cogitada em casos de substituição ou interinidade se o empregado assim permanecer por muitos anos, porque estas circunstâncias são sempre provisórias e tendentes a durar pouco tempo.

Art. 451. O contrato de trabalho por prazo determinado que, tácita ou expressamente, for prorrogado mais de uma vez passará a vigorar sem determinação de prazo.

Já que o contrato de trabalho pode ser ajustado de maneira tácita ou expressa, a prorrogação também poderia sê-lo. Entretanto, o contrato tácito é sempre pactuado a prazo indeterminado, porque o ajuste de termo só pode ocorrer de modo expresso. Note-se que, nos contratos a prazo determinado, é preciso preestabelecer a data de seu vencimento ou o evento futuro e certo consistente na execução de serviço especificado ou na realização de certo acontecimento (art. 443, § 1º, da CLT), o que é impossível ocorrer de forma tácita. Sendo assim, a prorrogação do contrato deve sempre ser expressa. Na verdade, o que o legislador denomina *prorrogação tácita* nada mais é que a prorrogação sem determinação de prazo, isto é, a transformação do contrato a termo em contrato a prazo indeterminado, o que acontece quando o contrato a prazo é prorrogado mais de uma vez.

O contrato a termo só pode receber uma única prorrogação, salvo tratando-se de contrato de técnico estrangeiro (art. 1º do Decreto-lei n. 691/69), de contrato firmado nos termos da Lei n. 9.601/98 (arts. 1º e 3º do Decreto n. 2.490/98) e de atleta profissional (art. 30, parágrafo único), que podem ser prorrogados mais de uma vez. Além disso, contrato e prorrogação, somados, não podem ultrapassar o tempo máximo de duração (art. 445 da CLT). O exemplo do contrato de experiência, cuja duração máxima é de noventa dias, indica ser esse o tempo que ambos podem somar, não podendo o contrato durar noventa dias e a prorrogação outro tanto, em um total de 180 dias (Súmula n. 188 do TST). Essa segunda interpretação contraria a regra *in dubio pro operario*, por ser menos benéfica ao empregado, bem como viola o princípio da continuidade do contrato, visto que os ajustes a termo devem ser admitidos restritivamente.

Art. 452. Considera-se por prazo indeterminado todo contrato que suceder, dentro de 6 (seis) meses, a outro contrato por prazo determinado, salvo se a expiração deste dependeu da execução de serviços especializados ou da realização de certos acontecimentos.

A sucessão de contratos a prazo determinado faz presumir a burla à legislação, porque, em tese, não haveria justificativa para o ajuste de termo (veja comentário ao art. 443, § 1º). O próprio legislador tratou de estabelecer que tal presunção é relativa ao ressalvar a ocorrência de serviços especializados ou a realização de certos acontecimentos, como dispõe o art. 443, § 1º, da Consolidação. Em termos práticos, isso significa que, até prova em contrário, a celebração, com o mesmo empregado, de dois ou mais contratos a prazo determinado, em intervalo inferior a seis meses entre eles, induz à presunção de que se trata de contratos a prazo indeterminado. Nessa hipótese, cabe ao empregador comprovar a existência de justificativa para a contratação a termo.

Aqui também há exceção à regra: o técnico estrangeiro pode celebrar sucessivos contratos a prazo determinado, sem que sejam considerados a prazo indeterminado (art. 1º do Decreto-lei n. 691/69). Vale observar que este artigo não se aplica aos contratos para trabalho intermitente, porque são de prazo indeterminado.

Art. 452-A. O contrato de trabalho intermitente deve ser celebrado por escrito e deve conter especificamente o valor da hora de trabalho, que não pode ser inferior ao valor horário do salário mínimo ou àquele devido aos demais empregados do estabelecimento que exerçam a mesma função em contrato intermitente ou não.

Caput *acrescentado pela Lei n. 13.467, de 13.07.2017.*

Como foi mencionado no comentário ao § 3º do art. 443, o contrato para trabalho intermitente viola princípios constitucionais, entre outros os da dignidade humana e do valor social do trabalho e da livre-iniciativa (CF, art. 1º, III e IV), pois submete o trabalhador a condição remuneratória degradante e concede a seu empregador vantagem indevida sobre os demais empreendedores, promovendo *dumping* social. Além desses princípios, ao menos duas regras constitucionais são violadas por esse regime perverso de labor. A remuneração apenas das horas de trabalho estabelecidas unilateralmente pelo empregador pode resultar em salário inferior ao mínimo legal e ao menor salário de contribuição previdenciária, em desrespeito à regra de que o salário mínimo seja capaz de atender às necessidades vitais básicas do trabalhador e às de sua família com moradia, alimentação, educação, saúde, lazer, vestuário, higiene, transporte e previdência social (CF, art. 7º, IV). No mesmo sentido, o pagamento das férias ao final de cada período de convocação, em vez de sua fruição, contraria norma constitucional expressa sobre o direito ao gozo de férias anuais remuneradas (CF art. 7º, XVII). Considerando que a Constituição deve ser interpretada em sua máxima eficácia e que essa interpretação deve balizar a aferição da conformidade das normas infraconstitucionais, não se deve admitir que o trabalho intermitente ou qualquer outra modalidade implique violação ao texto constitucional.

Não obstante a questão da constitucionalidade, o art. 452-A determina que o contrato para trabalho intermitente seja escrito e que dele conste o salário, o qual deve ser estipulado por hora e não pode ser inferior ao salário mínimo ou àquele pago aos demais empregados do estabelecimento que exerçam a mesma função em contrato intermitente ou não. A previsão da forma escrita é conveniente: por se tratar de contrato que precariza sobremaneira a condição econômica e social do trabalhador, deve ser admitido de maneira restrita, como ocorre, por exemplo, com o contrato para trabalho temporário previsto na Lei n. 6.019/74, que também deve ser escrito. Por isso, é bem provável que a jurisprudência se firme no sentido de não ser válido no ajuste verbal para essa modalidade de contratação. Do mesmo modo, é benéfica a previsão de que o salário seja estipulado por hora, porque se fosse ajustado por mês tornaria trabalhoso o cálculo e poderia dar margem a divergências entre as partes quanto ao resultado. Por sua vez, é muito importante a proibição do pagamento de salário inferior ao dos demais empregados contratados de maneira intermitente ou não, para evitar a precarização ainda maior dessa relação. Aqui se trata de equiparação por equivalência, e não por identidade, semelhante ao que ocorre com o estrangeiro (art. 358 da CLT) ou com o empregado rural contratado por pequeno prazo para o exercício de atividades de natureza temporária (Lei n. 5.889/73, art. 14-A, § 8º). Nessa modalidade de equiparação não se exige que o empregado tenha a mesma produtividade e perfeição técnica que outros e nem que a diferença de tempo de serviço entre eles seja inferior a dois anos, como previsto no art. 461 da CLT.

---

§ 1º O empregador convocará, por qualquer meio de comunicação eficaz, para a prestação de serviços, informando qual será a jornada, com, pelo menos, três dias corridos de antecedência.

Parágrafo acrescentado pela Lei n. 13.467, de 13.07.2017.

A ideia contida neste e nos demais dispositivos é a de que o empregado admitido para trabalho intermitente não tenha horário de trabalho preestabelecido e que aguarde convocação para prestar serviços em dias e horários de conveniência do empregador. É um regime perverso, que rompe com o equilíbrio e a previsibilidade das obrigações do contrato, na medida em que o trabalhador não tem segurança sobre se será convocado e se receberá sua remuneração, tampouco que esta será suficiente para garantir sua subsistência. Nisso reside parte da inconstitucionalidade desse regime, apontada nos comentários ao *caput* deste art. 452-A e ao § 3º do art. 443, na medida em que essa circunstância fere a dignidade do ser humano (inciso III do art. 1º da CF). A convocação do empregado para o trabalho pode ser feita por qualquer meio de comunicação eficaz, o que condiz com a diversidade dos meios disponíveis atualmente, de modo que pode ser feita por telefone, por mensagens de texto, de voz etc. Porém, é indispensável que seja feita com três dias de antecedência e que o empregado seja informado sobre os dias e horários da prestação de serviços, a fim de que possa avaliar a conveniência de aceitar, ou não, o chamado. Considerando a dependência econômica dos trabalhadores e o temor ao desemprego, é pouco provável que haja recusa.

---

§ 2º Recebida a convocação, o empregado terá o prazo de um dia útil para responder ao chamado, presumindo-se, no silêncio, a recusa.

Parágrafo acrescentado pela Lei n. 13.467, de 13.07.2017.

Ao receber a convocação, o empregado poderá aceitá-la no prazo de um dia útil, o que deverá fazer expressamente, porque seu silêncio importará recusa tácita. O empregado também poderá recusar a convocação de modo expresso, no prazo mencionado. Portanto, a aceitação da convocação deverá ser sempre expressa, mas a recusa poderá ser manifestada de modo expresso ou de modo tácito, se o empregado não responder no tempo previsto. É pouco provável que haja recusa, em decorrência da dependência econômica e do temor ao desemprego. É fácil presumir que após as primeiras recusas o trabalhador não será mais convocado, o que provavelmente aumentará a rotatividade de trabalhadores. Não há previsão na lei sobre a consequência da ausência de convocação do empregado pelo empregador por longo período. É possível entender que isso configure dispensa indireta, por analogia com a alínea *g* do art. 483 da CLT, entretanto não se sabe qual o prazo necessário para tanto. Se o empregador não tiver mais interesse em convocar o empregado, poderá dispensá-lo sem justa causa ou propor a resilição do contrato por acordo, mediante o pagamento por metade do aviso-prévio e da indenização sobre o FGTS e da integralidade das demais verbas trabalhistas e o levantamento de 80% do saldo da conta vinculada (art. 484-A da CLT). Se o empregador não promover a dispensa direta ou a resilição por acordo nem se entender configurada a dispensa indireta, restará ao empregado se demitir.

---

§ 3º A recusa da oferta não descaracteriza a subordinação para fins do contrato de trabalho intermitente.

Parágrafo acrescentado pela Lei n. 13.467, de 13.07.2017.

Normalmente, a possibilidade do trabalhador recusar a prestação de serviços, sem sofrer sanção disciplinar, é interpretada como ausência de sujeição aos poderes de organização, controle e disciplina do empregador. No entanto, no caso do trabalho intermitente, a recusa à convocação não descaracteriza a subordinação, o que é muito importante e coerente com essa modalidade de contratação.

§ 4º Aceita a oferta para o comparecimento ao trabalho, a parte que descumprir, sem justo motivo, pagará à outra parte, no prazo de trinta dias, multa de 50% (cinquenta por cento) da remuneração que seria devida, permitida a compensação em igual prazo.

Parágrafo acrescentado pela Lei n. 13.467, de 13.07.2017.

Uma vez que o empregador oferte o trabalho e o empregado o aceite, ambos devem cumprir o ajuste (*pacta sunt servanda*). Aquele que o descumprir será obrigado a pagar ao outro 50% da remuneração que seria devida caso fosse cumprido. Trata-se de sanção por inadimplemento contratual, por isso esse pagamento tem natureza de indenização e não de remuneração. Observe-se que, quando devida pelo empregador em favor do empregado, não visa a quitar o tempo à disposição ou período de interrupção da prestação de serviços e, quando devida pelo empregado em favor do empregador, não objetiva a que o empregado remunere seu empregador. O pagamento dessa indenização deve ser efetuado no prazo de trinta dias e, se for devida pelo empregado ao empregador, pode ser compensada com crédito que já possua ou que adquira no futuro. São raras sanções pecuniárias impostas ao empregado em favor do empregador por descumprimento do contrato (p. ex.: art. 480 da CLT), porque são muito perversas: em regra, o trabalhador não é bem remunerado, e seu salário destina-se a manter sua subsistência e de sua família, então sanções como essas prejudicam a ele e aos que dele dependem.

§ 5º O período de inatividade não será considerado tempo à disposição do empregador, podendo o trabalhador prestar serviços a outros contratantes.

Parágrafo acrescentado pela Lei n. 13.467, de 13.07.2017.

O período de inatividade, entre uma convocação e outra para o trabalho, importa suspensão das principais obrigações do contrato (prestação de serviços e pagamento de salário) e não é computado como tempo de serviço. Diferente do período de fruição das férias, em que o empregado é remunerado e não pode prestar serviços a outro empregador, salvo se estiver obrigado a fazê-lo em decorrência de contrato de emprego regularmente mantido com aquele (art.

138 da CLT), no período de inatividade o trabalhador não recebe remuneração e tem a liberdade de se engajar em qualquer outra atividade remunerada como empregado, eventual, autônomo etc., a fim de manter sua subsistência. O legislador não proibiu o empregado de trabalhar no período de inatividade para concorrente de seu empregador, e se isso ocorrer não poderá ser considerado justo motivo para a dispensa, porque as hipóteses de justa causa são taxativas, e esta não é prevista na legislação. Porém, no período de inatividade, o empregado não poderá praticar a negociação habitual, por conta própria ou alheia, sem consentimento de seu empregador, que implique ato de concorrência, pois isso importará justa causa para seu despedimento (alínea *c* do art. 482 da CLT).

---

§ 6º Ao final de cada período de prestação de serviço, o empregado receberá o pagamento imediato das seguintes parcelas:

Parágrafo acrescentado pela Lei n. 13.467, de 13.07.2017.

A cada pagamento, o empregado contratado para trabalho intermitente deve receber a remuneração do período e, proporcionalmente, férias com o acréscimo de um terço, décimo terceiro salário, remuneração do repouso semanal e adicionais legais. Isso é semelhante ao que se dá com o trabalhador rural contratado por pequeno prazo para atividades de natureza temporária, cujas prestações contratuais são calculadas no dia a dia e pagas diretamente mediante recibo (Lei n. 5.889/73, art. 14-A, §§ 8º e 9º).

I – remuneração;

Inciso acrescentado pela Lei n. 13.467, de 13.07.2017.

Como mencionado no comentário ao inciso II do *caput* deste artigo, o trabalho intermitente é remunerado por hora ou dia de trabalho, os quais não podem ser inferiores ao valor horário ou diário do salário mínimo nem inferiores aos valores pagos aos demais empregados do estabelecimento que exerçam a mesma função.

II – férias proporcionais com acréscimo de um terço;

Inciso acrescentado pela Lei n. 13.467, de 13.07.2017.

O empregador deve pagar férias proporcionais ao empregado contratado para trabalho intermitente junto com a remuneração, isto no máximo a cada mês. Após doze meses o trabalhador deverá usufruir um mês de descanso, período em que não poderá ser convocado para o trabalho (§ 9º a seguir) nem receberá a remuneração acrescida de um terço, por ter sido paga durante o ano em pequenas prestações. Para se manter nesse período de férias, deverá reservar a remuneração e o terço durante o ano, ou seja, deverá fazer poupança, o que é improvável, considerando a remuneração costumeiramente baixa paga ao trabalhador. Isso contraria o inciso XVII do art. 7º da CF, que prevê o gozo de férias anuais remuneradas com, pelo menos, um terço a mais do que o salário normal, pois a interpretação dessa norma em sua máxima eficácia importa que o gozo e a remuneração das férias sejam concomitantes e não dissociados, como previsto para o trabalho intermitente.

III – décimo terceiro salário proporcional;

Inciso acrescentado pela Lei n. 13.467, de 13.07.2017.

O pagamento do décimo terceiro salário proporcional, a cada período de trabalho ou mensalmente, não contraria ao inciso VIII do art. 7º da CF ou a Lei n. 4.090/62, porque esses dispositivos não estabelecem prazo para quitação dessa prestação. Esse prazo é previsto nos arts. 1º e 3º do Decreto n. 57.155/65, que regulamenta a Lei n. 4.090/62, segundo os quais o décimo terceiro salário deve ser pago em duas parcelas, a primeira entre fevereiro e novembro e a segunda até o dia 20 de dezembro de cada ano. Esse decreto não prevalece sobre disposição de lei ordinária, porque é de hierarquia inferior. Ademais, o décimo terceiro salário tem natureza de gratificação legal e, como as demais gratificações, pode ser pago com qualquer periodicidade, conforme o art. 459 da CLT.

IV – repouso semanal remunerado; e

Inciso acrescentado pela Lei n. 13.467, de 13.07.2017.

A regra para qualquer empregado é que o pagamento da remuneração do repouso semanal seja efetuado no máximo a cada mês. Desse modo, nada impede que a remuneração do repouso semanal seja paga ao empregado em trabalho intermitente ao final de cada período de trabalho ou mensalmente.

V – adicionais legais.

Inciso acrescentado pela Lei n. 13.467, de 13.07.2017.

Por integrar a remuneração do empregado, os adicionais devem ser pagos no mesmo prazo que o salário. Assim, se o salário do empregado a tempo parcial for pago ao final de cada período de trabalho ou mensalmente, os adicionais legais deverão ser quitados na mesma oportunidade.

---

§ 7º O recibo de pagamento deverá conter a discriminação dos valores pagos relativos a cada uma das parcelas referidas no § 6º deste artigo.

Parágrafo acrescentado pela Lei n. 13.467, de 13.07.2017.

A obrigação de discriminar os itens e valores relativos a cada parcela paga deveria constar de norma expressa aplicável a todo e qualquer empregado, não apenas aos empregados em trabalho intermitente, porque assim o exigem a doutrina e a jurisprudência. Se o contrato de emprego é sinalagmático e comutativo (*v.* comentário ao art. 442), as prestações recíprocas devem ser passíveis de serem aferidas por ambas as partes. Portanto, o pagamento da remuneração deve ser efetuado de modo que tenham pleno conhecimento daquilo que é pago.

---

§ 8º O empregador efetuará o recolhimento da contribuição previdenciária e o depósito do Fundo de Garantia do Tempo de Serviço, na forma da lei, com base nos valores pagos no período mensal e fornecerá ao empregado comprovante do cumprimento dessas obrigações.

Parágrafo acrescentado pela Lei n. 13.467, de 13.07.2017.

A obrigação de o empregador recolher as contribuições à Previdência Social e ao FGTS já é prevista no art. 30 da Lei n. 8.212/91 e no art. 15 da Lei n. 8.036/90, de maneira que a repetição dessa previsão neste § 8º é desnecessária. O que este dispositivo traz de novo é a obrigação de fornecimento de comprovante de recolhimento ao empregado, cujo prazo para tanto parece ser mensal, porque outro não foi previsto. É improvável que essa norma se torne eficaz, porque não foi estabelecida sanção para o descumprimento dessa obrigação de fornecer comprovante dos recolhimentos.

---

§ 9º A cada doze meses, o empregado adquire direito a usufruir, nos doze meses subsequentes, um mês de férias, período no qual não poderá ser convocado para prestar serviços pelo mesmo empregador.

Parágrafo acrescentado pela Lei n. 13.467, de 13.07.2017.

O direito a usufruir de férias após cada período de doze meses (período aquisitivo) está de acordo com o inciso XVII do art. 7º da CF, porém como mencionado no comentário ao inciso II do § 6º deste art. 452-A, o empregado em trabalho intermitente não recebe a remuneração das férias dois dias antes do período de fruição (período de gozo), porque essa remuneração é quitada de maneira antecipada e proporcional a cada pagamento do salário e demais parcelas, isto é, ao final de cada período de prestação de serviços ou no máximo a cada mês. Portanto, quando usufrui das férias o empregado nada recebe. Salvo melhor juízo, isso afronta o referido inciso XVII do art. 7º da CF, porque o direito ao "gozo de férias anuais remuneradas com, pelo menos, um terço a mais do que o salário normal" implica que ambas as prestações devam ser satisfeitas simultaneamente, porque são indissociáveis: a remuneração e a fruição das férias.

Art. 453. No tempo de serviço do empregado, quando readmitido, serão computados os períodos, ainda que não contínuos, em que tiver trabalhado anteriormente na empresa, salvo se houver sido despedido por falta grave, recebido indenização legal ou se aposentado espontaneamente.

Caput *com redação dada pela Lei n. 6.204, de 29.04.1975.*

O artigo cuida da soma de períodos descontínuos, também denominada *accessio temporis*, que, hoje, é quase impossível de ser promovida, devido ao instituto restringir-se aos empregados que, admitidos anteriormente à promulgação da Constituição de 1988, não optaram pelo regime do FGTS e ainda mantêm o direito à indenização de antiguidade dos arts. 477 e 478 da CLT, o que é raríssimo ocorrer. Atualmente, o FGTS é obrigatório a todos os empregados, conforme o inciso III do art. 7º da CF, não sendo aplicáveis aos novos empregados os referidos dispositivos da CLT. E, mesmo antes disso, praticamente todos os empregados optavam ou eram induzidos a optar pelo FGTS, não fazendo jus àquela indenização e ao *accessio temporis*.

Antes de ser promulgada a CF/88, quando o empregado não optasse pelo regime do FGTS e fosse despedido sem justa causa, deveria receber indenização proporcional ao tempo trabalhado para o empregador – indenização de antiguidade – correspondente à maior remuneração percebida para cada ano trabalhado ou fração igual ou superior a seis meses (arts. 477, *caput*, e 478 da CLT). Pois, se houvesse trabalhado para o mesmo empregador por dois ou mais períodos descontínuos e fosse dispensado sem justa causa no último deles, poderia somá-los para o cálculo dessa indenização. Por exemplo: o empregado trabalhou por um período inicial de dois anos e três meses e demitiu-se por sua própria iniciativa, e foi novamente contratado e trabalhou por mais um ano e quatro meses; se viesse a ser despedido sem motivo no segundo contrato, em vez de receber indenização correspondente à maior remuneração, receberia o equivalente a quatro vezes esse montante, em razão da soma do tempo de serviço prestado nos dois períodos. Tal soma não poderia ocorrer se fosse dispensado por justa causa, se já tivesse recebido a indenização relativa ao primeiro contrato ou se obtivesse a aposentadoria voluntária. Com a substituição da indenização de antiguidade pelo FGTS por meio de opção, conforme a revogada Lei n. 5.107/66 – atualmente, o FGTS é regido pela Lei n. 8.036/90 –, e, mais especialmente, com a extinção definitiva da opção pelo regime da indenização de antiguidade a partir da CF (art. 7º, III), a soma de períodos descontínuos é praticamente impossível de acontecer, exceto na remota hipótese de serem somados contratos não regidos pelo FGTS anteriores à Carta de 1988. Por esse motivo, o TST cancelou a Súmula n. 20, que tinha como fundamento o artigo em tela.

Em razão de a aposentadoria voluntária impedir a contagem do tempo de serviço anterior à sua obtenção, a jurisprudência e a doutrina concluíram por certo tempo que, mesmo se não houvesse a descontinuidade da relação, isso implicaria a ruptura do contrato de emprego. Assim foi até a edição da Lei n. 8.213/91, cujo art. 49, I, *b*, reacendeu a discussão acerca dessa proposição, a qual findou com o julgamento das ADIs ns. 1.721-3/DF e 1.770-4/DF.

Até então, parte da jurisprudência entendia que, após a Lei n. 8.213/91, a aposentadoria voluntária do empregado não causaria mais a extinção automática do contrato de trabalho. Ao ser permitida a concessão do benefício com a permanência do trabalhador em serviço, sem a necessidade de anotar-se a extinção contratual em sua CTPS (art. 49, I, *b*, da Lei n. 8.213/91), e pelo requerimento de aposentadoria não implicar manifestação de vontade do empregado em extinguir a relação empregatícia, não haveria no ordenamento jurídico nenhuma razão para manter-se a antiga presunção de ruptura, ou para suspeitar que o empregado não desejaria mais trabalhar. Ao contrário, o princípio da continuidade da relação de emprego e a revogação das normas que exigiam a prova da rescisão contratual para a concessão do benefício (art. 3º da Lei n. 6.950/81 e art. 52 do Regulamento dos Benefícios da Previdência Social – Decreto n. 83.080, de 24.01.1979) fariam presumir a manutenção do contrato. O STF assim concluiu, mas por fundamentos diversos (*v.* comentários aos parágrafos deste art. 453).

Outra parte da jurisprudência entendeu ser mesmo a aposentadoria espontânea causa de extinção da relação de emprego, porque o *caput* do art. 453 da CLT encontrar-se-ia em vigor e não teria sido revogado pelo art. 49, I, *b*, da Lei n. 8.213/91; além disso, a aparente antinomia entre essas duas normas seria resolvida em favor da primeira, pelo critério da especialidade. Essa, inclusive, foi a opinião do TST, expressa pela OJ n. 177, de sua SDI-1, a qual afirmava não ser devida a indenização de 40% sobre o saldo do FGTS relativa ao período anterior à aposentadoria voluntária eventualmente obtida pelo empregado. A partir do julgamento das ADIs ns. 1.721-3/DF e 1.770-4/DF, pelo STF, essa tese restou superada, de maneira que o TST cancelou a OJ referida e expediu a de n. 361, em sentido diametralmente oposto.

---

§ 1º Na aposentadoria espontânea de empregados das empresas públicas e sociedades de economia mista é permitida sua readmissão desde que atendidos aos requisitos constantes do art. 37, XVI, da Constituição, e condicionada à prestação de concurso público.

Parágrafo acrescentado pela Lei n. 9.528, de 10.12.1997.

O parágrafo foi declarado inconstitucional pelo plenário do STF, na ADI n. 1.770-4/DF, por voto da lavra do Ministro Joaquim Barbosa. Os fundamentos invocados pelo relator foram que não seria constitucional a acumulação de vencimentos e que a previsão da extinção do contrato por aposentadoria violaria os preceitos constitucionais relativos à proteção contra a despedida arbitrária, como decidido na ADI n. 1.721-3/DF (*v.* comentário ao parágrafo seguinte).

§ 2º O ato de concessão de benefício de aposentadoria a empregado que não tiver completado 35 (trinta e cinco) anos de serviço, se homem, ou 30 (trinta), se mulher, importa em extinção do vínculo empregatício.

Parágrafo acrescentado pela Lei n. 9.528, de 10.12.1997.

Este parágrafo também foi declarado inconstitucional pelo plenário do STF, na ADI n. 1.721-3/DF, por voto da lavra do ministro Carlos Britto. O fundamento invocado pelo relator foi o de que o dispositivo criou modalidade de despedida arbitrária ou sem justa causa, sem indenização, o que não pode ocorrer em razão do art. 7º, I, da CF, que exige, para tanto, a edição de LC e o pagamento de indenização compensatória.

Art. 454. ***(Revogado pela Lei n. 5.772, de 21.12.1971.)***

O art. 454 e seu parágrafo único assim dispunham: "Art. 454. Na vigência do contrato de trabalho, as invenções do empregado, quando decorrentes de sua contribuição pessoal e da instalação ou equipamento fornecidos pelo empregador, serão de propriedade comum, em partes iguais, salvo se o contrato de trabalho tiver por objeto, implícita ou explicitamente, pesquisa científica. Parágrafo único. Ao empregador caberá a exploração do invento, ficando obrigado a promovê-la no prazo de um ano da data da concessão da patente, sob pena de reverter em favor do empregado a plena propriedade desse invento". Eles foram superados pela Lei n. 5.772/71, que instituiu o Código da Propriedade Industrial, e essa foi revogada pela Lei n. 9.279/96, que passou a regulamentar a propriedade industrial. O art. 88 da Lei n. 9.279/96 prevê que a invenção e o modelo de utilidade pertencem, exclusivamente, ao empregador quando decorrem de contrato de trabalho, cuja execução ocorra no Brasil e que tenha por objeto a pesquisa ou a atividade inventiva, ou resulte da natureza dos serviços para os quais foi o empregado contratado. Seus parágrafos estabelecem que se consideram desenvolvidos, na vigência do contrato, a invenção ou o modelo de utilidade, cuja patente seja requerida pelo empregado até um ano após a extinção do vínculo empregatício e que, salvo disposição expressa em contrário, a retribuição pelo trabalho limita-se ao salário ajustado. Nessa hipótese do art. 88 da Lei n. 9.279/96, o empregador titular da patente pode conceder ao empregado, autor de invento ou aperfeiçoamento, participação nos ganhos econômicos resultantes da exploração da patente, mediante negociação com o interessado ou conforme disposto em norma da empresa.

De modo diverso, o art. 90 da Lei n. 9.279/96 dispõe que a invenção ou modelo de utilidade pertencem exclusivamente ao empregado quando são desvinculados do contrato de trabalho e não decorrem da utilização de recursos, meios, dados, materiais, instalações ou equipamentos do empregador.

Por fim, o art. 91 determina que a invenção ou o modelo de utilidade são de propriedade comum, em partes iguais, quando resultam da contribuição pessoal do empregado e de recursos, dados, meios, materiais, instalações ou equipamentos do empregador, ressalvada expressa disposição contratual em contrário. Nesse caso, é garantido ao empregador o direito exclusivo de licença de exploração e assegurada ao empregado a justa remuneração, e a exploração do objeto da patente, na falta de acordo, deve ser iniciada pelo empregador dentro do prazo de um ano, contado da data de sua concessão, sob pena de passar à exclusiva propriedade do empregado.

Art. 455. Nos contratos de subempreitada responderá o subempreiteiro pelas obrigações derivadas do contrato de trabalho que celebrar, cabendo, todavia, aos empregados, o direito de reclamação contra o empreiteiro principal pelo inadimplemento daquelas obrigações por parte do primeiro.

A subempreitada nada mais é que a subcontratação de obra, constituindo espécie daquilo que se convencionou denominar *terceirização*. Como nos demais casos de locação de serviços (Súmula n. 331, IV, do TST), a sublocação de obra implica para o empreiteiro principal responsabilidade subsidiária – e não solidária, como às vezes é dito – pelas obrigações trabalhistas dos empregados do subempreiteiro. Os trabalhadores deste podem demandar apenas contra ele – subempreiteiro – ou contra ambos – subempreiteiro e empreiteiro principal – em litisconsórcio passivo facultativo. Nesta segunda hipótese, não obtendo êxito em eventual execução em face do devedor principal – subempreiteiro –, podem dirigi-la ao devedor subsidiário – empreiteiro principal –, que funciona como uma garantia de seus créditos.

O artigo não prevê a responsabilidade do dono da obra, mas apenas do empreiteiro principal em face das obrigações do subempreiteiro por ele contratado. Por isso, firmou-se jurisprudência do TST no sentido de que, por falta de amparo legal, o dono da obra não deveria responder pelas obrigações trabalhistas do empreiteiro ou do subempreiteiro, salvo em se tratando de empresa construtora ou incorporadora, caso em que ela própria é empreiteira, sendo os seus contratados considerados subempreiteiros (OJ n. 191 da SDI-1 do TST). Essa foi a opinião predominante até o julgamento, pelo TST, do Incidente de Recurso de Revista Repetitivo n. 0000190-53.2015.5.03.0090.

Divergíamos dessa opinião, pois apesar de também não existir previsão legal para tanto, há muitos anos a jurisprudência reconheceu a responsabilidade do contratante em relação aos créditos trabalhistas dos empregados do contratado, nas hipóteses de sublocação de serviços (Súmula n. 331, IV, do TST). Logo, a falta de amparo legal não poderia ser óbice à responsabilidade do dono da obra. Ou seja, a ausência de norma a esse respeito não constituiria silêncio eloquente, mas lacuna a ser colmatada, notadamente pelo uso de analogia e de princípios (art. 8º da CLT; art. 4º da LINDB; art. 140 do CPC/2015). A começar pela analogia, é indubitável a responsabilidade civil do dono da obra pelos danos resultantes de sua ruína (art. 937 do CC) e sua responsabilidade solidária para com o construtor ou o subempreiteiro pelo cumprimento das obrigações para com a Seguridade Social (art. 30, VI, da Lei n. 8.212/91). Nesses termos, não haveria motivo para distinguir as responsabilidades civil e previdenciária do dono da obra pelos atos praticados pelo empreiteiro e a responsabilidade trabalhista pelos créditos dos empregados deste último. Se o fato do terceiro (empreiteiro) implica que o dono suporte as obrigações perante outros e perante a Previdência, não haveria razão para excluir as obrigações em relação aos trabalhadores. Por outro lado, não há distinção ontológica ou axiológica entre o fato de o trabalhador prestar serviços a outrem sob as ordens de terceiro (*terceirização*, subcontratação, sublocação de serviços etc.) e realizar obra em circunstâncias similares. A realização de obra não deixa de ser igualmente prestação de serviço. Em ambas as hipóteses, a força de trabalho é posta à disposição daquele que se beneficia dela, e que por isso deve responder. Tanto é verdade que o art. 12 do Decreto n. 75.242/75 prevê que a empresa Itaipu Binacional "responderá solidariamente pelas obrigações resultantes dos contratos de trabalho celebrados pelos empreiteiros ou subempreiteiros de obras e locadores ou sublocadores de serviços", sem distinção entre obra ou serviço. Quanto aos princípios, é possível afirmar a existência de um princípio de responsabilidade trabalhista, no sentido de que o beneficiário do trabalho humano deve responder pelos créditos advindos da prestação laboral. Assim se diz pela constância de diversas regras no ordenamento determinando que o beneficiário do labor de outrem deve responder pelas obrigações trabalhistas decorrentes. São exemplos: este comentado art. 455 da CLT – subempreitada; o art. 16 da Lei n. 6.019/74 (trabalho temporário); o art. 4º, parágrafo único, da Lei n. 5.385/68 (serviços de bloco); o art. 17 da Lei n. 6.533/78 (artista); o art. 11 da Lei n. 6.615/78 (radialista); o art. 19 da Lei n. 7.064/82 (transferência para o exterior); o art. 2º, § 4º, da Lei n. 9.719/98 (portuário), e o art. 12 do Decreto n. 75.242/75 (Itaipu), entre outros. Vale ressaltar que a normatividade dos princípios é admitida pela própria CF, haja vista o art. 5º, § 2º, o qual dispõe que "os direitos e garantias expressos nesta Constituição não excluem outros decorrentes do regime e dos princípios por ela adotados [...]".

Essa tese sobre a responsabilidade do dono da obra foi adotada em parte pela SDI-1 do TST no julgamento do Incidente de Recurso de Revista Repetitivo n.

0000190-53.2015.5.03.0090, mencionado anteriormente, porém por fundamento diverso e com menor amplitude. A SDI-1 do TST estendeu ao dono da obra a responsabilidade pelos créditos trabalhistas dos empregados do empreiteiro sem idoneidade econômico-financeira, por analogia feita ao próprio art. 455 da CLT. Naquele julgado, a SDI-1 do TST decidiu que o dono da obra que contrata empreiteiro não idôneo se põe em posição semelhante à do empreiteiro principal que contrata subempreiteiro sem idoneidade, por isso ambos (dono da obra e subempreiteiro) devem responder por culpa *in eligendo*, em decorrência do mesmo art. 455 desta Consolidação, por aplicação direta (no caso do empreiteiro principal) ou por aplicação analógica (no caso do dono da obra). No entanto, aquela Seção estabeleceu três restrições a essa responsabilidade. A primeira restrição é a de que tal responsabilidade é subsidiária, e não solidária, em decorrência do art. 265 do Código Civil, o qual prevê que a solidariedade só pode ser declarada se houver previsão em lei ou em contrato. A segunda restrição é a de que a responsabilidade em exame não alcança os entes públicos da administração direta ou indireta, em decorrência do art. 71 da Lei n. 8.666/93 e da decisão proferida pelo STF na ADC n. 16. A terceira restrição foi estabelecida no julgamento de embargos de declaração, no qual a SDI-1 do TST decidiu modular os efeitos da mudança jurisprudencial e responsabilizar o dono da obra somente em relação aos contratos de empreitada celebrados após 11 de maio de 2017, data do julgamento do IRRR. Considerando essa nova orientação e que a idoneidade ou inidoneidade do empreiteiro só pode ser aferida por ocasião do cumprimento da sentença, para que o dono da obra venha a ser responsabilizado é necessário que seja demandado como litisconsorte passivo e que conste como devedor do título executivo judicial, isto é, da sentença condenatória, tal como estabelece o item IV da Súmula n. 331 do TST a respeito do tomador de serviços.

Parágrafo único. Ao empreiteiro principal fica ressalvada, nos termos da lei civil, ação regressiva contra o subempreiteiro e a retenção de importâncias a este devidas, para a garantia das obrigações previstas neste artigo.

É inegável o direito de regresso ou de retenção do empreiteiro principal em face do subempreiteiro ou do dono da obra em face do empreiteiro principal, pelas importâncias pagas em cumprimento das obrigações trabalhistas. Nem poderia ser diferente, porque essa é regra geral do ordenamento jurídico. Até a EC n. 45, pensava-se que a competência para a ação regressiva seria da Justiça Estadual, por ser a relação entre empreiteiro e subempreiteiro de natureza comercial ou civil; portanto, extrapolava os limites do art. 114 da CF. Por essa razão não se admitia a denunciação da lide em tais casos, conforme a OJ n. 227 da SDI-1 do TST. Todavia, com a nova redação do inciso I do mesmo art. 114

da Constituição, o TST cancelou tal OJ, de maneira que essa opinião deve ser revista. A denunciação visa atender aos princípios da economia e da celeridade processual e da unidade da jurisdição. Quando requerida nesses termos, pode ser aceita, mas se não for esse o objetivo do denunciante, pode ser rejeitada. Nessa hipótese, o direito de regresso deve ser exercido por ação autônoma (CPC, art. 125, § 1º).

Art. 456. A prova do contrato individual do trabalho será feita pelas anotações constantes da Carteira de Trabalho e Previdência Social ou por instrumento escrito e suprida por todos os meios permitidos em direito.

Considerando que o contrato de trabalho pode ser celebrado expressa ou tacitamente, verbalmente ou por escrito (art. 443, *caput*, da CLT), sua prova pode ser feita por qualquer meio, inclusive a testemunhal; assim, não se aplica a regra do art. 227 do CC, segundo a qual não se admite tal prova nos negócios jurídicos de valor acima de dez salários mínimos. Nesse sentido, as anotações feitas na CTPS do empregado constituem meio de prova de valor relativo (Súmula n. 12 do TST), uma vez que são apostas, unilateralmente, pelo empregador (art. 29 da CLT).

Parágrafo único. À falta de prova ou inexistindo cláusula expressa a tal respeito, entender-se-á que o empregado se obrigou a todo e qualquer serviço compatível com a sua condição pessoal.

Entre as anotações obrigatórias que devem constar na CTPS (art. 29 da CLT), encontra-se a relativa ao cargo ou às funções a serem desempenhadas pelo empregado. Essa anotação é de grande importância, porque a exigência de serviços diversos do estabelecido no contrato é motivo para o trabalhador postular sua despedida indireta (art. 483, *a*, da CLT) ou a reparação pelo desequilíbrio contratual (art. 460 da CLT). Nesses termos, o parágrafo em apreço dispõe que, na falta de previsão expressa, tais direitos não existem porque se presume ter sido o empregado contratado para realizar qualquer tipo de trabalho compatível com sua condição pessoal, desempenhando as funções normalmente denominadas como *serviços gerais*.

Art. 456-A. Cabe ao empregador definir o padrão de vestimenta no meio ambiente laboral, sendo lícita a inclusão no uniforme de logomarcas da própria empresa ou de empresas parceiras e de outros itens de identificação relacionados à atividade desempenhada.

Caput *acrescentado pela Lei n. 13.467, de 13.07.2017.*

Este dispositivo trata de duas questões: o direito do empregador de definir o padrão de vestimenta e de utilizar a vestimenta do empregado para fins promocionais.

O direito do empregador de definir o padrão de vestimenta no ambiente de trabalho tem sido regularmente admitido como decorrência do poder de direção, que abrange o poder de organizar a prestação de serviços. Como os direitos em geral, este não admite abuso e deve ser exercido conforme os princípios da razoabilidade e da proporcionalidade. O padrão de vestimenta deve ser adequado e proporcional à finalidade do trabalho, isto é, apropriado aos serviços prestados e de acordo com o senso comum. A determinação do uso de vestimenta vexatória pode caracterizar abuso do direito pelo empregador e provocar dano à imagem do empregado e dar direito a reparação, conforme o inciso V do art. 5º da CF e os arts. 20 e 189 do CC. A linha que divide o direito e o abuso é tênue e depende da interpretação dada à situação de fato: aquilo que seja adequado e proporcional para alguns, pode ser vexatório para outros. Por isso, recomenda-se moderação, pois quanto mais conservadora for a escolha do padrão de vestimenta pelo empregador, menor a chance de ocorrer abuso.

O direito do empregador de utilizar a vestimenta do empregado para fins promocionais é uma questão tormentosa, pois envolve o conflito entre o direito do empregado à própria imagem e o direito do empregador de organizar a prestação pessoal de serviços. Conforme o inciso X do art. 5º da CF o direito à imagem é inviolável e, de acordo com o art. 11 do CC, os direitos da personalidade que abrangem o direito à imagem são intransmissíveis e irrenunciáveis e não podem sofrer limitação voluntária por seu titular. Por esse motivo, pode-se entender que o empregador não tem direito a exigir que o empregado exiba imagens e marcas na vestimenta de trabalho. No entanto, também é possível entender que essa exibição não fere o direito à imagem do empregado, razão pela qual o empregador tem direito a exigir que seja exibida na vestimenta sua logomarca ou de empresas parceiras, bem como outros itens de identificação relacionados à atividade desempenhada, como prevê este artigo. Tal como mencionado no parágrafo anterior, esta também é questão de fato, e não de direito, e depende da interpretação que seja dada à situação concreta. Em geral, admite-se o uso moderado de logomarca própria ou de parceiros e de outros itens relacionados à atividade desempenhada, mas o abuso pode violar a imagem do empregado. Portanto, também nesse ponto se recomenda moderação.

Parágrafo único. A higienização do uniforme é de responsabilidade do trabalhador, salvo nas hipóteses em que forem necessários procedimentos ou produtos diferentes dos utilizados para a higienização das vestimentas de uso comum.

Parágrafo acrescentado pela Lei n. 13.467, de 13.07.2017.

Este parágrafo único é de muito bom senso e reflete a jurisprudência majoritária a esse respeito. Por vezes alguns empregados têm postulado indenização por gastos com a higienização da vestimenta de trabalho e esses pedidos vêm sendo julgados, em sua maioria, na forma prevista neste dispositivo. Se a vestimenta de trabalho for higienizada com as roupas particulares do empregado, não há dano a ser reparado, pois se o empregador não a exigisse o trabalhador utilizaria a sua própria roupa e a higienizaria por sua conta, de modo que a higienização da vestimenta determinada pelo empregador não importa acréscimo de despesa. Ademais, mesmo que o empregado utilize sua roupa comum no trajeto e use a vestimenta do empregador no local de trabalho, o gasto para higienizar esta outra vestimenta costuma ser pouco significativo para ser ressarcido. Porém, se a higienização da vestimenta de trabalho demandar procedimentos diferentes, como no caso de roupas lavadas a seco em lavanderias profissionais, esse gasto resulta acréscimo que deve ser suportado pelo empregador.

CAPÍTULO II
DA REMUNERAÇÃO

Art. 457. Compreendem-se na remuneração do empregado, para todos os efeitos legais, além do salário devido e pago diretamente pelo empregador, como contraprestação do serviço, as gorjetas que receber.

Caput *com redação dada pela Lei n. 1.999, de 01.10.1953.*

Salário é o pagamento do tempo à disposição do empregador e das interrupções do trabalho, sendo equivocado o conceito adotado pelo legislador de contraprestação do serviço paga diretamente pelo empregador. Não existe correspondência exata entre o salário e a prestação laboral, pois o salário é pago mesmo quando o empregado não presta serviços, como acontece nas férias. Por isso, o termo "contraprestação" é impróprio.

A CLT distingue salário e remuneração e afirma que o salário representa o valor ajustado contratualmente – salário básico, salário-base, salário-contratual etc. – acrescido das comissões e das gratificações legais e de função e que a remuneração corresponde ao salário acrescido das gorjetas. Em suma, o salário não inclui as gorjetas, mas a remuneração sim. Nessa distinção baseia-se a Súmula n. 354 do TST.

A doutrina, por seu turno, afirma que salário representa somente o valor contratual, portanto apenas o salário básico, e que a remuneração é composta pela soma do básico e das demais parcelas, como gorjetas, adicionais, comissões, gratificações etc. Resumidamente, para a doutrina, remuneração é gênero do qual salário é espécie. Tal distinção é adotada nos incisos do art. 7º da CF e é usualmente aceita principalmente pela jurisprudência, não obstante a Súmula n. 354 do TST, referida anteriormente.

Entendemos que salário e remuneração são sinônimos e que o legislador os distinguiu porque, à época, as gorjetas não se enquadravam no conceito de salário por ele adotado, isto é, de contraprestação do serviço paga diretamente pelo empregador. Prova disso é o fato de utilizar ambas expressões com o mesmo sentido, como nos arts. 142 e 487, § 1º, da CLT. Todavia, essa opinião é minoritária.

---

§ 1º Integram o salário a importância fixa estipulada, as gratificações legais e as comissões pagas pelo empregador.

Parágrafo com redação dada pela Lei n. 13.467, de 13.07.2017.

Este § 1º foi alterado pela Lei n. 13.467/2017, que excluiu do conceito de salário as percentagens, as gratificações ajustadas, as diárias e os abonos pagos pelo empregador. A exclusão das percentagens tem importância meramente conceitual, pois se eliminou a distinção doutrinária e inútil entre comissões e percentagens. Entendia-se que comissão era o salário calculado em montante fixo por cada negócio realizado e que percentagem era o percentual sobre os negócios efetuados pelo empregado. Entretanto, o tratamento legal de ambas sempre foi idêntico, e na prática forense utilizava-se o vocábulo *comissões* para se referir indistintamente às comissões e às percentagens. Nesse sentido, a eliminação da distinção é muito bem-vinda. Porém, a exclusão das gratificações ajustadas do conceito de salário poderá causar discussões. Sempre se entendeu que as gratificações ajustadas expressamente por meio do contrato ou ajustadas tacitamente pela habitualidade integravam o salário ou a remuneração do empregado, conforme o conceito adotado de salário e de remuneração. A intenção do legislador parece ter sido a de negar que as gratificações eventuais os integrem em qualquer hipótese. Porém, é bem possível que a jurisprudência se mantenha, porque se a gratificação for instituída com a finalidade de substituir parcialmente o salário e reduzir os encargos sobre a folha de pagamentos, poder-se-á invocar o art. 9º da CLT e considerá-la de natureza remuneratória ou salarial. Nesse aspecto, a exclusão das gratificações ajustadas do conceito de salário poderá importar nova fonte de litígio até que se estabilize mais uma vez a jurisprudência. Já a exclusão das diárias do conceito de salário deverá ser benéfica, porque foi revogada a previsão que havia no § 2º de que não integravam o salário as que fossem inferiores a 50% da remuneração mensal e, *contrario sensu*, o integravam aquelas superiores a esse limite. Tal previsão provocou intermináveis discussões sobre se promover interpretação literal ou finalística (teleológica) desses dispositivos. Doravante, é provável que prevaleça a interpretação finalística, isto é, que as diárias não integram o salário se destinadas a cobrir despesas com a execução do contrato, independentemente de seu valor, e que o integram se não servem para tanto, por força do art. 9º da CLT. Quanto aos abonos, sua exclusão do conceito legal de salário não é tão simples. Conforme a doutrina, abono consiste em adiantamento em dinheiro ou antecipação salarial, de modo que é salário, ainda que o legislador não o afirme. Entretanto, na prática ocorrem pagamentos de diversas parcelas com o nome de abono, como gratificações, prêmios etc., e nessa hipótese é preciso examinar a natureza dessas prestações caso a caso para se decidir se se trata ou não de salário.

A Lei n. 13.467/2017 manteve no conceito legal de salário a importância fixa estipulada, as gratificações legais e as comissões. No entanto, a morfologia do salário ou da remuneração (conforme o conceito que se adote) é bastante complexa. O que o legislador denomina *importância fixa estipulada* é o que se costuma chamar salário básico, salário-base, salário contratual etc. É o valor ajustado entre as partes para remunerar o trabalho avençado e que pode ser pago por mês, quinzena, semana, dia, hora etc. A *gratificação legal* é aquela estabelecida por lei, como a gratificação de Natal ou 13º salário (art. 7º, VIII, da CF; Lei n. 4.090/62; e Lei n. 4.749/65), bem como a gratificação de função paga ao bancário que exerce funções de direção, gerência, fiscalização, chefia e equivalentes ou que desempenhe outros cargos de confiança (art. 224, § 2º, da CLT), além de outras. Por sua vez, *comissão* é o salário calculado em montante fixo por cada negócio realizado ou em percentual sobre os negócios efetuados pelo empregado.

Além destas, há outras duas parcelas de natureza salarial ou remuneratória: o adicional e a gorjeta. *Adicional* é o acréscimo salarial que tem como causa o trabalho em condições mais gravosas. São previstos em lei os adicionais: de horas extras (art. 7º, XVI, da CF); noturno (art. 7º, IX, da CF); de insalubridade (art. 7º, XXIII, da CF; art. 192 da CLT); de periculosidade (art. 7º, XXIII, da CF; art. 193, § 1º, da CLT); de riscos, pago ao portuário (art. 14, § 2º, da Lei n. 4.860/65); de risco de *vida* (morte) e insalubridade, pago ao técnico em radiologia (art. 16 da Lei n. 7.394/85); de transferência provisória (art. 469, § 3º, da CLT); de sobreaviso, pago ao petroleiro (art. 6º, II, da Lei n. 5.811/72); de acúmulo de funções de inspeção e fiscalização, pago ao vendedor (art. 8º da Lei n. 3.207/57); de acúmulo de funções, pago ao artista (art. 22, *caput*, da Lei n. 6.533/78); de acúmulo de funções (art. 13 da Lei n. 6.615/78) e de acúmulo com chefia (art. 15 da Lei n. 6.615/78), pagos ao radialista; de produtividade, pago ao portuário (art. 16, § 2º, da Lei n. 4.345/64; art. 15 da Lei n. 4.860/65) e de penosidade (art. 7º, XXIII, da CF, dependente de regulamentação). *Gorjeta* consiste na entrega de dinheiro pelo cliente do empregador ao empregado que o serviu (*v*. comentário ao § 3º).

§ 2º As importâncias, ainda que habituais, pagas a título de ajuda de custo, auxílio-alimentação, vedado seu pagamento em dinheiro, diárias para viagem, prêmios e abonos não integram a remuneração do empregado, não se incorporam ao contrato de trabalho e não constituem base de incidência de qualquer encargo trabalhista e previdenciário.

Parágrafo com redação dada pela Lei n. 13.467, de 13.07.2017.

Como mencionado no comentário ao § 1º, a atual redação deste § 2º, dada pela Lei n. 13.467/2017, aboliu a distinção que antes se fazia entre diárias que integravam ou não integravam a remuneração ou salário, conforme fossem superiores ou inferiores a 50% dele. Com a nova redação, as diárias não integram a remuneração quando destinadas a cobrir gastos com a execução do contrato, mas podem ser consideradas salário, de acordo com o art. 9º da CLT, se não forem pagas com essa finalidade. As ajudas de custo seguem esse mesmo raciocínio: quando destinadas a cobrir gastos decorrentes da execução do contrato, não integram a remuneração, pois esses gastos são inerentes ao risco do negócio e devem ser suportados pelo empregador (art. 2º da CLT), porém se as ajudas de custo não tiverem essa destinação, poderão ser consideradas integrantes da remuneração do empregado (art. 9º da CLT). Há diversas diárias e ajudas de custo destinadas ao trabalho e que não integram a remuneração por determinação expressa do legislador: a) quando o empregador não fornece ao ferroviário das equipagens de trens alimentação em viagem e hospedagem no destino, deve conceder ajuda de custo para atender a tais despesas (art. 239, § 2º, da CLT); b) se o aeroviário for transferido em caráter transitório, deverá receber diárias compatíveis com os respectivos níveis salariais e em valor suficiente para cobrir as despesas de estadas e alimentação, nunca inferiores a um dia do menor salário da categoria profissional da base de origem (art. 26, § 4º, do Decreto n. 1.232/62); caso se trate de transferência transitória e o empregador forneça estada ou alimentação, será facultado reduzir em até 50% o valor da diária, na proporção de 25% por cada utilidade (art. 26, § 5º, do Decreto n. 1.232/62); na transferência em caráter permanente, o aeroviário deve receber ajuda de custo equivalente a dois meses de seu salário fixo (art. 26, § 6º, do Decreto n. 1.232/62), a qual não integra a remuneração (arts. 11 e 17, *caput* e § 2º, do Decreto n. 1.232/62); c) quando o aeronauta permanece fora de sua base domiciliar, deve receber acomodações para seu repouso, transporte ou ressarcimento deste, entre o aeroporto e o local de repouso e vice-versa (art. 33 da Lei n. 7.183/84), bem como alimentação (art. 43 da Lei n. 7.183/84); além disso, se for transferido em caráter permanente, deverá receber ajuda de custo para as despesas de instalação na nova base, não inferior a quatro vezes o valor do salário mensal (art. 51, § 5º, da Lei n. 7.183/84), sendo que as ajudas de custo e diárias de hospedagem, alimentação e transporte não integram a sua remuneração (art. 40, parágrafo único, da Lei n. 7.183/84); d) o empregado designado para prestar serviços de natureza transitória no exterior deve receber passagem de ida e volta e diárias durante o período de trabalho no estrangeiro, as quais não têm natureza remuneratória, seja qual for o respectivo valor (art. 1º, parágrafo único, *b*, da Lei n. 7.064/82).

Este § 2º, com a redação da Lei n. 13.467/2017 exclui da remuneração o auxílio-alimentação, o que importa contradição com o disposto no art. 458 da CLT de que a alimentação constitui remuneração *in natura*. Para harmonizar esses dispositivos, deve-se interpretá-los sistematicamente no sentido de que o auxílio-alimentação fornecido por necessidade de serviço (ex.: em viagens) não integra a remuneração, porque de fato não constitui salário *in natura* e se mostra de acordo com as regras relativas aos trabalhadores em transportes referidas acima. Mas a alimentação fornecida ao empregado que não necessita dela para a execução do contrato constitui remuneração *in natura*, exceto nas hipóteses mencionadas no comentário ao art. 458 e parágrafos.

O presente parágrafo, com sua redação atual, também exclui os prêmios da remuneração. O conceito de prêmio dado pela doutrina foi incorporado ao § 4º deste art. 457, o que não é ruim. Até a edição da Lei n. 13.467/2017, os prêmios eram tratados do mesmo modo que as gratificações ajustadas de maneira tácita: se eventuais, não integravam a remuneração, mas se habituais, as integravam. Com a nova disciplina, deixam de integrar, independentemente da eventualidade ou da habitualidade de seu recebimento. Como mencionado em relação a outras prestações, os prêmios pagos de acordo com a finalidade da lei não são salário, mas são salariais aqueles pagos com a finalidade de remunerar o trabalho e não de premiar o desempenho superior ao ordinariamente esperado (art. 9º da CLT).

---

§ 3º Considera-se gorjeta não só a importância espontaneamente dada pelo cliente ao empregado, como também o valor cobrado pela empresa, como serviço ou adicional, a qualquer título, e destinado à distribuição aos empregados.

Parágrafo com redação dada pela Lei n. 13.419, de 13.03.2017.

Conforme foi dito no comentário ao § 1º, a gorjeta consiste na entrega de dinheiro pelo cliente do empregador ao empregado que o serviu, como também pode ser dada para rateio posterior. Igualmente, pode ser espontânea ou cobrada pelo empregador ao freguês como adicional da conta. Até a edição da Lei n. 13.419/2017, a gorjeta poderia ser ajustada de maneira expressa ou tácita e individual ou coletiva, mas segundo a nova regulamentação o ajuste deve ser sempre expresso e coletivo por meio de convenção ou acordo. Apesar disso, não se descarta a possibilidade e a validade do ajuste tácito e individual, pois em regra o próprio contrato pode ser celebrado integralmente dessa maneira, de acordo com os arts. 442 e 443 da CLT. A gorjeta integra a remuneração para todos os fins, exceto para cálculo do aviso-prévio, adicional noturno, horas extras e repouso semanal remunerado (Súmula n. 354 do TST). Não pode servir de complemento para o salário mínimo, uma vez que este é *pago diretamente pelo empregador* (art. 76 da CLT). Porém, não constitui salário a gorjeta ou qualquer outra parcela recebida de terceiro contra expressa proibição do empregador, dado o princípio geral de direito de que o infrator não pode se beneficiar da própria infração.

Este § 3º em exame e os §§ 5º a 11 seguintes dispõem sobre gorjetas e o § 4º intercalado entre eles dispõe sobre prêmios. Para manter a unidade e a coerência, seria ideal que o § 4º constasse como § 3º e que as gorjetas fossem regulamentadas nos §§ 4º a 11 deste art. 457.

---

§ 4º Consideram-se prêmios as liberalidades concedidas pelo empregador em forma de bens, serviços ou valor em dinheiro a empregado ou a grupo de empregados, em razão de desempenho superior ao ordinariamente esperado no exercício de suas atividades.

Parágrafo com redação pela Lei n. 13.467, de 13.07.2017.

O legislador conceituou os prêmios e nesse ponto o fez de maneira adequada, pois este conceito é aquele adotado pela doutrina. Tratam-se, mesmo, de liberalidades concedidas pelo desempenho superior ao ordinariamente esperado por um ou por diversos empregados e que podem consistir no fornecimento de bens e serviços ou no pagamento em dinheiro. Como foi visto no comentário ao § 2º, os prêmios concedidos com essa finalidade não integram a remuneração do empregado.

---

§ 5º Inexistindo previsão em convenção ou acordo coletivo de trabalho, os critérios de rateio e distribuição da gorjeta e os percentuais de retenção previstos nos §§ 6º e 7º deste artigo serão definidos em assembleia geral dos trabalhadores, na forma do art. 612 desta Consolidação.

Parágrafo acrescentado pela Lei n. 13.419, de 13.03.2017.

Como consta do comentário ao § 3º, até a edição da Lei n. 13.419/2017, que acrescentou novos parágrafos a este art. 457, a gorjeta poderia ser ajustada de maneira expressa ou tácita. Mas, segundo a nova regulamentação, o ajuste deve ser sempre expresso por negociação coletiva da qual resultem convenção ou acordo coletivo ou por meio de assembleia de trabalhadores promovida pelo sindicato, na forma do art. 612 da CLT. É estranha essa previsão de que a definição dos critérios de rateio e distribuição pode ocorrer por assembleia de trabalhadores, na forma do art. 612 da CLT, porque a assembleia mencionada em tal artigo é aquela que se realiza para autorizar a negociação coletiva de que resultem convenção ou acordo coletivo. Então há dúvida sobre se essa assembleia servirá para o fim previsto no art. 612, isto é, para autorizar a entidade sindical a iniciar a negociação coletiva, ou se servirá para determinar como o empregador deverá promover o rateio e a distribuição da gorjeta e os percentuais de retenção. Esta segunda hipótese também soa estranha, porque importa que os empregados imponham unilateralmente ao empregador os critérios sobre o rateio e a distribuição da gorjeta e os percentuais de retenção e o empregador seja obrigado a acatar essa imposição, independentemente de sua vontade, algo improvável. A despeito da previsão de que o ajuste das gorjetas deve ser expresso e coletivo, não se descarta a possibilidade e a validade do ajuste tácito e individual, pois em regra o próprio contrato pode ser celebrado integralmente dessa maneira, de acordo com os arts. 442 e 443 da CLT. Desse modo, se não forem celebrados convenção ou acordo coletivos, poderão ser produzidas provas do ajuste individual e do ajuste tácito.

---

§ 6º As empresas que cobrarem a gorjeta de que trata o § 3º deverão:

Parágrafo acrescentado pela Lei n. 13.419, de 13.03.2017.

I – para as empresas inscritas em regime de tributação federal diferenciado, lançá-la na respectiva nota de consumo, facultada a retenção de até 20% (vinte por cento) da arrecadação correspondente, mediante previsão em convenção ou acordo coletivo de trabalho, para custear os encargos sociais, previdenciários e trabalhistas derivados da sua integração à remuneração dos empregados, devendo o valor remanescente ser revertido integralmente em favor do trabalhador;

Inciso acrescentado pela Lei n. 13.419, de 13.03.2017.

Esta disposição é muito positiva e veio solucionar uma questão tormentosa. De acordo com a jurisprudência do TST, por integrarem a remuneração, as gorjetas devem ser computadas nas contribuições ao FGTS e à Previdência Social e refletir nas demais verbas do contrato, como férias, 13º salário etc., mas não no cálculo do aviso-prévio, adicional noturno, horas extras e repouso semanal remunerado (Súmula n. 354 do TST). Antes do acréscimo desse dispositivo, discutia-se se o empregador poderia reter parte das gorjetas para suportar as contribuições sociais e os encargos trabalhistas incidentes, o que foi bem resolvido por este inciso I, que permite a retenção de até 20% para esse fim. Esse é o limite máximo, pois pode ser ajustado percentual inferior mediante negociação coletiva, conforme o § 5º deste art. 457.

II – para as empresas não inscritas em regime de tributação federal diferenciado, lançá-la na respectiva nota de consumo, facultada a retenção

de até 33% (trinta e três por cento) da arrecadação correspondente, mediante previsão em convenção ou acordo coletivo de trabalho, para custear os encargos sociais, previdenciários e trabalhistas derivados da sua integração à remuneração dos empregados, devendo o valor remanescente ser revertido integralmente em favor do trabalhador;

Inciso acrescentado pela Lei n. 13.419, de 13.03.2017.

Observa-se uma distinção entre este inciso e o anterior, relativo ao percentual de retenção das gorjetas suportar as contribuições sociais e os encargos trabalhistas incidentes. Essa diferença decorre da carga tributária mais elevada para as empresas não inscritas em regime de tributação federal diferenciado. Como mencionado no inciso anterior, o percentual previsto neste inciso pode ser objeto de negociação coletiva, conforme o § 5º deste art. 457.

III – anotar na Carteira de Trabalho e Previdência Social e no contracheque de seus empregados o salário contratual fixo e o percentual percebido a título de gorjeta.

Inciso acrescentado pela Lei n. 13.419, de 13.03.2017.

A obrigação de anotar as gorjetas na Carteira de Trabalho e Previdência Social do empregado é antiga e constitui uma das várias hipóteses de registros a serem feitos na parte relativa às anotações gerais daquele documento. Do mesmo modo, é antiga a obrigação de fazer constar as gorjetas dos recibos da remuneração do empregado, inclusive para que incidam as contribuições sociais e sejam calculados seus reflexos nas demais verbas do contrato.

§ 7º A gorjeta, quando entregue pelo consumidor diretamente ao empregado, terá seus critérios definidos em convenção ou acordo coletivo de trabalho, facultada a retenção nos parâmetros do § 6º deste artigo.

Parágrafo acrescentado pela Lei n. 13.419, de 13.03.2017.

É ideal que o empregador acrescente as gorjetas nas notas aos clientes e as controle e registre, para cumprir as obrigações inerentes ao recolhimento das contribuições sociais e à repercussão nas demais verbas do contrato. Entretanto, pode ocorrer de as gorjetas serem entregues diretamente pelos clientes ao empregado, e, nessa hipótese, pode-se estabelecer por negociação coletiva uma estimativa para cálculo dessas obrigações e eventual retenção por parte do empregador. Mesmo nesse caso, essas informações devem ser anotadas na Carteira de Trabalho e Previdência Social e constar dos recibos de pagamento da remuneração, como previsto no inciso III do § 6º deste art. 457.

§ 8º As empresas deverão anotar na Carteira de Trabalho e Previdência Social de seus empregados o salário fixo e a média dos valores das gorjetas referente aos últimos doze meses.

Parágrafo acrescentado pela Lei n. 13.419, de 13.03.2017.

Esse dispositivo seria mais bem posicionado junto ao inciso III do § 6º deste art. 457, que trata da mesma matéria. A regra de que a anotação das gorjetas deve abranger a média dos últimos doze meses não é clara, pois permite duas interpretações, no sentido de que essa anotação seja feita uma vez ao ano ou todos os meses. Em ambos os casos, é de pouca utilidade, pois a média anual serve apenas para o cálculo do 13º salário, mas não das férias.

§ 9º Cessada pela empresa a cobrança da gorjeta de que trata o § 3º deste artigo, desde que cobrada por mais de doze meses, essa se incorporará ao salário do empregado, tendo como base a média dos últimos doze meses, salvo o estabelecido em convenção ou acordo coletivo de trabalho.

Parágrafo acrescentado pela Lei n. 13.419, de 13.03.2017.

A incorporação das gorjetas à remuneração do empregado, se cobrada por mais de doze meses, atende à ideia de estabilidade econômica da relação de emprego. Depois desse prazo, as gorjetas não podem ser suprimidas unilateralmente ou por acordo individual entre as partes, só podem sê-lo por negociação coletiva, da qual resulte convenção ou acordo, conforme o inciso VI do art. 7º da CF.

§ 10. Para empresas com mais de sessenta empregados, será constituída comissão de empregados, mediante previsão em convenção ou acordo coletivo de trabalho, para acompanhamento e fiscalização da regularidade da cobrança e distribuição da gorjeta de que trata o § 3º deste artigo, cujos representantes serão eleitos em assembleia geral convocada para esse fim pelo sindicato laboral e gozarão de garantia de emprego vinculada ao desempenho das funções para que foram eleitos, e, para as demais empresas, será constituída comissão intersindical para o referido fim.

Parágrafo acrescentado pela Lei n. 13.419, de 13.03.2017.

As gorjetas costumam ser objeto de numerosas discussões judiciais, algumas vezes decorrentes da falta de transparência por parte do empregador a respeito de sua arrecadação e rateio. Para prevenir esses litígios, este dispositivo obriga a constituição de comissão de empregados, mediante eleição promovida pelo sindicato, com garantia no emprego, para acompanhamento e fiscalização da regularidade da cobrança e distribuição das gorjetas, o que é positivo. O legislador deixou de prever o número de integrantes dessa comissão, o que certamente poderá causar outros tipos de litígios. Pode-se interpretar que cabe à assembleia decidir o número de empregados integrantes dessa comissão, porém isso não parece razoável, na medida em que se pode impor ao empregador respeitar a garantia no emprego de número elevado trabalhadores ou até de todos eles, o que importa abuso e desvio de finalidade. Por isso, talvez se possa usar de analogia com o art. 510-A da CLT, o qual dispõe sobre a eleição de comissão de empregados em empresas com mais de duzentos trabalhadores, constituída de no mínimo três e no máximo sete membros. O legislador também não previu o prazo do mandato e da garantia no emprego assegurada aos membros da comissão prevista neste § 10, porém também se pode fazer a mesma analogia, no sentido de que essa garantia se estenda desde a candidatura até um ano após o fim do mandato, conforme o art. 510-D da CLT.

---

§ 11. Comprovado o descumprimento do disposto nos §§ 4º, 6º, 7º e 9º deste artigo, o empregador pagará ao trabalhador prejudicado, a título de multa, o valor correspondente a 1/30 (um trinta avos) da média da gorjeta por dia de atraso, limitada ao piso da categoria, assegurados em qualquer hipótese o contraditório e a ampla defesa, observadas as seguintes regras:

Parágrafo acrescentado pela Lei n. 13.419, de 13.03.2017.

A imposição de multa ao empregador em favor do empregado prejudicado, por descumprimento das normas sobre gorjetas, visa a incentivar a observância da legislação. É possível que isso ocorra a partir da vigência desta norma, mas é pouco provável que assim aconteça, pelo histórico das relações de emprego no país. Seria melhor se as entidades sindicais fossem fortalecidas e que a fiscalização pelo Ministério do Trabalho e Emprego fosse efetiva (o ministério foi extinto, e suas competências foram redistribuídas de acordo com o art. 83 da Lei n. 13.844, de 18.06.2019 – *v.* comentários ao art. 13, § 2º, da CLT).

I – a limitação prevista neste parágrafo será triplicada caso o empregador seja reincidente;

Inciso acrescentado pela Lei n. 13.419, de 13.03.2017.

A triplicação da multa em caso de reincidência segue o mesmo raciocínio do § 11, comentado anteriormente, no sentido de servir de incentivo ao cumprimento das normas. Mas, como dito, o fortalecimento das entidades sindicais e a fiscalização pelo Ministério do Trabalho e Emprego são medidas mais eficazes que a previsão de pagamento de multa (o ministério foi extinto, e suas competências foram redistribuídas de acordo com o art. 83 da Lei n. 13.844, de 18.06.2019 – *v.* comentários ao art. 13, § 2º, da CLT).

II – considera-se reincidente o empregador que, durante o período de doze meses, descumpre o disposto nos §§ 4º, 6º, 7º e 9º deste artigo por mais de sessenta dias.

Inciso acrescentado pela Lei n. 13.419, de 13.03.2017.

O legislador foi prudente e bastante preciso ao delimitar o conceito de reincidência para o fim deste artigo, não deixando margem a dúvidas.

Art. 458. Além do pagamento em dinheiro, compreende-se no salário, para todos os efeitos legais, a alimentação, habitação, vestuário ou outras prestações *in natura* que a empresa, por força do contrato ou do costume, fornecer habitualmente ao empregado. Em caso algum será permitido o pagamento com bebidas alcoólicas ou drogas nocivas.

Caput *com redação dada pelo Decreto-lei n. 229, de 28.02.1967.*

Salário *in natura*, também denominado *salário-utilidade*, é aquele pago mediante o fornecimento de produtos ou serviços, como alimentação, habitação etc. Nem todas as prestações *in natura* têm natureza salarial: são assim consideradas somente as providas de valor econômico, as fornecidas ao empregado com habitualidade e por força do costume ou do contrato, e as que se destinam, direta ou indiretamente, a remunerá-lo (por exemplo, a Súmula n. 241 do TST); ao contrário, não têm natureza de salário: a) as prestações sem valor econômico; b) as fornecidas eventualmente; c) aquelas dadas por força de lei, como o vale-transporte (art. 2º, *a*, da Lei n. 7.418/85), os equipamentos de proteção individual (art. 166 da CLT) ou a refeição e o vale-alimentação fornecidos dentro do Programa de Alimentação do Trabalhador – PAT (Lei n. 6.321/76 e OJ n. 133 da SDI-1 do TST); d) aquelas cobradas do empregado (*vide* o comentário ao art. 462, especialmente no tocante ao *truck system*); e) as que se destinam à execução do trabalho (art. 458, § 2º, I e III; Súmula n. 367, I, e OJ n. 123 da SDI-1 do TST); f) as bebidas alcoólicas ou drogas nocivas (art. 458, *caput*, da CLT, e Súmula n. 367, II, do TST); g) as que o legislador expressamente excepciona, como educação, assistência médica, hospitalar e odontológica, seguros de vida e de acidentes pessoais e previdência privada (art. 458, § 2º, II, IV, V e VI); h) e as que constituem meros resíduos das utilidades instrumentais, como o automóvel utilizado pelo empregado no trabalho e para fins particulares (Súmula n. 367, I, do TST).

O § 2º do art. 457, com a redação dada pela Lei n. 13.467/2017, exclui da remuneração o auxílio-alimentação, o que é contraditório com este art. 458, que dispõe que a alimentação constitui salário *in natura*. Para superar essa contradição, deve-se fazer interpretação sistemática de que o auxílio-alimentação fornecido por necessidade de serviço (p. ex.: em viagens) não integra a remuneração, como previsto no § 2º do art. 457 da CLT, porque de fato não constitui salário *in natura* e porque isso se mostra de acordo com as regras relativas aos trabalhadores em transportes. Mas a alimentação fornecida ao empregado que não necessita dela para a execução do contrato constitui remuneração in natura, como dispõe este art. 458 em exame, exceto nas hipóteses mencionadas acima.

---

§ 1º Os valores atribuídos às prestações *in natura* deverão ser justos e razoáveis, não podendo exceder, em cada caso, os dos percentuais das parcelas componentes do salário mínimo (arts. 81 e 82).

Parágrafo acrescentado pelo Decreto-lei n. 229, de 28.02.1967.

A determinação de que os valores das prestações *in natura* devem ser justos e razoáveis significa que, em princípio, devem observar o valor de mercado. Em outras palavras, representa que o valor a ser considerado na remuneração do empregado é aquele cobrado pela prestação na localidade em que o contrato é desenvolvido. Porém, há duas exceções a essa regra: a) tratando-se de habitação, mesmo que custe mais que 25% do salário contratual do empregado, este é o limite máximo a ser integrado a sua remuneração (veja comentário ao § 3º a seguir); b) para o empregado que ganha salário mínimo, o valor da utilidade a ser considerado em sua remuneração é aquele definido no quadro previsto no art. 82 da CLT, que determinava os percentuais de composição do salário mínimo regional (Súmula n. 258 do TST). A despeito da jurisprudência dominante, tal quadro não deveria mais ter aplicação, pois o art. 7º, IV, da CF prevê ser o salário mínimo nacionalmente unificado, não se podendo mais cogitar de salário mínimo regionalizado.

Não obstante, persiste a interpretação sistemática de que 30% da remuneração do empregado deve ser paga em dinheiro, não podendo o salário *in natura* ultrapassar 70% dela (art. 458, § 1º, c/c o art. 82, parágrafo único, da CLT).

---

§ 2º Para os efeitos previstos neste artigo, não serão consideradas como salário as seguintes utilidades concedidas pelo empregador:

Parágrafo com redação dada pela Lei n. 10.243, de 19.06.2001.

O legislador cuidou de excepcionar a regra do *caput* do art. 458, desconsiderando integrantes do salário diversas prestações *in natura*. Algumas, por possuírem natureza instrumental, ou seja, por serem instrumentos necessários à execução do contrato, cujo custo e risco devem ser imputados ao empregador (art. 2º da CLT). Outras, por opção e prudência, pois compõem o rol das atribuições do Estado ou são do interesse do próprio empregado, de maneira que o empregador não pode ser onerado por fornecê-las em seu lugar.

I – vestuários, equipamentos e outros acessórios fornecidos aos empregados e utilizados no local de trabalho, para a prestação do serviço;

Inciso com redação dada pela Lei n. 10.243, de 19.06.2001.

Como declarado anteriormente, essas prestações não têm natureza salarial. São instrumentos necessários à execução do contrato, que devem ser fornecidos pelo empregador por ser dele o custo e o risco do empreendimento (art. 2º da CLT). Evidentemente, não servem para remunerar o trabalho, mas apenas para permitir que se realize. Sendo assim, não podem ser reputadas como salário, ainda que representem algum ganho para o empregado.

II – educação, em estabelecimento de ensino próprio ou de terceiros, compreendendo os valores relativos a matrícula, mensalidade, anuidade, livros e material didático;

Inciso com redação dada pela Lei n. 10.243, de 19.06.2001.

As prestações constantes deste e dos incisos III, IV e VI, a seguir, constituem deveres do Estado e direitos dos cidadãos e, por isso, não poderiam ser consideradas parte da remuneração do trabalhador. A rigor, deveriam ser fornecidas gratuitamente pela administração pública, e providas de qualidade, mas isso infelizmente não acontece. Por isso, o legislador utilizou de bom-senso ao permitir ao empregador fazê-lo sem o acréscimo de custos adicionais. Destarte, pode ministrar diretamente a educação ou suportar os custos da ministrada por terceiros, incluindo a matrícula, a mensalidade, a anuidade, os livros, o material didático e quaisquer outras parcelas porventura necessárias. Embora o dispositivo não preveja expressamente, essa regra pode ser aplicada indistintamente ao empregado e aos seus dependentes.

III – transporte destinado ao deslocamento para o trabalho e retorno, em percurso servido ou não por transporte público;

Inciso com redação dada pela Lei n. 10.243, de 19.06.2001.

Como foi afirmado adrede, o transporte é dever do Estado e direito do cidadão, não devendo ser reputado salário, nem quando fornecido gratuitamente pelo empregador. O tempo gasto em tal transporte propiciado pelo tomador de serviços não é computado na jornada de trabalho, salvo se for destinado a alcançar local de trabalho de difícil acesso ou não servido por transporte público regular (art. 58, § 2º, da CLT).

IV – assistência médica, hospitalar e odontológica, prestada diretamente ou mediante seguro-saúde;

Inciso com redação dada pela Lei n. 10.243, de 19.06.2001.

A assistência médica, hospitalar e odontológica, prestada diretamente ou mediante seguro-saúde, não constitui salário, nem mesmo se fornecida aos dependentes do empregado (veja comentário ao art. 458, § 2º, II, retro). Atualmente, esta matéria é complementada pelo § 5º, a seguir, acrescido pela Lei n. 13.467/2017.

V – seguros de vida e de acidentes pessoais;

Inciso com redação dada pela Lei n. 10.243, de 19.06.2001.

A exclusão dessas prestações *in natura* do rol das parcelas de natureza salarial tem motivo diverso do que justificam os incisos II, III, IV e VI, deste parágrafo. Seguros de vida e de acidentes pessoais não são atribuições do Estado nem direitos dos cidadãos: constituem benefícios obtidos por contratos entre particulares, destinados a cobrir situações de infortúnio. Logo, em princípio, deveriam integrar o salário, caso fossem fornecidos gratuitamente pelo empregador. Entretanto, é inegável que a cobertura de sinistros é vantajosa para a sociedade, ainda que de modo mediato. Verifica-se aqui uma norma de incentivo a que o empregador contrate tais coberturas, sem que seja também onerado por isso.

VI – previdência privada;

Inciso com redação dada pela Lei n. 10.243, de 19.06.2001.

É fato que a Previdência Pública, idealizada na primeira metade do século XX, não conseguiu atingir todos os seus propósitos e que, desde as últimas décadas, vislumbra-se, para o futuro, a complementação de seus benefícios por meio da Previdência Privada, o que talvez não seja a melhor solução. Assim como os seguros de vida e de acidentes pessoais, ela não constitui atribuição do Estado, sendo também fruto de contrato entre particulares, cujo objetivo é propiciar a subsistência do contratante em futuro período de inatividade. Tem-se aqui mais uma norma de incentivo, semelhante à do inciso anterior, com vistas a que o empregador contrate tal cobertura sem que seja igualmente onerado.

VII – *(vetado)*

Inciso com redação dada pela Lei n. 10.243, de 19.06.2001.

VIII – o valor correspondente ao vale-cultura.
Inciso acrescentado pela Lei n. 12.761, de 27.12.2012.

Igualmente, não constitui salário nem integra a base de cálculo das contribuições previdenciárias e do FGTS o vale-cultura, fornecido no âmbito do Programa de Cultura do Trabalhador, por meio da Lei n. 12.761/2012. O Programa tem por objetivo possibilitar o acesso e a fruição dos produtos e serviços culturais, estimular a visitação a estabelecimentos culturais e artísticos e incentivar o acesso a eventos e espetáculos culturais e artísticos. O vale-cultura consiste em valor fornecido por meio de cartão magnético ou, na falta deste, por meio impresso, para acesso e fruição de produtos e serviços culturais, no âmbito do Programa de Cultura do Trabalhador. O fornecimento é obrigatório para trabalhadores com renda de até cinco salários mínimos mensais e facultativo para aqueles com rendimento superior a esse limite. O empregador pode descontar do salário do empregado até 10% do valor do vale-cultura, caso a renda deste seja de até cinco salários mínimos. Os trabalhadores que percebem mais de cinco salários mínimos podem ter descontados de sua remuneração entre 20 e 90% do valor do vale-cultura, de acordo com a respectiva faixa salarial, na forma disposta em regulamento. Como é evidente, o Programa pretende incentivar a cultura entre os trabalhadores empregados.

§ 3º A habitação e a alimentação fornecidas como salário-utilidade deverão atender aos fins a que se destinam e não poderão exceder, respectivamente, a 25% (vinte e cinco por cento) e 20% (vinte por cento) do salário-contratual.
Parágrafo acrescentado pela Lei n. 8.860, de 24.03.1994.

A habitação e a alimentação não podem ser fornecidas pelo empregador com desvio de finalidade, ou seja, devem atender aos propósitos de propiciar a moradia digna e a nutrição do empregado, e devem ser de qualidade. Se forem necessárias ao desenvolvimento do trabalho, não constituirão salário, como se viu no comentário ao caput deste artigo e ao § 2º do artigo 457. É o caso, por exemplo, da moradia do zelador de edifícios, ou da alimentação fornecida ao aeronauta durante a viagem (arts. 43 e 44 da Lei n. 7.183/84). Mas, se não forem úteis ao labor, integrarão a remuneração do trabalhador, conforme o exemplo da Súmula n. 241 do TST. Estas últimas – de natureza salarial – são computadas pelo seu valor de mercado ou, no máximo, na proporção de 25 e 20% do salário contratual, tratando-se, respectivamente, de habitação e alimentação (veja comentário ao § 1º, supra). Em termos práticos, isso representa que, no caso de um empregado que perceba salário hipotético de R$ 1.000,00 por mês, receba habitação que valha R$ 200,00 e alimentação que custe R$ 150,00, a remuneração será de R$ 1.350,00 (R$ 1.000,00 acrescidos de R$ 200,00 a título de habitação e R$ 150,00 a título de alimentação). No caso de empregado com igual salário e que receba habitação no valor de R$ 500,00 e alimentação no importe de R$ 300,00 por mês, sua remuneração será de R$ 1.450,00, visto que o máximo a ser considerado será de R$ 250,00 para a primeira parcela e de R$ 200,00 para a segunda (respectivamente, 25 e 20% do salário contratual).

---

§ 4º Tratando-se de habitação coletiva, o valor do salário-utilidade a ela correspondente será obtido mediante a divisão do justo valor da habitação pelo número de coocupantes, vedada, em qualquer hipótese, a utilização da mesma unidade residencial por mais de uma família.

Parágrafo acrescentado pela Lei n. 8.860, de 24.03.1994.

A primeira regra aqui estampada é evidente: sendo a habitação fornecida para uso coletivo, seu valor deve ser dividido por tantos quantos forem os seus ocupantes. Assim, uma moradia, cujo valor de mercado seja de R$ 500,00 por mês, e que seja ocupada por cinco empregados, representa R$ 100,00 na remuneração de cada um deles, observada a regra do parágrafo anterior.

A segunda regra é de igual clareza: não se autoriza o uso da mesma moradia por mais de uma família. Destarte, são dois os modos de uso coletivo de uma mesma habitação: por integrantes do mesmo grupo familiar ou por vários indivíduos não ligados por laços familiares (ex.: alojamento em obra).

---

§ 5º O valor relativo à assistência prestada por serviço médico ou odontológico, próprio ou não, inclusive o reembolso de despesas com medicamentos, óculos, aparelhos ortopédicos, próteses, órteses, despesas médico-hospitalares e outras similares, mesmo quando concedido em diferentes modalidades de planos e coberturas, não integram o salário do empregado para qualquer efeito nem o salário de contribuição, para efeitos do previsto na alínea *q* do § 9º do art. 28 da Lei n. 8.212, de 24 de julho de 1991.

Parágrafo acrescentado pela Lei n. 13.467, de 13.07.2017.

O inciso IV deste art. 458 já prevê que não constitui salário *in natura* a assistência médica, hospitalar e odontológica, prestada diretamente ou mediante seguro-saúde, razão pela qual, em princípio, este § 5º é redundante e desnecessário. A especificação de que essa assistência médica, hospitalar e odontológica abrange despesas com medicamentos, óculos, aparelhos ortopédicos, órteses e outras similares e a previsão de que não integram o salário para efeito de contribuição previdenciária, talvez se justifique pelo intuito de desestimular postulações descabidas por empregados e autuações indevidas pelo Fisco. Se assim for, este dispositivo talvez tenha alguma utilidade.

Art. 459. O pagamento do salário, qualquer que seja a modalidade do trabalho, não deve ser estipulado por período superior a 1 (um) mês, salvo no que concerne a comissões, percentagens e gratificações.

O artigo cuida de uma das diversas regras de proteção ao salário, que é a periodicidade do pagamento. As outras são: determinação; inalterabilidade *in pejus* (art. 468 da CLT); a irredutibilidade, salvo acordo ou convenção coletivos (art. 7º, VI, da CF); impenhorabilidade (art. 833, IV, do CPC/2015); punição pela mora (Decreto-lei n. 368/68, sobre débito salarial e mora contumaz; arts. 31 e 32 da Lei n. 9.615/98, a respeito de atleta profissional; art. 2º, § 2º, da Lei n. 10.220/2001, sobre peão de rodeio; e art. 7º, X, da CF, que considera crime a retenção dolosa de salário, o qual carece de regulamentação); a exigência de prova literal do pagamento (veja comentário ao art. 464); o controle dos descontos (veja comentário ao art. 462); e a proibição ao *truck system* (idem).

Conforme o artigo em comento, o salário não pode ser quitado em intervalos superiores a um mês, sendo ressalvadas as gratificações, que podem ser pagas com qualquer periodicidade, e as comissões, que podem ser saldadas em intervalos de até três meses se as partes assim ajustarem (art. 4º, *caput* e parágrafo único, da Lei n. 3.207/57). Nesta última hipótese, deve ser concedido ao menos um adiantamento mensal. Nos contratos para trabalho intermitente, o intervalo entre os pagamentos dos salários pode ser inferior a um mês, mas não superior a esse limite, conforme o § 11 do art. 452-A da CLT.

Parágrafo único. Quando o pagamento houver sido estipulado por mês, deverá ser efetuado, o mais tardar, até o quinto dia útil do mês subsequente ao vencido.

Parágrafo com redação dada pela Lei n. 7.855, de 24.10.1989.

O prazo máximo para o pagamento do salário é o quinto dia útil do mês subsequente ao mês vencido, como se vê. Esse é o limite legal, mas faculta-se às partes estabelecerem prazo menor por ajuste expresso ou tácito. Em certos ramos de atividade, é costume realizar-se o pagamento antes de vencer o mês, como é o caso dos bancos, que habitualmente pagam os salários de seus empregados entre o vigésimo e o último dia do mês trabalhado. Por força do art. 468 da CLT, tal ajuste não poderia ser modificado, unilateralmente, pelo empregador; no entanto, o TST entende que a alteração da data do pagamento não viola o dispositivo legal, se for observada a regra do parágrafo em questão (OJ n. 159 da SDI-1 do TST). Também entende o TST que, mesmo se for quitado antecipadamente o salário, a atualização monetária de eventual parcela deferida em juízo deve ser calculada a partir do primeiro dia útil subsequente ao da prestação de serviços (Súmula n. 381 do TST). Nos contratos para trabalho intermitente, os pagamentos podem ocorrer em outras datas, que não o quinto dia útil do mês, de acordo com o inciso III do art. 452-A da CLT. Quanto ao local, horário e modo de pagamento, veja comentários aos arts. 464 e 465.

Art. 460. Na falta de estipulação do salário ou não havendo prova sobre a importância ajustada, o empregado terá direito a perceber salário igual ao daquele que, na mesma empresa, fizer serviço equivalente, ou do que for habitualmente pago para serviço semelhante.

O art. 460 cuida do que se pode chamar de equiparação por *equivalência salarial*, ideia que se põe paralelamente à de equiparação por identidade, prevista no art. 461 da CLT. São institutos diferentes, embora assemelhados. A equiparação por identidade visa evitar a discriminação e resulta diretamente do princípio da igualdade, cuja noção é dada pela máxima aristotélica de que a igualdade consiste em tratar igualmente os iguais e desigualmente os desiguais. Para que se tenha direito a ela, é necessário existirem ao menos dois empregados que percebam diferentes salários, mas que desenvolvam trabalho de igual valor, isto é, que exerçam idênticas funções (veja o comentário ao art. 461, a respeito de trabalho de igual valor): o pretendente à equiparação (ou reclamante) – que tem salário menor – e o paradigma – cujo salário é maior. Já a equiparação por equivalência visa privilegiar a equidade, isto é, tem por escopo praticar a justiça salarial, não requerendo, para tanto, a existência de um paradigma.

Equiparação por equivalência salarial também não se confunde com desvio de função, a que alude a OJ n. 125 da SDI-1 do TST, embora essa confusão seja muito frequente nas lides trabalhistas e até em parte da doutrina. O desvio funcional constitui situação temporária, própria dos empregadores que têm quadro de carreira ou situação semelhante, e dá ao empregado o direito de receber diferenças temporariamente, apenas enquanto não for corrigido o desvio e determinado seu retorno ao cargo efetivo. A equiparação por equivalência, por seu turno, implica o direito a diferenças de salário em definitivo, enquanto durar o contrato, ou seja, a majoração dos rendimentos do empregado sem a possibilidade de diminuição.

Conforme o artigo em comento, caso não se tenha estipulado o salário no início ou no curso do contrato, ou caso não haja prova da estipulação, o empregado terá direito a perceber o mesmo que os demais empregados de igual categoria contratados pelo empregador. Exemplo bastante ocorrente é o de trabalhador admitido com certas atribuições, e cujo contrato é alterado para que desenvolva funções muito mais abrangentes e de maior responsabilidade, sem a devida contrapartida em seu salário (*v. g.*: auxiliar que é guindado à posição de encarregado, chefe ou líder, sem aumento salarial). Tal injustiça merece ser corrigida, pois isso gera o direito ao salário por equivalência. Essa equivalência é, quase sempre, obtida por meio de reclamação trabalhista, em que se vale de prova testemunhal ou pericial. Busca-se, primeiramente, encontrar, na estrutura organizacional do empregador, outro(s) empregado(s) que desenvolva(m) funções equivalentes, mas não idênticas, que sirva(m) como modelo (lembremos que a identidade é própria da equiparação salarial). Se não houver, busca-se encontrar qual o salário habitualmente pago no mercado de trabalho para empregados em iguais condições. Ao se alcançar o parâmetro desejado, cabe ao juiz arbitrar o valor do novo salário do pretendente. Dispensa-se, assim, a indicação de paradigma. Além desta, há outras hipóteses de equiparação salarial por equivalência: a) a do art. 358 da CLT, entre empregados brasileiros e estrangeiros; b) a do art. 12, *a*, da Lei n. 6.019/74, entre trabalhadores efetivos e temporários; c) a do art. 300 da CLT, entre trabalhadores em minas de subsolo e os de superfície; d) a do art. 14-A, § 7º, da Lei n. 5.889/73, entre trabalhadores rurais contratados por pequeno prazo e os admitidos em caráter permanente; e e) a do art. 452-A da CLT, entre os empregados contratados para trabalho permanente e os contratados para trabalho intermitente.

Art. 461. Sendo idêntica a função, a todo trabalho de igual valor, prestado ao mesmo empregador, no mesmo estabelecimento empresarial, corresponderá igual salário, sem distinção de sexo, etnia, nacionalidade ou idade.

Caput *com redação dada pela Lei n. 13.467, de 13.07.2017.*

O princípio de igualdade salarial expresso neste artigo deriva do princípio maior da isonomia, porém, isso não significa que a ideia de justiça em ambos seja idêntica, tampouco resulta afirmar tratar-se a igualdade de salários de um princípio universal. Os tratados e as convenções da OIT proíbem distinções salariais em razão de sexo (art. 427, 7º, do Tratado de Versalhes; Convenção n. 100 e Recomendação n. 90), ou em virtude da nacionalidade (art. 427, 8º, do Tratado de Versalhes), assim como a Declaração Universal dos Direitos Humanos prevê genericamente que "todos têm direito, sem discriminação alguma, a salário igual por trabalho igual" (art. 23, § 2º). Mas as normas internacionais não vedam o pagamento de diferentes salários por motivos de qualificação, desempenho, merecimento etc. Em tese, o art. 461 também não o impede; no entanto, a interpretação dada a ele pela doutrina e pela jurisprudência em nosso país é muito mais ampla, no sentido de tratar-se de uma igualdade quase absoluta. Em outras palavras, segundo tal interpretação, o princípio de que *a todo trabalho de igual valor deve corresponder igual salário* veda qualquer forma de desigualdade, salvo algumas exceções. Resta, então, determinar os critérios pelos quais se considera de igual valor o trabalho realizado por diferentes empregados, o que é feito no comentário ao § 1º a seguir.

§ 1º Trabalho de igual valor, para os fins deste Capítulo, será o que for feito com igual produtividade e com a mesma perfeição técnica, entre pessoas cuja diferença de tempo de serviço para o mesmo empregador não seja superior a quatro anos e a diferença de tempo na função não seja superior a dois anos.

Parágrafo com redação dada pela Lei n. 13.467, de 13.07.2017.

Trabalho de igual valor, para fins de equiparação salarial, é aquele prestado em idêntica função, ao mesmo empregador, no mesmo estabelecimento, com igual produtividade e perfeição técnica, na mesma época, por empregados cuja diferença de tempo de serviço *para o mesmo empregador* não seja superior a quatro anos e diferença de tempo na função não seja superior a dois anos.

Idêntica função significa terem os empregados as mesmas atribuições e as mesmas responsabilidades, pouco importando se os cargos têm igual ou diferente denominação. Prevalece, como sempre, o princípio da primazia da realidade (Súmula n. 6, III, do TST). Certamente, os que desempenham funções diversas não podem perceber salário igual.

O requisito de que os empregados a serem equiparados trabalhem para o *mesmo empregador* explica-se pelo fato de que cada empreendedor tem sua própria capacidade econômica, não se podendo pretender que aquele, em pior situação, pague salários iguais a outro em melhor condição. Questiona-se, porém, se empregados de empresas distintas do mesmo grupo podem equiparar-se, e se isso também pode ocorrer entre empregados de empresa contratada para a prestação de serviços (ex.: vigilância, limpeza etc.) e empregados de empresa contratante. No primeiro caso – o do grupo econômico –, a resposta costuma ser negativa, salvo na hipótese de os empregados trabalharem, simultaneamente, para as diversas empresas, conforme as Súmulas ns. 93 e 129 do TST. Nessa circunstância, embora formalmente laborem para empregadores distintos, prestam, na realidade, serviços aos mesmos empregadores, como se fossem um único, justificando-se a equiparação pelo princípio da primazia da realidade. No segundo caso – o da *terceirização* –, não se vinha admitindo normalmente a equiparação, porque as empresas contratante e contratada não integram grupo econômico e têm capacidade financeira diversa. Tampouco se vinha entendendo viável a analogia com o disposto no art. 12, *a*, da Lei n. 6.019/74, que trata da igualdade de remuneração entre o trabalhador temporário e o da empresa tomadora de serviços, por não haver, entre as hipóteses comparadas, a necessária identidade de valores. Porém, atualmente o § 1º do art. 4º-C da Lei n. 6.019/74 estabelece que as empresas contratante e contratada podem ajustar que os empregados da contratada farão jus a salário equivalente ao pago aos empregados da contratante. É pouco provável que isso aconteça. Dados os impactos negativos da *terceirização* no aviltamento dos salários e na precarização da relação de emprego, melhor seria prever a equiparação entre os trabalhadores terceirizados e os empregados do tomador, sempre que possível. Diferente é a hipótese de admissão fraudulenta, por meio de empresa interposta (intermediação), porque nessa circunstância o vínculo pode ser declarado entre o trabalhador e o tomador de serviços, conforme a Súmula n. 331, I, do TST, o que permite a equiparação entre esse trabalhador e os empregados do tomador, que, ao fim e ao cabo, constitui empregador de ambos. Isso é possível mesmo quando seja tomadora a Administração Pública (Súmula n. 331, II), de acordo com a OJ n. 383 da SBDI-1 do TST.

O requisito de que os empregados laborem no *mesmo estabelecimento* foi introduzido com a reforma trabalhista em substituição ao requisito do trabalho na *mesma localidade*. O requisito anterior do trabalho na mesma localidade justificava-se pelo fato de que, em cada região, há um mercado diferente, com custo de vida e oferta de mão de obra distintos. Apesar da crítica arrazoada, a tratar-se o trabalho como mercadoria, é inegável que seu valor econômico varia de uma região para outra. O requisito do trabalho no mesmo estabelecimento restringe bastante o direito à equiparação salarial, pois só podem ser equiparados empregados que trabalhem na mesma unidade produtiva do empregador. Não se permite a equiparação de salários de empregados de unidades distintas, ainda que sejam próximas e situadas na mesma cidade. Assim, por exemplo, não se equiparam salários de empregados em idêntica função que trabalhem em diferentes estabelecimentos do mesmo empregador, localizados em lados opostos da mesma rua ou avenida e separados por poucos metros, o que não é lógico nem razoável, além de não encontrar justificativa nos fatos e nos valores da sociedade. Ao modificar essa regra, o legislador não agiu como representante da vontade popular, mas de interesses econômicos de minorias.

O requisito de que os trabalhadores apresentem *igual produtividade e perfeição técnica* decorre da evidência de que não merecem igual tratamento aqueles que produzem diferentes quantidades no mesmo espaço de tempo (desigual produtividade) ou com qualidade distinta (desigual perfeição técnica). Esses elementos devem ser avaliados objetivamente e de modo sinalagmático, isto é, de maneira que possam ser aferidos por qualquer pessoa, especialmente as partes da relação de emprego. Não se pode permitir que fiquem adstritos ao exame subjetivo do empregador ou de seus prepostos. Exemplos de objetividade e sinalagma são as distinções salariais decorrentes de diferentes resultados obtidos por empregados em relatórios de produtividade ou de qualidade (*v. g.*, distintas taxas de refugo), ou na submissão a testes práticos (Súmula n. 6, VII, do TST).

O requisito do trabalho *na mesma época* era implícito antes da Lei n. 13.467/2017, pois se entendia não haver discriminação no tratamento desigual a pessoas que trabalhassem em épocas distintas, em diferentes contextos históricos. Por isso, o TST já afirmava, por meio da Súmula n. 159, II, que ao vagar o posto em definitivo, o empregado que passa a ocupá-lo não tem direito a perceber salário igual ao do antecessor. Atualmente esse requisito encontra-se expresso no § 5º deste art. 461 da CLT.

Por fim, o requisito de que os empregados mantenham entre si *diferença de tempo de serviço para o mesmo empregador não superior a quatro anos e diferença de tempo na função não superior a dois anos* é fruto da ideia de que não existe discriminação entre pessoas que desfrutem de maior e menor grau de experiência.

Ao se preencherem esses requisitos, cabe a equiparação, exceto se o desnível salarial foi decorrente de vantagem pessoal, de tese jurídica superada pela jurisprudência de Corte Superior. Faltando algum deles, não é possível a equiparação.

---

§ 2º Os dispositivos deste artigo não prevalecerão quando o empregador tiver pessoal organizado em quadro de carreira ou adotar, por meio de norma interna da empresa ou de negociação coletiva, plano de cargos e salários, dispensada qualquer forma de homologação ou registro em órgão público.

Parágrafo com redação dada pela Lei n. 13.467, de 13.07.2017.

Como todo princípio, o de igualdade salarial, segundo o qual *a todo trabalho de igual valor deve corresponder igual salário*, sofre algumas exceções, as quais se referem: a) à existência de quadro de carreira ou plano de cargos e salários; b) ao trabalho intelectual a partir de certo nível, bem como aos trabalhos artístico e desportivo; c) às vantagens ou circunstâncias pessoais; d) à existência de regulamentação profissional; e) à administração pública direta, autárquica ou fundacional.

Se o empregador possuir *quadro de carreira*, em que as promoções ocorram por antiguidade ou por merecimento ou por apenas um desses critérios, a equiparação salarial mostra-se inviável, porque implica subversão à ordem estabelecida, isto é, resulta na promoção indevida do empregado em desacordo com o previsto no quadro. Todavia, caso ocorra o desvio de função (exercício pelo empregado de outra função, mais bem remunerada que a sua), cabe-lhe o direito de retornar ao seu posto, previsto no quadro de carreira, e a receber diferenças de salário durante o período em que permanecer na função para a qual foi indevidamente desviado (OJ n. 125 da SDI-1 do TST e comentário ao art. 460, retro). De outro modo, se o empregado for preterido em promoção, ou se for, erroneamente, enquadrado ou reclassificado no quadro, terá direito de postular a promoção, o reenquadramento ou a reclassificação, com efeitos definitivos em seu contrato (Súmula n. 127 do TST).

Antes da Lei n. 13.467/2017, as empresas privadas poderiam organizar quadros de carreira, mas sua validade e eficácia dependiam de homologação pelo extinto Ministério do Trabalho. Pela atual redação deste § 2º do art. 461 da CLT, essa homologação não é mais necessária, de maneira que o empregador pode dispor livremente a esse respeito por normas internas. A adoção de quadro de carreira pelas empresas privadas sempre foi pouco usual, visto que a dinâmica das relações civis, comerciais e trabalhistas não é compatível com a rigidez desse instituto. Além disso, a nova redação deste dispositivo permitiu a adoção de plano de cargos e salários, o que é bem mais simples que o quadro de carreira. Nas entidades de direito público, da administração direta, autárquica e fundacional, a aprovação pelo antigo Ministério do Trabalho era prescindível, conforme a Súmula n. 6, I, do TST; bastava o quadro ser aprovado por ato administrativo da autoridade competente. Contudo, isso foi superado pela atual redação do § 2º do art. 461 da CLT e pela interpretação dada ao inciso XIII, do art. 37, da CF, de que não cabe equiparação entre os empregados da Administração direta, autárquica e fundacional, o que torna irrelevante haver ou não quadro de carreira (OJ n. 297 da SBDI-1 do TST). Assim, é bem provável que a adoção de quadro de carreira – que já era rara – não ocorra mais na iniciativa privada ou na Administração Pública, por incompatibilidade, inutilidade ou inconveniência.

A adoção de *plano de cargos e salários* por meio de norma interna da empresa ou de negociação coletiva é outro óbice à equiparação salarial, acrescido pela Lei n. 13.467/2017. Possivelmente se torne objeto de tormentosas divergências no campo doutrinário e jurisprudencial, pois não se sabe em que medida um plano dessa natureza seja capaz de excepcionar o princípio de igualdade salarial, segundo o qual a todo trabalho de igual valor deve corresponder igual salário. Não se tem noção, por exemplo, de quais sejam os requisitos necessários à validade e à eficácia de tal plano, exceto que as promoções devam ocorrer por antiguidade ou merecimento ou por apenas um desses critérios (§ 3º do art. 461 da CLT). Podem-se antever intermináveis discussões processuais sobre a validade ou invalidade dos planos adotados pelas empresas, acirrando ainda mais a litigiosidade nas relações de emprego, contrário ao que se objetivou com a reforma trabalhista.

O *trabalho intelectual*, até certo nível, é passível de equiparação, por exemplo, entre jornalistas, analistas de sistemas, engenheiros, advogados juniores etc. (Súmula n. 6, VII, do TST). Mas, a partir de certo ponto, em que se destacam qualidades como o talento e o desempenho individual, a equiparação torna-se inviável. Jornalistas que desfrutam de grande prestígio na imprensa escrita e âncoras de telejornais, por exemplo, não podem ser comparados. Assim também advogados afamados, autores de grandes obras doutrinárias, entre outros.

Situação semelhante verifica-se no *trabalho artístico* e *no desporto*, que, do mesmo modo, dependem do talento e do desempenho individual. Normalmente, não há como equiparar a remuneração entre artistas e entre atletas.

Igualmente, não se cogita equiparar *vantagens pessoais* obtidas por circunstâncias próprias deste ou daquele trabalhador e não por conta de discriminação em relação aos demais (Súmula n. 6, VI, do TST). O adicional de tempo de serviço constitui exemplo de verba salarial que não comporta equiparação, visto que cada trabalhador o percebe de acordo com o tempo de trabalho prestado ao mesmo empregador. Outro exemplo é mencionado no art. 461, § 4º: o do empregado readaptado, que não serve de paradigma para os demais.

Também é excludente do direito à equiparação o fato de a regulamentação profissional prever salário diferenciado para cada função, embora na prática, os trabalhadores desenvolvam atividades semelhantes. Conforme a OJ n. 296 da SDI-1 do TST, por ser regulamentada a profissão de auxiliar de enfermagem, cujo exercício pressupõe habilitação técnica realizada pelo Conselho Regional de Enfermagem, o simples atendente de enfermagem não pode equiparar-se a ele.

Finalmente, o TST entende que, em razão de o art. 37, XIII, da CF, vedar a equiparação de qualquer natureza para o efeito de remuneração do pessoal do serviço público, não é aplicável aos empregados públicos o disposto neste art. 461 da CLT (OJ n. 297 da SDI-1 do TST).

---

§ 3º No caso do § 2º deste artigo, as promoções poderão ser feitas por merecimento e por antiguidade, ou por apenas um destes critérios, dentro de cada categoria profissional.

Parágrafo com redação dada pela Lei n. 13.467, de 13.07.2017.

Caso exista *quadro de carreira* ou *plano de cargos e salários*, as promoções devem ocorrer por antiguidade ou por merecimento ou apenas por um desses critérios e devem acontecer dentro de cada categoria profissional.

---

§ 4º O trabalhador readaptado em nova função por motivo de deficiência física ou mental atestada pelo órgão competente da Previdência Social não servirá de paradigma para fins de equiparação salarial.

Parágrafo acrescentado pela Lei n. 5.798, de 31.08.1972.

A regra contida no art. 468 da CLT é de que as alterações do contrato de trabalho só podem acontecer por mútuo consentimento, desde que não resultem em prejuízo para o empregado, o qual pode ser de qualquer espécie, inclusive moral. Há exceções a essa regra, especialmente o chamado *jus variandi*, que consiste no poder do empregador de, excepcionalmente, promover alterações unilaterais e prejudiciais ao empregado (veja comentários ao art. 468). A hipótese deste parágrafo é uma das permitidas dentro do *jus variandi*: o empregado que porventura tenha diminuída sua capacidade física ou mental pode ser readaptado em nova função compatível com seu atual estado, ainda que esta seja inferior à que desenvolvia antes. Por exemplo, um motorista que já não tenha condições de conduzir caminhões em uma transportadora pode vir a trabalhar como conferente de cargas, ajudante ou porteiro, conforme seu estado e a disponibilidade de vagas. Porém, isso não pode servir de pretexto ao empregador para impor ao empregado situação vexatória ou provocar assédio moral. Em qualquer circunstância, o salário da função original deve ser preservado, tanto que o readaptado não serve de paradigma para outros colegas de sua atual função formularem pedidos de equiparação salarial.

---

§ 5º A equiparação salarial só será possível entre empregados contemporâneos no cargo ou na função, ficando vedada a indicação de paradigmas remotos, ainda que o paradigma contemporâneo tenha obtido a vantagem em ação judicial própria.

Parágrafo acrescentado pela Lei n. 13.467, de 13.07.2017.

Este dispositivo poderia ser mais bem posicionado no § 1º deste art. 461, que trata dos requisitos da equiparação. Mesmo antes da Lei n. 13.467/2017, exigia-se o trabalho na mesma época para fins de equiparação salarial, isto é, que os empregados paradigma e postulante fossem contemporâneos, pois se entendia que não há discriminação pela dispensa de tratamento desigual a pessoas que trabalhem em épocas distintas, em diferentes contextos históricos. Por isso o TST já afirmava, por meio da Súmula n. 159, II, que ao vagar o posto em definitivo, o empregado que passa a ocupá-lo não tem direito a perceber salário igual ao do antecessor. Nesse aspecto, a inclusão deste § 5º é bem-vinda, porque torna clara essa exigência.

O legislador também proibiu neste § 5º parte do que consta no item VI da Súmula n. 6 do TST sobre a indicação de paradigma remoto em equiparação salarial em cadeia, mas infelizmente o fez com redação pouco clara e que possivelmente dará margem a discussões. O item VI da Súmula n. 6 do TST admite a equiparação entre empregados, mesmo que o desnível salarial tenha origem em decisão judicial que beneficiou o paradigma, se entre este e o postulante se verificarem os requisitos legais mencionados no comentário ao § 1º deste art. 461. Por este § 5º, vedou-se essa possibilidade. Em outras palavras, estabeleceu-se que, se um empregado B obtiver por via judicial a equiparação salarial com o empregado A, por se configurarem os requisitos legais para tanto, o empregado C, que reúne os requisitos em relação a B, mas não em relação a A, não tem direito a se equiparar com A ou com B. Terá direito a se equiparar com

B somente se, igual a ele, reunir os mesmos requisitos em relação ao empregado A.

§ 6º No caso de comprovada discriminação por motivo de sexo ou etnia, o juízo determinará, além do pagamento das diferenças salariais devidas, multa, em favor do empregado discriminado, no valor de 50% (cinquenta por cento) do limite máximo dos benefícios do Regime Geral de Previdência Social.

Parágrafo acrescentado pela Lei n. 13.467, de 13.07.2017.

A previsão de pagamento de multa por discriminação por motivo de sexo ou etnia é muito louvável, pois as pesquisas mostram que historicamente essas são as causas de distinção mais frequentes e que precisam ser combatidas. Independentemente disso, se a discriminação abranger outros fatos, que não apenas o desnível salarial, como ofensas de ordem moral, tratamento vexatório etc., a aplicação da multa não exclui o direito à reparação deste outro dano, consoante o inciso V do art. 5º da CF e o art. 186 do CC.

Art. 462. Ao empregador é vedado efetuar qualquer desconto nos salários do empregado, salvo quando este resultar de adiantamentos, de dispositivos de lei ou de contrato coletivo.

A regra de intangibilidade do salário, contida neste artigo, visa preservá-lo dos descontos indevidos praticados pelo empregador e até mesmo da imprevidência do próprio trabalhador. Assim, só se permitem deduções por adiantamentos, por previsão em lei, em convenção ou em acordos coletivos (OJ n. 18 da SDC do TST). Não obstante, são muitas as possibilidades de descontos: a) os adiantamentos que impliquem pagamento antecipado do salário; b) o imposto de renda retido na fonte e as contribuições previdenciárias (art. 30, I, da Lei n. 8.212/91); c) as prestações da Previdência Social pagas indevidamente (art. 91 da Lei n. 8.212/91); d) o ressarcimento dos danos causados pelo empregado por dolo ou por culpa, neste último caso se ajustado individual ou coletivamente (veja comentário ao § 1º, *infra*; veja a OJ n. 251 da SDI-1 do TST); e) a contribuição sindical compulsória (arts. 582, 585 e 602 da CLT); f) a contribuição confederativa (art. 8º, IV, da CF, Súmula vinculante n. 40 do STF e Precedente Normativo n. 119 da SDC do TST); g) as contribuições sindicais fixadas em convenções ou em acordos coletivos (art. 545 da CLT, e Precedente Normativo n. 119 da SDC do TST); h) a pensão alimentícia (art. 912 do CPC/2015); i) as consignações em geral (Lei n. 1.046/50); j) as consignações relativas a empréstimos, financiamentos e operações de arrendamento mercantil concedidos por instituições financeiras (empréstimos para desconto em folha de pagamento), até o limite de 30% da remuneração disponível (Lei n. 10.820/2003); k) as comissões quando insolvente o comprador (art. 7º da Lei n. 3.207/57); l) as multas pelo não comparecimento às eleições sindicais (arts. 3º e 4º da Lei n. 6.512/77); m) os custos do vale-transporte não cobertos pelo empregador (art. 9º, *caput* e parágrafo único, do Decreto n. 95.247/87); n) as prestações *in natura* concedidas a título oneroso (art. 458, §§ 2º e 3º, da CLT; e art. 9º da Lei n. 5.889/73); o) as contribuições autorizadas pelo empregado para pagamento de planos de assistência odontológica, médico-hospitalar, de seguro, de previdência privada ou de entidade cooperativa, cultural ou recreativa associativa (Súmula n. 342 do TST).

---

§ 1º Em caso de dano causado pelo empregado, o desconto será lícito, desde que esta possibilidade tenha sido acordada ou na ocorrência de dolo do empregado.

Antigo parágrafo único renumerado pelo Decreto-lei n. 229, de 28.02.1967.

Nem sempre os danos causados pelo empregado são dedutíveis de seu salário. Aqueles causados por dolo são sempre passíveis de dedução, independentemente de previsão contratual. Mas aqueles resultantes de culpa – negligência, imprudência ou imperícia – só podem ser descontados se houver cláusula no contrato que assim preveja. O dispositivo legal não esclarece se a cláusula deve ser anterior ao fato ou se pode ser posterior a ele. Todavia, é correto entender que não deve ser ajustada posteriormente, por presumir-se o vício de consentimento resultante do temor da perda do emprego, presumido ou fundado.

---

§ 2º É vedado à empresa que mantiver armazém para venda de mercadorias aos empregados ou serviços destinados a proporcionar-lhes prestações *in natura* exercer qualquer coação ou induzimento no sentido de que os empregados se utilizem do armazém ou dos serviços.

Parágrafo acrescentado pelo Decreto-lei n. 229, de 28.02.1967.

Este dispositivo cuida do chamado *truck system*, isto é, do sistema de trocas em que o salário é pago por meio do fornecimento de bens ou serviços. Em regra, o sistema é vedado, porque, normalmente, resulta no trabalho em condição análoga à escravidão: o empregador impõe que o empregado adquira de seus estabelecimentos os itens necessários à subsistência (moradia, alimentação etc.) cobrados a preços exorbitantes, de maneira que, ao final do mês, o empregador é sempre credor daquele a quem emprega. Cria-se, então, um círculo vicioso em que, quanto mais o empregado trabalha, mais deve ao empregador, não lhe sendo permitido deixar o emprego sem que quite sua dívida. O impedimento de o empregado romper a relação de emprego costuma ocorrer por coação física, isto é, sob ameaça de morte.

A proibição do *truck system* não alcança a situação em que os produtos ou serviços são oferecidos pelo empregador sem nenhum vício de manifestação de vontade por coação, induzimento etc. Não há ilegalidade quando o trabalhador tem liberdade de adquirir o que deseja do empregador ou de terceiros. Por esse motivo, o TST editou a Súmula n. 342, pela qual afirma que não afrontam o disposto no art. 462 da CLT os descontos salariais efetuados pelo empregador, com a autorização prévia e escrita do empregado, para ser integrado em planos de assistência odontológica, médico-hospitalar, de seguro, de previdência privada ou de entidade cooperativa, cultural ou recreativo-associativa, em benefício dos trabalhadores e de seus dependentes, salvo se ficar demonstrada a existência de coação ou de outro defeito que vicie o ato jurídico.

---

§ 3º Sempre que não for possível o acesso dos empregados a armazéns ou serviços não mantidos pela empresa, é lícito à autoridade competente determinar a adoção de medidas adequadas, visando a que as mercadorias sejam vendidas e os serviços prestados a preços razoáveis, sem intuito de lucro e sempre em benefício dos empregados.

Parágrafo acrescentado pelo Decreto-lei n. 229, de 28.02.1967.

Há muitos casos em que a prestação laboral ocorre em local de difícil acesso, impedindo os empregados de adquirirem bens ou serviços no mercado. Trata-se, comumente, do trabalho realizado em fazendas, obras, garimpos ou outras atividades desenvolvidas em pontos longínquos, distantes de cidades ou aglomerados urbanos. Nessa circunstância, é permitido ao empregador vender mercadorias aos seus empregados, desde que não exerça coação ou induzimento, e que os produtos vendidos e os serviços prestados sejam cobrados a preços razoáveis, sem intuito de lucro e sempre em benefício dos empregados, a fim de não caracterizar o *truck system*.

---

§ 4º Observado o disposto neste Capítulo, é vedado às empresas limitar, por qualquer forma, a liberdade dos empregados de dispor do seu salário.

Parágrafo acrescentado pelo Decreto-lei n. 229, de 28.02.1967.

A bem dizer, o § 4º é a síntese e a reafirmação do contido no *caput* e nos três primeiros parágrafos do art. 462: o empregado deve ter a liberdade de dispor de seu salário, não podendo o empregador limitá-la de nenhum modo, seja direta ou indiretamente.

Art. 463. A prestação, em espécie, do salário será paga em moeda corrente do País.

Tal como prevê o Decreto-lei n. 857/69, o art. 463 da CLT não permite que o salário seja pago no Brasil em moeda estrangeira. No caso do técnico estrangeiro, admite-se que seja estipulado em moeda de outro país e pago aqui em moeda nacional (arts. 1º e 3º do Decreto-lei n. 691/69). No caso de empregado transferido para trabalhar no exterior, admite-se ainda que o salário seja estipulado em moeda nacional e pago integralmente no exterior em moeda local, ou parte no Brasil em moeda nacional e parte no estrangeiro em moeda local, ou integralmente no Brasil em moeda brasileira, cabendo ao empregado a escolha do que melhor atenda aos seus interesses (art. 5º da Lei n. 7.064/82).

Por interpretação extensiva do parágrafo único do art. 82 da CLT, entende-se que pelo menos 30% do salário deve ser pago em dinheiro ou equivalente (OJ n. 18 da SDC do TST). Cabe lembrar que o pagamento deve ser efetuado contra recibo (art. 464 da CLT), em dia útil e no local de trabalho, dentro do horário de serviço ou imediatamente após o encerramento deste (art. 465 da CLT).

Parágrafo único. O pagamento do salário realizado com inobservância deste artigo considera-se como não feito.

Presume-se não adimplido o salário pago no Brasil em moeda estrangeira. A presunção, porém, é relativa, podendo ser obstada caso se demonstre a efetividade do pagamento. Assim, não tem nenhum efeito a prestação quitada em nosso país em moeda que não possa ser facilmente convertida, mas devido ao princípio da primazia da realidade, pode-se reputar válido o pagamento efetuado em dólares, pesos argentinos ou guaranis paraguaios na cidade fronteiriça de Foz do Iguaçu, em que tais moedas são aceitas no comércio local.

Art. 464. O pagamento do salário deverá ser efetuado contra recibo, assinado pelo empregado; em se tratando de analfabeto, mediante sua impressão digital, ou, não sendo esta possível, a seu rogo.

Evidentemente, o empregador tem direito de exigir recibo do pagamento do salário, por ser essa a regra geral aplicada aos mais diversos ramos do Direito. A interpretação dessa regra no direito do trabalho chega ao ponto de estabelecer-se também como uma regra de direito processual, no sentido de que a prova da quitação do salário deve ser exclusivamente feita pela apresentação do recibo. Esta última não deixa de ser correta, mas não pode ser levada às últimas consequências, ou seja, não pode ser reputada absoluta. Se for impossível ao empregador produzir a prova documental, outras provas podem ser admitidas com reservas e cautela por parte do magistrado, observada sua liberdade de convencimento (art. 371 do CPC/2015). Desde que seja demonstrado o extravio (furto, por exemplo) ou a inutilização do recibo (incêndio, por exemplo), deve-se admitir a comprovação do pagamento por outros meios, como o exame dos registros contábeis do empregador. Afora a confissão judicial do empregado, cujo valor probante é muito superior ao de qualquer documento.

Uma crítica que merece este artigo refere-se à hipótese de analfabetismo. Segundo o dispositivo, se o empregado for analfabeto, deve apor sua impressão digital no documento. A par de ser vexatória, essa providência antiquada nada demonstra, pois não há razão para crer que, ao borrar o seu dedo com tinta, o trabalhador tenha ciência do descrito no recibo. Melhor seria permitir que, em casos de impossibilidade de assinatura (analfabetismo, acidente, deficiência física etc.), fosse dado ao empregado indicar pessoa de confiança para assinar a seu rogo.

Parágrafo único. Terá força de recibo o comprovante de depósito em conta bancária, aberta para esse fim em nome de cada empregado, com o consentimento deste, em estabelecimento de crédito próximo ao local de trabalho.

Parágrafo acrescentado pela Lei n. 9.528, de 10.12.1997.

Além do pagamento em dinheiro e em utilidades (art. 458 da CLT), o salário também pode ser pago por meio de depósito bancário, desde que a conta seja aberta com o consentimento do empregado, em estabelecimento próximo ao local de trabalho. Essa previsão legal é recente: o parágrafo único foi inserido pela Lei n. 9.528/97; mas já foi superada pelo avanço da tecnologia dos bancos. Como é possível movimentar a conta por via eletrônica a partir de qualquer ponto do país, nada impede que aquela utilizada para pagamento do salário seja aberta em agência distante do local da prestação de serviços ou em outra cidade ou estado. A norma em questão é dispositiva e admite o seu desrespeito se isso beneficiar o destinatário, que é o empregado. Portanto, não importa em que agência seja aberta a conta, nem se ela serve exclusivamente para pagamento do salário ou se tem outra finalidade; importa, sim, se atende à conveniência do trabalhador.

O pagamento por outros meios também é admitido. O salário pode ser pago em cheque nominal emitido em favor do empregado, desde que ele concorde, que não seja analfabeto, e que o empregador situe-se no perímetro urbano, devendo ser assegurados horário e meios de locomoção para o saque (Portaria MTE n. 3.281/84).

Art. 465. O pagamento dos salários será efetuado em dia útil e no local do trabalho, dentro do horário do serviço ou imediatamente após o encer-

ramento deste, salvo quando efetuado por depósito em conta bancária, observado o disposto no artigo anterior.

Artigo com redação dada pela Lei n. 9.528, de 10.12.1997.

Em linhas gerais, o tempo destinado ao pagamento do salário não é computado na duração do trabalho, vale dizer, não é reputado tempo à disposição do empregador, não integrando a jornada. Por isso, é que o pagamento pode ser realizado dentro do horário de serviço ou imediatamente após o encerramento deste, salvo se for efetuado por meio de depósito bancário, hipótese em que pode ocorrer mesmo após o término do expediente. Se for feito em dinheiro, o pagamento deve ocorrer em dia útil, considerando-se como tal inclusive o sábado (Instrução Normativa do MTE n. 1, de 07.11.1989).

Art. 466. O pagamento de comissões e percentagens só é exigível depois de ultimada a transação a que se referem.

Conforme a doutrina, *comissão* é o pagamento de certa quantia por negócio realizado pelo empregado (pagamento de R$ 10,00 para cada assinatura anual de revista vendida, por exemplo). *Percentagem*, por sua vez, é o pagamento de percentual determinado sobre o valor do negócio realizado pelo trabalhador (pagamento de 1% sobre o valor da assinatura anual de revista vendida, por exemplo). Tal distinção doutrinária tornou-se irrelevante com a redação dada ao § 1º do art. 457 da CLT pela MP n. 808 (*v.* o comentário correspondente). Comissões e percentagens são devidas somente depois de ser ultimada a transação, ou seja, depois de ser aceita a venda pelo empregador. Tratando-se de vendedor viajante ou pracista, a transação é considerada ultimada se o empregador não a recusar por escrito em dez dias, a contar do recebimento da proposta ou no prazo de noventa dias do mesmo recebimento, caso o empregador seja estabelecido em outro estado ou no estrangeiro (art. 3º da Lei n. 3.207/57). Essa regra pode ser aplicada por analogia aos demais vendedores, mesmo os não pracistas, quando não houver norma prevista em contrato individual, regulamento de empresa, convenção coletiva, acordo coletivo, ou não existir regra costumeira a respeito (art. 8º da CLT).

É facultado às partes ajustarem o pagamento das comissões e percentagens em períodos de até três meses (art. 4º, parágrafo único, da Lei n. 3.207/57), mas, nessa hipótese, deve ser concedido ao menos um adiantamento mensal (*v.* comentário ao art. 459). Para o cálculo das verbas rescisórias, deve ser tomada a média das comissões e das percentagens dos últimos doze meses de serviço (art. 478, § 4º, da CLT). Para o cálculo das férias, deve ser tomada a média dos doze meses que precederem a concessão (art. 142, § 3º, da CLT). Para o pagamento do 13º salário, no mês de dezembro, deve ser observada a média de 1/11 das comissões dos meses de janeiro a novembro de cada ano (art. 2º, *caput*, do Decreto n. 57.155/65), efetuando-se, no mês de janeiro seguinte, o pagamento ou a compensação da diferença que, eventualmente, for apurada entre aquela média e a média duodecimal (1/12) das comissões apuradas nos meses de janeiro a dezembro (art. 2º, parágrafo único, do Decreto n. 57.155/65). O valor das comissões deve ser corrigido monetariamente para, em seguida, obter-se a média para efeito de cálculo das verbas rescisórias, férias e 13º salário (OJ n. 181 da SDI-1 do TST).

Quando trabalha em horas extras, o empregado comissionista já tem remunerada a sobrejornada de forma simples, cabendo-lhe apenas o pagamento do adicional correspondente, considerando-se como divisor o número de horas efetivamente trabalhadas (Súmula n. 340 do TST).

Vale observar ainda que a alteração do regime de comissões ou percentagens é reputada ato único e positivo do empregador, incidindo a prescrição total nos termos da Súmula n. 294 do TST (OJ n. 175 da SDI-1 do TST).

---

§ 1º Nas transações realizadas por prestações sucessivas, é exigível o pagamento das percentagens e comissões que lhes disserem respeito proporcionalmente à respectiva liquidação.

Nas vendas por prestações sucessivas, o pagamento das comissões e percentagens é exigível proporcionalmente à respectiva liquidação, ou seja, de acordo com o vencimento das parcelas devidas pelo cliente ao empregador. Isso não se altera se, no curso do prazo para o pagamento parcelado, cessar a relação de emprego (veja o § 2º, *infra*).

---

§ 2º A cessação das relações de trabalho não prejudica a percepção das comissões e percentagens devidas na forma estabelecida por este artigo.

Independentemente da causa, se a relação de emprego encerrar-se, as comissões e percentagens pendentes por conta de prestações sucessivas vincendas continuam devidas e devem ser pagas nos seus respectivos vencimentos. Importa dizer que mesmo extinto o contrato de emprego, ainda permanece a obrigação do empregador. Destarte, ainda que o empregado se demita ou ainda que seja despedido por justa causa, se tiver realizado venda em prestações, deve receber no prazo ajustado as comissões ou percentagens respectivas, cujos vencimentos ocorrerem após sua desvinculação.

Art. 467. Em caso de rescisão de contrato de trabalho, havendo controvérsia sobre o montante das verbas rescisórias, o empregador é obrigado a pagar ao trabalhador, à data do comparecimento à Justiça do Trabalho,

a parte incontroversa dessas verbas, sob pena de pagá-las acrescidas de 50% (cinquenta por cento).

Caput *com redação dada pela Lei n. 10.272, de 05.09.2001.*

Embora esteja inserido no título relativo ao contrato individual de emprego, este artigo estaria mais bem posicionado naquele referente ao processo judiciário, especificamente no que trata dos dissídios individuais (Título X, Capítulo III). A norma que veicula é de natureza processual e estabelece sanção para o empregador que não paga em juízo as verbas incontroversas decorrentes da extinção do contrato de trabalho, que deveriam ter sido quitadas extrajudicialmente nos prazos do art. 477, § 6º, da Consolidação. Incluem-se nessas verbas, por exemplo: o saldo salarial, o aviso-prévio indenizado, as férias indenizadas com o acréscimo de um terço, o 13º salário, a indenização de 40% do FGTS prevista no art. 18, § 1º, da Lei n. 8.036/90, a indenização pela extinção antecipada do contrato a termo do art. 479 da CLT etc.; em suma, todas as parcelas exigíveis em razão do rompimento do vínculo empregatício.

A rigor, são tímidas as sanções decorrentes do inadimplemento dos títulos rescisórios por parte do empregador: a) o simples atraso ou inadimplência dão ensejo a uma multa em favor do empregado no valor equivalente ao valor do seu salário, independentemente de ação judicial (art. 477, § 8º, da CLT); além disso, se for ajuizada a reclamação trabalhista e existirem verbas rescisórias incontroversas não pagas em primeira audiência, é devida outra multa cumulativa em benefício do empregado, no montante correspondente a 50% do valor daquelas. Caso se trate de prestações que se destinam à subsistência do empregado, mormente do que se encontra destituído de fonte de renda por ter sido extinto o seu contrato, em vez de impor consequências meramente pecuniárias em um futuro incerto, seria melhor garantir o pagamento imediato, por exemplo, mediante arresto judicial com a incontinente liberação do crédito. Isso pode ser obtido por meio de tutela de urgência ou de evidência (CPC/2015, arts. 300 e 311 e segs.). Mas, infelizmente, não tem sido postulado pelos interessados.

Com base na revogada Lei de Falências (Decreto-lei n. 7.661/45), firmou-se na jurisprudência a opinião de que a multa deste artigo não é devida nos casos de decretação de falência do empregador, porque a massa falida não dispõe de seu patrimônio e é impedida de saldar qualquer débito fora do juízo universal, até mesmo o de natureza trabalhista (Súmula n. 388 do TST). O antigo dispositivo não foi repetido na lei atual, a qual prevê que as multas podem ser exigidas mediante habilitação no processo falimentar (Lei n. 11.101/2005, art. 83, VII). No entanto, a jurisprudência permanece no mesmo sentido.

Parágrafo único. O disposto no *caput* não se aplica à União, aos Estados, ao Distrito Federal, aos Municípios e às suas autarquias e fundações públicas.

Parágrafo acrescentado pela MP n. 2.180-35, de 24.08.2001.

O inadimplemento das obrigações de qualquer natureza já é, particularmente, grave, ainda mais em se tratando de obrigação trabalhista, voltada ao sustento do empregado e de sua família. Por parte do Estado, então, torna-se vergonhoso. Embora seja conferida a presunção de legalidade aos atos dos entes públicos, a regra deste parágrafo único não se justifica de nenhuma maneira. Em termos práticos, ela implica que os empregadores da administração direta, indireta ou fundacional, da União, dos estados, do Distrito Federal e dos municípios, têm o direito de protelar o pagamento das verbas rescisórias incontroversas devidas a seus ex-empregados e reclamadas em juízo, sem que disso resultem consequências. A regra é legal, mas não é moral e revela um traço pouco enobrecedor de nossa sociedade: a ideia de que, além das prerrogativas necessárias ao exercício do poder, também devem ser garantidos ao Estado, ou a seus agentes, privilégios descabidos, em especial porque as entidades governamentais deveriam ser exemplares no cumprimento das leis editadas pelos próprios Poderes constituídos. Em suma, é um paradoxo o Estado editar leis e ser o primeiro a não cumpri-las.

CAPÍTULO III
DA ALTERAÇÃO

Art. 468. Nos contratos individuais de trabalho só é lícita a alteração das respectivas condições por mútuo consentimento, e ainda assim desde que não resultem, direta ou indiretamente, prejuízos ao empregado, sob pena de nulidade da cláusula infringente desta garantia.

A regra geral contida no art. 468 é a de que o contrato de emprego não pode ser alterado unilateralmente – por ser bilateral – nem prejudicialmente ao empregado – devido ao princípio de proteção. Isso significa que são lícitas somente as alterações promovidas por mútuo consentimento e que não resultem em prejuízos diretos ou indiretos ao trabalhador, podendo tratar-se de prejuízos de ordem econômica, jurídica, moral etc. Em outro sentido, não são lícitas as alterações unilaterais, mesmo as não prejudiciais, bem como as bilaterais que causem algum dano. No entanto, o TST julga que o retorno do empregado público da administração direta, autárquica ou fundacional à jornada inicialmente contratada não se insere nas vedações do art. 468 da CLT, visto que sua jornada é definida em lei e no contrato de trabalho firmado entre as partes (OJ n. 308 da SDI-1 do TST).

A ilicitude da alteração é causa de *nulidade relativa* – conforme a clássica divisão entre nulidade absoluta e relativa – ou de *anulabilidade* – conforme a distinção mais moderna entre nulidade relativa, nulidade absoluta e anulabilidade. Por conseguinte, seu desfazimento deve ser reclamado dentro do prazo prescricional, sob pena de convalidar-se (por exemplo, OJ n. 175 da SDI-1 do TST).

Exceção à regra de imutabilidade unilateral e *in pejus*, contida no art. 468 da CLT, é o *jus variandi* do empregador. Este consiste no direito que tem o empregador de, excepcionalmente, alterar o contrato de modo unilateral e até prejudicial ao empregado, em prol da preservação do empreendimento e da continuidade do contrato de emprego, tendo em vista a dinâmica das relações econômicas e trabalhistas.

As *alterações não substanciais*, isto é, as que não afetam os aspectos fundamentais do contrato, costumam ser admitidas como manifestações do *jus variandi*. São exemplos: a mudança no regime de turnos do petroleiro (art. 9º, *caput* e parágrafo único, e art. 10 da Lei n. 5.811/72), a redução da carga horária do professor em decorrência da diminuição do número de alunos (OJ n. 244 da SDI-1 e o Precedente Normativo n. 78 da SDC do TST), a alteração da data de pagamento do salário (OJ n. 159 da SDI-1 do TST) e a mudança do local de trabalho para a mesma localidade (Súmula n. 29 do TST).

Porém, *alterações substanciais* que afetam os aspectos fundamentais do contrato (função, salário e local de trabalho) só são admitidas em duas hipóteses: 1) por mútuo consentimento (bilaterais) ou, 2) unilateralmente, como manifestação do *jus variandi*, se previstas em lei. Constituem exemplos de alterações unilaterais lícitas: a) a reversão do cargo de confiança (art. 468, parágrafo único, da CLT); b) a reversão nos casos de substituição, comissionamento ou interinidade (art. 450 da CLT); c) a readaptação do empregado à nova função, em vista da redução de sua capacidade de trabalho por motivo de deficiência física ou mental (arts. 300 e 461, § 4º, da CLT); d) a readaptação temporária da gestante, durante a gravidez, quando as condições de saúde o exigirem (art. 392, § 4º, I, da CLT); e) a supressão, quando do retorno ao Brasil, do adicional de transferência, das prestações *in natura* e de quaisquer outras vantagens concedidas ao empregado durante sua transferência para o exterior (art. 10 da Lei n. 7.064/82); f) a supressão, quando cessar a causa dos adicionais noturno (Súmula n. 265 do TST), por insalubridade ou trabalho perigoso (art. 194 da CLT e Súmulas ns. 80 e 248 do TST), de transferência provisória (art. 469, § 3º, da CLT), de trabalho em turnos na atividade petrolífera ou petroquímica (arts. 9º, *caput* e parágrafo único, e 10 da Lei n. 5.811/72), e de horas extras (Súmula n. 291 do TST); g) as transferências unilaterais, por necessidade de serviço, dos empregados de confiança, dos empregados com cláusula explícita ou implícita de transferência ou a transferência provisória (art. 469, §§ 1º e 3º, da CLT).

---

§ 1º Não se considera alteração unilateral a determinação do empregador para que o respectivo empregado reverta ao cargo efetivo, anteriormente ocupado, deixando o exercício de função de confiança.

Antigo parágrafo único renumerado pela Lei n. 13.467, de 13.07.2017.

A reversão do cargo de confiança para o cargo efetivo anteriormente ocupado não é permitida em qualquer circunstância. Ela é possível somente quando o empregado ocupa cargo de confiança de maneira temporária ou, como se diz, comissionada. Isso raramente ocorre nas empresas privadas e só ocasionalmente nas organizações públicas, nas sociedades de economia mista ou naquelas que ainda possuem quadro de carreira ou situação assemelhada. Nestas, quando o empregado é guindado de modo não permanente a um posto de confiança previsto no art. 62, II (confiança geral) ou no art. 499 da CLT (confiança específica), pode ser reconduzido ao cargo efetivo que antes ocupava, quando cessar a confiança nele depositada pelo empregador. Vale insistir que isso não é lícito nas organizações em que os cargos de confiança são ocupados em caráter definitivo, como acontece na maioria das empresas. Distinguir se a reversão é ou não possível impõe examinar a estrutura organizacional do empregador, isto é, apurar, no caso concreto, o modo como são preenchidos os cargos de confiança.

A reversão ora tratada implica a perda do cargo de confiança e do salário correspondente, voltando o empregado a perceber aquele próprio do cargo de origem. Essa reversão é viável a qualquer tempo, mas firmou-se jurisprudência no sentido de que a redução salarial não seria lícita quando o empregado permanecesse no cargo de confiança por dez anos ou mais (Súmula n. 372, I, do TST; assim também era a Súmula n. 209 daquela corte, já cancelada). Fez-se, aqui, analogia com a antiga estabilidade decenal do art. 492 da CLT: se o empregado adquiria estabilidade no emprego após dez anos de serviços prestados ao mesmo empregador, também deve adquirir uma estabilidade financeira depois de dez anos ocupando cargo de confiança mais bem remunerado. Esta jurisprudência terá de ser revista, pois a Lei n. 13.467/2017 acrescentou o § 2º a este art. 468, comentado a seguir, o qual proíbe a incorporação da gratificação de função ou do acréscimo salarial, mesmo depois de dez anos. Não obstante a transitoriedade da ocupação do cargo de confiança e da percepção do salário correspondente, este não pode ser diminuído durante o período em que o empregado permanecer no posto mais elevado (Súmula n. 372, II, do TST).

§ 2º A alteração de que trata o § 1º deste artigo, com ou sem justo motivo, não assegura ao empregado o direito à manutenção do pagamento da gratificação correspondente, que não será incorporada, independentemente do tempo de exercício da respectiva função.

Parágrafo acrescentado pela Lei n. 13.467, de 13.07.2017.

Este parágrafo, acrescido pela Lei n. 13.467/2017, é exatamente oposto ao que consta do item I da Súmula n. 372 do TST, mencionada no comentário ao § 1º. O dispositivo não deixa margem a dúvida: o empregado que ocupe cargo de confiança de maneira temporária ou comissionada e seja revertido ao cargo efetivo anteriormente ocupado, não tem direito a manter o acréscimo salarial que recebeu durante o tempo em que ocupou o cargo superior a título de gratificação de função ou sob outra rubrica e deve voltar a perceber a remuneração própria de seu cargo de origem. A reversão não é possível em qualquer circunstância, apenas na hipótese do cargo de confiança ser ocupado de maneira temporária ou comissionada, como mencionado no comentário ao parágrafo anterior.

Art. 469. Ao empregador é vedado transferir o empregado, sem a sua anuência, para localidade diversa da que resultar do contrato, não se considerando transferência a que não acarretar necessariamente a mudança do seu domicílio.

A regra do art. 469 é semelhante à do art. 468: caso se trate de alteração substancial do contrato, a transferência para outra localidade só será permitida por mútuo consentimento ou, unilateralmente, nas hipóteses dos parágrafos seguintes. Contrário senso, se não consistir em alteração substancial do contrato, a mudança do local de trabalho para a mesma localidade pode ocorrer de maneira unilateral, enquadrando-se no *jus variandi* do empregador. A noção de localidade aqui prevista é a mesma a que se refere o art. 461 da CLT: em princípio, diz respeito a um município, mas pode referir-se a municípios diversos que, comprovadamente, pertençam a uma mesma região metropolitana (Súmula n. 6, X, do TST, que cuida de equiparação salarial). Assim, por exemplo, é permitido ao empregador mudar o local de trabalho, unilateralmente, do Rio de Janeiro para Niterói, de Vitória para Vila Velha, de Recife para Olinda, de Curitiba para São José dos Pinhais etc.

Para a caracterização da transferência, o artigo exige que a mudança do local de trabalho acarrete também a alteração do domicílio do empregado, o que é compreensível, devido às condições de transporte existentes na época da promulgação da CLT. Naquele tempo, era inconcebível que o empregado pudesse residir em uma localidade e trabalhar em outra, mas, atualmente, isso é viável. O exagero do exemplo é evidente em razão do custo, o que o restringe ao caso de empregados de alto nível salarial; porém, é possível que o trabalhador resida em São Paulo e trabalhe no Rio de Janeiro, ou vice-versa, e se desloque diariamente por meio da ponte aérea. Em tal exemplo, não se pode negar que a mudança do local de trabalho de uma dessas cidades para a outra represente transferência. Disso resulta que a transferência ocorre, em regra, quando a mudança do local de trabalho implica a alteração do domicílio do empregado. Mas também ocorre excepcionalmente quando, mesmo sem resultar alteração do domicílio do empregado, o local de trabalho for modificado para localidade diversa. Esta segunda hipótese é frequente em casos de transferência provisória de curta duração, por alguns meses, em que não compense para o empregado mudar seu domicílio.

---

§ 1º Não estão compreendidos na proibição deste artigo os empregados que exerçam cargos de confiança e aqueles cujos contratos tenham como condição, implícita ou explícita, a transferência, quando esta decorra de real necessidade de serviço.

Parágrafo com redação dada pela Lei n. 6.203, de 17.04.1975.

A regra estabelecida no *caput* deste artigo é de que a mudança do local de trabalho para outra localidade deve ocorrer por mútuo consentimento (bilateralmente). No entanto, é admitida de maneira unilateral caso se trate de empregado de confiança referido nos arts. 62, II (confiança geral), e 499 da CLT (confiança específica), ou de empregado que tenha cláusula contratual explícita ou implícita que preveja essa condição, desde que resulte da necessidade de serviço. Os primeiros, por desfrutarem da confiança do empregador, recebem menor proteção e não apenas podem ser transferidos de modo unilateral, como não adquirem estabilidade no emprego (art. 499 da CLT) e podem sofrer a reversão em alguns casos (art. 468, parágrafo único, da CLT). Os últimos, por contratar, expressamente, com seus empregadores, e por exigência da natureza de seu trabalho, podem, igualmente, ser transferidos mesmo contra sua vontade. Exemplo da última hipótese é o do aeronauta (arts. 51 e 52 da Lei n. 7.183/84). Impõe-se frisar que essas transferências unilaterais só podem acontecer por real necessidade de serviço, o que significa exigência imperiosa do trabalho e não por mero capricho do empregador. A este cabe demonstrar tal necessidade em eventual processo judicial.

---

§ 2º É lícita a transferência quando ocorrer extinção do estabelecimento em que trabalhar o empregado.

A disposição contida neste parágrafo é paradoxal. Se for interpretado literalmente, significa que, caso seja extinto o estabelecimento, não cabe ao empregado recusar a transferência, sob pena de ser considerado insubordinado e caracterizar-se a justa causa para o seu despedimento (art. 482, *h*, da CLT). Tal interpretação é injusta, porquanto a mudança do local de trabalho em tal circunstância é determinada pelo interesse do empregador e não se pode impor ao empregado que altere o seu domicílio por essa razão. A demonstrar tal injustiça, tome-se o exemplo da extinção do estabelecimento e de sua mudança para outro estado do país: parece desprovido de bom-senso exigir que o empregado aceite a transferência sob o risco de sofrer a despedida motivada. A única maneira de afastar essa interpretação injusta é entender que ao trabalhador é facultado aceitar a transferência ou ser dispensado sem justa causa. Contudo, isso implica tornar o parágrafo em questão absolutamente inútil, uma vez que a transferência por mútuo consentimento é prevista no *caput* deste artigo, e o direito de o empregador romper o contrato por sua iniciativa e sem culpa do empregado existe independentemente de previsão legal. O paradoxo, então, revela-se: caso se interprete o dispositivo literalmente, ele se mostrará injusto; ao se afastar a injustiça, ele se tornará inútil, valendo notar que ambas as opções são rejeitadas pelas regras de hermenêutica. A melhor solução é desprezá-lo por ser ineficaz. Como não é utilizado na prática, já que os empregadores preferem transferir os empregados por mútuo consentimento ou despedi-los sem justa causa, a norma nele contida não pode ser reputada válida, segundo a lição de Kelsen, para quem a validade normativa é condicionada a um mínimo de eficácia.

---

§ 3º Em caso de necessidade de serviço o empregador poderá transferir o empregado para localidade diversa da que resultar do contrato, não obstante as restrições do artigo anterior, mas, nesse caso, ficará obrigado a um pagamento suplementar, nunca inferior a 25% (vinte e cinco por cento) dos salários que o empregado percebia naquela localidade, enquanto durar essa situação.

Parágrafo acrescentado pela Lei n. 6.203, de 17.04.1975.

O parágrafo em comento cuida da chamada *transferência provisória*, que se contrapõe à *transferência definitiva*. Se a transferência for provisória, o empregado terá direito a perceber o adicional de 25% de seu salário enquanto a transferência perdurar, ainda que se trate de empregado de confiança ou cujo contrato contenha cláusula explícita ou implícita de transferência (OJ n. 113 da SDI-1 do TST). Esse adicional não é devido em caso de transferência definitiva.

A distinção de ambas é tormentosa e difícil de ser estabelecida *a priori*. Somente o exame do caso concreto permite definir-se, com alguma segurança, uma ou outra, e deve ser admitida a existência de hipóteses duvidosas em que mesmo o exame *a posteriori* não permite indicar, com certeza, a qual delas se refere.

Os critérios para distingui-las são vários e meramente auxiliares, pois nenhum é capaz de solucionar a contento todas as situações. Um dos critérios é o *temporal*, que toma em consideração o tempo de duração da transferência. É utilizado pelo legislador nos casos de transferência para o exterior – assim reputada a que exceder de 90 dias (art. 1º, parágrafo único, da Lei n. 7.064/82), de transferência do aeronauta – considerada provisória, caso seja superior a 30 e inferior a 120 dias e não resultar em mudança de domicílio (art. 73, § 1º, *a*, da Lei n. 13.475/2017), ou permanente, caso seja superior a 120 dias e implicar mudança de domicílio (art. 73, § 1º, *b*, da Lei n. 13.475/2017), e do aeroviário – considerada transitória, caso seja inferior a 120 dias, ou permanente, caso seja superior a esse prazo, salvo acordo em contrário (art. 26, § 1º, do Decreto n. 1.232/62). A crítica a tal critério é que, afora as hipóteses referidas anteriormente, não há parâmetro para definir quanto tempo é necessário para a transferência caracterizar-se como provisória ou definitiva.

Outro critério existente é o do *ânimo*, que considera a vontade das partes de que a transferência perdure ou não. Por esse critério, é definitiva a transferência que se almeja ser permanente, e provisória a que se deseja ser transitória. É um critério razoável e bastante observado na jurisprudência, mas de difícil aferição. Além do mais, a transferência que se pretende, inicialmente, ser definitiva pode tornar-se provisória por circunstâncias alheias à vontade das partes, como a inadaptação do empregado ou de sua família à vida na nova localidade. Ou o inverso: a transferência que se pretende provisória pode, com o tempo, tornar-se definitiva.

Há ainda os critérios do *retorno ao local de origem* e do *local da extinção do contrato*, que levam em conta elementos geográficos. Por eles, é definitiva a transferência se o empregado não retornar ao local de origem ou se o contrato extinguir-se no local de destino, e provisória se houver o retorno ao local de partida ou nele ocorrer a extinção do vínculo laboral. Tais critérios são falhos, porquanto a transferência pode ser provisória sem que o empregado retorne à localidade de onde veio – o trabalhador de um parque de diversões é sempre transferido provisoriamente –, além disso, o local da extinção do contrato constitui apenas um frágil indício que não determina por si a natureza da alteração. Em suma, nenhum dos critérios basta, podendo ser utilizado o que mais convier no caso a ser resolvido.

Art. 470. As despesas resultantes da transferência correrão por conta do empregador.

Artigo com redação dada pela Lei n. 6.203, de 17.04.1975.

Independentemente de a transferência ocorrer por mútuo consentimento, por iniciativa do empregado ou do empregador, ou tratar-se de transferência unilateral regulada pelos parágrafos do art. 469 da CLT, as despesas resultantes são sempre de responsabilidade do empregador porque é dele o risco da atividade econômica (art. 2º da CLT). Caso se cuide de simples mudança de endereço para a mesma localidade – o que não implica, necessariamente, transferência, conforme comentário ao art. 469, *caput* –, incumbe ao empregador suportar o acréscimo com as despesas de transporte (Súmula n. 29 do TST), inclusive o eventual incremento da participação do empregado nos custos do vale-transporte (art. 4º, parágrafo único, da Lei n. 7.418/85). Caso se trate, efetivamente, de transferência para outra localidade, todos os gastos devem ser efetuados pelo empregador, o que inclui as despesas com a alteração do domicílio do empregado, isto é, passagens para ele e para sua família, custos de transporte de seus móveis e utensílios etc. Muitas vezes, podem alcançar até os gastos com o aluguel, com o ensino dos dependentes, entre outros. Essas despesas não representam salário *in natura* conforme o art. 458 da CLT, porque não visam remunerar o empregado e, sim, enfrentar os gastos necessários à execução do contrato. A rigor, têm a natureza de ajuda de custo, embora possam ser superiores a 50% do salário do empregado.

CAPÍTULO IV
DA SUSPENSÃO E DA INTERRUPÇÃO

Art. 471. Ao empregado afastado do emprego, são asseguradas, por ocasião de sua volta, todas as vantagens que, em sua ausência, tenham sido atribuídas à categoria a que pertencia na empresa.

Durante o período de suspensão ou de interrupção, o contrato permanece vigente, de modo que todas as vantagens concedidas coletivamente em tal interregno são devidas ao empregado que se encontra afastado. Tome-se o exemplo do empregado em licença médica decorrente de acidente de trabalho: embora não receba salário e, sim, o auxílio previdenciário, as contribuições ao FGTS continuam a ser depositadas em sua conta vinculada (art. 4º da CLT; art. 15, § 5º, da Lei n. 8.036/90; e art. 28 do Decreto n. 99.684/90). Assim, caso haja aumento salarial na data-base da categoria, o reajuste é aplicado aos seus vencimentos, mesmo não percebidos, o que resulta na majoração da contribuição ao Fundo.

A regra em questão implica que, se o contrato tiver a execução suspensa ou interrompida, pode ser extinto por causas diversas, como a morte do empregado, a demissão por sua própria iniciativa, a extinção da empresa com ou sem força maior etc. Mas não se permite a despedida sem justa causa porque, ao serem garantidas as vantagens auferidas pela categoria no período de paralisação, eventual despedimento impediria a aplicação do dispositivo. É questionável a possibilidade de extinção normal do contrato a termo que esteja suspenso no dia de seu vencimento. Para alguns, não obstante a suspensão, o contrato encerra-se no termo ajustado, de modo que a manutenção além dele importará sua transformação em contrato a prazo indeterminado, conforme o art. 451 da CLT; para outros, o termo final é legalmente prorrogado até o final da causa suspensiva por analogia à Súmula n. 371 do TST.

A CLT não distingue suspensão e interrupção, da mesma maneira que não o fazem a legislação e a doutrina estrangeiras. Mas a doutrina nacional destaca-as, diferenciando *suspensão* (também denominada *suspensão total*) de *interrupção* (também chamada *suspensão parcial*). *Suspensão* representa a paralisação temporária e *total* das principais obrigações e efeitos do contrato de trabalho, isto é, a paralisação temporária do trabalho, do pagamento do salário e, em regra, da contagem do período no tempo de serviço do empregado. São exemplos: a suspensão disciplinar (art. 474 da CLT); a licença-maternidade, inclusive à mãe adotante (art. 7º, XVIII, da CF; art. 392-A da CLT; e arts. 71-A e 72 da Lei n. 8.213/91); a licença médica após os primeiros quinze dias (art. 476 da CLT); a falta injustificada ao serviço; a eleição de empregado para cargo de direção de sociedade anônima, salvo se permanecer a subordinação jurídica inerente ao vínculo de emprego (Súmula n. 269 do TST) etc. A *interrupção*, por sua vez, significa a paralisação temporária e *parcial* das principais obrigações do contrato de trabalho, vale dizer, a paralisação temporária da prestação de serviços, com a manutenção do salário e da contagem do tempo de serviço. Exemplos: férias; licença médica por menos de quinze dias; licença-paternidade; faltas legais; licença remunerada etc.

Essa distinção merece crítica, pois nem sempre o tempo de serviço deixa de ser computado nos casos de suspensão. Na realidade, o reflexo da suspensão da execução, do contrato no tempo de serviço do empregado varia conforme as hipóteses: em algumas delas ocorre com maior intensidade; em outras, com intensidade menor. Note-se que, mesmo havendo suspensão, são devidos os depósitos do FGTS nos casos de afastamento por conta do serviço militar, por acidente de trabalho (art. 4º da CLT; art. 15, § 5º, da Lei n. 8.036/90; e art. 28, I e III, do Decreto n. 99.684/90) e por licença-maternidade (art. 28, IV, do Decreto n. 99.684/90). Igualmente, os afastamentos por doença ou acidente não prejudicam o direito de o empregado usufruir férias com a percepção do benefício previdenciário, se durarem menos de seis meses contínuos ou não contínuos, dentro do mesmo período aquisitivo (art. 133, IV, da CLT).

Assim, parece mais seguro distinguir suspensão de interrupção do contrato a partir da permanência, ou não, da prestação salarial. Em termos práticos: na suspensão da execução do contrato, não persiste a obrigação de o empregador pagar os salários, não se computando o período no tempo de serviço para alguns efeitos; na interrupção, os salários são pagos normalmente, computando-se o período no tempo de serviço do trabalhador para todos os efeitos legais. A partir de tal distinção, é possível elaborar o seguinte quadro:

	Trabalho	Salário	Contagem do tempo de serviço
Suspensão	não	não	não (para alguns efeitos)
Interrupção	não	sim	sim (para todos os efeitos)

Art. 472. O afastamento do empregado em virtude das exigências do serviço militar, ou de outro encargo público, não constituirá motivo para alteração ou rescisão do contrato de trabalho por parte do empregador.

O afastamento para atender às exigências do serviço militar não é motivo para a alteração ou para a extinção, mas constitui causa de suspensão da execução do contrato, uma vez que, no período de convocação, o empregado não tem direito a perceber o salário correspondente (art. 60, § 1º, da Lei n. 4.375/64). Não obstante, o tempo de serviço é computado (art. 4º da CLT), sendo também devidas as contribuições ao FGTS (art. 15, § 5º, da Lei n. 8.036/90). Ressalva-se, todavia, a hipótese do § 5º, seguinte, em que parte da remuneração é devida.

Ao cessar a convocação, cessa igualmente a causa suspensiva, e retoma-se o contrato normalmente no prazo de trinta dias subsequentes ao término do curso, salvo se o empregado declarar, por ocasião da incorporação ou matrícula, que não pretende retornar (art. 60, *caput*, da Lei n. 4.375/64).

§ 1º Para que o empregado tenha direito a voltar a exercer o cargo do qual se afastou em virtude de exigências do serviço militar ou de encargo público, é indispensável que notifique o empregador dessa intenção, por telegrama ou carta registrada, dentro do prazo máximo de 30 (trinta) dias, contados da data em que se verificar a respectiva baixa ou a terminação do encargo a que estava obrigado.

O direito de o empregado retornar ao trabalho deve ser exercido no prazo de trinta dias após o término da convocação, sob pena de caracterizar-se o abandono de emprego (art. 482, *i*, da CLT; e Súmula n. 32 do TST). O legislador exige, para tanto, que o empregador seja notificado por telegrama ou por carta registrada, mas essa formalidade é dispensável, pois o empregado pode simplesmente apresentar-se ao serviço. A comunicação escrita justifica-se como prova em eventual processo judicial em que se discuta o abandono.

Esse direito de retorno extingue-se caso, na incorporação ou na matrícula, o empregado declarar que não pretende voltar, o que implica a demissão por sua própria iniciativa (art. 60, *caput*, da Lei n. 4.375/64). O mesmo acontece na hipótese de o empregado engajar-se após a incorporação (art. 60, § 2º, da Lei n. 4.375/64). Nesses casos, o comandante, diretor ou chefe de organização militar em que o convocado for incorporado ou matriculado deve comunicar ao empregador a pretensão do empregado de não retornar e, se for o caso, o engajamento concedido, no prazo de vinte dias que se seguirem à incorporação ou concessão do engajamento (art. 60, § 3º, da Lei n. 4.375/64). Em caso de manifestação de vontade promovida perante a autoridade militar, é dispensável a assistência de que trata o art. 477, § 1º, da CLT.

---

§ 2º Nos contratos por prazo determinado, o tempo de afastamento, se assim acordarem as partes interessadas, não será computado na contagem do prazo para a respectiva terminação.

Normalmente, na suspensão da execução do contrato a termo, o tempo de afastamento não é deduzido da contagem do prazo ajustado para a terminação. Assim, se o contrato for celebrado para durar dois anos e sobrevier afastamento por seis meses, a terminação deve ocorrer no prazo inicialmente estabelecido entre as partes, sem nenhuma alteração. Porém, se houver ajuste expresso, é possível deduzir o tempo de afastamento de maneira que, no exemplo citado, o contrato perdure por mais seis meses além do termo ajustado, a fim de completar-se o prazo de dois anos. Esse novo ajuste deve ser expresso, porque, do contrário, resulta a aplicação da regra geral, ou seja, a cessação no termo original. Este parágrafo comporta aplicação, por analogia, a contratos suspensos por outras causas que não o afastamento para atender às exigências do serviço militar.

---

§ 3º Ocorrendo motivo relevante de interesse para a segurança nacional, poderá a autoridade competente solicitar o afastamento do empregado do serviço ou do local de trabalho, sem que se configure a suspensão do contrato de trabalho.

Parágrafo acrescentado pelo Decreto-lei n. 3, de 27.01.1966.

O art. 61 da Lei n. 4.375/64 prevê que o empregado incorporado por motivo de convocação para manobras, exercícios, manutenção da ordem interna ou guerra tem assegurado o retorno ao emprego que exercia ao ser convocado e garantido o direito a perceber de seu empregador dois terços da respectiva remuneração, durante o tempo em que permanecer incorporado, recebendo do Exército, da Marinha ou da Aeronáutica apenas as gratificações regulamentares. Mas o pagamento de parte da remuneração pelo empregador é limitado aos primeiros noventa dias (veja o comentário ao § 5º, a seguir). Nesse período, tem-se, pois, a interrupção da execução do contrato.

O § 1º do mesmo artigo permite ao trabalhador convocado optar pelos vencimentos da força, se estes lhe convierem. Além disso, o § 2º determina que o empregado perderá o direito de perceber dois terços de sua remuneração de seu empregador, caso obtenha o engajamento. Nessas duas últimas circunstâncias, e se for ultrapassado o prazo de noventa dias referido anteriormente, o afastamento caracterizar-se-á como hipótese de suspensão da execução do contrato.

Para o cumprimento do disposto neste parágrafo em comento, o comandante, diretor ou chefe da organização militar em que for incorporado o empregado deverá comunicar imediatamente ao seu empregador a opção quanto aos vencimentos e, se for o caso, o engajamento concedido (art. 61, § 3º, da Lei n. 4.375/64).

---

§ 4º O afastamento a que se refere o parágrafo anterior será solicitado pela autoridade competente diretamente ao empregador, em representação fundamentada com audiência da Procuradoria Regional do Trabalho, que providenciará desde logo a instauração do competente inquérito administrativo.

Parágrafo acrescentado pelo Decreto-lei n. 3, de 27.01.1966.

A Lei n. 4.375/64 não previa a necessidade de representação à Procuradoria Regional do Trabalho, mas sendo este parágrafo posterior a ela (ele foi inserido pelo Decreto-lei n. 3, de 27.01.1966), prevalece sobre aquela, nos termos do art. 2º, § 2º, da Lei de Introdução às normas do Direito Brasileiro (Decreto-lei n. 4.657/42).

---

§ 5º Durante os primeiros 90 (noventa) dias desse afastamento, o empregado continuará percebendo sua remuneração.

Parágrafo acrescentado pelo Decreto-lei n. 3, de 27.01.1966.

Como foi referido no comentário ao § 3º, o art. 61 da Lei n. 4.375/64 previa que o empregado incorporado por motivo de convocação para manobras, exercícios, manutenção da ordem interna ou guerra teria garantido o direito a perceber de seu empregador dois terços da respectiva remuneração, durante todo o tempo em que permanecesse incorporado. Mas esse direito foi limitado pelo

Decreto-lei n. 3/66, que inseriu este § 5º, de modo a restringir o encargo do empregador aos primeiros noventa dias do afastamento.

Art. 473. O empregado poderá deixar de comparecer ao serviço sem prejuízo do salário:

Caput *com redação dada pelo Decreto-lei n. 229, de 28.02.1967.*

Este artigo cuida das chamadas faltas legais ao serviço, também denominadas faltas justificadas, que caracterizam hipóteses de interrupção do contrato, visto que, nesses casos, o salário é devido e o afastamento computado como tempo de serviço. Embora extenso, o rol não é taxativo: há várias outras faltas autorizadas legalmente: a) os primeiros quinze dias consecutivos de afastamento por doença, comprovada por atestado médico (sobre atestados, art. 6º, § 2º, da Lei n. 605/49, e Súmulas ns. 15 e 282 do TST), observando-se que, a partir do 16º dia de afastamento, o empregado passa a perceber o auxílio previdenciário, e o afastamento converte-se em hipótese de suspensão do contrato (art. 476 da CLT; e art. 59 da Lei n. 8.213/91); b) durante a gestação, a mulher tem direito à dispensa do horário de trabalho pelo tempo necessário para a realização de, no mínimo, seis consultas médicas e demais exames complementares (art. 392, § 4º, II, da CLT); c) em caso de aborto não criminoso comprovado por atestado médico, a mulher tem direito a duas semanas de repouso (art. 395 da CLT); d) pelo trabalho em eleições, o empregado tem direito a descanso de dois dias por cada dia de convocação, a critério da Justiça Eleitoral (art. 98 da Lei n. 9.504/97); e) se for convocado como testemunha, o empregado poderá faltar o quanto for necessário para atender à convocação, uma vez que exerce um múnus público (art. 463, parágrafo único, do CPC/2015; art. 459 do CPP); f) o mesmo ocorre em caso de convocação para compor o corpo de jurados (art. 441 do CPP); g) o aeronauta deslocado para curso fora de sua base tem direito a um dia de licença para cada quinze dias fora dela, que não deverá coincidir com sábado, domingo ou feriado, desde que a permanência na outra localidade seja superior a trinta dias (art. 39, *caput* e parágrafo único, da Lei n. 7.183/84); h) o aeronauta transferido em caráter permanente também tem direito a descanso de oito dias, fixados por sua opção, com aviso-prévio de oito dias à empresa, dentro dos sessenta dias seguintes à sua chegada à nova base, para adaptar-se a ela (art. 51, § 5º, *d*, da Lei n. 7.183/84). Além dessas, são admitidas as paralisações por conveniência do empregador pelo tempo que determinar (art. 6º, § 1º, *c*, da Lei n. 605/49) e quaisquer outras faltas autorizadas por sua liberalidade (art. 131, IV, da CLT; e art. 6º, § 1º, *b*, da Lei n. 605/49).

I – até 2 (dois) dias consecutivos, em caso de falecimento do cônjuge, ascendente, descendente, irmão ou pessoa que, declarada em sua Carteira de Trabalho e Previdência Social, viva sob sua dependência econômica;

Inciso com redação dada pelo Decreto-lei n. 229, de 28.02.1967.

Trata-se da licença por *nojo*, isto é, por falecimento de cônjuge, ascendente, descendente, irmão ou pessoa declarada como dependente do empregado. Tal licença é de dois dias para os empregados em geral e de nove dias tratando-se de professor (art. 320, § 3º, da CLT).

II – até 3 (três) dias consecutivos, em virtude de casamento;

Inciso com redação dada pelo Decreto-lei n. 229, de 28.02.1967.

Esta hipótese é denominada licença por *gala*, vale dizer, por casamento. Os empregados em geral têm o direito de ausentar-se por três dias consecutivos, exceto os professores, cuja licença é de nove dias (art. 320, § 3º, da CLT).

III – por 1 (um) dia, em caso de nascimento de filho, no decorrer da primeira semana;

Inciso com redação dada pelo Decreto-lei n. 229, de 28.02.1967.

Este inciso encontra-se derrogado tacitamente pelo art. 7º, XIX, e pelo art. 10, § 1º, do ADCT, por meio dos quais foi criada a licença-paternidade de cinco dias. Atualmente, apenas esta última é devida, devendo o registro do filho ocorrer no seu curso.

IV – por 1 (um) dia, em cada 12 (doze) meses de trabalho, em caso de doação voluntária de sangue devidamente comprovada;

Inciso com redação dada pelo Decreto-lei n. 229, de 28.02.1967.

O dispositivo comporta elogio ao incentivo à solidariedade. Infelizmente, muitos empregados e empregadores ainda não se conscientizaram de modo a incrementar a doação voluntária de sangue, esquecendo-se de que também podem beneficiar-se dela.

V – até 2 (dois) dias consecutivos ou não, para o fim de se alistar eleitor, nos termos da lei respectiva;

Inciso com redação dada pelo Decreto-lei n. 229, de 28.02.1967.

O empregado pode faltar até dois dias, consecutivos ou não, para alistar-se como eleitor ou requerer transferência, mediante comunicação com 48 horas de antecipação, nos termos da lei respectiva, isto é, do art. 48 do Código Eleitoral (Lei n. 4.737/65). A expressão "até 2 (dois) dias" significa o limite máximo da ausência ao trabalho, e não o limite mínimo. Assim, caso o alistamento demande muito tempo, justifica-se a falta por todo o dia de labor, mas se demandar somente algumas horas, a ausência ao serviço pode ser parcial, ou seja, apenas pelo tempo necessário à sua realização e ao deslocamento do trabalhador.

VI – no período de tempo em que tiver de cumprir as exigências do Serviço Militar referidas na letra *c* do art. 65 da Lei n. 4.375, de 17 de agosto de 1964 (Lei do Serviço Militar);

Inciso acrescentado pelo Decreto-lei n. 757, de 12.08.1969.

Conforme o art. 60, § 4º, da Lei n. 4.375/64, o empregado obrigado a faltar ao trabalho por força de exercício ou manobras extraordinárias tem suas faltas abonadas para todos os efeitos.

VII – nos dias em que estiver comprovadamente realizando provas de exame vestibular para ingresso em estabelecimento de ensino superior;

Inciso acrescentado pela Lei n. 9.471, de 14.07.1997.

Este dispositivo, criado pela Lei n. 9.471/97, é de grande importância como incentivo ao desenvolvimento do ensino de nível superior. O empregado tem direito a ausentar-se quantas vezes forem necessárias para prestar exames de admissão, desde que comprove a inscrição e o comparecimento às provas. Evidentemente, não pode exceder-se, porque poderá levar seu empregador a dispensá-lo. É bom lembrar que nenhum direito admite abuso.

VIII – pelo tempo que se fizer necessário, quando tiver que comparecer a juízo;

Inciso acrescentado pela Lei n. 9.853, de 27.10.1999.

Este outro dispositivo, acrescentado pela Lei n. 9.853/99, é bastante salutar, por assentar o que a jurisprudência já havia consolidado (Súmula n. 155 do TST). O exercício do direito de ação é, antes de tudo, um exercício de cidadania e não pode ser obstado pelo impedimento do empregado em ausentar-se do trabalho. Assim, o empregado pode faltar ao serviço para comparecer a juízo a fim de participar de audiências ou praticar quaisquer outros atos que exijam a sua presença. O legislador não previu, mas é necessário que o fato seja comprovado perante o empregador.

IX – pelo tempo que se fizer necessário, quando, na qualidade de representante de entidade sindical, estiver participando de reunião oficial de organismo internacional do qual o Brasil seja membro;

Inciso acrescentado pela Lei n. 11.304, de 11.05.2006.

Este inciso é justo e muito importante: permite ao representante de entidade sindical faltar ao serviço para participar de reunião oficial de organismo internacional do qual o Brasil seja membro (a OIT, por exemplo), sem que isso implique prejuízo ao salário ou descumprimento do contrato. O texto não se restringe ao dirigente sindical de que trata o art. 543, podendo ser estendido a qualquer membro da entidade que exerça essa representação, por exemplo, o delegado sindical. É de notar, porém, que cuida apenas de reunião oficial e de organismo do qual o Estado brasileiro seja membro, não podendo ser aplicado a outras organizações públicas ou privadas não enquadradas nesse estreito limite.

X – até 2 (dois) dias para acompanhar consultas médicas e exames complementares durante o período de gravidez de sua esposa ou companheira;

Inciso acrescentado pela Lei n. 13.257, de 08.03.2016.

Este dispositivo está relacionado com o inciso II do § 4º do art. 392 da CLT, que confere à gestante o direito a dispensa do horário de trabalho pelo tempo necessário para a realização de, no mínimo, seis consultas médicas e demais exames complementares. Este inciso X do art. 473 complementa aquele outro dispositivo do art. 392, permitindo que a gestante seja acompanhada em pelo menos duas ocasiões nessas consultas ou exames. Semelhante ao previsto no inciso V deste art. 473, a expressão "até 2 (dois) dias" significa o limite máximo da ausência ao trabalho, e não o limite mínimo. Assim, caso as consultas ou exames demandem muito tempo, justifica-se a falta por todo o dia de labor, mas se demandarem somente algumas horas, a ausência ao serviço pode ser parcial, ou seja, apenas pelo tempo necessário à realização das consultas e exames e ao deslocamento do trabalhador. O dispositivo não especifica o gênero da pessoa acompanhante, o que permite uma interpretação mais humana e democrática, no sentido de que tal pessoa seja de qualquer gênero, exigindo-se apenas que a gestante seja sua esposa ou companheira, isto é, seja legalmente casada ou mantenha união estável. O direito ao acompanhamento é muito salutar, porque a geração e a educação de um novo ser humano devem ser compartilhadas com amor, em todos os momentos. Além disso, o sentimento de amparo durante a gestação é bastante importante para a mãe e para a criança que está para nascer.

XI – por 1 (um) dia por ano para acompanhar filho de até 6 (seis) anos em consulta médica;

Inciso acrescentado pela Lei n. 13.257, de 08.03.2016.

Este dispositivo atende a um antigo anseio, especialmente das mães trabalhadoras. Se o empregado pode faltar ao serviço para cuidar de sua própria saúde, é justo que também possa fazê-lo para acompanhar filho de até seis anos de idade que, obviamente, não pode se dirigir sozinho aos serviços de atendimento. Esse limite é muito restrito e deveria ter sido estendido ao menos até os doze anos incompletos, em conformidade com o art. 2º da Lei n. 8.069/90, o ECA. Do mesmo modo, a autorização para faltar um dia por ano é insuficiente. Compreende-se que existam abusos de parte de alguns trabalhadores, mas para a maioria dos pais a saúde de seus filhos é mais importante que sua própria. Ademais, o bem-estar da criança é um bem para a sociedade e deve ser abrangido pela função social da atividade empresarial.

XII – até 3 (três) dias, em cada 12 (doze) meses de trabalho, em caso de realização de exames preventivos de câncer devidamente comprovada.

Inciso acrescentado pela Lei n. 13.767, de 18.12.2018.

Não há dúvida quanto à utilidade deste dispositivo. O câncer, em seus múltiplos tipos, é uma doença bastante comum e cada vez mais é passível de cura se diagnosticado e tratado precocemente. Assim, a possibilidade de o empregado faltar ao serviço para realizar exames preventivos constitui um ganho para a sociedade em muitos sentidos: do ponto de vista humano, reduz o sofrimento e a mortalidade; do ponto de vista social, reduz os gastos com saúde; do ponto de vista econômico, reduz as faltas ao trabalho e as licenças por doença etc. Por isso, é extremamente positivo que empregados e empregadores se engajem na luta em favor da prevenção.

Parágrafo único. ***(Suprimido pelo Decreto-lei n. 229, de 28.02.1967.)***

Art. 474. A suspensão do empregado por mais de 30 (trinta) dias consecutivos importa na rescisão injusta do contrato de trabalho.

A suspensão tratada neste artigo é a disciplinar, qual seja, a decorrente do poder de direção do empregador. Tal poder diretivo envolve os poderes de organização, controle e disciplina, sendo que o último poder é exercido normalmente pela aplicação de advertências verbais ou escritas ou pela suspensão sem o pagamento do salário dos dias correspondentes, como previsto no artigo em comento – outras sanções podem ser previstas em convenções coletivas, regulamentos de empresa etc. O período de suspensão disciplinar é determinado pela gravidade da falta e pela razoabilidade, ou seja, deve ser proporcional ao ato faltoso praticado pelo empregado. O legislador delegou ao bom-senso do empregador a decisão a respeito do número de dias de suspensão, mas estabeleceu o máximo de trinta dias, prazo este que, se for ultrapassado, configura a despedida indireta pelo rigor excessivo (art. 483, *b*, da CLT). Essa suspensão disciplinar de até trinta dias, prevista no art. 474 em apreço, não se confunde com a suspensão preventiva do art. 494 da CLT, a qual pode durar meses ou anos até a conclusão do inquérito judicial para a apuração de falta grave cometida pelo empregado estável. O objetivo de ambas é distinto: a primeira – a suspensão disciplinar do art. 474 da CLT – visa a impor sanção ao empregado e manter o contrato; a segunda – a suspensão preventiva do art. 494 da CLT – visa a evitar que ocorra o perdão tácito durante o inquérito ajuizado pelo empregador, com o fito de promover a despedida motivada do trabalhador.

Questão que se punha até recentemente era se poderia o Judiciário reduzir a suspensão imposta ao empregado por seu empregador, caso a julgasse demasiada. A tese mais corrente era a de que, sendo o poder de direção discricionário, mas não arbitrário, não poderia o juiz diminuir a sanção, mas apenas manter por julgá-la razoável, ou anular por entendê-la desproporcional. Hoje, no entanto, por força do art. 413 do CC, admite-se que o julgador possa reduzir a penalidade se considerá-la manifestamente excessiva.

Art. 475. O empregado que for aposentado por invalidez terá suspenso o seu contrato de trabalho durante o prazo fixado pelas leis de previdência social para a efetivação do benefício.

A aposentadoria por invalidez não é causa de rompimento, mas de suspensão da execução do contrato de trabalho. Até o advento da Lei n. 8.213/91, discutia-se o tempo dessa suspensão. Com base na legislação previdenciária anterior – a qual previa que a aposentadoria era provisória nos primeiros cinco anos, tornando-se definitiva após esse prazo, o STF entendia que a suspensão duraria os mesmos cinco anos, após os quais o contrato terminaria (Súmula n. 217 do STF). O TST, por sua vez, julgava que, mesmo após cinco anos, o contrato continuaria suspenso e vigente (Súmula n. 160 do TST). O debate encontra-se superado, porque a atual lei previdenciária não mais estabelece prazo para a efetivação do benefício, como é previsto no art. 475 em questão. Hoje o benefício é concedido sempre a título precário, por isso, pode ser cancelado a qualquer tempo, caso o empregado recupere sua capacidade de trabalho. A única distinção que faz a Lei n. 8.213/91 é que, se o cancelamento da aposentadoria ocorrer nos primeiros cinco anos e se o empregado tiver direito de retornar à função que desempenhava quando se aposentou, o benefício cessará de imediato (art. 47, I, *a*), ao passo que, se o cancelamento ocorrer após esse prazo ou o empregado não tiver o direito de retornar ao emprego, o benefício cessará paulatinamente (art. 47, I, *b*, e II, *a*, *b* e *c*). Sendo assim, a aposentadoria por invalidez implica a suspensão indefinida da execução do contrato, que durará até: a recuperação da capacidade ou a morte do empregado; a obtenção da aposentadoria compulsória por idade (art. 51 da Lei n. 8.213/91); ou a ocorrência de outra causa de cessação do contrato, como a extinção da empresa.

---

§ 1º Recuperando o empregado a capacidade de trabalho e sendo a aposentadoria cancelada, ser-lhe-á assegurado o direito à função que ocupava ao tempo da aposentadoria, facultado, porém, ao empregador, o direito de indenizá-lo por rescisão do contrato de trabalho, nos termos dos arts. 477 e 478, salvo na hipótese de ser ele portador de estabilidade, quando a indenização deverá ser paga na forma do art. 497.

Parágrafo com redação dada pela Lei n. 4.824, de 05.11.1965.

A recuperação da capacidade de trabalho do empregado aposentado por invalidez faz cessar a suspensão da execução do contrato referida no *caput* deste artigo. Nessa circunstância, ele tem direito de retornar ao emprego nas mesmas condições anteriormente verificadas, com as devidas adaptações, em razão das alterações que porventura tenham ocorrido no decurso do tempo. O empregador tem a faculdade de aceitá-lo de volta – hipótese em que o contrato é retomado por mútuo consentimento – ou de despedi-lo sem justa causa, mesmo se o empregado for estável. Nessa situação, além das parcelas decorrentes da extinção do contrato por iniciativa do empregador (aviso-prévio, férias indenizadas com o acréscimo de um terço etc.), são devidas as indenizações de antiguidade simples ou em dobro, caso o empregado tenha prestado serviços sem a opção pelo FGTS antes da Constituição de 1988 (arts. 477, 478, 496 e 497 da CLT), ou a indenização de 40% dos depósitos do FGTS (art. 18 da Lei n. 8.036/90).

---

§ 2º Se o empregador houver admitido substituto para o aposentado, poderá rescindir, com este, o respectivo contrato de trabalho sem indenização, desde que tenha havido ciência inequívoca da interinidade ao ser celebrado o contrato.

Se o empregado aposentar-se por invalidez, com a suspensão indefinida da execução de seu contrato de trabalho, o respectivo empregador pode admitir outro trabalhador para prestar serviços em seu lugar, com a cláusula expressa de que, caso o aposentado recupere sua capacidade de trabalho e retorne ao labor, o substituto será despedido. Essa cláusula representa verdadeira condição resolutiva, conforme o art. 127 do CC (veja comentário ao art. 442 da CLT). Se ocorrer tal condição, o contrato do substituto extingue-se sem necessidade de aviso-prévio e sem o pagamento da indenização de 40% do saldo da conta vinculada do FGTS (art. 18 da Lei n. 8.036/90) ou da eventual indenização de antiguidade relativa ao tempo trabalhado anteriormente à CF/88, sem a opção pelo Fundo. Nessa hipótese, são devidas apenas as demais parcelas resultantes da extinção contratual, como o saldo de salário, as férias indenizadas com o acréscimo de 1/3, o 13º salário proporcional etc.

Art. 476. Em caso de seguro-doença ou auxílio-enfermidade, o empregado é considerado em licença não remunerada, durante o prazo desse benefício.

O seguro-doença e o auxílio-enfermidade são benefícios previdenciários não mais existentes. A lei previdenciária atual prevê somente a concessão do auxílio-doença ao empregado que, tendo cumprido o período de carência, permaneça incapacitado para o trabalho por mais de quinze dias consecutivos, independentemente de a incapacidade ser resultante de acidente de trabalho ou de doença ocupacional, ou de acidente ou de doenças comuns (art. 59 da Lei n. 8.213/91). Nos termos da legislação e do artigo em comento, os primeiros quinze dias de afastamento constituem hipótese de interrupção, e os demais representam hipótese de suspensão da execução do contrato de trabalho (veja comentário ao *caput* do art. 471).

Art. 476-A. O contrato de trabalho poderá ser suspenso, por um período de 2 (dois) a 5 (cinco) meses, para participação do empregado em curso ou programa de qualificação profissional oferecido pelo empregador, com duração equivalente à suspensão contratual, mediante previsão em convenção ou acordo coletivo de trabalho e aquiescência formal do empregado, observado o disposto no art. 471 desta Consolidação.

Caput *acrescentado pela MP n. 2.164-41, de 24.08.2001.*

Este artigo, inserido pela MP n. 2.164-41, de vigência indeterminada (art. 2º da EC n. 32, de 11.09.2001), visa permitir que o empregador suspenda da execução dos contratos de seus empregados em épocas de diminuição de sua atividade ou de dificuldade econômica, desde que forneça, em contrapartida, um curso de qualificação profissional aos trabalhadores. A ideia é que a suspensão da execução dos contratos sem pagamento dos salários e dos encargos sociais faculte ao empregador recuperar-se, e manter os empregos e a concessão de curso de qualificação aos empregados permite-lhes aprimorar os conhecimentos de modo que tenham melhor desempenho após o retorno ou, em última análise, possam obter nova colocação com mais facilidade, caso o empregador não se recupere no período.

A suspensão, nos termos deste artigo, exige dupla negociação: em primeiro lugar, a negociação coletiva com o sindicato da categoria profissional, da qual resulte acordo ou convenção que permitam ao empregador efetuar a suspensão dos contratos; em segundo lugar, a negociação individual, por meio da qual seja obtida a aquiescência por escrito dos trabalhadores.

Ao obter a anuência da entidade sindical representante dos empregados, os contratos podem ter suspensa a execução pelo período de 2 a 5 meses, prazo que pode ser prorrogado conforme o § 7º deste artigo. O período da suspensão deve corresponder à duração do curso de qualificação fornecido gratuitamente pelo empregador. Tal curso, por sua vez, pode ser livre ou regular; importa apenas que seja útil ao desenvolvimento profissional dos trabalhadores.

---

§ 1º Após a autorização concedida por intermédio de convenção ou acordo coletivo, o empregador deverá notificar o respectivo sindicato, com antecedência mínima de 15 (quinze) dias da suspensão contratual.

Parágrafo acrescentado pela MP n. 2.164-41, de 24.08.2001.

A obrigação de o empregador notificar o sindicato da data de início da suspensão, com antecedência de quinze dias, é semelhante à exigência de comunicação do início das férias coletivas (art. 139, § 2º, da CLT). Tem por escopo permitir à entidade sindical fiscalizar o cumprimento do acordo ou da convenção firmados para autorizar a suspensão e, se for o caso, aplicar as sanções previstas nos §§ 5º e 6º deste artigo.

---

§ 2º O contrato de trabalho não poderá ser suspenso em conformidade com o disposto no *caput* deste artigo mais de uma vez no período de 16 (dezesseis) meses.

Parágrafo acrescentado pela MP n. 2.164-41, de 24.08.2001.

O limite estabelecido neste parágrafo é inderrogável pela vontade coletiva ou individual, podendo inferir-se, a partir dele, que o prazo máximo de duração da suspensão contratual é de dezesseis meses.

§ 3º O empregador poderá conceder ao empregado ajuda compensatória mensal, sem natureza salarial, durante o período de suspensão contratual nos termos do *caput* deste artigo, com valor a ser definido em convenção ou acordo coletivo.

Parágrafo acrescentado pela MP n. 2.164-41, de 24.08.2001.

Se forem suspensos os respectivos contratos, os empregados não farão jus aos salários. Para subsistirem, terão direito a uma bolsa de qualificação profissional custeada pelo Fundo de Amparo ao Trabalhador (FAT), em montante definido pelo Codefat (art. 2º-A da Lei n. 7.998/90). Além da bolsa de qualificação profissional, o empregador pode conceder aos trabalhadores uma ajuda compensatória mensal, sem natureza salarial, em valor determinado na convenção ou no acordo coletivo (art. 476-A, § 3º, da CLT).

§ 4º Durante o período de suspensão contratual para participação em curso ou programa de qualificação profissional, o empregado fará jus aos benefícios voluntariamente concedidos pelo empregador.

Parágrafo acrescentado pela MP n. 2.164-41, de 24.08.2001.

Embora os contratos sejam suspensos, os benefícios concedidos voluntariamente pelo empregador, como convênios de assistência médica ou odontológica, cestas básicas, participação em grêmios, clubes etc., não podem ser paralisados.

§ 5º Se ocorrer a dispensa do empregado no transcurso do período de suspensão contratual ou nos 3 (três) meses subsequentes ao seu retorno ao trabalho, o empregador pagará ao empregado, além das parcelas indenizatórias previstas na legislação em vigor, multa a ser estabelecida em convenção ou acordo coletivo, sendo de, no mínimo, 100% (cem por cento) sobre o valor da última remuneração mensal anterior à suspensão do contrato.

Parágrafo acrescentado pela MP n. 2.164-41, de 24.08.2001.

É vedada a despedida sem justa causa dos empregados no período de suspensão ou nos três meses subsequentes, mas isso não representa, necessariamente, garantia de permanência no emprego, também denominada estabilidade provisória ou especial. Em princípio, constitui apenas obrigação de não fazer com cláusula penal prevista no instrumento de negociação coletiva, qual seja, multa equivalente a, pelo menos, o valor da última remuneração do empregado despedido, percebida antes da suspensão de seu contrato. Não se assegura o direito à reintegração ou à indenização do período correspondente.

Porém, nada impede que assim se estabeleça em acordo ou convenção, caso que se pode admitir tratar de autêntica hipótese de garantia temporária.

Se o empregado for dispensado sem justa causa, as parcelas da bolsa de qualificação profissional que tiver recebido serão descontadas das parcelas do seguro-desemprego a que, eventualmente, fizer jus, sendo-lhe garantido, no mínimo, o recebimento de uma parcela desse benefício (art. 8º-B da Lei n. 7.998/90).

---

§ 6º Se durante a suspensão do contrato não for ministrado o curso ou programa de qualificação profissional, ou o empregado permanecer trabalhando para o empregador, ficará descaracterizada a suspensão, sujeitando o empregador ao pagamento imediato dos salários e dos encargos sociais referentes ao período, às penalidades cabíveis previstas na legislação em vigor, bem como às sanções previstas em convenção ou acordo coletivo.

Parágrafo acrescentado pela MP n. 2.164-41, de 24.08.2001.

Se durante a suspensão do contrato não for ministrado o curso ou os empregados permanecerem trabalhando, ficará descaracterizada a suspensão com efeito *ex tunc*, sendo devidos os salários e encargos sociais do período e aplicáveis as sanções previstas na convenção ou no acordo coletivo e na legislação em vigor. A sanção é rigorosa e muito bem estabelecida. A questão, no entanto, é saber se, ao descaracterizar-se a suspensão, podem ser compensados os valores percebidos a título da ajuda compensatória mensal paga pelo empregador e da bolsa de qualificação profissional concedida pelo FAT. A compensação da ajuda paga pelo empregador é medida que se impõe para que não seja infringido o princípio que veda o enriquecimento sem causa. Porém, a dedução da bolsa paga pelo FAT resulta em favorecimento do empregador e afronta ao princípio de que não é dado ao infrator beneficiar-se da própria torpeza. Daí, não pode ser compensada.

---

§ 7º O prazo limite fixado no *caput* poderá ser prorrogado mediante convenção ou acordo coletivo de trabalho e aquiescência formal do empregado, desde que o empregador arque com o ônus correspondente ao valor da bolsa de qualificação profissional, no respectivo período.

Parágrafo acrescentado pela MP n. 2.164-41, de 24.08.2001.

Conforme o *caput* deste artigo, o período de suspensão deve equivaler ao do curso, sendo de, no mínimo, dois e, no máximo, cinco meses. Tal prazo pode ser prorrogado mediante convenção ou acordo coletivo e aquiescência por escrito do empregado, mas, nesse caso, cumpre ao empregador custear a bolsa de qualificação profissional paga pelo FAT, pois esta é limitada a cinco parcelas.

CAPÍTULO V
DA RESCISÃO

Art. 477. Na extinção do contrato de trabalho, o empregador deverá proceder à anotação na Carteira de Trabalho e Previdência Social, comunicar a dispensa aos órgãos competentes e realizar o pagamento das verbas rescisórias no prazo e na forma estabelecidos neste artigo.

Caput *com redação dada pela Lei n. 13.467, de 13.07.2017.*

Constituem obrigações impostas ao empregador proceder a anotação da extinção do contrato de trabalho na CTPS do empregado, bem como realizar a comunicação determinada aos órgãos competentes, além de efetivar o pagamento das verbas rescisórias no prazo e na forma estabelecidos neste artigo. Afigura-se importante destacar que para se efetuar o requerimento de benefício do seguro-desemprego e a movimentação da conta vinculada do FGTS, nas hipóteses legais, serão exigidas a anotação da extinção do contrato na CTPS e que a comunicação prevista neste artigo tenha sido realizada pelo empregador, consoante determinação constante do § 10 deste artigo.

§ 1º (*Revogado pela Lei n. 13.467, de 13.07.2017.*)

A integral revogação deste § 1º, pela Lei n. 13.467/2017, suprimiu a exigência anterior de que, tratando-se de empregado com mais de um ano de serviço, o pedido de demissão ou o recibo de quitação só teria validade quando feito com assistência do sindicato ou perante órgão do Ministério do Trabalho.

§ 2º O instrumento de rescisão ou recibo de quitação, qualquer que seja a causa ou forma de dissolução do contrato, deve ter especificada a natureza de cada parcela paga ao empregado e discriminado o seu valor, sendo válida a quitação, apenas, relativamente às mesmas parcelas.

Parágrafo acrescentado pela Lei n. 5.562, de 12.12.1968, e com redação dada pela Lei n. 5.584, de 26.06.1970.

O princípio protetor adotado pelo direito do trabalho revela-se patente, sendo inegável seu alcance social. Não se admite que o indivíduo mais fraco em uma relação de emprego possa outorgar quitação mais ampla, inclusive quanto às parcelas que não recebeu. A quitação trabalhista não abrange parcelas não consignadas e tem eficácia liberatória apenas em relação às parcelas expressamente consignadas no recibo. Mesmo na eventual transação extrajudicial, sua validade também deverá ser limitada ao que foi expressamente consignado no instrumento; ou seja, a quitação será exclusiva em relação às parcelas e aos valores constantes do recibo (Súmula n. 330 e OJ n. 270 da SDI-1, ambas do TST).

---

§ 3º (*Revogado pela Lei n. 13.467, de 13.07.2017.*)

---

§ 4º O pagamento a que fizer jus o empregado será efetuado:

Parágrafo com redação dada pela Lei n. 13.467, de 13.07.2017.

I – em dinheiro, depósito bancário ou cheque visado, conforme acordem as partes; ou

Inciso acrescentado pela Lei n. 13.467, de 13.07.2017.

II – em dinheiro ou depósito bancário quando o empregado for analfabeto.

Inciso acrescentado pela Lei n. 13.467, de 13.07.2017.

A norma estabelecida visa evitar a ocorrência de fraudes no pagamento dos haveres do empregado. O pagamento deve ser efetuado na forma prevista em lei para dar-se validade ao recibo de quitação. A ocorrência de dúvida a respeito da quitação dos direitos do trabalhador, realizada de outra forma, acarretará sua nulidade. O dispositivo estabelece requisitos essenciais à validade do ato (arts. 104, III, e 107 do CC).

---

§ 5º Qualquer compensação no pagamento de que trata o parágrafo anterior não poderá exceder o equivalente a 1 (um) mês de remuneração do empregado.

Parágrafo acrescentado pelo Decreto-lei n. 766, de 15.08.1969, e com redação dada pela Lei n. 5.584, de 26.06.1970.

A limitação do montante dessa compensação está circunscrita aos valores pagos diretamente pelo empregador, com vistas à proteção do empregado no momento da quitação de suas verbas rescisórias. Essa precaução não se justifica no caso de haver litígio judicial, cuja própria natureza permite amplo debate. Em juízo, a compensação é sempre ampla, não estando subordinada a restrições.

---

§ 6º A entrega ao empregado de documentos que comprovem a comunicação da extinção contratual aos órgãos competentes bem como o pagamento dos valores constantes do instrumento de rescisão ou recibo de quitação deverão ser efetuados até dez dias contados a partir do término do contrato.

Parágrafo com redação dada pela Lei n. 13.467, de 13.07.2017.

a) (Revogada pela Lei n. 13.467, de 13.07.2017.)
b) (Revogada pela Lei n. 13.467, de 13.07.2017.)

Tanto a entrega ao empregado dos documentos comprobatórios da comunicação da extinção contratual aos órgãos competentes, assim como o pagamento das verbas contratuais e rescisórias devidas, deverão ser efetivados no prazo de dez dias, contados do término do contrato. Não existe amparo legal à figura do aviso-prévio cumprido em casa, cuja prática é equivalente ao aviso-prévio indenizado. Cuida-se, na verdade, de expediente do empregador que visa postergar o pagamento das verbas rescisórias, devendo ser observado o prazo previsto no art. 477, § 6º, da CLT, para pagamento das verbas rescisórias, consoante a OJ n. 14, da SDI-1 do TST.

---

§ 7º (*Revogado pela Lei n. 13.467, de 13.07.2017.*)

---

§ 8º A inobservância do disposto no § 6º deste artigo sujeitará o infrator à multa de 160 BTN, por trabalhador, bem assim ao pagamento da multa a favor do empregado, em valor equivalente ao seu salário, devidamente corrigido pelo índice de variação do BTN, salvo quando, comprovadamente, o trabalhador der causa à mora.
Parágrafo acrescentado pela Lei n. 7.855, de 24.10.1989.

O dispositivo impõe duas penalidades distintas ao empregador em mora: a primeira de caráter administrativo e a segunda como direito do trabalhador. As multas não serão devidas quando, comprovadamente, as verbas rescisórias forem colocadas à disposição do empregado, dentro do prazo estabelecido no art. 477, § 6º, da CLT. Caso haja recusa do empregado ao recebimento, cumpre ao empregador valer-se da ação de consignação em pagamento (arts. 539 a 549 do CPC/2015). A simples alegação da existência de justa causa não tem o condão de afastar a incidência dessas multas na hipótese de não acolhimento em juízo da falta grave alegada, porquanto significa que o rompimento contratual foi imotivado.

---

§ 9º *(Vetado.)*
Parágrafo acrescentado pela Lei n. 7.855, de 24.10.1989.

---

§ 10. A anotação da extinção do contrato na Carteira de Trabalho e Previdência Social é documento hábil para requerer o benefício do seguro-desemprego e a movimentação da conta vinculada no Fundo de Ga-

rantia do Tempo de Serviço, nas hipóteses legais, desde que a comunicação prevista no *caput* deste artigo tenha sido realizada.

Parágrafo acrescentado pela Lei n. 13.467, de 13.07.2017.

A finalidade deste dispositivo é facilitar o requerimento de benefício do seguro-desemprego e a movimentação da conta vinculada do FGTS, nas hipóteses legais, exigindo para tanto apenas a anotação da extinção do contrato na CTPS do empregado e que a comunicação prevista neste artigo tenha sido realizada pelo empregador.

Art. 477-A. As dispensas imotivadas individuais, plúrimas ou coletivas equiparam-se para todos os fins, não havendo necessidade de autorização prévia de entidade sindical ou de celebração de convenção coletiva ou acordo coletivo de trabalho para sua efetivação.

Artigo acrescentado pela Lei n. 13.467, de 13.07.2017.

Segundo entendimento doutrinário predominante, este dispositivo legal afigura-se manifestamente inconstitucional ao não diferenciar as dispensas imotivadas individuais das coletivas, as quais acarretam evidente impacto social e econômico, exigindo mais prudência e cautela na sua consecução, bem como a realização de negociação prévia com a participação de entidade sindical.

A equiparação entre as dispensas imotivadas e coletivas afronta o texto da CF nos seguintes dispositivos: arts. 1º, III e IV, 5º, XXIII, 6º 8º, III e VI, assim como o art. 170, e seus incisos III e VIII.

Art. 477-B. Plano de Demissão Voluntária ou Incentivada, para dispensa individual, plúrima ou coletiva, previsto em convenção coletiva ou acordo coletivo de trabalho, enseja quitação plena e irrevogável dos direitos decorrentes da relação empregatícia, salvo disposição em contrário estipulada entre as partes.

Artigo acrescentado pela Lei n. 13.467, de 13.07.2017.

Observa-se atualmente a formação de uma corrente doutrinária que não admite a eficácia liberatória do Plano de Demissão Voluntária ou incentivada, mormente em relação a direitos indisponíveis do empregado. A simples adesão do empregado aos chamados PDVs e PDIs não tem o condão de impedir seu ingresso em Juízo para postular eventuais direitos, porquanto a CF adotou o princípio do amplo acesso ao Poder Judiciário em casos de lesão ou de ameaça a direito (art. 5º, XXXV), sendo vedada qualquer exclusão ou limitação legal.

Art. 478. A indenização devida pela rescisão de contrato por prazo indeterminado será de 1 (um) mês de remuneração por ano de serviço efetivo, ou por ano e fração igual ou superior a 6 (seis) meses.

Esta regra é aplicável ao cálculo da indenização prevista pelo art. 477 da CLT, a qual se refere à indenização relativa ao tempo de serviço do empregado contratado por prazo indeterminado – anteriormente à vigência da CF/88 – que não optou pelo regime do FGTS e que foi dispensado imotivadamente do emprego. Em caso de readmissão, conta-se a favor do empregado o período de serviço anterior, encerrado com sua saída espontânea (Súmula n. 138 do TST).

§ 1º O primeiro ano de duração do contrato por prazo indeterminado é considerado como período de experiência, e, antes que se complete, nenhuma indenização será devida.

Em face desta previsão, não é devida a indenização instituída pelo art. 477 da CLT, relativa ao período anterior à opção do empregado pelo regime do FGTS, se o contrato de trabalho ainda não houvesse completado um ano.

§ 2º Se o salário for pago por dia, o cálculo da indenização terá por base 30 (trinta) dias.

Parágrafo com redação dada pela Lei n. 605, de 05.01.1949.

Em face do disposto no art. 7º, XIII, da CF, o cálculo da indenização deverá ter por base trinta dias, inserindo-se também nesse cálculo os valores percebidos a título de horas extraordinárias, desde que habitualmente prestadas (Súmula n. 24 do TST).

§ 3º Se pago por hora, a indenização apurar-se-á na base de 220 (duzentas e vinte) horas por mês.

Em decorrência de a CF (art. 7º, XIII) ter fixado a duração normal de trabalho em 8 horas diárias, no limite de 44 horas semanais, quando o salário for pago por hora, o cálculo deverá ser efetivado na base de 220 horas por mês, inserindo-se também nesse cálculo os valores percebidos a título de horas extraordinárias, desde que sejam habitualmente prestadas (Súmula n. 24 do TST).

§ 4º Para os empregados que trabalhem à comissão ou que tenham direito a percentagens, a indenização será calculada pela média das comissões ou percentagens percebidas nos últimos 12 (doze) meses de serviço.

Parágrafo com redação dada pelo Decreto-lei n. 229, de 28.02.1967.

Se o empregado for comissionista ou se receber percentagens variáveis, a remuneração deverá ser calculada pela média dos valores percebidos nos últimos doze meses da contratualidade, havendo forte tendência jurisprudencial em reconhecer que as comissões percebidas deverão ser atualizadas monetariamente para a formação da média remuneratória. Também deverão ser incluídos os valores percebidos a título de horas extraordinárias, desde que sejam habitualmente prestadas (Súmula n. 24 do TST).

---

§ 5º Para os empregados que trabalhem por tarefa ou serviço feito, a indenização será calculada na base média do tempo costumeiramente gasto pelo interessado para realização de seu serviço, calculando-se o valor do que seria feito durante 30 (trinta) dias.

Em decorrência do estabelecido pela Súmula n. 24 do TST, deverão ser incluídos igualmente, no cálculo, os valores percebidos a título de horas extraordinárias, desde que sejam habitualmente prestadas.

Art. 479. Nos contratos que tenham termo estipulado, o empregador que, sem justa causa, despedir o empregado será obrigado a pagar-lhe, a título de indenização, e por metade, a remuneração a que teria direito até o termo do contrato.

Entretanto, se constar do contrato a prazo cláusula assecuratória do direito recíproco de rescisão e o empregador promover a dispensa antecipada, ou seja: antes do termo avençado, a rescisão passará a reger-se pelo art. 481 da CLT, de modo que o trabalhador fará jus a todas as verbas reparatórias próprias dos contratos a prazo indeterminado. O mesmo critério deverá ser observado em relação ao rompimento antecipado de contrato de experiência – modalidade de contrato a termo.

Parágrafo único. Para a execução do que dispõe o presente artigo, o cálculo da parte variável ou incerta dos salários será feito de acordo com o prescrito para o cálculo da indenização referente à rescisão dos contratos por prazo indeterminado.

O referido parágrafo estipula a forma de cálculo da parte variável ou incerta dos salários, devendo ser observado o mesmo critério estabelecido para o cálculo da indenização referente à rescisão dos contratos por prazo indeterminado (art. 478 da CLT).

Art. 480. Havendo termo estipulado, o empregado não se poderá desligar do contrato, sem justa causa, sob pena de ser obrigado a indenizar o empregador dos prejuízos que desse fato lhe resultarem.

O dispositivo estabelece obrigação indenizatória para o empregado que romper, imotivadamente, o contrato antes do termo ajustado.

§ 1º A indenização, porém, não poderá exceder àquela a que teria direito o empregado em idênticas condições.

Antigo parágrafo único renumerado pelo Decreto-lei n. 6.353, de 20.03.1944.

O montante dessa indenização deverá ser limitado e não poderá exceder àquele que o empregado teria direito em idênticas condições, conforme previsão constante do art. 479 da CLT.

§ 2º *(Revogado pela Lei n. 6.533, de 24.05.1978.)*

Art. 481. Aos contratos por prazo determinado, que contiverem cláusula assecuratória do direito recíproco de rescisão antes de expirado o termo ajustado, aplicam-se, caso seja exercido tal direito por qualquer das partes, os princípios que regem a rescisão dos contratos por prazo indeterminado.

A rescisão antecipada e imotivada por parte do empregador do contrato a termo, que contenha cláusula assecuratória do direito recíproco de rescisão antes de expirado o prazo ajustado, implica o pagamento do aviso-prévio e não a indenização prevista no art. 479 da CLT, pois deverão ser observados os princípios que regem a rescisão dos contratos por prazo indeterminado.

Art. 482. Constituem justa causa para rescisão do contrato de trabalho pelo empregador:

O contrato individual de trabalho gera inúmeros deveres e obrigações entre as partes, que deverão ser fielmente observados. As fontes primordiais dessas obrigações encontram-se na lei, nas normas coletivas e no próprio contrato. Consoante previsão constante do art. 422 do CC, os contratantes são obrigados a guardar, tanto na conclusão do contrato como na sua execução, os princípios de probidade e de boa-fé. A violação por parte do empregado de algum de seus deveres ou de suas obrigações pode acarretar a rescisão contratual por justa causa, ou seja, sem ônus para o empregador. Entretanto, para ser admitida a justa causa, como pena máxima que autoriza a rescisão do contrato de trabalho, deve ser devidamente apurada e provada, de modo a não haver dúvidas quanto à falta grave cometida pelo empregado.

***a)* ato de improbidade;**

Configura-se como ato de improbidade qualquer ação ou omissão dolosa que revele desonestidade do empregado, com o objetivo de obter vantagem para si ou para outrem, no âmbito da relação de trabalho, independentemente do resultado econômico da conduta. O fato de não se ter materializado o prejuízo não afasta a justa causa para o rompimento contratual, cuja configuração basta o rompimento da relação de confiança que deve permear a relação de emprego.

***b)* incontinência de conduta ou mau procedimento;**

A incontinência de conduta está relacionada à sensualidade desmedida, ao comportamento desregrado por parte do empregado que gere constrangimentos no ambiente de trabalho. Também se configura em uma vida irregular do trabalhador, ao adotar atitudes que denotam violação aos padrões morais da sociedade. O mau procedimento configura-se pela adoção de atitude hostil, de violação ao dever de urbanidade em relação aos colegas de serviço, aos superiores hierárquicos, aos clientes ou ao próprio empregador e a seus bens. O comportamento esperado de um trabalhador é o de orientar-se conforme as regras de conduta e de costumes que devem reger a vida em uma sociedade civilizada.

***c)* negociação habitual por conta própria ou alheia sem permissão do empregador, e quando constituir ato de concorrência à empresa para a qual trabalha o empregado, ou for prejudicial ao serviço;**

Para a configuração da justa causa, o dispositivo em foco exige a ocorrência concomitante de negociação de caráter habitual por parte do empregado, sem qualquer permissão do empregador, devendo também implicar concorrência em relação à atividade do empregador ou, alternativamente, acarretar algum prejuízo ao desenvolvimento do serviço.

***d)* condenação criminal do empregado, passada em julgado, caso não tenha havido suspensão da execução da pena;**

A condenação criminal transitada em julgado, quando não estiver suspensa a execução da pena, enseja a dissolução motivada da relação de emprego, pois inviabiliza a continuidade da prestação pessoal de serviço. A certidão da sentença condenatória criminal do empregado, com trânsito em julgado, constitui-se em prova suficiente para ensejar a ruptura contratual sem ônus para o empregador.

e) desídia no desempenho das respectivas funções;

A desídia caracteriza-se pelo descumprimento dos deveres afetos à relação empregatícia, em razão de negligência, de imprudência ou de imperícia do empregado. Revela-se na falta de exação no desempenho dos misteres profissionais, deixando o trabalhador de assumir as cautelas comuns indispensáveis à execução dos trabalhos que lhe são confiados pelo empregador. Configura-se pelas reiteradas ausências injustificadas ao trabalho, pela falta de zelo ou de interesse na execução do serviço.

f) embriaguez habitual ou em serviço;

Para a caracterização dessa falta grave, que autoriza o rompimento do contrato de trabalho, faz-se necessário que o empregado faça uso de bebidas alcoólicas ou de outras drogas e, consequentemente, perca o domínio de suas faculdades, de modo a tornar-se incapaz de desenvolver, com prudência, as suas atividades laborais. Não obstante, a OMS reconhece o alcoolismo como doença; nos termos do dispositivo em análise, o hábito de embriagar-se, mesmo fora do horário e do local de trabalho, igualmente enseja a ruptura contratual sem ônus para o empregador.

g) violação de segredo da empresa;

O dever de fidelidade é inerente e essencial ao exercício de qualquer atividade laboral. A violação de segredo empresarial acarreta o rompimento do elo de confiança que deve ligar o empregado ao seu empregador e constitui justa causa suficiente para a rescisão motivada do contrato de trabalho.

h) ato de indisciplina ou de insubordinação;

A indisciplina constitui falta grave e materializa-se pelo descumprimento de ordens de caráter geral emanadas do empregador. A desobediência a ordens diretas do empregador que digam respeito a atribuições do cargo do empregado representa ato de insubordinação. Ambas justificam o rompimento contratual sem ônus.

i) abandono de emprego;

Embora a jurisprudência tenha fixado um prazo de trinta dias como razoável para configurar o abandono de emprego, nos termos da Súmula n. 32 do TST, essa circunstância torna-se irrelevante se o *animus* de deixar o emprego estiver manifestamente evidenciado pela conduta do empregado: por exemplo, pactuar um novo contrato para prestar serviço a outro empregador em seu horário de trabalho.

j) **ato lesivo da honra ou da boa fama praticado no serviço contra qualquer pessoa, ou ofensas físicas, nas mesmas condições, salvo em caso de legítima defesa, própria ou de outrem;**

O dispositivo em foco, que pune com a perda do emprego a prática de qualquer ato lesivo em serviço, afigura-se aplicável mesmo em caso de violação ao direito de terceiro alheio à relação de emprego e almeja a preservação da honra e da boa fama das pessoas. Poderá configurar os delitos de injúria, calúnia ou difamação (arts. 138 a 140 do CP). Também não se admite a prática de ofensas corporais por parte do empregado, salvo em caso de legítima defesa própria ou de outrem (art. 25 do CP).

k) **ato lesivo da honra ou da boa fama ou ofensas físicas praticadas contra o empregador e superiores hierárquicos, salvo em caso de legítima defesa, própria ou de outrem;**

É evidente que a violação da honra ou da boa fama, bem como ofensas físicas praticadas pelo empregado contra seu empregador e contra seus superiores hierárquicos, revestem-se de suma gravidade e devem ensejar o rompimento contratual por justa causa, salvo se o empregado tiver agido em sua legítima defesa ou de outrem. As ofensas físicas poderão ocorrer dentro ou fora das dependências da empresa, sendo irrelevante o local para a caracterização da falta grave (veja comentário à alínea *j* do presente artigo).

l) **prática constante de jogos de azar;**

Exige-se a prática reiterada de jogos de azar para a configuração de falta grave a ensejar rompimento contratual. Eventuais jogos de caráter recreativo, fora do horário de trabalho, não poderão servir como fundamento para a dispensa sumária do empregado.

m) **perda da habilitação ou dos requisitos estabelecidos em lei para o exercício da profissão, em decorrência de conduta dolosa do empregado.**

Alínea acrescentada pela Lei n. 13.467, de 13.07.2017.

Essa nova modalidade de justa causa, incluída no texto pela Lei n. 13.467/2017, admite o rompimento contratual sem qualquer ônus ao empregador na hipótese de o empregado perder a habilitação exigida ou os requisitos estabelecidos em lei para o exercício de sua profissão. Todavia, para a configuração dessa justa causa exige-se a comprovação de conduta dolosa do empregado, vale dizer, não ensejará a dispensa por justa causa se a perda da habilitação ou dos requisitos legais para o exercício profissional decorrer de conduta meramente culposa do empregado.

Parágrafo único. Constitui igualmente justa causa para dispensa de empregado a prática, devidamente comprovada em inquérito administrativo, de atos atentatórios contra a segurança nacional.

Parágrafo acrescentado pelo Decreto-lei n. 3, de 27.01.1966.

A CF/88 adotou o princípio do amplo acesso ao Poder Judiciário em casos de lesão ou de ameaça ao direito (art. 5º, XXXV), sendo vedada qualquer exclusão ou limitação legal. Destarte, afigura-se não recepcionado pela atual Constituição o dispositivo em análise na parte em que admite ser suficiente a apuração de atos atentatórios à segurança nacional em mero inquérito administrativo.

Art. 483. O empregado poderá considerar rescindido o contrato e pleitear a devida indenização quando:

Denomina-se despedida indireta a rescisão motivada do contrato de trabalho por culpa patronal. O empregado denuncia o contrato com fundamento em falta grave do empregador, tendo assim direito a receber as verbas rescisórias como se tivesse sido despedido sem justa causa. Da mesma forma que a justa causa do empregado deve ser robustamente comprovada, por constituir uma mácula em sua vida profissional, os motivos que ensejam o rompimento contratual por culpa do empregador seguem o mesmo sentido e devem ser provados com elementos convincentes.

***a)* forem exigidos serviços superiores às suas forças, defesos por lei, contrários aos bons costumes, ou alheios ao contrato;**

A rescisão indireta pode configurar-se quando o empregador exigir do trabalhador serviços superiores às suas forças, proibidos por lei, contrários aos bons costumes ou alheios ao contrato. É evidente que deverão ser respeitados os limites físicos e a dignidade do empregado. A CF (art. 1º, III) erigiu como um dos fundamentos da República a dignidade da pessoa humana.

***b)* for tratado pelo empregador ou por seus superiores hierárquicos com rigor excessivo;**

O rigor excessivo adotado pelo legislador como falta patronal grave é aquele que foge aos padrões normais de comportamento profissional e de convivência humana. Tal rigor é revelado por meio da severidade desmedida, ou pelas exigências descabidas, punições desnecessárias, perseguições etc., do empregador ou de superior hierárquico em relação ao empregado. O dispositivo em foco estabeleceu limites aos poderes diretivos e disciplinadores do empregador, que não são absolutos.

***c)* correr perigo manifesto de mal considerável;**

A lei não admite que o exercício da atividade laboral sujeite o empregado a correr perigo manifesto de mal considerável à sua integridade física. Tal situação é suficiente para motivar a rescisão indireta do pacto laboral, pois não se pode esperar que o empregado continue a trabalhar quando as atividades por ele desempenhadas coloquem em risco sua saúde física ou mental.

***d)* não cumprir o empregador as obrigações do contrato;**

A contratação laboral gera inúmeras obrigações para o empregador, que deverão ser cumpridas – pagamento dos salários no prazo legal; adicionais salariais, concessão de intervalos, recolhimentos do FGTS etc. Essas obrigações decorrem da lei, das normas coletivas e do próprio contrato. A violação por parte do empregador de alguma de suas obrigações pode ensejar a rescisão indireta do contrato de trabalho (Súmula n. 13 do TST).

***e)* praticar o empregador ou seus prepostos, contra ele ou pessoas de sua família, ato lesivo da honra e boa fama;**

O dispositivo almeja o respeito da honra e da boa fama do empregado e de seus familiares; para tanto, pune o empregador que cometer atos violadores, mesmo aqueles praticados por seus prepostos. Insere-se nessa previsão qualquer ato que afete a moral – calúnia, injúria, difamação, acusação de furto, roubo, ofensas diretas etc. A rescisão indireta do contrato de trabalho não elide o direito de o empregado reivindicar indenização, por danos de natureza moral ou patrimonial, decorrentes da prática de algum ato lesivo da honra e da boa fama (art. 5º, V e X, da CF; arts. 186, 927 e 932, III, do CC).

***f)* o empregador ou seus prepostos ofenderem-no fisicamente, salvo em caso de legítima defesa, própria ou de outrem;**

A dignidade da pessoa humana constitui um dos fundamentos da República Federativa do Brasil (art. 1º, III, da CF). Não se pode admitir que o empregado esteja sujeito a sofrer qualquer espécie de ofensa física, quer seja praticada pelo empregador, quer pelos seus prepostos, ressalvadas as hipóteses de legítima defesa, própria ou de outrem (art. 25 do CP).

***g)* o empregador reduzir o seu trabalho, sendo este por peça ou tarefa, de forma a afetar sensivelmente a importância dos salários.**

O salário tem natureza alimentar, a fim de propiciar o sustento do empregado e de seus familiares. É evidente que, por ser a base de cálculo fixada por peça ou tarefa, a eventual redução do trabalho redundará em perdas salariais. A lei, entretanto, não admite que o empregador determine a redução do trabalho de modo a afetar o montante dos salários do trabalhador.

§ 1º O empregado poderá suspender a prestação dos serviços ou rescindir o contrato, quando tiver de desempenhar obrigações legais, incompatíveis com a continuação do serviço.

A regra estabelecida não cuida da prática de falta grave patronal, apenas traduz um motivo justificado para o empregado postular a suspensão, ou mesmo a rescisão de seu contrato de trabalho, quando tiver de desempenhar obrigações legais incompatíveis com a continuação do serviço.

§ 2º No caso de morte do empregador constituído em empresa individual, é facultado ao empregado rescindir o contrato de trabalho.

A faculdade, conferida ao empregado pelo dispositivo em foco, de rescindir seu contrato de trabalho, no caso de morte do empregador constituído em empresa individual, não exige a extinção da empresa para que possa ser exercida. Destarte, será permitida a rescisão contratual mesmo que a atividade empresarial tenha continuidade com os eventuais herdeiros do empregador falecido.

§ 3º Nas hipóteses das letras *d* e *g*, poderá o empregado pleitear a rescisão de seu contrato de trabalho e o pagamento das respectivas indenizações, permanecendo ou não no serviço até final decisão do processo.

Parágrafo acrescentado pela Lei n. 4.825, de 05.11.1965.

Cuida-se de outra faculdade outorgada ao empregado nas hipóteses de não cumprimento pelo empregador das obrigações do contrato ou quando este reduzir o seu trabalho de forma a afetar sensivelmente a importância dos salários. Tratando-se de infrações continuadas ao contrato ou às normas imperativas de tutela do trabalho, poderá o empregado postular judicialmente a decretação da rescisão indireta do contrato de trabalho e permanecer ou não no serviço, até o trânsito em julgado da sentença.

Art. 484. Havendo culpa recíproca no ato que determinou a rescisão do contrato de trabalho, o tribunal de trabalho reduzirá a indenização à que seria devida em caso de culpa exclusiva do empregador, por metade.

A culpa recíproca, também denominada culpa concorrente, configura-se quando ambos os partícipes da relação de emprego descumprem algum dever ou alguma obrigação legal ou contratual que lhes são inerentes, de modo a violar os limites de postura e de comportamento esperados dos protagonistas de uma relação de emprego. Caso haja concorrência de culpa dos envolvidos no contrato de trabalho, as verbas rescisórias serão devidas pela metade – aviso-prévio, 13º salário, férias com o terço e multa do FGTS (Súmula n. 14 do TST).

Art. 484-A. O contrato de trabalho poderá ser extinto por acordo entre empregado e empregador, caso em que serão devidas as seguintes verbas trabalhistas:

Caput *acrescentado pela Lei n. 13.467, de 13.07.2017.*

Essa nova categoria de rescisão contratual, na qual faculta-se às partes da relação de emprego extinguir consensualmente o contrato, propiciará evidente redução de custos ao empregador em relação a uma eventual dispensa imotivada. Em contrapartida, ao empregado, acarretará evidente redução em alguns direitos rescisórios. Como é mais econômico extinguir o contrato por acordo, afigura-se evidente que o empregador terá preferência em sua utilização.

Entretanto, para o reconhecimento da validade dessa modalidade de extinção do contrato de trabalho, exige-se que as partes estejam de comum acordo, havendo fundado receio de que possa colocar em risco as formas mais onerosas de rescisão contratual e até mesmo abrir espaço para que o empregado contra sua vontade seja coagido a anuir a esse acordo.

I – por metade:

Inciso acrescentado pela Lei n. 13.467, de 13.07.2017.

***a)* o aviso prévio, se indenizado; e**

Alínea acrescentada pela Lei n. 13.467, de 13.07.2017.

b) a indenização sobre o saldo do Fundo de Garantia do Tempo de Serviço, prevista no § 1º do art. 18 da Lei n. 8.036, de 11 de maio de 1990;

Alínea acrescentada pela Lei n. 13.467, de 13.07.2017.

II – na integralidade, as demais verbas trabalhistas.

Inciso acrescentado pela Lei n. 13.467, de 13.07.2017.

§ 1º A extinção do contrato prevista no *caput* deste artigo permite a movimentação da conta vinculada do trabalhador no Fundo de Garantia do Tempo de Serviço na forma do inciso I-A do art. 20 da Lei n. 8.036, de 11 de maio de 1990, limitada até 80% (oitenta por cento) do valor dos depósitos.

Parágrafo acrescentado pela Lei n. 13.467, de 13.07.2017.

Conforme já foi observado, a extinção contratual por acordo acarretará evidente redução em alguns direitos rescisórios do empregado, porquanto fará jus a apenas metade do valor referente ao aviso prévio indenizado; 20% da multa do FGTS e poderá movimentar somente 80% do saldo desse fundo. As demais verbas rescisórias não sofrerão redução e deverão ser pagas na integralidade.

---

§ 2º A extinção do contrato por acordo prevista no *caput* deste artigo não autoriza o ingresso no Programa de Seguro-Desemprego.

Parágrafo acrescentado pela Lei n. 13.467, de 13.07.2017.

Na hipótese de ocorrer dispensa sem justa causa ou em razão da paralisação das atividades do empregador, o empregado que permanecer desempregado terá direito a ingressar no Programa de Seguro-Desemprego, em que o poder público federal lhe propiciará uma renda mensal temporária. Todavia, se a extinção de seu contrato de trabalho for efetivada por acordo, na forma prevista no *caput* deste artigo, não estará autorizado a ingressar no retromencionado Programa, nem fará jus à percepção do Seguro-Desemprego.

Art. 485. Quando cessar a atividade da empresa, por morte do empregador, os empregados terão direito, conforme o caso, à indenização a que se referem os arts. 477 e 497.

O encerramento da atividade empresarial decorrente da morte do empregador não elide o direito do empregado de receber a eventual indenização que lhe é devida, a qual deve ser paga de forma integral, sem qualquer redução, conforme dispõem os arts. 477 e 497 da CLT (*v.* comentário ao art. 477).

Art. 486. No caso de paralisação temporária ou definitiva do trabalho, motivada por ato de autoridade municipal, estadual ou federal, ou pela

promulgação de lei ou resolução que impossibilite a continuação da atividade, prevalecerá o pagamento da indenização, que ficará a cargo do governo responsável.

Caput *com redação dada pela Lei n. 1.530, de 26.12.1951.*

O denominado *factum principis* somente ocorre em caso de interdição da atividade empresarial por ato unilateral e decorrente do poder de império do Estado, não em função do cumprimento de sanções legais por parte da administração pública. Se o empregador contribuir, direta ou indiretamente, para o ato da autoridade pública de paralisação do trabalho, não haverá qualquer responsabilidade indenizatória estatal (art. 161 da CLT).

---

§ 1º Sempre que o empregador invocar em sua defesa o preceito do presente artigo, o tribunal do trabalho competente notificará a pessoa de direito público apontada como responsável pela paralisação do trabalho, para que, no prazo de 30 (trinta) dias, alegue o que entender devido, passando a figurar no processo como chamada à autoria.

Parágrafo acrescentado pelo Decreto-lei n. 6.110, de 16.12.1943.

A pessoa de direito público apontada como responsável pela paralisação do trabalho poderá exercer amplamente seu direito de defesa, inclusive lhe será facultada a dilação probatória para eventual comprovação da ausência de sua alegada responsabilidade pelo pagamento da indenização; assim, passará a integrar a lide em todos os seus termos ulteriores (art. 5º, LV, da CF).

---

§ 2º Sempre que a parte interessada, firmada em documento hábil, invocar defesa baseada na disposição deste artigo e indicar qual o juiz competente, será ouvida a parte contrária, para, dentro de 3 (três) dias, falar sobre essa alegação.

Parágrafo acrescentado pela Lei n. 1.530, de 26.12.1951.

Esta regra determina a intimação do autor da ação trabalhista, observando o princípio do contraditório, para pronunciar-se quanto à pretensão deduzida pelo demandado de transferir sua responsabilidade indenizatória ao Poder Público.

---

§ 3º Verificada qual a autoridade responsável, a Junta de Conciliação ou Juiz dar-se-á por incompetente, remetendo os autos ao Juiz Privativo da Fazenda, perante o qual correrá o feito nos termos previstos no processo comum.

Parágrafo acrescentado pela Lei n. 1.530, de 26.12.1951.

A EC n. 24, de 09.12.1999, substituiu a expressão Juntas de Conciliação e Julgamento, como órgãos da Justiça do Trabalho, pelas expressões Juízes do Trabalho e Varas do Trabalho, essas confirmadas posteriormente pela EC n. 45, de 08.12.2004.

O dispositivo em questão foi introduzido, quando ainda não era reconhecida a competência da Justiça do Trabalho, para conciliar e julgar os dissídios em que figurassem como partes os entes da administração pública. Todavia, após a promulgação da CF/98, não mais se justifica a remessa dos autos ao juízo privativo da Fazenda, pois, em conformidade com as disposições constantes no art. 114 da Carta Constitucional, foi ampliada a competência da Justiça do Trabalho, inclusive para dirimir controvérsias que envolvam entidades de direito público; assim, deve ser reconhecida sua competência para apreciar questão relativa tanto à caracterização do *factum principis*, como ao pleito de pagamento de indenização.

CAPÍTULO VI
DO AVISO-PRÉVIO

O Poder Legislativo se sentiu pressionado pelo STF, que enviara sinais de que em breve decidiria mandado de injunção sobre a omissão legislativa referente ao art. 7º, XXI, da CF vigente desde 1988 (art. 7º, *caput*: "São direitos dos trabalhadores urbanos e rurais, além de outros que visem à melhoria de sua condição social: [...] XXI – aviso-prévio proporcional ao tempo de serviço, sendo no mínimo de trinta dias, nos termos da lei").

A primeira questão envolve a formalidade do texto legislativo: a Lei n. 12.506/2011 não faz referência aos arts. 487 e segs. da CLT, mas apenas ao Capítulo VI do Título IV da lei trabalhista, incluindo aí, de forma genérica, o período de trinta dias aos empregados com até um ano de serviço na mesma empresa, para depois acrescentar o parágrafo único em que acresce três dias por ano de serviço prestado à mesma empresa, até o máximo de sessenta dias, totalizando um prazo máximo de noventa dias.

Como a lei em questão não faz menção a número da lei consolidada, ou sequer a sua divisão em letras ou números adicionais, entende-se que a lei em questão está posta como lei extravagante, ou seja, atua ao lado do conjunto legal consolidado, posta em relação direta com o texto constitucional e a partir daí relacionada com o texto consolidado trabalhista. Atende assim ao princípio regrado pela CF e, a partir daí, deve ser compreendida, como veremos a seguir.

Como dito, o art. 7º da CF trata dos direitos dos trabalhadores e o inciso XXI especifica o aviso-prévio como proporcional ao tempo de serviço, estipulando o período mínimo de trinta dias. A redação do art. 487 da CLT possui outra perspectiva, qual seja, a contratualista civil bilateral do século XX, época em que foi elaborada a CLT. Assim, pode-se concluir que o aviso-prévio sob o prisma constitucional, e agora sob a lei extravagante elaborada para atender ao princípio regra constitucional, não mais suporta a menção tratada no § 2º do art. 487 da CLT, qual seja, o direito de o empregador descontar os salários correspondentes ao prazo respectivo. O aviso-prévio é um direito constitucional do empregado, mas não do empregador.

Não obstante a posição acima assumida, há quem defenda que o texto legal ordinário foi mantido pelo caráter somente declaratório ou intencional do texto constitucional, por meio do qual, pelo princípio da igualdade, manteve-se a bilateralidade do contrato de trabalho e, portanto, o § 2º do art. 487 da CLT se manteve. Assim, por esse posicionamento, a reciprocidade da notificação do aviso-prévio deve ser atendida, inclusive para o período além dos trinta dias previsto no texto legal consolidado. Deve-se frisar, entretanto, que a discriminação protecionista decorre do próprio texto constitucional que, quando trata do aviso-prévio, só o refere como direito ao trabalhador, e quanto aos direitos fundamentais, ao tratar da igualdade, a considera de forma substancial e não meramente formal.

Outro aspecto a ser observado pela lei aqui abordada refere-se ao período de até noventa dias, que vai sendo acumulado à medida que os anos de trabalho vão se somando: três dias por ano de trabalho prestado até atingir sessenta dias, ou seja, a partir de vinte anos de trabalho efetivo. Dessa maneira fica excluído para esta contagem o período de suspensão do contrato do trabalho (em que não haja trabalho e tampouco remuneração contratual correspondente).

Surge aqui uma indagação: pode-se considerar que no aviso-prévio concedido antes da vigência da nova lei, quando ainda em período de contagem, seria contado o período de vigência anterior? Haveria um ato jurídico perfeito? Não parece ser assim: o aviso-prévio, se não teve completado seu período, foi afetado pela nova lei, pelo que deve ser regulado pelo novo texto específico. Ocorre portanto uma prorrogação do período do termo do aviso-prévio proporcional ao tempo que está especificado na nova lei.

Art. 487. Não havendo prazo estipulado, a parte que, sem justo motivo, quiser rescindir o contrato deverá avisar a outra da sua resolução com a antecedência mínima de:

Diante do exposto, temos que o *caput* do art. 487 foi parcialmente revogado pela Lei n. 12.506/2011 ao estabelecer que "a parte que, sem justo motivo", para que se entenda que "o empregador que, sem justo motivo, quiser [...]". O *caput* do art. 487 sofreu uma alteração ditada pelo art. 7º, XXI, da CF/88, pois, conforme foi observado, passou o aviso-prévio a ser um direito constitucional do trabalhador. Dessa maneira, tornou-se inadmissível a renúncia a tal direito ou sua transação, salvo na esfera judicial. O aviso-prévio representa uma denúncia do contrato de trabalho indeterminado e tem sua caracterização pelo anúncio dessa denúncia. Tal aviso ou anúncio de que o contrato de trabalho será rescindido redunda nos seguintes efeitos: cria a mora da parte rescindente relativamente à indeterminação do contrato; faz com que permaneçam os efeitos do contrato até a conclusão do termo; impossibilita a sua revogação por ato unilateral da parte rescindente; obriga o empregador a indenizar integralmente o período do aviso dado e, do lado do empregado, faz com que perca o restante do prazo do aviso dado, se cometeu falta grave que redunde em justa causa. Também perderá o direito ao recebimento do aviso-prévio o empregado que, durante o período do aviso, renunciar ao direito em razão de iniciar trabalho em outro emprego. O empregador que, mesmo no contrato de trabalho por prazo determinado, vier a transformá-lo em indeterminado, quer por cláusula indeterminante inserida no contrato, quer por exigência extracontratual prejudicial ao empregado, ou então, no contrato indeterminado, vier a produzir, direta ou indiretamente, fato que afete o normal procedimento do contrato – como falência ou mesmo uma rescisão do contrato por força maior –, deverá indenizar o correspondente aviso-prévio.

I – 8 (oito) dias, se o pagamento for efetuado por semana ou tempo inferior;

Antigo inciso II renumerado pela Lei n. 1.530, de 26.12.1951.

O inciso I foi tacitamente revogado pela Lei n. 12.506/2011.

II – 30 (trinta) dias aos que perceberem por quinzena ou mês, ou que tenham mais de 12 (doze) meses de serviço na empresa.

Antigo inciso I renumerado e com redação dada pela Lei n. 1.530, de 26.12.1951.

Os trinta dias aqui especificados foram ampliados e unificados para todo tipo de percepção salarial recebida pelos trabalhadores, diante do contexto constitucional já mencionado (art. 7º, XXI, da CF). A reciprocidade do empregador, quando recebe o aviso-prévio do empregado, deve ocorrer no prazo de pelo menos trinta dias na forma da lei anunciada, inclusive para o caso dos trabalhadores que percebam salário de forma semanal ou com prazo inferior a oito dias, se estes já tiverem mais de doze meses de serviço na empresa. Cabe destacar ainda que o aviso-prévio é um direito irrenunciável do empregado (Súmula n. 276 do TST).

§ 1º A falta do aviso-prévio por parte do empregador dá ao empregado o direito aos salários correspondentes ao prazo do aviso, garantida sempre a integração desse período no seu tempo de serviço.

O período do aviso-prévio gozado pelo empregado ou, na falta do seu exercício, o pagamento de salário correspondente ao aviso-prévio, dá ao empregado o direito à integração desse período ao contrato de trabalho para todos os efeitos jurídicos, inclusive para efeito de anotação do término do contrato de trabalho na carteira de trabalho do empregado. A contagem do período do aviso-prévio inicia-se no dia seguinte à entrega do aviso.

A par da integração do período do aviso-prévio, a falta do aviso-prévio pelo empregador redunda no pagamento de salário do período correspondente, o que significa uma indenização. Entretanto, essa indenização é de natureza especial, pois significa indenização para efeito previdenciário e tributário-fazendário. No entanto, no âmbito juristrabalhista, tem característica híbrida, pois, de um lado, possui uma natureza indenizatória, mas, como o período do aviso-prévio indenizado repercute no contrato do trabalho, também possui uma natureza contratual de reflexo salarial. Trata-se de peculiaridades de nosso direito.

A integração do período de aviso-prévio redunda no cabimento dos direitos porventura obtidos pela categoria do empregado, como reajustes salariais ou abonos, comissões por vendas, bem como adicionais cabíveis e incorporados ao contrato de trabalho nesse período.

§ 2º A falta de aviso-prévio por parte do empregado dá ao empregador o direito de descontar os salários correspondentes ao prazo respectivo.

O § 2º foi tacitamente revogado pela Lei n. 12.506/2011.

§ 3º Em se tratando de salário pago na base de tarefa, o cálculo, para os efeitos dos parágrafos anteriores, será feito de acordo com a média dos últimos 12 (doze) meses de serviço.

Neste parágrafo, o legislador apenas explica a forma de pagamento do salário ou da indenização a título de aviso-prévio para o trabalho realizado de modo alternado, por produção, e fixa o ano, doze meses, como referência principal. No entanto, se o contrato de trabalho mantiver-se há menos de um ano, obviamente se aplicará o período de meses existente. A jurisprudência dominante entende que gorjetas, por fazerem parte da remuneração e não do salário, não são computadas para efeito de pagamento do aviso-prévio. Entretanto, os adicionais habituais pagos com a verba salarial se integram para o efeito de compor o aviso-prévio.

§ 4º É devido o aviso-prévio na despedida indireta.

Parágrafo acrescentado pela Lei n. 7.108, de 05.07.1983.

Até o surgimento deste parágrafo, em 1983, a jurisprudência tinha como válido o não pagamento do aviso-prévio para a situação da despedida indireta por culpa do empregador. O texto em apreço, para atender posicionamento doutrinário, incluiu o aviso-prévio nos casos de despedida indireta tratados no art. 483 da CLT e em situações correspondentes. Embora a inclusão deste parágrafo suscitasse posicionamento contrário, continuou a prevalecer a exclusão do aviso-prévio para a situação da culpa recíproca. No entanto, se a falência ou mesmo a recuperação judicial resultarem na extinção do contrato, é cabível o aviso-prévio ao empregado por força do risco que é empresarial. Entretanto, se o empregador não der causa à rescisão por força maior, não terá de arcar com tal ônus relativo ao aviso-prévio. Não se admite o acordo para redução do valor do aviso-prévio por se tratar de garantia mínima de lei, salvo no caso de comprovação de novo emprego pelo empregado.

§ 5º O valor das horas extraordinárias habituais integra o aviso-prévio indenizado.

Parágrafo acrescentado pela Lei n. 10.218, de 11.04.2001.

Trata-se de mais um parágrafo incluído por força de discussão doutrinária, além de posicionamento jurisprudencial. Da mesma forma que a Lei n. 605/49 teve alterado o seu art. 7º para que as horas extras habituais fossem incluídas no repouso semanal remunerado, houve, neste parágrafo, uma adaptação da lei para atender ao posicionamento jurisprudencial. Isso porque, infelizmente, o uso habitual das horas extras incorporou-se à vida cotidiana do trabalho em nossa terra, ainda que isso cause problemas para a saúde e para a vida do trabalhador.

§ 6º O reajustamento salarial coletivo, determinado no curso do aviso-prévio, beneficia o empregado pré-avisado da despedida, mesmo que tenha recebido antecipadamente os salários correspondentes ao período do aviso, que integra seu tempo de serviço para todos os efeitos legais.

Parágrafo acrescentado pela Lei n. 10.218, de 11.04.2001.

O presente parágrafo, também incluído por força de amplo e majoritário entendimento doutrinário e jurisprudencial, de certa forma repete o já disposto no § 1º deste artigo – a integração do período do aviso ao contrato de trabalho. Mas também deixa clara a preocupação do legislador em dar ênfase à aplicação da norma coletiva ao período do aviso-prévio, ainda que tenha sido indenizado e pago antes de ter completado o direito coletivo proveniente do termo ou da sentença coletiva relativa àquele período pendente. Deve ser entendida como proporcional a contagem do tempo de aviso-prévio além dos trinta dias básicos, pelo que se aplica o pré aviso aqui contido neste parágrafo, correspondentemente ao período além dos trinta dias relacionado ao tempo de serviço do empregado.

Art. 488. O horário normal de trabalho do empregado, durante o prazo do aviso, e se a rescisão tiver sido promovida pelo empregador, será reduzido de 2 (duas) horas diárias, sem prejuízo do salário integral.

O dispositivo apresenta uma medida de parcial atenuação ao impacto negativo do aviso de dispensa. O legislador buscou, sob a influência dos princípios norteadores do direito do trabalho, flexibilizar o período do aviso-prévio concedido ao empregado para que ele tenha um tempo maior para a procura de outro emprego. A manutenção do salário integral diante de um período menor na jornada propicia um pequeno ônus ao rescindente pela ruptura do contrato de trabalho. A integralidade salarial abrange o salário propriamente dito, assim como a remuneração pelo período todo, o que comporta, inclusive, as gorjetas correspondentes. No caso de não concessão desse período previsto neste artigo e no seu parágrafo único, entende-se que o aviso-prévio não foi concedido, o que redunda no cabimento ao empregado da integralidade indenizada do referido período de trinta dias.

Parágrafo único. É facultado ao empregado trabalhar sem a redução das 2 (duas) horas diárias previstas neste artigo, caso em que poderá faltar ao serviço, sem prejuízo do salário integral, por 1 (um) dia, na hipótese do inciso I, e por 7 (sete) dias corridos, na hipótese do inciso II do art. 487 desta Consolidação.

Parágrafo acrescentado pela Lei n. 7.093, de 25.04.1983.

Este parágrafo foi incluído no texto original, de acordo com a concepção de pragmatizar a aplicação do direito. Trata-se da substituição das duas horas diárias nas semanas do aviso-prévio pela utilização de folgas diárias. A hipótese do art. 487, I, consolidado, não foi recepcionada pelo texto constitucional de 1988, como já se referiu. Mas a adoção – que alguns admitem apenas expressa – pelo empregado ao empregador rescindente, de sete dias, foi recepcionada pela norma constitucional e visa a um prazo corrido de uma semana para a referida procura de outro emprego ou busca de outra alternativa em outro local.

Cabe destacar a situação do trabalhador que não possui jornada de oito horas, mas menor. Nesse caso, entende-se que deverá ser aplicada a proporcionalidade da duração da jornada ao período de folga expresso na lei; por exemplo, quem possui jornada de quatro horas de duração teria uma hora diária de folga especial, ou então, três dias na semana. Entretanto, essa proporcionalidade não é aceita de forma uníssona pela doutrina e pela jurisprudência, pois há posicionamento no sentido de que a lei não restringiu o direito para quem tem a duração menor de jornada. O trabalhador rural possui o direito de abono de um dia por semana, consoante o art. 15 da Lei n. 5.889/73. O aviso-prévio repele a argumentação de que o prazo vigora sem o trabalho para efeito da contagem do seu tempo: se o empregado não precisa trabalhar, considera-se o período como indenizável para efeito de contagem de prazo de pagamento rescisório. Aplicar-se-á a extensão prevista na lei extravagante de forma proporcional, no caso de opção de substituir-se duas horas diárias a menos durante o aviso-prévio, para o direito de falta a pelo menos sete dias corridos.

Art. 489. Dado o aviso-prévio, a rescisão torna-se efetiva depois de expirado o respectivo prazo, mas, se a parte notificante reconsiderar o ato, antes de seu termo, à outra parte é facultado aceitar ou não a reconsideração.

Embora seja unilateral e imediata a concessão do aviso-prévio, o aviso em si não significa imediata ruptura do vínculo, mas o início de sua contagem. No caso de arrependimento do ato unilateral, a anulação do aviso só se concretizará por ato bilateral – a concordância da parte denunciada. No caso de acidente de trabalho ou de doença do empregado, ocorre uma suspensão do contrato de trabalho, de modo a deduzir-se que o aviso-prévio não se conta nesse período de alteração por fator alheio à vontade das partes.

Parágrafo único. Caso seja aceita a reconsideração ou continuando a prestação depois de expirado o prazo, o contrato continuará a vigorar, como se o aviso não tivesse sido dado.

Para que o aviso-prévio dado seja cancelado, é necessária a aceitação expressa ou tácita do arrependimento. Entretanto, se este for aceito, não se admitirá o arrependimento do aceite à reconsideração do aviso-prévio. Portanto, se a parte aceitar a reconsideração do aviso-prévio concedido, somente por ato bilateral obterá a retomada do aviso-prévio concedido e retirado.

Art. 490. O empregador que, durante o prazo do aviso-prévio dado ao empregado, praticar ato que justifique a rescisão imediata do contrato, sujeita-se ao pagamento da remuneração correspondente ao prazo do referido aviso, sem prejuízo da indenização que for devida.

Este dispositivo apresenta a possibilidade da chamada rescisão indireta do contrato de trabalho por culpa do empregador durante o aviso-prévio por ele concedido, de modo a suprimir a obrigação de trabalhar pelo empregado que foi acometido de falta grave por parte do empregador, a par do direito de receber a integralidade do aviso-prévio e as verbas rescisórias decorrentes da rescisão por culpa do empregador. A referência neste artigo à indenização devida deve ser vista sob a atual forma indenizatória para a rescisão do contrato de trabalho por culpa do empregador, tendo-se como referência a multa relativa aos depósitos do FGTS. Se o empregado for a parte que concedeu o aviso-prévio e, durante o cumprimento do período, o empregador vier a cometer falta grave, aquele também terá direito à forma da rescisão do contrato de trabalho por culpa do empregador, com o recebimento do aviso-prévio indenizado, além das verbas rescisórias correspondentes.

Art. 491. O empregado que, durante o prazo do aviso-prévio, cometer qualquer das faltas consideradas pela lei como justas para a rescisão, perde o direito ao restante do respectivo prazo.

Trata-se da situação inversa do artigo anterior. Se o empregado promover ou receber o aviso-prévio para a rescisão contratual e, durante o seu cumprimento, cometer falta grave, o caso, que seria de demissão injusta ao empregado, ou de pedido de demissão deste, transforma-se em demissão do empregado por justa causa. Entretanto, entre as possibilidades de falta grave, ocorre uma exceção: o abandono de serviço. Se o empregado receber o aviso-prévio pelo empregador, ou avisar o empregador de que está rompendo o contrato de trabalho, e, em seguida, surgir a necessidade de, por exemplo, iniciar o trabalho em outra empresa, por óbvio sua saída antecipada, mas anunciada, não será considerada abandono, mas apenas motivo de desconto dos dias restantes. Aplica-se a Súmula n. 73 do TST, que exclui o abandono de serviço como motivo de falta grave que cause a perda das verbas rescisórias respectivas à rescisão injusta ou à perda do pedido de demissão.

CAPÍTULO VII
DA ESTABILIDADE

No Brasil, embora tenha surgido em função da instituição da previdência, como garantidora de manutenção do instituto de seguridade social para ferroviários (Lei n. 4.682, de 24.01.1923 – Lei Elói Chaves), a estabilidade se estruturou para todo o setor urbano a partir da linha adotada pelo primeiro governo de Vargas, de industrialização e de interferência do Estado nas relações de emprego. A CLT adotou o regime da estabilidade após dez anos de trabalho para uma mesma empresa visando à preservação do emprego, com alguma influência estatal da relação com o funcionalismo público; afinal, eram os anos dos regimes corporativos e autoritários, em que o Estado intervinha fortemente na sociedade.

A estabilidade manteve-se como regime principal até ocorrerem as mudanças políticas e econômicas oriundas do Golpe Militar de 1964. O Fundo de Garantia por Tempo de Serviço – FGTS, instituído por lei em 1966, representa a primeira e grande flexibilização no direito do trabalho em nosso país, com a implantação da chamada opção pelo FGTS, o que, na prática, alterou a estabilidade no emprego. A Constituição de 1988 incorporou o regime do FGTS para os trabalhadores urbanos e rurais, alterando sua forma de alternância – FGTS ou estabilidade – para concomitância – FGTS com uma pretendida garantia de emprego –; assim, com um feitio mais provisório, persistiu na forma de estabilidade e estabeleceu outra concepção para o seu conceito tradicional. A estabilidade significa manter a relação de emprego de forma indefinida por força de lei, de norma coletiva ou de cláusula contratual entre as partes, até que ocorra um termo final definido na fonte que a originou, ou por motivo justo caracterizado.

Art. 492. O empregado que contar mais de 10 (dez) anos de serviço na mesma empresa não poderá ser despedido senão por motivo de falta grave ou circunstância de força maior, devidamente comprovadas.

Veja art. 7º, I e III, CF (Anexo I da CLT), que dispõe de modo diverso.

Este artigo foi tacitamente derrogado quanto ao tempo de serviço pelo art. 7º, I, da CF, que não faz mais menção à estabilidade e relaciona, entre os direitos dos trabalhadores: "I – relação de emprego protegida contra despedida arbitrária ou sem justa causa, nos termos de lei complementar, que preverá indenização compensatória, dentre outros direitos". O ADCT previu, em seu art. 10, enquanto não for aprovada a referida lei complementar de que trata o inciso transcrito, o seguinte: "I – fica limitada a proteção nele referida ao aumento, para quatro vezes, da porcentagem prevista no art. 6º, *caput* e § 1º, da Lei n. 5.117, de 13 de setembro de 1966".

A LC n. 110/2001, em seu art. 1º, ampliou a alíquota em mais 10% em função do acordo em relação aos expurgos sobre a correção monetária no FGTS, permanecendo, entretanto, para o empregado demitido sem justa causa, o direito à multa rescisória de 40% sobre os depósitos cabíveis relativos ao FGTS. O período de dez anos de trabalho na mesma empresa só foi mantido para aqueles trabalhadores que já haviam adquirido a estabilidade quando da promulgação do texto constitucional de 1988, inclusive os rurais. Entretanto, os empregados que tivessem algum tipo especial de estabilidade, por força da CF ou de lei ordinária, continuaram a ter a garantia de não ser despedidos, salvo por motivo de falta grave ou de força maior devidamente comprovadas. Essa comprovação está diretamente relacionada com o ato judicial para ser reconhecida. Para essas funções reconhecidas por lei, especialmente, como sujeitas à estabilidade – dirigentes sindicais e de cooperativas de trabalhadores eleitos, representantes dos trabalhadores junto ao Conselho do FGTS e da Previdência Social –, reconhece-se que possuem como fator diferenciador das demais *estabilidades provisórias e garantias de emprego* a necessidade do uso pelo empregador do chamado "inquérito judicial para a apuração de falta grave" perante a Justiça do Trabalho. Nos demais casos de *estabilidade provisória*, como a situação da gestante e dos membros eleitos da Cipa, assim como os casos de garantia de emprego por força de normas coletivas ou cláusulas contratuais, não há necessidade da ação judicial preparatória da rescisão contratual.

Parágrafo único. Considera-se como de serviço todo o tempo em que o empregado esteja à disposição do empregador.

Este parágrafo possui conexão e muita semelhança com o art. 4º do mesmo texto consolidado, pois, como ele, insere-se como tempo de serviço o período em que o trabalhador esteja aguardando ou executando ordens, assim como o período de prestação do serviço militar, além daquele relativo ao acidente de trabalho, em que se inclui a doença profissional, conforme a lei previdenciária dispõe.

Art. 493. Constitui falta grave a prática de qualquer dos fatos a que se refere o art. 482, quando por sua repetição ou natureza representem séria violação dos deveres e obrigações do empregado.

Trata-se de um artigo que parece redundante, mas que fornece a distinção legal entre a justa causa e a falta grave. A justa causa é a denominação de justo motivo para rescisão por culpa do empregado não estável. A falta grave constitui-se no justo motivo para a demissão do empregado estável. Faz este artigo, assim, remissão ao art. 482 consolidado e afirma que quaisquer daqueles atos descritos – justas causas – constituem-se falta grave do empregado estável a ser apurada. A constatação da falta grave para aqueles empregados que detêm a estabilidade especial prevista em lei, como vimos, só é possível por meio de ação própria.

Art. 494. O empregado acusado de falta grave poderá ser suspenso de suas funções, mas a sua despedida só se tornará efetiva após o inquérito e que se verifique a procedência da acusação.

Este dispositivo demonstra a influência da estrutura do Estado na compilação do que veio a ser a CLT, pois se observa, neste artigo, uma nítida característica administrativista para efeito da aplicação dos atos relativos à declaração de falta grave. Como no regime do funcionalismo público, adotou-se a figura da suspensão de funções durante o exame administrativo – que, posteriormente, passou a ser judicial – do ato apontado como falta grave. E a denominação adotada também é administrativa: inquérito. Embora a estrutura administrativa da Justiça do Trabalho tenha sido alterada no período constituinte de 1946 para fazer parte do Poder Judiciário, manteve-se a terminologia na CLT, que se alongou e foi incorporada pela sintaxe judicial trabalhista. De qualquer forma, este artigo apresenta uma faculdade do uso da suspensão, com um aspecto de sério gravame: a suspensão importa em falta de pagamento de salário, que possui natureza alimentar. Mais à frente, o art. 853 estabelece um prazo de trinta dias para a propositura da ação de inquérito, contados da data da suspensão aqui referida, sob pena de decadência.

Parágrafo único. A suspensão, no caso deste artigo, perdurará até a decisão final do processo.

Observa-se um caráter unilateral e até autoritário na concessão que a lei faz ao comando do empregador que pode suspender o empregado – e os salários, por óbvio – para a propositura do inquérito judicial com o fim de apurar falta grave. É evidente a influência estatal no direito atribuído ao empregador, cabendo destacar que a suspensão do empregado redunda na suspensão do seu salário, única maneira que ele tem para se alimentar. Com a ausência de aplicação da estabilidade por tempo de serviço, resta a estabilidade chamada provisória para aqueles casos previstos especialmente na lei – dirigentes sindicais eleitos, dirigentes eleitos de cooperativas de trabalhadores e membros dos trabalhadores nos conselhos do FGTS e na Previdência Social. Para estes, em caso de suspensão de trabalho e de salário para efeito de inquérito judicial para apuração de falta grave – aspecto procedimental (arts. 853 a 855 da CLT) –, inclusive até decisão final, transitada em julgado, atenuou-se a ausência de salário, pois, em tese, esses empregados têm a retaguarda sindical, pelo menos para efeito alimentar.

Art. 495. Reconhecida a inexistência de falta grave praticada pelo empregado, fica o empregador obrigado a readmiti-lo no serviço e a pagar-lhe os salários a que teria direito no período da suspensão.

Ao ser constatada a ausência de falta grave do empregado estável, a readmissão é feita por determinação judicial. A própria CLT, em seu art. 729, fixa os parâmetros das *astreintes* – termo francês oriundo do Código Napoleônico: incitação judicial ao cumprimento da obrigação de fazer –, sendo que o empregado tem o direito de, além de ser reintegrado, receber todos os salários e os direitos salariais do período em que esteve afastado, como se tivesse trabalhado no período. No caso de culpa recíproca, não se aplica o presente artigo.

Art. 496. Quando a reintegração do empregado estável for desaconselhável, dado o grau de incompatibilidade resultante do dissídio, especialmente quando for o empregador pessoa física, o tribunal do trabalho poderá converter aquela obrigação em indenização devida nos termos do artigo seguinte.

A possibilidade de converter a estabilidade em indenização é a alternativa do próprio instituto quando houver uma flagrante incompatibilidade, notadamente quando o empregador for pessoa física, pequeno ou microempresário. Certamente, a reintegraçao, nesse caso, poderia importar em um mal maior na relação humana necessariamente obrigatória; por isso, o legislador utilizou-se dessa válvula de escape ao dissídio, de modo a atribuir ao juiz do trabalho a análise da circunstância, com o uso do bom-senso.

Art. 497. Extinguindo-se a empresa, sem a ocorrência de motivo de força maior, ao empregado estável despedido é garantida a indenização por rescisão do contrato por prazo indeterminado, paga em dobro.

A extinção da empresa representa uma forma de extinção do contrato de trabalho por motivo considerado injusto. No entanto, para o empregado estável, ainda que se considere injusto o motivo da rescisão, sua reintegração ao emprego não é possível na prática. Isso porque o empregado estável na forma atual possui estabilidade em razão de sua atividade, não em razão do tempo de serviço. Como a atividade do estável, por motivo sindical ou cooperativo, se dá em razão de ser empregado da empresa que lhe dá o trabalho, se a empresa não mais está com o emprego à sua disposição, por óbvio não pode mais ser representante dos trabalhadores daquele local. A situação dos trabalhadores que atuam no conselho dos órgãos ligados ao FGTS e à Previdência Social é atípica, pois os escolhidos são poucos e sua representação tem abrangência muito grande. Dessa forma, a situação desses trabalhadores não afeta a maioria das situações de estabilidade especial em que há necessidade de inquérito judicial para ruptura do contrato de trabalho; trata-se, pois, de exceção à regra aplicada em lei sobre extinção de empresa. No caso deles, se surgir essa possibilidade, caberá ao juízo do trabalho a apreciação caso a caso.

Art. 498. Em caso de fechamento do estabelecimento, filial ou agência, ou supressão necessária de atividade, sem ocorrência de motivo de força maior, é assegurado aos empregados estáveis, que ali exerçam suas funções, direito à indenização, na forma do artigo anterior.

Neste caso, complementando o artigo anterior, o legislador previu a situação do fechamento do estabelecimento, filial ou agência da empresa. Não é a extinção da empresa, mas de parte da empresa em determinado lugar. Portanto, aplica-se o artigo anterior para efeito dos reflexos sobre o empregado, assim como a forma de indenização a ser paga ao empregado estável. Como visto, a perda da base territorial sindical ou cooperativa faz com que o detentor da estabilidade perca a razão desse direito, mas resta o pagamento da indenização relativa ao período na forma dobrada.

Art. 499. Não haverá estabilidade no exercício dos cargos de diretoria, gerência ou outros de confiança imediata do empregador, ressalvado o cômputo do tempo de serviço para todos os efeitos legais.

§ 1º Ao empregado garantido pela estabilidade que deixar de exercer cargo de confiança, é assegurada, salvo no caso de falta grave, a reversão ao cargo efetivo que haja anteriormente ocupado.

§ 2º Ao empregado despedido sem justa causa, que só tenha exercido cargo de confiança e que contar mais de 10 (dez) anos de serviço na mesma empresa, é garantida a indenização proporcional ao tempo de serviço nos termos dos arts. 477 e 478.

§ 3º A despedida que se verificar com o fim de obstar ao empregado a aquisição de estabilidade sujeitará o empregador a pagamento em dobro da indenização prescrita nos arts. 477 e 478.

O art. 499 e seus parágrafos estão tacitamente derrogados, por força do tempo circunstanciado, inicialmente pelo surgimento do FGTS a partir do ano de 1967 (Lei n. 5.107/66), e, depois, em razão do texto constitucional de 1988. Em primeiro lugar, pela inexistência de uso prático a partir do século XXI. Praticamente não há trabalhador estável por tempo de serviço em atividade nestes tempos, salvo um ou outro remanescente da área rural que deve estar muito próximo da aposentadoria – em 1988, quando a Constituição introduziu o FGTS para o emprego rural, foram mantidos os direitos adquiridos relativos à estabilidade do empregado rural, além daqueles raros trabalhadores urbanos remanescentes da estabilidade anterior ou concomitante à lei do FGTS, de 1966. Em segundo lugar, por força da inexistência do regime de estabilidade com o novo texto da Constituição de 1988, não surgiram novos estáveis por tempo de serviço.

O artigo em apreço, com seus parágrafos, trata de estáveis por tempo de serviço em exercício de diretoria, gerência ou chefia de alto escalão, que não possuem estabilidade em razão da atividade de extrema confiança. É inviável, assim, o comentário mais detalhado sobre tal situação. Restaria imaginar um empregado eleito dirigente sindical que fosse guindado à gerência ou direção de uma empresa: nesse caso haveria uma forte pressão dos empregados para que o dirigente sindical renunciasse a seu cargo sindical, pois este é incompatível com a função de mando de empresa, oposta ao mandato sindical por sua própria natureza. De outro lado, se o empregado diretor sindical exercesse sua função como sindicalista, certamente entraria em rota de colisão com a empresa. Resta essa alternativa, portanto, no campo das hipóteses.

Art. 500. O pedido de demissão do empregado estável só será válido quando feito com a assistência do respectivo Sindicato e, se não o houver, perante autoridade local competente do Ministério do Trabalho e Previdência Social ou da Justiça do Trabalho.

Artigo com redação dada pela Lei n. 5.584, de 26.06.1970.

Veja nota 1 na página XXI.

Este artigo, que tutela a renúncia da estabilidade, abrange tanto os empregados estáveis por força de lei especial e que, para serem despedidos, haja necessidade de inquérito judicial para apuração de falta grave, como aqueles que possuem a estabilidade provisória de forma geral, como as gestantes e os chamados *cipeiros* – empregados eleitos para participarem da Cipa. A doutrina também estende essa interpretação para os casos de garantia de emprego por força de norma coletiva ou cláusula contratual. Trata-se de proteger a situaçao do empregado estável pelo que ele representa à sua categoria, assim como de proteger a condição que o levou a ter uma determinada garantia de emprego. Este artigo observa o sindicato da categoria do empregado estável como elemento substancial de proteção à fraude, sendo que, no caso de ausência da entidade sindical, coloca o próprio Estado como elemento de tutela.

CAPÍTULO VIII
DA FORÇA MAIOR

Origem e conceito – a origem da concepção da força maior está no Direito romano clássico, sendo que houve ainda a retomada do instituto pelos pós-glosadores – no final da Idade Média –, que trataram da chamada "cláusula *rebus sic stantibus*", em função do princípio da equidade. No início do século XX, por força dos problemas surgidos em função da Primeira Grande Guerra, os juristas retomaram a figura e com base nela formaram a chamada *teo-*

ria da imprevisão. O texto consolidado foi escrito sob a égide do CC/1916, que tinha como perspectiva a distinção entre a força maior e o caso fortuito (art. 1.058). A força maior, nessa conceituação, é o acidente produzido pela natureza ou pelo inusitado, em situação e em condições que não podem ser previstas pelas partes.

Já o caso fortuito é visto como um fato produzido por terceiro, gerador de um obstáculo que leva à impossibilidade do cumprimento da obrigação, ainda que o devedor demonstre boa vontade para cumpri-la. A força maior tem como relação a imprevisibilidade; o caso fortuito, a inevitabilidade. No entanto, o próprio CC de então estabeleceu os mesmos efeitos para a força maior e para o caso fortuito. Da mesma forma, o CC/2002, art. 393 e seu parágrafo único, não distingue quanto aos efeitos de força maior de caso fortuito.

Art. 501. Entende-se como força maior todo acontecimento inevitável, em relação à vontade do empregador, e para a realização do qual este não concorreu, direta ou indiretamente.

O legislador considerou a força maior abrangente ao caso fortuito, seguindo a mesma linha do CC/1916 quanto aos seus efeitos. Nessa linha, relacionou a força maior com a inevitabilidade, incluindo em seu conceito o que seria caso fortuito, como já se referiu. De qualquer forma, a força maior, para o direito do trabalho, é vista sob três óticas. A primeira relaciona-se ao direito coletivo, que tem, dentro de seu próprio bojo, a possibilidade de mutação pelos fatos sociais, a ponto de admitir um dissídio coletivo de revisão ao termo coletivo vigente. A segunda relaciona-se ao *factum principis* (art. 486, §§ 1º a 3º, da CLT), que versa sobre o ato de autoridade que é responsável pela paralisação do trabalho da empresa. A terceira é a perspectiva deste Capítulo, que observa a força maior de maneira excepcional como excludente da responsabilidade do empregador com relação à estabilidade.

§ 1º A imprevidência do empregador exclui a razão de força maior.

Nota-se que a imprevisibilidade, inserida tradicionalmente no conceito de força maior, foi totalmente excluída da conceituação dada pelo *caput* deste artigo, e especialmente e expressamente retirada da possibilidade de inserir-se como força maior para o contexto trabalhista. Isso porque a responsabilidade do empregador é vista pelo texto consolidado como algo lapidar, básico, para efeito da existência do contrato de trabalho. Assim, a falência, muito menos a recuperação judicial, não é tida como força maior, pois o risco de perder do empregador insere-se no que se relaciona à imprevidência.

§ 2º À ocorrência do motivo de força maior que não afetar substancialmente, nem for suscetível de afetar, em tais condições, a situação econômica e financeira da empresa, não se aplicam as restrições desta Lei referentes ao disposto neste Capítulo.

Esta é mais uma hipótese de exclusão da força maior ao contexto trabalhista: trata-se da força maior parcial, ou pontual, que não chega a afetar a estrutura da empresa a ponto de causar um impacto efetivo no âmbito econômico e financeiro. Volta e meia, um governo cria uma situação que altera as condições na relação empregatícia e que pode trazer um impacto presente ou futuro na recuperação do prejuízo ocasionado por aquele evento ao empregado: nesse caso, embora haja uma alteração e uma sobrecarga presente ou futura sobre a empresa, sendo a diferença constatada judicialmente, tal evento não será motivo de negativa de responsabilidade sobre os direitos trabalhistas. Não há respaldo legal, portanto, nesses casos, para supressão de responsabilidade trabalhista. Da mesma forma, o empregado estável por condição de lei especial – que exige o inquérito judicial para declarar a demissão – não pode ser afetado por motivo circunstancial ou conjuntural (temporário), mas apenas por força maior que afete profundamente a empresa.

Art. 502. Ocorrendo motivo de força maior que determine a extinção da empresa, ou de um dos estabelecimentos em que trabalhe o empregado, é assegurada a este, quando despedido, uma indenização na forma seguinte:

A força maior efetiva, por ato inevitável e imprevisível, que redunde no término da atividade da empresa como um todo, ou de um de seus estabelecimentos, sem a presença de um estabelecimento da empresa em um outro município vizinho, admite a demissão do empregado estável. Surge uma questão: a força maior necessita de ação de inquérito judicial para a declaração de falta grave? É certo que não. A ação de inquérito judicial é indicativa de justa causa para falta grave por ato do empregado. A força maior não se relaciona com o ato do empregado, mas com fato aleatório às partes. Portanto, para a demissão do empregado estável, ainda que por lei especial, não há necessidade de ingresso de ação para declarar situação de força maior. E é atenuada a forma de indenização por demissão em estado de força maior.

I – sendo estável, nos termos dos arts. 477 e 478;

Este inciso tratava da estabilidade por tempo de serviço e da rescisão sem justa causa ou imotivada. Assim, o antigo empregado estável por tempo de serviço, no caso de força maior, receberia a indenização de despedida imotivada como se não fosse estável. No atual contexto, o estável por lei especial, a quem já nos referimos, assim como os demais estáveis e com gozo de garantia de emprego, no caso do evento da efetiva força maior, terão direito à rescisão contratual na forma de rescisão simples sem motivo justo.

II – não tendo direito à estabilidade, metade da que seria devida em caso de rescisão sem justa causa;

Para os empregados que não possuem nenhum tipo de estabilidade ou garantia de emprego, a lei estabelece uma atenuação do pagamento do empregador ao empregado, em função da força maior. Esse pagamento caía pela metade relativamente à indenização – a partir de 1988, em função do FGTS para todos os empregados, a situação mudou e transpôs-se para a multa do FGTS. Cabe notar que a metade é da indenização, anterior ou da multa do FGTS, e não das verbas proporcionais relacionadas a direitos trabalhados, como o 13º salário proporcional e as férias proporcionais.

III – havendo contrato por prazo determinado, aquela a que se refere o art. 479 desta Lei, reduzida igualmente à metade.

Este inciso perdeu a eficácia com o advento da Constituição de 1988, que estabeleceu o FGTS como parte integrante de todo contrato de trabalho. Por ser do empregado o depósito do FGTS, o seu levantamento com o final do contrato por prazo determinado, ainda que antecipado por rescisão por força maior, é de efeito automático. Torna-se inviável, portanto, a utilização deste inciso, porque não há, no caso de trabalho por prazo determinado, a possibilidade de multa sobre o FGTS a ser paga pelo empregador.

Art. 503. É lícita, em caso de força maior ou prejuízos devidamente comprovados, a redução geral dos salários dos empregados da empresa, proporcionalmente aos salários de cada um, não podendo, entretanto, ser superior a 25% (vinte e cinco por cento), respeitado, em qualquer caso, o salário mínimo da região.

Parágrafo único. Cessados os efeitos decorrentes do motivo de força maior, é garantido o restabelecimento dos salários reduzidos.

Este artigo e seu parágrafo único foram derrogados tacitamente pelo art. 7º, VI, da CF, em que só se admite a redução salarial por negociação coletiva que resulte em acordo coletivo ou em convenção coletiva de trabalho.

Art. 504. Comprovada a falsa alegação do motivo de força maior, é garantida a reintegração aos empregados estáveis, e aos não estáveis o complemento da indenização já percebida, assegurado a ambos o pagamento da remuneração atrasada.

Para comprovar a falsa alegação do motivo de força maior, deduz-se o uso de ação própria com conteúdo de pretensão sentencial declaratória e condenatória. Nesse caso, insere-se o conteúdo de reconstituição do contrato de trabalho para o empregado estável por lei especial, que obriga o inquérito judicial para a apuração de falta grave, como já se referiu. Ao empregado que tem a estabilidade provisória prevista em lei, mas sem necessidade de o empregador ingressar com inquérito judicial, como o caso da gestante e do membro eleito da Cipa, também cabe o pedido de reintegração, caso ainda se ache em tempo de uso da estabilidade provisória correspondente. Nesses casos, cabe ainda o pagamento dos salários do período respectivo da estabilidade. A mesma situação do empregado com estabilidade provisória, por último referida, aplica-se para o empregado detentor de garantia de emprego. Nestes dois últimos casos, além do salário do período de estabilidade ou da garantia de emprego, cabe o pagamento das verbas rescisórias integrais, se for vencido o período de estabilidade ou de garantia de emprego.

CAPÍTULO IX
DISPOSIÇÕES ESPECIAIS

A reforma trabalhista trazida pela Lei n. 13.467, de 13.07.2017, incluiu neste capítulo dois temas inéditos em termos de lei ordinária: 1) introduziu a possibilidade legal da cláusula compromissória de arbitragem para contratos individuais de trabalho; 2) inseriu o Título IV-A, que cuida da representação dos empregados em empresas com mais de 200 empregados.

Art. 505. São aplicáveis aos trabalhadores rurais os dispositivos constantes dos Capítulos I, II e VI do presente Título.

Este artigo foi tacitamente derrogado pela Constituição de 1988, que, em seu art. 7º, *caput*, estabeleceu a igualdade de direitos entre os trabalhadores urbanos e rurais. Ainda antes do texto constitucional de 1988, os trabalhadores passaram a ser regulados por lei especial (Lei n. 5.889/73), sendo certo que as modificações constitucionais de 1988 também alteraram a ampliação e a regulação dos empregados estáveis do âmbito rural, da mesma forma que os empregados urbanos.

Art. 506. No contrato de trabalho agrícola é lícito o acordo que estabelecer a remuneração *in natura*, contanto que seja de produtos obtidos pela exploração do negócio e não exceda de 1/3 (um terço) do salário total do empregado.

Este artigo foi tacitamente derrogado pela Lei do Trabalho Rural (Lei n. 5.889/73), que trata, inclusive, da presente matéria em seu art. 9º.

Art. 507. As disposições do Capítulo VII do presente Título não serão aplicáveis aos empregados em consultórios ou escritórios de profissionais liberais.

O *caput* deste artigo foi afetado em sua eficácia quando da promulgação da CF/88. O FGTS aplicado a todos os empregados, como já se referiu, inviabilizou a estabilidade por tempo de serviço e, portanto, a exceção deste artigo relativa aos empregados em consultórios ou em escritórios de profissionais liberais perdeu sua razão de ser.

Art. 507-A. Nos contratos individuais de trabalho cuja remuneração seja superior a duas vezes o limite máximo estabelecido para os benefícios do Regime Geral de Previdência Social, poderá ser pactuada cláusula compromissória de arbitragem, desde que por iniciativa do empregado ou mediante a sua concordância expressa, nos termos previstos na Lei n. 9.307, de 23 de setembro de 1996.

Artigo acrescentado pela Lei n. 13.467, de 13.07.2017.

Origem e conceito: a CF/88 em seu art. 114 trata da competência da Justiça do Trabalho, sendo que o § 1º dispõe que frustrada a negociação coletiva, as partes poderão eleger árbitros.

O § 2º do referido artigo constitucional trata em seguida sobre a negociação coletiva e a arbitragem, facultando, consecutivamente, a possibilidade do chamado dissídio coletivo.

Entende-se que houve no referido § 1º do art. 114 da CF um silêncio eloquente quanto à possibilidade de arbitragem privada em casos de conflitos individuais.

A partir daí, o presente art. 507-A traz certamente matéria conflituosa para os casos em que aponta sua possibilidade.

Nesse caso, para aqueles que recebem remuneração superior a duas vezes o limite máximo dos benefícios do Regime Geral de Previdência Social, a possibilidade da cláusula compromissória de arbitragem, quer pactuada por iniciativa do empregado, ou apresentada a sua concordância expressa, poderá ser objeto de validade legal, o que, como vimos, será muito contestado.

Não obstante, introduzir no âmbito individual do trabalho a cláusula compromissória de arbitragem, consoante a Lei n. 9.307/96 (Lei de Arbitragem), é uma medida que sequer pode ser denominada de gênero mais hodierno, vez que a legislação internacional mais contemporânea já considera superada a distinção entre compromisso e cláusula compromissória, assim como a possibilidade de existir cláusula compromissória vazia e cheia.

Destaque-se que ao fazer referência apenas à Lei da Arbitragem em vigor, o legislador trabalhista inseriu a possibilidade de, no caso de cláusula compromissória arbitral, constar ou não o tipo da arbitragem, resultando em cláusula cheia, se se tratar de escolha preliminar do árbitro e condições para arbitragem; ou cláusula vazia, no caso de deixar-se para momento futuro a possibilidade de escolha de árbitro, o que pode resultar em necessidade até de uso do poder judicial para escolha de árbitro.

De qualquer forma, em ambos os tipos de cláusula, certamente poderá ser recorrido o judiciário, diante do que dispõe o art. 9º não revogado da CLT, a saber: "Serão nulos de pleno direito os atos praticados com o objetivo de desvirtuar, impedir ou fraudar a aplicação dos preceitos contidos na presente Consolidação".

Destaque-se que um dos princípios do CC em vigor é o princípio da probidade, além do princípio da socialidade como limitação à liberdade contratual.

Art. 507-B. É facultado a empregados e empregadores, na vigência ou não do contrato de emprego, firmar o termo de quitação anual de obrigações trabalhistas, perante o sindicato dos empregados da categoria.

Caput *acrescentado pela Lei n. 13.467, de 13.07.2017.*

Neste artigo, admite-se a figura da quitação consecutiva anual de obrigações trabalhistas, sendo que existe como elemento de supervisão o sindicato dos empregados da categoria.

Tal situação extrapola a figura da anuidade quando dispõe que pode ocorrer na vigência ou não do contrato de emprego, vez que se não estiver em vigência o contrato de emprego, poderá ocorrer uma quitação mensal, trimestral, quadrimestral, semestral etc.

Destaque-se ainda a utilização do termo "contrato de emprego" e não "contrato de trabalho", o que demonstra imprecisão na sistematicidade do legislador.

Parágrafo único. O termo discriminará as obrigações de dar e fazer cumpridas mensalmente e dele constará a quitação anual dada pelo empregado, com eficácia liberatória das parcelas nele especificadas.

Parágrafo acrescentado pela Lei n. 13.467, de 13.07.2017.

Tal termo introduzido pelo artigo correspondente tem um conteúdo discriminatório das obrigações de dar e fazer e possibilita ao empregador a superação de qualquer discussão ou conflito relativo às parcelas especificadas no termo.

Note-se que o sindicado, neste caso, atua em função de fiscalizador do ato quitatório, o que resulta em possíveis discussões futuras quanto a prováveis ressalvas que possam ser ali estipuladas. É o retorno ao início do ciclo de termos rescisórios pelos sindicatos.

Art. 508. ***(Revogado pela Lei n. 12.347, de 10.12.2010.)***

Art. 509. ***(Revogado pela Lei n. 6.533, de 24.05.1978.)***

Art. 510. Pela infração das proibições constantes deste Título, será imposta à empresa a multa de valor igual a 1 (um) salário mínimo regional, elevada ao dobro, no caso de reincidência, sem prejuízo das demais cominações legais.

Artigo com redação dada pela Lei n. 5.562, de 12.12.1968.

A imposição de multa por infração é efetuada pelo Poder Executivo, anteriormente pelo Ministério do Trabalho e Emprego e Ministério da Previdência Social, sem a participação do Poder Judiciário, salvo nas cobranças judiciais (o ministério foi extinto, e suas competências foram redistribuídas de acordo com o art. 83 da Lei n. 13.844, de 18.06.2019 – *v.* comentários ao art. 13, § 2º, da CLT).

TÍTULO IV-A
DA REPRESENTAÇÃO DOS EMPREGADOS

Título acrescentado pela Lei n. 13.467, de 13.07.2017.

A figura do representante dos empregados se faz presente nas normas internacionais desde o início do século XX, em países como Alemanha e França. Na Alemanha, por exemplo, desde antes da Segunda Guerra Mundial estava presente, inclusive para efeito de gestão de empresas, sendo que a partir do nazismo teve sua formação democrática afetada, assim como na França, na Itália etc.

Após a Segunda Guerra Mundial, com a presença do estado de bem-estar social como política desenvolvimentista do pós-guerra, a representação dos empregados passou a ser mais presente internacionalmente, retornando, por exemplo, na Alemanha, o aspecto gestacional, enquanto em outros países também foi utilizado, quer de forma própria quer como interligada a representação sindical.

Mascaro Nascimento (*Curso de direito do trabalho*, 24.ed., 2009, p. 1.292) dispõe que representação é "uma forma de manifestaçao dos trabalhadores perante o empregador, para tutela dos interesses individuais e coletivos, exercida indiretamente, uma vez que não o é pelo empregado, mas, sim, por aqueles que têm o poder de falar em seu nome".

No Brasil, a par de algumas pontuais representações locais em empresa terem sido instaladas a partir de meados do século XX, um tipo oficial de representação de empregados surgiu com a CLT quando da criação da Cipa (comissão interna de prevenção de acidentes), que em seus arts. 162 e seguintes tiveram um formato próprio de escolha entre empregados e empregador.

Em 1988, a CF estabeleceu em seu art. 11 que nas empresas com mais de duzentos empregados é assegurada a eleição de um representante dos trabalhadores para a promoção de entendimento direto com o empregador.

A reforma trabalhista da Lei n. 13.467/2017 introduziu tal possibilidade, conforme se verá a seguir.

Art. 510-A. Nas empresas com mais de duzentos empregados, é assegurada a eleição de uma comissão para representá-los, com a finalidade de promover-lhes o entendimento direto com os empregadores.

Caput *acrescentado pela Lei n. 13.467, de 13.07.2017.*

Observa-se neste dispositivo uma ampliação da figura de um empregador para uma comissão de trabalhadores no objetivo fixado na CF.

Nesse caso, a lei não estabelece qualquer presença sindical, assim como também a Cipa não estabelecia.

Destaque-se que tal artigo assegura a eleição de uma comissão, o que leva a entender que tal asseguramento é um direito dos trabalhadores empregados nas empresas com mais de duzentos empregados. Sendo um direito dos trabalhadores, é uma obrigação da empresa, mas não é necessariamente, embora um direito dos trabalhadores, uma obrigação dos trabalhadores, conforme se verá mais à frente.

---

§ 1º A comissão será composta:

Parágrafo acrescentado pela Lei n. 13.467, de 13.07.2017.

Neste parágrafo o legislador passou a explicitar o formato da comissão independente da empresa, tendo uma perspectiva quantitativa a partir de duzentos empregados, sem interferência sindical de forma direta, assim como também sem discriminação de quem é sindicalista.

I – nas empresas com mais de duzentos e até três mil empregados, por três membros;

Inciso acrescentado pela Lei n. 13.467, de 13.07.2017.

II – nas empresas com mais de três mil e até cinco mil empregados, por cinco membros;

Inciso acrescentado pela Lei n. 13.467, de 13.07.2017.

III – nas empresas com mais de cinco mil empregados, por sete membros.

Inciso acrescentado pela Lei n. 13.467, de 13.07.2017.

Observa-se que o limite a menor ou maior da comissão é de 3 a 7 membros, sendo que por deixar em aberto, deduz-se que caberá a cada empresa a regulamentação e o formato da eleição a ser estabelecida, assim como possíveis restrições a candidaturas, como situação de empregado em época experimental, empregados em aviso-prévio, empregado com contrato de trabalho suspenso etc.

---

§ 2º No caso de a empresa possuir empregados em vários Estados da Federação e no Distrito Federal, será assegurada a eleição de uma comissão de representantes dos empregados por Estado ou no Distrito Federal, na mesma forma estabelecida no § 1º deste artigo.

Parágrafo acrescentado pela Lei n. 13.467, de 13.07.2017.

Aqui, por se tratar de situação de representação de trabalhadores em empresas de grande porte, em empresas com mais de duzentos empregados, há uma preocupação do legislador em disciplinar o funcionamento em empresas de grande porte e que tenham presença em diversos estados do país.

Neste caso, observa-se que ao disciplinar a existência de comissão, na mesma empresa, por estado ou no Distrito Federal, não há uma vedação à criação de comissão quando em outro estado houver menos de duzentos empregados.

Art. 510-B. A comissão de representantes dos empregados terá as seguintes atribuições:

Caput *acrescentado pela Lei n. 13.467, de 13.07.2017.*

Este artigo estabelece o elenco das atribuições relativas a funções da comissão de representante dos empregados, traçando aí as funções de tal comissão.

I – representar os empregados perante a administração da empresa;

Inciso acrescentado pela Lei n. 13.467, de 13.07.2017.

A representação dos empregados se dá por eleição interna, sendo que a legitimidade para concorrer a tal eleição se dará em formato de regulamento interno da empresa consoante os princípios legais mais à frente.

II – aprimorar o relacionamento entre a empresa e seus empregados com base nos princípios da boa-fé e do respeito mútuo;

Inciso acrescentado pela Lei n. 13.467, de 13.07.2017.

Neste inciso o legislador destaca a importância do diálogo e relacionamento entre empresa e empregados, tendo como destaque os princípios da boa-fé e o respeito mútuo, que são a base de um diálogo democrático.

III – promover o diálogo e o entendimento no ambiente de trabalho com o fim de prevenir conflitos;

Inciso acrescentado pela Lei n. 13.467, de 13.07.2017.

Evidente a função dialógica da comissão de trabalhadores entre eles e a empresa. Como o conflito resultante do trabalho é algo que surge habitualmente, a atuação da comissão pela lei é procurar antecipar-se aos problemas resultantes dos conflitos, fazendo prevalecer uma postura de transparência e respeito entre as partes.

IV – buscar soluções para os conflitos decorrentes da relação de trabalho, de forma rápida e eficaz, visando à efetiva aplicação das normas legais e contratuais;

Inciso acrescentado pela Lei n. 13.467, de 13.07.2017.

Neste inciso o legislador concedeu à comissão de trabalhadores um papel que é tradicional na figura do sindicato, dando ênfase ao norte das normas existentes no local de trabalho. Para tanto, deduz-se que as comissões poderão criar ritos de persuasão e formato de queixas e discussões.

V – assegurar tratamento justo e imparcial aos empregados, impedindo qualquer forma de discriminação por motivo de sexo, idade, religião, opinião política ou atuação sindical;

Inciso acrescentado pela Lei n. 13.467, de 13.07.2017.

Aqui o legislador buscou que o procedimento da comissão de trabalho não seja afetado de forma a impedir sua atuação quer por posturas ideológicas quer por postura discriminatória, envolvendo situações de minoria, ou seja, de sexo, idade, religião, posição política ou atuação sindical. Vê-se neste inciso uma utilização dos princípios que norteiam constitucionalmente a dignidade da pessoa humana.

VI – encaminhar reivindicações específicas dos empregados de seu âmbito de representação;

Inciso acrescentado pela Lei n. 13.467, de 13.07.2017.

De novo o legislador dá poder de atuação aos representantes das comissões de trabalhadores que tradicionalmente são feitos aos sindicatos, mas que representa legítima função a ser utilizada pelas comissões.

VII – acompanhar o cumprimento das leis trabalhistas, previdenciárias e das convenções coletivas e acordos coletivos de trabalho.

Inciso acrescentado pela Lei n. 13.467, de 13.07.2017.

Aqui o legislador ao utilizar o termo "acompanhar o cumprimento das leis [...] e das convenções coletivas" não faz menção ao papel que a comissão de trabalhadores pode ter no sentido da busca de aperfeiçoamento das leis e das normas coletivas. Destaque-se que a comissão tem papel de dialogar; este diálogo certamente não se restringirá ao plano interno, vez que é importante a comunicação do que se passa na empresa com a situação coletiva que é trazida pelos sindicatos.

---

§ 1º As decisões da comissão de representantes dos empregados serão sempre colegiadas, observada a maioria simples.

Parágrafo acrescentado pela Lei n. 13.467, de 13.07.2017.

Observa-se que aqui o legislador adotou um princípio democrático de decisões por maioria simples por parte da comissão, dando maior dinamicidade às conclusões.

Por decisões podemos entender aquelas relativas a ações que forem adotadas para fazer frente a questões como cumprimento das normas, encaminhamento de reivindicações, assim como o asseguramento de tratamento justo e imparcial aos empregados, bem como sugestões para solução dos conflitos que forem surgindo no ambiente de atuação da comissão.

---

§ 2º A comissão organizará sua atuação de forma independente.

Parágrafo acrescentado pela Lei n. 13.467, de 13.07.2017.

Neste caso, o legislador permitiu uma auto-organização da comissão no sentido de atuação sem anuências quer por parte da empresa, quer por parte do sindicado, ou de outro órgão externo.

Aqui se vê também a possibilidade de a comissão montar seu plano organizacional através de prazos e oitiva de interesses a ela levados.

Art. 510-C. A eleição será convocada, com antecedência mínima de trinta dias, contados do término do mandato anterior, por meio de edital que deverá ser fixado na empresa, com ampla publicidade, para inscrição de candidatura.

Caput *acrescentado pela Lei n. 13.467, de 13.07.2017.*

Vê-se que a eleição para a comissão de trabalhadores possui um rito legal em que há anuência concomitante de trabalhadores e empresa, estabelecendo sua convocação com prazo mínimo de 30 dias, inicialmente da vontade de se criar a comissão e, posteriormente, contados do término do mandato anterior.

Estabeleceu ainda em edital a ser fixado na empresa, com a devida publicidade para inscrição de candidatos, mas sendo certo que a necessidade imporá uma regulamentação interna para implantação do procedimento eleitoral, que dependendo das partes interessadas, poderá ter suplentes ou não.

---

§ 1º Será formada comissão eleitoral, integrada por cinco empregados, não candidatos, para a organização e o acompanhamento do processo eleitoral, vedada a interferência da empresa e do sindicato da categoria.

Parágrafo acrescentado pela Lei n. 13.467, de 13.07.2017.

O legislador neste caso foi taxativo pela independência do processo eleitoral a ser organizado pelos trabalhadores da empresa, independência essa tanto da interferência da empresa como do sindicato das categorias ali existentes.

Por óbvio que há necessidade de uma regulamentação formal para a criação da comissão eleitoral, sendo que é taxativa a presença de cinco empregados que não sejam candidatos, cabendo para tal regulamentação o disciplinamento sobre tais empregados não candidatos, por exemplo, a opção de não serem diretores sindicais ou mesmo não exercerem cargo gerencial na empresa.

---

§ 2º Os empregados da empresa poderão candidatar-se, exceto aqueles com contrato de trabalho por prazo determinado, com contrato suspenso ou que estejam em período de aviso prévio, ainda que indenizado.

Parágrafo acrescentado pela Lei n. 13.467, de 13.07.2017.

No presente parágrafo ficam já excluídos aqueles empregados com contrato por prazo determinado, no que se inclui o contrato por experiência, por dedução lógica. Da mesma forma, aqueles que possuem situação de suspensão de contrato, por exemplo, afastado por auxílio-doença por mais de 15 dias, além daqueles em período de aviso-prévio, indenizado ou não. O termo "indenizado" consoante da lei é incongruente, vez que quem recebe aviso-prévio indenizado não está mais trabalhando.

Nos casos supervenientes aos destacados neste parágrafo, caberá à comissão eleitoral a resolução das dúvidas.

---

§ 3º Serão eleitos membros da comissão de representantes dos empregados os candidatos mais votados, em votação secreta, vedado o voto por representação.

Parágrafo acrescentado pela Lei n. 13.467, de 13.07.2017.

Adotou o legislador aqui o princípio da eleição majoritária, porém sem o voto de representação e sob o princípio do escrutínio secreto.

O caso de empate pode se supor que o regulamento da comissão poderá estabelecer critérios de desempate, por exemplo, tempo de trabalho na empresa, idade maior ou menor, etc.

---

§ 4º A comissão tomará posse no primeiro dia útil seguinte à eleição ou ao término do mandato anterior.

Parágrafo acrescentado pela Lei n. 13.467, de 13.07.2017.

A posse dos eleitos para a comissão de trabalhadores tem como base alternativa o primeiro dia útil subsequente a eleição ou quando do término do mandato após a primeira eleição. Assim, não está permitida a alteração de datas para início do mandato além das assertivas legais, o que não obsta, por exemplo, do regulamento interno da comissão estabelecer eleições pontuais para que seja suprido o mandato de algum membro que por algum motivo superveniente venha a sair da comissão.

---

§ 5º Se não houver candidatos suficientes, a comissão de representantes dos empregados poderá ser formada com número de membros inferior ao previsto no art. 510-A desta Consolidação.

Parágrafo acrescentado pela Lei n. 13.467, de 13.07.2017.

Neste parágrafo o legislador teve a precaução de admitir número inferior para membros de comissão de trabalhadores a serem eleitos no caso de não existência de candidaturas suficientes. Optou por dar ênfase à existência da comissão, ainda que em quantidade aquém da prevista legalmente. Entendeu que o importante é a existência da comissão para efeitos de seu mister.

---

§ 6º Se não houver registro de candidatura, será lavrada ata e convocada nova eleição no prazo de um ano.

Parágrafo acrescentado pela Lei n. 13.467, de 13.07.2017.

Deu o legislador prazo de um ano, no caso de inexistência de candidatura para comissão para que se busque atender o objetivo da lei, qual seja a existência da comissão de trabalhadores.

Poderia, entretanto, ao estabelecer a convocação de nova eleição no prazo de um ano, ter diminuído este prazo, quer de forma bimestral ou semestral, como incentivo legal mais próximo para sua realização.

Art. 510-D. O mandato dos membros da comissão de representantes dos empregados será de um ano.

Caput *acrescentado pela Lei n. 13.467, de 13.07.2017.*

Aqui se especifica o prazo para mandato dos membros da comissão. Adotou o legislador o mesmo prazo da representação relativa à Cipa para efeito de tempo de mandato, qual seja, de um ano, não permitindo, entretanto, reeleição. Também não tratou da questão relativa à suplência.

---

§ 1º O membro que houver exercido a função de representante dos empregados na comissão não poderá ser candidato nos dois períodos subsequentes.

Parágrafo acrescentado pela Lei n. 13.467, de 13.07.2017.

Neste parágrafo o legislador não só impediu a reeleição, mas procurou evitar a sucessão de mandatos alternativos, pois vedou ao eleito, findo seu mandato, a possibilidade de se candidatar por dois períodos subsequentes.

---

§ 2º O mandato de membro de comissão de representantes dos empregados não implica suspensão ou interrupção do contrato de trabalho, devendo o empregado permanecer no exercício de suas funções.

Parágrafo acrescentado pela Lei n. 13.467, de 13.07.2017.

Ficou bem evidente neste § 2º a diferença do tipo de exercício de representante de empregados, do membro eleito para o sindicato. Isso porque a atividade dos representantes dos empregados na empresa não pode ser suspensa ou interrompida, como se fosse diretor de sindicato, pois é da própria imanência da representação de empregados na empresa o exercício das funções e não sua atividade externa.

O legislador não se pronunciou quanto à situação dos representantes quando ocorrem situações de suspensão ou interrupção do contrato de trabalho no sentido direto do contrato de emprego, por exemplo, férias ou afastamento por auxílio-doença: neste caso, o regulamento interno sobre a questão da suplência é que regulará tais situações.

---

§ 3º Desde o registro da candidatura até um ano após o fim do mandato, o membro da comissão de representantes dos empregados não poderá sofrer despedida arbitrária, entendendo-se como tal a que não se fundar em motivo disciplinar, técnico, econômico ou financeiro.

Parágrafo acrescentado pela Lei n. 13.467, de 13.07.2017.

Utilizou o legislador a própria sistemática do art. 165 da CLT para membros empregados da Cipa, sendo que despedida arbitrária envolve situações de cunho disciplinar, técnico no sentido de superação da funcionalidade da função, econômico ou financeira em razão da comprovação pela empresa de afetamento para manutenção da sua própria atividade. Nesses quatro casos, compete ao empregador a comprovação da existência desses motivos.

---

§ 4º Os documentos referentes ao processo eleitoral devem ser emitidos em duas vias, as quais permanecerão sob a guarda dos empregados e da empresa pelo prazo de cinco anos, à disposição para consulta de qualquer trabalhador interessado, do Ministério Público do Trabalho e do Ministério do Trabalho.

Parágrafo acrescentado pela Lei n. 13.467, de 13.07.2017.

Neste § 4º, optou-se pela formalização dos documentos relativos ao processo eleitoral e da emissão desses em duas vias como garantia do empregado e empregador pelo prazo de cinco anos.

Dispõe ainda que tais documentos podem ser consultados por qualquer trabalhador da empresa interessado, assim como o Ministério Público do Trabalho e o Ministério do Trabalho, a fim de que seja supervisionada a regularidade dessas atividades (o Ministério do Trabalho foi extinto, e suas competências foram redistribuídas de acordo com o art. 83 da Lei n. 13.844, de 18.06.2019 – *v.* comentários ao art. 13, § 2º, da CLT).

TÍTULO V
DA ORGANIZAÇÃO SINDICAL

CAPÍTULO I
DA INSTITUIÇÃO SINDICAL

Seção I
Da Associação em Sindicato

Art. 511. É lícita a associação para fins de estudo, defesa e coordenação dos seus interesses econômicos ou profissionais de todos os que, como empregadores, empregados, agentes ou trabalhadores autônomos, ou profissionais liberais, exerçam, respectivamente, a mesma atividade ou profissão ou atividades ou profissões similares ou conexas.

A organização sindical brasileira sofreu modificações substanciais com o advento da CF/88. O art. 8º da CF apresentou, em seu *caput*, o princípio da liberdade sindical, o que incompatibilizou o dispositivo com muitos dos artigos do Título V em estudo, alguns dos quais chegaram a ser revogados ou tacitamente derrogados (revogados parcialmente). No entanto, boa parte da doutrina brasileira entende que esse princípio de liberdade sindical não seria pleno, na medida em que estaria viciado pelos obstáculos colocados pelos incisos do mesmo dispositivo constitucional, como a observância da unicidade sindical (inciso II) e a contribuição sindical para o custeio do sistema confederativo (inciso IV).

Em relação ao art. 511, *caput*, da CLT, a compatibilidade foi mantida, o que indica que ele foi recepcionado pelo art. 8º da Lei Maior; ressalta-se apenas que, a partir da nova ordem constitucional, a associação, além de lícita, ganhou o ingrediente de liberdade. A possibilidade de associação em sindicatos foi permitida, tanto para trabalhadores – interesses profissionais –, quanto para empregadores – interesses econômicos. O dispositivo em análise é fundamental para a definição do enquadramento sindical (arts. 570 a 577 da CLT), na medida em que delimita a associação sindical por atividade ou profissão, ou quando estas forem similares ou conexas. Essa definição de categoria, porém, vem sendo criticada ao longo dos anos, de modo a permitir o surgimento de variados sindicatos profissionais no âmbito de uma só empresa, o que dificultou o processo de negociação coletiva. O Fórum Nacional do Trabalho (FNT), criado pelo Ministério do Trabalho e Emprego, de constituição tripartite – empresários, trabalhadores e governo –, para a elaboração de propostas para as reformas sindical e trabalhista, já acenou com a mudança daquele conceito, conforme consta em seu relatório final. O enquadramento sindical sugerido pelo Anteprojeto de Lei de Relações Sindicais (art. 9º) passará a ser por ramo de atividade econômica, sinalizando que a principal atividade empresarial será a responsável por agrupar todos os envolvidos em um mesmo sindicato.

§ 1º A solidariedade de interesses econômicos dos que empreendem atividades idênticas, similares ou conexas constitui o vínculo social básico que se denomina categoria econômica.

Este parágrafo é específico para os sindicatos chamados patronais, já que apresenta a definição do que seja categoria econômica. Os interesses comuns são relativos à atividade econômica desenvolvida, que não precisa ser idêntica, bastando a similaridade ou a conexão.

§ 2º A similitude de condições de vida oriunda da profissão ou trabalho em comum, em situação de emprego na mesma atividade econômica ou em atividades econômicas similares ou conexas, compõe a expressão social elementar compreendida como categoria profissional.

Já este parágrafo apresenta as especificidades para os sindicatos de trabalhadores e define o que seja categoria profissional. É interessante observar como o legislador da CLT tomou o cuidado de deixar claro que a possibilidade de associação em sindicatos não seria prerrogativa dos empregados formalmente contratados, com relação de emprego evidenciada. Os profissionais liberais, os autônomos, foram contemplados com a mesma possibilidade.

§ 3º Categoria profissional diferenciada é a que se forma dos empregados que exerçam profissões ou funções diferenciadas por força de estatuto profissional especial ou em consequência de condições de vida singulares.

O conceito de categoria diferenciada vem de duas situações previstas neste parágrafo. Uma delas diz respeito aos profissionais que estão sujeitos a estatuto próprio, como os advogados, por exemplo, que poderão ser contratados para exercer sua profissão em uma determinada empresa; porém, estarão sempre protegidos pelo que lhes garante a Lei n. 8.906/94. A outra situação que permite a categoria diversa está relacionada a atividades comuns, próprias daqueles profissionais, consideradas atividades-meio, que os distinguem dos demais empregados, os quais, ao executarem a função principal da empresa, acabam por trabalhar diretamente na atividade-fim. Nessa categoria, estão as secretárias, os trabalhadores da limpeza e os vigilantes. A Lei n. 12.998/2014, em seu art. 28, expressamente acrescentou nesse rol os condutores de ambulância. Como são representados por sindicatos próprios, devem estar vinculados a estes, aos quais serão destinados os recursos provenientes da contribuição sindical obrigatória (arts. 578 e segs. da CLT), e seguir os instrumentos normativos próprios da sua categoria. Como já foi ressaltado no comentário ao *caput* deste dispositivo, conforme relatório final do FNT e seu Anteprojeto de Lei de Relações Sindicais, se houver a mudança no conceito de categoria, considerando como fator primordial o ramo de atividade econômica, ou seja, a atividade principal da empresa, as categorias diferenciadas tenderão a desaparecer. Contudo, as condições especiais a que estavam submetidas, por estatuto ou por afinidade profissional, deverão ser levadas em conta pelo sindicato que as representar.

§ 4º Os limites de identidade, similaridade ou conexidade fixam as dimensões dentro das quais a categoria econômica ou profissional é homogênea e a associação é natural.

As atividades iguais, similares ou conexas, que podem formar uma categoria econômica ou profissional, devem ter limites próprios, dentro dos quais a associação se dará naturalmente, formando o sindicato.

Art. 512. Somente as associações profissionais constituídas para os fins e na forma do artigo anterior e registradas de acordo com o art. 558 poderão ser reconhecidas como Sindicatos e investidas nas prerrogativas definidas nesta Lei.

O dispositivo em questão faz referência ao art. 558 da CLT, que exigia o registro do sindicato junto às Delegacias Regionais do Trabalho, órgãos do então Ministério do Trabalho, para a sua real existência como entidade sindical. Com o advento do art. 8º da Carta Republicana, a liberdade de constituição de sindicatos e a não interferência do Estado na sua organização, garantidas no inciso I, observando-se apenas a obrigatoriedade de unicidade na base territorial (inciso II), derrogou tacitamente este artigo.

Art. 513. São prerrogativas dos Sindicatos:

Significa que são obrigações dos sindicatos, inerentes à sua condição de representante de classe. À época do nascimento da CLT, os sindicatos foram imaginados como órgãos ligados ao Estado, com funções próprias do Poder Público e delegadas por este.

***a)* representar, perante as autoridades administrativas e judiciárias, os interesses gerais da respectiva categoria ou profissão liberal ou os interesses individuais dos associados relativos à atividade ou profissão exercida;**

A questão aqui é saber se há substituição processual ou apenas representação. A polêmica instalada parece não ter fim. O texto é parecido com o que prescreve o art. 8º, III, da Constituição. Este sim, parece contemplar o caso de substituição processual, matéria essa que será regulamentada com o advento da reforma sindical, já que consta do relatório final do FNT (no Anteprojeto de Lei de Relações Sindicais, a matéria é regulada nos arts. 140 a 171). Porém, a corrente dominante entende que o dispositivo em apreço autoriza apenas a representação sindical, que, tanto na esfera administrativa – mesas-redondas e pedidos de fiscalização perante as Delegacias Regionais do Trabalho, por exemplo –, quanto na judicial – dissídios coletivos –, não depende de prévia autorização da categoria ali representada, já que é função inerente aos sindicatos. Da mesma forma, a representação individual, do associado, independe de procuração com esses poderes, ao passo que para o não associado à representação sindical somente será possível mediante instrumento de mandato, por se tratar de direito individual.

***b)* celebrar convenções coletivas de trabalho;**

Os contratos coletivos de trabalho foram divididos em convenções coletivas de trabalho e em acordos coletivos de trabalho, segundo o Decreto-lei n. 229/67. A convenção coletiva de trabalho é o instrumento normativo que resulta da negociação coletiva havida entre um ou mais sindicatos econômicos, de um lado, e um ou mais sindicatos profissionais, do outro lado, estipulando condições de trabalho a serem aplicadas aos contratos individuais de trabalho dos empregados ali representados. Já o acordo coletivo de trabalho é o instrumento normativo que resulta da negociação coletiva havida entre uma empresa, ou um grupo de empresas, de um lado, e um ou mais sindicatos profissionais do outro, de modo a estipular condições de trabalho a serem aplicadas aos contratos individuais de trabalho dos empregados ali representados. Tanto os acordos coletivos de trabalho quanto as convenções coletivas de trabalho deverão observar os preceitos e ritos definidos nos arts. 611 a 625 da CLT. Ambos os instrumentos normativos têm reconhecimento constitucional (art. 7º, XXVI). Com a reforma sindical em curso, a denominação voltará a ser genérica, de contrato coletivo de trabalho, conforme relatório do FNT e Anteprojeto de Lei de Relações Sindicais, o que é condizente com a livre negociação coletiva, em todos os níveis.

***c)* eleger ou designar os representantes da respectiva categoria ou profissão liberal;**

A escolha dos seus representantes perante os mais variados órgãos em que os sindicatos estão inseridos ocorrerá por eleição ou por designação, de acordo com a sua organização interna e estatutária e de acordo com a natureza da própria representação.

---

d) colaborar com o Estado, como órgãos técnicos e consultivos, no estudo e solução dos problemas que se relacionam com a respectiva categoria ou profissão liberal;

É mais um dispositivo que comprova a ligação direta que existia entre os sindicatos e o Estado. As entidades sindicais eram comparadas a repartições públicas, como órgãos técnicos e de consultorias dos governos. Trata-se de uma situação já superada pela não interferência do Estado na organização sindical (art. 8º, I, da CF). Porém, é uma função que deve ser encarada não como prerrogativa dos sindicatos, mas, sim, como um dever deles.

---

e) impor contribuições a todos aqueles que participam das categorias econômicas ou profissionais ou das profissões liberais representadas.

As fontes de custeio sindicais são divididas em quatro, atualmente. A mais conhecida e criticada é a contribuição sindical, prevista nos arts. 578 e segs. da CLT. Trata-se, aqui, do antigo imposto sindical que, a partir da Lei n. 13.467/2017, passa a ser cobrado apenas com autorização expressa. No caso das categorias profissionais, corresponde a um dia de trabalho e é descontado dos empregados que o autorizaram, anualmente, no mês de março, independentemente de haver ou não associação à entidade sindical. A divisão do valor total arrecadado foi alterada pela Lei n. 11.648/2008, que reconheceu formalmente as centrais sindicais como uma forma de organização geral de trabalhadores. Assim, 60% do valor é repassado ao sindicato respectivo, 15% é destinado à federação da mesma categoria, 5%, à confederação, 10%, à central sindical indicada pelo sindicato profissional, e os restantes 10% vão para o Ministério do Trabalho e Emprego, que os administra por meio de uma Conta Especial Emprego e Salário (o ministério foi extinto, e suas competências foram redistribuídas de acordo com o art. 83 da Lei n. 13.844, de 18.06.2019 – *v.* comentários ao art. 13, § 2º, da CLT).

No caso das categorias econômicas, o valor da contribuição estará vinculado ao capital social de cada empresa. Como não existe a possibilidade de central sindical para a categoria econômica, a divisão continua a mesma. Assim, do total arrecadado, 60% do valor é repassado ao sindicato respectivo, 15% é destinado à federação da mesma categoria, 5% à confederação, e os restantes

20% vão para o Ministério do Trabalho e Emprego – Conta Especial Emprego e Salário (o ministério foi extinto, e suas competências foram redistribuídas de acordo com o art. 83 da Lei n. 13.844, de 18.06.2019 – *v.* comentários ao art. 13, § 2º, da CLT).

Como mantém características de tributo, sua cobrança é impositiva e atinge a todos. Outra forma permitida de custeio dos sindicatos é a contribuição associativa, devida pelos associados das entidades sindicais, paga espontaneamente, ou descontada pela empresa da folha de pagamento e repassada ao sindicato, no caso da categoria profissional, geralmente de periodicidade mensal, devendo, no entanto, estar prevista no estatuto sindical. O art. 8º, IV, da Lei Maior, instituiu a contribuição confederativa, com vistas a custear o próprio sistema confederativo. Contudo, o STF já decidiu que ela somente pode ser cobrada de associados (Súmula vinculante n. 40, antiga Súmula n. 666).

Da mesma forma, aquela que os acordos e as convenções coletivas apresentam como contribuição assistencial, ou contribuição negocial, ou ainda, taxa negocial, descontada quando das negociações coletivas, principalmente na data base, para custeio de despesas com toda a campanha salarial, também vem sofrendo limitações de cobrança, principalmente do TST quanto do STF. A Corte Superior Trabalhista permite a instituição dessa contribuição, desde que não seja cobrada dos empregados não associados às entidades envolvidas, sob pena de ferir o princípio de liberdade sindical (Precedente Normativo n. 119). O Supremo, no entanto, vem permitindo a cobrança dessa contribuição, também, dos não associados, desde que aprovada em assembleia e com o direito de oposição por parte de quem não quer contribuir (veja RE n. 88.022/SP, rel. Min. Moreira Alves, j. 16.11.1977; e RE n. 220.700-1/RS, rel. Min. Octávio Gallotti, j. 06.10.1998). Os julgados do STF, no entanto, nem mesmo exigem o direito de oposição (veja RE n. 189.960-3/SP, rel. Min. Marco Aurélio, j. 07.11.2000; e RE n . 337.718-3/SP, rel. Min. Nelson Jobim, j. 01.08.2002).

O Ministério do Trabalho e Emprego publicou em 13.04.2004 a Portaria n. 160, determinando que não haja descontos das contribuições confederativa e assistencial dos empregados não sindicalizados, salvo quando houver autorização prévia e expressa desses empregados. Posteriormente, porém, após sofrer uma grande pressão por parte das centrais sindicais, por meio de nova Portaria (n. 180), feita em 30.04.2004, o Ministério do Trabalho e Emprego suspendeu os efeitos da Portaria n. 160 até 31.05.2005. Todavia, em liminar concedida pela 21ª Vara da Justiça Federal de Brasília, a pedido do Ministério Público Federal em ação civil pública, houve a suspensão dos efeitos da Portaria n. 180; assim, voltou a vigorar o disposto na Portaria n. 160.

Com a reforma sindical proposta, apenas duas formas de contribuição deverão permanecer: a contribuição associativa, cobrada dos associados, como acontece hoje; e a contribuição negocial, que deverá ser aprovada em assembleia, estar vinculada a benefícios conquistados em negociação coletiva e poderá ser cobrada de todos – associados ou não –, podendo ser fixada em valor de até 1% do total dos rendimentos recebidos por cada trabalhador no ano anterior, e descontada em até três parcelas a partir do mês de abril (arts. 42 a 58 do Anteprojeto de Lei de Relações Sindicais).

Parágrafo único. Os Sindicatos de empregados terão, outrossim, a prerrogativa de fundar e manter agências de colocação.

Esta deixou de ser prerrogativa dos sindicatos, quando a Lei n. 4.589/64 determinou que a fiscalização dos serviços de emprego, tanto de entidades públicas quanto privadas, ficasse a cargo do Departamento Nacional de Emprego e Salário. Com o Decreto n. 62.756/68, o Departamento Nacional de Mão de Obra do Ministério do Trabalho assumiu essa tarefa (o ministério foi extinto, e suas competências foram redistribuídas de acordo com o art. 83 da Lei n. 13.844, de 18.06.2019 – *v.* comentários ao art. 13, § 2º, da CLT).

Art. 514. São deveres dos Sindicatos:

Da mesma forma, como no comentário feito no *caput* do artigo anterior, com vistas a que seriam constituídos como órgãos estatais, esses deveres, na verdade, são obrigações dos sindicatos.

***a)* colaborar com os poderes públicos no desenvolvimento da solidariedade social;**

A preocupação do Estado, à época da legislação de Vargas, era de manter a atuação dos sindicatos sob seu controle. Havia um temor, durante o Estado Novo, de que os sindicatos fossem utilizados como aparelhos revolucionários por grupos da esquerda que neles se infiltravam.

***b)* manter serviços de assistência judiciária para os associados;**

A assistência judiciária é obrigatória e gratuita, em contrapartida ao pagamento da contribuição sindical obrigatória, como indicada no art. 592 da CLT. Com a Lei n. 5.584, de 26.06.1970, essa assistência foi estendida também aos não associados do sindicato, desde que seja comprovado não ter o assistido condições de demandar, em juízo ou fora dele, sem prejuízos a ele ou à sua família.

***c)* promover a conciliação nos dissídios de trabalho;**

Um dos princípios do direito do trabalho, presente de forma igual no processo do trabalho, é a busca da conciliação entre as partes nos litígios promovidos por elas. O legislador da CLT estendeu essa obrigação aos sindicatos.

***d)* sempre que possível, e de acordo com as suas possibilidades, manter no seu Quadro de Pessoal, em convênio com entidades assistenciais ou por conta própria, um assistente social com as atribuições específicas de promover a cooperação operacional na empresa e a integração profissional na Classe.**

Alínea acrescentada pela Lei n. 6.200, de 16.04.1975.

Esta alínea não estabelece, propriamente, uma obrigação, um dever, já que o próprio dispositivo inicia com a expressão "sempre que possível". Seria mais adequado dizer que se trata de uma recomendação, cujo serviço poderá ser prestado diretamente pelo sindicato ou por intermédio de convênio.

Parágrafo único. Os Sindicatos de empregados terão, outrossim, o dever de:

Como o próprio dispositivo indica, são obrigações específicas da representação sindical profissional.

***a)* promover a fundação de cooperativas de consumo e de crédito;**

Hoje em dia, os sindicatos têm um papel relevante no fomento de outras formas de cooperativismo, como as cooperativas de trabalho e de produção, formadas para dar continuidade a atividades que vislumbram boas perspectivas, não obstante o fechamento das empresas ou a decretação de falência delas. É uma forma de manter o trabalho e a renda das famílias envolvidas. Alguns sindicatos também têm atuado no combate de cooperativas de mão de obra, formadas para fraudar direitos trabalhistas básicos, ante a brecha dada pela nova redação do parágrafo único do art. 442 desta Consolidação.

***b)* fundar e manter escolas de alfabetização e pré-vocacionais.**

O dever de educar nem sempre é observado pelos sindicatos profissionais. A maioria deles não se preocupa com esse importante tema.

Seção II
Do Reconhecimento e Investidura Sindical

Art. 515. As associações profissionais deverão satisfazer os seguintes requisitos para serem reconhecidas como Sindicatos:

Trata-se do processo de formação dos sindicatos. Aqui já veremos a interferência do Estado na organização sindical, o que é vedado pelo art. 8º, I, da Constituição, de modo a derrogarem-se tacitamente muitos dos dispositivos da CLT.

a) **reunião de 1/3 (um terço), no mínimo, de empresas legalmente constituídas, sob a forma individual ou de sociedade, se se tratar de associação de empregadores; ou de 1/3 (um terço) dos que integrem a mesma categoria ou exerçam a mesma profissão liberal, se se tratar de associação de empregados ou de trabalhadores ou agentes autônomos ou de profissão liberal;**

É mais uma norma que está tacitamente derrogada, por criar regras e exigências mínimas para o reconhecimento de sindicatos, o que não é permitido pela liberdade sindical preconizada no art. 8º, I, da Carta Magna.

b) **duração de 3 (três) anos para o mandato da diretoria;**
Alínea com redação dada pelo Decreto-lei n. 771, de 19.08.1969.

Há, nesta alínea, uma polêmica jurídica. Por representar uma interferência na organização interna dos sindicatos, o limite de duração do mandato dos dirigentes estaria tacitamente derrogado pelos mesmos motivos do dispositivo anterior, já que isso seria de competência dos estatutos sindicais. Aqueles que propugnam a tese contrária entendem que a limitação legal não interfere na organização interna, já que os estatutos sindicais poderiam fixar mandatos inferiores a três anos, mas esse limite teria de ser observado. A esperada reforma sindical tratou de esclarecer que os sindicatos deverão respeitar padrões mínimos de organização para ter o reconhecimento da personalidade sindical, conforme consta do relatório do FNT (arts. 19 a 23 e 33 a 35 do Anteprojeto de Lei de Relações Sindicais).

c) **exercício do cargo de Presidente e dos demais cargos de administração e representação por brasileiros.**
Alínea com redação dada pela Lei n. 6.192, de 19.12.1974.

Além dos mesmos argumentos anteriores para justificar a derrogação tácita deste dispositivo, a própria CF não mais permite a distinção entre brasileiros e estrangeiros (art. 5º, *caput*, da CF).

Parágrafo único. O Ministro do Trabalho, Indústria e Comércio poderá, excepcionalmente, reconhecer como Sindicato a associação cujo número de associados seja inferior ao terço a que se refere a alínea *a*.

Veja nota 1 na página XXI.

Como a própria alínea *a*, o presente parágrafo único está tacitamente derrogado. O Ministério do Trabalho e Emprego, como órgão do Estado, não pode mais interferir na organização dos sindicatos, ante o impeditivo do art. 8º, I, da CF (o ministério foi extinto, e suas competências foram redistribuídas de acordo com o art. 83 da Lei n. 13.844, de 18.06.2019 – *v.* comentários ao art. 13, § 2º, da CLT).

Art. 516. Não será reconhecido mais de um Sindicato representativo da mesma categoria econômica ou profissional, ou profissão liberal, em uma dada base territorial.

Como o ato de reconhecimento de um sindicato não mais depende do extinto Ministério do Trabalho e Emprego, sob pena de interferência indevida do Estado na organização sindical (art. 8º, I, da CF), é mais um dispositivo derrogado tacitamente. Vale lembrar, no entanto, que a unicidade sindical é regulamentada na Constituição da República, no art. 8º, II, e que as entidades sindicais de qualquer grau, econômicas e profissionais, deverão observar. Não se permite, assim, a constituição de mais de uma entidade sindical em uma mesma base territorial. Esta, por sua vez, compreende o limite de espaço em que pode atuar determinada entidade sindical. Os sindicatos são organizados considerando como base territorial mínima a área de um município e não há limitação máxima dessa mesma área; isso significa que poderão haver sindicatos que abranjam o território nacional, ou estaduais, ou regionais, mas não poderão haver sindicatos organizados por bairros, distritos ou empresas. As federações deverão respeitar o limite territorial dos estados, porém, poderão ser constituídas de forma interestadual, ou mesmo nacional (art. 534, § 2º, da CLT). Já as confederações serão sempre nacionais, terão sua sede na capital federal e serão apenas aquelas mencionadas no art. 535, §§ 1º e 2º, desta Consolidação.

Art. 517. Os Sindicatos poderão ser distritais, municipais, intermunicipais, estaduais e interestaduais. Excepcionalmente, e atendendo às pe-

culiaridades de determinadas categorias ou profissões, o Ministro do Trabalho, Indústria e Comércio poderá autorizar o reconhecimento de Sindicatos nacionais.

Veja nota 1 na página XXI.

Pelo mesmo motivo do dispositivo anterior, como a autorização do extinto Ministério do Trabalho e Emprego não mais é possível, por significar interferência indevida do Estado na organização dos sindicatos, houve derrogação tácita deste dispositivo. Todavia, cabe alertar que, com a definição de base territorial expressa no art. 8º, II, da Constituição, não mais é possível o reconhecimento de sindicatos distritais, como foi comentado no artigo anterior.

§ 1º O Ministro do Trabalho, Indústria e Comércio outorgará e delimitará a base territorial do Sindicato.

Veja nota 1 na página XXI.

Aqui, a afronta ao princípio da liberdade sindical é direta. Trata-se, pois, de dispositivo claramente derrogado (de forma tácita), por permitir a interferência do Estado na organização sindical, o que o art. 8º, I, da CF não admite.

§ 2º Dentro da base territorial que lhe for determinada é facultado ao Sindicato instituir delegacias ou seções para melhor proteção dos associados e da categoria econômica ou profissional ou profissão liberal representada.

Veja art. 8º, I, CF (Anexo I da CLT), que dispõe de modo diverso.

Este é mais um dispositivo que estaria derrogado tacitamente, desde o advento do art. 8º, I, da Constituição. Porém, como não há determinação, mas apenas a possibilidade de criação de delegacias ou seções, o que é de competência da organização interna dos sindicatos, há quem defenda que o mesmo dispositivo foi recepcionado.

Art. 518. O pedido de reconhecimento será dirigido ao Ministro do Trabalho, Indústria e Comércio instruído com exemplar ou cópia autenticada dos estatutos da associação.

Veja art. 8º, I, CF (Anexo I da CLT), que dispõe de modo diverso.

A derrogação tácita do *caput* é inegável, na medida em que a interferência do Estado na organização sindical, pelo Ministério do Trabalho e Emprego, é vedada pelo art. 8º, I, da CF (o ministério foi extinto, e suas competências foram redistribuídas de acordo com o art. 83 da Lei n. 13.844, de 18.06.2019 – *v.* comentários ao art. 13, § 2º, da CLT).

§ 1º Os estatutos deverão conter:

Como norma impositiva – "deverão" –, não subsistem dúvidas sobre a derrogação tácita do dispositivo, por força da liberdade sindical preconizada no art. 8º da Constituição, especialmente em seu inciso I. Os estatutos sindicais chegavam a seguir um modelo único elaborado pelo, então, Ministério do Trabalho.

***a)* a denominação e a sede da associação;**

Mesmo a alínea estando tacitamente derrogada, a maioria dos sindicatos segue esse padrão de estatuto e nunca deixa de mencionar o nome completo e a sede da entidade.

***b)* a categoria econômica ou profissional ou a profissão liberal cuja representação é requerida;**

Da mesma forma, ainda que tacitamente derrogado, o dispositivo vem sendo observado, de modo a constar no estatuto o detalhamento das atividades que compõem a formação da categoria econômica ou profissional representada.

***c)* a afirmação de que a associação agirá como órgão de colaboração com os poderes públicos e as demais associações no sentido da solidariedade social e da subordinação dos interesses econômicos ou profissionais ao interesse nacional;**

Talvez não haja outro dispositivo nesta Consolidação que exemplifique melhor a interferência que o Estado impunha aos sindicatos. Trata-se de derrogação tácita, por afrontar diretamente o art. 8º, I, da Constituição.

***d)* as atribuições, o processo eleitoral e das votações, os casos de perda de mandato e de substituição dos administradores;**

Ainda que tacitamente derrogado, pelos mesmos motivos anteriores, os estatutos sindicais jamais deixam de regulamentar as situações de atribuições, as regras de votação no processo eleitoral e as situações em que poderá haver perda de mandato ou de substituição.

***e)* o modo de constituição e administração do patrimônio social e o destino que lhe será dado no caso de dissolução;**

Os estatutos sempre tratam das formas de constituição do patrimônio dos sindicatos, da sua administração e da destinação em caso de dissolução, ainda que o dispositivo esteja tacitamente derrogado pelos motivos já declinados.

***f)* as condições em que se dissolverá a associação.**

Outra previsão estatutária que é comum, independentemente da não obrigatoriedade de previsão, tendo em vista a derrogação tácita do dispositivo.

§ 2º O processo de reconhecimento será regulado em instruções baixadas pelo Ministro do Trabalho, Indústria e Comércio.

Veja nota 1 na página XXI.

Novamente, a interferência do Estado na organização sindical está presente, pelo extinto Ministério do Trabalho e Emprego, o que é vedado pelo art. 8º, I, da CF, motivo da sua derrogação tácita.

Art. 519. A investidura sindical será conferida sempre à associação profissional mais representativa, a juízo do Ministro do Trabalho, constituindo elementos para essa apreciação, entre outros:

Veja nota 1 na página XXI.

Uma vez mais, por prever a interferência do extinto Ministério do Trabalho e Emprego na aferição da representatividade sindical, este dispositivo foi derrogado tacitamente após o advento do art. 8º, I, da CF.

***a)* o número de associados;**

Ainda que tacitamente derrogado, é um índice justo de aferição de representatividade, pois fortalece as entidades sindicais.

***b)* os serviços sociais fundados e mantidos;**

Este índice derrogado tacitamente não é levado muito em conta, nem mesmo em disputas judiciais sobre representatividade.

***c)* o valor do patrimônio.**

Da mesma forma, e pelos mesmos motivos, trata-se de outro índice ignorado, além de derrogado tacitamente.

Art. 520. Reconhecida como sindicato a associação profissional, ser-lhe-á expedida carta de reconhecimento, assinada pelo Ministro do Trabalho, Indústria e Comércio, na qual será especificada a representação econômica ou profissional, conferida e mencionada a base territorial outorgada.

A famosa carta sindical, que reconhecia a personalidade sindical às associações, não mais é fornecida pelo Ministério do Trabalho e Emprego, já que este, representante do Estado, não mais interfere na organização sindical, desde o advento do art. 8º, I, da Lei Maior. Nem mesmo o reconhecimento da associação, antes do seu reconhecimento enquanto sindicato, é mais necessário (o ministério foi extinto, e suas competências foram redistribuídas de acordo com o art. 83 da Lei n. 13.844, de 18.06.2019 – *v.* comentários ao art. 13, § 2º, da CLT).

Parágrafo único. O reconhecimento investe a associação nas prerrogativas do art. 513 e a obriga aos deveres do art. 514, cujo inadimplemento a sujeitará às sanções desta Lei.

O dispositivo está tacitamente derrogado, como visto, porém, as associações somente estavam obrigadas às prerrogativas e deveres inerentes aos sindicatos, após o reconhecimento dessa personalidade.

Art. 521. São condições para o funcionamento do Sindicato:

Veja art. 8º, CF (Anexo I da CLT), que dispõe de modo diverso.

Também aqui, como o dispositivo impõe condições para o funcionamento do sindicato, estamos diante de uma norma tacitamente derrogada, por afrontar o disposto no art. 8º, I, da CR.

***a)* proibição de qualquer propaganda de doutrinas incompatíveis com as instituições e os interesses da Nação, bem como de candidaturas a cargos eletivos estranhos ao Sindicato;**

Alínea com redação dada pelo Decreto-lei n. 9.502, de 23.07.1946.

Além da derrogação tácita pelos motivos já expostos, este dispositivo está em desacordo com o art. 5º, IV, da CF, que relata ser livre a manifestação do pensamento.

***b)* proibição de exercício de cargo eletivo cumulativamente com o de emprego remunerado pelo Sindicato ou por entidade sindical de grau superior;**

O dispositivo é um tanto confuso. A cumulatividade não é permitida entre contratos de empregos nos sindicatos, nas federações ou nas confederações e cargos eletivos na própria esfera sindical? Ou seria com cargos eletivos na esfera política? Ou, ainda, a proibição de cumulatividade seria de um cargo eletivo na esfera sindical e outro na esfera política? A única certeza é que seria possível a cumulatividade entre os cargos eletivos sindicais, em quaisquer níveis. Ou seja, o dirigente de um sindicato pode ser dirigente da respectiva federação, ou confederação, a que seu sindicato está vinculada.

***c)* gratuidade do exercício dos cargos eletivos;**

O dirigente sindical não deve receber remuneração por motivo do cargo sindical exercido. No caso das entidades sindicais profissionais, na maioria dos casos, o dirigente sindical afastado para a atividade sindical continua a receber salário de seu empregador. Caso tal situação não ocorra, ou caso se trate de trabalhador autônomo ou de profissional liberal, as instâncias deliberativas do sindicato, especialmente a assembleia geral, poderão conferir-lhe um valor remuneratório, nunca superior ao que efetivamente receberia de seu empregador, decorrente de sua função, conforme disciplina o parágrafo único, que ainda será analisado.

***d)* proibição de quaisquer atividades não compreendidas nas finalidades mencionadas no art. 511, inclusive as de caráter político-partidário;**

Alínea acrescentada pelo Decreto-lei n. 9.502, de 23.07.1946.

Esta alínea foi acrescentada pelo decreto-lei referido como salvaguarda ao Partido Comunista Brasileiro, que ganhava a sua legalidade após o período do Estado Novo, porém assustava a elite política brasileira, que temia ver os sindicatos de trabalhadores serem utilizados como aparelhos do *Partidão*, como o PCB era conhecido.

***e)* proibição de cessão gratuita ou remunerada da respectiva sede a entidade de índole político-partidária.**

Alínea acrescentada pelo Decreto-lei n. 9.502, de 23.07.1946.

Outra alínea motivada pela mesma salvaguarda contra o PCB, como exposto no caso anterior.

Parágrafo único. Quando, para o exercício de mandato, tiver o associado de sindicato de empregados, de trabalhadores autônomos ou de profissionais liberais de se afastar do seu trabalho, poderá ser-lhe arbitrada pela Assembleia Geral uma gratificação nunca excedente da importância de sua remuneração na profissão respectiva.

Como previsto na alínea *c* do mesmo dispositivo da CLT, é possível a deliberação pela categoria de pagamento de remuneração ao dirigente sindical, especialmente se deixou de receber salário do empregador, se for trabalhador autônomo ou profissional liberal, desde que igual ou inferior ao que efetivamente receberia pelo exercício da sua profissão.

Seção III
Da Administração do Sindicato

Veja art. 8º, CF (Anexo I da CLT), que dispõe de modo diverso.

Art. 522. A administração do Sindicato será exercida por uma diretoria constituída, no máximo, de 7 (sete) e, no mínimo, de 3 (três) membros e de um Conselho Fiscal composto de 3 (três) membros, eleitos esses órgãos pela Assembleia Geral.

A definição do número de dirigentes sindicais compete ao estatuto do sindicato, o qual define a forma da sua organização interna. Todavia, pelo disposto no *caput* deste artigo, a administração do sindicato competirá a uma diretoria, ao seu conselho fiscal e à sua assembleia geral. Os dois primeiros seriam os órgãos reconhecidos do sindicato, eleitos pela última. Ao interpretar-se este dispositivo em consonância com o art. 543, § 3º, da CLT, somente dez dirigentes sindicais, no máximo, seriam detentores de estabilidade no emprego (ou vinte, se considerarmos os suplentes, o que autoriza a norma constitucional que regula a matéria, qual seja, o inciso VIII do art. 8º). O TST, porém, tem entendido que a estabilidade do dirigente sindical não se estende aos membros eleitos para o conselho fiscal (E-RR n. 1258/2001-011-10-00.1, rel. Min. Brito Pereira), o que diminuiria o número de detentores dessa estabilidade para sete dirigentes sindicais (ou catorze, levando-se em conta os suplentes). Esse entendimento do TST está consubstanciado na sua Súmula n. 369, II.

Os estudiosos do assunto, logo no início da nova ordem constitucional, em 1988, travaram discussões sobre a derrogação tácita ou não deste dispositivo. Aqueles que defendiam a sua derrogação tácita usavam os mesmos argumentos lançados nos comentários aos dispositivos anteriores, de que o art. 8º, I, da CF não mais permite a intervenção do Estado na organização sindical, ante o princípio da liberdade, agora reconhecido, e que a definição do número de dirigentes compete ao estatuto sindical. A posição em sentido contrário era de que o dispositivo em questão não implicava interferência do Estado na organização interna dos sindicatos, mas apenas regulamentação geral.

Como os abusos logo começaram a aparecer, com sindicatos constituídos por dezenas e até centenas de dirigentes sindicais, mesmo representando categorias pequenas, apenas com a finalidade de obter a garantia no emprego, o Judiciário brasileiro logo decidiu a lide e entendeu que ao sindicato cabe a definição de quantos dirigentes sindicais comporão a direção da entidade; todavia, apenas terão estabilidade no emprego aqueles membros definidos nos termos do artigo ora em análise (nesse sentido tem julgado o STF, conforme AI no Ag. Reg. n. 253.663/MG, j. 14.03.2000, rel. Min. Nelson Jobim).

§ 1º A diretoria elegerá, dentre os seus membros, o Presidente do Sindicato.

Pela redação do dispositivo em apreço, o presidente será escolhido pelos demais membros da diretoria eleita pelos associados do sindicato. Porém, a forma da sua escolha pode ser diferente, e deverá estar definida no estatuto sindical.

§ 2º A competência do Conselho Fiscal é limitada à fiscalização da gestão financeira do Sindicato.

Ao conselho fiscal é delegada única e exclusivamente a função de conferir e fiscalizar as contas do sindicato, como nas demais associações civis constituídas. Não lhe cabe, pois, o poder de direção do sindicato.

§ 3º Constituirão atribuição exclusiva da Diretoria do Sindicato e dos Delegados Sindicais, a que se refere o art. 523, a representação e a defesa dos interesses da entidade perante os poderes públicos e as empresas, salvo mandatário com poderes outorgados por procuração da Diretoria, ou associado investido em representação prevista em lei.

Parágrafo acrescentado pelo Decreto-lei n. 9.502, de 23.07.1946.

Este dispositivo trata de representação do sindicato perante os órgãos públicos e as empresas, o que deverá ser feito pela diretoria do sindicato, ou pelos delegados escolhidos, ou mediante instrumento de mandato expresso nesse sentido.

Art. 523. Os Delegados Sindicais destinados à direção das delegacias ou seções instituídas na forma estabelecida no § 2º do art. 517 serão designa-

dos pela diretoria dentre os associados radicados no território da correspondente delegacia.

Transporta-se para este dispositivo a polêmica sobre a derrogação tácita ou não do art. 517, § 2º, tendo em vista o que prescreve o art. 8º, I, da Constituição. Caso se entenda que aquele está derrogado, da mesma forma este também estará. Para os que defendem a tese contrária, por considerar que não há interferência do Estado, na medida em que não se trata de determinação, mas apenas da possibilidade de criação de delegacias ou de seções, e da designação de delegados sindicais, há de se levar em conta o disposto no art. 11 da Constituição, de autoaplicação, em que se admite a eleição de um representante dos trabalhadores nas empresas com mais de duzentos empregados. É importante lembrar que o território delimitado para a correspondente delegacia não precisa respeitar a base mínima de um município, já que não está a ferir a unicidade sindical por não se tratar da criação de um novo sindicato.

Art. 524. Serão sempre tomadas por escrutínio secreto, na forma estatutária, as deliberações da Assembleia Geral concernentes aos seguintes assuntos:

Caput *com redação dada pela Lei n. 2.693, de 23.12.1955.*

Como o próprio dispositivo remete ao estatuto do sindicato, não seria o caso de regulamentação legal. Este, sim, estaria mesmo tacitamente derrogado, pois as questões internas do sindicato devem ser regulamentadas também internamente, pelo seu estatuto, e não por disposição de lei.

a) **eleição de associado para representação da respectiva categoria prevista em lei;**

Alínea com redação dada pelo Decreto-lei n. 9.502, de 23.07.1946.

Como foi comentado no *caput*, há derrogação tácita, na medida em que a eleição deve ser prevista pelo estatuto, e não pela lei.

b) **tomada e aprovação de contas da diretoria;**

Alínea com redação dada pelo Decreto-lei n. 9.502, de 23.07.1946.

Da mesma maneira, como foi comentado no *caput*, há derrogação tácita, na medida em que a forma de verificação e aprovação das contas da direção do sindicato deve ser estatutária, não legal.

c) **aplicação do patrimônio;**

Alínea com redação dada pelo Decreto-lei n. 9.502, de 23.07.1946.

O patrimônio do sindicato é constituído pelo que está definido no art. 548 da própria CLT. Sua aplicação é de competência interna do sindicato e deve estar prevista no estatuto da entidade, como nos demais casos.

_d)_ julgamento dos atos da Diretoria, relativos a penalidades impostas a associados;

Alínea com redação dada pelo Decreto-lei n. 9.502, de 23.07.1946.

Outra questão interna do sindicato a ser prevista no estatuto, motivo pelo qual a lei não poderia disciplinar de forma diversa.

_e)_ pronunciamento sobre relações ou dissídio de trabalho. Neste caso, as deliberações da Assembleia Geral só serão consideradas válidas quando ela tiver sido especialmente convocada para esse fim, de acordo com as disposições dos estatutos da entidade sindical. O _quorum_ para validade da Assembleia será de metade mais um dos associados quites; não obtido esse _quorum_ em primeira convocação, reunir-se-á a Assembleia em segunda convocação com os presentes, considerando-se aprovadas as deliberações que obtiverem 2/3 (dois terços) dos votos.

Alínea com redação dada pela Lei n. 2.693, de 23.12.1955.

A rigor, este dispositivo também está tacitamente derrogado, pois a determinação sobre *quorum* deliberativo em assembleia é mais uma questão interna do sindicato, o que deve ser regulamentado pelo seu estatuto, não por disposição de lei. Todavia, há quem defenda estar o dispositivo recepcionado, ainda que apenas para verificação de *quorum*, por não representar interferência direta na organização sindical, mas apenas regulamentação em conformidade com o princípio da legalidade, garantido no art. 5º, II, da Constituição da República.

O TST, à época da vigência da Instrução Normativa n. 4, de 14.06.1993, revogada pela Resolução n. 116, de 26.03.2003, aplicava este dispositivo nos dissídios coletivos para a verificação de *quorum*, o que gerou o arquivamento da grande maioria deles, sendo motivo de críticas pesadas pelo excesso de formalismo daquela Corte. A chamada Lei de Greve (Lei n. 7.783, de 28.06.1989), por exemplo, remete ao estatuto sindical a forma de convocação e o *quorum* deliberativo sobre as reivindicações a serem encaminhadas e sobre a deflagração da greve e o seu término (art. 4º, *caput* e § 2º). Esteja ou não derrogado este dispositivo, o certo é que os estatutos sindicais sempre disciplinam essa questão, ainda que o *quorum* deliberativo seja diverso daquilo que o dispositivo prevê.

§ 1º A eleição para cargos de diretoria e conselho fiscal será realizada por escrutínio secreto, durante 6 (seis) horas contínuas, pelo menos, na sede do Sindicato, na de suas delegacias e seções e nos principais locais de trabalho, onde funcionarão as mesas coletoras designadas pelos Delegados Regionais do Trabalho.

Parágrafo acrescentado pelo Decreto-lei n. 9.502, de 23.07.1946.

Entende-se que aqui há derrogação tácita do dispositivo, na medida em que a previsão da eleição deve ser estatutária, e não legal. Mais ainda, quando há previsão expressa de participação das Delegacias Regionais do Trabalho, que são órgãos do extinto Ministério do Trabalho e Emprego, portanto, com interferência direta do Estado, o que é vedado pelo art. 8º, I, da Carta Magna.

§ 2º Concomitantemente ao término do prazo estipulado para a votação, instalar-se-á, em Assembleia Eleitoral pública e permanente, na sede do Sindicato, a mesa apuradora, para a qual serão enviadas, imediatamente, pelos presidentes das mesas coletoras, as urnas receptoras e as atas respectivas. Será facultada designação de mesa apuradora supletiva sempre que as peculiaridades ou conveniências do pleito a exigirem.

Parágrafo acrescentado pelo Decreto-lei n. 9.502, de 23.07.1946.

Trata-se de formalidades inerentes ao processo eleitoral, que deverão estar previstas no estatuto sindical, não em dispositivo legal, pelo mesmo motivo já declinado.

§ 3º A mesa apuradora será presidida por membro do Ministério Público do Trabalho ou pessoa de notória idoneidade, designada pelo Procurador-Geral da Justiça do Trabalho ou Procuradores Regionais.

Parágrafo acrescentado pelo Decreto-lei n. 9.502, de 23.07.1946.

Aqui o dispositivo conflita diretamente com o art. 8º, *caput* e seu inciso I, da CF, pois a exigência de presidência da mesa apuradora por membro do Ministério Público do Trabalho, ou por pessoa designada por aquele órgão, representaria intervenção no sindicato, o que não é mais possível. É indiscutível a derrogação tácita.

§ 4º O pleito só será válido na hipótese de participarem da votação mais de 2/3 (dois terços) dos associados com capacidade para votar. Não obtido esse coeficiente, será realizada nova eleição dentro de 15 (quinze) dias, a qual terá validade se nela tomarem parte mais de 50% (cinquenta por

cento) dos referidos associados. Na hipótese de não ter sido alcançado, na segunda votação, o coeficiente exigido, será realizado o terceiro e último pleito, cuja validade dependerá do voto de mais de 40% (quarenta por cento) dos aludidos associados, proclamando o Presidente da mesa apuradora em qualquer dessas hipóteses os eleitos, os quais serão empossados automaticamente na data do término do mandato expirante, não tendo efeito suspensivo os protestos ou recursos oferecidos na conformidade da lei.

Parágrafo acrescentado pelo Decreto-lei n. 9.502, de 23.07.1946.

Novamente, temos aqui as regras inerentes ao processo eleitoral, mais especificamente, quanto ao *quorum* de validade da eleição dos novos membros dirigentes do sindicato. Como já foi salientado, deverão ter previsão em estatuto, não em lei.

§ 5º Não sendo atingido o coeficiente legal para eleição, o Ministério do Trabalho, Indústria e Comércio declarará a vacância da administração, a partir do término do mandato dos membros em exercício, e designará administrador para o Sindicato, realizando-se novas eleições dentro de 6 (seis) meses.

Parágrafo acrescentado pelo Decreto-lei n. 9.502, de 23.07.1946.
Veja nota 1 na página XXI.

Claramente derrogado (de forma tácita), pois a interferência do Estado, por meio do extinto Ministério do Trabalho e Emprego, como exaustivamente esclarecido, não mais é possível, desde a vigência da CF (art. 8º, I).

Art. 525. É vedada a pessoas físicas ou jurídicas, estranhas ao Sindicato, qualquer interferência na sua administração ou nos seus serviços.

Caput *com redação dada pelo Decreto-lei n. 9.502, de 23.07.1946.*

A princípio, o dispositivo está em consonância com o disposto no art. 8º, I, da Constituição, pois está a impedir qualquer tipo de interferência na organização interna dos sindicatos e nos serviços disponibilizados para a categoria. Porém, não há como interpretá-lo de forma isolada, considerando as exceções previstas no seu parágrafo único. Todavia, como se trata de uma regra que deveria estar prevista em estatuto, tem-se que não há como ser regulada por lei.

Parágrafo único. Estão excluídos dessa proibição:

Como foi referido, a regra é uníssona e segue o mesmo destino do *caput*, ou seja, previsão estatutária, e não legal.

---

a) **os Delegados do Ministério do Trabalho, Indústria e Comércio especialmente designados pelo Ministro ou por quem o represente;**

Veja nota 1 na página XXI.

A derrogação tácita deste dispositivo é clara pelos motivos já realçados, de que não mais é possível a interferência do Estado, via o extinto Ministério do Trabalho e Emprego, ante o proibitivo do art. 8º, I, da Carta Magna.

---

b) **os que, como empregados, exerçam cargos no Sindicato mediante autorização da Assembleia Geral.**

A rigor, este dispositivo, ao contrário do anterior, não vislumbra o caso de interferência estatal na organização interna sindical. Desde que sejam autorizados por assembleia geral, uma das instâncias deliberativas do sindicato, os membros da categoria, associados evidentemente, que estão investidos de quaisquer dos cargos de dirigentes sindicais, poderiam interferir na administração e nos serviços prestados pelo sindicato. As formas de intervenção, porém, deveriam estar previstas no estatuto sindical. Note-se, contudo, que há uma incoerência entre o *caput* e esta alínea, na medida em que o dirigente sindical não deve ser reconhecido como pessoa estranha ao sindicato.

Art. 526. Os empregados do Sindicato serão nomeados pela diretoria respectiva *ad referendum*, da Assembleia Geral, não podendo recair tal nomeação nos que estiverem nas condições previstas nos itens II, IV, V, VI, VII e VIII do art. 530 e, na hipótese de o nomeado haver sido dirigente sindical, também nas do item I do mesmo artigo.

Caput *com redação dada pelo Decreto-lei n. 925, de 10.10.1969.*

A contratação de empregados para trabalhar no sindicato deve seguir as regras da própria CLT e respeitar o direito constitucional de liberdade ao trabalho (art. 5º, XIII). Daí porque não se pode exigir o referendo da Assembleia Geral para a contratação dos empregados. Ademais disso, o dispositivo em análise faz expressa menção a dois outros: incisos VI e VIII do art. 530 da CLT, revogados pela Lei n. 8.865/94.

Parágrafo único. ***(Revogado pela Lei n. 11.295, de 09.05.2006.)***

---

§ 2º Aplicam-se ao empregado de entidade sindical os preceitos das leis de proteção do trabalho e de previdência social, inclusive o direito de associação em sindicato.

Parágrafo acrescentado pela Lei n. 11.295, de 09.05.2006.

Por considerar que os empregados em entidades sindicais não constituíam uma categoria específica, por não haver, em contrapartida, a respectiva categoria econômica, a Lei n. 4.725/65, em seu art. 10, assegurava àqueles os mesmos reajustes salariais concedidos em acordos ou convenções coletivas de trabalho, ou conquistados em dissídios coletivos pela categoria à qual prestavam serviços. Com a liberdade de associação garantida pelo inciso V do art. 8º constitucional, a parte final do dispositivo em comento teve de ser modificada, já que a redação anterior excetuava o direito de associação em sindicato, transformando uma situação proibitiva em um direito a partir da vigência da Lei n. 11.295/2006. A primeira parte reforça a ideia de que os empregados em entidades sindicais gozam dos mesmos direitos dos demais trabalhadores sujeitos às regras consolidadas.

Art. 527. Na sede de cada Sindicato haverá um livro de registro, autenticado pelo funcionário competente do Ministério do Trabalho, Indústria e Comércio, e do qual deverão constar:

Veja nota 1 na página XXI.

Como há previsão de interferência direta do extinto Ministério do Trabalho e Emprego, todo o dispositivo foi derrogado tacitamente pelo art. 8º, I, da CF.

***a)* tratando-se de Sindicato de empregadores, a firma, individual ou coletiva, ou a denominação das empresas e sua sede, o nome, idade, estado civil, nacionalidade e residência dos respectivos sócios, ou, em se tratando de sociedade por ações, dos diretores, bem como a indicação desses dados quanto ao sócio ou diretor que representar a empresa no Sindicato;**

Os dados acima eram cadastrados pelo então Ministério do Trabalho e facilitavam o trabalho investigativo do Estado na obtenção de informações das empresas e seus sócios, nem sempre para fins trabalhistas ou econômicos.

***b)* tratando-se de Sindicato de empregados, ou de agentes ou trabalhadores autônomos ou de profissionais liberais, além do nome, idade, estado civil, nacionalidade, profissão ou função e residência de cada associado, o estabelecimento ou lugar onde exerce a sua profissão ou função, o número**

e a série da respectiva Carteira de Trabalho e Previdência Social e o número da inscrição no Instituto Nacional de Previdência Social.

Veja nota 1 na página XXI.

Da mesma forma, com as informações detalhadas sobre cada sindicato profissional, sobre a vida pessoal e as atividades de seus dirigentes, o trabalho de acompanhamento e de intervenção do Estado foi facilitado.

Art. 528. Ocorrendo dissídio ou circunstâncias que perturbem o funcionamento de entidade sindical ou motivos relevantes de segurança nacional, o Ministro do Trabalho e Previdência Social poderá nela intervir, por intermédio de Delegado ou de Junta Interventora, com atribuições para administrá-la e executar ou propor as medidas necessárias para normalizar-lhe o funcionamento.

Artigo com redação dada pelo Decreto-lei n. 3, de 27.01.1966.

Veja nota 1 na página XXI.

Este dispositivo foi tacitamente derrogado pelo art. 8º, I, da Constituição, tendo em vista que não é mais possível a intervenção do Estado nos sindicatos. Com fundamento neste dispositivo, vários sindicatos de trabalhadores sofreram intervenção e tiveram suas diretorias cassadas durante o período da Ditadura Militar (1964-1985). Em virtude das greves promovidas na região do ABC paulista, no final da década de 1970 e início da década de 1980, o então Sindicato dos Metalúrgicos de São Bernardo do Campo e Diadema – atual Sindicato dos Metalúrgicos do ABC – sofreu três intervenções federais, as duas primeiras quando presidia aquela entidade sindical o então líder sindicalista Luiz Inácio Lula da Silva.

Seção IV
Das Eleições Sindicais

Art. 529. São condições para o exercício do direito do voto como para a investidura em cargo de administração ou representação econômica ou profissional:

Veja art. 8º, CF (Anexo I da CLT), que dispõe de modo diverso.

Há controvérsias quanto à validade dos dispositivos que tratam do processo eleitoral nos sindicatos. A primeira posição defende a derrogação tácita deste dispositivo, já que, por se tratar de matéria *interna corporis*, a regulamentação da eleição sindical deveria ficar adstrita ao estatuto sindical, visto que a organização interna não mais comporta qualquer tipo de interferência desde a Constituição de 1988. A outra posição, a qual entende ter sido o dispositivo recepcionado pela nova ordem constitucional, defende que a legislação pode disciplinar determinadas regras gerais para as eleições sindicais em nome do princípio da legalidade (art. 5º, II, da CF).

***a)* ter o associado mais de 6 (seis) meses de inscrição no Quadro Social e mais de 2 (dois) anos de exercício da atividade ou da profissão;**

Alínea com redação dada pelo Decreto-lei n. 8.080, de 11.10.1945.

Independentemente da discussão doutrinária relativa à derrogação tácita deste dispositivo, na verdade, inúmeros estatutos sindicais mantiveram essa regra, ou seja, a obrigatoriedade de estar na categoria há pelo menos dois anos e de estar filiado ao sindicato nos últimos seis meses anteriores ao pleito.

***b)* ser maior de 18 (dezoito) anos;**

Essa é outra regra que a maioria dos sindicatos mantém em seus estatutos, sendo que alguns já estenderam essa possibilidade aos maiores de 16 anos, muitos deles ainda com contrato de aprendizagem (Decreto n. 31.546/52) que se estão adequando à legislação eleitoral atual.

***c)* estar no gozo dos direitos sindicais.**

Esta alínea parece estabelecer o óbvio: somente pode participar do pleito sindical quem preenche os requisitos e está em dia com os seus direitos sindicais. Esses direitos, porém, são definidos no estatuto da entidade.

Parágrafo único. É obrigatório aos associados o voto nas eleições sindicais.

Parágrafo acrescentado pelo Decreto-lei n. 229, de 28.02.1967.

Esta regra foi introduzida pelo Decreto-lei n. 229/67, todavia, a obrigatoriedade de votação afronta o princípio da liberdade sindical, consagrado pelo art. 8º da Constituição Republicana de 1988. Ao que nos parece, o dispositivo está tacitamente derrogado.

Art. 530. Não podem ser eleitos para cargos administrativos ou de representação econômica ou profissional, nem permanecer no exercício desses cargos:

Caput *com redação dada pelo Decreto-lei n. 229, de 28.02.1967.*

Tal regra é proibitiva do exercício de cargos de administração ou de representação nos sindicatos. Ou seja, o dispositivo elenca uma série de situações que não permitem a investidura no cargo de dirigente sindical, quer de sindicato de empregados, quer de empregadores. Todavia, da mesma forma como foi comentado no dispositivo anterior, as posições sobre a vigência ou não de todo o dispositivo não se entendem. Os que pugnam pela sua validade, defendem que não há interferência na organização sindical, mas sim respeito ao princípio da legalidade (art. 5º, II, da CF). Os que entendem ter havido derrogação tácita, assim pensam por se tratar de questão interna dos sindicatos, cuja regulamentação deve ocorrer por meio dos seus estatutos sindicais. Independentemente da polêmica, comentaremos um a um os casos de inelegibilidade.

I – os que não tiverem definitivamente aprovadas as suas contas de exercício em cargos de administração;

Inciso com redação dada pelo Decreto-lei n. 229, de 28.02.1967.

Nota-se que duas situações têm de ser verificadas: a primeira delas é que a reprovação das contas tem de ser definitiva, após todos os recursos possíveis; a segunda é que a improbidade administrativa, já comprovada, ocorre em qualquer cargo de administração, e não apenas sindical.

II – os que houverem lesado o patrimônio de qualquer entidade sindical;

Inciso com redação dada pelo Decreto-lei n. 229, de 28.02.1967.

Já aqui a regra é restritiva. A lesão ao patrimônio de qualquer outra associação, que não seja sindical, não foi punida ou levada em conta para a admissão ao cargo de dirigente.

III – os que não estiverem, desde 2 (dois) anos antes, pelo menos, no exercício efetivo da atividade ou da profissão dentro da base territorial do Sindicato, ou no desempenho de representação econômica ou profissional;

Inciso com redação dada pelo Decreto-lei n. 229, de 28.02.1967.

Pela lógica do art. 529, *a*, parte final, anteriormente analisado, para poder votar nas eleições sindicais, há necessidade de estar há pelo menos dois anos na categoria, para ser votado a exigência tem ainda mais razão.

IV – os que tiverem sido condenados por crime doloso enquanto persistirem os efeitos da pena;

Inciso com redação dada pelo Decreto-lei n. 229, de 28.02.1967.

Esta regra tem por finalidade proporcionar que o cargo administrativo ou de representação sindical seja ocupado por quem possa efetivamente exercer o mandato. Quem está em regime de cumprimento de pena nem sempre pode dedicar-se àquelas atividades de direção.

V – os que não estiverem no gozo de seus direitos políticos;
Inciso com redação dada pelo Decreto-lei n. 229, de 28.02.1967.

O direito de ser votado, ainda que para uma entidade sindical, não deixa de ser um direito político, cujo titular, para exercê-lo, deve estar na plenitude de sua cidadania. Este dispositivo foi muito invocado pelos governos militares (1964-1985) para não permitir que certas lideranças sindicais pudessem estar à frente dos sindicatos, cassando-lhes os direitos políticos.

VI – *(Revogado pela Lei n. 8.865, de 29.03.1994.)*

VII – má conduta, devidamente comprovada.
Inciso acrescentado pelo Decreto-lei n. 507, de 18.03.1969.

O dispositivo é genérico, muito abrangente, de modo a dar margem a múltiplas interpretações.

VIII – *(Revogado pela Lei n. 8.865, de 29.03.1994.)*

Parágrafo único. *(Revogado pela Lei n. 2.693, de 23.12.1955.)*

Art. 531. Nas eleições para cargos de Diretoria e do Conselho Fiscal serão considerados eleitos os candidatos que obtiverem maioria absoluta de votos em relação ao total dos associados eleitores.

A polêmica persiste. O dispositivo todo estaria derrogado tacitamente por representar intervenção na organização sindical (art. 8º, I, da CF), já que a matéria relativa à eleição deveria estar regulada em estatuto da entidade, e não em lei, por ser de interesse interno. Para os que defendem posição contrária, o dispositivo apenas disciplina regras gerais de eleições, o que estaria em consonância com o princípio da legalidade (art. 5º, II, da CF).

§ 1º Não concorrendo à primeira convocação maioria absoluta de eleitores, ou não obtendo nenhum dos candidatos essa maioria, proceder-se-á a nova convocação para dia posterior, sendo então considerados eleitos os candidatos que obtiverem maioria dos eleitores presentes.

Não obstante a polêmica já comentada, a maioria dos estatutos sindicais regulamenta a convocação para o pleito e o *quorum* mínimo de validade do processo, porém, nem sempre com tantos pormenores como a legislação, que deveria ser mais genérica, tratou.

§ 2º Havendo somente uma chapa registrada para as eleições, poderá a Assembleia, em última convocação, ser realizada 2 (duas) horas após a primeira convocação, desde que do edital respectivo conste essa advertência.

Como foi salientado, há estatutos que apresentam esta regra. Outros, porém, disciplinam de forma diversa, mas a possibilidade de chapa única quase sempre é prevista.

§ 3º Concorrendo mais de uma chapa, poderá o Ministro do Trabalho designar o Presidente da sessão eleitoral, desde que o requeiram os associados que encabeçarem as respectivas chapas.

Parágrafo com redação dada pelo Decreto-lei n. 8.080, de 11.10.1945.

Veja nota 1 na página XXI.

Aqui, não há dúvidas quanto à derrogação tácita do dispositivo, pois a intervenção direta do Ministro do Trabalho e Emprego fere o preceito constitucional inserido no art. 8º, I.

§ 4º O Ministro do Trabalho, Indústria e Comércio expedirá instruções regulando o processo das eleições.

Da mesma forma, não houve recepção deste dispositivo pela Carta Constitucional de 1988, pois a possibilidade de expedição de instruções para o processo eleitoral dos sindicatos implica clara intervenção do Estado na organização sindical.

Art. 532. As eleições para a renovação da Diretoria e do Conselho Fiscal deverão ser procedidas dentro do prazo máximo de 60 (sessenta) dias e

mínimo de 30 (trinta) dias, antes do término do mandato dos dirigentes em exercício.

Caput *com redação dada pelo Decreto-lei n. 8.080, de 11.10.1945.*

Veja art. 8º, CF (Anexo I da CLT), que dispõe de modo diverso.

A maioria dos estatutos sindicais repete esta regra. Porém, a eficácia deste dispositivo também é discutível, pelo motivo anteriormente invocado. Aqueles que defendem a sua vigência valem-se do argumento de que este dispositivo está em acordo com o princípio da legalidade (art. 5º, II, da Constituição). Já os que o entendem tacitamente derrogado alegam que a interferência na organização sindical está presente (art. 8º, I, da Constituição), já que a matéria é *interna corporis* e deveria estar regulada apenas em estatuto sindical.

---

§ 1º Não havendo protesto na ata da Assembleia Eleitoral ou recurso interposto por algum dos candidatos, dentro de 15 (quinze) dias, a contar da data das eleições, a posse da Diretoria eleita independerá da aprovação das eleições pelo Ministério do Trabalho.

Parágrafo com redação dada pelo Decreto-lei n. 8.080, de 11.10.1945.

Veja nota 1 na página XXI.

Ao sujeitar a aprovação das eleições e, ainda que, implicitamente, a posse dos eleitos ao extinto Ministério do Trabalho e Emprego, o dispositivo demonstra claramente que não foi recepcionado pela nova ordem constitucional, pois afronta o que prescreve o art. 8º, I, da Constituição.

---

§ 2º Competirá à Diretoria em exercício, dentro de 30 (trinta) dias da realização das eleições e não tendo havido recurso, dar publicidade ao resultado do pleito, fazendo comunicação ao órgão local do Ministério do Trabalho da relação dos eleitos, com os dados pessoais de cada um e a designação da função que vai exercer.

Parágrafo com redação dada pelo Decreto-lei n. 8.080, de 11.10.1945.

Veja nota 1 na página XXI.

Também aqui, pelo fato de haver necessidade de comunicar ao extinto Ministério do Trabalho e Emprego sobre o resultado final das eleições, com a obrigação, ainda, de dar publicidade a esse resultado, não há como defender que o dispositivo está em pleno vigor. Foi derrogado tacitamente pelo art. 8º, I, da Constituição.

---

§ 3º Havendo protesto na ata da Assembleia Eleitoral ou recurso interposto dentro de 15 (quinze) dias da realização das eleições, competirá à

Diretoria em exercício encaminhar, devidamente instruído, o processo eleitoral ao órgão local do Ministério do Trabalho, que o encaminhará para decisão do Ministro de Estado. Nesta hipótese, permanecerão na administração, até despacho final do processo, a Diretoria e o Conselho Fiscal que se encontrarem em exercício.

Parágrafo com redação dada pelo Decreto-lei n. 8.080, de 11.10.1945.

Veja nota 1 na página XXI.

Nota-se, neste dispositivo, que a intervenção do Estado é direta, pelo Ministro do Trabalho, que decidia sobre os recursos apresentados ao pleito sindical. Não resta dúvida de que o dispositivo está derrogado tacitamente pelo art. 8º, I, da CR.

---

§ 4º Não se verificando as hipóteses previstas no parágrafo anterior, a posse da nova Diretoria deverá se verificar dentro de 30 (trinta) dias subsequentes ao término do mandato da anterior.

Parágrafo com redação dada pelo Decreto-lei n. 8.080, de 11.10.1945.

Como este parágrafo faz referência ao anterior, segue o mesmo destino daquele, ou seja, a derrogação tácita. Saliente-se, apenas, que a maioria dos estatutos sindicais tem determinado a posse, ao menos formal, da nova diretoria para a mesma data em que termina o mandato da diretoria anterior.

---

§ 5º Ao assumir o cargo, o eleito prestará, por escrito e solenemente, o compromisso de respeitar, no exercício do mandato, a Constituição, as leis vigentes e os estatutos da entidade.

Parágrafo acrescentado pelo Decreto-lei n. 229, de 28.02.1967.

Sem querer utilizar do trocadilho, este parágrafo, acrescentado, não acrescentou muito, na medida em que prevê o óbvio. Note-se que o dispositivo em comento veio quando os anos de chumbo estavam a pleno vapor, em uma época na qual o próprio regime militar, que gôvernava o país, não respeitava muito as leis e a Constituição.

Seção V
Das Associações Sindicais de Grau Superior

Art. 533. Constituem associações sindicais de grau superior as federações e confederações organizadas nos termos desta Lei.

A organização sindical brasileira é instituída de forma vertical, sendo que os sindicatos constituem as entidades sindicais de primeiro grau, enquanto as federações são de segundo grau, e as confederações, de terceiro grau. Assim como os sindicatos, as federações e as confederações, tanto de empregados quanto de empregadores, são organizadas em categorias, definidas por atividades ou profissões afins, segundo o enquadramento sindical previsto nos arts. 570 e segs. da CLT. As federações serão formadas a partir da associação de cinco ou mais sindicatos de mesma categoria (art. 534 da CLT), enquanto as confederações serão organizadas com, no mínimo, três federações (art. 535 da CLT).

Dessa forma, a legislação brasileira, não obstante o princípio constitucional de liberdade sindical, não permitia a organização horizontal das entidades, na forma como são constituídas e organizadas as centrais sindicais, as quais abrangem um contingente indefinido de categorias, independentemente, ainda, do grau das entidades envolvidas. Por esse motivo, centrais sindicais reconhecidamente representativas, como a Central Única dos Trabalhadores (CUT), a Força Sindical, a União Geral dos Trabalhadores (UGT), fruto de uma união da Confederação Geral dos Trabalhadores (CGT), da Social-Democracia Sindical (SDS) e da Central Autônoma de Trabalhadores (CAT), não tinham personalidade sindical, não podiam representar seus filiados administrativa ou judicialmente, e constituíam-se em meras organizações políticas, não governamentais (ONGs), como qualquer outra associação civil sem fins lucrativos definida na legislação comum. Essa situação mudou com a Lei n. 11.648/2008, que reconhece a central sindical como organização geral de trabalhadores, acima do sistema confederativo (art. 1º da referida Lei). A Lei n. 11.648/2008 é oriunda de uma proposta discutida na reforma sindical do FNT segundo a qual, com o reconhecimento das centrais sindicais, essas passariam a conviver com o sistema confederativo ainda vigente (arts. 14 a 28 do Anteprojeto de Lei de Relações Sindicais).

Art. 534. É facultado aos Sindicatos, quando em número não inferior a 5 (cinco), desde que representem a maioria absoluta de um grupo de atividades ou profissões idênticas, similares ou conexas, organizarem-se em federação.

Caput *com redação dada pela Lei n. 3.265, de 22.09.1957.*

A federação pode ser constituída por, no mínimo, cinco sindicatos, tanto da representação econômica como da representação profissional da mesma categoria, de acordo com o enquadramento sindical definido nos arts. 570 e segs. da CLT. Deverá, no entanto, respeitar a determinação de observar a unicidade sindical, já que o art. 8º, II, da Constituição expressamente define que, em qualquer grau de organização, as entidades sindicais haverão de seguir esse preceito. O dispositivo permite o agrupamento de atividades ou profissões similares ou conexas. No primeiro caso, de similitude, trata-se de situações assemelhadas, cujas atividades são muito próximas, de modo a possibilitar que a convivência mútua seja recomendável e até desejável. Já no caso de conexão, as várias atividades complementam-se em um só objetivo, ou em uma só cadeia produtiva.

§ 1º Se já existir federação no grupo de atividades ou profissões em que deva ser constituída a nova entidade, a criação desta não poderá reduzir a menos de 5 (cinco) o número de Sindicatos que àquela devam continuar filiados.

Parágrafo acrescentado pela Lei n. 3.265, de 22.09.1957.

A interpretação do dispositivo permite a constituição de mais de uma federação, desde que cada qual conte com, no mínimo, cinco sindicatos da mesma categoria, e que se respeite, ainda, a base territorial de cada uma delas. Tal situação não fere o princípio da unicidade sindical.

§ 2º As federações serão constituídas por Estados, podendo o Ministro do Trabalho, Indústria e Comércio autorizar a constituição de Federações interestaduais ou nacionais.

Antigo § 1º renumerado pela Lei n. 3.265, de 22.09.1957.

Veja nota 1 na página XXI.

Trata-se do antigo § 1º, que, com a modificação apresentada pela Lei n. 3.265/57, passou a § 2º. Dentro da forma clássica de sistema confederativo, as federações são formadas respeitando a base territorial de um Estado-membro. Todavia, há casos de federações com mais de um Estado-membro e até de organização nacional. Essa forma de constituição é possível e não mais depende de autorização do Ministro do Trabalho e Emprego, pois essa interferência não é permitida pelo art. 8º, I, da Magna Carta.

§ 3º É permitido a qualquer federação, para o fim de lhes coordenar os interesses, agrupar os Sindicatos de determinado município ou região a ela filiados, mas a União não terá direito de representação das atividades ou profissões agrupadas.

Antigo § 2º renumerado pela Lei n. 3.265, de 22.09.1957.

Da mesma forma, é o antigo § 2º, que tornou-se § 3º desde a modificação feita pela Lei n. 3.265/57. O direito de representação cabe aos sindicatos individualmente. A federação poderá exercer esse direito nos casos de lacuna, para categorias não organizadas, ou de omissão daqueles, com autorização expressa da lei. É o caso da celebração de convenções coletivas de trabalho (art. 611, § 2º, da CLT), de acordos coletivos de trabalho (art. 617, § 1º, da CLT), e de instauração de dissídios coletivos (art. 857, parágrafo único, da CLT).

Art. 535. As Confederações organizar-se-ão com o mínimo de 3 (três) federações e terão sede na Capital da República.

Juntamente com as federações, a confederações constituem as entidades sindicais de grau superior. Neste caso, a confederação pode ser constituída com, no mínimo, três federações, tanto da representação econômica, quanto da representação profissional da mesma categoria, conforme o enquadramento sindical definido nos arts. 570 e segs. da CLT. Também deverá respeitar a unicidade sindical, pois o art. 8º, II, da CF, expressamente, definiu que, em qualquer grau de organização, as entidades sindicais haverão de seguir esse preceito. As confederações são de âmbito nacional, e a sede deverá ficar na capital federal. A organização sindical brasileira manteve o sistema confederativo, na medida em que o fez menção expressa no art. 8º, IV, da Lei Maior, autorizando a cobrança de contribuição para o seu custeio.

---

§ 1º As confederações formadas por federações de Sindicatos de empregadores denominar-se-ão: Confederação Nacional da Indústria, Confederação Nacional do Comércio, Confederação Nacional de Transportes Marítimos, Fluviais e Aéreos, Confederação Nacional de Transportes Terrestres, Confederação Nacional de Comunicações e Publicidade, Confederação Nacional das Empresas de Crédito e Confederação Nacional de Educação e Cultura.

As confederações patronais são organizadas por ramo de atividade econômica. O dispositivo é taxativo e enumera sete delas. Com a liberdade sindical, porém, nada impede que outras confederações sejam criadas, desde que respeitada a organização já existente.

---

§ 2º As confederações formadas por federações de Sindicatos de empregados terão a denominação de: Confederação Nacional dos Trabalhadores na Indústria, Confederação Nacional dos Trabalhadores no Comércio, Confederação Nacional dos Trabalhadores em Transportes Marítimos, Fluviais e Aéreos, Confederação Nacional dos Trabalhadores em Transportes Terrestres, Confederação Nacional dos Trabalhadores em Comunicações e Publicidade, Confederação Nacional dos Trabalhadores nas Empresas de

Crédito e Confederação Nacional dos Trabalhadores em Estabelecimentos de Educação e Cultura.

Para corresponder à organização econômica, as confederações de trabalhadores também foram agrupadas por ramo de atividade econômica. Da mesma forma, com a liberdade sindical outras confederações profissionais poderão ser criadas, desde que seja respeitada a organização já existente.

§ 3º Denominar-se-á Confederação Nacional das Profissões Liberais a reunião das respectivas federações.

Essa exceção explica-se pelo fato de que o art. 511, *caput*, desta Consolidação autorizou a organização sindical das profissões autônomas ou liberais, que poderão ser organizadas em sindicatos, federações e confederação. Esta última deverá agrupar todas as profissões autônomas ou liberais organizadas em federações. Ainda aqui, com a liberdade sindical, a divisão, a organização e a criação de outras confederações autônomas ou liberais poderão ser criadas.

§ 4º As associações sindicais de grau superior da Agricultura e Pecuária serão organizadas na conformidade do que dispuser a lei que regular a sindicalização dessas atividades ou profissões.

A Confederação Nacional da Agricultura (CNA) e a Confederação Nacional dos Trabalhadores na Agricultura (Contag) surgiram na década de 1960, com o advento do Estatuto do Trabalhador Rural (Lei n. 4.214/63) e do Estatuto da Terra (Lei n. 4.504/64).

Art. 536. ***(Revogado pelo Decreto-lei n. 229, de 28.02.1967.)***

Art. 537. O pedido de reconhecimento de uma federação será dirigido ao Ministro do Trabalho, Indústria e Comércio acompanhado de um exemplar dos respectivos estatutos e das cópias autenticadas das atas da Assembleia de cada Sindicato ou federação que autorizar a filiação.

Veja nota 1 na página XXI.

Por admitir o reconhecimento da federação pelo extinto Ministério do Trabalho e Emprego, este dispositivo está derrogado tacitamente, ante o que prevê o art. 8º, I, da CR.

§ 1º A organização das federações e confederações obedecerá às exigências contidas nas alíneas *b* e *c* do art. 515.

Como o dispositivo faz referência expressa ao art. 515, *b* e *c*, da Consolidação, a polêmica que lá se instaurou é transportada para cá. O limite de duração do mandato dos dirigentes das federações e confederações pode implicar interferência indevida na organização interna daquelas entidades, o que induz à interpretação de que o dispositivo não foi recepcionado pela Constituição de 1988. A tese contrária entende que a limitação legal não interfere na organização interna, já que os estatutos das federações e confederações poderiam fixar mandatos inferiores a três anos, mas esse limite teria de ser observado. Assim como foi comentado naquela oportunidade, o *caput* do art. 5º da CF não permite a distinção entre brasileiros e estrangeiros, o que leva à derrogação tácita da alínea *c* daquele artigo.

§ 2º A carta de reconhecimento das federações será expedida pelo Ministro do Trabalho, Indústria e Comércio, na qual será especificada a coordenação econômica ou profissional conferida e mencionada a base territorial outorgada.

Veja nota 1 na página XXI.

Por condicionar a existência das federações ao reconhecimento do extinto Ministério do Trabalho e Emprego, o dispositivo demonstra claramente que não foi recepcionado pela nova ordem constitucional, pois afronta o que prescreve o art. 8º, I, da Constituição.

§ 3º O reconhecimento das confederações será feito por decreto do Presidente da República.

Como há previsão de interferência direta do presidente da República, portanto, do Estado, o dispositivo está derrogado tacitamente pelo art. 8º, I, da Carta Constitucional.

Art. 538. A administração das federações e confederações será exercida pelos seguintes órgãos:

Caput *com redação dada pela Lei n. 2.693, de 23.12.1955.*

Com o advento da CF/88, o seu art. 8º, I, não mais permite a interferência na organização dos sindicatos e, consequentemente, das federações e confederações. Com esse entendimento, todo o dispositivo estaria derrogado de forma tácita.

***a)* Diretoria;**

Alínea com redação dada pela Lei n. 2.693, de 23.12.1955.

O número de membros e a competência da diretoria deverão ser definidos em estatuto próprio das federações e confederações.

***b)* Conselho de Representantes;**

Alínea com redação dada pela Lei n. 2.693, de 23.12.1955.

Este órgão foi criado prevendo a composição equitativa e proporcional dos sindicatos filiados, no caso da federação, e, no caso da confederação, das federações. Pela nova ordem constitucional, dependeria de previsão estatutária.

***c)* Conselho Fiscal.**

Alínea com redação dada pela Lei n. 2.693, de 23.12.1955.

Este órgão foi criado para seguir os mesmos moldes do seu modelo nos sindicatos e também depende de previsão no estatuto da federação ou da confederação.

§ 1º A Diretoria será constituída no mínimo de 3 (três) membros e de 3 (três) membros se comporá o Conselho Fiscal, os quais serão eleitos pelo Conselho de Representantes com mandato por 3 (três) anos.

Parágrafo com redação dada pelo Decreto-lei n. 771, de 19.08.1969.

O dispositivo cuida de questões internas, que deveriam ser reguladas nos estatutos das federações e confederações, e não em legislação, motivo pelo qual estaria derrogado tacitamente pelo art. 8º, I, da CF. Como já foi salientado em outras oportunidades, os que pregam a sua vigência invocam o princípio da legalidade (art. 5º, II, da CF).

§ 2º Só poderão ser eleitos os integrantes dos grupos das federações ou dos planos das confederações, respectivamente.

Parágrafo acrescentado pela Lei n. 2.693, de 23.12.1955.

É uma regra impositiva. Todavia, a questão é afeta à organização interna das federações e confederações, o que é competência dos seus estatutos.

§ 3º O Presidente da federação ou confederação será escolhido dentre os seus membros, pela Diretoria.

Antigo § 2º renumerado pela Lei n. 2.693, de 23.12.1955.

Também aqui volta a mesma polêmica. O dispositivo estaria tacitamente derrogado pelo art. 8º, I, da CF, pois se refere a uma questão interna, que deveria ser prevista nos estatutos das federações e das confederações. No sentido contrário, aqueles que defendem a validade do dispositivo apelam para o art. 5º, II, da CF, e o princípio da legalidade.

§ 4º O Conselho de Representantes será formado pelas delegações dos Sindicatos ou das Federações filiadas, constituída cada delegação de 2 (dois) membros, com mandato por 3 (três) anos, cabendo 1 (um) voto a cada delegação.

Antigo § 3º renumerado e com redação dada pelo Decreto-lei n. 771, de 19.08.1969.

Como a questão diz respeito à organização interna das federações e confederações, valem os mesmos argumentos já salientados, tanto a favor, quanto contra a derrogação tácita do dispositivo.

§ 5º A competência do Conselho Fiscal é limitada à fiscalização da gestão financeira.

Parágrafo acrescentado pela Lei n. 2.693, de 23.12.1955.

O dispositivo diz o óbvio, na medida em que o Conselho Fiscal somente existe para acompanhar e aprovar as finanças dos sindicatos, jamais tendo poder de gerência executiva ou administrativa.

Art. 539. Para a constituição e administração das Federações serão observadas, no que for aplicável, as disposições das Seções II e III do presente Capítulo.

São disposições aplicadas aos sindicatos que deverão ser observadas no caso das federações e das confederações, notadamente no que se refere ao reconhecimento e à investidura sindicais, bem como à administração daquelas entidades. Porém, como analisamos, a maioria daqueles dispositivos está derrogada tacitamente; isso implica que também não há aplicabilidade aqui.

Seção VI
Dos Direitos dos Exercentes de Atividades ou Profissões e dos Sindicalizados

Art. 540. A toda empresa ou indivíduo que exerçam respectivamente atividade ou profissão, desde que satisfaçam as exigências desta Lei, assis-

te o direito de ser admitido no Sindicato da respectiva categoria, salvo o caso de falta de idoneidade, devidamente comprovada, com recurso para o Ministério do Trabalho, Indústria e Comércio.

Veja nota 1 na página XXI.

Matéria que deve estar prevista pelo estatuto sindical, não pela lei. A derrogação tácita parece clara, mais ainda quando o dispositivo prevê recurso para o extinto Ministério do Trabalho e Emprego, o que não é mais possível pelo impeditivo do art. 8º, I, da Constituição.

---

§ 1º Perderá os direitos de associado o sindicalizado que, por qualquer motivo, deixar o exercício de atividade ou de profissão.

Não obstante as hipóteses de perda da qualidade de associado, ou sindicalizado, devam estar prevista no estatuto sindical, essa regra parece-nos óbvia. Se deixar de exercer a atividade ou profissão que o integrou àquela categoria, não haverá justificativa para continuar a ser detentor dos direitos de associado. É comum, porém, alguns estatutos preverem a permanência da condição de associado por um período determinado – período de carência –, após a saída daquela categoria.

---

§ 2º Os associados de Sindicatos de empregados, de agentes ou trabalhadores autônomos e de profissões liberais que forem aposentados, estiverem em desemprego ou falta de trabalho ou tiverem sido convocados para prestação de serviço militar não perderão os respectivos direitos sindicais e ficarão isentos de qualquer contribuição, não podendo, entretanto, exercer cargo de administração sindical ou de representação econômica ou profissional.

A regra é específica para os agentes, autônomos ou profissionais liberais. Ainda assim, são questões meramente estatutárias. A determinação de que não perderão os direitos sindicais, de que ficarão isentos de contribuições, de que não poderão exercer cargo de administração sindical ou de representação econômica ou profissional interfere na organização interna dos sindicatos, o que é vedado pelo art. 8º, I, da Constituição. Mais ainda, a proibição do exercício de mandato sindical – cargo de administração sindical – para o aposentado, fere diretamente o art. 8º, VII.

Art. 541. Os que exercerem determinada atividade ou profissão onde não haja Sindicato da respectiva categoria, ou de atividade ou profissão similar ou conexa, poderão filiar-se a Sindicato de profissão idêntica, similar ou conexa, existente na localidade mais próxima.

O dispositivo se refere às categorias não organizadas em sindicatos naquela respectiva base territorial.

Parágrafo único. O disposto neste artigo se aplica aos Sindicatos em relação às respectivas federações, na conformidade do Quadro de Atividades e Profissões a que se refere o art. 577.

Vale a mesma regra para os sindicatos não organizados em federação da mesma categoria, naquela base territorial.

Art. 542. De todo ato lesivo de direitos ou contrário a esta Lei, emanado da Diretoria, do Conselho ou da Assembleia Geral da entidade sindical, poderá qualquer exercente de atividade ou profissão recorrer, dentro de 30 (trinta) dias, para a autoridade competente do Ministério do Trabalho, Indústria e Comércio.

Veja nota 1 na página XXI.

Este dispositivo está claramente derrogado de forma tácita, pois prevê a possibilidade de recurso para o extinto Ministério do Trabalho e Emprego, o que não mais é possível, por configurar interferência indevida do Estado na organização sindical, ferindo, assim, o art. 8º, I, da Carta Republicana.

Art. 543. O empregado eleito para cargo de administração sindical ou representação profissional, inclusive junto a órgão de deliberação coletiva, não poderá ser impedido do exercício de suas funções, nem transferido para lugar ou mister que lhe dificulte ou torne impossível o desempenho das suas atribuições sindicais.

Caput *com redação dada pelo Decreto-lei n. 229, de 28.02.1967.*

O dispositivo está em plena vigência, pois foi recepcionado pelo modelo sindical adotado na CF/88. Trata-se de uma garantia de exercício pleno do mandato de dirigente sindical (administração sindical) ou de representante de classe (representação profissional), este último, como no caso previsto no art. 11 constitucional, é a representação dos trabalhadores nas empresas com mais de duzentos empregados.

§ 1º O empregado perderá o mandato se a transferência for por ele solicitada ou voluntariamente aceita.

Parágrafo com redação dada pelo Decreto-lei n. 229, de 28.02.1967.

O legislador houve por bem em privilegiar o ato de vontade individual, espontâneo, em detrimento da vontade coletiva, do direito de representação. Os casos de vício de consentimento, de fraude contra a vontade individual, muito comuns em casos de representação sindical, devem ser comprovados para efeitos anulatórios.

§ 2º Considera-se de licença não remunerada, salvo assentimento da empresa ou cláusula contratual, o tempo em que o empregado se ausentar do trabalho no desempenho das funções a que se refere este artigo.

Parágrafo com redação dada pelo Decreto-lei n. 229, de 28.02.1967.

A possibilidade de assentimento da empresa abriu a oportunidade de negociação quanto a esse tópico. São comuns acordos e convenções coletivas que preveem a remuneração, pela empresa, do empregado afastado para o exercício do mandato sindical. Há casos em que o afastamento para o exercício de mandato sindical ou de representação ocorre em parte da jornada diária de trabalho.

§ 3º Fica vedada a dispensa do empregado sindicalizado ou associado, a partir do momento do registro de sua candidatura a cargo de direção ou representação de entidade sindical ou de associação profissional, até 1 (um) ano após o final do seu mandato, caso seja eleito, inclusive como suplente, salvo se cometer falta grave devidamente apurada nos termos desta Consolidação.

Parágrafo com redação dada pela Lei n. 7.543, de 02.10.1986.

Este parágrafo garante a estabilidade no emprego ao funcionário sindicalizado que for eleito para cargo de dirigente sindical, ainda que para a suplência. Essa estabilidade inicia-se com o registro da candidatura e vai até um ano após o final do mandato. A dispensa somente poderá ocorrer nos casos de justa causa, sendo esta devidamente averiguada em inquérito judicial para apuração de falta grave (arts. 853 e segs. da CLT). Essa garantia foi criada pela Lei n. 5.107/66 (Lei do FGTS), mas a redação deste parágrafo foi posteriormente modificada pela Lei n. 7.543/86.

A CF/88 deu caráter constitucional a essa modalidade de garantia provisória, em seu art. 8º, VIII, dispondo que "é vedada a dispensa do empregado sindicalizado a partir do registro da candidatura a cargo de direção ou representação sindical e, se eleito, ainda que suplente, até um ano após o final do mandato, salvo se cometer falta grave nos termos da lei". É este o texto que atualmente regula a estabilidade do dirigente sindical, aplicando-se o art. 543, § 3º, ora em comento, apenas ao dirigente de associação profissional, não alcançado pela Carta Magna. A proteção aos representantes sindicais é uma obrigação do Brasil, que ratificou as Convenções n. 98 (Decreto n. 33.196/53) e n. 135 (Decreto n. 131/91) da OIT, que tratam do assunto.

---

§ 4º Considera-se cargo de direção ou de representação sindical aquele cujo exercício ou indicação decorre de eleição prevista em lei.

Parágrafo acrescentado pelo Decreto-lei n. 229, de 28.02.1967, e com redação dada pela Lei n. 7.223, de 02.10.1984.

O cargo de dirigente sindical é eletivo, mas a previsão, hoje, deve estar no estatuto sindical, já que a CLT, ao disciplinar a matéria (arts. 529 e segs.), pode estar interferindo em questões *interna corporis*. No caso de representação, o art. 11 da CF prevê a eleição do representante dos trabalhadores nas empresas com mais de duzentos empregados.

---

§ 5º Para os fins deste artigo, a entidade sindical comunicará por escrito à empresa, dentro de 24 (vinte e quatro) horas, o dia e a hora do registro da candidatura do seu empregado e, em igual prazo, sua eleição e posse, fornecendo, outrossim, a este, comprovante no mesmo sentido. O Ministério do Trabalho e Previdência Social fará no mesmo prazo a comunicação no caso da designação referida no final do § 4º.

Parágrafo acrescentado pelo Decreto-lei n. 229, de 28.02.1967.

Veja nota 1 na página XXI.

A parte final do dispositivo está derrogada tacitamente, na medida em que ao extinto Ministério do Trabalho e Emprego é vedada qualquer interferência nas relações sindicais (art. 8º, I, da CF). A comunicação serve para dar ciência ao empregador da garantia conferida ao empregado candidato e, posteriormente, eleito e empossado. A estabilidade, porém, está garantida desde o registro, não a partir da comunicação, como pode o dispositivo induzir.

---

§ 6º A empresa que, por qualquer modo, procurar impedir que o empregado se associe a Sindicato, organize associação profissional ou sindical ou exerça os direitos inerentes à condição de sindicalizado fica sujeita à penalidade prevista na letra *a* do art. 553, sem prejuízo da reparação a que tiver direito o empregado.

Parágrafo acrescentado pelo Decreto-lei n. 229, de 28.02.1967.

Como a penalidade era aplicada pelo então Ministério do Trabalho, o dispositivo está derrogado tacitamente pelo art. 8º, I, da Constituição. No entanto, essa regra, com a nova ordem sindical a vir prevalecer, será considerada ato antissindical (art. 174, I, II e III, do Anteprojeto de Lei de Relações Sindicais).

Art. 544. É livre a associação profissional ou sindical, mas ao empregado sindicalizado é assegurada, em igualdade de condições, preferência:

Caput *com redação dada pelo Decreto-lei n. 229, de 28.02.1967.*

O dispositivo leva à liberdade sindical, também preconizada no art. 8º, *caput*, da nossa Carta Magna. No entanto, elenca uma série de preferências a quem se sindicalizar, o que inverte a lógica da liberdade de filiação, ferindo não apenas o inciso V do art. 8º constitucional, como também o princípio de igualdade trazido pelo art. 5º, *caput*, da Magna Carta. De quebra, ainda que indiretamente, a regra não observa o art. 8º, I, já exaustivamente mencionado, pois permite a interferência do Estado na organização sindical.

I – para a admissão nos trabalhos de empresa que explore serviços públicos ou mantenha contrato com os poderes públicos;

Inciso com redação dada pelo Decreto-lei n. 229, de 28.02.1967.

A finalidade do Estado era manter o controle sobre os sindicatos por meio dos próprios sindicalizados, o que, como se realçou anteriormente, foi tacitamente derrogado pelos arts. 5º, *caput*, e 8º, I e V, da CF.

II – para ingresso em funções públicas ou assemelhadas, em caso de cessação coletiva de trabalho, por motivo de fechamento de estabelecimento;

Inciso com redação dada pelo Decreto-lei n. 229, de 28.02.1967.

Este inciso tinha a mesma finalidade; por isso, também está derrogado tacitamente pelos arts. 5º, *caput*, e 8º, I e V, da CF.

III – nas concorrências para aquisição de casa própria, pelo Plano Nacional de Habitação ou por intermédio de quaisquer instituições públicas;

Inciso com redação dada pelo Decreto-lei n. 229, de 28.02.1967.

Outro privilégio instituído para estimular a sindicalização e atrelar o sindicato ao Estado. Derrogado tacitamente pelos arts. 5º, *caput*, e 8º, I e V, da CF.

IV – nos loteamentos urbanos ou rurais, promovidos pela União, por seus órgãos de administração direta ou indireta ou sociedades de economia mista;

Inciso com redação dada pelo Decreto-lei n. 229, de 28.02.1967.

Pelos motivos já ressaltados, também esta cláusula de preferência está derrogada tacitamente pelos arts. 5º, *caput*, e 8º, I e V, da CF.

V – na locação ou compra de imóveis, de propriedade de pessoa de direito público ou sociedade de economia mista, quando sob ação de despejo em tramitação judicial;

Inciso com redação dada pelo Decreto-lei n. 229, de 28.02.1967.

Outro privilégio tacitamente derrogado pelos arts. 5º, *caput*, e 8º, I e V, da CF.

VI – na concessão de empréstimos simples concedidos pelas agências financeiras do Governo ou a ele vinculadas;

Inciso com redação dada pelo Decreto-lei n. 229, de 28.02.1967.

A discriminação na concessão de empréstimos também foi tacitamente derrogada pelos arts. 5º, *caput*, e 8º, I e V, da CF.

VII – na aquisição de automóveis, outros veículos e instrumentos relativos ao exercício da profissão, quando financiados pelas autarquias, sociedades de economia mista ou agências financeiras do Governo;

Inciso com redação dada pelo Decreto-lei n. 229, de 28.02.1967.

Também derrogado tacitamente pelos arts. 5º, *caput*, e 8º, I e V, da CF.

VIII – *(Revogado pela Lei n. 8.630, de 25.02.1993.)*

IX – na concessão de bolsas de estudo para si ou para seus filhos, obedecida a legislação que regule a matéria.

Inciso com redação dada pelo Decreto-lei n. 229, de 28.02.1967.

Da mesma forma que os demais, este inciso foi derrogado de forma tácita pelos arts. 5º, *caput*, e 8º, I e V, da CF.

Art. 545. Os empregadores ficam obrigados a descontar da folha de pagamento dos seus empregados, desde que por eles devidamente autorizados, as contribuições devidas ao sindicato, quando por este notificados.

Caput *com redação pela Lei n. 13.467, de 13.07.2017.*

A autorização diz respeito à contribuição sindical, à contribuição associativa e às contribuições confederativas, assistenciais ou negociais. A primeira delas deixa de ser obrigatória com a Lei n. 13.467/2017, necessitando de autorização expressa para ser descontada. A segunda é instituída para os associados do sindicato, pela condição de filiado, para usufruir dos benefícios oferecidos pela entidade. A contribuição confederativa é prevista no art. 8º, IV, da CF, e foi criada para custear o sistema confederativo; todavia, deve estar prevista em acordos ou convenções coletivas de trabalho. Contudo, o STF já decidiu que a mesma somente pode ser cobrada de associados (Súmula vinculante n. 40, antiga Súmula n. 666).

Da mesma forma, a contribuição assistencial, ou ainda contribuição negocial, que é descontada quando das negociações coletivas nas datas-base para custeio de despesas com toda a campanha salarial – autorizadas por força do art. 513, *e*, da Consolidação, já comentado –, devem estar previstas nos instrumentos coletivos. O TST, porém, somente permite que tais cláusulas sejam inseridas naqueles instrumentos normativos, ou mesmo fixadas em sentenças normativas, desde que não sejam cobradas dos empregados não associados às entidades envolvidas, sob pena de ferir o princípio de liberdade sindical (Precedente Normativo n. 119). O STF, no entanto, vem permitindo a cobrança dessa contribuição também dos não associados, desde que aprovada em assembleia e com o direito de oposição por parte de quem não quer contribuir (ver RE n. 88.022/SP, rel. Min. Moreira Alves, j. 16.11.1997, e RE n. 220.700-1/RS, rel. Min. Octávio Gallotti, j. 06.10.1998). Os julgados do STF, no entanto, nem mesmo exigem o direito de oposição (veja RE n. 189.960-3/SP, rel. Min. Marco Aurélio, j. 07.11.2000, e RE n. 337.718-3/SP, rel. Min. Nelson Jobim, j. 01.08.2002).

O Ministério do Trabalho e Emprego publicou, em 13.04.2004, a Portaria n. 160, a determinar que não haja descontos das contribuições confederativa e assistencial dos empregados não sindicalizados, salvo quando houver autorização prévia e expressa desses empregados. Posteriormente, porém, após sofrer uma grande pressão por parte das centrais sindicais, por nova Portaria (n. 180), desta feita em 30.04.2004, o Ministério do Trabalho e Emprego suspendeu os efeitos da Portaria n. 160 até 31.05.2005. Todavia, em liminar concedida pela 21ª Vara da Justiça Federal de Brasília, a pedido do Ministério Público Federal em ação civil pública, houve a suspensão dos efeitos da Portaria n. 180, de modo que voltou a vigorar o disposto na Portaria n. 160. Com a reforma sindical proposta, apenas duas formas de contribuição deverão permanecer, a contribuição associativa, cobrada dos associados, como acontece hoje, e a contribuição negocial, que deverá ser aprovada em assembleia, estar vinculada a benefícios conquistados em negociação coletiva e poderá ser cobrada de todos – associados ou não –, podendo ser fixada em valor de até 1% do total dos rendimentos recebidos por cada trabalhador no ano anterior e descontada em até três parcelas a partir do mês de abril (arts. 42 a 58 do Anteprojeto de Lei de Relações Sindicais).

Parágrafo único. O recolhimento à entidade sindical beneficiária do importe descontado deverá ser feito até o décimo dia subsequente ao do desconto, sob pena de juros de mora no valor de 10% (dez por cento) sobre o montante retido, sem prejuízo da multa prevista no art. 553 e das cominações penais relativas à apropriação indébita.

Parágrafo acrescentado pelo Decreto-lei n. 925, de 10.10.1969.

A responsabilidade do empregador de descontar o valor da contribuição e de repassar à entidade sindical beneficiária é bem definida e a sua não observação pode gerar a aplicação de juros sobre o valor retido, de multa administrativa e pode configurar o crime previsto no art. 168 do CP, de apropriação indébita.

Art. 546. Às empresas sindicalizadas é assegurada preferência, em igualdade de condições, nas concorrências para exploração de serviços públicos, bem como nas concorrências para fornecimento às repartições federais, estaduais e municipais e às entidades paraestatais.

Esta é outra cláusula de preferência, desta feita para beneficiar empresas sindicalizadas. Da mesma forma como comentado no art. 544, ao inverter a lógica da liberdade de filiação, o dispositivo fere não apenas o art. 8º, V, como também o princípio de igualdade insculpido no art. 5º, *caput*, ambos da Constituição. Também aqui, mesmo de forma indireta, a regra não observa o art. 8º, I, pois permite a interferência do Estado na organização sindical.

Art. 547. É exigida a qualidade de sindicalizado para o exercício de qualquer função representativa de categoria econômica ou profissional, em órgão oficial de deliberação coletiva, bem como para o gozo de favores ou isenções tributárias, salvo em se tratando de atividades não econômicas.

A norma nos remete ao tempo do Estado Novo, quando Getúlio Vargas imaginava construir condições para controlar os sindicatos. Pelos mesmos motivos do comentário anterior, essa regra está derrogada, de forma tácita, pelos arts. 5º, *caput*, e 8º, I e V, da CF.

Parágrafo único. Antes da posse ou exercício das funções a que alude o artigo anterior ou de concessão dos favores, será indispensável comprovar a sindicalização, ou oferecer prova, mediante certidão negativa da autoridade regional do Ministério do Trabalho, de que não existe Sindicato no local onde o interessado exerce a respectiva atividade ou profissão.

Parágrafo com redação ajustada nos termos da Lei n. 4.923, de 23.12.1965. Veja nota 1 na página XXI.

A interferência do Estado, aqui, ficou mais clara, o que não mais é possível, já que o dispositivo foi derrogado tacitamente pelos arts. 5º, *caput*, e 8º, I e V, da CF.

Seção VII
Da Gestão Financeira do Sindicato e sua Fiscalização

Art. 548. Constituem o patrimônio das associações sindicais:

Este dispositivo é exemplificativo. O estatuto sindical pode prever outros itens que agregam ao patrimônio do sindicato. Aliás, com a liberdade de organização interna dos sindicatos, essa matéria deveria ter previsão estatutária, não legal.

***a)* as contribuições devidas aos Sindicatos pelos que participem das categorias econômicas ou profissionais ou das profissões liberais representadas pelas referidas entidades, sob a denominação de contribuição sindical, pagas e arrecadadas na forma do Capítulo III deste Título;**

O dispositivo faz menção expressa à contribuição sindical, descontada e arrecadada na forma dos arts. 578 e segs. da CLT. Com a Lei n. 13.467/2017, os trabalhadores não estão mais obrigados ao desconto dessa contribuição sindical para os seus sindicatos profissionais, assim como as empresas em benefício dos sindicatos econômicos. A contribuição sindical não constitui mais um patrimônio compulsório dos sindicatos, mas, sim, facultativo.

***b)* as contribuições dos associados, na forma estabelecida nos estatutos ou pelas Assembleias Gerais;**

A referência, aqui, é à contribuição associativa, descontada e arrecadada apenas dos associados das entidades sindicais, tanto de empregados quanto de empregadores. Trata-se de um patrimônio de caráter voluntário, na medida em que há liberdade de associação ao sindicato (art. 8º, V, da CF), mas, uma vez filiado, obriga o beneficiário ao pagamento da contribuição, que deve estar prevista no estatuto sindical ou ser aprovada pela assembleia dos associados. Os que defendem que as contribuições confederativa (art. 8º, IV, da CF) e assistencial, ou negocial, somente podem ser cobradas dos sócios dos sindicatos, por força da Súmula vinculante n. 40 (antiga Súmula n. 666), do STF, e da Portaria n. 160, do MTE, como já foi comentado anteriormente, admitem que os valores arrecadados inserem-se neste dispositivo. São contribuições impostas pelo permissivo do art. 513, *e*, da Consolidação.

***c)* os bens e valores adquiridos e as rendas produzidas pelos mesmos;**

A previsão diz respeito aos bens móveis e imóveis da entidade sindical, tais como os objetos e equipamentos existentes na sede e nas subsedes para a prestação de atendimento à categoria, como computadores, impressoras, máquinas de escrever e calcular, mesas, cadeiras, livros, televisores, geladeiras, fogões, material de limpeza, papéis, canetas etc., além de veículos e carros de som e do próprio prédio do sindicato, de suas subsedes, de colônias de férias, de gráficas e de outros imóveis afins, desde que pertençam ao sindicato.

As rendas podem advir de aluguéis de imóveis e podem ser constituídas pelos serviços prestados e cobrados pelo sindicato, tais como os serviços gráficos. Esses serviços devem ser autorizados pelos associados, no estatuto ou em assembleia, levando-se em conta que os rendimentos deverão ser totalmente revertidos em proveito da categoria e desde que o serviço prestado não venha a ferir os princípios da livre concorrência mercantil (essa matéria será debatida mais à frente, quando do comentário sobre o art. 564 da CLT).

As rendas podem abranger também as contribuições confederativa (art. 8º, IV, da CF) e assistencial, ou negocial, para aqueles que defendem que estas podem ser cobradas tanto de sócios, como de não sócios dos sindicatos – esta última especialmente pelos derradeiros posicionamentos do STF já comentados (*v.* RE n. 88.022/SP, rel. Min. Moreira Alves, j. 16.11.1997; RE n. 220.700-1/RS, rel. Min. Octávio Gallotti, j. 06.10.1998). Nesses casos, os valores arrecadados inserem-se neste dispositivo. Também, aqui, entendem que se trata de contribuições impostas pelo disposto no art. 513, *e*, da CLT.

***d)* as doações e legados;**

As doações podem ser em dinheiro ou em bens, sempre de forma espontânea para os sindicatos, que as incorpora ao seu patrimônio. Os legados vêm de heranças ou testamentos em benefício das entidades sindicais.

e) as multas e outras rendas eventuais.

As multas são cobradas por autorização estatutária, ou pela assembleia, nos casos de não repasse, ou repasse com atraso, das contribuições instituídas. O termo "rendas eventuais" é genérico, podendo estar previstos, aqui, quaisquer outros rendimentos não contemplados na formas patrimoniais anteriormente apresentadas.

Art. 549. A receita dos Sindicatos, Federações e Confederações só poderá ter aplicação na forma prevista nos respectivos orçamentos anuais, obedecidas as disposições estabelecidas na lei e nos seus estatutos.

Caput *com redação dada pela Lei n. 6.386, de 09.12.1976.*

A matéria aqui tratada é de *interna corporis* dos sindicatos, motivo pelo qual deveria estar prevista nos respectivos estatutos sindicais. A previsão legal e a regulamentação da destinação das receitas dos sindicatos, das federações e das confederações não estão de acordo com o art. 8º, I, da CF/88, pois significaria interferência indevida do Estado na organização sindical.

§ 1º Para alienação, locação ou aquisição de bens imóveis, ficam as entidades sindicais obrigadas a realizar avaliação prévia pela Caixa Econômica Federal ou pelo Banco Nacional da Habitação ou, ainda, por qualquer outra organização legalmente habilitada a tal fim.

Parágrafo acrescentado pela Lei n. 6.386, de 09.12.1976.

A obrigatoriedade de avaliação prévia de bens imóveis das entidades sindicais, com vistas à locação, à compra ou à venda, implica clara intervenção na organização interna das entidades, mais ainda quando indica quais as instituições financeiras, no caso estatais, estariam habilitadas para tanto. Este dispositivo foi derrogado tacitamente pelo art. 8º, I, da CF.

§ 2º Os bens imóveis das entidades sindicais não serão alienados sem a prévia autorização das respectivas Assembleias Gerais, reunidas com a presença da maioria absoluta dos associados com direito a voto ou dos Conselhos de Representantes com a maioria absoluta dos seus membros.

Parágrafo acrescentado pela Lei n. 6.386, de 09.12.1976.

Muito embora a maioria dos estatutos sindicais preveja essa autorização por assembleia geral, de modo a reproduzir o que o dispositivo determina, tem-se que a questão não deveria ter previsão legal, mas apenas estatutária, por ser atinente à organização interna das entidades sindicais.

§ 3º Caso não seja obtido o *quorum* estabelecido no parágrafo anterior, a matéria poderá ser decidida em nova Assembleia Geral, reunida com qualquer número de associados com direito a voto, após o transcurso de 10 (dez) dias da primeira convocação.

Parágrafo acrescentado pela Lei n. 6.386, de 09.12.1976.

Como a regra é uma sequência do parágrafo anterior, aqui também, o dispositivo diz respeito a matéria que não deveria estar prevista em lei, mas apenas em estatuto sindical, por ser atinente à organização interna das entidades sindicais.

§ 4º Nas hipóteses previstas nos §§ 2º e 3º a decisão somente terá validade se adotada pelo mínimo de 2/3 (dois terços) dos presentes, em escrutínio secreto.

Parágrafo acrescentado pela Lei n. 6.386, de 09.12.1976.

Também esta regra é sequencial ao que preveem os parágrafos anteriores. Ou seja, trata-se de previsão a ser inserida em estatuto, e não em lei, já que a matéria é *interna corporis* às entidades sindicais.

§ 5º Da deliberação da Assembleia Geral, concernente à alienação de bens imóveis, caberá recurso voluntário, dentro do prazo de 15 (quinze) dias, ao Ministro do Trabalho, com efeito suspensivo.

Parágrafo acrescentado pela Lei n. 6.386, de 09.12.1976.

Com a previsibilidade de recurso para o extinto Ministério do Trabalho e Emprego, a interferência do Estado ficou mais clara, o que não mais é possível. O dispositivo foi tacitamente derrogado pelo art. 8º, I, da CF.

§ 6º A venda do imóvel será efetuada pela Diretoria da entidade, após a decisão da Assembleia Geral ou do Conselho de Representantes, mediante concorrência pública, com edital publicado no *Diário Oficial da União* e na imprensa diária, com antecedência mínima de 30 (trinta) dias da data de sua realização.

Parágrafo acrescentado pela Lei n. 6.386, de 09.12.1976.

Veja-se que as entidades sindicais eram tratadas como se fossem repartições públicas. A venda de imóvel, além de aprovação em assembleia geral ou perante o Conselho de Representantes, deveria ser precedida de concorrência pública, mediante publicação de edital no *Diário Oficial da União* e em jornal de circulação diária. Trata-se de mais uma interferência, ainda que indireta, na organização interna dos entes sindicais. Assim como comentado nos demais parágrafos, a matéria deveria estar prevista apenas em estatuto.

§ 7º Os recursos destinados ao pagamento total ou parcelado dos bens imóveis adquiridos serão consignados, obrigatoriamente, nos orçamentos anuais das entidades sindicais.

Parágrafo acrescentado pela Lei n. 6.386, de 09.12.1976.

Para não fugir à regra geral, trata-se de outro dispositivo que deveria estar previsto em estatuto sindical, e não em lei, por trazer matéria relativa à organização interna das entidades sindicais.

Art. 550. Os orçamentos das entidades sindicais serão aprovados, em escrutínio secreto, pelas respectivas Assembleias Gerais ou Conselho de Representantes, até 30 (trinta) dias antes do início do exercício financeiro a que se referem, e conterão a discriminação da receita e da despesa, na forma das instruções e modelos expedidos pelo Ministério do Trabalho.

Caput com redação dada pela Lei n. 6.386, de 09.12.1976.

Novamente, a matéria aqui tratada é de *interna corporis* das entidades sindicais, motivo pelo qual deveria estar prevista nos seus respectivos estatutos. Portanto, também neste caso, a regulamentação do orçamento dos sindicatos, das federações e das confederações não está de acordo com o art. 8º, I, da CF/88, pois significaria interferência indevida do Estado na organização sindical.

§ 1º Os orçamentos, após a aprovação prevista no presente artigo, serão publicados, em resumo, no prazo de 30 (trinta) dias, contados da data da realização da respectiva Assembleia Geral ou da reunião do Conselho de Representantes, que os aprovou, observada a seguinte sistemática:

Parágrafo com redação dada pela Lei n. 6.386, de 09.12.1976.

A obrigatoriedade de publicação dos orçamentos aprovados significa clara ingerência nas questões internas das entidades sindicais, o que não é permitido pelo art. 8º, I, da Constituição.

***a)* no *Diário Oficial da União* – Seção I – Parte II, os orçamentos das Confederações, Federações e Sindicatos de base interestadual ou nacional;**

Alínea com redação dada pela Lei n. 6.386, de 09.12.1976.

A divisão ocorria de acordo com a base territorial das entidades sindicais que, se ultrapassassem a área de um Estado-membro, teriam de promover a publicação no *Diário Oficial da União*.

***b)* no órgão de Imprensa Oficial do Estado ou Território ou jornal de grande circulação local, os orçamentos das Federações estaduais e Sindicatos distritais municipais, intermunicipais e estaduais.**

Alínea com redação dada pela Lei n. 6.386, de 09.12.1976.

Quando a base territorial não ultrapassava a área de um Estado-membro, permitia a publicação no órgão oficial daquele Estado, ou Território. Ainda que tacitamente derrogado pelo art. 8º, I, da CF, o dispositivo faz referência a sindicatos distritais municipais, valendo lembrar que a base mínima a ser definida não poderá ser inferior à área de um município (art. 8º, II, da CF).

§ 2º As dotações orçamentárias que se apresentarem insuficientes para o atendimento das despesas, ou não incluídas nos orçamentos correntes, poderão ser ajustadas ao fluxo dos gastos, mediante a abertura de créditos adicionais solicitados pela Diretoria da entidade às respectivas Assembleias Gerais ou Conselhos de Representantes, cujos atos concessórios serão publicados até o último dia do exercício correspondente, obedecida a mesma sistemática prevista no parágrafo anterior.

Parágrafo com redação dada pela Lei n. 6.386, de 09.12.1976.

Como a regra é uma sequência do parágrafo anterior, tem-se que, aqui também, o dispositivo diz respeito a matéria que não deveria estar prevista em lei, mas apenas em estatuto sindical. Como já foi comentado, a obrigatoriedade de publicação, ainda que de complementos orçamentários, significa clara ingerência nas questões internas das entidades sindicais, o que não é permitido pelo art. 8º, I, da Constituição.

§ 3º Os créditos adicionais classificam-se em:

Parágrafo com redação dada pela Lei n. 6.386, de 09.12.1976.

O dispositivo faz menção a créditos adicionados posteriormente aos orçamentos já publicados, na conformidade do que prevê o parágrafo anterior.

***a)* suplementares, os destinados a reforçar dotações alocadas no orçamento; e**

Alínea acrescentada pela Lei n. 6.386, de 09.12.1976.

Como explicado no dispositivo, são os créditos que buscam reajustar os valores anteriormente destinados no orçamento.

***b)* especiais, os destinados a incluir dotações no orçamento, a fim de fazer face às despesas para as quais não se tenha cosignado crédito específico.**

Alínea acrescentada pela Lei n. 6.386, de 09.12.1976.

Já aqui, os créditos visam a cobrir despesas que não foram previstas no orçamento original e que, por um motivo específico, foram criadas.

§ 4º A abertura dos créditos adicionais depende da existência de receita para sua compensação, considerando-se, para esse efeito, desde que não comprometidos:

Parágrafo acrescentado pela Lei n. 6.386, de 09.12.1976.

Da mesma forma, também aqui a regra é sequencial ao que preveem os parágrafos anteriores. Ou seja, mais uma vez, trata-se de previsão a ser inserida em estatuto, não em lei, já que a matéria é *interna corporis* das entidades sindicais.

***a)* o *superavit* financeiro apurado em balanço do exercício anterior;**

Alínea acrescentada pela Lei n. 6.386, de 09.12.1976.

A contabilidade financeira dos entes sindicais é feita anualmente, o que pressupõe o balanço de cada ano.

***b)* o excesso de arrecadação, assim entendido o saldo positivo da diferença entre a renda prevista e a realizada, tendo-se em conta, ainda, a tendência do exercício; e**

Alínea acrescentada pela Lei n. 6.386, de 09.12.1976.

O dispositivo quis fazer menção à arrecadação, não apenas das contribuições aferidas, mas também dos rendimentos provenientes dos serviços prestados e das rendas autorizadas (aluguéis, por exemplo), como analisado no art. 548 da CLT.

***c)* a resultante da anulação parcial ou total de dotações alocadas no orçamento ou de créditos adicionais abertos no exercício.**

Alínea acrescentada pela Lei n. 6.386, de 09.12.1976.

Esta situação também foi descrita e prevista na contabilidade anual das entidades sindicais.

---

§ 5º Para efeito orçamentário e contábil sindical, o exercício financeiro coincidirá com o ano civil, a ele pertencendo todas as receitas arrecadadas e as despesas compromissadas.

Parágrafo acrescentado pela Lei n. 6.386, de 09.12.1976.

Para não fugir à regra geral, trata-se de outro dispositivo que deveria estar previsto em estatuto sindical, não em lei, por apresentar matéria relativa à organização interna das entidades sindicais. Cabe lembrar, no entanto, que essas questões financeiras são de competência dos conselhos fiscais, sempre presentes na organização das entidades sindicais de qualquer grau. Ou seja, a autonomia gestora e financeira dos entes sindicais sofre limitações impostas pelos próprios organismos, sempre com previsão estatutária.

Art. 551. Todas as operações de ordem financeira e patrimonial serão evidenciadas pelos registros contábeis das entidades sindicais, executadas sob a responsabilidade de contabilista legalmente habilitado, em conformidade com o plano de contas e as instruções baixadas pelo Ministério do Trabalho.

Caput *com redação dada pela Lei n. 6.386, de 09.12.1976.*

Sem fugir à regra geral dos artigos anteriores, os temas aqui regulados dizem respeito a questões *interna corporis* das entidades sindicais, o que os levaria a ter previsão nos seus respectivos estatutos. Da mesma forma, pois, a normatização dos procedimentos de escrituração contábil dos sindicatos, das federações e das confederações, que deveria seguir as instruções baixadas pelo extinto Ministério do Trabalho e Emprego, não está de acordo com o art. 8º, I, da Constituição da República, pois significaria interferência indevida do Estado na organização sindical.

---

§ 1º A escrituração contábil a que se refere este artigo será baseada em documentos de receita e despesa, que ficarão arquivados nos serviços de contabilidade, à disposição dos órgãos responsáveis pelo acompanhamento administrativo e da fiscalização financeira da própria entidade, ou do controle que poderá ser exercido pelos órgãos da União, em face da legislação específica.

Parágrafo acrescentado pela Lei n. 6.386, de 09.12.1976.

A indevida intervenção do Estado na organização sindical é clara, na medida em que o dispositivo prevê a possibilidade de controle a ser exercido pelos órgãos da União. A derrogação tácita é patente diante do previsto no art. 8º, I, da Constituição.

---

§ 2º Os documentos comprobatórios dos atos de receita e despesa, a que se refere o parágrafo anterior, poderão ser incinerados, após decorridos 5 (cinco) anos da data de quitação das contas pelo órgão competente.

Parágrafo acrescentado pela Lei n. 6.386, de 09.12.1976.

Esta é uma regra comum a todas as repartições públicas, sejam elas federais, estaduais ou municipais, o que demonstra, uma vez mais, que o Estado assim considerava as entidades sindicais. Ainda que o dispositivo não mais seja aplicado, pelos motivos já exaustivamente debatidos, essa é uma regra que todos os sindicatos observam, ao promoverem a destruição completa de todos os documentos arquivados há mais de cinco anos.

---

§ 3º É obrigatório o uso do livro Diário, encadernado, com folhas seguida e tipograficamente numeradas, para a escrituração, pelo método das partidas dobradas, diretamente ou por reprodução, dos atos ou operações que modifiquem ou venham a modificar a situação patrimonial da entidade, o qual conterá, respectivamente, na primeira e na última páginas, os termos de abertura e de encerramento.

Parágrafo acrescentado pela Lei n. 6.386, de 09.12.1976.

Esta regra procedimental relacionada ao livro Diário para escrituração e lançamento de débitos e créditos, quando muito, deveria estar prevista em estatuto sindical, não em lei.

---

§ 4º A entidade sindical que se utilizar de sistema mecânico ou eletrônico para sua escrituração contábil poderá substituir o Diário e os livros facultativos ou auxiliares por fichas ou formulários contínuos, cujos lançamentos deverão satisfazer a todos os requisitos e normas de escrituração exigidos com relação aos livros mercantis, inclusive no que respeita a termos de abertura e de encerramento e numeração sequencial e tipográfica.

Parágrafo acrescentado pela Lei n. 6.386, de 09.12.1976.

Hoje em dia, até mesmo os sistemas mecânicos e eletrônicos já estão ultrapassados. A evolução da informática não está sendo acompanhada pela legislação procedimental.

§ 5º Na escrituração por processos de fichas ou formulários contínuos, a entidade adotará livro próprio para inscrição do balanço patrimonial e da demonstração do resultado do exercício, o qual conterá os mesmos requisitos exigidos para os livros de escrituração.

Parágrafo acrescentado pela Lei n. 6.386, de 09.12.1976.

Observe-se que o procedimento de fichas ou formulários contínuos não era menos burocrático que o procedimento de livro Diário. Esta é outra regra em desuso pela inaplicabilidade ao novo modelo sindical adotado em 1988.

§ 6º Os livros e fichas ou formulários contínuos serão obrigatoriamente submetidos a registro e autenticação das Delegacias Regionais do Trabalho localizadas na base territorial da entidade.

Parágrafo acrescentado pela Lei n. 6.386, de 09.12.1976.

A possibilidade de interferência do Estado na organização interna das entidades sindicais fica evidente neste dispositivo, o que leva à conclusão, novamente, de que não apenas este parágrafo, mas todos os outros anteriores estão derrogados tacitamente pelo art. 8º, I, da Constituição.

§ 7º As entidades sindicais manterão registro específico dos bens de qualquer natureza, de sua propriedade, em livros ou fichas próprias, que atenderão às mesmas formalidades exigidas para o livro Diário, inclusive no que se refere ao registro e autenticação da Delegacia Regional do Trabalho local.

Parágrafo acrescentado pela Lei n. 6.386, de 09.12.1976.

Como prevê o registro no órgão local do extinto Ministério do Trabalho e Emprego, pelo mesmo motivo referido, este dispositivo foi tacitamente derrogado.

§ 8º As contas dos administradores das entidades sindicais serão aprovadas, em escrutínio secreto, pelas respectivas Assembleias Gerais ou Conselhos de Representantes, com prévio parecer do Conselho Fiscal, cabendo ao Ministro do Trabalho estabelecer prazos e procedimentos para a sua elaboração e destinação.

Parágrafo acrescentado pela Lei n. 6.386, de 09.12.1976.

Outra regra que restou derrogada tacitamente pelo art. 8º, I, da CF, por permitir a interferência do Estado, por meio do extinto Ministério do Trabalho e Emprego, nas questões *interna corporis* das entidades sindicais.

Art. 552. Os atos que importem em malversação ou dilapidação do patrimônio das associações ou entidades sindicais ficam equiparados ao crime de peculato julgado e punido na conformidade da legislação penal.

Artigo com redação dada pelo Decreto-lei n. 925, de 10.10.1969.

Peculato é crime previsto no art. 312 do CP, configurado pelo furto ou pela apropriação indébita cometidos por funcionário público. A equiparação aos que o cometesse contra o patrimônio das entidades sindicais deve-se ao fato de que estas exerciam funções delegadas do poder público, o que não mais ocorre desde a entrada em vigor do novo modelo sindical adotado pela Constituição de 1988.

Seção VIII
Das Penalidades

Art. 553. As infrações ao disposto neste Capítulo serão punidas, segundo o seu caráter e a sua gravidade, com as seguintes penalidades:

Este dispositivo foi concebido para aplicar sanções a quem viesse a cometer quaisquer atos que levassem à não observação do disposto em todo o Capítulo I – *Da Instituição Sindical*. Verifica-se, por uma leitura rápida dos arts. 511 e segs., que o Capítulo em questão elenca diversos deveres, obrigações e tarefas às próprias entidades sindicais, aos seus dirigentes e empregados. Como os entes sindicais foram imaginados pelo legislador da Consolidação para desempenhar funções delegadas dos poderes públicos, como já foi realçado, tem-se que o aplicador das penalidades previstas no artigo em comento seria o Estado, pelo extinto Ministério do Trabalho e Emprego (art. 557 da CLT). Como este não mais pode intervir ou interferir na organização interna daqueles, ante o proibitivo constitucional do art. 8º, I, tem-se que o *caput*, as alíneas e os parágrafos deste dispositivo estão derrogados de maneira tácita.

a) **multa de Cr$ 100 (cem cruzeiros) e Cr$ 5.000 (cinco mil cruzeiros), dobrada na reincidência;**

Alínea com redação ajustada nos termos da Lei n. 6.205, de 29.04.1975.

b) **suspensão de diretores por prazo não superior a 30 (trinta) dias;**

c) **destituição de diretores ou de membros de conselho;**

d) **fechamento de Sindicato, Federação ou Confederação por prazo nunca superior a 6 (seis) meses;**

e) **cassação da carta de reconhecimento;**

f) **multa de 1/30 (um trinta avos) do salário mínimo regional, aplicável ao associado que deixar de cumprir, sem causa justificada, o disposto no parágrafo único do art. 529.**

Alínea acrescentada pelo Decreto-lei n. 229, de 28.02.1967.

Alíneas tacitamente derrogadas, conforme o comentário ao *caput*.

---

§ 1º A imposição de penalidades aos administradores não exclui a aplicação das que este artigo prevê para a associação.

Antigo parágrafo único renumerado pelo Decreto-lei n. 925, de 10.10.1969.

Este era o parágrafo único, que passou a § 1º pelo acréscimo do dispositivo seguinte pelo Decreto-lei n. 925/69. O dispositivo também está derrogado tacitamente pelos mesmos motivos fundamentados no comentário ao *caput*.

---

§ 2º Poderá o Ministro do Trabalho e Previdência Social determinar o afastamento preventivo de cargo ou representação sindicais de seus exercentes, com fundamento em elementos constantes de denúncia formalizada que constituam indício veemente ou início de prova bastante do fato e da autoria denunciados.

Parágrafo acrescentado pelo Decreto-lei n. 925, de 10.10.1969.

Veja nota 1 na página XXI.

Veja art. 8º, CF (Anexo I da CLT), que dispõe de modo diverso.

Por prever a interferência direta do atual Ministro do Trabalho e Emprego, o dispositivo está derrogado tacitamente, por força do art. 8º, I, da Constituição.

Art. 554. Destituída a administração, na hipótese da alínea *c* do artigo anterior, o Ministro do Trabalho, Indústria e Comércio nomeará um Delegado para dirigir a associação e proceder, dentro do prazo de 90 (noventa) dias, em Assembleia Geral por ele convocada e presidida, à eleição dos novos diretores e membros do Conselho Fiscal.

Veja nota 1 na página XXI.

Veja art. 8º, CF (Anexo I da CLT), que dispõe de modo diverso.

Não há quem defenda a manutenção deste dispositivo, em face da clara intervenção do Estado, pelo extinto Ministério do Trabalho e Emprego, na organização interna das entidades sindicais, ante o proibitivo do art. 8º, I, da CF, que, de forma tácita, a derroga.

Art. 555. A pena de cassação da carta de reconhecimento será imposta à entidade sindical:

Como já foi comentado no art. 553, *caput*, a penalidade foi criada para ser aplicada pelo Estado, por meio do extinto Ministério do Trabalho e Emprego. Como este não pode mais intervir ou interferir na organização interna das entidades sindicais, tendo em vista o proibitivo constitucional do art. 8º, I, o *caput* está derrogado tacitamente.

***a)* que deixar de satisfazer as condições de constituição e funcionamento estabelecidas nesta Lei;**

Derrogada tacitamente, conforme o comentário ao *caput*.

***b)* que se recusar ao cumprimento de ato do Presidente da República, no uso da faculdade conferida pelo art. 536;**

O dispositivo faz menção ao art. 536 da CLT, que foi revogado pelo Decreto-lei n. 229/67. Também ele está derrogado tacitamente, conforme o comentário ao *caput*.

***c)* que criar obstáculos à execução da política econômica adotada pelo Governo.**

Alínea com redação dada pelo Decreto-lei n. 8.080, de 11.10.1945.

A alínea foi redigida de acordo com o Decreto-lei n. 8.080/45. Todavia, da mesma forma, está derrogada tacitamente, conforme o comentário ao *caput*.

Art. 556. A cassação da carta de reconhecimento da entidade sindical não importará o cancelamento de seu registro, nem, consequentemente, a sua dissolução, que se processará de acordo com as disposições da lei que regulam a dissolução das associações civis.

A cassação da carta de reconhecimento não mais é possível. Nem mesmo a carta de reconhecimento, conhecida como carta sindical, é requisito para a existência de sindicatos. O comentário ao *caput* do artigo anterior também vale aqui. Ou seja, a penalidade de cessação da carta de reconhecimento foi criada para ser aplicada pelo Estado, por meio do extinto Ministério do Trabalho e Emprego. Como este não pode mais intervir ou interferir na organização interna das entidades sindicais, tendo em vista o proibitivo constitucional do art.

8º, I, aqui também estão derrogados tacitamente o *caput* e seu parágrafo único do artigo em comento.

Parágrafo único. No caso de dissolução, por se achar a associação incursa nas leis que definem crimes contra a personalidade internacional, a estrutura e a segurança do Estado e a ordem política e social, os seus bens, pagas as dívidas decorrentes das suas responsabilidades, serão incorporados ao patrimônio da União e aplicados em obras de assistência social.

A destinação do patrimônio da associação, em caso de sua dissolução, deve estar prevista no seu estatuto.

Art. 557. As penalidades de que trata o art. 553 serão impostas:

Conforme comentado, as penalidades previstas no art. 553 da Consolidação tiveram como destinatário da sua aplicação o Estado, pelo extinto Ministério do Trabalho e Emprego. Como este não mais pode intervir ou interferir na organização interna das entidades sindicais, ante o proibitivo constitucional do art. 8º, I, tem-se que o *caput*, as alíneas e os parágrafos deste artigo também estão derrogados tacitamente.

***a)* as das alíneas *a* e *b*, pelo Delegado Regional do Trabalho, com recurso para o Ministro de Estado;**

***b)* as demais, pelo Ministro de Estado.**

Alíneas tacitamente derrogadas conforme o comentário ao *caput*.

§ 1º Quando se tratar de associações de grau superior, as penalidades serão impostas pelo Ministro de Estado, salvo se a pena for de cassação da carta de reconhecimento de confederação, caso em que a pena será imposta pelo Presidente da República.

Aqui, a intervenção era feita diretamente pelo Presidente da República. Este dispositivo foi tacitamente derrogado, conforme o comentário ao *caput*.

§ 2º Nenhuma pena será imposta sem que seja assegurada defesa ao acusado.

O legislador ainda se preocupou com o direito de defesa do acusado. Da mesma forma, porém, foi tacitamente derrogado, conforme o comentário ao *caput*.

Seção IX
Disposições Gerais

Art. 558. São obrigadas ao registro todas as associações profissionais constituídas por atividades ou profissões idênticas, similares ou conexas, de acordo com o art. 511 e na conformidade do Quadro de Atividades e Profissões a que alude o Capítulo II deste Título. As associações profissionais registradas nos termos deste artigo poderão representar, perante as autoridades administrativas e judiciárias, os interesses individuais dos associados relativos à sua atividade ou profissão, sendo-lhes também extensivas as prerrogativas contidas na alínea *d* e no parágrafo único do art. 513.

Veja art. 8º, I, CF (Anexo I da CLT), que dispõe de modo diverso.

O registro tinha por finalidade a averiguação do respeito à unicidade sindical (art. 8º, II, da CF). Todavia, como se trata de mais uma norma que cria exigências para o reconhecimento de associações ou entidades sindicais, tem-se que este dispositivo foi derrogado de maneira tácita pelo art. 8º, I, da Constituição, por representar interferência indevida na organização sindical. O referido art. 8º, I, menciona o "registro no órgão competente", o que, para muitos, seria o Cartório de Registro de Pessoas Jurídicas, de modo a ficar o extinto Ministério do Trabalho e Emprego apenas com a incumbência de arquivar esse registro para fins de verificação da unicidade. Porém, o STF já decidiu ser órgão a que se refere o dispositivo constitucional o próprio Ministério do Trabalho e Emprego (ver ADI-Ag. Reg. n. 2.025/DF, rel. Min. Octávio Gallotti, j. 12.08.1999, e RE n. 157.940/DF, rel. Min. Maurício Corrêa, j. 03.11.1997), que, não obstante, limitar-se-á a fazer o registro e dar ciência do fato a quem dele se interessar, sem se manifestar sobre qualquer questão de mérito do registro e sem poder recusar-se a ele (o ministério foi extinto, e suas competências foram redistribuídas de acordo com o art. 83 da Lei n. 13.844, de 18.06.2019 – *v.* comentários ao art. 13, § 2º, da CLT).

§ 1º O registro a que se refere o presente artigo competirá às Delegacias Regionais do Ministério do Trabalho e Previdência Social ou às repartições autorizadas em virtude da lei.

Parágrafo com redação dada pelo Decreto-lei n. 925, de 10.10.1969.
Veja nota 1 na página XXI.

Como o registro competia aos órgãos do então Ministério do Trabalho, está claramente comprovada a indevida intervenção do Estado na organização das entidades sindicais, de modo a contrariar o art. 8º, I, da Constituição.

§ 2º O registro das associações far-se-á mediante requerimento, acompanhado da cópia autêntica dos estatutos e da declaração do número de associados, do patrimônio e dos serviços sociais organizados.

Algumas das exigências anteriormente expostas constituem interferência indevida na organização sindical. No entanto, para o registro no Ministério do Trabalho e Emprego há necessidade de cópia do estatuto sindical e das atas de fundação, eleição e posse da primeira diretoria (o ministério foi extinto, e suas competências foram redistribuídas de acordo com o art. 83 da Lei n. 13.844, de 18.06.2019 – *v.* comentários ao art. 13, § 2º, da CLT). No estatuto sindical, deve estar definida a base territorial de atuação daquela entidade sindical, que deverá ser a área mínima de um município, com vistas à finalidade maior do registro, que é a verificação do respeito à unicidade sindical (art. 8º, II, da CF).

§ 3º As alterações dos estatutos das associações profissionais não entrarão em vigor sem aprovação da autoridade que houver concedido o respectivo registro.

Veja art. 8º, I, CF (Anexo I da CLT), que dispõe de modo diverso.

Aqui a intervenção é clara, direta, motivo pelo qual o dispositivo está derrogado tacitamente pelo proibitivo do art. 8º, I, da Constituição.

Art. 559. O Presidente da República, excepcionalmente e mediante proposta do Ministro do Trabalho, fundada em razões de utilidade pública, poderá conceder, por decreto, às associações civis constituídas para a defesa e coordenação de interesses econômicos e profissionais e não obrigadas ao registro previsto no artigo anterior, a prerrogativa da alínea *d* do art. 513 deste Capítulo.

Veja nota 1 na página XXI.

O dispositivo faz menção a uma das prerrogativas dos sindicatos, que era a de colaborar com o Estado, na qualidade de órgãos técnicos e consultivos (art. 513, *d*, da CLT), de modo a comprovar, mais uma vez, que aqueles exerciam funções delegadas dos poderes públicos, o que afronta diretamente o art. 8º, I, da CF, o qual não mais permite a interferência do Estado – aqui, pelo próprio presidente da República – na organização sindical.

Art. 560. Não se reputará transmissão de bens, para efeitos fiscais, a incorporação do patrimônio de uma associação profissional ao da entidade sindical, ou das entidades aludidas entre si.

Esta é uma regra de isenção fiscal para as associações profissionais e para as entidades sindicais de trabalhadores, nos casos de transmissão de bens entre elas, norma esta que foi recepcionada pela Constituição de 1988, posto que o art. 150, VI, *c*, não permitiu ao Estado instituir imposto sobre o patrimônio, renda e serviços dos sindicatos profissionais.

Art. 561. A denominação "sindicato" é privativa das associações profissionais de primeiro grau, reconhecidas na forma desta Lei.

As entidades sindicais, profissionais e econômicas de primeiro grau são denominadas sindicatos, o que é de exclusividade àquelas que possuem o devido registro, de modo a garantir a base territorial definida em seus estatutos. As que não alcançam essa condição, são consideradas meras associações e não poderão utilizar a denominação de *sindicato*.

Art. 562. As expressões "federação" e "confederação", seguidas da designação de uma atividade econômica ou profissional, constituem denominações privativas das entidades sindicais de grau superior.

As federações e confederações são entidades sindicais de segundo e terceiro graus, respectivamente. Também são assim formadas considerando-se tanto a categoria profissional com a econômica, conforme regulamentado nos arts. 533 e segs. da CLT. Da mesma forma que o dispositivo anterior, com o registro em mãos, as entidades sindicais detêm a exclusividade no uso da denominação *federação* ou *confederação*, reservando às demais a mera condição de associações.

Art. 563. ***(Revogado pelo Decreto-lei n. 925, de 10.10.1969.)***

Art. 564. Às entidades sindicais, sendo-lhes peculiar e essencial a atribuição representativa e coordenadora das correspondentes categorias ou profissões, é vedado, direta ou indiretamente, o exercício de atividade econômica.

A discussão sobre a derrogação ou não deste dispositivo gera controvérsias. Há quem defenda que este está derrogado tacitamente pelo art. 8º da Constituição, devido ao fato de que a liberdade sindical preconizada não comporta qualquer tipo de interferência na organização dos sindicatos. Todavia, há quem diga que o dispositivo foi recepcionado pela nova ordem constitucional, na medida em que não se trata de interferência, mas, sim, de observância ao princípio da legalidade (art. 5º, II, da CF).

O dispositivo em comento não pode ser interpretado de forma rígida. O que o legislador não quis permitir foi a transformação dos sindicatos em associações mercantis, com fins lucrativos. A considerar que aos sindicatos profissionais foi concedido o benefício da isenção fiscal, pelo que prescreve o art. 150, VI, *c*, da CF, seria ferir as regras do mercado, a livre concorrência, a permissão para que os sindicatos de trabalhadores pudessem exercer atividade econômica com finalidade lucrativa. Todavia, atividades como prestar serviços aos seus associados, como convênios com escolas, cursos complementares, farmácias, lojas e supermercados, facilitar a contratação de seguros, comercializar produtos ligados à atividade sindical, como bonés, camisetas e chaveiros do próprio sindicato ou de uma campanha salarial específica, vender livros e cartilhas para a categoria, ou mesmo prestar serviços para outras entidades sindicais ou associações, por gráficas próprias, não podem ser consideradas atividades econômicas com finalidade de obtenção de lucros. Ou seja, desde que esteja ausente a finalidade lucrativa e desde que sejam respeitadas as regras de mercado e a livre concorrência, todas essas atividades exemplificadas podem ser desenvolvidas pelos sindicatos. Entendemos ser essa a melhor interpretação do dispositivo em questão.

Art. 565. As entidades sindicais reconhecidas nos termos desta Lei não poderão filiar-se a organizações internacionais, nem com elas manter relações, sem prévia licença concedida por decreto do Presidente da República.

Artigo com redação dada pela Lei n. 2.802, de 18.06.1956.

Este dispositivo está derrogado tacitamente, pois representa uma intervenção direta do Estado, no caso, pelo próprio presidente da República, na organização sindical, o que fere o princípio da liberdade sindical insculpida no art. 8º da Constituição.

Art. 566. Não podem sindicalizar-se os servidores do Estado e os das instituições paraestatais.

O art. 37, VI, da Carta Republicana já garantia aos servidores públicos a liberdade de associação sindical, o que derrogava tacitamente o dispositivo ora comentado. A reforma sindical em curso acrescenta o direito à negociação coletiva no art. 37, VII, da CF, conforme o projeto de EC que acompanha o pacote de reformas.

Parágrafo único. Excluem-se da proibição constante deste artigo os empregados das sociedades de economia mista, da Caixa Econômica Federal e das fundações criadas ou mantidas pelo Poder Público da União, dos Estados e Municípios.

Parágrafo acrescentado pela Lei n. 6.128, de 06.11.1974, e com redação dada pela Lei n. 7.449, de 20.12.1985.

A liberdade de associação a sindicatos, permitida aos servidores públicos, conforme o art. 37, VI, da CF, tornou este dispositivo sem qualquer aplicabilidade.

Art. 567 a 569. ***(Revogados pelo Decreto-lei n. 229, de 28.02.1967.)***

CAPÍTULO II
DO ENQUADRAMENTO SINDICAL

O art. 8º, I, da Constituição da República Federativa do Brasil, determina que a criação das entidades sindicais independe da autorização do Estado. Ressalva, apenas, a necessidade do registro do respectivo estatuto no órgão competente e a observância da unicidade sindical e da base territorial mínima de um município.

A suscitada norma constitucional também dispõe ser vedado ao Poder Público a interferência e a intervenção nas organizações sindicais.

O termo "Poder Público", mencionado no art. 8º, I, da Carta Magna, há de ser interpretado levando-se em consideração o regime jurídico pretérito, onde havia a interferência e a intervenção do Poder Executivo na organização e na administração das entidades sindicais.

A criação da entidade sindical dependia da autorização do Ministério do Trabalho e Emprego, que também tinha o poder de interferir na sua organização interna, inclusive o de intervir e destituir o corpo diretivo.

O referido termo, portanto, há de ser interpretado de forma restrita, limitando a sua abrangência aos órgãos do Poder Executivo.

As entidades sindicais, como pessoas jurídicas de direito privado, devem observar as normas vigentes, desde que não representem interferência ou intervenção dos órgãos do Poder Executivo na sua organização e administração.

Por consequência, os dispositivos infraconstitucionais que tratam da Comissão de Enquadramento Sindical e do Quadro de Atividades e Profissões não foram recepcionados pela Carta Magna de 1988. No entanto, o sistema sindical brasileiro manteve a sindicalização, tanto a patronal como a profissional, por categorias, bem como a unicidade sindical.

Em suma, os dispositivos deste capítulo, desde que não representem interferência do Ministério do Trabalho e Emprego na organização e na administração das entidades sindicais, podem ser adotados no vigente sistema sindical brasileiro (o ministério foi extinto, e suas competências foram redistribuídas de acordo com o art. 83 da Lei n. 13.844, de 18.06.2019 – *v.* comentários ao art. 13, § 2º, da CLT).

Art. 570. Os Sindicatos constituir-se-ão, normalmente, por categorias econômicas ou profissionais específicas, na conformidade da discriminação do Quadro de Atividades e Profissões a que se refere o art. 577, ou segundo as subdivisões que, sob proposta da Comissão do Enquadramento Sindical, de que trata o art. 576, forem criadas pelo Ministro do Trabalho, Indústria e Comércio.

A criação da entidade sindical independe de autorização do Estado, conforme dispõe o art. 8º, I, da Constituição da República Federativa do Brasil.

Desde que observada a unicidade sindical e a base territorial mínima de um município, a categoria é livre para criar a sua entidade sindical. No entanto, a sindicalização, como regra, continua a ser por categorias.

A exceção são as entidades sindicais de categorias diferenciadas, que levam em consideração a profissão exercida pelos seus membros.

Na parte final, a norma condiciona seja observado o Quadro de Atividades e Profissões da Comissão de Enquadramento Sindical do extinto Ministério do Trabalho e Emprego, ponto não recepcionado pela Carta Magna de 1988.

Parágrafo único. Quando os exercentes de quaisquer atividades ou profissões se constituírem, seja pelo número reduzido, seja pela natureza mesma dessas atividades ou profissões, seja pelas afinidades existentes entre elas, em condições tais que não se possam sindicalizar eficientemente pelo critério de especificidade de categoria, é-lhes permitido sindicalizar-se pelo critério de categorias similares ou conexas, entendendo-se como tais as que se acham compreendidas nos limites de cada grupo constante do Quadro de Atividades e Profissões.

Por vontade das próprias categorias, nada impede que entidades sindicais sejam constituídas englobando categorias específicas, similares e conexas, desde que observada a unicidade sindical e a base territorial mínima de um município. As entidades sindicais assim constituídas denominam-se ecléticas.

Art. 571. Qualquer das atividades ou profissões concentradas na forma do parágrafo único do artigo anterior poderá dissociar-se do Sindicato principal, formando um Sindicato específico, desde que o novo Sindicato,

a juízo da Comissão do Enquadramento Sindical, ofereça possibilidade de vida associativa regular e de ação sindical eficiente.

O desmembramento das entidades sindicais depende, única e exclusivamente, da vontade dos membros interessados. Há de se observar, entretanto, a unicidade sindical e a base territorial mínima de um município.

Norma não recepcionada pela Carta Magna de 1988 face à sua parte final ("a juízo da Comissão de Enquadramento Sindical"), pois representa interferência do Poder Público na organização sindical.

Art. 572. Os sindicatos que se constituírem por categorias similares ou conexas, nos termos do parágrafo único do art. 570, adotarão denominação em que fiquem, tanto quanto possível, explicitamente mencionadas as atividades ou profissões concentradas, de conformidade com o Quadro de Atividades e Profissões, ou se se tratar de subdivisões, de acordo com o que determinar a Comissão do Enquadramento Sindical.

Os sindicatos ecléticos devem fazer menção a todas as atividades que representam, ou seja: a específica, as similares e as conexas.

Atividades similares – as que se assemelham (p. ex.: trabalhadores de motéis, que se assemelham à categoria específica dos trabalhadores de hotéis).

Atividades conexas – as que se complementam para atingir o mesmo fim (p. ex.: trabalhadores de fundação, construção civil, hidráulica e carpintaria, cujo objetivo é a construção de um prédio).

Caso haja omissões de atividades, conflitos poderão surgir na representatividade da categoria, principalmente nas negociações coletivas, dissídios coletivos e recolhimentos da contribuição sindical.

Norma não recepcionada pela Carta Magna de 1988, pois representa interferência do Poder Público na organização sindical (condiciona à Comissão de Enquadramento Sindical).

Parágrafo único. Ocorrendo a hipótese do artigo anterior, o Sindicato principal terá a denominação alterada, eliminando-se-lhe a designação relativa à atividade ou profissão dissociada.

O acertamento na denominação da entidade sindical, que perdeu parte da sua representatividade pelo desmembramento, é necessário.

Art. 573. O agrupamento dos Sindicatos em Federações obedecerá às mesmas regras que as estabelecidas neste Capítulo para o agrupamento das atividades e profissões em Sindicatos.

A criação da federação depende da existência de, pelo menos, cinco sindicatos da categoria. Há de se observar a unicidade sindical. Normalmente, as federações são constituídas com base territorial estadual ou interestadual.

Parágrafo único. As Federações de Sindicatos de profissões liberais poderão ser organizadas independentemente do grupo básico da Confederação, sempre que as respectivas profissões se acharem submetidas, por disposições de lei, a um único regulamento.

Antigo § 1º renumerado pelo Decreto-lei n. 229, de 28.02.1967.

As confederações são constituídas por, no mínimo, três federações. A Confederação Nacional das Profissões Liberais, por exemplo, abrange os profissionais liberais de vários ramos de atividade.

---

§ 2º *(Revogado pelo Decreto-lei n. 229, de 28.02.1967.)*

Art. 574. Dentro da mesma base territorial, as empresas industriais do tipo artesanal poderão constituir entidades sindicais, de primeiro e segundo graus, distintas das associações sindicais das empresas congêneres, de tipo diferente.

A categoria é livre para criar a sua entidade sindical, desde que respeite a unicidade sindical e a base territorial mínima de um município.

Nada impede que as microempresas e pequenas empresas criem a sua entidade sindical, desde que respeitados os limites constitucionais.

Parágrafo único. Compete à Comissão do Enquadramento Sindical definir, de modo genérico, com a aprovação do Ministro do Trabalho, Indústria e Comércio, a dimensão e os demais característicos das empresas industriais de tipo artesanal.

Não recepcionado pela Carta Magna de 1988. Representa interferência do Poder Público na organização sindical.

Art. 575. O Quadro de Atividades e Profissões será revisto de dois em dois anos, por proposta da Comissão do Enquadramento Sindical, para o fim de ajustá-lo às condições da estrutura econômica e profissional do País.

Não recepcionado pela Carta Magna de 1988.

A Comissão de Enquadramento Sindical e o Quadro de Atividades e Profissões perderam suas finalidades no sistema sindical vigente.

---

§ 1º Antes de proceder à revisão do Quadro, a Comissão deverá solicitar sugestões às entidades sindicais e às associações profissionais.

Idem *caput.*

---

§ 2º A proposta de revisão será submetida à aprovação do Ministro do Trabalho, Indústria e Comércio.

Veja nota 1 na página XXI.

Idem *caput.*

Art. 576. A Comissão do Enquadramento Sindical será constituída pelo Diretor-Geral do Departamento Nacional do Trabalho, que a presidirá, e pelos seguintes membros:

Caput *com redação dada pela Lei n. 5.819, de 06.11.1972.*

Não recepcionado pela Carta Magna de 1988.

A criação das entidades sindicais independe de autorização do Estado, bem como é vedado ao Poder Público interferir na sua organização.

I – 2 (dois) representantes do Departamento Nacional do Trabalho;

Inciso com redação dada pela Lei n. 5.819, de 06.11.1972.

II – 1 (um) representante da Secretaria de Emprego e Salário;

Inciso com redação dada pela Lei n. 5.819, de 06.11.1972.

III – 1 (um) representante do Instituto Nacional de Tecnologia, do Ministério da Indústria e do Comércio;

Inciso com redação dada pela Lei n. 5.819, de 06.11.1972.

IV – 1 (um) representante do Instituto Nacional de Colonização e Reforma Agrária, do Ministério da Agricultura;

Inciso com redação dada pela Lei n. 5.819, de 06.11.1972.

V – 1 (um) representante do Ministério dos Transportes;

Inciso com redação dada pela Lei n. 5.819, de 06.11.1972.

VI – 2 (dois) representantes das categorias econômicas; e

Inciso com redação dada pela Lei n. 5.819, de 06.11.1972.

VII – 2 (dois) representantes das categorias profissionais.

Inciso com redação dada pela Lei n. 5.819, de 06.11.1972.

Idem *caput.*

---

§ 1º Os membros da CES serão designados pelo Ministro do Trabalho e Previdência Social, mediante:

Parágrafo acrescentado pelo Decreto-lei n. 229, de 28.02.1967.

***a)* indicação dos titulares das Pastas, quanto aos representantes dos outros Ministérios;**

Alínea acrescentada pelo Decreto-lei n. 229, de 28.02.1967.

***b)* indicação do respectivo Diretor-Geral, quanto ao do DNMO;**

Alínea acrescentada pelo Decreto-lei n. 229, de 28.02.1967.

***c)* eleição pelas respectivas Confederações, em conjunto, quanto aos representantes das categorias econômicas e profissionais, de acordo com as instruções que forem expedidas pelo Ministro do Trabalho e Previdência Social.**

Alínea acrescentada pelo Decreto-lei n. 229, de 28.02.1967.

§ 2º Cada membro terá um suplente designado juntamente com o titular.

Parágrafo acrescentado pelo Decreto-lei n. 229, de 28.02.1967.

§ 3º Será de 3 (três) anos o mandato dos representantes das categorias econômica e profissional.

Parágrafo acrescentado pelo Decreto-lei n. 229, de 28.02.1967, e com redação dada pelo Decreto-lei n. 925, de 10.10.1969.

§ 4º Os integrantes da Comissão perceberão a gratificação de presença que for estabelecida por decreto executivo.

Parágrafo acrescentado pelo Decreto-lei n. 229, de 28.02.1967.

§ 5º Em suas faltas ou impedimentos o Diretor-Geral do DNT será substituído na presidência pelo Diretor substituto do Departamento ou pelo representante desse na Comissão, nesta ordem.

Parágrafo acrescentado pelo Decreto-lei n. 229, de 28.02.1967, e com redação dada pelo Decreto-lei n. 506, de 18.03.1969.

§ 6º Além das atribuições fixadas no presente Capítulo e concernentes ao enquadramento sindical, individual ou coletivo, e à classificação das atividades e profissões, competirá também à CES resolver, com recurso para o Ministro do Trabalho e Previdência Social, todas as dúvidas e controvérsias concernentes à organização sindical.

Parágrafo acrescentado pelo Decreto-lei n. 229, de 28.02.1967.

Idem *caput*.

Art. 577. O Quadro de Atividades e Profissões em vigor fixará o plano básico do enquadramento sindical.

Não recepcionado pela Carta Magna de 1988.

No entanto, o Quadro de Atividades e Profissões serve como parâmetro para o surgimento de novas entidades sindicais, principalmente no que se refere ao controle da unicidade sindical.

CAPÍTULO III
DA CONTRIBUIÇÃO SINDICAL

O imposto sindical foi instituído pela CF/37, regulamentado pelo Decreto-lei n. 1.402/39.

A partir da publicação do Decreto-lei n. 27/66, o imposto sindical passou a denominar-se contribuição sindical.

A Constituição da República Federativa do Brasil de 1988, em seu art. 8º, IV, criou a contribuição confederativa, mantendo, entretanto, a contribuição sindical.

Tanto a contribuição sindical como a confederativa têm o mesmo objetivo, ou seja, custeio do sistema confederativo sindical.

A manutenção da contribuição sindical obrigatória representava um dos entraves à plena aplicabilidade da Convenção n. 87 da OIT no território nacional, pois não se pode falar em plena liberdade sindical se pessoas não filiadas à entidade são obrigadas a contribuir.

Com a entrada em vigor da Lei n. 13.467/2017, a contribuição sindical passou a ser facultativa, perdendo, assim, a sua natureza tributária.

Seção I
Da Fixação e do Recolhimento da Contribuição Sindical

Art. 578. As contribuições devidas aos sindicatos pelos participantes das categorias econômicas ou profissionais ou das profissões liberais representadas pelas referidas entidades serão, sob a denominação de contribuição sindical, pagas, recolhidas e aplicadas na forma estabelecida neste Capítulo, desde que prévia e expressamente autorizadas.

Artigo com redação pela Lei n. 13.467, de 13.07.2017.

Com a vigência da Lei n. 13.467/2017, a contribuição sindical passou a ser facultativa, perdendo, assim, a sua natureza tributária.

Art. 579. O desconto da contribuição sindical está condicionado à autorização prévia e expressa dos que participarem de uma determinada categoria econômica ou profissional, ou de uma profissão liberal, em favor do sindicato representativo da mesma categoria ou profissão ou,

inexistindo este, na conformidade do disposto no art. 591 desta Consolidação.

Artigo com redação pela Lei n. 13.467, de 13.07.2017.

O desconto da contribuição sindical depende da autorização prévia e expressa do membro da categoria.

Inexistindo sindicato, o valor das contribuições será destinado às entidades sindicais de grau superior.

Art. 580. A contribuição sindical será recolhida, de uma só vez, anualmente, e consistirá:

Caput *com redação dada pela Lei n. 6.386, de 09.12.1976.*

O recolhimento da contribuição sindical é anual e em parcela única.

I – na importância correspondente à remuneração de 1 (um) dia de trabalho, para os empregados, qualquer que seja a forma da referida remuneração;

Inciso com redação dada pela Lei n. 6.386, de 09.12.1976.

Para os empregados, a contribuição sindical corresponderá à remuneração de um dia de trabalho. Como a norma menciona o termo "remuneração", entendo que há de se considerar, para a apuração do respectivo valor, todas as parcelas fixas que compõem a remuneração mensal do empregado (salário-base, gratificação mensal etc.).

II – para os agentes ou trabalhadores autônomos e para os profissionais liberais, numa importância correspondente a 30% (trinta por cento) do maior valor de referência fixado pelo Poder Executivo, vigente à época em que é devida a contribuição sindical, arredondada para Cr$ 1,00 (um cruzeiro) a fração porventura existente;

Inciso com redação dada pela Lei n. 7.047, de 01.12.1982.

Para os agentes ou trabalhadores autônomos e para os profissionais liberais, a contribuição sindical corresponderá a 30% do maior valor de referência fixado pelo Poder Executivo, vigente na época do pagamento.

Com a extinção do maior valor de referência, as entidades sindicais de agentes ou trabalhadores autônomos e de profissionais liberais vêm fixando o valor da contribuição sindical em assembleias da categoria.

III – para os empregadores, numa importância proporcional ao capital social da firma ou empresa, registrado nas respectivas Juntas Comerciais ou órgãos equivalentes, mediante a aplicação de alíquotas, conforme a seguinte Tabela progressiva:

Inciso com redação dada pela Lei n. 7.047, de 01.12.1982.

Classes de Capital .... Alíquota %
1 – Até 150 vezes o maior valor de referência.. 0,8
2 – Acima de 150, até 1.500 vezes o maior valor de referência 0,2
3 – Acima de 1.500, até 150.000 vezes o maior valor de referência......0,1
4 – Acima de 150.000, até 800.000 vezes o maior valor de referência0,02

Para os empregadores, a contribuição sindical será proporcional ao capital social da firma ou empresa, sobre o qual aplicar-se-ão, cumulativamente, as alíquotas decrescentes da tabela.

§ 1º A contribuição sindical prevista na Tabela constante do item III deste artigo corresponderá à soma da aplicação das alíquotas sobre a porção do capital distribuído em cada classe, observados os respectivos limites.

Parágrafo com redação dada pela Lei n. 6.386, de 09.12.1976.

A contribuição sindical dos empregadores corresponderá à soma dos valores obtidos em cada classe da tabela, respeitando-se os limites.

§ 2º Para efeito do cálculo de que trata a Tabela progressiva inserta no item III deste artigo, considerar-se-á o valor de referência fixado pelo Poder Executivo, vigente à data de competência da contribuição, arredondando-se para Cr$ 1,00 (um cruzeiro) a fração porventura existente.

Parágrafo acrescentado pela Lei n. 4.140, de 21.09.1962, e com redação dada pela Lei n. 6.386, de 09.12.1976.

Para o cálculo da contribuição sindical dos empregadores, há de se observar o valor de referência vigente nas datas de competência do recolhimento.

§ 3º É fixada em 60% (sessenta por cento) do maior valor de referência, a que alude o parágrafo anterior, a contribuição mínima devida pelos empregadores, independentemente do capital social da firma ou empresa, ficando, do mesmo modo, estabelecido o capital equivalente a 800.000 (oitocentas mil) vezes o maior valor de referência, para efeito do cálculo da contribuição máxima, respeitada a Tabela progressiva constante do item III.

Parágrafo com redação dada pela Lei n. 7.047, de 01.12.1982.

A norma fixa os valores mínimo e máximo da contribuição sindical devida pelos empregadores.

---

§ 4º Os agentes ou trabalhadores autônomos e os profissionais liberais, organizados em firma ou empresa, com capital social registrado, recolherão a contribuição sindical de acordo com a Tabela progressiva a que se refere o item III.

Parágrafo acrescentado pela Lei n. 6.386, de 09.12.1976.

Os agentes ou profissionais autônomos e os profissionais liberais, constituídos em firma ou empresa, recolhem a contribuição sindical apurada conforme tabela utilizada pelos empregadores.

---

§ 5º As entidades ou instituições que não estejam obrigadas ao registro de capital social considerarão como capital, para efeito do cálculo de que trata a Tabela progressiva constante do item III deste artigo, o valor resultante da aplicação do percentual de 40% (quarenta por cento) sobre o movimento econômico registrado no exercício imediatamente anterior, do que darão conhecimento à respectiva entidade sindical ou à Delegacia Regional do Trabalho, observados os limites estabelecidos no § 3º deste artigo.

Parágrafo acrescentado pela Lei n. 6.386, de 09.12.1976.

A norma disciplina a base de cálculo da contribuição sindical para as entidades ou instituições que não estejam obrigadas a registrar o capital social. Deve-se considerar, para efeito de cálculo da contribuição sindical, o valor resultante da aplicação do percentual de 40% sobre o movimento econômico registrado no exercício imediatamente anterior, observando-se os limites mínimo e máximo estabelecidos no § 3º.

As entidades ou instituições enquadradas neste dispositivo, se optarem pelo recolhimento da contribuição sindical, têm a obrigação de levar ao conhecimento do sindicato o valor que servirá de base para o cálculo da contribuição sindical.

Considerando a atual natureza jurídica da contribuição sindical, entendo que levar ao conhecimento do órgão regional do extinto Ministério do Trabalho e Emprego representa interferência do Poder Público na administração do sindicato.

---

§ 6º Excluem-se da regra do § 5º as entidades ou instituições que comprovarem, através de requerimento dirigido ao Ministério do Trabalho, que não exercem atividade econômica com fins lucrativos.

Parágrafo acrescentado pela Lei n. 6.386, de 09.12.1976.

As entidades e instituições que comprovarem não exercer atividade econômica com fins lucrativos estão excluídas do cumprimento das disposições do parágrafo anterior, ficando isentas do recolhimento da contribuição sindical de categoria econômica.

Art. 581. Para os fins do item III do artigo anterior, as empresas atribuirão parte do respectivo capital às suas sucursais, filiais ou agências, desde que localizadas fora da base territorial da entidade sindical representativa da atividade econômica do estabelecimento principal, na proporção das correspondentes operações econômicas, fazendo a devida comunicação às Delegacias Regionais do Trabalho, conforme a localidade da sede da empresa, sucursais, filiais ou agências.

Caput *com redação dada pela Lei n. 6.386, de 09.12.1976.*

As empresas devem atribuir parte do seu capital social às sucursais, filiais e agências que estiverem localizadas fora da base territorial da entidade sindical que representa o seu estabelecimento principal.

A atribuição do capital social à sucursal, filial ou agência será na proporção das correspondentes operações econômicas de cada unidade destinatária.

Caso a sucursal, filial ou agência esteja localizada na mesma base territorial da entidade sindical que representa o seu estabelecimento principal, não há necessidade de atribuir parte do capital social.

Em cada localidade a que a empresa atribuir parte do seu capital social, o ato deverá ser comunicado ao órgão regional do Ministério do Trabalho e Emprego.

Considerando o fato de que o "Poder Público" não pode intervir na organização e na administração da entidade sindical e a natureza facultativa da contribuição sindical, entendo desnecessária a comunicação ao órgão regional do Ministério do Trabalho e Emprego (o ministério foi extinto, e suas competências foram redistribuídas de acordo com o art. 83 da Lei n. 13.844, de 18.06.2019 – *v.* comentários ao art. 13, § 2º, da CLT).

---

§ 1º Quando a empresa realizar diversas atividades econômicas, sem que nenhuma delas seja preponderante, cada uma dessas atividades será incorporada à respectiva categoria econômica, sendo a contribuição sindical devida à entidade sindical representativa da mesma categoria, procedendo-se, em relação às correspondentes sucursais, agências ou filiais, na forma do presente artigo.

Antigo § 2º renumerado e com redação dada pela Lei n. 6.386, de 09.12.1976.

No caso de a empresa exercer diversas atividades econômicas sem que nenhuma seja preponderante, cada atividade será incorporada à entidade sindical da respectiva categoria econômica, beneficiária da contribuição sindical.

Para efeito de cálculo da contribuição sindical, o capital social da empresa será rateado entre todas as atividades econômicas autônomas exercidas, na proporção da complexidade de cada unidade.

Tratando-se de grupo de empresas, as unidades que o compõem normalmente têm personalidade jurídica, capital social e enquadramento sindical distintos. Se houver atividade econômica preponderante, a contribuição sindical será única e destinada à entidade sindical que a representa.

Idêntico tratamento deve ser observado nas sucursais, filiais ou agências.

---

§ 2º Entende-se por atividade preponderante a que caracterizar a unidade de produto, operação ou objetivo final, para cuja obtenção todas as demais atividades convirjam, exclusivamente, em regime de conexão funcional.

Antigo § 3º renumerado pela Lei n. 6.386, de 09.12.1976.

A atividade é preponderante quando todas as demais convergirem para o resultado ou objetivo final da empresa.

Art. 582. Os empregadores são obrigados a descontar da folha de pagamento de seus empregados relativa ao mês de março de cada ano a contribuição sindical dos empregados que autorizaram prévia e expressamente o seu recolhimento aos respectivos sindicatos.

Caput *com redação pela Lei n. 13.467, de 13.07.2017.*

Desde que o empregado prévia e expressamente manifeste a sua intenção de contribuir, o desconto ocorrerá no salário do mês de março de cada ano.

---

§ 1º Considera-se 1 (um) dia de trabalho para efeito de determinação da importância a que alude o item I do art. 580 o equivalente:

Inciso com redação dada pela Lei n. 6.386, de 09.12.1976.

***a)* a 1 (uma) jornada normal de trabalho, se o pagamento ao empregado for feito por unidade de tempo;**

Alínea com redação dada pela Lei n. 6.386, de 09.12.1976.

***b)* a 1/30 (um trinta avos) da quantia percebida no mês anterior, se a remuneração for paga por tarefa, empreitada ou comissão.**

Alínea com redação dada pela Lei n. 6.386, de 09.12.1976.

O empregado que ganha salário por hora, dia, semana, quinzena ou mês, a contribuição sindical equivale à jornada de um dia de trabalho.

O empregado que ganha salário por tarefa, empreitada ou comissão, a contribuição sindical equivale a 1/30 (um trinta avos) da quantia recebida no mês anterior, ou seja, fevereiro de cada ano.

---

§ 2º Quando o salário for pago em utilidades, ou nos casos em que o empregado receba, habitualmente, gorjetas, a contribuição sindical corresponderá a 1/30 (um trinta avos) da importância que tiver servido de base, no mês de janeiro, para a contribuição do empregado à Previdência Social.

Parágrafo com redação dada pela Lei n. 6.386, de 09.12.1976.

Ao empregado que ganha salário em utilidades ou recebe gorjetas habituais, a contribuição sindical equivale a 1/30 (um trinta avos) da importância que serviu de base para o recolhimento da contribuição previdenciária do mês de janeiro do respectivo ano.

Art. 583. O recolhimento da contribuição sindical referente aos empregados e trabalhadores avulsos será efetuado no mês de abril de cada ano, e o relativo aos agentes ou trabalhadores autônomos e profissionais liberais realizar-se-á no mês de fevereiro, observada a exigência de autorização prévia e expressa prevista no art. 579 desta Consolidação.

Caput *com redação pela Lei n. 13.467, de 13.07.2017.*

O recolhimento da contribuição sindical dos empregados e dos trabalhadores avulsos, que autorizaram prévia e expressamente o desconto, ocorre no mês de abril de cada ano.

Com relação aos agentes ou trabalhadores autônomos e profissionais liberais, a contribuição sindical deve ser recolhida, se do interesse dos mesmos, no mês de fevereiro de cada ano.

---

§ 1º O recolhimento obedecerá ao sistema de guias, de acordo com as instruções expedidas pelo Ministro do Trabalho.

Parágrafo acrescentado pela Lei n. 6.386, de 09.12.1976.

Como a contribuição sindical deixou de ter a natureza tributária, entendo que o parágrafo ofende as disposições do art. 8º, I, da Constituição da República Federativa do Brasil, pois representa interferência do poder público na administração da entidade sindical.

§ 2º O comprovante de depósito da contribuição sindical será remetido ao respectivo Sindicato; na falta deste, à correspondente entidade sindical de grau superior, e, se for o caso, ao Ministério do Trabalho.

Parágrafo acrescentado pela Lei n. 6.386, de 09.12.1976.

A remessa dos comprovantes de recolhimento às entidades sindicais possibilita o exercício do controle sobre o cumprimento da obrigação.

Após a entrada em vigor da Lei n. 13.467/2017, entendo que remeter os comprovantes de recolhimento ao extinto Ministério do Trabalho e Emprego representa interferência do poder público na administração da entidade sindical.

Art. 584. Servirá de base para o pagamento da contribuição sindical, pelos agentes ou trabalhadores autônomos e profissionais liberais, a lista de contribuintes organizada pelos respectivos Sindicatos e, na falta destes, pelas federações ou confederações coordenadoras da categoria.

Artigo com redação dada pela Lei n. 6.386, de 09.12.1976.

A base para o pagamento da contribuição sindical dos agentes ou trabalhadores autônomos e profissionais liberais é a lista de contribuintes organizada pelos próprios sindicatos e, na falta destes, pelas federações ou confederações.

Caso não tenha a lista de contribuintes, as entidades sindicais podem obter as informações necessárias perante os órgãos fiscalizadores da profissão.

Art. 585. Os profissionais liberais poderão optar pelo pagamento da contribuição sindical unicamente à entidade sindical representativa da respectiva profissão, desde que a exerça, efetivamente, na firma ou empresa e como tal sejam nelas registrados.

Caput *com redação dada pela Lei n. 6.386, de 09.12.1976.*

O profissional liberal somente poderá recolher a contribuição para a entidade sindical da respectiva profissão se, efetivamente, exercê-la no seu empregador. Por exemplo, o empregado que exerce as funções de médico na empresa pode recolher a contribuição sindical para o sindicato dos médicos. No entanto, o médico que exerce as função de gerente de recursos humanos na empresa não pode recolher a contribuição sindical para o sindicato dos médicos.

O art. 47 da Lei n. 8.906/94 isenta os inscritos na OAB de recolherem a contribuição sindical, desde que recolham a contribuição anual para o órgão fiscalizador.

Parágrafo único. Na hipótese referida neste artigo, à vista da manifestação do contribuinte e da exibição da prova de quitação da contribuição,

dada por Sindicato de profissionais liberais, o empregador deixará de efetuar, no salário do contribuinte, o desconto a que se refere o art. 582.

Parágrafo com redação dada pela Lei n. 6.386, de 09.12.1976.

O profissional liberal deverá mostrar ao empregador o comprovante de que recolheu a contribuição sindical para a sua categoria profissional.

O recolhimento da contribuição sindical para o sindicato dos profissionais liberais ocorre no mês de fevereiro de cada ano.

Art. 586. A contribuição sindical será recolhida, nos meses fixados no presente Capítulo, à Caixa Econômica Federal, ao Banco do Brasil S/A, ou aos estabelecimentos bancários nacionais integrantes do Sistema de Arrecadação dos Tributos Federais, os quais, de acordo com instruções expedidas pelo Conselho Monetário Nacional, repassarão à Caixa Econômica Federal as importâncias arrecadadas.

Caput *com redação dada pela Lei n. 6.386, de 09.12.1976.*

Com a entrada em vigor da Lei n. 13.467/2017, entendo que as próprias entidades sindicais devem administrar a cobrança e o rateio do valor arrecadado, sem a interferência dos órgãos públicos.

---

§ 1º Integrarão a rede arrecadadora as Caixas Econômicas Estaduais, nas localidades onde inexistam os estabelecimentos previstos no *caput* deste artigo.

Parágrafo com redação dada pela Lei n. 6.386, de 09.12.1976.

Normalmente, as Caixas Econômicas Estaduais integram o sistema de arrecadação dos tributos federais.

---

§ 2º Tratando-se de empregador, agentes ou trabalhadores autônomos ou profissionais liberais, o recolhimento será efetuado pelos próprios, diretamente ao estabelecimento arrecadador.

Parágrafo com redação dada pela Lei n. 6.386, de 09.12.1976.

Empregadores, agentes ou trabalhadores autônomos e profissionais liberais recolhem diretamente as suas contribuições sindicais.

---

§ 3º A contribuição sindical devida pelos empregados e trabalhadores avulsos será recolhida pelo empregador e pelo Sindicato, respectivamente.

Parágrafo com redação dada pela Lei n. 6.386, de 09.12.1976.

A contribuição sindical dos empregados, descontada em folha de pagamento, é recolhida pelo empregador.

A contribuição sindical dos trabalhadores avulsos é recolhida pelo sindicato da respectiva categoria.

---

§§ 4º a 6º *(Suprimidos pela Lei n. 6.386, de 09.12.1976.)*

Art. 587. Os empregadores que optarem pelo recolhimento da contribuição sindical deverão fazê-lo no mês de janeiro de cada ano, ou, para os que venham a se estabelecer após o referido mês, na ocasião em que requererem às repartições o registro ou a licença para o exercício da respectiva atividade.

Artigo com redação pela Lei n. 13.467, de 13.07.2017.

Os empregadores que optarem pelo pagamento da contribuição sindical deverão recolhê-la no mês de janeiro de cada ano. Caso a empresa venha a se constituir após o mês de janeiro, o recolhimento facultativo da contribuição sindical se dará por ocasião em que requeira o registro para o exercício da atividade no órgão competente.

Art. 588. A Caixa Econômica Federal manterá conta-corrente intitulada "Depósitos da Arrecadação da Contribuição Sindical", em nome de cada uma das entidades sindicais beneficiadas, cabendo ao Ministério do Trabalho cientificá-la das ocorrências pertinentes à vida administrativa dessas entidades.

Caput *com redação dada pela Lei n. 6.386, de 09.12.1976.*

A entidade, após obter o arquivamento do seu estatuto social no Ministério do Trabalho e Emprego, adquire a personalidade jurídica de sindicato, passando a representar toda a categoria. Como entidade sindical, recebe um código para movimentação da conta Depósitos de Arrecadação da Contribuição Sindical, administrada pela Caixa Econômica Federal.

O Ministério do Trabalho e Emprego deve informar à Caixa Econômica Federal todas as alterações administrativas que ocorrerem na entidade sindical, tais como desmembramentos, fusões e extinções (o ministério foi extinto, e suas competências foram redistribuídas de acordo com o art. 83 da Lei n. 13.844, de 18.06.2019 – *v.* comentários ao art. 13, § 2º, da CLT).

Entendo que, com a entrada em vigor da Lei n. 13.467/2017, as disposições deste artigo tornam-se incompatíveis com a atual natureza jurídica da contribuição sindical.

§ 1º Os saques na conta-corrente referida no *caput* deste artigo far-se-ão mediante ordem bancária ou cheque com as assinaturas conjuntas do Presidente e do Tesoureiro da entidade sindical.

Parágrafo com redação dada pela Lei n. 6.386, de 09.12.1976.

Para efetuar saques da conta Depósitos de Arrecadação da Contribuição Sindical, há a necessidade da assinatura conjunta do presidente e do tesoureiro da entidade sindical.

Também entendo incompatível com a atual natureza jurídica da contribuição sindical.

§ 2º A Caixa Econômica Federal remeterá, mensalmente, a cada entidade sindical, um extrato da respectiva conta-corrente, e, quando solicitado, aos órgãos do Ministério do Trabalho.

Parágrafo com redação dada pela Lei n. 6.386, de 09.12.1976.

A Caixa Econômica Federal deve enviar à entidade sindical o extrato mensal da conta Depósitos de Arrecadação da Contribuição Sindical, possibilitando, assim, maior controle quanto aos valores depositados e sacados.

Também entendo incompatível com a atual natureza jurídica da contribuição sindical.

Art. 589. Da importância da arrecadação da contribuição sindical serão feitos os seguintes créditos pela Caixa Econômica Federal, na forma das instruções que forem expedidas pelo Ministro do Trabalho:

Caput com redação dada pela Lei n. 6.386, de 09.12.1976.

I – para os empregadores:

Inciso com redação dada pela Lei n. 11.648, de 31.03.2008.

***a)* 5% (cinco por cento) para a confederação correspondente;**

Alínea acrescentada pela Lei n. 11.648, de 31.03.2008.

***b)* 15% (quinze por cento) para a federação;**

Alínea acrescentada pela Lei n. 11.648, de 31.03.2008.

***c)* 60% (sessenta por cento) para o sindicato respectivo; e**

Alínea acrescentada pela Lei n. 11.648, de 31.03.2008.

***d)* 20% (vinte por cento) para a "Conta Especial Emprego e Salário";**

Alínea acrescentada pela Lei n. 11.648, de 31.03.2008.

II – para os trabalhadores:

Inciso com redação dada pela Lei n. 11.648, de 31.03.2008.

***a)* 5% (cinco por cento) para a confederação correspondente;**

Alínea acrescentada pela Lei n. 11.648, de 31.03.2008.

***b)* 10% (dez por cento) para a central sindical;**

Alínea acrescentada pela Lei n. 11.648, de 31.03.2008.

c) **15% (quinze por cento) para a federação;**

Alínea acrescentada pela Lei n. 11.648, de 31.03.2008.

d) **60% (sessenta por cento) para o sindicato respectivo; e**

Alínea acrescentada pela Lei n. 11.648, de 31.03.2008.

e) **10% (dez por cento) para a "Conta Especial Emprego e Salário";**

Alínea acrescentada pela Lei n. 11.648, de 31.03.2008.

III – *(Revogado pela Lei n. 11.648, de 31.03.2008.)*

IV – *(Revogado pela Lei n. 11.648, de 31.03.2008.)*

A norma disciplina o rateio do valor arrecadado da contribuição sindical entre sindicatos, entidades de grau superior e Estado.

Com a entrada em vigor da Lei n. 13.467/2017, entendo que o rateio deve se limitar às entidades sindicais e centrais sindicais.

---

§ 1º O sindicato de trabalhadores indicará ao Ministério do Trabalho e Emprego a central sindical a que estiver filiado como beneficiária da respectiva contribuição sindical, para fins de destinação dos créditos previstos neste artigo.

Parágrafo acrescentado pela Lei n. 11.648, de 31.03.2008.

Para que as centrais sindicais usufruam do benefício, é necessário que o sindicato informe ao Ministério do Trabalho e Emprego a sua filiação à entidade (o ministério foi extinto, e suas competências foram redistribuídas de acordo com o art. 83 da Lei n. 13.844, de 18.06.2019 – *v.* comentários ao art. 13, § 2º, da CLT).

---

§ 2º A central sindical a que se refere a alínea *b* do inciso II do *caput* deste artigo deverá atender aos requisitos de representatividade previstos na legislação específica sobre a matéria.

Parágrafo acrescentado pela Lei n. 11.648, de 31.03.2008.

As centrais sindicais somente usufruem do benefício se atenderem ao requisito de representatividade previsto no art. 2º da Lei n. 11.648/2008:

"Art. 2º Para o exercício das atribuições e prerrogativas a que se refere o inciso II do *caput* do art. 1º desta Lei, a central sindical deverá cumprir os seguintes requisitos: I – filiação de, no mínimo, 100 (cem) sindicatos distribuídos nas 5 (cinco) regiões do País; II – filiação em pelo menos 3 (três) regiões do País de, no mínimo, 20 (vinte) sindicatos em cada uma; III – filiação de sindicatos em, no mínimo, 5 (cinco) setores de atividade econômica; e IV – filiação de sindicatos que representem, no mínimo, 7% (sete por cento) do total de empregados sindicalizados em âmbito nacional. Parágrafo único. O índice previsto no inciso IV do *caput* deste artigo será de 5% (cinco por cento) do total de empregados sindicalizados em âmbito nacional no período de 24 (vinte e quatro) meses a contar da publicação desta Lei".

Art. 590. Inexistindo confederação, o percentual previsto no art. 589 desta Consolidação caberá à federação representativa do grupo.

Caput *com redação dada pela Lei n. 11.648, de 31.03.2008.*

Inexistindo a confederação, o percentual de 5% sobre o montante arrecadado que lhe caberia será repassado à federação.

---

§ 1º *(Revogado pela Lei n. 11.648, de 31.03.2008.)*

§ 2º *(Revogado pela Lei n. 11.648, de 31.03.2008.)*

---

§ 3º Não havendo sindicato, nem entidade sindical de grau superior ou central sindical, a contribuição sindical será creditada, integralmente, à "Conta Especial Emprego e Salário".

Parágrafo com redação dada pela Lei n. 11.648, de 31.03.2008.

Se não há sindicato ou entidades sindicais de grau superior que representem o trabalhador, entendo que não há de se falar na opção de desconto e recolhimento da contribuição sindical.

A contribuição sindical deixou de ter natureza tributária.

---

§ 4º Não havendo indicação de central sindical, na forma do § 1º do art. 589 desta Consolidação, os percentuais que lhe caberiam serão destinados à "Conta Especial Emprego e Salário".

Parágrafo acrescentado pela Lei n. 11.648, de 31.03.2008.

Com a entrada em vigor da Lei n. 13.467/2017, entendo que o valor total arrecadado deve ser rateado somente entre o sindicato, entidades sindicais de grau superior e centrais sindicais.

Art. 591. Inexistindo sindicato, os percentuais previstos na alínea *c* do inciso I e na alínea *d* do inciso II do *caput* do art. 589 desta Consolidação serão creditados à federação correspondente à mesma categoria econômica ou profissional.

Caput *com redação dada pela Lei n. 11.648, de 31.03.2008.*

Na hipótese de inexistir sindicato, o porcentual de 60% sobre o montante arrecadado que lhe caberia será destinado à federação.

Parágrafo único. Na hipótese do *caput* deste artigo, os percentuais previstos nas alíneas *a* e *b* do inciso I e nas alíneas *a* e *c* do inciso II do *caput* do art. 589 desta Consolidação caberão à confederação.
Parágrafo com redação dada pela Lei n. 11.648, de 31.03.2008.

Como a federação recebeu o porcentual de 60% que seria destinado ao sindicato, o porcentual de 15% que lhe caberia será repassado à confederação.

---

§ 2º *(Suprimido pela Lei n. 6.386, de 09.12.1976.)*

Seção II
Da Aplicação da Contribuição Sindical

Art. 592. A contribuição sindical, além das despesas vinculadas à sua arrecadação, recolhimento e controle, será aplicada pelos Sindicatos, na conformidade dos respectivos estatutos, visando aos seguintes objetivos:
Caput com redação dada pela Lei n. 6.386, de 09.12.1976.
I – Sindicatos de Empregadores e de Agentes Autônomos:
Inciso e alíneas com redação dada pela Lei n. 6.386, de 09.12.1976.
***a)* assistência técnica e jurídica;**
***b)* assistência médica, dentária, hospitalar e farmacêutica;**
***c)* realização de estudos econômicos e financeiros;**
***d)* agências de colocação;**
***e)* cooperativas;**
***f)* bibliotecas;**
***g)* creches;**
***h)* congressos e conferências;**
***i)* medidas de divulgação comercial e industrial no País, e no estrangeiro, bem como em outras tendentes a incentivar e aperfeiçoar a produção nacional;**
***j)* feiras e exposições;**
***l)* prevenção de acidentes do trabalho;**
***m)* finalidades desportivas;**
II – Sindicatos de Empregados:
Inciso e alíneas com redação dada pela Lei n. 6.386, de 09.12.1976.

a) assistência jurídica;
b) assistência médica, dentária, hospitalar e farmacêutica;
c) assistência à maternidade;
d) agências de colocação;
e) cooperativas;
f) bibliotecas;
g) creches;
h) congressos e conferências;
i) auxílio-funeral;
j) colônias de férias e centros de recreação;
l) prevenção de acidentes do trabalho;
m) finalidades desportivas e sociais;
n) educação e formação profissional;
o) bolsas de estudo;
III – Sindicatos de Profissionais Liberais:
Inciso e alíneas com redação dada pela Lei n. 6.386, de 09.12.1976.
a) assistência jurídica;
b) assistência médica, dentária, hospitalar e farmacêutica;
c) assistência à maternidade;
d) bolsas de estudo;
e) cooperativas;
f) bibliotecas;
g) creches;
h) congressos e conferências;
i) auxílio-funeral;
j) colônias de férias e centros de recreação;
l) estudos técnicos e científicos;
m) finalidades desportivas e sociais;
n) educação e formação profissional;
o) prêmios por trabalhos técnicos e científicos;
IV – Sindicatos de Trabalhadores Autônomos:
Inciso com redação dada pela Lei n. 6.386, de 09.12.1976.
a) assistência técnica e jurídica;
Alínea com redação dada pela Lei n. 6.386, de 09.12.1976.
b) assistência médica, dentária, hospitalar e farmacêutica;
Alínea com redação dada pela Lei n. 6.386, de 09.12.1976.
c) assistência à maternidade;
Alínea com redação dada pela Lei n. 6.386, de 09.12.1976.
d) bolsas de estudo;
Alínea com redação dada pela Lei n. 6.386, de 09.12.1976.

e) **cooperativas;**

Alínea com redação dada pela Lei n. 6.386, de 09.12.1976.

f) **bibliotecas;**

Alínea com redação dada pela Lei n. 6.386, de 09.12.1976.

g) **creches;**

Alínea com redação dada pela Lei n. 6.386, de 09.12.1976.

h) **congressos e conferências;**

Alínea com redação dada pela Lei n. 6.386, de 09.12.1976.

i) **auxílio-funeral;**

Alínea com redação dada pela Lei n. 6.386, de 09.12.1976.

j) **colônias de férias e centros de recreação;**

Alínea com redação dada pela Lei n. 6.386, de 09.12.1976.

l) **educação e formação profissional;**

Alínea com redação dada pela Lei n. 6.386, de 09.12.1976.

m) **finalidades desportivas e sociais.**

Alínea com redação dada pela Lei n. 6.386, de 09.12.1976.

Como a contribuição sindical passou a ser facultativa, entendo que cabe ao próprio sindicato dar a destinação ao montante arrecadado.

---

§ 1º A aplicação prevista neste artigo ficará a critério de cada entidade, que, para tal fim, obedecerá, sempre, às peculiaridades do respectivo grupo ou categoria, facultado ao Ministro do Trabalho permitir a inclusão de novos programas, desde que assegurados os serviços assistenciais fundamentais da entidade.

Antigo parágrafo único renumerado pelo Decreto-lei n. 229, de 28.02.1967, e com redação dada pela Lei n. 6.386, de 09.12.1976.

O parágrafo demonstra a liberdade do sindicato em priorizar alguns dos objetivos elencados no *caput* da norma. A parte final do parágrafo representa interferência do Poder Público na organização da entidade sindical. Portanto, mesmo com as disposições do art. 7º da Lei n. 11.648/2008, há de se entender que a presente norma não foi recepcionada pela Carta Magna de 1988.

Ademais, reitero o meu entendimento manifestado no *caput* de que a entidade sindical tem liberdade para dar a destinação que lhe aprouver sobre o montante que lhe foi destinado.

---

§ 2º Os Sindicatos poderão destacar, em seus orçamentos anuais, até 20% (vinte por cento) dos recursos da contribuição sindical para o custeio das

suas atividades administrativas, independentemente de autorização ministerial.

Parágrafo acrescentado pelo Decreto-lei n. 229, de 28.02.1967, e com redação dada pela Lei n. 6.386, de 09.12.1976.

O sindicato poderá utilizar até o limite de 20% dos recursos da contribuição sindical para o custeio da sua atividade administrativa.

A parte final do parágrafo representa interferência do Poder Público na organização da entidade sindical.

Reitero, entendo que cabe à própria entidade sindical dar a destinação que lhe aprouver ao montante arrecadado.

---

§ 3º O uso da contribuição sindical prevista no § 2º não poderá exceder do valor total das mensalidades sociais consignadas nos orçamentos dos Sindicatos, salvo autorização expressa do Ministro do Trabalho.

Parágrafo acrescentado pela Lei n. 6.386, de 09.12.1976.

O limite de 20% dos recursos da contribuição sindical para o custeio da atividade administrativa não poderá exceder o valor total das mensalidades sociais constante do orçamento da entidade.

A parte final do parágrafo representa interferência do Poder Público na organização da entidade sindical.

Idem manifestação do parágrafo anterior.

Art. 593. As percentagens atribuídas às entidades sindicais de grau superior e às centrais sindicais serão aplicadas de conformidade com o que dispuserem os respectivos conselhos de representantes ou estatutos.

Caput *com redação dada pela Lei n. 11.648, de 31.03.2008.*

As entidades sindicais de grau superior e as centrais sindicais têm liberdade quanto à aplicação dos recursos da contribuição sindical.

A destinação dos recursos provenientes do rateio da contribuição sindical pode ser deliberada pelo conselho de representantes das entidades ou pelos seus respectivos estatutos.

Parágrafo único. Os recursos destinados às centrais sindicais deverão ser utilizados no custeio das atividades de representação geral dos trabalhadores decorrentes de suas atribuições legais.

Parágrafo acrescentado pela Lei n. 11.648, de 31.03.2008.

Com relação às centrais sindicais, os recursos provenientes do rateio da contribuição sindical devem ser utilizados no custeio de atividades de representação geral dos trabalhadores.

Após a entrada em vigor da Lei n. 13.467/2017, entendo que cabe às centrais sindicais dar a destinação que lhe aprouver ao montante arrecadado.

Art. 594. ***(Revogado pela Lei n. 4.589, de 11.12.1964.)***

Seção III
Da Comissão da Contribuição Sindical

Arts. 595 a 597. ***(Revogados pela Lei n. 4.589, de 11.12.1964.)***

Seção IV
Das Penalidades

Art. 598. Sem prejuízo da ação criminal e das penalidades previstas no art. 553, serão aplicadas multas de Cr$ 10,00 (dez cruzeiros) a Cr$ 10.000,00 (dez mil cruzeiros) pelas infrações deste Capítulo, impostas pelas Delegacias Regionais do Trabalho.

A norma estabelece a aplicação de multas por desrespeito às disposições do capítulo.

Como a contribuição sindical deixou de ter a natureza tributária, entendo que as Delegacias Regionais do Trabalho não podem impor multas por infrações às disposições deste Capítulo.

Parágrafo único. A gradação da multa atenderá à natureza da infração e às condições sociais e econômicas do infrator.

A multa será proporcional à natureza da infração e às condições sociais do infrator.

Idem manifestação do *caput*.

Art. 599. Para os profissionais liberais, a penalidade consistirá na suspensão do exercício profissional, até a necessária quitação, e será aplicada pelos órgãos públicos ou autárquicos disciplinadores das respectivas profissões mediante comunicação das autoridades fiscalizadoras.

Os profissionais liberais inadimplentes com o recolhimento da contribuição sindical ficam suspensos de exercer a profissão até o efetivo recolhimento do tributo. A punição deve ser aplicada pelos órgãos fiscalizadores da profissão, por exemplo, os Conselhos Regionais.

Entendo que as disposições deste artigo são incompatíveis com a atual natureza jurídica da contribuição sindical.

Art. 600. O recolhimento da contribuição sindical efetuado fora do prazo referido neste Capítulo, quando espontâneo, será acrescido da multa de 10% (dez por cento), nos 30 (trinta) primeiros dias, com o adicional de 2% (dois por cento) por mês subsequente de atraso, além de juros de mora de 1% (um por cento) ao mês e correção monetária, ficando, nesse caso, o infrator, isento de outra penalidade.

Caput *com redação dada pela Lei n. 6.181, de 11.12.1974.*

Caso o contribuinte inadimplente pretenda recolher, espontaneamente, a contribuição sindical vencida, há de se observar os seguintes procedimentos:

a) Recolhimento dentro dos trinta dias após o vencimento – valor principal acrescido da multa de 10%, além dos juros de mora de 1% ao mês e correção monetária.

b) Atrasos superiores a trinta dias – valor principal acrescido da multa de 10%, com o adicional de 2% por mês de atraso subsequente ao primeiro, além dos juros de mora de 1% ao mês e correção monetária.

Em ambas as situações, o infrator fica isento de outras penalidades.

Entendo que as disposições deste artigo são incompatíveis com a atual natureza jurídica da contribuição sindical.

---

§ 1º O montante das cominações previstas neste artigo reverterá sucessivamente:

Parágrafo com redação dada pela Lei n. 6.181, de 11.12.1974.

***a)* ao Sindicato respectivo;**

Alínea acrescentada pela Lei n. 6.181, de 11.12.1974.

***b)* à Federação respectiva, na ausência de Sindicato;**

Alínea acrescentada pela Lei n. 6.181, de 11.12.1974.

***c)* à Confederação respectiva, inexistindo Federação.**

Alínea acrescentada pela Lei n. 6.181, de 11.12.1974.

O montante das cominações previstas no *caput* pertence ao sindicato; se não houver sindicato, à federação; e, se não houver sindicato nem federação, à confederação. Em suma, não há o rateio.

Idem manifestação do *caput*.

§ 2º Na falta de Sindicato ou entidade de grau superior, o montante a que alude o parágrafo precedente reverterá à conta "Emprego e Salário".

Parágrafo com redação dada pela Lei n. 6.181, de 11.12.1974.

Na falta de sindicato e de entidades sindicais de grau superior, o montante das cominações reverterá para a Conta Emprego e Salário.

Se inexiste sindicatos ou entidades sindicais de grau superior, não há razão para o desconto de contribuição sindical e, por consequência, incidência de multas.

Seção V
Disposições Gerais

Art. 601. (*Revogado pela Lei n. 13.467, de 13.07.2017.*)

Art. 602. Os empregados que não estiverem trabalhando no mês destinado ao desconto da contribuição sindical e que venham a autorizar prévia e expressamente o recolhimento serão descontados no primeiro mês subsequente ao do reinício do trabalho.

Caput *com redação pela Lei n. 13.467, de 13.07.2017.*

Se o empregado estiver com o contrato suspenso (ou interrompido) no mês de março, o desconto da contribuição sindical, se prévia e expressamente autorizado, será no primeiro mês subsequente ao de reinício do trabalho.

Parágrafo único. De igual forma se procederá com os empregados que forem admitidos depois daquela data e que não tenham trabalhado anteriormente nem apresentado a respectiva quitação.

Adota-se também o procedimento do *caput* quando o empregado for admitido após o mês de março e prévia e expressamente autorizar o desconto, salvo se já tiver recolhido a contribuição sindical do respectivo período.

Art. 603. Os empregadores são obrigados a prestar aos encarregados da fiscalização os esclarecimentos necessários ao desempenho de sua missão e a exibir-lhes, quando exigidos, na parte relativa ao pagamento de empregados, os seus livros, folhas de pagamento e outros documentos comprobatórios desses pagamentos, sob pena da multa cabível.

Os empregadores devem atender à fiscalização do trabalho, prestando os esclarecimentos necessários e exibindo os documentos solicitados referentes ao recolhimento da contribuição sindical, sob pena de multa.

Entendo que as obrigações constantes deste artigo são incompatíveis com a atual natureza jurídica da contribuição sindical.

Art. 604. (*Revogado pela Lei n. 13.467, de 13.07.2017.*)

Art. 605. As entidades sindicais são obrigadas a promover a publicação de editais concernentes ao recolhimento da contribuição sindical, durante 3 (três) dias, nos jornais de maior circulação local e até 10 (dez) dias da data fixada para depósito bancário.

Cabe às entidades sindicais publicar edital, no jornal local de maior circulação, com relação à contribuição sindical.

A publicação no jornal local de maior circulação deve ocorrer durante três dias e com a antecedência mínima de dez dias do prazo fixado para o recolhimento.

Art. 606. Às entidades sindicais cabe, em caso de falta de pagamento da contribuição sindical, promover a respectiva cobrança judicial, mediante ação executiva, valendo como título de dívida a certidão expedida pelas autoridades regionais do Ministério do Trabalho e Previdência Social.

Caput *com redação dada pelo Decreto-lei n. 925, de 10.10.1969.*

Veja nota 1 na página XXI.

A norma atribui legitimidade ativa ao sindicato para promover a cobrança judicial da contribuição sindical pendente. A certidão expedida pelas autoridades regionais do Ministério do Trabalho e Emprego vale como título da dívida. Logo, não há a necessidade de se propor a ação cognitiva de cobrança (o ministério foi extinto, e suas competências foram redistribuídas de acordo com o art. 83 da Lei n. 13.844, de 18.06.2019 – *v.* comentários ao art. 13, § 2º, da CLT). O sindicato ingressa com a ação de execução perante a Justiça do Trabalho, em conformidade com as disposições do art. 114, III, da Constituição da República Federativa do Brasil.

Entendo que as disposições deste artigo são incompatíveis com a atual natureza jurídica da contribuição sindical. O recolhimento desta passou a ser facultativo.

§ 1º O Ministério do Trabalho, Indústria e Comércio baixará as instruções regulando a expedição das certidões a que se refere o presente artigo, das quais deverá constar a individualização do contribuinte, a indicação do débito e a designação da entidade a favor da qual é recolhida a importância da contribuição sindical, de acordo com o respectivo enquadramento sindical.

Veja nota 1 na página XXI.

A certidão expedida pela autoridade regional do Ministério do Trabalho e Emprego deve obedecer às instruções baixadas pelo ministro do Trabalho e Emprego, bem como conter a indicação do débito e a designação da entidade sindical beneficiária do crédito (o ministério foi extinto, e suas competências foram redistribuídas de acordo com o art. 83 da Lei n. 13.844, de 18.06.2019 – *v.* comentários ao art. 13, § 2º, da CLT).

Entendo que as disposições deste artigo são incompatíveis com a atual natureza jurídica da contribuição sindical. O recolhimento desta passou a ser facultativo.

§ 2º Para os fins da cobrança judicial da contribuição sindical, são extensivos às entidades sindicais, com exceção do foro especial, os privilégios da Fazenda Pública, para cobrança da dívida ativa.

Na cobrança judicial da contribuição sindical, os sindicatos legitimados no polo ativo gozam dos privilégios da Fazenda Pública, com exceção do foro privilegiado.

Idem manifestação do parágrafo anterior.

Art. 607. São consideradas como documento essencial ao comparecimento às concorrências públicas ou administrativas e para o fornecimento às repartições paraestatais ou autárquicas a prova da quitação da respectiva contribuição sindical e a de recolhimento da contribuição sindical, descontada dos respectivos empregados.

A prova de quitação da contribuição sindical patronal e profissional é requisito indispensável para participação nas concorrências públicas.

Entendo que as disposições deste artigo são incompatíveis com a atual natureza jurídica da contribuição sindical. O recolhimento desta passou a ser facultativo.

Art. 608. As repartições federais, estaduais ou municipais não concederão registro ou licenças para funcionamento ou renovação de atividades aos estabelecimentos de empregadores e aos escritórios ou congêneres dos agentes ou trabalhadores autônomos e profissionais liberais, nem concederão alvarás de licença ou localização, sem que sejam exibidas as provas de quitação da contribuição sindical, na forma do artigo anterior.

Para obter a concessão do registro ou licença de funcionamento, os empregadores, agentes ou trabalhadores autônomos e profissionais liberais deverão comprovar a quitação da contribuição sindical patronal e profissional.

Idem manifestação final expressa no artigo anterior.

Parágrafo único. A não observância do disposto neste artigo acarretará, de pleno direito, a nulidade dos atos nele referidos, bem como dos mencionados no art. 607.

Parágrafo acrescentado pela Lei n. 6.386, de 09.12.1976.

A ausência da prova de quitação da contribuição sindical acarretará, de pleno direito, a nulidade do ato que concedeu o registro ou a licença de funcionamento, bem como das licitações em concorrências públicas.

Entendo que as disposições são incompatíveis com a atual natureza jurídica da contribuição sindical. O recolhimento desta passou a ser facultativo.

Art. 609. O recolhimento da contribuição sindical e todos os lançamentos e movimentos nas contas respectivas são isentos de selos e taxas federais, estaduais ou municipais.

O recolhimento e toda a movimentação da conta em que os recursos da contribuição sindical forem depositados são isentos de taxas federais, estaduais e municipais.

Entendo que as disposições deste artigo são incompatíveis com a atual natureza da contribuição sindical.

Art. 610. As dúvidas no cumprimento deste Capítulo serão resolvidas pelo Diretor-Geral do Departamento Nacional do Trabalho, que expedirá as instruções que se tornarem necessárias à sua execução.

Artigo com redação dada pela Lei n. 4.589, de 11.12.1964.

Como a contribuição sindical deixou de ter a natureza tributária, a intervenção do Estado fere as disposições do art. 8º, I, da Constituição da República Federativa do Brasil.

TÍTULO VI
DAS CONVENÇÕES COLETIVAS DE TRABALHO

Título com denominação dada pelo Decreto-lei n. 229, de 28.02.1967.

Art. 611. **Convenção Coletiva de Trabalho é o acordo de caráter normativo, pelo qual dois ou mais Sindicatos representativos de categorias econômicas e profissionais estipulam condições de trabalho aplicáveis, no âmbito das respectivas representações, às relações individuais do trabalho.**

Caput *com redação dada pelo Decreto-lei n. 229, de 28.02.1967.*

A negociação coletiva, instrumento da autonomia privada coletiva, poder de autorregulamentação dos interesses próprios, é considerada instituto da democracia nas relações trabalho-capital porque: expressa a liberdade sindical; é instrumento de pacificação dos conflitos coletivos de trabalho e de participação dos trabalhadores na fixação das normas e condições de trabalho; atende à dinâmica das normas de trabalho que supera a lentidão legislativa e as insuficiências da contratação individual; é instrumento de flexibilização das condições de trabalho (art. 7º, VI, XIII e XIV, da CF) e de adequação das normas que regem as relações de trabalho.

O convênio coletivo é considerado gênero que comporta duas espécies: a) a *convenção coletiva de trabalho*, que é negociada entre um ou mais sindicatos profissionais e um ou mais sindicatos patronais da mesma categoria, com eficácia geral para toda a categoria de trabalhadores representada; b) o *acordo coletivo de trabalho*, negociado entre sindicato profissional e uma ou mais empresas diretamente, a ser aplicável no âmbito das empresas signatárias.

Referente aos níveis de contratação coletiva no sistema brasileiro, pode-se afetar toda uma categoria – setorial ou ramo de atividade – profissional e econômica e por empresa. Assim, os níveis podem ser: nacional, regional, municipal ou de âmbito localizado em várias empresas, em uma empresa, uma seção da empresa ou até membros específicos de uma empresa. Enfim, a negociação coletiva pode ser por categoria, inclusive categoria diferenciada, e por empresa, sem qualquer articulação entre tais níveis. Quanto ao âmbito geográfico, o campo de aplicação da norma coletiva é o que coincide com a base territorial das entidades contratantes, que não pode ser inferior a um município (art. 8º, II, da CF).

É o negócio jurídico entre os sindicatos das categorias econômica e profissional destinado à estipulação de normas e condições de trabalho a serem aplicadas aos contratos individuais de trabalho. A norma coletiva constante da convenção coletiva tem por destinatários os integrantes das categorias representadas pelos sindicatos dos trabalhadores e das empresas. Os efeitos da negociação alcançam todos os empregados abrangidos na representação da entidade que celebrou a norma coletiva – convenção coletiva – e os empregados da empresa – acordo coletivo –, independentemente de filiação sindical. Portanto, a eficácia da convenção coletiva cifra-se ao âmbito de representação dos sindicatos signatários. O seu caráter é normativo, uma vez que as normas coletivas de trabalho aplicam-se aos contratos individuais de trabalho em curso e àqueles celebrados na vigência da convenção coletiva.

---

§ 1º É facultado aos Sindicatos representativos de categorias profissionais celebrar Acordos Coletivos com uma ou mais empresas da correspondente categoria econômica, que estipulem condições de trabalho, aplicáveis no âmbito da empresa ou das empresas acordantes às respectivas relações de trabalho.

Antigo parágrafo único renumerado pela Lei n. 2.693, de 23.12.1955, e com redação dada pelo Decreto-lei n. 229, de 28.02.1967.

O *acordo coletivo de trabalho* é o negócio jurídico entre um sindicato profissional e uma ou mais empresas, destinado à fixação de normas e condições de trabalho a serem aplicáveis aos contratos individuais de trabalho incluídos no âmbito das respectivas representações. O acordo coletivo firmado entre sindicato dos trabalhadores e empresas vincula apenas as partes acordantes, não obriga aqueles que não figuraram como partes, ainda que da mesma categoria profissional ou econômica.

Quanto ao conteúdo, não há diferenças entre convenção e acordo coletivo. A distinção reside no âmbito subjetivo e de aplicação, uma vez que os sujeitos do acordo coletivo são, de um lado, o sindicato profissional e, de outro, uma ou mais empresas. Assim, no âmbito nacional e setorial, os sujeitos da negociação coletiva são as entidades sindicais, tanto dos trabalhadores como dos empregadores. No âmbito da empresa, são os sindicatos profissionais e o empregador, ou um grupo de empregadores diretamente interessados. As empresas isoladas ou em grupo, portanto, detêm legitimação para firmar, diretamente, acordos coletivos em nível localizado.

---

§ 2º As Federações e, na falta destas, as Confederações representativas de categorias econômicas ou profissionais poderão celebrar convenções coletivas de trabalho para reger as relações das categorias a elas vinculadas, inorganizadas em Sindicatos, no âmbito de suas representações.

Parágrafo acrescentado pela Lei n. 2.693, de 23.12.1955, e com redação dada pelo Decreto-lei n. 229, de 28.02.1967.

A CF, em seu art. 8º, VI, estabelece a obrigatória participação dos sindicatos nas negociações coletivas. Regra geral, a legitimação para a negociação coletiva e para a estipulação de convenção e acordo coletivos é do sindicato. Na hipótese de categorias não organizadas em sindicatos, as federações e, na falta destas, as confederações representativas de categorias econômicas e profissionais poderão celebrar convenções coletivas de trabalho. Trata-se, no caso, de legitimação subsidiária.

A negociação supracategorial existe de modo informal, pois a lei não reconhece às centrais sindicais legitimidade para a negociação coletiva. De fato, elas negociam com o governo e com os empresários, mas, juridicamente, não podem contratar coletivamente. As centrais sindicais são consideradas associações civis congregadoras entre sindicatos e entre categorias, portanto, só podem defender os interesses dos seus membros ou associados.

Vale destacar que, a partir da Lei n. 11.648/2008, as centrais sindicais passaram a compor a estrutura legal sindical brasileira. A central sindical é definida pela lei como "entidade de representação geral dos trabalhadores, constituída em âmbito nacional" (art. 1º, *caput*), tendo como atribuição a coordenação da "representação dos trabalhadores por meio das organizações sindicais a ela filiadas" (art. 1º, I), bem como a participação "em fóruns, colegiados de órgãos públicos e demais espaços de diálogo social que possuam composição tripartite" (art. 1º, II), de interesse geral dos trabalhadores. Portanto, não possuem as prerrogativas e as funções próprias das entidades sindicais, sofrendo restrições para ajuizamento de ação de dissídios coletivos, negociação coletiva e declaração de greve.

Na negociação, as centrais sindicais detêm poderes de atuação mediadora, ao lado dos sindicatos, e, no instrumento normativo – acordo ou convenção –, é necessária a subscrição dos sindicatos filiados para legitimar a vontade coletiva. Quanto à negociação coletiva, a doutrina reconhece que as centrais sindicais têm uma atuação meramente política, de pressão e de *lobby* à obtenção de novas e favoráveis condições de trabalho e de harmonização dos interesses da classe com objetivo de proteção genérica dos trabalhadores.

A Constituição assegura a participação dos trabalhadores e dos empregadores nos colegiados dos órgãos públicos em que os interesses profissionais ou previdenciários sejam objeto de discussão e deliberação (art. 10 da CF). Em regra, as leis que tratam da matéria conferem às centrais sindicais o direito de indicar os representantes dos trabalhadores que terão assento nos referidos colegiados (Lei n. 8.036/90 – FGTS –, e Lei n. 8.212/91 – seguridade social). Ainda, a execução de programas e repasse das verbas do Fundo de Amparo ao Trabalhador, destinadas à profissionalização e à requalificação profissional, privilegiam as centrais sindicais. Portanto, apresentam elas considerável grau de representatividade dos trabalhadores em geral.

Art. 611-A. A convenção coletiva e o acordo coletivo de trabalho têm prevalência sobre a lei quando, entre outros, dispuserem sobre:

Caput *acrescentado pela Lei n. 13.467, de 13.07.2017.*

A reforma trabalhista alterou o sistema jurídico para dar prevalência às regras negociadas pelas partes em relação àquelas previstas em lei.

No entanto, como há proteção na CF de alguns direitos trabalhistas, a lei fixou de forma expressa as matérias que podem ser negociadas livremente pelas partes, por meio de acordo ou convenção coletiva de trabalho e aquelas que não podem ser objeto de deliberação, conforme se observará no quadro a seguir.

O Ministro Gilmar Mendes, do STF, nos autos do ARE n. 1.121.633, reconheceu repercussão geral da matéria e suspendeu todas as ações e quem se discute a validade de norma coletiva "[...] que limita ou restringe direito trabalhista não assegurado constitucionalmente" (Tema n. 1.046).

Não obstante a paralisação das demandas trabalhistas em que se discute a prevalência do negociado sobre o legislado, procederemos à análise do dispositivo legal.

Matérias que admitem negociação
1. Jornada de trabalho, observados os limites constitucionais 2. Banco de horas anual 3. Redução do intervalo intrajornada, respeitado o limite mínimo de trinta minutos para jornadas superiores a seis horas 4. Adesão ao Programa Seguro-Emprego (PSE) 5. Plano de cargos, salários e funções 6. Regulamento empresarial 7. Representante dos trabalhadores no local de trabalho 8. Teletrabalho, regime de sobreaviso e trabalho intermitente 9. Remuneração por produtividade, incluídas as gorjetas percebidas pelo empregado, e por desempenho individual 10. Modalidade de registro de jornada de trabalho 11. Troca do dia de feriado 12. Enquadramento do grau de insalubridade 13. Prorrogação de jornada em ambientes insalubres, sem licença prévia das autoridades competentes do extinto Ministério do Trabalho 14. Prêmios de incentivo em bens ou serviços 15. Participação nos lucros ou resultados da empresa
Matérias que não admitem negociação
1. Normas de identificação profissional – anotações na CTPS 2. Seguro-desemprego 3. Valor da multa sobre o FGTS

(continua)

(continuação)

4. Salário mínimo
5. Valor do décimo terceiro salário
6. Remuneração do trabalho noturno superior à do diurno
7. Proteção do salário na forma da lei, constituindo crime sua retenção dolosa
8. Salário-família
9. Repouso semanal remunerado
10. Adicional de horas extras de no mínimo 50%
11. Número de dias de férias
12. Gozo de férias anuais remuneradas com, pelo menos, um terço a mais do que o salário normal
13. Licença-maternidade com a duração mínima de 120 dias
14. Licença-paternidade
15. Proteção do mercado de trabalho da mulher, mediante incentivos específicos, nos termos da lei
16. Aviso prévio proporcional sendo no mínimo de trinta dias
17. Normas de saúde, higiene e segurança do trabalho previstas em lei ou em normas regulamentadoras do extinto Ministério do Trabalho
18. Adicional de remuneração para as atividades penosas, insalubres ou perigosas
19. Aposentadoria
20. Seguro contra acidentes de trabalho
21. Prazo de prescrição
22. Proibição de discriminação salarial e de critérios de admissão do trabalhador com deficiência
23. Proibição de trabalho noturno, perigoso ou insalubre a menores de 18 anos e de qualquer trabalho a menores de 16 anos, salvo na condição de aprendiz, a partir de 14 anos
24. Medidas de proteção legal de crianças e adolescentes
25. Igualdade de direitos entre o trabalhador com vínculo empregatício permanente e o trabalhador avulso
26. Liberdade de associação profissional ou sindical do trabalhador, inclusive o direito de não sofrer, sem sua expressa e prévia anuência, qualquer cobrança ou desconto salarial estabelecidos em convenção coletiva ou acordo coletivo de trabalho
27. Direito de greve
28. Definição legal sobre os serviços ou atividades essenciais e disposições legais sobre o atendimento das necessidades inadiáveis da comunidade em caso de greve
29. Tributos e outros créditos de terceiros

Passemos à análise da reforma, seus limites e sua eficácia.

I – pacto quanto à jornada de trabalho, observados os limites constitucionais;

Inciso acrescentado pela Lei n. 13.467, de 13.07.2017.

A jornada de trabalho foi tema objeto de grande alteração na reforma trabalhista.

O acordo de compensação, antes da reforma, poderia ser objeto de pactuação por acordo individual escrito, proibida sua instituição de forma tácita ou verbal, sendo que a prestação de horas extras habituais invalida o acordo.

Após a reforma, o acordo de compensação de jornada pode ser criado por acordo individual, tácito ou escrito, para a compensação no mesmo mês.

A prestação de horas extras habituais *não* descaracteriza o acordo de compensação de jornada e o banco de horas.

Jornada 12 x 36

A jornada 12 x 36 apenas era admitida através de previsão expressa por acordo ou convenção coletiva de trabalho.

A Lei n. 13.467/2017 previu sua instituição por acordo individual escrito, acordo ou convenção coletiva de trabalho, com autorização para prévia indenização do intervalo para repouso e alimentação.

Determinou, ainda, que caso o trabalho caia em feriado, já se encontra remunerado na jornada e não há necessidade de compensação ou pagamento em dobro, sendo que as prorrogações da jornada noturna já se encontram pagas ou compensadas pelo salário mensal.

II – banco de horas anual;

Inciso acrescentado pela Lei n. 13.467, de 13.07.2017.

O banco de horas, que antes exigia acordo ou convenção coletiva para sua validade, passou a ser admitido por acordo individual escrito, o que não impede sua instituição por norma coletiva, o que, aliás, aumenta a segurança jurídica das partes na sua formalização.

A nova regulamentação da matéria previu, ainda, que a prestação habitual de horas extras não afasta sua validade.

III – intervalo intrajornada, respeitado o limite mínimo de trinta minutos para jornadas superiores a seis horas;

Inciso acrescentado pela Lei n. 13.467, de 13.07.2017.

Era proibida a redução do intervalo para repouso e alimentação por acordo ou convenção coletiva de trabalho, conforme entendimento pacificado pela Súmula n. 437 do Col. TST, sendo o período integral do intervalo pago como hora extra, com adicional legal ou convencional e reflexos, caso habitual o descumprimento.

A Lei n. 13.467/2017 passou a admitir a redução, por acordo ou convenção coletiva de trabalho, respeitado o limite mínimo de trinta minutos e, em caso de não concessão regular, o pagamento limitado ao período suprimido, de natureza indenizatória.

IV – adesão ao Programa Seguro-Emprego (PSE), de que trata a Lei n. 13.189, de 19 de novembro de 2015;

Inciso acrescentado pela Lei n. 13.467, de 13.07.2017.

A Lei n. 13.189/2015 instituiu o Programa Seguro-Emprego (PSE), com intuito de: "I – possibilitar a preservação dos empregos em momentos de retração da atividade econômica; II – favorecer a recuperação econômico-financeira das empresas; III – sustentar a demanda agregada durante momentos de adversidade, para facilitar a recuperação da economia; IV – estimular a produtividade do trabalho por meio do aumento da duração do vínculo empregatício; e V – fomentar a negociação coletiva e aperfeiçoar as relações de emprego" (art. 1º).

Nos termos do art. 5º da Lei n. 13.189/2015, com redação dada pela Lei n. 13.456/2017, o acordo coletivo de trabalho para adesão ao PSE pode reduzir em até 30% a jornada e o salário. A redução está condicionada à celebração de acordo coletivo de trabalho específico que não pode prever ou cuidar de qualquer outra matéria, nos termos do § 2º do art. 5º da Lei n. 13.189/2015, com redação dada pela Lei n. 13.456/2017.

O acordo aprovado em Assembleia deve dispor sobre: "I – número total de empregados abrangidos pela redução e sua identificação; II – estabelecimentos ou setores específicos da empresa abrangidos; III – percentual de redução da jornada e redução proporcional ou menor do salário; IV – período pretendido de adesão ao PSE e de redução temporária da jornada de trabalho, que deve ter duração de até seis meses, podendo ser prorrogado por períodos de seis meses, desde que o período total não ultrapasse vinte e quatro meses; V – período de garantia no emprego, que deve ser equivalente, no mínimo, ao período de redução de jornada acrescido de um terço; VI – constituição de comissão paritária, composta por representantes do empregador e dos empregados abrangidos pelo PSE, para acompanhar e fiscalizar o cumprimento do acordo e do Programa, exceto nas microempresas e empresas de pequeno porte".

Para que seja firmada norma coletiva, deve ser demonstrado que foram esgotados os bancos de horas, além do fornecimento de informações econômico-financeiras da empresa. Admite-se a celebração de acordo coletivo múltiplo de trabalho específico a grupo de microempresas e empresas de pequeno porte, pertencentes ao mesmo setor econômico, com o sindicato de trabalhadores representativo da categoria da atividade econômica preponderante.

Nesse caso, cada microempresa ou empresa de pequeno porte deve demonstrar, de forma individual, o cumprimento dos requisitos para adesão ao PSE, com o apoio técnico do Serviço Brasileiro de Apoio às Micro e Pequenas Empresas (Sebrae). O acordo deve abranger todos os empregados da empresa ou, no mínimo, os empregados de setor ou estabelecimento específico.

V – plano de cargos, salários e funções compatíveis com a condição pessoal do empregado, bem como identificação dos cargos que se enquadram como funções de confiança;

Inciso acrescentado pela Lei n. 13.467, de 13.07.2017.

Trata-se de hipótese comum na praxe trabalhista, sendo que diversas empresas estabelecem, por acordo ou convenção coletiva de trabalho, plano de cargos e salários, o que confere segurança jurídica às partes.

O Col. TST, por meio da OJ n. 418 da SDI-I, entendia que não impede a "equiparação salarial a existência de plano de cargos e salários que, referendado por norma coletiva, prevê critério de promoção apenas por merecimento ou antiguidade, não atendendo, portanto, o requisito de alternância dos critérios, previsto no art. 461, § 2º, da CLT.

Com a reforma trabalhista, o art. 461 da CLT passou a expressamente prever que não há equiparação salarial quando o empregador tiver pessoal organizado em quadro de carreira ou adotar, por meio de norma interna da empresa ou de negociação coletiva, plano de cargos e salários, dispensada qualquer forma de homologação ou registro em órgão público e que as promoções poderão ser feitas por merecimento e por antiguidade, ou por apenas um destes critérios, dentro de cada categoria profissional.

VI – regulamento empresarial;

Inciso acrescentado pela Lei n. 13.467, de 13.07.2017.

Constitui matéria que sempre pode constar de norma coletiva e que, caso seja tipificada, confere maior segurança jurídica às partes.

VII – representante dos trabalhadores no local de trabalho;

Inciso acrescentado pela Lei n. 13.467, de 13.07.2017.

O art. 457, § 18, da CLT, incluído pela MP n. 818/2017, determinava que: "§ 18. Para empresas com mais de sessenta empregados, será constituída comissão de empregados, mediante previsão em convenção coletiva ou acordo coletivo de trabalho, para acompanhamento e fiscalização da regularidade da cobrança e distribuição da gorjeta de que trata o § 3º, cujos representantes serão eleitos em assembleia geral convocada para esse fim pelo sindicato laboral e gozarão de garantia de emprego vinculada ao desempenho das funções para que foram eleitos, e, para as demais empresas, será constituída comissão intersindical para o referido fim". Porém a referida MP n. 808/2017 teve seu prazo de vigência encerrado em 23.04.2018, por força do Ato Declaratório n. 22, de 24.04.2018 (publicado no *DOU* em 25.04.2018). Com isso, o § 18 do art. 457 da CLT deixou de produzir efeitos.

VIII – teletrabalho, regime de sobreaviso, e trabalho intermitente;
Inciso acrescentado pela Lei n. 13.467, de 13.07.2017.

O direito não pode deixar de observar as mudanças sociais que devem ser regulamentadas para que não haja dúvida acerca de sua execução e direitos e deveres dela decorrentes.

1. Teletrabalho

O teletrabalho constitui marca do mundo atual e deve ser regulamentado de forma clara, tendo a Lei n. 13.467/2017 destinado capítulo específico na CLT, tendo assim considerado a prestação de serviços preponderantemente fora das dependências da empresa, através da utilização de tecnologias de informação e de comunicação, sendo que o fato de o empregado comparecer na sede da empresa não afasta a caracterização como teletrabalho.

A lei exige, para sua validade, que o contrato seja escrito e que expressamente conste a modalidade de prestação de serviços como sendo de teletrabalho, e eventual alteração do contrato deve também obedecer a forma escrita, que deve prever quem será responsável pela aquisição, manutenção e fornecimento da infraestrutura necessária e adequada para a prestação do trabalho e reembolso de despesas, que não possuem natureza salarial.

Foi permitido, também, a alteração dos contratos vigentes para o regime de teletrabalho.

Assim, a partir da vigência da reforma trabalhista, em novembro de 2017, nada impede que empresa e empregado mudem o contrato que que seja prestado a distância, com prazo de quinze dias para implementação da alteração, que deve ser feita por escrito.

2. Contrato intermitente

Grande inovação da reforma trabalhista foi a criação do contrato intermitente.

Por tal modalidade contratual, a empresa poderá contratar um empregado, com registro e subordinação, mas de forma não contínua e pagará apenas pelo período ajustado em que estiver a sua disposição.

Assim, poderá solicitar o trabalho, com antecedência de três dias corridos, por determinadas horas em partes diferentes do dia, semana ou meses. Por exemplo: sabendo-se que a empresa possui maior atividade em um determinado dia da semana, pode ajustar que a pessoa trabalhará apenas neste dia ou, ainda, caso o movimento maior seja das 10h00 às 13h00 e das 17h00 às 20h00, que apenas seja prestado serviços nestes horários, com o pagamento apenas das horas ou dias em que empregado prestou serviços.

A contratação intermitente pode ocorrer em qualquer empresa ou atividade.

O contrato deve ser obrigatoriamente escrito e possuir os requisitos legais para que seja considerado válido.

3. Sobreaviso

O sobreaviso constitui matéria que sempre pode ser tratada por norma coletiva, pelo que apenas trouxe a reforma tipificação de algo já possível e até mesmo usado na prática trabalhista.

IX – remuneração por produtividade, incluídas as gorjetas percebidas pelo empregado, e remuneração por desempenho individual;

Inciso acrescentado pela Lei n. 13.467, de 13.07.2017.

A modalidade de remuneração, observados os limites constitucionais e as garantias aos empregados, sempre pode ser objeto de pactuação por norma coletiva, sendo válida a criação de remuneração por produtividade, integrações e formas de gorjetas etc.

X – modalidade de registro de jornada de trabalho;

Inciso acrescentado pela Lei n. 13.467, de 13.07.2017.

O art. 74, § 2º, da CLT, , com redação dada pela Lei 13.874/2019, prevê ser obrigatório, para os estabelecimentos com mais de vinte empregados, o controle de jornada manual, mecânico ou eletrônico.

Com a atual redação do art. 611-B, X, da CLT, voltará a discussão acerca da validade do denominado controle de exceção, pelo qual apenas há registro de jornada quando houver labor extraordinário, faltas, atrasos ou compensações.

Ressalte-se que o Col. TST, de forma pacífica, entendia, antes da reforma, pela invalidade do controle de exceção, matéria que, obviamente, será objeto de novos debates com a vigência da Lei n. 13.467/2017.

XI – troca do dia de feriado;

Inciso acrescentado pela Lei n. 13.467, de 13.07.2017.

A mudança do dia de feriado, para beneficiar o empregado, sempre foi admitida, por exemplo, sua alteração para facilitar emenda e permitir mais de um dia de descanso.

A jurisprudência do Col. TST, cristalizada pela Súmula n. 146, reputava válida a autorização do labor em feriado mediante folga compensatória, pelo que se trata de mera tipificação de entendimento pacífico.

XII – enquadramento do grau de insalubridade;
Inciso acrescentado pela Lei n. 13.467, de 13.07.2017.

De acordo com o Enunciado n. 6, da Comissão 3, da 2ª Jornada de Direito Material e Processual do Trabalho, "As disposições dos incisos XII e XIII do art. 611-A da CLT (possibilidade de enquadramento de trabalhadores em graus de insalubridade e de prorrogação de jornada em ambientes insalubres por meio de acordo ou convenção coletiva de trabalho) perfazem retrocesso social, com prejuízos à vida digna e à saúde do trabalhador, sendo incompatíveis com os arts. 3º, I e IV, 5º, XXIII, 6º, 7º, XXII, 170, III, 196 e 225 da CF, com o art. 11, *a*, da Convenção n. 155 da OIT, com o art. 611-B, XVII, da CLT, e, no campo processual/decisório, com os arts. 1º, 8º e 489, § 2º, do CPC".

Com efeito, as regras sobre as condições insalubres de trabalho constituem normas de ordem pública, eis que se referem à saúde do trabalhador, pelo que não se admitem sejam afastadas por qualquer outro preceito, inclusive por norma coletiva, à qual é vedada restringir alcance de norma protetiva da integridade da saúde e vida do empregado.

XIII – prorrogação de jornada em ambientes insalubres, sem licença prévia das autoridades competentes do Ministério do Trabalho;
Inciso acrescentado pela Lei n. 13.467, de 13.07.2017.

A norma também é um retrocesso, pois, pelos mesmos fundamentos trazidos no inciso anterior, não se admite que, por acordo ou convenção coletiva de trabalho, sejam reduzidos direitos previstos em normas de ordem pública, sendo que, no caso de forma mais acentuada, exige-se a proteção do trabalhador. A regra negligencia a proteção da saúde e vida do empregado, sendo certo que não apenas atinge direito individual constitucionalmente assegurado como gera ônus grave a toda a sociedade, que contará com o maior risco de doença dos trabalhadores, com oneração de todo o sistema.

XIV – prêmios de incentivo em bens ou serviços, eventualmente concedidos em programas de incentivo;
Inciso acrescentado pela Lei n. 13.467, de 13.07.2017.

A concessão de prêmios e benefícios a empregados sempre pode ser ajustada por norma coletiva, sendo que a Lei n. 13.467/2017 alterou os §§ 2º e 4º do art. 457 da CLT para prever que: "§ 2º As importâncias, ainda que habituais, pagas a título de ajuda de custo, auxílio-alimentação, vedado seu pagamento em dinheiro, diárias para viagem, prêmios e abonos não integram a remuneração do empregado, não se incorporam ao contrato de trabalho e não constituem base de incidência de qualquer encargo trabalhista e previdenciário. [...] § 4º Consideram-se prêmios as liberalidades concedidas pelo empregador em forma de bens, serviços ou valor em dinheiro a empregado ou a grupo de empregados, em razão de desempenho superior ao ordinariamente esperado no exercício de suas atividades".

Obviamente que apenas será considerado prêmio, sem que se integre à remuneração para todos os efeitos, aquele pago de acordo com a norma, ou seja, em razão de desempenho superior ao ordinariamente esperado e não quando quitado como meio de mascarar efetiva remuneração ao empregado para se furtar ao efeito expansivo circular do salário.

XV – participação nos lucros ou resultados da empresa.

Inciso acrescentado pela Lei n. 13.467, de 13.07.2017.

O dispositivo em nada alterou o ordenamento jurídico vigente, eis que já previstos pelo art. 2º, II, da Lei n. 10.101/2000, os acordos e convenções coletivas de trabalho, como meio para instituição de participação nos lucros ou resultados.

---

§ 1º No exame da convenção coletiva ou do acordo coletivo de trabalho, a Justiça do Trabalho observará o disposto no § 3º do art. 8º desta Consolidação.

Parágrafo acrescentado pela Lei n. 13.467, de 13.07.2017.

Prevê o art. 8º, § 3º, da CLT que: "§ 3º No exame de convenção coletiva ou acordo coletivo de trabalho, a Justiça do Trabalho analisará exclusivamente a conformidade dos elementos essenciais do negócio jurídico, respeitado o disposto no art. 104 da Lei n. 10.406, de 10 de janeiro de 2002 (Código Civil), e balizará sua atuação pelo princípio da intervenção mínima na autonomia da vontade coletiva".

Entendemos que o parágrafo em comento está eivado de latente inconstitucionalidade, eis que, nos termos do art. 5º, XXXV, da CF/88, "a lei não excluirá da apreciação do Poder Judiciário lesão ou ameaça a direito", pelo que jamais poderia o legislador infraconstitucional proibir a análise, pelo Poder Judiciário, de eventual discussão acerca da validade do conteúdo de determinada norma, precipuamente quanto ao direito do trabalho que possui ampla proteção constitucional.

Não bastasse, embora o § 3º do art. 8º da CLT remeta aos requisitos do art. 104 do CC, deixou de observar que o dispositivo se insere no Capítulo I do Título I do Livro III, e que trata das disposições gerais dos negócios jurídicos, sendo que os arts. 112 a 114 tratam de sua interpretação no caso concreto, o que deve ser realizado pelas partes e, em caso de divergência, decidido pelo Judiciário acerca de sua existência, validade e eficácia, o que abrange não apenas a forma, mas o seu conteúdo, o que, aliás, afigura-se de extrema relevância, para que se mantenha a harmonia do ordenamento jurídico.

---

§ 2º A inexistência de expressa indicação de contrapartidas recíprocas em convenção coletiva ou acordo coletivo de trabalho não ensejará sua nulidade por não caracterizar um vício do negócio jurídico.

Parágrafo acrescentado pela Lei n. 13.467, de 13.07.2017.

O acordo ou convenção coletiva de trabalho constitui negócio jurídico bilateral ou plurilateral, de natureza sinalagmática e, por definição, exige obrigações para as partes envolvidas.

Assim, não se prestam as normas coletivas a servir como mero meio legalizador de renúncias, seja a direitos legalmente previstos, seja àqueles conquistados por luta da categoria, sendo certo que, em razão dos princípios da adequação setorial negociada e do patamar mínimo civilizatório, não se admite a simples supressão de direitos da categoria, admitida sua negociação paritária.

Ressalte-se que a norma apenas afirma não ser nula a norma coletiva que não indique as contrapartidas, o que não significa que nao devam existir e ser analisadas pelo Poder Judiciário que pode reconhecer a ofensa aos princípios adequação setorial negociada e do patamar mínimo civilizatório.

---

§ 3º Se for pactuada cláusula que reduza o salário ou a jornada, a convenção coletiva ou o acordo coletivo de trabalho deverão prever a proteção dos empregados contra dispensa imotivada durante o prazo de vigência do instrumento coletivo.

Parágrafo acrescentado pela Lei n. 13.467, de 13.07.2017.

Trata-se de nova hipótese de estabilidade provisória convencional e que reforça a necessidade de contrapartida na negociação coletiva, como explanado no comentário ao parágrafo anterior.

Assim, por interpretação sistemática da reforma trabalhista, tem-se que a validade da norma coletiva está sujeita ao respeito aos princípios da adequação setorial negociada e do patamar mínimo civilizatório, sendo que em relação à redução salarial, a contrapartida mínima legal prevista é a garantia de emprego durante a vigência da norma.

§ 4º Na hipótese de procedência de ação anulatória de cláusula de convenção coletiva ou de acordo coletivo de trabalho, quando houver a cláusula compensatória, esta deverá ser igualmente anulada, sem repetição do indébito.

Parágrafo acrescentado pela Lei n. 13.467, de 13.07.2017.

O dispositivo instituiu norma que ofende claramente o ordenamento jurídico, pois o fato de determinada regra ser nula, por ofender o direito posto, não gera nulidade, por arrastamento, de outros direitos.

Ressalte-se, ainda, que o legislador, de forma confusa, afirma não há necessidade de indicação de contraprestação em normas coletivas mas que, uma vez anulada cláusula convencional também o será a cláusula compensatória que, por não precisar ser indicada, torna-se de difícil verificação para correlação precisa de estabelecimento negocial das regras.

§ 5º Os sindicatos subscritores de convenção coletiva ou de acordo coletivo de trabalho deverão participar, como litisconsortes necessários, em ação individual ou coletiva, que tenha como objeto a anulação de cláusulas desses instrumentos.

Parágrafo acrescentado pela Lei n. 13.467, de 13.07.2017.

A presença do sindicato, como litisconsorte, em ação anulatória, afigura-se correta, eis que consentâneo com o art. 113 do CPC.

No entanto, tal circunstância não afasta o poder do juiz em, no caso concreto, reconhecer da nulidade de forma incidental, para apreciar o pedido formulado pela parte, como sempre ocorreu. Assim, apenas se veda, como já ocorria, a anulação da cláusula como pedido principal em reclamação trabalhista, permitida sua alegação como fundamento para postular determinado bem da vida.

Art. 611-B. Constituem objeto ilícito de convenção coletiva ou de acordo coletivo de trabalho, exclusivamente, a supressão ou a redução dos seguintes direitos:

Caput *acrescentado pela Lei n. 13.467, de 13.07.2017.*

O art. 611-B da CLT trata das normas sobre as quais não se admite disposição por norma coletiva.

I – normas de identificação profissional, inclusive as anotações na Carteira de Trabalho e Previdência Social;
Inciso acrescentado pela Lei n. 13.467, de 13.07.2017.

A identificação profissional e anotações na CTPS constituem regras de ordem pública e de extremo interesse estatal, pelo que não pode, obviamente, ser objeto de regulação pelas partes.

II – seguro-desemprego, em caso de desemprego involuntário;
Inciso acrescentado pela Lei n. 13.467, de 13.07.2017.

O seguro-desemprego consiste em direito previdenciário assegurado pelo constituinte originário no art. 201 da CF/88, pelo que, tratando-se de garantia constitucional e regulada por lei, não pode ser alterada por acordo ou convenção coletiva de trabalho.

III – valor dos depósitos mensais e da indenização rescisória do Fundo de Garantia do Tempo de Serviço (FGTS);
Inciso acrescentado pela Lei n. 13.467, de 13.07.2017.

O FGTS possui previsão legal, cujo depósito é compulsório e a indenização rescisória é assegurada pelo art. 10 do ADCT, pelo que a norma coletiva jamais poderia alterar a matéria.

IV – salário mínimo;
Inciso acrescentado pela Lei n. 13.467, de 13.07.2017.

O salário mínimo é assegurado pelo constituinte originário pelo art. 7º, IV, da CF/88 e é fixado por lei. Assim, sua alteração por norma coletiva seria flagrantemente inconstitucional.

V – valor nominal do décimo terceiro salário;
Inciso acrescentado pela Lei n. 13.467, de 13.07.2017.

Da mesma forma que o inciso anterior, o constituinte originário assegurou o "décimo terceiro salário com base na remuneração integral ou no valor da aposentadoria" (art. 7º, VIII, da CF).

VI – remuneração do trabalho noturno superior à do diurno;
Inciso acrescentado pela Lei n. 13.467, de 13.07.2017.

O inciso apenas repete o inciso IX do art. 7º da CF/88.

VII – proteção do salário na forma da lei, constituindo crime sua retenção dolosa;

Inciso acrescentado pela Lei n. 13.467, de 13.07.2017.

O inciso apenas repete o inciso X do art. 7º da CF/88.

VIII – salário-família;

Inciso acrescentado pela Lei n. 13.467, de 13.07.2017.

O inciso apenas repete o inciso XII do art. 7º da CF/88.

IX – repouso semanal remunerado;

Inciso acrescentado pela Lei n. 13.467, de 13.07.2017.

O inciso apenas repete o inciso XV do art. 7º da CF/88.

X – remuneração do serviço extraordinário superior, no mínimo, em 50% (cinquenta por cento) à do normal;

Inciso acrescentado pela Lei n. 13.467, de 13.07.2017.

O inciso apenas repete o inciso XVI do art. 7º da CF/88.

XI – número de dias de férias devidas ao empregado;

Inciso acrescentado pela Lei n. 13.467, de 13.07.2017.

O número de férias é fixado por lei, sendo que sua finalidade é o descanso e o restabelecimento das condições do trabalhador, o que lhe confere natureza de norma de ordem pública, portanto, inderrogável pela vontade das partes.

XII – gozo de férias anuais remuneradas com, pelo menos, um terço a mais do que o salário normal;

Inciso acrescentado pela Lei n. 13.467, de 13.07.2017.

O inciso apenas repete o inciso XVII do art. 7º da CF/88.

XIII – licença-maternidade com a duração mínima de cento e vinte dias;

Inciso acrescentado pela Lei n. 13.467, de 13.07.2017.

O inciso apenas repete o inciso XVIII do art. 7º da CF/88.

XIV – licença-paternidade nos termos fixados em lei;
Inciso acrescentado pela Lei n. 13.467, de 13.07.2017.

O inciso apenas repete o inciso XIX do art. 7º da CF/88.

XV – proteção do mercado de trabalho da mulher, mediante incentivos específicos, nos termos da lei;
Inciso acrescentado pela Lei n. 13.467, de 13.07.2017.

O inciso apenas repete o inciso XX do art. 7º da CF/88.

XVI – aviso prévio proporcional ao tempo de serviço, sendo no mínimo de trinta dias, nos termos da lei;
Inciso acrescentado pela Lei n. 13.467, de 13.07.2017.

O inciso apenas repete o inciso XXI do art. 7º da CF/88.

XVII – normas de saúde, higiene e segurança do trabalho previstas em lei ou em normas regulamentadoras do Ministério do Trabalho;
Inciso acrescentado pela Lei n. 13.467, de 13.07.2017.

As normas de saúde, higiene e segurança do trabalho possuem natureza de ordem pública e, assim, não podem ser objeto de regulamentação pelas partes.

XVIII – adicional de remuneração para as atividades penosas, insalubres ou perigosas;
Inciso acrescentado pela Lei n. 13.467, de 13.07.2017.

O inciso apenas repete o inciso XXIII do art. 7º da CF/88.

XIX – aposentadoria;
Inciso acrescentado pela Lei n. 13.467, de 13.07.2017.

O inciso apenas repete o inciso XXIV do art. 7º da CF/88.

XX – seguro contra acidentes de trabalho, a cargo do empregador;
Inciso acrescentado pela Lei n. 13.467, de 13.07.2017.

O inciso apenas repete o inciso XXVIII do art. 7º da CF/88.

XXI – ação, quanto aos créditos resultantes das relações de trabalho, com prazo prescricional de cinco anos para os trabalhadores urbanos e rurais, até o limite de dois anos após a extinção do contrato de trabalho;

Inciso acrescentado pela Lei n. 13.467, de 13.07.2017.

O inciso apenas repete o inciso XXIX do art. 7º da CF/88.

XXII – proibição de qualquer discriminação no tocante a salário e critérios de admissão do trabalhador com deficiência;

Inciso acrescentado pela Lei n. 13.467, de 13.07.2017.

O inciso apenas repete o inciso XXXI do art. 7º da CF/88.

XXIII – proibição de trabalho noturno, perigoso ou insalubre a menores de dezoito anos e de qualquer trabalho a menores de dezesseis anos, salvo na condição de aprendiz, a partir de quatorze anos;

Inciso acrescentado pela Lei n. 13.467, de 13.07.2017.

O inciso apenas repete o inciso XXXIII do art. 7º da CF/88.

XXIV – medidas de proteção legal de crianças e adolescentes;

Inciso acrescentado pela Lei n. 13.467, de 13.07.2017.

Nos termos do art. 227 da CF/88, "é dever da família, da sociedade e do Estado assegurar à criança, ao adolescente e ao jovem, com absoluta prioridade, o direito à vida, à saúde, à alimentação, à educação, ao lazer, à profissionalização, à cultura, à dignidade, ao respeito, à liberdade e à convivência familiar e comunitária, além de colocá-los a salvo de toda forma de negligência, discriminação, exploração, violência, crueldade e opressão".

O dispositivo, portanto, nada mais fez do que reproduzir determinação do constituinte.

O Ministro Gilmar Mendes, do Col. STF, nos autos do Recurso Extraordinário com Agravo n. 1.121.633, concedeu tutela provisória incidental para "cassar a decisão do Processo n. 1003445-03.2018.5.02.0000, do Tribunal Regional do Trabalho da 2ª Região, e determinar a suspensão do processo até o julgamento final do Tema n. 1.046 pelo Supremo Tribunal Federal".

No caso, discutia-se a nulidade de cláusula de norma coletiva, pelo Ministério Público do Trabalho firmada entre o Sindicato dos Trabalhadores em Segurança e Vigilância Privada, Transportes de Valores, Similares e Afins do Estado de São Paulo e mais de 21 sindicatos da categoria profissional de empregados de segurança e vigilância do Estado de São Paulo em a acordo firmado entre as partes em relação à base de cálculo da cota de aprendizes na área de segurança privada.

Permissa venia do entendimento do MM. Relator, entendo que o direito dos aprendizes menores se encontra sob a proibição de redução por norma coletiva, nos termos do inciso em comento.

XXV – igualdade de direitos entre o trabalhador com vínculo empregatício permanente e o trabalhador avulso;

Inciso acrescentado pela Lei n. 13.467, de 13.07.2017.

O inciso apenas repete o inciso XXXIV do art. 7º da CF/88.

XXVI – liberdade de associação profissional ou sindical do trabalhador, inclusive o direito de não sofrer, sem sua expressa e prévia anuência, qualquer cobrança ou desconto salarial estabelecidos em convenção coletiva ou acordo coletivo de trabalho;

Inciso acrescentado pela Lei n. 13.467, de 13.07.2017.

A liberdade de associação sindical é assegurada pelo art. 8º da CF/88.

Quanto às contribuições assistenciais e confederativas, já havia entendimento pacificado pelos Col. STF e TST, inclusive, quanto ao segundo, por meio de súmula vinculante, de que não pode ser cobrado do empregado que não seja filiado à entidade representativa.

A questão se limita, portanto, à contribuição sindical, antes compulsória, que passou a ser facultativa, de acordo com o mero arbítrio do empregado.

Assim, caso não haja recusa expressa do empregado, há incidência da contribuição sindical, após a vigência da Lei n. 13.467/2017.

XXVII – direito de greve, competindo aos trabalhadores decidir sobre a oportunidade de exercê-lo e sobre os interesses que devam por meio dele defender;

Inciso acrescentado pela Lei n. 13.467, de 13.07.2017.

O inciso apenas repete o art. 9º da CF/88.

XXVIII – definição legal sobre os serviços ou atividades essenciais e disposições legais sobre o atendimento das necessidades inadiáveis da comunidade em caso de greve;

Inciso acrescentado pela Lei n. 13.467, de 13.07.2017.

O inciso apenas repete o § 1º do art. 9º da CF/88.

XXIX – tributos e outros créditos de terceiros;

Inciso acrescentado pela Lei n. 13.467, de 13.07.2017.

O dispositivo é inócuo, pois, obviamente, não pode norma coletiva, ou qualquer outro negócio jurídico dispor sobre incidência tributária, matéria regulada de forma clara e absoluta ao direito positivo. Quanto ao crédito de terceiros, mais uma vez, não havia necessidade de previsão, diante da relatividade de efeitos da norma coletiva, às partes e seus representados.

XXX – as disposições previstas nos arts. 373-A, 390, 392, 392-A, 394, 394-A, 395, 396 e 400 desta Consolidação.

Inciso acrescentado pela Lei n. 13.467, de 13.07.2017.

Tratam os dispositivos de normas de proteção do trabalho da mulher e que possuem natureza de ordem pública, sendo asseguradas, também, pelo art. 7º, XX, da CF/88.

Parágrafo único. Regras sobre duração do trabalho e intervalos não são consideradas como normas de saúde, higiene e segurança do trabalho para os fins do disposto neste artigo.

Parágrafo acrescentado pela Lei n. 13.467, de 13.07.2017.

O parágrafo único objetivou simplesmente alterar a natureza de norma que possui essência de regra protetiva da saúde, higiene e segurança do trabalho.

O legislador simplesmente ignorou ao fundamento que ensejou a instituição dos intervalos e a limitação da duração da jornada, para permitir ampla negociação e alteração de seu conteúdo.

A regra em comento possui latente e grave equívoco, por conter absoluta e insanável contradição em seus termos, pois a natureza jurídica dos institutos citados o são por sua natureza e não por fixação legal, pelo que não pode ser alterado por mera norma jurídica.

Art. 612. Os Sindicatos só poderão celebrar Convenções ou Acordos Coletivos de Trabalho, por deliberação de Assembleia Geral especialmente convocada para esse fim, consoante o disposto nos respectivos Estatutos, dependendo a validade da mesma do comparecimento e votação, em primeira convocação, de 2/3 (dois terços) dos associados da entidade, se se tratar de Convenção, e dos interessados, no caso de Acordo e, em segunda, de 1/3 (um terço) dos membros.

Caput *com redação dada pelo Decreto-lei n. 229, de 28.02.1967.*

Os requisitos procedimentais para a celebração de convenção e acordo coletivos são: convocação de assembleia geral específica; convocação na forma dos estatutos do sindicato; *quorum* mínimo em primeira convocação: dois terços dos associados para a convenção e dois terços dos interessados para o acordo; em segunda convocação, um terço dos membros. No que se refere à convocação da assembleia, deve ser feita na forma do estatuto sindical. Se o estatuto da entidade sindical estabelecer prazo mínimo entre a data da publicação do edital e a realização da assembleia, ele deve ser observado, sob pena de nulidade (OJ n. 35 do TST – SDC).

O edital de convocação para a assembleia geral extraordinária deve ser publicado em jornal que circule em cada um dos municípios componentes da base territorial do sindicato, em atendimento ao princípio da ampla publicidade. Não tem validade o edital de convocação para a assembleia geral extraordinária publicado apenas no *Diário Oficial do Estado*, em face da dificuldade de acesso aos associados a esse órgão de publicação (TST-RODC n. 619985/99, rel. Min. Rider de Brito).

Titular do interesse ou direito coletivo é a categoria. É a assembleia geral extraordinária, mediante expressão da vontade coletiva da categoria, com observância do *quorum* legal, que concede à diretoria do sindicato poderes para negociar e firmar convenção e acordo coletivos de trabalho. Número ínfimo de empregados participantes da assembleia geral, em cotejo com a quantidade dos membros da categoria, não confere representatividade ao sindicato para a negociação coletiva. A assembleia geral do sindicato profissional delibera sobre a pauta de reivindicações com vistas à celebração de convenção ou acordo coletivo de trabalho. Se o *quorum* for inexpressivo, demonstra a inexistência da vontade coletiva e, sobretudo, o desinteresse da categoria em legitimar o sindicato para as negociações coletivas. A autorização para que o sindicato negocie deve ser conferida em assembleia dos trabalhadores, exigida por lei que impõe a observância a um *quorum* legalmente previsto. Há quem afirme que o *quorum* a ser observado é aquele previsto no estatuto do sindicato; portanto, estaria assim tacitamente derrogado o art. 612 da CLT, diante do comando constitucional de vedação de interferência estatal na organização e atividade sindicais (art. 8º, *caput*, da CF).

Parágrafo único. O *quorum* de comparecimento e votação será de 1/8 (um oitavo) dos associados em segunda convocação, nas entidades sindicais que tenham mais de 5.000 (cinco mil) associados.

Parágrafo com redação dada pelo Decreto-lei n. 229, de 28.02.1967.

Nas entidades sindicais que tenham mais de cinco mil associados, o *quorum* de comparecimento e votação, em segunda convocação, é fixado em um oitavo dos associados.

Art. 613. As Convenções e os Acordos deverão conter obrigatoriamente:
Caput *com redação dada pelo Decreto-lei n. 229, de 28.02.1967.*
I – designação dos Sindicatos convenentes ou dos Sindicatos e empresas acordantes;
Inciso com redação dada pelo Decreto-lei n. 229, de 28.02.1967.
II – prazo de vigência;
Inciso com redação dada pelo Decreto-lei n. 229, de 28.02.1967.
III – categorias ou classes de trabalhadores abrangidas pelos respectivos dispositivos;
Inciso com redação dada pelo Decreto-lei n. 229, de 28.02.1967.
IV – condições ajustadas para reger as relações individuais de trabalho durante sua vigência;
Inciso com redação dada pelo Decreto-lei n. 229, de 28.02.1967.
V – normas para a conciliação das divergências surgidas entre os convenentes por motivos da aplicação de seus dispositivos;
Inciso com redação dada pelo Decreto-lei n. 229, de 28.02.1967.
VI – disposições sobre o processo de sua prorrogação e de revisão total ou parcial de seus dispositivos;
Inciso com redação dada pelo Decreto-lei n. 229, de 28.02.1967.
VII – direitos e deveres dos empregados e empresas;
Inciso com redação dada pelo Decreto-lei n. 229, de 28.02.1967.
VIII – penalidades para os Sindicatos convenentes, os empregados e as empresas em caso de violação de seus dispositivos.
Inciso com redação dada pelo Decreto-lei n. 229, de 28.02.1967.

As cláusulas de conteúdos obrigatórios nas convenções coletivas, estabelecidas por lei, são: a designação das partes; o prazo de vigência; as categorias profissionais e econômicas abrangidas; as condições de trabalho ajustadas; as normas de procedimento de conciliação das divergências; as normas de procedimento de prorrogação e revisão; os direitos e deveres dos empregados e das empresas; as penalidades ou multas. No que se refere ao prazo de vigência, a ausência da cláusula não importa em nulidade absoluta, pois, ao ser desencadeada, resta a disposição legal no sentido de que o prazo de vigência não pode ser superior a dois anos (art. 614, § 3º, da CLT).

O prazo de vigência possuía grande importância, na medida em que as condições de trabalho fixadas na norma coletiva vigoravam pelo prazo assinalado, não integrando de forma definitiva os contratos individuais de trabalho, na forma da antiga redação da Súmula n. 277 do TST, excepcionado o direito adquirido incorporado de modo definitivo ao patrimônio jurídico do empregado. No entanto, o TST, por meio da Resolução n. 185/2012, alterou o entendimento anterior, para determinar que as cláusulas dos acordos e convenções coletivas integram os contratos de trabalho, e sua modificação fica condicionada a posterior negociação coletiva.

Prevalece, portanto, o princípio da ultratividade das normas coletivas, cuja alteração apenas pode ser efetivada por nova negociação entre os atores sociais. Ressalte-se que o TST tem aplicado, recentemente, o princípio da temporalidade para aplicação da Súmula n. 277, em respeito à segurança jurídica das relações e ao ato jurídico perfeito.

"Recurso de revista. Ultratividade das normas coletivas. Jornada especial 12x36. Art. 614, § 3º, da CLT. Inaplicabilidade da nova redação da Súmula n. 277/TST à hipótese. A antiga redação da Súmula n. 277 desta Corte disciplinava que os diplomas coletivos e suas regras vigoravam pelo prazo assinado, não integrando, de forma definitiva, os contratos individuais de trabalho, critério extensível a CCTs e ACTs por força da OJ n. 322 da SBDI-1 do TST. A redação da Súmula n. 277/TST, contudo, foi alterada em 14.09.2012, passando a vigorar com a seguinte redação: 'As cláusulas normativas dos acordos coletivos ou convenções coletivas integram os contratos individuais de trabalho e somente poderão ser modificadas ou suprimidas mediante negociação coletiva de trabalho'. Na hipótese dos autos, verifica-se que a norma coletiva autorizadora da jornada especial 12x36, objeto da controvérsia, é anterior à nova redação da Súmula n. 277/TST, de 2012, tendo vigorado no início da década passada, pelo que aplicável o entendimento vigente à época na antiga redação da citada Súmula. É que, à diferença das demais Súmulas, a de n. 277 não trata da interpretação jurídica sobre um ou outro direito apenas, porém todo um forte universo da ordem jurídica (CCTs e ACTs), não podendo produzir efeitos antes do ano de sua própria existência, ou seja, ao longo de 2012. Assim, o TRT, ao considerar válida a jornada 12 x 36, por todo o período imprescrito (18.01.2004 a 24.09.2008), com base em uma convenção coletiva de trabalho de 1999, ou seja, com a vigência expirada, segundo os termos da antiga redação da Súmula n. 277/TST, violou os termos do art. 614, § 3º, da CLT. Recurso de revista conhecido e provido" (TST, RR n. 8300-18.2009.5.04.0771, 3ª T., rel. Min. Mauricio Godinho Delgado, j. 15.05.2013, *DEJT* 17.05.2013).

É comum as partes estabelecerem, nas convenções e nos acordos coletivos, normas e condições de trabalho que já constam da lei. Já a multa por descumprimento de cláusula de convenção e acordo coletivo de trabalho é devida mesmo que a obrigação seja mera repetição de texto da CLT (Súmula n. 384 do TST).

Parágrafo único. As Convenções e os Acordos serão celebrados por escrito, sem emendas nem rasuras, em tantas vias quantos forem os Sindicatos convenentes ou as empresas acordantes, além de uma destinada a registro.

Parágrafo com redação dada pelo Decreto-lei n. 229, de 28.02.1967.

O preceito reforça a natureza solene das convenções e dos acordos coletivos, já que a observância da forma escrita é inerente à própria existência das cláusulas obrigatórias constantes do *caput*. Como corolário, inexiste a forma verbal ou tácita. Quanto às emendas e rasuras, a sua verificação não implica nulidade, porquanto a irregularidade é sanável, mediante notificação das partes para a devida correção, nos termos da Instrução Normativa MTE/SRT n. 1/2004, art. 4º, § 4º. O mesmo pode ser dito quanto ao número de vias equivalente ao número das partes celebrantes.

Por fim, a cópia destinada ao registro é requisito para a validade *erga omnes*, possibilitando a consulta pública, além de ter finalidades estatísticas; porém, não permite ao órgão depositante o questionamento sobre a legitimidade das partes, a representatividade ou o teor das cláusulas; o órgão deve, entretanto, encaminhar denúncia ao Ministério Público do Trabalho (art. 6º da mencionada Instrução, com redação dada pela IN SRT n. 2/2005).

Art. 614. Os Sindicatos convenentes ou as empresas acordantes promoverão, conjunta ou separadamente, dentro de 8 (oito) dias da assinatura da Convenção ou Acordo, o depósito de uma via do mesmo, para fins de registro e arquivo, no Departamento Nacional do Trabalho, em se tratando de instrumento de caráter nacional ou interestadual, ou nos órgãos regionais do Ministério do Trabalho e Previdência Social nos demais casos.

Caput *com redação dada pelo Decreto-lei n. 229, de 28.02.1967.*
Veja nota 1 na página XXI.

A CF reconhece a força normativa das convenções e dos acordos coletivos de trabalho (art. 7º, XXVI, da CF). Não se exige mais o ato de homologação da norma coletiva pelo órgão do extinto Ministério do Trabalho e Emprego, como condição de validade, pois a Carta Constitucional veda a interferência estatal na atividade sindical (art. 8º, I, da CF). Destarte, a convenção e o acordo coletivos são instrumentos de composição coletiva autoaplicáveis, não necessitam de homologação administrativa nem judicial para surtir eficácia e exigibilidade. Devem apenas ser depositados perante órgão do Ministério do Trabalho e Emprego para fins de registro, arquivo, publicidade e início da vigência. Diante do efeito da publicidade com o depósito da norma coletiva no órgão do Ministério do Trabalho e Emprego, é dispensável a publicação no *Diário Oficial* (o ministério foi extinto, e suas competências foram redistribuídas de acordo com o art. 83 da Lei n. 13.844, de 18.06.2019 – *v.* comentários ao art. 13, § 2º, da CLT). Com relação aos efeitos dos instrumentos coletivos, não existe procedimento administrativo de extensão da norma coletiva negociada, mas, em se tratando de sentença normativa que soluciona os conflitos trabalhistas pelo Judiciário, é possível a extensão judicial das condições de trabalho (art. 868 da CLT).

Desde 2007, os Acordos e Convenções Coletivas de Trabalho devem ser depositados por meio do sistema MEDIADOR, nos termos da Portaria n. 282/2007.

---

§ 1º As Convenções e os Acordos entrarão em vigor 3 (três) dias após a data da entrega dos mesmos no órgão referido neste artigo.

Parágrafo com redação dada pelo Decreto-lei n. 229, de 28.02.1967.

No que se refere à vigência da norma coletiva, o prazo inicial da vigência é de três dias após a data da entrega no órgão administrativo laboral para arquivamento. O registro é ato administrativo vinculado, sendo vedada a recusa do recebimento, bem como a análise e controle administrativos do conteúdo. A ilegalidade pode ser objeto de controle judicial, mediante ação de nulidade das cláusulas da norma coletiva, que pode ser ajuizada pelo interessado, em controle difuso, e pelo Ministério Público do Trabalho em controle direto (art. 83 da LC n. 75/93).

---

§ 2º Cópias autênticas das Convenções e dos Acordos deverão ser afixadas de modo visível, pelos Sindicatos convenentes, nas respectivas sedes e nos estabelecimentos das empresas compreendidas no seu campo de aplicação, dentro de 5 (cinco) dias da data do depósito previsto neste artigo.

Parágrafo com redação dada pelo Decreto-lei n. 229, de 28.02.1967.

Os sindicatos e as empresas que firmaram a norma coletiva devem dar ampla publicidade ao seu conteúdo, afixando cópias, de modo visível, em suas sedes e nos ambientes dos respectivos âmbitos de aplicação.

---

§ 3º Não será permitido estipular duração de convenção coletiva ou acordo coletivo de trabalho superior a dois anos, sendo vedada a ultratividade.

Parágrafo com redação dada pela Lei n. 13.467, de 13.07.2017.

O dispositivo legal em apreço fixa o prazo máximo de vigência da norma coletiva oriunda da autonomia privada coletiva. Já o prazo final da eficácia dos convênios coletivos é o que nele tenham previsto as partes; mas, pela lei, não pode ser superior a dois anos, embora possa ser objeto de prorrogação, revisão, denúncia, revogação total ou parcial (art. 615 da CLT).

De acordo com a Súmula n. 277 do Col. TST, "as cláusulas normativas dos acordos coletivos ou convenções coletivas integram os contratos individuais de trabalho e somente poderão ser modificadas ou suprimidas mediante negociação coletiva de trabalho".

Com isso, este § 3º do art. 614 da CLT, em sua redação antiga, havia deixado de ter eficácia, pois se normas previstas nos acordos ou convenções coletivas de trabalho passam a integrar o contrato de trabalho e apenas podem ser alteradas por posterior negociação coletiva, não mais há que se falar em vigência temporal de suas regras.

Com a alteração do dispositivo, é vedada a ultra-atividade da norma coletiva, que possui vigência máxima de dois anos.

Art. 615. O processo de prorrogação, revisão, denúncia ou revogação total ou parcial de Convenção ou Acordo ficará subordinado, em qualquer caso, à aprovação de Assembleia Geral dos Sindicatos convenentes ou partes acordantes, com observância do disposto no art. 612.

Caput *com redação dada pelo Decreto-lei n. 229, de 28.02.1967.*

A convenção e o acordo coletivos de trabalho são instrumentos normativos que envolvem relações de trato sucessivo, as quais se desenvolvem durante o prazo de vigência, de sorte a serem passíveis de alterações em seu curso pela incidência da teoria da imprevisão. Portanto, podem ser prorrogados, revisados, denunciados ou revogados. Os mesmos requisitos procedimentais de convocação da assembleia e de *quorum* deliberativo, previstos no art. 612 da CLT, são exigidos para o processo de prorrogação, revisão, denúncia ou revogação, total ou parcial, de convenção e acordo coletivos de trabalho.

---

§ 1º O instrumento de prorrogação, revisão, denúncia ou revogação de Convenção ou Acordo será depositado, para fins de registro e arquivamento, na repartição em que o mesmo originariamente foi depositado, observado o disposto no art. 614.

Parágrafo com redação dada pelo Decreto-lei n. 229, de 28.02.1967.

O mesmo requisito formal de depósito do instrumento normativo perante o órgão do Ministério do Trabalho e Emprego, para fins de registro, arquivo, publicidade e vigência, previsto no art. 614 da CLT, é exigido também para o processo de prorrogação, revisão, denúncia ou revogação, total ou parcial, de convenção e de acordo coletivo de trabalho (o ministério foi extinto, e suas competências foram redistribuídas de acordo com o art. 83 da Lei n. 13.844, de 18.06.2019 – *v.* comentários ao art. 13, § 2º, da CLT).

---

§ 2º As modificações introduzidas em Convenção ou Acordo, por força de revisão ou de revogação parcial de suas cláusulas, passarão a vigorar 3 (três) dias após a realização do depósito previsto no § 1º.

Parágrafo com redação dada pelo Decreto-lei n. 229, de 28.02.1967.

O prazo de vigência da norma coletiva prorrogada, revisada ou da sua denúncia ou revogação ocorre três dias após a data da entrega do instrumento no órgão do Ministério do Trabalho e Emprego (o ministério foi extinto, e suas competências foram redistribuídas de acordo com o art. 83 da Lei n. 13.844, de 18.06.2019 – *v.* comentários ao art. 13, § 2º, da CLT). Aplica-se, portanto, a mesma regra fixada no art. 614, § 1º, da CLT.

Art. 616. Os Sindicatos representativos de categorias econômicas ou profissionais e as empresas, inclusive as que não tenham representação sindical, quando provocados, não podem recusar-se à negociação coletiva.

Caput *com redação dada pelo Decreto-lei n. 229, de 28.02.1967.*

O processo de elaboração da norma coletiva inicia-se pela provocação da parte interessada em negociar. Este dispositivo apresenta o princípio do dever de negociar. Dever de negociar não significa dever de contratar, mas sim de atender ao chamado para dialogar, ouvir proposta, responder, justificadamente, se aceita ou não e formular contraproposta. Se for devidamente provocada, a parte não pode, sem motivo ponderoso, recusar-se à negociação, sob pena de caracterização da deslealdade e da má-fé. Dispõe o art. 8º, VI, da Constituição ser obrigatória a participação dos sindicatos nas negociações coletivas.

Alguns interpretam que o texto constitucional consagra o princípio do monopólio sindical. À vista da estrutura sindical brasileira, *a priori*, confere-se apenas aos sindicatos a função de defesa dos direitos e dos interesses coletivos ou individuais da categoria (art. 8º, III, da CF e arts. 513 e 872 da CLT). Outros entendem que não há possibilidade de negociação coletiva, em qualquer nível, sem a presença sindical, e não há possibilidade de negociação com outras unidades negociadoras. Entretanto, se houver recusa à negociação pelo sindicato, é possível a legitimação negocial subsidiária das federações e das confederações para celebração de acordos coletivos de trabalho que regulem as relações das categorias a elas vinculadas: a) quando os trabalhadores não estão organizados em sindicatos em dada base territorial (art. 611, § 2º, da CLT); b) quando o sindicato, provocado pelos trabalhadores, não assume a condução das negociações (art. 617 e parágrafos da CLT); ou c) não assume a condução da greve e da negociação e, assim, a Lei n. 7.783/89 confere legitimação à comissão de negociação eleita em assembleia dos trabalhadores para conduzir a greve e negociar, até o final, solução, inclusive ajuizar ação no Judiciário Trabalhista.

O art. 11 da Constituição prevê o direito de eleição de representante no local de trabalho, mas não estabelece os poderes, as competências, os direitos e as garantias. Portanto, a representação sob comento não tem legitimidade para a negociação coletiva. A lei prevê ainda outra modalidade de representação no local de trabalho: a Comissão de Prevenção de Acidente de Trabalho (CIPA), incumbida de zelar pelo meio ambiente de trabalho, mas sem poderes para firmar acordos coletivos. Na prática, mediante acordos e convenções coletivas, os sindicatos têm negociado a extensão dos poderes da CIPA, de modo a transformar as referidas comissões em representação única dos trabalhadores no local de trabalho, técnica utilizada para aproveitar uma comissão já existente agasalhada pelo manto legal, cujos membros são detentores de estabilidade provisória enquanto no exercício do mandato representativo. Ainda, as centrais sindicais não estão legitimadas à negociação coletiva, conforme a Lei n. 11.648/2008.

---

§ 1º Verificando-se recusa à negociação coletiva, cabe aos Sindicatos ou empresas interessadas dar ciência do fato, conforme o caso, ao Departamento Nacional do Trabalho ou aos órgãos regionais do Ministério do Trabalho e Previdência Social para convocação compulsória dos Sindicatos ou empresas recalcitrantes.

Parágrafo com redação dada pelo Decreto-lei n. 229, de 28.02.1967.

O procedimento negocial, no início, é formal. Inicia-se pelas tratativas diretas entre as partes envolvidas no conflito coletivo, pelo encaminhamento de pautas de reivindicações e pelo agendamento de reuniões, ou ainda, a pedido das partes, mediante intervenção de mediação da Superintendência Regional do Trabalho ou de mediação do Ministério Público do Trabalho (LC n. 75/93). Destarte, diante da recusa à negociação coletiva, a parte interessada poderá requerer junto à Superintendência Regional do Trabalho reunião para tentativa de negociação, caso em que haverá convocação da parte recalcitrante para comparecimento.

---

§ 2º No caso de persistir a recusa à negociação coletiva, pelo desatendimento às convocações feitas pelo Departamento Nacional do Trabalho ou órgãos regionais do Ministério do Trabalho e Previdência Social ou se malograr a negociação entabulada é facultada aos Sindicatos ou empresas interessadas a instauração de dissídio coletivo.

Parágrafo com redação dada pelo Decreto-lei n. 229, de 28.02.1967.
Veja nota 1 na página XXI.

Na hipótese de tentativa frustrada de negociação, as partes podem valer-se de mediadores da Superintendência Regional do Trabalho ou do Ministério Público do Trabalho ou ainda de processo judicial perante a Justiça do Trabalho – dissídio coletivo –, que tem poder de estabelecer cláusulas e condições de trabalho – poder normativo da Justiça do Trabalho (art. 114 da CF). Diante da convocação da Superintendência Regional do Trabalho, a parte poderá:

não comparecer ou comparecer e não aceitar as bases da conciliação, restando malograda a negociação. O não atendimento à convocação feita pela Superintendência Regional do Trabalho significa recusa à negociação. A negociação efetivamente tentada, porém sem êxito ou malograda, autoriza que a parte interessada, os sindicatos ou as empresas, instaure a ação de dissídio coletivo prevista no art. 856 da CLT.

O art. 114, § 2º, da CF exige, para a instauração de dissídio coletivo econômico, a existência de comum acordo.

O Col. TRT da 2ª Região, por meio da OJ n. 5 de sua SDC, decidiu que "A ausência do comum acordo para a instauração do dissídio coletivo implica projeção da norma coletiva anterior, seja ela autônoma (TST, S. 277) ou heterônoma (TST, PN 120), com a simples atualização dos índices econômicos já existentes por força da cláusula *rebus sic stantibus*".

---

§ 3º Havendo convenção, acordo ou sentença normativa em vigor, o dissídio coletivo deverá ser instaurado dentro dos 60 (sessenta) dias anteriores ao respectivo termo final, para que o novo instrumento possa ter vigência no dia imediato a esse termo.

Parágrafo com redação dada pelo Decreto-lei n. 424, de 21.01.1969.

O dispositivo fixa o prazo de sessenta dias, antecedente ao prazo do termo final da norma coletiva vigente, para ajuizamento da ação de dissídio coletivo. Por outras palavras, o ajuizamento da ação de dissídio coletivo deve ser feito sessenta dias antes da data base da categoria, para que a nova norma coletiva possa ter vigência imediata à data base. O não cumprimento do referido prazo acarreta a perda da data base, e a sentença normativa prolatada na ação de dissídio coletivo terá vigência: a partir da publicação do acórdão ou a partir da data do ajuizamento da ação de dissídio coletivo (art. 867, parágrafo único, *a*, da CLT), quando não existir norma coletiva anterior – acordo, convenção coletiva ou sentença normativa.

---

§ 4º Nenhum processo de dissídio coletivo de natureza econômica será admitido sem antes se esgotarem as medidas relativas à formalização da Convenção ou Acordo correspondente.

Parágrafo com redação dada pelo Decreto-lei n. 229, de 28.02.1967.

O esgotamento das negociações coletivas é medida que se impõe. As partes, de forma autônoma, devem procurar os meios de discussão direta. As medidas prévias não devem retratar apenas formalidades a serem observadas pelas partes, mas, sim, demonstrar que houve, efetivamente, tentativa de negociação com o instrumento do diálogo tendente a conciliação. A negociação coletiva é pressuposto objetivo da ação coletiva trabalhista para a solução de dissídio coletivo de natureza econômica (art. 856 da CLT). Para ajuizamento da ação coletiva, exige-se a prova da efetiva tentativa prévia de negociação, ou da sua recusa, ou da sua impossibilidade. O não esgotamento das tratativas negociais prévias, por ser condição indispensável ao ajuizamento da ação de dissídio coletivo, acarreta a extinção do processo, sem julgamento do mérito (art. 485, IV, do CPC/2015 – art. 267, IV, do CPC/73 –, e art. 114, §§ 1º e 2º, da CF).

Não obstante exija-se o cumprimento do comum acordo, nos termos do art. 114, § 2º, da CF, para a instauração de dissídio coletivo, o Col. TRT da 2ª Região entendeu, por meio da OJ n. 2 de sua SDC, que "A falta de concordância expressa com o ajuizamento do dissídio coletivo econômico poderá ser suprida na audiência instrutória ou a qualquer tempo no curso do processo".

É cediço que o Col. STF julgou a ADI n. 3.423 para reconhecer a constitucionalidade do comum acordo instituído pela EC n. 45/2004.

A Carta Federal assegura aos trabalhadores o direito de representação sindical (art. 8º, I e III) e o direito à negociação coletiva.

A todo direito há um dever que o corresponde: o dever de negociação coletiva. Por isso, a razão de ser da existência dos Sindicatos é o dever-poder de representação e o dever-poder de participação nas negociações coletivas de trabalho (art. 8º VI, da CF/88 e art. 616 da CLT).

O texto constitucional assegura aos trabalhadores o poder social de, com voz e voto, participarem da fixação e da melhoria das suas condições de trabalho (art. 7º, *caput*, da CF/88) e empresta força normativa aos instrumentos da convenção e acordo coletivo de trabalho (art. 7º, XXVI). Ainda, aponta os agentes negociadores (sindicatos) e o respectivo conteúdo da negociação coletiva, em duas etapas constitucionais: melhoria da condição social e procedimento de solução de conflitos (art. 114, §§ 1º e 2º, da CF/88).

Em matéria de preliminar de ausência de "comum acordo" para ajuizamento do dissídio coletivo, mister se faz a análise:

1) dos fundamentos do julgado STF/ADI n. 3.423;

2) do direito e do dever constitucional de negociação coletiva;

3) do cumprimento das duas etapas da negociação coletiva de trabalho: negociação quanto as reivindicações; a caso frustradas segue-se a negociação do procedimento de solução do conflito por conciliação, mediação ou arbitragem;

4) se há distinguishing a respeito da aferição da recusa a negociação e da existência, validade da eficácia da manifestação de vontade da "recusa ao comum acordo" a luz das circunstâncias e prova dos autos da "recusa a negociação coletiva".

A arguição da preliminar de "ausência comum acordo" não é mera escolha técnica do corpo jurídico; os representados e membros da categoria real detentores da vontade coletiva devem ser ouvidos, sob pena de configuração de desvio da determinação assemblear.

Na ADI n. 3.423, em que se reputou constitucional a preliminar de "ausência de comum acordo", ficou claro a necessidade de observar as duas etapas da negociação: "a negociação entre as partes e a tentativa de solução extrajudicial do conflito".

Descumpre o dever constitucional de negociar e revela conduta antissindical e falta de boa-fé objetiva (art. 422 do CC e arts. 5º e 6º do CPC) a inércia dos atores sociais frente as duas etapas da nego-ciação coletiva: quanto ao mérito das reinvindicações (art. 7º, *caput* e XXVI, da CF/88) e quanto ao procedimento de conciliação, mediação, arbitragem (art. 114, § 1º, da CF/88).

A preliminar de ausência de comum acordo, para ajuizamento do dissídio coletivo, pode e deve ser rejeitada quando, à luz das provas e das circunstâncias dos autos, for despida da prova da sua existência, validade e eficácia, quando: vem desfundamentada; retratar mero ato potestativo e, portanto, írrito (art. 122 do CC); não tiver esteio na vontade expressa da categoria de recusa da atuação judicial, pois para ajuizar dissídio coletivo exige-se autorização em assembleia (art. 8º, III, da CF/88), arts. 612 e 859 da CLT); de igual modo, por similitude, exige-se assembleia para recusa do ajuizamento de dissídio coletivo; quando não indica outra alternativa para solução do conflito, porque a ordem constitucional preconiza no preâmbulo a solução pacífica das controvérsias cujo desiderato é a paz social.

Art. 617. Os empregados de uma ou mais empresas que decidirem celebrar Acordo Coletivo de Trabalho com as respectivas empresas darão ciência de sua resolução, por escrito, ao Sindicato representativo da categoria profissional, que terá o prazo de 8 (oito) dias para assumir a direção dos entendimentos entre os interessados, devendo igual procedimento ser observado pelas empresas interessadas com relação ao Sindicato da respectiva categoria econômica.

Caput *com redação dada pelo Decreto-lei n. 229, de 28.02.1967.*

O monopólio sindical é quebrado diante da inexistência do sindicato representativo na base territorial e quando há recusa da entidade sindical em assumir a condução da greve ou da negociação. Os trabalhadores de uma ou de mais empresas, ou empresários, que decidirem entabular acordo coletivo de trabalho, deverão provocar os respectivos sindicatos para assumir a direção das negociações.

Os sindicatos, legítimos representantes das categorias profissional e econômica, quando forem provocados pela categoria que representam, não poderão recusar-se à negociação. Havendo recusa, a lei aponta a solução: indica os atores sociais legitimados, subsidiariamente, para a negociação coletiva. A legitimação para a negociação coletiva e para a instauração de dissídio coletivo, em princípio e originariamente, é prerrogativa dos sindicatos.

Em face de inexistência de sindicato ou diante de sua omissão, pela ordem, defere-se a legitimação às federações e confederações. Trata-se de uma legitimação subsidiária e supletiva. As centrais sindicais têm atuação meramente política, não detêm prerrogativas para negociação, como signatárias dos instrumentos normativos, tampouco para instauração de dissídio coletivo. Nada obsta, contudo, que figurem como mediadoras e coordenadoras ao lado dos sindicatos, na posição de assistentes simples coadjuvantes. Trata-se de uma legitimação coadjuvante.

Os grupos de trabalhadores não organizados em sindicatos e aqueles que provocam o sindicato para negociar, mas sofrem recusa, ficam legitimados a eleger uma comissão negociadora *ad hoc*, com poderes de negociar, firmar normas coletivas e, inclusive, ajuizar ação de dissídio coletivo. Trata-se da uma legitimação originária, no primeiro caso, e subsidiária, supletiva no segundo. A empresa ou o grupo de empresas não organizadas em sindicatos (art. 618 da CLT) e ainda aquelas organizadas em sindicatos, mesmo sem a assistência do sindicato patronal, podem figurar no polo da negociação diretamente.

---

§ 1º Expirado o prazo de 8 (oito) dias sem que o Sindicato tenha se desincumbido do encargo recebido, poderão os interessados dar conhecimento do fato à Federação a que estiver vinculado o Sindicato e, em falta dessa, à correspondente Confederação, para que, no mesmo prazo, assuma a direção dos entendimentos. Esgotado esse prazo, poderão os interessados prosseguir diretamente na negociação coletiva até final.

Parágrafo com redação dada pelo Decreto-lei n. 229, de 28.02.1967.

A CF manteve a estrutura sindical hierárquica e piramidal (art. 8º, IV, da CF). Portanto, recepcionou as regras legais de organização e atuação das federações e das confederações. Quando não houver sindicato representativo da categoria econômica ou profissional, ficam legitimadas as federações respectivas e, na falta destas, as confederações respectivas para o processo de negociação dos trabalhadores.

Ainda, quando houver recusa do sindicato em assumir o processo de negociação, os trabalhadores interessados poderão provocar a federação e, na sequência, a confederação para que assumam a condução das tratativas. Portanto, as entidades sindicais de grau superior têm legitimação originária no primeiro caso e supletiva ou subsidiária, no segundo caso, para a negociação coletiva e a instauração de ação judicial de dissídio coletivo (art. 857 da CLT).

O prazo conferido ao sindicato é de oito dias para assumir a direção dos entendimentos entre os interessados. Ao expirar o prazo sem que o sindicato tenha se desincumbido do encargo recebido, é facultado aos interessados dar conhecimento do fato à federação a que estiver vinculado o sindicato e, na falta desta, à confederação, para que, no mesmo prazo, assuma a direção dos entendimentos. Após esgotado esse prazo, poderão os interessados prosseguir, diretamente, na negociação coletiva até o seu final.

Na hipótese específica de recusa do sindicato e também da federação e confederação, quando forem provocadas, os trabalhadores deverão eleger a comissão de negociação *ad hoc*, ou representantes da *coalizão*, que passam a ser detentores de poderes negociais no nível da empresa. A comissão-coalizão é efêmera, temporária, formada para determinado fim. Ao exaurir-se o cumprimento da missão negocial que determinou a sua eleição, a comissão *ad hoc* deixa de existir. As regras previstas neste artigo aplicam-se somente ao caso de negociação coletiva tendente ao acordo coletivo, sendo inaplicável tratando-se de convenção coletiva.

---

§ 2º Para o fim de deliberar sobre o Acordo, a entidade sindical convocará Assembleia Geral dos diretamente interessados, sindicalizados ou não, nos termos do art. 612.

Parágrafo com redação dada pelo Decreto-lei n. 229, de 28.02.1967.

A entabulação do acordo coletivo depende da autorização da assembleia geral, especialmente convocada para deliberar sobre a matéria. A convocação, em regra, deve ser feita pelo sindicato, na forma prevista no art. 612 da CLT. Mas se o sindicato não assumir a negociação e não convocar a assembleia, a comissão de negociação *ad hoc*, especialmente criada, diante da recusa do sindicato, poderá proceder à convocação, pois, tratando-se de acordo coletivo, deverão ser convocados somente os trabalhadores diretamente interessados, associados ou não ao sindicato.

Art. 618. As empresas e instituições que não estiverem incluídas no enquadramento sindical a que se refere o art. 577 desta Consolidação poderão celebrar Acordos Coletivos de Trabalho com os Sindicatos representativos dos respectivos empregados, nos termos deste Título.

Artigo com redação dada pelo Decreto-lei n. 229, de 28.02.1967.

As empresas não organizadas em sindicatos detêm legitimação para a negociação coletiva tendente ao acordo coletivo de trabalho com o sindicato dos trabalhadores ou, na falta deste, com a federação, e, na falta desta, com a respectiva confederação.

Art. 619. Nenhuma disposição de contrato individual de trabalho que contrarie normas de Convenção ou Acordo Coletivo de Trabalho poderá prevalecer na execução do mesmo, sendo considerada nula de pleno direito.

Artigo com redação dada pelo Decreto-lei n. 229, de 28.02.1967.

Esta regra traz o princípio da hierarquia das fontes de direito. As normas coletivas, oriundas da vontade coletiva, prevalecem sobre as normas nascidas da vontade individual. Entretanto, na hierarquia das normas trabalhistas há de ser observado o princípio da norma mais favorável ao trabalhador. O contrato individual de trabalho não pode conter cláusulas contrárias àquelas previstas na convenção e no acordo coletivo de trabalho, salvo se mais benéficas.

Art. 620. As condições estabelecidas em acordo coletivo de trabalho sempre prevalecerão sobre as estipuladas em convenção coletiva de trabalho.

Artigo com redação dada pela Lei n. 13.467, de 13.07.2017.

O referido dispositivo legal apresenta a solução para a hipótese de concorrência entre normas coletivas.

Há dois princípios que norteiam a matéria: o princípio da norma mais abrangente e o da norma mais favorável.

Como não há hierarquia ou reservas de competências materiais entre as convenções coletivas e os acordos por empresas, a regra para solução de concorrência entre normas coletivas de maior abrangência e outra de menor abrangência territorial é a prevalência da convenção coletiva sobre o acordo de empresa, quando mais favorável. Ressalte-se o novo *princípio da norma mais recente*, ou *princípio do posterior minor in temporis*.

A Constituição de 1988 permite a negociação de adaptação das condições de trabalho em matéria de jornada e salários (art. 7º, VI, XIII e XIV, da CF). Pode ocorrer de, na vigência de convenção coletiva setorial, uma empresa isolada provocar o sindicato dos trabalhadores para negociar um acordo de empresa com redução de vantagens, no que tange a jornada e salários, previstas na convenção coletiva vigente, como forma de adaptação das condições à realidade econômica da empresa. Nesse caso, o princípio da norma mais favorável deve ser mantido pela regra da contrapartida, pois negociação significa transação. Isso porque o art. 7º, *caput*, da CF/88 só reconhece a força normativa dos acordos e convenções coletivas no sentido de melhoria da condição social do trabalhador.

A lei não estabelece outros critérios para a solução de possíveis situações de concorrência conflitante frente à autorização constitucional da negociação de adaptação. No Brasil, há preferência pela convenção coletiva de setor, mas há uma tendência de aumento dos acordos de empresas, porque, atualmente, as legislações trabalhistas que vêm sendo editadas consagram o *princípio do reenvio*, o qual remete às partes a faculdade de negociar os direitos, com reserva de conteúdo para as negociações em nível de empresa.

A CF/88 consagra o reconhecimento das convenções e dos acordos coletivos de trabalho (art. 7º, XXVI) e ainda adota a teoria do reenvio ao admitir, inclusive, a validade da negociação coletiva de adaptação sobre redução salarial (art. 7º, VI) e alteração da jornada (art. 7º, XIII e XIV). Exemplo disso é a questão da participação nos lucros e resultados, garantida pela Constituição, na forma da lei (art. 7º, XI), sendo que a Lei n. 10.101/2000 remete a matéria para a negociação mediante *comissões eleitas pelos trabalhadores, na empresa*, com a participação sindical. Verifica-se que a natureza da matéria é de interesse específico de cada empresa.

Assim, a convenção e o acordo coletivos, quando derrogatórios de direitos, resultam de negociações coletivas nas quais são feitas concessões recíprocas em troca de outras vantagens. Desse modo, na interpretação, as normas coletivas hão de ser consideradas no seu todo, pela aplicação da teoria do conglobamento.

Com a atual redação da norma, o legislador, de forma expressa, estabeleceu que as normas previstas em acordo coletivo de trabalho prevalecerão sobre aquelas previstas em convenção coletiva de trabalho.

No entanto, o dispositivo em comento ofende não apenas os princípios da norma mais abrangente e o da norma mais favorável, como também pode gerar clara quebra da isonomia entre os membros da categoria.

Art. 621. As Convenções e os Acordos poderão incluir, entre suas cláusulas, disposição sobre a constituição e funcionamento de comissões mistas de consulta e colaboração, no plano da empresa e participação nos lucros. Estas disposições mencionarão a forma de constituição, o modo de funcionamento e as atribuições das comissões, assim como o plano de participação, quando for o caso.

Artigo com redação dada pelo Decreto-lei n. 229, de 28.02.1967.

O legislador reconhece as dificuldades de acesso às informações para supedâneo das negociações coletivas, com conhecimento de causa, máxime no que tange à participação dos trabalhadores nos lucros e resultados da empresa. Ainda é preciso registrar a necessidade de previsão de normas para a conciliação das divergências surgidas entre os convenentes por motivos de aplicação e de cumprimento das normas coletivas objeto da contratação (art. 613, V, da CLT).

No que se refere à comissão de participação nos lucros e resultados, a matéria vem tratada na Lei n. 10.101/2000. O índice de descumprimento da norma coletiva é alto. Os sindicatos negociam, mas há dificuldades na fiscalização da aplicação e do cumprimento da norma coletiva. Desse modo, no que se refere ao grau de envolvimento dos responsáveis sindicais na aplicação das normas, existe a possibilidade de inclusão, em norma coletiva, de constituição de comissão mista ou paritária de *consulta e colaboração*, que nunca foi utilizada na prática. Além disso, a Lei n. 9.958/2000 acrescentou os arts. 625-A a 625-H à CLT, facultando às partes a criação de comissões de conciliação prévia, de composição paritária, no âmbito da empresa, grupo de empresas, do sindicato ou entre sindicatos, para solução das controvérsias individuais entre empregado e empregador, nelas incluído o descumprimento de norma coletiva. Mas ainda há preferência dos atores sociais por recorrer ao Judiciário com a ação de cumprimento (art. 872 da CLT).

Art. 622. Os empregados e as empresas que celebrarem contratos individuais de trabalho, estabelecendo condições contrárias ao que tiver sido ajustado em Convenção ou Acordo que lhes for aplicável, serão passíveis da multa neles fixada.

Caput *com redação dada pelo Decreto-lei n. 229, de 28.02.1967.*

Este artigo trata da multa normativa. O art. 613, VIII, da CLT estabelece como cláusula obrigatória nas convenções e nos acordos coletivos a penalidade para os sindicatos convenentes, para os empregados e para as empresas, em caso de violação de seus dispositivos. As normas constantes de contrato individual de trabalho contrárias àquelas ajustadas em convenção ou acordo coletivo são nulas; além disso, os empregados e as empresas sujeitam-se às multas normativas. A multa deve ter previsão na norma coletiva, caso contrário, não poderá ser cobrada, à míngua de título jurídico. A multa é aplicável somente aos membros da categoria no âmbito das respectivas representações dos sindicatos e das empresas convenentes.

Parágrafo único. A multa a ser imposta ao empregado não poderá exceder da metade daquela que, nas mesmas condições, seja estipulada para a empresa.

Parágrafo com redação dada pelo Decreto-lei n. 229, de 28.02.1967.

A cláusula obrigatória da convenção e do acordo coletivo de imposição de penalidade sofre limitações. A multa imposta ao empregado não poderá exceder a metade do valor da multa imposta para a empresa.

Art. 623. Será nula de pleno direito disposição de Convenção ou Acordo que, direta ou indiretamente, contrarie proibição ou norma disciplinado-

ra da política econômico-financeira do Governo ou concernente à política salarial vigente, não produzindo quaisquer efeitos perante autoridades e repartições públicas, inclusive para fins de revisão de preços e tarifas de mercadorias e serviços.

Caput *com redação dada pelo Decreto-lei n. 229, de 28.02.1967.*

No que tange ao conteúdo, todas e quaisquer matérias sobre condições de trabalho e sobre produtividade podem ser objeto das convenções e dos acordos coletivos, desde que sejam respeitadas a CF e as leis. Será nula a disposição de normas coletivas que contrarie proibição ou norma disciplinadora de política econômica e financeira do governo ou política salarial vigente. Em matéria de política salarial, a legislação atual determina o reajuste salarial por livre negociação na data-base, permite a dedução de antecipações já concedidas e proíbe reajustes automáticos, impondo que os aumentos a título de produtividade estejam amparados por dados objetivos. O caráter imperativo das normas legais de ordem pública absoluta restringe o campo de atuação da vontade coletiva. São nulas de pleno direito (art. 9º da CLT) as cláusulas com objetivo de desvirtuar, de impedir ou de fraudar a aplicação das normas de ordem pública imperativas.

Parágrafo único. Na hipótese deste artigo, a nulidade será declarada, de ofício ou mediante representação, pelo Ministro do Trabalho e Previdência Social ou pela Justiça do Trabalho, em processo submetido ao seu julgamento.

Parágrafo com redação dada pelo Decreto-lei n. 229, de 28.02.1967.

Veja nota 1 na página XXI.

A lei exige o registro e o depósito do instrumento normativo – convenção ou acordo coletivo – no Ministério do Trabalho e Emprego (o ministério foi extinto, e suas competências foram redistribuídas de acordo com o art. 83 da Lei n. 13.844, de 18.06.2019 – *v.* comentários ao art. 13, § 2º, da CLT), conforme é previsto pelo art. 614 da CLT, para fins de publicidade, mas também para controle da legalidade, podendo ser impugnado pelos interessados ou pelo Ministério Público do Trabalho. São nulas as cláusulas convencionais que disponham em sentido diverso do patamar mínimo legal ou constitucional, salvo expressa autorização de flexibilização.

O Ministério Público do Trabalho tem legitimidade para propor ação de nulidade de cláusula constante de contrato, acordo ou convenção coletiva (art. 83 da LC n. 75/93) ofensiva à ordem jurídica, ao regime democrático e aos interesses e direitos sociais e individuais indisponíveis (art. 127 da CF), bem como interesses e direitos coletivos e difusos (art. 129 da CF).

Art. 624. A vigência de cláusula de aumento ou reajuste salarial, que implique elevação de tarifas ou de preços sujeitos à fixação por autoridade pública ou repartição governamental, dependerá de prévia audiência dessa autoridade ou repartição e sua expressa declaração no tocante à possibilidade de elevação da tarifa ou do preço e quanto ao valor dessa elevação.

Artigo com redação dada pelo Decreto-lei n. 229, de 28.02.1967.

Na hipótese de negociação coletiva sobre aumento ou reajuste salarial que envolva empresas permissionárias e concessionárias de serviços públicos, é necessário consultar a autoridade pública ou órgão governamental competente para emissão de declaração sobre os impactos na elevação das tarifas ou preços públicos e eventual repasse ao consumidor.

Art. 625. As controvérsias resultantes da aplicação de Convenção ou de Acordo celebrado nos termos deste Título serão dirimidas pela Justiça do Trabalho.

Artigo com redação dada pelo Decreto-lei n. 229, de 28.02.1967.

Compete à Justiça do Trabalho processar e julgar os litígios decorrentes da aplicação e do cumprimento das convenções e acordos coletivos. A Lei n. 8.984/95 estendeu a competência aos litígios de cumprimento de norma coletiva mesmo quando ocorram entre sindicatos ou entre sindicatos e empresa ou empregador.

A EC n. 45/2004 alterou a redação do art. 114 da Carta Federal, atribuindo a competência à Justiça do Trabalho, inclusive para as ações sobre representação sindical, entre sindicatos, entre sindicatos e trabalhadores, e entre sindicatos e empregadores.

TÍTULO VI-A
DAS COMISSÕES DE CONCILIAÇÃO PRÉVIA

Título acrescentado pela Lei n. 9.958, de 12.01.2000.

Art. 625-A. As empresas e os sindicatos podem instituir Comissões de Conciliação Prévia, de composição paritária, com representantes dos empregados e dos empregadores, com a atribuição de tentar conciliar os conflitos individuais do trabalho.

Caput *acrescentado pela Lei n. 9.958, de 12.01.2000.*

O presente dispositivo dispõe que as empresas e os sindicatos "podem", e não que "devem", instituir Comissões de Conciliação Prévia (CCP). Assim, a primeira conclusão é a de que a instituição das Comissões de Conciliação Prévia não é obrigatória.

Se for instituída a CCP, esta deverá ser integrada por representantes dos empregados e dos empregadores com a finalidade de conciliar os conflitos individuais, apenas e tão somente, pois questões de âmbito coletivo não podem a ela ser submetidas.

A Portaria n. 264/2002 do MTE fixa normas para o acompanhamento e levantamento de dados relacionados ao funcionamento das comissões de conciliação prévia, e a Portaria n. 329/2002 do MTE estabelece procedimento para a instalaçao e o funcionamento das comissoes e núcleos intersindicais de conciliação.

Parágrafo único. As Comissões referidas no *caput* deste artigo poderão ser constituídas por grupos de empresas ou ter caráter intersindical.

Parágrafo acrescentado pela Lei n. 9.958, de 12.01.2000.

Pelo presente dispositivo, temos que as CCP podem ser instituídas em uma determinada empresa, em um grupo de empresas ou entre sindicatos de empregados e empregadores. Entendemos também que é possível a criação de CCP que envolva uma central sindical.

A Portaria n. 329, de 14.08.2002, estabelece procedimentos para a instalação e o funcionamento das Comissões de Conciliação Prévia e Núcleos Intersindicais de Conciliação Trabalhista. A CCP solucionará conflitos de trabalhadores relativos à categoria profissional e à base territorial das respectivas entidades sindicais (art. 1º, parágrafo único, da Portaria n. 329/2002).

As comissões não podem constituir fonte de renda para as entidades sindicais (art. 10, § 1º, da Portaria n. 329/2002). São vedadas: a cobrança de qualquer valor do trabalhador (art. 10, § 2º, I, da Portaria n. 329/2002); a cobrança de valores vinculada ao resultado (art. 10, § 2º, II, da Portaria n. 329/2002);

e a cobrança de remuneração em percentual do valor pleiteado (art. 10, § 2º, III, da Portaria n. 329/2002).

Art. 625-B. A Comissão instituída no âmbito da empresa será composta de, no mínimo, 2 (dois) e, no máximo, 10 (dez) membros, e observará as seguintes normas:

Caput *acrescentado pela Lei n. 9.958, de 12.01.2000.*

O número de integrantes das Comissões de Conciliação Prévia (CCP) instituídas no âmbito das empresas será determinado pelos empregados e pelos empregadores de forma consensual, no limite de 2 a 10. As regras do presente dispositivo limitam-se às CCP instituídas no âmbito das empresas.

I – a metade de seus membros será indicada pelo empregador e a outra metade eleita pelos empregados, em escrutínio secreto, fiscalizado pelo sindicato da categoria profissional;

Inciso acrescentado pela Lei n. 9.958, de 12.01.2000.

Os empregados poderão livremente indicar seus representantes, os quais poderão ou não ser empregados. Serão escolhidos por voto secreto, fiscalizado pelo sindicato profissional. A quantidade de membros será sempre em número par, de forma a tornar a representação igualitária. A composição paritária serve tanto para a composição como para o funcionamento.

II – haverá na Comissão tantos suplentes quantos forem os representantes titulares;

Inciso acrescentado pela Lei n. 9.958, de 12.01.2000.

Ao ser estabelecido o número de representantes – 2 a 10 –, também haverá a necessidade de votação do mesmo número de suplentes.

III – o mandato dos seus membros, titulares e suplentes, é de um ano, permitida uma recondução.

Inciso acrescentado pela Lei n. 9.958, de 12.01.2000.

A permissão para a recondução é de apenas um ano. Assim, o mandato poderá ser exercido por, no máximo, dois anos, incluindo o tempo de suplente.

---

§ 1º É vedada a dispensa dos representantes dos empregados membros da Comissão de Conciliação Prévia, titulares e suplentes, até 1 (um) ano

após o final do mandato, salvo se cometerem falta grave, nos termos da lei.

Parágrafo acrescentado pela Lei n. 9.958, de 12.01.2000.

O dispositivo em comento estabelece garantia de emprego para os membros titulares e suplentes até um ano depois do final do mandato. A estabilidade inicia-se quando o empregado passa a fazer parte da comissão e não quando da inscrição da sua candidatura, como ocorre com os dirigentes sindicais. A única ressalva de perda da estabilidade é a ocorrência de falta grave. Já os representantes dos empregadores não têm tal estabilidade, pois são indicados.

---

§ 2º O representante dos empregados desenvolverá seu trabalho normal na empresa, afastando-se de suas atividades apenas quando convocado para atuar como conciliador, sendo computado como tempo de trabalho efetivo o despendido nessa atividade.

Parágrafo acrescentado pela Lei n. 9.958, de 12.01.2000.

O representante dos empregados, ao ser convocado para a conciliação, será afastado de suas atividades e referido período será computado como tempo de serviço. Trata-se, portanto, de interrupção do trabalho.

Art. 625-C. A Comissão instituída no âmbito do sindicato terá sua constituição e normas de funcionamento definidas em convenção ou acordo coletivo.

Artigo acrescentado pela Lei n. 9.958, de 12.01.2000.

Por força deste dispositivo, cujo conteúdo é repetido no art. 1º da Portaria n. 329/2002, a constituição e as normas de funcionamento das Comissões de Conciliação Prévia (CCP) instituídas no âmbito dos sindicatos serão definidas em convenções e acordos coletivos. Assim, não se aplicam as normas estabelecidas nos incisos e parágrafos do art. 625-B, inclusive quanto à estabilidade, mas sim as regras definidas em negociação coletiva.

Art. 625-D. Qualquer demanda de natureza trabalhista será submetida à Comissão de Conciliação Prévia se, na localidade da prestação de serviços, houver sido instituída a Comissão no âmbito da empresa ou do sindicato da categoria.

Caput *acrescentado pela Lei n. 9.958, de 12.01.2000.*

O presente dispositivo ensejou diversas discussões nos tribunais acerca da obrigatoriedade ou não da submissão prévia de demanda trabalhista às Comissões de Conciliação Prévia (CCP). Além do dispositivo em comento, o art. 4º da Portaria n. 329/2002 também trata da questão, estabelecendo a obrigatoriedade.

Para aqueles que entendem pela obrigatoriedade, a não submissão enseja a extinção do feito sem julgamento do mérito, por se tratar de uma condição da ação. Contudo, nosso entendimento é no sentido contrário, pois o juiz do trabalho, antes de extinguir o feito sem julgamento do mérito, tem o dever de tentar conciliar as partes, e o que o legislador pretendeu com a criação de tais dispositivos não foi dificultar o acesso ao Judiciário, mas sim criar mais uma alternativa de solução de conflitos, de forma a incentivar os interessados a solucionar, com mais celeridade, as divergências sem a mobilização do Estado.

Resta claro tratar-se de uma faculdade do empregado diante da ausência de previsão de cominação. Extinguir o processo sem julgamento do mérito não comunga com os ideais de justiça, sendo certo que as CCP devem ser utilizadas como instrumentos para obtenção dos direitos trabalhistas, e não como obstáculos para alcançá-los.

Qual é a utilidade processual da extinção do feito para determinar a remessa ao órgão administrativo – CCP –, se o juiz, no exercício da sua função conciliatória, não obteve êxito? Nesse sentido, qual seja, de que é faculdade do empregado, o TRT da 2ª Região editou a Súmula n. 2.

O STF já decidiu a questão no sentido de que não se trata de obrigatoriedade ao julgar as ADIs ns. 2.139 e 2.160.

Por fim, ainda que se entenda pela obrigatoriedade de prévia submissão às referidas CCP, fato é que o juiz do trabalho não pode extinguir de plano o feito sem julgamento do mérito. Se a empresa, em audiência, não formula proposta de acordo, não se justifica determinar que a demanda seja submetida à comissão, posto que o desinteresse na composição em juízo evidencia o desinteresse na composição na esfera administrativa. Nessa hipótese, o processo deverá tramitar normalmente, em prol do princípio da razoabilidade e da economia dos atos processuais.

A empresa que requerer, em preliminar, a extinção do processo sem julgamento do mérito, por não ter submetido a demanda à CCP, e não formular qualquer proposta de acordo, estará litigando de má-fé e por isso deve ser apenada.

---

§ 1º A demanda será formulada por escrito ou reduzida a termo por qualquer dos membros da Comissão, sendo entregue cópia datada e assinada pelo membro aos interessados.

Parágrafo acrescentado pela Lei n. 9.958, de 12.01.2000.

O que se verifica neste dispositivo é a falta de necessidade de advogado para submeter a questão à Comissão de Conciliação Prévia, eis que isso pode ser feito de forma verbal, o que será reduzido a termo e entregue uma cópia aos interessados.

---

§ 2º Não prosperando a conciliação, será fornecida ao empregado e ao empregador declaração da tentativa conciliatória frustrada com a descrição de seu objeto, firmada pelos membros da Comissão, que deverá ser juntada à eventual reclamação trabalhista.

Parágrafo acrescentado pela Lei n. 9.958, de 12.01.2000.

Este dispositivo determina que o empregado junte aos autos de eventual reclamação trabalhista a declaração de conciliação frustrada. Essa determinação, a nosso ver, tem como objetivo apenas verificar a prescrição, isso porque, conforme prescreve o art. 625-G da CLT, a prescrição fica suspensa com a provocação da Comissão de Conciliação Prévia; não se trata de requisito da petição inicial. Em outras palavras, não deve ser extinto o feito em decorrência do não cumprimento do disposto no artigo ora em comento.

---

§ 3º Em caso de motivo relevante que impossibilite a observância do procedimento previsto no *caput* deste artigo, será a circunstância declarada na petição inicial da ação intentada perante a Justiça do Trabalho.

Parágrafo acrescentado pela Lei n. 9.958, de 12.01.2000.

A verificação do motivo relevante ficará a cargo do juiz, que analisará o caso concreto. O fato de o empregado não desejar fazer acordo com o empregador, a nosso ver, já é motivo relevante para dispensar a Comissão de Conciliação Prévia e ajuizar reclamação trabalhista. Por isso entendemos não ser ela condição da ação. Poderão ser motivos relevantes as acusações de fraude de uma determinada CCP, o difícil acesso a elas etc.

---

§ 4º Caso exista, na mesma localidade e para a mesma categoria, Comissão de empresa e Comissão sindical, o interessado optará por uma delas para submeter a sua demanda, sendo competente aquela que primeiro conhecer do pedido.

Parágrafo acrescentado pela Lei n. 9.958, de 12.01.2000.

Poderá ocorrer hipótese de a CCP ser instituída pelo sindicato da categoria, pela empresa e também pela central sindical. Nessa hipótese, o empregado pode optar pela CCP que melhor lhe aprouver. Caso seja provocada mais de uma CCP, determina o presente dispositivo que será competente a que primeiro apreciar o pedido, e não a que primeiro recebeu.

Art. 625-E. Aceita a conciliação, será lavrado termo assinado pelo empregado, pelo empregador ou seu preposto e pelos membros da Comissão, fornecendo-se cópia às partes.

Caput *acrescentado pela Lei n. 9.958, de 12.01.2000.*

Para que o título tenha validade, é necessária a assinatura do empregado, do empregador e dos membros da comissão, de forma a evitar a fraude e por se tratar de um título executivo extrajudicial.

Parágrafo único. O termo de conciliação é título executivo extrajudicial e terá eficácia liberatória geral, exceto quanto às parcelas expressamente ressalvadas.

Parágrafo acrescentado pela Lei n. 9.958, de 12.01.2000.

A grande discussão quanto ao presente dispositivo é a expressão "liberatória geral". Entendemos que a quitação restringe-se às questões submetidas à comissão, motivo pelo qual se devem especificar quais parcelas efetivamente correspondem ao acordo, até para fins fiscais, pois as comissões não podem conciliar sobre títulos que sequer foram pedidos.

A especificação das parcelas decorre da exceção prevista no mesmo dispositivo, qual seja, de que haverá quitação, com exceção das "parcelas expressamente ressalvadas", nos limites do pedido. Assim, só haverá necessidade de ressalvar expressamente se o acordo não abranger todos os pedidos, não sendo necessário ressalvar pedidos que ali não constam.

Art. 625-F. As Comissões de Conciliação Prévia têm prazo de 10 (dez) dias para a realização da sessão de tentativa de conciliação a partir da provocação do interessado.

Caput *acrescentado pela Lei n. 9.958, de 12.01.2000.*

O prazo de dez dias para realizar-se a sessão conciliatória conta-se do momento em que o empregado apresentar a sua reclamação.

Parágrafo único. Esgotado o prazo sem a realização da sessão, será fornecida, no último dia do prazo, a declaração a que se refere o § 2º do art. 625-D.

Parágrafo acrescentado pela Lei n. 9.958, de 12.01.2000.

A declaração da tentativa de conciliação frustrada serve para o empregado fazer prova da suspensão da prescrição em eventual ação trabalhista.

Art. 625-G. O prazo prescricional será suspenso a partir da provocação da Comissão de Conciliação Prévia, recomeçando a fluir, pelo que lhe resta, a partir da tentativa frustrada de conciliação ou do esgotamento do prazo previsto no art. 625-F.

Artigo acrescentado pela Lei n. 9.958, de 12.01.2000.

A prescrição para ajuizar reclamação trabalhista resta suspensa com a provocação das Comissões de Conciliação Prévia (CCP) no prazo máximo de dez dias, que é o prazo máximo para realização da sessão de tentativa de conciliação (art. 625-F da CLT).

Fica suspenso o prazo apenas quanto às verbas pleiteadas na reclamação intentada na comissão.

Art. 625-H. Aplicam-se aos Núcleos Intersindicais de Conciliação Trabalhista em funcionamento ou que vierem a ser criados, no que couber, as disposições previstas neste Título, desde que observados os princípios da paridade e da negociação coletiva na sua constituição.

Artigo acrescentado pela Lei n. 9.958, de 12.01.2000.

Os sindicatos que já possuem núcleos de conciliação, ou que venham a criá-los, poderão utilizá-los como Comissões de Conciliação Prévia (CCP), nos termos da Lei n. 9.958/2000.

TÍTULO VII
DO PROCESSO DE MULTAS ADMINISTRATIVAS

CAPÍTULO I
DA FISCALIZAÇÃO, DA AUTUAÇÃO E DA IMPOSIÇÃO DE MULTAS

Art. 626. Incumbe às autoridades competentes do Ministério do Trabalho, Indústria e Comércio, ou àquelas que exerçam funções delegadas, a fiscalização do fiel cumprimento das normas de proteção ao trabalho.

Veja nota 1 na página XXI.

Trata-se, aqui, da inspeção do trabalho, mediante ação fiscalizadora, conforme previsão da Convenção da OIT n. 81, de 1947, aprovada pelo Decreto Legislativo n. 24/56 e regulada pelo Decreto Executivo n. 41.721/57. Compete à União organizar, manter e executar a inspeção do trabalho (art. 21, XXIV, da CF). A fiscalização do cumprimento das normas de proteção do trabalho, em sentido amplo, nelas incluídas as normas coletivas decorrentes de convenções e acordos coletivos, incumbe às autoridades do Ministério do Trabalho e Emprego, ou àqueles que exercem funções delegadas (médicos, engenheiros etc.) mediante convênios feitos com os estados-membros e com os municípios. A finalidade é assegurar a observância das normas e regulamentos do trabalho (o ministério foi extinto, e suas competências foram redistribuídas de acordo com o art. 83 da Lei n. 13.844, de 18.06.2019 – *v.* comentários ao art. 13, § 2º, da CLT).

Parágrafo único. Os fiscais do Instituto Nacional de Seguridade Social e das entidades paraestatais em geral, dependentes do Ministério do Trabalho, Indústria e Comércio serão competentes para a fiscalização a que se refere o presente artigo, na forma das instruções que forem expedidas pelo Ministro do Trabalho, Indústria e Comércio.

Veja nota 1 na página XXI.

Os fiscais do INSS (antigo INPS) e das entidades paraestatais ligadas ao extinto Ministério do Trabalho e Emprego também estão investidos dos poderes fiscalizadores do cumprimento da legislação de proteção do trabalho.

Art. 627. A fim de promover a instrução dos responsáveis no cumprimento das leis de proteção do trabalho, a fiscalização deverá observar o critério de dupla visita nos seguintes casos:

***a)* quando ocorrer promulgação ou expedição de novas leis, regulamentos ou instruções ministeriais, sendo que, com relação exclusivamente a esses atos, será feita apenas a instrução dos responsáveis;**

b) **em se realizando a primeira inspeção dos estabelecimentos ou dos locais de trabalho, recentemente inaugurados ou empreendidos.**

O auditor fiscal do trabalho tem ampla liberdade de ação, inclusive para impor multas. Contudo, em alguns casos, a ação fiscal não poderá multar de plano, pois a lei impõe o critério da dupla visita. Este artigo e o art. 23 do Decreto n. 4.552/2002 determinam que em se tratando de inspeção inicial ou quando ocorrer edição de novas leis, regulamentos e instruções, há de ser observada uma ação pedagógica de instrução ou orientação dos responsáveis, empregadores e empregados, bem como devem ser fixados prazos para o cumprimento da legislação trabalhista. Na segunda visita, se persistir a irregularidade, a empresa poderá ser multada.

O § 1º do art. 23 do Decreto n. 4.552/2002 determina que "a autuação pelas infrações não dependerá da dupla visita após o decurso do prazo de noventa dias da vigência das disposições a que se refere o inciso I ou do efetivo funcionamento do novo estabelecimento ou local de trabalho a que se refere o inciso II". E o § 2º prevê que "após obedecido o disposto no inciso III, não será mais observado o critério de dupla visita em relação ao dispositivo infringido".

Além dessas hipóteses, o § 3º do art. 6º da Lei n. 7.855/89 prevê a obrigatoriedade da dupla visita quando a empresa tiver até dez empregados, salvo se a infração consistir em ausência de anotação da Carteira de Trabalho e Previdência Social ou na hipótese de fraude, resistência ou embaraço à fiscalização. A mesma regra se aplica às microempresas e empresas de pequeno porte, nos termos do art. 55 da LC n. 123/2006, com redação dada pela LC n. 147/2014.

Art. 627-A. Poderá ser instaurado procedimento especial para a ação fiscal, objetivando a orientação sobre o cumprimento das leis de proteção ao trabalho, bem como a prevenção e o saneamento de infrações à legislação mediante Termo de Compromisso, na forma a ser disciplinada no Regulamento da Inspeção do Trabalho.

Artigo acrescentado pela MP n. 2.164-41, de 24.08.2001.

O texto apresenta a novidade do procedimento especial de ação fiscal (Peaf) e confere ao agente fiscal a atribuição de tomar do infrator termo de compromisso de ajuste da conduta. O desiderato no procedimento especial é, em caráter preventivo, orientar os empregadores e empregados sobre o cumprimento da legislação trabalhista e, em caráter repressivo, sanar as irregularidades, nos prazos assinalados no ajuste de compromisso.

Art. 628. Salvo o disposto no art. 627 e 627-A, a toda verificação em que o Auditor Fiscal concluir pela existência de violação de preceito legal deve

corresponder, sob pena de responsabilidade administrativa, a lavratura de auto de infração.

Caput *com redação dada pela MP n. 2.164-41, de 24.08.2001.*

O dispositivo determina o dever do agente fiscal de lavrar auto de infração, à vista da existência de violação à legislação trabalhista, sob pena de apuração da responsabilidade funcional. De acordo com o Precedente Administrativo n. 14 do Departamento de Fiscalização do Trabalho, ainda que inexpressivo o valor ou da sua desatualização, deve ser instaurado auto de infração, para efeito de reincidência e diante da possibilidade de posterior atualização do valor: "Multa. Valor sem expressão econômica. Processamento regular obrigatório. A impossibilidade de impor multa ao infrator em virtude da desatualização ou inexpressividade de seu valor, não obsta o processamento regular do auto de infração e sua declaração de subsistência, uma vez que o instituto da reincidência e a possibilidade de ulterior atualização daquele valor impedem-lhe pronto arquivamento".

Com a edição da Lei n. 13.467/2017 e da MP n. 808/2017, houve desregulamentação de diversas normas, com restrição do poder de fiscalização da autoridade competente.

Antes da reforma trabalhista, era obrigatória a homologação, pelo sindicato da categoria ou pela Superintendência Regional do Trabalho, dos pedidos de demissão e dispensa sem justa causa nos contratos com mais de um ano de vigência.

Com a alteração do art. 477 da CLT, não há mais necessidade de homologação de qualquer rescisão, o que impede o controle quanto à matéria.

Da mesma forma, quanto à jornada de trabalho, a MP n. 808/2017 permitiu aos profissionais da área de saúde, por meio de acordo individual escrito, convenção coletiva ou acordo coletivo de trabalho, estabelecer horário de trabalho de 12 horas seguidas por 36 horas ininterruptas de descanso, observados ou indenizados os intervalos para repouso e alimentação.

Assim, como pode ser realizado por acordo individual tal condição, há mitigação dos direitos dos trabalhadores, o que reduz o âmbito de atuação fiscalizatório.

Ressalte-se, também, que resta autorizada a redução do intervalo intrajornada, antes matéria de ordem pública, inderrogável por qualquer meio, pelo que não mais caberá fiscalização de forma ampla, mas condicionada a autorização normativa.

Os planos de cargos e salários não mais necessitam de homologação do órgão competente para sua validade (art. 461, § 1º, da CLT), o que não permite a fiscalização do poder público acerca da matéria.

§ 1º Ficam as empresas obrigadas a possuir o livro intitulado "Inspeção do Trabalho", cujo modelo será aprovado por portaria ministerial.

Parágrafo acrescentado pelo Decreto-lei n. 229, de 28.02.1967.

As empresas têm o dever de possuir e manter, em cada estabelecimento, o livro de inspeção do trabalho, para anotações das visitas fiscais e irregularidades constatadas.

As microempresas gozam de tratamento diferenciado. A Lei n. 9.841/99, art. 11, dispensa-as dessa obrigação. É verdade que tal norma foi revogada, a teor do art. 89 da LC n. 123/2006. Porém, o art. 51, IV, desta última mantém o privilégio, além de acrescentar outros: "Art. 51. As microempresas e as empresas de pequeno porte são dispensadas: I – da afixação de Quadro de Trabalho em suas dependências; II – da anotação das férias dos empregados nos respectivos livros ou fichas de registro; III – de empregar e matricular seus aprendizes nos cursos dos Serviços Nacionais de Aprendizagem; IV – da posse do livro intitulado 'Inspeção do Trabalho'; e V – de comunicar ao Ministério do Trabalho e Emprego a concessão de férias coletivas".

Porém, essas beneficiárias não deverão olvidar do disposto no preceito seguinte: "Art. 52. O disposto no art. 51 desta Lei Complementar não dispensa as microempresas e as empresas de pequeno porte dos seguintes procedimentos: I – anotações na Carteira de Trabalho e Previdência Social - CTPS; II – arquivamento dos documentos comprobatórios de cumprimento das obrigações trabalhistas e previdenciárias, enquanto não prescreverem essas obrigações; III – apresentação da Guia de Recolhimento do Fundo de Garantia do Tempo de Serviço e Informações à Previdência Social - GFIP; IV – apresentação das Relações Anuais de Empregados e da Relação Anual de Informações Sociais – Rais e do Cadastro Geral de Empregados e Desempregados – Caged".

§ 2º Nesse livro, registrará o agente da inspeção sua visita ao estabelecimento, declarando a data e a hora do início e término da mesma, bem como o resultado da inspeção, nele consignando, se for o caso, todas as irregularidades verificadas e as exigências feitas, com os respectivos prazos para seu atendimento, e, ainda, de modo legível, os elementos de sua identificação funcional.

Parágrafo acrescentado pelo Decreto-lei n. 229, de 28.02.1967.

As visitas fiscais e as irregularidades verificadas constarão, necessária e minudentemente, do livro de inspeção do trabalho, bem como as exigências feitas, os prazos para cumprimento e a identificação funcional do agente fiscal.

§ 3º Comprovada a má-fé do agente da inspeção, quanto à omissão ou lançamento de qualquer elemento no livro, responderá ele por falta grave no cumprimento do dever, ficando passível, desde logo, da pena de suspensão até 30 (trinta) dias, instaurando-se, obrigatoriamente, em caso de reincidência, inquérito administrativo.

Parágrafo acrescentado pelo Decreto-lei n. 229, de 28.02.1967.

Trata-se da tipificação da falta grave funcional do agente fiscal. Omitir ou lançar elementos no livro de inspeção do trabalho, mediante má-fé comprovada, sujeita o agente fiscal à pena de suspensão de trinta dias. Será instaurado inquérito administrativo na hipótese de reincidência.

§ 4º A lavratura de autos contra empresas fictícias e de endereços inexistentes, assim como a apresentação de falsos relatórios, constitui falta grave, punível na forma do § 3º.

Parágrafo acrescentado pelo Decreto-lei n. 229, de 28.02.1967.

Constitui falta grave, punível na forma do parágrafo antecedente, também a falsidade de relatório, bem assim a lavratura de auto de infração contra empresa fictícia e de endereço inexistente.

Art. 629. O auto de infração será lavrado em duplicata, nos termos dos modelos e instruções expedidos, sendo uma via entregue ao infrator, contra recibo, ou ao mesmo enviada, dentro de 10 (dez) dias da lavratura, sob pena de responsabilidade, em registro postal, com franquia e recibo de volta.

Caput *com redação dada pelo Decreto-lei n. 229, de 28.02.1967.*

Comanda a lei a lavratura do auto de infração em duas vias, uma delas entregue ao infrator mediante contrarrecibo, ou, na impossibilidade, mediante postagem com aviso de recebimento. O infrator tem o direito a conhecer os fundamentos da infração imputada para fins de defesa. O auto de infração deverá ser fundamentado e deverá indicar as irregularidades constatadas e os artigos de lei violados.

De acordo com o Precedente Administrativo n. 56 do Departamento de Fiscalização do Trabalho, o princípio da veracidade não afasta o dever de motivação do auto de infração, o que, aliás, encontra respaldo no art. 2º da Lei n. 9.784/99. Prevê o citado verbete que: "A presunção de veracidade do auto de infração não desobriga o auditor fiscal de demonstrar os fatos que o levaram a concluir pela existência do ilícito trabalhista".

§ 1º O auto não terá o seu valor probante condicionado à assinatura do infrator ou de testemunhas, e será lavrado no local da inspeção, salvo havendo motivo justificado que será declarado no próprio auto, quando então deverá ser lavrado no prazo de 24 (vinte e quatro) horas, sob pena de responsabilidade.

Parágrafo com redação dada pelo Decreto-lei n. 229, de 28.02.1967.

O auto de infração deverá ser lavrado no local da inspeção e deverá conter a assinatura do infrator ou de testemunhas, sob pena de ineficácia do seu valor probante. Caso haja motivo justificado, declarado no próprio auto de infração, a lavratura poderá ser feita fora do local de inspeção, no prazo de 24 horas, sob pena de responsabilidade. Por oportuno, é bom frisar que o agente fiscal goza de fé pública.

No entanto, o Secretário de Inspeção do Trabalho, por meio do Ato Declaratório SIT n. 13, de 13.06.2013, expediu o Precedente Administrativo n. 102, que prevê: "Precedente Administrativo n. 102. Auto de infração. Local de lavratura. O conceito de local de inspeção abrange aquele onde os auditores fiscais do trabalho executam atos de inspeção e verificam os atributos trabalhistas por meio de análise de documentos ou sistemas informatizados, conforme procedimento de fiscalização previsto em normas expedidas pela autoridade nacional competente em matéria de inspeção do trabalho".

§ 2º Lavrado o auto de infração, não poderá ele ser inutilizado, nem sustado o curso do respectivo processo, devendo o agente da inspeção apresentá-lo à autoridade competente, mesmo se incidir em erro.

Parágrafo com redação dada pelo Decreto-lei n. 229, de 28.02.1967..

Depois de ser lavrado o auto de infração, ainda que contenha erros, não poderá ser inutilizado ou sustado.

§ 3º O infrator terá, para apresentar defesa, o prazo de 10 (dez) dias contados do recebimento do auto.

Parágrafo com redação dada pelo Decreto-lei n. 229, de 28.02.1967.

O prazo de defesa administrativa para o infrator é de dez dias, contados do recebimento do auto de infração. Se o auto de infração for entregue pessoalmente, o prazo iniciará na data do recebimento. Caso a entrega seja via postal, o prazo fluirá da data do recebimento e da aposição da assinatura no aviso de recebimento. Nenhum prazo de defesa inicia ou vence em dia não útil, caso em que fica prorrogado para o seguinte dia útil.

§ 4º O auto de infração será registrado com a indicação sumária de seus elementos característicos, em livro próprio que deverá existir em cada órgão fiscalizador, de modo a assegurar o controle do seu processamento.

Parágrafo acrescentado pelo Decreto-lei n. 229, de 28.02.1967.

No órgão fiscalizador, deverá existir livro de registro de auto de infração para fins de controle. Cada auto de infração deverá ser registrado no referido livro com a indicação sumária dos seus elementos característicos.

Art. 630. Nenhum agente da inspeção poderá exercer as atribuições do seu cargo sem exibir a carteira de identidade fiscal, devidamente autenticada, fornecida pela autoridade competente.

Caput *com redação dada pelo Decreto-lei n. 229, de 28.02.1967.*

É obrigatória a exibição da carteira de identidade fiscal no exercício das atribuições fiscalizadoras.

Ressalte-se que de acordo com o Precedente Normativo n. 44 do Departamento de Fiscalização do Trabalho, podem lavrar auto de infração auditores fiscais do trabalho que sejam médicos e engenheiros: "Os auditores fiscais do trabalho médicos e engenheiros têm competência para lavrar auto de infração capitulado no art. 41 da CLT, ao constatarem falta de registro de empregado".

§ 1º É proibida a outorga de identidade fiscal a quem não esteja autorizado, em razão do cargo ou função, a exercer ou praticar, no âmbito da legislação trabalhista, atos de fiscalização.

Parágrafo acrescentado pelo Decreto-lei n. 229, de 28.02.1967.

A carteira de identidade fiscal somente pode ser outorgada pela autoridade competente àqueles investidos de poderes fiscalizadores em razão de cargo ou função.

§ 2º A credencial a que se refere este artigo deverá ser devolvida para inutilização, sob as penas da lei, em casos de provimento em outro cargo público, exoneração ou demissão, bem como nos de licenciamento por prazo superior a 60 (sessenta) dias e de suspensão do exercício do cargo.

Parágrafo acrescentado pelo Decreto-lei n. 229, de 28.02.1967.

Na hipótese de provimento em outro cargo, de exoneração, de demissão, de licença por prazo superior a sessenta dias e de suspensão do exercício do cargo, a carteira de identidade funcional deverá ser devolvida para inutilização, sob as penas da lei.

§ 3º O agente da inspeção terá livre acesso a todas as dependências dos estabelecimentos sujeitos ao regime da legislação trabalhista, sendo as empresas, por seus dirigentes, ou prepostos, obrigadas a prestar-lhe os esclarecimentos necessários ao desempenho de suas atribuições legais e a exibir-lhe, quando exigidos, quaisquer documentos que digam respeito ao fiel cumprimento das normas de proteção ao trabalho.

Parágrafo acrescentado pelo Decreto-lei n. 229, de 28.02.1967.

O agente fiscal, no exercício das suas atribuições, tem liberdade de ação e de acesso às dependências da empresa. Os responsáveis pela empresa ou seus prepostos devem prestar os esclarecimentos necessários e exibir os documentos exigidos por ele. A Convenção n. 148 da OIT, ratificada, assegura aos representantes dos trabalhadores na empresa o direito de acompanhar a fiscalização. Entre nós, o acompanhamento é feito pelos representantes da CIPA. O dirigente sindical não tem livre acesso à empresa para fins fiscalizadores e de acompanhamento da ação fiscal, salvo disposto em convenção e em acordo coletivo de trabalho. Nesse sentido o Precedente Administrativo n. 22 do Departamento de Fiscalização do Trabalho: "Inspeção do Trabalho. Livre acesso. A prerrogativa do auditor fiscal do trabalho – AFT de ter livre acesso a todas as dependências dos estabelecimentos sujeitos ao regime da legislação trabalhista compreende não só o direito de ingressar mas também o de permanecer no local, para o exercício de sua ação fiscal. Referência normativa: art. 630, § 3º, da CLT".

§ 4º Os documentos sujeitos à inspeção deverão permanecer, sob as penas da lei, nos locais de trabalho, somente se admitindo, por exceção, a critério da autoridade competente, sejam os mesmos apresentados em dia e hora previamente fixados pelo agente da inspeção.

Parágrafo acrescentado pelo Decreto-lei n. 229, de 28.02.1967.

Os responsáveis pela empresa devem possuir e manter no local de trabalho os documentos sujeitos à fiscalização. A critério da autoridade competente, diante de justificativa plausível, ou para empresas de pequeno porte, os documentos poderão ser exibidos em dia e hora fixados pelo agente fiscal.

Acerca do tema, prevê o Precedente Administrativo n. 40 do Departamento de Fiscalização do Trabalho: "Inspeção do trabalho. Documentos sujeitos à fiscalização. Transferência de empregado. Os documentos sujeitos à inspeção devem permanecer no local de trabalho do empregado. Em caso de ser o empregado deslocado para prestar serviço em outro estabelecimento da empresa, devem acompanhá-lo para o novo local de trabalho o seu controle de jornada e seus registros funcionais, onde será anotada a respectiva transferência. Referência normativa: art. 630, § 4º, da Consolidação das Leis do Trabalho – CLT, e art. 3º da Portaria n. 1.121, de 08.11.1995".

Insta mencionar que de acordo com o Precedente Administrativo n. 43 do Departamento de Fiscalização do Trabalho, "a alegação em defesa de que não foi exibida ao auditor fiscal do trabalho apenas parte dos documentos mencionados no auto de infração acarreta a procedência total da autuação, uma vez que a infração ao art. 630, §§ 3º e 4º, da Consolidação das Leis do Trabalho – CLT não comporta subsistência parcial".

Quando fixado prazo para exibição de documentos, "a expressão 'a partir de' constante da notificação para apresentação de documentos indica o horário a partir do qual, no dia assinalado, o auditor fiscal comparecerá para inspecioná-los. Ao empregador cabe disponibilizar os documentos no dia assinalado e no horário constante da notificação e, a partir daquele horário, mantê-los disponíveis para exame" (Precedente Administrativo n. 52 do Departamento de Fiscalização do Trabalho).

Finalmente, a contagem do prazo observará o Precedente Administrativo n. 71, que disciplina: "Quando aplicável concessão de prazo para exibição de documentos, não inferior a dois nem superior a oito dias, sua contagem deve se dar com exclusão do dia do início e inclusão do dia do término, sendo irrelevante o horário em que se procedeu à notificação. Desnecessária observância do prazo para as notificações posteriores à anteriormente emitida e não cumprida pelo administrado".

---

§ 5º No território do exercício de sua função, o agente da inspeção gozará de passe livre nas empresas de transportes, públicas ou privadas, mediante a apresentação da carteira de identidade fiscal.

Parágrafo acrescentado pelo Decreto-lei n. 229, de 28.02.1967.

O agente fiscal, no exercício das suas atribuições, goza de passe livre no transporte público ou privado, mediante exibição da carteira de identidade fiscal.

---

§ 6º A inobservância do disposto nos §§ 3º, 4º e 5º configurará resistência ou embaraço à fiscalização e justificará a lavratura do respectivo auto de infração, cominada a multa de valor igual a meio (1/2) salário mínimo regional até 5 (cinco) vezes esse salário, levando-se em conta, além das circunstâncias atenuantes ou agravantes, a situação econômico-financeira do infrator e os meios a seu alcance para cumprir a lei.

Parágrafo acrescentado pelo Decreto-lei n. 229, de 28.02.1967.

O valor atual da multa é de 15 (quinze) vezes o valor de referência regional até 50 (cinquenta) vezes esse valor.

Opor resistência ou embaraçar a ação fiscal é conduta punível com multa. Resistir é opor. Por exemplo, impedir o acesso do agente fiscal às dependências da empresa ou do estabelecimento, o que enseja requisição de força policial (art. 630, § 8º, da CLT), bem como não exibir documentos exigidos no ato da fiscalização ou no prazo assinalado. Embaraçar é dificultar mediante artifício, ardil. Por exemplo, não prestar os esclarecimentos necessários, caso no qual o inspetor do trabalho poderá tomar esclarecimentos diretamente com os empregados sobre as condições de trabalho e os itens do objeto da fiscalização.

O valor da multa, atualmente, vem tratado na Portaria Ministerial n. 290/97 e varia entre 378,20 e 1.891 Ufirs. A Lei n. 8.383/91 instituiu a Ufir como medida de valor e parâmetro de atualização monetária de tributos, multas e penalidades de qualquer natureza. Até 1994, a atualização da Ufir era diária, para acompanhar a inflação. A partir de setembro de 1994, a atualização passou a ser mensal, em 1995 (Lei n. 8.981/95) passou a ser trimestral, em 1996 a correção foi feita de forma semestral e a partir de 1997 anualmente. A Ufir foi extinta por meio da MP n. 1.973-67, de 26.10.2000.

A lei aponta os critérios que devem ser levados em conta para a fixação do valor da multa: (I) a circunstância atenuante ou agravante, tais como a gravidade da infração e a reincidência; (II) a situação econômica do infrator, uma vez que a multa, além do caráter punitivo, deve surtir o efeito pedagógico de evitar a reincidência; (III) os meios a seu alcance para cumprir a lei.

Na forma do Precedente Administrativo n. 53 do Departamento de Fiscalização do Trabalho, "o art. 630, § 6º, é base legal para aplicação de sanção pela infração ao art. 630, §§ 3º, 4º e 5º, além de ser explicativo quanto à configuração de embaraço ou resistência. Embaraço e resistência não são infrações autônomas capituláveis no art. 630, § 6º, mas apenas circunstâncias que agravam a sanção".

Quanto à contagem do prazo, prevê o Precedente Administrativo n. 71 do Departamento de Fiscalização do Trabalho que "quando aplicável concessão de prazo para exibição de documentos, não inferior a dois nem superior a oito dias, sua contagem deve se dar com exclusão do dia do início e inclusão do dia do término, sendo irrelevante o horário em que se procedeu à notificação. Desnecessária observância do prazo para as notificações posteriores à anteriormente emitida e não cumprida pelo administrado".

Finalmente, na hipótese de infração que atinja coletivamente os trabalhadores, não há necessidade de citá-los nominalmente, conforme o Precedente Normativo n. 92 do Departamento de Fiscalização do Trabalho: "Não é necessária citação de pelo menos um empregado em situação irregular na caracterização de infração que atinge a coletividade dos trabalhadores, pois todos aqueles que laboram no local de trabalho estão em situação irregular".

§ 7º Para o efeito do disposto no § 5º, a autoridade competente divulgará, em janeiro e julho de cada ano, a relação dos agentes da inspeção titulares da carteira de identidade fiscal.

Parágrafo acrescentado pelo Decreto-lei n. 229, de 28.02.1967.

Para fins da gratuidade do transporte coletivo, a lei determina a divulgação da relação dos agentes de inspeção do trabalho titulares da carteira de identidade fiscal.

§ 8º As autoridades policiais, quando solicitadas, deverão prestar aos agentes da inspeção a assistência de que necessitarem para o fiel cumprimento de suas atribuições legais.

Parágrafo acrescentado pelo Decreto-lei n. 229, de 28.02.1967.

Na hipótese de resistência, o agente fiscal poderá requisitar força policial, e as autoridades policiais deverão prestar a assistência necessária à ação fiscal.

Art. 631. Qualquer funcionário público federal, estadual ou municipal, ou representante legal de associação sindical, poderá comunicar à autoridade competente do Ministério do Trabalho, Indústria e Comércio as infrações que verificar.

Veja nota 1 na página XXI.

As denúncias à autoridade competente do Ministério do Trabalho e Emprego sobre infrações à legislação trabalhista poderão ser comunicadas por qualquer funcionário público, federal, estadual ou municipal, ou por representante legal do sindicato (o ministério foi extinto, e suas competências foram redistribuídas de acordo com o art. 83 da Lei n. 13.844, de 18.06.2019 – *v.* comentários ao art. 13, § 2º, da CLT). As denúncias também poderão ser comunicadas ao Ministério Público do Trabalho (arts. 127 e 129 da CF e LC n. 75/93). O juiz do trabalho, nos processos em que atua, ao verificar as infrações à legislação trabalhista e irregularidades, poderá, independentemente de requerimento, expedir ofícios às autoridades competentes, a fim de que sejam tomadas as providências necessárias.

Parágrafo único. De posse dessa comunicação, a autoridade competente procederá desde logo às necessárias diligências, lavrando os autos de que haja mister.

A autoridade competente incumbida de fiscalizar o cumprimento da legislação trabalhista, uma vez informada sobre infração à legislação trabalhista, tem o dever-poder de agir nas diligências necessárias e na lavratura de auto de infração.

Art. 632. Poderá o autuado requerer a audiência de testemunhas e as diligências que lhe parecerem necessárias à elucidação do processo, cabendo, porém, à autoridade, julgar da necessidade de tais provas.

A norma em evidência trata do contraditório e da ampla defesa, princípios consagrados na CF (art. 5º, LV), e complementa o disposto no art. 629, § 3º, da CLT. O prazo para defesa administrativa é de dez dias, ocasião em que o autuado poderá requerer as diligências necessárias ao esclarecimento dos fatos, bem como a produção de prova testemunhal. Ao ser configurado o intuito de procrastinar, a autoridade competente, com vistas a coibir o abuso da parte no exercício do direito de defesa, poderá indeferir as provas inúteis e ou protelatórias. O prazo para interposição de recurso administrativo é de dez dias (art. 636 da CLT).

Art. 633. (*Revogado pela Lei n. 13.874, de 20.09.2019.*)

Art. 634. Na falta de disposição especial, a imposição das multas incumbe às autoridades regionais competentes em matéria de trabalho, na forma estabelecida por este Título.

Incumbe às autoridades regionais competentes, no caso o delegado regional do trabalho, a imposição de multas, salvo disposição em contrário. Somente a autoridade fiscal apontada na lei detém o poder fiscalizador, em matéria de legislação do trabalho, salvo delegação expressa e legalmente prevista.

---

§ 1º A aplicação da multa não eximirá o infrator da responsabilidade em que incorrer por infração das leis penais.

Parágrafo renumerado pela Lei n. 13.467, de 13.07.2017.

Regra geral, pela aplicação do princípio da vedação do *bis in idem*, ninguém pode ser punido mais de uma vez pela mesma infração. Entretanto, há casos em que a infração à legislação trabalhista acarreta responsabilidades trabalhista, administrativa, civil e penal. Além da responsabilidade trabalhista, na modalidade de multa, o infrator sujeita-se à responsabilidade decorrente de infração penal em que incorrer.

---

§ 2º Os valores das multas administrativas expressos em moeda corrente serão reajustados anualmente pela Taxa Referencial (TR), divulgada pelo Banco Central do Brasil, ou pelo índice que vier a substituí-lo.
Parágrafo acrescentado pela Lei n. 13.467, de 13.07.2017.

O Col. STF, nos autos da ADI n. 4.425/DF, declarou a inconstitucionalidade da TR como índice de correção monetária, tendo sido assim ementado o v. acórdão: "Direito constitucional. Regime de execução da Fazenda Pública mediante precatório. EC n. 62/2009. Inconstitucionalidade formal não configurada. Inexistência de interstício constitucional mínimo entre os dois turnos de votação de emendas à Lei Maior (CF, art. 60, § 2º). Constitucionalidade da sistemática de 'superpreferência' a credores de verbas alimentícias quando idosos ou portadores de doença grave. Respeito à dignidade da pessoa humana e à proporcionalidade. Invalidade jurídico-constitucional da limitação da preferência a idosos que completem 60 anos até a expedição do precatório. Discriminação arbitrária e violação à isonomia (cf., art. 5º, *caput*). Inconstitucionalidade da sistemática de compensação de débitos inscritos em precatórios em proveito exclusivo da Fazenda Pública. Embaraço à efetividade da jurisdição (cf., art. 5º, XXXV), desrespeito à coisa julgada material (cf., art. 5º, XXXVI), ofensa à separação dos Poderes (cf., art. 2º) e ultraje à isonomia entre o estado e o particular (cf., art. 1º, *caput*, c/c art. 5º, *caput*). Impossibilidade jurídica da utilização do índice de remuneração da caderneta de poupança como critério de correção monetária. Violação ao direito fundamental de propriedade (cf., art. 5º, XXII). Inadequação manifesta entre meios e fins. Inconstitucionalidade da utilização do rendimento da caderneta de poupança como índice definidor dos juros moratórios dos créditos inscritos em precatórios, quando oriundos de relações jurídico-tributárias. Discriminação arbitrária e violação à isonomia entre devedor público e devedor privado (cf., art. 5º, *caput*). Inconstitucionalidade do regime especial de pagamento. Ofensa à cláusula constitucional do estado de direito (cf., art. 1º, *caput*), ao princípio da separação de Poderes (cf., art. 2º), ao postulado da isonomia (cf., art. 5º, *caput*), à garantia do acesso à justiça e a efetividade da tutela jurisdicional (cf., art. 5º, XXXV) e ao direito adquirido e à coisa julgada (cf., art. 5º, XXXVI). Pedido julgado procedente em parte. 1. A CF/88 não fixou um intervalo temporal mínimo entre os dois turnos de votação para fins de aprovação de emendas à Constituição (CF, art. 62, § 2º), de sorte que inexiste parâmetro objetivo que oriente o exame judicial do grau de solidez da vontade política de reformar a Lei Maior. A interferência judicial no âmago do processo político, verdadeiro *locus* da atuação típica dos agentes do Poder Legislativo, tem de gozar de lastro forte e categórico no que prevê o texto da CF. Inexistência de ofensa formal à Constituição brasileira. 2. O pagamento prioritário, até certo limite, de precatórios devidos a titulares idosos ou que sejam portadores de doença grave promove, com razoabilidade, a dignidade da pessoa humana (CF, art. 1º, III) e a proporcionalidade (CF, art. 5º, LIV), situando-se dentro da margem de conformação do legislador constituinte para operacionalização da novel preferência subjetiva criada pela EC n. 62/2009. 3. A expressão 'na data de expedição do precatório', contida no art. 100, § 2º, da CF, com redação dada pela EC n. 62/2009, enquanto baliza temporal para a aplicação da preferência no pagamento de idosos, ultraja a isonomia (CF, art. 5º, *caput*) entre os cidadãos credores da Fazenda Pública, na medida em que discrimina, sem qualquer fundamento, aqueles que venham a alcançar a idade de 60 anos não na data da expedição do precatório, mas, sim, posteriormente, enquanto pendente este e ainda não ocorrido o pagamento. 4. O regime de compensação dos débitos da Fazenda Pública inscritos em precatórios, previsto nos §§ 9º e 10 do art. 100 da CF, incluídos pela EC n. 62/2009, embaraça a efetividade da jurisdição (CF, art. 5º, XXXV), desrespeita a coisa julgada material (CF, art. 5º, XXXVI), vulnera a separação dos Poderes (CF, art. 2º) e ofende a isonomia entre o poder público e o particular (CF, art. 5º, *caput*), cânone essencial do estado democrático de direito (CF, art. 1º, *caput*). 5. A atualização monetária dos débitos fazendários inscritos em precatórios segundo o índice oficial de remuneração da caderneta de poupança viola o direito fundamental de propriedade (CF, art. 5º, XXII) na medida em que é manifestamente incapaz de preservar o valor real do crédito de que é titular o cidadão. A inflação, fenômeno tipicamente econômico-monetário, mostra-se insuscetível de captação apriorística (*ex ante*), de modo que o meio escolhido pelo legislador constituinte (remuneração da caderneta de poupança) é inidôneo a promover o fim a que se destina (traduzir a inflação do período). 6. A quantificação dos juros moratórios relativos a débitos fazendários inscritos em precatórios segundo o índice de remuneração da caderneta de poupança vulnera o princípio constitucional da isonomia (CF, art. 5º, *caput*) ao incidir sobre débitos estatais de natureza tributária, pela discriminação em detrimento da parte processual privada que, salvo expressa determinação em contrário, responde pelos juros da mora tributária à taxa de 1% ao mês em favor do Estado (*ex vi* do art. 161, § 1º, do CTN). Declaração de inconstitucionalidade parcial sem redução da expressão 'independentemente de sua natureza', contida no art. 100, § 12, da CF, incluído pela EC n. 62/2009, para determinar que, quanto aos precatórios de natureza tributária, sejam aplicados os mesmos juros de mora incidentes sobre todo e qualquer crédito tributário. 7. O art. 1º-F da Lei n. 9.494/97, com redação dada pela Lei n. 11.960/2009, ao reproduzir as regras da EC n. 62/2009 quanto à atualização monetária e à fixação de juros moratórios de créditos inscritos em precatórios incorre nos mesmos vícios de juridicidade que inquinam o art. 100, § 12, da CF, razão pela qual se revela inconstitucional por arrastamento, na mesma extensão dos itens 5 e 6 supra. 8. O regime 'especial' de pagamento de precatórios para estados e municípios criado pela EC n. 62/2009, ao veicular nova moratória na quitação dos débitos judiciais da Fazenda Pública e ao impor o contingenciamento de recursos para esse fim, viola a cláusula constitucional do Estado de Direito (CF, art. 1º, *caput*), o princípio da separação de Poderes (CF, art. 2º), o postulado da isonomia (CF, art. 5º), a garantia do acesso à justiça e a efetividade da tutela jurisdicional (CF, art. 5º, XXXV), o direito adquirido e à coisa julgada (CF, art. 5º, XXXVI). 9. Pedido de declaração de inconstitucionalidade julgado procedente em parte" (STF, ADI n. 4.425, rel. Min. Ayres Britto, rel. p/ ac. Min. Luiz Fux, Tribunal Pleno, j. 14.03.2013, *DJe* 19.12.2013).

Diante da decisão do Col. STF, e por arrastamento, os tribunais passaram a aplicar o IPCA-E como índice de correção monetária, tendo a Suprema Corte, em razão de diversos julgados Regionais, modulado os efeitos de seu próprio acórdão para determinar que deverá ser aplicado o modo de pagamento "[...] na forma como vinham sendo realizados" (Recl. n. 16.940, rel. Min. Teori Zavascki, j. 23.06.2014, *DJe* 01.07.2014), tendo sido suspensa, portanto, a eficácia do v. acórdão que declarou a inconstitucionalidade quanto à aplicação da TR como índice de correção monetária. Nesse sentido a decisão proferida pelo Col. STF: "Decisão: 1. Trata-se de reclamação constitucional, com pedido de liminar, contra acórdão proferido pelo TJSP, nos autos do Processo n. 053.09.014771-8, em razão de suposto desrespeito à medida cautelar deferida nos autos das ADIs ns. 4.357/DF e 4.425/DF (rel. p/ ac. Min. Luiz Fux). Alega o requerente, em síntese, que: (a) o acórdão reclamado, em observância ao decidido pelo STJ no julgamento do REsp n. 1.205.946 (sistemática de recursos repetitivos), no sentido da declaração de inconstitucionalidade, por arrastamento, do disposto no art. 5º da Lei n. 11.960/2009, conforme decidido pelo STF no julgamento da ADI n. 4.357 e ADI n. 4.425), entendeu ser aplicável, ao caso, 'o índice da poupança (TR) para os juros de mora e o IPCA para correção monetária' (p. 2 da petição inicial eletrônica); e (b) ao assim decidir, teria desobedecido medida cautelar deferida nos autos das ADIs ns. 4.357/DF e 4.452/DF, no sentido da manutenção da sistemática anterior de pagamentos dos precatórios, até que o STF se pronuncie conclusivamente acerca dos efeitos das decisões de mérito proferidas nos autos das ADIs. A medida liminar foi deferida (*DJ* 10.12.2013). A autoridade reclamada prestou informações. A Procuradoria-Geral da República manifestou-se no sentido da procedência da reclamação. 2. O cabimento da reclamação, instituto jurídico de natureza constitucional, deve ser aferido nos estritos limites das normas de regência, que só a concebem para preservação da competência do Tribunal e para garantia da autoridade de suas decisões (art. 102, I, *l*, CF/88), bem como contra atos que contrariem ou indevidamente apliquem súmula vinculante (art. 103-A, § 3º, CF/88). Com efeito, não obstante a declaração de inconstitucionalidade das expressões 'índice oficial de remuneração básica da caderneta de poupança' e 'independentemente de sua natureza', contidas no § 12 do art. 100 da CF/88, bem como a declaração de inconstitucionalidade, em parte, por arrastamento do art. 1º-F da Lei n. 9.494/97 (redação dada pelo art. 5º da Lei n. 11.960/2009), o relator para acórdão das ADIs ns. 4.357 e 4.425, Min. Luiz Fux, atendendo a petição apresentada pelo Conselho Federal da OAB, na qual se noticiava 'a paralisação do pagamento de precatórios por alguns Tribunais de Justiça do País, determinada após o julgamento conjunto das ADIs ns. 4.357 e 4.425, realizado em 14.03.2013, pelo Plenário do STF', em 11.04.2013, deferiu medida cautelar, determinando: '*ad cautelam*, que os Tribunais de Justiça de todos os Estados e do Distrito Federal deem imediata continuidade aos pagamentos de precatórios, na forma como já vinham realizando até a decisão proferida pelo STF em 14.03.2013, segundo a sistemática vigente à época, respeitando-se a vinculação de receitas para fins de quitação da dívida pública, sob pena de sequestro'. Essa medida cautelar, deferida pelo relator, foi ratificada pelo Plenário da Corte na sessão de julgamento de 24.10.2013, a significar que, enquanto não revogada, continua em vigor o sistema de pagamentos de precatórios 'na forma como vinham sendo realizados', não tendo eficácia, por enquanto, as decisões de mérito tomadas pelo STF ADIs ns. 4.357 e 4.425. Sobre a questão, o Procurador-Geral da República pronunciou-se no seguinte sentido: 'A aplicação de sistemática diversa da prevista no artigo expungido, antes da pacificação do entendimento do Pretório Excelso quanto à eficácia do pronunciamento nas ADIs, conduz ao risco de decisões contraditórias nos diversos Tribunais, em afronta à isonomia, cujo respeito é condição inerente ao bom Direito. Nesse sentido, deve-se entender o pronunciamento do Ministro Luiz Fux como direcionado a todas as Cortes do país, inclusive ao STJ, e abrangendo também situações como a presente, na qual se define índice de correção dissonante da legislação ainda vigente, mesmo quando o precatório ainda não tenha sido constituído. Essa preocupação, que respaldou o pronunciamento acautelador do Ministro Luiz Fux, tem norteado diversos Ministros do Pretório Excelso no deferimento de liminares em situações análogas a essa. Confira-se com as decisões monocrática proferidas nas Reclamações ns. 16.705, 16.977, 17.287, 17.486, 17.626, 17.651 e 17.772. Parece razoável, portanto, sob pena de afronta ao princípio da segurança jurídica, que continue a ser observada a redação vigente antes do julgamento das ações diretas até que a Suprema Corte defina como será a modulação dos efeitos da declaração de inconstitucionalidade, ressaltando-se a importância de que o STF aprecie a questão o mais rapidamente possível'. Conclui-se, assim, que, ao aplicar índice de correção monetária nos termos do entendimento fixado no julgamento de mérito das ADIs ns. 4.357 e 4.425, sem, contudo, considerar a suspensão da eficácia desses julgados, o acórdão reclamado descumpriu a medida cautelar. 3. Diante do exposto, julgo procedente a reclamação. Publique-se. Intime-se. Brasília, 23.06.2014. Ministro Teori Zavascki, relator. Documento assinado digitalmente" (STF, Recl. n. 16.940, rel. Min. Teori Zavascki, j. 23.06.2014, *DJe* 01.07.2014).

No âmbito trabalhista, o Col. STF, nos autos da Reclamação n. 22.012, havia concedido liminar para cassar a decisão do Col. TST que determinou a aplicação do IPCA-E como índice de correção monetária (STF, Recl. n. 22.012/MC, rel. Min. Dias Toffoli, j. 14.10.2015, *DJe*. 16.10.2015).

Ocorre que a Segunda Turma do STF julgou improcedente, na data 05.12.2017, a Recl. n. 22.012, ajuizada pela Federação Nacional dos Bancos (Fenaban) contra decisão do TST que determinou a adoção do IPCA-E no lugar da Taxa Referencial Diária (TRD) para a atualização de débitos trabalhistas. Prevaleceu o entendimento de que a decisão não configura desrespeito ao julgamento do STF nas ADIs ns. 4.357 e 4.425, que analisaram a emenda constitucional sobre precatórios.

A decisão do TST e a tabela única editada pelo Conselho Superior da Justiça do Trabalho (CSJT) estavam suspensas desde outubro de 2015 por liminar do Ministro Dias Toffoli, relator da reclamação. No mérito, o relator rejeitou a conclusão do TST de que a declaração de inconstitucionalidade da expressão "equivalentes à TRD", no *caput* do art. 39 da Lei n. 8.177/91, ocorreu por arrastamento (ou por atração) da decisão do STF nas ADIs ns. 4.357 e 4.425. Seu entendimento foi seguido pelo Ministro Gilmar Mendes.

Prevaleceu, porém, a divergência aberta pelo Ministro Ricardo Lewandowski, no sentido da improcedência da reclamação. Ele citou diversos precedentes das duas Turmas no sentido de que o conteúdo das decisões que determinam a utilização de índice diverso da TR para atualização monetária dos débitos trabalhistas não guarda relação com o decidido pelo STF nas duas ADIs. Seguiram a divergência os Ministros Celso de Mello e Edson Fachin, formando assim a corrente majoritária no julgamento.

CAPÍTULO II
DOS RECURSOS

Art. 635. De toda decisão que impuser multa por infração das leis e disposições reguladoras do trabalho, e não havendo forma especial de processo, caberá recurso para o Diretor-Geral do Departamento ou Serviço do Ministério do Trabalho que for competente na matéria.

Caput *com redação dada pelo Decreto-lei n. 229, de 28.02.1967.*
Veja nota 1 na página XXI.

Da lavratura de auto de infração cabe defesa administrativa (art. 629, § 3º, da CLT). Da decisão que impõe multa cabe recurso administrativo à Secretaria das Relações de Trabalho.

Nos termos do Decreto n. 6.341/2008, cabe às Superintendências Regionais do Trabalho e Emprego, consideradas unidades descentralizadas e subordinadas diretamente ao Ministro de Estado, "a execução, supervisão e monitoramento de ações relacionadas a políticas públicas afetas ao Ministério do Trabalho e Emprego na sua área de jurisdição, especialmente as de fomento ao trabalho, emprego e renda, execução do Sistema Público de Emprego, as de fiscalização do trabalho, mediação e arbitragem em negociação coletiva, melhoria contínua nas relações do trabalho, e de orientação e apoio ao cidadão, observando as diretrizes e procedimentos emanados do Ministério" (o ministério foi extinto, e suas competências foram redistribuídas de acordo com o art. 83 da Lei n. 13.844, de 18.06.2019 – *v.* comentários ao art. 13, § 2º, da CLT).

Assim, cabe ao superintendente regional do trabalho aplicar a penalidade ao empregador após lavratura do auto de infração pelo auditor fiscal do trabalho, e de seu ato é possível, caso haja ofensa a direito líquido e certo do empregador, a impetração de mandado de segurança, respeitados os requisitos da Lei n. 12.016/2009, o qual deve ser apreciado, originariamente, pela Justiça do Trabalho de primeiro grau, sendo certo que seu cabimento, nos termos do art. 5º, I, da Lei n. 12.016/2009 depende da ausência de cabimento de recurso administrativo com efeito suspensivo, independentemente de caução.

Parágrafo único. As decisões serão sempre fundamentadas.

Parágrafo acrescentado pelo Decreto-lei n. 229, de 28.02.1967.

Trata-se aqui de complemento do princípio constitucional da fundamentação, segundo o qual todas as decisões judiciais e administrativas devem ser fundamentadas, sob pena de nulidade (arts. 93, IX, da CF e 2º da Lei n. 9.784/99).

Art. 636. Os recursos devem ser interpostos no prazo de 10 (dez) dias, contados do recebimento da notificação, perante a autoridade que houver imposto a multa, a qual, depois de os informar, encaminhá-los-á à autoridade de instância superior.

Caput *com redação dada pelo Decreto-lei n. 229, de 28.02.1967.*

O prazo para interposição de recurso administrativo de multa é de dez dias, contado da data do recebimento da notificação. A notificação, regra geral, é feita pelo correio. O recurso é dirigido à autoridade que houver imposto a multa, em regra o superintendente regional do trabalho. A autoridade prestará as informações e encaminhará o recurso administrativo à instância superior.

§ 1º O recurso só terá seguimento se o interessado o instruir com a prova do depósito da multa.

Parágrafo acrescentado pelo Decreto-lei n. 229, de 28.02.1967.

O referido artigo trata do depósito recursal. Ao recorrer da decisão de imposição de multa, o recorrente deverá comprovar o depósito do seu valor, sob pena de não conhecimento. Grassam sérios debates acerca da matéria, pois há quem aponte a inconstitucionalidade de se exigir o depósito prévio da multa imposta como condição de conhecimento do recurso administrativo, por malferimento ao art. 5º, LV, da CF. O STF já se pronunciou sobre a constitucionalidade e recepção constitucional do art. 636, § 1º, da CLT (ADI n. 1049-2-Cautelar; RE n. 236.761-5/SC, *DJU* 27.08.1999, p. 66; RE n. 230.0887/MG, *DJU* 28.05.1999, p. 28). Posteriormente, a Suprema Corte declarou a inconstitucionalidade do depósito prévio para interposição de recurso administrativo no julgamento das ADIs ns. 1.976-7 e 1.074-3. Atualmente a questão não merece mais discussão, tendo em vista a edição da Súmula Vinculante n. 21 pelo Col. STF, pela qual "é inconstitucional a exigência de depósito ou arrolamento prévios de dinheiro ou bens para admissibilidade de recurso administrativo".

§ 2º A notificação somente será realizada por meio de edital, publicada no órgão oficial, quando o infrator estiver em lugar incerto e não sabido.

Parágrafo acrescentado pelo Decreto-lei n. 229, de 28.02.1967.

Na hipótese de o infrator encontrar-se em lugar incerto e não conhecido, a lei autoriza a notificação por edital. Nesse caso, os prazos correm a partir da publicação do edital.

§ 3º A notificação de que trata este artigo fixará igualmente o prazo de 10 (dez) dias para que o infrator recolha o valor da multa, sob pena de cobrança executiva.

Parágrafo acrescentado pelo Decreto-lei n. 229, de 28.02.1967.

A notificação por edital fixará o prazo de dez dias para o infrator recolher o valor da multa, sobre pena de cobrança executiva.

§ 4º As guias de depósito ou recolhimento serão emitidas em 3 (três) vias e o recolhimento da multa deverá proceder-se dentro de 5 (cinco) dias às repartições federais competentes, que escriturarão a receita a crédito do Ministério do Trabalho.

Parágrafo acrescentado pelo Decreto-lei n. 229, de 28.02.1967.
Veja nota 1 na página XXI.

O disposto neste artigo trata das formalidades da emissão das guias e fixa o prazo de cinco dias para o recolhimento das multas.

§ 5º A segunda via da guia de recolhimento será devolvida pelo infrator à repartição que a emitiu, até o sexto dia depois de sua expedição, para a averbação no processo.

Parágrafo acrescentado pelo Decreto-lei n. 229, de 28.02.1967.

A segunda via da guia de recolhimento da multa deve ser juntada no processo administrativo respectivo no prazo de seis dias após a sua expedição.

§ 6º A multa será reduzida de 50% (cinquenta por cento) se o infrator, renunciando ao recurso, a recolher ao Tesouro Nacional dentro do prazo de 10 (dez) dias contados do recebimento da notificação ou da publicação do edital.

Parágrafo acrescentado pelo Decreto-lei n. 229, de 28.02.1967.

O enunciado autoriza a redução do valor da multa à razão de 50% desde que o infrator: (I) providencie o recolhimento da multa no prazo de dez dias, contados da notificação ou da publicação do edital; (II) manifeste a renúncia ao recurso administrativo.

§ 7º Para a expedição da guia, no caso do § 6º, deverá o infrator juntar a notificação com a prova da data do seu recebimento, ou a folha do órgão oficial que publicou o edital.

Parágrafo acrescentado pelo Decreto-lei n. 229, de 28.02.1967.

Ainda sobre as formalidades para a expedição de guias de recolhimento de multa, agora com valor reduzido, o infrator deverá juntar a notificação com prova da data do recebimento ou da publicação do edital.

Art. 637. De todas as decisões que proferirem em processos de infração das leis de proteção ao trabalho e que impliquem arquivamento destes, observado o disposto no parágrafo único do art. 635, deverão as autoridades prolatoras recorrer de ofício para a autoridade competente de instância superior.

Caput *com redação dada pelo Decreto-lei n. 229, de 28.02.1967.*

O artigo em análise comanda o reexame necessário, também conhecido como recurso *ex officio*, das decisões de arquivamento em processos administrativos de infração à legislação trabalhista.

Parágrafo único. ***(Suprimido pelo Decreto-lei n. 229, de 28.02.1967.)***

Art. 638. Ao Ministro do Trabalho é facultado avocar ao seu exame e decisão, dentro de 90 (noventa) dias do despacho final do assunto, ou no curso do processo, as questões referentes à fiscalização dos preceitos estabelecidos nesta Consolidação.

Veja nota 1 na página XXI.

O Ministro do Trabalho detém o poder avocatório de processos administrativos de infração das leis de proteção ao trabalho, ou seja, pode chamar para si o conhecimento e julgamento do processo, independentemente de provocação da parte. A avocatória pode ser feita: (I) a qualquer tempo, no curso do processo até o despacho final; ou (II) no prazo de noventa dias do despacho final do assunto.

CAPÍTULO III
DO DEPÓSITO, DA INSCRIÇÃO E DA COBRANÇA

Art. 639. Não sendo provido o recurso, o depósito se converterá em pagamento.

O depósito do valor da multa converte-se em pagamento na hipótese de não provimento do recurso.

No entanto, como dito no comentário ao art. 637, § 1º, o citado dispositivo não mais possui qualquer relevância, tendo em vista que, de acordo com a Súmula Vinculante n. 21 do Col. STF, é "inconstitucional a exigência de depósito ou arrolamento prévios de dinheiro ou bens para admissibilidade de recurso administrativo".

Art. 640. É facultado às Delegacias Regionais do Trabalho, na conformidade de instruções expedidas pelo Ministro de Estado, promover a cobrança amigável das multas antes do encaminhamento dos processos à cobrança executiva.

Caput *com redação dada pelo Decreto-lei n. 229, de 28.02.1967.*

Há exortação da conciliação, na medida em que a lei autoriza a cobrança amigável das multas antes da execução judicial.

§§ 1º e 2º ***(Suprimidos pelo Decreto-lei n. 229, de 28.02.1967.)***

Art. 641. Não comparecendo o infrator, ou não depositando a importância da multa ou penalidade, far-se-á a competente inscrição em livro especial, existente nas repartições das quais se tiver originado a multa ou penalidade, ou de onde tenha provindo a reclamação que a determinou, sendo extraída cópia autêntica dessa inscrição e enviada às autoridades competentes para a respectiva cobrança judicial, valendo tal instrumento como título de dívida líquida e certa.

Se correr o processo administrativo à revelia, o valor da multa será inscrito na dívida ativa. A inscrição da dívida será feita pelo órgão competente e gozará de presunção relativa de certeza e liquidez, portanto com eficácia de título executivo. Essa presunção poderá ser elidida por prova inequívoca em contrário. A inscrição do valor da multa na dívida ativa suspende a prescrição.

Ressalte-se que a parte do artigo que determina a inscrição da multa ou penalidade pela simples ausência de depósito não mais pode prevalecer em razão do disposto na Súmula n. 21 do C. STF.

Art. 642. A cobrança judicial das multas impostas pelas autoridades administrativas do trabalho obedecerá ao disposto na legislação aplicável à cobrança da dívida ativa da União, sendo promovida, no Distrito Federal e nas capitais dos Estados em que funcionarem Tribunais Regionais do Trabalho, pela Procuradoria da Justiça do Trabalho, e nas demais localidades, pelo Ministério Público Estadual, nos termos do Decreto-lei n. 960, de 17 de dezembro de 1938.

A normativa trata da cobrança judicial da multa inscrita na dívida ativa da Fazenda Pública. A matéria atualmente é regida pela Lei n. 6.830/80, e a cobrança judicial era feita pela Procuradoria da Fazenda Nacional.

Após a edição da Lei n. 11.457/2007, conhecida como Lei da Super-Receita, por força de seu art. 16, § 3º, II, compete à Procuradoria-Geral Federal representar judicial e extrajudicialmente "a União, nos processos da Justiça do Trabalho relacionados com a cobrança de contribuições previdenciárias, de imposto de renda retido na fonte e de multas impostas aos empregadores pelos órgãos de fiscalização das relações do trabalho, mediante delegação da Procuradoria-Geral da Fazenda Nacional".

Nos termos do art. 114, VII, da CF, acrescido pela EC n. 45/2004, compete à Justiça do Trabalho julgar "as ações relativas às penalidades administrativas impostas aos empregadores pelos órgãos de fiscalização das relações de trabalho".

Não há, portanto, qualquer dúvida acerca da competência da Justiça do Trabalho para julgar as ações executivas do Poder Público das penalidades aplicadas, bem como as ações ajuizadas pelos empregadores para questionar eventual auto de infração lavrado pela autoridade administrativa.

Ressalte-se que, de acordo com a jurisprudência do Col. TST, a autoridade administrativa, ao lavrar auto de infração, pode reconhecer a relação de emprego havida entre as partes. "Agravo de instrumento em recurso de revista. Legalidade do auto de infração. Possibilidade de o fiscal do trabalho declarar a existência de vínculo de emprego. Agravo de instrumento provido, a fim de se determinar o processamento do recurso de revista para melhor análise de possível violação do art. 21, XXIV, da CF e dos arts. 626 e 628 da CLT. Recurso de revista. Possibilidade de o fiscal do trabalho declarar a existência de vínculo de emprego. Não invade a esfera da competência da Justiça do Trabalho a declaração de existência de vínculo de emprego feita pelo auditor fiscal do trabalho, por ser sua atribuição verificar o cumprimento das normas trabalhistas, tendo essa declaração eficácia somente quanto ao empregador, não transcendendo os seus efeitos subjetivos para aproveitar, sob o ponto de vista processual, ao trabalhador. Assim, verificado pelo fiscal de trabalho que há relação de emprego entre a empresa tomadora de serviço e o trabalhador, não há óbice na cobrança do FGTS pela União, em razão de tal atribuição estar prevista no art. 23 da Lei n. 8.036/90. Afastada a invasão da competência da Justiça do Trabalho, devem os autos retornar ao Tribunal de origem para analisar o recurso ordinário do banco quanto à inexistência de vínculo de emprego. Recurso de revista conhecido e provido" (TST, RR n. 180340-93.2006.5.02.0018, 6ª T., rel. Min. Augusto César Leite de Carvalho, j. 16.02.2011, *DEJT* 25.02.2011).

Parágrafo único. ***(Revogado pelo Decreto-lei n. 9.509, de 24.07.1946.)***

TÍTULO VII-A
DA PROVA DE INEXISTÊNCIA DE DÉBITOS TRABALHISTAS

Título acrescentado pela Lei n. 12.440, de 07.07.2011.

Art. 642-A. É instituída a Certidão Negativa de Débitos Trabalhistas (CNDT), expedida gratuita e eletronicamente, para comprovar a inexistência de débitos inadimplidos perante a Justiça do Trabalho.

Caput *acrescentado pela Lei n. 12.440, de 07.07.2011.*

A Certidão Negativa de Débitos Trabalhistas (CNDT), de âmbito nacional, existe desde 2011 e permite a qualquer empresa obter uma declaração, para qualquer fim, de que não possui pendências perante a Justiça do Trabalho. Esse dispositivo tem estreita relação com a Lei das Licitações (Lei n. 8.666/93), uma vez que a CNDT representa mais um requisito para o interessado em participar de uma licitação pública. Isso porque a Lei n. 12.440/2011, que instituiu a CNDT, acrescentou à Lei das Licitações o inciso IV no art. 27, que determina que haja regularidade fiscal e trabalhista, bem como o inciso V no art. 29, que passou a exigir a prova de inexistência de débitos inadimplidos perante a Justiça do Trabalho, conforme dispõe este novo art. 642-A da CLT. O tema foi regulamentado pela Resolução Administrativa n. 1.470/2011, oriunda do Órgão Especial do TST, com modificações posteriores, além da Resolução Administrativa n. 1.996/2018, do Órgão Especial do TST. É, sem dúvida, de impacto significativo para o ramo trabalhista, uma vez que as empresas terão de quitar suas dívidas perante a Justiça do Trabalho antes de se inscreverem no certame. É, também, compatível com a necessária lisura que a empresa que pretende servir o público deve ter. O Ofício Circular TST.GP n. 154 dispõe que, na hipótese de haver erros de lançamento, inclusão e exclusão de devedores, as Corregedorias Regionais dos TRTs devem solucionar tais pendências.

---

§ 1º O interessado não obterá a certidão quando em seu nome constar:

Parágrafo acrescentado pela Lei n. 12.440, de 07.07.2011.

A Justiça do Trabalho será responsável pela expedição da CNDT, conforme as informações que constar no seu banco de dados referentes à empresa interessada em participar de licitação. É possível obtê-la gratuitamente por meio dos sítios eletrônicos relacionados com a Justiça do Trabalho, a saber, o do TST, o do Conselho Superior da Justiça do Trabalho e o dos TRTs. A certidão somente sairá negativada caso não haja pendências de cumprimento das decisões judiciais, com a observância das características mencionadas nos incisos a seguir.

I – o inadimplemento de obrigações estabelecidas em sentença condenatória transitada em julgado proferida pela Justiça do Trabalho ou em acordos judiciais trabalhistas, inclusive no concernente aos recolhimentos previdenciários, a honorários, a custas, a emolumentos ou a recolhimentos determinados em lei; ou

Inciso acrescentado pela Lei n. 12.440, de 07.07.2011.

A quitação para participação da licitação somente é exigida nos casos em que há sentença condenatória (portanto, não em sentenças meramente declaratórias) e com trânsito em julgado, ou seja, que não mais seja passível de recurso. Ainda, para a expedição da CNDT, o pagamento também deve ser feito em caso de acordo judicial entre as partes, porque o parágrafo único do art. 831 da CLT indica que esse ajuste lavrado vale como decisão irrecorrível. É importante perceber que não somente o principal é exigido para que a CNDT seja obtida, mas, ainda, qualquer pendência relativa àquela condenação ou acordo, como recolhimentos previdenciários, honorários, custas e emolumentos. Os TRTs de todo o país devem enviar informações que comporão o Banco Nacional de Devedores Trabalhistas (BNDT) e servirão de base para a expedição da CNDT. A mencionada Resolução Administrativa n. 1.470/2011 definiu um prazo de trinta dias, a partir da data da inclusão no Banco, para que a parte interessada providencie a retificação, a garantia ou o pagamento da dívida. A partir daí a certidão será negativa, positiva ou positiva com efeitos de negativa, como previsto no § 2º, logo a seguir. Para gerar inscrição do nome do executado em órgãos de proteção ao crédito ou no BNDT, *v.* o art. 883-A da CLT, com redação dada pela Lei n. 13.467, de 13.07.2017. O Ato GP n. 317/2012, do TST, dispõe que a pessoa jurídica que goza de privilégio do pagamento de seus débitos pelo sistema do art. 100 da CF (precatórios) não será inscrita no BNDT antes de vencido o prazo para a quitação do precatório e, em caso de regime especial de pagamento, a inscrição não se dará enquanto estiver mantendo a pontualidade nos pagamentos dos depósitos mensais. A Subseção II – Especializada em Dissídios Individuais (SDI-2) do TST já julgou que não cabe mandado de segurança contra a sentença de execução que incluiu empresas no BNDT, conforme notícia de agosto de 2013 no *site* do TST.

II – o inadimplemento de obrigações decorrentes de execução de acordos firmados perante o Ministério Público do Trabalho ou Comissão de Conciliação Prévia.

Inciso acrescentado pela Lei n. 12.440, de 07.07.2011.

O Termo de Ajuste de Conduta celebrado por uma empresa com o Ministério Público do Trabalho e o Termo de Conciliação obtido com a realização de um acordo perante uma Comissão de Conciliação Prévia, instituída nas empresas ou nos sindicatos, são títulos executivos extrajudiciais, consoante o parágrafo único do art. 625-E e o art. 876, ambos da CLT. Isso significa que podem ser diretamente executados na Justiça do Trabalho, sem discussão em fase de conhecimento. E, para a obtenção da CNDT, esses tipos de ajustes que estejam sendo objetos de execução perante a Justiça do Trabalho também devem ser completamente quitados ou devem ser cumpridas eventuais obrigações de fazer ou não fazer. Há muitos exemplos de obrigações dessa natureza nos ajustes das empresas com o Ministério Público do Trabalho, como no caso do seu comprometimento em entregar aos trabalhadores equipamentos para proteção individual, em se abster de contratar cooperados em vez de empregados em determinadas situações típicas de vínculo empregatício, ou em deixar de realizar revistas íntimas nos empregados. Veja que o inciso não distingue o tipo de obrigação e, portanto, não se trata somente de obrigação de pagar alguma importância.

---

§ 2º Verificada a existência de débitos garantidos por penhora suficiente ou com exigibilidade suspensa, será expedida Certidão Positiva de Débitos Trabalhistas em nome do interessado com os mesmos efeitos da CNDT.

Parágrafo acrescentado pela Lei n. 12.440, de 07.07.2011.

Ainda que não haja a comprovação de quitação da dívida, a lei aceita que nas decisões com trânsito em julgado, quando o devedor for intimado para o cumprimento da obrigação em execução definitiva e oferecer bens em penhora suficientes para cobrir o valor da execução total, ou seja, incluindo as custas, os emolumentos, os honorários e outras cobranças nos autos, haja a expedição de certidão positiva com efeitos de negativa. Outra hipótese é a exigibilidade suspensa de certos débitos, o que pode ocorrer, por exemplo, no caso de pendências com a Previdência Social nas quais houve um acordo para pagamento parcelado. Nesse caso, a certidão também não é negativa, mas positiva, porém, com os mesmos efeitos da negativa.

---

§ 3º A CNDT certificará a empresa em relação a todos os seus estabelecimentos, agências e filiais.

Parágrafo acrescentado pela Lei n. 12.440, de 07.07.2011.

O parágrafo indica que não há uma certificação por estabelecimento, agência ou filial. Para que a pessoa jurídica obtenha a CNDT, é necessário quitar seus débitos perante a Justiça do Trabalho, seja qual for o estabelecimento, agência ou filial que estiver em litígio.

§ 4º O prazo de validade da CNDT é de 180 (cento e oitenta) dias, contado da data de sua emissão.

Parágrafo acrescentado pela Lei n. 12.440, de 07.07.2011.

A fixação de prazo para a validade da CNDT é importante, à medida que orienta o interessado em relação à maneira como deve proceder, afastando dúvidas, bem como evita que novos débitos sejam ignorados quando a empresa tiver interesse em participar de licitações algum tempo depois de ter obtido uma CNDT. A certidão, em quaisquer de suas modalidades (negativa, positiva e positiva com efeitos de negativa), é válida por 180 dias, contados da data de sua expedição.

TÍTULO VIII
DA JUSTIÇA DO TRABALHO

CAPÍTULO I
INTRODUÇÃO

Art. 643. Os dissídios, oriundos das relações entre empregados e empregadores, bem como de trabalhadores avulsos e seus tomadores de serviços, em atividades reguladas na legislação social, serão dirimidos pela Justiça do Trabalho, de acordo com o presente Título e na forma estabelecida pelo processo judiciário do trabalho.

Caput *com redação dada pela Lei n. 7.494, de 17.06.1986.*

O presente artigo trata da competência da Justiça do Trabalho, estabelecida antes da redação do art. 114 da CF/88, que até a EC n. 45/2004 só permitia incluir atores da relação de emprego, deixando a cargo da lei incluir "outras controvérsias decorrentes da relação de trabalho" (inciso IX) que não a empregatícia. Depois de referida Emenda, a competência da Justiça do Trabalho para processar e julgar as relações de trabalho é a regra e "outras controvérsias decorrentes da relação de trabalho", não especificadas na Lei Maior, serão apontadas por meio de legislação infraconstitucional. A Constituição, em seu art. 114, ampliou a competência para estabelecer que cabe a tal Justiça especializada: "processar e julgar: I – as ações oriundas da relação de trabalho, abrangidos os entes de direito público externo e da administração pública direta e indireta da União, dos Estados, do Distrito Federal e dos Municípios; II – as ações que envolvam exercício do direito de greve; III – as ações sobre representação sindical, entre sindicatos, entre sindicatos e trabalhadores, e entre sindicatos e empregadores; IV – os mandados de segurança, *habeas corpus* e *habeas data*, quando o ato questionado envolver matéria sujeita à sua jurisdição; V – os conflitos de competência entre órgãos com jurisdição trabalhista, ressalvado o disposto no art. 102, I, *o*; VI – as ações de indenização por dano moral ou patrimonial, decorrentes da relação de trabalho; VII – as ações relativas às penalidades administrativas impostas aos empregadores pelos órgãos de fiscalização das relações de trabalho; VIII – a execução, de ofício, das contribuições sociais previstas no art. 195, I, *a*, e II, e seus acréscimos legais, decorrentes das sentenças que proferir; IX – outras controvérsias decorrentes da relação de trabalho, na forma da lei". Quanto ao item I mencionado, é importante verificar a discussão, logo a seguir, acerca da questão da competência em relação ao servidor público.

Nessa norma constitucional, também estão embutidas a competência para a execução de títulos judiciais e extrajudiciais na Justiça do Trabalho (art. 877-A da CLT) e aquela em razão da condição das pessoas, que acabam traduzindo competência material (sindicato, empregador, empregados rurais e urbanos, domésticos, trabalhadores temporários, avulsos, servidores públicos, entre outros). A competência material é definida pela natureza da pretensão trazida a juízo. Partindo do conteúdo dos pedidos do autor do dissídio individual ou coletivo, o juiz definirá se possui, ou não, a competência para analisar a matéria posta a sua apreciação, verificando se o fato narrado subsume-se ao direito previsto nos arts. 114 da CF, 643 da CLT ou, ainda, previsto em legislação esparsa (o que foi permitido pelo inciso IX do art. 114 da CF). O juiz pode apreciar a competência, de ofício, quando for absoluta (fixada em razão de matéria ou hierarquia – funcional –, conforme o art. 62 do CPC/2015 – art. 111 do CPC/73), e por meio da iniciativa do interessado, quando for relativa (na esfera de disponibilidade da parte), conforme o art. 63 do CPC/2015 (art. 111 do CPC/73) e a Súmula n. 33 do STJ (em razão de valor e território).

Na Justiça do Trabalho, o interessado podia oferecer exceção de incompetência relativa em apartado, porque se acolhida seria remetida a juízo diverso, a fim de que não fosse anexada a defesa em tal momento processual; sendo que a apresentação no próprio corpo da contestação não impedia seu conhecimento. Porém, sobre o tema, *v.* a nova redação do art. 800 da CLT, dada pela Lei n. 13.467, de 13.07.2017, que determina a apresentação da arguição antes da audiência e em peça que sinalize a existência da exceção, sendo que somente depois de decidida a exceção de incompetência territorial, o processo retomará seu curso, com a designação de audiência, a apresentação de defesa e a instrução processual perante o juízo competente. O CPC/2015, no art. 64, modificou as formalidades previstas nos arts. 307 a 311 do CPC/73, para dispor que tanto a incompetência absoluta como a relativa devem ser alegadas como questões preliminares na defesa. Sobre a viabilidade de recurso da decisão que acolhe exceção de incompetência territorial, com a remessa dos autos para Tribunal Regional distinto daquele a que se vincula o juízo excepcionado, muito embora tenha natureza interlocutória, veja o art. 799, § 2º, da CLT, e a Súmula n. 214, *c*, do Col. TST. A exceção de incompetência absoluta é apresentada como tese primeira na contestação, prejudicando a análise dos demais fatos e teses ali expostos na hipótese de seu acolhimento. O primeiro contato do juiz trabalhista com as partes, geralmente, ocorre em audiência (não há, de forma usual, um despacho saneador anterior a esse momento, à exceção de hipóteses como requerimento liminar, antecipação dos efeitos da tutela jurisdicional, regularização processual etc.); e, nessa oportunidade, ele já poderá julgar a questão da competência, decidindo pela remessa ou não dos autos à correta autoridade que entender competente.

Sobre competência normativa, veja discussão sobre poder normativo no art. 678, I, *a*, da CLT; e sobre conflito de jurisdição ou de competência, arts. 105, I, *d*, e 114, V, da CF e arts. 803 a 811 da CLT. No citado art. 114 da CF, a competência não se limita à composição das lides quando o interesse é singular (dissídios individuais), pois abrange, ainda, os interesses de uma categoria (dissídios coletivos) profissional (por parte dos trabalhadores) ou econômica (por parte dos empregadores), conforme previsão do § 2º do mesmo art. 114 e as ações em que figuram sindicatos (art. 114, III, da CF). A competência funcional se relaciona ao correto órgão que processará e julgará o dissídio dentro da mesma organização judiciária, ou seja, comum (federal ou estadual), trabalhista, eleitoral ou militar. Assim, por exemplo, a ação rescisória não poderá ser ajuizada nas Varas do Trabalho (primeiro grau de jurisdição), pois é de competência originária dos tribunais.

Além das observações mencionadas, alguns dos temas mais relevantes acerca da competência são a seguir apresentados em ordem alfabética.

– Ação de cumprimento de acordo coletivo, convenção coletiva ou dissídio coletivo entre empregados e empregadores ou pedido em reclamação trabalhista que se sustenta em cláusula inserida nesses instrumentos normativos: compete à Justiça especializada. Quanto ao dissídio coletivo, o fundamento provém do art. 114 da CF e seus §§ 2º e 3º. Sobre o cumprimento das decisões, veja art. 872 da CLT. A Súmula n. 57 do STJ indica a Justiça Comum Estadual como órgão competente para processar e julgar ação de cumprimento fundada em acordo ou convenção coletiva não homologada pela Justiça do Trabalho. A Súmula n. 87 do extinto Tribunal Federal de Recursos entendia que a Justiça comum estadual seria competente para julgar ação de cobrança de contribuições sindicais. Havia controvérsia sobre a possibilidade de um sindicato patronal demandar na Justiça do Trabalho em face das empresas da categoria econômica para receber as contribuiçoes previstas nas normas coletivas. O entendimento que rechaçava essa possibilidade tinha fundamento na ausência de previsão na redação do art. 114 da CF anterior à EC n. 45/2004 e no art. 1º da Lei n. 8.984/95 de tais sujeitos desta relação jurídica – era, inclusive objeto da OJ n. 290 da SDI-1 do Col. TST, atualmente cancelada. A corrente adversa sustentava que a Lei n. 8.984/95, em seu art. 1º, atribuiu competência neste sentido, apesar de ter disposto sobre "dissídios que tenham origem no cumprimento de convenções coletivas de trabalho ou acordos coletivos de trabalho mesmo quando ocorram *entre sindicados ou entre sindicato de trabalhadores e empregador*" (grifo nosso), não incluindo a contenda entre sindicato de empregadores e empregador. Entretanto, a nova redação do art. 114, dada pela EC n. 45/2004, não deixou margem para dúvida: toda questão envolvendo representação sindical posta em juízo, entre sindicatos, sindicatos e empregadores e sindicatos e empregados, está afeta à Justiça do Trabalho. Assim, as súmulas supramencionadas não mais se aplicam.

– Ação de interdito proibitório: ocorre quando há ameaça na posse, como no caso de ocupação de um local em razão de greve. Já há fixação de tese de repercussão geral, no julgamento do Recurso Extraordinário n. 579.648, em 10.09.2008: "Compete à Justiça do Trabalho o julgamento das ações de interdito proibitório em que se busca garantir o livre acesso de funcionários e de clientes às agências bancárias interditadas em decorrência de movimento grevista".

– Ação penal: não há interpretação convincente que indique a Justiça do Trabalho como competente para o processamento e julgamento de ações penais. A propósito, houve concessão de medida cautelar, com eficácia *ex tunc*, na ADI n. 3.684-0, para, dando interpretação conforme, explicitar que "o disposto no art. 114, I, IV e IX, da CF, acrescidos pela EC n. 45, não atribui à Justiça do Trabalho competência para processar e julgar ações penais". Não se critica tal entendimento, na medida em que eventual ampliação da competência da Justiça do Trabalho para abranger também ações penais, como os crimes contra a organização do trabalho (CP, arts. 197 a 207), desvirtuaria a especialização dessa Justiça e necessitaria, sem dúvida, de uma reestruturação do sistema e reciclagem dos profissionais, tanto advogados militantes da área como os magistrados e servidores.

– Ação possessória ajuizada em decorrência do exercício do direito de greve por trabalhadores da iniciativa privada: competência da Justiça do Trabalho, segundo a Súmula vinculante n. 23 do STF.

– Ação rescisória: Súmula n. 192 do Col. TST; competência originária do TRT ou TST, nos casos que elenca. Sobre o tema veja, também, as Súmulas ns. 100 e 397 a 413, além de entendimentos diversos sobre o assunto em várias das OJs da SDI-2, todas do Col. TST.

– Acidente do trabalho: veja adiante o item "dano moral advindo das relações de trabalho" e o comentário no § 2º deste mesmo artigo.

– Autônomos: com a EC n. 45/2004, a regra é a apreciação de ações oriundas da relação de trabalho pela Justiça especializada. Passados alguns anos da vigência da atual redação do art. 114 da CF, subsistem várias controvérsias sobre a competência da Justiça do Trabalho quanto à competência para o processamento e julgamento das ações nas quais a lide ocorre entre o profissional liberal e seu cliente. Alguns doutrinadores advogam que se a situação configura, na prática, uma relação de consumo, não há falar em competência da Justiça do Trabalho, pois a relação que prepondera é a de consumo e não a de trabalho. Assim, por exemplo, ainda há discussão sobre se um profissional liberal, como um arquiteto, que presta serviços diretamente para o cliente pessoa física, que deseja construir sua casa, deve reclamar seus honorários não satisfeitos na Justiça Comum ou na Justiça do Trabalho. Contudo, o STJ aprovou a Súmula n. 363, que enuncia: "Compete à Justiça estadual processar e julgar a ação de cobrança ajuizada por profissional liberal contra cliente". Esse posicionamento do STJ é direcionado ao autônomo em face de seu cliente pessoa física, e não jurídica, pois em face desta não há dúvida de que a Justiça Comum Estadual deve processar e julgar as ações respectivas, exceto quando o profissional liberal pretende reconhecer vínculo empregatício com a empresa. É preciso lembrar, aqui, que o STJ tem competência para tratar do assunto, conforme art. 105, I, *d*, da CF. No que tange à contratação de autônomos, *v.* art. 442-B, inserido pela Lei n. 13.467/2017.

– Avulsos e seus tomadores de serviços, em atividades reguladas na legislação social: a competência da Justiça do Trabalho é pacífica diante do *caput* deste artigo. A Lei n. 7.494/86 alterou o art. 643 da CLT e não deixou margem para dúvida, ainda, quanto à competência da Justiça laboral para a apreciação dos litígios entre trabalhadores avulsos e seus tomadores de serviços. Antes da EC n. 45/2004, havia jurisprudência no sentido de, se a lide fosse entre os trabalhadores e seus sindicatos, a competência ser da Justiça comum; mas, diante da nova redação do art. 114 da CF, entendemos que a questão encontra-se superada. Sobre o tema, veja § 3º deste mesmo artigo.

– Contratos de empreitadas nas quais o empreiteiro seja operário ou artífice (o pequeno empreiteiro, pessoa física que trabalha sozinha ou com algum ajudante): há expressa previsão, no art. 652, III, da CLT, da competência da Justiça do Trabalho: no caso de divergência entre o dono da obra e o empreiteiro de maior expressão, pessoa jurídica, a competência para dirimir a questão é da Justiça comum, porque estabelecem contrato civil de prestação de serviços. A Justiça do Trabalho é competente para dirimir conflitos entre o pequeno empreiteiro e seus auxiliares, contratados pelo primeiro. No caso de haver contrato de subempreitada, os trabalhadores contratados pelo subempreiteiro devem demandar em face deste, cabendo a tais trabalhadores, entretanto, o direito de reclamar contra o empreiteiro principal, assegurada a ação regressiva deste em face do subempreiteiro, conforme aplicação do art. 455, *caput* e parágrafo único, da CLT.

– Contribuições previdenciárias sobre créditos submetidos a exame da Justiça do Trabalho: não há dúvida da competência da Justiça especializada para sua execução – art. 114, VIII, da CF (redação da EC n. 45/2004), Súmula n. 368 do Col. TST e Súmula vinculante n. 53 do Excelso STF. Veja também o § 1º deste artigo. Havia discussão sobre se deveriam ser executadas na Justiça do Trabalho as contribuições previdenciárias dos valores pagos durante o vínculo empregatício reconhecido na reclamatória, mas sobre títulos aos quais a empregadora não foi condenada na ação. Ou seja, a dúvida consistia em saber se a Justiça do Trabalho deveria ou não executar as contribuições sobre as verbas já pagas ao empregado, mas que não foram objeto de recolhimento pelo empregador. Por óbvio, o INSS defende a tese de que, uma vez reconhecido o liame empregatício, na própria ação trabalhista as contribuições de todo o período devem ser cobradas. Isso porque a Lei n. 11.457/2007 alterou a redação do parágrafo único do art. 876 da CLT, fazendo constar que: "Serão executadas *ex officio* as contribuições sociais devidas em decorrência de decisão proferida pelos Juízes e Tribunais do Trabalho, resultantes de condenação ou homologação de acordo, *inclusive sobre os salários pagos durante o período contratual reconhecido*" (grifo nosso). Mas essa não é a orientação da Súmula n. 368 do TST. O STF editou a Súmula vinculante n. 53: "A competência da Justiça do Trabalho prevista no art. 114, VIII, da CF alcança a execução de ofício das contribuições previdenciárias relativas ao objeto da condenação constante das sentenças que proferir e acordos por ela homologados" (divulgada no *DJe* do STF de 22.06.2015; publicada no *DJe* do STF de 23.06.2015), para dirimir a dúvida, devendo a Justiça do Trabalho limitar-se a executar as contribuições sociais sobre suas condenações em pecúnia, e desde que possuam natureza salarial, tendo por precedente o RE n. 569.056/PA, cuja tese deixa clara a exclusão da competência da Justiça do Trabalho em relação às contribuições previdenciárias do período de vínculo reconhecido sobre o qual não houve condenação em pecúnia: "A competência da Justiça do Trabalho prevista no art. 114, VIII, da Constituição Federal alcança somente a execução das contribuições previdenciárias relativas ao objeto da condenação constante das sentenças que proferir, não abrangida a execução de contribuições previdenciárias atinentes ao vínculo de trabalho reconhecido na decisão, mas sem condenação ou acordo quanto ao pagamento das verbas salariais que lhe possam servir como base de cálculo". Essa é a interpretação mais coerente com a decisão firmada pelo STF, que deve ser lida quando a Lei n. 13.467, de 13.07.2017, deu nova redação ao parágrafo único do art. 876 da CLT, fazendo constar: "Parágrafo único. A Justiça do Trabalho executará, de ofício, as contribuições sociais previstas na alínea *a* do inciso I e no inciso II do *caput* o art. 195 da CF, e seus acréscimos legais, relativas ao objeto da condenação constante das sentenças que proferir e dos acordos que homologar". Veja discussão no artigo da CLT supramencionado.

– Crimes contra a organização do trabalho: competência da Justiça Federal (CF, art. 109, VI). Súmula n. 115 do antigo TFR. Veja, retro, o item "ação penal".

– Crime de falsa anotação na carteira de trabalho: competência da Justiça Estadual. Súmula n. 62 do STJ. Veja arts. 47 (nova redação dada pela Lei n. 13.467/2017) e 49, ambos da CLT e, retro, o item "ação penal".

– Crime de falso testemunho ocorrido na Justiça do Trabalho: competência da Justiça Federal. Veja Súmula n. 165 do STJ. Veja, retro, o item "ação penal".

– Dano moral advindo das relações de trabalho: a tendência predominante vinha da OJ n. 327 da SDI-1 do Col. TST, anterior à EC n. 45/2004 (atualmente convertida na Súmula n. 392 do TST), que afastou a dúvida ao incluir o inciso VI no art. 114 da CF, atribuindo competência à Justiça do Trabalho para processar e julgar ações de indenização por dano moral ou patrimonial decorrentes da relação de trabalho, inclusive as oriundas de acidente e doenças a ele equiparadas, sendo que a Resolução n. 200/2015 do TST acrescentou ao final: "ainda que propostas pelos dependentes ou sucessores do trabalhador falecido".

Em casos como de assédio moral, assédio sexual, revista vexatória, constrangimentos e humilhações e outros danos morais decorrentes da relação de trabalho, havia, antes da edição da EC n. 45/2004, discussão acerca da competência da Justiça do Trabalho. Existia uma corrente de pensamento inclinada para a competência desta, sob o fundamento de que o art. 114 da CF (antes da EC n. 45/2004) dispunha que os dissídios decorrentes da relação de trabalho deveriam ser nela dirimidos. Os adeptos da corrente contrária diziam que o pedido se baseava em normas de responsabilidade civil, cuja controvérsia é levada à Justiça comum. A primeira posição já nos parecia mais acertada, diante da amplitude da competência atribuída à Justiça do Trabalho pelo art. 114 da CF e dos fatos de os sujeitos da relação jurídica serem empregados e empregadores e a controvérsia decorrer da relação de trabalho. É importante lembrar, ademais, que a Justiça do Trabalho utiliza institutos do direito material comum e processual comum para proferir suas decisões (arts. 8º, parágrafo único, 769 e 889 da CLT e art. 15 do CPC/2015).

Entendemos, no entanto, que a redação do art. 114, VI, da CF, dada pela EC n. 45/2004, atribuindo competência à Justiça do Trabalho para processar e julgar ações de indenização por dano moral ou patrimonial decorrentes da relação de trabalho, afastou o questionamento.

Porém, a dúvida continuou, à época da edição da EC n. 45/2004, quanto à competência para o caso de ações nas quais o empregado pleiteava indenização por danos morais e materiais advindos de acidente de trabalho ou doença profissional ou do trabalho que já tinha sido proposta perante a Justiça Comum. Em tese, tratando-se de competência absoluta, como é a hipótese, os processos deveriam ser remetidos imediatamente à Justiça eleita como competente, no caso, a do Trabalho. Mas a questão não foi dirimida tão facilmente. Vários recursos extraordinários e conflitos de competência chegaram à mais alta Corte do país, que inicialmente fixou competência para a Justiça Comum apreciar ações movidas por empregados em face do empregador, que tinham como base o direito comum, ou seja, fundadas em danos decorrentes da relação de trabalho. Assim ocorreu, por exemplo, no RE n. 438.639-9/MG, julgado em 09.03.2005, no qual figurou como relator o Ministro Carlos Britto, cujo acórdão teve como relator o Ministro Cezar Peluso. O panorama se modificou quando o órgão supremo firmou, posteriormente, entendimento de que as questões inerentes a acidentes de trabalho ocorridos em razão de dolo ou culpa do empregador deveriam ser submetidas à competência da Justiça laboral, desde que não houvesse sentença proferida na Justiça comum. Isso ocorreu no julgamento do Conflito de Competência n. 7.204/MG, publicado em 09.12.2005, que teve como relator o Ministro Carlos Britto. Assim consta do julgado: "[...] ações que tramitam perante a Justiça comum dos Estados, com sentença de mérito anterior à promulgação da EC n. 45/2004, lá continuam até o trânsito em julgado e correspondente execução. Quanto àquelas cujo mérito ainda não foi apreciado, hão de ser remetidas à Justiça do Trabalho, no estado em que se encontram, com aproveitamento dos atos praticados até então. A medida se impõe em razão das características que distinguem a Justiça comum estadual e a Justiça do Trabalho, cujos sistemas recursais, órgãos e instâncias não guardam exata correlação [...]". Na verdade, não é uma solução estritamente técnico-jurídica, pois, como já enunciado anteriormente, trata-se de competência absoluta e, em tese, o processo deveria ser remetido imediatamente à Justiça do Trabalho, independentemente da fase processual. Contudo, o STF preferiu utilizar a prolação de sentença como marco divisório para a remessa dos processos, como modulação para respeitar a segurança jurídica, o interesse social e a boa-fé. Nesse sentido e depois de muito debate, o STJ lançou a Súmula n. 367: "A competência estabelecida pela EC n. 45/2004 não alcança os processos já sentenciados". A Súmula vinculante n. 22 do STF, divulgada em 10.12.2009 e publicada no *DJe* do STF, de 11.12.2009, reconheceu que a Justiça do Trabalho tem competência para tais ações, inclusive aquelas que ainda não possuíam sentença de mérito de primeiro grau quando da promulgação da EC n. 45/2004.

Além de toda essa problemática acerca da competência, a falta de recursos humanos e materiais e as dúvidas acerca de vários aspectos práticos suscitaram muitas controvérsias, principalmente quanto à adaptabilidade do processo já iniciado na Justiça comum estadual quando da remessa à Justiça do Trabalho. As ações enviadas a esta última tiveram o procedimento adaptado conforme a sistemática do processo do trabalho. Para esclarecer alguns desses questionamentos, o Col. TST editou a IN n. 27, que dispõe sobre normas e procedimentos aplicáveis ao processo do trabalho em decorrência da ampliação da competência da Justiça do Trabalho pela EC n. 45/2004. O STJ, na Súmula n. 366, firmou posicionamento de que "Compete à Justiça estadual processar e julgar ação indenizatória proposta por viúva e filhos de empregado falecido em acidente de trabalho", por entender que não há relação de trabalho entre os sucessores e a outra parte da relação processual, mas a orientação foi cancelada em 22.09.2009. O STF fixou tese de repercussão geral, no julgamento do Recurso Extraordinário n. 600.091, em 25.05.2011: "Compete à Justiça do Trabalho processar e julgar as ações de indenização por danos morais e patrimoniais decorrentes de acidentes de trabalho propostas por empregado contra empregador, inclusive as propostas pelos sucessores do trabalhador falecido, salvo quando a sentença de mérito for anterior à promulgação da EC n. 45/2004, hipótese em que, até o trânsito em julgado e a sua execução, a competência continuará a ser da Justiça Comum".

A Lei n. 13.467/2017 inseriu o Título II-A na CLT, que dispõe sobre dano extrapatrimonial, definindo, inclusive, parâmetros básicos a serem observados pelo magistrado quando da fixação de indenização.

– Descumprimento de normas de segurança, higiene e saúde dos trabalhadores: competência da Justiça do Trabalho. Súmula n. 736 do STF. O mesmo Tribunal sumulou o entendimento de que compete ao Ministro do Trabalho e Emprego a especificação de atividades insalubres (Súmula n. 194). Para mais detalhes sobre segurança e medicina do trabalho, *v.* a partir do art. 154 da CLT.

– Doméstico (empregado doméstico): não se deve confundir a competência da Justiça do Trabalho para processar e julgar as reclamações de empregados domésticos com a aplicabilidade ou não da CLT a esse tipo de trabalhador. Os empregados domésticos têm legislação própria (Lei n. 5.859/72, com acréscimos e modificações das Leis ns. 10.208, de 23.03.2001, 11.324, de 19.07.2006, 12.964, de 08.04.2014 e LC n. 150, de 01.06.2015), e a CLT é utilizada somente nos casos em que a CF ou a mencionada lei remetam especificamente àquela.

– Eventuais: trabalhadores sem vínculo empregatício que realizam atividades esporádicas ou atípicas, em geral por curto período a cada serviço prestado. A Justiça do Trabalho passou a ser competente após a vigência da EC n. 45/2004, porque ações sobre a relação de trabalho passaram à regra geral de competência material.

– Falência do empregador: a competência dependerá do momento processual em que ocorrer. Se anterior à demanda ou até a fase de conhecimento, a Justiça do Trabalho tem competência para processar e julgar o dissídio até a fase de liquidação da sentença, deixando ao juízo da falência (Justiça comum), após a habilitação do interessado, a competência para arrecadação e pagamento aos credores. Assim se pronunciou o STF no seu *Informativo* n. 548/2009. Se já houve penhora de bens, em adiantada fase de alienação, e só então a decretação da falência, o posicionamento dominante era o da satisfação imediata do crédito exequendo. Essa última orientação está contida na Súmula n. 44 do antigo TFR, mas não é como o STF se posicionou no *Informativo* n. 276/2002, no qual consta decisão de que o juízo da falência deve arrecadar os bens da massa falida que foram penhorados pela Justiça do Trabalho em execução trabalhista. Na recuperação judicial, o STJ editou a Súmula n. 480, que dispõe que: "O juízo da recuperação judicial não é competente para decidir sobre a constrição de bens não abrangidos pelo plano de recuperação da empresa" (*DJe* 02.08.2012).

– Funcionário público: veja servidor público logo a seguir.

– Fundo de Garantia por Tempo de Serviço (FGTS): ação proposta pelo trabalhador ou pelo empregador em face da Caixa Econômica Federal quanto ao FGTS (por exemplo, nos casos de juros, correção monetária, expurgos inflacionários, multa administrativa etc.) é de competência da Justiça Federal (competência atribuída pela CF, no art. 109, I). Tratando-se de demanda entre trabalhador e empregador sobre tal tema, inclusive a multa de 40%, compete à Justiça do Trabalho (art. 26 da Lei n. 8.036/90). Levantamento do FGTS quando há dissídio entre empregado e empregador, inclusive domésticos, é de competência da Justiça do Trabalho. No entanto, a Súmula n. 161 do STJ orienta que, em caso de falecimento do titular da conta, compete à Justiça Estadual autorizar o levantamento do FGTS. Veja também a Lei n. 6.858/80.

– Greve – abusividade: a Súmula n. 189 do TST confere competência à Justiça especializada para declarar a ocorrência ou não de abuso do exercício do direito de greve. Destaque para o art. 114, II, da CF, que atribui à Justiça do Trabalho competência para julgar ações relativas à matéria, e para a atual redação do § 3º do mesmo artigo, dada pela EC n. 45/2004, criando o dissídio coletivo em caso de greve em atividade essencial, ajuizado pelo Ministério Público do Trabalho. Veja também a LC n. 75/93, art. 83, VIII e IX, e a Lei n. 7.783/89. Ainda, ver decisão do Plenário do STF, de 01.08.2017, que por decisão da maioria dos votos fixou a seguinte tese de repercussão geral (tema 544): "A Justiça comum, Federal ou estadual, é competente para julgar a abusividade de greve de servidores públicos celetistas da administração pública direta, autarquias e fundações públicas".

– *Habeas corpus* e *habeas data* em matéria sujeita à jurisdição da Justiça do Trabalho: é dela a competência, art. 114, IV, da CF. Era comum a propositura do *habeas corpus* para a liberdade ou prevenção da privação da liberdade daquele que fosse considerado depositário infiel. Contudo, com a edição da Súmula vinculante n. 25 do STF, publicada no *DJe* do STF de 23.12.2009, que considerou ilícita a prisão civil do depositário infiel, referida ação é de aplicação limitada na Justiça do Trabalho.

– Honorários advocatícios: o entendimento inicial foi o de que devem ser executados nos próprios autos do processo trabalhista no qual o advogado atuou, com base no § 1º do art. 24 da Lei n. 8.906/94 e na Emenda Constitucional n. 45/2004. Porém, tendo em vista os posicionamentos divergentes nos TRT (não unânimes, contudo) e no TST, em razão da Súmula n. 363 do STJ – "Compete à Justiça estadual processar e julgar a ação de cobrança ajuizada por profissional liberal contra cliente" –, a Justiça do Trabalho vem afastando a competência para julgar tal matéria, com o argumento de que se trata de relação civil entre o advogado e seu cliente, não de trabalho, em liame diverso daquele discutido nos autos. Entretanto, esse entendimento somente gera excesso do uso da máquina do Judiciário, pois seria muito mais produtiva a execução nos próprios autos, junto com a execução do principal.

- Honorários periciais deferidos nos julgados trabalhistas devem ser executados nos próprios autos do processo sob a égide da Justiça laboral.

– Limites à competência do presidente do TRT em pedido de revisão de cálculos em fase de precatório: OJ n. 2 do Tribunal Pleno do TST. Também quanto a precatório, não há competência funcional do Presidente do TRT para declarar a inexigibilidade do título exequendo: OJ n. 12 do Tribunal Pleno do TST.

– Mandado de segurança: a competência reger-se-á em razão da pessoa da autoridade reputada coatora. Veja art. 114, IV, da CF e Súmulas n. 627 do STF e n. 41 do STJ. O regimento interno do órgão julgador deve ser sempre observado.

– Nulidade fundada em incompetência de foro: o texto não é claro, mas se trata da incompetência relativa, em razão do lugar, pois foro equivale à comarca. Portanto, o art. 795, § 1º, da CLT, que diz dever ser declarada de ofício e que os atos decisórios são considerados nulos, não pode ser assim entendido. Deve ser apreciada pelo juiz somente no caso de arguição do interessado na primeira oportunidade em que se manifestar nos autos, sob pena de prorrogação. Absoluta será a incompetência em razão da matéria e a funcional, hipóteses de viabilidade de declaração oficial do juiz.

– PIS – cadastramento: competência da Justiça do Trabalho; Súmula n. 300 do TST e Súmula n. 82 do antigo TFR. Entretanto, a Súmula n. 161 do STJ orienta que, em caso de falecimento do titular da conta, compete à Justiça Estadual autorizar o levantamento do PIS/Pasep.

– Pré-contrato: a relação jurídica entre contratantes, por um período sem a prestação de serviço, não era, em geral, discutida na Justiça do Trabalho. Entretanto, com nova redação do art. 114 da CF, dada pela EC n. 45/2004, tratando-se de situação que visa à relação de trabalho, competirá à Justiça do Trabalho. Há, contudo, entendimento diverso, com fundamento de que, por não estabelecida a relação de trabalho, não há falar na competência da Justiça Laboral.

– Preso – remuneração pelo trabalho realizado no cárcere: a 3ª Seção no STJ entendeu que é do juízo das execuções penais a competência para processar e julgar o pedido de pagamento da remuneração do trabalho realizado pelo apenado em estabelecimento prisional. No julgamento, os Ministros Nilson Naves e Napoleão Nunes Maia Filho ressalvaram seus entendimentos pessoais. Precedentes citados: CC n. 92.851/MS, *DJ* 19.09.2008; CC n. 66.974/PR, *DJ* 13.08.2007; CC n. 92.856/MS, rel. Min. Og Fernandes, j. 08.10.2008.

– Seguro-desemprego: competência da Justiça do Trabalho, Súmula n. 389 do TST.

– Servidores públicos: a Justiça do Trabalho era competente apenas para processar e julgar litígios dos servidores que estivessem regidos pela CLT (redação do art. 114 da CF anterior à EC n. 45/2004 e Súmula n. 150 do extinto TFR), também ingressantes por meio de concurso público (art. 37, II, da CF), mas não aqueles regidos pelo regime estatutário. A Lei n. 8.112/90, dos servidores públicos federais, indica a competência da Justiça Federal no caso de relações de trabalho sob regime estatutário dos servidores públicos federais. Algumas das Súmulas do STJ pertinentes à matéria são: 97, 137, 170 e 173. À primeira vista, a atual redação dada ao art. 114, I, pela EC n. 45/2004 atribui à Justiça do Trabalho competência também em relação às ações de estatutários, abrangidos os entes de direito público externo e da administração pública direta e indireta da União, estados, Distrito Federal e municípios. A redação da proposta de EC n. 29 (que deu origem à EC n. 45/2004) excluía os estatutários no final do art. 114, I, mas o texto promulgado e publicado não consignou essa exceção, sendo atribuída tal competência à Justiça do Trabalho. Entretanto, houve concessão de liminar na ADI n. 3.395-6, cujo relator foi o Ministro Cezar Peluso, para suspender toda e qualquer interpretação dada pelo art. 114, I, da CF (EC n. 45/2004) que leve à conclusão de competência da Justiça do Trabalho para processar e julgar ações envolvendo servidores públicos com vínculo jurídico-estatutário. A liminar foi referendada pelo Pleno, em 05.04.2006, e contou com a presença da Anamatra (Associação Nacional dos Magistrados da Justiça do Trabalho), na qualidade de *amicus curiae*. Depois disso, também requereram o ingresso como *amicus curiae* a Associação Nacional dos Procuradores do Trabalho (ANPT) e o Ministério Público do Trabalho. A ADI n. 3.529 foi apensada à supramencionada, em 05.08.2005, por se tratar de ação com o mesmo objeto. É preciso acompanhar o andamento processual da ADI, que ainda não teve seu veredito definitivo, para compreender como a competência ficará estabelecida nesse particular. Tudo leva a crer que o conteúdo da liminar será repetido ao final, sendo este, inclusive, o sentido do parecer já proferido pela Procuradoria Geral da República, anexado ao processo em 09.03.2007. Em 22.03.2017 houve a substituição do relator, falecido Ministro Teori Zavascki, para o Ministro Alexandre de Moraes.

Quando se trata de transposição de regime celetista para estatutário, o STF já tem repercussão geral, no julgamento do Recurso Extraordinário n. 1.001.075, de 09.12.2016: "Compete à Justiça do Trabalho processar e julgar ações relativas às verbas trabalhistas referentes ao período em que o servidor mantinha vínculo celetista com a Administração, antes da transposição para o regime estatutário".

– Título executivo extrajudicial: a discussão era latente, principalmente por falta de previsão legal. Hoje, com a possibilidade de se executar o termo de ajuste de conduta em inquérito civil promovido pelo Ministério Público do Trabalho, o termo de conciliação firmado perante a Comissão de Conciliação Prévia (parágrafo único do art. 625-E da CLT) e a certidão da dívida ativa no caso de multa advinda de fiscalização das relações de trabalho, levada a efeito pelo extinto Ministério do Trabalho e Previdência Social (Lei n. 13.266/2016, art. 2º, III), conforme o art. 114, VII, da CF, não há dúvida de que a Justiça do Trabalho é indicada para sua execução (arts. 876 e 877-A da CLT). Entretanto, ainda não encontra guarida na maior parte da doutrina e da jurisprudência a possibilidade de execução de outros títulos executivos obtidos durante a relação de trabalho, como no exemplo de cheque sem fundos entregue pelo empregador ao empregado com o fim remuneratório, cabendo à Justiça comum processar a execução, ou ao trabalhador, se preferir, ingressar com reclamação na Justiça do Trabalho, desde sua fase cognitiva, para postular os títulos que estavam incluídos no título executivo que não foi adimplido. Poderão haver interpretações divergentes diante do novo texto constitucional. *Vide*, ainda, a alínea *f* do art. 652 da CLT.

– Tributos federais: a proposta de EC n. 29/2000, que tramitou no Congresso Nacional e deu origem à EC n. 45/2004, previa a inserção do inciso XII ao art. 114 da CF, atribuindo competência à Justiça do Trabalho para executar, de ofício, tributos federais incidentes sobre créditos decorrentes das sentenças que proferisse, como o imposto de renda, mas o texto não foi mantido. De qualquer forma, o magistrado trabalhista deve já determinar sejam feitos os descontos de imposto de renda do crédito trabalhista das decisões condenatórias que proferir, ainda que a sentença tenha sido omissa no particular, conforme as Súmulas ns. 368, itens II e VI, e 401 do Col. TST.

– Vínculo de emprego: competência para fixar a natureza da relação de trabalho que uma das partes alega ser empregatícia é da Justiça do Trabalho, como se deflui do art. 114 da CF.

---

§ 1º As questões concernentes à Previdência Social serão decididas pelos órgãos e autoridades previstos no Capítulo V deste Título e na legislação sobre seguro social.

A Lei n. 3.807/60 derrogou tacitamente este dispositivo. Originalmente, a EC n. 20/98 introduziu o § 3º no art. 114 da CF, atribuindo competência à Justiça do Trabalho para executar, de ofício, as contribuições sociais previstas no art. 195, I, *a*, e II, da CF, e seus acréscimos legais, decorrentes das sentenças que proferir, gerando, posteriormente, o parágrafo único do art. 876, o art. 878-A, os §§ 1º-A, 1º-B, 3º e 4º do art. 879 e o art. 880, todos da CLT, acrescentados pela Lei n. 10.035/2000. A EC n. 45/2004 deslocou o texto para o art. 114, VIII, da CF. Houve repercussão geral do tema no STF, com o julgamento do Recurso Extraordinário n. 569.056 e fixação de tese em 11.09.2008: "A competência da Justiça do Trabalho prevista no art. 114, VIII, da CF alcança somente a execução das contribuições previdenciárias relativas ao objeto da condenação constante das sentenças que proferir, não abrangida a execução de contribuições previdenciárias atinentes ao vínculo de trabalho reconhecido na decisão, mas sem condenação ou acordo quanto ao pagamento das verbas salariais que lhe possam servir como base de cálculo", levando à edição da Súmula vinculante

n. 53 do STF – *vide* discussão a respeito no item relativo às contribuições previdenciárias nos comentários ao art. 643 da CLT. Em relação ao critério de atualização das contribuições previdenciárias, surge a questão de definir se deve ser utilizada a tabela de atualização do TRT a que está submetido o crédito exequendo ou se a forma de atualização deve ser a definida pelo próprio órgão previdenciário. A resposta pende para o uso das regras próprias da legislação previdenciária, diante do texto deste parágrafo, do § 4º do art. 879 da CLT e da própria Lei de Custeio (art. 43 da Lei n. 8.212/91).

---

§ 2º As questões referentes a acidentes do trabalho continuam sujeitas à justiça ordinária, na forma do Decreto n. 24.637, de 10 de julho de 1934, e legislação subsequente.

O art. 109, I, da CF excluiu da competência atribuída aos juízes federais, inclusive da Justiça do Trabalho, o processamento e julgamento das causas relativas a acidente de trabalho, mesmo se tratando de casos nos quais a União, entidade autárquica ou empresa pública federal forem interessadas, na condição de autoras, rés, assistentes ou oponentes. Assim, a matéria *acidente de trabalho*, como objeto da ação proposta pelo trabalhador em face do INSS, deve ser dirimida perante a Justiça comum estadual, muito embora a entidade seja uma autarquia federal, por se tratar de competência residual. Veja Súmulas ns. 501 do STF e 15 do STJ.

---

§ 3º A Justiça do Trabalho é competente, ainda, para processar e julgar as ações entre trabalhadores portuários e os operadores portuários ou o Órgão Gestor de Mão de Obra – OGMO decorrentes da relação de trabalho.

Parágrafo acrescentado pela MP n. 2.164-41, de 24.08.2001.

O *caput* deste artigo atribuiu competência à Justiça do Trabalho em relação aos trabalhadores portuários (em geral, por meio da modalidade de trabalhador avulso) e operadores portuários e o órgão gestor de mão de obra – mais conhecido como OGMO. Trabalhador avulso é aquele definido pelo art. 12, VI, da Lei n. 8.212/91 (Lei do Custeio da Seguridade Social) como "quem presta, a diversas empresas, sem vínculo empregatício, serviços de natureza urbana ou rural definidos no regulamento". O regulamento ao qual se refere a lei é o Decreto n. 3.048/99: avulso é "aquele que, sindicalizado ou não, presta serviço de natureza urbana ou rural, a diversas empresas, sem vínculo empregatício, com a intermediação obrigatória do órgão gestor de mão de obra, nos termos da Lei n. 8.630, de 25.02.1993, ou do sindicato da categoria". Assim, esse tipo de trabalhador se destaca pela ausência de vínculo de emprego e pela necessária intermediação do sindicato da categoria ou de um órgão chamado *gestor de mão de obra*. O mais comum dos trabalhadores avulsos é o que oferece sua mão de obra ao setor portuário (na orla marítima e portuária, laborando, por exemplo, como operador, ensacador de mercadoria, conferente, conservador e amarrador de carga). O órgão gestor de mão de obra mencionado neste parágrafo foi instituído pela Lei n. 8.630/93, que dispunha sobre o regime jurídico da exploração de portos organizados e instalações portuárias e dava outras providências. O art. 18 dessa lei previa a existência de um órgão de gestão de mão de obra em cada porto organizado e, em conjunto com o art. 19, atribuía suas prerrogativas. Mas essa Lei foi revogada pela Lei n. 12.815, de 05.06.2013, que, no art. 32, continua a prever a existência de um órgão gestor em cada porto organizado, dispondo sobre suas competências no mesmo artigo e no seguinte.

Sobre o tema, veja, ainda, o art. 652, V, da CLT.

Art. 644. São órgãos da Justiça do Trabalho:

Caput com redação dada pelo Decreto-lei n. 9.797, de 09.09.1946.

O Título VIII da CLT trata da organização da Justiça do Trabalho, seus órgãos em graus de jurisdição e membros, a partir do art. 643. A CF o fez nos arts. 111 a 116, ao especificar os órgãos desta Justiça especializada, com as alterações dadas pela EC n. 45/2004, composta pelo TST (art. 111-A), TRTs (art. 115) e juízes do trabalho (art. 116). Os juízes de direito (Justiça comum) também exercem a jurisdição trabalhista nas localidades ainda não abrangidas pela competência de uma das Varas do Trabalho (art. 112); no entanto, os recursos seguirão para o TRT da respectiva área de abrangência territorial. Sobre a constituição, investidura, jurisdição, competência, garantias e condição do exercício dos órgãos da Justiça do Trabalho, o art. 113 previu que ficam a cargo da lei. O art. 114 trata da competência da Justiça do Trabalho, que passou por inúmeras transformações. Os embrionários Tribunais Rurais refletiram o estágio de desenvolvimento econômico e social do país à época, com a promulgação da Lei paulista n. 1.869, em 10.11.1922. Em 1932, observa-se pequeno avanço, com a criação das Comissões de Conciliação e das Juntas de Conciliação e Julgamento, com decisões de recursos exaradas pelo então Ministério do Trabalho e execução pela Justiça comum. Outras instituições extrajudiciais foram criadas na década de 1930, como as Juntas de Trabalho Marítimo e o Conselho Nacional do Trabalho. O Decreto-lei n. 9.797/46 organizou a Justiça do Trabalho e inseriu-a no Poder Judiciário. A Constituição de 1946 foi a primeira na qual a Justiça do Trabalho constou como parte do Poder Judiciário. A EC n. 24, de 09.12.1999, *DOU* 10.12.1999, extinguiu a previsão dos chamados *ministros classistas* e *juízes classistas*, que representavam os direitos de trabalhadores e empregadores de forma paritária, e compunham, com direito a voto, exceto na execução, o TST, os TRTs e as Varas do Trabalho, estas anteriormente chamadas Juntas de Conciliação e Julgamento, porque formadas por colegiados. Nas novas Varas do Trabalho, a jurisdição passou, desde então, a ser exercida por um juiz singular. A fase de transição também foi regulada pela EC n. 24/99, que assegurou, no art. 2º, o cumprimento dos mandatos em curso dos ministros classistas temporários do TST e dos juízes classistas temporários dos TRTs e das, até então, Juntas de Conciliação e Julgamento. Este art. 644 da CLT dá o rol dos órgãos da Justiça do Trabalho, especificando-os nos dispositivos que o compõem, com as ressalvas apontadas.

***a)* o Tribunal Superior do Trabalho;**

Alínea com redação dada pelo Decreto-lei n. 9.797, de 09.09.1946.

O TST é órgão de cúpula da Justiça trabalhista, com previsão no art. 111-A da CF. As atividades que exerce são administrativas, jurisdicionais e de organização da jurisprudência, por meio da edição e revisão de instrumentos tais como súmulas, OJs e precedentes normativos.

Não é demais lembrar que até a promulgação da EC n. 45/2004 não havia, no Brasil, a súmula vinculante, ou seja, os magistrados dos diversos graus de jurisdição não eram obrigados a seguir a orientação de tais súmulas de jurisprudência, em razão de a livre convicção do juiz ser princípio adotado em nosso sistema. No entanto, a inserção do art. 103-A na CF mudou esse quadro. As novas súmulas do STF, aprovadas após a vigência da EC n. 45/2004, terão efeito vinculante em relação aos demais órgãos do Poder Judiciário e à Administração Pública direta e indireta, nas esferas federal, estadual e municipal. Ressalte-se que isso vale somente para as súmulas da mais alta Corte do país. Em relação às súmulas do STF já existentes, o art. 8º da EC n. 45/2004 estabeleceu somente produzirem efeito vinculante após sua confirmação por dois terços de seus integrantes e publicação na imprensa oficial. Há, de início, críticas a esse novo artigo.

O TST uniformiza sua própria jurisprudência, por meio de súmulas, OJs e precedentes normativos, que podem conter teor até mesmo divergente das súmulas do STF, por exemplo, a n. 327 deste último, que dita a possibilidade da existência de prescrição intercorrente na Justiça do Trabalho, enquanto a Súmula n. 114 do TST diz exatamente o contrário, questão solucionada pela Lei n. 13.467/2017, em vigor a partir de meados do mês de novembro de 2017, que inseriu o art. 11-A na CLT, prevendo sua ocorrência no prazo de dois anos, quando o exequente deixa de cumprir determinação judicial no curso da execução. Mas a CF ainda não previu que suas súmulas sejam vinculantes. Entretanto, já que a vinculação é tendência em nosso sistema legal, seria interessante que os tribunais superiores, em nosso caso, notadamente o TST, pudessem colaborar de forma a atualizar e discutir as matérias que chegam ao STF relativas às suas áreas de atuação, a fim de evitar conflitos ou injustiças, já que cada tribunal está mais afeto à dinâmica de sua matéria em particular.

Sobre composição, funcionamento, competência, presidência, vice-presidência e corregedoria no TST, veja os arts. 690 a 701 da CLT e o Regimento Interno do TST.

---

b) os Tribunais Regionais do Trabalho;

Alínea com redação dada pelo Decreto-lei n. 9.797, de 09.09.1946.

Os TRTs são órgãos do segundo grau da jurisdição trabalhista expressamente indicados no art. 115 da CF. Sobre sua composição, funcionamento, jurisdição, competência e presidência, veja arts. 670 a 683 da CLT e art. 115 da CF (redação dada pela EC n. 45/2004). Os TRTs contam, ainda, com a possibilidade de instituir Justiça itinerante, prevista no art. 115, § 1º, da CF, e constituir câmaras regionais (art. 115, § 2º, da CF).

---

c) as Juntas de Conciliação e Julgamento ou os Juízos de Direito.

Alínea com redação dada pelo Decreto-lei n. 9.797, de 09.09.1946.

A EC n. 24/99 criou Varas do Trabalho em substituição às Juntas de Conciliação e Julgamento, pois o órgão de primeiro grau deixou de ser colegiado pela extinção da representação classista, alteração que ficou registrada no art. 116 da Lei Maior.

Na verdade, o art. 111, III, da CF, deixou de prever a Junta de Conciliação e Julgamento como órgão de primeiro grau e passou a considerar o juiz do trabalho como tal, não substituindo a Junta pela Vara como órgão julgador, mas deixando esse encargo ao juiz do trabalho, por não haver mais colegiado. Sobre composição e funcionamento, jurisdição e competência das Varas do Trabalho e seu juiz titular, veja arts. 647 a 659 da CLT. Sobre previsão e atribuições da Secretaria da Vara (que corresponde ao cartório na Justiça comum), veja os arts. 710 a 712 da CLT. Os juízos de Direito (Justiça Estadual) participam da função jurisdicional trabalhista, na forma disposta na parte final do art. 112 da CF e nos arts. 668 e 669 da CLT. Veja as notas nos artigos respectivos.

Art. 645. O serviço da Justiça do Trabalho é relevante e obrigatório, ninguém dele podendo eximir-se, salvo motivo justificado.

O legislador quis, com este artigo, dar relevância social à Justiça do Trabalho e prioridade na agilização dos processos e no atendimento ao público, o que foi elevado a *status* constitucional, com a inserção do inciso LXXVIII no art. 5º da CF, que assegurou razoável duração do processo, judicial ou administrativo, e meios que garantam a celeridade de sua tramitação. Esse é um processo que vem sendo construído na Justiça do Trabalho, que atualmente vem modernizando o atendimento com o processo judicial eletrônico.

O trabalho é um dos fundamentos da República Federativa do Brasil, como Estado democrático de direito, consoante o art. 1º, IV, da CF. Além disso, o trabalho faz com que o indivíduo leve para dentro de seu lar dignidade (art. 1º, III, da CF), seu sustento e de sua família. A CF/88 privilegia o direito ao trabalho, garantindo a liberdade de exercício de qualquer trabalho, ofício ou profissão, atendidas as qualificações profissionais que a lei estabelecer (art. 5º, XIII), caracterizando-o como direito social (art. 6º) e dispondo amplamente sobre os direitos dos trabalhadores (arts. 7º a 11). A garantia da efetivação desses direitos se faz pela possibilidade de levar ao Poder Judiciário o inconformismo do trabalhador ou de classes de trabalhadores nos casos em que entenderem haver sua violação (art. 5º, XXXV, da CF); daí a previsão da relevância e obrigatoriedade do serviço da Justiça do Trabalho. Tanto é assim que, na Justiça especializada, vigora o *jus postulandi*, permitindo a quaisquer das partes de uma relação de emprego ingressar com ação ou se defender de ação proposta sem a presença de advogado, até certa fase do processo (veja Súmula n. 425 do TST), o que indica com clareza a tentativa de afastar obstáculos ao jurisdicionado em ter sua pretensão apreciada perante a Justiça do Trabalho. Essa previsão vem expressa no art. 791 da CLT e cumpre sua função de acesso à Justiça, a despeito dos coerentes argumentos dos membros da OAB de a defesa dos interesses de cada uma das partes ficar desequilibrada e incompleta sem o acompanhamento de um advogado. Há o Projeto de Lei Complementar n. 33/2013, já aprovado na Comissão de Assuntos Sociais do Senado Federal, que estabelece a obrigatoriedade da presença de advogado para acompanhamento de ações trabalhistas e que trará, se aprovado, alteração do art. 791 da CLT. Consta, no *site* do Senado Federal, que o último local de tramitação para o qual a matéria do projeto foi remetida é a relatoria da Comissão de Assuntos Econômicos, em 21.03.2016.

A imposição de penalidade em caso de recusa em servir à Justiça do Trabalho, no caso da atuação dos extintos juízes classistas (art. 726 da CLT), serve de exemplo de como esse artigo vinha sendo aplicado.

Art. 646. Os órgãos da Justiça do Trabalho funcionarão perfeitamente coordenados, em regime de mútua colaboração, sob a orientação do Presidente do Tribunal Superior do Trabalho.

A busca pela justiça e paz sociais só se faz com o atendimento eficaz aos partícipes da relação jurídica processual, razão pela qual a organização da Justiça do Trabalho como um todo assume relevância nacional e deve contar com a participação de todos os seus órgãos, além da orientação do tribunal superior.

Veja arts. 653, *b*, e 680, *a*, ambos da CLT, que exemplificam colaboração entre os órgãos da Justiça do Trabalho.

O art. 96, II, da CF, estabelece competir aos Tribunais Superiores, incluído, obviamente, o TST: alteração do número de membros dos tribunais inferiores; criação e extinção de cargos e remuneração de seus serviços auxiliares e dos juízos que lhes forem vinculados, bem como a fixação do subsídio de seus membros e dos juízes, inclusive dos tribunais inferiores.

CAPÍTULO II
DAS JUNTAS DE CONCILIAÇÃO E JULGAMENTO

A EC n. 24/99 criou Varas do Trabalho em substituição às Juntas de Conciliação e Julgamento, uma vez que o órgão de primeiro grau deixou de ser colegiado, pela extinção da figura do juiz classista.

Seção I
Da Composição e Funcionamento

Veja arts. 111 a 116 da CF, sobre a extinção dos juízes classistas na Justiça do Trabalho (Anexo I da CLT).

Art. 647. Cada Junta de Conciliação e Julgamento terá a seguinte composição:

Caput *com redação dada pelo Decreto-lei n. 9.797, de 09.09.1946.*

A EC n. 24/99 extinguiu a representação classista na Justiça do Trabalho. Assim, apenas um juiz atuará como titular de cada uma das Varas do Trabalho, sendo que estas estão organizadas e se reportam a um TRT. Compete a cada um dos TRT propor a criação de novas Varas do Trabalho (art. 96, I, *d*, da CF), que serão instituídas por lei (art. 112 da CF). A Lei n. 5.630/70 tratava dos critérios para que isso ocorresse, mas foi revogada pela Lei n. 6.947/81. Essa lei exige, para a criação de nova Vara do Trabalho onde já funciona outra, número mínimo de 1.500 processos por ano; e, para a criação de Vara do Trabalho onde não existe nenhuma, que na localidade haja o mínimo de 24 mil empregados e que, durante três anos consecutivos, sejam propostas ao menos 240 ações trabalhistas por ano. A lei que as instituir definirá suas competências territoriais, que não serão afetadas por alterações da organização judiciária dos Estados, a menos que seja promulgada nova lei modificando a previsão da competência territorial original. Sobre a forma de extensão da jurisdição a municípios, veja a Lei n. 6.947/81. Sobre a criação, extinção e transformação de unidades judiciárias, veja a Resolução n. 184, de 06.12.2013, do CNJ, que sofreu a Ação Direta de Inconstitucionalidade n. 9958947-86.2014.1.00.0000, ainda sem julgamento definitivo. Veja, ainda, a Resolução CSJT n. 63/2010, modificada na 9ª Sessão Ordinária do CSJT (27.11.2015), para que o texto passe a impedir o fechamento de Varas do Trabalho que tiveram um movimento mínimo de seiscentos processos nos últimos três anos (art. 8º), republicada em 03.05.2016 e alterada pela Resolução CSJT n. 209, de 27.10.2017.

---

a) **1 (um) juiz do trabalho, que será seu Presidente;**

Alínea com redação dada pelo Decreto-lei n. 9.797, de 09.09.1946.

A EC n. 24/99 alterou a redação do art. 116 da CF, para determinar que, nas Varas do Trabalho, a jurisdição deve ser exercida por um juiz singular, em substituição ao juízo colegiado das antigas Juntas de Conciliação e Julgamento, compostas de um juiz do trabalho presidente e dois juízes classistas, um deles representante dos empregadores e outro dos trabalhadores. As extintas Juntas de Conciliação e Julgamento foram criadas pelo Decreto n. 22.132/32, como órgãos ligados ao Poder Executivo. Portanto, não se fala mais na formação do primeiro grau de jurisdição por juiz-presidente e juízes classistas (órgão colegiado), como estabelecido nas duas alíneas deste artigo. A jurisdição, hoje, é exercida por um juiz do trabalho (órgão monocrático), responsável pela Vara do Trabalho em que atua e pelas decisões que profere. O art. 96, I, *c*, da CF, atribui competência aos tribunais para prover os cargos de juiz de carreira da respectiva jurisdição.

---

b) **2 (dois) Juízes classistas, sendo um representante dos empregadores e outro dos empregados.**

Alínea com redação dada pelo Decreto-lei n. 9.797, de 09.09.1946.
Veja nota desta Seção.

Tacitamente derrogada pela EC n. 24/99, que criou as Varas do Trabalho em substituição às Juntas de Conciliação e Julgamento, o órgão de primeiro grau deixou de ser colegiado, pela extinção da figura do juiz classista (chamado anteriormente de vogal). A CF passou a denominar os vogais juízes classistas (redação original do art. 116 da CF), versando sobre sua nomeação pelo presidente do TRT (redação original do parágrafo único do art. 116 da CF, com redação dada pela EC n. 24/99) e seu mandato (redação original do art. 117 da CF, revogado pela mesma norma). A paridade de representação entre trabalhadores e empregadores estava prevista na redação original do art. 113 da CF. O juiz classista também estava sujeito à suspeição (art. 801 da CLT).

Parágrafo único. Haverá um suplente para cada Juiz classista.

Parágrafo com redação dada pelo Decreto-lei n. 9.797, de 09.09.1946.
Veja nota desta Seção.

Tacitamente derrogado pela EC n. 24/99, que criou as Varas do Trabalho em substituição às Juntas de Conciliação e Julgamento, o órgão de primeiro grau deixou de ser colegiado, pela extinção da representação classista. Havia previsão de suplente de juiz classista no parágrafo único do art. 117 da CF, hoje revogado. Com a redação original da Carta Maior, todos os graus da jurisdição trabalhista passaram a ter suplentes de classistas. Hoje, com a extinção dos classistas, também não se fala mais nos vogais que os substituíam.

Art. 648. São incompatíveis entre si, para os trabalhos da mesma Junta, os parentes consanguíneos e afins até o terceiro grau civil.

A EC n. 24/99 criou as Varas do Trabalho em substituição às Juntas de Conciliação e Julgamento. A previsão era bastante útil quando havia colegiado nas antigas Juntas, a fim de manter lisura, imparcialidade e moralidade do julgamento.

Sobre nepotismo em todos os órgãos do Poder Judiciário, veja a Resolução n. 7/2005 da Presidência do CNJ (objeto de declaração de constitucionalidade pela ADC n. 12), alterada pelas Resoluções ns. 9/2005, 21/2006, 181/2013 e 229/2016, além dos Enunciados Administrativos ns. 1 e 7 do mesmo órgão, bem como a Súmula vinculante n. 13 do STF.

Parágrafo único. A incompatibilidade resolve-se a favor do primeiro Juiz classista designado ou empossado, ou por sorteio, se a designação ou posse for da mesma data.

Veja nota desta Seção.

Tacitamente derrogado pela EC n. 24/99, que criou as Varas do Trabalho em substituição às Juntas de Conciliação e Julgamento, o órgão de primeiro grau deixou de ser colegiado, pela extinção da figura do juiz classista. O parágrafo tratava da solução encontrada pelo legislador na hipótese da ocorrência da incompatibilidade prevista no *caput* deste artigo: havendo incompatibilidade, o primeiro vogal designado ou empossado teria prioridade. Em caso de posse ou designação na mesma data, haveria sorteio. Com a extinção da representação classista, este parágrafo não se encontra mais em vigor.

Art. 649. As Juntas poderão conciliar, instruir ou julgar com qualquer número, sendo, porém, indispensável a presença do Presidente, cujo voto prevalecerá em caso de empate.

Caput *com redação dada pelo Decreto-lei n. 8.737, de 19.01.1946.*

A EC n. 24/99 criou as Varas do Trabalho em substituição às Juntas de Conciliação e Julgamento. Este artigo dispõe sobre conciliação, instrução e julgamento "com qualquer número", porque se refere ao tempo em que as Varas do Trabalho eram órgãos colegiados de primeiro grau, as chamadas Juntas de Conciliação e Julgamento. Essa previsão hoje é inútil, pois a presença do juiz singular é sempre necessária e única para tais atos. Esse mesmo raciocínio vale para os parágrafos deste artigo.

A tentativa de conciliação tem grande importância na Justiça do Trabalho e é obrigatória, conforme o art. 764 da CLT, em razão da busca da solução dos conflitos, haja vista a relevância da natureza das verbas trabalhistas, de essencial caráter alimentar. Ela pode ocorrer em qualquer fase do processo e sua tentativa é exigida como ato jurídico formal em momentos determinados dentro do processo judiciário do trabalho: em audiência, ou seja, após o primeiro contato do juiz com as partes (art. 846 da CLT) e após as razões finais (art. 850 da CLT), devendo vir relatado na sentença (exceto no rito sumaríssimo, que dispensa relatório: art. 852-I da CLT, com redação dada pela Lei n. 9.957/2000), a ser proferida caso não haja conciliação. O art. 831 da CLT informa que somente após a tentativa de conciliação infrutífera será proferida decisão e, se houver acordo, seu termo valerá como decisão irrecorrível, salvo para a Previdência Social, quanto às contribuições que lhe forem devidas (art. 831, parágrafo único, da CLT), impugnável apenas por ação rescisória (Súmula n. 259 do TST). Nos dissídios coletivos a tentativa de conciliação também é obrigatória (arts. 860, 862 e 863 da CLT). A discussão sobre a relevância da conciliação na Justiça chegou ao CNJ, que editou a Resolução n. 125/2010 da Presidência (alterada pelas Emendas ns. 1/2013 e 2/2016 do mesmo órgão), que instituiu a política pública de tratamento adequado dos conflitos de interesses, bem como determinou que os tribunais criassem Núcleos Permanentes de Métodos Consensuais de Solução de Conflitos para administrar o arsenal humano e intelectual da política conciliatória em cada Tribunal, além de Centros Judiciários de Solução de Conflitos e Cidadania, que atuarão diretamente na conciliação, por meio de conciliadores e mediadores, que deverão estar devidamente capacitados, conforme o Código de Ética de Conciliadores e Mediadores Judiciais, contido na mesma Resolução. Esse ato administrativo prevê que tais Centros Judiciários atendam aos juízos, juizados ou varas com competência nas áreas cível, fazendária, previdenciária, de família ou dos Juizados Especiais Cíveis e Fazendários, nada mencionando sobre sua instalação na Justiça do Trabalho. No entanto, a Recomendação n. 50, de 08.04.2014, incentiva aos TJs, TRTs e TRFs o estudo e a "realização de ações tendentes a dar continuidade ao Movimento Permanente pela Conciliação", como no caso da utilização da Justiça itinerante com a finalidade exclusiva de promover a conciliação. *Vide*, ainda, a Recomendação n. 15/2007, de origem da presidência do CNJ, que sugere "aos Tribunais de Justiça, Tribunais Regionais Federais e Tribunais Regionais do Trabalho a adoção de medida para criação de um endereço eletrônico, denominado conciliar, no domínio de suas estruturas". Em

05.10.2016, o CSJT assinou a Resolução n. 174/2016, alterada pela Resolução CSJT n. 252, de 22.11.2019, que regulamenta as políticas de conciliação na Justiça do Trabalho, com a finalidade de estimular a conciliação e a mediação no âmbito dos conflitos trabalhistas. A questão tem tomado tamanha força que até mesmo no âmbito da Administração Pública a mediação foi regulamentada com a edição da Lei n. 13.140/2015. Essa tendência de utilização de meios alternativos de solução de conflitos é um caminho cada vez mais utilizado, e pode até mesmo servir como um meio para que o Judiciário diminua sua imensa carga de demandas, enquanto consequência de um trabalho cujo verdadeiro escopo é o de levar ao conhecimento da população a sua própria capacidade de estabelecer diálogos, negociar e apoderar-se na busca de solucionar o seu conflito.

---

§ 1º No julgamento de embargos deverão estar presentes todos os membros da Junta.

Parágrafo com redação dada pelo Decreto-lei n. 8.737, de 19.01.1946.

A EC n. 24/99 criou as Varas do Trabalho em substituição às Juntas de Conciliação e Julgamento. O parágrafo encontra-se tacitamente derrogado. Ainda assim, merece destaque: dizia respeito a embargos de nulidade e infringentes que cabiam nas ações de alçada exclusiva das Juntas (antes da EC n. 24/99), mas não há mais essa previsão no primeiro grau de jurisdição do processo judiciário do trabalho. Entretanto, os embargos infringentes e de divergência são recursos ainda utilizados e dirigidos ao TST, nas Seções de Dissídios Individuais ou Coletivos (arts. 893, I, e 894 da CLT, com as modificações dadas pela Lei n. 13.015/2014), e versam a respeito de decisões proferidas perante aquele mesmo órgão. Sobre o tema, veja OJ n. 95 da SDI-1 e Súmulas ns. 337 e 353 do TST (esta atualizada pela Resolução n. 208, em 22.04.2016).

Não se deve confundir esses embargos com os embargos declaratórios previstos no art. 897-A da CLT; estes se dirigem ao próprio órgão prolator da decisão, mas só têm cabimento para suprir omissão, esclarecer contradição ou obscuridade, ou requerer a correção de meros erros materiais no julgado e manifesto equívoco nos pressupostos extrínsecos do recurso.

---

§ 2º Na execução e na liquidação das decisões funciona apenas o Presidente.

Parágrafo com redação dada pelo Decreto-lei n. 8.737, de 19.01.1946.

Neste parágrafo, havia exclusão da atuação do colegiado na Junta de Conciliação e Julgamento quando as matérias fossem liquidação e execução das decisões, nas quais atuava apenas o juiz-presidente. Hoje, o juiz do trabalho atua singularmente em todas as fases processuais na Vara do Trabalho.

Seção II
Da Jurisdição e Competência das Juntas

A EC n. 24/99 criou as Varas do Trabalho em substituição às Juntas de Conciliação e Julgamento.

Art. 650. A jurisdição de cada Junta de Conciliação e Julgamento abrange todo o território da Comarca em que tem sede, só podendo ser estendida ou restringida por lei federal.

Caput *com redação dada pela Lei n. 5.442, de 24.05.1968.*

A EC n. 24/99 instituiu as Varas do Trabalho em substituição às Juntas de Conciliação e Julgamento. Lei federal pode fixar e alterar a base territorial sobre a qual a jurisdição será operada. Havendo várias Varas do Trabalho na mesma base territorial, a competência observará a prevenção.

Diferentemente do direito processual comum (art. 240 do CPC/2015, antigo art. 219 do CPC/73), não é a citação que torna prevento o juízo na Justiça do Trabalho, mas a distribuição, pois nesta última a citação é ato automático, sem necessário despacho do juiz, que, em geral, só tem o primeiro contato com o processo em audiência (exceto nos casos nos quais deve apreciar antecipação dos efeitos da tutela, liminares etc., ou deve sanar irregularidades, ou seja, em qualquer momento em que o juiz despachar antes da citação da parte contrária).

Parágrafo único. As leis locais de Organização Judiciária não influirão sobre a competência de Juntas de Conciliação e Julgamento já criadas, até que lei federal assim determine.

Parágrafo acrescentado pela Lei n. 5.442, de 24.05.1968.

A EC n. 24/99 instituiu as Varas do Trabalho em substituição às Juntas de Conciliação e Julgamento. Somente lei federal poderá alterar a jurisdição dos órgãos de primeiro grau. Leis locais de organização judiciária são hierarquicamente inferiores à lei federal, portanto, tudo o que regularem não pode contrariar o estabelecido nesta última. Essa orientação respeita a competência privativa da União para legislar sobre direito processual (art. 22, I, da CF). Sobre o tema, veja as Leis ns. 6.563/78, 6.947/81 e 7.729/89.

Art. 651. A competência das Juntas de Conciliação e Julgamento é determinada pela localidade onde o empregado, reclamante ou reclamado, prestar serviços ao empregador, ainda que tenha sido contratado noutro local ou no estrangeiro.

A EC n. 24/99 instituiu as Varas do Trabalho em substituição às Juntas de Conciliação e Julgamento. O artigo trata da competência em razão do lugar (*ratione loci*), determinada pelo local da prestação do serviço do empregado (brasileiro ou estrangeiro) no Brasil, como regra geral, assumindo ele o polo ativo (como reclamante) ou passivo da ação (por exemplo, figurando como reclamado em um inquérito judicial para apuração de falta grave), mesmo que o trabalhador tenha sido contratado em local diverso ou no estrangeiro. Se o trabalhador prestou serviços no Brasil, em locais diferentes, não concomitantes, durante o contrato de trabalho (por exemplo, três primeiros meses do contrato em Curitiba e nos meses seguintes em Salvador), a competência é do último lugar trabalhado (no exemplo, Salvador). Nesse caso, é irrelevante o local onde estão localizadas sede, agência ou filial da empresa, ou onde se fixa o domicílio do trabalhador, pois a competência não se dá pela lei do local do contrato ou pelo domicílio. Objetiva, a lei, facilitar a produção de provas para o obreiro, permitindo contato mais aproximado com testemunhas e situações que envolvem o litígio.

Sempre é bom lembrar: essa competência é relativa e, portanto, prorrogada caso a incompetência não seja arguida pelo interessado no primeiro momento em que se manifestar nos autos (art. 65 do CPC/2015 e art. 114 do CPC/73). Não pode ser declarada de ofício, como, aliás, preconiza a Súmula n. 33 do STJ.

Se o trabalhador prestou serviços no Brasil em diversos locais concomitantemente, há tese doutrinária de que o trabalhador poderá ajuizar a reclamação em qualquer dos locais (regra geral do *caput*), exceto no caso do agente ou viajante comercial, que tem regras específicas, estabelecidas no § 1º deste mesmo artigo e na hipótese do § 3º deste artigo, na qual a realização de atividades fora do lugar da contratação é inerente ao ramo da empresa.

Este artigo não colide com o art. 12 da Lei de Introdução às normas do Direito Brasileiro (Decreto-lei n. 4.657/42), que atribui competência à autoridade judiciária brasileira quando o réu for domiciliado no Brasil ou aqui tiver de ser cumprida a obrigação. É preciso não confundir esse aspecto processual da competência com a questão da aplicação do direito material. Em caso de conflito de leis trabalhistas (direito material), como regra geral, é aplicado o princípio da *lex loci executionis*, regendo-se a relação jurídica pelas leis vigentes no país da prestação de serviço. Isso era tratado na Súmula n. 207 do TST, que foi cancelada pela Resolução n. 181/2012. A Lei n. 11.962, de 03.07.2009, alterou a redação do art. 1º da Lei n. 7.064, de 06.12.1982, para aplicá-la a todos os trabalhadores contratados no Brasil ou transferidos por seus empregadores para prestar serviço no exterior, sendo que seu art. 14 dispõe que: "Sem prejuízo da aplicação das leis do país da prestação dos serviços, no que respeita a direitos, vantagens e garantias trabalhistas e previdenciárias, a empresa estrangeira assegurará ao trabalhador os direitos a ele conferidos neste Capítulo". Pode ocorrer, portanto, de a Justiça brasileira processar e julgar uma reclamatória na qual serão utilizadas regras de direito material de outro país.

§ 1º Quando for parte no dissídio agente ou viajante comercial, a competência será da Junta da localidade em que a empresa tenha agência ou filial e a esta o empregado esteja subordinado e, na falta, será competente a Junta da localização em que o empregado tenha domicílio ou a localidade mais próxima.

Parágrafo com redação dada pela Lei n. 9.851, de 27.10.1999.

Este parágrafo trata do caso de agente ou viajante comercial, ou seja, do empregado que exerce suas atividades simultaneamente em locais diversos, típico caso do vendedor que apresenta e vende o produto em várias localidades. A hipótese gera três possibilidades. Em primeiro lugar, deve ser observada a competência da Vara na qual a empresa tenha agência ou filial e da qual o empregado seja subordinado; caso não seja possível estabelecer a competência, e somente se essa primeira hipótese não for viável, por não haver subordinação a alguma agência ou filial, ou agência ou filial estabelecida, será competente a Vara da localização na qual o empregado tenha domicílio; por fim, a terceira hipótese é a da localidade mais próxima. Entende-se que a localidade mais próxima é a mais perto do domicílio do trabalhador, por terem sido as demais possibilidades deste parágrafo superadas. Não se trata de uma opção das partes, mas de norma cogente, a ser observada por elas obrigatoriamente conforme as regras anteriores.

§ 2º A competência das Juntas de Conciliação e Julgamento, estabelecida neste artigo, estende-se aos dissídios ocorridos em agência ou filial no estrangeiro, desde que o empregado seja brasileiro e não haja convenção internacional dispondo em contrário.

A EC n. 24/99 instituiu as Varas do Trabalho em substituição às Juntas de Conciliação e Julgamento. A redação deste parágrafo gera alguma dificuldade prática e deve ser analisada destacadamente em relação ao *caput* deste artigo. O *caput* fixa a competência da Vara do Trabalho da localidade da prestação de serviços do empregado brasileiro ou estrangeiro (a lei não diferencia), quando essa prestação ocorreu no Brasil, ainda que haja contratação em local diverso do qual os serviços foram executados, no próprio Brasil ou no estrangeiro. Este parágrafo dá prioridade àquilo que eventual convenção internacional (existente entre o Brasil e o país no qual houve o litígio) dispuser sobre competência, no caso de trabalhador brasileiro que presta seus serviços em agência ou filial no estrangeiro, apenas aplicando a competência da Justiça brasileira residualmente. Então, verifica-se que, no primeiro caso (*caput*), o trabalhador brasileiro ou estrangeiro labora no Brasil e, no segundo (§ 2º), o trabalhador brasileiro (nato ou naturalizado, pois a legislação não distingue) labora em agência ou filial no estrangeiro (de empresa brasileira ou estrangeira, pois o legislador não identificou). No *caput*, está se admitindo competência da Justiça brasileira, ainda que o trabalhador tenha sido contratado no estrangeiro e a norma alienígena fixe outro critério de competência. Na hipótese deste parágrafo, a Justiça brasileira não será competente se houver convenção internacional afastando-a ou se o trabalhador for estrangeiro e o dissídio tiver ocorrido em agência ou filial no estrangeiro. Se o trabalhador for brasileiro, trabalhar no estrangeiro e não houver convenção internacional impedindo a competência brasileira, ela é atribuída a nossa Justiça, devendo a ação ser ajuizada perante a Vara onde o empregador tenha sede, se a empresa for brasileira; se estrangeira, onde houver agência ou filial no Brasil; caso essas inexistam, a competência é definida pelo local onde o trabalhador foi contratado no Brasil para seguir para o exterior.

Tendo em vista que a redação deste parágrafo trata de dissídios ocorridos em "agência ou filial no estrangeiro", alguns doutrinadores entendem que a jurisdição será nossa somente se a empresa tiver sede em nosso país. A polêmica subsiste principalmente pela dificuldade prática de fazer com que a empresa no estrangeiro se submeta à nossa competência após sua citação por carta rogatória. É bom relembrar, como já o fizemos no *caput* deste artigo, que estamos tratando de competência para processar e julgar, não da lei de direito material que será aplicada.

Sobre este polêmico parágrafo discute-se ainda se o trabalhador brasileiro que reside e labora no exterior está obrigado a propor a ação no Brasil. A melhor doutrina entende não se poder obrigar o trabalhador se a imposição lhe for desfavorável. A orientação do art. 317 do Código de Bustamante (Decreto n. 18.871/29), que é lei no Brasil e dispõe que a fixação da competência em razão das pessoas não deve se basear na condição de nacionais ou estrangeiros, vai de encontro a este parágrafo, pois determina, sendo o empregado brasileiro (condição de nacional) trabalhando no estrangeiro, aplicar-se a norma nacional se inexistente a convenção internacional. Entretanto, não há consenso a respeito; a razoabilidade no caso concreto deverá resolver eventual impasse ou ainda eventual conflito de competência.

---

§ 3º Em se tratando de empregador que promova realização de atividades fora do lugar do contrato de trabalho, é assegurado ao empregado apresentar reclamação no foro da celebração do contrato ou no da prestação dos respectivos serviços.

Este parágrafo estabelece uma faculdade ao empregado, de ingressar com a ação trabalhista no local da prestação de serviços ou no local da contratação, caso o empregador realize suas atividades fora do lugar estabelecido no contrato, tácita ou expressamente. Esse é o caso típico de atividades cuja natureza tem como característica o constante deslocamento para seu exercício, como feiras, exposições, desfiles, circo, apresentações teatrais, musicais etc. Este parágrafo não conflita com o *caput* do artigo, pois tal opção para o trabalhador não ocorre nos demais casos; somente quando o empregador desenvolve suas atividades nos moldes expostos. Este parágrafo é exceção e as exceções devem ser interpretadas restritivamente. Como exemplo, podemos citar as diversas funções exercidas por uma companhia de teatro: a secretária, que sempre trabalha no mesmo escritório da empresa, promoverá a ação naquela base territorial, mas os empregados que participam montando os cenários das peças em vários lugares, sempre na incerteza do local da prestação de serviços, têm a faculdade prevista neste parágrafo. A análise do caso concreto dirá se a opção do trabalhador é cabível na espécie em tela.

Art. 652. Compete às Varas do Trabalho:

Caput *com redação dada pela Lei n. 13.467, de 13.07.2017.*

A EC n. 24/99 criou as Varas do Trabalho em substituição às Juntas de Conciliação e Julgamento, uma vez que o órgão de primeiro grau deixou de ser colegiado, pela extinção da figura do juiz classista. Este artigo deve ser analisado em conjunto com os arts. 111 e 114 da CF. Na verdade, a CF não enumerou a Vara do Trabalho como órgão da Justiça do Trabalho de primeiro grau de jurisdição, mas o juiz do trabalho (art. 111, III, da CF), que será o responsável pela produção jurisdicional de todas as fases do processo na Vara do Trabalho.

***a)* conciliar e julgar:**

Surge aqui, novamente, a ênfase da lei quanto à supremacia da tentativa de conciliação, que pode ser tentada a qualquer momento, como já exposto nos comentários ao art. 649 da CLT.

I – os dissídios em que se pretenda o reconhecimento da estabilidade de empregado;

Entende-se que a CLT atribuiu competência para que os juízes do trabalho apreciem tanto a estabilidade do empregado (decenal, prevista no art. 492 da CLT, ainda viável para os casos pendentes, anteriores à Lei n. 5.117/66) quanto as garantias provisórias de emprego, advindas da CF (por exemplo, a do dirigente sindical e da gestante) como as decorrentes de lei (como na hipótese do art. 118 da Lei n. 8.213/91) ou norma coletiva. Sobre inquérito para apuração de falta grave, veja alínea *b* deste artigo, além dos arts. 853 a 855 da CLT.

II – os dissídios concernentes a remuneração, férias e indenizações por motivo de rescisão do contrato individual de trabalho;

Essa competência está embutida na previsão do art. 114 da CF, mais abrangente do que este inciso (veja inciso IV a seguir), ao estabelecer a competência da Justiça do Trabalho para "processar e julgar: I – as ações oriundas da relação de trabalho [...]; IX – outras controvérsias decorrentes da relação de trabalho, na forma da lei".

Sobre rescisão do contrato individual de trabalho, veja arts. 477 e segs. da CLT. Além dessas matérias previstas na CLT, há competência da Justiça do Trabalho pela utilização subsidiária do direito material (art. 8º da CLT) e processual comum (art. 15 do CPC/2015 e art. 769 da CLT), em matéria cautelar, tutela antecipada, ação monitória, consignação em pagamento, mandado de segurança, ação de prestação de contas, ação rescisória, ação civil pública (de competência originária da Vara do local do dano), entre outras.

Quanto à ação civil pública, havendo mais de uma Vara do Trabalho na mesma base territorial, a competência se dá pela distribuição. No entanto, se o local do dano exceder à área de jurisdição de um Tribunal Regional, a competência é do TST. O art. 12 da Lei n. 7.520/86 foi peculiar ao dispor que no caso de o dano envolver tanto a 2ª Região (capital de São Paulo, Grande São Paulo e litoral), como a 15ª Região (interior de São Paulo), a competência é da 2ª Região.

III – os dissídios resultantes de contratos de empreitadas em que o empreiteiro seja operário ou artífice;

Sobre o tema, veja comentários ao art. 643 da CLT; e, acerca da responsabilidade nos contratos de subempreitada, veja o art. 455 da CLT.

IV – os demais dissídios concernentes ao contrato individual de trabalho;

O art. 114 da CF deu amplitude à competência material da Justiça do Trabalho, ao dispor que também compete a ela processar e julgar "IX – outras controvérsias decorrentes da relação de trabalho, na forma da lei".

V – as ações entre trabalhadores portuários e os operadores portuários ou o Órgão Gestor de Mão de Obra – OGMO decorrentes da relação de trabalho;

Inciso acrescentado pela MP n. 2.164-41, de 24.08.2001.

Sobre o tema, veja art. 643, § 3º, da CLT.

***b)* processar e julgar os inquéritos para apuração de falta grave;**

A apuração de falta grave de empregado estável está prevista nos arts. 853 a 855 da CLT, e a faculdade do empregador em suspender o empregado vem estabelecida no art. 494 da CLT. É processada observando-se as normas do Capítulo III "Dos Dissídios Individuais", mas o prazo decadencial para sua instauração é de trinta dias (Súmula n. 403 do STF), contados da data da suspensão do empregado ou, se não foi suspenso, de quando o empregado poderia ter sido suspenso. Essa ação é utilizada pelo empregador quando o empregado que detém a garantia provisória de emprego do dirigente sindical (art. 8º, VIII, da CF) comete falta grave.

***c)* julgar os embargos opostos às suas próprias decisões;**

Sobre os embargos às antigas Juntas de Conciliação e Julgamento, veja comentário ao art. 649 da CLT. Hoje cabem, para o mesmo órgão prolator da decisão, apenas embargos de declaração, nas hipóteses elencadas no art. 897-A da CLT.

***d)* impor multas e demais penalidades relativas aos atos de sua competência;**

Alínea com redação dada pelo Decreto-lei n. 6.353, de 20.03.1944.

A competência tratada nesta alínea diz respeito à multa imposta pela autoridade do próprio juiz nos autos do processo trabalhista, não às multas administrativas impostas pelo extinto Ministério do Trabalho e Previdência Social (Lei n. 13.266/2016, art. 2º, III) por descumprimento da legislação. Podem ser de natureza de direito material ou processual. A CLT também prevê sanções aos próprios juízes, conforme os arts. 903 a 908 do estatuto consolidado. São exemplos de multas impostas pelo magistrado as exigidas em razão do reconhecimento da litigância de má-fé (arts. 79 a 81 do CPC/2015, anteriormente disciplinada pelos arts. 17 e 18 do CPC/73, além do art. 793-C da CLT, incluído pela Lei n. 13.467, de 13.07.2017), do ato do devedor que atente contra a dignidade da Justiça (arts. 772 a 774 do CPC/2015, antes prevista nos arts. 600 e 601 do CPC/73), por embargos declaratórios procrastinatórios (art. 1.026, §§ 2º e 3º, do CPC/2015 e anterior art. 538, parágrafo único, do CPC/73), a imposta à testemunha que se recusa a comparecer em juízo quando este o determinou (art. 730 da CLT), a multa diária em razão da negativa de reintegração do empregado estável constante de mandado judicial (art. 729 da CLT), e a multa diária fixada até o cumprimento da inclusão do adicional de periculosidade em folha de pagamento quando o julgado assim determinou (arts. 536 e 537 do CPC/2015, anterior art. 461, § 4º do CPC/73).

Sobre o processo de multas administrativas de competência do extinto Ministério do Trabalho e Previdência Social (Lei n. 13.266/2016, art. 2º, III) (fiscalização, autuação, imposição, recursos, depósito, inscrição e cobrança), veja os arts. 626 a 642 da CLT e a legislação pertinente disponível no *site* do Ministério (www.trabalho.gov.br). Apenas com a redação da EC n. 45/2004 a Justiça do Trabalho passou a ser competente para processar e julgar "ações relativas às penalidades administrativas impostas aos empregadores pelos órgãos de fiscalização das relações de trabalho" (art. 114, VII, da CF).

---

e) (Alínea suprimida pelo Decreto-lei n. 6.353, de 20.03.1944.)

***f)* decidir quanto à homologação de acordo extrajudicial em matéria de competência da Justiça do Trabalho.**

Alínea acrescentada pela Lei n. 13.467, de 13.07.2017.

O acordo extrajudicial já era analisado pela Justiça Trabalhista antes mesmo desta alínea entrar em vigor, por exemplo, quando o empregado dispensado reclama suas verbas depois de ter celebrado acordo particular com o empregador ou realizado um ajuste em uma Câmara Arbitral, porém, alegando nulidade desse ajuste, seja por que motivo for. Há institutos privados de mediação e arbitragem que atuam nessa área e a alínea esclareceu que há a competência do juízo de primeiro grau para a decisão acerca do conteúdo do ajuste extrajudicial. Sobre o tema do processo de jurisdição voluntária para homologação de acordo extrajudicial, *vide* Capítulo III-A da CLT (arts. 855-B a 855-E), acrescentado pela Lei n. 13.467/2017 – *DOU* 14.07.2017.

Parágrafo único. Terão preferência para julgamento os dissídios sobre pagamento de salário e aqueles que derivarem da falência do empregador, podendo o Presidente da Junta, a pedido do interessado, constituir processo em separado, sempre que a reclamação também versar sobre outros assuntos.

A EC n. 24/99 instituiu as Varas do Trabalho em substituição às Juntas de Conciliação e Julgamento. A maior celeridade exigida no caso de falência do empregador se justifica, pois, com tal decretação, a tendência é a dificuldade cada vez maior, com o passar do tempo, de o trabalhador vislumbrar a satisfação de seus direitos, mormente pela necessidade de habilitação de seu eventual crédito junto ao juízo universal da falência, na Justiça comum. Pela redação do artigo, conclui-se ter querido tratar de dissídios originados na falência do empregador, ou seja, o trabalhador já tem a informação de falência de seu ex-empregador no momento da propositura da ação. Isso é relevante para fins da própria decisão de primeiro grau, pois tal situação influenciará nos entendimentos do magistrado sobre vários dos pedidos formulados pelo ex-empregado e várias das questões suscitadas na defesa do falido. De qualquer forma, na verdade, seja qual for o momento processual da decretação da falência, a rapidez na solução do litígio trabalhista é importante para garantir ao trabalhador mais chances de obter eventual crédito. Sobre competência e andamento processual máximo quando da ocorrência da falência, veja comentário ao art. 643 da CLT.

Quanto à parte final deste parágrafo único, a constituição de processo em separado é de rara ou nenhuma aplicação prática, pois parece atender melhor aos princípios de celeridade e segurança jurídica o julgamento do dissídio em um só processo. Ademais, ressalta-se tal separação somente poder ser feita a requerimento do interessado e não de ofício pelo juiz. Na verdade, este parágrafo parece estar totalmente deslocado de sua posição na CLT, por não tratar de competência, como o faz este art. 652. A matéria é de organização processual, prova disso é a repetição do tema *preferência na falência*, no Título X da CLT, "Do Processo Judiciário do Trabalho", art. 768.

Art. 653. Compete, ainda, às Juntas de Conciliação e Julgamento:

A EC n. 24/99 extinguiu a representação classista e substituiu as antigas Juntas de Conciliação e Julgamento pelas Varas do Trabalho. Na verdade, o artigo anterior estabelece competências em relação à matéria e às pessoas e o presente artigo versa sobre as atribuições do juiz do trabalho de cunho administrativo-processual, imprimindo-lhe o poder geral de realizar diligências necessárias ao bom andamento processual, atendendo ao princípio da busca da verdade real, além de versar sobre exceções de suspeição e incompetência, sem descuidar, contudo, da ampla defesa e do contraditório.

***a)* requisitar às autoridades competentes a realização das diligências necessárias ao esclarecimento dos feitos sob sua apreciação, representando contra aquelas que não atenderem a tais requisições;**

As autoridades judiciárias podem determinar a realização das diligências necessárias, atendendo ao princípio da busca da verdade real. Não há ilegalidade no ato de juiz que determina a realização de diligências não requeridas pelas partes, se fundamentada sua decisão, a menos que o sigilo imediato seja necessário à realização do ato, pois ao juiz do trabalho cabe a direção do processo e o bom andamento das causas submetidas à sua jurisdição (art. 765 da CLT). O próprio juiz poderá realizar diligências, se entender necessárias, como no caso da inspeção judicial, na qual o magistrado vai a campo em busca de melhor compreender a verdade dos fatos (arts. 481 a 484 do CPC/2015, dispositivos que estavam nos arts. 440 a 443 do CPC/73). Se não houver resposta à ordem judicial acerca da realização de diligências para o esclarecimento de feitos sob sua apreciação, poderá ficar tipificado o crime de desobediência (art. 330 do CP).

***b)* realizar as diligências e praticar os atos processuais ordenados pelos Tribunais Regionais do Trabalho ou pelo Tribunal Superior do Trabalho;**

Alínea com redação dada pelo Decreto-lei n. 6.353, de 20.03.1944.

Esta alínea está em consonância com o art. 643 da CLT, o qual estabelece que os órgãos da Justiça do Trabalho devem trabalhar sob regime de colaboração. Diz respeito a atos processuais e não à hierarquia no tocante ao livre convencimento do juiz do trabalho do primeiro grau de jurisdição em relação aos tribunais; hoje existentes só em relação às súmulas vinculantes do STF, editadas após a EC n. 45/2004 (art. 103-A e seus parágrafos da CF) ou confirmadas por dois terços de seus integrantes e publicação na imprensa oficial (EC n. 45/2004, art. 8º). Na hipótese de nulidade da sentença ou reforma da decisão em sede de recurso, o entendimento do juízo do primeiro grau não se manterá, e, eventualmente, algum ato processual determinado pelo órgão superior deve ser cumprido. Quanto às normas de caráter administrativo, as Varas do Trabalho devem praticar atos ordenados pelos TRTs e TST.

***c)* julgar as suspeições arguidas contra os seus membros;**

A utilização subsidiária do CPC, tanto em relação à suspeição quanto ao impedimento, é cabível por força dos arts. 769 da CLT e 15 do CPC/2015, uma vez que as hipóteses de suspeição do art. 801 da CLT foram estabelecidas anteriormente à previsão mais completa do CPC. Antes da EC n. 24/99, a decisão sobre a exceção de suspeição provocada pelas partes era prolatada pelo próprio órgão suspeito, por ser colegiado, devendo o juiz declarar-se suspeito de ofício, se o fosse, ainda que as partes não alegassem. Hoje subsiste a declaração de ofício pelo juiz do trabalho, mas se a suspeição foi por ele negada, a competência para julgamento é do TRT a que está ligado (aplica-se a regra do art. 146 do CPC/2015, que tem correspondência no CPC/73, art. 313). A suspeição deve ser arguida desde logo, ou seja, na primeira oportunidade na qual for possível se manifestar a respeito nos autos ou na própria audiência. Posteriormente, se outro juiz intervier no feito em que antes não havia atuado, sendo o caso, cabe a exceção contra esse segundo, devendo ser observada a mesma regra de imediatidade na arguição. Sobre exceção de suspeição, veja arts. 799, 801 e 802 da CLT, além dos arts. 145, 146 e 148 do CPC/2015, anteriores arts. 135 a 138 do CPC/73. Sobre impedimento, veja art. 801 da CLT, arts. 144 e 146 a 148 do CPC/2015, anteriormente regulados pelos arts. 134 e 304 do CPC/73.

_d)_ julgar as exceções de incompetência que lhes forem opostas;

Sobre exceção de incompetência, veja arts. 799 e 800 da CLT e 63, § 3º, 952 e 953, anteriormente regulados pelos arts. 112, 117, 118, 265, III, e 304 a 311 do CPC/73. Sobre conflito de jurisdição, veja arts. 803 a 811 da CLT. Registre-se que pelo novo CPC/2015, art. 313, a exceção de incompetência não mais consta como uma das hipóteses de suspensão do processo, como ocorria no CPC/73, no art. 265, III.

_e)_ expedir precatórias e cumprir as que lhes forem deprecadas;

No interesse de causas sob sua jurisdição, os juízes do trabalho podem determinar a realização de diligências fora do local de atuação, por meio de carta precatória por ele enviada (juízo deprecante) ao juiz que irá cumpri-lo (juízo deprecado). A carta precatória é um meio pelo qual um juízo se comunica com outro a fim de haver cooperação para a efetivação de diligências e atos processuais (inquirições, busca e apreensão, citações, penhoras, entre outras) em local que não está sob a jurisdição do remetente. Chegando ao juízo deprecado, a carta precatória será autuada, recebendo numeração dos processos que se seguem na Vara de destino, com despacho inicial de cumprimento e eventuais deliberações a serem observadas no ato determinado pelo juízo deprecante. Cumprida, a carta precatória é remetida ao juízo deprecante, com todos os atos realizados, e reunida aos autos do juízo de origem. Aplicam-se com reservas (no que não for incompatível com o processo do trabalho) os arts. 260 a 268 do CPC/2015, matéria anteriormente disciplinada pelos arts. 202 a 212 do CPC/73.

_f)_ exercer, em geral, no interesse da Justiça do Trabalho, quaisquer outras atribuições que decorram da sua jurisdição.

Sobre o poder do juiz de direção do processo, veja art. 765 da CLT. Esta alínea oferece amplitude de ação ao magistrado, guardada a pertinência com sua jurisdição. Poderá haver previsão legal ou do próprio regimento interno do Tribunal Regional a que estiver ligada a Vara do Trabalho, a fim de permitir ou restringir atribuições no caso concreto para o interesse da Justiça do Trabalho.

Seção III
Dos Presidentes das Juntas

Veja arts. 111 a 116 da CF, sobre a extinção dos juízes classistas na Justiça do Trabalho (Anexo I da CLT).

A EC n. 24/99 extinguiu a representação classista e substituiu as antigas Juntas de Conciliação e Julgamento pelas Varas do Trabalho. O juiz do trabalho responsável pelas antigas Juntas era denominado presidente do órgão colegiado em que também atuavam os juízes classistas, mas a direção do processo ficava por conta do presidente, o único que era juiz concursado.

Art. 654. O ingresso na magistratura do trabalho far-se-á para o cargo de Juiz do Trabalho Substituto. As nomeações subsequentes por promoção, alternadamente, por antiguidade e merecimento.

Caput *com redação dada pelo Decreto-lei n. 229, de 28.02.1967.*

Este artigo trata do cargo (juiz do trabalho substituto) por meio do qual o concursado assume com o ingresso na magistratura do trabalho, devendo respeitar o art. 37, II, da CF, que exige a realização de concurso público de provas ou provas e títulos (de acordo com natureza e complexidade) para a investidura em cargo ou emprego público, exceto no tocante aos cargos em comissão, de livre nomeação e exoneração. O art. 93 da CF estabeleceu que LC, de iniciativa do STF, disporá sobre o Estatuto da magistratura e dispôs que o ingresso na carreira se dá por concurso público. A nova redação do art. 93, I, da CF, dada pela EC n. 45/2004, exige do bacharel em direito, no mínimo, três anos de atividade jurídica. A Resolução n. 75/2009 da Presidência do CNJ, alterada pelas Resoluções ns. 118/2010 e 208/2015, no art. 59, considera atividade jurídica "I - aquela exercida com exclusividade por bacharel em Direito; II – o efetivo exercício de advocacia, inclusive voluntária, mediante a participação anual mínima em 5 (cinco) atos privativos de advogado (Lei n. 8.906, de 4 de julho de 1994, art. 1º) em causas ou questões distintas; III – o exercício de cargos, empregos ou funções, inclusive de magistério superior, que exijam a utilização preponderante de conhecimento jurídico; IV – o exercício da função de conciliador junto a tribunais judiciais, juizados especiais, varas especiais, anexos de juizados especiais ou de varas judiciais, no mínimo por 16 (dezesseis) horas mensais e durante 1 (um) ano; V – o exercício da atividade de mediação ou de arbitragem na composição de litígios. § 1º É vedada, para efeito de comprovação de atividade jurídica, a contagem do estágio acadêmico ou qualquer outra atividade anterior à obtenção do grau de bacharel em Direito. § 2º A comprovação do tempo de atividade jurídica relativamente a cargos, empregos ou funções não privativos de bacharel em Direito será realizada mediante certidão circunstanciada, expedida pelo órgão competente, indicando as respectivas atribuições e a prática reiterada de atos que exijam a utilização preponderante de conhecimento jurídico, cabendo à Comissão de Concurso, em decisão fundamentada, analisar a validade do documento". Sobre o que se considera atividade jurídica, veja também o julgamento da 1ª Turma do STF no Mandado de Segurança n. 27.601/DF, que entendeu que "A referência a 'três anos de atividade jurídica', contida no art. 129 da CF, não se limita à atividade privativa de bacharel em direito" (relator Ministro Marco Aurélio). A atual redação manteve, contudo, a obediência, nas nomeações, da ordem de classificação. Para atualização de informações sobre os concursos para a magistratura, veja Resolução n. 118 da Presidência do CNJ, de 03.08.2010. A Resolução Administrativa n. 1.861/2016 regulamenta o Concurso Público Nacional Unificado para ingresso na carreira da Magistratura do Trabalho. A Resolução Administrativa n. 1.973/2018 atribui competência ao Conselho Superior da Justiça do Trabalho – CSJT para promover o Concurso Público Nacional Unificado para ingresso na Magistratura do Trabalho.

Há reserva de vagas para os portadores de deficiência nos concursos para a Magistratura na Justiça do Trabalho, conforme previsão do art. 37, VIII, da CF e do § 2º do art. 5º da Lei n. 8.112/90, bem como a Resolução n. 75/2009 (Capítulo X), alterada pela Resolução n. 118/2010 e pela Resolução n. 208/2015, todas da Presidência do CNJ.

A LC n. 35/79 é a Lei Orgânica da Magistratura de que tratou o referido art. 93 da CF e regulamentou o ingresso à magistratura trabalhista nos arts. 78 e 92. O art. 96, I, *c*, da CF, atribuiu competência aos TRTs para prover os cargos de juiz de carreira da respectiva jurisdição, na forma prevista na própria CF. As regras para o concurso de ingresso na magistratura foram estipuladas na Resolução Administrativa n. 1.861/2016, que revogou a Resolução Administrativa n. 907/2002 do TST, que anteriormente regulamentava a matéria, além do art. 69, I, *d*, do Regimento Interno do TST, que atribuiu competência ao Órgão Especial para julgar recursos interpostos de decisão em matéria de concurso para a magistratura do trabalho. Agora a competência para promover o concurso é do Conselho Superior da Justiça do Trabalho – CSJT (Resolução Administrativa n. 1.973/2018 do TST). Entretanto, muito antes disso, os juízes do trabalho eram nomeados diretamente pelo presidente da República, sem concurso, e deveriam preencher requisitos de cidadania, idade mínima e aptidão adequada (veja o § 4º deste artigo). Somente em 1946, os §§ 3º e 5º foram alterados inicialmente pelo Decreto-lei n. 9.797, que dispôs que o ingresso na magistratura do trabalho deveria ser feito por meio de concurso. Poderes, deveres e responsabilidade do juiz, veja arts. 139 a 143 do CPC/2015, anteriores arts. 125 a 133 do CPC/73. Garantias de vitaliciedade, vedações, inamovibilidade, irredutibilidade de vencimentos, prerrogativas, ingresso e remoção, promoção e acesso, veja art. 95 e seu parágrafo único da CF e arts. 25, 30, 32, 33, 78, 80 e seguintes da Lei Orgânica da Magistratura (LC n. 35/79); deveres, art. 35; vedações, art. 36; estatística, arts. 37 a 39; e punições, arts. 40 a 48, também da Lei Orgânica da Magistratura.

Ainda sobre esses e outros temas, veja os arts. 93, II a XV (com a redação trazida pela EC n. 45/2004), e 94 da CF. Sobre o provimento de cargos de juízes substitutos do trabalho, veja Súmula n. 478 do STF. Suspeição e impedimento, veja os arts. 144 a 148 do CPC/2015, anteriores arts. 134 a 138 do CPC/73, e notas ao art. 653, *c*, da CLT. Responsabilidade civil do magistrado, veja art. 49 da Lei Orgânica da Magistratura e art. 143 do CPC/2015, anterior art. 133 do CPC/73, que prevê o juiz responder civil e regressivamente por perdas e danos quando: "I – no exercício de suas funções, proceder com dolo ou fraude; II – recusar, omitir ou retardar, sem justo motivo, providência que deva ordenar de ofício, ou a requerimento da parte". O parágrafo único do mesmo artigo do CPC/2015 estabelece como se configura recusa, omissão ou retardamento sem justo motivo: "Parágrafo único. As hipóteses previstas no inciso II somente serão verificadas depois que a parte requerer ao juiz que determine a providência e o requerimento não for apreciado no prazo de 10 (dez) dias". A retenção injustificada dos autos em poder do juiz além do prazo legal impede a promoção do magistrado, após a entrada em vigor da EC n. 45/2004, que inseriu a alínea *e* no art. 93, II, e o inciso VIII, da CF.

---

§ 1º Nas 7ª e 8ª Regiões da Justiça do Trabalho, nas localidades fora das respectivas sedes, haverá suplentes de juiz do trabalho presidente de Junta, sem direito a acesso, nomeados pelo Presidente da República, dentre brasileiros, bacharéis em direito, de reconhecida idoneidade moral, especializados em direito do trabalho, pelo período de 2 (dois) anos, podendo ser reconduzidos.

Parágrafo com redação dada pelo Decreto-lei n. 229, de 28.02.1967.

A EC n. 24/99 instituiu as Varas do Trabalho em substituição às Juntas de Conciliação e Julgamento. Quando ainda havia as Juntas de Conciliação e Julgamento, o suplente de juiz do trabalho era um bacharel em direito, especializado em direito do trabalho que, nomeado pelo presidente da República, sem concurso público, assumia tal função, mas sem os mesmos direitos do juiz-presidente. Isso se seguiu até a edição da Lei n. 1.530/51, que permitiu sua promoção. Entretanto, a Lei n. 7.221/84 estabeleceu regras diversas para essa figura e determinou sua extinção após vacância, para os que cumpriam o mandato.

---

§ 2º Os suplentes de juiz do trabalho receberão, quando em exercício, vencimentos iguais aos dos juízes que substituírem.

Parágrafo com redação dada pelo Decreto-lei n. 229, de 28.02.1967.

Este parágrafo não mais subsiste diante da Lei n. 7.221/84, que estabeleceu regras diversas para esta figura de juiz suplente e determinou sua extinção após vacância. No entanto, o parágrafo determinava equivalência de vencimentos entre os juízes do trabalho e suplentes em exercício.

---

§ 3º Os Juízes Substitutos serão nomeados após aprovação em concurso público de provas e títulos realizado perante o Tribunal Regional do Trabalho da Região, válido por 2 (dois) anos e prorrogável, a critério do mesmo órgão, por igual período, uma só vez, e organizado de acordo com as instruções expedidas pelo Tribunal Superior do Trabalho.

Parágrafo acrescentado pelo Decreto-lei n. 9.797, de 09.09.1946, e com redação dada pela Lei n. 6.087, de 16.07.1974.

O concurso para juiz do trabalho substituto é de âmbito federal. O fato de ser federal explicava o magistrado que ingressou na carreira em uma determinada região poder permutar para região diversa, sem se submeter a novo concurso público na região de interesse, dentro das possibilidades dos tribunais envolvidos. Com a edição da Resolução Administrativa n. 1.861/2016 do TST, ficou definido o Concurso Nacional unificado para ingresso na carreira da Magistratura do Trabalho, tendo sido destinada ao Conselho Superior da Justiça do Trabalho – CSJT a competência para realizar o concurso (Resolução Administrativa n. 1.973/2018 do TST). A previsão sobre a validade de dois anos do concurso público, prorrogável uma vez, por igual período, encontra guarida no art. 19 da Resolução Administrativa n. 1.861/2016 e no art. 37, III, da CF. O inciso IV do mesmo artigo constitucional dispõe que o aprovado em concurso na forma do inciso anterior será convocado com prioridade sobre novos concursados, para assumir cargo ou emprego na carreira. A Súmula n. 478 do STF orienta que o provimento em cargo de juízes substitutos deve ser feito na ordem de classificação dos candidatos.

---

§ 4º Os candidatos inscritos só serão admitidos ao concurso após apreciação prévia, pelo Tribunal Regional do Trabalho da respectiva Região, dos seguintes requisitos:

Parágrafo acrescentado pelo Decreto-lei n. 9.797, de 09.09.1946, e com redação dada pelo Decreto-lei n. 229, de 28.02.1967.

Anteriormente ao concurso unificado eram efetuadas as inscrições ao concurso pelos candidatos, os TRT analisavam se houve preenchimento dos requisitos previstos nos editais e divulgavam lista das inscrições deferidas. A Resolução Administrativa n. 1.861/2016 do TST dispõe que casos omissos são sempre analisados pela Comissão Executiva Nacional de Concurso (art. 97).

a) **idade maior de 25 (vinte e cinco) anos e menor de 45 (quarenta e cinco) anos;**

Alínea acrescentada pelo Decreto-lei n. 9.797, de 09.09.1946, e com redação dada pelo Decreto-lei n. 229, de 28.02.1967.

A previsão de idade mínima para o ingresso na magistratura trabalhista não foi recepcionada pela CF, conforme o art. 7º, XXX. O STF orienta, por meio da Súmula n. 683, que somente se justifica a imposição de idade mínima para inscrição em concurso público por imperiosa observância da natureza das atribuições do cargo a ser preenchido. Entretanto, há limitação etária natural, advinda da obtenção do certificado de bacharel em Direito. Em relação à idade máxima para o ingresso à magistratura trabalhista, poder-se-ia argumentar que ocorre como consequência de previsão da idade de 65 anos para os Ministros dos Tribunais Superiores. Na decisão do MS n. 13.659 do STJ entendeu-se que essa limitação de 65 anos, que vem prevista no art. 115 da CF, em relação aos membros dos TRTs somente se refere ao quinto constitucional, não podendo haver essa exigência para os magistrados de carreira. O entendimento é questionável, se analisado à luz do princípio da isonomia (art. 7º, XXX, CF). Por certo que aos 75 anos (LC n. 152/2015) não há possibilidade de ingresso na carreira, em razão da aposentadoria compulsória, limitação que, aliás, figura como constitucional. Registre-se que no Estatuto do Idoso (Lei n. 10.741/2003), em seu art. 27, é vedada a fixação de limite máximo de idade para admissão, inclusive para concursos, salvo se a natureza do cargo exigir.

b) **idoneidade para o exercício das funções.**

Alínea acrescentada pelo Decreto-lei n. 9.797, de 09.09.1946, e com redação dada pelo Decreto-lei n. 229, de 28.02.1967.

Parece óbvia a necessidade de idoneidade no exercício de tão relevantes funções, e tal disposição legal tem importantes reflexos no processo, como a exigência de imparcialidade do juiz, a fidúcia atribuída pelo Poder Judiciário para o exercício da jurisdição trabalhista nos processos sob responsabilidade do magistrado, por meio dos poderes ordinatórios (que têm relação com o bom andamento do processo, visto de forma instrumental – por exemplo, os previstos nos arts. 202 e 321 do CPC/2015, anteriormente regulados nos arts. 161, 284 e 285 do CPC/73), instrutórios (art. 765 da CLT e arts. 370, 371 e 421 do CPC/2015, matérias antes disciplinadas nos arts. 130, 131 e 382 do CPC/73), e o poder de polícia exercido como autoridade judiciária (arts. 360 e 361, parágrafo único, antes disciplinados nos arts. 445 e 446 do CPC/73). Tão relevante é o quesito idoneidade que, já no ingresso à magistratura, os candidatos são submetidos à investigação quanto aos aspectos moral e social, com a colheita de informações junto a autoridades a respeito do candidato, sem prejuízo de exame de sanidade física e mental, na forma da lei (LC n. 35/79, art. 78, § 2º; Resolução Administrativa n. 1.861/2016, art. 63; e Súmula n. 686 do STF).

A propósito, o CNJ instituiu, em 19.09.2008, o Código de Ética da Magistratura Nacional, por meio da Resolução n. 60, disponível no *site* www.cnj.jus.br.

Veja, ainda, a Resolução n. 135/2011, que revogou a Resolução n. 30/2007 e que trata da uniformização de normas relativas ao procedimento administrativo disciplinar aplicável aos magistrados, do mesmo CNJ, sendo importante: verificar Decisão Plenária da Liminar (ADI n. 4.638) em relação aos arts. 2º a 4º, 8º a 10, 12, 14, 15, 17, 20 e 21.

---

§ 5º O preenchimento dos cargos de Presidente de Junta, vagos ou criados por lei, será feito dentro de cada Região:

Parágrafo acrescentado pelo Decreto-lei n. 9.797, de 09.09.1946, e com redação dada pelo Decreto-lei n. 229, de 28.02.1967.

A EC n. 24/99 previu a instituição das Varas do Trabalho em substituição às Juntas de Conciliação e Julgamento. O TRT de cada região determinará o provimento de cargo de juiz titular de cada Vara do Trabalho, que se dará por remoção de um magistrado já titular de outra Vara do Trabalho, permuta de um juiz titular de outra região ou por promoção dos juízes substitutos, adotados, alternativamente, os critérios de antiguidade e merecimento, conforme o art. 93, II, da CF.

***a)* pela remoção de outro Presidente, prevalecendo a antiguidade no cargo, caso haja mais de um pedido, desde que a remoção tenha sido requerida, dentro de 15 (quinze) dias, contados da abertura da vaga, ao Presidente do Tribunal Regional, a quem caberá expedir o respectivo ato;**

Alínea acrescentada pelo Decreto-lei n. 9.797, de 09.09.1946, e com redação dada pela Lei n. 6.090, de 16.07.1974.

A remoção de que trata este artigo é a feita a pedido do próprio juiz. A respeito, *v.* a Resolução n. 182/2017, do CSJT, alterada pelas Resoluções ns. 188 e 191/2017 e pelo Ato CSJT.GP.SG.CGPES n. 148/2017, que regula o exercício do direito de remoção, a pedido, de Juiz do Trabalho Substituto, entre Tribunais Regionais do Trabalho. Tanto essa remoção quanto a permuta do juiz da Vara de que é titular para outra Vara em que haja vaga têm prioridade em relação à promoção, ou seja, as vagas serão primeiramente preenchidas com os interessados por meio de remoção ou permuta, obedecida a antiguidade caso haja mais de um interessado; somente havendo desinteresse dos juízes já titulares em serem removidos ou permutarem para tal localidade a promoção poderá ocorrer. A EC n. 45/2004 inseriu o inciso VIII-A no art. 93 da CF para dispor que a remoção a pedido ou a permuta de magistrados de comarca de igual entrância atenderá, no que couber, ao disposto nas alíneas *a*, *b*, *c* e *e* do inciso II, do mesmo art. 93, da CF. Contudo, na Justiça do Trabalho, não há de se falar em entrâncias; assim, a remoção e a permuta podem ocorrer entre juízes do mesmo grau de jurisdição. A Resolução n. 32/2007 do CNJ dispõe, em seu art. 2º, que até que seja editado o Estatuto da Magistratura previsto no art. 93, *caput*, da CF, os critérios para as remoções a pedido e permutas de magistrados serão os estabelecidos em leis de organização judiciária, atos normativos e/ou regimentos internos dos tribunais, do Conselho Superior da Justiça do Trabalho, no caso da Justiça do Trabalho. E referido Conselho possui a Resolução CSJT n. 182/2017, alterada pelas Resoluções ns. 191/2017 e 188/2017 e pelo Ato CSJT.GP.SG.CGPES n. 148/2017, que regula o exercício do direito de remoção, a pedido, de Juiz do Trabalho Substituto, entre Tribunais Regionais do Trabalho. Remoção compulsória, disponibilidade e aposentadoria por interesse público deverão ser decididas por voto da maioria absoluta do respectivo tribunal ou do CNJ, assegurada a ampla defesa (nova redação do art. 93, VIII, da CF, dada pela EC n. 45/2004). Também sobre os temas remoção compulsória, disponibilidade e aposentadoria por interesse público, veja Lei Orgânica da Magistratura Nacional (LC n. 35/79), arts. 28, 42, 45, 46, 50, 57 e 58, além da LC n. 152/2015.

***b)* pela promoção de substituto, cuja aceitação será facultativa, obedecido o critério alternado de antiguidade e merecimento.**

Alínea acrescentada pelo Decreto-lei n. 9.797, de 09.09.1946, e com redação dada pelo Decreto-lei n. 229, de 28.02.1967.

Sobre o tema, veja Lei n. 5.879/73, que fixa normas para promoção de juízes presidentes de Junta. O magistrado que tem interesse em sua promoção de juiz do trabalho substituto a titular precisa consultar a lista de antiguidade do tribunal ao qual está ligado para observar sua posição e verificar se tem condições de se candidatar à vaga aberta, cujo preenchimento se dará pela antiguidade ou, ainda, por merecimento, critérios utilizados alternadamente. A candidatura deverá ser preenchida atendendo-se às normas previstas no art. 93, I a III, da CF, tanto para antiguidade como para merecimento.

No caso da promoção por antiguidade, poderá haver recusa pelo voto fundamentado de dois terços dos membros do tribunal correspondente, de acordo com o procedimento previsto no respectivo regimento interno, assegurada a ampla defesa, repetindo-se a votação até fixar-se a indicação (art. 93, II, *d*, da CF, com redação dada pela EC n. 45/2004). O merecimento será apurado pelo desempenho do magistrado e por critérios objetivos de produtividade e presteza no exercício da jurisdição, além de frequência e aproveitamento em cursos oficiais ou reconhecidos, que constituem etapa obrigatória do processo de vitaliciamento (art. 93, II, *c*, e IV, da CF).

A EC n. 45/2004 incluiu a alínea *e* ao art. 93, II, da CF, para impedir promoção de juiz que, injustificadamente, retiver autos em seu poder além do prazo legal, não podendo devolvê-los ao cartório (secretaria na Justiça do Trabalho) sem despacho ou decisão.

Além da remoção e da promoção, é possível a permuta entre juízes do primeiro grau de jurisdição (a Resolução n. 144 revogou a Resolução n. 45, de 23.03.1945, que aprovou a Instrução Normativa n. 5, ambas do TST, sendo que esta havia sido publicada no *DJ* 03.04.1995 e tratava de permutas). Sobre os temas remoção a pedido e permuta, veja a Resolução n. 32/2007, do CNJ, que no art. 2º dispõe: "Até que seja editado o Estatuto da Magistratura previsto no art. 93, *caput*, da CF, os critérios para as remoções a pedido e permutas de magistrados serão os estabelecidos em leis de organização judiciária, atos normativos e/ou regimentos internos dos tribunais, do Conselho Superior da Justiça do Trabalho e do Conselho da Justiça Federal". A Resolução n. 97, de 27.10.2009, do CNJ, incluiu o § 2º no art. 3º da mencionada Resolução n. 32/2007, dispondo que: "§ 2º Os atos normativos dos tribunais que disponham sobre as remoções deverão, obrigatoriamente, vedar a remoção voluntária em caso de acúmulo injustificado de processos na vara ou gabinete que estejam sob a jurisdição do magistrado".

O acesso aos tribunais de segundo grau de jurisdição também se fará por antiguidade e merecimento, alternadamente, apurados na última ou única entrância (art. 93, III, da CF). Sobre esse tema, veja a Resolução n. 106/2010 do CNJ.

---

§ 6º Os Juízes do Trabalho, Presidentes de Junta, Juízes Substitutos e suplentes de Juiz tomarão posse perante o Presidente do Tribunal da respectiva Região. Nos Estados que não forem sede de Tribunal Regional do Trabalho, a posse dar-se-á perante o Presidente do Tribunal de Justiça, que remeterá o termo ao Presidente do Tribunal Regional da jurisdição do empossado. Nos Territórios, a posse dar-se-á perante o Presidente do Tribunal Regional do Trabalho da respectiva Região.

Parágrafo acrescentado pelo Decreto-lei n. 9.797, de 09.09.1946, e com redação dada pelo Decreto-lei n. 229, de 28.02.1967.

A EC n. 24/99 previu a instituição das Varas do Trabalho em substituição às Juntas de Conciliação e Julgamento e estabeleceu o juiz do trabalho como órgão da Justiça especializada. Sobre os antigos suplentes de juiz, veja notas ao art. 654, § 1º, da CLT. A Justiça do Trabalho tem âmbito federal e é dividida em regiões, cada qual com seu TRT respectivo, com autonomia para empossar juízes do trabalho, substitutos e titulares englobados em sua base territorial, o que é feito na forma de seu regimento interno.

Art. 655. *(Revogado pelo Decreto-lei n. 229, de 28.02.1967.)*

Art. 656. O Juiz do Trabalho Substituto, sempre que não estiver substituindo o Juiz-Presidente de Junta, poderá ser designado para atuar nas Juntas de Conciliação e Julgamento.

Caput *com redação dada pela Lei n. 8.432, de 11.06.1992.*

A EC n. 24/99 instituiu as Varas do Trabalho em substituição às Juntas de Conciliação e Julgamento. As atribuições e o modo de alocação do juiz do trabalho substituto dentro da região em que atua estão estabelecidos nos regimentos internos de cada um dos TRTs. Por não haver entrância na Justiça do Trabalho, a promoção do juiz do trabalho substituto (forma como ingressou na magistratura trabalhista) se dá diretamente para a ocupação de juiz do trabalho titular de uma Vara específica.

§ 1º Para o fim mencionado no *caput* deste artigo, o território da Região poderá ser dividido em zonas, compreendendo a jurisdição de uma ou mais Juntas, a juízo do Tribunal Regional do Trabalho respectivo.

Parágrafo acrescentado pela Lei n. 8.432, de 11.06.1992.

O juiz do trabalho substituto será designado conforme a conveniência do TRT ao qual está ligado, sendo alocado somente nos limites territoriais da região respectiva, que pode ser internamente subdividida para melhor distribuição dos juízes substitutos. Veja, ainda, a Resolução CSJT n. 63/2010, alterada pelas Resoluções ns. 83/2011, 93/2012, 114/2012, 118/2012, 160/2015, 169/2016 e 209/2017 do mesmo órgão e também modificada na 9ª Sessão Ordinária do CSJT (27.11.2015) e republicada em cumprimento ao disposto no art. 2º da Resolução CSJT n. 169/2016, que alterou de 1.000 para 1.500 o número de processos nas Varas do Trabalho para justificar a presença de um juiz titular e um juiz substituto.

§ 2º A designação referida no *caput* deste artigo será de atribuição do Juiz-Presidente do Tribunal Regional do Trabalho ou, não havendo disposição regimental específica, de quem este indicar.

Parágrafo acrescentado pela Lei n. 8.432, de 11.06.1992.

É preciso observar sempre o regimento interno de cada TRT para os fins deste parágrafo.

§ 3º Os Juízes do Trabalho Substitutos, quando designados ou estiverem substituindo os Juízes Presidentes de Juntas, perceberão os vencimentos destes.

Parágrafo acrescentado pela Lei n. 8.432, de 11.06.1992.

A EC n. 24/99 instituiu as Varas do Trabalho em substituição às Juntas de Conciliação e Julgamento e previu o juiz do trabalho como órgão de primeiro grau da Justiça do Trabalho.

§ 4º O Juiz-Presidente do Tribunal Regional do Trabalho ou, não havendo disposição regimental específica, que este indicar, fará a lotação e a movimentação dos Juízes Substitutos entre as diferentes zonas da Região na hipótese de terem sido criadas na forma do § 1º deste artigo.

Parágrafo acrescentado pela Lei n. 8.432, de 11.06.1992.

É preciso observar sempre o regimento interno de cada TRT para os fins deste parágrafo, sendo que a alocação dos juízes substitutos se dará pelo juiz-presidente do TRT, caso não houver sido estipulada outra forma no regimento interno do tribunal respectivo.

Art. 657. Os Presidentes de Juntas e os Presidentes Substitutos perceberão a remuneração ou os vencimentos fixados em lei.

Artigo com redação dada pelo Decreto-lei n. 8.737, de 19.01.1946.

A EC n. 24/99 extinguiu a representação classista e o órgão colegiado de primeiro grau. Os presidentes substitutos eram os antigos juízes suplentes das Juntas de Conciliação e Julgamento. Quando designado, o juiz substituto recebia a mesma remuneração do presidente da Junta. Hoje, nas atividades da Vara, há apenas seu juiz do trabalho titular; e, em suas férias, licenças ou outro motivo relevante, atua o juiz do trabalho substituto, que ingressou na carreira por concurso e ainda não foi promovido, substituindo o primeiro em todas as suas funções jurisdicionais e administrativas. Poderá, ainda, ser designado um juiz do trabalho substituto para atuar como auxiliar, ou seja, estando presente na Vara o titular ou o substituto, o auxiliar cooperará com as atividades da Vara em situações especiais (como nas hipóteses de pautas estendidas, número de julgamentos superior ao regular, atividades extraordinárias determinadas pela corregedoria). Veja o art. 10 da Resolução CSJT n. 63/2010 a respeito do quantitativo de cargos de juiz do trabalho substituto, em cada Região, que corresponde ao número de Varas do Trabalho.

Art. 658. São deveres precípuos dos Presidentes das Juntas, além dos que decorram do exercício de sua função:

Caput *com redação dada pelo Decreto-lei n. 8.737, de 19.01.1946.*

A EC n. 24/99 criou as Varas do Trabalho em substituição às Juntas de Conciliação e Julgamento, pois o órgão de primeiro grau deixou de ser colegiado pela extinção da figura do juiz classista. Este artigo trata de deveres fundamentais dos juízes que atuam nas Varas do Trabalho, ou seja, do magistrado responsável por cada uma das Varas.

***a)* manter perfeita conduta pública e privada;**

Alínea com redação dada pelo Decreto-lei n. 8.737, de 19.01.1946.

Justifica-se a manutenção de perfeita conduta pública e privada, pois o juiz precisa ter condição moral de sustentar sua autoridade para a boa condução de suas prerrogativas e atribuições. Essa exigência se coaduna com a necessária idoneidade moral do magistrado (art. 654, § 4º, *b*, da CLT).

***b)* abster-se de atender a solicitações ou recomendações relativamente aos feitos que hajam sido ou tenham de ser submetidos à sua apreciação;**

Alínea com redação dada pelo Decreto-lei n. 8.737, de 19.01.1946.

Eventual atendimento a solicitações ou recomendações pode significar advocacia em proveito de uma das partes – não permitido ao magistrado – e pode até configurar crime. De forma mais gravosa, o art. 95, parágrafo único, II, da CF, estabeleceu expressa vedação aos juízes receber, a qualquer título ou pretexto, custas ou participação em processo. Obviamente esta disposição não se confunde com o fato de o juiz do trabalho atender em seu gabinete advogados ou partes que solicitarem despachar diretamente com o magistrado em casos de excepcional relevância, hipóteses em que o juiz não estará advogando em favor de uma das partes, mas atendendo a uma situação cuja apreciação seria inútil caso aguardasse a petição seguir para sua análise.

***c)* residir dentro dos limites de sua jurisdição, não podendo ausentar-se sem licença do Presidente do Tribunal Regional;**

Alínea com redação dada pelo Decreto-lei n. 8.737, de 19.01.1946.

Essa exigência vem prevista no art. 93, VII, da CF e justifica-se pelo fato de o magistrado dever conhecer mais profundamente as características do território no qual atua.

Contudo, o magistrado pode requerer licença ao Presidente do TRT ao qual está vinculado para residir em local outro que não o da sua jurisdição. Veja a Resolução n. 37/2007, do CNJ, que dispõe sobre a obrigatoriedade de os Tribunais regulamentarem os casos excepcionais de juízes residirem fora das respectivas comarcas.

---

d) **despachar e praticar todos os atos decorrentes de suas funções, dentro dos prazos estabelecidos, sujeitando-se ao desconto correspondente a 1 (um) dia de vencimento para cada dia de retardamento.**

Alínea acrescentada pelo Decreto-lei n. 8.737, de 19.01.1946.

Esta alínea não mais produz efeitos quanto ao desconto de vencimentos por dia de retardamento de atos decorrentes da função do juiz do trabalho. Poder-se-ia argumentar a ineficácia advir do fato de há muito tempo as Constituições federais brasileiras não permitirem a redutibilidade dos vencimentos dos magistrados. No entanto, a obediência a prazos legais imposta ao magistrado não depende somente dele, mas de toda a estrutura do próprio Tribunal Regional a que está ligado e, muitas vezes, até do orçamento respectivo. Se esta alínea pudesse ser seguida à risca hodiernamente, com a crescente e avolumada demanda por créditos trabalhistas e aumento da competência da Justiça do Trabalho, e considerando, muitas vezes, a dificuldade de recursos materiais e humanos, em muitos casos o magistrado ficaria praticamente sem vencimentos. A tão criticada dificuldade em dar andamento processual decorre, entre outros fatores, de falta de recursos materiais e de pessoal; e, muitas vezes, do modo como partes e advogados agem durante o processado, apresentando manifestações francamente procrastinatórias e acabando, na prática, por retardar a prestação jurisdicional.

Art. 659. Competem privativamente aos Presidentes das Juntas, além das que lhes forem conferidas neste Título e das decorrentes de seu cargo, as seguintes atribuições:

A EC n. 24/99 instituiu as Varas do Trabalho em substituição às Juntas de Conciliação e Julgamento.

I – presidir às audiências das Juntas;

A EC n. 24/99 instituiu as Varas do Trabalho em substituição às Juntas de Conciliação e Julgamento. O juiz do trabalho, ainda que substituto (o *caput* prevê presidente por se referir ao juiz concursado das antigas Juntas, em contraposição aos juízes classistas que também ali atuavam), sempre deve estar presente às audiências. Na Justiça do Trabalho podem ser: unas (concentração dos atos processuais) ou fracionadas, sendo estas últimas divididas em iniciais (atos de tentativa de conciliação, recebimento da defesa e reconvenção, e de avaliação de exceções e preliminares), de instrução (se não foi realizada na primeira audiência, serão ouvidos depoimentos pessoais e testemunhas) e de julgamento. Sempre será possível a realização de audiência especial para tentativa de conciliação, em qualquer fase processual, inclusive na execução. As regras sobre as audiências nos dissídios individuais estão elencadas nos arts. 843 e segs. e nos dissídios coletivos, a partir do art. 860 da CLT.

II – executar as suas próprias decisões, as proferidas pela Junta e aquelas cuja execução lhes for deprecada;

A EC n. 24/99 instituiu as Varas do Trabalho em substituição às Juntas de Conciliação e Julgamento. O princípio da *perpetuatio jurisdictionis* vem traduzido nos arts. 877 e 877-A da CLT e significa que o juízo que tiver julgado originariamente o dissídio é também o competente para sua execução. Portanto, perpetua-se o poder de dizer o direito para o prolator da decisão, salvo exceções trazidas na lei. Este inciso prevê a execução das próprias decisões do juiz do trabalho e das proferidas pela Vara; hoje, as duas disposições estão unificadas. Quando havia Juntas de Conciliação e Julgamento, a decisão em fase cognitiva era, geralmente, prolatada pelo juiz-presidente e os juízes classistas, mas as decisões na execução somente ficavam a cargo do juiz-presidente. Hoje o juiz do trabalho deverá se responsabilizar tanto pela fase cognitiva quanto pela de execução. Quanto à execução das decisões que lhe forem deprecadas, cabe ao juiz do trabalho do órgão deprecado (que recebeu a carta precatória) realizar diligências e atos processuais pertinentes, atendendo ao espírito de mútua colaboração com os demais órgãos da Justiça do Trabalho. Sobre o tema carta precatória, veja comentário ao art. 653, *e*, da CLT.

III – dar posse aos Juízes classistas nomeados para a Junta, ao chefe de Secretaria e aos demais funcionários da Secretaria;

Veja nota desta Seção.

A EC n. 24/99 extinguiu a representação classista na Justiça do Trabalho, acabando por derrogar tacitamente o dispositivo quanto aos juízes classistas (vogais). Não havendo mais classistas, a primeira parte deste inciso encontra-se tacitamente derrogada. A posse do diretor de secretaria (antigamente denominado secretário) e dos demais funcionários, inclusive os ocupantes de cargo em comissão, deve ser inscrita em livro próprio e assinada pelo juiz titular da Vara e pelo empossado, salvo exceções previstas nos regimentos internos dos TRTs respectivos.

IV – convocar os suplentes dos Juízes classistas, no impedimento destes;

Veja nota desta Seção.

Derrogado tacitamente pela EC n. 24/99, que extinguiu os juízes classistas (vogais) e previu órgão monocrático no primeiro grau de jurisdição.

V – representar ao Presidente do Tribunal Regional da respectiva jurisdição, no caso de falta de qualquer Juiz classista a 3 (três) reuniões consecutivas, sem motivo justificado, para os fins do art. 727;

Veja nota desta Seção.

Derrogado tacitamente em razão da EC n. 24/99, que extinguiu a representação classista na Justiça do Trabalho.

VI – despachar os recursos interpostos pelas partes, fundamentando a decisão recorrida antes da remessa ao Tribunal Regional, ou submetendo-os à decisão da Junta, no caso do art. 894;

A EC n. 24/99 instituiu as Varas do Trabalho em substituição às Juntas de Conciliação e Julgamento. Sobre os recursos na Justiça do Trabalho, veja arts. 893 e segs. da CLT.

Os recursos interpostos devem ser objeto de despacho, determinando o seu processamento ou denegando o seguimento, com indicação precisa sobre qual requisito recursal não está presente. Em relação à última parte deste inciso, os embargos eram recursos que cabiam contra decisão da própria Vara – Juntas de Conciliação e Julgamento à época – e eram submetidos à sua apreciação, mas não mais existem. Sobre o tema, veja comentário do art. 649, § 1º, da CLT.

VII – assinar as folhas de pagamento dos membros e funcionários da Junta;

A EC n. 24/99 instituiu as Varas do Trabalho em substituição às Juntas de Conciliação e Julgamento. Os pagamentos dos vencimentos de juízes e servidores das Varas do Trabalho são feitos diretamente nas suas contas bancárias pelo setor responsável do TRT respectivo com emissão dos demonstrativos de pagamento ou sua disponibilização via internet, salvo disposição em contrário no respectivo regimento interno. As presenças são certificadas pelo diretor de secretaria de cada uma das Varas pelos controles de jornada e pela informação de frequência no caso de ocupantes de cargos que os dispensam, e assinadas pelo juiz responsável, com envio ao TRT ao qual está ligado, salvo outra forma de organização conforme o Tribunal determinar.

VIII – apresentar ao Presidente do Tribunal Regional, até 15 de fevereiro de cada ano, o relatório dos trabalhos do ano anterior;

A estatística e o controle de produtividade se dão conforme estipulação de cada um dos Tribunais Regionais, previstos nos respectivos regimentos internos e demais normas administrativas. Veja a Resolução do CNJ de n. 76/2009, que dispõe sobre os princípios do Sistema de Estatística do Poder Judiciário, estabelece seus indicadores, fixa prazos, determina penalidades e dá outras providências, bem como a Resolução n. 49/2007, que trata da organização do Núcleo de Estatística e Gestão Estratégica nos órgãos do Poder Judiciário relacionados no art. 92, II a VII, da CF, entre os quais incluem-se os tribunais e juízes do trabalho, além da Resolução n. 326/2020, que revogou a Resolução n. 4/2005 (esta criou o Sistema de Estatística) e, ainda, trouxe modificações em diversos textos que afetam a Estatística. Ainda, as Portarias do CNJ de ns. 615/2009, que constitui o Comitê Gestor Nacional do Sistema de Estatísticas do Poder Judiciário, e 216/2012, que regulamenta o Sistema de Estatísticas do Poder Judiciário. A existência da atividade estatística nos tribunais é essencial à boa administração da Justiça, cuja transparência com o jurisdicionado é corolário necessário para o respeito a alguns dos mais importantes princípios da administração pública: legalidade, publicidade, eficiência e moralidade (art. 37, *caput*, da CF), além de auxiliar na melhoria e necessidades de readequação do órgão judiciário, apontando subsídios a novas ações a serem tomadas, por meio do estudo de desempenho.

IX – conceder medida liminar, até decisão final do processo em reclamações trabalhistas que visem a tornar sem efeito transferência disciplinada pelos parágrafos do art. 469 desta Consolidação;

Inciso acrescentado pela Lei n. 6.203, de 17.04.1975.

Criticou-se, à época, a inserção deste inciso, pois, diante do poder geral de cautela do juiz, ele obviamente é exemplificativo. No entanto, já foi sustentado que o legislador estabelecer tal regra (e pressupõe-se que as normas jurídicas não são inúteis) significa apenas, no caso de transferência de empregado com alteração unilateral de contrato de trabalho por parte do empregador, haver possibilidade de concessão de medida liminar.

Em 1996, o inciso X também foi incluído e tal questionamento, renovado. Ocorre que, por meio do poder geral de cautela, o juiz pode atender às necessidades dos partícipes da relação processual, com a licença da lei (art. 5º da Lei de Introdução às normas do Direito Brasileiro, art. 297 do CPC/2015, antes disciplinado no art. 798 do CPC/73 e arts. 769 e 889 da CLT). Não se descarta, contudo, a observância dos requisitos legais para a concessão de tutelas provisórias (Livro V do CPC/2015), além, eventualmente, de outros requisitos relativos ao tipo de provimento requerido, observados, ainda, outros tipos de tutelas jurisdicionais criados pelo CPC/2015.

Os incisos IX e X deste artigo correspondem às únicas medidas cautelares em espécie previstas na legislação trabalhista. As demais, nominadas ou inominadas, são adaptadas do direito processual civil.

X – conceder medida liminar, até decisão final do processo, em reclamações trabalhistas que visem reintegrar no emprego dirigente sindical afastado, suspenso ou dispensado pelo empregador.

Inciso acrescentado pela Lei n. 9.270, de 17.04.1996.

A medida liminar em reclamação trabalhista para reintegração de dirigente sindical afastado, suspenso ou dispensado pelo empregador poderá ser concedida antes (preparatória) ou durante reclamação trabalhista ou inquérito para apuração de falta grave. Sobre o tema da estabilidade do dirigente sindical, veja art. 8º, VIII, da CF. Sobre mandato de dirigente sindical, veja art. 543 da CLT, e sobre inquérito para apuração de falta grave, veja arts. 494, 652, *b*, e 853 a 855 da CLT.

Seção IV
Dos Juízes Classistas das Juntas

Veja arts. 111 a 116 da CF, sobre a extinção dos juízes classistas na Justiça do Trabalho (Anexo I da CLT).

A EC n. 24/99 instituiu as Varas do Trabalho em substituição às Juntas de Conciliação e Julgamento. Toda esta Seção encontra-se tacitamente derrogada pela EC n. 24/99, pois o órgão de primeiro grau deixou de ser colegiado pela extinção da figura do juiz classista.

Art. 660. Os Juízes classistas das Juntas são designados pelo Presidente do Tribunal Regional da respectiva jurisdição.

Veja nota desta Seção.

A EC n. 24/99 instituiu as Varas do Trabalho em substituição às Juntas de Conciliação e Julgamento. Toda esta Seção encontra-se tacitamente derrogada pela EC n. 24/99. Os juízes classistas, chamados vogais antes da CF vigente, compunham as Juntas de Conciliação e Julgamento, juntamente com o juiz-presidente (de carreira). Após a EC n. 24/99, tal representação classista foi extinta e a Junta passou a ser denominada Vara do Trabalho, porque somente ficou sob a responsabilidade do juiz do trabalho (juízo monocrático). Os classistas também atuavam junto aos TRTs e ao TST.

Art. 661. Para o exercício da função de Juiz classista da Junta ou suplente deste são exigidos os seguintes requisitos:

Veja nota desta Seção.

A EC n. 24/99 instituiu as Varas do Trabalho em substituição às Juntas de Conciliação e Julgamento. Toda esta Seção encontra-se tacitamente derrogada pela EC n. 24/99.

***a)* ser brasileiro;**

Alínea com redação dada pelo Decreto-lei n. 229, de 28.02.1967.

Como não havia disposição em contrário, os juízes classistas poderiam ser brasileiros natos ou naturalizados.

***b)* ter reconhecida idoneidade moral;**

A mesma idoneidade moral exigida ao magistrado de carreira também era necessária aos juízes classistas, pois exerciam, em boa parte, atividades semelhantes com direito a voto nas decisões em fase cognitiva.

***c)* ser maior de 25 (vinte e cinco) anos e ter menos de 70 (setenta) anos;**

Alínea com redação dada pelo Decreto-lei n. 229, de 28.02.1967.

A restrição de idade mínima somente se justificaria na hipótese de o juiz togado também sofrer tal limitação. A idade máxima é compreensível, em razão da aposentadoria compulsória aos 75 anos de idade (LC n. 152/2015).

***d)* estar no gozo dos direitos civis e políticos;**

Tal previsão tinha correlação com a importância do cargo ocupado e a necessidade de idoneidade moral e social dos juízes classistas para exercício de suas prerrogativas.

***e)* estar quite com o serviço militar;**

A regularização junto ao serviço militar para os homens, pois somente deles se exige apresentação ou alistamento, sempre foi requisito para o exercício das funções de juízes, classistas ou não, além de candidatos a ingressar na administração pública direta.

f) contar mais de 2 (dois) anos de efetivo exercício na profissão e ser sindicalizado.

A sindicalização era obrigatória porque os classistas assumiam o papel de representantes dos empregados, de um lado, e representantes de empregadores, de outro; e deveriam conhecer de perto as lutas de classes e a realidade vivida pelas partes envolvidas nos conflitos de interesses.

Parágrafo único. A prova da qualidade profissional a que se refere a alínea *f* deste artigo é feita mediante declaração do respectivo Sindicato.

O sindicato que indicasse o juiz classista deveria providenciar tal declaração de qualidade profissional.

Art. 662. A escolha dos Juízes classistas das Juntas e seus suplentes far-se-á dentre os nomes constantes das listas que, para esse efeito, forem encaminhadas pelas associações sindicais de primeiro grau ao Presidente do Tribunal Regional.

Veja nota desta Seção.

A EC n. 24/99 instituiu as Varas do Trabalho em substituição às Juntas de Conciliação e Julgamento. Toda esta Seção encontra-se tacitamente derrogada pela EC n. 24/99. Os próprios sindicatos da base territorial das Juntas de Conciliação e Julgamento poderiam indicar candidatos ao cargo de classista, e eleição e contestação aos eleitos se faziam na forma estabelecida pelos parágrafos deste artigo. Da decisão dos TRTs para impugnação da eleição do classista cabia recurso para o TST (Súmula n. 167 do TST, cancelada).

§ 1º Para esse fim, cada Sindicato de empregadores e de empregados, com base territorial extensiva à área de jurisdição da Junta, no todo ou em parte, procederá, na ocasião determinada pelo Presidente do Tribunal Regional, à escolha de 3 (três) nomes que comporão a lista, aplicando-se à eleição o disposto no art. 524 e seus §§ 1º a 3º.

Parágrafo com redação dada pela Lei n. 5.657, de 04.06.1971.

A EC n. 24/99 instituiu as Varas do Trabalho em substituição às Juntas de Conciliação e Julgamento. Tanto os sindicatos da classe econômica (empregadores) como da classe profissional (trabalhadores) indicavam três nomes possíveis para o cargo de juiz classista em sua base territorial, escolhidos na forma de eleição, como se faz para os cargos de diretoria e conselho fiscal dos sindicatos (art. 524, §§ 1º e 3º, da CLT).

---

§ 2º Recebidas as listas pelo Presidente do Tribunal Regional, designará este, dentro de 5 (cinco) dias, os nomes dos Juízes classistas e dos respectivos suplentes, expedindo para cada um deles um título, mediante a apresentação do qual será empossado.

Veja nota desta Seção.

Após o envio da lista dos eleitos nos sindicatos, o juiz-presidente do TRT respectivo escolhia e designava os novos juízes classistas e seus suplentes.

---

§ 3º Dentro de 15 (quinze) dias, contados da data da posse, pode ser contestada a investidura do Juiz classista ou do suplente, por qualquer interessado, sem efeito suspensivo, por meio de representação escrita, dirigida ao Presidente do Tribunal Regional.

Veja nota desta Seção.

A contestação da investidura poderia ser apresentada por qualquer interessado, por meio de representação escrita dirigida ao juiz-presidente do TRT respectivo, sem que o classista precisasse aguardar o desfecho da questão, ou seja, poderia continuar trabalhando normalmente.

---

§ 4º Recebida a contestação, o Presidente do Tribunal designará imediatamente relator, o qual, se houver necessidade de ouvir testemunhas ou de proceder a quaisquer diligências, providenciará para que tudo se realize com a maior brevidade, submetendo, por fim, a contestação ao parecer do Tribunal, na primeira sessão.

Parágrafo com redação dada pela Lei n. 2.244, de 23.06.1954.

Após contestação à impugnação da investidura do juiz classista ou seu suplente, o juiz-presidente do Tribunal Regional designava relator e submetia o processado ao parecer do tribunal, em sua primeira sessão.

---

§ 5º Se o Tribunal julgar procedente a contestação, o Presidente providenciará a designação de novo Juiz classista ou suplente.

Parágrafo com redação dada pelo Decreto-lei n. 229, de 28.02.1967.

Veja nota desta Seção.

Acolhida a impugnação, o vogal ou suplente deixava de exercer suas atividades junto à antiga Junta de Conciliação e Julgamento e outro vogal ou suplente seria designado.

§ 6º Em falta de indicação pelos Sindicatos, de nomes para representantes das respectivas categorias profissionais e econômicas nas Juntas de Conciliação e Julgamento, ou nas localidades onde não existirem Sindicatos, serão esses representantes livremente designados pelo Presidente do Tribunal Regional do Trabalho, observados os requisitos exigidos para o exercício da função.

Parágrafo acrescentado pelo Decreto-lei n. 229, de 28.02.1967.

Esta regra era de difícil aplicabilidade prática, tendo em vista a proliferação de sindicatos no território nacional e o forte interesse que tinham em eleger seus membros para figurarem como juízes classistas ou suplentes junto à Justiça do Trabalho.

Art. 663. A investidura dos Juízes classistas das Juntas e seus suplentes é de 3 (três) anos, podendo, entretanto, ser dispensado, a pedido, aquele que tiver servido, sem interrupção, durante metade desse período.

Caput *com redação dada pela Lei n. 2.244, de 23.06.1954.*
Veja nota desta Seção.

A EC n. 24/99 instituiu as Varas do Trabalho em substituição às Juntas de Conciliação e Julgamento. Toda esta Seção encontra-se tacitamente derrogada pela EC n. 24/99. A investidura tinha a previsão de três anos e os classistas ou suplentes poderiam ser dispensados, se assim requeressem, após o exercício de metade desse período. Contudo, não parece razoável que não pudessem ser dispensados em momento anterior se a relevância do pedido assim o justificasse. Por causa da previsão de investidura de três anos, apesar de a EC n. 24/99 extinguir a representação classista, os vogais e suplentes que ainda cumpriam seus mandatos tiveram o direito de levá-lo a efeito até o final, caindo a composição colegiada somente após o final de tais mandatos, ocorrendo em momentos diversos nas Juntas de Conciliação e Julgamento, até todas passarem a ser Varas do Trabalho.

§ 1º Na hipótese da dispensa do Juiz classista a que alude este artigo, assim como nos casos de impedimento, morte ou renúncia, sua substituição far-se-á pelo suplente, mediante convocação do Presidente da Junta.

Parágrafo com redação dada pela Lei n. 2.244, de 23.06.1954.
Veja nota desta Seção.

A EC n. 24/99 instituiu as Varas do Trabalho em substituição às Juntas de Conciliação e Julgamento. Os suplentes substituíam os classistas nas hipóteses de falecimento, impedimento ou renúncia, devendo ser convocados pelo juiz-presidente da antiga Junta de Conciliação e Julgamento para tal fim.

§ 2º Na falta do suplente, por impedimento, morte ou renúncia serão designados novo Juiz classista e o respectivo suplente, dentre os nomes constantes das listas a que se refere o art. 662, servindo os designados até o fim do período.

Veja nota desta Seção.

Quando também o suplente fosse impedido, morresse ou renunciasse, novo classista e respectivo suplente eram designados, escolhidos entre os nomes da lista tríplice prevista no § 1º do art. 662, e deviam servir até o fim do período do mandato do classista anterior e respectivo suplente, a menos que houvesse nova hipótese de morte, impedimento ou renúncia.

Art. 664. Os Juízes classistas das Juntas e seus suplentes tomam posse perante o Presidente da Junta em que têm de funcionar.

Veja nota desta Seção.

A EC n. 24/99 instituiu as Varas do Trabalho em substituição às Juntas de Conciliação e Julgamento. Toda esta Seção encontra-se tacitamente derrogada pela EC n. 24/99. A nomeação era feita pelo presidente do TRT; mas, no primeiro grau, a posse era feita perante o juiz-presidente da Junta de Conciliação e Julgamento.

Art. 665. Enquanto durar sua investidura, gozam os Juízes classistas das Juntas e seus suplentes das prerrogativas asseguradas aos jurados.

Veja nota desta Seção.

A EC n. 24/99 instituiu as Varas do Trabalho em substituição às Juntas de Conciliação e Julgamento. Toda esta Seção encontra-se tacitamente derrogada pela EC n. 24/99. Somente benefícios expressamente concedidos em lei poderiam ser usufruídos pelos juízes classistas e seus suplentes, porque possuíam regime jurídico próprio, não gozando as mesmas benesses concedidas aos juízes togados.

Art. 666. Por audiência a que comparecerem, até o máximo de 20 (vinte) por mês, os Juízes classistas das Juntas e seus suplentes perceberão a gratificação fixada em lei.

Veja nota desta Seção.

A EC n. 24/99 instituiu as Varas do Trabalho em substituição às Juntas de Conciliação e Julgamento. Toda esta Seção encontra-se tacitamente derrogada pela EC n. 24/99. Veja art. 5º da Lei n. 9.655/98.

Art. 667. São prerrogativas dos Juízes classistas das Juntas, além das referidas no art. 665:

Veja nota desta Seção.

***a)* tomar parte nas reuniões do Tribunal a que pertençam;**

***b)* aconselhar às partes a conciliação;**

***c)* votar no julgamento dos feitos e nas matérias de ordem interna do Tribunal, submetidas às suas deliberações;**

***d)* pedir vista dos processos pelo prazo de 24 (vinte e quatro) horas;**

***e)* formular, por intermédio do Presidente, aos litigantes, testemunhas e peritos, as perguntas que quiserem fazer, para esclarecimento do caso.**

A EC n. 24/99 instituiu as Varas do Trabalho em substituição às Juntas de Conciliação e Julgamento. Toda esta Seção encontra-se tacitamente derrogada pela EC n. 24/99. A maioria das atividades elencadas neste artigo não se tratava de meras prerrogativas dos juízes, mas de atribuições obrigatórias, pois eles não deveriam se comportar como meros figurantes, mas atuar efetivamente para a realização de conciliação e participar das decisões. As sentenças do primeiro grau registravam os votos, trazendo em seu bojo a forma de decisão para cada um dos temas suscitados nos processos: procedente, improcedente ou procedente em parte (além das demais possibilidades de extinção do feito com ou sem julgamento do mérito, arquivamento etc.), por unanimidade ou maioria.

CAPÍTULO III
DOS JUÍZOS DE DIREITO

Art. 668. Nas localidades não compreendidas na jurisdição das Juntas de Conciliação e Julgamento, os Juízos de Direito são os órgãos de administração da Justiça do Trabalho, com a jurisdição que lhes for determinada pela lei de organização judiciária local.

A EC n. 24/99 criou as Varas do Trabalho em substituição às Juntas de Conciliação e Julgamento. A CF, com a nova redação do art. 112, dada pela EC n. 45/2004, determinou a lei criar as Varas do Trabalho e, nas comarcas não abrangidas por sua jurisdição, os juízes de direito (juízes da Justiça comum estadual) terem a jurisdição trabalhista, com recurso para o TRT da região respectiva. Isso, por um lado, consubstancia-se em uma garantia ao jurisdicionado para levar à apreciação do Judiciário seus conflitos de interesse, ainda que o local no qual deva ser proposta a ação não esteja abrangido por uma das Varas da Justiça especializada. Tal previsão também se encontra inserida na Lei Orgânica da Magistratura Nacional (LC n. 35/79), consentânea com a Súmula n. 169 do extinto TFR. A competência para a jurisdição trabalhista conferida ao juízo de direito decorre da não criação das Varas do Trabalho em alguns locais, segundo a lei de organização judiciária. Neste caso, o jurisdicionado se socorre da Justiça comum. Por outro lado, muito se discute acerca da atuação dos juízes estaduais na seara trabalhista por não terem, geralmente, formação específica adequada, e a formalidade com que lidam no processo civil poder influenciar negativamente no informalismo desejado no processo trabalhista. No entanto, foi essa a solução encontrada pela lei para corrigir a eventual falta de Varas do Trabalho no primeiro grau de jurisdição, porque a estruturação da Justiça do Trabalho, de âmbito federal, em um país com as dimensões do Brasil, é gradual, e a escassez de recursos materiais e humanos impôs tal solução imediata para o problema. Quando estiver tratando da matéria trabalhista, o juiz de direito vincula-se ao TRT que tem domínio sobre tal base territorial. Dessa forma, se houver recurso, o juízo competente será o TRT abrangido por aquela localidade; ou o TST, dentro das competências materiais e funcionais respectivas. Perante esses órgãos, o juiz de direito responderá por seus atos. No juízo de direito, nunca houve a participação da representação classista, já que o primeiro funcionou sempre em juízo monocrático no primeiro grau de jurisdição e não colegiado, como nas antigas Juntas de Conciliação e Julgamento. Sobre os cartórios e os escrivães dos juízos de direito investidos na administração da Justiça do Trabalho, veja arts. 716 e 717 da CLT. Veja, ainda, a Resolução CSJT n. 63/2010, modificada na 9ª Sessão Ordinária do CSJT (27.11.2015) e republicada em cumprimento ao disposto no art. 2º da Resolução CSJT n. 169/2016, que alterou de 350 para 600 o número de processos que justifique a criação de Varas Trabalhistas em localidades onde estas não existem (art. 9º).

Art. 669. A competência dos Juízos de Direito, quando investidos na administração da Justiça do Trabalho, é a mesma das Juntas de Conciliação e Julgamento, na forma da Seção II do Capítulo II.

A EC n. 24/99 criou as Varas do Trabalho em substituição às Juntas de Conciliação e Julgamento. O juízo de direito está investido do poder de dizer o direito no caso concreto, nos dissídios decorrentes da relação de trabalho, tanto quanto o juízo da Justiça especializada, mas somente com competência residual, ou seja, quando a localidade não for abrangida por uma Vara do Trabalho.

§ 1º Nas localidades onde houver mais de um Juízo de Direito a competência é determinada, entre os Juízes do Cível, por distribuição ou pela divisão judiciária local, na conformidade da lei de organização respectiva.

Se houver mais de um juízo de direito, como no caso de haver mais de uma Vara da Justiça comum, a competência será definida entre os juízes do cível (o que é bastante razoável pela similitude da matéria *relação contratual*), por distribuição ou divisão judiciária local, conforme a lei de organização judiciária respectiva.

§ 2º Quando o critério de competência da lei de organização judiciária for diverso do previsto no parágrafo anterior, será competente o Juiz do Cível mais antigo.

Se o critério de competência não coincidir com aquele do § 1º, a competência é determinada pela antiguidade na comarca do juiz do cível. Por falta de previsão legal regulando a matéria, questionou-se, ainda, a competência de Vara do Trabalho criada em localidade na qual antes não havia, em relação aos processos já em andamento na Justiça comum investida na jurisdição trabalhista. Entretanto, tratando-se de norma processual, por princípio aplicada de plano, parece mais seguro afirmar que, havendo em determinada localidade a criação de Vara do Trabalho onde antes atuava a Justiça comum investida com a jurisdição trabalhista, esta deve imediatamente remeter os autos à nova Justiça especializada, que dará andamento ao processado, seja qual for a fase processual. A Súmula n. 10 do STJ, que rege a matéria mencionando as antigas Juntas de Conciliação e Julgamento, confirma esse entendimento.

CAPÍTULO IV
DOS TRIBUNAIS REGIONAIS DO TRABALHO

Veja Lei n. 7.701/88, que dispõe sobre a especialização de turmas dos tribunais do trabalho em processos coletivos e dá outras providências.

Seção I
Da Composição e do Funcionamento

Veja arts. 111 a 116 da CF, sobre a extinção dos juízes classistas na Justiça do Trabalho (Anexo I da CLT).

Para o art. 670, veja o Anexo II da CLT.

Art. 670. Os Tribunais Regionais das 1ª e 2ª Regiões compor-se-ão de onze juízes togados, vitalícios, e de seis juízes classistas, temporários; os

da 3ª e 4ª Regiões, de oito juízes togados, vitalícios, e de quatro classistas, temporários; os da 5ª e 6ª Regiões, de sete juízes togados, vitalícios e de dois classistas, temporários; os da 7ª e 8ª Regiões, de seis juízes togados, vitalícios, e de dois classistas, temporários, todos nomeados pelo Presidente da República.

Caput *com redação dada pela Lei n. 5.442, 24.05.1968.*

Veja Leis ns. 6.241, de 22.09.1975, que criou a 9ª Região; 6.635, de 02.05.1979, que alterou a composição do Tribunal da 2ª Região; 6.904, de 30.04.1981, que alterou a composição dos Tribunais da 1ª, 2ª, 4ª e 5ª Regiões; 6.915, de 01.06.1981, que criou a 11ª Região; 6.927, de 07.07.1981, que criou a 10ª Região; 6.928, de 07.07.1981, que criou a 12ª Região; 7.119, de 30.08.1983, que alterou a composição dos Tribunais da 1ª, 2ª, 3ª, 4ª e 6ª Regiões; 7.324, de 18.06.1985, que criou a 13ª Região; 7.325, de 18.06.1985, que alterou a composição dos Tribunais da 5ª, 6ª, 8ª, 9ª e 10ª Regiões; 7.520, de 15.07.1986, que criou a 15ª Região; 7.523, de 17.07.1986, que criou a 14ª Região; 7.671, de 21.09.1988, que criou a 16ª Região; 7.842, de 18.10.1989, que alterou a composição da 12ª Região; 7.872, de 08.11.1989, que criou a 17ª Região; 7.873, de 09.11.1989, que criou a 18ª Região; 7.911, de 07.12.1989, que alterou a composição da 4ª Região; 7.962, de 21.12.1989, que alterou a redação do inciso VII do art. 33 da Lei n. 7.729, de 16.01.1989; 8.215, de 25.07.1991, que criou a 21ª Região; 8.217, de 27.08.1991, que alterou a composição da 8ª Região; 8.219, de 29.08.1991, que criou a 19ª Região; 8.221, de 05.09.1991, que criou a 22ª Região; 8.233, de 10.09.1991, que criou a 20ª Região; 8.430, de 08.06.1992, que criou a 23ª Região; 8.431, de 09.06.1992, que criou a 24ª Região; 8.471, de 07.10.1992, que alterou a composição da 6ª Região; 8.473, de 19.10.1992, que alterou a composição da 15ª Região; 8.474, de 20.10.1992, que alterou a composição da 10ª Região; 8.480, de 07.11.1992, que alterou a composição da 2ª Região; 8.491, de 20.11.1992, que alterou a composição da 4ª Região; 8.492, de 20.11.1992, que alterou a composição da 9ª Região; 8.493, de 20.11.1992, que alterou a composição da 5ª Região; 8.497, de 26.11.1992, que alterou a composição do TRT da 3ª Região; 8.531, de 15.12.1992, que alterou a composição do TRT da 1ª Região; 8.621, de 08.01.1993, que alterou a composição do TRT da 12ª Região; 8.947, de 08.12.1994, que alterou a composição do TRT da 8ª Região; 11.964, de 03.07.2009, que alterou a composição do TRT da 18ª Região; 11.986, de 27.07.2009, que alterou a composição do TRT da 17ª Região; 11.987, de 27.07.2009, que alterou a composição do TRT da 11ª Região; 11.999, de 29.07.2009, que alterou a composição do TRT da 7ª Região; 12.001, de 29.07.2009, que alterou a composição do TRT da 15ª Região; 12.098, de 24.11.2009, que alterou a composição do TRT da 2ª Região.

É preciso lembrar que a EC n. 24/99 eliminou a previsão dos juízes classistas constante neste artigo, portanto, devem ser desconsiderados. Hoje, somente há juízes togados, vitalícios. Os TRTs são órgãos do segundo grau da jurisdição trabalhista. Os *sites* de consulta dos TRTs sofreram alteração por meio de duas Resoluções da Presidência do CNJ, a de n. 41, de 11.09.2007, que dispõe sobre a utilização do domínio primário ".jus.br" pelos órgãos do Poder Judiciário, e a de n. 45, de 17.12.2007, sobre a padronização dos endereços eletrônicos dos órgãos do Poder Judiciário. Assim, os TRTs alteraram o endereço eletrônico, em geral seguindo esta regra: utiliza-se a expressão "trt", seguida do número da região ou da sigla do Estado da Federação respectivo e do domínio ".jus.br". Dessa forma, a primeira região, por exemplo, é acessada assim: www.trt1.jus.br, e, a segunda região: www.trtsp.jus.br.

Por meio do *site* do Tribunal Regional é possível verificar o andamento dos processos no primeiro e no segundo graus de jurisdição, obter informações sobre jurisprudência e normas do Tribunal Regional, juízes atrelados ao tribunal respectivo, concursos públicos etc. Sobre as Secretarias dos Tribunais Regionais, veja art. 718 da CLT.

A lei federal cria os Tribunais Regionais e altera a organização e a divisão judiciárias, por meio de proposta do TST (art. 96, II, *c* e *d*, da CF). A primeira redação foi alterada pela Lei n. 5.442, de 24.05.1968; várias outras alterações deram-se por leis que criaram as diversas Regiões e modificaram a composição de algumas já criadas.

---

§ 1º Haverá um suplente para cada juiz representante classista.

Veja nota desta Seção.

Neste parágrafo, vale a nota inserta no *caput* deste artigo, de eliminação da previsão dos juízes classistas e, como consequência, de seus suplentes. Hoje, há somente juízes togados, vitalícios.

É preciso ressaltar que este parágrafo foi vetado quando das alterações do art. 670 da CLT, feitas por meio da Lei n. 5.442/68. As razões do veto (encontradas no site da Presidência da República: www.presidencia.gov.br) explicam que, no que se refere aos juízes dos TRTs, não deveria haver, à época, limitação à competência do Presidente da República em lei ordinária, uma vez que o assunto era da órbita do Poder Constituinte.

---

§ 2º Nos Tribunais Regionais constituídos de 6 (seis) ou mais Juízes togados, e menos de 11 (onze), 1 (um) deles será escolhido dentre advogados, 1 (um) dentre membros do Ministério Público da União junto à Justiça do Trabalho e os demais dentre Juízes do Trabalho, Presidentes de Junta da respectiva Região, na forma prevista no parágrafo anterior.

Parágrafo acrescentado pelo Decreto-lei n. 9.398, de 21.06.1946, e com redação dada pela Lei n. 5.442, de 24.05.1968.

A EC n. 24/99 criou as Varas do Trabalho em substituição às Juntas de Conciliação e Julgamento. A composição dos TRTs está prevista no art. 115 da CF, mínimo de sete juízes, recrutados, quando possível, na respectiva região, e nomeados pelo presidente da República, entre brasileiros com mais de 30 e menos de 65 anos, sendo: "I – um quinto dentre advogados com mais de dez anos de efetiva atividade profissional e membros do Ministério Público do Trabalho com mais de dez anos de efetivo exercício, observado o disposto no art. 94; II – os demais, mediante promoção de juízes do trabalho por antiguidade e merecimento, alternadamente". O Projeto de EC n. 29/2000 (que deu origem à EC n. 45/2004) propunha alterar a denominação de juiz do trabalho, no segundo grau de jurisdição, para desembargador federal do trabalho, mas o texto não vingou. Apesar disso, os Regimentos Internos dos TRTs aprovaram a modificação, com cuja nomenclatura intitularam seus membros. Com isso, a matéria deve ser objeto de deliberação do Conselho Superior da Justiça do Trabalho, mas, de qualquer forma, os Regimentos Internos dos TRTs devem ser sempre observados. O art. 93, X, da CF, dispõe sobre a necessidade de motivação das decisões administrativas dos tribunais e que estas serão realizadas em sessão pública (esta última exigência foi introduzida com a EC n. 45/2004); dispondo, ainda, sobre o *quorum* no caso de decisões disciplinares (maioria absoluta de seus membros). Quanto à motivação e publicidade dos julgamentos dos órgãos do Poder Judiciário, veja inciso IX do mesmo artigo.

---

§ 3º Nos Tribunais do Trabalho das demais Regiões, terão assento três juízes alheios aos interesses profissionais.

Parágrafo acrescentado pelo Decreto-lei n. 9.797, de 09.09.1946.

Neste parágrafo, vale a nota inserta no *caput* deste artigo, de eliminação da previsão dos juízes classistas e, como consequência, de seus suplentes. Hoje, há somente juízes togados, vitalícios.

É preciso ressaltar que este parágrafo foi vetado quando das alterações do art. 670 da CLT, feitas por meio da Lei n. 5.442/68. As razões do veto (encontradas no *site* da Presidência da República: www.planalto.gov.br) explicam que, no que se refere aos juízes dos TRTs, não deveria haver, à época, limitação à competência do Presidente da República em lei ordinária, uma vez que o assunto era da órbita do Poder Constituinte.

---

§ 4º Os Juízes classistas referidos neste artigo representarão, paritariamente, empregadores e empregados.

Parágrafo acrescentado pela Lei n. 5.442, de 24.05.1968.
Veja nota desta Seção.

Neste parágrafo, vale a nota inserta no *caput* deste artigo de eliminação da previsão dos juízes classistas. Há, portanto, sua derrogação tácita. Percebe-se que, assim como no primeiro grau de jurisdição, a representação classista também era paritária no segundo grau, ou seja, deveria haver representantes dos empregadores e dos empregados.

---

§ 5º Haverá 1 (um) suplente para cada Juiz classista.

Parágrafo acrescentado pela Lei n. 5.442, de 24.05.1968.

Veja nota desta Seção.

Neste parágrafo, vale a nota inserta no *caput* deste artigo, de eliminação da previsão dos juízes classistas e, como consequência, de seus suplentes.

---

§ 6º Os Tribunais Regionais, no respectivo regimento interno, disporão sobre a substituição de seus Juízes, observados, na convocação de Juízes inferiores, os critérios de livre escolha e antiguidade, alternadamente.

Parágrafo acrescentado pela Lei n. 5.442, de 24.05.1968.

Veja art. 115, CF (Anexo I da CLT), que dispõe de modo diverso.

Cada um dos regimentos internos dos TRTs deverá ser observado quanto à substituição de juízes e convocação de juízes de grau de jurisdição inferior. O art. 118 da LC n. 35/79 (Lei Orgânica da Magistratura Nacional) estipula que, se for caso de vaga ou afastamento, por prazo superior a trinta dias, de membro dos TRTs, poderão ser convocados juízes, em substituição, escolhidos por decisão da maioria absoluta do tribunal respectivo; ou, se houver, de seu órgão especial.

Quanto ao tema, veja a Resolução n. 326/2020, que revogou a Resolução n. 17/2006, da Presidência do CNJ, que definia os parâmetros a serem observados na escolha de magistrados para substituição dos membros dos Tribunais.

---

§ 7º Dentre os seus Juízes togados, os Tribunais Regionais elegerão os respectivos Presidente e Vice-Presidente, assim como os Presidentes de Turmas, onde as houver.

Parágrafo acrescentado pela Lei n. 5.442, de 24.05.1968.

A forma de eleição é regulamentada por cada Tribunal Regional do Trabalho, em seu Regimento Interno.

---

§ 8º Os Tribunais Regionais da 1ª e 2ª Regiões dividir-se-ão em Turmas, facultada essa divisão aos constituídos de, pelo menos, 12 (doze) Juízes.

Cada Turma se comporá de 3 (três) Juízes togados e 2 (dois) classistas, um representante dos empregados e outro dos empregadores.

Parágrafo acrescentado pela Lei n. 5.442, de 24.05.1968.

Veja nota desta Seção.

A composição das Turmas se fazia com cinco juízes, três togados e dois classistas. No entanto, com a edição da EC n. 24/99, houve extinção dos juízes classistas, as Turmas passaram a se compor na forma do respectivo Regimento Interno, sujeito a alterações. Por exemplo, o art. 62 do Regimento Interno do TRT da 2ª Região indica serem cinco os Desembargadores do Trabalho (redação dada pela Resolução Administrativa n. 4/2014) que compõem as Turmas, alterando seu texto original, que incluía a representação classista.

Art. 671. Para os trabalhos dos Tribunais Regionais existe a mesma incompatibilidade prevista no art. 648, sendo idêntica a forma de sua resolução.

O art. 671 refletia no segundo grau de jurisdição o disposto pelo art. 648 da CLT sobre a incompatibilidade de trabalharem juntos, nas antigas Juntas de Conciliação e Julgamento, os parentes consanguíneos e afins até terceiro grau, quando havia, ainda, a representação classista. Entretanto, a EC n. 24/99, que extinguiu a previsão dos vogais, tornou a letra da lei inútil, tanto no primeiro como no segundo grau da jurisdição trabalhista.

Art. 672. Os Tribunais Regionais, em sua composição plena, deliberarão com a presença, além do Presidente, da metade e mais um do número de seus Juízes, dos quais, no mínimo, 1 (um) representante dos empregados e outro dos empregadores.

Caput *com redação dada pela Lei n. 5.442, de 24.05.1968.*

Já não mais se fala em representantes de empregados e empregadores, pois eram os juízes classistas, com previsão extinta pela EC n. 24/99. Em todos os parágrafos deste artigo, é preciso observar cada um dos regimentos internos dos TRTs; mas, para a composição plena do tribunal respectivo, subsiste a exigência de presença de pelo menos a metade mais um do número de juízes, além do presidente. A CF prevê a possibilidade de criação de órgão especial nos tribunais (art. 93, XI, da CF, com a nova redação dada pela EC n. 45/2004), quando o número de julgadores for superior a 25. Exige-se o mínimo de 11 e o máximo de 25 membros para o exercício de atribuições administrativas e jurisdicionais delegadas da competência do tribunal pleno, provendo-se metade das vagas por antiguidade e outra metade por eleição pelo Tribunal Pleno. A Resolução n. 16, de 30.05.2006 (publicada em 02.06.2006), da Presidência do CNJ, além do Enunciado Administrativo n. 5/2007, do mesmo órgão, estabelecem critérios para a composição e eleição do Órgão Especial dos Tribunais e dão outras providências.

---

§ 1º As Turmas somente poderão deliberar presentes, pelo menos, 3 (três) dos seus Juízes, entre eles os 2 (dois) classistas. Para a integração desse *quorum*, poderá o Presidente de uma Turma convocar Juízes de outra, da classe a que pertencer o ausente ou impedido.

Parágrafo com redação dada pela Lei n. 5.442, de 24.05.1968.

Veja nota desta Seção.

O presente parágrafo não é mais válido em relação à presença dos juízes classistas, extintos. Hoje, o *quorum* mínimo de funcionamento das Turmas deve ser observado no regimento interno respectivo. Para completar o *quorum* mínimo, em caso de necessidade, o presidente da Turma respectiva poderá convocar juízes de outra Turma.

---

§ 2º Nos Tribunais Regionais, as decisões tomar-se-ão pelo voto da maioria dos Juízes presentes, ressalvada, no Tribunal Pleno, a hipótese de declaração de inconstitucionalidade de lei ou ato do poder público (art. 116 da Constituição).

Parágrafo com redação dada pela Lei n. 5.442, de 24.05.1968.

Quando se tratar de declaração de inconstitucionalidade de lei ou ato do poder público, o art. 97 da CF exige a maioria absoluta de membros dos Tribunais Regionais ou do respectivo órgão especial (*v.* Súmula vinculante n. 10 do STF). Quanto às demais decisões judiciais nos tribunais, basta a maioria. É sempre necessário consultar o regimento interno respectivo, para compreender como se darão sessões e votações em cada caso.

---

§ 3º O Presidente do Tribunal Regional, excetuada a hipótese de declaração de inconstitucionalidade de lei ou ato do poder público, somente terá voto de desempate. Nas sessões administrativas, o Presidente votará como os demais Juízes, cabendo-lhe, ainda, o voto de qualidade.

Parágrafo acrescentado pela Lei n. 5.442, de 24.05.1968.

Excetuado o caso de declaração de inconstitucionalidade de lei ou ato do poder público, no qual o TRT deverá deliberar pela maioria absoluta, o presidente do TRT atuará somente na hipótese de desempate, exceto nas sessões administrativas, em que votará como os outros juízes. É importante sempre observar o Regimento Interno do TRT respectivo.

§ 4º No julgamento de recursos contra decisão ou despacho do Presidente, do Vice-Presidente ou do Relator, ocorrendo empate, prevalecerá a decisão ou despacho recorrido.

Parágrafo acrescentado pela Lei n. 5.442, de 24.05.1968.

Se houver recurso contra decisão ou despacho do próprio presidente do TRT, seu vice-presidente ou relator, e havendo empate, a decisão ou o despacho recorridos serão mantidos.

Art. 673. A ordem das sessões dos Tribunais Regionais será estabelecida no respectivo Regimento Interno.

Todos os Tribunais Regionais possuem seus próprios regimentos internos, que podem ser conferidos nos *sites* respectivos (veja comentário ao art. 670 da CLT, para consulta dos *sites* de cada região).

Seção II
Da Jurisdição e Competência

Veja arts. 111 a 116 da CF, sobre a extinção dos juízes classistas na Justiça do Trabalho (Anexo I da CLT).

Para o art. 674, veja o Anexo III da CLT.

Art. 674. Para efeito da jurisdição dos Tribunais Regionais, o território nacional é dividido nas oito regiões seguintes:

Caput com redação dada pela Lei n. 5.839, de 05.12.1972.

1ª Região – Estados da Guanabara, Rio de Janeiro e Espírito Santo;

2ª Região – Estados de São Paulo, Paraná e Mato Grosso;

3ª Região – Estados de Minas Gerais e Goiás e Distrito Federal;

4ª Região – Estados do Rio Grande do Sul e Santa Catarina;

5ª Região – Estados da Bahia e Sergipe;

6ª Região – Estados de Alagoas, Pernambuco, Paraíba e Rio Grande do Norte;

7ª Região – Estados do Ceará, Piauí e Maranhão;

8ª Região – Estados do Amazonas, Pará, Acre e Territórios Federais do Amapá, Rondônia e Roraima.

A Justiça do Trabalho está subdivida em 24 Regiões. Atualmente diferem das disposições do artigo a 7ª Região, que somente ficou com o Estado do Ceará (Maranhão é a 16ª e Piauí é a 22ª); a 8ª Região, que conjuga os Estados do Pará e do Amapá; a 10ª Região, que congrega o Distrito Federal e o Estado de Tocantins; e a 11ª Região, que une os Estados de Amazonas e Roraima.

Parágrafo único. Os tribunais têm sede nas cidades: Rio de Janeiro (1ª Região), São Paulo (2ª Região), Belo Horizonte (3ª Região), Porto Alegre (4ª Região), Salvador (5ª Região), Recife (6ª Região), Fortaleza (7ª Região) e Belém (8ª Região).

Parágrafo com redação dada pela Lei n. 5.839, de 05.12.1972.

Veja Leis ns. 6.241, de 22.09.1975, que criou a 9ª Região; 6.915, de 01.06.1981, que criou a 11ª Região; 6.927, de 07.07.1981, que criou a 10ª Região; 6.928, de 07.07.1981, que criou a 12ª Região; 7.324, de 18.06.1985, que criou a 13ª Região; 7.523, de 17.07.1986, que criou a 14ª Região; 7.520, de 15.07.1986, que criou a 15ª Região; 7.671, de 21.09.1988, que criou a 16ª Região; 7.872, de 08.11.1989, que criou a 17ª Região; 7.873, de 09.11.1989, que criou a 18ª Região; 8.215, de 25.07.1991, que criou a 21ª Região; 8.219, de 29.08.1991, que criou a 19ª Região; 8.221, de 05.09.1991, que criou a 22ª Região; 8.233, de 10.09.1991, que criou a 20ª Região; 8.430, de 08.06.1992, que criou a 23ª Região; 8.431, de 09.06.1992, que criou a 24ª Região; e Leis Complementares ns. 20, de 01.07.1974, que unificou os Estados da Guanabara e Rio de Janeiro; 31, de 11.10.1977, que criou o Estado do Mato Grosso do Sul, pelo desmembramento do Estado do Mato Grosso; 41, de 22.12.1981, que criou o Estado de Rondônia.

O art. 670 da CLT define a composição dos tribunais de cada região. Várias leis alteraram este artigo, porque a organização judiciária foi se adequando à dinâmica do desenvolvimento econômico e social. São elas: Lei n. 5.839/72 (deu redação ao art. 674 da CLT); LC n. 20/74 (unificou os Estados da Guanabara e do Rio de Janeiro, a partir de 15.03.1975); Lei n. 6.241/75 (criou a 9ª Região); LC n. 31/77 (criou o Estado do Mato Grosso do Sul, pelo desmembramento do Estado do Mato Grosso); Lei n. 6.915/81 (criou a 11ª Região); Lei n. 6.927/81 (criou a 10ª Região); Lei n. 6.928/81 (criou a 12ª Região); LC n. 41/81 (criou o Estado de Rondônia); Lei n. 7.324/85 (criou a 13ª Região); Lei n. 7.520/86 (criou a 15ª Região); Lei n. 7.523/86 (criou a 14ª Região); Lei n. 7.671/88 (criou a 16ª Região); Lei n. 7.872/89 (criou a 17ª Região); Lei n. 7.873/89 (criou a 18ª Região); Lei n. 8.215/91 (criou a 21ª Região); Lei n. 8.219/91 (criou a 19ª Região); Lei n. 8.221/91 (criou a 22ª Região); Lei n. 8.233/91 (criou a 20ª Região); Lei n. 8.430/92 (criou a 23ª Região); e Lei n. 8.431/92 (criou a 24ª Região).

Art. 675. *(Revogado pela Lei n. 5.442, de 24.05.1968.)*

Art. 676. O número de regiões, a jurisdição e a categoria dos Tribunais regionais, estabelecidos nos artigos anteriores, somente podem ser alterados pelo Presidente da República.

Veja art. 113, CF (Anexo I da CLT), que dispõe de modo diverso.

Os arts. 96, II, *a* a *d*, e 113 da CF derrogaram tacitamente este artigo, por ser do STF, dos Tribunais Superiores e dos Tribunais de Justiça a competência privativa para propor ao Poder Legislativo respectivo a alteração do número de membros dos tribunais inferiores, criação, extinção de cargos e remuneração dos serviços auxiliares e dos juízos, criação ou extinção dos tribunais inferiores e alteração de organização e divisão judiciárias, observada a questão da dotação orçamentária, conforme previsão do art. 169 da Lei Maior.

Art. 677. A competência dos Tribunais Regionais determina-se pela forma indicada no art. 651 e seus parágrafos e, nos casos de dissídio coletivo, pelo local onde este ocorrer.

Sobre o tema competência, veja notas ao art. 651 e seus parágrafos; e sobre dissídio coletivo, veja comentário ao art. 678, I, *a*, da CLT. Para conhecer a forma de organização interna e de atribuição de competência ao Tribunal Pleno, às Turmas, às Seções e Subseções dos Tribunais Regionais (nem todas as subdivisões existem em todos os TRTs), é preciso verificar cada um dos regimentos internos dos Tribunais Regionais respectivos. Quanto aos dissídios coletivos, o Tribunal Regional que abranger as categorias reivindicantes deve ser competente para dirimir o conflito de interesses. Os TRTs são competentes, ainda que não haja previsão no Regimento Interno respectivo, para apreciar ação anulatória, com objetivo de anular cláusula de convenção coletiva ou acordo coletivo. Entretanto, se a discussão extrapola sua base territorial, a competência é do TST. Além disso, das decisões administrativas proferidas pelos TRTs, cabe recurso para o TST, que se limitará ao exame da legalidade, não podendo adentrar o mérito de oportunidade e conveniência dos atos administrativos emanados dos tribunais inferiores.

Art. 678. Aos Tribunais Regionais, quando divididos em Turmas, compete:
Caput *com redação dada pela Lei n. 5.442, de 24.05.1968.*

Além das Turmas, alguns TRTs também têm seções especializadas e órgãos especiais, como forma de melhor dividir as matérias tratadas, conforme previsão legal ou Regimento Interno respectivo.

I – ao Tribunal Pleno, especialmente:
Inciso com redação dada pela Lei n. 5.442, de 24.05.1968.

O art. 93, XI, da CF permite a criação de órgão especial quando houver número superior a 25 julgadores no TRT, constituído o órgão especial de no mínimo 11 e no máximo 25 membros, para o exercício de atribuições administrativas e jurisdicionais delegadas da competência do tribunal pleno, provendo-se metade das vagas por antiguidade e outra metade por eleição pelo tribunal pleno (redação dada pela EC n. 45/2004), a serem definidas pelo regimento interno respectivo. Não se pode deixar de observar tais regimentos internos no tocante às competências de cada órgão dos TRTs, pois se organizam, por vezes, de forma diversa, de modo a atender mais prontamente às necessidades locais.

***a)* processar, conciliar e julgar originariamente os dissídios coletivos;**

Alínea com redação dada pela Lei n. 5.442, de 24.05.1968.

Processar e julgar originariamente significa que o interessado deverá submeter seu conflito de interesse diretamente e *ab initio* a este tribunal, na forma de sua composição. O art. 114, § 2º, da CF, embasa a competência da Justiça do Trabalho para a conciliação e julgamento dos dissídios coletivos. A Carta Magna atribuiu especial relevância à negociação coletiva (art. 7º, XXVI), tendência que tem sido preconizada há algum tempo na doutrina e jurisprudência. O art. 114, § 1º, da CF dispõe que, frustrada a negociação coletiva, as partes poderão eleger árbitros. Essas partes são as interessadas na fixação de normas de âmbito coletivo: os sindicatos da categoria ou profissionais (de empregados) e os sindicatos das categorias econômicas (de empregadores); ou, ainda, entre os primeiros e alguma empresa em particular. A Lei n. 8.984/95 estende a competência da Justiça do Trabalho para conciliar e julgar dissídios originados no cumprimento de convenções coletivas de trabalho ou acordos coletivos de trabalho, mesmo quando ocorram entre sindicatos, ou entre sindicato de trabalhadores e o empregador, o que não estava previsto no art. 114 da CF/88. Entretanto, com a nova redação deste artigo constitucional, preconizada pela EC n. 45/2004, foi inserido o inciso III no art. 114 da CF, para esclarecer que a Justiça do Trabalho tem competência para processar e julgar ações sobre representação sindical, entre sindicatos, entre sindicatos e trabalhadores, e entre sindicatos e empregadores. O art. 616 da CLT exige a negociação coletiva, entretanto, quando não há autocomposição, ou seja, quando estas partes não contratam espontaneamente por meio de convenções coletivas (art. 611 da CLT) ou acordos coletivos (art. 611, § 1º, da CLT), devem submeter o conflito de interesses a órgão que solucione os impasses, por meio de conciliação ou de decisão, com a licença da lei (art. 114, § 2º, da CF, e art. 616, § 2º, da CLT). É a denominada heterocomposição. Quando a Justiça do Trabalho atua neste papel, concilia o conflito de interesses coletivo ou julga um dissídio coletivo (arts. 856 e segs. da CLT). O resultado poderá ser uma sentença normativa, nos casos de dissídio coletivo de interesse (nos quais as partes intencionam criar novas normas jurídicas atinentes às condições de trabalho para a categoria, ou no âmbito de uma empresa ou algumas empresas em particular).

É matéria palpitante a questão do Poder Normativo da Justiça do Trabalho, que estaria, segundo alguns, em tese, avançando na esfera da atividade típica do Poder Legislativo (art. 2º da CF), ao fixar normas de observância obrigatória entre as partes. O argumento contrário à ocorrência de invasão das funções de outro Poder da União é a limitação dos efeitos da decisão emanada pelo Judiciário neste caso: limitada ao caso concreto de uma ou algumas empresas ou à categoria, sem o caráter geral das leis. Alega-se, ainda, que a separação de Poderes da União, cláusula pétrea (art. 60, § 4º, III, da CF) e princípio fundamental da política nacional, não estaria sendo violada, pois não se quebrou a tipicidade das funções atribuídas a cada um deles. Os Poderes Legislativo, Executivo e Judiciário realizam, dentro de competência atribuída por lei, atividades secundárias pertencentes ao outro Poder quando, por exemplo, órgão do Poder Executivo julga, por meio de sindicância, questões disciplinares de seus servidores, ou quando órgão do Poder Legislativo decide sobre questões administrativas acerca de seus recursos materiais e humanos, ou, finalmente, quando o Poder Judiciário exerce seu poder normativo. Sobre repercussão da vigência das sentenças normativas nos contratos de trabalho, veja Súmula n. 277 do Col. TST. Quando uma das partes envolvidas no dissídio coletivo interpuser recurso ordinário da decisão normativa para o TST, atribui-se faculdade ao presidente do TST para designar audiência de conciliação relativamente a pedido de concessão de efeito suspensivo (Resolução n. 120/2003 do TST, que aprovou a Instruçao Normativa n. 24 do mesmo órgão).

Porém, outra alteração bastante relevante da EC n. 45/2004 foi a redação dada ao § 2º do art. 114: "Recusando-se qualquer das partes à negociação coletiva ou à arbitragem, é facultado às mesmas, de comum acordo, ajuizar dissídio coletivo de natureza econômica, podendo a Justiça do Trabalho decidir o conflito, respeitadas as disposições mínimas legais de proteção ao trabalho, bem como as convencionadas anteriormente". Antes se entendia que a negociação coletiva era obrigatória caso uma das partes tentasse o ajuste e não obtivesse sucesso. Mas, com a modificação do texto, há duas interpretações doutrinárias. Alguns entendem (como no TRT do Rio Grande do Sul) que o consenso das partes para a propositura de ação coletiva na Justiça do Trabalho, quando elas buscam solução para dissídio econômico, é mera faculdade. Outros, e a tendência mostra que parecem se tratar da maioria, dizem que a norma afastou a exigência da negociação coletiva quando não há autocomposição, sendo que, nesse mesmo posicionamento, há duas vertentes: esse comum acordo se caracteriza por uma condição da ação ou por um pressuposto processual. Os que defendem a primeira posição dizem que a ausência da prova do comum acordo implica falta de interesse enquanto utilidade, e que pode ser suprida em juízo. Assim, se a parte citada oferecer resistência à discussão judicial, o processo deve ser extinto sem resolução do mérito (art. 485, VI, do CPC/2015 –

art. 267, VI, do CPC/73). Caso contrário, a ação pode ser processada. Já os que veem a segunda opção como correta, partem do princípio de que a prova de as partes terem escolhido espontaneamente o Judiciário como solucionador do conflito deve ser trazida já com a petição inicial, sob pena de extinção do feito por ausência de pressuposto de constituição e de desenvolvimento válido e regular do processo (art. 267, IV, do CPC/73 – art. 485, IV, do CPC/2015).

***b)* processar e julgar originariamente:**

Alínea com redação dada pela Lei n. 5.442, de 24.05.1968.

Processar e julgar originariamente significa que o interessado deverá submeter seu conflito de interesses diretamente a este tribunal, na forma de sua composição. Portanto, as hipóteses aqui elencadas não são decisões revisoras de outras decisões, mas ações de competência originária do Tribunal Pleno do TRT. Na alínea anterior, o legislador incluiu a possibilidade de conciliação, o que não ocorre com esta alínea, pois neste caso, não há contato com as partes envolvidas para a tentativa de conciliação.

1) as revisões de sentenças normativas;

Item com redação dada pela Lei n. 5.442, de 24.05.1968.

As sentenças normativas já proferidas comportam revisões de competência originária do próprio órgão prolator da decisão. São os chamados dissídios coletivos de revisão ou revisionais. Sobre o tema, veja arts. 873 a 875 da CLT.

2) a extensão das decisões proferidas em dissídios coletivos;

Item com redação dada pela Lei n. 5.442, de 24.05.1968.

Sobre extensão das decisões proferidas em dissídios coletivos, veja arts. 868 a 871 da CLT.

3) os mandados de segurança;

Item com redação dada pela Lei n. 5.442, de 24.05.1968.

Cada TRT terá competência para processar e julgar mandado de segurança, quando a autoridade dita coatora estiver sob a jurisdição do tribunal respectivo. A Súmula n. 433 do STF indica que: "É competente o Tribunal Regional do Trabalho para julgar mandado de segurança contra ato de seu presidente em execução de sentença trabalhista (*DJ* 06.07.1964). Geralmente, os TRTs regulam seu processamento em seus regimentos internos, que devem ser sempre observados. O mandado de segurança é instituto que visa proteger o direito líquido e certo, não amparado por *habeas corpus* ou *habeas data* (art. 5º, LXIX, da CF e Lei n. 12.016/2009). Havendo denegação, cabe recurso ordinário para o TST. Sobre mandado de segurança no TST, veja arts. 224 a 231 do Regimento Interno do TST. A EC n. 45/2004 inseriu expressamente a previsão de competência da Justiça do Trabalho para processar e julgar mandados de segurança (art. 114, IV, da CF).

---

4) as impugnações à investidura de Juízes classistas e seus suplentes nas Juntas de Conciliação e Julgamento;

Item com redação dada pela Lei n. 5.442, de 24.05.1968.

Veja nota desta Seção.

A EC n. 24/99 previu a instituição das Varas do Trabalho em substituição às Juntas de Conciliação e Julgamento. Tacitamente derrogado por não haver mais classistas e seus suplentes na Justiça do Trabalho. Sobre o tema, veja notas aos arts. 660 e segs. da CLT.

---

c) processar e julgar em última instância:

Alínea com redação dada pela Lei n. 5.442, de 24.05.1968.

É de competência do Tribunal Pleno dos TRTs o processamento e julgamento das hipóteses a seguir elencadas, em revisão de decisão anteriormente proferida por órgão de grau inferior ou por composição diferente do próprio tribunal.

---

1) os recursos das multas impostas pelas Turmas;

Item com redação dada pela Lei n. 5.442, de 24.05.1968.

Assim como as Varas do Trabalho (veja comentário ao art. 652, *d*, da CLT), as Turmas dos TRTs podem impor multas às partes de origens diversas (art. 678, II, *c*, da CLT), como aquelas em razão da litigância de má-fé (*v.* comentário à Seção IV-A, sobre a Responsabilidade por Dano Processual, com início no art. 793-A da CLT, inserida pela Lei n. 13.467, de 13.07.2017), atentado à dignidade da Justiça, em embargos protelatórios, entre outras, podendo, inclusive, estarem previstas no próprio regimento interno do TRT respectivo. Cabe ao Tribunal Pleno julgar os recursos das multas impostas pelas Turmas.

---

2) as ações rescisórias das decisões das Juntas de Conciliação e Julgamento, dos Juízes de Direito investidos na jurisdição trabalhista, das Turmas e de seus próprios acórdãos;

Item com redação dada pela Lei n. 5.442, de 24.05.1968.

A EC n. 24/99 criou as Varas do Trabalho em substituição às Juntas de Conciliação e Julgamento. Sobre a ação rescisória, ver arts. 836 da CLT e 966 a 975 do CPC/2015, anteriormente disciplinada nos arts. 485 e segs. do CPC/73, além dos Regimentos Internos dos TRTs. Veja comentário ao *caput* do art. 643 da CLT. Sobre ação rescisória no TST, veja arts. 233 a 239 do Regimento Interno do mesmo órgão.

---

3) os conflitos de jurisdição entre as suas Turmas, os Juízes de Direito investidos na jurisdição trabalhista, as Juntas de Conciliação e Julgamento, ou entre aqueles e estas;

Item com redação dada pela Lei n. 5.442, de 24.05.1968.

A EC n. 24/99 criou as Varas do Trabalho em substituição às Juntas de Conciliação e Julgamento. Os conflitos de jurisdição que são de competência do Tribunal Pleno do TRT são os gerados entre suas próprias Turmas e os suscitados pelos juízes de direito investidos na jurisdição trabalhista, ou entre os juízes do trabalho nas Varas do Trabalho ou, finalmente, entre os juízes de direito e os juízes do trabalho das Varas do Trabalho (art. 803, *a*, da CLT). Sobre os conflitos de competência e de atribuições no TST, veja arts. 200 a 209 do Regimento Interno do TST.

***d)* julgar em única ou última instância:**

Alínea com redação dada pela Lei n. 5.442, de 24.05.1968.

Cabe ao Tribunal Pleno dos TRTs também o julgamento nas hipóteses seguintes.

---

1) os processos e os recursos de natureza administrativa atinentes aos seus serviços auxiliares e respectivos servidores;

Item com redação dada pela Lei n. 5.442, de 24.05.1968.

O processo administrativo concernente aos servidores abrangidos por cada um dos TRTs deve ser apreciado pelo respectivo Tribunal Pleno.

---

2) as reclamações contra atos administrativos de seu Presidente ou de qualquer de seus membros, assim como dos Juízes de primeira instância e de seus funcionários;

Item com redação dada pela Lei n. 5.442, de 24.05.1968.

Também compete ao Tribunal Pleno a apreciação de reclamações contra atos administrativos de seus integrantes, presidente, seus membros, juízes do primeiro grau de jurisdição e demais funcionários. Se ato administrativo contrariar súmula do STF aplicável ou aplicá-la indevidamente, cabe reclamação ao STF, conforme previsão do art. 103-A, § 3º, da CF (com redação dada pela EC n. 45/2004). O art. 103-B da CF, também inserido por tal EC, prevê que o CNJ receba e conheça as reclamações contra membros ou órgãos do Poder Judiciário, inclusive seus serviços auxiliares, serventias etc.

II – às Turmas:
Inciso com redação dada pela Lei n. 5.442, de 24.05.1968.

Assim como no primeiro grau de jurisdição, no qual há mais de uma Vara do Trabalho em uma determinada localidade, as Turmas também estão sujeitas à distribuição dos feitos em que atuarão, como mais uma forma de imprimir lisura ao procedimento.

***a)* julgar os recursos ordinários previstos no art. 895, *a*;**
Alínea com redação dada pela Lei n. 5.442, de 24.05.1968.

O art. 895 da CLT trata de recurso ordinário das decisões definitivas das Varas e juízos, no prazo de oito dias para apresentação do recurso, e também das contrarrazões, que são julgadas pelas Turmas dos TRTs. Esta alínea *a* mencionada não consta mais no art. 895 da CLT.

***b)* julgar os agravos de petição e de instrumento, estes de decisões denegatórias de recursos de sua alçada;**
Alínea com redação dada pela Lei n. 5.442, de 24.05.1968.

O agravo de petição, interposto no prazo de oito dias, está previsto no art. 897, *a*, da CLT, e tem por finalidade a impugnação às decisões proferidas na fase da execução trabalhista. O artigo detalha cabimento, requisitos para conhecimento e efeitos. O agravo de instrumento também será interposto no prazo de oito dias e está previsto no art. 897, *b*, da CLT. Este último cabe de despacho que denegar seguimento a recursos, e as Instruções Normativas ns. 16/99 e 40/2016 do Col. TST regulam seu procedimento. Para mais detalhes, veja art. 897 da CLT. Os regimentos internos dos TRTs geralmente dispõem a respeito de instruções específicas para o processamento desses recursos na região respectiva. O agravo de instrumento que será julgado pelas Turmas deve ser de decisão denegatória de recursos, cuja competência para julgar seja das Turmas do TRT. Para cabimento do agravo de instrumento, veja também a Súmula n. 353 do TST.

***c)* impor multas e demais penalidades relativas a atos de sua competência jurisdicional, e julgar os recursos interpostos das decisões das Juntas e dos Juízes de Direito que as impuserem.**

Alínea com redação dada pela Lei n. 5.442, de 24.05.1968.

A EC n. 24/99 instituiu as Varas do Trabalho em substituição às Juntas de Conciliação e Julgamento. Esta alínea permite às Turmas a aplicação de multas ou penalidades relativas a ato de sua competência, decisão que é sujeita a recurso que será julgado pelo Tribunal Pleno (art. 678, I, *c*, 1, da CLT). A alínea prevê, ainda, que as Turmas julgarão os recursos de multas e penalidades impostas pelos juízes do trabalho nas Varas do Trabalho, ou pelos juízes de direito investidos na jurisdição trabalhista.

Parágrafo único. Das decisões das Turmas não caberá recurso para o Tribunal Pleno, exceto no caso do inciso I da alínea *c* do item 1, deste artigo.

Parágrafo com redação dada pela Lei n. 5.442, de 24.05.1968.

O aludido item 1 da alínea *c* do inciso I deste artigo trata de recurso de multa ou penalidade imposta pelas Turmas dos TRTs. Veja comentário respectivo.

Art. 679. Aos Tribunais Regionais não divididos em Turmas, compete o julgamento das matérias a que se refere o artigo anterior, exceto a de que trata o inciso I da alínea *c* do item 1, como os conflitos de jurisdição entre Turmas.

Artigo com redação dada pela Lei n. 5.442, de 24.05.1968.

O regimento interno do TRT da respectiva região de interesse deve sempre ser verificado em relação à divisão em Turmas. Obviamente não se fala em conflitos de jurisdição entre Turmas, caso o TRT não tenha se organizado dessa forma.

Art. 680. Compete, ainda, aos Tribunais Regionais, ou suas Turmas:

Caput *com redação dada pela Lei n. 5.442, de 24.05.1968.*

***a)* determinar às Juntas e aos Juízes de Direito a realização dos atos processuais e diligências necessárias ao julgamento dos feitos sob sua apreciação;**

Alínea com redação dada pela Lei n. 5.442, de 24.05.1968.

A EC n. 24/99 criou as Varas do Trabalho em substituição às Juntas de Conciliação e Julgamento. Este inciso corrobora a mútua colaboração que deve existir entre os órgãos da Justiça do trabalho (comentário ao art. 646 da CLT). Havendo necessidade, os TRTs podem determinar às Varas ou aos juízes de direito, quando no exercício da jurisdição trabalhista, a realização de diligências ou quaisquer atos processuais que se relacionem com os feitos sob sua apreciação.

***b)* fiscalizar o cumprimento de suas próprias decisões;**

Alínea com redação dada pela Lei n. 5.442, de 24.05.1968.

O cumprimento de qualquer de suas decisões deve ser fiscalizado e pode sê-lo por impulso oficial.

***c)* declarar a nulidade dos atos praticados com infração de suas decisões;**

Alínea com redação dada pela Lei n. 5.442, de 24.05.1968.

Os atos praticados com infração de decisão dos juízes dos tribunais regionais são passíveis de nulidade, sem prejuízo das sanções administrativas, civis e penais cabíveis.

***d)* julgar as suspeições arguidas contra seus membros;**

Alínea com redação dada pela Lei n. 5.442, de 24.05.1968.

Sobre o tema, veja comentário ao art. 653, *c*, da CLT. Deve ser sempre observado, ainda, o Regimento Interno de cada TRT.

***e)* julgar as exceções de incompetência que lhes forem opostas;**

Alínea com redação dada pela Lei n. 5.442, de 24.05.1968.

Sobre o tema, veja comentário ao art. 653, *d*, da CLT, e Regimento Interno do TRT respectivo.

***f)* requisitar às autoridades competentes as diligências necessárias ao esclarecimento dos feitos sob apreciação, representando contra aquelas que não atenderem a tais requisições;**

Alínea com redação dada pela Lei n. 5.442, de 24.05.1968.

Sobre o tema, veja comentário ao art. 653 da CLT.

***g)* exercer, em geral, no interesse da Justiça do Trabalho, as demais atribuições que decorram de sua jurisdição.**

Alínea com redação dada pela Lei n. 5.442, de 24.05.1968.

Sobre a ampla liberdade na direção do processo nos tribunais, veja art. 765 da CLT. Os Regimentos Internos de cada TRT podem prever outras atribuições não trazidas na lei, desde que não se contraponham a normas hierarquicamente superiores.

Seção III
Dos Presidentes dos Tribunais Regionais

Veja arts. 111 a 116 da CF, sobre a extinção dos juízes classistas na Justiça do Trabalho (Anexo I da CLT).

Art. 681. Os Presidentes e Vice-Presidentes dos Tribunais Regionais do Trabalho tomarão posse perante os respectivos Tribunais.

Caput *com redação dada pela Lei n. 6.320, de 05.04.1976.*

As posses do presidente e do vice-presidente de cada TRT se darão perante o próprio TRT em que atuarem, na forma prevista pelo respectivo regimento interno.

Parágrafo único. ***(Revogado pela Lei n. 6.320, de 05.04.1976.)***

Art. 682. Competem privativamente aos Presidentes dos Tribunais Regionais, além das que forem conferidas neste e no título e das decorrentes do seu cargo, as seguintes atribuições:

A leitura tanto do *caput* quanto dos incisos deste artigo precisa ser acompanhada por cada um dos Regimentos Internos dos TRTs.

I – ***(Revogado pela Lei n. 5.442, de 24.05.1968.)***

II – designar os Juízes classistas das Juntas e seus suplentes;

Veja nota desta Seção.

A EC n. 24/99 previu a instituição das Varas do Trabalho em substituição às Juntas de Conciliação e Julgamento, também derrogou tacitamente este inciso, pois extinguiu a previsão de juízes classistas na Justiça do Trabalho. Sobre o tema, veja arts. 660 e segs. da CLT.

III – dar posse aos Presidentes de Juntas e Presidentes Substitutos, aos Juízes classistas e suplentes e funcionários do próprio Tribunal e conce-

der férias e licenças aos mesmos e aos Juízes classistas e suplentes das Juntas;

Veja nota desta Seção.

A EC n. 24/99 previu a instituição das Varas do Trabalho em substituição às Juntas de Conciliação e Julgamento, também derrogou tacitamente este inciso no tocante aos vogais e suplentes, pois extinguiu a previsão de juízes classistas na Justiça do Trabalho. Continua em vigor a competência privativa dos presidentes dos TRTs para dar posse aos juízes do trabalho no primeiro grau de jurisdição, tanto como substitutos, quando do ingresso no concurso público, quanto como titulares de Vara do Trabalho, bem como aos funcionários do próprio tribunal, além da concessão de férias e licenças.

IV – presidir às sessões do Tribunal;

Faz parte das atribuições do presidente encabeçar as sessões do TRT no qual atua.

V – presidir às audiências de conciliação nos dissídios coletivos;

A conciliação tem posição de destaque na Justiça do Trabalho como um todo, razão pela qual o presidente do TRT fará esta tentativa toda vez que for instaurado o dissídio coletivo, na forma do art. 862 da CLT.

VI – executar suas próprias decisões e as proferidas pelo Tribunal;

O presidente do TRT tem competência para impulsionar o cumprimento de suas decisões e das proferidas pelo tribunal no qual atua.

VII – convocar suplentes dos Juízes do Tribunal, nos impedimentos destes;

Havendo impedimento, outro juiz do próprio tribunal atuará.

VIII – representar ao Presidente do Tribunal Superior do Trabalho contra os Presidentes, Juízes classistas e Juízes representantes classistas nos casos previstos no art. 727 e seu parágrafo único;

Veja nota desta Seção.

Tacitamente derrogado quanto aos classistas pela EC n. 24/99, que extinguiu a previsão desse tipo de representatividade na Justiça do Trabalho.

IX – despachar os recursos interpostos pelas partes;

Havendo recurso das decisões proferidas pelo TRT, o presidente despachará.

X – requisitar às autoridades competentes, nos casos de dissídio coletivo, a força necessária, sempre que houver ameaça de perturbação da ordem;

Dentro do poder geral de comando do próprio TRT e dos feitos submetidos ao tribunal respectivo, o presidente tem autoridade para requisitar força policial em qualquer caso. Este inciso trata especificamente da hipótese de dissídio coletivo: se comparecerem interessados em grande número, pode haver algum tipo de tumulto.

XI – exercer correição, pelo menos uma vez por ano, sobre as Juntas, ou parcialmente sempre que se fizer necessário, e solicitá-la, quando julgar conveniente, ao Presidente do Tribunal de Justiça, relativamente aos Juízes de Direito investidos na administração da Justiça do Trabalho;

A EC n. 24/99 previu a instituição das Varas do Trabalho em substituição às Juntas de Conciliação e Julgamento. A correição será efetuada na forma prevista no Regimento Interno de cada TRT, pelo próprio presidente do tribunal, se não comportar juiz corregedor; ou por este, nos tribunais maiores, cuja forma de nomeação também está contida no regimento interno respectivo. Ao menos uma vez ao ano, o juiz corregedor e seus colaboradores comparecem às Varas do Trabalho para fazer um levantamento do andamento dos processos, determinar eventuais correções nos procedimentos adotados pela secretaria e fornecer demais orientações para sua adequação à lei e às normas do TRT respectivo e eventualmente do TST.

Quando o juiz de direito estiver exercendo a jurisdição trabalhista, não será o TRT da respectiva região o responsável pela correição, mas o presidente do TRT solicitará tal providência ao presidente do TJ respectivo.

XII – distribuir os feitos, designando os Juízes que os devem relatar;

As Turmas estão sujeitas à distribuição dos feitos em que atuarão, sendo designado, entre os juízes de cada Turma, o relator responsável pela redação final do feito.

XIII – designar, dentre os funcionários do Tribunal e das Juntas existentes em uma mesma localidade, o que deve exercer a função de distribuidor;

A EC n. 24/99 previu a instituição das Varas do Trabalho em substituição às Juntas de Conciliação e Julgamento. Há de ser feita a designação do distribuidor dos feitos em todos os graus da jurisdição trabalhista.

XIV – assinar as folhas de pagamento dos Juízes e servidores do Tribunal.

Os pagamentos dos vencimentos de juízes e servidores dos TRTs são feitos diretamente às suas contas bancárias, com emissão dos demonstrativos de pagamento ou sua disponibilidade via internet, exceto previsão diferenciada em cada TRT.

§ 1º Na falta ou impedimento do Presidente da Junta e do substituto da mesma localidade, é facultado ao Presidente do Tribunal Regional designar substituto de outra localidade, observada a ordem de antiguidade entre os substitutos desimpedidos.

A EC n. 24/99 previu a instituição das Varas do Trabalho em substituição às Juntas de Conciliação e Julgamento. Na hipótese de falta ou impedimento do juiz do trabalho que estiver atuando em uma determinada Vara do Trabalho, o presidente designará juiz do trabalho substituto, entre os desimpedidos, observando-se a ordem de antiguidade.

§ 2º Na falta ou impedimento do Juiz classista da Junta e do respectivo suplente, é facultado ao Presidente do Tribunal Regional designar suplente de outra Junta, respeitada a categoria profissional ou econômica do representante e a ordem de antiguidade dos suplentes desimpedidos.

Veja nota desta Seção.

A EC n. 24/99 previu a instituição das Varas do Trabalho em substituição às Juntas de Conciliação e Julgamento, também derrogou tacitamente este parágrafo, pois extinguiu a previsão de juízes classistas na Justiça do Trabalho.

§ 3º Na falta ou impedimento de qualquer Juiz representante classista e seu respectivo suplente, é facultado ao Presidente do Tribunal Regional designar um dos Juízes classistas de Junta de Conciliação e Julgamento para funcionar nas sessões do Tribunal, respeitada a categoria profissional ou econômica do representante.

Parágrafo acrescentado pela Lei n. 3.440, de 27.08.1958.

Veja nota desta Seção.

Texto tacitamente derrogado pela EC n. 24/99, que extinguiu a previsão de juízes classistas na Justiça do Trabalho.

Art. 683. Na falta ou impedimento dos Presidentes dos Tribunais Regionais, e como auxiliares destes, sempre que necessário, funcionarão seus substitutos.

Caput *com redação dada pelo Decreto-lei n. 8.737, de 19.01.1946.*

É preciso observar o Regimento Interno do TRT respectivo.

§ 1º Nos casos de férias, por 30 (trinta) dias, licença, morte ou renúncia, a convocação competirá diretamente ao Presidente do Tribunal Superior do Trabalho.

Parágrafo com redação dada pelo Decreto-lei n. 8.737, de 19.01.1946.

Sobre férias, licença, morte ou renúncia será necessário observar o Regimento Interno do TRT respectivo, bem como o do TST.

§ 2º Nos demais casos, mediante convocação do próprio Presidente do Tribunal ou comunicação do secretário deste, o Presidente Substituto assumirá imediatamente o exercício, ciente o Presidente do Tribunal Superior do Trabalho.

Parágrafo com redação dada pelo Decreto-lei n. 8.737, de 19.01.1946.

Veja comentário ao parágrafo anterior.

Seção IV
Dos Juízes Representantes Classistas dos Tribunais Regionais

A EC n. 24, de 09.12.1999, que promoveu diversas alterações na Justiça do Trabalho, determinou nova composição aos Tribunais Regionais, compostos por juízes togados, advogados e membros do Ministério Público, na forma do art. 111, § 2º, da CF (posteriormente revogado pela EC n. 45, de 08.12.2004); assim, os arts. 684 a 689 perderam, na prática, eficácia a partir dessa Emenda. Conservamos, contudo, a redação adaptada, ao menos para servir de roteiro e eventual preenchimento de lacunas.

Veja arts. 111 a 116 da CF, sobre a extinção dos juízes classistas na Justiça do Trabalho (Anexo I da CLT).

Toda esta Seção encontra-se tacitamente derrogada pela EC n. 24/99, pois se extinguiu a figura do juiz classista.

Art. 684. Os Juízes representantes classistas dos Tribunais Regionais são designados pelo Presidente da República.

Veja nota desta Seção.

Parágrafo único. Aos Juízes representantes classistas dos empregados e dos empregadores, nos Tribunais Regionais, aplicam-se as disposições do art. 661.

Antigo § 1º renumerado pela Lei n. 5.442, de 24.05.1968.

Veja nota desta Seção.

Toda esta Seção encontra-se tacitamente derrogada pela EC n. 24/99.

---

§ 2º *(Revogado pela Lei n. 5.442, de 24.05.1968.)*

Art. 685. A escolha dos Juízes e suplentes dos Tribunais Regionais, representantes dos empregadores e empregados, é feita dentre os nomes constantes das listas para esse fim encaminhadas ao Presidente do Tribunal Superior do Trabalho pelas associações sindicais de grau superior com sede nas respectivas Regiões.

§ 1º Para o efeito deste artigo, o Conselho de Representantes de cada associação sindical de grau superior, na ocasião determinada pelo Presidente do Tribunal Superior do Trabalho, organizará, por maioria de votos, uma lista de 3 (três) nomes.

§ 2º O Presidente do Tribunal Superior do Trabalho submeterá os nomes constantes das listas ao Presidente da República, por intermédio do Ministro da Justiça.

Parágrafo com redação dada pela Lei n. 2.244, de 23.06.1954.

Toda esta Seção encontra-se tacitamente derrogada pela EC n. 24/99.

Art. 686. *(Suprimido pelo Decreto-lei n. 9.797, de 09.09.1946.)*

Art. 687. Os Juízes representantes classistas dos Tribunais Regionais tomam posse perante o respectivo Presidente.

Veja nota desta Seção.

Toda esta Seção encontra-se tacitamente derrogada pela EC n. 24/99.

Art. 688. Aos Juízes representantes classistas dos Tribunais Regionais aplicam-se as disposições do art. 663, sendo a nova escolha feita dentre os nomes constantes das listas a que se refere o art. 685, ou na forma indicada no art. 686 e, bem assim, as dos arts. 665 e 667.

Veja nota desta Seção.

Toda esta Seção encontra-se tacitamente derrogada pela EC n. 24/99.

Art. 689. Por sessão a que comparecerem, até o máximo de 15 (quinze) por mês, perceberão os Juízes representantes classistas e suplentes dos Tribunais Regionais a gratificação fixada em lei.

Caput *com redação dada pelo Decreto-lei n. 8.737, de 19.01.1946.*

Veja nota desta Seção.

Parágrafo único. Os Juízes representantes classistas que retiverem processos além dos prazos estabelecidos no Regimento Interno dos Tribunais Regionais sofrerão automaticamente, na gratificação mensal a que teriam direito, desconto equivalente a 1/30 (um trinta avos) por processo retido.

Parágrafo acrescentado pelo Decreto-lei n. 8.737, de 19.01.1946.

Veja nota desta Seção.

Toda esta Seção encontra-se tacitamente derrogada pela EC n. 24/99.

CAPÍTULO V
DO TRIBUNAL SUPERIOR DO TRABALHO

Seção I
Disposições Preliminares

Art. 690. O Tribunal Superior do Trabalho, com sede na Capital da República e jurisdição em todo o território nacional, é a instância superior da Justiça do Trabalho.

Caput *com redação dada pela Lei n. 2.244, de 23.06.1954.*

O art. 111, I, da CF, instituiu o TST como órgão da Justiça do Trabalho, e o art. 1º do atual Regimento Interno do TST (aprovado pela Resolução Administrativa n. 1.937/2017 e publicado no *Diário da Justiça da União* de 24.11.2017) dispõe que tem sede na Capital Federal e jurisdição em todo o território nacional. O art. 12 da Lei Orgânica da Magistratura Nacional prevê a existência do TST. O § 1º do art. 111-A da CF, inserido pela EC n. 45/2004, estabeleceu que a lei dispõe sobre a competência do TST. Somente em 13.07.2016, com a promulgação da EC n. 92, o TST foi inserido especificamente na CF como órgão do Poder Judiciário, no inciso II-A do art. 92.

A CF atribui competência ao TST para propor ao Poder Legislativo alteração do número de membros dos tribunais inferiores, criação e extinção de cargos, deliberação acerca da remuneração dos serviços auxiliares e dos juízos a ele vinculados, fixação de subsídio de seus membros e dos juízes (respeitados os limites previstos no art. 37, XI, da CF), inclusive dos tribunais inferiores, criação ou extinção de tribunais inferiores e alteração da organização e da divisão judiciárias (art. 96, II, da CF). Sobre a fixação de subsídio, *vide* a Resolução n. 13/2006 da Presidência do CNJ, modificada pelas Resoluções ns. 27, 42 e 326 do mesmo órgão, ressaltando-se que é importante verificar a decisão plenária da liminar na ADI n. 3.854, que suspendeu a eficácia do seu art. 2º.

O TST possui regimento interno próprio regulando os atos jurisdicionais e administrativos a ele submetidos, que pode ser consultado pelo *site* www.tst.jus.br. O art. 74 do Regimento Interno do TST trata de sua competência: "[...] processar, conciliar e julgar, na forma da lei, em grau originário ou recursal ordinário ou extraordinário, as demandas individuais e os dissídios coletivos que excedam a jurisdição dos Tribunais Regionais, os conflitos de direito sindical, assim como outras controvérsias decorrentes de relação de trabalho, e os litígios relativos ao cumprimento de suas próprias decisões, de laudos arbitrais e de convenções e acordos coletivos". A competência de cada órgão do TST vem disposta nos artigos seguintes do Regimento Interno.

O art. 111-A, § 2º, da CF, dispõe que funcionarão junto ao TST: "I – a Escola Nacional de Formação e Aperfeiçoamento de Magistrados do Trabalho, cabendo-lhe, entre outras funções, regulamentar os cursos oficiais para o ingresso e promoção na carreira; II – o Conselho Superior da Justiça do Trabalho, cabendo-lhe exercer, na forma da lei, a supervisão administrativa, orçamentária, financeira e patrimonial da Justiça do Trabalho de primeiro e segundo graus [...]". Esses órgãos também estão previstos no Regimento Interno do TST, no parágrafo único do art. 65, e sobre suas competências *vide* arts. 80, 81 e 84.

Parágrafo único. O Tribunal funciona na plenitude de sua composição ou dividido em Turmas, com observância da paridade de representação de empregados e empregadores.

Parágrafo com redação dada pela Lei n. 2.244, de 23.06.1954.

Parágrafo único tacitamente derrogado em sua parte final, pela EC n. 24/99, pois extinguiu a previsão da representação classista na Justiça do Trabalho. Na verdade, o TST se compõe, segundo o art. 65 do seu Regimento Interno, dos seguintes órgãos: Tribunal Pleno (art. 68, com competência no art. 75), Órgão Especial (art. 69, com competências no art. 76), Seção Especializada em Dissídios Coletivos (art. 70, com competências no art. 77), Seção Especializada em Dissídios Individuais (art. 71, com competências no art. 78), dividida em duas Subseções Especializadas, a SDI-1 e a SDI-2 (art. 65, IV), e as Turmas (art. 73, com competências no art. 79).

Veja Lei n. 7.701, de 21.12.1988, que dispõe sobre a especialização de Turmas dos tribunais do trabalho em processos coletivos e dá outras providências.

Arts. 691 e 692. ***(Suprimidos pelo Decreto-lei n. 8.737, de 19.01.1946.)***

Seção II
Da Composição e Funcionamento do Tribunal Superior do Trabalho

Veja arts. 111 a 116 da CF, sobre a extinção dos juízes classistas na Justiça do Trabalho (Anexo I da CLT).

Art. 693. O Tribunal Superior do Trabalho compõe-se de dezessete juízes com a denominação de Ministros, sendo:

Caput *com redação dada pela Lei n. 5.442, de 24.05.1968.*

Veja art. 111-A, CF (Anexo I da CLT).

***a)* onze togados e vitalícios, nomeados pelo Presidente da República, depois de aprovada a escolha pelo Senado Federal, dentre brasileiros natos, maiores de trinta e cinco anos, de notável saber jurídico e reputação ilibada;**

Alínea com redação dada pela Lei n. 5.442, de 24.05.1968.

O art. 111-A da CF dispõe que o TST compor-se-á de 27 ministros, escolhidos entre brasileiros com mais de 35 e menos de 65 anos, com notável saber jurídico e reputação ilibada, nomeados pelo presidente da República, após aprovação pela maioria absoluta do Senado Federal (*caput* alterado pela EC n. 92, de 13.07.2016), dos quais, sendo um quinto entre advogados com mais de dez anos de efetiva atividade profissional e membros do Ministério Público do Trabalho com mais de dez anos de efetivo exercício, observado o disposto no art. 94 da CF. Os demais são juízes dos TRTs, oriundos da magistratura da carreira, indicados pelo próprio Tribunal Superior.

O art. 94 da CF trata do chamado *quinto constitucional* e prevê que um quinto dos lugares dos tribunais dos estados e do Distrito Federal será composto de membros do Ministério Público, com mais de dez anos de carreira, e de advogados de notório saber jurídico e de reputação ilibada, com mais de dez anos de efetiva atividade profissional, indicados em lista sêxtupla pelos órgãos de representação das respectivas classes. Composição e investidura dos ministros do TST: veja Regimento Interno respectivo, arts. 3º a 6º. Posse e prerrogativas: veja arts. 7º a 10. Férias, licenças, substituições e convocações: veja arts. 11 a 20. Convocação extraordinária: veja art. 21. Aposentadoria: veja arts. 22 a 28. Disponibilidade e aposentadoria por interesse público: veja art. 29.

***b)* seis classistas, com mandato de três anos, em representação paritária dos empregadores e dos empregados, nomeados pelo Presidente da República de conformidade com o disposto nos §§ 2º e 3º deste artigo.**

Alínea com redação dada pela Lei n. 5.442, de 24.05.1968.

Veja nota desta Seção.

Em razão de a EC n. 24/99 ter eliminado a previsão dos juízes classistas, subsistiram apenas ministros, juízes togados e vitalícios, restando tacitamente derrogada esta alínea.

---

§ 1º Dentre os juízes togados do Tribunal Superior do Trabalho, alheios aos interesses profissionais, serão eleitos o Presidente, o Vice-Presidente e o Corregedor, além dos presidentes das turmas na forma estabelecida em seu regimento interno.

Parágrafo com redação dada pela Lei n. 2.244, de 23.06.1954.

O art. 30 do Regimento Interno do TST estabeleceu três cargos de direção daquele tribunal: presidência, vice-presidência e corregedoria-geral. A respeito da eleição e posse, veja arts. 32 a 38. Sobre presidente do TST, veja arts. 707 da CLT e 39 e 41 do Regimento Interno do TST. Sobre vice-presidente do TST, veja arts. 708 da CLT e 42 e 43 do Regimento Interno do TST. Sobre corregedor, veja arts. 709 da CLT e 44 a 47 do Regimento Interno do TST.

---

§ 2º Para nomeação trienal dos juízes classistas, o Presidente do Tribunal Superior do Trabalho publicará edital, com antecedência mínima de 15 (quinze) dias, convocando as associações sindicais de grau superior, para que cada uma, mediante maioria de votos do respectivo Conselho de Representantes, organize uma lista de 3 (três) nomes, que será encaminhada, por intermédio daquele Tribunal, ao Ministro da Justiça e Negócios Interiores dentro do prazo que for fixado no edital.

Parágrafo com redação dada pela Lei n. 2.244, de 23.06.1954.
Veja nota desta Seção.

A EC n. 24/99 eliminou a previsão dos juízes classistas. Veja organização da Justiça do Trabalho nos arts. 111 a 116 da CF (Anexo I da CLT).

---

§ 3º Na lista de que trata o parágrafo anterior figurarão somente brasileiros natos, de reconhecida idoneidade, maiores de 25 anos, quites com o serviço militar, que estejam no gozo de seus direitos civis e políticos e contem mais de dois anos de efetivo exercício da profissão ou se encontrem no desempenho de representação profissional prevista em lei.

Parágrafo com redação dada pelo Decreto-lei n. 9.797, de 09.09.1946.

A EC n. 24/99 eliminou a previsão dos juízes classistas. Veja organização da Justiça do Trabalho nos arts. 111 a 116 da CF (Anexo I da CLT).

§ 4º *(Vetado.)*

Parágrafo com redação dada pela Lei n. 2.244, de 23.06.1954.

Art. 694. Os juízes togados escolher-se-ão: sete, dentre magistrados da Justiça do Trabalho, dois, dentre advogados no efetivo exercício da profissão, e dois, dentre membros do Ministério Público da União junto à Justiça do Trabalho.

Artigo restabelecido com nova redação dada pela Lei n. 5.442, de 24.05.1968.

O conteúdo deste artigo foi substituído pelo art. 111, § 1º, da CF, revogado pela EC n. 45/2004. Veja comentário ao art. 693, *a*, da CLT e ao art. 111-A, I, da CF.

Art. 695. *(Suprimido pelo Decreto-lei n. 9.797, de 09.09.1946.)*

Art. 696. Importará em renúncia o não comparecimento do membro do Tribunal, sem motivo justificado, a mais de 3 (três) sessões ordinárias consecutivas.

A LC n. 35, de 14.03.1979, dispõe de modo diverso.

Férias, licenças, substituições e convocações: veja arts. 11 a 20 do Regimento Interno do TST. Convocação extraordinária: veja art. 21. Aposentadoria: veja arts. 22 a 28. Disponibilidade e aposentadoria por interesse público: veja art. 29. Sobre vacância ou impossibilidade temporária ou definitiva de posse dos cargos de direção, veja arts. 33, § 4º, e 34. Sobre substituição nos Tribunais, veja arts. 114 a 119 da LC n. 35/79 e, especificamente no TST, arts. 15 a 20 do Regimento Interno desse Tribunal.

§ 1º Ocorrendo a hipótese prevista neste artigo, o Presidente do Tribunal comunicará, imediatamente, o fato ao Ministério da Justiça e Negócios Interiores, a fim de que seja feita a substituição do juiz renunciante, sem prejuízo das sanções cabíveis.

Parágrafo com redação dada pela Lei n. 2.244, de 23.06.1954.

Parágrafo tacitamente derrogado pelos arts. 26 e segs. da LC n. 35/79.

§ 2º Para os efeitos do parágrafo anterior, a designação do substituto será feita dentre os nomes constantes das listas de que trata o § 2º do art. 693.

Parágrafo com redação dada pela Lei n. 2.244, de 23.06.1954.

Conteúdo deste parágrafo prejudicado pela derrogação tácita do § 1º pela LC n. 35/79. O § 2º do art. 693 trata da nomeação de juízes classistas, mas a EC n. 24/99 eliminou sua previsão.

Art. 697. Em caso de licença superior a 30 (trinta) dias, ou de vacância, enquanto não for preenchido o cargo, os Ministros do Tribunal poderão ser substituídos mediante convocação de Juízes, de igual categoria, de qualquer dos Tribunais Regionais do Trabalho, na forma que dispuser o Regimento do Tribunal Superior do Trabalho.

Parágrafo com redação dada pela Lei n. 6.289, de 11.12.1975.

Férias, licenças, substituições e convocações: veja arts. 11 a 20 do Regimento Interno do TST. Convocação extraordinária: veja art. 21. Aposentadoria: veja arts. 22 a 28. Disponibilidade e aposentadoria por interesse público: veja art. 29. Sobre vacância ou impossibilidade temporária ou definitiva de posse dos cargos de direção, veja arts. 33, § 4º, e 34.

Vacância, ausências eventuais ou afastamentos temporários de Presidente de Turma, veja art. 92, § 1º, do Regimento Interno do TST.

Art. 698. ***(Suprimido pelo Decreto-lei n. 8.737, de 19.01.1946.)***

Art. 699. O Tribunal Superior do Trabalho não poderá deliberar, na plenitude de sua composição, senão com a presença de, pelo menos, nove de seus juízes, além do Presidente.

Caput *com redação dada pela Lei n. 2.244, de 23.06.1954.*

Sobre a composição do Tribunal Pleno do TST, veja art. 68, inclusive seus parágrafos, do Regimento Interno do TST, que exige a presença mínima de quatorze ministros e dita as matérias para as quais é necessária a maioria absoluta. A competência do Tribunal Pleno vem disposta no art. 75 do Regimento Interno do TST. Veja Lei n. 7.701/88, que dispõe sobre a especialização de Turmas dos Tribunais do trabalho em processos coletivos e dá outras providências.

Parágrafo único. As turmas do Tribunal, compostas de 5 (cinco) juízes, só poderão deliberar com a presença de pelo menos, três de seus membros, além do respectivo presidente, cabendo também a este funcionar como relator ou revisor nos feitos que lhe forem distribuídos conforme estabelecer o regimento interno.

Parágrafo acrescentado pela Lei n. 2.244, de 23.06.1954.

Veja Lei n. 7.701/88, que dispõe sobre a especialização de Turmas dos Tribunais do Trabalho em processos coletivos e dá outras providências. Sobre a competência das Turmas do TST, veja art. 79 do Regimento Interno. As Turmas se compõem de três ministros e não cinco (art. 73 do Regimento Interno do TST), por causa da extinção dos juízes classistas, e há necessidade da presença de todos para julgamento (art. 73, parágrafo único, do Regimento Interno). Nas ausências eventuais ou afastamentos temporários do Presidente de Turma, este será substituído por um ministro mais antigo do Colegiado (art. 92, § 1º, do Regimento Interno do TST), e, na hipótese de vacância, o ministro mais antigo do Colegiado respectivo assume (*caput* do art. 92 do Regimento Interno do TST).

Art. 700. O Tribunal reunir-se-á em dias previamente fixados pelo Presidente, o qual poderá, sempre que for necessário, convocar sessões extraordinárias.

Artigo com redação dada pelo Decreto-lei n. 8.737, de 19.01.1946.

O art. 96, I, *a*, da CF, atribui competência privativa aos tribunais para dispor sobre competência e funcionamento dos respectivos órgãos jurisdicionais e administrativos. Justificam sessões extraordinárias, convocadas pelo presidente do TST (Regimento Interno, art. 41, XXVII): ações de dissídio coletivo, mandado de segurança, ações declaratórias alusivas a greve ou a situação de relevante interesse público que requeiram apreciação urgente (Regimento Interno do TST, art. 21).

Art. 701. As sessões do Tribunal serão públicas e começarão às 14 (quatorze) horas, terminando às 17 (dezessete) horas, mas poderão ser prorrogadas pelo Presidente em caso de manifesta necessidade.

Caput *com redação dada pelo Decreto-lei n. 8.737, de 19.01.1946.*

As sessões serão públicas, exceto no caso do § 2º deste artigo, e se regerão pelos arts. 125 e seguintes do Regimento Interno do TST e demais normas internas do mesmo órgão. Em relação ao horário de funcionamento das sessões e de atendimento ao público, é preciso observar as normas internas do TST (Resolução Administrativa, conforme art. 346 do Regimento Interno do TST).

---

§ 1º As sessões extraordinárias do Tribunal só se realizarão quando forem comunicadas aos seus membros com 24 (vinte e quatro) horas, no mínimo, de antecedência.

Parágrafo com redação dada pelo Decreto-lei n. 8.737, de 19.01.1946.

O Regimento Interno do TST dispõe que, durante as férias, as sessões extraordinárias devem ser comunicadas com antecedência mínima de 48 horas (art. 21). Sobre as matérias que ensejam a convocação de sessão extraordinária, veja comentário ao art. 700 da CLT.

---

§ 2º Nas sessões do Tribunal, os debates poderão tornar-se secretos, desde que, por motivo de interesse público, assim resolver a maioria de seus membros.

Parágrafo com redação dada pelo Decreto-lei n. 8.737, de 19.01.1946.

Exemplo de debate secreto, entre vários outros no TST, é o previsto no art. 29 do Regimento Interno do TST, que trata da disponibilidade ou aposentadoria de ministro do TST, assegurada ampla defesa. Sobre os temas disponibilidade e aposentadoria compulsória, veja, ainda, art. 93, VIII, da CF, e art. 28 da Lei Orgânica da Magistratura Nacional (LC n. 35/79), bem como a LC n. 152/2015.

Seção III
Da Competência do Tribunal Pleno

Art. 702. Ao Tribunal Pleno compete:

Caput *com redação dada pela Lei n. 2.244, de 23.06.1954.*

O art. 4º, Lei n. 7.701, de 21.12.1988, e o art. 70, RITST, dispõem de modo diverso deste artigo.

I – em única instância:

Inciso com redação dada pela Lei n. 2.244, de 23.06.1954.

***a)* decidir sobre matéria constitucional, quando arguido, para invalidar lei ou ato do poder público;**

Alínea com redação dada pela Lei n. 2.244, de 23.06.1954.

***b)* conciliar e julgar os dissídios coletivos que excedam a jurisdição dos Tribunais Regionais do Trabalho, bem como estender ou rever suas próprias decisões normativas, nos casos previstos em lei;**

Alínea com redação dada pela Lei n. 2.244, de 23.06.1954.

***c)* homologar os acordos celebrados em dissídios de que trata a alínea anterior;**

Alínea com redação dada pela Lei n. 2.244, de 23.06.1954.

***d)* julgar os agravos dos despachos do presidente, nos casos previstos em lei;**

Alínea com redação dada pela Lei n. 2.244, de 23.06.1954.

***e)* julgar as suspeições arguidas contra o presidente e demais juízes do Tribunal, nos feitos pendentes de sua decisão;**

Alínea com redação dada pela Lei n. 2.244, de 23.06.1954.

f) **estabelecer ou alterar súmulas e outros enunciados de jurisprudência uniforme, pelo voto de pelo menos dois terços de seus membros, caso a mesma matéria já tenha sido decidida de forma idêntica por unanimidade em, no mínimo, dois terços das turmas em pelo menos dez sessões diferentes em cada uma delas, podendo, ainda, por maioria de dois terços de seus membros, restringir os efeitos daquela declaração ou decidir que ela só tenha eficácia a partir de sua publicação no Diário Oficial;**

Alínea com redação dada pela Lei n. 13.467, de 13.07.2017.

g) **aprovar tabelas de custas e emolumentos, nos termos da lei;**

Alínea com redação dada pela Lei n. 2.244, de 23.06.1954.

h) **elaborar o Regimento Interno do Tribunal e exercer as atribuições administrativas previstas em lei, ou decorrentes da Constituição Federal;**

Alínea com redação dada pela Lei n. 2.244, de 23.06.1954.

II – em última instância:

Inciso com redação dada pela Lei n. 2.244, de 23.06.1954.

a) **julgar os recursos ordinários das decisões proferidas pelos Tribunais Regionais em processos de sua competência originária;**

Alínea com redação dada pela Lei n. 2.244, de 23.06.1954.

b) **julgar os embargos opostos às decisões de que tratam as alíneas *b* e *c* do inciso I deste artigo;**

Alínea com redação dada pela Lei n. 2.244, de 23.06.1954.

c) **julgar embargos das decisões das Turmas, quando esta divirjam entre si ou de decisão proferida pelo próprio Tribunal Pleno, ou que forem contrárias à letra de lei federal;**

Alínea com redação dada pela Lei n. 2.244, de 23.06.1954.

d) **julgar os agravos de despachos denegatórios dos presidentes de turmas, em matéria de embargos na forma estabelecida no regimento interno;**

Alínea com redação dada pela Lei n. 2.244, de 23.06.1954.

e) **julgar os embargos de declaração opostos aos seus acórdãos.**

Alínea com redação dada pela Lei n. 2.244, de 23.06.1954.

§ 1º Quando adotada pela maioria de dois terços dos juízes do Tribunal Pleno, a decisão proferida nos embargos de que trata o inciso II, alínea *c*, deste artigo, terá força de prejulgado, nos termos dos §§ 2º e 3º, do art. 902.

Parágrafo acrescentado pela Lei n. 2.244, de 23.06.1954.

§ 2º É da competência de cada uma das turmas do Tribunal:

Parágrafo e alíneas acrescentados pela Lei n. 2.244, de 23.06.1954.

a) **julgar, em única instância, os conflitos de jurisdição entre Tribunais Regionais do Trabalho e os que se suscitarem entre juízes de direito ou juntas de conciliação e julgamento de regiões diferentes;**

b) **julgar, em última instância, os recursos de revista interpostos de decisões dos Tribunais Regionais e das Juntas de Conciliação e julgamento ou juízes de direito, nos casos previstos em lei;**

c) **julgar os agravos de instrumento dos despachos que denegarem a interposição de recursos ordinários ou de revista;**

d) **julgar os embargos de declaração opostos aos seus acórdãos;**

e) **julgar as habilitações incidentes e arguições de falsidade, suspeição e outras nos casos pendentes de sua decisão.**

§ 3º As sessões de julgamento sobre estabelecimento ou alteração de súmulas e outros enunciados de jurisprudência deverão ser públicas, divulgadas com, no mínimo, trinta dias de antecedência, e deverão possibilitar a sustentação oral pelo Procurador-Geral do Trabalho, pelo Conselho Federal da Ordem dos Advogados do Brasil, pelo Advogado-Geral da União e por confederações sindicais ou entidades de classe de âmbito nacional.

Parágrafo acrescentado pela Lei n. 13.467, de 13.07.2017.

§ 4º O estabelecimento ou a alteração de súmulas e outros enunciados de jurisprudência pelos Tribunais Regionais do Trabalho deverão observar o disposto na alínea *f* do inciso I e no § 3º deste artigo, com rol equivalente de legitimados para sustentação oral, observada a abrangência de sua circunscrição judiciária.

Parágrafo acrescentado pela Lei n. 13.467, de 13.07.2017.

O artigo foi revogado pela Lei n. 7.701, de 21.12.1988, eis que a questão da competência do Tribunal Pleno do TST está no Regimento Interno deste mesmo órgão. Porém, a Lei n. 13.467/2017, em vigor a partir de meados do mês de novembro de 2017, inseriu neste artigo revogado a alínea *f* para estabelecer competência ao Tribunal Pleno do TST para: "*f)* estabelecer ou alterar súmulas e outros enunciados de jurisprudência uniforme, pelo voto de pelo menos dois terços de seus membros, caso a mesma matéria já tenha sido decidida de forma idêntica por unanimidade em, no mínimo, dois terços das turmas em pelo menos dez sessões diferentes em cada uma delas, podendo, ainda, por maioria de dois terços de seus membros, restringir os efeitos daquela declaração ou decidir que ela só tenha eficácia a partir de sua publicação no *Diário Oficial*". O § 1º do art. 111-A da CF estabelece que: "A lei disporá sobre a competência do Tribunal Superior do Trabalho [Parágrafo acrescentado pela EC n. 45, de 08.12.2004]". No entanto, ao Tribunal Pleno cabe: "X – aprovar e emendar o Regimento Interno do TST", conforme o inciso X do art. 75 do próprio Regimento Interno do TST. Não vemos incompatibilidade, entretanto, eis que acréscimos legais podem ser realizados, para melhorar a prestação jurisdicional. O problema é a inserção de uma alínea em um artigo revogado, o que sugere a necessidade de readequação legislativa. De qualquer forma, o Regimento Interno do TST deve ser reavaliado com essa nova disposição legal.

Idêntico raciocínio cabe aos §§ 3º e 4º inseridos neste revogado artigo, com a seguinte redação: "§ 3º As sessões de julgamento sobre estabelecimento ou alteração de súmulas e outros enunciados de jurisprudência deverão ser públicas, divulgadas com, no mínimo, trinta dias de antecedência, e deverão possibilitar a sustentação oral pelo Procurador-Geral do Trabalho, pelo Conselho Federal da Ordem dos Advogados do Brasil, pelo Advogado-Geral da União e por confederações sindicais ou entidades de classe de âmbito nacional. § 4º O estabelecimento ou a alteração de súmulas e outros enunciados de jurisprudência pelos Tribunais Regionais do Trabalho deverão observar o disposto na alínea *f* do inciso I e no § 3° deste artigo, com rol equivalente de legitimados para sustentação oral, observada a abrangência de sua circunscrição judiciária."

Seção IV
Da Competência da Câmara de Justiça do Trabalho

A Câmara de Justiça do Trabalho foi substituída pelo TST, conforme o art. 690 da CLT.

Arts. 703 a 705. ***(Suprimidos pelo Decreto-lei n. 8.737, de 19.01.1946.)***

Seção V
Da Competência da Câmara de Previdência Social

Art. 706. ***(Suprimido pelo Decreto-lei n. 8.737, de 19.01.1946.)***

Seção VI
Das Atribuições do Presidente do Tribunal Superior do Trabalho

---

Art. 707. Compete ao Presidente do Tribunal:

Caput *com redação dada pelo Decreto-lei n. 8.737, de 19.01.1946.*

O art. 96, I, *a*, da CF, atribui competência aos tribunais para eleger seus órgãos diretivos, como sua presidência. Sobre as atribuições do presidente do TST, veja art. 41 do Regimento Interno do TST. Disposições gerais sobre presidência, veja art. 39 do Regimento Interno do TST. Sobre o exercício do poder de polícia pelo presidente do TST, veja arts. 48 a 50 do Regimento Interno do TST. Sobre a representação por desobediência ou desacato, veja art. 51 do mesmo Regimento Interno.

a) **presidir às sessões do Tribunal, fixando os dias para a realização das sessões ordinárias e convocando as extraordinárias;**

Alínea com redação dada pelo Decreto-lei n. 8.737, de 19.01.1946.

Especificamente sobre o tema, o art. 41 do Regimento Interno do TST dispõe que compete ao presidente do TST: "designar as sessões ordinárias e extraordinárias do Tribunal Pleno, do Órgão Especial e das Seções Especializadas, podendo convocar, durante as férias coletivas, com antecedência de 48 (quarenta e oito) horas, sessões extraordinárias para julgamento de dissídio coletivo, mandado de segurança e ação declaratória alusiva a greve ou a situação de relevante interesse público que requeiram apreciação urgente" (XXVII), "dirigir os trabalhos do Tribunal e presidir as sessões do Tribunal Pleno, do Órgão Especial e das Seções Especializadas" (XXVIII).

b) **superintender todos os serviços do Tribunal;**

Alínea com redação dada pelo Decreto-lei n. 8.737, de 19.01.1946.

Como chefe máximo do TST, seu presidente deverá superintender todos os serviços prestados pelo órgão de cúpula da Justiça do Trabalho.

c) **expedir instruções e adotar as providências necessárias para o bom funcionamento do Tribunal e dos demais órgãos da Justiça do Trabalho;**

Alínea com redação dada pelo Decreto-lei n. 8.737, de 19.01.1946.

O próprio TST e os demais órgãos da Justiça do Trabalho deverão acatar as providências adotadas e as instruções expedidas pelo presidente do TST, com a finalidade de homogeneização de procedimentos e mútua colaboração, realizadas com a observância de não excederem a independência administrativa de cada órgão.

d) **fazer cumprir as decisões originárias do Tribunal, determinando aos Tribunais Regionais e aos demais órgãos da Justiça do Trabalho a realização dos atos processuais e das diligências necessárias;**

Alínea com redação dada pelo Decreto-lei n. 8.737, de 19.01.1946.

O art. 41, XXXIII, do Regimento Interno do TST determina a competência do presidente do TST para: "praticar os demais atos de gestão necessários ao funcionamento dos serviços, encaminhando ao Órgão Especial as questões de caráter relevante, que poderão ser relatadas pelo Presidente ou distribuídas por sorteio para relatoria de integrante do órgão colegiado". Havendo necessidade imperiosa para fazer cumprir as decisões do TST, o presidente poderá determinar aos órgãos da Justiça do Trabalho de grau inferior que realizem atos processuais ou diligências. Deve haver mútua colaboração entre os órgãos da Justiça do Trabalho.

***e)* submeter ao Tribunal os processos em que tenha de deliberar e designar, na forma do Regimento Interno, os respectivos relatores;**

Alínea com redação dada pelo Decreto-lei n. 8.737, de 19.01.1946.

É preciso observar sempre o Regimento Interno do TST quanto a esta alínea.

***f)* despachar os recursos interpostos pelas partes e os demais papéis em que deva deliberar;**

Alínea com redação dada pelo Decreto-lei n. 8.737, de 19.01.1946.

Havendo recurso das decisões do próprio TST, o presidente irá despachá-lo, além dos demais papéis inerentes ao cargo ocupado.

***g)* determinar as alterações que se fizerem necessárias na lotação do pessoal da Justiça do Trabalho, fazendo remoções *ex officio* de servidores entre os Tribunais Regionais, Juntas de Conciliação e Julgamento e outros órgãos, bem como conceder as requeridas que julgar convenientes ao serviço, respeitada a lotação de cada órgão;**

Alínea com redação dada pelo Decreto-lei n. 8.737, de 19.01.1946.

A EC n. 24/99 criou as Varas do Trabalho em substituição às Juntas de Conciliação e Julgamento. Esta alínea insere uma prerrogativa delicada ao presidente do TST, pois ele deverá respeitar a lotação de cada órgão, mas tem a permissão de fazer remoções de ofício de servidores entre os TRTs e Varas do Trabalho; o que pode causar algumas insatisfações ou constrangimentos entre os removidos. Entretanto, obviamente, sua decisão deverá ser fundamentada e justificada em caso de necessidade imperiosa, a fim de não configurar questão meramente política ou injusta. Veja Resolução n. 219/2016 do CNJ.

***h)* conceder licenças e férias aos servidores do Tribunal, bem como impor-lhes as penas disciplinares que excederem da alçada das demais autoridades;**

Alínea com redação dada pelo Decreto-lei n. 8.737, de 19.01.1946.

O art. 41, XX, do Regimento Interno do TST, atribui competência ao presidente do TST para "conceder licença e férias ao Diretor-Geral da Secretaria do Tribunal Superior do Trabalho, ao Secretário-Geral da Presidência e aos servidores de seu gabinete". Esta alínea da CLT permite ao presidente do TST, ainda, a imposição de penalidade disciplinar aos servidores quando excederem a competência das demais autoridades, consoante previsão do inciso XVI do art. 41 do Regimento Interno do TST: "impor aos servidores penas disciplinares de demissão, cassação de aposentadoria ou disponibilidade e decidir os recursos interpostos das penalidades que forem aplicadas pelo Diretor-Geral da Secretaria do Tribunal Superior do Trabalho". A imposição de penalidade não é discricionária, mas vinculada, ou seja, o presidente do TST tem o dever de impor a penalidade, quando cabível, ainda que a lei ou o Regimento Interno permita alguma opção entre as penalidades possíveis.

***i)* dar posse e conceder licença aos membros do Tribunal, bem como conceder licenças e férias aos Presidentes dos Tribunais Regionais;**

Alínea com redação dada pelo Decreto-lei n. 8.737, de 19.01.1946.

Sobre o tema da competência do presidente do TST para dar posse a seus ministros, diretor-geral da Secretaria do TST, ao secretário-geral judiciário e ao secretário-geral da Presidência, e nomeação de servidores para os cargos em comissão e designação de servidores para o exercício de funções comissionadas nos gabinetes de ministro, veja art. 41, XVII a XIX, do Regimento Interno do TST. Sobre a concessão de licença e férias ao Diretor-Geral da Secretaria do TST, ao secretário-geral da Presidência, ao secretário-geral judiciário e aos servidores de seu Gabinete, veja inciso XX do mesmo art. 41. Não há previsão no Regimento Interno do TST para o seu Presidente conceder licenças e férias aos Presidentes dos Tribunais Regionais.

***j)* apresentar ao Ministro da Justiça, até 31 de março de cada ano, o relatório das atividades do Tribunal e dos demais órgãos da Justiça do Trabalho.**

Alínea com redação dada pelo Decreto-lei n. 8.737, de 19.01.1946.

O art. 41, V, do Regimento Interno do TST, dispõe sobre o controle externo realizado pelo órgão auxiliar do Poder Legislativo, o Tribunal de Contas da União (art. 71 da CF), prevendo que, na forma da lei, o presidente do TST a ele submete as contas do órgão superior da Justiça do Trabalho.

Sobre o controle interno, conforme o Regimento Interno do TST, cabe ao presidente do TST editar ato de composição do tribunal e dos órgãos judicantes, dando publicidade no caso de renovação da direção do TST ou alteração de sua composição (art. 41, VII, do Regimento Interno do TST), apresentar ao

Órgão Especial, anualmente, na segunda quinzena do mês seguinte ao término de cada ano de seu mandato, a resenha dos trabalhos realizados no ano anterior e, até 30 de junho, o Relatório Geral da Justiça do Trabalho (art. 41, VIII), e dar publicidade mensalmente, no órgão oficial, dos dados estatísticos relativos às atividades jurisdicionais do tribunal e dos ministros (art. 41, IX).

Veja as Resoluções do CNJ de ns. 4, de 16.08.2005, que cria o sistema de estatística do Poder Judiciário; 76, de 12.05.2009, que dispõe sobre os princípios do Sistema de Estatística do Poder Judiciário, estabelece seus indicadores, fixa prazos, determina penalidades e dá outras providências; e 49, de 18.12.2007, que trata da organização do Núcleo de Estatística e Gestão Estratégica nos órgãos do Poder Judiciário relacionados no art. 92, II a VII, da CF, entre os quais incluem-se os tribunais e juízes do trabalho. Veja, ainda, as Portarias do CNJ de ns. 615/2009, que constitui o Comitê Gestor Nacional do Sistema de Estatísticas do Poder Judiciário, e 216/2012, que regulamenta o Sistema de Estatísticas do Poder Judiciário.

Importante lembrar que o Conselho Superior da Justiça do Trabalho funciona junto ao TST, e, além de realizar a supervisão administrativa, orçamentária, financeira e patrimonial da Justiça do Trabalho de primeiro e segundo graus, tem competência para apresentar várias propostas de melhorias ao TST nessas áreas de atuação.

Parágrafo único. O Presidente terá 1 (um) secretário por ele designado dentre os funcionários lotados no Tribunal, e será auxiliado por servidores designados nas mesmas condições.

Parágrafo com redação dada pelo Decreto-lei n. 8.737, de 19.01.1946.

O presidente tem colaboradores em seu gabinete e, entre eles, um Secretário-Geral por ele empossado (arts. 349, *caput* e parágrafo único, e 41, XVIII, do Regimento Interno do TST).

Seção VII
Das Atribuições do Vice-Presidente

Art. 708. Compete ao Vice-Presidente do Tribunal:

Caput *com redação dada pela Lei n. 2.244, de 23.06.1954.*

O art. 30 do Regimento Interno do TST elenca a vice-presidência como cargo de direção do TST, preenchido mediante eleição, na forma prevista em seus arts. 30 a 38. Sobre o vice-presidente do TST, veja arts. 42 e 43 do Regimento Interno do TST. Disposições gerais sobre vice-presidência, veja art. 39 do Regimento Interno do TST.

***a)* substituir o Presidente e o Corregedor em suas faltas e impedimentos;**

Alínea com redação dada pela Lei n. 2.244, de 23.06.1954.

Sobre o tema, veja arts. 15 (transcrito no parágrafo único a seguir) e 42, I ("Compete ao Vice-Presidente: I – substituir o Presidente e o Corregedor-Geral da Justiça do Trabalho nas férias, ausências e impedimentos"), ambos do Regimento Interno do TST.

b) (Suprimida pela Lei n. 2.244, de 23.06.1954.)

Parágrafo único. Na ausência do Presidente e do Vice-Presidente, será o Tribunal presidido pelo Juiz togado mais antigo, ou pelo mais idoso quando igual a antiguidade.

Parágrafo com redação dada pela Lei n. 2.244, de 23.06.1954.

Sobre esse tema, veja o art. 15 do Regimento Interno do TST, que dispõe: "Nas ausências ou impedimentos eventuais ou temporários, a substituição no Tribunal far-se-á da seguinte maneira: I – o Presidente do Tribunal, pelo Vice-Presidente, seguindo-se, na ausência de ambos, o Corregedor-Geral da Justiça do Trabalho e pelos demais Ministros, em ordem decrescente de antiguidade; II o Vice-Presidente, pelo Presidente, ou, na ausência deste, pelo Corregedor-Geral da Justiça do Trabalho, e, em sequência, pelos demais Ministros, em ordem decrescente de antiguidade; III – o Corregedor-Geral da Justiça do Trabalho, pelo Vice-Presidente, ou, na ausência deste, pelo Presidente, e, em sequência, pelos demais Ministros, em ordem decrescente de antiguidade; IV – o Presidente da Turma, pelo Ministro mais antigo presente na sessão; V – o Presidente da Comissão, preferencialmente pelo mais antigo entre os seus membros; e VI – qualquer dos membros das Comissões, pelo respectivo suplente".

Seção VIII
Das Atribuições do Corregedor

Seção com denominação dada pelo Decreto-lei n. 229, de 28.02.1967.

Art. 709. Compete ao Corregedor, eleito dentre os Ministros togados do Tribunal Superior do Trabalho:

Caput *com redação dada pelo Decreto-lei n. 229, de 28.02.1967.*

A corregedoria é cargo de direção do TST, preenchido mediante eleição, na forma prevista nos arts. 30 a 38 do Regimento Interno do mesmo órgão. Sobre atribuições do Corregedor-Geral da Justiça do Trabalho, veja arts. 45 a 47 do

Regimento Interno do TST. Disposições gerais sobre a corregedoria, veja art. 44 do Regimento Interno do TST. Há também o Regimento Interno da Corregedoria-Geral da Justiça do Trabalho, sistematizado pela Resolução Administrativa n. 1.455/2011 do TST, republicada em cumprimento ao disposto no Ato n. 318/SEGJUD.GP, de 26.06.2017, c/c o art. 5° do Ato n. 6/GCGJT, de 31.05.2017 (editada inicialmente pela Resolução Administrativa n. 75/94 do TST, que teve a redação consolidada pela Resolução Administrativa n. 1.128/2006 e alterada pela Resolução Administrativa n. 1.261/2007, ambas do mesmo órgão), cujo art. 6º indica a extensa competência do Corregedor-Geral da Justiça do Trabalho. Há, ainda, a prerrogativa de a Corregedoria Geral da Justiça do Trabalho convocar Magistrados para auxílio no desempenho de suas atribuições, conforme a Resolução Administrativa n. 1.724/2015 do TST.

I – exercer funções de inspeção e correição permanente com relação aos Tribunais Regionais e seus Presidentes;

Inciso com redação dada pelo Decreto-lei n. 229, de 28.02.1967.

O texto atual do Regimento Interno do TST menciona, no art. 45, que: "A competência do Corregedor-Geral da Justiça do Trabalho será definida no Regimento Interno da Corregedoria-Geral da Justiça do Trabalho". O art. 6º, I, do Regimento Interno da Corregedoria-Geral da Justiça do Trabalho estabelece a competência do Corregedor-Geral para: "I – exercer funções de inspeção permanente ou periódica, ordinária ou extraordinária, geral ou parcial sobre os serviços judiciários de segundo grau da Justiça do Trabalho". Além disso, o art. 6º, X, do mesmo Regimento, impõe ao Corregedor-Geral da Justiça do Trabalho: "apresentar ao Órgão Especial, na última sessão do mês seguinte ao do término de cada ano de sua gestão, relatório circunstanciado das atividades da Corregedoria-Geral durante o ano findo".

II – decidir reclamações contra os atos atentatórios da boa ordem processual praticados pelos Tribunais Regionais e seus Presidentes, quando inexistir recurso específico;

Inciso com redação dada pelo Decreto-lei n. 229, de 28.02.1967.

O art. 45 do Regimento Interno do TST dita que: "A competência do Corregedor-Geral da Justiça do Trabalho será definida no Regimento Interno da Corregedoria-Geral da Justiça do Trabalho". O art. 6º, II, do Regimento Interno da Corregedoria-Geral da Justiça do Trabalho estabelece a competência do Corregedor-Geral para decidir correições parciais contra atos atentatórios da boa ordem processual praticados pelos Tribunais Regionais, seus presidentes e juízes, quando inexistir recurso processual específico. Havia, ainda, o procedimento de reclamação, previsto nos arts. 196 a 200 do Regimento Interno do TST; medida que era destinada à preservação da competência do tribunal ou à garantia da autoridade de suas decisões e julgada pelo Órgão Especial (art. 196, § 3º), porém, o Ato Regimental n. 2/2011 revogou tais artigos. O novo Regimento Interno, editado em 2017, reformulou a reclamação, e esta está novamente prevista nos arts. 210 a 217, porém, não mais compete ao Órgão Especial seu julgamento, mas sim ao órgão colegiado cuja competência se busca preservar ou cuja autoridade se pretende garantir (atual art. 210, § 2º).

III – *(Revogado pela Lei n. 5.442, de 24.05.1968.)*

§ 1º Das decisões proferidas pelo Corregedor, nos casos do artigo, caberá o agravo regimental, para o Tribunal Pleno.

Parágrafo acrescentado pelo Decreto-lei n. 229, de 28.02.1967.

Os arts. 46 e 245, IV, 265 e 266 do Regimento Interno do TST, preveem o cabimento de agravo interno, em substituição ao anterior agravo regimental, a partir da edição de 2017, sendo que este recurso "será concluso ao prolator da decisão monocrática, que, após intimar o agravado para manifestar-se sobre o recurso no prazo de 8 (oito) dias úteis, poderá reconsiderá-lo ou determinar sua inclusão em pauta visando apreciação do Colegiado competente para o julgamento da ação ou do recurso em que exarada a decisão" (art. 266, *caput*, do Regimento Interno do TST), devendo o corregedor-geral relatá-lo, se interposto no período do mandato, indo ao ministro sucessor, se for interposto após o término da investidura (art. 266, § 1º, do Regimento Interno do TST).

§ 2º O Corregedor não integrará as Turmas do Tribunal, mas participará, com voto, das sessões do Tribunal Pleno, quando não se encontrar em correição ou em férias, embora não relate nem revise processos, cabendo-lhe, outrossim, votar em incidente de inconstitucionalidade, nos processos administrativos e nos feitos em que estiver vinculado por visto anterior à sua posse na Corregedoria.

Parágrafo acrescentado pelo Decreto-lei n. 229, de 28.02.1967, e com redação dada pela Lei n. 7.121, de 08.09.1983.

Veja o art. 44 do Regimento Interno do TST, que dispõe: "O Corregedor-Geral da Justiça do Trabalho não concorre à distribuição de processos, participando, quando não estiver ausente em função corregedora, das sessões dos órgãos judicantes da Corte, exceto de Turmas, com direito a voto". Já o art. 3º do Regimento Interno da Corregedoria-Geral da Justiça do Trabalho indica que: "O

Corregedor-Geral, quando não estiver ausente em função corregedora ou impossibilitado pelo exercício dos seus encargos, participará das sessões do Tribunal Pleno, do Órgão Especial, das Seções Especializadas e do Conselho Superior da Justiça do Trabalho, com direito a voto, concorrendo à distribuição dos processos apenas no último Órgão".

CAPÍTULO VI
DOS SERVIÇOS AUXILIARES DA JUSTIÇA DO TRABALHO

A EC n. 24, de 09.12.1999, substituiu a expressão Juntas de Conciliação e Julgamento, como órgãos da Justiça do Trabalho, pelas expressões Juízes do Trabalho e Varas do Trabalho, essas confirmadas posteriormente pela EC n. 45, de 08.12.2004.

Mais que normas de direito material e direito processual, a CLT apresenta, em seu Título VIII, um conjunto de regras que estruturam a própria Justiça do Trabalho. O Capítulo VI, inserto no referido Título, cuidou de disciplinar os serviços auxiliares dessa Justiça especializada, por meio de uma série de normas relativas à organização, às atribuições e às responsabilidades de seus principais órgãos. O Capítulo em apreço inicia pela secretaria da Vara, tratando depois dos distribuidores, do cartório dos juízos de direito investidos da jurisdição trabalhista, das secretarias dos tribunais regionais, dos oficiais de justiça e dos oficiais de justiça avaliadores.

Seção I
Da Secretaria das Juntas de Conciliação e Julgamento

Veja nota deste Capítulo.

Art. 710. Cada Junta terá 1 (uma) secretaria, sob a direção de funcionário que o Presidente designar, para exercer a função de chefe de secretaria, e que receberá, além dos vencimentos correspondentes ao seu padrão, a gratificação de função fixada em lei.

Artigo com redação dada pelo Decreto-lei n. 8.737, de 19.01.1946.

A redação anterior deste artigo, dada pelo Decreto-lei n. 8.737/46, fazia referência à Junta de Conciliação e Julgamento e ao secretário. A EC n. 24/99 extinguiu a representação classista, e as antigas Juntas de Conciliação e Julgamento passaram a ser denominadas Varas do Trabalho. O secretário, por sua vez, passou a chefe de secretaria após a reestruturação de cargos e salário. Com o advento da Lei n. 5.645/70, sua denominação foi alterada para diretor de secretaria.

A Lei n. 409/48 determina que a competência para nomeação do funcionário que ocupará o cargo de diretor de secretaria é do presidente dos TRTs. Da mesma forma, são nomeados e demitidos os demais funcionários das Varas. O diretor de secretaria ocupa cargo em comissão de direção e de assessoramento superior. A Lei n. 6.635/79 criou o cargo de assistente de juiz.

Art. 711. Compete à secretaria das Juntas:
Veja nota deste Capítulo.

O art. 711 apresenta o rol de atribuições da Secretaria da Vara. Esse rol não é taxativo, pois além das atividades discriminadas, outras podem ser determinadas pelo juiz titular, a critério deste, para o perfeito atendimento dos jurisdicionados.

***a)* o recebimento, a autuação, o andamento, a guarda e a conservação dos processos e outros papéis que lhe forem encaminhados;**

A secretaria é responsável pela parte administrativa e burocrática da Vara. Para tal fim, conta com funcionários que ocupam os cargos de analistas judiciários e técnicos judiciários, que ficam subordinados ao diretor de secretaria. O processo judicial eletrônico (PJE), atualmente regulamentado, no âmbito da Justiça do Trabalho, pela Resolução CSJT n. 185/2017, com base nas diretrizes contidas na Lei n. 11.419/2006, redefiniu significativamente as atribuições das secretarias das Varas. Atualmente, por força do art. 10 da citada lei, "A distribuição da petição inicial e a juntada da contestação, dos recursos e das petições em geral, todos em formato digital, nos autos de processo eletrônico, podem ser feitas diretamente por advogados públicos e privados, sem necessidade do cartório ou intervenção da secretaria judicial, situação em que a autuação deverá se dar de forma automática, fornecendo-se recibo eletrônico de protocolo". No processo do trabalho, em que a própria parte tem capacidade postulatória, os atos processuais eletrônicos poderão ser por elas diretamente praticados, independentemente de advogado. Em outros termos, a própria parte passou a realizar parcela razoável do trabalho que antes era executado pelas secretarias judiciais no que tange à autuação dos processos, realizando, ao alimentar o sistema eletrônico, uma série de procedimentos antes confiados a técnicos judiciários, tais como o cadastramento das partes, a especificação da classe da ação, entre outros. Nesse diapasão, a Resolução n. 185/2017 delimitou, à unidade judiciária, o exercício apenas da conferência dos dados da autuação automática (art. 19, § 3º), à exceção das peças processuais e documentos apresentados em papel por partes desassistidas de advogados, em que a secretaria judicial deverá proceder à sua digitalização e juntada (art. 4º). Com isso, houve uma inegável desburocratização das rotinas das secretarias das Varas em relação aos processos autuados após a implementação do PJE. Quanto àqueles anteriores à informatização, a Resolução n. 185/2017 prevê, entre seus arts. 52 e 56, o procedimento necessário à migração dos Sistemas Legados de cada TRT (o que inclui processos físicos) ao PJE. Contudo, remanescem, ainda, em alguns tribunais um acervo de autos físicos. Em relação a esses processos, as atribuições dos servidores das Varas do Trabalho pouco mudaram.

***b)* a manutenção do protocolo de entrada e saída dos processos e demais papéis;**

A Justiça do Trabalho modernizou-se para o melhor atendimento das necessidades de seus jurisdicionados. Por essa razão, as secretarias das Varas estão informatizadas. O controle de protocolo de entrada e saída de processos e demais papéis, efetuado atualmente por meio do sistema de computação (e não mais pelo arcaico sistema de livros) restringe-se aos autos físicos e, em breve, também cairá em desuso ante o avanço do processo judicial eletrônico

***c)* o registro das decisões;**

Por meio do sistema informatizado, são registrados o andamento do processo e seus principais atos. Esse sistema facilita o acompanhamento dos atos processuais pelos interessados.

***d)* a informação, às partes interessadas e seus procuradores, do andamento dos respectivos processos, cuja consulta lhes facilitará;**

As Varas do Trabalho contam com um servidor que exerce o cargo de auxiliar de expediente – atendente de balcão –, encarregado de fornecer os processos aos interessados para consulta, bem como lhes prestar as informações necessárias. Nas secretarias informatizadas, as partes e seus procuradores podem consultar os terminais e, por meio deles, tomar ciência do andamento dos processos.

***e)* a abertura de vista dos processos às partes, na própria secretaria;**

O diretor de secretaria ou o auxiliar de expediente pode proceder à abertura de vistas dos processos físicos às partes, para manifestação, na própria secretaria. Assim, não há necessidade de retirada, em carga, do processo para peticionar. Tal procedimento tem caído em desuso em razão do avanço do PJE.

***f)* a contagem das custas devidas pelas partes, nos respectivos processos;**

A secretaria da Vara deve efetuar os cálculos das custas devidas, sempre que isso for solicitado pelas partes. A CLT, em seus arts. 789 a 790-B, com a redação dada pelas Leis ns. 10.537/2002 e 13.467/2017, trata das despesas processuais no processo de conhecimento, de execução e cautelar.

g) o fornecimento de certidões sobre o que constar dos livros ou do arquivamento da secretaria;

As secretarias das Varas são obrigadas a fornecer certidões quando requeridas pelas partes ou por procuradores. Na atualidade, os dados são obtidos, geralmente, por meio do sistema informatizado.

h) a realização das penhoras e demais diligências processuais;

Cabe à secretaria da Vara a expedição de mandados de penhora, que serão cumpridos pelo oficial de justiça avaliador. Em alguns grandes centros, como São Paulo, foram criadas as centrais de mandados, que são responsáveis pela distribuição, pelo controle e pela fiscalização do cumprimento dos mandados. As centrais de mandados ficam sob a direção de um servidor, que desempenha a função de coordenador, e de um juiz substituto.

i) o desempenho dos demais trabalhos que lhe forem cometidos pelo Presidente da Junta, para melhor execução dos serviços que lhe estão afetos.

Veja nota deste Capítulo.

O trabalho da secretaria da Vara é vasto e complexo; por essa razão, o diretor de secretaria delega atribuições aos servidores que o auxiliam. A Lei n. 11.416/2006 disciplina a carreira dos servidores do Poder Judiciário Federal. Ao juiz titular, ou ao juiz que estiver lhe substituindo, cabe a orientação e a supervisão dos trabalhos.

Art. 712. Compete especialmente aos chefes de secretaria das Juntas de Conciliação e Julgamento:

Caput *com redação dada pelo Decreto-lei n. 8.737, de 19.01.1946.*

Veja nota deste Capítulo.

Este dispositivo disciplina as atribuições do atual diretor de secretaria da Vara do Trabalho.

a) superintender os trabalhos da secretaria, velando pela boa ordem do serviço;

Alínea com redação dada pelo Decreto-lei n. 8.737, de 19.01.1946.

O diretor de secretaria da Vara é responsável por todos os serviços inerentes à secretaria, cabendo-lhe fiscalizar os demais servidores no desempenho de suas funções para que seja realizada a movimentação processual e sejam atendidas as necessidades e os interesses dos jurisdicionados.

***b)* cumprir e fazer cumprir as ordens emanadas do Presidente e das autoridades superiores;**

Alínea com redação dada pelo Decreto-lei n. 8.737, de 19.01.1946.

O diretor de secretaria cumpre ordens do juiz titular quanto à movimentação dos processos, bem como cumpre ordens de caráter administrativo com relação aos servidores, além das advindas dos tribunais superiores.

***c)* submeter a despacho e assinatura do Presidente o expediente e os papéis que devam ser por ele despachados e assinados;**

Alínea com redação dada pelo Decreto-lei n. 8.737, de 19.01.1946.

O diretor de secretaria deve providenciar a juntada das petições aos autos e submetê-las a despacho e assinatura do juiz que preside a Vara. Da mesma forma deve proceder com os demais documentos a serem assinados pelo juiz. De acordo com o art. 152, VI, do CPC/2015, os atos meramente ordinatórios podem ser praticados pelo diretor sem necessidade de submissão ao juiz, devendo este, contudo, editar ato destinado a regulamentar tal atribuição (§ 1º do art. 152 do CPC/2015).

***d)* abrir a correspondência oficial dirigida à Junta e ao seu Presidente, a cuja deliberação será submetida;**

Alínea com redação dada pelo Decreto-lei n. 8.737, de 19.01.1946.

Veja nota deste Capítulo.

Entre os deveres burocráticos do diretor de secretaria está o dever de abrir as correspondências dirigidas à Vara e, quando for necessário, submetê-las à apreciação do juiz.

***e)* tomar por termo as reclamações verbais nos casos de dissídios individuais;**

Alínea com redação dada pelo Decreto-lei n. 8.737, de 19.01.1946.

Nos grandes centros urbanos, existe um setor encarregado de tomar a termo as reclamações verbais e, por essa razão, essa atividade não é exercida pelo diretor de secretaria. Ressalte-se, todavia, que tal prática é cada vez menos usual, pois a regra tem sido a reclamação escrita e elaborada por advogado. As reclamações verbais são admitidas somente nos dissídios individuais comuns, ou seja, naqueles movidos pelo empregado em face do empregador. No inquérito para apuração de falta grave do empregado estável, a reclamação deverá ser apresentada pelo empregador por escrito (art. 853 da CLT). Nos dissídios coletivos, a instância será instaurada mediante representação escrita ao presidente do tribunal (art. 856 da CLT). Da mesma forma, não se admite reclamação verbal nos embargos de terceiros e na ação civil pública.

***f)* promover o rápido andamento dos processos, especialmente na fase de execução, e a pronta realização dos atos e diligências deprecadas pelas autoridades superiores;**

Alínea com redação dada pelo Decreto-lei n. 8.737, de 19.01.1946.

Tal regra é a expressão ou a síntese de três princípios gerais do processo: impulso oficial, celeridade processual e efetividade da jurisdição. Todos os órgãos do Poder Judiciário, não apenas o juiz, têm o dever de observar tais princípios para o cumprimento da prestação jurisdicional. Assim, acomete-se ao diretor de secretaria a incumbência de velar pelo rápido andamento dos processos – celeridade e impulso oficial – com o intuito de garantir às partes a efetiva satisfação de seus interesses – efetividade da jurisdição.

***g)* secretariar as audiências da Junta, lavrando as respectivas atas;**

Alínea com redação dada pelo Decreto-lei n. 8.737, de 19.01.1946.

Veja nota deste Capítulo.

O diretor de secretaria delega essa função a um servidor, que é denominado secretário de audiência e de gabinete. Atualmente, o servidor que é designado para esse mister recebe gratificação de função.

***h)* subscrever as certidões e os termos processuais;**

Alínea com redação dada pelo Decreto-lei n. 8.737, de 19.01.1946.

Como responsável pela secretaria, o diretor deve assinar as certidões e os termos processuais, a fim de outorgar autenticidade aos atos praticados.

***i)* dar aos litigantes ciência das reclamações e demais atos processuais de que devam ter conhecimento, assinando as respectivas notificações;**

Alínea com redação dada pelo Decreto-lei n. 8.737, de 19.01.1946.

Esta disposição legal atende aos princípios do contraditório, da ampla defesa e da publicidade dos atos processuais. Na prática, as notificações são assinadas e expedidas pelo servidor que recebeu delegação do diretor de secretaria para tal.

j) executar os demais trabalhos que lhe forem atribuídos pelo Presidente da Junta.

Alínea com redação dada pelo Decreto-lei n. 8.737, de 19.01.1946.

Veja nota deste Capítulo.

Além das atribuições descritas neste dispositivo, compete ao diretor de secretaria executar todos os trabalhos determinados pelo juiz, para o bom atendimento dos interesses dos jurisdicionados.

Parágrafo único. Os serventuários que, sem motivo justificado, não realizarem os atos, dentro dos prazos fixados, serão descontados em seus vencimentos, em tantos dias quantos os do excesso.

Parágrafo acrescentado pelo Decreto-lei n. 8.737, de 19.01.1946.

O artigo sob comento e suas alíneas tratam das atribuições do diretor de secretaria. Portanto, parece que este parágrafo está deslocado, pois comina multa aos servidores por descumprimento dos prazos; o certo seria prever a penalidade somente ao diretor de secretaria.

Seção II
Dos Distribuidores

Art. 713. Nas localidades em que existir mais de uma Junta de Conciliação e Julgamento haverá um distribuidor.

Veja nota deste Capítulo.

O distribuidor é necessário nos locais em que houver mais de uma Vara para que se efetue a distribuição equânime dos serviços e para que seja preservado o princípio do juiz natural, por meio do qual se evita que as partes escolham o juiz que apreciará a sua causa.

Com o advento do processo judicial eletrônico (PJE), a figura de um servidor responsável pelo serviço de distribuição em breve desaparecerá. Com efeito, vaticina o art. 1º da Resolução CSJT n. 185/2017 que "A tramitação do processo judicial no âmbito da Justiça do Trabalho, a prática eletrônica de atos processuais, nos termos da Lei n. 11.419/2006 e arts. 193 a 199 do CPC serão realizadas exclusivamente por intermédio do Sistema Processo Judicial Eletrônico (PJe) instalado na Justiça do Trabalho". Nesse mesmo sentido, estabelece o art. 21 da mencionada resolução que "a distribuição de ação, inclusive incidental, será unicamente por meio eletrônico, mesmo na hipótese de ações cautelares, tutelas de urgência e embargos de terceiros, quando ajuizados em processos que tramitam em meio físico". Em complemento, estabelece o § 2º do art. 19 da mesma resolução que "o PJE fornecerá, por ocasião da ação, o número atribuído ao processo, o Órgão Julgador para o qual foi distribuída e, se for o caso, o local, a data e horário de realização da audiência, da qual estará a parte autora imediatamente intimada". Já o art. 20 da citada resolução prevê a existência de outras funcionalidades no sistema que indiquem a ocorrência de possível prevenção, bem como de litispendência e coisa julgada". Em outros termos, após a implementação do PJE, a distribuição convencional, realizada por um servidor judiciário, tornou-se praticamente extinta.

Art. 714. Compete ao distribuidor:

Este dispositivo fixa as atribuições do distribuidor.

***a)* a distribuição, pela ordem rigorosa de entrada, e sucessivamente a cada Junta, dos feitos que, para esse fim, lhe forem apresentados pelos interessados;**

Veja nota deste Capítulo.

O distribuidor procedia à distribuição dos feitos de forma alternada para cada Vara do Trabalho. Em algumas regiões, fora adotado o sistema de sorteio, que era realizado diariamente na presença de um juiz substituto. Esse critério evitava que a parte escolhesse a Vara e o juiz para a apreciação do feito, visto que coibia a possibilidade de o interessado permanecer na fila e contar o número de pessoas à sua frente ou, ao distribuir várias reclamações, escolhesse a Vara que apreciaria uma determinada ação.

Como comentado no artigo anterior, contudo, a implantação do processo judicial eletrônico (PJE) reduziu drasticamente as atribuições do distribuidor, já que a distribuição dos feitos passou a ser feita eletronicamente, e, em breve, tal figura certamente deixará de existir.

***b)* o fornecimento, aos interessados, do recibo correspondente a cada feito distribuído;**

Atualmente, em decorrência da adoção do processo judicial eletrônico, o sistema informatizado emite automaticamente um recibo de protocolo, disponível permanentemente para guarda do peticionante (art. 10 da Lei n. 11.419/2006).

c) a manutenção de 2 (dois) fichários dos feitos distribuídos, sendo um organizado pelos nomes dos reclamantes e o outro dos reclamados, ambos por ordem alfabética;

Os fichários eram necessários para o controle do número de ações ajuizadas e a verificação da existência de mais de uma ação interposta pelo mesmo empregado em face do mesmo empregador. Os dados eram também utilizados para o fornecimento de certidões, quando solicitadas. Atualmente, sobretudo, após o advento do processo judicial eletrônico, o obsoleto sistema de fichários está totalmente superado, o que torna este dispositivo legal sem nenhum efeito prático.

d) o fornecimento a qualquer pessoa que o solicite, verbalmente ou por certidão, de informações sobre os feitos distribuídos;

Em que pese a previsão de que serão fornecidas a qualquer pessoa as informações sobre os feitos distribuídos, essa regra sofre algumas limitações. Há necessidade de que a pessoa a qual pretende obter as informações demonstre seu interesse jurídico, como estabelece o art. 189, §§ 1º e 2º, do CPC/2015. Outra limitação diz respeito aos feitos que correm em segredo de justiça. Nesse caso, a certidão ou a informação somente será fornecida com autorização do juiz da causa. Atualmente, na maioria dos Tribunais Regionais do Trabalho, esta certidão é conferida eletronicamente.

e) a baixa na distribuição dos feitos, quando isto lhe for determinado pelos Presidentes das Juntas, formando, com as fichas correspondentes, fichários à parte, cujos dados poderão ser consultados pelos interessados, mas não serão mencionados em certidões.

Veja nota deste Capítulo.

Ao fim do processo, o distribuidor procedia à respectiva baixa, quando isso lhe era determinado pelo juiz da Vara. No entanto, mantinha os dados nos fichários, possibilitando a consulta dos interessados.

Em razão da informatização, esses procedimentos são executados, nos dias de hoje, por meio de sistema de computação, não sendo necessária a determinação do juiz.

Art. 715. Os distribuidores são designados pelo Presidente do Tribunal Regional, dentre os funcionários das Juntas e do Tribunal Regional, existentes na mesma localidade, e ao mesmo Presidente diretamente subordinados.

Veja nota deste Capítulo.

O cargo de distribuidor é exercido por servidor pertencente ao quadro funcional das Varas ou do tribunal, sendo designado pelo presidente do tribunal regional, a quem fica subordinado. Contudo, como já destacado nos comentários dos arts. 713 e 714, *a*, o processo judicial eletrônico tornou a figura do distribuidor praticamente dispensável (hoje sua existência somente se justificaria em razão da distribuição de incidentes de processos que ainda tramitam por meio físico), o que certamente conduzirá, em um futuro próximo, à sua extinção.

Seção III
Do Cartório dos Juízos de Direito

Art. 716. Os cartórios dos Juízos de Direito, investidos na administração da Justiça do Trabalho, têm, para esse fim, as mesmas atribuições e obrigações conferidas na Seção I às secretarias das Juntas de Conciliação e Julgamento.

Veja nota deste Capítulo.

Nas localidades em que não há Vara do Trabalho, a jurisdição trabalhista é exercida pelo juiz de Direito, auxiliado pelo seu respectivo cartório. Nesse caso, os cartórios têm as mesmas atribuições conferidas às secretarias das Varas, e os escrivães executam os serviços inerentes ao diretor de secretaria (arts. 710 a 712 da CLT).

Parágrafo único. Nos Juízos em que houver mais de um cartório, far-se-á entre eles a distribuição alternada e sucessiva das reclamações.

Esta regra atende ao princípio da paridade, a fim de evitar o excesso de serviço para um juiz, bem como para o cartório. A distribuição fixa a competência, que também pode ser fixada de acordo com a divisão judiciária local (art. 669, §§ 1º e 2º, da CLT).

Art. 717. Aos escrivães dos Juízos de Direito, investidos na administração da Justiça do Trabalho, competem especialmente as atribuições e obrigações dos chefes de secretaria das Juntas; e aos demais funcionários dos cartórios, as que couberem nas respectivas funções, dentre as que competem às secretarias das Juntas, enumeradas no art. 711.

Veja nota deste Capítulo.

Aos escrivães e aos demais funcionários dos cartórios dos juízos de direito, quando investidos na jurisdição trabalhista, cabem as mesmas atribuições que são desenvolvidas pelo diretor de secretaria e pelos demais funcionários das Varas do Trabalho, devendo ser observadas, integralmente, as disposições da CLT quanto a essa matéria.

Seção IV
Das Secretarias dos Tribunais Regionais

Art. 718. Cada Tribunal Regional tem 1 (uma) secretaria, sob a direção do funcionário designado para exercer a função de secretário, com a gratificação de função fixada em lei.

Artigo com redação dada pelo Decreto-lei n. 8.737, de 19.01.1946.

A redação deste artigo foi dada pelo Decreto-lei n. 8.737/46, combinado com o Decreto-lei n. 9.797/46. Atualmente, o secretário é denominado diretor-geral e exerce cargo em comissão, como ocorre com o diretor de secretaria da Vara. As demais secretarias dos tribunais regionais são chefiadas pelo diretor de secretaria.

Nos tribunais regionais, há a secretaria da presidência, da vice-presidência, das turmas, e, em algumas regiões, há o diretor do Tribunal Pleno e das seções especializadas. Os tribunais regionais têm funcionários que exercem os cargos de analista, técnico e auxiliar judiciários, além de outros cargos, como é estabelecido na Lei n. 11.416/2006, que disciplina a carreira dos servidores do Poder Judiciário Federal.

Art. 719. Competem à secretaria dos Tribunais, além das atribuições estabelecidas no art. 711, para a secretaria das Juntas, mais as seguintes:

Veja nota deste Capítulo.

Às secretarias do tribunal cabem as mesmas atribuições e responsabilidades que são conferidas às secretarias das Varas, como é previsto no art. 711 da CLT, além das atribuições estabelecidas no regimento interno.

***a)* a conclusão dos processos ao Presidente e sua remessa, depois de despachados, aos respectivos relatores;**

A exemplo do que ocorre nas secretarias das Varas, nas secretarias dos tribunais os processos também são submetidos à apreciação do presidente para despachos e, após, são enviados ao relator para julgamento.

***b)* a organização e a manutenção de um fichário de jurisprudência do Tribunal, para consulta dos interessados.**

Nos grandes centros, os tribunais contam com um setor de jurisprudência, que é muito útil para os interessados e para os juízes, pois fornece subsídio interpretativo para os julgamentos.

Parágrafo único. No regimento interno dos Tribunais Regionais serão estabelecidas as demais atribuições, o funcionamento e a ordem dos trabalhos de suas secretarias.

Além das atribuições constantes do estatuto celetista, o regimento interno pode estabelecer outras, com a finalidade de organizar e facilitar os trabalhos das secretarias.

Art. 720. Competem aos secretários dos Tribunais Regionais as mesmas atribuições conferidas no art. 712 aos chefes de secretaria das Juntas, além das que lhes forem fixadas no regimento interno dos Tribunais.

Artigo com redação ajustada nos termos da Lei n. 409, de 25.09.1948.
Veja nota deste Capítulo.

Aos diretores de secretaria dos tribunais, são conferidas as mesmas atribuições do diretor de secretaria das Varas, mas, caso a organização e o funcionamento dos tribunais sejam mais complexos, aos diretores de secretaria cabem, ainda, as atribuições estabelecidas no regimento interno.

Seção V
Dos Oficiais de Justiça

Art. 721. Incumbe aos Oficiais de Justiça e Oficiais de Justiça Avaliadores da Justiça do Trabalho a realização dos atos decorrentes da execução dos julgados das Juntas de Conciliação e Julgamento e dos Tribunais Regionais do Trabalho, que lhes forem cometidos pelos respectivos Presidentes.

Caput *com redação dada pela Lei n. 5.442, de 24.05.1968.*
Veja nota deste Capítulo.

A nomenclatura *oficial de justiça* corresponde à nomenclatura do servidor na Justiça comum. Na Justiça do Trabalho, a denominação é *oficial de justiça avaliador*. As atribuições do oficial de justiça avaliador, na Justiça especializada, são mais restritas, pois estes atuam basicamente na execução. As notificações, citações e intimações são efetuadas via postal. Somente em casos especiais pode o oficial de justiça notificar ou intimar as partes e as testemunhas. Além dessas atribuições, pode o oficial de justiça atuar na condução coercitiva de testemunhas, bem como realizar constatações, quando for determinado pelo juiz da Vara. É na execução da sentença, contudo, que o oficial de justiça atua em sua plenitude. A ele cabe citar, penhorar e avaliar os bens para a satisfação dos direitos do credor.

---

§ 1º Para efeito de distribuição dos referidos atos, cada Oficial de Justiça ou Oficial de Justiça Avaliador funcionará perante uma Junta de Conciliação e Julgamento, salvo quando da existência, nos Tribunais Regionais do Trabalho, de órgão específico, destinado à distribuição de mandados judiciais.

Parágrafo com redação dada pela Lei n. 5.442, de 24.05.1968.
Veja nota deste Capítulo.

Os oficiais de justiça avaliadores são lotados nas Varas. Em algumas regiões, existe um setor específico para a distribuição e para o controle de mandados, as chamadas centrais de mandados. Em tais hipóteses, é designado um funcionário para coordenar os trabalhos, os quais passam ainda pela supervisão de um juiz substituto. Os tribunais regionais não têm oficiais de justiça. Nas oportunidades em que se torna necessária a execução de decisão dos tribunais, os oficiais de justiça são requisitados nas Varas para cumpri-la.

---

§ 2º Nas localidades onde houver mais de uma Junta, respeitado o disposto no parágrafo anterior, a atribuição para o cumprimento do ato deprecado ao Oficial de Justiça ou Oficial de Justiça Avaliador será transferida a outro Oficial, sempre que, após o decurso de 9 (nove) dias, sem razões que o justifiquem, não tiver sido cumprido o ato, sujeitando-se o serventuário às penalidades da lei.

Parágrafo com redação dada pela Lei n. 5.442, de 24.05.1968.
Veja nota deste Capítulo.

Ao ser distribuído o mandado, o oficial de justiça – naquelas localidades em que a jurisdição trabalhista é exercida pela Justiça comum – ou o oficial de justiça avaliador terá o prazo de nove dias para cumpri-lo. No caso de retardamento injustificado do cumprimento da ordem, o oficial de justiça será substituído por outro, e o infrator sofrerá a pena de suspensão e até demissão no caso de reincidência. O prazo de nove dias estabelecido no presente parágrafo enquadra-se na modalidade de prazo impróprio, isto é, aquele que não dá ensejo à preclusão, mas cujo cumprimento, como já foi ressaltado, pode ser objeto de fiscalização judicial, de modo a sujeitar o serventuário faltoso a sanções administrativas.

§ 3º No caso de avaliação, terá o Oficial de Justiça Avaliador, para cumprimento do ato, o prazo previsto no art. 888.

Parágrafo com redação dada pela Lei n. 5.442, de 24.05.1968.

A exemplo do prazo previsto no dispositivo anterior, os dez dias, contados da penhora, para que se proceda a avaliação do bem (art. 888) é espécie de prazo impróprio. Na prática, entretanto, a avaliação do bem já é feita pelo oficial de justiça avaliador concomitantemente ao ato de penhora.

§ 4º É facultado aos Presidentes dos Tribunais Regionais do Trabalho cometer a qualquer Oficial de Justiça ou Oficial de Justiça Avaliador a realização dos atos de execução das decisões desses Tribunais.

Parágrafo com redação dada pela Lei n. 5.442, de 24.05.1968.

Em rigor, as decisões proferidas na Justiça do Trabalho são executadas no primeiro grau. Contudo, nas hipóteses de ações de competência originária dos tribunais, poderão ocorrer situações que ensejem a execução das decisões neles proferidas. Nesses casos, a execução poderá ser promovida por qualquer interessado ou *ex officio* (art. 878, *caput*, da CLT), bem como pelo Ministério Público do Trabalho (art. 878, parágrafo único, da CLT). A competência, por sua vez, será do presidente do tribunal. São justamente de tais hipóteses que cuida o parágrafo em apreço. Como nos tribunais não existe quadro próprio de oficiais de justiça, poderão cometer a qualquer oficial vinculado às Varas ou à Central de Mandados a realização dos atos de execução. Ressalte-se, por derradeiro, que, no dispositivo em epígrafe, acabou sendo expresso menos do que se deveria. Isso porque o TST – e não somente os tribunais regionais – poderá promover a execução de suas decisões e, assim, valer-se da realização de atos pelos oficiais de justiça.

§ 5º Na falta ou impedimento do Oficial de Justiça ou Oficial de Justiça Avaliador, o Presidente da Junta poderá atribuir a realização do ato a qualquer serventuário.

Parágrafo acrescentado pelo Decreto-lei n. 8.737, de 19.01.1946, e com redação dada pela Lei n. 5.442, de 24.05.1968.

Veja nota deste Capítulo.

A regra em comento consagra a possibilidade de nomeação de qualquer funcionário da Vara como oficial de justiça *ad hoc* para a prática de quaisquer atos inerentes à função de oficial.

CAPÍTULO VII
DAS PENALIDADES

A EC n. 24, de 09.12.1999, substituiu a expressão Juntas de Conciliação e Julgamento, como órgãos da Justiça do Trabalho, pelas expressões Juízes do Trabalho e Varas do Trabalho, essas confirmadas posteriormente pela EC n. 45, de 08.12.2004.

De forma ampla e pouco sistemática, a CLT arrola, neste Capítulo, uma série de penalidades decorrentes de infrações das mais variadas espécies. A aplicação dessas penas ora se destina aos sujeitos da relação de emprego, ora aos membros da Justiça do Trabalho ou a pessoas que devam colaborar com o seu bom funcionamento. Em face dessa heterogeneidade, a natureza das penalidades também se apresenta de forma bem diversa. Em alguns casos, a pena revela-se de natureza administrativa, em outros, de natureza processual e com caráter de coerção (*v. g.*, art. 729 da CLT).

Seção I
Do "Lock-out" e da Greve

Entende-se por *lock-out* – locaute – a paralisação dos trabalhos por iniciativa de empregador ou de grupo de empregadores com o intuito de exercer certa pressão aos trabalhadores e, assim, frustrar-lhes a negociação coletiva ou dificultar-lhes o atendimento de reivindicações. Constitui-se na antítese da greve e apresenta como características a suspensão provisória da prestação de serviços pelo fechamento da empresa e o não pagamento de salários. A CF/37 vedou expressamente tal prática, considerando-a, ao lado da greve, como um recurso antissocial, nocivo ao trabalho e ao capital, bem como incompatível com os superiores interesses da produção nacional (art. 139, *in fine*). As Constituições que a sucederam foram silentes quanto ao tratamento do locaute, porém, a atual lei de greve (Lei n. 7.783/89) considera-o como ato ilícito em seu art. 17 e assegura aos empregados a percepção dos salários durante a paralisação.

A greve, por sua vez, é a suspensão coletiva, temporária e pacífica, total ou parcial, da prestação de serviços a empregador (art. 2º da Lei n. 7.783/89). É promovida pelos trabalhadores como mecanismo de pressão para o atendimento de suas reivindicações. Atualmente, a greve é um direito fundamental consagrado pela CF/88 em seu art. 9º, inserto no Título II, "Dos Direitos e Garantias Fundamentais". Mas, juridicamente, nem sempre foi assim considerada. No início era considerada como mero fato social e não gozava de qualquer proteção jurídica. Em 1890, o CP brasileiro, por meio do Decreto n. 847/1890, proibiu-a. Porém, o Decreto n. 1.162/1890 passou a punir apenas a violência no exercício da greve. A Constituição de 1937 considerou-a, novamente, como ato ilícito (art. 139, *in fine*). A Lei Maior de 1946, pela primeira vez, consagrou a greve como um direito dos trabalhadores, protegido pela ordem jurídica. Já a CF/67, de forma retrógrada, proibiu a greve nos serviços públicos e nas atividades essenciais.

A titularidade do direito de greve é dos próprios trabalhadores. Contudo, a legitimidade para a sua instauração é cometida ao sindicato representativo da categoria ou, supletivamente, a uma comissão de negociação (art. 4º, *caput* e § 2º, da Lei n. 7.783/89). A já mencionada Lei n. 7.783/89 apresenta outras regras e limitações ao direito de greve no setor privado e regula, inclusive, a paralisação dos serviços considerados essenciais à coletividade.

Por fim, cumpre destacar que o art. 37, VII, da CF/88, garante aos servidores públicos civis o exercício do direito de greve nos termos e nos limites definidos em lei específica. Como tal lei ainda não foi elaborada, muitos – inclusive o STF – sustentavam que não seria lícita a paralisação dos serviços no setor público enquanto não adviesse a referida lei. Entretanto, essa posição jamais poderia prevalecer diante do tratamento despendido pela CF/88 à greve. De fato, como já se ressaltou anteriormente, a greve foi consagrada como um direito fundamental dos trabalhadores e, assim, pode ser exercida de forma imediata em face do disposto no art. 5º, § 1º, da própria Constituição. Nesse mister, é importante esclarecer, ainda, que as normas definidoras de direitos e de garantias fundamentais são sempre de eficácia plena ou contida, jamais de eficácia limitada. Dessa forma, mesmo se não existir a lei específica de que trata o art. 37, VII, da CF/88, poderão os servidores, licitamente, exercer seu direito de greve, que é limitado, enquanto não sobrevier a citada lei, pelo princípio da razoabilidade e pelas demais regras que compõem o ordenamento jurídico. Nesse sentido, caminhou, em franca evolução, a jurisprudência do STF, consolidando-se no entendimento esposado no julgamento do Mandado de Injunção n. 708, realizado em 25.10.2007. Em referida oportunidade, decidiu a Suprema Corte que, enquanto permanecer a omissão legislativa sobre o tema, aplicar-se-á o disposto na Lei n. 7.783/89, podendo o Judiciário impor, em determinados casos, a aplicação do regime deferido às atividades essenciais.

Art. 722. Os empregadores que, individual ou coletivamente, suspenderem os trabalhos dos seus estabelecimentos, sem prévia autorização do Tribunal competente, ou que violarem, ou se recusarem a cumprir decisão proferida em dissídio coletivo, incorrerão nas seguintes penalidades:

Da forma como está redigido o artigo em comento, tem-se a impressão de que, se houver autorização prévia do tribunal competente, poderá o empregador praticar validamente o locaute. No entanto, não é essa a melhor interpretação a ser dada ao dispositivo. Com efeito, o art. 17 da Lei n. 7.783/89 considerou o locaute como um ato ilícito, proibido em qualquer situação. Assim, não há que se cogitar na possibilidade de sua autorização judicial. As penas arroladas nas alíneas subsequentes impõem-se não só aos empregadores que praticarem o locaute, mas também àqueles que descumprirem o que for estabelecido em sentença normativa.

***a)* multa de cinco mil cruzeiros a cinquenta mil cruzeiros;**

A multa em questão tem natureza administrativa e, por isso, não reverte ao trabalhador. Deve ser aplicada pelo juiz ou pelo tribunal competente, segundo o art. 903 da CLT (veja comentário a esse artigo). A multa referida na alínea foi triplicada pelo disposto no art. 2º da Lei n. 7.855/89. O sistema de valor de referência regional, por sua vez, corresponde, hoje, à Ufir, instituída pela Lei n. 8.383/91, como medida de valor de tributos e de multas e penalidades de qualquer natureza. Atualmente, as disposições relativas à Ufir estão contidas no art. 6º da Lei n. 10.192/2001.

***b)* perda do cargo de representação profissional em cujo desempenho estiverem;**

A utilização da expressão "representação profissional" na alínea em epígrafe não foi muito feliz, pois, normalmente, é usada para indicar representação de trabalhadores, não de empregadores. De qualquer modo, o empregador que cometer uma das atitudes previstas no *caput*, estará sujeito à penalidade prevista, competindo ao juiz ou tribunal aplicá-la (art. 903 da CLT).

***c)* suspensão, pelo prazo de 2 (dois) a 5 (cinco) anos, do direito de serem eleitos para cargos de representação profissional.**

A mesma crítica feita à redação da alínea anterior deve ser observada para a presente alínea. Ressalte-se apenas que a fixação do prazo de suspensão dentro dos limites previstos no dispositivo é exemplo de exercício de poder discricionário pelo juiz ou pelo tribunal.

§ 1º Se o empregador for pessoa jurídica, as penas previstas nas alíneas *b* e *c* incidirão sobre os administradores responsáveis.

O cargo de representação dos empregadores – que ocorre, por exemplo, no âmbito do sindicato de determinada categoria econômica ou no Conselho Curador do FGTS (art. 3º da Lei n. 8.036/90) – só pode ser exercido por uma pessoa física. Assim, de forma lógica, a aplicação das penalidades previstas nas alíneas *b* e *c* também somente poderão referir-se a pessoas naturais, no caso, aos administradores responsáveis pela representação das pessoas jurídicas empregadoras.

§ 2º Se o empregador for concessionário de serviço público, as penas serão aplicadas em dobro. Nesse caso, se o concessionário for pessoa jurídica, o Presidente do Tribunal que houver proferido a decisão poderá, sem prejuízo do cumprimento desta e da aplicação das penalidades cabíveis, ordenar o afastamento dos administradores responsáveis, sob pena de ser cassada a concessão.

Os princípios do direito administrativo da moralidade, da legalidade estrita e da continuidade do serviço público embasam o tratamento mais rigoroso estabelecido no prescritivo em tela.

§ 3º Sem prejuízo das sanções cominadas neste artigo, os empregadores ficarão obrigados a pagar os salários devidos aos seus empregados, durante o tempo de suspensão do trabalho.

A norma em apreço também é reproduzida pelo art. 17, parágrafo único, da Lei n. 7.783/89. Por ser um ato ilegal, a prática do locaute gera aos trabalhadores o direito de percepção dos salários, mesmo se não houver a prestação de serviços. Sobreleva notar, ainda, que, independente das sanções previstas neste artigo, poderá o empregado promover a rescisão indireta do contrato de trabalho, com fulcro no art. 483, *d*, da CLT, uma vez que ofertar os serviços também se constitui como uma das obrigações principais do empregador no contrato de trabalho.

Arts. 723 a 725. ***(Revogados pela Lei n. 9.842, de 07.10.1999.)***

Seção II
Das Penalidades contra os Membros da Justiça do Trabalho

Veja arts. 111 a 116 da CF, sobre a extinção dos juízes classistas na Justiça do Trabalho (Anexo I da CLT).

Art. 726. Aquele que recusar o exercício da função de Juiz classista de Junta de Conciliação e Julgamento ou de Juiz representante classista de Tribunal Regional, sem motivo justificado, incorrerá nas seguintes penas:

Veja nota deste Capítulo.

Veja nota desta Seção.

Com a CF/88, os vogais passaram a ser denominados "juízes classistas", mesmo quando atuavam nos órgãos de primeira instância – Juntas de Conciliação e Julgamento. Com o advento da EC n. 24/99, foi extinta a representação classista na Justiça do Trabalho. Tal extinção não ocorreu, contudo, de maneira imediata, já que os juízes classistas que tiveram o seu mandato iniciado antes da vigência da emenda puderam permanecer até o final do mandato. Embora não tenha havido revogação expressa, após a EC n. 24/99 passou a não existir mais a possibilidade de nomeação de juízes classistas, o que tornou o presente artigo totalmente desprovido de eficácia. Infere-se, dessa forma, que a norma em tela esteja tacitamente derrogada.

***a)* sendo representante de empregadores, multa de Cr$ 100,00 (cem cruzeiros) a Cr$ 1.000,00 (mil cruzeiros) e suspensão do direito de representação profissional por dois a cinco anos;**

A multa prevista na alínea, de caráter administrativo, hoje não mais se aplica ante a ineficácia da norma, após o advento da EC n. 24/99.

***b)* sendo representante de empregados, multa de Cr$ 100,00 (cem cruzeiros) e suspensão do direito de representação profissional por dois a cinco anos.**

Os mesmos comentários feitos à alínea anterior aplicam-se ao dispositivo em epígrafe.

Art. 727. Os Juízes classistas das Juntas de Conciliação e Julgamento, ou Juízes representantes classistas dos Tribunais Regionais, que faltarem a 3 (três) reuniões ou sessões consecutivas, sem motivo justificado, perderão o cargo, além de incorrerem nas penas do artigo anterior.

Veja as notas deste Capítulo e desta Seção.

Mesmo depois da entrada em vigor da EC n. 24/99, o artigo *in casu* continuou a ser aplicado aos juízes classistas que permaneciam no exercício de seus mandatos. Atualmente, porém, todos os mandatos classistas já se exauriram, de modo que a regra em epígrafe perdeu por completo a sua eficácia.

Parágrafo único. Se a falta for de presidente, incorrerá ele na pena de perda do cargo, além da perda dos vencimentos correspondentes aos dias em que tiver faltado às audiências ou sessões consecutivas.

O termo "presidente" refere-se ao juiz togado, de carreira ou ao nomeado pelo quinto constitucional do Ministério Público e da OAB – no caso dos tribunais. A norma expressa neste parágrafo único, que já havia sido tacitamente derrogada pela LC n. 35/79, não foi também recepcionada pela CF/88, que assegurou, em seu art. 95, as garantias da vitaliciedade e da irredutibilidade de subsídio aos magistrados. Assim, somente por meio de sentença transitada em julgado, poderá o juiz togado vitalício perder o seu cargo. Já a redução de seu subsídio, *a priori*, apenas é excepcionada por aqueles dispositivos igualmente constitucionais arrolados no art. 95, III.

Mesmo aos juízes togados não vitalícios – aqueles que ainda estão em estágio probatório ou aqueles temporários previstos no art. 17, § 4º, da LC n. 35/79 – a perda do cargo é condicionada, pelo menos, a processo administrativo em que se assegure a ampla defesa (art. 27 da LC n. 35/79 – Loman). Oportuno é destacar, nesse ponto, que o regramento apresentado pela Loman jamais alcançou os juízes classistas.

Art. 728. Aos presidentes, membros, juízes, Juízes classistas, e funcionários auxiliares da Justiça do Trabalho, aplica-se o disposto no Título XI do Código Penal.

Veja nota desta Seção.

O Título XI do CP refere-se aos crimes contra a administração pública. Os juízes, funcionários e demais membros da Justiça do Trabalho enquadram-se na definição de funcionário público para efeitos penais (art. 327 do CP); dessa forma, podem ser sujeitos ativos de alguns dos crimes previstos nos arts. 312 a 359 do CP. Cumpre salientar que os juízes do trabalho gozam de foro privilegiado, por força do disposto nos arts. 105 e 108 da CF.

Seção III
De Outras Penalidades

Veja arts. 111 a 116 da CF, sobre a extinção dos juízes classistas na Justiça do Trabalho (Anexo I da CLT).

Art. 729. O empregador que deixar de cumprir decisão passada em julgado sobre a readmissão ou reintegração de empregado, além do pagamento dos salários deste, incorrerá na multa de Cr$ 10,00 (dez cruzeiros) a Cr$ 50,00 (cinquenta cruzeiros), por dia, até que seja cumprida a decisão.

O previsto neste artigo guarda grande similaridade com a norma do art. 536, § 1º, do CPC/2015. Em ambos, busca-se a efetivação de uma tutela jurídica que condena o réu a prestar obrigação de fazer, por meio da cominação de uma multa de natureza processual, que reverte em favor do autor e que tem como finalidade coagir o demandado ao cumprimento de sua obrigação.

Ao contrário do art. 536 do CPC/2015, a regra celetista prevê que a pena cominatória incidirá se a decisão que condena o empregador já tiver transitado em julgado. Todavia, a interpretação deste artigo não deve ser restritiva. De fato, o art. 659, X, da CLT – introduzido pela Lei n. 9.270/96 –, possibilita ao juiz conceder liminar que autoriza, até a decisão final do processo, a reintegração de dirigente sindical afastado pelo empregador. Sem a cominação da multa diária, a concessão dessa medida tornaria inócua a determinação judicial, já que não haveria outro mecanismo para a sua efetivação. Destarte, o art. 536, § 1º, do CPC/2015, deverá ser observado nesse tocante também nos processos em curso na Justiça especializada (art. 769 da CLT), ante a sua compatibilidade com os princípios que fundamentam o direito processual do trabalho e o descompasso do texto celetista com a sua nova sistemática.

Outra diferença entre o art. 536 do CPC/2015 e o artigo em análise, da CLT, está no fato de que, neste, o juiz, na fixação do valor da multa diária, atua com um campo de discricionariedade bem menor, pois deve limitar-se aos valores expressos na norma. Nesse mister, é relevante destacar ainda que o sistema de valor de referência regional corresponde, hoje, à Ufir.

---

§ 1º O empregador que impedir ou tentar impedir que empregado seu sirva como juiz classista em Tribunal de Trabalho, ou que perante este preste depoimento, incorrerá na multa de Cr$ 500,00 (quinhentos cruzeiros) a Cr$ 5.000,00 (cinco mil cruzeiros).

Veja nota desta Seção.

A primeira parte deste parágrafo encontra-se tacitamente derrogada pela EC n. 24/99, que extinguiu a representação classista. A segunda parte considera ilícito a prática do empregador tendente a impedir que o empregado preste depoimento na Justiça do Trabalho, seja na condição de parte, seja na condição de testemunha. Caso assim proceda, incorrerá na pena prevista, que, por sua vez, tem um caráter administrativo, portanto, não reverte em favor do empregado, ao qual, contudo, é devida a remuneração do período em que teve de ausentar-se no serviço para comparecer em juízo (Súmula n. 155 do TST).

Por fim, cabe mencionar que a multa referida no parágrafo foi triplicada pelo disposto no art. 2º da Lei n. 7.855/89. O sistema de valor de referência regional corresponde, hoje, à Ufir.

---

§ 2º Na mesma pena do parágrafo anterior incorrerá o empregador que dispensar seu empregado pelo fato de haver servido como vogal ou pres-

tado depoimento como testemunha, sem prejuízo da indenização que a lei estabeleça.

Os mesmos comentários feitos ao parágrafo anterior aplicam-se integralmente ao presente dispositivo.

Art. 730. Aqueles que se recusarem a depor como testemunhas, sem motivo justificado, incorrerão na multa de Cr$ 50,00 (cinquenta cruzeiros) a Cr$ 500,00 (quinhentos cruzeiros).

No processo do trabalho, a testemunha normalmente comparece em juízo independente de intimação (art. 825 da CLT). Se, entretanto, não comparecer espontaneamente, será intimada para que o faça, sob pena de ser conduzida coercitivamente ao juízo e de ser-lhe aplicada a multa prevista no artigo em tela. Poderão as testemunhas, contudo, recusar-se a depor, sem que haja a cominação das penas referidas, se para isso apresentarem justos motivos. Esses motivos são os arrolados no art. 448 do CPC/2015, aplicáveis ao direito processual do trabalho por força do art. 769 da CLT, a saber: a) fatos que acarretem à testemunha grave dano, bem como ao seu cônjuge e aos parentes consanguíneos ou afins, em linha reta, ou na colateral até o terceiro grau; b) fatos a cujo respeito, por estado ou profissão, deva guardar sigilo.

A multa referida no artigo foi triplicada pelo disposto no art. 2º da Lei n. 7.855/89. Já o sistema de valor de referência regional corresponde, hoje, à Ufir.

Art. 731. Aquele que, tendo apresentado ao distribuidor reclamação verbal, não se apresentar, no prazo estabelecido no parágrafo único do art. 786, à Junta ou Juízo para fazê-lo tomar por termo, incorrerá na pena de perda, pelo prazo de 6 (seis) meses, do direito de reclamar perante a Justiça do Trabalho.

Veja nota deste Capítulo.

O reclamante que apresentar reclamação verbal terá o prazo de cinco dias, contados da sua distribuição, para apresentar-se ao cartório ou à secretaria e reduzi-la a termo. Caso, de forma imotivada, assim não proceda, ser-lhe-á aplicada a pena prevista no preceptivo *in casu*, a qual tem natureza nitidamente processual. Na prática, contudo, tem-se percebido que as reclamações verbais têm se tornado uma prática cada vez menos usual, pois a regra tem sido a reclamação escrita e elaborada por advogado. Além disso, como já destacado nos comentários feitos ao art. 712, *a*, os grandes centros urbanos contam com um setor encarregado de tomar a termo as reclamações verbais no ato em que elas são feitas. Dessa maneira, tem sido pouco comum, na atualidade, a imposição da penalidade aqui tratada.

Art. 732. Na mesma pena do artigo anterior incorrerá o reclamante que, por 2 (duas) vezes seguidas, der causa ao arquivamento de que trata o art. 844.

A sanção prevista no artigo em epígrafe também tem índole processual. Destina-se a apenar o reclamante que, por sua negligência, dá causa ao arquivamento do processo – *rectius*, extinção sem julgamento de mérito – por ausentar-se na audiência por duas vezes e de forma consecutiva. Por obstar o ajuizamento de nova ação, há quem identifique tal penalidade com o instituto da perempção do direito processual civil. Contudo, com ele não se confunde, pois o autor no processo do trabalho poderá renovar a sua reclamação após seis meses, de modo que não há a mesma natureza definitiva que há na perempção (art. 486, § 3º, do CPC/2015).

Art. 733. As infrações de disposições deste Título, para as quais não haja penalidades cominadas, serão punidas com a multa de Cr$ 50,00 (cinquenta cruzeiros) a Cr$ 5.000,00 (cinco mil cruzeiros), elevada ao dobro na reincidência.

Os valores da multa referida no presente artigo foram triplicados pelo disposto no art. 2º da Lei n. 7.855/89. O sistema de valor de referência regional corresponde, hoje, à Ufir.

CAPÍTULO VIII
DISPOSIÇÕES GERAIS

Art. 734. O ministro do Trabalho, Indústria e Comércio poderá rever, *ex officio*, dentro do prazo de 30 (trinta) dias, contados de sua publicação no órgão oficial, ou mediante representação apresentada dentro de igual prazo:

***a)* as decisões da Câmara da Previdência Social, quando proferidas pelo voto de desempate, ou que violarem disposições expressas de direito ou modificarem jurisprudência até então observada;**

***b)* as decisões do presidente do Tribunal Nacional do Trabalho em matéria de previdência social.**

Parágrafo único. O ministro do Trabalho, Indústria e Comércio, poderá avocar ao seu conhecimento os assuntos de natureza administrativa refe-

rentes às instituições de previdência social, sempre que houver interesse público.

Artigo tacitamente derrogado pelo Decreto-lei n. 72/66.

Art. 735. As repartições públicas e as associações sindicais são obrigadas a fornecer aos Juízes e Tribunais do Trabalho e à Procuradoria da Justiça do Trabalho as informações e os dados necessários à instrução e ao julgamento dos feitos submetidos à sua apreciação.

A regra em apreço é, sem dúvida, expressão do princípio inquisitório (art. 765 da CLT), que se faz sentir com maior intensidade no processo do trabalho que no processo civil. Por ela, é garantido tanto aos juízes como aos membros do Ministério Público do Trabalho o acesso a informações e a dados necessários à instrução dos feitos que correm perante a Justiça do Trabalho, mantidos por qualquer repartição pública ou por entidade sindical. Mesmo aquelas informações consideradas sigilosas não poderão ser sonegadas às autoridades mencionadas no artigo em epígrafe, ante o poder requisitório que as mesmas autoridades detêm.

Parágrafo único. A recusa de informações ou dados a que se refere este artigo, por parte de funcionários públicos, importa na aplicação das penalidades previstas pelo Estatuto dos Funcionários Públicos por desobediência.

A recusa em colaborar com a Justiça pode acarretar ao funcionário público a imposição de penalidades de caráter administrativo, previstas no estatuto que rege as relações jurídicas existentes entre ele e a administração pública.

TÍTULO IX
DO MINISTÉRIO PÚBLICO DO TRABALHO

Veja arts. 83 a 115, LC n. 75, de 20.05.1993, que dispõem sobre a organização, as atribuições e o Estatuto do Ministério Público da União, no Anexo IV da CLT.

CAPÍTULO I
DISPOSIÇÕES GERAIS

Art. 736. O Ministério Público do Trabalho é constituído por agentes diretos do Poder Executivo, tendo por função zelar pela exata observância da Constituição Federal, das leis e demais atos emanados dos poderes públicos, na esfera de suas atribuições.

Veja arts. 83 a 115, LC n. 75, de 20.05.1993 (Anexo IV da CLT), que dispõem de modo diverso.

Este artigo não foi recepcionado pela CF/88. Uma das mais importantes alterações institucionais trazidas pela CF/88 relaciona-se ao Ministério Público, o qual, de acordo com o art. 127, passou a ser uma instituição permanente e essencial à função jurisdicional do Estado, por ser incumbido da defesa da ordem jurídica, do regime democrático e dos interesses sociais e individuais indisponíveis. Os seus membros não são mais agentes do Poder Executivo, mas agentes políticos do Estado, que têm por função defender os interesses fundamentais da sociedade.

É o Ministério Público uma instituição independente, destinada à preservação dos valores fundamentais do Estado-comunidade. No Estado social democrático, o Ministério Público age na proteção dos fracos, bem como dos direitos e das situações de abrangência comunitária, ao atuar como advogado da sociedade. Para isso, tem autonomia funcional, administrativa e financeira (art. 127, § 1º, da CF, e art. 22 da LC n. 75/93).

Assim, os membros do Ministério Público, no exercício de suas atribuições institucionais, não recebem ordens do Governo, não prestam obediência aos juízes nem aos órgãos superiores da instituição, pois agem com autonomia em nome da sociedade, da lei, da justiça e da sua consciência jurídica.

Na esfera trabalhista, age o Ministério Público do Trabalho na defesa da CF (por exemplo, arts. 7º e segs.), das leis infraconstitucionais e dos instrumentos normativos que asseguram os direitos sociais, bem como as liberdades individuais e coletivas dos trabalhadores. Como exemplos, podem-se citar o direito de organização sindical, o direito ao meio ambiente do trabalho adequado e sadio, o direito de não discriminação nas relações de trabalho, o direito ao registro em carteira de trabalho, o direito a concurso público para ingresso no serviço público, a erradicação do trabalho escravo, a erradicação do trabalho infantil, a regularização do trabalho do adolescente, o respeito às normas de proteção ao trabalho da mulher, a realização de eleições livres e democráticas nos sindicatos, a cobrança de contribuições sindicais sem ferir a lei e os direitos dos trabalhadores etc.

Como norte da sua atuação, o Ministério Público do Trabalho observa, entre outros, os fundamentos da República Federativa do Brasil, consubstanciados na cidadania, na dignidade da pessoa humana, nos valores sociais do trabalho e da livre-iniciativa, cujo fim é assegurar a todos existência digna, conforme os ditames da justiça social, observados os princípios da defesa do meio ambiente, da redução das desigualdades sociais, da busca do pleno emprego, para que seja promovido o bem de todos, sem preconceitos de origem, raça, sexo, cor, idade e quaisquer outras formas de discriminação (arts. 1º e 170 da CF).

Para promover a observância da lei e a defesa dos interesses da sociedade, desdobram-se suas funções em duas formas de atuação: uma, extrajudicial, destinada a investigar e descobrir as lesões à lei e aos interesses sociais que lhes são denunciadas e buscar uma adequação de conduta; a outra, judicial, voltada a responsabilizar os autores das lesões ao interesse público, já apuradas, quando no âmbito extrajudicial não tenha sido possível a obtenção de um Termo de Ajustamento de Conduta (TAC).

Na atuação extrajudicial, o MPT usa o inquérito civil para investigar as denúncias que lhe são feitas e nesse procedimento procura tomar dos inquiridos a assinatura dos Termos de Ajustamento de Conduta (TAC). O TAC é um dos mais utilizados instrumentos para tutela dos direitos trabalhistas, o que busca a adequação de uma conduta irregular às exigências legais e tem natureza de título executivo judicial, que se não cumprido propicia o ajuizamento de uma ação de execução na própria Justiça do Trabalho.

Parágrafo único. Para o exercício de suas funções, o Ministério Público do Trabalho reger-se-á pelo que estatui esta Consolidação e, na falta de disposição expressa, pelas normas que regem o Ministério Público Federal.

As funções do Ministério Público do Trabalho foram totalmente modificadas e ampliadas pela Constituição Federal de 1988; por isso, as normas desta Consolidação, especialmente o Título IX, pouco se lhe aplicam. No caso, o exercício das novas funções ministeriais é regido pela LC n. 75/93 (Lei Orgânica do Ministério Público da União), que dispõe sobre sua organização, seu estatuto e suas atribuições.

O Título I e capítulos tratam das disposições gerais pertinentes aos quatro ramos do Ministério Público da União: Ministério Público Federal, Ministério Público do Trabalho, Ministério Público Militar e Ministério Público do Distrito Federal e Territórios. O Título II, Capítulo II, trata, especificamente, do

Ministério Público do Trabalho. Aos instrumentos de atuação e respectivo procedimento aplicam-se a Lei n. 7.347/85 (Lei da Ação Civil Pública), a Lei n. 8.078/90 (CDC) e o CPC/73, naquilo em que for compatível com a tutela dos interesses metaindividuais. Especialmente da competência cuida o art. 83 da LC n. 75/93 (veja o Anexo IV da CLT).

Cabe ao Ministério Público do Trabalho, ainda, no âmbito trabalhista, instaurar inquérito civil e outros procedimentos administrativos para assegurar a observância dos direitos sociais dos trabalhadores; requisitar à autoridade administrativa federal competente dos órgãos de proteção ao trabalho a instauração de procedimentos administrativos, podendo acompanhar e atuar na produção de provas; ser cientificado pessoalmente das decisões proferidas pela Justiça do Trabalho, nas causas em que o órgão tenha intervindo ou emitido parecer escrito; e exercer outras atribuições que lhe forem conferidas por lei, desde que compatíveis com a sua finalidade institucional.

Art. 737. O Ministério Público do Trabalho compõe-se da Procuradoria da Justiça do Trabalho e da Procuradoria da Previdência Social, aquela funcionando como órgão de coordenação entre a Justiça do Trabalho e o Ministério do Trabalho, Indústria e Comércio, ambas diretamente subordinadas ao Ministro de Estado.

Artigo com redação dada pelo Decreto-lei n. 8.737, de 19.01.1946.

Veja arts. 83 a 115, LC n. 75, de 20.05.1993 (Anexo IV da CLT), que dispõem de modo diverso.

Veja nota 1 na página XXI.

Este artigo é totalmente incompatível com a nova ordem constitucional depois de 1988, que alçou o Ministério Público do Trabalho como instituição independente, encarregada da defesa da ordem jurídica trabalhista, do Estado democrático de direito nas relações de trabalho e dos interesses fundamentais dos trabalhadores. Com efeito, não se trata mais de *Procuradoria da Justiça do Trabalho*, como, equivocadamente, muitos ainda a denominam, mas, simplesmente, *Procuradoria do Trabalho*, cujos membros são encarregados da defesa dos direitos anteriormente elencados.

Não mais se fala em órgão de coordenação entre a Justiça do Trabalho e o extinto Ministério do Trabalho. As suas novas funções institucionais são, de acordo com a Constituição (art. 129 e incisos): a promoção do inquérito civil, da ação civil pública e demais medidas judiciais necessárias à proteção do meio ambiente e de outros interesses difusos e coletivos; a defesa judicial dos direitos e interesses das populações indígenas; a expedição de notificações nos procedimentos administrativos de sua competência, requisitando informações e documentos para instruí-los, na forma da LC n. 75/93; e o exercício de outras funções que lhe forem conferidas, desde que sejam compatíveis com sua finalidade. A Procuradoria da Previdência Social, evidentemente, não mais integra o Ministério Público do Trabalho.

Art. 738. Os procuradores, além dos vencimentos fixados na tabela constante do Decreto-lei n. 2.874, de 16 de dezembro de 1940, continuarão a perceber a percentagem de 8%, por motivo de cobrança da dívida ativa da União ou de multas impostas pelas autoridades administrativas e judiciárias do trabalho e da previdência social.

Veja arts. 83 a 115, LC n. 75, de 20.05.1993 (Anexo IV da CLT), que dispõem de modo diverso.

Este dispositivo foi tacitamente derrogado pelo art. 196 da EC n. 1/69. Hoje, os membros do Ministério Público, igualmente aos integrantes da Magistratura, recebem subsídios, que são irredutíveis, fixados na forma do art. 39, § 4º, da CF, ressalvado o disposto nos arts. 37, X e XI, 150, II, e 153, III e § 2º, I, da mesma Carta Maior.

Parágrafo único. Essa percentagem será calculada sobre as somas efetivamente arrecadadas e rateada de acordo com as instruções expedidas pelos respectivos procuradores gerais.

Dispositivo incompatível com o disposto no art. 37, § 4º, da CF.

Art. 739. Não estão sujeitos a ponto os procuradores-gerais e os procuradores.

Veja arts. 83 a 115, LC n. 75, de 20.05.1993 (Anexo IV da CLT), que dispõem de modo diverso.

Já que os membros do Ministério Público são agentes políticos do Estado, evidentemente não estão sujeitos a controle de horário. Exercem suas atribuições com liberdade de horário; sujeitam-se, contudo, a orientações administrativas a cargo do procurador-geral do trabalho, na Procuradoria-Geral, e dos procuradores-chefes, nas Procuradorias Regionais, na forma da LC n. 75/93. Essas orientações não atingem a forma de atuação e de procedimentos, mas o apoio administrativo que é dado aos procuradores, especialmente com relação às ordens de serviço, distribuição de tarefas, designações para ofícios e disponibilização de servidores e material de apoio.

CAPÍTULO II
DA PROCURADORIA DA JUSTIÇA DO TRABALHO

Seção I
Da Organização

Art. 740. A Procuradoria da Justiça do Trabalho compreende:

Veja arts. 83 a 115, LC n. 75, de 20.05.1993 (Anexo IV da CLT), que dispõem de modo diverso.

Como já foi mencionado, a designação correta é *Procuradoria do Trabalho*, pois o Ministério Público, como instituição essencial à função jurisdicional do Estado, é independente e autônomo; como tal, não pertence mais a nenhum dos poderes da República. É ele uma instituição independente e indispensável à função jurisdicional do Estado, a quem cabe a defesa da ordem jurídica, do Estado Democrático de Direito e dos direitos e interesses sociais e indisponíveis da sociedade.

***a)* 1 (uma) Procuradoria-Geral, que funcionará junto ao Tribunal Superior do Trabalho;**

A Procuradoria-Geral do Trabalho é composta pelo(a) procurador(a)-geral e por subprocuradores-gerais do trabalho, que atuam perante o TST, emitindo pareceres nos processos em que se requer a atuação ministerial e participando das sessões do tribunal. Cabe-lhes, ainda, ajuizar as ações originárias perante aquela Corte Superior. O procurador-geral do trabalho é o chefe do Ministério Público do Trabalho e será nomeado pelo procurador-geral da República na forma do comentário ao art. 744.

***b)* 8 (oito) Procuradorias Regionais, que funcionarão junto aos Tribunais Regionais do Trabalho.**

Veja Leis ns. 6.241, de 22.09.1975, que criou a 9ª Região; 6.915, de 01.06.1981, que criou a 11ª Região; 6.927, de 07.07.1981, que criou a 10ª Região; 6.928, de 07.07.1981, que criou a 12ª Região; 7.324, de 18.06.1985, que criou a 13ª Região; 7.520, de 15.07.1986, que criou a 15ª Região; 7.523, de 17.07.1986, que criou a 14ª Região da Justiça do Trabalho e o respectivo TRT; 7.671, de 21.09.1988, que criou a 16ª Região; 7.872, de 08.11.1989, que criou a 17ª Região; 7.873, de 09.11.1989, que criou a 18ª Região; 8.215, de 25.07.1991, que criou a 21ª Região; 8.219, de 29.08.1991, que criou a 19ª Região; 8.221, de 05.09.1991, que criou o TRT da 22ª Região; 8.233, de 10.09.1991, que criou a 20ª Região; 8.466, de 23.09.1992, que criou a Procuradoria Regional do Trabalho da 22ª Região da

Justiça do Trabalho; 8.469, de 05.10.1992, que criou a Procuradoria Regional do Trabalho da 23ª Região da Justiça do Trabalho, e 8.470, de 05.10.1992, que criou a Procuradoria Regional do Trabalho da 24ª Região da Justiça do Trabalho.

Hoje são 24 procuradorias regionais espalhadas pelo Brasil inteiro, uma em cada sede do respectivo TRT. As procuradorias regionais têm atuação em todas as cidades pertencentes à sua jurisdição, que é a mesma do tribunal regional respectivo. Por causa das grandes distâncias, essa atuação torna-se difícil, razão pela qual foram criados por lei vários ofícios no Brasil inteiro para interiorização do Ministério Público do Trabalho, cuja experiência positiva já foi demonstrada por muitos ofícios instalados pelo Brasil, por exemplo. São as chamadas PTMs (Procuradorias do Trabalho nos Municípios), que constam nos sites de cada PRT. A PRT da 1ª Região, por exemplo, é composta pela sede e as seguintes PTMs: PTM Cabo Frio, PTM Campos dos Goytacazes, PTM Itaguaí, PTM Niterói, PTM Nova Friburgo, PTM Nova Iguaçu, PTM Petrópolis, PTM Volta Redonda.

Nas Procuradorias Regionais do Trabalho atuam os procuradores regionais e os procuradores do trabalho, coordenados por um procurador-chefe designado pelo procurador-geral do trabalho entre os procuradores regionais lotados na respectiva regional. Se não houver procurador regional do trabalho interessado na chefia, poderá ser nomeado procurador do trabalho para o cargo (art. 91, VI, da LC n. 75/93). Atualmente, conforme Portaria do procurador-geral do trabalho, os procuradores-chefes das regionais são eleitos pelos seus pares e nomeados pelo procurador-geral do trabalho para mandatos de dois anos, permitida a recondução.

Ao procurador-chefe compete, por delegação do procurador-geral do trabalho: representar o Ministério Público do Trabalho; designar membro do Ministério Público do Trabalho para assegurar a continuidade dos serviços na regional; praticar atos de gestão administrativa, financeira e pessoal; e coordenar as atividades do Ministério Público do Trabalho na respectiva região de atuação. Os procuradores regionais do trabalho são designados para oficiar junto aos TRTs e podem, em caso de afastamento de subprocuradores-gerais do trabalho, ser convocados pelo procurador-geral do trabalho, mediante aprovação do Conselho Superior, para substituí-los.

Os procuradores do trabalho são designados para funcionar junto aos TRTs e, na forma das leis processuais, nos litígios trabalhistas que envolvam interesses de menores e de incapazes, de índios, da criança e do adolescente, do meio ambiente do trabalho e outros direitos e interesses difusos e coletivos na esfera trabalhista. Os procuradores do trabalho atuam na primeira instância; todavia, podem ser designados para atuar nas segunda e terceira instâncias da Justiça do Trabalho, mediante designação do procurador-geral do trabalho, com autorização do Conselho Superior. Conforme a organização interna, parte dos procuradores do trabalho atua como órgão agente, recebendo denúncias, instaurando inquéritos civis, tomando Termos de Ajustamento de Conduta e ajuizando ações judiciais, enquanto outra parte atua como *custos legis* nos processos judiciais perante os TRTs, inclusive participando das sessões.

Art. 741. As Procuradorias Regionais são subordinadas diretamente ao procurador-geral.

Veja arts. 83 a 115, LC n. 75, de 20.05.1993 (Anexo IV da CLT), que dispõem de modo diverso.

O procurador-geral do trabalho é o chefe do Ministério Público do Trabalho, a quem incumbe, entre outras funções, administrar a instituição, que é composta por uma Procuradoria-Geral e por 24 procuradorias regionais e várias Procuradorias do Trabalho nos Municípios (PTMs). A LC n. 75/93 autoriza-lhe a delegação dessa e de outras atribuições aos procuradores-chefes das regionais por ele nomeados (art. 92, II). A subordinação de que trata este artigo refere-se apenas às atividades administrativas da procuradoria, uma vez que as atividades e as atribuições institucionais são desempenhadas pelos membros do Ministério Público do Trabalho com autonomia e independência, ante o princípio da independência funcional assegurada na CF (art. 127, § 1º).

Art. 742. A Procuradoria-Geral é constituída de 1 (um) procurador-geral e de procuradores.

Veja arts. 83 a 115, LC n. 75, de 20.05.1993 (Anexo IV da CLT), que dispõem de modo diverso.

De acordo com os novos mandamentos legais, a Procuradoria-Geral do Trabalho é constituída de um procurador-geral do trabalho, como chefe desta e de toda a instituição Ministério Público do Trabalho, o qual é nomeado nos termos do art. 88 da LC n. 75/93. Além do procurador-geral do trabalho, compõem a Procuradoria-Geral do Trabalho os subprocuradores-gerais do trabalho, que são designados para oficiar junto ao TST e nos ofícios da Câmara de Coordenação e Revisão; estes podem ser designados para oficiar em órgãos jurisdicionais diferentes, por autorização do Conselho Superior. São funções privativas dos subprocuradores-gerais do trabalho: de corregedor-geral do Ministério Público do Trabalho, de coordenador da Câmara, de coordenação e revisão, e do conselho superior da instituição (arts. 95 e incisos, 101 e 108 e incisos, da LC n. 75/93).

Parágrafo único. As Procuradorias Regionais compõem-se de 1 (um) procurador regional, auxiliado, quando necessário, por procuradores adjuntos.

As procuradorias regionais são compostas de um procurador-chefe (arts. 91, VI, e 92, II, da LC n. 75/93), de procuradores do trabalho e de procuradores regionais do trabalho. Os procuradores regionais atuam, prioritariamente, perante os TRTs, e os procuradores do trabalho, na primeira instância da Justiça do Trabalho; ambos podem desempenhar suas atribuições em outros ofícios mediante autorização do Conselho Superior do Ministério Público do Trabalho (arts. 110 a 113 da LC n. 75/93).

Art. 743. Haverá, nas Procuradorias Regionais, substitutos de procurador adjunto ou, quando não houver este cargo, de procurador regional, designados previamente por decreto do Presidente da República, sem ônus para os cofres públicos.

Veja arts. 83 a 115, LC n. 75, de 20.05.1993 (Anexo IV da CLT), que dispõem de modo diverso.

Este artigo não foi recepcionado pela Constituição de 1988. Ante os princípios da unidade e da indivisibilidade (art. 127, § 1º, da CF) e respeitado o princípio do promotor natural (art. 5º, LIII, da CF), os membros do Ministério Público fazem parte de uma só instituição e podem substituir uns aos outros nos impedimentos, sempre que for necessário, desde que sejam obedecidos os critérios legais objetivos para não ferir os princípios da independência funcional e do promotor natural. Os princípios da unidade e da indivisibilidade aplicam-se em cada ramo do MP isoladamente.

---

§ 1º O substituto tomará posse perante o respectivo procurador regional, que será a autoridade competente para convocá-lo.

Em conformidade com a LC n. 75/93 (art. 91, XIII), cabe ao procurador-geral do trabalho, como chefe da instituição, dar posse aos membros do Ministério Público do Trabalho, o que, normalmente, acontece em sessão solene oficial realizada em Brasília, Distrito Federal, por ocasião da conclusão dos concursos públicos. Embora a posse ocorra em Brasília, os novos membros são designados para atuar nas Procuradorias Regionais do Trabalho, conforme a classificação final obtida no concurso público.

---

§ 2º O procurador regional será substituído em suas faltas e impedimentos pelo procurador adjunto, quando houver, e, havendo mais de um, pelo que for por ele designado.

Este parágrafo não foi recepcionado pela CF/88 e pela LC n. 75/93, porquanto o cargo de procurador adjunto não mais existe. As substituições dos membros do MPT são feitas na forma do comentário ao *caput* deste artigo e a substituição do procurador-chefe pelo seu substituto (vice), igualmente nomeado pelo procurador-geral do trabalho por Portaria.

§ 3º O procurador adjunto será substituído, em suas faltas e impedimentos, pelo respectivo procurador substituto.

Este parágrafo não foi recepcionado pela CF.

§ 4º Será dispensado, automaticamente, o substituto que não atender à convocação, salvo motivo de doença, devidamente comprovada.

Este parágrafo não foi recepcionado pela CF.

§ 5º Nenhum direito ou vantagem terá o substituto além do vencimento do cargo do substituído e somente durante o seu impedimento legal.

Este parágrafo não foi recepcionado pela CF.

Art. 744. A nomeação do procurador-geral deverá recair em bacharel em ciências jurídicas e sociais, que tenha exercido, por 5 (cinco) ou mais anos, cargo de magistratura ou de Ministério Público, ou a advocacia.

Veja arts. 83 a 115, LC n. 75, de 20.05.1993 (Anexo IV da CLT), que dispõem de modo diverso.

O procurador-geral do trabalho é o chefe do Ministério Público do Trabalho e será nomeado pelo procurador-geral da República, entre integrantes da instituição, com mais de trinta e cinco anos de idade e de cinco anos na carreira, integrante de lista tríplice escolhida mediante voto plurinominal, facultativo e secreto, pelo Colégio de Procuradores para um mandato de dois anos, sendo permitida uma recondução, desde que seja observado o mesmo processo. Caso não haja número suficiente de candidatos com mais de cinco anos na carreira, poderá concorrer à lista tríplice quem contar mais de dois anos na carreira. Pode ser nomeado procurador-geral do trabalho qualquer membro da carreira – procurador, procurador regional ou subprocurador-geral do trabalho.

A exoneração do procurador-geral do trabalho, antes do término do mandato, será proposta ao procurador-geral da República pelo Conselho Superior, mediante deliberação de dois terços de seus integrantes, por voto secreto. O procurador-geral do trabalho designará, entre os subprocuradores-gerais do trabalho, o vice-procurador-geral do trabalho, que o substituirá em seus impedimentos. Em caso de vacância, exercerá o cargo o vice-presidente do Conselho Superior, até o seu provimento definitivo (arts. 87 a 89 da LC n. 75/93).

Art. 745. Para a nomeação dos demais procuradores, atender-se-á aos mesmos requisitos estabelecidos no artigo anterior, reduzido a 2 (dois) anos, no mínimo, o tempo de exercício.

Veja arts. 83 a 115, LC n. 75, de 20.05.1993 (Anexo IV da CLT), que dispõem de modo diverso.

Este artigo não foi recepcionado pela atual ordem jurídica atinente ao Ministério Público do Trabalho após 1988. É a LC n. 75/93 (art. 86) que regulamenta a carreira do Ministério Público do Trabalho, constituída pelos cargos de subprocurador-geral do trabalho, procurador regional do trabalho e procurador do trabalho, iniciando-se como procurador do trabalho, mediante aprovação em concurso público de provas e títulos (arts. 127, § 2º, e 129, § 3º, da CF). A ascensão aos cargos seguintes – de procurador regional e de subprocurador – ocorre mediante promoção alternada por antiguidade e merecimento (art. 129, § 4º, c/c o art. 93, II e VI, da CF).

Seção II
Da Competência da Procuradoria-Geral

Art. 746. Compete à Procuradoria-Geral da Justiça do Trabalho:

Caput com redação dada pelo Decreto-lei n. 8.737, de 19.01.1946.

Veja arts. 83 a 115, LC n. 75, de 20.05.1993 (Anexo IV da CLT), que dispõem de modo diverso.

A Procuradoria-Geral do Trabalho é um órgão do Ministério Público do Trabalho que não mais integra quaisquer dos poderes da República, razão por que se tornou incompatível com o novo perfil ministerial a denominação aludida, que colocava o Ministério Público do Trabalho como um apêndice do Poder Judiciário Trabalhista, algo hoje incompatível com a nova ordem constitucional.

***a)* oficiar, por escrito, em todos os processos e questões de trabalho de competência do Tribunal Superior do Trabalho;**

Alínea com redação dada pelo Decreto-lei n. 8.737, de 19.01.1946.

Esta disposição não restou totalmente recepcionada pela nova ordem jurídica sobre o Ministério Público do Trabalho. A atuação parecerista, que antes predominava no Ministério Público do Trabalho, hoje cedeu lugar às novas funções institucionais de órgão agente e restringiu-se a poucas hipóteses previstas na LC n. 75/93. Assim, estabelece o art. 83, II, dessa norma complementar, que cabe ao Ministério Público do Trabalho manifestar-se em qualquer fase do processo trabalhista, por solicitação dos juízes ou por sua iniciativa, quando entender existente interesse público que justifique a sua intervenção.

O norte dessa atuação parecerista genérica é o interesse público, aquele que ultrapassa o mero interesse das partes envolvidas no litígio, quando consubstancia uma repercussão social diante da indisponibilidade do interesse em discussão. Decidir sobre a existência desse interesse cabe ao órgão ministerial e a mais ninguém. Desse modo, mesmo se for remetido um processo pelo juiz para emissão de parecer, é o órgão ministerial, no caso concreto, que acolherá ou não a solicitação, de acordo com o seu juízo de valor.

Além dessa hipótese genérica, atuará obrigatoriamente o Ministério Público do Trabalho, por meio de parecer escrito, nos feitos em que houver pessoa jurídica de direito público, Estado estrangeiro ou organismo internacional, naqueles em que uma das partes for menor, incapaz ou indígena, nas ações de dissídio coletivo, nas ações coletivas ajuizadas por outros colegitimados e nas ações originárias, como mandado de segurança e ação rescisória (art. 83, II, V, IX e XIII, da LC n. 75/93, e art. 5º, § 1º, da Lei n. 7.347/85).

***b)* funcionar nas sessões do mesmo Tribunal, opinando verbalmente sobre a matéria em debate e solicitando as requisições e diligências que julgar convenientes, sendo-lhe assegurado o direito de vista do processo em julgamento sempre que for suscitada questão nova, não examinada no parecer exarado;**

Alínea com redação dada pelo Decreto-lei n. 8.737, de 19.01.1946.

Conforme o art. 83, VII, da LC n. 75/93, cabe ao Ministério Público do Trabalho manifestar-se verbalmente sobre a matéria em debate nas sessões dos tribunais trabalhistas sempre que entender necessário; é assegurado ao órgão ministerial o direito de vista dos processos em julgamento e a complementação do parecer já emitido no tocante à matéria não examinada no parecer anterior; pode ainda solicitar as requisições e diligências que julgar convenientes.

Como se vê, a lei não faz qualquer restrição; assim, decorre deste preceito que o MPT tem assento em qualquer sessão nos tribunais do trabalho, seja judicial, seja administrativa. A razão da lei assenta-se no atual papel ministerial de defensor da ordem jurídica, do regime democrático e dos interesses da sociedade, os quais podem estar presentes em qualquer tipo de atuação dos juízes, tanto judicial como administrativa, ante o conteúdo dessas atuações, que podem conceder, modificar ou extinguir os direitos de juízes e de servidores da Justiça do Trabalho, além de outras repercussões sobre os cofres públicos, sobre a ordem jurídica e sobre o interesse social.

---

c) requerer prorrogação das sessões do Tribunal, quando essa medida for necessária para que se ultime o julgamento;

Alínea com redação dada pelo Decreto-lei n. 8.737, de 19.01.1946.

Como fiscal da lei, pode o Ministério Público do Trabalho requerer diligências, providências e o que mais entender adequado para o bom andamento do processo e do oferecimento da prestação jurisdicional. Exemplo do disposto nesta alínea *c* pode ocorrer no caso das audiências de conciliação e instrução e de julgamento nos dissídios coletivos, especialmente nas hipóteses de greve em atividades essenciais, diante do prejuízo que pode estar sendo causado à coletividade. No caso, tanto pode o Ministério Público requerer medidas de urgência para assegurar a prestação dos serviços e atividades inadiáveis (arts. 10 e 13 da Lei n. 7.783/89), como sugerir e requerer que a audiência prossiga mesmo diante do adiantado da hora, caso assim não proceda o tribunal.

---

d) exarar, por intermédio do procurador-geral, o seu "ciente" nos acórdãos do Tribunal;

Alínea com redação dada pelo Decreto-lei n. 8.737, de 19.01.1946.

A ciência dos acórdãos e demais decisões judiciais não mais constitui prerrogativa do procurador-geral do trabalho ou do procurador-chefe nas procuradorias regionais, pois incumbe a qualquer dos membros tal providência. Normalmente, essa ciência é dada pelo procurador presente à sessão de julgamento, quando não são as decisões remetidas à procuradoria para distribuição aos membros em atuação na qualidade de *custos legis*. Cabe ressaltar que essa ciência constitui mera formalidade para a publicação do acórdão, porquanto o prazo para recursos e outras providências, por parte do órgão ministerial, somente tem início da ciência dada pessoalmente nos autos a um dos seus membros, cuja prerrogativa está assegurada no art. 84, IV, da LC n. 75/93. Com o PJe a ciência ao Ministério Público das decisões judiciais é dada na forma do art. 18 da Res. n. 1.589/2013 do TST ("Art. 18. No processo eletrônico, todas as citações, intimações e notificações, inclusive da Fazenda Pública, far-se-ão por meio eletrônico, preferencialmente mediante publicação no Portal do PJe, sem prejuízo da publicação no Diário de Justiça Eletrônico, quando necessário").

---

e) proceder às diligências e inquéritos solicitados pelo Tribunal;

Alínea com redação dada pelo Decreto-lei n. 8.737, de 19.01.1946.

Como já foi enaltecido, o Ministério Público do Trabalho não é mais um órgão subordinado a quaisquer dos Poderes da República, dos quais recebia ordens. Depois da Constituição de 1988, passaram os seus membros a agir de forma autônoma e independente. A sua atuação ocorre na apuração de irregularidades trabalhistas, que podem ser denunciadas por qualquer pessoa do povo (art. 6º da Lei n. 7.347/85) ou de ofício, quando entender existente alguma violação aos interesses, aos direitos e às liberdades coletivas e individuais nas relações de trabalho. No caso, os juízes do trabalho, os auditores fiscais dos Ministérios do Trabalho e Emprego e da Previdência Social, bem como qualquer autoridade, se no exercício de suas funções tomarem conhecimento de fatos que possam ensejar a atuação ministerial, deverão dar conhecimento do fato e remeter peças ao Ministério Público para as providências que este entender adequadas à espécie (art. 7º da Lei n. 7.347/85).

***f)* recorrer das decisões do Tribunal, nos casos previstos em lei;**

Alínea com redação dada pelo Decreto-lei n. 8.737, de 19.01.1946.

Conforme assegura a LC n. 75/93 (art. 83, VI e IX), cabe ao Ministério Público do Trabalho recorrer das decisões da Justiça do Trabalho, quando entender necessário – em caso de violação à lei e à CF –, tanto nos processos em que for parte como naqueles em que oficiar como *custos legis* – fiscal da lei; pode, inclusive, pedir revisão das súmulas de jurisprudência do TST.

***g)* promover, perante o Juízo competente, a cobrança executiva das multas impostas pelas autoridades administrativas e judiciárias do trabalho;**

Alínea com redação dada pelo Decreto-lei n. 8.737, de 19.01.1946.

Ao Ministério Público é vedada a representação judicial e a consultoria jurídica de entidades públicas (art. 129, IX, da CF), pelo que não mais é incumbência sua executar genericamente as multas administrativas em favor da União. Essa tarefa é da procuradoria da Fazenda Nacional. Contudo, é da inteira competência do Ministério Público do Trabalho pedir a execução das multas cominadas nos Termos de Ajustamento de Conduta (art. 5º, § 6º, da Lei n. 7.347/85), bem como aquelas fixadas pelos juízes do trabalho e as indenizações genéricas decorrentes de condenações pelos danos causados ao meio ambiente e aos demais interesses e direitos difusos e coletivos na esfera trabalhista. Competente para tais execuções é a Justiça do Trabalho (arts. 876, 877 e 877-A da CLT).

***h)* representar às autoridades competentes contra os que não cumprirem as decisões do Tribunal;**

Alínea com redação dada pelo Decreto-lei n. 8.737, de 19.01.1946.

Na defesa da ordem jurídica e do interesse público, pode o Ministério Público do Trabalho representar a quem de direito sobre o descumprimento das decisões judiciais, inclusive ao apresentar reclamação aos tribunais regionais, ao TST e ao STF para a preservação de suas competências e garantia da autoridade das suas decisões (art. 102, I, da CF).

---

i) **prestar às autoridades do Ministério do Trabalho, Indústria e Comércio as informações que lhe forem solicitadas sobre os dissídios submetidos à apreciação do Tribunal e encaminhar aos órgãos competentes cópia autenticada das decisões que por eles devam ser atendidas ou cumpridas;**

Alínea com redação dada pelo Decreto-lei n. 8.737, de 19.01.1946.

Veja nota 1 na página XXI.

Devido à incompatibilidade com a nova ordem jurídica, tais disposições não mais se aplicam ao Ministério Público do Trabalho, como instituição autônoma e independente. Mediante faculdade, nada obsta, a juízo do órgão ministerial, que algumas dessas providências sejam tomadas, sempre, é claro, na defesa da ordem jurídica e do interesse público.

---

j) **requisitar, de quaisquer autoridades, inquéritos, exames periciais, diligências, certidões e esclarecimentos que se tornem necessários no desempenho de suas atribuições;**

Alínea com redação dada pelo Decreto-lei n. 8.737, de 19.01.1946.

Para instruir os seus procedimentos administrativos e inquéritos civis tendentes à obtenção do ajustamento de conduta à lei e ao ajuizamento da ação civil pública, tem o Ministério Público do Trabalho o poder de requisitar, de qualquer organismo público ou particular, certidões, informações, exames ou perícias, bem como determinar as diligências que julgar convenientes para o correto andamento dos processos e para a melhor solução das lides trabalhistas (art. 8º, § 1º, da Lei n. 7.347/85, e art. 83, XII, da LC n. 75/93). Constitui crime, punido com pena de reclusão de um a três anos, mais multa de dez a mil Obrigações Reajustáveis do Tesouro Nacional (ORTN), a recusa, o retardamento ou a omissão de dados técnicos indispensáveis à propositura da ação civil, quando forem requisitados pelo Ministério Público (art. 10 da Lei n. 7.347/85). Diante de uma requisição feita pelo Ministério Público, cabe ao requisitado cumprir o pedido ou, conforme o caso, pedir dilação de prazo de forma fundamentada ou informar da impossibilidade de cumprir a determinação, senão poderá ter de responder por crime.

---

l) **defender a jurisdição dos órgãos da Justiça do Trabalho;**

Alínea acrescentada pelo Decreto-lei n. 8.737, de 19.01.1946.

Como defensor da ordem jurídica, cabe ao Ministério Público do Trabalho, no âmbito das suas atribuições e competência, preservar o adequado oferecimento da prestação jurisdicional trabalhista e zelar pelo cumprimento e respeito à coisa julgada, de modo a tomar as providências adequadas para o caso concreto.

***m)* suscitar conflitos de jurisdição.**

Alínea acrescentada pelo Decreto-lei n. 8.737, de 19.01.1946.

Este dispositivo está a referir-se, na verdade, ao conflito de competência, que pode ocorrer quando dois ou mais juízes declararem-se competentes, quando se considerarem incompetentes ou quando surgir uma controvérsia acerca da reunião ou separação de processos. O conflito, no caso, pode ser suscitado pelas partes, pelo juiz ou pelo Ministério Público do Trabalho, o qual, se não for o suscitante, será sempre ouvido a respeito do caso, de modo a emitir a sua manifestação (arts. 66 e 951, *caput* e parágrafo único, do CPC/2015 – arts. 115 e 116, *caput* e parágrafo único, do CPC/73).

Seção III
Da Competência das Procuradorias Regionais

Art. 747. Compete às Procuradorias Regionais exercer, dentro da jurisdição do Tribunal Regional respectivo, as atribuições indicadas na Seção anterior.

Veja arts. 83 a 115, LC n. 75, de 20.05.1993 (Anexo IV da CLT), que dispõem de modo diverso.

A atuação dos membros do Ministério Público, especialmente nas Procuradorias Regionais do Trabalho, ocorre não só judicialmente, ao atuar como *custos legis* e ao ajuizar ações civis públicas e outras medidas judiciais, mas também extrajudicialmente, ao instaurar inquéritos civis e outros procedimentos administrativos (art. 8º, § 1º, da Lei n. 7.347/85, e art. 84, II, da LC n. 75/93). Seus membros também podem atuar como mediadores e árbitros na solução dos conflitos de trabalho (arts. 83 e 84 da LC n. 75/93). O Ministério Público do Trabalho tem prestado importante serviço na área trabalhista como mediador/conciliador de conflitos coletivos de trabalho, resolvendo rapidamente a questão e evitando a demorada e incerta solução judicial.

Com a CF/88, que alçou o Ministério Público à função de defensor da ordem jurídica, do Estado democrático de direito e dos interesses da sociedade, e com a LC n. 75/93, que regulamentou as suas atribuições, a maior parte da atuação ministerial na área trabalhista ocorre fora dos processos, na investigação de denúncias de irregularidades trabalhistas e na obtenção de Termos de Ajustamento de Conduta (TACs) (art. 5º, § 6º, da Lei n. 7.347/85).

Entre outros temas, embasam a atuação do Ministério Público do Trabalho como órgão agente os direitos humanos fundamentais, como o meio ambiente do trabalho, a proibição do trabalho da criança e do adolescente, a proibição das diversas formas de discriminação – pelo sexo, por deficiência, por doença, pela cor e pela utilização do direito de ação –, a proibição do trabalho escravo, a moralidade administrativa – a necessidade de concurso público – e demais direitos difusos, coletivos e individuais homogêneos, como os relacionados a: terceirização, cooperativas de trabalho, assédio moral, greve em atividades essenciais, lides simuladas, indisponibilidade de bens e intervenção na administração empresarial, contribuições sindicais, eleições e intervenção judicial em sindicatos, trabalho do preso, comissões prévias de conciliação, tribunais arbitrais etc. No mais, aplicam-se às procuradorias regionais, *mutatis mutandis*, os comentários ao artigo anterior e alíneas.

Seção IV
Das Atribuições do Procurador-Geral

Art. 748. Como chefe da Procuradoria-Geral da Justiça do Trabalho, incumbe ao procurador-geral:

Caput *com redação dada pelo Decreto-lei n. 8.737, de 19.01.1946.*

Veja arts. 83 a 115, LC n. 75, de 20.05.1993 (Anexo IV da CLT), que dispõem de modo diverso.

Como chefe da Procuradoria-Geral do Trabalho – e não Procuradoria-Geral da Justiça do Trabalho –, incumbe ao procurador-geral do trabalho as novas atribuições fixadas no art. 91 da LC n. 75/93. Entre as inúmeras atribuições fixadas nos 24 incisos desse artigo, umas são de natureza administrativa e outras de caráter judicial e institucional. O sentido de chefia está voltado, na nova ordem institucional do Ministério Público, para as questões de cunho administrativo, porquanto, no que diz respeito à atuação institucional, os membros do Ministério Público, escudados no princípio da independência funcional, não recebem ordens sobre a forma de agir. Agem eles, como já salientado, de acordo com a lei e a consciência jurídica de cada um, respondendo, é certo, civil e criminalmente pelos excessos que vierem a cometer no exercício das suas funções (art. 181 do CPC/2015 – art. 85 do CPC/73 – art. 8º, § 1º, da LC n. 75/93). Cabe à Corregedoria-Geral do Ministério Público do Trabalho fiscalizar as atividades funcionais e a conduta dos membros da instituição (arts. 104 a 106 da LC n. 75/93).

a) **dirigir os serviços da Procuradoria-Geral, orientar e fiscalizar as Procuradorias Regionais, expedindo as necessárias instruções;**

Alínea com redação dada pelo Decreto-lei n. 8.737, de 19.01.1946.

Cabe ao procurador-geral do trabalho, no âmbito de todo o Ministério Público do Trabalho, praticar atos de gestão administrativa, financeira e pessoal, podendo delegar, como o faz, as atribuições de natureza administrativa e de representação da instituição aos procuradores-chefes das procuradorias regionais (arts. 91 e 92, II, da LC n. 75/93). No âmbito da Procuradoria-Geral, é ele auxiliado por um diretor-geral, que cuida das partes administrativa e orçamentária.

b) **funcionar nas sessões do Tribunal Superior do Trabalho, pessoalmente ou por intermédio do procurador que designar;**

Alínea com redação dada pelo Decreto-lei n. 8.737, de 19.01.1946.

Nos termos do art. 90 da LC n. 75/93, compete ao procurador-geral do trabalho exercer as funções atribuídas ao Ministério Público do Trabalho junto ao Plenário do TST, propondo as ações cabíveis e manifestando-se nos processos de sua competência.

c) **exarar o seu "ciente" nos acórdãos do Tribunal;**

Alínea com redação dada pelo Decreto-lei n. 8.737, de 19.01.1946.

Hoje não é mais atribuição exclusiva do procurador-geral tomar ciência das decisões judiciais no âmbito do TST; qualquer dos membros que lá atuam podem cumprir essa tarefa, como visto no comentário ao art. 746, *a*.

d) **designar o procurador que o substitua nas faltas e impedimentos e o chefe da secretaria da Procuradoria;**

Alínea com redação dada pelo Decreto-lei n. 8.737, de 19.01.1946.

Nos casos de impedimento, o procurador-geral do trabalho será substituído pelo seu vice, por ele nomeado, nos termos do art. 89 da LC n. 75/93. Em caso de vacância, exercerá o cargo o vice-presidente do Conselho Superior do MPT até o seu provimento definitivo. As diversas secretarias existentes na Procuradoria-Geral têm como responsável um chefe, nomeado pelo procurador-geral do trabalho. É também da sua incumbência designar o diretor-geral do MPT.

e) **apresentar, até o dia 31 de março, ao Ministro do Trabalho, Indústria e Comércio, relatório dos trabalhos da Procuradoria-Geral no ano anterior, com as observações e sugestões que julgar convenientes;**

Alínea com redação dada pelo Decreto-lei n. 8.737, de 19.01.1946.

Veja nota 1 na página XXI.

Esta disposição não foi acolhida pela nova ordem legal, visto que o Ministério Público do Trabalho não é mais um órgão subordinado ao Poder Executivo. Agora, cabe ao procurador-geral do trabalho encaminhar ao procurador-geral da República a proposta orçamentária do Ministério Público do Trabalho, após sua aprovação pelo Conselho Superior, e organizar a prestação de contas do exercício anterior, que também é encaminhada ao procurador-geral da República (art. 91, XIX e XX, da LC n. 75/93), o qual a remeterá à Auditoria Interna (Audin) e ao Tribunal de Contas da União para análise e aprovação, ou reprovação.

f) **conceder férias aos procuradores e demais funcionários que sirvam na Procuradoria e impor-lhes penas disciplinares, observada, quanto aos procuradores, a legislação em vigor para o Ministério Público Federal;**

Alínea com redação dada pelo Decreto-lei n. 8.737, de 19.01.1946.

É atribuição do procurador-geral do trabalho decidir sobre o processo disciplinar contra membro da carreira ou servidor dos serviços auxiliares, a fim de aplicar as sanções que sejam de sua competência e praticar atos de gestão administrativa, financeira e pessoal (art. 91, X e XXI, da LC n. 75/93).

g) **funcionar em Juízo, em primeira instância, ou designar os procuradores que o devam fazer;**

Alínea com redação dada pelo Decreto-lei n. 8.737, de 19.01.1946.

Ordinariamente, a atuação em primeira instância incumbe aos procuradores do trabalho, e, para tanto, podem ser nomeados outros membros da carreira, mediante aprovação do Conselho Superior (art. 112 da LC n. 75/93).

h) **admitir e dispensar o pessoal extranumerário da secretaria e prorrogar o expediente remunerado dos funcionários e extranumerários.**

Alínea com redação dada pelo Decreto-lei n. 8.737, de 19.01.1946.

Conforme já foi aludido, é atribuição do procurador-geral do trabalho praticar atos de gestão administrativa, financeira e pessoal; está adstrito, porém, aos princípios que regem a Administração Pública, insculpidos no art. 37 da CF, especialmente no que diz respeito à admissão e exoneração de servidores e membros. O ingresso na carreira – para membros e servidores – ocorre mediante a realização de concurso público, sendo ressalvadas as nomeações para cargos em comissão declarados em lei como de livre nomeação e de exoneração, além das contratações por tempo determinado para atender à necessidade temporária de excepcional interesse público, na forma da lei – esta última hipótese aplica-se somente no caso de servidor.

Seção V
Das Atribuições dos Procuradores

Art. 749. Incumbe aos procuradores com exercício na Procuradoria-Geral:

Caput *com redação dada pelo Decreto-lei n. 8.737, de 19.01.1946.*

Veja arts. 83 a 115, LC n. 75, de 20.05.1993 (Anexo IV da CLT), que dispõem de modo diverso.

Os subprocuradores-gerais do trabalho serão lotados nos ofícios na Procuradoria-Geral do Trabalho, onde exercerão, ordinariamente, as suas atribuições basicamente como *custos legis*. Mas é deles também a legitimidade para ajuizar ações originárias no TST, como dissídios coletivos, ações anulatórias de instrumentos coletivos, entre outras. Um subprocurador do trabalho pode também atuar fora do TST, por exemplo, na primeira ou na segunda instância trabalhista, desde que autorizado pelo Conselho Superior do MPT.

***a)* funcionar, por designação do procurador-geral, nas sessões do Tribunal Superior do Trabalho;**

Alínea com redação dada pelo Decreto-lei n. 8.737, de 19.01.1946.

Os subprocuradores-gerais do trabalho são designados para oficiar junto ao TST e podem, excepcionalmente, ser designados para oficiar em órgãos jurisdicionais diferentes do previsto para a categoria, mediante autorização do Conselho Superior.

***b)* desempenhar os demais encargos que lhes forem atribuídos pelo procurador-geral.**

Alínea com redação dada pelo Decreto-lei n. 8.737, de 19.01.1946.

Cabe aos subprocuradores-gerais do trabalho, privativamente, o exercício das funções de corregedor-geral do Ministério Público do Trabalho e de coordenador da Câmara de Coordenação e Revisão do Ministério Público do Trabalho. Também são eles designados para oficiar na Câmara de Coordenação e Revisão do MPT e em outros ofícios, conforme a necessidade de serviço, justificada no interesse público.

Parágrafo único. Aos procuradores é facultado, nos processos em que oficiarem, requerer ao procurador-geral as diligências e investigações necessárias.

Parágrafo com redação dada pelo Decreto-lei n. 8.737, de 19.01.1946.

No exercício de suas funções, têm os membros do Ministério Público, desde que seja observado o disposto no art. 8º, § 4º, da LC n. 75/93, a prerrogativa de requerer diretamente diligências e requisitar certidões, informações, exames, perícias etc., cuja recusa, retardamento ou omissão constitui crime punido com pena de reclusão de 1 a 3 anos, nos termos do art. 10 da Lei n. 7.347/85.

Seção VI
Das Atribuições dos Procuradores Regionais

Art. 750. Incumbe aos procuradores regionais:

Caput *com redação dada pelo Decreto-lei n. 8.737, de 19.01.1946.*

Veja arts. 83 a 115, LC n. 75, de 20.05.1993 (Anexo IV da CLT), que dispõem de modo diverso.

As atribuições dos antigos procuradores regionais passaram, a partir da LC n. 75/93, para a competência dos procuradores-chefes das Procuradorias Regionais do Trabalho (arts. 91, I, VI, XIII, XIV e XX, e 92, II, da LC n. 75/93).

***a)* dirigir os serviços da respectiva Procuradoria;**

Alínea com redação dada pelo Decreto-lei n. 8.737, de 19.01.1946.

Aos procuradores-chefes nas regionais incumbe representar o Ministério Público do Trabalho na respectiva região de atuação, organizar e assegurar a continuidade dos serviços na regional, praticar atos de gestão administrativa, financeira e pessoal – auxiliados por um secretário regional – e coordenar as atividades institucionais do órgão ministerial na região.

***b)* funcionar nas sessões do Tribunal Regional, pessoalmente ou por intermédio do procurador adjunto que designar;**

Alínea com redação dada pelo Decreto-lei n. 8.737, de 19.01.1946.

Nas sessões dos TRTs, funcionam ordinariamente os procuradores regionais do trabalho e, quando não existe número suficiente na regional, os procuradores do trabalho, designados pelo CSMPT (arts. 110 e 112 da LC n. 75/93). O procurador-chefe, além de poder atuar em qualquer sessão, tem atuação exclusiva nas sessões do pleno do respectivo tribunal, ao propor ações e recursos cabíveis e ao manifestar-se nos processos de sua competência.

_c)_ apresentar, semestralmente, ao procurador-geral, um relatório das atividades da respectiva Procuradoria, bem como dados e informações sobre a administração da Justiça do Trabalho na respectiva região;

Alínea com redação dada pelo Decreto-lei n. 8.737, de 19.01.1946.

Anualmente, o procurador-chefe elabora e encaminha um relatório ao procurador-geral do trabalho sobre a atuação administrativa e institucional da Procuradoria Regional do Trabalho respectiva, para compor o relatório geral e anual do Ministério Público do Trabalho.

_d)_ requerer e acompanhar perante as autoridades administrativas ou judiciárias as diligências necessárias à execução das medidas e providências ordenadas pelo procurador-geral;

Alínea com redação dada pelo Decreto-lei n. 8.737, de 19.01.1946.

Essas tarefas são atribuições de cada membro do Ministério Público do Trabalho nos processos, procedimentos administrativos e inquéritos civis em que atuam; porquanto, cada um tem autonomia e independência funcional no desempenho das funções institucionais.

_e)_ prestar ao procurador-geral as informações necessárias sobre os feitos em andamento e consultá-lo nos casos de dúvidas;

Alínea com redação dada pelo Decreto-lei n. 8.737, de 19.01.1946.

Como já foi aludido, o procurador-chefe oferece um relatório anual sobre a atuação da procuradoria regional e pode fornecer a qualquer momento outras informações requeridas não só pelo procurador-geral do trabalho, mas também pelo Conselho Superior, pela Corregedoria Geral e pela Câmara de Coordenação e Revisão da instituição. A consulta, no sentido subordinativo de que dispunha este dispositivo, não mais existe; pode haver, outrossim, a troca de ideias não só com o procurador-geral, mas entre os membros da instituição, inclusive com o fim de se buscar uniformidade de atuação.

f) **funcionar em juízo, na sede do respectivo Tribunal Regional;**

Alínea com redação dada pelo Decreto-lei n. 8.737, de 19.01.1946.

Como já foi aludido, a atribuição de funcionar em juízo é do membro designado para atuar no caso concreto, não obstante o próprio procurador-chefe também possa ter essa atuação, mediante critério objetivo ou para assegurar a participação do órgão nas aludidas sessões.

g) **exarar o seu "ciente" nos acórdãos do Tribunal;**

Alínea com redação dada pelo Decreto-lei n. 8.737, de 19.01.1946.

Essa incumbência é de qualquer dos membros da instituição e não somente do procurador-chefe. O *ciente* nos acórdãos é mero ato formal destinado à publicação dos mesmos acórdãos e deles não corre qualquer prazo para recurso ou outro ato processual. Os prazos têm início a partir da intimação pessoal ou pelo sistema PJe do membro sobre a decisão judicial (arts. 18, II, *h*, e 84, IV, da LC n. 75/93).

h) **designar o procurador que o substitua nas faltas e impedimentos e o secretário da Procuradoria.**

Alínea com redação dada pelo Decreto-lei n. 8.737, de 19.01.1946.

O substituto legal do procurador-chefe é um dos procuradores do trabalho ou um dos procuradores regionais do trabalho, designado pelo procurador-geral por Portaria específica.

Art. 751. Incumbe aos procuradores adjuntos das Procuradorias Regionais:

Caput *com redação dada pelo Decreto-lei n. 8.737, de 19.01.1946.*

Veja arts. 83 a 115, LC n. 75, de 20.05.1993 (Anexo IV da CLT), que dispõem de modo diverso.

Este artigo não foi recepcionado pela nova ordem legal, como visto anteriormente.

a) **funcionar por designação do procurador regional, nas sessões do Tribunal Regional;**

Alínea com redação dada pelo Decreto-lei n. 8.737, de 19.01.1946.

Nas sessões do TRT, atuam os membros designados pelo procurador-chefe, além dele próprio.

***b)* desempenhar os demais encargos que lhes forem atribuídos pelo procurador regional.**

Alínea com redação dada pelo Decreto-lei n. 8.737, de 19.01.1946.

As atribuições institucionais do Ministério Público do Trabalho nas regionais são desempenhadas pelos membros nomeados, após a aprovação em concurso público – procuradores do trabalho e procuradores regionais do trabalho.

Seção VII
Da Secretaria

Art. 752. A secretaria da Procuradoria-Geral funcionará sob a direção de um chefe designado pelo procurador-geral e terá o pessoal designado pelo Ministro do Trabalho, Indústria e Comércio.

Artigo com redação dada pelo Decreto-lei n. 8.737, de 19.01.1946.

Veja arts. 83 a 115, LC n. 75, de 20.05.1993 (Anexo IV da CLT), que dispõem de modo diverso.

Veja nota 1 na página XXI.

A secretaria da Procuradoria-Geral do Trabalho é dirigida pelo seu diretor-geral, de livre escolha e exoneração do procurador-geral do trabalho; incumbe àquele os serviços auxiliares de apoio técnico e administrativo à instituição. O pessoal dos serviços auxiliares do Ministério Público do Trabalho é organizado em quadro próprio de carreira, sob regime estatutário, para apoio técnico-administrativo adequado às atividades específicas da instituição na Procuradoria-Geral, nas Procuradorias Regionais do Trabalho e nos ofícios criados por lei, que estão sendo instalados nas principais cidades espalhadas por todo o Brasil.

Art. 753. Compete à secretaria:

Veja arts. 83 a 115, LC n. 75, de 20.05.1993 (Anexo IV da CLT), que dispõem de modo diverso.

Existem vários setores técnico-administrativos na Procuradoria-Geral e nas Procuradorias Regionais do Trabalho encarregados dos diversos serviços, uns de apoio meramente administrativo e outros voltados exclusivamente para a atividade-fim da instituição, que é a defesa da ordem jurídica, do regime democrático e dos interesses da sociedade. Estes últimos auxiliam diretamente os membros nas funções institucionais.

***a)* receber, registrar e encaminhar os processos ou papéis entrados;**

Para essas tarefas, há dois setores: o processual, que recebe os processos das Varas do Trabalho, dos TRTs e do TST, distribui-os aos membros e depois os devolve aos respectivos órgãos judiciais, atendendo os prazos legais; e o setor de protocolo, que recebe e distribui as correspondências que tramitam no âmbito ministerial.

***b)* classificar e arquivar os pareceres e outros papéis;**

Esses documentos são guardados pelo prazo de cinco anos, findo o qual poderão ser incinerados. Hoje, com a nova atividade de órgão agente, que consiste na investigação das denúncias recebidas, instaura o MPT procedimentos administrativos e inquéritos civis, bem como ajuíza as ações cabíveis, o que avoluma a quantidade de papel e já preocupa os administradores sobre os espaços necessários, embora alguns já estejam sendo armazenados eletronicamente.

***c)* prestar informações sobre os processos ou papéis sujeitos à apreciação da Procuradoria;**

A secretaria presta informações dos procedimentos administrativos, inquéritos civis e demais processos em tramitação aos membros e à população, salvo aqueles que correm em segredo de Justiça. Os procedimentos administrativos e os inquéritos civis não podem sair em carga para os inquiridos e advogados, pois se trata de procedimentos de natureza administrativa e inquisitorial tendentes a colher elementos de convicção com vistas à adequação de conduta ou ao ajuizamento da ação judicial pertinente. Podem os advogados, todavia, examiná-los em secretaria e obter cópias.

***d)* executar o expediente da Procuradoria;**

Todo o expediente burocrático da Procuradoria-Geral e dos procuradores regionais e ofícios incumbe aos servidores contratados mediante concurso público, embora possam alguns serviços inerentes à atividade-meio, como limpeza e vigilância, ser terceirizados. Nos termos do art. 8º, III, da LC n. 75/93, pode o Ministério Público do Trabalho requisitar da Administração Pública serviços temporários dos seus servidores, além de meios materiais necessários para a realização das atividades institucionais.

***e)* providenciar sobre o suprimento do material necessário;**

O material de consumo do Ministério Público do Trabalho é adquirido mediante processo licitatório e distribuído aos membros e aos servidores por meio de requisições.

***f)* desempenhar os demais trabalhos que lhes forem cometidos pelo procurador-geral, para melhor execução dos serviços a seu cargo.**

São inúmeras as tarefas que incumbem aos servidores do Ministério Público do Trabalho, que não poderão ser aqui listadas, por isso a necessidade premente de aumento do quadro de servidores, hoje deficiente na maioria das regionais, diante do aumento diário da atuação ministerial. Isso decorre do fato de que o Ministério Público do Trabalho é um dos ramos do Ministério Público da União que mais vem crescendo nos últimos anos, especialmente depois da Constituição de 1988, que o alçou a guardião dos direitos e dos interesses fundamentais no campo das relações de trabalho.

Art. 754. Nas Procuradorias Regionais, os trabalhos a que se refere o artigo anterior serão executados pelos funcionários para esse fim designados.

Veja arts. 83 a 115, LC n. 75, de 20.05.1993 (Anexo IV da CLT), que dispõem de modo diverso.

No que se refere às Procuradorias Regionais do Trabalho, aplicam-se, *mutatis mutandis*, tudo o que foi dito em termos de comentários ao artigo anterior e às suas alíneas, acrescendo-se, todavia, que a secretaria, no caso, é dirigida por um secretário regional, de livre escolha e exoneração do procurador-geral do trabalho, por indicação do procurador-chefe. A esse secretário incumbe os serviços auxiliares de apoio técnico e administrativo à instituição no âmbito local.

CAPÍTULO III
DA PROCURADORIA DE PREVIDÊNCIA SOCIAL

Seção I
Da Organização

Art. 755. A Procuradoria de Previdência Social compõe-se de um procurador-geral e de procuradores.

Art. 756. Para a nomeação do procurador-geral e dos demais procuradores atender-se-á ao disposto nos arts. 744 e 745.

Esta Seção foi tacitamente derrogada pelos arts. 83 a 115 da LC n. 75/93 (Anexo IV da CLT) e pelo Decreto-lei n. 72/66.

Seção II
Da Competência da Procuradoria

Art. 757. Compete à Procuradoria da Previdência Social:

Caput *com redação dada pelo Decreto-lei n. 8.737, de 19.01.1946.*

a) **oficiar, por escrito, nos processos que tenham de ser sujeitos à decisão do Conselho Superior de Previdência Social;**

Alínea com redação dada pelo Decreto-lei n. 8.737, de 19.01.1946.

b) **oficiar, por escrito, nos pedidos de revisão das decisões do mesmo Conselho;**

Alínea com redação dada pelo Decreto-lei n. 8.737, de 19.01.1946.

c) **funcionar nas sessões do mesmo Conselho, opinando verbalmente sobre a matéria em debate e solicitando as requisições e diligências que julgar convenientes, sendo-lhe assegurado o direito de vista do processo em julgamento, sempre que for suscitada questão nova, não examinada no parecer exarado;**

Alínea com redação dada pelo Decreto-lei n. 8.737, de 19.01.1946.

d) **opinar, quando solicitada, nos processos sujeitos à deliberação do Ministro de Estado, do Conselho Técnico do Departamento Nacional de Previdência Social ou do Diretor do mesmo Departamento, em que houver matéria jurídica a examinar;**

Alínea com redação dada pelo Decreto-lei n. 8.737, de 19.01.1946.

e) **funcionar, em primeira instância, nas ações propostas contra a União, no Distrito Federal, para anulação de atos e decisões do Conselho Superior de Previdência Social ou do Departamento Nacional de Previdência Social, bem como do Ministro do Trabalho, Indústria e Comércio, em matéria de previdência social;**

Alínea com redação dada pelo Decreto-lei n. 8.737, de 19.01.1946.

Veja nota 1 na página XXI.

f) **fornecer ao Ministério Público as informações por este solicitadas em virtude de ações propostas nos Estados e Territórios para execução ou anulação de atos e decisões dos órgãos ou da autoridade a que se refere a alínea anterior;**

Alínea com redação dada pelo Decreto-lei n. 8.737, de 19.01.1946.

g) **promover em juízo, no Distrito Federal, qualquer procedimento necessário ao cumprimento das decisões do Conselho Superior de Previdência Social e do Departamento Nacional de Previdência Social, bem como do**

Ministro do Trabalho, Indústria e Comércio, em matéria de previdência social;

Alínea com redação dada pelo Decreto-lei n. 8.737, de 19.01.1946.

Veja nota 1 na página XXI.

***h)* recorrer das decisões dos órgãos e autoridades competentes em matéria de previdência social e requerer revisão das decisões do Conselho Superior de Previdência Social, que lhe pareçam contrárias à lei.**

Alínea acrescentada pelo Decreto-lei n. 8.737, de 19.01.1946.

Esta Seção foi tacitamente derrogada pelos arts. 83 a 115 da LC n. 75/93 (Anexo IV da CLT) e pelo Decreto-lei n. 72/66.

Seção III
Das Atribuições do Procurador-Geral

Art. 758. Como chefe da Procuradoria da Previdência Social, incumbe ao Procurador-Geral:

Caput *com redação dada pelo Decreto-lei n. 8.737, de 19.01.1946.*

***a)* dirigir os serviços da Procuradoria, expedindo as necessárias instruções;**

Alínea com redação dada pelo Decreto-lei n. 8.737, de 19.01.1946.

***b)* funcionar nas sessões do Conselho Superior de Previdência Social, pessoalmente ou por intermédio do procurador que designar;**

Alínea com redação dada pelo Decreto-lei n. 8.737, de 19.01.1946.

***c)* designar o procurador que o substitua nas faltas e impedimentos e o chefe da Secretaria da Procuradoria;**

Alínea com redação dada pelo Decreto-lei n. 8.737, de 19.01.1946.

***d)* conceder férias aos procuradores e demais funcionários lotados na Procuradoria e impor-lhes penas disciplinares, observada, quanto aos procuradores, a legislação em vigor para o Ministério Público Feceral;**

Alínea com redação dada pelo Decreto-lei n. 8.737, de 19.01.1946.

***e)* funcionar em juízo, em primeira instância, ou designar os procuradores que devam fazê-lo;**

Alínea com redação dada pelo Decreto-lei n. 8.737, de 19.01.1946.

***f)* admitir e dispensar o pessoal extranumerário da Secretária e prorrogar o expediente renumerado dos funcionários e extranumerários;**

Alínea com redação dada pelo Decreto-lei n. 8.737, de 19.01.1946.

***g)* apresentar, até 31 de março de cada ano, ao Ministro do Trabalho, Indústria e Comércio, o relatório dos trabalhos da Procuradoria no ano anterior, com as observações e sugestões que julgar convenientes.**

Alínea com redação dada pelo Decreto-lei n. 8.737, de 19.01.1946.

Veja nota 1 na página XXI.

Esta Seção foi tacitamente derrogada pelos arts. 83 a 115 da LC n. 75/93 (Anexo IV da CLT) e pelo Decreto-lei n. 72/66.

Seção IV
Das Atribuições dos Procuradores

Art. 759. Aos procuradores e demais funcionários incumbe desempenhar os encargos que lhes forem cometidos pelo procurador-geral.

Parágrafo único. Aos procuradores é facultado, nos processos em que oficiarem, requerer ao procurador-geral as diligências e investigações necessárias.

Esta Seção foi tacitamente derrogada pelos arts. 83 a 115 da LC n. 75/93 (Anexo IV da CLT) e pelo Decreto-lei n. 72/66.

Seção V
Da Secretaria

Art. 760. A Procuradoria da Previdência Social terá uma Secretaria dirigida por um chefe designado pelo Procurador-Geral.

Artigo com redação dada pelo Decreto-lei n. 8.737, de 19.01.1946.

Art. 761. A Secretaria terá o pessoal designado pelo Ministro do Trabalho, Indústria e Comércio.

Artigo com redação dada pelo Decreto-lei n. 8.737, de 19.01.1946.

Veja nota 1 na página XXI.

Art. 762. À Secretaria da Procuradoria de Previdência Social compete executar serviços idênticos aos referidos no art. 753.

Esta Seção foi tacitamente derrogada pelos arts. 83 a 115 da LC n. 75/93 (Anexo IV da CLT) e pelo Decreto-lei n. 72/66.

TÍTULO X
DO PROCESSO JUDICIÁRIO DO TRABALHO

CAPÍTULO I
DISPOSIÇÕES PRELIMINARES

Art. 763. O processo da Justiça do Trabalho, no que concerne aos dissídios individuais e coletivos e à aplicação de penalidades, reger-se-á, em todo o território nacional, pelas normas estabelecidas neste Título.

As normas processuais trabalhistas são eminentemente territoriais e aplicam-se a todas as pessoas, brasileiros e estrangeiros residentes no país, empregados de embaixadas e de organismos internacionais. A CLT compreende leis de direito material e de direito processual do trabalho. O direito processual subdivide-se em diversos ramos: civil, penal e trabalhista.

O direito processual do trabalho é o ramo do direito processual comum destinado à solução judicial dos dissídios individuais e coletivos do trabalho que tem por objeto o estudo da jurisdição, da ação e do processo. O direito processual do trabalho, também denominado direito judiciário do trabalho – a CLT em seu Título X trata do processo judiciário do trabalho –, pode ser também definido como o conjunto de princípios e de normas que disciplinam a organização, jurisdição e competência dos tribunais do trabalho, seu funcionamento e os meios utilizados para processar e julgar os dissídios trabalhistas. Isso porque, como ramo da ciência jurídica, o direito processual do trabalho deles se informa para elaboração de suas normas.

As normas trabalhistas processuais são eminentemente públicas e estatais, sendo a Justiça do Trabalho o órgão do Poder Judiciário competente para aplicá-las. As normas processuais trabalhistas encontram-se na CLT, na CF, em inúmeras leis esparsas e na legislação processual subsidiária.

Art. 764. Os dissídios individuais ou coletivos submetidos à apreciação da Justiça do Trabalho serão sempre sujeitos à conciliação.

O princípio da conciliação que informa o processo do trabalho evidencia-se no *caput* deste artigo, que estabelece a norma de que todos os dissídios individuais e coletivos serão submetidos à mediação conciliadora dos juízes e dos tribunais trabalhistas. Assim, nos dissídios individuais, o juiz do trabalho é obrigado a formular às partes proposta de conciliação na audiência, antes da contestação, conforme prescreve o art. 846 da CLT e, após encerrar a instrução, antes de proferir a sentença, conforme art. 850 da CLT. Nos dissídios coletivos, o presidente do tribunal fará uma única proposta de conciliação prevista no art. 856 consolidado. A ausência das tentativas de conciliação pelo juiz poderá ser motivo de nulidade processual e devem tais tentativas ser consignadas no relatório da sentença.

§ 1º Para os efeitos deste artigo, os juízes e Tribunais do Trabalho empregarão sempre os seus bons ofícios e persuasão no sentido de uma solução conciliatória dos conflitos.

O magistrado deverá desempenhar sua mediação conciliatória utilizando dos seus bons ofícios e de sua capacidade de persuasão com vistas a uma solução apaziguadora dos conflitos.

§ 2º Não havendo acordo, o juízo conciliatório converter-se-á obrigatoriamente em arbitral, proferindo decisão na forma prescrita neste Título.

Somente após frustradas tentativas de conciliação é que o juízo conciliatório converter-se-á em juízo arbitral, no sentido jurisdicional, ao proferir decisão, isto é, a sentença na forma prescrita neste título. Celebrado o acordo, nos termos do art. 846, §§ 1º e 2º, da CLT, as partes poderão consignar as cláusulas e condições pactuadas, no *termo de acordo*, que porá fim ao processo, lavrando-se a ata na audiência com cláusula penal de inadimplemento, prazos e valores a serem pagos, local e data de pagamento. Em seguida, a Vara do Trabalho homologará o acordo, o qual terá valor de sentença irrecorrível, *ex vi* do disposto pelo art. 831, parágrafo único, da CLT, exceto com relação à Previdência Social.

§ 3º É lícito às partes celebrar acordo que ponha termo ao processo, ainda mesmo depois de encerrado o juízo conciliatório.

Mais ainda se reforça o valor do princípio conciliatório no processo trabalhista, conforme se verifica neste parágrafo, que autoriza às partes celebrar acordo que ponha fim ao processo em qualquer fase, mesmo depois de ser proferida a sentença.

Art. 765. Os Juízos e Tribunais do Trabalho terão ampla liberdade na direção do processo e velarão pelo andamento rápido das causas, podendo determinar qualquer diligência necessária ao esclarecimento delas.

O juiz detém o poder diretivo do processo, poder de agir de ofício, sem depender da iniciativa das partes. O art. 852-D, da CLT, no mesmo sentido, diz que o juiz dirigirá o processo com liberdade para determinar as provas a serem produzidas, de modo a poder limitar ou excluir as que considerar impertinentes ou protelatórias, para apreciá-las e utilizar-se de máximas de experiência e regras técnicas. O art. 370, parágrafo único, do CPC/2015 (art. 130 do CPC/73) consagra o poder diretivo do juiz, cabendo-lhe, "de ofício ou a requerimento da parte determinar as provas necessárias à instrução do processo, indeferindo as diligências inúteis ou meramente protelatórias".

Liberdade e poder diretivo do juiz não significa arbitrariedade nem abuso de autoridade, pois o juiz deverá "assegurar às partes igualdade de tratamento", conforme dispõe o art. 139, I, do CPC/2015 (art. 125, I, do CPC/73), e o princípio constitucional de isonomia das partes. O grande número de processos que hoje congestionam a Justiça do Trabalho dificulta o andamento rápido das causas, as quais deveriam ser julgadas mais prontamente, em uma ou duas audiências, em curto espaço de tempo. Essa urgência ocorre em razão da natureza salarial e alimentar dos pleitos trabalhistas, pois o trabalhador depende delas para sobreviver. Essa é a razão pela qual se instituiu o rito sumaríssimo para os processos de valor não superior a quarenta salários mínimos, conforme os arts. 852-A e segs. da CLT.

Art. 766. Nos dissídios sobre estipulação de salários, serão estabelecidas condições que, assegurando justos salários aos trabalhadores, permitam também justa retribuição às empresas interessadas.

A fixação de salários em dissídios coletivos de trabalho de natureza econômica tem suas regras fincadas na equidade, de sorte que se deve estabelecer equilíbrio na sentença normativa entre a justa remuneração do trabalhador e a possibilidade de retribuição econômica razoável ao empresário. Esse objetivo é mais facilmente alcançado pelas próprias partes em conflito, por meio da negociação coletiva, que é pressuposto legal para a instauração do dissídio coletivo, conforme dispõe o art. 616, § 4º, consolidado, e o art. 114, § 2º, da CF.

Art. 767. A compensação, ou retenção, só poderá ser arguida como matéria de defesa.

Artigo com redação dada pelo Decreto-lei n. 6.353, de 20.03.1944.

A compensação, forma de extinção de obrigações recíprocas, líquidas, fungíveis e da mesma natureza jurídica, tem no processo do trabalho essa restrição, ou seja, só pode ser arguida na contestação, sob pena de preclusão, e as dívidas têm de ser recíprocas, líquidas e da mesma natureza jurídica, ou seja, trabalhista e não civil. A retenção consiste no direito do credor de reter em sua posse legitimamente bens de propriedade do devedor até que este satisfaça a obrigação ou pague o valor do débito. Pode ocorrer a hipótese de retenção de salário prevista no art. 487, § 2º, da CLT, quando o empregado abandona o emprego sem dar aviso-prévio ao empregador. Tanto a retenção quanto a compensação somente podem ser arguidas na contestação e devem restringir-se a débitos de natureza trabalhista. Nesse sentido, temos as Súmulas ns. 18 e 48 do TST. O art. 477, § 5º, da CLT, estabelece outra restrição à compensação no momento da rescisão contratual: não pode exceder o valor-limite de um mês de remuneração.

O dispositivo não fala em reconvenção, que é instituto de direito processual civil (art. 343, *caput* e §§ 1º, 2º e 5º, do CPC/2015 – arts. 315 a 318 do CPC/73), enquanto a compensação e a retenção são de direito material. Admite-se a reconvenção no processo do trabalho, exceto no procedimento sumaríssimo, e não há necessidade de ser promovido em peça separada da petição inicial. A omissão da CLT quanto à reconvenção é suprida pela aplicação subsidiária do CPC naquilo que não for incompatível com o processo do trabalho (art. 769 da CLT).

Art. 768. Terá preferência em todas as fases processuais o dissídio cuja decisão tiver de ser executada perante o Juízo da falência.

Ao ser decretada a falência da empresa, todos os credores preferenciais ou quirografários deverão habilitar seus créditos no juízo universal da falência, onde serão arrecadados os bens patrimoniais da massa falida, para afinal serem rateados os créditos, uma vez aprovado o quadro geral de credores.

Os trabalhadores empregados gozam de privilégio em relação aos seus créditos e, para serem titulares, deles deverão ajuizar reclamação trabalhista na Justiça do Trabalho e só mediante sentença de liquidação, ou sentença líquida transitada em julgado, é que poderão habilitar devidamente, no juízo universal falimentar, seus créditos resultantes. É por essa razão que a lei dá preferência aos processos cujos créditos devam ser executados perante o juízo falimentar, a fim de agilizar a habilitação dos créditos trabalhistas em tramitação na Justiça do Trabalho, uma vez decretada a falência do empregador.

A Lei n. 11.101/2005 (Lei de Falência e Recuperação Judicial) e a LC n. 118, publicada na mesma data, introduziram grandes alterações nos arts. 448 e 449, §§ 1º e 2º, da CLT, e no art. 186 do CTN. Elas decorrem do fato de haver incompatibilidade entre as normas, que disciplinam a mesma matéria, ou de serem elas revogações expressas, como no caso da LC n. 118/2005, que deu nova redação ao art. 186 do CTN. Além disso, existe polêmica entre os autores sobre a inconstitucionalidade de algumas alterações ditadas pela Lei n. 11.101/2005. Assim, foi extinta a figura da concordata (preventiva e suspensiva) por essa lei, que instituiu a recuperação judicial da empresa, pelo que não pode mais subsistir o § 2º do art. 449 da CLT, conforme preveem os arts. 47 e 54 da Lei n. 11.101/2005.

Não pode prevalecer mais o disposto no § 1º do art. 449 consolidado, em razão da limitação a 150 salários mínimos para a preferência dos créditos trabalhistas, passando à classificação de quirografário o saldo excedente dos créditos trabalhistas acaso existentes no caso de falência da empresa, conforme previsão do art. 83, I e VI, *c*, da lei falimentar. O art. 83, § 4º, da Lei de Falência, autoriza a cessão do crédito trabalhista a terceiros, fato que repugna os princípios de proteção dos salários de natureza alimentar, irrenunciáveis e incessíveis, presumindo-se fraudulentos tais atos *ex vi* do art. 9º da CLT.

Assim, em princípio, permanece em vigor o *caput* do art. 449 consolidado, embora não exista mais concordata de empresa. Já quanto à sucessão de empregadores, prevista pelo art. 448 consolidado, foram introduzidas alterações pelo art. 141, II, da lei falimentar, que diz não haver sucessão do arrematante nas obrigações do devedor, "as derivadas da legislação do trabalho e as decorrentes de acidentes de trabalho", salvo as exceções previstas no art. 141, § 1º, I, II e III, do mesmo diploma (hipóteses para desconsideração da pessoa jurídica), que autoriza a execução pessoal dos sócios, sociedades controladoras ou seus representantes arrematantes.

No mesmo sentido está o art. 141, § 2º, da lei falimentar precitada, ao afirmar que os empregados do devedor contratados pelo arrematante serão admitidos mediante novos contratos de trabalho e que o arrematante não responde por obrigações decorrentes do contrato anterior.

Art. 769. Nos casos omissos, o direito processual comum será fonte subsidiária do direito processual do trabalho, exceto naquilo em que for incompatível com as normas deste Título.

Quanto à aplicação das normas processuais trabalhistas, bem como do direito material do trabalho, ainda na execução trabalhista, podemos encontrar três tipos de aplicação subsidiária: do CPC, art. 769 da CLT; aplicação subsidiária do direito material comum, civil, penal e comercial, art. 8º da CLT; e aplicação subsidiária da Lei de Execução Fiscal da Fazenda Nacional, Lei n. 6.830/80).

A CLT autoriza a aplicação subsidiária do CPC, no processo do trabalho, se forem preenchidos dois requisitos: a omissão das leis trabalhistas no caso concreto e a compatibilidade entre as leis processuais civis aplicáveis e o direito processual do trabalho. As normas processuais trabalhistas são aplicadas com base no princípio da subsidiariedade.

O direito processual comum é aplicável subsidiariamente ao direito processual do trabalho, nos termos do art. 769 da CLT, desde que haja omissão da CLT e seja a norma subsidiária compatível com os princípios do processo do trabalho e do direito do trabalho, uma vez que aquele tem natureza instrumental para realização ou atuação do direito material do trabalho.

Já o art. 8º, parágrafo único, da CLT, autoriza a aplicação subsidiária do direito material comum, direito civil, comercial, penal, naquilo que não for incompatível com os princípios do direito material do trabalho, em face da omissão legal da CLT. Igualmente, no processo de execução trabalhista, é autorizada a aplicação subsidiária da Lei de Execução Fiscal para cobrança judicial da dívida ativa da União, nos termos do art. 889 da CLT.

A Lei n. 6.830/80, atualmente, regula os executivos fiscais da União, sendo aplicável, no que couber, na execução trabalhista, quando a CLT for omissa. Aplicar o direito é submeter o caso concreto a uma norma jurídica mediante a utilização dos métodos de interpretação e das técnicas de integração do ordenamento jurídico.

CAPÍTULO II
DO PROCESSO EM GERAL

A EC n. 24, de 09.12.1999, substituiu a expressão Juntas de Conciliação e Julgamento, como órgãos da Justiça do Trabalho, pelas expressões Juízes do Trabalho e Varas do Trabalho, essas confirmadas posteriormente pela EC n. 45, de 08.12.2004.

Seção I
Dos Atos, Termos e Prazos Processuais

Art. 770. Os atos processuais serão públicos salvo quando o contrário determinar o interesse social, e realizar-se-ão nos dias úteis das 6 (seis) às 20 (vinte) horas.

A publicidade dos atos processuais trabalhistas integra o elenco das garantias constitucionais que asseguram ao jurisdicionado o acesso à jurisdição, o contraditório, a ampla defesa e o devido processo legal. Não se admite processo secreto ou em segredo de Justiça nos regimes democráticos, salvo, excepcionalmente, quando assim determinar o interesse público e para preservar a intimidade das pessoas da família, segundo dispõem o art. 189, I e II, do CPC/2015 (art. 155, I e II, do CPC/73), e o art. 93, IX, da CF.

Os atos processuais são acontecimentos voluntários praticados pelos sujeitos do processo. Os fatos processuais são acontecimentos involuntários ou fatos da natureza que acarretam efeitos no processo como a morte ou incapacidade das partes ou de seus procuradores. A teoria dos atos processuais estuda a forma, o tempo, o lugar, os prazos e as nulidades desses atos, os atos das partes, do juiz, do escrivão ou diretor da secretaria e outros atos processuais, como a distribuição, o registro e o valor da causa: matéria disciplinada pelos arts. 188 a 293 do

CPC/2015 (arts. 154 a 261 do CPC/73). Os atos, termos e prazos processuais são disciplinados pelos arts. 770 a 782 da CLT.

Parágrafo único. A penhora poderá realizar-se em domingo ou dia feriado, mediante autorização expressa do juiz ou presidente.

Os atos processuais trabalhistas devem ser praticados no horário das 6 às 20 horas, nos dias úteis, permitindo-se, excepcionalmente, a realização de penhora em domingos e feriados e sábados considerados dias não úteis, com expressa autorização do juiz.

Art. 771. Os atos e termos processuais poderão ser escritos a tinta, datilografados ou a carimbo.

Com as novas técnicas da informática e da transmissão de dados e de imagens e fac-símiles, os serviços da atividade jurisdicional deverão receber disciplina normativa atualizada, uma vez que já se encontram informatizadas quase todas as Varas do Trabalho, bem como os tribunais regionais e o TST. Nesse sentido, a Lei n. 9.800/99 autoriza a transmissão de dados e de fax ou fac-símiles nos atos processuais para suprir a petição escrita, de modo a condicionar a sua validade à juntada dos originais até cinco dias do prazo para a prática do ato respectivo. Se não houver prazo assinado na lei, os originais deverão ser protocolados em cinco dias a partir da data de recepção dos dados.

Art. 772. Os atos e termos processuais, que devam ser assinados pelas partes interessadas, quando estas, por motivo justificado, não possam fazê-lo, serão firmados a rogo, na presença de 2 (duas) testemunhas, sempre que não houver procurador legalmente constituído.

Termo é a redução gráfica ou escrita do ato processual. Muito embora haja prevalência de acentuada oralidade na prática dos atos processuais trabalhistas, todos os atos processuais das partes, do juiz, do advogado, das testemunhas e do perito deverão ser reduzidos a termo escrito na ata de audiência, segundo os princípios da publicação, da documentação e da certificação. Os atos e termos processuais poderão ser firmados a rogo, na presença de duas testemunhas, caso a parte que deveria firmá-los estiver impossibilitada, ou não tiver representante legal habilitado.

Art. 773. Os termos relativos ao movimento dos processos constarão de simples notas, datadas e rubricadas pelos chefes de secretaria ou escrivães.

Artigo com redação dada pela Lei n. 409, de 25.09.1948.

Diz este artigo que os atos processuais – manuscritos, datilografados ou lavrados a carimbo ou por outros meios idôneos, como a computação eletrônica – deverão, obrigatoriamente, ser datados e rubricados pelos serventuários responsáveis por sua realização, segundo o princípio da documentação.

Art. 774. Salvo disposição em contrário, os prazos previstos neste Título contam-se, conforme o caso, a partir da data em que for feita pessoalmente, ou recebida a notificação, daquela em que for publicado o edital no jornal oficial ou no que publicar o expediente da Justiça do Trabalho, ou, ainda, daquela em que for afixado o edital na sede da Junta, Juízo ou Tribunal.

Caput *com redação dada pela Lei n. 2.244, de 23.06.1954.*

Veja nota deste Capítulo.

Prazo é o tempo em que deve ser praticado o ato processual. Por ser o processo uma marcha para a frente, um encadeamento sucessivo de atos legalmente coordenados e ordenados, tendo por fim a obtenção de um provimento jurisdicional, é natural que tais atos devam ser praticados no mais breve espaço de tempo possível, a fim de obter-se a célere prestação jurisdicional. Assim, os atos processuais devem ser regulados no tempo, com vistas a evitar a perpetuação da lide e a realizar o ideal de justiça, uma vez que a justiça tardia é injustiça, mormente em processos trabalhistas em que se discute matéria de natureza alimentar. Eis a razão dos prazos processuais, que, quando são descumpridos, podem acarretar graves consequências como: a preclusão, a prescrição ou a decadência, o trânsito em julgado, a multa, a execução forçada, a perempção, a revelia e confissão, entre outras. De acordo com o art. 774, os prazos previstos no Título X da CLT contam-se a partir da intimação pessoal da parte, ou do momento em que for recebida a notificação postal, da data em que for publicado o ato no órgão oficial; ou se a intimação for feita por meio de edital, de sua afixação na sede do juízo. Segundo a linguagem utilizada na CLT, a notificação abrange a intimação e a citação.

Parágrafo único. Tratando-se de notificação postal, no caso de não ser encontrado o destinatário ou no de recusa de recebimento, o Correio ficará obrigado, sob pena de responsabilidade do servidor, a devolvê-la, no prazo de 48 (quarenta e oito) horas, ao Tribunal de origem.

Parágrafo acrescentado pelo Decreto-lei n. 8.737, de 19.01.1946.

Conforme a Súmula n. 16 do TST, ao ser expedida a notificação pelo correio, presume-se seu recebimento 48 horas depois. Por ter sido instituída pelo TST a presunção do recebimento da notificação, a prova do não recebimento constitui ônus do destinatário.

Art. 775. Os prazos estabelecidos neste Título serão contados em dias úteis, com exclusão do dia do começo e inclusão do dia do vencimento.

Caput *com redação dada pela Lei n. 13.467, de 13.07.2017.*

A alteração promovida pelo art. 775 supra se justifica, segundo o autor do projeto de lei, por acompanhar o critério de contagem dos prazos somente em dias úteis, previsto no *caput* do art. 219 do CPC/2015.

Agora, pois, os prazos no processo do trabalho serão contados em dias úteis, com exclusão do dia do começo e inclusão do dia do vencimento, podendo ser prorrogados nos casos previstos no § 1º do mesmo artigo. Os juízos e Tribunais do Trabalho, segundo regra consagrada pelo art. 765 da CLT terão ampla liberdade na direção do processo e velarão pelo andamento rápido das causas, podendo determinar qualquer diligência necessária ao esclarecimento delas.

Aqui também se confirma esse princípio, ampliando-se o poder do juiz para prorrogar os prazos processuais, pelo tempo estritamente necessário, ou em virtude de força maior devidamente comprovada. Pressupõe-se que o juiz preservará tratamento igualitário às partes, observados os requisitos legais de utilidade e necessidade.

Em caso de força maior devidamente comprovada ou justa causa, conforme o art. 223, § 1º, do estatuto processual civil, bem como o art. 501 da CLT. Excetuada a imprevidência da parte que exclui tanto a força maior trabalhista quanto a justa causa civilista.

Os prazos podem ser classificados em:

• peremptórios – aqueles fixados sem qualquer possibilidade de alteração, são inexoráveis, pois terminam no dia do seu vencimento (*dies ad quem*); são fatais;

• dilatórios – são os que admitem prorrogação pelo juiz em caso de comprovada necessidade.

A preclusão constitui-se na perda de uma faculdade ou de um direito processual pela inatividade do interessado no tempo oportuno e acarreta sua extinção. A preclusão pode ser:

• temporal: por decurso de tempo (p. ex., prazo recursal);

• lógica: incompatibilidade entre o ato que se deseja praticar e o anteriormente realizado;

• consumativa: indica a impossibilidade de se repetir um ato que já foi realizado.

As súmulas do TST nos auxiliam no estudo sobre os critérios estabelecidos para a contagem dos prazos. A Súmula n. 1 do TST dispõe: "Quando a intimação tiver lugar na sexta-feira, ou a publicação com efeito de intimação for feita nesse dia, o prazo judicial será contado da segunda-feira imediata, salvo se não houver expediente, caso em que fluirá do dia útil que se seguir".

A súmula explicita a regra legal (art. 775) de que os prazos não se iniciam nem vencem em dias não úteis. Para que a fluência do prazo tenha início, é necessário que as partes sejam intimadas (CPC, art. 269). É preciso distinguir o dia em que a intimação foi feita (*dies a quo*) com o dia em que se inicia a contagem do prazo; somente aquele é excluído porque (*dies a quo non computatur in terminum*) o dia da intimação não é computado no prazo. Vejam-se também as Súmulas ns. 16, 30 e 197 do TST.

Este artigo estabelece a regra de que os prazos processuais são contados com exclusão do dia do começo e inclusão do dia do vencimento. Deve-se, pois, distinguir os dois momentos:

- o primeiro (*dies a quo*) é o dia do início do prazo que ocorre a partir do momento em que o interessado toma conhecimento da intimação ou citação. Cabe aqui a parêmia *dies a quo non computatur in termino*, ou seja, o dia do começo nao é computado no prazo;
- o segundo momento é chamado de início da contagem do prazo, que ocorre no dia seguinte ao da notificação – intimação, citação – ou do início do prazo, e vai até o seu término (*dies ad quem*), que é o último dia do prazo processual. Aplica-se, então, o brocardo *dies ad quem computatur in termino*, isto é, o dia do vencimento é computado no prazo.

---

§ 1º Os prazos podem ser prorrogados, pelo tempo estritamente necessário, nas seguintes hipóteses:

Parágrafo renumerado e com redação dada pela Lei n. 13.467, de 13.07.2017.

I – quando o juízo entender necessário;

Inciso acrescentado pela Lei n. 13.467, de 13.07.2017.

II – em virtude de força maior, devidamente comprovada.

Inciso acrescentado pela Lei n. 13.467, de 13.07.2017.

Os juízos e Tribunais do Trabalho, segundo regra consagrada pelo art. 765 da CLT, terão ampla liberdade na direção do processo e velarão pelo andamento rápido das causas, podendo determinar qualquer diligência necessária ao esclarecimento delas. Aqui também se confirma esse princípio, ampliando-se o poder do juiz para prorrogar os prazos processuais, pelo tempo estritamente necessário, ou em virtude de força maior devidamente comprovada ou justa causa, conforme o art. 223, § 1º, do estatuto processual civil, bem como o art. 501 da CLT. Excetuada a imprevidência da parte que exclui tanto a força maior trabalhista quanto a justa causa civilista. Pressupõe-se que o juiz preservará tratamento igualitário às partes, observados os requisitos legais da utilidade e necessidade.

§ 2º Ao juízo incumbe dilatar os prazos processuais e alterar a ordem de produção dos meios de prova, adequando-os às necessidades do conflito de modo a conferir maior efetividade à tutela do direito.

Parágrafo acrescentado pela Lei n. 13.467, de 13.07.2017.

A lei faculta ao juiz dilatar os prazos processuais não peremptórios e alterar a ordem da produção probatória para tornar mais efetiva a tutela jurisdicional. No processo há prazos peremptórios e não peremptórios. Os peremptórios são inalteráveis, decorrem de norma de ordem pública e não podem sofrer alteração, como os prazos para contestar, embargos de declaração, e recorrer, embargos à execução.

Assim, a norma do § 2º do art. 775 só pode ser concernente aos prazos não peremptórios ou dilatórios. Somente nos casos expressos autorizados por lei, os prazos peremptórios podem ser prorrogados excepcionalmente, por exemplo, nos casos de "força maior", devidamente comprovada – art. 775, § 1º, da CLT.

A alteração nos meios de prova: os meios de prova são tradicionalmente estes: documentais, testemunhais e periciais. O art. 361 do CPC estabelece a seguinte ordem preferencial de produção de provas em audiência: a) esclarecimentos do perito e dos assistentes técnicos; b) depoimento do autor; c) depoimento do réu; d) inquirição de testemunhas.

O parágrafo único do art. 456 do mesmo Código permite ao Juiz ouvir primeiro as testemunhas do réu e depois do autor, "se as partes concordarem" nessa inversão. Independentemente de qual tenha sido a vontade do legislador ao redigir o § 2º como lidado, cumpre observar que é antiga a praxe no processo do trabalho de tomar-se depoimento em primeiro lugar, do réu e depois do autor, sempre que o ônus da prova incumbir ao réu.

Art. 775-A. Suspende-se o curso do prazo processual nos dias compreendidos entre 20 de dezembro e 20 de janeiro, inclusive.

Caput *acrescentado pela Lei n. 13.545, de 19.12.2017.*

Idêntica é a disposição do art. 220, *caput*, do CPC, que estabelece que será suspenso o curso dos prazos processuais no período de 20 de dezembro a 20 de janeiro; tal período corresponde ao recesso da Justiça Federal, instituído pela Lei n. 5.010/66.

§ 1º Ressalvadas as férias individuais e os feriados instituídos por lei, os juízes, os membros do Ministério Público, da Defensoria Pública e da Advocacia Pública e os auxiliares da Justiça exercerão suas atribuições durante o período previsto no *caput* deste artigo.

Parágrafo acrescentado pela Lei n. 13.545, de 19.12.2017.

Não se pode invocar a inconstitucionalidade dessa norma, face aos termos do art. 93, XII, da CF, que assegura que "a atividade jurisdicional será ininterrupta, sendo vedado férias coletivas nos juízos e tribunais de segundo grau", posto que seu § 1º dispõe que, ressalvadas as férias individuais e os feriados instituídos por lei, os juízes e membros do Ministério Público, da Defensoria Pública e da Advocacia Pública, assim como os auxiliares da justiça, exercerão suas atribuições durante o período previsto no *caput*.

---

§ 2º Durante a suspensão do prazo, não se realizarão audiências nem sessões de julgamento.

Parágrafo acrescentado pela Lei n. 13.545, de 19.12.2017.

Este § 2º do art. 775-A assevera que durante a suspensão do prazo (no recesso) não se realizarão audiências nem sessões de julgamento.

O vencimento dos prazos deverá ser sempre certificado nos autos pelo escrivão ou pelo diretor da Secretaria do órgão (art. 776 da CLT). Embora essa certificação não obrigue o juízo de admissibilidade *a quo* ou *ad quem*, a sua existência nos autos permite a verificação formal e rápida, quanto à tempestividade ou não do recurso cabível interposto.

Art. 776. O vencimento dos prazos será certificado nos processos pelos escrivães ou chefes de secretaria.

Artigo com redação dada pela Lei n. 409, de 25.09.1948.

Os prazos são suspensos e não interrompidos, segundo aplicação subsidiária do art. 178 do CPC/73 (dispositivo sem correspondente no CPC/2015) no sentido de que a suspensão acarreta a paralisação momentânea da contagem do prazo. Ao ser suprimida a causa suspensiva, o prazo continua a fluir.

Art. 777. Os requerimentos e documentos apresentados, os atos e termos processuais, as petições ou razões de recursos e quaisquer outros papéis referentes aos feitos formarão os autos dos processos, os quais ficarão sob a responsabilidade dos escrivães ou chefes de secretaria.

Artigo com redação dada pela Lei n. 409, de 25.09.1948.

Processo é termo equívoco, pois pode significar relação jurídica processual complexa, a compreender atos processuais praticados pelos sujeitos principais do processo (o juiz e as partes) ou pelos sujeitos especiais (os advogados e o Ministério Público), ou pelos sujeitos secundários (as testemunhas, os peritos, os serventuários da Justiça). Assim, o processo desenvolve-se e forma-se por meio dos atos processuais praticados pelos sujeitos que o integram.

O processo inicia-se com a petição inicial e com a contestação – inclusive as exceções, defesa indireta e preliminares, reconvenção, requerimentos das partes, provas documentais, periciais, testemunhais, termos processuais, ata de audiência – e termina com a sentença que o extingue, a qual pode ser atacada por recursos das partes.

Os autos do processo serão formados pelo conjunto dos atos processuais já enumerados. A juntada de petições ou requerimentos deverá ser autorizada por despacho do juiz. O processo é protocolado e distribuído para uma das Varas – onde há mais de uma –, autuado, enumerado e encapado, cujas folhas são numeradas e rubricadas pelo diretor da secretaria. Os autos do processo ficarão sob a responsabilidade dos diretores de secretaria na Justiça do Trabalho e dos escrivães nos cartórios do juízo cível.

Art. 778. Os autos dos processos da Justiça do Trabalho não poderão sair dos cartórios ou secretarias, salvo se solicitados por advogado regularmente constituído por qualquer das partes, ou quando tiverem de ser remetidos aos órgãos competentes, em caso de recurso ou requisição.

Artigo com redação dada pela Lei n. 6.598, de 01.12.1978.

O art. 778, em sua primitiva redação, não permitia a retirada dos autos da secretaria dos juízos respectivos, tendo em vista que as partes podiam postular sem advogado na Justiça do Trabalho. Tal dispositivo foi emendado pela Lei n. 6.598/78, de modo que podem os autos ser livremente examinados pelas partes e por seus procuradores, os quais podem retirá-los mediante carga e sob sua responsabilidade.

A Lei n. 4.215/63 já havia derrogado tacitamente o art. 778 para permitir, em casos de urgência, a postulação por advogado em juízo sem procuração (arts. 104, § 1º, e 107, II, do CPC/2015 – arts. 37 e 40, II, do CPC/73), que pode requerer vistas do processo. O art. 7º, XV, da Lei n. 8.906/94 (Estatuto da OAB) ampliou ainda mais os poderes dos advogados, mesmo sem procuração, ao conferir-lhes ampla liberdade para examinar processos que não estejam sujeitos a sigilo, os quais podem retirar dentro dos prazos legais. Se o prazo for comum às partes, somente mediante prévio ajuste poderão os seus procuradores retirar os autos, conforme art. 107, §§ 2º e 3º, do CPC/2015 (art. 40, § 2º, do CPC/73).

Art. 779. As partes, ou seus procuradores, poderão consultar, com ampla liberdade, os processos nos cartórios ou secretarias.

O art. 901, parágrafo único, da CLT – acrescido pela Lei n. 8.638/93 – dispõe que, salvo quando estiver correndo prazo comum aos procuradores das partes, será permitido ter vista dos autos fora do cartório ou da secretaria. Em consequência, pelo cotejo dos arts. 778 e 779, conclui-se que as partes não poderão retirar os autos da secretaria ou do cartório, mas, segundo o princípio da publicidade, poderão examinar livremente os autos em cartório, os quais só poderão ser retirados por advogado.

Art. 780. Os documentos juntos aos autos poderão ser desentranhados somente depois de findo o processo, ficando traslado.

Os documentos juntados aos autos só poderão ser desentranhados, mediante traslado, depois de findo o processo, salvo mediante autorização do juiz e após ser ouvida a parte contrária.

Art. 781. As partes poderão requerer certidões dos processos em curso ou arquivados, as quais serão lavradas pelos escrivães ou chefes de secretaria.

Caput *com redação ajustada nos termos da Lei n. 409, de 25.09.1948.*

São princípios de garantia processual: a publicidade, a certificação e a documentação. Assim, os atos processuais são públicos e documentados, de modo a constituir direito da parte o requerimento de certidão de atos processuais.

Parágrafo único. As certidões dos processos que correrem em segredo de justiça dependerão de despacho do juiz ou presidente.

Para obter a certidão, não é necessário despacho do juiz, exceto nos casos em que o processo corre em segredo de justiça, caso em que a expedição de certidão dependerá de despacho do juiz.

Art. 782. São isentos de selo as reclamações, representações, requerimentos, atos e processos relativos à Justiça do Trabalho.

O art. 782 perdeu eficácia com a EC n. 18/65, que aboliu o imposto do selo em requerimentos e atos processuais. Além disso, o princípio da gratuidade sempre vigorou no processo do trabalho, em razão da hipossuficiência do empregado, para possibilitar o seu acesso à jurisdição, sem o que não poderia exercer o direito de ação.

Seção II
Da Distribuição

Art. 783. A distribuição das reclamações será feita entre as Juntas de Conciliação e Julgamento, ou os Juízes de Direito do Cível, nos casos pre-

vistos no art. 669, § 1º, pela ordem rigorosa de sua apresentação ao distribuidor, quando o houver.

Veja nota deste Capítulo.

A competência da Vara do Trabalho ou juízo de direito é definida em decorrência da distribuição, nas localidades em que haja pluralidade de Varas do Trabalho ou juízes de direito. Assim, em uma cidade onde exista mais de uma Vara do Trabalho, ou mais de um juízo de direito, a competência será definida pelo critério de distribuição, conforme dispõe o art. 783 consolidado. A matéria também está disciplinada pelos arts. 713 a 716, 718, 731 e 841 da CLT.

Art. 784. As reclamações serão registradas em livro próprio, rubricado em todas as folhas pela autoridade a que estiver subordinado o distribuidor.

A distribuição tem várias finalidades: além de definir a competência da Vara ou juízo de direito, visa à equitativa repartição dos processos entre os diversos juízes da mesma jurisdição; evita, ainda, que as partes escolham o juízo de sua preferência mediante fraude. A distribuição será registrada em livro próprio e dá-se comprovante à parte ou ao seu procurador.

Art. 785. O distribuidor fornecerá ao interessado um recibo do qual constarão, essencialmente, o nome do reclamante e do reclamado, a data da distribuição, o objeto da reclamação e a Junta ou o Juízo a que coube a distribuição.

Veja nota deste Capítulo.

A partir do momento da distribuição, ocorre a suspensão da prescrição. Esse fato é documentado pelo recibo fornecido pelo distribuidor ao reclamante e do qual constarão os nomes das partes, a data de distribuição, o objeto da reclamação e a Vara ou juízo a que coube a distribuição.

Art. 786. A reclamação verbal será distribuída antes de sua redução a termo.

No caso de a reclamação ser feita verbalmente, a sua distribuição será feita antes de sua redução a termo pela secretaria da Vara ou cartório do juízo competente.

Parágrafo único. Distribuída a reclamação verbal, o reclamante deverá, salvo motivo de força maior, apresentar-se no prazo de 5 (cinco) dias, ao

cartório ou à secretaria, para reduzi-la a termo, sob a pena estabelecida no art. 731.

No prazo de cinco dias, o reclamante deverá comparecer ao juízo competente para o qual a reclamação foi distribuída, a fim de reduzi-la a termo (art. 840, § 2º, da CLT), sob pena de perda da capacidade postulatória, pelo prazo de seis meses, conforme estipula o art. 731 consolidado. A doutrina tem considerado tal penalidade inconstitucional por obstar o acesso à jurisdição, *ex vi* do art. 5º, XXXV, da CF.

Art. 787. A reclamação escrita deverá ser formulada em 2 (duas) vias e desde logo acompanhada dos documentos em que se fundar.

A petição escrita, formulada em duas vias, deverá vir acompanhada dos documentos em que se fundar; deve, ainda, atender aos requisitos do art. 840, § 1º, da CLT.

Art. 788. Feita a distribuição, a reclamação será remetida pelo distribuidor à Junta ou Juízo competente, acompanhada do bilhete de distribuição.

Veja nota deste Capítulo.

O bilhete fornecido pelo distribuidor identifica a Vara para a qual a reclamação foi distribuída, além de conter outros elementos da ação, como os nomes das partes e a data da distribuição, a fim de demonstrar à Vara que a reclamação foi a ela distribuída para respectiva redução a termo.

Seção III
Das Custas e Emolumentos

Seção com denominação dada pela Lei n. 10.537, de 27.08.2002.

Art. 789. Nos dissídios individuais e nos dissídios coletivos do trabalho, nas ações e procedimentos de competência da Justiça do Trabalho, bem como nas demandas propostas perante a Justiça Estadual, no exercício da jurisdição trabalhista, as custas relativas ao processo de conhecimento incidirão à base de 2% (dois por cento), observado o mínimo de R$ 10,64 (dez reais e sessenta e quatro centavos) e o máximo de quatro vezes o limite máximo dos benefícios do Regime Geral de Previdência Social, e serão calculadas:

Caput *com redação dada pela Lei n. 13.467, de 13.07.2017.*

I – quando houver acordo ou condenação, sobre o respectivo valor;
Inciso com redação dada pela Lei n. 10.537, de 27.08.2002.

II – quando houver extinção do processo, sem julgamento do mérito, ou julgado totalmente improcedente o pedido, sobre o valor da causa;
Inciso com redação dada pela Lei n. 10.537, de 27.08.2002.

III – no caso de procedência do pedido formulado em ação declaratória e em ação constitutiva, sobre o valor da causa;
Inciso com redação dada pela Lei n. 10.537, de 27.08.2002.

IV – quando o valor for indeterminado, sobre o que o juiz fixar.
Inciso com redação dada pela Lei n. 10.537, de 27.08.2002.

V – *(Suprimido pela Lei n. 10.537, de 27.08.2002.)*

A alteração introduzida pela Lei n. 13.467/2017 no art. 789, *caput,* da CLT estabelece um teto para o valor das custas. Esse teto corresponde a quatro vezes o limite máximo dos benefícios do Regime Geral da Previdência Social. As bases do cálculo constam dos incisos I a IV do art. 789 da CLT. Permanecem inalterados os §§ 1º a 4º desse dispositivo legal, bem como os arts. 789-A e 789-B, § 1º, da CLT.

As custas processuais constituem parte das despesas processuais pagas pelas partes, por força de lei, para postulação em juízo e como retribuição aos serviços prestados pelo Estado. Além das custas, incluem-se nessas despesas os honorários advocatícios e periciais, as multas e outros. As custas têm natureza jurídica tributária reconhecida pelo STF como taxa de serviços judiciários e só podem ser criadas ou alteradas por força de lei, segundo a CF (art. 150, I).

A nova redação do art. 789 simplificou o cálculo das custas ao fixar o percentual de 2% sobre o valor fixado – tanto nos dissídios individuais como nos dissídios coletivos –, observado o valor mínimo de R$ 10,64, conforme o art. 789, I a IV e parágrafos, da Consolidação.

Na Justiça Estadual, no exercício da jurisdição trabalhista, as custas são as previstas no art. 789 da CLT e não as fixadas na lei estadual. Foi alterado o prazo para pagamento das custas no caso de recurso, que devem ser recolhidas dentro do prazo recursal. Não há mais a exigência de recolhimento antecipado das custas pelo empregador no caso de inquérito judicial para apuração de falta grave. As custas serão as mesmas tanto nos procedimentos ordinários quanto nos especiais: mandado de segurança, ação rescisória e inquérito judicial para apuração de falta grave, como também nos dissídios individuais de rito sumaríssimo. As bases de cálculo das custas serão conforme estipulado nos incisos I a IV.

§ 1º As custas serão pagas pelo vencido, após o trânsito em julgado da decisão. No caso de recurso, as custas serão pagas e comprovado o recolhimento dentro do prazo recursal.

Parágrafo com redação dada pela Lei n. 10.537, de 27.08.2002.

No processo do trabalho, a matéria relativa a custas é disciplinada de maneira diversa daquela adotada pelo CPC/73. Não há pagamento antecipado de custas pelo autor. As custas são pagas pelo vencido, ao final, exceto no caso de recurso, quando deverão ser recolhidas dentro do prazo recursal e não mais no prazo de cinco dias após a interposição do recurso, como constava da redação anterior, revogada. A Súmula n. 36 do TST determina que, nas ações plúrimas, as custas incidam sobre o respectivo valor global. O recorrente tem de recolher as custas dentro do prazo recursal como também tem de comprovar esse recolhimento, conforme a Instrução Normativa n. 20/2002 do TST, mediante guias de Documento de Arrecadação de Receitas Federais (Darf). O valor do recolhimento das custas é taxativo e não se admite recolhimento de valor inferior ao devido ainda que mínimo, sob pena de ser indeferido o recurso por deserção.

§ 2º Não sendo líquida a condenação, o juízo arbitrar-lhe-á o valor e fixará o montante das custas processuais.

Parágrafo com redação dada pela Lei n. 10.537, de 27.08.2002.

Nas hipóteses de condenação de valor ilíquido, o juiz deverá fixar o montante das custas sobre o valor arbitrado, conforme determina o art. 832, § 2º, da CLT. Se as custas não forem previamente calculadas e fixadas pelo juiz na decisão, não poderão ser exigidas do recorrente, inexistindo deserção. Nesse sentido, é a Súmula n. 53 do TST: "O prazo para pagamento das custas, no caso de recurso, é contado da intimação do cálculo".

§ 3º Sempre que houver acordo, se de outra forma não for convencionado, o pagamento das custas caberá em partes iguais aos litigantes.

Parágrafo com redação dada pela Lei n. 10.537, de 27.08.2002.

Na hipótese de acordo, as partes costumam convencionar sobre quem arcará com as custas, mas, se nada for convencionado, as custas serão atribuídas em partes iguais aos litigantes.

§ 4º Nos dissídios coletivos, as partes vencidas responderão solidariamente pelo pagamento das custas, calculadas sobre o valor arbitrado na decisão, ou pelo Presidente do Tribunal.

Parágrafo com redação dada pela Lei n. 10.537, de 27.08.2002.

A lei não discrimina o tipo de dissídio, seja de natureza econômica, seja de natureza jurídica, seja de greve. A responsabilidade solidária das partes vencidas não significa que as custas serão rateadas entre aquelas, mas sim que poderão ser exigidas de quaisquer das partes integralmente. A parte que pagou as custas poderá exigir o ressarcimento das demais.

§§ 5º a 10. *(Suprimidos pela Lei n. 10.537, de 27.08.2002.)*

Art. 789-A. No processo de execução são devidas custas, sempre de responsabilidade do executado e pagas ao final, de conformidade com a seguinte tabela:

Caput *acrescentado pela Lei n. 10.537, de 27.08.2002.*

I – autos de arrematação, de adjudicação e de remição: 5% (cinco por cento) sobre o respectivo valor, até o máximo de R$ 1.915,38 (um mil, novecentos e quinze reais e trinta e oito centavos);

Inciso acrescentado pela Lei n. 10.537, de 27.08.2002.

II – atos dos oficiais de justiça, por diligência certificada:

Inciso acrescentado pela Lei n. 10.537, de 27.08.2002.

***a)* em zona urbana: R$ 11,06 (onze reais e seis centavos);**

Alínea acrescentada pela Lei n. 10.537, de 27.08.2002.

***b)* em zona rural: R$ 22,13 (vinte e dois reais e treze centavos);**

Alínea acrescentada pela Lei n. 10.537, de 27.08.2002.

III – agravo de instrumento: R$ 44,26 (quarenta e quatro reais e vinte e seis centavos);

Inciso acrescentado pela Lei n. 10.537, de 27.08.2002.

IV – agravo de petição: R$ 44,26 (quarenta e quatro reais e vinte e seis centavos);

Inciso acrescentado pela Lei n. 10.537, de 27.08.2002.

V – embargos à execução, embargos de terceiro e embargos à arrematação: R$ 44,26 (quarenta e quatro reais e vinte e seis centavos);

Inciso acrescentado pela Lei n. 10.537, de 27.08.2002.

VI – recurso de revista: R$ 55,35 (cinquenta e cinco reais e trinta e cinco centavos);

Inciso acrescentado pela Lei n. 10.537, de 27.08.2002.

VII – impugnação à sentença de liquidação: R$ 55,35 (cinquenta e cinco reais e trinta e cinco centavos);

Inciso acrescentado pela Lei n. 10.537, de 27.08.2002.

VIII – despesa de armazenagem em depósito judicial – por dia: 0,1% (um décimo por cento) do valor da avaliação;

Inciso acrescentado pela Lei n. 10.537, de 27.08.2002.

IX – cálculos de liquidação realizados pelo contador do juízo – sobre o valor liquidado: 0,5% (cinco décimos por cento) até o limite de R$ 638,46 (seiscentos e trinta e oito reais e quarenta e seis centavos).

Inciso acrescentado pela Lei n. 10.537, de 27.08.2002.

As custas na execução somente serão pagas ao final, conforme dispõe, expressamente, o art. 789-A. Assim, para recorrer na execução, o executado não terá de pagar custas, fato que pode ensejar a multiplicação de recursos e expedientes protelatórios. Além disso, os valores estipulados na execução são fixos, segundo tabela constante dos incisos I a IX, só podendo ser modificados por lei federal. Não podem ser cobradas custas por serviços prestados por contadores, peritos e depositários particulares, não servidores públicos, que terão seus honorários fixados pelo juiz.

Art. 789-B. Os emolumentos serão suportados pelo Requerente, nos valores fixados na seguinte tabela:

Caput *acrescentado pela Lei n. 10.537, de 27.08.2002.*

I – autenticação de traslado de peças mediante cópia reprográfica apresentada pelas partes – por folha: R$ 0,55 (cinquenta e cinco centavos de real);

Inciso acrescentado pela Lei n. 10.537, de 27.08.2002.

II – fotocópia de peças – por folha: R$ 0,28 (vinte e oito centavos de real);

Inciso acrescentado pela Lei n. 10.537, de 27.08.2002.

III – autenticação de peças – por folha: R$ 0,55 (cinquenta e cinco centavos de real);

Inciso acrescentado pela Lei n. 10.537, de 27.08.2002.

IV – cartas de sentença, de adjudicação, de remição e de arrematação – por folha: R$ 0,55 (cinquenta e cinco centavos de real);

Inciso acrescentado pela Lei n. 10.537, de 27.08.2002.

V – certidões – por folha: R$ 5,53 (cinco reais e cinquenta e três centavos).

Inciso acrescentado pela Lei n. 10.537, de 27.08.2002.

Os emolumentos, ou taxas judiciárias, são cobrados por ocasião da extração de traslados e formação de instrumentos, autenticação de peças, fotocópias, extração de cartas de sentença, de adjudicação, de arrematação, de remição e expedição de certidões, conforme tabela constante dos incisos I a V.

Art. 790. Nas Varas do Trabalho, nos Juízos de Direito, nos Tribunais e no Tribunal Superior do Trabalho, a forma de pagamento das custas e emolumentos obedecerá às instruções que serão expedidas pelo Tribunal Superior do Trabalho.

Caput *com redação dada pela Lei n. 10.537, de 27.08.2002.*

Segundo o dispositivo legal, o TST é o órgão encarregado de regulamentar a forma de pagamento das custas e emolumentos nas Varas do Trabalho, nos Juízos de Direito, nos Tribunais Regionais e no TST. Com efeito, a Instrução Normativa n. 20/2002 do TST disciplinou a matéria: que o pagamento de custas e dos emolumentos deverá ser realizado mediante guias Darf em quatro vias, sendo ônus da parte realizar seu preenchimento correto. Autoriza o recolhimento de custas e de emolumentos por meio de Darf eletrônico, pela transferência eletrônica de fundos. As custas serão satisfeitas pelo vencido, após o trânsito em julgado da decisão. Em caso de recurso, a parte deverá recolher as custas e comprovar o seu pagamento no prazo recursal.

§ 1º Tratando-se de empregado que não tenha obtido o benefício da justiça gratuita, ou isenção de custas, o sindicato que houver intervindo no processo responderá solidariamente pelo pagamento das custas devidas.

Parágrafo com redação dada pela Lei n. 10.537, de 27.08.2002.

Caso não obtenha o empregado o benefício da isenção de custas ou de assistência judiciária gratuita, o sindicato que houver intervindo no processo responderá solidariamente pelo pagamento das custas.

§ 2º No caso de não pagamento das custas, far-se-á execução da respectiva importância, segundo o procedimento estabelecido no Capítulo V deste Título.

Parágrafo com redação dada pela Lei n. 10.537, de 27.08.2002.

As custas executam-se no próprio processo após o trânsito em julgado, caso a parte devedora não as pague. A execução está regulada pelos arts. 789-A e 876 e segs. e da CLT.

§ 3º É facultado aos juízes, órgãos julgadores e presidentes dos tribunais do trabalho de qualquer instância conceder, a requerimento ou de ofício, o benefício da justiça gratuita, inclusive quanto a traslados e instrumentos, àqueles que perceberem salário igual ou inferior a 40% (quarenta por cento) do limite máximo dos benefícios do Regime Geral de Previdência Social.

Parágrafo com redação dada pela Lei n. 13.467, de 13.07.2017.

A nova redação dada ao art. 790, § 3º, da CLT eliminou a possibilidade de a gratuidade na Justiça do Trabalho ser concedida com base na declaração subscrita pelo interessado de que não dispõe de recursos financeiros para suportar as despesas processuais sem sacrifício pessoal ou familiar. Qualquer dúvida que havia quanto a isso é dissipada pelo § 4º da norma legal que se refere à comprovação pela parte interessada de insuficiência de recursos financeiros. A norma cria um ônus formal e, portanto, um entrave para a pessoa que interessar ser beneficiária da justiça gratuita, ao substituir a sua declaração informal de próprio punho pela comprovação de insuficiência de recursos financeiros para o pagamento de custas processuais.

Nem o CPC é tão rigoroso, pois não exige essa comprovação, admitindo por força de presunção ser verdadeira a mera declaração feita por pessoa física – art. 99, § 3º, do CPC.

Nesse sentido é clara a justificativa do PL n. 6.787/2016 que considera a causa do problema o excesso de demandas na Justiça do Trabalho, a falta de onerosidade para ingressar com um ação, com ausência de sucumbência e a numerosa quantidade de pedidos de justiça gratuita. Daí a exigência de somente se conceder gratuidade aos que comprovarem receber salário igual ou inferior a 40% do limite máximo dos benefícios do Regime Geral da Previdência Social.

---

§ 4º O benefício da justiça gratuita será concedido à parte que comprovar insuficiência de recursos para o pagamento das custas do processo.

Parágrafo acrescentado pela Lei n. 13.467, de 13.07.2017.

A redação sugerida aos §§ 3º e 4º do art. 790 visa justamente dar efetividade ao princípio da gratuidade transcrevendo os termos da Constituição no § 4º; enquanto o § 3º exclui a presunção da insuficiência de recursos antes admitida por simples declaração de próprio punho feita por pessoa física.

Art. 790-A. São isentos do pagamento de custas, além dos beneficiários de justiça gratuita:

Caput *acrescentado pela Lei n. 10.537, de 27.08.2002.*

I – a União, os Estados, o Distrito Federal, os Municípios e respectivas autarquias e fundações públicas federais, estaduais ou municipais que não explorem atividade econômica;

Inciso acrescentado pela Lei n. 10.537, de 27.08.2002.

II – o Ministério Público do Trabalho.

Inciso acrescentado pela Lei n. 10.537, de 27.08.2002.

Além dos beneficiários da Justiça gratuita, estão também isentos do pagamento de custas a União, os estados, o Distrito Federal, os municípios e respectivas autarquias e fundações públicas, federais, estaduais ou municipais que não explorem atividade econômica e o Ministério Público do Trabalho. O art. 1º, VI, do Decreto-lei n. 779/69, isentava apenas a União do pagamento de custas. Agora, derrogando tacitamente tal dispositivo, o art. 790-A ampliou a abrangência da isenção de custas para incluir outras entidades de direito público, inclusive suas autarquias e fundações que não explorem atividade econômica. O Ministério Público do Trabalho também está isento de custas, sendo certo que já estava isento do preparo, segundo o art. 1.007, § 1º, do CPC/2015 (art. 511, § 1º, do CPC/73), de aplicação subsidiária.

Parágrafo único. A isenção prevista neste artigo não alcança as entidades fiscalizadoras do exercício profissional, nem exime as pessoas jurídicas referidas no inciso I da obrigação de reembolsar as despesas judiciais realizadas pela parte vencedora.

Parágrafo acrescentado pela Lei n. 10.537, de 27.08.2002.

Não estão isentas de custas as autarquias federais destinadas à fiscalização do exercício profissional, como OAB, Crea, CRM e CRC (OAB, Conselho Regional de Engenharia e Arquitetura, Conselho Regional de Medicina e Conselho Regional de Contabilidade, respectivamente). Não obstante, isentas do recolhimento das custas, as entidades mencionadas no inciso I do art. 790-A ficam obrigadas a reembolsar as despesas judiciais realizadas pela parte vencedora, como custas, despesas de viagens, honorários advocatícios, honorários periciais, entre outras.

Art. 790-B. A responsabilidade pelo pagamento dos honorários periciais é da parte sucumbente na pretensão objeto da perícia, ainda que beneficiária da justiça gratuita.

Caput *com redação dada pela Lei n. 13.467, de 13.07.2017.*

Justificativa do PL n. 6.787/2016: A redação revogada pela Lei n. 13.467/2017 previa como responsabilidade da parte sucumbente o pagamento de honorários periciais, salvo se beneficiário da justiça gratuita.

Diz o relator do projeto, ora convertido em lei, que "De fato é superlativo o número de ações temerárias em que a parte requer a realização de perícia, sem fundamento, apenas porque não decorrerá para ela qualquer ônus.

Agora, alterada a lei, na medida em que a parte tenha conhecimento de que terá de arcar com os custos da perícia, é de se esperar a diminuição dos pedidos sem fundamentação, uma vez que quando o pedido formulado é acolhido, a parte sucumbente que arca com a despesa, normalmente, é o empregador. A medida também reduzirá as despesas do Judiciário que não terá mais de arcar com as despesas com honorários periciais.

A isenção de honorários periciais aos beneficiários da assistência judiciária já vinha sendo deferida pela Lei n. 1.060/50, art. 3º, V, e pelo art. 5º, LXXIV, da CF, que a recepcionou. A previsão do art. 790-B da CLT dispensando a parte sucumbente do pagamento dos honorários advocatícios periciais, se beneficiário de Justiça gratuita, constitui corolário da garantia constitucional que assegura assistência jurídica integral e gratuita aos que comprovarem insuficiência de recursos. Assim, a parte sucumbente na pretensão relativa ao objeto da perícia deverá suportar o encargo dos honorários periciais, ainda que tenha vencido o processo na parte restante do pedido, salvo se beneficiária de Justiça gratuita.

---

§ 1º Ao fixar o valor dos honorários periciais, o juízo deverá respeitar o limite máximo estabelecido pelo Conselho Superior da Justiça do Trabalho.

Parágrafo acrescentado pela Lei n. 13.467, de 13.07.2017.

A Resolução n. 66 do CSJT, de 10.06.2010, art. 2º, atribui à União o pagamento dos honorários periciais, no caso de concessão de benefício de gratuidade da Justiça do Trabalho.

Aí estão estabelecidos os limites a serem respeitados pelo juiz, quando da fixação do valor dos honorários não somente do perito (arts. 156 a 158), mas também do tradutor e do intérprete (arts. 162 a 164).

---

§ 2º O juízo poderá deferir parcelamento dos honorários periciais.

Parágrafo acrescentado pela Lei n. 13.467, de 13.07.2017.

Se a parte sucumbente comprovar que não tem condições financeiras de pagar à vista os honorários periciais, poderá requerer o seu parcelamento, a critério do juiz da causa, ouvido o perito credor dos honorários.

---

§ 3º O juízo não poderá exigir adiantamento de valores para realização de perícias.

Parágrafo acrescentado pela Lei n. 13.467, de 13.07.2017.

Se havia alguma dúvida quanto à legalidade da aplicação no disposto do art. 95 do CPC que estatui: "Cada parte adiantará a remuneração do assistente técnico que houver indicado, sendo a do perito adiantada pela parte que houver requerido a perícia ou rateada quando a perícia for determinada de ofício ou requerida por ambas as partes". Agora que *habemus legem* propriamente não resta dúvida da sua ilegalidade ou descabimento.

Ainda antes já se considerava tal prática abusiva, arbitrária, sendo os arts. 82 a 95 do CPC incompatíveis com o processo do trabalho no qual vigora o princípio da gratuidade do procedimento. Mesmo para aqueles empregados que estiverem recebendo o benefício da justiça gratuita, agora mais difícil de ser obtida.

Exigir-se somente do empregador-réu essa antecipação seria consagrar tratamento desigual que viola o *caput* do art. 5º da CF e art. 139, I, do CPC. Agora, com o advento da Lei n. 13.467/2017, tornou-se incompatível com § 3º do art. 790-B da CLT o art 2º, § 2º, da Resolução n. 66/2010 do CSJT a exigência pelo juiz de adiantamento de valores destinados à realização de perícia.

---

§ 4º Somente no caso em que o beneficiário da justiça gratuita não tenha obtido em juízo créditos capazes de suportar a despesa referida no *caput*, ainda que em outro processo, a União responderá pelo encargo.

Parágrafo acrescentado pela Lei n. 13.467, de 13.07.2017.

Nos termos do art. 790-B da CLT, a responsabilidade pelo pagamento dos honorários periciais é da parte sucumbente na pretensão do objeto da perícia, ainda que beneficiária da justiça gratuita. Todavia, o § 4º do mesmo dispositivo legal excepciona aquela norma, para responsabilizar a União *ex vi legis*, para satisfazer o pagamento de honorários periciais da sucumbência quando a pessoa do sucumbente beneficiada com a justiça gratuita não tiver obtido em juízo crédito suficiente para pagar os honorários periciais.

Se o beneficiário não possuir condições de arcar com o pagamento dos honorários, sem prejuízo pessoal e de sua família, é justo que o perito receba tais honorários da União com fundamento nos arts. 5º, LXXIV, e 134 da CF.

Seção IV
Das Partes e dos Procuradores

Art. 791. Os empregados e os empregadores poderão reclamar pessoalmente perante a Justiça do Trabalho e acompanhar as suas reclamações até o final.

Os empregados e os empregadores podem postular pessoalmente na Justiça do Trabalho sem necessidade de advogado, pois os arts. 791, 793 e 839 da CLT conferem a eles o *jus postulandi*.

§ 1º Nos dissídios individuais os empregados e empregadores poderão fazer-se representar por intermédio do sindicato, advogado, solicitador, ou provisionado, inscrito na Ordem dos Advogados do Brasil.

Solicitadores e provisionados foram extintos pelo Estatuto da OAB. Podem também as partes no processo trabalhista postular por meio do sindicato, de advogado regularmente inscrito na OAB.

§ 2º Nos dissídios coletivos é facultada aos interessados a assistência por advogado.

Os sindicatos podem agir por si próprios ou com a assistência de advogados, uma vez que constitui prerrogativa daqueles a representação da categoria para instauração de dissídio coletivo, segundo o art. 857 consolidado.

§ 3º A constituição de procurador com poderes para o foro em geral poderá ser efetivada, mediante simples registro em ata de audiência, a requerimento verbal do advogado interessado, com anuência da parte representada.

Parágrafo acrescentado pela Lei n. 12.437, de 06.07.2011.

O novo preceito atende aos princípios característicos do processo do trabalho de informalidade e de simplificação dos procedimentos, gratuidade e celeridade. Não obstante seja facultado o *jus postulandi* aos empregados e empregadores, necessária, todavia, a presença de advogado nas questões jurídicas mais complexas e na interposição de recursos técnicos que exigem conhecimento do Direito e da jurisprudência.

O novo dispositivo legal autoriza de forma expressa a outorga de mandato na audiência, que a jurisprudência e a doutrina na prática já haviam consagrado como procuração *ad judicia* conferida *apud acta*.

Assim, a requerimento verbal do advogado, na própria audiência, com anuência da parte representada, pode ser consignado na ata de audiência o registro da constituição de procurador com poderes para o foro geral.

Ou seja, a parte comparece à audiência acompanhada de seu advogado e nessa ocasião requerem ao juiz sejam consignados em ata "os poderes da cláusula *ad judicia*" em nome do advogado.

Art. 791-A. Ao advogado, ainda que atue em causa própria, serão devidos honorários de sucumbência, fixados entre o mínimo de 5% (cinco por cento) e o máximo de 15% (quinze por cento) sobre o valor que resultar

da liquidação da sentença, do proveito econômico obtido ou, não sendo possível mensurá-lo, sobre o valor atualizado da causa.

Caput *acrescentado pela Lei n. 13.467, de 13.07.2017.*

Justificativa do Projeto de Lei: A inclusão do art. 791-A na CLT tem por objeto disciplinar o pagamento de honorários advocatícios na Justiça do Trabalho. O entendimento corrente no TST é o de que não são admissíveis os honorários de sucumbência na Justiça do Trabalho, nos termos da Súmula n. 215, em face do *jus postulandi*, ou seja, o direito de as partes ajuizarem reclamação sem assistência de advogado. A entrega da tutela jurisdicional consiste em dever do Estado, do qual decorre o direito de ação. Todavia, trata-se de dever a ser equilibrado contra impulso da demanda temerária.

Pretende-se com as alterações surgidas inibir a propositura de demandas baseadas em direitos ou fatos inexistentes. Da redução do abuso do direito de litigar advirá a garantia de maior celeridade nos casos em que efetivamente a intervenção do Judiciário se faz necessária, além de imediata redução de custos vinculados à Justiça do Trabalho. Além disso, o estabelecimento do sistema de sucumbência se coaduna com o princípio da boa-fé processual e tira o processo do trabalho de sua ultrapassada posição administrativista para os procedimentos dos demais ramos processuais em que vigora a teoria clássica de causalidade, segundo a qual quem é sucumbente deu causa ao processo indevidamente e deve arcar com os custos de tal conduta.

Com a nova lei, inaugura-se nova etapa histórica na Justiça do Trabalho. Essa nova realidade vai exigir que as partes tenham cuidado de não ajuizar ações com pedidos temerários e se desincumbam do ônus da prova sobre os fatos alegados no pedido e assim não sejam obrigados a pagar honorários advocatícios.

Daí decorrem os seguintes efeitos:

1) o advogado que estiver atuando em causa própria fará jus aos honorários de sucumbência;

2) os honorários serão fixados entre 5 e 15% sobre o valor apurado na liquidação de sentença, sobre o proveito econômico obtido ou, não sendo possível, mensurá-lo sobre o valor da causa atualizado;

3) no caso de assistência judiciária também haverá sucumbência, com vistas aos honorários de advogado.

Os critérios para fixação dos honorários advocatícios derivantes da sucumbência se encontram no § 2º do art. 791-A da CLT. Nos termos do art. 85 do CPC de aplicação subsidiária no processo do trabalho, conclui-se que os honorários advocatícios passam a integrar os denominados pedidos implícitos (como juros de mora, correção monetária etc.), razão pela qual podem ser concedidos *ex officio*, ou seja, mesmo que não tenham sido formulados expressamente no pedido. Tal interpretação vem sendo aceita pacificamente ao art. 85 do CPC.

Os honorários são devidos inclusive nos embargos de terceiro, conforme Súmula n. 303 do STJ. Não serão devidos entre outros casos: nos incidentes processuais em geral; nas exceções de incompetência, impedimento e suspeição (art. 799 da CLT); nos procedimentos de jurisdição voluntária (art. 719 do CPC); na ação de mandado de segurança (Súmula n. 512 do STF); nos dissídios coletivos (art. 856 da CLT).

---

§ 1º Os honorários são devidos também nas ações contra a Fazenda Pública e nas ações em que a parte estiver assistida ou substituída pelo sindicato de sua categoria.

Parágrafo acrescentado pela Lei n. 13.467, de 13.07.2017.

Assim, em duas situações também são devidos honorários derivados de sucumbência:

a) nas ações ajuizadas em face da Fazenda Pública;

b) nos processos em que a parte estiver assistida pelo sindicato de sua categoria, nos termos do art. 15 da Lei n. 5.584/70, devido a obrigatoriamente em casos de necessidade, em que o empregado não recebe salário superior ou igual a dois salários mínimos legais ou recebe salário superior a esse limite, mas comprove não possuir condições financeiras que lhe permitam demandar em juízo sem prejuízo de sua situação pessoal ou familiar. Os percentuais devidos são de 5 a 15% a título de honorários de sucumbência, nos termos do art. 791-A, *caput*, da CLT.

---

§ 2º Ao fixar os honorários, o juízo observará:

Parágrafo acrescentado pela Lei n. 13.467, de 13.07.2017.

I – o grau de zelo do profissional;

Inciso acrescentado pela Lei n. 13.467, de 13.07.2017.

II – o lugar de prestação do serviço;

Inciso acrescentado pela Lei n. 13.467, de 13.07.2017.

III – a natureza e a importância da causa;

Inciso acrescentado pela Lei n. 13.467, de 13.07.2017.

IV – o trabalho realizado pelo advogado e o tempo exigido para o seu serviço.

Inciso acrescentado pela Lei n. 13.467, de 13.07.2017.

O legislador adotou o mesmo critério utilizado no art. 85, § 2º, I a IV, do CPC, além de estabelecer em cinco incisos critérios minuciosos para fixação de honorários de advogado devidos pela Fazenda Pública no § 3º do art. 85 do CPC. Essa fixação deve observar os preceitos a seguir descrito: a) o grau de zelo do profissional; b) o lugar da prestação de serviço; c) a natureza e importância da causa; d) o trabalho realizado pelo advogado e o tempo exigido para o seu serviço, tal como previsto nos incisos I a IV do § 2º do mesmo preceito legal.

---

§ 3º Na hipótese de procedência parcial, o juízo arbitrará honorários de sucumbência recíproca, vedada a compensação entre os honorários.

Parágrafo acrescentado pela Lei n. 13.467, de 13.07.2017.

Assim, o risco decorrente do princípio da sucumbência, quando os pedidos forem acolhidos em parte, quer dizer que ambos os litigantes sucumbiram das pretensões deduzidas na causa. Como consequência, o juiz tem o dever de arbitrar honorários que serão pagos de uma parte à outra, sendo vedada a compensação. O art. 487, II, do CPC refere-se ao acolhimento e à rejeição do pedido como causa de extinção do processo mediante resolução do mérito. A lei fala em dever de o juiz arbitrar os honorários posto que a norma é imperativa: "o juiz arbitrará" – não se trata de mera faculdade a ele atribuída.

---

§ 4º Vencido o beneficiário da justiça gratuita, desde que não tenha obtido em juízo, ainda que em outro processo, créditos capazes de suportar a despesa, as obrigações decorrentes de sua sucumbência ficarão sob condição suspensiva de exigibilidade e somente poderão ser executadas se, nos dois anos subsequentes ao trânsito em julgado da decisão que as certificou, o credor demonstrar que deixou de existir a situação de insuficiência de recursos que justificou a concessão de gratuidade, extinguindo-se, passado esse prazo, tais obrigações do beneficiário.

Parágrafo acrescentado pela Lei n. 13.467, de 13.07.2017.

Em consequência, temos que, na forma do disposto pelo § 4º do art. 791-A da CLT, se o beneficiário da justiça gratuita ficar vencido (mesmo em parte) na causa, as obrigações oriundas da sua sucumbência ficarão sob condição suspensiva de exigibilidade, somente podendo ser executadas se, dentro de dois anos que se seguirem ao trânsito em julgado da decisão, o credor demonstrar que o beneficiário da justiça gratuita passou a ter condições financeiras para realizar o pagamento dos honorários advocatícios. Decorrido o prazo sem conseguir as condições, ficará extinta a exigibilidade do pagamento.

Todavia, se houver recebido em outro processo o suficiente para satisfazer a obrigação, a condição suspensiva da exigibilidade não ocorrerá. Se a natureza desses créditos for salarial, seriam impenhoráveis (art. 833, IV e § 2º, do CPC); se insuficientes ou já gastos, poderia ocorrer a hipótese do art. 40 da Lei n.

6.830/80, aplicável nas execuções trabalhistas, ou seja, a execução poderia ser promovida mediante penhora do dinheiro recebido em outro processo.

---

§ 5º São devidos honorários de sucumbência na reconvenção.
Parágrafo acrescentado pela Lei n. 13.467, de 13.07.2017.

Reconvenção: ação do réu em face do autor, no mesmo processo, em que ele é demandado. A matéria referida expressamente no § 5º do art. 791-A está disciplinada pelo CPC, conforme o art. 343 e parágrafos.

Pressuposto legal é existir causa pendente, porque a reconvenção é exercida dentro do mesmo processo pelo réu, ocasionando reunião de processos em que o réu vira autor e o autor vira réu. Deve ser apresentada na audiência, no momento da defesa do réu. Haverá identidade de procedimento, pois ação e reconvenção devem ser julgadas simultaneamente na mesma sentença, daí porque o procedimento tem de ser compatível para ambas as ações. Tem de haver conexão com a ação principal ou com o fundamento da defesa. Há necessidade de competência do mesmo juízo para ambas ações.

Os honorários advocatícios serão devidos também na reconvenção e a sua afixação nos termos do § 2º do mesmo dispositivo (art. 791-A da CLT), sendo vedada a sua compensação em caso de sucumbência recíproca, na forma do § 3º do art. 791-A da CLT.

Art. 792. (*Revogado pela Lei n. 13.467, de 13.07.2017.*)

Art. 793. A reclamação trabalhista do menor de 18 (dezoito) anos será feita por seus representantes legais e, na falta destes, pela Procuradoria da Justiça do Trabalho, pelo sindicato, pelo Ministério Público estadual ou curador nomeado em juízo.
Artigo com redação dada pela Lei n. 10.288, de 20.09.2001.

Já os menores de 14 a 18 anos poderão postular por meio de seus representantes legais e, na falta destes, por meio da Procuradoria Regional do Trabalho, pelo Sindicato, pelo Ministério Público Estadual; caso não seja possível, o juiz nomeará pessoa habilitada para funcionar como curador à lide, segundo nova redação do art. 793 consolidado. O art. 133 da CF estabelece que o advogado é indispensável à administração da Justiça, mas não ab-rogou o art. 791 da CLT, que faculta aos empregados e empregadores reclamarem pessoalmente em juízo, por se tratar esta de norma especial, não revogável por norma geral. Com efeito, o STF considerou inconstitucional o art. 1º da Lei n. 8.906/94, que considera o *jus postulandi* atividade privativa de advogado ou qualquer órgão do Poder Judiciário, e concede liminar em ADI no tocante à necessidade de advogado na Justiça do Trabalho e no juizado especial de pequenas causas, de modo a suspender a vigência do art. 1º, I, da Lei n. 8.906/94. Atualmente, é cada vez mais rara a hipótese de a parte postular em juízo desacompanhada de advogado, ainda mesmo porque a Constituição assegura assistência judiciária integral e gratuita aos necessitados, nos termos do art. 5º, LXXIV, que deverá ser prestada pela Defensoria Pública (art. 144 da CF) ou pelo sindicato (art. 14 da Lei n. 5.584/70), por advogado dativo nomeado pelo juiz (art. 5º, §§ 2º a 4º, da Lei n. 1.060/50), ou pelo Ministério Público (art. 17 da Lei n. 5.584/70).

Seção IV-A
Da Responsabilidade por Dano Processual

Seção acrescentada pela Lei n. 13.467, de 13.07.2017.

Art. 793-A. Responde por perdas e danos aquele que litigar de má-fé como reclamante, reclamado ou interveniente.

Artigo acrescentado pela Lei n. 13.467, de 13.07.2017.

Garantia do contraditório e boa-fé processual. A ampla liberdade para que as partes e seus procuradores defendam em juízo seus respectivos interesses, assegurados pelos princípios constitucionais do contraditório e de ampla defesa; deve desenvolver-se em conformidade com postulados éticos e morais.

Assim, a boa-fé, a lealdade e a veracidade processual são princípios éticos do processo que dizem respeito ao dever de todos os integrantes do processo, autor, réu e interveniente. Em razão disso, a norma jurídica em estudo impõe ao litigante de má-fé o dever de indenizar por perdas e danos.

Litigante de má-fé – a norma se aplica não só às partes, mas também aos terceiros em geral que intervierem na causa.

Art. 793-B. Considera-se litigante de má-fé aquele que:

Caput *acrescentado pela Lei n. 13.467, de 13.07.2017.*

I – deduzir pretensão ou defesa contra texto expresso de lei ou fato incontroverso;

Inciso acrescentado pela Lei n. 13.467, de 13.07.2017.

Atua de má-fé quem deduz alegação contrária ao texto de lei expresso ou a fato controverso, destituídas de fundamento porque não amparadas no sistema jurídico ou por contrariarem matéria fática não impugnada.

II – alterar a verdade dos fatos;

Inciso acrescentado pela Lei n. 13.467, de 13.07.2017.

Também a alteração intencional de matéria fática expondo os fatos em desconformidade com a verdade, configurando litigância de má-fé.

III – usar do processo para conseguir objetivo ilegal;
Inciso acrescentado pela Lei n. 13.467, de 13.07.2017.

A utilização do processo como meio para alcançar objetivo ilegal é outra forma de litigância de má-fé, pois revela falta de lealdade com a parte contrária e com a própria Justiça. O processo é meio de atuação do direito, não se prestando para fins escusos ou contrários à lei.

IV – opuser resistência injustificada ao andamento do processo;
Inciso acrescentado pela Lei n. 13.467, de 13.07.2017.

Constitui ato de má-fé. O processo constitui uma marcha para a frente e esgotados os prazos ocorre a preclusão. O art. 774, V, do CPC considera ato atentatório à dignidade da Justiça a oposição maliciosa à execução, mediante emprego de artifícios ardilosos. Ou seja, o executado está oferecendo resistência injustificada ao processo de execução (art. 80, IV, do CPC) ; há também penalidade prevista no art. 793-C da CLT.

V – proceder de modo temerário em qualquer incidente ou ato do processo;
Inciso acrescentado pela Lei n. 13.467, de 13.07.2017.

Proceder de modo temerário é agir com imprudência, precipitação, de modo arriscado, perigoso, audacioso, denotando má-fé e dolo com o objetivo de obter vantagem processual.

VI – provocar incidente manifestamente infundado;
Inciso acrescentado pela Lei n. 13.467, de 13.07.2017.

O incidente processual destituído de fundamento está ligado à má-fé, à falta de razoabilidade jurídica, erro grosseiro e inescusável.

VII – interpuser recurso com intuito manifestamente protelatório.
Inciso acrescentado pela Lei n. 13.467, de 13.07.2017.

Reputa-se litigância de má-fé a parte ou terceiro que interpõe recurso com o objetivo manifestamente protelatório. No caso de recursos trabalhistas, de natureza extraordinária, como o recurso de revista, os embargos e o recurso extraordinário, será menos difícil a configuração do recurso meramente protelatório, porquanto há diversas súmulas do TST e do STF vedando a interposição de recursos na situação que mencionam. Contrariadas essas súmulas sem fundamentação jurídica, a parte poderá ser considerada litigante de má-fé e o recurso interposto por ela ser reputado manifestamente protelatório.

Art. 793-C. De ofício ou a requerimento, o juízo condenará o litigante de má-fé a pagar multa, que deverá ser superior a 1% (um por cento) e inferior a 10% (dez por cento) do valor corrigido da causa, a indenizar a parte contrária pelos prejuízos que esta sofreu e a arcar com os honorários advocatícios e com todas as despesas que efetuou.

Caput *acrescentado pela Lei n. 13.467, de 13.07.2017.*

A multa estipulada deverá ser superior a 1% e inferior a 10% incidente sobre o valor da causa corrigida. Além da multa, o litigante de má-fé será condenado a indenizar a parte contrária pelos prejuízos a ela ocasionados, a pagar honorários advocatícios e todas as despesas por ela efetuadas em decorrência de ato de má-fé do adversário.

A pena é imposta pelo juiz a requerimento do interessado ou *ex officio*, sendo a lei impositiva. O dever de o litigante de má-fé pagar multa e indenizar a parte contrária pelos prejuízos está vinculado à prática dos atos enumerados no art. 793-B, I a VII, da CLT, não estando subordinado ao resultado do julgamento da causa. Assim, se vitorioso no mérito da causa, mas o réu opuser resistência injustificada ao andamento do processo, ainda assim sofrerá a condenação por litigância de má-fé, acaso lhe tenha sido imposta pelo juiz.

---

§ 1º Quando forem dois ou mais os litigantes de má-fé, o juízo condenará cada um na proporção de seu respectivo interesse na causa ou solidariamente aqueles que se coligaram para lesar a parte contrária.

Parágrafo acrescentado pela Lei n. 13.467, de 13.07.2017.

Se o ato de má-fé for praticado por mais de uma pessoa, o juiz condenará cada uma na proporção do seu interesse na causa, ou solidariamente, se os litigantes de má-fé se conluiaram para prejudicar a parte contrária.

---

§ 2º Quando o valor da causa for irrisório ou inestimável, a multa poderá ser fixada em até duas vezes o limite máximo dos benefícios do Regime Geral de Previdência Social.

Parágrafo acrescentado pela Lei n. 13.467, de 13.07.2017.

Se o valor da causa é irrisório ou inestimável, o valor da multa poderá ser fixado em até duas vezes o limite máximo da Previdência Social.

---

§ 3º O valor da indenização será fixado pelo juízo ou, caso não seja possível mensurá-lo, liquidado por arbitramento ou pelo procedimento comum, nos próprios autos.

Parágrafo acrescentado pela Lei n. 13.467, de 13.07.2017.

A liquidação por procedimento comum nada mais é do que a liquidação por artigos quando "houver necessidade de [...] provar fato novo" segundo os arts. 509, II, e 511 do CPC, combinados com o art. 789, § 1º, da CLT.

Art. 793-D. Aplica-se a multa prevista no art. 793-C desta Consolidação à testemunha que intencionalmente alterar a verdade dos fatos ou omitir fatos essenciais ao julgamento da causa.

Caput *acrescentado pela Lei n. 13.467, de 13.07.2017.*

A testemunha no início de sua inquirição judicial prestará compromisso de dizer a verdade do que souber ou lhe for perguntado, cumprindo ao juiz adverti-la de que incorrerá em sanção penal de falso testemunho, se fizer afirmação falsa, calar ou ocultar a verdade, conforme dispõe o art. 458 do CPC.

Parágrafo único. A execução da multa prevista neste artigo dar-se-á nos mesmos autos.

Parágrafo acrescentado pela Lei n. 13.467, de 13.07.2017.

Vindo a testemunha a alterar a verdade dos fatos ou omitir fatos essenciais ao julgamento da causa, o juiz aplicar-lhe-á a multa de 1 a 10% do valor da causa, na forma do art. 793-D da CLT.

Além disso, o falso testemunho constitui crime tipificado pelo art. 342 do CP, cuja pena é de reclusão, por dois anos, além de multa do Juízo Criminal.

Seção V
Das Nulidades

Art. 794. Nos processos sujeitos à apreciação da Justiça do Trabalho só haverá nulidade quando resultar dos atos inquinados manifesto prejuízo às partes litigantes.

Pas de nullité sans grief. Só haverá nulidade se dos atos impugnados resultar prejuízo às partes, é o que proclama o art. 794. Se não houver prejuízo processual – não de direito material –, relativo à defesa de quem o invoca, não cabe falar em nulidade.

Art. 795. As nulidades não serão declaradas senão mediante provocação das partes, as quais deverão argui-las à primeira vez em que tiverem de falar em audiência ou nos autos.

As nulidades a que se referem os arts. 794 a 798 da CLT são as relativas, em que prevalece o interesse privativo das partes. Já as nulidades absolutas devem ser declaradas *ex officio* pelo juiz, como impedimento do juiz de incompetência em razão da matéria. Por essa razão, tais nulidades devem ser arguidas pelas partes, sob pena de preclusão. Se elas não forem arguidas, haverá convalidação do ato. Em que momento deve a parte alegar a nulidade? Na primeira oportunidade que tiver de falar em audiência ou nos autos. Assim, nas alegações finais, na contestação, na defesa indireta – exceções e preliminares – por vista nos autos, em cartório, em razões de recurso.

§ 1º Deverá, entretanto, ser declarada *ex officio* a nulidade fundada em incompetência de foro. Nesse caso, serão considerados nulos os atos decisórios.

Este parágrafo apresenta, segundo a melhor doutrina e jurisprudência, lamentável equívoco do legislador. A incompetência em razão do lugar é relativa e prorrogável. Se não for invocada pela parte, será convalidada, e a Vara, que era incompetente em razão do lugar, passará a ser competente. A interpretação da palavra *foro*, presente no art. 795, § 1º, deve, pois, ser compreendida como incompetência absoluta em razão da matéria e não do lugar. No processo do trabalho, à exceção das nulidades absolutas declaráveis de ofício, as demais nulidades devem ser declaradas mediante provocação das partes na primeira oportunidade, isto é, na própria audiência, ou por vista nos autos, sob pena de preclusão. Segundo a Súmula n. 33 do STJ, "a incompetência relativa não pode ser declarada de ofício".

§ 2º O juiz ou Tribunal que se julgar incompetente determinará, na mesma ocasião, que se faça remessa do processo, com urgência, à autoridade competente, fundamentando sua decisão.

Nos casos de incompetência da Justiça do Trabalho, em razão da matéria, das pessoas ou do lugar, o juiz ordenará a remessa do processo à autoridade judiciária competente e fundamentará a sua decisão, sob pena de nulidade, conforme determina o art. 93, IX, da CF.

Art. 796. A nulidade não será pronunciada:
***a)* quando for possível suprir-se a falta ou repetir-se o ato;**

Por medida de economia processual, não se pronunciará a nulidade quando for possível suprir-se a falta ou repetir-se o ato.

***b)* quando arguida por quem lhe tiver dado causa.**

Ninguém pode beneficiar-se da própria torpeza – *nemo audiatur propriam turpitudinem allegans*. A nulidade não será pronunciada quando for arguida pela própria parte que lhe tenha dado causa. Existe uma ética processual segundo a qual as partes devem agir com lealdade e veracidade no processo, conforme arts. 14 e 17 do CPC/73 (arts. 77 e 80 do CPC/2015).

Art. 797. O juiz ou Tribunal que pronunciar a nulidade declarará os atos a que ela se estende.

Segundo os princípios da instrumentalidade e da utilidade e economia processual, o juiz, ao pronunciar a nulidade, declarará os atos a que ela se estende, de modo a aproveitarem-se os atos válidos praticados no processo que lhe sejam posteriores e que dele não sejam consequência.

Art. 798. A nulidade do ato não prejudicará senão os posteriores que dele dependam ou sejam consequência.

Pelo princípio da utilidade *utile per inutile non vitiatur*, devem ser aproveitados pelo juiz os atos válidos praticados no processo desde que sejam posteriores e não dependentes dos atos anulados.

Seção VI
Das Exceções

Art. 799. Nas causas da jurisdição da Justiça do Trabalho, somente podem ser opostas, com suspensão do feito, as exceções de suspeição ou incompetência.

Caput *com redação dada pelo Decreto-lei n. 8.737, de 19.01.1946.*

Por influência do CPC de 1939, o vocábulo *exceção*, muitas vezes, é utilizado em sentido amplo, como sinônimo de defesa. Quando a exceção assume esse sentido, os doutrinadores costumam classificá-la de acordo com os seguintes critérios:

1) segundo a natureza das questões deduzidas na defesa: a) exceção substancial – refere-se à alegação, pelo réu, de fatos que não põem fim à ação, porém, eliminam seus efeitos (por exemplo: prescrição; compensação; retenção etc.), são também denominados de prejudiciais de mérito; b) exceção processual – seria a defesa que se dirige contra o processo e a admissibilidade da ação (por exemplo: hipóteses descritas no art. 485 do CPC/2015);

2) segundo os efeitos produzidos: a) exceção dilatória – busca procrastinar o curso do processo e adiar a prolação da sentença de mérito (por exemplo, exceções de suspeição e impedimento do juiz); b) exceção peremptória – é a que põe fim ao processo, com ou sem exame de mérito, quando acolhida;

3) segundo o conhecimento da defesa pelo juiz: a) objeção – defesa que pode ser conhecida de ofício pelo juiz (por exemplo, incompetência absoluta e coisa julgada); b) exceção em sentido estrito – defesa que só pode ser conhecida quando alegada pela parte (incompetência relativa e suspeição); a sistemática do CPC/2015, ao contrário do que ocorria no Código de 1939, adotara o termo *exceção* em sentido estrito, assim considerando apenas as alegações de impedimento e suspeição, ou seja, exceções dilatórias; as demais defesas indiretas seriam opostas como preliminares da contestação, inclusive no que tange à incompetência absoluta e relativa (arts. 64, *caput* e § 1º, e 337, II, do CPC/2015). Convém salientar que, entre as alterações ocorrida com o CPC/2015, está o fato de que, para o processo civil, a incompetência relativa passou a ser oposta como preliminar na contestação, conforme se verifica no art. 64 do CPC/2015, segundo o qual tanto a incompetência absoluta quanto a relativa serão alegadas como questão preliminar na peça contestatória. Vale lembrar que a CLT tem regra própria sobre o assunto e, por isso mesmo, na seara trabalhista a incompetência relativa continua a ser arguida por meio de exceção.

Era criticável a postura adotada pelo CPC/73 de alocar as exceções no capítulo que tratava da resposta do réu. Com efeito, não era somente o réu que poderia opor exceções, já que tinha o autor igual direito. O CPC/2015 adotou sistemática diferente e estabeleceu um capítulo próprio para o impedimento e a suspeição (arts. 144 a 148 do CPC/2015), incluindo o processamento da exceção apartada do capítulo referente à contestação.

O artigo em comento determina que haverá a suspensão do feito quando forem opostas as exceções de suspeição e de incompetência e silencia quanto à exceção de impedimento. Isso se deve ao fato de o dispositivo em análise ter sido escrito sob a égide do CPC de 1939, que não distinguia expressamente suspeição de impedimento. Assim, deve-se concluir que, no processo do trabalho, as exceções de impedimento também suspenderão o andamento do processo. Note-se que o art. 313, III, do CPC/2015, também preconiza a suspensão do processo quando for oposta exceção de incompetência do juízo, da câmara ou do tribunal, bem como de suspeição e de impedimento do juiz.

A suspensão estabelecida pela lei faz-se necessária para que não haja risco de um juiz suspeito ou impedido tomar decisões processuais que afetem o interesse das partes e, pior ainda, firam de morte a segurança que o jurisdicionado deve ter em ver sua ação julgada por magistrado imparcial – pressuposto processual subjetivo. A parte que argui a exceção é denominada excipiente e a parte contrária, exceto. Se forem opostas mais de uma exceção dilatória em um mesmo processo, deve, primeiramente, ser apreciada a exceção de impedimento, depois a de suspeição.

O art. 337, II, do CPC/2015 fixa que a incompetência relativa será arguida como preliminar na contestação. A CLT possui regra própria sobre a matéria, portanto, deve-se aplicar o diploma celetista em detrimento do texto processual civil. Em suma, para a CLT, a incompetência relativa continua a ser invocada na forma de exceção.

---

§ 1º As demais exceções serão alegadas como matéria de defesa.

Parágrafo com redação dada pelo Decreto-lei n. 8.737, de 19.01.1946.

Mais uma vez, alertamos para a data da redação do mencionado dispositivo, que teve por base o CPC de 1939, que entendia toda defesa indireta como exceção, o que não mais subsiste no Código atual. Atualmente, o art. 337 do CPC/2015 fixa serem todas as demais matérias que comporiam a chamada *defesa indireta* – tais como inexistência ou nulidade de citação, incompetência absoluta, incompetência relativa, inépcia da petição inicial, perempção, litispendência, coisa julgada, conexão, incapacidade da parte, defeito de representação ou falta de autorização, carência de ação etc. – seriam alegadas na contestação como preliminares. Reitere-se que, por previsão explícita da CLT, a incompetência relativa deve ser provocada por meio de exceção (e não como preliminar na contestação – art. 337, II, do CPC/2015).

Quanto à retenção e à compensação, o diploma consolidado, em seu art. 767, é expresso ao afirmar que serão tratadas como matérias de defesa e não como exceção.

---

§ 2º Das decisões sobre exceções de suspeição e incompetência, salvo, quanto a estas, se terminativas do feito, não caberá recurso, podendo, no entanto, as partes alegá-las novamente no recurso que couber da decisão final.

Parágrafo com redação dada pelo Decreto-lei n. 8.737, de 19.01.1946.

Sentença é o ato do juiz que implica alguma das situações previstas nos arts. 485 e 487 do CPC/2015. Quando o juiz decide o mérito da causa, a sentença é classificada como definitiva; quando o magistrado põe fim ao feito sem julgar seu mérito, a sentença é qualificada como sentença terminativa. Essa distinção é importante para demonstrar que, ao contrário do que o dispositivo em comento preceitua, tecnicamente o juiz, ao julgar as exceções, não profere uma sentença terminativa, pois, a rigor, não extingue o feito sem julgamento do mérito, apenas o remete ao juízo competente, ou não impedido, ou não suspeito. Não se trata, portanto, de uma sentença, mas de mera decisão.

Para contornar a impropriedade terminológica do diploma consolidado, a doutrina tem entendido que o legislador, ao ressalvar a exceção de incompetência terminativa do feito, quis referir-se à incompetência absoluta – em razão da matéria ou em razão da pessoa –, que desloca a competência para outra esfera, como para a Justiça Estadual Civil ou Justiça Federal etc. Assim, o processo estaria terminado no âmbito da Justiça do Trabalho, e, portanto, a decisão que declarou a incompetência absoluta comportaria recurso ordinário.

Saliente-se, mais uma vez, que, a despeito da interpretação que se dê a este art. 799, § 2º, da CLT, a incompetência absoluta é matéria arguível por meio de preliminar na contestação, e não por meio de exceção. Pela sistemática processual trabalhista, as decisões interlocutórias não são recorríveis de plano (art. 893, § 1º, da CLT), por isso as exceções dilatórias – impedimento, suspeição e incompetência em razão do lugar –, por não deslocarem o feito para outra Justiça, mas mantê-lo nessa Justiça especializada, não comportariam nenhum recurso de imediato, desde que o feito mantenha-se dentro dos limites do próprio TRT ao qual o juízo excepcionado esteja vinculado. A matéria, entretanto, poderá ser discutida após a efetiva prolação da sentença, quando, enfim, poderá ser interposto o recurso ordinário. Exemplificativamente: se a 20ª Vara do Trabalho de São Paulo acolhe exceção de incompetência em razão do lugar e remete os autos a uma das Varas do Trabalho de São Bernardo do Campo, somente após o julgamento final do processo em primeiro grau é que o reclamante poderia recorrer ao Tribunal Regional da 2ª Região, por meio do recurso ordinário, insurgindo-se – preliminarmente – contra o acolhimento da exceção (alínea *c* da Súmula n. 214 do Col. TST). Destarte, se, por exemplo, o Juiz da 20ª Vara do Trabalho de São Paulo acolher a exceção de incompetência em razão do lugar e remeter os autos a uma das Varas do Trabalho de Manaus, segundo a jurisprudência dominante do TST, apesar de se tratar de uma decisão interlocutória, pode-se impugná-la de imediato por meio de recurso ordinário dirigido ao TRT da 2ª Região (Tribunal ao qual o juízo excepcionado está vinculado).

Art. 800. Apresentada exceção de incompetência territorial no prazo de cinco dias a contar da notificação, antes da audiência e em peça que sinalize a existência desta exceção, seguir-se-á o procedimento estabelecido neste artigo.

Caput *com redação dada pela Lei n. 13.467, de 13.07.2017.*

A Lei n. 13.467/2017, conhecida como reforma trabalhista, alterou a forma de apresentação da exceção de incompetência em razão do lugar. Não será nem como preliminar na contestação (como estipula o CPC/2015), nem tampouco no momento da audiência (como a CLT determinava até então), será no prazo de cinco dias (úteis) contado do recebimento da citação pelo réu. Será, portanto, por escrito, em peça apartada da defesa e sua oposição gerará a suspensão do feito até que este incidente processual seja solucionado. Entendo que a intenção do legislador tenha sido a de evitar que o excipiente se desloque até local excessivamente distante apenas para arguir a exceção de incompetência relativa. Se por um lado a intenção do legislador tranquiliza o empregador, por outro, inquieta o empregado, já que fará com que o processo demore mais para ser solucionado.

§ 1º Protocolada a petição, será suspenso o processo e não se realizará a audiência a que se refere o art. 843 desta Consolidação até que se decida a exceção.

Parágrafo acrescentado pela Lei n. 13.467, de 13.07.2017.

Na sistemática anterior, na prática, tudo se resolvia na própria audiência: a parte se manifestava em mesa sobre a exceção de incompetência em razão do lugar. O juiz, ato contínuo, já inquiria a parte sobre o real local da prestação de serviços e decidia na hora sobre a aceitação ou rejeição da exceção. Agora, tudo será mais lento, pois todas as peças serão escritas, logo, tal suspensão poderá gerar um retardamento na prestação jurisdicional.

§ 2º Os autos serão imediatamente conclusos ao juiz, que intimará o reclamante e, se existentes, os litisconsortes, para manifestação no prazo comum de cinco dias.

Parágrafo acrescentado pela Lei n. 13.467, de 13.07.2017.

Em observância ao princípio do contraditório e da ampla defesa, protocolizada a exceção de incompetência em razão do lugar, dar-se-á vista à parte contrária para que se manifeste acerca da exceção arguida. Note-se que o prazo foi alterado de 24 horas para cinco dias úteis. Este prazo é peremptório, só prorrogado se houver demonstração de ocorrência de força maior.

---

§ 3º Se entender necessária a produção de prova oral, o juízo designará audiência, garantindo o direito de o excipiente e de suas testemunhas serem ouvidos, por carta precatória, no juízo que este houver indicado como competente.

Parágrafo acrescentado pela Lei n. 13.467, de 13.07.2017.

A audiência a que se refere o artigo é exclusivamente para a produção de prova oral quanto à própria exceção de incompetência em razão do lugar, o que faz com que o processo fique mais demorado do que era anteriormente. A afirmação de que o excipiente e suas testemunhas serão ouvidos por carta precatória no juízo que houver indicado como competente reforça a ideia de que se pretende evitar o deslocamento do excipiente para o local do ajuizamento da ação.

---

§ 4º Decidida a exceção de incompetência territorial, o processo retomará seu curso, com a designação de audiência, a apresentação de defesa e a instrução processual perante o juízo competente.

Parágrafo acrescentado pela Lei n. 13.467, de 13.07.2017.

Julgada a exceção de incompetência em razão do lugar, prosseguir-se-á com o feito para recebimento da contestação e de eventual reconvenção, produção de provas e decisão.

O fato de a exceção de incompetência em razão do lugar ser um incidente processual faz com que a decisão que a analisa seja interlocutória, logo, não caberá nenhum recurso de imediato, salvo se houver remessa dos autos a outro TRT que não aquele prolator da decisão, ocasião em que caberá recurso ordinário, nos termos da Súmula n. 214 do TST.

Art. 801. O juiz, presidente ou juiz classista, é obrigado a dar-se por suspeito, e pode ser recusado, por algum dos seguintes motivos, em relação à pessoa dos litigantes:

Veja arts. 111 a 116 da CF, sobre a extinção dos juízes classistas na Justiça do Trabalho (Anexo I da CLT).

Mister se faz atualizar o dispositivo já que, com o fim da representação classista, não há mais que se falar em *vogal*. Reitera-se que o artigo em análise abrange não apenas a exceção de suspeição, mas também a de impedimento. Assinale-se também que o texto ora examinado não concede ao juiz mera faculdade de dar-se por suspeito ou impedido, obriga-o a fazê-lo, pois a imparcialidade do juiz é um dos pressupostos constitucionais da efetividade da Justiça.

A diferença entre impedimento e suspeição está impressa nos arts. 144 e 145 do CPC/2015, distinção esta que só passou a existir a partir do CPC/73. Os motivos que ensejam os impedimentos são objetivos, enquanto aqueles que dão azo às suspeições são subjetivos. As sentenças proferidas por juiz impedido levam à rescisão do julgado (art. 966, II, do CPC/2015), ao passo que as pronunciadas por magistrado suspeito levam à nulidade processual. As circunstâncias de impedimento não se sujeitam à preclusão, enquanto esta se opera normalmente para os casos de suspeição.

O art. 145 do diploma processual civil deve ser aplicado subsidiariamente à CLT, pois nossa legislação especializada é omissa quanto à descrição das hipóteses de impedimento. Assim, proíbe-se o magistrado de atuar nos processos em que ele mesmo figure como uma das partes, em que tenha intervindo como procurador de algum dos litigantes, atuado como perito ou como membro do Ministério Público; também se proíbe a atuação do juiz nos feitos em que tenha prestado depoimento como testemunha ou naqueles em que já tenha proferido sentença ou decisão em primeiro grau de jurisdição, bem como nas situações em que figure como advogado da parte o cônjuge ou qualquer parente seu até segundo grau; é impedido, também, nos processos em que a própria parte seja seu cônjuge ou qualquer parente seu até terceiro grau, e, por fim, quando for parte na causa pessoa jurídica da qual o juiz participe dos órgãos de direção ou de administração.

O rol descrito nas alíneas do artigo em análise não é exaustivo, de modo que pode ser complementado pelas situações mencionadas no art. 145 do CPC/2015 – motivo de foro íntimo, por exemplo – e pela Lei Orgânica da Magistratura. Aplicam-se as hipóteses de suspeição e de impedimento não apenas ao magistrado, mas também aos membros do Ministério Público, ao serventuário da Justiça e demais membros imparciais do processo, tais como o perito e o intérprete (art. 148 do CPC/2015).

***a)* inimizade pessoal;**

A exemplo do que ocorre na presente alínea, o art. 145 do CPC/2015 arrola como suspeito de parcialidade o juiz que for inimigo capital de uma das partes, ou seja, que tenha tamanha aversão pela pessoa de qualquer dos litigantes de modo a parecer, a quem esteja de fora, que não será capaz de julgar com isenção de ânimo. Trata-se, portanto, de motivo de ordem subjetiva.

***b)* amizade íntima;**

O magistrado que nutre profundo sentimento de afeição e de simpatia por qualquer das partes também pode ter sua atuação sob suspeita, já que, aos olhos alheios, pode ser visto como partidário de um dos envolvidos no litígio.

_c)_ parentesco por consanguinidade ou afinidade até o terceiro grau civil;

Trata-se de verdadeira hipótese de impedimento, e não de suspeição, uma vez que a comprovação do vínculo familiar – por consanguinidade ou por afinidade – do juiz com alguma das partes é razão suficientemente forte para vedá-lo de exercer suas funções naquele processo. Serão considerados parentes consanguíneos em linha reta aqueles que estão ligados entre si em uma relação de ascendência e descendência, tais como os avós, pais, filhos, netos etc. Consanguíneos na linha colateral ou transversal estão as pessoas que têm uma raiz comum, mas não descendem umas das outras, como os irmãos, primos, tios, sobrinhos etc.

Abstrai-se o grau de parentesco pela contagem do número de gerações que separam as pessoas envolvidas. No que tange ao parentesco por linha reta, o grau é quantificado subindo ou descendo as gerações necessárias para sair de uma pessoa e chegar à outra. Nesse sentido, pais e filhos são considerados parentes consanguíneos em linha reta de primeiro grau, avôs e netos, em segundo, e assim sucessivamente.

Observe que a alínea ora comentada não impõe limite de grau para o impedimento que envolva parentes consanguíneos em linha reta. Na linha colateral, contam-se os graus buscando, primeiramente, o ascendente comum para depois atingir o outro parente. Como consequência, irmãos são considerados, entre si, parentes consanguíneos na linha colateral em segundo grau; os tios e sobrinhos, em terceiro e primos são parentes colaterais em quarto grau. Convém lembrar que, para efeito dessa alínea, não haverá impedimento entre primos, já que são parentes em quarto grau e o dispositivo limita o impedimento somente até o terceiro grau. Desse modo, entre primos pode ser que haja apenas suspeição de parcialidade por amizade íntima ou interesse particular na causa, mas não impedimento.

O parentesco por afinidade é aquele que liga o cônjuge ou o companheiro aos parentes do outro. Subdivide-se em afinidade por linha reta – genro e sogros, nora e sogros – e afinidade por linha colateral ou transversal – cunhados. Frise-se que a dissolução do casamento ou da união estável não põe fim à afinidade por linha reta, ou seja, nunca haverá ex-sogro ou ex-nora, diferentemente do que ocorre com os parentes por afinidade em linha colateral, que deixam de ser cunhados. A forma de contagem dos graus é idêntica à dos parentes por consanguinidade; assim, cunhados são parentes em segundo grau, há sobrinhos por afinidade em terceiro etc. O CC/2002 regulou as disposições gerais sobre relações de parentesco nos arts. 1.591 a 1.595.

***d)* interesse particular na causa.**

O interesse de que trata a alínea em análise abrange não apenas o aspecto econômico, mas também o interesse político, religioso etc. A título de exemplo, pode-se mencionar como suspeito de parcialidade o juiz o qual, por convicção religiosa, pretenda que uma das partes da demanda sob seu julgamento venha a ser vencedora.

Parágrafo único. Se o recusante houver praticado algum ato pelo qual haja consentido na pessoa do juiz, não mais poderá alegar exceção de suspeição, salvo sobrevindo novo motivo. A suspeição não será também admitida, se do processo constar que o recusante deixou de alegá-la anteriormente, quando já a conhecia, ou que, depois de conhecida, aceitou o juiz recusado ou, finalmente, se procurou de propósito o motivo de que ela se originou.

Contrariamente ao que ocorre com o impedimento – que não se sujeita à preclusão e que não encontra limite de prazo para a arguição da respectiva exceção, de modo a possibilitar até mesmo o ajuizamento de ação rescisória –, o art. 801, parágrafo único, corrobora o entendimento de que os atos praticados por juiz *suspeito* podem ser validados desde que o excipiente, após tomar conhecimento dos fatos que levaram à suspeição quede-se inerte ou pratique atos que demonstrem a aceitação tácita do magistrado, ou seja, que pratique atos que levem a crer que, na sua visão, o juiz continua a ser imparcial.

Porém, a parte não pode ser beneficiada com sua própria torpeza, por isso a lei não permite que o excipiente seja favorecido com a exceção dilatória se foi ele próprio quem provocou o motivo da suspeição, por exemplo, ao atacar a pessoa do juiz e criar embaraços desnecessários no processo.

Art. 802. Apresentada a exceção de suspeição, o juiz ou Tribunal designará audiência dentro de 48 (quarenta e oito) horas, para instrução e julgamento da exceção.

Via de regra, o réu deve alegar exceção de suspeição ou de impedimento na mesma oportunidade que tem para apresentar sua defesa, ou seja, na audiência inaugural, fazendo-o em peça autônoma. Entretanto, pode ocorrer de as partes – autor ou réu – tomarem conhecimento dos motivos que levaram o juiz a ser inquinado de suspeito apenas no curso do processo; nessas hipóteses, o prazo para a apresentação da exceção de suspeição, segundo o art. 146 do CPC/2015, será de quinze dias da ciência desse motivo, sob pena de considerar-se aceitação tácita. Quanto à exceção de impedimento, apesar de o diploma processual civil estipular prazo idêntico, por tratar-se de vício que causa a nulidade absoluta do feito, pode ser alegada a qualquer tempo.

Alguns doutrinadores rechaçam a aplicação do prazo para a interposição da exceção de suspeição e de impedimento previsto no CPC/2015 e pregam que a exceção deve ser interposta na primeira oportunidade que a parte tiver de falar nos autos (art. 795, *caput*, da CLT), corrente à qual nos filiamos. Convém salientar que, se houver necessidade de instrução do feito, tanto na exceção de suspeição quanto na de impedimento, a audiência será designada rapidamente – em 48 horas – para que o incidente processual possa ser resolvido com celeridade. Ao ser recebida a exceção, o juiz poderá, de plano, aceitar a alegação de impedimento ou de suspeição, de modo a afastar-se do processo e encaminhá-lo a outro magistrado.

Após o advento da EC n. 24/99, que extinguiu a figura do juiz classista e criou as Varas do Trabalho, uma questão bastante polêmica passou a pairar sobre essa matéria: quem teria competência para julgar a exceção quando o magistrado não a aceitasse de plano? A dúvida justifica-se, senão vejamos: quando havia a representação classista, se o juiz presidente das então Juntas de Conciliação e Julgamento fosse arguido como suspeito ou impedido, os dois juízes classistas reuniam-se e julgavam a exceção, aceitando-a ou rejeitando-a. Agora, caso sigamos a sistemática celetista, chegaremos ao ponto inusitado de o próprio magistrado considerado suspeito ou impedido vir a julgar a exceção na qual faz parte no polo passivo.

Diante disso, formaram-se duas correntes antagônicas. A primeira entende que a CLT não é omissa quanto a essa questão já que o art. 653, *c*, da CLT, trata da matéria e estabelece ser das Varas do Trabalho a competência para julgamento das exceções arguidas em face de seus membros; de modo a permitir que o mesmo juiz que fora inquinado de suspeito ou impedido profira a decisão respectiva. Nessa hipótese, a parte que se sentir prejudicada com a decisão deve manifestar seu inconformismo na primeira oportunidade que tiver de falar nos autos e repeti-lo quando das preliminares do recurso ordinário. A segunda corrente entende que, com o fim da representação classista, o dispositivo celetista anteriormente citado fora tacitamente derrogado, já que não se pode admitir que o próprio exceto venha a julgar a exceção da qual faz parte. aplicar-se-ia o disposto no art. 146, §§ 1º, 4º e 5º, do CPC/2015, segundo o qual, se o juiz não reconhecer a exceção de suspeição ou de impedimento, dará suas razões, acompanhadas de documentos e, se for o caso, de rol de testemunhas e as remeterá ao tribunal; este, se entender que a exceção não tem fundamento, mandará arquivá-la; ao contrário, se vier a julgá-la procedente, remeterá os autos ao substituto legal do exceto.

Esta última corrente é, a nosso ver, a mais coerente com o sistema processual brasileiro, muito embora a jurisprudência dominante no TRT da 2ª Região agasalhe a primeira corrente em homenagem aos princípios da boa-fé e da celeridade, pois esse entendimento evita que a parte argua exceções de suspeição infundadas, apenas para protelar o feito. Além do que já foi exposto, há de se chamar a atenção para o fato de se poder arguir exceção de suspeição ou de impedimento também em segundo grau de jurisdição; nessa hipótese, cabe o julgamento ao relator, nos termos do art. 148, § 3º, do CPC/2015.

---

§ 1º Nas Juntas de Conciliação e Julgamento e nos Tribunais Regionais, julgada procedente a exceção de suspeição, será logo convocado para a mesma audiência ou sessão, ou para a seguinte, o suplente do membro suspeito, o qual continuará a funcionar no feito até decisão final. Proceder-se-á da mesma maneira quando algum dos membros se declarar suspeito.

Veja nota deste Capítulo.

Conforme já mencionado, a EC n. 24/99 alterou a organização da Justiça do Trabalho; logo, deve-se ler *Varas do Trabalho* onde consta *Junta de Conciliação e Julgamento*. Caso seja julgada procedente a exceção ou tenha o magistrado se dado espontaneamente por suspeito ou impedido, os autos serão remetidos para o substituto. O artigo utiliza o termo *membro*, porque à época de sua redação a Justiça do Trabalho era composta por juiz togado e juízes classistas e qualquer deles poderia ser apontado como suspeito ou impedido.

---

§ 2º Se se tratar de suspeição de Juiz de Direito, será este substituído na forma da organização judiciária local.

O dispositivo em análise refere-se à possibilidade prevista no art. 668 da CLT de, nas comarcas não compreendidas na jurisdição das Varas do Trabalho, os juízes de direito assumirem a administração da Justiça especializada. Logo, também esses juízes podem ser arrolados como suspeitos ou impedidos, hipóteses em que o julgamento da exceção será feito pelo TRT da região à qual estiverem vinculados, nos termos do art. 112 da CF, com redação dada pela EC n. 45/2004 – e não pelo TJ. Se a exceção for julgada procedente à indicação do substituto, far-se-á conforme preceitos da organização judiciária da localidade.

Seção VII
Dos Conflitos de Jurisdição

Art. 803. Os conflitos de jurisdição podem ocorrer entre:

Critica-se a expressão *conflito de jurisdição*, utilizada pela CLT que, segundo a melhor doutrina, só ocorre quando há conflito entre dois Estados. O CPC/2015, em seu art. 66, optou pela locução "conflito de competência", mais adequada às hipóteses. Os doutrinadores alertam que o rol descrito nas alíneas que se seguem é meramente exemplificativo, já que existem outras possibilidades de conflitos de competência ali não enumeradas, por exemplo, juiz do trabalho e juiz federal.

***a)* Juntas de Conciliação e Julgamento e Juízes de Direito investidos na administração da Justiça do Trabalho;**

Veja nota deste Capítulo.

A expressão *Juntas de Conciliação e Julgamento*, utilizada nesta alínea, deve ser substituída por *Varas do Trabalho* (EC n. 24/99). É possível que haja conflito de competência entre o juiz de determinada Vara do Trabalho e o juiz de direito encarregado de julgar feitos trabalhistas (nos moldes do art. 653, *c*, da CLT), em que ambos se entendem competentes para analisar determinada ação – conflito positivo – ou o oposto: um a afirmar que a competência é do outro – conflito negativo.

***b)* Tribunais Regionais do Trabalho;**

A alínea em epígrafe afirma a possibilidade de conflito – negativo ou positivo – de competência entre os diversos TRTs, como na ocorrência de dissídio coletivo de abrangência de mais de um município. *Não* se admite, entretanto, a existência de conflito entre o TRT e Vara do Trabalho a ele vinculada (Súmula n. 420 do TST, conforme Resolução n. 137/2005 – *DJ* 22.08.2005), tampouco entre os TRTs e o TST; trata-se de uma questão de hierarquia jurisdicional e não de conflito de competência, querela que se resolve em favor do órgão mais elevado.

***c)* Juízos e Tribunais do Trabalho e órgãos da Justiça Ordinária;**

Ação que envolve acidente de trabalho é um exemplo da possibilidade do conflito de competência entre um juiz do trabalho e um juiz de direito, em que ambos podem considerar-se por competentes – positivo – ou incompetentes – negativo; cabe a solução a um terceiro órgão (STJ).

d) (Revogada pelo Decreto-lei n. 8.737, de 19.01.1946.)

Art. 804. Dar-se-á conflito de jurisdição:

Conforme já foi explicitado no comentário ao art. 803 deste diploma legal, melhor seria se o legislador tivesse usado o termo *conflito de competência*. Ressalte-se que apenas as questões relativas à competência em razão da matéria e em razão da pessoa é que podem ser objeto de conflito suscitado pelo juiz, já que a competência em razão do lugar é relativa e se prorroga; dessa forma, não pode o juiz declará-la *ex officio*.

***a)* quando ambas as autoridades se considerarem competentes;**

Se dois ou mais juízes se declararem competentes para analisar e julgar uma mesma ação ou ações conexas, teremos o que a doutrina denomina de conflito de competência positivo.

***b)* quando ambas as autoridades se considerarem incompetentes.**

No caso de dois ou mais juízes se declararem incompetentes para julgar um determinado feito ou ações conexas, estaremos diante de um conflito de competência negativo. Note-se que o conflito negativo somente fica evidenciado quando o magistrado que por último receber os autos afirmar a competência daquele que anteriormente já tinha se declarado incompetente.

Art. 805. Os conflitos de jurisdição podem ser suscitados:
***a)* pelos juízes e Tribunais do Trabalho;**

Trata-se da hipótese mais comum de conflito de competência.

***b)* pelo procurador-geral e pelos procuradores regionais da Justiça do Trabalho;**

O Ministério Público é o guardião da lei; logo, se entender que determinado feito está sendo analisado por juiz que seja absolutamente incompetente, poderá deflagrar o conflito.

c) **pela parte interessada, ou o seu representante.**

Não são apenas os juízes, os tribunais e o Ministério Público que podem suscitar conflito de competência, mas também os litigantes, autor ou réu, desde que não tenham oposto exceção de incompetência (art. 806 da CLT).

Art. 806. É vedado à parte interessada suscitar conflitos de jurisdição quando já houver oposto na causa exceção de incompetência.

Com a determinação supra o legislador pretendeu evitar protelações no julgamento do feito. O art. 952 do CPC/2015 apresenta disposição semelhante. Assim, ao opor exceção de incompetência, o interessado escolheu a via que entendeu ser a mais adequada; destarte, por não ser possível obterem-se dois pronunciamentos judiciais sobre uma mesma questão, ocorreu para ele a preclusão lógica. Saliente-se que referida vedação atinge primordialmente o réu, pois o autor não tem interesse em opor exceção de incompetência.

Art. 807. No ato de suscitar o conflito deverá a parte interessada produzir a prova de existência dele.

Quando o conflito de competência for suscitado por magistrado, sua instauração será feita mediante a expedição de ofício ao presidente do tribunal que o solucionará, no qual estarão expostos os motivos que levaram o juiz a declarar sua competência – no caso do conflito positivo – ou incompetência – conflito negativo. Referido ofício deve fazer-se acompanhar dos documentos comprobatórios das respectivas alegações. Se o suscitante for uma das partes ou o Ministério Público, o conflito será deflagrado por meio de petição dirigida ao presidente do tribunal competente para resolvê-lo, petição esta instruída com os demonstrativos da existência do próprio conflito, bem como da competência ou incompetência do juízo.

Art. 808. Os conflitos de jurisdição de que trata o art. 803 serão resolvidos:

Caput *com redação dada pelo Decreto-lei n. 6.353, de 20.03.1944.*

Muitos autores entendem que o artigo em apreço teria sido, total e tacitamente, derrogado pelos arts. 102, I, *o*, e 105, I, *d*, da CF. Conforme veremos a seguir, opinamos que apenas algumas de suas alíneas foram derrogadas, entendimento este corroborado pela redação dada pela EC n. 45/2004 ao art. 114 da CF, cujo inciso V estabelece ser da competência da Justiça do Trabalho processar e julgar "os conflitos de competência entre órgãos com jurisdição trabalhista, ressalvado o disposto no art. 102, I, *o*", da própria Carta Magna.

***a)* pelos Tribunais Regionais, os suscitados entre Juntas e entre Juízos de Direito, ou entre uma e outras, nas respectivas regiões;**

Veja nota deste Capítulo.

Se o conflito ocorrer entre juiz do trabalho e juiz de direito, no exercício normal de sua jurisdição, será julgado pelo STJ, uma vez que referidos magistrados estão sujeitos a tribunais diversos, conforme preceitua o art. 105, I, *d*, da CF – por exemplo: conflito negativo resultante de ação com pedido de indenização por danos materiais sofridos em decorrência de acidente de trabalho. No entanto, se a hipótese for de conflito entre juiz do trabalho e juiz de direito, investido da jurisdição trabalhista, *localizados numa mesma região*, a competência será do TRT (art. 678, I, *c*, 3, da CLT, Súmula n. 180 do STJ e arts. 112 e 114, V, da CF – ambos com redação dada pela EC n. 45/2004).

***b)* pelo Tribunal Superior do Trabalho, os suscitados entre Tribunais Regionais, ou entre Juntas e Juízos de Direito sujeitos à jurisdição de Tribunais Regionais diferentes;**

Veja nota deste Capítulo.

Havia divergência jurisprudencial e doutrinária quanto ao órgão competente para julgar os feitos envolvendo as hipóteses descritas na alínea ora comentada; alguns autores entendiam que os conflitos envolvendo TRTs deveriam ser dirimidos pelo STJ, por força do art. 105, I, *d*, da CF – "quaisquer tribunais"; outros autores, como Wagner D. Giglio (*Direito processual do trabalho*. 14. ed. São Paulo, Saraiva, 2005, p. 52), entendiam ser de competência do TST, pois este seria o "primeiro tribunal, na escala hierárquica ascendente, superior a ambos os juízos em conflito". Mesmo antes do advento da EC n. 45/2004 já nos filiávamos a esta última corrente, pois não seria lógico deslocar para a Justiça comum a solução de pendência envolvendo exclusivamente tribunais vinculados a essa Justiça especializada.

Idêntica resposta deveria ser dada quando se tratasse de conflito entre Vara do Trabalho e juiz de direito – investido da jurisdição trabalhista – *sujeitos a tribunais regionais distintos*, ou seja, o órgão competente para dirimir o conflito será o TST e não o STJ, a jurisprudência dominante deste último, consubstanciada na Súmula n. 236, também corroborava esse entendimento. Atualmente, não resta dúvida, o art. 114, V, da CF (EC n. 45/2004), fixa, textualmente, que é da Justiça do Trabalho a competência para processar e julgar os conflitos de competência entre os órgãos com jurisdição trabalhista, não restando dúvida de que na hipótese em análise a competência seria do TST. Pelo exposto, posicionamo-nos no sentido de que a alínea em epígrafe não foi revogada.

c) (Revogada pelo Decreto-lei n. 9.797, de 09.09.1946.)

***d)* pelo Supremo Tribunal Federal, os suscitados entre as autoridades da Justiça do Trabalho e as da Justiça Ordinária.**

Esta alínea foi tacitamente derrogada, já que, nos termos do art. 105, I, *d*, compete ao STJ julgar os conflitos referentes a juízes vinculados a tribunais diversos, o que significa dizer que o órgão imediata e simultaneamente superior aos juízes do trabalho e aos juízes de direito *não* investidos da jurisdição trabalhista é o STJ e não o STF. Exemplifiquemos: um juiz de direito imbuído de suas atribuições normais entendeu ser da Justiça trabalhista a competência para analisar ação envolvendo acidente de trabalho, razão pela qual remeteu o feito ao distribuidor trabalhista, que enviou os autos a um juiz do trabalho. Este, ao receber o processo, afirmou que a competência pertence àquele primeiro magistrado, da Justiça Estadual comum. Nesse exemplo, o tribunal encarregado de julgar o conflito instaurado será o STJ. O mesmo se diga se o conflito tivesse sido instaurado entre o TRT e o TRF ou TJ.

Art. 809. Nos conflitos de jurisdição entre as Juntas e os Juízos de Direito observar-se-á o seguinte:

Veja nota deste Capítulo.

Por conta da alteração constitucional introduzida pela Emenda n. 24/99, deve-se ler *Varas*, em vez de *Juntas*. O artigo em análise procura explicitar o procedimento a ser tomado para instaurar conflito de competência envolvendo juízes de primeiro grau de jurisdição. Alguns autores entendem que o dispositivo em estudo foi tacitamente derrogado pela CF, posicionamento com o qual não concordamos.

I – o juiz ou presidente mandará extrair dos autos as provas do conflito e, com a sua informação, remeterá o processo assim formado, no mais breve prazo possível, ao Presidente do Tribunal Regional competente;

Esse inciso determina a extração de cópia reprográfica das peças que contiverem as provas do conflito e sua remessa ao tribunal encarregado de julgá-lo, devendo os autos permanecer no juízo *a quo*. Existem doutrinadores que entendem ser mais conveniente, em vez de extrair cópias das peças importantes para o julgamento do conflito, que se enviem ao tribunal os próprios autos, de modo a evitar-se que juiz posteriormente declarado incompetente pratique atos no processo.

II – no Tribunal Regional, logo que der entrada o processo, o presidente determinará a distribuição do feito, podendo o relator ordenar imediatamente às Juntas e aos Juízos, nos casos de conflito positivo, que sobrestejam o andamento dos respectivos processos, e solicitar, ao mesmo tempo, quaisquer informações que julgue convenientes. Seguidamente, será ouvida a Procuradoria, após o que o relator submeterá o feito a julgamento na primeira sessão;

Veja nota deste Capítulo.

Os arts. 955 e 956 do CPC/2015 preveem processamento análogo. Convém salientar que o pedido de informações apenas se justifica se o suscitante for o Ministério Público ou uma das partes – autor ou réu; pois, caso o conflito tenha sido suscitado por um juiz, suas razões já estarão nos autos.

III – proferida a decisão, será a mesma comunicada, imediatamente, às autoridades em conflito, prosseguindo no foro julgado competente.

O tribunal decidirá qual o juízo considerado competente e pode até mesmo declarar que a competência pertence a um terceiro juízo, não participante do conflito. Nessa mesma oportunidade, o tribunal declarará os atos já praticados a serem validados ou anulados.

Art. 810. Aos conflitos de jurisdição entre os Tribunais Regionais aplicar-se-ão as normas estabelecidas no artigo anterior.

O disposto no artigo em exame significa que, ainda que o conflito ocorra em segundo grau de jurisdição, a forma de seu processamento será a mesma descrita para o primeiro grau, qual seja, quando o conflito der entrada no tribunal superior, será feita a distribuição do feito e o relator solicitará as informações necessárias, podendo, nesse período, determinar o sobrestamento do processo. Após a oitiva do Ministério Público, processar-se-á o julgamento do conflito.

Art. 811. Nos conflitos suscitados na Justiça do Trabalho entre as autoridades desta e os órgãos da Justiça Ordinária, o processo do conflito,

formado de acordo com o inciso I do art. 809, será remetido diretamente ao presidente do Supremo Tribunal Federal.

A maior parte da doutrina entende que referido dispositivo fora tacitamente derrogado pelo art. 105, I, *d*, da CF, que dispõe ser do STJ a competência para analisar e julgar os feitos envolvendo juízes vinculados a tribunais diversos. Ora, o conflito entre juízes do trabalho e juízes de direito não investidos na jurisdição trabalhista abarca dois tribunais diferentes; com efeito, o tribunal hierarquicamente superior a ambos e, portanto, legitimado a resolver a pendência, é o STJ.

Como já se viu, outra será a solução em caso de conflito entre juiz do trabalho e juiz de direito investido de jurisdição trabalhista, ligados a uma mesma região, já que o último estará processualmente vinculado ao TRT, que é, destarte, o órgão competente para dirimir o conflito (Súmula n. 180 do STJ e art. 114, V, da CF, com redação dada pela EC n. 45/2004). Nos termos do art. 102, I, *o*, da CF, o conflito que envolve o TST e o STJ será dirimido pelo STF. O mesmo se diga caso o conflito envolva o TST e juiz federal de primeiro grau.

Art. 812. ***(Revogado pelo Decreto-lei n. 9.797, de 09.09.1946.)***

Seção VIII
Das Audiências

Art. 813. As audiências dos órgãos da Justiça do Trabalho serão públicas e realizar-se-ão na sede do Juízo ou Tribunal em dias úteis previamente fixados, entre 8 (oito) e 18 (dezoito) horas, não podendo ultrapassar 5 (cinco) horas seguidas, salvo quando houver matéria urgente.

A audiência é a sessão solene e, a princípio, pública, na qual o juiz ouvirá as partes, as testemunhas ou os peritos e praticará todos os atos destinados a solucionar o feito, solução esta que pode ser negociada – conciliação – ou imposta – julgamento do feito. Afirmamos que, a princípio, a audiência é pública, porque há hipóteses em que o interesse público ou a necessidade de preservação da intimidade dos envolvidos exige a declaração do sigilo processual (art. 770 da CLT e art. 189 do CPC/2015), o que autoriza o magistrado a impedir que terceiros dela participem. Nesse sentido, a própria CF estabelece exceções ao princípio da publicidade (arts. 5º, LX, e 93, IX, ambos da CF). Via de regra, as audiências realizam-se no fórum ou no tribunal, mas – desde que cumpridas as exigências legais – nada impede que o magistrado a faça em outro local, conforme preceitua o § 1º do artigo ora analisado.

A CLT estabelece que os atos processuais trabalhistas podem ser praticados entre as 6 e as 20 horas; com a adoção do Processo Judicial eletrônico – PJe em seara trabalhista, os atos processuais podem ser praticados eletronicamente a qualquer momento, pois o PJe ficará disponível 24 horas por dia, todos os dias da semana. Porém, o horário para a realização das audiências é mais específico e está contido na limitação do art. 770 do diploma consolidado. Isso significa dizer que o juiz pode, a seu critério, fixar o dia e o horário das audiências, desde que o faça em dia útil, aqui entendido como de segunda a sexta-feira, entre 8 e 18 horas. Desse modo, existem Varas que iniciam os trabalhos pela manhã, outras à tarde, mas sempre deve ser observado o horário mínimo de início – 8 horas – e máximo de término – 18 horas.

O dispositivo em epígrafe preceitua que uma mesma audiência não pode durar mais que cinco horas consecutivas; o que nos obriga a estabelecer as diferenças entre *audiência* e *sessão*. A audiência, como já foi dito, é definida como o ato de ouvir as partes, as testemunhas, os peritos etc., com o objetivo de solucionar a lide, seja pela obtenção de um acordo, seja pela prolação da sentença. A sessão, por sua vez, é o conjunto das audiências designadas para determinado dia. Infere-se, portanto, que uma única audiência não pode ultrapassar o limite de cinco horas, salvo para dirimir matéria urgente. Nada impede, entretanto, que a sessão do dia exceda esse termo; aliás, geralmente as sessões levam mais do que cinco horas.

A matéria urgente de que trata esse artigo pode ser entendida como aquela que, se for deixada para depois, ocasionará irremediável prejuízo – jurídico, moral etc. – aos litigantes ou terceiros, como audiência de justificação prévia em arresto; ou audiência na qual o juiz já tenha ouvido o depoimento pessoal das partes, bem como as testemunhas do autor; nesses casos, deixar para ouvir as do réu em outra data viria a prejudicar o obreiro, pois a reclamada de posse dos depoimentos até então colhidos – poderia vir a industriar suas testemunhas e beneficiar-se juridicamente dessa situação. Muito embora a CLT (art. 849) preveja que as audiências sejam unas, se houver motivo relevante o juiz poderá cindi-las em audiência inicial (para tentativa de conciliação), audiência de instrução (para oitiva das partes e testemunhas) e audiência de julgamento, desde que cuide para que não haja prejuízo às partes.

---

§ 1º Em casos especiais, poderá ser designado outro local para a realização das audiências, mediante edital afixado na sede do Juízo ou Tribunal, com a antecedência mínima de 24 (vinte e quatro) horas.

Nada impede que o juiz marque audiência em locais outros que não o fórum ou tribunal. Assim, no campo, onde o acesso ao Poder Judiciário é dificultado pelas distâncias, é comum que os magistrados dirijam-se, munidos de computador e de secretária de audiência, até localidades mais acessíveis aos jurisdicionados. Deve-se cuidar, entretanto, para que os interessados tenham ciência do deslocamento, por meio de edital afixado na sede do juízo ou tribunal e outras formas eficientes de divulgação, com antecedência de pelo menos 24 horas.

§ 2º Sempre que for necessário, poderão ser convocadas audiências extraordinárias, observado o prazo do parágrafo anterior.

A CLT prevê que as audiências serão unas, mas o excesso de processos faz com que, na prática, muitos juízes designem audiências iniciais, de instrução e de julgamento. Além dessas audiências, que ordinariamente acontecem, não há óbice a que o juiz agende outras, em caráter extraordinário, desde que informe os interessados no prazo de 24 horas. Assim é que, mesmo em fase de execução, é possível a realização de audiência para tentativa de conciliação; ou, se o juiz não estiver suficientemente convencido, poderá marcar audiência para esclarecimentos.

Art. 814. Às audiências deverão estar presentes, comparecendo com a necessária antecedência, os escrivães ou chefes de secretaria.

Artigo com redação dada pela Lei n. 409, de 25.09.1948.

Apesar de o processo do trabalho primar pelo princípio da oralidade, todos os atos realizados verbalmente têm de ser reduzidos a termo, razão pela qual o secretário de audiência é imprescindível para a realização dos trabalhos e deve, pois, estar no fórum com a devida antecedência, até mesmo para organizar os processos da pauta. O diploma celetista prevê que ao diretor de secretaria – antigo escrivão – cabe secretariar as audiências da Vara, lavrando as respectivas atas (art. 712, *g*), porém, na prática, essa atividade é delegada ao secretário de audiência. Note-se que com o PJe, a lavratura da ata é feita digitalmente apenas pelo juiz que presidiu a audiência, nos termos do art. 24 da Resolução n. 94 do CSJT, segundo o qual "as atas e termos de audiência serão assinados digitalmente apenas pelo juiz, assim como o documento digital, no caso de audiências gravadas em áudio e vídeo, os quais passarão a integrar os autos digitais, mediante registro em termo".

Art. 815. À hora marcada, o juiz ou presidente declarará aberta a audiência, sendo feita pelo chefe de secretaria ou escrivão a chamada das partes, testemunhas e demais pessoas que devam comparecer.

Com o fim da representação classista, o pregão, ou seja, o chamamento das partes e interessados para adentrarem à sala de audiências para o início dos trabalhos é feita pelo secretário de audiência, o que não impede que o próprio juiz, se assim desejar, apregoe-os ou designe uma outra pessoa para fazê-lo – o oficial de justiça, por exemplo. É bom salientar que o artigo em análise não prevê tolerância às partes, que devem estar presentes no horário designado, sob pena de sofrer as cominações legais, quais sejam: na primeira audiência a ausência ou atraso do autor importa em arquivamento do feito e a do réu sujeita-o aos efeitos da revelia e confissão quanto à matéria de fato (art. 844 da CLT). A ausência de qualquer das partes na audiência de instrução, quando intimadas a comparecer sob as cominações legais, importa na aplicação da pena de confissão quanto à matéria de fato (Súmula n. 74 do TST, Resolução n. 208/2016, *DEJT* divulgado em 22, 25 e 26.04.2016).

Parágrafo único. Se, até 15 (quinze) minutos após a hora marcada, o juiz ou presidente não houver comparecido, os presentes poderão retirar-se, devendo o ocorrido constar do livro de registro das audiências.

Parágrafo com redação dada pela Lei n. 409, de 25.09.1948.

Este parágrafo da CLT refere-se à hora aprazada para o início da sessão. Assim, se o magistrado estiver com mais de quinze minutos de atraso com relação ao horário da realização da primeira audiência do dia, poderão os interessados dirigir-se à secretaria da Vara do Trabalho e requerer que o ocorrido fique registrado em livro próprio, de forma a resguardarem-se de eventual aplicação de penalidades – arquivamento, revelia, confissão ficta. O parágrafo ora comentado teve inspiração no art. 265 do CPC de 1939, que continha disposição idêntica, não repetida no CPC de 1973. O CPC/2015 trata da matéria no art. 362, III, porém como a CLT tem regra própria prevalece o disposto no diploma consolidado.

Já se o juiz estiver presente e se as audiências subsequentes à primeira atrasarem-se por conta do excesso de serviço, não haverá nada que o advogado possa fazer. Frise-se que o dispositivo legal em apreço, quando concede os quinze minutos de tolerância, dirige-se ao juiz e não aos litigantes e seus advogados. Para os dois últimos, a lei não é indulgente. A OJ n. 245 da SDI-1 corrobora esse entendimento, ao afirmar que não existe previsão legal a tolerar atraso no horário de comparecimento da parte à audiência. O Estatuto da OAB (Lei n. 8.906/94) fixa um prazo ainda mais elástico para que os advogados aguardem a chegada do juiz ao fórum, ao estabelecer, no art. 7º, XX, que o patrono da parte deve aguardar até trinta minutos após o horário designado à audiência a que ainda não tenha comparecido a autoridade que deva presidir os trabalhos, antes de se retirar do recinto mediante comunicação protocolizada em juízo. O art. 362, III, do CPC/2015 fixa que a audiência será adiada por atraso injustificado de seu início em tempo superior a trinta minutos do horário marcado. Como o diploma celetista tem regra própria, o CPC não se aplica neste caso.

Art. 816. O juiz ou presidente manterá a ordem nas audiências, podendo mandar retirar do recinto os assistentes que a perturbarem.

Efetivamente, não existe hierarquia entre juízes, advogados e membros do Ministério Público; mas os trabalhos devem ser conduzidos por alguém e a lei fixa que o juiz, justamente por sua imparcialidade, é o responsável por esse encargo. Portanto, exerce o magistrado, em audiência, o poder de polícia, e deve manter a ordem e o decoro no local; pode ordenar àqueles que se comportarem de maneira inconveniente que se retirem da sala; faculta-se a ele, para tanto, o uso da força policial, tudo conforme especifica o art. 360 do CPC/2015. Por fim, deve o juiz estimular que advogados e membros do Ministério Público discutam a causa com cortesia, consideração e respeito mútuos.

Art. 817. O registro das audiências será feito em livro próprio, constando de cada registro os processos apreciados e a respectiva solução, bem como as ocorrências eventuais.

Atualmente, o registro das audiências é feito por meio de atas digitadas e inseridas no sistema PJe. Nas atas descreve-se tudo o quanto ocorreu nas audiências, inclusive eventuais incidentes. Como referidas atas são inseridas no sistema PJe, as partes terão livre acesso a elas, sem necessidade de se deslocar até o cartório da Vara. Conforme já referido alhures, nos processos eletrônicos não subsiste mais a ideia de que a ata original será assinada pelo juiz (art. 851 da CLT) e pelo diretor de secretaria (art. 712, *g*, da CLT), pois basta a assinatura digital do magistrado. Registre-se a experiência de alguns tribunais de transmissão *on-line* das audiências, o que as torna mais transparentes e evita incidentes de entendimento acerca do que efetivamente foi dito ou feito nas sessões.

Parágrafo único. Do registro das audiências poderão ser fornecidas certidões às pessoas que o requererem.

Ao considerar-se que nem todas as regiões do país forneciam cópia da ata de audiência às partes, bem como ao levar-se em conta que terceiros possam ter efetivo interesse jurídico em obter informações acerca do ocorrido em audiência, permitia-se que os interessados obtivessem certidão feita a partir da pasta de registro das audiências. Atualmente, a maior parte das audiências (salvo aquelas protegidas pelo segredo de justiça) é lançada ao público no *site* do respectivo tribunal, o que torna o dispositivo em análise praticamente em desuso.

Seção IX
Das Provas

Art. 818. O ônus da prova incumbe:
Caput *com redação dada pela Lei n. 13.467, de 13.07.2017.*

A palavra "prova" é originária do latim *probatio*, que, por sua vez, emana do verbo *probare*, com o significado de examinar, persuadir, demonstrar. A prova judicial seria, portanto, o resultado do cotejo feito pelo juiz das alegações de cada um dos litigantes com os meios produzidos para demonstrá-las. Diferentemente do que ocorria no período das ações da lei – Direito Romano –, hoje em dia o juiz não pode deixar de julgar aduzindo não estar suficientemente convencido acerca da existência ou não dos fatos alegados pelas partes; em outras palavras, nos dias atuais ele não pode pronunciar o *non liquet*. Destarte, o magistrado deve, efetivamente, resolver as questões de fato que lhe forem apresentadas e não pode escusar-se de julgar alegando insuficiência de provas. Mas como fazê-lo? A doutrina evoluiu e chegou à conclusão de que a melhor forma de solucionar esse impasse é por meio das regras de distribuição do ônus da prova, ou seja, regras que fixam sobre quem recairão as consequências de um resultado desfavorável na hipótese de as provas não serem adequadamente produzidas.

Nesse diapasão, os autores costumam classificar o ônus da prova em subjetivo e objetivo. O primeiro consiste em saber a qual dos litigantes pertence o encargo de suportar o risco da prova frustrada; enquanto o ônus objetivo volta-se à figura do juiz, pois, na apreciação das provas, pouco importa quem a produziu, o magistrado deve avaliá-la conforme seu livre convencimento motivado, proferindo a decisão. O ônus da prova é, pois, regra de julgamento: se o fato ficou devidamente provado, o juiz não precisa lançar mão das regras do ônus da prova; já que, depois de ser produzida a prova, pouco importa quem a trouxe aos autos. Ao reverso, se o fato não se encontrar provado, não pode o magistrado escusar-se de julgar; pode, apenas, lançar mão das regras do ônus da prova e prolatar sentença contrária aos interesses daquele que tinha a faculdade de fazer a prova e dela não se desincumbiu a contento.

I – ao reclamante, quanto ao fato constitutivo de seu direito;
Inciso acrescentado pela Lei n. 13.467, de 13.07.2017.

Fato constitutivo é definido como aquele que, se provado, leva à consequência jurídica pretendida pelo autor – por exemplo, a alegação de que extrapolava a jornada normal de trabalho sem a respectiva contraprestação pecuniária.

II – ao reclamado, quanto à existência de fato impeditivo, modificativo ou extintivo do direito do reclamante.

Inciso acrescentado pela Lei n. 13.467, de 13.07.2017.

Fato impeditivo é aquele que, se provado, obsta o obreiro de galgar sua pretensão – por exemplo, o autor alega ter sido despedido sem perceber a totalidade das verbas rescisórias; o réu admite que não quitou os títulos da rescisão em sua integralidade e justifica que não o fez porque o empregado cometera falta grave. Ao ser demonstrada a justa causa, impede-se o autor de receber as verbas buscadas.

Fato modificativo é aquele que admite a existência do fato constitutivo, mas altera o alcance de seus efeitos – por exemplo, o réu admite a existência das horas extras, mas não na quantidade especificada na petição inicial.

Fato extintivo é aquele que, caso demonstrado, fulmina o direito pretendido, de modo a fazer cessar a relação jurídica – por exemplo, o autor alega ter laborado em regime de sobrejornada sem receber o valor correspondente. O réu admite que o obreiro extrapolava a jornada normal, mas demonstra que efetivamente quitou as horas extras devidas.

A CLT incorpora as definições fixadas de há muito pelo direito processual civil. Portanto, doravante, desnecessária a utilização subsidiária do CPC/2015 em questão de prova processual, já que o diploma celetista traz regra própria sobre o tema.

---

§ 1º Nos casos previstos em lei ou diante de peculiaridades da causa relacionadas à impossibilidade ou à excessiva dificuldade de cumprir o encargo nos termos deste artigo ou à maior facilidade de obtenção da prova do fato contrário, poderá o juízo atribuir o ônus da prova de modo diverso, desde que o faça por decisão fundamentada, caso em que deverá dar à parte a oportunidade de se desincumbir do ônus que lhe foi atribuído.

Parágrafo acrescentado pela Lei n. 13.467, de 13.07.2017.

Inverter o ônus da prova significa alterar a regra normal de distribuição da carga probatória estabelecida na lei – por exemplo, o autor alega que foi dispensado do trabalho por ato de discriminação do empregador – fato constitutivo. O réu diz que não praticou nenhum ato que pudesse ser enquadrado como discriminatório. Pelas regras normais, seria do autor o ônus de demonstrar o fato constitutivo. Entretanto, se o juiz determinar ser do réu a faculdade de provar que utilizou critérios objetivos na dispensa, estará invertendo o ônus da prova.

Conforme já se disse, a prova tem por finalidade convencer o juiz quanto à existência ou não dos fatos sobre os quais versa a lide. Como se vê, o objeto da prova são os fatos. Contudo, não são todos e quaisquer fatos que se sujeitam à dilação probatória. Assim, os fatos a serem provados são aqueles pertinentes, relevantes e possíveis. Em contrapartida, não necessitam de prova os fatos afirmados por uma parte e confessados pela outra; os fatos presumidos legalmente; os fatos notórios e os fatos admitidos no processo como verdadeiros (art. 374 do CPC/2015).

Via de regra, não se faz prova de direito, exceções feitas ao direito municipal, estadual, estrangeiro e consuetudinário, quando for determinado pelo juiz (conforme preceitua o art. 376 do CPC/2015). Não se provam tampouco as negativas indefinidas – por exemplo, "Nunca estive no Japão" – e os fatos negativos em si mesmos – por exemplo, "Não sei falar alemão". Boa parte da doutrina estabelece que as demais negativas comportam verdadeiras afirmações e, portanto, são passíveis de prova – exemplificativamente, se digo que não estava em Santos, ontem, ao meio-dia, compete-me demonstrar onde estava naquele dia e horário.

Os autores arrolam os seguintes princípios informadores da prova: a) necessidade da prova – não basta às partes fazer meras alegações em juízo, estas têm de ser cabalmente demonstradas; b) unidade ou comunhão das provas – as provas devem ser avaliadas no seu conjunto; c) lealdade ou probidade das provas – há um interesse de todos em que a verdade seja encontrada, sem deformações, por isso todos devem agir com boa-fé; d) contraditório – a parte contra quem foi produzida a prova pode impugná-la, produzindo contraprova, razão pela qual se repelem as provas secretas no direito pátrio; e) igualdade de oportunidade de prova – garante-se às partes as mesmas oportunidades para requererem e produzirem as provas; f) legalidade – vincula a produção das provas à forma prevista em lei; g) imediação – direta intervenção do juiz na instrução, nos sistemas que adotam a oralidade; h) princípio da obrigatoriedade da prova – a prova é de interesse do Estado, que deseja ver esclarecida a verdade, logo o juiz deve compelir as partes a trazerem aos autos as provas que estão em seu poder, sofrendo sanções em caso de omissões (art. 400 do CPC/2015).

Apesar de a indicação das provas ser de iniciativa das partes, o direito processual brasileiro consagra a concepção publicista do processo, em que vigora o princípio da autoridade, de modo a estender os poderes do juiz, ao qual cabe a direção do processo, podendo repelir as provas protelatórias e inúteis (art. 370, parágrafo único, do CPC/2015), ou podendo determinar de ofício a produção de outras provas que entender necessárias à formação de sua convicção quanto à verdade dos fatos – princípio da iniciativa oficial.

Nas leis trabalhistas, não há uma enumeração dos meios de prova, por isso a utilização subsidiária do direito comum. O art. 369 do CPC/2015 estabelece que todos os meios legais, bem como os moralmente legítimos, ainda que não especificados na lei processual civil, serão hábeis para provar a verdade dos fatos em que se funda a ação ou a defesa. O art. 5º, LVI, da CF coíbe a produção de provas obtidas por meios ilícitos. No Brasil, são exemplos de meio de prova: o depoimento pessoal das partes, os depoimentos das testemunhas, os documentos, as perícias e a inspeção judicial. Todos os meios têm o mesmo valor e não existe nenhum que seja mais hábil que o outro; cabe ao juiz dar a valoração que cada meio merecer, conforme seu livre convencimento motivado (art. 371 do CPC/2015). Existem várias súmulas e OJs do TST que tratam da questão da prova, como: Súmula n. 338 (registro e cartões de ponto); Súmula n. 212 (princípio da continuidade na relação de emprego); Súmula n. 6, VIII (equiparação salarial); OJ n. 233 da SDI-1 (valoração da prova).

Por fim, convém relatar que há uma forte corrente doutrinária que advoga a ideia da "distribuição dinâmica do ônus da prova" em contraposição à "distribuição estática do ônus da prova" (*v.* PIRES, Líbia da Graça. Teoria e distribuição dinâmica do ônus da prova no processo do trabalho, 2011. Tese de Doutorado em Direito do Trabalho pela Universidade de São Paulo. Orientador: Sergio Pinto Martins). Nos termos dessa teoria, não mais haveria uma regra legal prefixada para o ônus da prova (carga estática), mas caberia ao juiz, diante do caso concreto, fixar nos autos a quem incumbiria a carga probatória para cada matéria (carga dinâmica, varia conforme o caso). Um dos pontos positivos da aplicação desse preceito é a distribuição mais justa da carga probatória, evitando as chamadas "provas diabólicas"; um dos pontos negativos é a insegurança jurídica. A meu ver o que existe no dispositivo em comento é a possibilidade de inversão do ônus da prova e não a distribuição dinâmica da carga probatória.

---

§ 2º A decisão referida no § 1º deste artigo deverá ser proferida antes da abertura da instrução e, a requerimento da parte, implicará o adiamento da audiência e possibilitará provar os fatos por qualquer meio em direito admitido.

Parágrafo acrescentado pela Lei n. 13.467, de 13.07.2017.

Se o juiz se utilizar da faculdade de inverter o ônus da prova, deverá fazê-lo antes de passar à instrução do feito, para evitar o cerceamento de direito. As partes têm o direito constitucional de ampla defesa, logo, se houver alteração na distribuição normal da carga probatória (autor prova fato constitutivo e réu prova fato impeditivo, modificativo e extintivo do direito do autor) deve ser dada às partes a oportunidade de se desincumbirem de seu novo ônus.

Se isso ocorrer, o juiz não poderá usar desta inversão apenas no julgamento, deverá fazê-lo antes da instrução para que as partes tenham a possibilidade de produzir as provas que se fizerem necessárias.

---

§ 3º A decisão referida no § 1º deste artigo não pode gerar situação em que a desincumbência do encargo pela parte seja impossível ou excessivamente difícil.

Parágrafo acrescentado pela Lei n. 13.467, de 13.07.2017.

Trata-se de cópia fiel do CPC/2015. Não se pode fixar ônus da prova de forma tal que a parte jamais consiga se desincumbir de sua faculdade. Referido parágrafo visa a evitar aquilo que a doutrina costuma denominar de prova "diabólica". Como esse tipo de fixação de ônus da prova atenta contra o contraditório e a ampla defesa, deve ser veementemente rechaçado.

Art. 819. O depoimento das partes e testemunhas que não souberem falar a língua nacional será feito por meio de intérprete nomeado pelo juiz ou presidente.

O intérprete é um auxiliar da Justiça, cuja presença é indispensável na análise de documento de entendimento duvidoso, redigido em língua estrangeira; no trabalho de verter, para o português, declarações das partes e testemunhas que desconheçam o vernáculo ou tenham qualquer outra dificuldade de comunicação; na tradução da linguagem mímica dos surdos-mudos, que não puderem transmitir a sua vontade por escrito (art. 162 do CPC/2015). Distinguem-se as figuras do intérprete daquela do tradutor. Com efeito, o primeiro é auxiliar da Justiça (art. 149 do CPC/2015) e tem função análoga à de perito; como tal sujeita-se às regras impostas a este e pode até mesmo ser arguido de impedido ou suspeito. Já o tradutor é contratado pela parte para verter documento em língua estrangeira para o português, juntando-o aos autos.

A lei (art. 163 do CPC/2015) impede que o juiz nomeie como intérprete pessoa que não administre livremente seus bens; que tenha sido arrolada como testemunha ou que tenha funcionado como perito no mesmo processo em que for feita a interpretação; ou, ainda, que esteja inabilitado ao exercício da profissão por sentença penal condenatória, enquanto durar o seu efeito. Mesmo que o magistrado conheça a língua estrangeira ou domine a linguagem dos sinais, não poderá valer-se de conhecimentos pessoais de natureza técnica para dispensar o intérprete. Este deve agir com lealdade no processo, de modo a informar efetivamente o que foi dito ou escrito, sob pena de vir a responder por crime, conforme determina o art. 342 do CP.

§ 1º Proceder-se-á da forma indicada neste artigo, quando se tratar de surdo-mudo, ou de mudo que não saiba escrever.

Conforme narrado no art. 819 da CLT, o papel do intérprete não se limita a traduzir o idioma estrangeiro para a língua portuguesa, mas abrange outras situações, como a tratada no § 1º, relativa ao surdo-mudo ou mudo que não saiba escrever, ou qualquer outra situação em que haja dificuldade de comunicação com o mundo exterior. Reitera-se aqui os comentários ao dispositivo antecedente acerca das funções e limitações do intérprete, bem como a advertência de que, ainda que o magistrado conheça a linguagem dos sinais, não poderá valer-se desse conhecimento pessoal para dispensar o intérprete, sob pena de atentar contra o princípio da publicidade dos atos processuais.

§ 2º As despesas decorrentes do disposto neste artigo correrão por conta da parte sucumbente, salvo se beneficiária de justiça gratuita.

Parágrafo com redação dada pela Lei n. 13.660, de 08.05.2018.

Os gastos – por exemplo, estada e transporte – necessários para a realização da interpretação serão suportados por aquele que sucumbir na demanda, salvo se beneficiário de justiça gratuita, ao contrário do disposto no art. 790-B da CLT, que dispõe que os beneficiários da Justiça gratuita podem vir a ser condenados ao pagamento dos honorários periciais.

Art. 820. As partes e testemunhas serão inquiridas pelo juiz ou presidente, podendo ser reinquiridas, por seu intermédio, a requerimento dos Juízes classistas, das partes, seus representantes ou advogados.

Veja arts. 111 a 116 da CF, sobre a extinção dos juízes classistas na Justiça do Trabalho (Anexo I da CLT).

De início, convém que sejam feitas duas atualizações ao texto em análise: a primeira, no que diz respeito à expressão *juiz* ou *presidente*, já que, hoje em dia, não há mais a figura do juiz presidente de Junta. A segunda refere-se aos vogais – como eram chamados os juízes classistas antes da CF/88 –, que foram extintos pela EC n. 24/99.

Quanto ao conteúdo do artigo em apreço, tem-se que os advogados não podem fazer perguntas diretas às partes e testemunhas, pois a CLT possui regra própria e, por isso, inaplicável o dispositivo do atual CPC que autoriza às partes a formularem as questões diretamente aos depoentes (art. 459 do CPC/2015). Cabe ao juiz, por força do princípio da imediação, colher pessoalmente a prova oral, formulando as perguntas que entender pertinentes e intermediando as questões articuladas pelos litigantes ou seus advogados. Por isso, meras declarações escritas relativas aos fatos, ainda que por instrumento público, não substituem os depoimentos pessoais e testemunhais. Note que o art. 848 da CLT reitera essa assertiva de que as partes e as testemunhas serão inquiridas por meio do juiz; o diploma celetista estabelece competir ao juiz proceder, direta e pessoalmente, à colheita das provas. Dessa forma, o magistrado impede que os causídicos induzam as respostas dos depoentes e que os intimide.

Nesse sentido, o art. 361, parágrafo único, do diploma processual civil de 2015, proíbe que os advogados e o Ministério Público intervenham ou aparteiem durante os depoimentos das partes, peritos, assistentes técnicos e testemunhas sem a licença do juiz. Convém ainda esclarecer que, por meio do depoimento da parte contrária, busca-se obter uma confissão real sobre os fatos da causa; ao passo que, por meio dos depoimentos das testemunhas, busca-se o convencimento do juiz acerca da forma como ocorreram os fatos narrados pelas partes.

Art. 821. Cada uma das partes não poderá indicar mais de 3 (três) testemunhas, salvo quando se tratar de inquérito, caso em que esse número poderá ser elevado a 6 (seis).

Artigo com redação dada pelo Decreto-lei n. 8.737, de 19.01.1946.

O artigo em apreço limita a três o número de testemunhas por processo nos feitos que tramitam sob o rito ordinário e a seis na hipótese de inquérito para apuração de falta grave. Quando se tratar de feito que tramita pelo rito sumaríssimo, esse número será reduzido a duas testemunhas para cada parte, conforme determina o art. 852-H, § 2º, da CLT. A doutrina tem entendido que, quando houver mais de um autor no polo ativo, por ter partido deles a iniciativa de litigar de maneira agrupada, só terão direito a ouvir três testemunhas – ao todo e não para cada litisconsorte – no procedimento ordinário e duas no sumaríssimo. Isso se deve ao fato de ter sido dos autores a opção para formação do litisconsórcio, o que pressupõe renúncia à oitiva a um número maior de testemunhas. O mesmo não ocorrerá quando houver mais de um réu no polo passivo, caso em que se admite que cada um apresente três testemunhas no rito ordinário e duas no sumaríssimo, pois os réus não tiveram a escolha de litigar separadamente.

Art. 822. As testemunhas não poderão sofrer qualquer desconto pelas faltas ao serviço, ocasionadas pelo seu comparecimento para depor, quando devidamente arroladas ou convocadas.

Ressalvadas as hipóteses de impedimento, de suspeição, de incapacidade e as exceções previstas no art. 448 do CPC/2015 – sigilo profissional e dano grave a si, cônjuge ou parentes até segundo grau –, é dever de todo cidadão comparecer a juízo para prestar depoimento como testemunha quando conclamado a fazê-lo. Esse dever legal decorre do disposto no art. 378 do diploma processual civil de 2015, segundo o qual "ninguém se exime do dever de colaborar com o Poder Judiciário para o descobrimento da verdade".

Assim, não pode o indivíduo, sem motivo juridicamente relevante, escusar-se de depor, sob pena de pagar a multa prevista no art. 730 do diploma consolidado. Da mesma forma, não pode o empregador impedir ou tentar impedir a testemunha de comparecer para depor, ou puni-la com o despedimento; se o fizer, incorrerá em multa a ser aplicada pela Vara do Trabalho (art. 729, §§ 1º e 2º, da CLT). Além da proteção mencionada, quando comparece a juízo para depor a testemunha não sofre nenhum desconto salarial pela falta ao trabalho, nem diminuição na contagem do tempo de serviço, desde que requeira o competente atestado de comparecimento fornecido pela Vara do Trabalho correspondente. O art. 463, parágrafo único, do CPC/2015 estabelece que o depoimento prestado em juízo é considerado serviço público, o que, por si só, já impede que a testemunha sofra prejuízo em seu patrimônio para o exercício desse dever.

Art. 823. Se a testemunha for funcionário civil ou militar, e tiver de depor em hora de serviço, será requisitada ao chefe da repartição para comparecer à audiência marcada.

O termo *funcionário*, mencionado neste artigo, está empregado em seu significado técnico restrito, como sinônimo de servidor público sujeito ao regime estatutário. A nosso ver, tanto o empregado público, assim entendido o servidor público sujeito ao regime celetista, quanto o funcionário público civil – estatutário – e o militar comparecerão para depor independentemente de intimação ou notificação (na forma do art. 825 da CLT).

Apenas na impossibilidade de comparecimento, pelo fato de a audiência realizar-se no mesmo horário de expediente do funcionário público civil – estatutário – ou militar, é que será necessária a requisição junto a seus superiores, que o liberarão para que se apresente ao fórum à hora designada. O empregado público sujeita-se às regras do celetista inclusive quanto à forma de comparecimento a juízo como testemunha e consequências da ausência. O art. 455, § 4º, III, do CPC/2015, apresenta disposição semelhante ao artigo em epígrafe.

Art. 824. O juiz ou presidente providenciará para que o depoimento de uma testemunha não seja ouvido pelas demais que tenham de depor no processo.

Tanto a CLT como o CPC (art. 456 do CPC/2015) estipulam que o juiz cuidará para que as testemunhas que ainda não prestaram depoimento não participem da oitiva das demais. Essa incomunicabilidade é necessária para que não haja influência externa no depoimento das testemunhas, que deverão comparecer a juízo para dizer aquilo que sabem, sem distorcer a verdade dos fatos. Pudessem umas ouvir os depoimentos das outras, a declaração em juízo poderia restar viciada, contaminada pelas informações anteriormente ouvidas.

Art. 825. As testemunhas comparecerão à audiência independentemente de notificação ou intimação.

O artigo ora comentado refere-se aos processos que tramitam pelo rito ordinário, já que os relativos ao procedimento sumaríssimo possuem dispositivo próprio (art. 852-H, §§ 2º e 3º). No processo do trabalho, a regra é a do comparecimento espontâneo da testemunha para prestar depoimento, de modo que não existe, a princípio, a necessidade de rol. Entretanto, convém que o interessado já saiba, de antemão, a qualificação e o endereço das testemunhas por ele escolhidas, pois, na hipótese de não comparecimento, estas serão intimadas, nos termos do parágrafo único transcrito anteriormente e, para tanto, mister se faz o conhecimento desses dados.

Muito embora a CLT contenha dispositivos próprios tratando da forma de comunicação à testemunha acerca da audiência em que for convidada a depor, na prática, por força do princípio da celeridade, muitos juízes adotam o disposto no art. 455, § 2º, do CPC/2015, segundo o qual, na audiência inaugural, o interessado pode comprometer-se a levar a testemunha à audiência de instrução, independentemente de intimação; presumindo-se, caso a testemunha não compareça, que a parte desistiu de ouvi-la; trata-se da fórmula de se trazer a testemunha "independentemente de intimação, sob pena de preclusão". Outra maneira, utilizada na prática trabalhista, intermediária entre as duas soluções expostas, é a de se permitir que o próprio litigante retire as intimações na secretaria da Vara e entregue-as às testemunhas, que passarão o respectivo recibo, o qual será acostado aos autos; assim, caso não compareçam apesar de regularmente intimadas, as testemunhas sofrerão as consequências legais.

Parágrafo único. As que não comparecerem serão intimadas, *ex officio* ou a requerimento da parte, ficando sujeitas a condução coercitiva, além das penalidades do art. 730, caso, sem motivo justificado, não atendam à intimação.

Se a testemunha, devidamente convidada pelas partes, sem justo motivo, não comparecer à audiência designada, o juiz – por sua própria iniciativa ou a requerimento dos interessados – determinará sua intimação. Para tanto, deverá o interessado fornecer ao magistrado o endereço e a qualificação da testemunha recalcitrante. Essa intimação poderá ser feita via postal, por oficial de justiça, ou ainda ser retirada na secretaria da Vara e entregue diretamente pela parte.

Se, após ser devidamente intimada por uma das formas já descritas, a testemunha mais uma vez deixar de comparecer, o juiz poderá determinar sua condução coercitiva, ou seja, por oficial de justiça, que a acompanhará do local onde for encontrada até o fórum; tudo isso sem prejuízo da aplicação da multa prevista no art. 730 do diploma consolidado. Entretanto, se a testemunha demonstrar que sua ausência decorreu de motivo justificado, este entendido como doença que impeça sua locomoção até o fórum, inundação na cidade que a impediu de chegar ao destino etc., o magistrado não poderá aplicar a pena pecuniária.

Convém lembrar que a parte interessada na oitiva da testemunha deve informar a ausência desta logo no início da audiência para que possam ser tomadas as providências previstas neste artigo sem cindir a prova; caso contrário, ou seja, se a parte comunicar o ocorrido ao juiz no meio ou no final dos trabalhos, o indeferimento da oitiva da testemunha não será considerado cerceamento de defesa, ante a proibição de se dividir a prova oral. Maiores detalhes acerca dos depoimentos das testemunhas serão analisados nos comentários aos arts. 828 e 829 da CLT.

Art. 826. É facultado a cada uma das partes apresentar um perito ou técnico.

O art. 3º da Lei n. 5.584, de 26.06.1970, dispõe de modo diverso.

O artigo em análise foi tacitamente derrogado pelo art. 3º da Lei n. 5.584/70. O art. 156 do CPC/2015 estabelece que, quando a prova do fato depender de conhecimento técnico ou científico, o juiz será assistido por perito e não poderá valer-se de conhecimentos pessoais para dispensar a prova técnica quando esta for exigida por lei – por exemplo, nas hipóteses de análise de existência de insalubridade ou periculosidade. Atualmente, existe apenas um perito, nomeado pelo juiz, sendo que, às partes, faculta-se a indicação de assistentes técnicos, cujo parecer será apresentado no mesmo prazo assinalado ao *expert* judicial, sob pena de desentranhamento dos autos.

Os assistentes técnicos, por serem de confiança daqueles que fizeram sua indicação, não prestam compromisso e, portanto, não se sujeitam às regras de suspeição e impedimento. O perito, ao contrário, é um auxiliar de confiança do juízo e, por isso, presta o compromisso de relatar a verdade em seu laudo. Não obstante, se vier a fazer afirmação falsa, calar ou negar a verdade, cometerá crime de falsa perícia contra a administração da Justiça, nos termos do art. 342 do CP.

Art. 827. O juiz ou presidente poderá arguir os peritos compromissados ou os técnicos, e rubricará, para ser junto ao processo, o laudo que os primeiros tiverem apresentado.

O perito, conforme afirmado no artigo anterior, presta compromisso perante a Vara do Trabalho. Os assistentes técnicos, por força do art. 3º da Lei n. 5.584/70, estão dispensados de prestá-lo, já que, via de regra, declaram no laudo aquilo que atende aos interesses da parte que o contratou. Não compartilhamos da opinião de uma parte da doutrina segundo a qual, por força do art. 466, § 1º, do CPC/2015, não haveria mais necessidade de o expert judicial prestar compromisso.

Nesse ponto, a CLT contém dispositivo próprio e, portanto, não se pode utilizar o diploma processual civil subsidiariamente. Na prática, o magistrado não mais rubrica o laudo dos peritos. Ao ser apresentado o trabalho pericial, em respeito aos princípios da ampla defesa e do contraditório, abre-se prazo para que as partes sobre ele se manifestem, e pode o juiz, a seu critério, remeter os autos novamente ao perito para que preste os esclarecimentos necessários. O juiz, caso entenda conveniente, pode determinar que o perito compareça à audiência para ser ouvido acerca do laudo, providência esta bastante incomum, já que todas as dúvidas podem ser dirimidas, por escrito, pelos esclarecimentos periciais. Se o perito demonstrar falta de conhecimento técnico ou científico para desincumbir-se de seu encargo ou sem justo motivo retardar a entrega do laudo, poderá o magistrado substituí-lo, comunicando o ocorrido a seu órgão de classe e imputando-lhe multa compatível com o valor dado à causa aliado ao possível prejuízo decorrente do atraso (art. 468 do CPC/2015).

Convém frisar que, nos termos do art. 479 do CPC/2015, o juiz não está obrigado a aceitar as conclusões exaradas no laudo pericial, já que pode formar sua convicção com outros elementos constantes nos autos; em outras palavras, aproveitam-se os dados técnicos lançados no trabalho pericial, mas ao juiz cabe dizer o direito no caso concreto com base em seu livre convencimento motivado, que pode ter sido formado pelo conjunto probatório.

Os honorários do perito serão pagos pela parte sucumbente no pedido relacionado à perícia, ainda que beneficiária da Justiça gratuita (art. 790-B da CLT). Já os assistentes técnicos serão remunerados pela parte que os contratou, independentemente do resultado do laudo (Súmula n. 341 do TST). A Lei n. 13.467/2017 estabeleceu ser ilegal, em sede trabalhista, quando se tratar de lide envolvendo empregado e empregador, exigir-se o depósito de honorários periciais prévios, uma vez que não é possível saber, antes da realização do laudo, quem será sucumbente no objeto da perícia. Aqueles que defendem ser possível a exigência de depósito prévio o fazem com base no art. 95, §§ 1º e 2º, do CPC/2015; porém, como a CLT tem regra própria fica muito difícil defender-se este posicionamento.

Art. 828. Toda testemunha, antes de prestar o compromisso legal, será qualificada, indicando o nome, nacionalidade, profissão, idade, residência, e, quando empregada, o tempo de serviço prestado ao empregador, ficando sujeita, em caso de falsidade, às leis penais.

A testemunha é devidamente qualificada e, depois, presta compromisso; ou seja, obriga-se a dizer a verdade, sob as penas da lei. A qualificação ocorre para que se possa, efetivamente, localizar a testemunha para que responda por crime se porventura vier a falsear a verdade. O art. 342 do CP capitula como crime a afirmação falsa, a negação da verdade ou o silêncio quanto a esta. Referido tipo penal exige necessariamente o dolo; dessa forma, não há a forma culposa; assim, se a testemunha nada souber acerca do assunto, não estará cometendo nenhum crime se disser que desconhece os fatos. Em outras palavras, exige-se que a testemunha tenha consciência de que falta com a verdade.

A pena varia de um a três anos e multa, e pode ser aumentada em um terço se o crime for praticado mediante suborno. Nos termos da lei, o fato deixará de ser punível se, antes da prolação da sentença, o agente retratar-se ou declarar a verdade. Como decorrência do tipo penal mencionado anteriormente, o magistrado, após a qualificação e antes de iniciar a colheita do depoimento, adverte a testemunha de que ela deve falar a verdade, sob pena de sofrer as consequências penais.

Nesse ponto, convém ressaltar que muito embora o art. 447, § 1º, III, do CPC/2015 admita como testemunha os menores de 16 e 17 anos de idade, concordamos com os doutrinadores que expõem que, em razão da inimputabilidade penal dos menores de 18 anos, não há como compromissá-los, pois – ainda que faltem com a verdade – não poderão ser penalmente punidos. Desse modo, aquele que se encontra na faixa etária de 16 a 17 anos poderá, no máximo, ser ouvido como informante. Nenhuma testemunha, entretanto, será obrigada a depor acerca de fatos que acarretem graves danos a si ou a seu cônjuge e a seus parentes consanguíneos ou afins, em linha reta ou colateral em segundo grau; ou sobre fatos a cujo respeito deva guardar segredo por força da profissão (art. 448 do CPC/2015).

Parágrafo único. Os depoimentos das testemunhas serão resumidos, por ocasião da audiência, pelo chefe de secretaria da Junta ou funcionário para

esse fim designado, devendo a súmula ser assinada pelo Presidente do Tribunal e pelos depoentes.

Parágrafo com redação ajustada nos termos da Lei n. 409, de 25.09.1948. Veja nota deste Capítulo.

As declarações das testemunhas são reduzidas a termo pelo juiz para que não se percam no tempo, mormente se considerarmos que, diferentemente do que ocorre no processo civil, ainda não há unanimidade entre os doutrinadores quanto à aplicação do princípio da identidade física do juiz no processo do trabalho, sendo certo que, na reforma de sua jurisprudência, efetivada periodicamente pelo Colendo TST, este cancelou a Súmula n. 136, que estabelecia que o princípio em apreço não seria aplicável às Varas do Trabalho. Não obstante referido cancelamento, ainda, mantém-se a Súmula n. 222 do STF, que diz que "o princípio da identidade física do juiz não é aplicável às Juntas de Conciliação e Julgamento da Justiça do Trabalho", leia-se "Varas do Trabalho". Assim, pode ocorrer de um magistrado colher a prova oral e outro vir a proferir a decisão, o que restaria impossível se o primeiro não tivesse transcrito em ata tudo o quanto lhe fora dito pelos depoentes. A falta de assinatura dos depoimentos pelas partes e testemunhas não acarreta nenhuma nulidade, já que o juiz e os funcionários públicos têm fé pública. Atualmente, algumas Varas do Trabalho, em caráter experimental, têm gravado (áudio) ou filmado (audiovisual) suas audiências, medida que, se vier a ser adotada de modo definitivo e geral, insofismavelmente trará mais segurança às relações processuais e maior grau de certeza nos julgamentos. Tanto nas Varas que tramitam pelo PJe como naquelas em que há gravações de áudio e vídeo apenas o juiz assina digitalmente a ata.

Art. 829. A testemunha que for parente até o terceiro grau civil, amigo íntimo ou inimigo de qualquer das partes, não prestará compromisso, e seu depoimento valerá como simples informação.

O artigo em análise é incompleto; portanto, devemos recorrer, supletivamente, ao disposto no art. 447 do CPC/2015, para declarar que podem depor como testemunhas todas as pessoas exceto as incapazes, impedidas ou suspeitas. São considerados *incapazes* de depor como testemunhas os interditados por demência, os que, à época dos fatos, não conseguiam discerni-los, ou aqueles que à época de depor não estivessem habilitados a transmitir suas percepções, os menores de 16 anos, o cego e o surdo, quando a ciência do fato depender dos sentidos que lhes faltam.

São *impedidos* de prestar depoimento como testemunha: o cônjuge; o ascendente e o descendente em qualquer grau, ou o colateral até terceiro grau, de alguma das partes por consanguinidade ou afinidade (veja comentário ao art. 801, *c*), salvo se o exigir o interesse público; aquele que é parte na causa e os que intervêm em nome de uma das partes, como os tutores, os representantes das pessoas jurídicas; o juiz; o advogado e outros que assistam ou tenham assistido às partes.

São *suspeitos* de depor como testemunhas: o condenado por crime de falso testemunho, cuja decisão tenha transitado em julgado; aqueles que, por seus costumes, não sejam dignos de fé; o inimigo capital da parte ou seu amigo íntimo; e aqueles que, de alguma forma, possuam interesse no litígio.

Se o magistrado entender estritamente necessário, colherá o depoimento daqueles considerados impedidos ou suspeitos, porém não como testemunhas, mas como meros informantes; dessa forma, não prestarão o compromisso de dizer a verdade e, portanto, não estarão sujeitos às penalidades pelo crime de falso testemunho. A força probante dos depoimentos colhidos nestas condições será avaliada pelo juiz, que dará a valoração que esse depoimento possa merecer diante do conjunto probatório. O TST não considera suspeita a testemunha que demanda ou demandou em face da mesma reclamada, nos termos de sua Súmula n. 357.

Para que o interessado possa opor-se ao depoimento de uma testemunha incapaz, suspeita ou impedida, deve contraditá-la logo após a qualificação e antes que esta venha a prestar compromisso, sob pena de preclusão temporal. Se a testemunha negar a contradita, haverá a possibilidade de o interessado vir a prová-la por meio de documentos ou de testemunhas (art. 457, §§ 1º e 2º, do CPC/2015). Se for indeferida a contradita, a testemunha será ouvida normalmente; ao contrário, se for acolhida a contradita, o depoente será dispensado ou será ouvido como mero informante.

Art. 830. O documento em cópia oferecido para prova poderá ser declarado autêntico pelo próprio advogado, sob sua responsabilidade pessoal.

Caput *com redação dada pela Lei n. 11.925, de 17.04.2009.*

Documento é todo objeto que possa ser utilizado como prova de um fato alegado nos autos; consequentemente, será considerado documento não apenas a representação que contenha escritos, mas também as fotografias, as fitas de vídeo, as gravações etc., desde que obtidos de forma lícita. O CPC/2015 corrobora essa assertiva em seu art. 422, segundo o qual qualquer reprodução mecânica, como a fotográfica, cinematográfica, fonográfica ou de outra espécie, faz prova dos fatos ou das coisas representadas, se aquele contra quem foi produzida admitir-lhe a conformidade; sendo certo que, se for impugnada a autenticidade da reprodução, será possível a realização de prova pericial. Frise-se que o reclamante deve juntar à peça inicial toda a documentação necessária para fazer prova de seu direito (art. 787 da CLT) e a reclamada deve fazê-lo quando da apresentação da defesa (art. 845 da CLT), exceção feita ao documento novo, que pode ser juntado aos autos a qualquer tempo. Entende-se por documento novo aquele destinado a fazer prova de fatos ocorridos depois dos articulados na exordial ou na defesa, ou aquele apto a fazer contraprova (art. 435 do CPC/2015). Ante os princípios do contraditório e da ampla defesa, toda vez que o juiz aceitar a juntada de novos documentos deve abrir prazo para que a parte contrária manifeste-se sobre eles; se esse prazo não for concedido e os documentos influenciarem na formação da convicção do juiz em prejuízo ao litigante preterido, será nula a sentença prolatada.

Até o advento da Lei n. 11.925/2009, o artigo em análise determinava que somente seriam aceitos como válidos os documentos originais ou em certidões autênticas. Consideravam-se certidões autênticas as declarações efetuadas por tabeliães, escrivães ou funcionários públicos acerca do conteúdo dos documentos registrados em seus livros ou de autos processuais. Aceitavam-se ainda os documentos quando estivessem revestidos da forma pública, ou seja, cópia de documentos cuja autenticidade fosse atestada por um oficial público. Por fim, aceitava-se que o documento fosse juntado de forma simples, ou seja, quando a cópia fosse conferida com o original pelo juiz ou pelo tribunal.

Mesmo antes da mudança legislativa, boa parte da doutrina já entendia que a simples impugnação do documento por falta de autenticação, isto é, a mera insurgência quanto à forma de sua apresentação, sem a respectiva impugnação quanto ao seu conteúdo, não era suficiente para ensejar seu desentranhamento dos autos, mormente se fosse documento comum às partes. Esse entendimento alicerçava-se nos princípios da lealdade processual e da instrumentalidade, e estava acompanhado pela jurisprudência dominante, conforme se pode observar pela OJ n. 36 da SDI-1 do TST (título alterado e inserido dispositivo, *DJ* 20.04.2005).

Atualmente, em consagração aos princípios da boa-fé processual, da simplificação dos procedimentos, da economia processual e em homenagem ao que já se fazia há décadas na prática, presume-se verdadeira a cópia do documento cuja autenticidade fora atestada pelo próprio advogado da parte que a juntou aos autos. Note-se que o advogado que autenticou a cópia reprográfica da documentação e a carreou aos autos responsabiliza-se pessoalmente nas esferas cível e criminal, se demonstrada a falsidade dessas reproduções. O CP, em seu art. 298, estipula que "falsificar, no todo ou em parte, documento particular ou alterar documento particular verdadeiro" acarreta àquele que praticou a ação uma pena de reclusão que varia de 1 a 5 anos, além de multa pecuniária. Na mesma pena incorre aquele que fizer uso de qualquer dos papéis falsificados ou alterados descritos nos arts. 297 a 302 do mesmo diploma penal. No sistema do PJe os documentos serão digitalizados e os originais, guardados para posterior confrontação, pelo menos até o prazo decadencial da ação rescisória (§ 2º do art. 13 da Res. n. 94, do CSJT). Estabelece o art. 13 da mencionada Resolução que os documentos produzidos eletronicamente, os extratos digitais e os documentos digitalizados e juntados aos autos pelos órgãos da Justiça do Trabalho e seus auxiliares, pelos membros do Ministério Público, pelas procuradorias e por advogados públicos e privados têm a mesma força probante dos originais, ressalvada a alegação motivada e fundamentada de adulteração. O § 1º fixa que incumbirá à parte zelar pela qualidade dos documentos juntados por qualquer meio, especialmente quanto à sua legibilidade, para o que se recomenda não utilizar papel reciclado, em virtude de dificultar a respectiva visualização posterior.

Parágrafo único. Impugnada a autenticidade da cópia, a parte que a produziu será intimada para apresentar cópias devidamente autenticadas ou o original, cabendo ao serventuário competente proceder à conferência e certificar a conformidade entre esses documentos.

Parágrafo acrescentado pela Lei n. 11.925, de 17.04.2009.

Cabe à parte contrária, se entender que as cópias dos documentos carreados aos autos não se coadunam com os originais, apontar essa irregularidade na primeira oportunidade que tiver de falar nos autos, sob pena de preclusão (inteligência do art. 795 da CLT). Feita essa comunicação nos autos, o juiz determinará que sejam juntados os documentos originais ou as cópias autenticadas por um oficial público. Como o parágrafo em análise nada mencionou acerca do prazo, tem-se que essa providência deve ser tomada em cinco dias. Trazidos os originais ou as cópias autenticadas por oficial público, o serventuário da Justiça comparará um a um os documentos e as cópias para certificar nos autos se estas conferem ou não com os originais. Se estiverem conforme, o processo seguirá normalmente e a parte que apontou irregularidade inexistente pode vir a sofrer as consequências da litigância de má-fé. Ao contrário, se o serventuário declinar que efetivamente não conferem com os originais, certificará essa circunstância nos autos e o Poder Judiciário oficiará os órgãos competentes para a aplicação da legislação cível e penal pertinente, sem prejuízo da aplicação das penas pela litigância de má-fé. Nos termos do art. 13, § 3º, da Res. n. 94 do CSJT, no PJe a arguição de falsidade do documento original será processada eletronicamente na forma da lei processual em vigor. No que tange aos documentos cuja digitalização mostre-se tecnicamente inviável devido ao grande volume ou por motivo de ilegibilidade, deverão ser apresentados em secretaria no prazo de 10 (dez) dias contados do envio de petição eletrônica comunicando o fato. Após o trânsito em julgado, os referidos documentos serão devolvidos, incumbindo à parte preservá-los até o final do prazo para propositura de ação rescisória, quando admitida.

Seção X
Da Decisão e sua Eficácia

Art. 831. A decisão será proferida depois de rejeitada pelas partes a proposta de conciliação.

O juiz fará duas propostas de conciliação obrigatórias: antes do recebimento da defesa (art. 846 da CLT) e depois de aduzidas as razões finais (art. 850 da CLT). Se a segunda tentativa obrigatória de composição restar infrutífera, caberá ao juiz proferir a decisão.

No artigo em epígrafe, o vocábulo *decisão* está empregado como sinônimo de sentença. Esta última pode ser definida como o ato do juiz que põe fim ao processo em primeiro grau de jurisdição, com ou sem julgamento do mérito. As sentenças classificam-se em: a) *definitivas* – definem o feito, julgando o mérito da causa; b) *terminativas* – põem fim ao feito sem julgamento do mérito.

Parágrafo único. No caso de conciliação, o termo que for lavrado valerá como decisão irrecorrível, salvo para a Previdência Social quanto às contribuições que lhe forem devidas.

Parágrafo com redação dada pela Lei n. 10.035, de 25.10.2000.

A doutrina costuma distinguir os institutos da renúncia, da transação e da conciliação. Renunciar significa ter certeza da existência do direito e, ainda assim, dele abdicar, unilateralmente, sem obter nada em troca; em suma, a renúncia exige dois pressupostos: a) a certeza do direito; b) a unilateralidade – só uma das partes abre mão do que entende ser seu. Sob a óptica do empregado, via de regra, os direitos trabalhistas são irrenunciáveis. A transação, ao contrário, envolve dúvida quanto ao direito buscado e à bilateralidade, isto é, na dúvida sobre se obterão ou não êxito em uma eventual demanda, ambos os envolvidos cedem e chegam a um consenso. A transação extrajudicial é prevista expressamente quando feita perante as Comissões de Conciliação Prévia (arts. 625-A a 625-H da CLT).

A conciliação é a transação quando efetuada sob a tutela do Poder Judiciário. As duas tentativas conciliatórias obrigatórias e o disposto no art. 764 da CLT (*caput* e § 1º) demonstram que a conciliação não é apenas aceita no processo do trabalho, mas é, sobretudo, estimulada pelo sistema vigente. O artigo em comento fixa que o termo por intermédio do qual o juiz homologa a conciliação tem força de sentença transitada em julgado e dele não se pode recorrer.

É inaplicável à espécie, portanto, o disposto no art. 966, § 4º, do CPC/2015, que trata de ação anulatória, já que o diploma processual trabalhista apresenta regra própria acerca da questão. Logo, se o termo que homologa a conciliação vale para os litigantes como decisão irrecorrível, o modo de atacá-lo não seria por meio de ação anulatória, mas, sim, por ação rescisória (veja comentário feito ao art. 836 da CLT acerca da ação rescisória). Nesse mesmo sentido, cristalizou-se a jurisprudência, consubstanciada na Súmula n. 259 do TST, segundo a qual só por rescisória é atacável o termo de conciliação previsto no parágrafo único do art. 831 da CLT. Porém, a Lei n. 10.035/2000, que regulamentou o atual art. 114, VIII, da CF, fez uma ressalva à regra geral de que o termo de conciliação homologado pelo juiz vale como decisão irrecorrível, pois permite que o Instituto Nacional da Seguridade Social não seja abarcado pelo manto da coisa julgada; em outras palavras, se a União tiver interesse, poderá recorrer dessa sentença por meio de recurso ordinário, na qualidade de terceiro interessado.

Saliente-se que o artigo em análise deixa claro não ser em qualquer hipótese que a autarquia pode recorrer, mas apenas naquelas em que houver contribuições que lhes forem devidas. Não pode o INSS, por exemplo, recorrer porque entendeu baixo o valor acordado entre as partes, pois lhe faltaria interesse processual para tanto. Note-se que, por ser um ente público, o INSS possui alguns privilégios, entre os quais, prazo em dobro para apresentar o apelo (Decreto-lei n. 779/69), não pagamento de custas (art. 790-A da CLT) e dispensa de depósito recursal.

Alguns autores questionam a constitucionalidade da parte final do parágrafo único do artigo em apreço, aduzindo que o atual art. 114, VIII, da CF (já atualizado pela EC n. 45/2004), ao estabelecer que a Justiça do Trabalho tem competência para *executar*, de ofício, as contribuições sociais previstas no art. 195, I, *a*, e II, e seus acréscimos legais das sentenças que proferir, afastou a possibilidade de a autarquia federal participar da fase cognitiva do processo. Assim, permitir que o INSS recorra das sentenças homologatórias de acordos firmados antes da fase de execução é autorizar que participe da fase de conhecimento, enquanto a Carta Magna admite tão somente que participe da fase de execução. Apesar da força desses argumentos, a parte final do art. 831, parágrafo único, da CLT continua em plena vigência, tendo o INSS sido intimado dos acordos firmados e deles recorrido.

Art. 832. Da decisão deverão constar o nome das partes, o resumo do pedido e da defesa, a apreciação das provas, os fundamentos da decisão e a respectiva conclusão.

No processo do trabalho, tanto os feitos que seguem o procedimento ordinário quanto os processos de alçada exigem que a sentença apresente os seguintes requisitos essenciais – relatório, fundamentação e dispositivo –, sendo certo que a ausência de um deles torna nulo o julgado. O relatório é o espelho do processo e deverá conter o nome das partes, o resumo do pedido do reclamante e o resumo da resposta da reclamada, bem como o registro dos principais acontecimentos surgidos no decorrer da demanda. A fundamentação é a exposição das razões que levaram o juiz a decidir desta ou daquela maneira; a lei faculta ao magistrado julgar conforme o seu livre convencimento; em contrapartida, exige que os motivos de sua convicção fiquem explícitos na sentença (art. 93, IX, da CF, e art. 371 do CPC/2015). Ainda que se trate de julgado que extinga a demanda sem julgamento do mérito, faz-se necessária a fundamentação, embora esta possa ser concisa (art. 490 do CPC/2015).O dispositivo é a conclusão do julgado, ou seja, é a parte da sentença onde o magistrado descreverá os pedidos que foram extintos sem julgamento do mérito e, de forma pormenorizada, os pleitos deferidos ao reclamante. No que tange às demandas que seguem o rito sumaríssimo, aplica-se o disposto no art. 852-I da CLT, que dispensa o relatório, sem que isso gere a nulidade da sentença, mantendo a exigência de fundamentação e de dispositivo.

É importante salientar que se aplica ao processo do trabalho o princípio da correlação – ou da congruência , segundo o qual o obreiro estabelece, na peça preambular, os limites da lide, por meio da causa de pedir e do pedido, sendo vedado ao juiz proferir a sentença concedendo mais (*ultra*), fora (*extra*) ou menos (*infra* ou *citra*) que o postulado. Se a sentença julgar menos que o pleiteado, caberá à parte tentar sanar a omissão opondo embargos de declaração (Súmula n. 297 do TST). Se, ainda assim, o juiz não completar o julgado, haverá a necessidade de interposição de recurso ordinário e cumprirá ao tribunal anular a sentença de primeiro grau para que seja dada a prestação jurisdicional de forma completa, já que haveria supressão de instância caso o tribunal se pronunciasse a respeito da questão não analisada pelo juiz *a quo*. Nas hipóteses de julgamento *ultra* e *extra petita*, pode o tribunal reformar a sentença, de modo a excluir da decisão o que tiver sido concedido acima ou fora do postulado.

Há, outrossim, alguns pedidos que prescindem de alegação explícita por parte do reclamante, pois já estão implícitos na demanda, de modo que sua concessão na sentença não a tornará viciada. São exemplos de pedidos implícitos os juros legais (art. 322, § 1º, do CPC/2015), a correção monetária (Lei n. 6.899/81), as despesas processuais, as parcelas vincendas (art. 323 do CPC/2015), a conversão da estabilidade em indenização quando impossível ou desaconselhável a reintegração do trabalhador (art. 496 da CLT) etc.; a análise dessas questões *ex officio* pelo juiz decorre da própria lei, não importando em julgamento *ultra* ou *extra petita*.

Ademais, o sistema processual brasileiro veda que o juiz prolate sentenças condicionais, ou seja, sentenças cuja procedência ou improcedência do pedido formulado na preambular dependa de acontecimento futuro e incerto. Esse tipo de decisão suscitaria insegurança no seio da sociedade e, por isso, é repelido pelo ordenamento jurídico vigente (exegese do art. 492, parágrafo único, do CPC/2015). Pelo mesmo motivo, via de regra, proíbem-se as sentenças genéricas, ressalvadas aquelas proferidas em ações relativas a direitos transindividuais (Lei das Ações Civis Públicas e CDC) e, especificamente, no processo do trabalho, as ações de cumprimento quando ajuizadas pelo sindicato (art. 872, parágrafo único, da CLT).

A Súmula n. 368 do TST estabelece que o magistrado deve, nas sentenças que proferir, analisar as contribuições previdenciárias e o imposto de renda porventura devidos. Explicita ainda que, em relação especificamente ao imposto de renda sobre créditos trabalhistas oriundos de condenações judiciais, a exação deve incidir sobre o valor total da condenação e calculado ao final. Defendíamos a ideia de que a primeira parte da súmula supracitada foi parcialmente revogada pela Lei n. 11.457/2007; porém, o STF, ao julgar o Recurso Extraordinário n. 569.056/PA (publicado no *DJe*-236 em 12.12.2008, *Ement.* 2.345-05/848), aprovou a seguinte ementa: "Recurso extraordinário. Repercussão geral reconhecida. Competência da Justiça do Trabalho. Alcance do art. 114, VIII, da CF. 1. A competência da Justiça do Trabalho prevista no art. 114, VIII, da CF alcança apenas a execução das contribuições previdenciárias relativas ao objeto da condenação constante das sentenças que proferir. 2. Recurso extraordinário conhecido e desprovido". Ademais, por ocasião do julgamento, o Tribunal em questão, por maioria, aprovou a proposta do relator para a edição de uma súmula vinculante sobre o tema. Trata-se da Súmula vinculante n. 53, segundo a qual "a competência da Justiça do Trabalho prevista no art. 114, VIII, da CF alcança a execução de ofício das contribuições previdenciárias relativas ao objeto da condenação constante das sentenças que proferir e acordos por ela homologados". Destarte, apesar da clareza da Lei n. 11.457/2007, o entendimento da Corte Suprema pátria é no sentido de que não compete à Justiça do Trabalho executar de ofício as parcelas de contribuições sociais quando das ações declaratórias do vínculo empregatício na esfera trabalhista.

§ 1º Quando a decisão concluir pela procedência do pedido, determinará o prazo e as condições para o seu cumprimento.

A sentença deve ser exequível. Desse modo, se o magistrado deferir o pleito formulado pelo autor, deverá especificar, pormenorizadamente, a forma de implemento dessa obrigação. Se o julgamento versar sobre as obrigações de fazer ou não fazer, deve o juiz estipular, desde logo, o lapso temporal em que devem ser realizadas, bem como a penalidade na hipótese de a parte vir a negar-se a satisfazê-las, sendo certo que a obrigação somente será convertida em perdas e danos caso haja pedido do reclamante nesse sentido, se for impossível a concessão da tutela específica ou se não for possível a obtenção de tutela com resultado prático correspondente (art. 497 do CPC/2015).

---

§ 2º A decisão mencionará sempre as custas que devam ser pagas pela parte vencida.

A CLT regulou a matéria relacionada às custas e aos emolumentos nos arts. 789 a 790-B (veja os respectivos comentários). Será omissa a sentença que silenciar quanto ao valor do pagamento das custas e à atribuição da parte que deverá efetuar o recolhimento, sendo certo que o reclamante arcará com as custas, calculadas no percentual de 2% sobre o valor da causa, se os pleitos formulados forem julgados improcedentes, ou ainda, se for arquivada ou extinta a reclamatória sem julgamento do mérito; a reclamada será responsável pelo recolhimento se os pedidos restarem procedentes total ou parcialmente, e o cálculo será de 2% sobre o valor a ser arbitrado à condenação. A Lei n. 13.467/2017 alterou a forma de concessão e o alcance dos benefícios da justiça gratuita.

---

§ 3º As decisões cognitivas ou homologatórias deverão sempre indicar a natureza jurídica das parcelas constantes da condenação ou do acordo homologado, inclusive o limite de responsabilidade de cada parte pelo recolhimento da contribuição previdenciária, se for o caso.

Parágrafo acrescentado pela Lei n. 10.035, de 25.10.2000.

A EC n. 20/98, com o objetivo de aumentar a arrecadação dos valores destinados ao INSS e evitar a sonegação, acrescentou ao art. 114 da CF a regra que estabeleceu que a Justiça do Trabalho teria competência para executar, de ofício, as contribuições sociais de trabalhadores e empregadores, decorrentes das sentenças que proferisse, contribuições estas incidentes sobre a folha de salário e demais rendimentos do trabalho pagos ou creditados pelas empresas às pessoas físicas, a qualquer título, ainda que não tenha havido vínculo empregatício.

O art. 114, VIII, da CF, entretanto, não era autoaplicável, o que demandou a criação de uma lei para torná-lo exequível. Com o advento da Lei n. 10.035/2000, o dispositivo constitucional foi regulamentado, de modo a impor ao magistrado a obrigação de discriminar a natureza indenizatória ou salarial das verbas deferidas nas sentenças prolatadas nos processos de conhecimento, a fim de delimitar a parcela de responsabilidade de cada parte, observando as alíquotas e o teto da época própria em que os pagamentos deveriam ter sido efetuados.

Quanto aos acordos, cabe aos interessados discriminar os títulos (inclusive quando não reconhecido o vínculo empregatício), sob pena de considerar-se tributável a totalidade do valor avençado. O art. 43 da Lei n. 8.212/91 reitera a responsabilidade do juiz ao fixar que, nas ações trabalhistas de que resultar o pagamento de direitos sujeitos à incidência de contribuição previdenciária, o juiz, sob pena de responsabilidade, determinará o imediato recolhimento das importâncias devidas à seguridade social. O § 1º (renumerado pela Lei n. 11.941/2009), por sua vez, preceitua que nas sentenças judiciais ou nos acordos homologados em que não figurarem, discriminadamente, as parcelas legais relativas à contribuição previdenciária, esta incidirá sobre o valor total apurado em liquidação de sentença ou sobre o valor do acordo homologado. Por fim, o art. 276, § 9º, do Decreto n. 3.048/99, exige o recolhimento da contribuição previdenciária sobre o total avençado nos acordos que admitem a prestação de serviço, mas não reconhecem o vínculo de emprego. Nesse sentido, *v.* a OJ n. 368 da SDI-1 do Col. TST, publicada no *DJe* 03, 04 e 05.12.2008.

§ 3º-A. Para os fins do § 3º deste artigo, salvo na hipótese de o pedido da ação limitar-se expressamente ao reconhecimento de verbas de natureza exclusivamente indenizatória, a parcela referente às verbas de natureza remuneratória não poderá ter como base de cálculo valor inferior:

Parágrafo acrescentado pela Lei n. 13.876, de 20.09.2019.

Conforme se verifica nos parágrafos anteriores, desde o advento da Lei n. 10.035/2000, as sentenças condenatórias e homologatórias de acordo sempre devem indicar a natureza jurídica das verbas a serem quitadas. Assim, se a verba tiver natureza jurídica indenizatória não há falar em pagamento de contribuição social; se – ao contrário – detiver natureza jurídica remuneratória, haverá o recolhimento não apenas da parcela previdenciária, mas também do imposto de renda respectivo.

O § 3º-A, em análise, além de se mostrar redundante, por repetir o óbvio (sobre parcelas indenizatórias não há incidência de tributos), acaba por gerar interpretações equivocadas e juridicamente inapropriadas por dar a entender que, se o autor não discriminar a verba, o juiz não poderia fazê-lo na sentença.

Ora, nos termos do § 3º (fixado pela Lei n. 10.035/2000), quem analisa a natureza das verbas, se indenizatória ou salarial, é o magistrado em sua decisão cognitiva ou homologatória, e não o autor, no seu rol de pedidos. Por exemplo, se no pedido o reclamante não disser explicitamente que o pleito de dano moral consiste em verba de natureza exclusivamente indenizatória, na prática essa lacuna não alterará o fato de que o juiz, por obrigação legal, fará a discriminação da verba em sua sentença (quer cognitiva, quer homologatória de acordo). Logo, a ressalva feita no texto em estudo é absolutamente desnecessária.

Desafia a realidade e a razoabilidade a parte final do texto, que estabelece que a parcela referente às verbas de natureza remuneratória não poderá ter como base de cálculo valor inferior àqueles instituídos nos seus respectivos incisos. Assim, se a reclamada porventura ficou devendo diferença salarial inferior aos parâmetros estabelecidos pelo legislador, o magistrado deve estabelecer base de cálculo da contribuição social proporcional ao débito e não simplesmente aplicar o salário-mínimo ou o piso da categoria. Na interpretação da lei, deve o juiz, sempre, ater-se ao que é certo, lógico e razoável. Foge à lógica do razoável que o tributo seja maior que o débito principal.

Tampouco se mostra factível esperar que o § 2º do art. 515 do CPC/2015 não seja aplicado ao processo trabalhista. A melhor exegese é no sentido de que a conciliação pode envolver sujeito estranho ao processo e versar sobre relação jurídica que não tenha sido deduzida em juízo, isto tanto no processo civil como no processo do trabalho; nesta última hipótese basta ao juiz, no momento da homologação, discriminar as respectivas verbas. Desse modo, por exemplo, mesmo que o pedido seja apenas de horas extras (verba salarial), se a conciliação abarcar o pagamento de indenização por acidente do trabalho (verba indenizatória), o juiz poderia homologar referido acordo estabelecendo a discriminação da natureza jurídica das verbas que foram objeto da transação.

I – ao salário-mínimo, para as competências que integram o vínculo empregatício reconhecido na decisão cognitiva ou homologatória; ou

Inciso acrescentado pela Lei n. 13.876, de 20.09.2019.

Na hipótese descrita no inciso em apreço, o legislador fixou o salário-mínimo como a menor base de cálculo possível para as situações nas quais o vínculo de emprego tenha sido reconhecido em juízo.

Ocorre que o legislador partiu da premissa equivocada de que o reconhecimento do vínculo sempre geraria algum débito pecuniário por parte do empregador, o que nem sempre acontece.

Tome-se como exemplo a hipótese de o trabalhador ajuizar demanda para reconhecer relação jurídica laboral após o decurso de dois anos do encerramento do liame entre os envolvidos; o autor ajuíza referida ação somente com a intenção de obter uma declaração de vínculo para efeitos de tempo de serviço para aposentadoria (e não para obtenção de condenação pecuniária). Nesse caso é equivocado falar em base de cálculo de um salário-mínimo, até mesmo por força da Súmula vinculante n. 53 do STF. Esta estabelece que a competência da Justiça do Trabalho prevista no art. 114, VII, da CF alcança a execução de ofício das contribuições previdenciárias relativas ao objeto da condenação constante das sentenças que proferir e de acordos por ela homologados, o que impede o magistrado de condenar a empresa ao recolhimento de contribuições sociais nas ações meramente declaratórias de vínculo. Desse modo, se não há condenação pecuniária, não há como estabelecer nenhum tipo de contribuição social, nem mesmo a de um salário-mínimo. Situação semelhante ocorre com demandas que envolvem trabalhadores a tempo parcial e trabalhadores intermitentes, cujo patamar remuneratório não é o salário-mínimo mensal, mas o diário ou o horário.

Por fim, convém destacar ser inaplicável o presente dispositivo nas situações em que o vínculo de emprego é postulado na inicial e negado pela parte contrária, cuja conciliação é firmada sem o reconhecimento do liame. Isto porque o inciso I do § 3º do art. 832 da CLT só pode ser aplicado se a sentença (cognitiva ou homologatória) declarar a existência de contrato de trabalho nos moldes celetistas.

II – à diferença entre a remuneração reconhecida como devida na decisão cognitiva ou homologatória e a efetivamente paga pelo empregador, cujo valor total referente a cada competência não será inferior ao salário-mínimo.

Inciso acrescentado pela Lei n. 13.876, de 20.09.2019.

Frise-se que a lei não pode contrariar a realidade dos fatos. Ora, se a diferença entre a remuneração reconhecida como devida na decisão cognitiva ou homologatória e a efetivamente paga pelo empregador for inferior ao salário-mínimo em cada competência, o tributo – por uma questão de ordem lógica – não pode ser igual ao salário-mínimo, uma vez que – conforme já se disse anteriormente – a carga tributária não pode ser superior ao valor principal do débito. Ademais, após a Reforma Trabalhista de 2017, tem sido comum a utilização do contrato intermitente, que tem como base salarial o formato horário e não o mensal, o que faz com que eventuais diferenças remuneratórias muitas vezes sejam inferiores ao salário-mínimo mensal. Não se pode impor ao magistrado, portanto, que se "fabrique" uma base de cálculo para as contribuições sociais completamente divorciadas na realidade dos fatos.

---

§ 3º-B Caso haja piso salarial da categoria definido por acordo ou convenção coletiva de trabalho, o seu valor deverá ser utilizado como base de cálculo para os fins do § 3º-A deste artigo.

Parágrafo acrescentado pela Lei n. 13.876, de 20.09.2019.

Note-se que, por regra processual, a sentença não pode alterar o objeto litigioso, tampouco conceder mais do que o pleiteado ou condenar o réu em valores que refujam aos limites da lide. Desse modo, só se pode falar em aplicação do piso da categoria definido por acordo ou convenção coletiva de trabalho em substituição ao salário-mínimo se houver debate a respeito no curso do processo, com a consequente produção da prova da existência e da vigência de instrumento normativo garantidor do referido piso.

---

§ 4º A União será intimada das decisões homologatórias de acordos que contenham parcela indenizatória, na forma do art. 20 da Lei n. 11.033, de 21 de dezembro de 2004, facultada a interposição de recurso relativo aos tributos que lhe forem devidos.

Parágrafo com redação dada pela Lei n. 11.457, de 16.03.2007.

O INSS é tratado como terceiro interessado, e a União pode recorrer dos acordos homologados em juízo. Se a avença for firmada na fase de conhecimento, o recurso cabível será o ordinário; se for assinada na fase de execução, será o agravo de petição (art. 897, § 8º), sendo certo que, em ambos os casos, o prazo será contado em dobro, por força do Decreto-lei n. 779/69. O apelo interposto pela autarquia federal, entretanto, não pode versar sobre a quantia aceita pelo empregado a título de conciliação; limita-se à discussão daquilo que será objeto da incidência, ou não, de contribuição social, sem abranger o valor do crédito em si. Ao juiz compete intimar a União para dar-lhe ciência da conciliação, a fim de que ela tome as providências que entender cabíveis.

O professor Marcus Orione Gonçalves Correia entende ser inconstitucional a ampliação da competência da Justiça do Trabalho por meio da EC n. 20/98 e aduz ser verdadeiro ato discriminatório, pois outros empregadores em débito com a Previdência poderão discutir, administrativamente, o valor a ser pago, enquanto aqueles que tiveram contra si uma reclamação trabalhista terão suprimida essa fase.

As críticas não param aí: a Lei n. 10.035/2000 também afastou a primeira instância do debate acerca das contribuições previdenciárias, já que o INSS, no caso dos acordos, entrará no processo – como terceiro – para recorrer ao TRT, o que gera desrespeito ao contraditório pleno. Outros autores entendem haver conflito entre o art. 114, *caput*, da CF e o seu atual inciso VIII, já que a execução de contribuições sociais não é litígio entre trabalhadores e empregadores ou tomadores de serviços.

Com o advento da Lei n. 11.457/2007, a Secretaria da Receita Federal do Brasil passou a cuidar da fiscalização, da arrecadação, da cobrança e do recolhimento das contribuições sociais previstas na Lei n. 8.212/91, o que gerou a extinção da Secretaria da Receita Previdenciária do Ministério da Previdência Social. Essa mudança legislativa fez com que o parágrafo em análise também fosse alterado para fazer constar que, a partir da vigência da norma jurídica retrocitada (02.05.2007), a União – e não mais o INSS – seria intimada das sentenças homologatórias de acordos que contivessem verbas indenizatórias, a fim de que – se assim desejasse – pudesse interpor recurso para cobrar os tributos que entendesse devidos. Note-se que a redação anterior permitia ao "INSS" recorrer; agora, a norma jurídica fala que a "União" poderá cobrar os tributos que lhe forem devidos. Daí terem surgido duas correntes: a primeira, à qual nos filiamos, advoga a ideia de que referida lei, por força da faculdade insculpida no inciso IX do art. 114 da CF, alterou a competência da Justiça do Trabalho para acrescentar que, além da execução das contribuições previdenciárias, essa Justiça Especializada pode executar, também, o imposto de renda decorrente das parcelas salariais descritas no termo conciliatório.

Saliente-se que o inciso II do § 3º do art. 16 da Lei n. 11.457/2007 fixa que a Procuradoria-Geral Federal representará a União judicial e extrajudicialmente, nos processos da Justiça do Trabalho relacionados com a cobrança de contribuições previdenciárias, *de imposto de renda retido na fonte* e de multas impostas aos empregadores pelos órgãos de fiscalização das relações do trabalho, mediante delegação da Procuradoria-Geral da Fazenda Nacional, preconizando – a nosso ver – a ampliação da competência da Justiça do Trabalho, ampliação esta que não seria inconstitucional, pois o inciso IX do art. 114 da CR fixa que compete à Justiça do Trabalho processar e julgar, além dos casos arrolados nos incisos I a VIII, "outras controvérsias decorrentes da relação de trabalho, na forma da lei".

A segunda corrente defende que, pelo fato de o art. 114 da CF explicitar apenas a competência da Justiça do Trabalho para a execução de contribuições sociais provenientes de verbas salariais devidas ao INSS, quedando-se silente quanto ao imposto de renda, a Lei n. 11.457/2007 seria inconstitucional.

---

§ 5º Intimada da sentença, a União poderá interpor recurso relativo à discriminação de que trata o § 3º deste artigo.

Parágrafo acrescentado pela Lei n. 11.457, de 16.03.2007.

Acordo homologado em juízo tem força de coisa julgada para as partes, mas não para a União, que poderá recorrer, desde que o recurso verse exclusivamente sobre a natureza jurídica das verbas discriminadas no termo, ou seja, sobre se as verbas são de natureza salarial ou indenizatória, a fim de resguardar a possibilidade de cobrar os tributos decorrentes das primeiras. Levando-se em conta o privilégio de que trata o Decreto-lei n. 779/69, a União terá prazo em dobro para interpor o mencionado recurso, que poderá ser o ordinário (se o acordo for firmado na fase de conhecimento) ou o agravo de petição (se o acordo for firmado na fase de execução).

§ 6º O acordo celebrado após o trânsito em julgado da sentença ou após a elaboração dos cálculos de liquidação de sentença não prejudicará os créditos da União.

Parágrafo acrescentado pela Lei n. 11.457, de 16.03.2007.

O art. 764 da CLT permite que a conciliação seja feita a qualquer momento e em qualquer fase processual. Assim, é perfeitamente possível que as partes se conciliem após o trânsito em julgado da sentença, ou até mesmo na fase de execução. De qualquer modo, o acordo firmado entre as partes não poderá – sob a óptica do artigo em exame – implicar modificação da discriminação das parcelas tributáveis já agasalhadas sob o manto da coisa julgada, tampouco alteração dos valores apurados em favor da União.

§ 7º O Ministro de Estado da Fazenda poderá, mediante ato fundamentado, dispensar a manifestação da União nas decisões homologatórias de acordos em que o montante da parcela indenizatória envolvida ocasionar perda de escala decorrente da atuação do órgão jurídico.

Parágrafo acrescentado pela Lei n. 11.457, de 16.03.2007.

A União poderá isentar seus procuradores de se manifestarem nos autos dos processos cujos valores sejam ínfimos a ponto de a cobrança do tributo vir a causar mais prejuízos que vantagens ao erário.

Art. 833. Existindo na decisão evidentes erros ou enganos de escrita, de datilografia ou de cálculo, poderão os mesmos, antes da execução, ser corrigidos, *ex officio*, ou a requerimento dos interessados ou da Procuradoria da Justiça do Trabalho.

Após a publicação da sentença, mesmo que esta ainda não tenha transitado em julgado, não pode o juiz arrepender-se e alterar seu teor. O artigo em apreço permite apenas a correção de equívocos de grafia, digitação ou cálculo, sendo que reformas quanto ao conteúdo do julgado dependem da interposição de recurso. O art. 494 do CPC/2015 apresenta determinação semelhante ao especificar que ao publicar a sentença, o juiz cumpre e acaba o ofício jurisdicional; assim, só pode alterá-la para corrigir-lhe erros de ofício ou a requerimento das partes, inexatidões materiais, ou retificar-lhe erros de cálculo, ou utilizar-se de embargos de declaração. A essa impossibilidade de o juiz modificar o conteúdo da decisão publicada, ressalvadas as exceções legais, os doutrinadores denominam de princípio da inalterabilidade da sentença.

Art. 834. Salvo nos casos previstos nesta Consolidação, a publicação das decisões e sua notificação aos litigantes, ou seus patronos, consideram-se realizadas nas próprias audiências em que forem as mesmas proferidas.

A CLT estabelece como regra a audiência una, ou seja, em uma mesma assentada o juiz proporia a conciliação e, se esta restasse infrutífera, receberia a defesa, instruiria o feito, ouviria as razões finais, faria a última tentativa conciliatória e, ato contínuo, prolataria a decisão. Por esse motivo, o artigo em apreço declara que se a sentença fosse proferida nesses moldes, as partes estariam presentes, ouvindo a decisão do magistrado e, portanto, já sairiam cientes do conteúdo da sentença.

No entanto, raramente ocorre de o juiz proferir o julgado em audiência; logo, se ele marcar um outro dia para publicar a sentença, abrir-se-ão algumas possibilidades: se as partes estiverem acompanhadas de advogados, a sentença poderá ser publicada no *Diário Oficial*, ocasião em que os patronos tomarão ciência de que o julgado já está à disposição deles na secretaria da Vara – e o prazo para recurso começará a fluir a partir da data da publicação dessa informação no jornal. Outra hipótese é de as partes estarem desacompanhadas de advogados; nesse caso, a sentença será remetida via postal para o endereço dos litigantes. Há ainda a publicação na forma da Súmula n. 197 do TST, a qual possibilita que o juiz marque o dia e a hora para a publicação da sentença, que ficará à disposição dos interessados na secretaria da Vara; nesse caso, o prazo para a interposição de recurso começará a fluir desde então, independentemente de a parte ter ido ou não buscar a cópia do julgado.

Art. 835. O cumprimento do acordo ou da decisão far-se-á no prazo e condições estabelecidas.

O acordo homologado em juízo tem força de sentença transitada em julgado e, portanto, deve ter as cláusulas observadas, sob pena de execução forçada, com caráter definitivo. Convém frisar que as sentenças proferidas, mesmo que não tenham transitado em julgado, podem ser executadas provisoriamente, com o objetivo de garantir a celeridade e a efetividade da decisão.

Art. 836. É vedado aos órgãos da Justiça do Trabalho conhecer de questões já decididas, excetuados os casos expressamente previstos neste Título e a ação rescisória, que será admitida na forma do disposto no Capítulo IV do Título IX da Lei n. 5.869, de 11 de janeiro de 1973 – Código de Processo Civil, sujeita ao depósito prévio de 20% (vinte por cento) do valor da causa, salvo prova de miserabilidade jurídica do autor.

Caput *com redação dada pela Lei n. 11.495, de 22.06.2007.*

É de conhecimento comum que a sentença, enquanto pendente de recursos, não adquire a forma definitiva; como pode ser reformada por instâncias superiores, não produz ela seus regulares efeitos de imediato. Apenas após o trânsito em julgado da sentença, ou seja, *quando dela não couber mais nenhum recurso*, pode-se dizer que o Estado efetivou a prestação jurisdicional, de modo a pôr fim à lide. Essa situação de imutabilidade da decisão denomina-se coisa julgada.

Os autores costumam diferenciar a coisa julgada formal da coisa julgada material. A *coisa julgada formal* consiste na impossibilidade de interposição de recursos contra determinada sentença, ou porque a parte interessada deixou transcorrer em branco o prazo assinalado pela lei ou porque não mais existam recursos cabíveis. Não há mais possibilidade de modificar a decisão proferida *dentro do processo*, porém, nada impede o ajuizamento de outra ação que verse sobre os mesmos problemas, com identidade de partes, causa de pedir e de pedidos. Logo, a mesma questão pode ser examinada em outra ação. Há a imutabilidade da sentença como ato processual – coisa julgada formal.

Já a *coisa julgada material* irradia seus efeitos dentro e fora do processo. Uma vez analisado e julgado o mérito da lide, a relação de direito material decidida não pode ser reexaminada, nem no mesmo feito, nem fora dele; nem pelo mesmo juiz, tampouco por outro juiz ou tribunal. Há a imutabilidade da sentença como ato material. Para o art. 337, §§ 3º e 4º, do CPC/2015, existirá coisa julgada quando se repetir ação que já foi decidida por sentença, da qual não caiba mais recurso. Para o art. 502 do mesmo diploma legal, denomina-se "coisa julgada material a autoridade que torna imutável e indiscutível a decisão de mérito não mais sujeita a recurso". Convém frisar que, de acordo com o art. 508 do CPC/2015, somente as sentenças de mérito sujeitam-se à coisa julgada material. A CLT não conceitua o instituto em análise, mas deixa claro no artigo que ora comentamos que *"é vedado aos órgãos da Justiça do Trabalho conhecer de questões já decididas"*, excetuados os casos expressamente previstos neste Título e a ação rescisória, que será admitida na forma do disposto no capítulo que trata de ação rescisória do CPC/2015.

A existência da coisa julgada tem fundamentos políticos e jurídicos. Os primeiros dizem respeito à necessidade de o cidadão de ter certeza do direito; ou seja, não houvesse o instituto em análise as partes poderiam rediscutir a matéria objeto de julgamento indefinidamente, de forma a gerar a insegurança nas relações jurídicas. Quanto aos fundamentos jurídicos, existem diversas teorias a respeito, entre as quais merece destaque a teoria de Liebman, uma vez que foi adotada pelo legislador brasileiro. Para esse autor, a sentença já tem eficácia – ou seja, aptidão para produzir efeitos – desde o momento em que foi publicada, pois advém de um ato do Estado; entretanto, seus efeitos somente serão efetivamente produzidos quando dela não couberem mais recursos, momento em que se reveste de uma qualidade especial, a da coisa julgada, que a torna imutável.

Os limites objetivos da coisa julgada dizem respeito à matéria atingida pela imutabilidade da sentença. Nos termos do art. 504 do CPC/2015, subsidiariamente aplicável ao processo do trabalho, não fazem coisa julgada: a) os motivos, ainda que importantes para determinar o alcance da parte dispositiva da sentença; b) a verdade dos fatos, estabelecida como fundamento da sentença. Em suma, via de regra, apenas o *decisum* – ou seja, o dispositivo – faz coisa julgada. Além disso, o juiz não pode julgar de forma diversa da pedida – *extra petita* –, em quantidade superior ou em *objeto* diverso do que lhe foi demandado – *ultra petita* – ou deixar de analisar e julgar tudo quanto foi pleiteado – *citra petita*.

O professor Vicente Greco Filho, ao tratar dos limites objetivos da coisa julgada, esclareceu que existem pontos da fundamentação da sentença que, apesar de não fazerem parte do dispositivo, têm conteúdo dispositivo, razão pela qual também eles farão coisa julgada. A título de exemplo, pode-se mencionar o pedido que se indeferiu; o juiz não o constará no *decisum*, não obstante, também ele será atingido pela imutabilidade da coisa julgada.

Já os limites subjetivos da coisa julgada referem-se aos sujeitos atingidos pela imutabilidade da sentença, ou seja, a quem atinge a imutabilidade da coisa julgada. Salvo exceções expressamente estabelecidas na lei – por exemplo, o disposto no art. 328 do CPC/2015, ou nas ações que tratam de direitos transindividuais –, a imutabilidade da sentença atinge apenas os litigantes, lição esta corroborada pelo art. 506 do CPC/2015, o qual preconiza que a sentença faz coisa julgada entre as partes envolvidas no litígio; assim, não beneficia nem prejudica terceiros. Nas causas relativas ao estado de pessoa, se houverem sido citados no processo, em litisconsórcio necessário, todos os interessados, a sentença produzirá coisa julgada em relação a terceiros.

A coisa julgada somente pode ser alterada, em raras situações, por meio de ação rescisória. A ação rescisória é uma ação especial que visa desconstituir uma sentença transitada em julgado que tenha sido proferida com vícios. Diz Wagner Giglio que apenas casos excepcionais, de flagrante desrespeito ao direito, autorizam a reabertura de litígios já julgados em definitivo, por meio de ação rescisória. O artigo ora analisado admite, expressamente, a ação rescisória em sede trabalhista.

Segundo a Súmula n. 192 do TST, é do TRT a competência originária para julgar ação rescisória quando se pretende rescindir seus próprios acórdãos transitados em julgado ou sentenças de mérito transitadas em julgado proferidas pelas Varas do Trabalho. Será também do TRT a competência originária para apreciar ação rescisória se o acórdão rescindendo tiver sido atacado por recurso de revista ou recurso de embargos que nem ao menos tenha sido conhecido pelo TST. Em outras palavras, na hipótese descrita, o trânsito em julgado da decisão de mérito ocorrerá no TRT e será dele a competência originária para a rescisória. Entretanto, será do TST a competência para analisar ação rescisória referente a acórdão rescindendo que julga o mérito de recurso de embargos ou de revista. A competência será igualmente do TST, mesmo quando não tiver conhecido o recurso de embargos ou de revista, caso analise arguição de violação de dispositivo de lei material ou decida em consonância com súmula de direito material ou com iterativa, notória e atual jurisprudência de direito material da seção de dissídios individuais, pois, nessas hipóteses, examina-se o mérito da causa.

O art. 966 do CPC/2015 apresenta o rol taxativo – não meramente exemplificativo – das hipóteses de cabimento de ação rescisória e ressalta que esta só é possível em caso de sentença de mérito transitada em julgado: "I – se verificar que foi proferida por força de prevaricação, concussão ou corrupção do juiz; II – for proferida por juiz impedido ou por juízo absolutamente incompetente; III – resultar de dolo ou coação da parte vencedora em detrimento da parte vencida ou, ainda, de simulação ou colusão entre as partes, a fim de fraudar a lei; IV – ofender a coisa julgada; V – violar manifestamente norma jurídica; VI – for fundada em prova cuja falsidade tenha sido apurada em processo criminal ou venha a ser demonstrada na própria ação rescisória; VII – obtiver o autor, posteriormente ao trânsito em julgado, prova nova cuja existência ignorava ou de que não pôde fazer uso, capaz, por si só, de lhe assegurar pronunciamento favorável; VIII – for fundada em erro de fato verificável do exame dos autos"; ademais, nas hipóteses previstas nos incisos do *caput*, será rescindível a decisão transitada em julgado que, embora não seja de mérito, impeça nova propositura da demanda ou impeça a admissibilidade do recurso correspondente.

Prevaricação é a prática de ato indevido de ofício para satisfazer interesse pessoal; concussão é a exigência de vantagem para si ou para outrem, direta ou indiretamente, ainda que fora da função ou antes de assumi-la, mas em razão dela, vantagem indevida. Colusão é o ajuste secreto e fraudulento entre duas ou mais partes, com prejuízo para terceiros; conluio – por exemplo: acordo simulado. Somente a sentença de mérito é rescindível; entretanto, poderá uma questão processual ser objeto de ação rescisória, desde que consista em pressuposto de validade de uma sentença de mérito (Súmula n. 412 do Col. TST – conversão da OJ n. 46 da SDI-2, Resolução n. 217/2017 – *DEJT* divulgado em 20, 24 e 25.04.2017).

A petição inicial deve seguir os padrões do art. 319 do CPC/2015. Além disso deve conter: pedido de rescisão, cumulado, se for o caso, com o de novo julgamento do processo; prova do depósito prévio e prova do trânsito em julgado da sentença. Se for procedente a ação rescisória, outra sentença será proferida em substituição à rescindida. Do novo julgamento proferido cabem todos os recursos previstos no processo do trabalho. Se for proferida no TRT, caberá recurso ordinário para o TST, que não é instância, mas grau de jurisdição (Súmula n. 158 do TST). Das decisões originárias do TST, se preenchidos os requisitos do art. 894 da CLT, caberão embargos para a própria SDI. A Súmula n. 400 do TST estabelece que, tratando-se de rescisória de rescisória, o vício apontado deve nascer na decisão rescindenda, não se admitindo a rediscussão do acerto do julgamento da rescisória anterior. Assim, não procede rescisória calcada no inciso V do art. 966 do CPC/2015 para discussão, por má aplicação da mesma norma jurídica, tida por violada na rescisória anterior, bem como para arguição de questões inerentes à ação rescisória primitiva (nova redação em decorrência do CPC/2015) – Resolução n. 208/2016, *DEJT* divulgado em 22, 25 e 26.04.2016.

No que diz respeito à sentença de liquidação, se o juiz limitar-se a homologar os cálculos sem explicitar as razões de seu convencimento, não será considerada sentença de mérito; logo, dela não caberá ação rescisória (Súmula n. 298, IV, do TST, redação de 2012). Se, no entanto, o magistrado tiver enfrentado as questões envolvidas na elaboração dos cálculos oferecidos pelas partes, explicando as razões de seu convencimento, a decisão será de mérito e caberá a rescisória (Súmula n. 399 do TST, Resolução n. 137/2005, *DJ* 22.08.2005).

A Súmula n. 399, I, do TST, dispõe que não é cabível a ação rescisória da decisão homologatória de arrematação e adjudicação. Esse tipo de ação é cabível, entretanto, da sentença que homologa acordo na Justiça do Trabalho (Súmula n. 259 do TST).

A Súmula n. 514 do STF deixa claro que não é necessário o esgotamento de todas as possibilidades de recurso da sentença que se pretende rescindir para que se possa ajuizar a ação rescisória. A Súmula n. 402 do TST (Resolução n. 217/2017 – *DEJT* divulgado em 20, 24 e 25.04.2017) estabelece que documento novo, para efeitos de ação rescisória, é aquele cronologicamente velho, já existente ao tempo da decisão rescindenda, mas ignorado pelo interessado ou de impossível utilização à época do processo. O prazo decadencial para a interposição de ação rescisória é de dois anos contados do dia imediatamente subsequente ao trânsito em julgado da última decisão proferida na causa, de mérito ou não. Segundo a Súmula n. 100 do TST, se houver recurso parcial no processo principal, o trânsito em julgado dar-se-á em momentos e tribunais diferentes, contando-se o prazo decadencial para a ação rescisória do trânsito em julgado de cada decisão, salvo se o recurso tratar de preliminar ou prejudicial que possa tornar não subsistente a decisão recorrida. Nessa hipótese, flui a decadência a partir do trânsito em julgado da decisão que julgar o recurso parcial. Salvo se houver dúvida razoável, a interposição de recurso intempestivo ou interposição de recurso não cabível não dilata o termo inicial do prazo decadencial.

O prazo para contestar a ação rescisória varia de quinze a trinta dias, conforme fixado pelo relator. A revelia na ação rescisória, via de regra, não induz confissão ficta, porque não há audiência perante o relator. O art. 969 do CPC/2015 veda a suspensão da execução por meio de ação rescisória. Esta última tem natureza jurídica declaratória e constitutiva.

O art. 836 da CLT foi alterado pela Lei n. 11.495/2007 para acrescentar a imperatividade de depósito prévio para o ajuizamento de ação rescisória, requisito expressamente dispensado no texto pretérito. Essa modificação nasceu da necessidade de se pôr freios a abusos quanto ao uso desse tipo de impugnação autônoma, uma vez que, para a interposição de recursos, há a obrigatoriedade de recolhimento de depósito recursal, enquanto, pelo texto anterior, para a propositura de ação rescisória, não se exigia nenhum requisito pecuniário (nem para o empregado nem para o empregador), facilitando a utilização abusiva desse instrumento jurídico com o intuito de rever sentenças transitadas em julgado. Após a alteração legal em comento, o TST publicou a Instrução Normativa n. 31/2007, a qual esclareceu que mencionado depósito deve ser recolhido nas guias uniformizadas de depósito judicial, frisando que, por ocasião do preenchimento, devem ser informados os dados do processo no qual foi proferida a decisão rescindenda. O TST explicita que o valor da causa da ação rescisória a qual visa desconstituir decisão da fase de conhecimento corresponderá às seguintes hipóteses: a) no caso de improcedência, ao valor dado à causa do processo originário ou aquele que for fixado pelo juiz; b) no caso de procedência, total ou parcial, ao respectivo valor arbitrado à condenação. Já o valor da causa da ação rescisória que objetiva desconstituir decisão na fase de execução será aquele apurado em liquidação de sentença. Referidos valores serão reajustados pela variação acumulada do INPC do IBGE até a data do ajuizamento da rescisória. Destaca a Instrução Normativa, com as alterações perpetradas pela Resolução n. 154/2009, que o valor depositado será revertido em favor do réu, a título de multa, caso o pedido deduzido na ação rescisória seja julgado, por unanimidade de votos, improcedente ou inadmissível. Segundo o TST, o depósito prévio, entretanto, não será exigido da massa falida, tampouco quando o autor perceber salário igual ou inferior ao dobro do mínimo legal, ou declarar, sob as penas da lei, que não está em condições de pagar as custas do processo sem prejuízo do sustento próprio ou de sua família. Tanto o texto legal quanto a Instrução Normativa mencionam em miserabilidade do "autor da ação rescisória" (e não do trabalhador); assim, seria justo que também o empregador pessoa física pudesse gozar de tais benefícios, quando demonstrada a impossibilidade de demandar em juízo sem grave custo pessoal ou familiar. Por conta da alteração legislativa do artigo em comento, a Súmula n. 169 do Col. TST foi cancelada.

O mesmo intuito moralizador do instituto encontra-se na nova redação do inciso II da Súmula n. 219 do TST, que fixa que "é cabível a condenação em honorários advocatícios em ação rescisória no processo trabalhista".

Parágrafo único. A execução da decisão proferida em ação rescisória far-se-á nos próprios autos da ação que lhe deu origem, e será instruída com o acórdão da rescisória e a respectiva certidão de trânsito em julgado.

Parágrafo acrescentado pela MP n. 2.180-35, de 24.08.2001.

O juízo competente para promover a execução da ação rescisória será o de primeiro grau de jurisdição. Portanto, apesar de a ação rescisória tramitar no TRT ou no TST, a execução dar-se-á na Vara do Trabalho na qual tramitou a sentença rescindida.

CAPÍTULO III
DOS DISSÍDIOS INDIVIDUAIS

A EC n. 24, de 09.12.1999, substituiu a expressão Juntas de Conciliação e Julgamento, como órgãos da Justiça do Trabalho, pelas expressões Juízes do Trabalho e Varas do Trabalho, essas confirmadas posteriormente pela EC n. 45, de 08.12.2004.

Seção I
Da Forma de Reclamação e da Notificação

Art. 837. Nas localidades em que houver apenas 1 (uma) Junta de Conciliação e Julgamento, ou 1 (um) escrivão do cível, a reclamação será apresentada diretamente à secretaria da Junta, ou ao cartório do Juízo.

Veja nota deste Capítulo.

Onde houver apenas uma Vara do Trabalho ou somente um juiz de direito, a ação trabalhista deverá ser apresentada diretamente à secretaria da Vara ou ao cartório do juízo, sem necessidade de distribuidor.

Art. 838. Nas localidades em que houver mais de 1 (uma) Junta ou mais de 1 (um) Juízo, ou escrivão do cível, a reclamação será, preliminarmente, sujeita a distribuição, na forma do disposto no Capítulo II, Seção II, deste Título.

Veja nota deste Capítulo.

A distribuição dos processos só é necessária quando no local houver mais de uma Vara ou mais de um juízo de direito, a fim de proporcionar uma divisão equitativa dos feitos, nos termos dos arts. 669 e 783 a 788 da CLT.

Art. 839. A reclamação poderá ser apresentada:

***a)* pelos empregados e empregadores, pessoalmente, ou por seus representantes, e pelos sindicatos de classe;**

Já vimos, pelo exame do art. 791, que as partes no processo do trabalho têm o *jus postulandi*; assim, podem postular pessoalmente, sem necessidade de advogado, ou por meio de sindicato, ou ainda pela Procuradoria Regional da Justiça do Trabalho. A representação por advogado necessita de procuração *ad judicia*, conforme os arts. 104, § 1º, e 105 do CPC/2015 (arts. 37 e 38 do CPC/73), por mandato escrito ou por mandato tácito – *apud acta*.

Segundo o art. 16 da Lei n. 1.060/50, o juiz determinará que sejam consignados, na ata de audiência, os termos da referida outorga se o advogado comparecer em juízo acompanhado da parte e não exibir o instrumento outorgado.

O sindicato pode postular em nome da categoria profissional nos dissídios individuais ou plúrimos – em que há vários reclamantes litisconsortes – como assistente ou como substituto processual e na ação de cumprimento (art. 872, parágrafo único, da CLT), sem haver necessidade de advogado para postular em juízo (*v.* art. 8º, III, da CF). Nos dissídios coletivos, os sindicatos podem postular com ou sem a assistência de advogado.

***b)* por intermédio das Procuradorias Regionais da Justiça do Trabalho.**

O Ministério Público do Trabalho pode atuar nos dissídios individuais ou nos dissídios coletivos (art. 856 da CLT) para representar menores de 18 anos e para postular direitos coletivos difusos e homogêneos em ação civil pública, como legitimado autônomo perante a Justiça do Trabalho. O sindicato também está legitimado para postular tais direitos coletivos por meio de várias modalidades de ação coletiva.

Art. 840. A reclamação poderá ser escrita ou verbal.

Uma das características do processo do trabalho é a simplificação do procedimento, facilitando o acesso à jurisdição a qualquer pessoa do povo. Assim, a reclamação poderá ser apresentada por escrito ou verbalmente. A acentuada oralidade aqui se verifica pela predominância da utilização da palavra falada nos momentos mais importantes do processo, que são a petição inicial, a contestação, a defesa indireta, a exceção e as preliminares, a reconvenção, o interrogatório das partes e a oitiva de testemunha, as alegações finais e a sentença.

---

§ 1º Sendo escrita, a reclamação deverá conter a designação do juízo, a qualificação das partes, a breve exposição dos fatos de que resulte o dissídio, o pedido, que deverá ser certo, determinado e com indicação de seu valor, a data e a assinatura do reclamante ou de seu representante.
Parágrafo com redação dada pela Lei n. 13.467, de 13.07.2017.

Segundo a justificativa do PL n. 6.787/2016 – "As alterações promovidas no art. 840 têm como fundamento principal exigir que o pedido, nas ações trabalhistas seja determinado e que tenha o valor devidamente indicado". Diz que tais exigências são regra essencial para garantia de boa-fé processual, que permite a todos os envolvidos na lide pleno conhecimento do objeto do processo, que contribui para a celeridade processual e a prévia liquidação dos pedidos na execução do processo, abreviando o tempo para satisfação dos créditos devidos.

Nota-se que a redação atual acrescentou duas exigências: a) o pedido seja certo e determinado; b) indicação do valor correspondente.

Segundo a natureza e os efeitos da sentença alvejada, a ação pode ser declarada condenatória, constitutiva, executiva e mandamental.

Assim, o objeto imediato da ação é a tutela jurisdicional consistente em uma sentença judicial e o objeto mediato é o pedido formulado na causa.

A pretensão deduzida em juízo pela ação, segundo as regras processuais próprias, consiste no pedido – bem da vida almejado pelas partes que tem por origem fundamentos de fato e de direito que os embasam.

Assim, um pedido destituído de fundamentos de fato e de direito, sem causa de pedir, ocasionará a inépcia da petição inicial (art. 330, I, do CPC). A denominada *res in indicio deducta* compreende o pedido e a *causa petendi*, que revelam a existência de uma relação jurídica entre as partes, causa das pretensões do autor.

O art. 319 do CPC aponta os requisitos para validade da petição inicial – os incisos I, II e V a VII aludem ao procedimento, enquanto os incisos III (fatos e fundamentos jurídicos do pedido) e IV (pedido e suas especificações) dizem respeito ao mérito da demanda. Essa classificação se aplica a este art. 840, § 1º, da CLT, com quanto aqui os requisitos estão englobados.

O pedido deve ser certo e determinado. O art. 322, § 1º, do CPC diz que se compreendem na condenação a correção monetária, os juros de mora, as despesas de sucumbência e honorários advocatícios. Os pedidos não devem ser interpretados de maneira isolada, mas, sim, em conjunto com os demais.

A determinação do pedido se refere aos aspectos qualitativos e quantitativos da pretensão. A exceção à regra diz respeito ao pedido de natureza genérica nos termos do art. 324, § 1º, I a III, do CPC. Os pedidos genéricos na maioria dos casos, nas ações trabalhistas, têm como base legal o art. 324, § 1º, II, do CPC sob o argumento de que nem sempre é possível determinar de plano a quantidade de horas extras devidas, o adicional noturno, o montante das comissões retidas e seus reflexos nos demais títulos do contrato de trabalho. Por isso, o pedido é apresentado de maneira ilíquida e genérica, conforme se apurar em execução.

Somente no procedimento sumaríssimo trabalhista é que a norma legal exige a formulação de pedidos líquidos (art. 852-B da CLT). Seria desejável que os pedidos das iniciais trabalhistas fossem feitos sempre que possível líquidos. Na maioria das vezes, os pedidos são apresentados sem determinação dos valores, muitas vezes por mero comodismo e descaso do advogado, sem falar no exaustivo rol de pedidos cumulativos, já que não geravam consequências gravosas de sucumbência parcial para o reclamante.

O pedido pode ser alternativo, nos termos do art. 252 do CC combinado com art. 325 do CPC. O art. 327 do CPC autoriza a cumulação de pedidos no mesmo processo, desde que sejam compatíveis o juiz competente e o procedimento adequado, comum.

O pedido pode ser de ordem subsidiária ou sucessiva conforme dispõe o art. 326 do CPC. A cumulação de pedidos em geral de iniciativa do autor pode ser requerida pelo réu ou promovida pelo juiz – *ex officio* – nos casos de conexão ou continência segundo os arts. 55 e 56 do CPC. No art. 55, § 1º, a norma legal estabelece nos incisos I e II do CPC os requisitos para que haja a cumulação dos pedidos em um mesmo processo.

Se indeferida a cumulação dos pedidos por incompatibilidade, incompetência do juiz ou por procedimento inadequado, o juiz pode determinar ao autor que opte por um deles ou adote providência viável à situação. Se o autor não atender ao despacho (art. 321 do CPC) a inicial poderá ser indeferida por inepta implicando sentença com execução do processo sem resolução do mérito (art. 330, § 1º, IV, c/c art. 316 do CPC).

Se o juiz entender que o autor possui condições de indicar o valor dos pedidos estampados na inicial, mas não o fez, não deverá, de plano, indeferir essa petição como parece constar do § 3º do art. 840 da CLT; cumprir-lhe-á aplicar o art. 321 do CPC, de manifesta compatibilidade com o processo do trabalho, determinando que o autor supra a falha no prazo de 15 dias. Somente se o autor não atender a esse despacho determinando que a petição inicial deverá ser indeferida (art. 321, parágrafo único, do CPC) com a consequente extinção do processo sem resolução do mérito (art. 485, I, do CPC).

Por outro lado, cumprirá ao magistrado ser cauteloso na aplicação da norma do art. 791-A da CLT, consagradora do princípio da sucumbência. Se os pedidos se apresentarem ilíquidos e o autor não houver atribuído valor à causa na inicial nem houver condições de tornar os pedidos líquidos, o juiz poderá arbitrar um valor à causa, com amparo no art. 2º da Lei n. 5.584/70.

À falta de critérios para fixar o valor à causa no processo do trabalho, pode se aplicar no que for cabível o disposto pelo art. 292, incisos e § 3º, do CPC. O art. 291 do CPC estabelece que a toda causa seja atribuído valor certo, ainda que não apresente conteúdo econômico imediato aferível, que deve constar da petição inicial (art. 319, V, do CPC).

O valor da causa é critério determinante para adoção do procedimento. Segundo o previsto no art. 2º da Lei n. 5.584/70, cabe ao juiz do trabalho fixá-lo nas causas de valor indeterminado antes de passar à instrução da causa.

O § 3º do art. 292 do CPC autoriza o juiz a arbitrar ou corrigir valor da causa *ex officio*, quando o conteúdo patrimonial atribuído nos pedidos não corresponde ao valor da causa.

---

§ 2º Se verbal, a reclamação será reduzida a termo, em duas vias datadas e assinadas pelo escrivão ou secretário, observado, no que couber, o disposto no § 1º deste artigo.

Parágrafo com redação dada pela Lei n. 13.467, de 13.07.2017.

No processo trabalhista, o *jus postulandi*, ou o *direito de ação*, pode ser exercido pelo empregado ou pelo empregador pessoalmente, sem necessidade de advogado, podendo fazê-lo direta e verbalmente perante a Vara do Trabalho ou juízo de direito competente. Se for verbal, a reclamação será reduzida a termo em duas vias datadas e assinadas pelo chefe de secretaria ou pelo escrivão, que a protocolará e a registrará em livro próprio, dando-se bilhete de recibo ao reclamante. A reclamação verbal deverá obedecer no que couber aos requisitos da petição escrita, quando for reduzida a termo.

---

§ 3º Os pedidos que não atendam ao disposto no § 1º deste artigo serão julgados extintos sem resolução do mérito.

Parágrafo acrescentado pela Lei n. 13.467, de 13.07.2017.

Segundo o texto examinado, se os pedidos não forem certos, determinados, com indicação do seu valor, serão julgados extintos sem resolução do mérito. Antes de julgar extinto o processo, o juiz deveria intimar o autor na forma do disposto pelo art. 321 do CPC para corrigir, emendar ou completar a inicial. Se o autor não cumprir, o juiz indeferirá a petição. A ausência do valor da causa se liga ao disposto no art. 319 do CPC, lei subsidiária, aplicada integrativamente.

Art. 841. Recebida e protocolada a reclamação, o escrivão ou chefe de secretaria, dentro de 48 (quarenta e oito) horas, remeterá a segunda via da petição, ou do termo, ao reclamado, notificando-o ao mesmo tempo, para comparecer à audiência de julgamento, que será a primeira desimpedida, depois de 5 (cinco) dias.

Como se infere do texto legal, não é necessário o requerimento de citação do reclamado na petição inicial porque esta se faz automaticamente 48 horas depois de ser ajuizada a reclamação; esse é o significado da palavra *notificação*, impropriamente utilizada na CLT, posto que implica o chamamento do réu em juízo, a fim de responder a uma ação que lhe é proposta, sob as penas da lei, caso não o faça. É importante também a fixação do lapso de tempo mínimo de cinco dias entre a citação válida e a audiência, como garantia do devido processo legal e da ampla defesa. Pode ocorrer que o reclamante seja surpreendido por uma citação designando audiência em prazo inferior a cinco dias. Nesse caso, poderia requerer o adiamento da audiência, sob pena de nulidade processual por violação das garantias constitucionais e cerceamento de defesa.

§ 1º A notificação será feita em registro postal com franquia. Se o reclamado criar embaraços ao seu recebimento ou não for encontrado, far-se-á a notificação por edital, inserto no jornal oficial ou no que publicar o expediente forense, ou, na falta, afixado na sede da Junta ou Juízo.

Veja nota deste Capítulo.

Os registros com franquia postal foram extintos com a criação da Empresa de Correios e Telégrafos. A notificação postal se realizará com Aviso de Recebimento (AR) para comprovar a citação. A notificação ou citação por via postal presume-se realizada quando tenha sido regularmente postada no endereço do empregador, uma vez que não há previsão legal de pessoalidade na entrega da comunicação. Caberá à parte interessada o ônus da prova de irregularidade da citação. Nesse sentido, é a Súmula n. 16 do TST: "Presume-se recebida a notificação 48 horas depois de sua postagem. O seu não recebimento ou a entrega após o decurso desse prazo constitui ônus de prova do destinatário". Se o reclamado criar embaraços para frustrar a notificação ou não for encontrado, a citação será feita por edital automaticamente, uma vez que não há previsão de citação por hora certa.

§ 2º O reclamante será notificado no ato da apresentação da reclamação ou na forma do parágrafo anterior.

Dificilmente o reclamante poderá ser notificado no ato da apresentação da reclamação; é mais provável que o seja por registro postal. Caso hajam as partes constituído advogados, as intimações deverão ser realizadas por meio deles, em face da aplicação subsidiária do CPC.

---

§ 3º Oferecida a contestação, ainda que eletronicamente, o reclamante não poderá, sem o consentimento do reclamado, desistir da ação.

Parágrafo acrescentado pela Lei n. 13.467, de 13.07.2017.

É preciso cautela ao reclamante se pretender desistir da ação, pois ficará responsável pelo pagamento de honorários de advogado, nos termos do art. 90 do CPC, combinado com o art. 791-A da CLT. Após a contestação, o autor só poderá desistir da ação com anuência do reclamado. A recusa deverá ser motivada. O art. 316 do CPC declara que a desistência da ação somente produzirá efeitos legais se homologada por sentença. Os efeitos são: a) a extinção do processo sem resolução do mérito (art. 485, III, do CPC); e b) a parte pode exercitar o seu direito de ação (art. 486, *caput*) novamente, antes da prescrição (art. 843 da CLT).

Art. 842. Sendo várias as reclamações e havendo identidade de matéria, poderão ser acumuladas num só processo, se se tratar de empregados da mesma empresa ou estabelecimento.

A acumulação de ações é facultada no processo do trabalho, tanto a subjetiva como a objetiva. Na primeira, poderá haver litisconsórcio ou pluralidade de autores, reclamação plúrima; na segunda, pluralidade de pedidos, caso se trate de empregados da mesma empresa ou estabelecimento. Há necessidade de que os pedidos cumulativos sejam compatíveis entre si, sob pena de inépcia da petição inicial, conforme o art. 327, § 1º, I, do CPC/2015 (art. 292, § 1º, I, do CPC/73).

Seção II
Da Audiência de Julgamento

Veja arts. 111 a 116 da CF, sobre a extinção dos juízes classistas na Justiça do Trabalho (Anexo I da CLT).

Art. 843. Na audiência de julgamento deverão estar presentes o reclamante e o reclamado, independentemente do comparecimento de seus representantes, salvo nos casos de Reclamatórias Plúrimas ou Ações de Cumprimento, quando os empregados poderão fazer-se representar pelo Sindicato de sua categoria.

Caput *com redação dada pela Lei n. 6.667, de 03.07.1979.*

Nos termos do art. 843, é obrigatória a presença pessoal das partes na audiência, independentemente do comparecimento de seus representantes. O processo do trabalho é eminentemente oral e concentrado em uma ou em poucas audiências, em curtos intervalos, sob a direção imediata do juiz. Por isso, valoriza-se a presença pessoal das partes para possibilitar uma rápida solução do litígio conciliada ou mediante decisão judicial, proferida na própria audiência, que deve ser só uma, segundo o art. 849 da CLT. Por essa razão, o legislador penaliza severamente as partes que não comparecem pessoalmente à audiência, independentemente da presença de seus representantes.

Já nas ações plúrimas, em que figuram vários reclamantes litisconsortes, o sindicato poderá representar os empregados da categoria ou substituí-los processualmente, de modo que não é necessária a presença dos reclamantes. O juiz pode autorizar a representação dos reclamantes por uma comissão, em caso de reclamações plúrimas, para evitar a paralisação da empresa. O art. 8º, III, da CF, autoriza o sindicato a postular em nome próprio os direitos dos trabalhadores da categoria em juízo, o que configura hipótese de substituição processual. É o que ocorre nas ações de cumprimento autorizadas pelo art. 872, parágrafo único, da CLT.

---

§ 1º É facultado ao empregador fazer-se substituir pelo gerente, ou qualquer outro preposto que tenha conhecimento do fato, e cujas declarações obrigarão o proponente.

Ao excepcionar a exigência legal da presença física do empregador na audiência, este § 1º diz que o empregador poderá fazer-se representar pelo gerente, ou por qualquer outro preposto que tenha conhecimento do fato, cujas declarações obrigarão o preponente. A jurisprudência dos tribunais tem decidido de forma predominante a entender que só pode servir como preposto quem é empregado da empresa. Para fundamentar esse entendimento invocam dois argumentos: a origem do termo *preposto* no CCom e a referência a *gerente*, disciplinada pelo art. 62, II, da CLT.

A figura do contrato de preposição vem do direito comercial (arts. 74 e 140 – revogados – do CCom), que pressupõe a existência de um duplo contrato: o contrato de preposição, que confere ao preposto – feitores, guarda-livros, caixeiros etc. – mandato para representar o preponente e, ao mesmo tempo, implica a existência simultânea de um contrato de emprego. Semelhante é a posição do gerente, que exerce cargo de gestão, ao qual se equiparam os diretores e chefes de departamento ou filial (art. 62, II, da CLT). Além disso, há a exigência legal de que o representante do empregador deve ter conhecimento do fato, objeto da controvérsia no processo, *cujas declarações obrigarão o preponente*. Em consequência, há o risco de o preposto indicado pelo empregador ser considerado confesso, caso essa pessoa ignore os fatos do processo.

Se qualquer pessoa pudesse ser preposto, tal prática daria lugar à *indústria de prepostos*; ou seja, o *jus postulandi*, a faculdade das partes de comparecer em juízo, requerer e seguir o processo sem advogado, poderia ser utilizada para o exercício da advocacia sem advogados por *prepostos* profissionais ou terceirizados. E o exercício da atividade privativa de advogados sem habilitação constitui crime de falsidade e de estelionato, ou fraude processual. Essa é a razão de exigir-se como regra que o preposto seja empregado da reclamada no processo do trabalho. Nesse sentido, firmou-se a jurisprudência do TST, conforme a Súmula n. 377 do TST.

A exceção decorrente do Estatuto da Microempresa e das Empresas de Pequeno Porte, instituído pela LC n. 123/2006, facilita o acesso dessas empresas à Justiça do Trabalho no art. 54: "É facultado ao empregador de microempresa ou de empresa de pequeno porte fazer-se substituir ou representar perante a Justiça do Trabalho por terceiros que conheçam os fatos, ainda que não possuam vínculo trabalhista ou societário".

À regra geral do art. 843, § 1º, da CLT e da Súmula n. 377 do TST, de que o preposto deve necessariamente ser empregado do reclamado, salvo na reclamação trabalhista de empregado doméstico, abre-se outra exceção: para as microempresas e empresas de pequeno porte. Assim, as microempresas e pequenas empresas ou empresas de pequeno porte, que tiveram aprovação pela LC n. 123/2006, podem ser representadas na Justiça do Trabalho por preposto que não seja seu empregado, nem sócio, desde que tenha conhecimento dos fatos do processo.

Os conceitos de microempresa e de empresa de pequeno porte estão definidos no art. 3º, I e II, daquele Estatuto, que exige o Registro daquelas empresas no Registro Civil de Pessoas Jurídicas ou no Registro de Empresas Mercantis, e, no caso das microempresas, tenha receita bruta igual ou inferior a R$ 240.000,00 no ano-calendário; ou, no caso das empresas de pequeno porte, tenham receita bruta superior a R$ 240.000,00 e igual ou inferior a R$ 2.400.000,00 em cada ano-calendário.

O advogado da empresa não pode acumular as funções de preposto e de advogado no mesmo processo trabalhista. Nos termos do art. 843, § 1º, consolidado, o preposto deve ser empregado investido de mandato; portanto, se o advogado não for empregado da reclamada, não pode ser preposto, conforme a citada Súmula n. 377 do TST. Todavia, se o advogado for empregado da reclamada, deverá optar entre ser preposto e funcionar como advogado da empresa no mesmo processo; não pode acumular as duas funções no mesmo processo trabalhista.

O art. 23 do Código de Ética da OAB veda a atuação do advogado como preposto e advogado simultaneamente no mesmo processo trabalhista. Tal procedimento é considerado antiético, antijurídico e fere a mais cara das prerrogativas do advogado, que é a liberdade de atuação. O advogado tem o direito-dever de recusar ou de aceitar o patrocínio de qualquer processo, por razões de ordem ética, jurídica ou profissional. Já o preposto, enquanto tal, tem de se submeter aos interesses da empresa, que nem sempre se conciliam com os direitos, com as prerrogativas e com os deveres do advogado.

Conclui-se que a representação do empregador por preposto não empregado, no processo trabalhista, facilitaria uma verdadeira advocacia de não advogados, isto é, dos prepostos, que seriam tanto os próprios advogados como os contadores, ou outra pessoa experiente. Ao permitir-se a presença do advogado não empregado como preposto, na prática, se estaria anulando a presença da parte em juízo, que é exigida por lei, o que desvirtuaria o processo do trabalho.

---

§ 2º Se por doença ou qualquer outro motivo poderoso, devidamente comprovado, não for possível ao empregado comparecer pessoalmente, poderá fazer-se representar por outro empregado que pertença à mesma profissão, ou pelo seu sindicato.

Excepcionalmente, o legislador autoriza que o reclamante ausente à audiência por motivo grave, poderoso e razoável seja representado por outro empregado da mesma categoria profissional ou pelo seu sindicato. O reclamante deverá fazer prova na audiência do motivo grave que o impediu de comparecer, e também a pessoa que o substitui deve demonstrar a sua condição de pertencer à mesma categoria profissional. Essa exceção ocorre apenas para evitar o arquivamento da reclamação e não supre a necessidade da presença da parte para prestar o depoimento pessoal e praticar os atos processuais personalíssimos, como a conciliação, a transação e a desistência.

---

§ 3º O preposto a que se refere o § 1º deste artigo não precisa ser empregado da parte reclamada.

Parágrafo acrescentado pela Lei n. 13.467, de 13.07.2017.

A exigência de o preposto ser empregado da reclamada não mais subsiste; basta que o preposto tenha conhecimento dos fatos, objeto da reclamação trabalhista, sendo certo que os atos do preposto obrigarão o reclamado, empregador. Em consequência, deverá ser cancelada a Súmula n. 377 do TST.

Art. 844. O não comparecimento do reclamante à audiência importa o arquivamento da reclamação, e o não comparecimento do reclamado importa revelia, além de confissão quanto à matéria de fato.

São graves as consequências da ausência do reclamante ou do reclamado na audiência: a ausência do reclamante na audiência importa no arquivamento do processo, e a ausência da reclamada importa em revelia, além de confissão quanto à matéria de fato. O reclamante que der causa a dois arquivamentos consecutivos poderá ser penalizado com a perda, pelo prazo de seis meses, do direito de reclamar perante a Justiça do Trabalho, conforme o art. 732 da CLT. Discute-se sobre a inconstitucionalidade dessa pena, por violação da garantia de inafastabilidade do acesso ao Poder Judiciário, assegurada pelo art. 5º, XXXV, da CF.

Ao ser arquivado o processo por ausência do reclamante, deverá este ser condenado ao pagamento de custas processuais, salvo se for isento ou se obtiver o benefício da assistência judiciária gratuita. A expressão *arquivamento*, utilizada pelo art. 844 consolidado, é equívoca pelo seu duplo sentido, já que corresponde tecnicamente à extinção do processo sem apreciação do mérito, prevista no art. 485, VI, do CPC/2015 (art. 267, VI, do CPC/73). De acordo com a Súmula n. 268 do TST: "A ação trabalhista, ainda que arquivada, interrompe a prescrição [...]" – na verdade, suspende a prescrição. A Súmula n. 9 do TST declara: "A ausência do reclamante, quando adiada a instrução após contestada a ação em audiência, não importa arquivamento do processo".

Outra consequência grave da ausência do reclamado à audiência é a revelia. A ausência do reclamado na audiência importa em revelia, além da confissão quanto à matéria de fato. Revelia quer dizer descuido, descaso; significa a inércia do réu na oportunidade da defesa, a falta de defesa em razão da ausência da reclamada na audiência em que deveria defender-se. No processo trabalhista, é exigida a presença das partes na audiência, momento em que a contestação é apresentada, sendo seguida pelo depoimento pessoal das partes, em razão do princípio da oralidade e da concentração. Por isso, é exigido o comparecimento pessoal das partes. Configura-se a revelia com a ausência da reclamada na audiência, mesmo que esteja presente o seu advogado, não sendo bastante o ânimo de defender-se. A ausência da reclamada na audiência, além da revelia, implica também a confissão quanto à matéria de fato, porque a presença da parte é necessária para prestar o depoimento pessoal, que é imperativo legal e não depende de requerimento da parte contrária como no processo civil.

§ 1º Ocorrendo motivo relevante, poderá o juiz suspender o julgamento, designando nova audiência.

Parágrafo renumerado e com redação dada pela Lei n. 13.467, de 13.07.2017.

O juiz é reitor do processo e tem autoridade para suspender a audiência de forma motivada para outra data designada.

A CLT consagra o princípio diretivo do juiz que tem ampla liberdade para determinar o adiamento da audiência, caso ocorra motivo relevante e que não se submeta ao mero capricho das partes. Motivo de força maior e de doença comprovada autorizam o adiamento da audiência. Nada impede, todavia, que as partes, de comum acordo, requeiram o adiamento da audiência, nos termos do art. 313, § 4º, do CPC/2015 (art. 265, § 3º, do CPC/73), de aplicação subsidiária.

---

§ 2º Na hipótese de ausência do reclamante, este será condenado ao pagamento das custas calculadas na forma do art. 789 desta Consolidação, ainda que beneficiário da justiça gratuita, salvo se comprovar, no prazo de quinze dias, que a ausência ocorreu por motivo legalmente justificável.
Parágrafo acrescentado pela Lei n. 13.467, de 13.07.2017.

Ausente o reclamante à audiência, o processo será extinto sem resolução de mérito e o reclamante será condenado nas custas do processo. Salvo se, no prazo de quinze dias comprovar que a ausência ocorreu por motivo justificável legalmente se beneficiário da justiça gratuita.

---

§ 3º O pagamento das custas a que se refere o § 2º é condição para a propositura de nova demanda.
Parágrafo acrescentado pela Lei n. 13.467, de 13.07.2017.

A exigência da norma de colocar o pagamento das custas processuais como condição para propositura da ação é absurda e inconstitucional. Eis que veda ao trabalhador o acesso à jurisdição por ter seus direitos laborais violados, assegurados nos termos do art. 5º, XXXV, da CF.

---

§ 4º A revelia não produz o efeito mencionado no *caput* deste artigo se:
Parágrafo acrescentado pela Lei n. 13.467, de 13.07.2017.
I – havendo pluralidade de reclamados, algum deles contestar a ação;
Inciso acrescentado pela Lei n. 13.467, de 13.07.2017.

No litisconsórcio do tipo unitário, a contestação apresentada por um dos compartes beneficiará a todos os demais, posto que a decisão tem de ser uniforme para todos os compartes (*v.* art. 117 do CPC).

II – o litígio versar sobre direitos indisponíveis;
Inciso acrescentado pela Lei n. 13.467, de 13.07.2017.

Se o empregador tiver algum direito indisponível (art. 392 do CPC) para ser invocado em seu benefício, em caso de revelia, o que parece muito raro, é certo que a revelia nessa hipótese excepcional não lhe produzirá efeitos que lhe são próprios.

III – a petição inicial não estiver acompanhada de instrumento que a lei considere indispensável à prova do ato;

Inciso acrescentado pela Lei n. 13.467, de 13.07.2017.

Não se produzirão os efeitos da revelia se a inicial estiver desacompanhada de instrumento que a lei considere essência do ato. No processo do trabalho são raros os casos em que a lei considere indispensável à prova dos fatos. Se tal ocorrer, a revelia não acarretará os efeitos característicos.

IV – as alegações de fato formuladas pelo reclamante forem inverossímeis ou estiverem em contradição com prova constante dos autos.

Inciso acrescentado pela Lei n. 13.467, de 13.07.2017.

Se a revelia gera presunção legal de serem verdadeiros os fatos alegados na inicial, como seria possível ao juiz considerar inverossímil os fatos que nem foram contestados pelo réu? Todavia, se isso ocorrer, os efeitos da revelia serão ilididos.

---

§ 5º Ainda que ausente o reclamado, presente o advogado na audiência, serão aceitos a contestação e os documentos eventualmente apresentados.

Parágrafo acrescentado pela Lei n. 13.467, de 13.07.2017.

O § 5º do art. 844 declara que mesmo ausente o reclamado na audiência, comparecendo o advogado, deverão ser aceitos a contestação e os documentos que apresentar. Assim, demonstrado o ânimo de se defender, a parte que oferece a contestação por meio de seu advogado não pode ser considerada revel. A revelia se caracteriza pela falta de defesa. A aceitação da contestação e dos documentos não é uma faculdade atribuída ao juiz, mas uma imposição legal. É importante que esses documentos devam ser apresentados pelo advogado do reclamado na audiência, sob pena de preclusão.

Art. 845. O reclamante e o reclamado comparecerão à audiência acompanhados das suas testemunhas, apresentando, nessa ocasião, as demais provas.

Segundo o princípio da concentração, no processo do trabalho as provas são apresentadas na audiência, que é tecnicamente una, na qual comparecem as partes acompanhadas de suas testemunhas. Não há a exigência de requerer-se, como no processo civil, a intimação das testemunhas, previamente arroladas, nem o depoimento pessoal da parte contrária, nem dizer os meios de prova que a parte pretende produzir.

Art. 846. Aberta a audiência, o juiz ou presidente proporá a conciliação.

Caput *com redação dada pela Lei n. 9.022, de 05.04.1995.*

A conciliação é uma das formas de extinção do processo do trabalho por meio da livre composição das partes, que é lavrada por termo na ata de audiência com as condições do acordo. Atribui-se grande importância à conciliação no processo do trabalho. Por causa dela, grande número de processos são extintos. É a forma mais inteligente, mais rápida e mais eficaz de solução do litígio, já que é ditada pelas próprias partes. A fase conciliatória compreende as duas tentativas previstas no dissídio individual: a primeira, logo após a abertura da audiência, antes da contestação; e a segunda, com o encerramento da instrução processual, conforme o art. 850 da CLT.

Nos dissídios coletivos há só uma tentativa de conciliação feita pelo presidente do tribunal (art. 862 da CLT). No caso de conciliação, o termo que for lavrado valerá como sentença irrecorrível, exceto com relação à Previdência Social. Não obstante, as partes poderão conciliar-se em qualquer fase ou grau de jurisdição, segundo o art. 764, § 3º, da CLT.

---

§ 1º Se houver acordo lavrar-se-á termo, assinado pelo presidente e pelos litigantes, consignando-se o prazo e demais condições para seu cumprimento.

Parágrafo acrescentado pela Lei n. 9.022, de 05.04.1995.

Em caso de acordo, deverá ser lavrado termo assinado pelo juiz e pelas partes, de modo a consignar-se o prazo e as demais condições de cumprimento.

---

§ 2º Entre as condições a que se refere o parágrafo anterior, poderá ser estabelecida a de ficar a parte que não cumprir o acordo obrigada a satisfazer integralmente o pedido ou pagar uma indenização convencionada, sem prejuízo do cumprimento do acordo.

Parágrafo acrescentado pela Lei n. 9.022, de 05.04.1995.

Além das condições pactuadas, o acordo pode prever a fixação de uma multa indenizatória pelo inadimplemento da obrigação. Também poderá ficar pactuado, em caso de prestações sucessivas do acordo, que o não pagamento de uma parcela acarreta o vencimento antecipado de todas as parcelas subsequentes, *ex vi* do disposto no art. 891 da CLT.

Art. 847. Não havendo acordo, o reclamado terá vinte minutos para aduzir sua defesa, após a leitura da reclamação, quando esta não for dispensada por ambas as partes.

Artigo com redação dada pela Lei n. 9.022, de 05.04.1995.

Outra característica do processo do trabalho, em razão da oralidade e da concentração, é a apresentação da defesa na audiência, verbalmente no prazo de vinte minutos, pelo reclamado, em não havendo possibilidade de acordo. Na prática, tem sido apresentado por escrito, forma mais rápida, mais segura e mais técnica de defesa.

A CLT não define a contestação, utiliza o termo genérico defesa. Em resposta à ação que lhe é proposta, segundo o art. 335 do CPC/2015 (art. 297 do CPC/73), o réu pode oferecer ao juiz da causa: contestação, exceção e reconvenção. Contestação é a oposição do réu em juízo à pretensão deduzida pelo autor, por meio de testemunhas e de todos os meios de prova admitidos no direito.

A palavra "contestação" deriva do vocábulo latino *litiscontestatio*, ou seja, *litis*, luta, *cum testatio*, por meio de testemunhas. Modernamente, a contestação é o instrumento mais importante de defesa processual do réu, pelo qual ele se contrapõe às pretensões do autor. Também chamada de peça de resistência, peça de bloqueio, definida como peça processual por meio da qual o réu resiste à pretensão deduzida pelo autor na petição inicial. A contestação tem a mesma importância, para o réu, que a petição inicial para o autor, porque é do cotejo de ambas que se delimita o objeto conflituoso do litígio. A contestação distingue-se da exceção porque constitui defesa direta ao atingir o mérito da ação.

A exceção constitui defesa indireta ou processual porque não é dirigida contra o mérito da demanda, mas contra as falhas do procedimento. As exceções processuais no processo do trabalho, no sentido estrito, são três: de incompetência, de suspeição e de impedimento, de acordo com os arts. 799 a 802 da CLT, combinados com os arts. 144 e 145 do CPC/2015 (arts. 134 e 135 do CPC/73). As demais exceções ou defesas indiretas são denominadas preliminares e estão elencadas no art. 337 do CPC/2015 (art. 301 do CPC/73).

A contestação por negativa geral equivale a nenhuma defesa, por violar o princípio da impugnação específica, segundo o art. 341 do CPC/2015 (art. 302

do CPC/73). O réu deve manifestar-se precisamente sobre os fatos articulados na petição inicial, de modo que se presumem verdadeiros os fatos não impugnados. Pela aplicação subsidiária do art. 336 do CPC/2015 (art. 300 do CPC/73), a contestação deve atender aos princípios da concentração e da eventualidade e ao princípio da impugnação específica, conforme o art. 341 do CPC/2015 (art. 302 do CPC/73).

Reconvenção é uma modalidade de resposta do réu, nos termos do art. 335 do CPC/2015 (art. 297 do CPC/73). Não constitui defesa (contestação ou exceção), mas um contra-ataque do réu em face do autor, dentro do mesmo processo. A reconvenção é uma ação que o réu propõe em face do autor, dentro do mesmo processo em que aquele é demandado, para prevenir ou reparar lesão de direito. Ambas as ações devem ser processadas e julgadas simultaneamente dentro da mesma sentença.

Daí ser a reconvenção chamada de processo simultâneo, atendendo aos princípios da economia e celeridade processual. Seus requisitos e fundamentos encontram-se no art. 343 do CPC/2015 (arts. 315 a 318 do CPC/73). Deve haver conexão entre a ação principal e a contestação, ou com a reconvenção. O réu reconvinte é o autor da reconvenção, enquanto o autor da causa principal é chamado de reconvindo, figurando como réu da reconvenção. Devem ser preenchidos quatro pressupostos processuais para admissibilidade da reconvenção:

a) o juiz da causa principal deve ser competente para o julgamento da reconvenção (relação de trabalho e outras hipóteses previstas no art. 114 e seus incisos da CF);

b) o rito processual de ambas as ações (principal e reconvenção) deve ser compatível;

c) deve haver processo pendente, e no caso de ação trabalhista a reconvenção deve ser apresentada na audiência junto com a defesa (CLT, art. 847);

d) deve haver conexão entre a reconvenção e a ação principal ou com os fundamentos da defesa.

Há plena compatibilidade da reconvenção com o processo de trabalho, preenchidos os requisitos de admissibilidade. Não cabe reconvenção de reconvenção, nem reconvenção na execução, nem no processo cautelar; não se admite, ainda, reconvenção no rito sumário (Lei n. 5.584/70), nem no rito sumaríssimo trabalhista – arts. 852-A e segs. da CLT –, por incompatibilidade de procedimento, ou por analogia com o art. 31 da Lei n. 9.099/95.

Todavia, os créditos trabalhistas sujeitos à compensação e/ou retenção devem ser arguidos na contestação, no processo trabalhista, nos termos do art. 767 consolidado, sob pena de preclusão, até o limite de um mês de remuneração do empregado, na forma do preceito do art. 477, § 5º, da CLT, pelo que, na hipótese, a reconvenção seria ociosa.

Parágrafo único. A parte poderá apresentar defesa escrita pelo sistema de processo judicial eletrônico até a audiência.

Parágrafo acrescentado pela Lei n. 13.467, de 13.07.2017.

A lei assegura o direito de o reclamado apresentar defesa escrita pelo sistema de processo judicial eletrônico até a audiência. Não houve alteração no *caput* do art. 847. O processo eletrônico regido pela Lei n. 11.419/2006, art. 18, autorizou os órgãos do Poder Judiciário regulamentarem-no. Em consequência, o CSJT editou a Resolução n. 185, de 24.03.2017, instituindo o Sistema de Processo Judicial Eletrônico na Justiça do Trabalho (PJE-JT) – como sistema informatizado de processo judicial na Justiça do Trabalho. O art. 29 dispõe que a presença do reclamado e do reclamante não é dispensada pelo fato de ser o processo eletrônico. A presença das partes na audiência se destina entre outras coisas a permitir a solução negociada e consensual do processo (art. 764 da CLT), de sorte que o fato de o reclamado haver apresentado contestação eletrônica no prazo legal, não o exime de comparecer à audiência. Revel ele não será porque apresentou defesa, mas provavelmente será considerado confesso por haver-se esquivado do interrogatório pessoal (art. 385, § 1º, do CPC).

Art. 848. Terminada a defesa, seguir-se-á a instrução do processo, podendo o presidente, *ex officio* ou a requerimento de qualquer juiz temporário, interrogar os litigantes.

Caput *com redação dada pela Lei n. 9.022, de 05.04.1995.*

À apresentação da defesa segue-se a instrução processual com o interrogatório das partes. Nesse aspecto, diferentemente do processo civil, vigora o princípio inquisitório, em que o juiz, *ex officio*, pode interrogar as partes, independentemente de haver requerimento da parte contrária. No processo civil, se a parte não requerer o depoimento do *ex adverso*, o juiz não tomará depoimento pessoal da parte, posto que vigora ali o princípio do dispositivo. Essa é uma das razões da exigência da presença obrigatória das partes na audiência trabalhista. O não comparecimento da reclamada na audiência de instrução implica confissão ficta, posto que o juiz tem o poder inquisitorial de interrogá-la, independentemente da vontade das partes. Por isso, a nota característica da confissão ficta é a falta de interrogatório da parte em razão de sua ausência na audiência de instrução, e a nota distintiva da revelia é a falta de defesa da reclamada, ausente na audiência em que deveria apresentar contestação.

§ 1º Findo o interrogatório, poderá qualquer dos litigantes retirar-se, prosseguindo a instrução com o seu representante.

Parágrafo com redação dada pela Lei n. 9.022, de 05.04.1995.

Ao término do interrogatório, as partes podem retirar-se e prosseguem a instrução os seus representantes.

---

§ 2º Serão, a seguir, ouvidas as testemunhas, os peritos e os técnicos, se houver.

Parágrafo com redação dada pela Lei n. 9.022, de 05.04.1995.

As testemunhas serão qualificadas, advertidas das penas do falso testemunho e firmarão compromisso de dizer a verdade, sob as penas da lei (arts. 457 e 458 do CPC/2015 - arts. 414 e 415 do CPC/73). Em caso de impedimento, de suspeição ou de incapacidade das testemunhas, as partes poderão oferecer contradita. Os peritos também poderão ser convocados para prestar esclarecimentos técnicos ao laudo pericial, ou diligência realizada, como órgão auxiliar do juízo ou como assistente das partes, na matéria de sua especialidade.

Art. 849. A audiência de julgamento será contínua; mas, se não for possível, por motivo de força maior, concluí-la no mesmo dia, o juiz ou presidente marcará a sua continuação para a primeira desimpedida, independentemente de nova notificação.

Em decorrência do princípio da concentração, a audiência é considerada una; deve, pois, ser contínua e concluída no mesmo dia, mas, se não for possível, por motivo de força maior, concluí-la, o juiz ou presidente designará em continuação nova sessão para a primeira oportunidade existente na pauta.

Art. 850. Terminada a instrução, poderão as partes aduzir razões finais, em prazo não excedente de 10 (dez) minutos para cada uma. Em seguida, o juiz ou presidente renovará a proposta de conciliação, e não se realizando esta, será proferida a decisão.

As partes poderão aduzir razões finais orais em prazo de dez minutos cada uma, após isso o juiz fará a segunda proposta de conciliação e, caso não seja esta possível, proferirá a decisão. A audiência destina-se não só à audição dos litigantes, mas também à solução negociada do conflito de interesses para oferecer oportunidade aos debates orais, à instrução e ao julgamento do feito.

Parágrafo único. O Presidente da Junta, após propor a solução do dissídio, tomará os votos dos juízes classistas e, havendo divergência entre estes, poderá desempatar ou proferir decisão que melhor atenda ao cum-

primento da lei e ao justo equilíbrio entre os votos divergentes e ao interesse social.

Veja nota deste Capítulo.
Veja nota desta Seção.

O dispositivo perdeu a eficácia em face da EC n. 24/99, que extinguiu as Juntas de Conciliação e Julgamento e a representação paritária, na Justiça do Trabalho; assim, passaram os juízes do trabalho a atuar monocraticamente nas Varas do Trabalho.

Art. 851. Os trâmites de instrução e julgamento da reclamação serão resumidos em ata, de que constará, na íntegra, a decisão.

Caput *com redação dada pelo Decreto-lei n. 8.737, de 19.01.1946.*

Não obstante haja predomínio da palavra falada, esta deve ser transcrita ou reduzida a termo na ata de audiência. Na verdade, a oralidade importa na utilização da palavra falada e escrita; devem todos os atos do processo ser documentados por escrito na ata de audiência, segundo o brocardo romano: *verba volant, scripta manent* – as palavras voam, mas a escrita permanece.

---

§ 1º Nos processos de exclusiva alçada das Juntas, será dispensável, a juízo do presidente, o resumo dos depoimentos, devendo constar da ata a conclusão do Tribunal quanto à matéria de fato.

Parágrafo acrescentado pelo Decreto-lei n. 8.737, de 19.01.1946.
Veja nota deste Capítulo.

O art. 2º, § 3º, da Lei n. 5.584/70, dispõe que, quando o valor fixado para a causa não exceder em duas vezes o salário mínimo vigente na sede do juízo, será dispensável o resumo dos depoimentos; deve constar da ata a conclusão da Junta quanto à matéria de fato. Não há necessidade de transcrição dos depoimentos, uma vez que a sentença é irrecorrível, pois não cabe reexame da matéria de fato.

---

§ 2º A ata será, pelo presidente ou juiz, junta ao processo, devidamente assinada, no prazo improrrogável de 48 (quarenta e oito) horas, contado da audiência de julgamento, e assinada pelos juízes classistas presentes à mesma audiência.

Antigo parágrafo único renumerado e com redação dada pelo Decreto-lei n. 8.737, de 19.01.1946.
Veja nota desta Seção.

Por ser a audiência una, a sentença deverá ser prolatada na própria audiência, verbalmente e transcrita na ata de audiência. O art. 834 considera publicada a decisão na própria audiência em que ela é proferida. Todavia, o juiz tem prazo de 48 horas, a partir da audiência, para juntar ata de audiência ao processo, com os respectivos fundamentos. Caso o juiz não junte aos autos a sentença fundamentada no prazo de 48 horas, as partes deverão ser intimadas da sentença, e deve ocorrer a publicação na data da intimação, quando passará a correr o prazo para o recurso. Nesse sentido, é a Súmula n. 30 do TST.

Art. 852. Da decisão serão os litigantes notificados, pessoalmente, ou por seu representante, na própria audiência. No caso de revelia, a notificação far-se-á pela forma estabelecida no § 1º do art. 841.

As partes são intimadas pessoalmente ou por seus representantes na própria audiência em que a sentença é proferida. O art. 834 da CLT, no mesmo sentido, dispõe que a publicação das decisões e sua notificação aos litigantes consideram-se realizadas nas próprias audiências em que forem proferidas. Abre exceção, todavia, no caso de revelia, situação que exige a sua intimação via postal. A Súmula n. 197 do TST relata que "o prazo para recurso da parte que, intimada, não comparecer à audiência em prosseguimento para a prolação da sentença conta-se da sua publicação". Assim, se a parte que, embora tenha sido intimada da audiência em prosseguimento para o julgamento do feito, deixa de comparecer, não terá prazo mais dilatado para recurso; a sentença será considerada publicada na própria audiência.

Seção II-A
Do Procedimento Sumaríssimo

Seção acrescentada pela Lei n. 9.957, de 12.01.2000.

Art. 852-A. Os dissídios individuais cujo valor não exceda a 40 (quarenta) vezes o salário mínimo vigente na data do ajuizamento da reclamação ficam submetidos ao procedimento sumaríssimo.

Caput *acrescentado pela Lei n. 9.957, de 12.01.2000.*

A Lei n. 9.957/2000 alterou a CLT e acrescentou-lhe os arts. 852-A a 852-I, em ordem alfabética, que instituem o procedimento sumaríssimo, além de inserir os arts. 895, § 1º, 896, § 6º, e 897-A. A Justiça do Trabalho tem sido alvo de severas críticas pela sua morosidade na solução dos conflitos, pela ineficácia dos seus institutos jurídicos e pela não efetividade do processo, ao lado do volume excessivo dos feitos. Ao adotar o procedimento sumaríssimo, o legislador teve por objetivo a economia e a celeridade processual das demandas trabalhistas de valor não superior a quarenta salários mínimos vigentes na data da propositura da ação.

Além disso, a Lei n. 9.958/2000, que criou as comissões de conciliação prévia, tem por objetivo realizar uma triagem na propositura de novas ações pelos mecanismos da mediação e da conciliação prévia, de forma a estancar a proliferação de demandas sociais que abarrotam a Justiça do Trabalho, a maioria de pequenos valores. A atuação conjunta das Leis ns. 9.957/2000 e 9.958/2000 deve exercer resultados positivos para abreviar os processos trabalhistas e contribuir para a mais efetiva prestação jurisdicional da Justiça do Trabalho.

O procedimento sumaríssimo aplica-se apenas aos dissídios individuais, e não aos dissídios coletivos regulados pelos arts. 856 a 875 da CLT, nem às ações civis públicas, de procedimento especial. As ações de valor igual ou inferior a quarenta salários mínimos vigentes na data da propositura da reclamação serão submetidas ao rito sumaríssimo. O valor da causa é critério determinante para a adoção do procedimento, e cabe ao juiz do trabalho fixá-lo nas causas de valor indeterminado, conforme a previsão do art. 2º da Lei n. 5.584/70, antes de passar à instrução da causa. Tal critério é gerador de controvérsia porque o valor da causa não é essencial para a petição inicial, conforme o art. 840, § 1º.

Estão também excluídas do rito sumaríssimo as ações de competência originária dos tribunais: ação rescisória, mandado de segurança e *habeas corpus*. A reclamação verbal não é incompatível com o rito sumaríssimo. Já o inquérito judicial para apuração de falta grave é incompatível, pois se trata de procedimento trabalhista especial que deve assegurar ampla defesa ao empregado estável acusado da prática de falta grave com direito a seis testemunhas para cada parte.

Entende-se também não revogada a Lei n. 5.584/70, por disciplinar matéria diferente, que instituiu o rito sumário para causas de valor até dois salários mínimos, cujas decisões são irrecorríveis, salvo se houver violação direta da CF. É constitucional o critério de fixação da alçada em salários mínimos, nos termos da Súmula n. 356 do TST, que dispõe: "O art. 2º, § 4º, da Lei n. 5.584, de 26.06.1970, foi recepcionado pela CF/88, sendo lícita a fixação do valor da alçada com base no salário mínimo".

Parágrafo único. Estão excluídas do procedimento sumaríssimo as demandas em que é parte a Administração Pública direta, autárquica e fundacional.

Parágrafo acrescentado pela Lei n. 9.957, de 12.01.2000.

Não se incluem também no procedimento sumaríssimo as causas em que figurarem como partes as entidades de direito público da administração direta da União, dos estados, do Distrito Federal e dos municípios e suas autarquias e fundações que não explorem atividade econômica. Não se trata de privilégio odioso, mas de interesse público que deve ser resguardado; trata-se também de compatibilizar os prazos diferenciados para a defesa e recursos assegurados por lei às entidades de direito público pelo Decreto-lei n. 779/69. As empresas públicas e as sociedades de economia mista que exploram atividade econômica não estão abrangidas na exclusão, por força do disposto no art. 173, § 1º, II, da CF e no Decreto-lei n. 779/69, pois estão sujeitas ao rito sumaríssimo como as empresas privadas.

Art. 852-B. Nas reclamações enquadradas no procedimento sumaríssimo:

Caput acrescentado pela Lei n. 9.957, de 12.01.2000.

I – o pedido deverá ser certo ou determinado e indicará o valor correspondente;

Inciso acrescentado pela Lei n. 9.957, de 12.01.2000.

II – não se fará citação por edital, incumbindo ao autor a correta indicação do nome e endereço do reclamado;

Inciso acrescentado pela Lei n. 9.957, de 12.01.2000.

III – a apreciação da reclamação deverá ocorrer no prazo máximo de 15 (quinze) dias do seu ajuizamento, podendo constar de pauta especial, se necessário, de acordo com o movimento judiciário da Junta de Conciliação e Julgamento.

Inciso acrescentado pela Lei n. 9.957, de 12.01.2000.

Veja nota deste Capítulo.

Três requisitos fundamentais são exigidos no procedimento sumaríssimo: o pedido deve ser certo ou determinado, isto é, não pode ser genérico, mas, sim, deve indicar o valor econômico correspondente; não se admitirá citação por edital, sendo ônus do reclamante a correta indicação do nome e endereço do reclamado; o prazo para instrução e julgamento da reclamação será de quinze dias. É inconstitucional a previsão do art. 852-B, II, posto que impede o acesso à jurisdição e o direito de ação, conforme dispõe o art. 5º, XXXV, da CF, nas hipóteses de empregador *desaparecido*, que não informa o endereço certo. O julgamento da reclamação no prazo máximo de quinze dias, embora seja desejável, parece atentatório às precárias condições das Varas do Trabalho, mormente nas grandes cidades, onde há insuficiência de funcionários, de juízes e de recursos materiais necessários à implementação do rito sumaríssimo.

---

§ 1º O não atendimento, pelo reclamante, do disposto nos incisos I e II deste artigo importará no arquivamento da reclamação e condenação ao pagamento de custas sobre o valor da causa.

Parágrafo acrescentado pela Lei n. 9.957, de 12.01.2000.

O dispositivo em apreço é de rigor excessivo e incompatível com o decantado *jus postulandi* das partes que podem postular pessoalmente na Justiça do Trabalho, sem necessidade de advogado, conforme os arts. 791 e 839 da CLT. Assim, o arquivamento da reclamação nos parece arbitrário e violador do *jus postulandi*. Igualmente inconstitucional será o arquivamento do processo com a condenação do reclamante nas custas, por ignorar o endereço do empregador, que se encontra em local incerto e não sabido. Torna-se necessária, no caso, a utilização de bom senso, de modo a permitir-se o suprimento de faltas razoáveis, ou a citação por edital, que transforma o rito em ordinário.

---

§ 2º As partes e advogados comunicarão ao juízo as mudanças de endereço ocorridas no curso do processo, reputando-se eficazes as intimações enviadas ao local anteriormente indicado, na ausência de comunicação.

Parágrafo acrescentado pela Lei n. 9.957, de 12.01.2000.

É salutar o dispositivo que repete o preceito do art. 106, I e II, do CPC/2015 (art. 39, I e II, do CPC/73), segundo o qual se reputam válidas as intimações realizadas no local anteriormente indicado, na ausência de comunicação do novo endereço.

Art. 852-C. As demandas sujeitas a rito sumaríssimo serão instruídas e julgadas em audiência única, sob a direção de juiz presidente ou substituto, que poderá ser convocado para atuar simultaneamente com o titular.

Artigo acrescentado pela Lei n. 9.957, de 12.01.2000.

O princípio da audiência una, constante do art. 849 consolidado, agora é restabelecido no seu primitivo significado, que é o de concentrar a audiência em um único dia, não sendo possível fracioná-la, salvo em casos excepcionais ou de força maior. A convocação de juiz substituto, para atuar simultaneamente, é faculdade que esbarra com a realidade da falta de juízes substitutos nos TRTs e inviabiliza a criação de pauta paralela para adoção do rito sumaríssimo. O TRT da 2ª Região elaborou, junto com o TST, projeto de lei para a criação de 143 cargos de juiz substituto e de servidores para integrarem os quadros da Justiça do Trabalho na 2ª Região, a fim de atender às necessidades do rito sumaríssimo.

Art. 852-D. O juiz dirigirá o processo com liberdade para determinar as provas a serem produzidas, considerado o ônus probatório de cada litigante, podendo limitar ou excluir as que considerar excessivas, imper-

tinentes ou protelatórias, bem como para apreciá-las e dar especial valor às regras de experiência comum ou técnica.
Artigo acrescentado pela Lei n. 9.957, de 12.01.2000.

É conferido amplo poder diretivo sobre a produção das provas conferido ao juiz do trabalho, que pode deferir as provas ou indeferir as protelatórias, impertinentes ou excessivas, bem como utilizar das máximas de experiência comum e das regras técnicas. Nesse sentido, já dispunha o art. 765 da CLT e o art. 375 do CPC/2015 (art. 335 do CPC/73).

Art. 852-E. Aberta a sessão, o juiz esclarecerá as partes presentes sobre as vantagens da conciliação e usará os meios adequados de persuasão para a solução conciliatória do litígio, em qualquer fase da audiência.
Artigo acrescentado pela Lei n. 9.957, de 12.01.2000.

O princípio da conciliação é realçado neste dispositivo, o qual determina que o juiz esclarecerá às partes as vantagens da solução amigável em qualquer fase da audiência. No rito ordinário, a conciliação deve ser tentada duas vezes pelo juiz, antes da contestação (art. 846 da CLT) e antes do julgamento (art. 850 da CLT). O art. 764, § 1º, da CLT, estabelece que o juiz empregará sempre seus bons ofícios para a persuasão, no sentido de uma solução conciliadora dos conflitos.

Art. 852-F. Na ata de audiência serão registrados resumidamente os atos essenciais, as afirmações fundamentais das partes e as informações úteis à solução da causa trazidas pela prova testemunhal.
Artigo acrescentado pela Lei n. 9.957, de 12.01.2000.

No rito sumaríssimo, o juiz está dispensado de transcrever os depoimentos das partes e testemunhas, art. 2º, § 3º, da Lei n. 5.584/70. Nesse rito, na ata de audiência conterá o resumo dos atos essenciais e das afirmações fundamentais das partes com as informações úteis fornecidas pelas testemunhas para a solução da demanda. Tal critério é gerador de controvérsias e pode haver divergência sobre o que é essencial e fundamental pelo seu caráter subjetivo.

Art. 852-G. Serão decididos, de plano, todos os incidentes e exceções que possam interferir no prosseguimento da audiência e do processo. As demais questões serão decididas na sentença.
Artigo acrescentado pela Lei n. 9.957, de 12.01.2000.

As situações que devem ser analisadas de imediato pelo juiz no sumaríssimo são preliminares e incidentes suscitados pelas partes, tais como as elencadas no art. 337 do CPC/2015 (art. 301 do CPC/73): inexistência ou nulidade da citação, incompetência absoluta, inépcia da inicial, perempção, litispendência etc. A decisão será imediata para não permitir o desdobramento da audiência.

Todavia, é preciso dizer que certos incidentes, como o incidente de falsidade (arts. 430, 432 e 478 do CPC/2015 – arts. 390, 392 e 434 do CPC/73), não podem ser resolvidos de plano, pois exigem a realização de perícia com a consequente suspensão do processo (arts. 430 e 432 do CPC/2015 – arts. 390, 392 e 394 do CPC/73). Também na hipótese de contradita à testemunha por incapacidade, por impedimento ou por suspeição, haveria necessidade de adiamento para se instruir a contradita (art. 457, §§ 1º e 2º, do CPC/2015 – art. 414, § 1º, do CPC/73), sob pena de cerceamento ao direito de ampla defesa (art. 5º, LV, da CF).

Além disso, na hipótese de serem suscitadas exceções de incompetência, de suspeição e de impedimento, na forma dos arts. 799 a 802 da CLT, é necessária a suspensão do feito, e assegura-se ao exceto o direito de se manifestar em 24 horas e de produzir provas com designação de audiência de instrução e julgamento de exceção, sob pena de cerceamento de defesa e nulidade processual (art. 800 da CLT). Nesses casos, o juiz não poderá decidir de plano, sob pena de violação do art. 5º, LV, da CF.

Art. 852-H. Todas as provas serão produzidas na audiência de instrução e julgamento, ainda que não requeridas previamente.

Caput *acrescentado pela Lei n. 9.957, de 12.01.2000.*

O art. 845 prescreve que o reclamante e o reclamado comparecerão à audiência acompanhados de suas testemunhas e apresentarão, nesse momento, as demais provas. No processo concentrado do trabalho, as provas serão produzidas na audiência sem necessidade de prévio requerimento.

---

§ 1º Sobre os documentos apresentados por uma das partes manifestar-se-á imediatamente a parte contrária, sem interrupção da audiência, salvo absoluta impossibilidade, a critério do juiz.

Parágrafo acrescentado pela Lei n. 9.957, de 12.01.2000.

Segundo o princípio do contraditório, as partes terão direito de manifestar-se sobre os documentos apresentados pela parte contrária sem a suspensão da audiência, salvo absoluta impossibilidade, a critério do juiz. Se o número de documentos for muito grande ou sua complexidade impossibilitar uma análise sumária na audiência, o juiz deverá conceder prazo para manifestação da parte contrária, sob pena de cerceamento de defesa, de modo a adiar a audiência.

§ 2º As testemunhas, até o máximo de duas para cada parte, comparecerão à audiência de instrução e julgamento independentemente de intimação.

Parágrafo acrescentado pela Lei n. 9.957, de 12.01.2000.

O número de testemunhas permitido no rito sumaríssimo é de, no máximo, duas para cada parte, as quais comparecerão à audiência espontaneamente e por iniciativa das próprias partes.

§ 3º Só será deferida intimação de testemunha que, comprovadamente convidada, deixar de comparecer. Não comparecendo a testemunha intimada, o juiz poderá determinar sua imediata condução coercitiva.

Parágrafo acrescentado pela Lei n. 9.957, de 12.01.2000.

Se a testemunha, comprovadamente convidada, deixar de comparecer, será deferida pelo juiz a sua intimação; a comprovação será feita na própria audiência, de preferência por documento escrito. Caso não compareça à audiência designada a testemunha intimada, o juiz determinará a sua condução coercitiva.

§ 4º Somente quando a prova do fato o exigir, ou for legalmente imposta, será deferida prova técnica, incumbindo ao juiz, desde logo, fixar o prazo, o objeto da perícia e nomear perito.

Parágrafo acrescentado pela Lei n. 9.957, de 12.01.2000.

A prova pericial será deferida somente quando for legalmente exigida ou quando a prova do fato exigi-la. No pleito de adicional de insalubridade ou de periculosidade, o art. 195, § 2º, impõe que o juiz determine a realização de perícia técnica designando perito habilitado. No caso de incidente de falsidade, é obrigatória a suspensão do feito para a realização de perícia (art. 394 do CPC/73 – dispositivo sem correspondente no CPC/2015).

§ 5º *(Vetado.)*

Parágrafo acrescentado pela Lei n. 9.957, de 12.01.2000.

§ 6º As partes serão intimadas a manifestar-se sobre o laudo, no prazo comum de 5 (cinco) dias.

Parágrafo acrescentado pela Lei n. 9.957, de 12.01.2000.

O prazo para as partes se manifestarem sobre o laudo pericial será comum e fixado em cinco dias.

§ 7º Interrompida a audiência, o seu prosseguimento e a solução do processo dar-se-ão no prazo máximo de 30 (trinta) dias, salvo motivo relevante justificado nos autos pelo juiz da causa.

Parágrafo acrescentado pela Lei n. 9.957, de 12.01.2000.

Se houver interrupção da audiência, o seu prosseguimento e a solução do processo deverão ocorrer no prazo máximo de trinta dias. Dificilmente esse prazo terá cumprimento se for realizada perícia técnica, caso em que deve o juiz justificar o motivo nos autos.

Art. 852-I. A sentença mencionará os elementos de convicção do juízo, com resumo dos fatos relevantes ocorridos em audiência, dispensado o relatório.

Caput *acrescentado pela Lei n. 9.957, de 12.01.2000.*

Nos termos do art. 93, IX, da CF, a sentença será pública e fundamentada; repete-se, neste dispositivo, a necessidade de fundamentação da sentença; embora se dispense o relatório, exige-se o resumo dos fatos relevantes ocorridos na audiência, além do dispositivo ou conclusão, posto que sentença sem conclusão é inexistente. O art. 832 da CLT já a exigia entre os elementos essenciais da decisão.

§ 1º O juízo adotará em cada caso a decisão que reputar mais justa e equânime, atendendo aos fins sociais da lei e as exigências do bem comum.

Parágrafo acrescentado pela Lei n. 9.957, de 12.01.2000.

O dispositivo repete o preceito do art. 5º da Lei de Introdução às normas do Direito Brasileiro: "na aplicação da lei, o juiz atenderá aos fins sociais a que ela se dirige e às exigências do bem comum", face ao caráter social das normas trabalhistas. A lei autoriza o juiz a proferir um juízo de equidade, de modo a decidir de forma mais justa e equânime.

§ 2º *(Vetado.)*

Parágrafo acrescentado pela Lei n. 9.957, de 12.01.2000.

§ 3º As partes serão intimadas da sentença na própria audiência em que prolatada.

Parágrafo acrescentado pela Lei n. 9.957, de 12.01.2000.

O mesmo preceito está contido no art. 834, combinado com o art. 852, ambos da CLT. A sentença é considerada publicada na própria audiência em que é proferida, da qual saem intimadas as partes, ainda que não estejam presentes, salvo disposição legal expressa em contrário. Nesse sentido é a Súmula n. 197 do TST. Há exceções na revelia (art. 852 da CLT), e na hipótese de o juiz não juntar a ata de audiência em 48 horas, quando a publicação da sentença ocorre com a intimação das partes (art. 851, § 2º, da CLT, c/c a Súmula n. 30 do TST).

Seção III
Do Inquérito para Apuração de Falta Grave

Art. 853. Para a instauração do inquérito para apuração de falta grave contra empregado garantido com estabilidade, o empregador apresentará reclamação por escrito à Junta ou Juízo de Direito, dentro de 30 (trinta) dias, contados da data da suspensão do empregado.

Veja nota deste Capítulo.

O inquérito judicial para apuração de falta grave é a ação trabalhista de rito especial, cuja finalidade é obter sentença constitutiva negativa que decrete a resilição do contrato de trabalho do empregado estável, a quem o empregador atribui a prática de falta grave, nos termos dos arts. 493, 494 e 853 da CLT. O art. 494 da CLT dispõe que o empregado estável acusado de falta grave poderá ser suspenso de suas funções, mas a sua despedida só se tornará efetiva após o inquérito em que se verifique a procedência da acusação.

O art. 492 consolidado conferia estabilidade ao empregado que contasse mais de dez anos de serviço na mesma empresa, o qual não poderia ser despedido senão por motivo de falta grave, ou por motivo de força maior devidamente comprovada. A estabilidade decenal foi extinta pela CF/88, que estendeu o regime do FGTS a todos os trabalhadores. Mas a sua extinção gradativa já havia sido decretada com a Lei n. 5.107/66, do FGTS, com a figura da *opção*.

Restaram, todavia, espécies de estabilidade provisória ou temporária para certos empregados, que somente podem ser despedidos se cometerem falta grave devidamente apurada por inquérito judicial. A falta grave a que se refere o art. 493 da CLT caracteriza-se pela natureza ou pela gravidade da falta ou ainda pela repetição das faltas enumeradas como justas causas no art. 482 da CLT. As características legais do inquérito judicial para a apuração de falta grave são: o autor é a empresa ou empregador que promove a ação em face do empregado estável a quem se atribui a prática de falta grave. A petição deve ser escrita e o prazo decadencial para propositura da ação é de trinta dias, a partir da suspensão do empregado. O número de testemunhas permitido para cada parte é de até seis, segundo o art. 821 da CLT. Não é aplicável, na espécie, o procedimento sumaríssimo, por ser incompatível com o rito especial do inquérito judicial, que visa assegurar a ampla defesa e o contraditório ao empregado estável acusado de falta grave.

A exigência da propositura de inquérito judicial para a apuração de falta grave não se estende a todos os trabalhadores titulares de estabilidade, mas apenas àqueles a quem a lei atribui, expressa ou implicitamente, essa garantia. Exemplos: os titulares de estabilidade decenal (art. 492 da CLT), que, após a CF, permaneceram com o direito adquirido, sem ter optado pelo FGTS; os dirigentes sindicais, nos termos do art. 543, § 3º, da CLT, combinado com o art. 8º, VIII, da CF; os diretores de cooperativas de empregados, art. 55 da Lei n. 5.764/71; os empregados que integram os órgãos gestores do FGTS (art. 3º, § 5º, da Lei n. 8.036/90) e os conselhos curadores da Previdência Social (art. 3º, § 7º, da Lei n. 8.213/91); os servidores públicos celetistas da União, dos estados e dos municípios, nos termos do art. 19 do ADCT da CF; os empregados eleitos titulares e suplentes das Cipas, por exercerem funções análogas às funções dos dirigentes sindicais, nos termos do art. 10, II, *a*, do ADCT; os empregados integrantes das Comissões de Conciliação Prévia, nos termos do art. 625-B, § 1º, da CLT.

Art. 854. O processo do inquérito perante a Junta ou Juízo obedecerá às normas estabelecidas no presente Capítulo, observadas as disposições desta Seção.

Veja nota deste Capítulo.

O inquérito judicial para a apuração de falta grave é regido pelas normas gerais dos dissídios individuais (arts. 837 a 852 da CLT), bem como por regras especiais (arts. 853 a 855 da CLT). O art. 821 da CLT estipula o número de testemunhas. Os arts. 493 a 496 consolidados também dispõem sobre a matéria.

Art. 855. Se tiver havido prévio reconhecimento da estabilidade do empregado, o julgamento do inquérito pela Junta ou Juízo não prejudicará a execução para pagamento dos salários devidos ao empregado, até a data da instauração do mesmo inquérito.

Veja nota deste Capítulo.

Na hipótese de não ficar provada a falta grave, o empregado estável deverá ser reintegrado – não readmitido – no emprego, de modo a fazer jus aos salários do período da suspensão, nos termos do art. 495 da CLT, e aos demais direitos decorrentes do contrato de trabalho e da categoria profissional. Se o empregador recusar-se a reintegrar o empregado, poderá ser penalizado com multa diária sobre o valor do salário, nos termos do art. 729 da CLT, até que cumpra a obrigação. Poderá ainda haver a execução dos salários devidos ao empregado até a data da instauração do inquérito.

Após ser julgada procedente a ação de inquérito judicial, o juiz deverá decretar a resilição do contrato de trabalho do empregado estável, uma vez comprovada a falta grave, de modo a desfazer o vínculo a partir da data da suspensão do empregado ou da propositura da ação, ou seja, com efeito retroativo *ex tunc*.

A suspensão do empregado estável que pratica falta grave é facultativa, mas, caso o empregador não o faça, nem promova a ação dentro de trinta dias da ciência da falta grave, poderá tal atitude ser considerada perdão tácito, o que descaracteriza o princípio da imediatidade que deve haver entre a falta grave e a reprimenda do empregador, que com ela não compactua nem consente. A suspensão do empregado estável acusado da prática de falta grave não pode ser superior a trinta dias, sob pena de caracterização de falta grave patronal *ex vi* do disposto pelo art. 744 da CLT.

Seção IV
Do Incidente de Desconsideração da Personalidade Jurídica

Seção acrescentada pela Lei n. 13.467, de 13.07.2017.

Art. 855-A. Aplica-se ao processo do trabalho o incidente de desconsideração da personalidade jurídica previsto nos arts. 133 a 137 da Lei n. 13.105, de 16 de março de 2015 – Código de Processo Civil.

Caput *acrescentado pela Lei n. 13.467, de 13.07.2017.*

Justificativa do projeto de lei: "A CLT não tem previsão legal expressa sobre a desconsideração da personalidade jurídica. O TST por meio da IN n. 39/2016, entendeu que o incidente de desconsideração previsto naquele instrumento normativo se aplica ao direito do trabalho, observados os princípios da ampla defesa e do contraditório".

Com vistas ao processo do trabalho, poder-se-á desconsiderar a pessoa jurídica sempre que, de algum modo, o ente jurídico puder constituir obstáculo à satisfação do direito dos trabalhadores, mediante fraude, abuso de poder etc.

Vejamos agora os arts. 133 a 137 do CPC: "Art. 133. O incidente de desconsideração da personalidade jurídica será instaurado a pedido da parte ou do Ministério Público, quando lhe couber intervir no processo". Cumpre lembrar que o art. 765 da CLT autoriza o juiz do trabalho a agir *de officio* em relação a essa matéria no interesse das partes, desde que fundado em elementos dos autos e na legislação pertinente, independentemente de requerimento da parte ou do Ministério Público. "§ 1º O pedido de desconsideração da personalidade jurídica observará os pressupostos previstos em lei." "Art. 134. O incidente de desconsideração é cabível em todas as fases do processo de conhecimento, no cumprimento de sentença e na execução, fundada em título extrajudicial. [...] § 2º Dispensa-se a instauração do incidente se a desconsideração da personalidade jurídica for requerida na petição inicial, hipótese em que será citado o sócio ou a pessoa jurídica". A instauração do incidente, afora hipótese do § 2º, suspenderá o processo. Nesse sentido, o § 2º do art. 855-A, introduzido pela Lei n. 13.467/2017, declara que a instauração do incidente suspenderá o processo sem prejuízo de concessão de tutela de urgência de natureza cautelar de que trata o art. 315 do CPC. Na instrução do incidente o sócio poderá valer-se de todos os meios de prova em direito admitidos, se necessários. Podem ser desnecessários se não houver instrução, em caso de revelia ou porque a matéria seja exclusiva de direito, interpretativa. "Art. 136. Concluída a instrução, se necessária, o incidente será resolvido por decisão interlocutória. Parágrafo único. Se a decisão for proferida pelo relator, cabe agravo interno."

---

§ 1º Da decisão interlocutória que acolher ou rejeitar o incidente:

Parágrafo acrescentado pela Lei n. 13.467, de 13.07.2017.

I – na fase de cognição, não cabe recurso de imediato, na forma do § 1º do art. 893 desta Consolidação;

Inciso acrescentado pela Lei n. 13.467, de 13.07.2017.

II – na fase de execução, cabe agravo de petição, independentemente de garantia do juízo;

Inciso acrescentado pela Lei n. 13.467, de 13.07.2017.

III – cabe agravo interno se proferida pelo relator em incidente instaurado originariamente no tribunal.

Inciso acrescentado pela Lei n. 13.467, de 13.07.2017.

O processo do trabalho contém norma específica nesta matéria, conforme dispõe o § 1º do art. 855-A da CLT. Se a decisão interlocutória na Vara do Trabalho foi proferida na fase de conhecimento, não pode ser impugnada de imediato, por força do disposto no art. 893, § 1º, da CLT. A impugnação poderá ser apresentada no recurso ordinário que for interposto da decisão definitiva de mérito.

Se o incidente for instaurado originariamente no âmbito dos tribunais, a decisão monocrática do relator poderá ser impugnada por agravo interno, na forma do disposto pelo art. 1.021 do CPC.

§ 2º A instauração do incidente suspenderá o processo, sem prejuízo de concessão da tutela de urgência de natureza cautelar de que trata o art. 301 da Lei n. 13.105, de 16 de março de 2015 (Código de Processo Civil).

Parágrafo acrescentado pela Lei n. 13.467, de 13.07.2017.

No processo do trabalho somente se admitia a suspensão do processo, anteriormente à Lei n. 13.467/2017, caso fosse apresentada exceção de incompetência ou de suspeição – art. 799 da CLT. Aqui a lei inovou permitindo a suspensão do processo, acenando com a possibilidade de concessão de tutela de urgência, art. 301 do CPC, durante a suspensão do processo em razão da instauração do incidente de desconsideração da personalidade jurídica.

CAPÍTULO III-A
DO PROCESSO DE JURISDIÇÃO VOLUNTÁRIA PARA HOMOLOGAÇÃO DE ACORDO EXTRAJUDICIAL

Capítulo acrescentado pela Lei n. 13.467, de 13.07.2017

Art. 855-B. O processo de homologação de acordo extrajudicial terá início por petição conjunta, sendo obrigatória a representação das partes por advogado.

Caput *acrescentado pela Lei n. 13.467, de 13.07.2017.*

O trabalhador pode firmar acordo extrajudicial que é submetido à apreciação do magistrado por petição conjunta.

§ 1º As partes não poderão ser representadas por advogado comum.

Parágrafo acrescentado pela Lei n. 13.467, de 13.07.2017.

Ambas as partes deverão estar representadas por seus próprios advogados, conforme § 1º do art. 855-B.

§ 2º Faculta-se ao trabalhador ser assistido pelo advogado do sindicato de sua categoria.

Parágrafo acrescentado pela Lei n. 13.467, de 13.07.2017.

Faculta o dispositivo legal que o empregado ou o trabalhador seja assistido pelo advogado do sindicato de sua categoria. A outra alternativa seria contratar advogado particular para representá-lo. É certo que o art. 14, § 2º, da Lei n. 5.584/70 assegura assistência jurídica gratuita pelo sindicato da categoria aos empregados por ele representados que perceberem salário igual ou inferior a dois salários mínimos, sob pena de cassação do mandato. Todavia, como os sindicatos agora foram destituídos da contribuição sindical (imposto sindical), poderão alegar falta de condições para custear tal assistência.

Os sindicatos mais poderosos e organizados talvez tenham condições, posto que cobram de seus associados mensalidades e contribuições assistenciais decorrentes dos dissídios coletivos da categoria.

Art. 855-C. O disposto neste Capítulo não prejudica o prazo estabelecido no § 6º do art. 477 desta Consolidação e não afasta a aplicação da multa prevista no § 8º art. 477 desta Consolidação.

Artigo acrescentado pela Lei n. 13.467, de 13.07.2017.

O § 6º do art. 477 da CLT estabelece que o pagamento das parcelas constantes no instrumento de rescisão ou recibo de quitação deverá ser efetuado: 1) até o primeiro dia útil imediato ao término do contrato; ou 2) até o décimo dia contado da data da notificação de demissão, quando da ausência de aviso-prévio, indenizado ou dispensado do seu cumprimento.

O § 8º do art. 477 da CLT, por sua vez, declara que a inobservância do disposto no § 6º desse artigo sujeitará o infrator à multa de 160 BTN, por trabalhador, bem como ao pagamento de multa em favor do empregado, em valor equivalente ao seu salário, devidamente corrigido pelo índice de variação da BTN, salvo quando o trabalhador der causa à mora.

A disposição do art. 855-C da CLT revela que os pagamentos decorrentes da rescisão do empregado devem ser efetuados nos prazos assinalados no § 6º do art. 477, antes da homologação judicial do acordo extrajudicial. Caso o pagamento seja efetuado na data da assinatura do acordo pelas partes, quando já ultrapassado o prazo legal, pode ocorrer que o juiz ao homologar o acordo determine ao empregador o pagamento da multa prevista no § 8º do art. 477 da CLT.

Se o trabalhador se recusar a receber as verbas rescisórias colocadas à sua disposição ou se recusar a assinar o acordo, a empresa poderá ser condenada a pagar multa se não provar a recusa alegada, além das verbas rescisórias acaso devidas e não recebidas.

Art. 855-D. No prazo de quinze dias a contar da distribuição da petição, o juiz analisará o acordo, designará audiência se entender necessário e proferirá sentença.

Artigo acrescentado pela Lei n. 13.467, de 13.07.2017.

A petição que será submetida à homologação judicial deverá ser distribuída no órgão judicial competente, que no prazo de quinze dias deverá analisar o acordo e designará audiência, se necessário ouvir as partes e proferir a decisão homologando ou não o acordo. Caso homologue o acordo por sentença, vale como decisão irrecorrível, extinguindo a obrigação.

Se não homologar, ainda assim o instrumento de acordo extrajudicial terá eficácia liberatória quanto aos valores efetivamente pagos e nele especificados. Além do que o trabalhador poderá ingressar com ação judicial objetivando receber outras quantias a que entenda devidas.

Art. 855-E. A petição de homologação de acordo extrajudicial suspende o prazo prescricional da ação quanto aos direitos nela especificados.

Caput acrescentado pela Lei n. 13.467, de 13.07.2017.

Protocolada a petição por homologação de acordo extrajudicial, fica suspenso o prazo de presunção de ação relativa aos direitos especificados nela.

Parágrafo único. O prazo prescricional voltará a fluir no dia útil seguinte ao do trânsito em julgado da decisão que negar a homologação do acordo.

Parágrafo acrescentado pela Lei n. 13.467, de 13.07.2017.

Se o juiz homologar ou não o acordo extrajudicial, o procedimento será extinto, cabendo aos interessados se recorrerão ou não da decisão, ou ingressarão com ação própria em juízo. Nos termos do art. 831, parágrafo único, da CLT, a sentença (termo) homologatória do acordo valerá como decisão irrecorrível, exceto quanto à Previdência Social.

O art. 831, parágrafo único, da CLT diz que o termo pelo qual o juiz homologa o acordo tem força de sentença irrecorrível, transitada em julgado e dele não podendo recorrer. Inaplicável na espécie, o art. 966, § 4º, do CPC/2015, que trata de ação anulatória, porque a legislação trabalhista tem norma processual própria.

Nesse sentido, consulte a Súmula n. 259 do TST, segundo a qual somente através de ação rescisória é atacável o termo de conciliação previsto no parágrafo único do art. 831 da CLT.

CAPÍTULO IV
DOS DISSÍDIOS COLETIVOS

Seção I
Da Instauração da Instância

Art. 856. A instância será instaurada mediante representação escrita ao Presidente do Tribunal. Poderá ser também instaurada por iniciativa do

presidente, ou, ainda, a requerimento da Procuradoria da Justiça do Trabalho, sempre que ocorrer suspensão do trabalho.

Artigo com redação dada pelo Decreto-lei n. 7.321, de 14.02.1945.

O art. 856 se refere na verdade ao ajuizamento do dissídio coletivo de trabalho, uma ação especial que decorre do chamado Poder normativo da Justiça do Trabalho. Trata-se do poder do Judiciário trabalhista responsável por estabelecer normas e condições de trabalho para reger as relações entre empregados e empregadores; já dissídio coletivo é o processo judicial de solução dos conflitos coletivos econômicos e jurídicos. Assim, dissídio coletivo é o processo pelo qual se discutem interesses abstratos e gerais de pessoas indeterminadas – categorias profissional e econômica –, com o fim de criar ou modificar as condições gerais de trabalho, de acordo com o princípio da discricionariedade e com os ditames da conveniência e da oportunidade, respeitados os limites mínimo e máximo previstos em lei (arts. 114, § 2º, da CF, e 766 da CLT).

Classificam-se os dissídios coletivos em: a) econômicos ou de interesse, destinados à criação, manutenção, modificação ou extinção de normas e condições de trabalho, abrangendo o originário e o revisional; e b) jurídicos ou de direito, também chamados de declaratórios ou interpretativos, destinados à interpretação de uma norma jurídica trabalhista. O dissídio de greve, conforme o caso, é, ao mesmo tempo, declaratório – da abusividade ou não do movimento – e econômico ou de interesse, no tocante à apreciação das reivindicações dos trabalhadores.

No dissídio coletivo, as partes são chamadas de suscitante (autor) e suscitado (réu). Não obstante a existência e o reconhecimento do *jus postulandi* na Justiça do Trabalho (art. 791 da CLT), no âmbito coletivo a petição inicial será, obrigatoriamente, escrita, embora possa ser apresentada pelo suscitante sem advogado. Igualmente, pode o suscitado defender-se sem a presença de um causídico inscrito na OAB.

Com a EC n. 45/2004, que alterou o § 2º do art. 114 da CF, o dissídio coletivo de natureza econômica só pode ser ajuizado de *comum acordo* entre o suscitante e o suscitado. O comum acordo é hoje considerado um pressuposto processual de validade da ação judicial de dissídio coletivo, que, se não atendido, leva ao julgamento do processo sem apreciação do mérito, com prejuízo para as categorias profissionais. Por essa razão, tem sido inquinado de inconstitucional por ferimento ao disposto no inciso XXXV do art. 5º da CF, que assegura o livre acesso ao Poder Judiciário para a prevenção e reparação de direitos. Algumas ações diretas de inconstitucionalidade foram ajuizadas e aguardam julgamento pelo STF. Enquanto o STF não julga e emite o seu entendimento sobre a validade ou não desse requisito, o Col. TST entende que ele é válido e, portanto, constitucional, mas que para ser acolhido tem de ser alegado de forma expressa e explícita na contestação pelo suscitado. Situações sérias têm ocorrido quando uma das partes não negocia as reivindicações da outra e também não concorda com o dissídio coletivo, levando à extinção do processo sem apreciação do mérito e sem a solução do conflito coletivo de trabalho. Em tais hipóteses há quem sustente a possibilidade de suprimento da vontade pelo Judiciário, uma vez que quem não negocia e nem aceita o dissídio coletivo, sem justificativa plausível, abusa de poder e age de má-fé, o que não pode ser avalizado pelo Judiciário. É certo que para amenizar os efeitos dessa atitude, normalmente patronal, o Col. TST emitiu o Precedente Normativo n. 120 da SDC e alterou a redação da sua Súmula n. 277 para permitir a ultratividade dos instrumentos normativos anteriores à norma que se pretende, até que as partes voltem a negociar, no caso do Acordo ou Convenção Coletiva de Trabalho e na hipótese de sentença normativa, até que outra sentença dos tribunais trate da questão ou que também seja negociada pelas partes, apenas, neste caso, limitando ao prazo de quatro anos, que é o prazo de validade máxima da sentença normativa.

Na Súmula n. 277, jurisprudência sumulada, o Col. TST firmou entendimento de que as cláusulas previstas em convenções ou acordos coletivos de trabalho integram os contratos individuais de trabalho, mesmo depois de expirada sua validade.

Todavia, em relação a essa Súmula n. 277, em 14.10.2016, o Min. Gilmar Mendes, do STF, concedeu medida cautelar, para suspender todos os processos e efeitos de decisões no âmbito da Justiça do Trabalho que discutam a aplicação da ultratividade de normas de acordos e de convenções coletivas. A decisão foi proferida na ADPF n. 323 e será submetida ao Plenário do STF.

Enquanto a ação constitutiva comum rege-se pelo princípio da legalidade, pois somente cria, modifica ou extingue determinada relação jurídica quando forem verificadas as condições previstas na lei, a ação de dissídio coletivo de interesses, embora se assemelhe àquela, inova na ordem jurídica por criar normas e condições de trabalho não previstas em lei; por isso, sua natureza jurídica dúplice: constitutiva e dispositiva, própria somente dela, uma vez que apenas a sentença normativa trabalhista tem a possibilidade de criar novas regras jurídicas para solucionar um determinado conflito trabalhista de interesses entre capital e trabalho.

Quanto à instauração da instância, não obstante as dicções dos arts. 856 e 874 da CLT, não mais detêm legitimidade *ex officio* para tanto os presidentes dos tribunais trabalhistas, como era assegurado, nos casos de greve e de revisão. Essa não mais se sustenta, no nosso ordenamento jurídico, por vedação e incompatibilidade com o disposto no art. 8º, I, da CF, que vedou a interferência do Estado, no caso, o Estado-Juiz, que age de forma excepcional, criando direitos, na organização sindical, que seria afrontada com esse tipo de atuação.

Diferentemente ocorre com o Ministério Público do Trabalho, que, em tais hipóteses, detém legitimação ativa para ajuizar o dissídio coletivo. Essa legitimação decorre do perfil institucional do órgão que tem como funções a defesa da ordem jurídica, do regime democrático e dos interesses sociais e individuais indisponíveis (art. 127 da CF). Além dos arts. 856 e 874 da CLT, também asseguram essa legitimação o art. 8º da Lei n. 7.783/89, e o art. 83, VIII, da LC n. 75/93, todos compatíveis com a Lei Maior e o § 3º do art. 114 da CF, acrescentado pela EC n. 45/2004, quando se refere às greves em atividades essenciais. O objetivo da norma foi enfatizar a atuação ministerial na defesa da coletividade, que sofre dissabores e em muitos casos prejuízos graves em decorrência da paralisação dos serviços essenciais, sem que as partes (empregados, sindicatos e empregadores) atendam de comum acordo às chamadas necessidades inadiáveis da comunidade, como manda a Lei n. 7.783/89 (art. 11). É que, no caso, o Ministério Público não representa mais o Poder Executivo, mas tutela os interesses maiores da sociedade. A sua atuação deve nortear-se pela lei e pelos critérios de oportunidade e de conveniência para compatibilizar a tutela dos interesses dos trabalhadores como tais e os interesses da sociedade, o direito democrático de greve e a ordem jurídica. Finalmente, cabe ao Ministério Público do Trabalho, sempre que estiver presente interesse público que justifique sua atuação, instaurar dissídio coletivo de natureza jurídica, nos termos do que dispõem os arts. 127 e 129 da CF, na defesa da ordem jurídica, do regime democrático e dos interesses indisponíveis da sociedade.

Art. 857. A representação para instaurar a instância em dissídio coletivo constitui prerrogativa das associações sindicais, excluídas as hipóteses aludidas no art. 856, quando ocorrer suspensão do trabalho.

Caput *com redação dada pelo Decreto-lei n. 7.321, de 14.02.1945.*

De acordo com a CF/88 (art. 114, § 2º), "recusando-se qualquer das partes à negociação coletiva ou à arbitragem, é facultado às mesmas, de comum acordo, ajuizar dissídio coletivo de natureza econômica, podendo a Justiça do Trabalho decidir o conflito, respeitadas as disposições mínimas legais de proteção ao trabalho, bem como as convencionadas anteriormente". Aí estão o conteúdo do dissídio coletivo de trabalho e a regra geral sobre sua legitimação ativa, a qual, no entanto, comporta exceções, como será visto a seguir.

Logo que foi promulgada a Carta Magna de 1988, surgiu entendimento que sustentava terem legitimidade para o dissídio coletivo somente os sindicatos (art. 114, § 2º, da CF). Embora sejam estes, ordinariamente, os legitimados para o ajuizamento dessa ação coletiva, o entendimento não pode ser restritivo a ponto de criar situações teratológicas, na hipótese da não existência de sindicato da categoria econômica. É o caso dos entes públicos, com relação aos quais não há sindicato patronal. Nesse caso, deve-se aceitar que o respectivo ente público possa ajuizar o dissídio coletivo ou nele se defender sem a presença do sindicato, sob pena de negar-se o direito de ação (art. 5º, XXXV, da CF). Além disso, há outros legitimados em caráter secundário, porquanto o que quer dizer o art. 114, § 2º, é que, se houver um conflito coletivo de trabalho, cabe às entidades sindicais a faculdade de ajuizar ou não o dissídio coletivo, o que decorre da nova ordem constitucional que veda a interferência estatal na organização sindical. Desse modo, se quiser, estará sempre legitimado o sindicato a instaurar dissídio coletivo em face de uma ou mais empresas ou da categoria econômica correspondente (art. 8º, III, da CF), quer se trate de dissídio econômico ou jurídico, inclusive o de greve. Mas, para residir em juízo, a entidade sindical deve estar regularmente registrada no órgão do Ministério do Trabalho e Emprego (OJ n. 15 da Seção de Dissídios Coletivos do TST) – o ministério foi extinto, e suas competências foram redistribuídas de acordo com o art. 83 da Lei n. 13.844, de 18.06.2019 – *v.* comentários ao art. 13, § 2º, da CLT.

Quando se tratar de conflito localizado estritamente no seu âmbito, ou no caso de não existir sindicato da categoria econômica, está a empresa autorizada a ajuizar dissídio coletivo ou nele se defender. Nesse sentido, assegura o art. 611, § 1º, da CLT que a empresa realize acordo coletivo de trabalho com o sindicato profissional. A sentença normativa proferida no dissídio coletivo é um sucedâneo da negociação malograda, de maneira que se a empresa pode assinar acordo coletivo, pode, igualmente, ajuizar dissídio coletivo e nele se defender quando o conflito restringir-se aos seus empregados. É o caso da greve na empresa. Esse mesmo entendimento aplica-se aos entes públicos e a outras entidades não patronais, que não tenham sindicato representativo.

No caso de greve, caso não haja sindicato organizado na categoria, atribui-se a uma comissão eleita pelos trabalhadores a prerrogativa de representá-los na negociação coletiva e no dissídio coletivo perante a Justiça do Trabalho (arts. 4º, § 2º, e 5º da Lei n. 7.783/89). Essa autorização legal é interessante porque, na prática, os órgãos sindicais de cúpula estão cada vez mais afastados dos problemas do *chão de fábrica*. Situação diferente do que ocorre com os membros das comissões aludidas, que atuam nos locais dos conflitos, o que possibilita que conheçam melhor tal realidade, facilitando a busca de uma solução negociada.

As associações civis e de natureza profissional não mais detêm legitimidade para instaurar dissídio coletivo. A finalidade de defesa de interesses profissionais trabalhistas das categorias econômicas e de trabalhadores constitui prerrogativa dos sindicatos. As associações profissionais não mais fazem parte da organização sindical brasileira, uma vez que os arts. 515 e 543, § 3º, da CLT, não foram recepcionados pela CF (art. 8º e incisos). No regime anterior, as associações sindicais podiam atuar na representação dos trabalhadores, porque constituíam *embrião* dos sindicatos. Primeiro, criava-se uma associação profissional, que, depois, conforme a autorização do extinto Ministério do Trabalho, seria transformada em sindicato (art. 515 da CLT). Desse modo, enquanto não transformadas em sindicato, poderiam as associações profissionais representar os trabalhadores da respectiva categoria nas negociações salariais e nos dissídios coletivos.

Parágrafo único. Quando não houver sindicato representativo da categoria econômica ou profissional, poderá a representação ser instaurada pelas federações correspondentes e, na falta destas, pelas confederações respectivas, no âmbito de sua representação.

Parágrafo com redação dada pela Lei n. 2.693, de 23.12.1955.

A representação para pedir a instauração de dissídio coletivo constitui prerrogativa das associações sindicais de primeiro grau – os sindicatos –, excluídas as hipóteses aludidas no art. 856, quando ocorrer suspensão do trabalho, isto é, greve. Quando não houver sindicato representativo da categoria econômica ou profissional, poderá a representação ser instaurada pelas federações correspondentes e, na falta destas, pelas confederações respectivas, no âmbito de sua representação.

A legitimidade dos órgãos sindicais de cúpula é sucessiva, de maneira que as federações só terão legitimidade quando não houver sindicato profissional ou econômico organizado e as confederações, quando não existirem este e as federações. As centrais sindicais, embora exerçam importante papel no âmbito das relações de trabalho, ainda não fazem parte da organização sindical brasileira; assim, não têm elas legitimidade para atuar em dissídios coletivos. São elas associações civis que precisam ser incorporadas à organização sindical mediante alteração do art. 8º da CF. A Lei n. 11.648/2008, que tratou sobre o reconhecimento formal das centrais sindicais, não teve o condão de substituir a pretendida reforma do art. 8º da CF para incluir as centrais na organização sindical brasileira. Não se pode negar a sua importância política na coordenação dos trabalhadores, mas isso não as coloca como integrantes da organização sindical no Brasil.

Art. 858. A representação será apresentada em tantas vias quantos forem os reclamados e deverá conter:

A representação para a instauração do dissídio coletivo formulada pelos interessados deverá ser apresentada em tantas vias quantas forem as entidades suscitadas mais uma para compor os autos do processo. Não raro, há, em um só processo de dissídio coletivo, vários suscitantes, por exemplo, os sindicatos profissionais de uma dada região e a federação ou confederação, representando as bases não organizadas e outros sindicatos que lhe conferem poderes de representação. Igualmente ocorre no tocante aos suscitados, que, normalmente, são as empresas ou categorias econômicas. Em certos casos, o litisconsórcio é obrigatório como na hipótese de categoria diferenciada, como vem reconhecendo a jurisprudência. A finalidade desse litisconsórcio é a uniformidade no estabelecimento das condições de trabalho reivindicadas, o que é salutar.

***a)* designação e qualificação dos reclamantes e dos reclamados e a natureza do estabelecimento ou do serviço;**

A designação e qualificação da(s) entidade(s) suscitante(s) e suscitada(s), sindical(is) ou empregadora(s) é indispensável para que o tribunal possa expedir as respectivas notificações dos atos processuais e resolver sobre eventual conflito de representação.

***b)* os motivos do dissídio e as bases da conciliação.**

São requisitos da petição inicial do dissídio coletivo a indicação e delimitação territorial de representação das entidades sindicais profissionais e econômicas envolvidas no dissídio, além da indicação do *quorum* estatutário para deliberação da assembleia. Também deve ser feita uma exposição breve das causas motivadoras do conflito coletivo e a indicação das reivindicações aprovadas nas assembleias das categorias profissionais e econômicas.

Como pressuposto processual indispensável (art. 114, §§ 1º e 2º, da CF), deve haver comprovação das tentativas de negociação ou das negociações realizadas e indicação das causas que impossibilitaram o êxito da composição direta do conflito coletivo, sob pena de extinção do processo sem julgamento do mérito. Para facilitar a apreciação da ação pelo Ministério Público do Trabalho e pelo tribunal, o(s) suscitante(s) deve(m) fazer uma apresentação, em forma clausulada, de cada um dos pedidos, com uma síntese dos fundamentos e justificativas destes.

Para comprovar o pressuposto da prévia negociação coletiva, a representação deverá estar acompanhada de correspondência, registros e atas alusivas à negociação coletiva tentada ou realizada diretamente ou mediante a intermediação do Ministério do Trabalho e Emprego, do Ministério Público do Trabalho ou de outros mediadores ou conciliadores públicos ou privados (o Ministério do Trabalho foi extinto, e suas competências foram redistribuídas de acordo com o art. 83 da Lei n. 13.844, de 18.06.2019 – *v.* comentários ao art. 13, § 2º, da CLT).

A fim de dar aplicabilidade ao art. 114, § 2º, da Constituição, que estabelece como patamar mínimo de julgamento as condições anteriores decorrentes de lei e de convenções coletivas de trabalho, deve ser juntada cópia autenticada do instrumento normativo anterior, quando existir, bem como cópia autenticada da ata da assembleia da categoria que aprovou as reivindicações e concedeu poderes para a negociação coletiva e para o acordo judicial, ou ainda, de aprovação das cláusulas e condições acordadas, porque o sindicato não tem vontade própria, mas representa os interesses da categoria, como aprovado em assembleia.

Para comprovar o *quorum*, deverá ser juntada também cópia autenticada do livro ou das listas de presença dos trabalhadores representados, participantes da assembleia, associados ou não, ou outros documentos hábeis à comprovação de sua representatividade, uma vez que o instrumento normativo valerá para todos – pelo efeito *erga omnes* decorrente do art. 611 da CLT.

Após ser protocolada e autuada a representação, com os documentos que a acompanham, os autos serão conclusos ao presidente do tribunal, ou ao magistrado competente, na forma do regimento interno, que deverá verificar a observância dos requisitos indicados. Caso seja verificado que a petição inicial não reúne os requisitos exigidos ou que apresenta defeitos ou irregularidades capazes de dificultar a sua apreciação, deverá ser determinado ao(s) suscitante(s) a emenda ou complementação da peça vestibular no prazo assinado, sob pena de seu indeferimento (art. 284 do CPC/73 – art. 321 do CPC/2015).

Art. 859. A representação dos sindicatos para instauração da instância fica subordinada à aprovação de assembleia, da qual participem os associados interessados na solução do dissídio coletivo, em primeira convocação, por maioria de 2/3 (dois terços) dos mesmos, ou, em segunda convocação, por 2/3 (dois terços) dos presentes.

Nos dissídios coletivos, as partes são as categorias profissionais e econômicas e não os respectivos sindicatos. Estes, como sujeitos estipulantes, são representantes que agem em nome e no interesse de outrem – as categorias –, mediante autorização, obtida por meio de uma assembleia convocada previamente, nos termos que dispuser o estatuto sindical, que é a lei interna da categoria.

Para a assembleia, devem ser convocados todos os membros integrantes da base territorial, independentemente de serem sócios ou não do sindicato, porque, em conformidade com o sistema jurídico brasileiro (art. 611 da CLT), as normas coletivas aplicam-se *erga omnes*; por isso, atingem e beneficiam todas as empresas e todos os trabalhadores da base territorial respectiva. Assim, para aquilatar-se a vontade dos interessados, a assembleia é exigida tanto para o dissídio econômico como para o jurídico, porque o sindicato não pode, por sua iniciativa própria, instaurar a instância coletiva.

Conforme estabelece o art. 859 da CLT, é indispensável a obtenção de *quorum* na assembleia sindical, em primeira convocação, de dois terços dos associados, e, em segunda chamada, de dois terços dos presentes. Todavia, essa disposição não restou recepcionada pela Constituição de 1988 (art. 8º, I), que vedou a interferência e a intervenção do Poder Público na organização sindical. Anteriormente, o TST manifestou entendimento contrário, de modo a manter o referido *quorum* legal (Súmula n. 177 do TST e OJ n. 13 da SDC). Tais orientações, corretamente, foram canceladas pela Resolução n. 121/2003 daquela Corte. Agora, vale o estatuto sindical que é a lei interna da categoria, aprovada pelos respectivos integrantes. É nele que devem constar as formalidades para expedição de edital, elaboração de ata da assembleia, forma de votação, lista de presença, *quorum* etc., como decorrência da liberdade de organização e gestão sindicais asseguradas na CF (art. 8º, I).

Com relação ao dissídio coletivo de greve, a Lei n. 7.783/89 (art. 4º, § 1º) já prevê, expressamente, a observância do *quorum* estatutário. Há casos em que o sindicato tem base territorial superior a um município, abrangendo até mesmo todo um estado ou a própria federação. Nesses casos, a assembleia não pode ser feita apenas na sede da entidade sindical porque impossibilita a participação efetiva de todos os trabalhadores ou pelo menos da maioria, o que leva à nulidade da decisão tomada. De acordo com os comandos constitucionais (art. 8º da CF) e em consequência dos princípios democráticos, a assembleia deve ser realizada por município ou pelo menos por região, desde que não haja grandes distâncias que dificultem a participação dos interessados (veja, nesse sentido, decisão do TST: RO-DC n. 308.508/96.2, Ac. SDC, rel. Juiz Fernando Eizo Ono, *DJU* 13.03.1998).

Já no tocante ao Ministério Público do Trabalho, não se exige autorização assemblear nem negociação prévia para ajuizamento do dissídio coletivo de qualquer natureza, porque este age não no interesse das partes, mas na defesa da ordem jurídica, do regime democrático e do interesse público e social indisponível, que se sobrepõem a qualquer outro tipo de interesse particular ou de classes (art. 127 da CF).

Parágrafo único. ***(Revogado pelo Decreto-lei n. 7.321, de 14.02.1945.)***

Seção II
Da Conciliação e do Julgamento

Art. 860. Recebida e protocolada a representação, e estando na devida forma, o Presidente do Tribunal designará a audiência de conciliação, dentro do prazo de 10 (dez) dias, determinando a notificação dos dissidentes, com observância do disposto no art. 841.

Após ser recebida e protocolada a representação, e se estiver em ordem, o presidente do tribunal designará audiência de conciliação e instrução dentro do prazo de dez dias, a determinar a notificação dos dissidentes, para, se quiserem, comparecer à audiência, que deverá ser realizada no prazo mínimo de cinco dias (art. 841, *in fine*, da CLT), necessário e adequado para que a parte suscitada tenha tempo razoável para preparar a sua defesa. Na prática, principalmente em caso de greve, o prazo legal mínimo não tem sido respeitado em muitos casos, o que agride os princípios da ampla defesa e do devido processo legal (art. 5º, LV, da CF).

A fase da conciliação nos dissídios coletivos é considerada a mais importante e requer do juiz conciliador qualidades indispensáveis à obtenção de êxito – bom-senso, paciência, conhecimento da realidade social e econômica do país e das verdadeiras condições das categorias profissional e econômica envolvidas –, o que nem sempre é fácil, pois, especialmente com relação aos fatores técnicos e econômicos, não existem, no Ministério Público do Trabalho – que primeiro opina nessa ação coletiva – e nos tribunais, regra geral, suportes técnicos adequados para subsidiarem os procuradores e os magistrados. Embora não seja obrigatória, é salutar a instrução probatória nos dissídios coletivos, de acordo com cada caso, por meio da juntada de subsídios pelas partes, da realização de diligências por determinação do juiz instrutor ou a requerimento daquelas ou do Ministério Público, a fim de que as sentenças normativas sejam proferidas com fundamentos mais técnicos e objetivos. Assim, pode o juiz determinar qualquer diligência necessária ao esclarecimento do conflito coletivo de trabalho e, inclusive, pode fazer inspeções judiciais para averiguar sobre as condições de trabalho de fato existentes quanto às circunstâncias discutidas nos autos, tomar depoimento das partes e de testemunhas, com vistas a averiguar a pacificidade ou não da paralisação e o funcionamento dos serviços essenciais.

Diante da importância da conciliação dos conflitos coletivos de trabalho, que deve preceder à solução imposta pelo Poder Judiciário, alguns tribunais lançaram mão dos procedimentos de mediação e conciliação pré-processuais, como o fez o TRT da 15ª Região pelo Ato Regulamentar GP-VPJ n. 1/2016. Trata-se de instrumentos efetivos de pacificação social, solução e prevenção de litígios. A proposta é dar a trabalhadores e empregadores a oportunidade de procurar o Tribunal antes do ajuizamento do processo de dissídio coletivo, de forma que, em muitos casos, seja possível evitar a necessidade de se ingressar com o processo judicial. Esse é um papel importante da Justiça do Trabalho, reunindo condições de, sobretudo em casos de greve, dar à sociedade uma resposta rápida. Assim, qualquer das partes pode buscar o auxílio do Tribunal nas negociações tão logo o conflito se instale, de forma que, sem a amarra da exigência de haver uma ação judicial já em curso, possam acelerar a solução do litígio.

Parágrafo único. Quando a instância for instaurada *ex officio*, a audiência deverá ser realizada dentro do prazo mais breve possível, após o reconhecimento do dissídio.

Tratando-se de instauração da instância de ofício, hoje somente pelo Ministério Público do Trabalho, conforme os fundamentos já expendidos no comentário ao art. 856, a audiência deverá ser realizada dentro do prazo mais breve possível. Tal orientação levava em conta o fato de que a instauração de ofício ocorria no caso de greve, que, pela sua natureza, deveria ser julgada o mais rápido possível, orientação que ainda é seguida sempre que se instaura dissídio de paralisação do trabalho. Nesse sentido, era a Instrução Normativa n. 4/TST, cancelada, segundo a qual, nos casos de urgência, o relator e o revisor deveriam examinar os autos com a necessária presteza, de modo a possibilitar o julgamento imediato do dissídio (item XVI). Isso decorre do fato de que, em nosso sistema jurídico, a greve sempre foi vista como delito, que deveria ser coibida de qualquer forma, especialmente mediante decisão judicial breve, a impor ônus aos trabalhadores.

Após a CF/88, que implementou a liberdade sindical e reconheceu a greve como direito fundamental dos trabalhadores (arts. 8º, I, e 9º), não mais se justifica essa filosofia, pois a greve é um direito democrático como qualquer outro, cujo exercício, se regular, não deve ser impedido ou dificultado, até mesmo nas atividades essenciais, desde que sejam atendidas pelas partes as atividades inadiáveis da população (art. 11 da Lei n. 7.783/89).

Assim, a agilidade no dissídio coletivo de greve não pode distinguir-se pelo simples fato de se tratar de paralisação do trabalho, mas pela razão de que a sentença normativa tem como fundamento norteador de sua existência a solução rápida e eficaz dos conflitos coletivos de trabalho, o restabelecimento da paz social entre as partes envolvidas e o menor gravame possível à sociedade, principalmente quando a paralisação envolver atividade ou serviço essencial, desde que de acordo com a lei.

Art. 861. É facultado ao empregador fazer-se representar na audiência pelo gerente, ou por qualquer outro preposto que tenha conhecimento do dissídio, e por cujas declarações será sempre responsável.

Conforme os comentários ao art. 857, têm legitimidade para atuar nos dissídios coletivos os sindicatos, as federações, as confederações, as empresas individualmente – inclusive os entes públicos e outras entidades não empresariais –, as comissões de trabalhadores e o Ministério Público do Trabalho.

Para atuarem nos dissídios coletivos e nas negociações, as entidades sindicais e as comissões de trabalhadores terão, obrigatoriamente, de comprovar autorização dada em assembleias gerais convocadas especificamente para tal fim. Os três primeiros serão representados na audiência pelo presidente da respectiva entidade ou por outro diretor, conforme estabeleçam os respectivos estatutos. As empresas serão representadas pelos seus diretores ou por prepostos nomeados que tenham conhecimento dos fatos motivadores do dissídio instaurado.

É certo que, no dissídio coletivo, não se aplicam os efeitos da revelia e da confissão, porquanto o seu objeto é a criação ou a modificação de direitos, ou ainda a interpretação de normas jurídicas. Todavia, as declarações feitas pelos prepostos vincularão os representados. É o caso, por exemplo, da realização de um acordo em juízo. Assim, terão eles de demonstrar nos autos, mediante carta de preposição, poderes amplos de representação e de negociação. No caso das comissões de trabalhadores, a representação em juízo dar-se-á por todos ou por qualquer um dos seus integrantes que têm poderes iguais. No caso do Ministério Público do Trabalho, haverá a presença obrigatória de um dos seus membros.

Art. 862. Na audiência designada, comparecendo ambas as partes ou seus representantes, o Presidente do Tribunal as convidará para se pronunciarem sobre as bases da conciliação. Caso não sejam aceitas as bases propostas, o Presidente submeterá aos interessados a solução que lhe pareça capaz de resolver o dissídio.

Na audiência de conciliação, se comparecerem ambas as partes ou seus representantes, o presidente do tribunal ou o juiz conciliador ou o instrutor proporá as bases da conciliação que lhes pareçam mais adequadas para a solução do conflito. Igualmente nos dissídios coletivos, o tribunal deve envidar todos os esforços para atingir uma composição entre as partes (art. 764 e parágrafos da CLT); somente em última hipótese deve passar ao julgamento do litígio, porque o exercício do poder normativo pela Justiça obreira é algo excepcional a ser utilizado somente em *ultima ratio*.

Art. 863. Havendo acordo, o Presidente o submeterá à homologação do Tribunal na primeira sessão.

Caso haja acordo, após ser ouvido obrigatoriamente o Ministério Público do Trabalho, será designado juiz relator que submeterá o acordo à homologação do tribunal por meio do órgão competente ou do pleno, conforme a competência funcional estabelecida no regimento interno. O tribunal poderá homologá-lo total ou parcialmente, ou rejeitar todas as cláusulas ajustadas quando entender haver lesão à ordem jurídica e aos interesses dos trabalhadores.

Em respeito à autonomia privada coletiva, o tribunal não está adstrito ao que foi avençado pelas partes; assim, deve a homologação levar em conta o conjunto da avença e a ordem jurídica, especialmente o que estabelece o art. 114, § 2º, da CF. Não obstante a importância da autonomia privada coletiva, é certo que esta não é ampla e irrestrita, pois encontra, como qualquer outro órgão legislativo, limites no ordenamento jurídico positivo vigente, como decorrência dos princípios da legalidade e do Estado democrático de direito.

A função do tribunal, no caso, é de natureza normativa, ao criar, manter ou modificar condições de trabalho; para tanto, deve observar os limites mínimo e máximo de atuação do poder normativo trabalhista, bem como a existência de eventual ilegalidade perpetrada pelas partes. Da decisão proferida caberá recurso ordinário para o TST no prazo de oito dias, apenas pelo Ministério Público do Trabalho no exercício da função de *custos legis* (art. 7º, § 5º, da Lei n. 7.701/88).

Art. 864. Não havendo acordo, ou não comparecendo ambas as partes ou uma delas, o presidente submeterá o processo a julgamento, depois de realizadas as diligências que entender necessárias e ouvida a Procuradoria.
Artigo com redação dada pelo Decreto-lei n. 8.737, de 19.01.1946.

Em processo, ao direito de ação corresponde o direito de ampla defesa (art. 5º, XXXIV, *a*, e LV, da CF), consistente na contestação, na exceção e na reconvenção (art. 335 do CPC/2015 – art. 297 do CPC/73). O poder legiferante da Justiça do Trabalho constitui um *poder de equidade*, e a atuação do juiz, uma espécie de *permissão em branco* dada pelo legislador para criar normas e condições de trabalho; por isso, entendem alguns que o juiz do trabalho não está obrigado a observar o princípio do contraditório.

Não assentimos com essa proposição. É que, embora se trate de julgamento de equidade, tal não significa que não se deva obedecer ao princípio do contraditório, marca de qualquer processo judicial ou administrativo (art. 5º, LV, da CF). O que há é um abrandamento do referido princípio em face da peculiaridade inerente a esse tipo de processo – criação de normas e condições de trabalho –, quando o tribunal assemelha-se ao legislador. Assim, não se pode dispensar a contrariedade da categoria suscitada, de modo a expedir-se notificação para que ela venha a juízo e, se quiser, apresente sua defesa.

É certo, todavia, que, caso não se defenda, a consequência não é a revelia nos seus efeitos preconizados pelo CPC, com a decorrente aplicação da pena de confissão. Na espécie, não tem importância a falta de contestação, porque o objeto do processo é a criação, a manutenção, a extinção ou a modificação de direitos ou a interpretação de normas jurídicas, com base no interesse meramente subjetivado na necessidade de melhores condições de trabalho; assim, está o juiz *livre* para conceder ou não as reivindicações ou interpretar a norma jurídica. Desse modo, embora haja revelia, os seus efeitos são inócuos no dissídio coletivo, de modo que não produzem a confissão ficta do suscitado, uma vez que, com ou sem contestação, o julgamento será feito com base em fatos, no direito e na equidade, mediante os critérios de conveniência e oportunidade.

Mas, se quiser, pode o suscitado apresentar exceções de incompetência, de suspeição e de impedimento do órgão julgador (art. 769 da CLT) e preliminares – de impossibilidade jurídica do pedido, ilegitimidade *ad causam*, ilegitimidade *ad processum*, falta de interesse processual, litispendência, incompetência material e funcional, a existência de norma coletiva em vigor, o ajuizamento da ação fora do prazo de sessenta dias do término da norma anterior, ausência de documentos essenciais à apreciação da ação etc. Também pode ser suscitado um incidente, por meio de oposição, entre os sindicatos que disputam a representação da categoria econômica ou profissional, que a Justiça do Trabalho receber como tal ou simplesmente como preliminar de mera questão incidental e resolvê-la sem força de coisa julgada (arts. 315 e 503, § 1º, do CPC/2015 – arts. 110, 469, III, e 470 do CPC/73).

Finalmente, cabe ao suscitado apresentar defesa de mérito. Nesse caso, quando o suscitado for a categoria profissional, a contestação cingir-se-á normalmente à justificação das reivindicações que levaram ao litígio trazido a juízo. Se o suscitado for a categoria econômica, as alegações de contestação dirão respeito, quase sempre, à impossibilidade de atendimento das reivindicações ou ao oferecimento daquilo que entende possível de concessão e adequado para pôr fim ao conflito. No caso de dissídio de greve, a categoria profissional, além de justificar os motivos que levaram à deflagração do movimento e elencar as respectivas reivindicações, contestará as alegações de abusividade do movimento apresentadas pelo suscitante. Se o dissídio de greve for instaurado pela categoria profissional, caberá à parte contrária – empresa ou categoria econômica – sustentar a abusividade do movimento e a *improcedência* das reivindicações de natureza econômica e social. No dissídio jurídico ou declaratório, poderá o suscitado sustentar, perante o tribunal, a interpretação que entenda adequada para a hipótese. Cabe salientar que, no dissídio coletivo, pela agilidade inerente a ele, não cabe reconvenção, que é uma ação de natureza dúplice, na qual o réu está autorizado a apresentar, na contestação, os seus pedidos, aplicando-se, por analogia, o art. 278, § 1º, do CPC/73 (dispositivo sem correspondente no CPC/2015).

Nos dissídios coletivos, é ampla a atuação do Ministério Público do Trabalho (art. 83, *caput* e inciso IX, da LC n. 75/93), que pode promover ou participar da instrução e conciliação em dissídios de greve, oficiar obrigatoriamente nos demais processos, manifestar sua concordância ou discordância em eventuais acordos firmados antes da homologação, desde que seja resguardado o direito de recorrer em caso de violação à lei e à CF. O órgão participa ativamente da conciliação e instrução ao emitir parecer escrito no prazo legal ou oralmente na audiência de conciliação/instrução ou na de julgamento. Pode também requerer diligência e recorrer das decisões proferidas, quando forem violadas a lei e a CF.

Ao tribunal do trabalho cabe analisar e decidir sobre as questões preliminares, as exceções e o mérito, a fim de adotar a decisão que entender mais adequada para o caso, levando em conta o ordenamento jurídico como balizamento geral e, como fundamento principal, os aspectos econômicos e sociais que envolvem o caso, aplicando, sempre, o princípio da equidade, especialmente quando a decisão referir-se à criação, à modificação, à extinção ou à manutenção de condições de trabalho. É nesse ponto que o dissídio coletivo diferencia-se dos demais dissídios, porque o juiz não aplica o Direito existente, mas atua como se legislador fosse.

Art. 865. Sempre que, no decorrer do dissídio, houver ameaça de perturbação da ordem, o presidente requisitará à autoridade competente as providências que se tornarem necessárias.

Caso haja ameaça de perturbação da ordem, o presidente do tribunal poderá requerer à autoridade competente as providências necessárias à pacificação do conflito. Tal ocorre com mais frequência no caso de greve. Desse modo, estabelece o art. 11 da Lei n. 7.783/89 que, nos serviços ou nas atividades essenciais, os sindicatos, os empregadores e os trabalhadores ficam obrigados, em comum acordo, a garantir, durante a greve, a prestação dos serviços indispensáveis ao atendimento das necessidades inadiáveis da comunidade e, no caso de não observância do disposto anteriormente, o Poder Público assegurará a prestação dos serviços indispensáveis.

Embora as ordens de urgência estejam direcionadas mais às greves em atividades essenciais, há outras questões que requerem a atuação preventiva cautelar do tribunal nos dissídios coletivos. Um exemplo é a ocorrência de demissões coletivas de trabalhadores durante a greve, para desmotivar a sua continuidade, o que é vedado, porque os contratos de trabalho ficam suspensos durante a sua ocorrência (art. 7º da Lei n. 7.783/89), além do que não se pode adotar meios frustrantes do movimento (art. 6º, *caput* e parágrafos, da mesma Lei). Além destas, podem surgir outras hipóteses que justifiquem a concessão de medidas preventivas cautelares, as quais estão asseguradas ao juiz por força do que dispõem a CF (art. 5º, XXXV) e o CPC/2015 (art. 297 – art. 798 do CPC/73). A concessão de tais medidas poderá ocorrer, conforme o caso, de ofício ou a requerimento da parte interessada ou do Ministério Público do Trabalho.

As medidas judiciais de urgência, no caso, podem ser, mediante cominação de multas (*astreintes*), entre outras: a) tendentes ao cumprimento das atividades inadiáveis da comunidade, no caso de greve em atividades ou serviços essenciais; b) para suspender demissões ilegais de trabalhadores durante o movimento; c) para desocupação de estabelecimento durante a greve; e d) para liberação de trabalhadores *enclausurados* no estabelecimento fabril durante a paralisação, por determinação patronal; e) nos interditos possessórios.

Essas ordens judiciais de urgência são importantes e devem ser usadas na defesa do interesse público da sociedade e dos próprios trabalhadores e empregadores, não como mecanismos inibidores do direito de greve. Nesse sentido, o legislador da Lei n. 7.783/89 foi *inteligente* ao não determinar, por exemplo, o percentual de atendimento nas chamadas atividades inadiáveis. Isso é incumbência do juiz em cada caso concreto, ao levar em conta a atividade paralisada e o interesse da sociedade. Igualmente, não deve haver excesso na fixação das *astreintes*, como ocorreu há algum tempo em uma greve de petroleiros, em que o TST condenou os sindicatos profissionais a uma multa tão excessiva que o Congresso Nacional votou a anistia dos sindicatos, de modo a liberá-los daquela condenação.

Art. 866. Quando o dissídio ocorrer fora da sede do Tribunal, poderá o presidente, se julgar conveniente, delegar à autoridade local as atribuições de que tratam os arts. 860 e 862. Nesse caso, não havendo conciliação, a autoridade delegada encaminhará o processo ao Tribunal, fazendo exposição circunstanciada dos fatos e indicando a solução que lhe parecer conveniente.

A competência para o julgamento dos dissídios coletivos é atribuída, com exclusividade, aos tribunais trabalhistas (art. 114, § 2º, da CF), levando-se em conta a extensão territorial do conflito. Se o conflito restringir-se à jurisdição de um tribunal regional, será este o competente para solucioná-lo. Nesse sentido, estabelece o art. 677 da CLT que a competência dos tribunais regionais determina-se pela forma indicada no *caput* do art. 651 e em seus parágrafos e, nos casos de dissídio coletivo, pelo local onde este ocorrer. Se o conflito exceder à jurisdição de um tribunal regional, competente para solucioná-lo será o TST (art. 2º, I, *a*, da Lei n. 7.701/88), por meio da seção especializada em dissídios coletivos. Excepcionalmente no Estado de São Paulo, onde há duas Regiões da Justiça do Trabalho – 2ª e 15ª –, a competência para julgar o dissídio coletivo, que, pela regra geral, seria do TST, foi atribuída à 2ª Região, se a decisão proferida tiver de ser cumprida no âmbito de jurisdição das duas, como estabelece o art. 12 da Lei n. 7.520/86.

É certo, como se observa do exposto, que as Varas do Trabalho não têm competência para apreciar e julgar as ações de dissídios coletivos. Mas, de acordo com o artigo ora comentado, poderá o presidente do tribunal em que for instaurada a ação delegar à primeira instância trabalhista a conciliação e instrução do processo, quando este ocorrer fora da sede do tribunal. Nesse caso, a competência delegada restringir-se-á às tentativas conciliatórias e à instrução do feito, após o que o processo será remetido ao tribunal para, se houver acordo, homologá-lo ou não; caso não sejam conciliadas as partes, proferirá o tribunal decisão sobre o conflito.

Essa prática, no entanto, não tem sido adotada, embora salutar. O juiz do local do conflito, mais próximo e conhecedor deste, tem melhores condições para encontrar uma solução adequada para o litígio. Veja-se que, nas demais ações coletivas, como a ação civil pública, estabelece a Lei n. 7.347/85, em seu art. 2º, a competência funcional-territorial do juiz do local do dano, pois, além de ser melhor conhecedor dos fatos que envolvem o conflito, facilita-se a produção de provas e o acesso das partes ao Judiciário.

Art. 867. Da decisão do Tribunal serão notificadas as partes, ou seus representantes, em registrado postal, com franquia, fazendo-se, outrossim, a sua publicação no jornal oficial, para ciência dos demais interessados.

A notificação e a publicação da sentença normativa têm por fim propiciar às partes a interposição de recurso ordinário para o TST, se quiserem, ou o pedido de cumprimento da sentença, no caso, pelos trabalhadores ou sindicato de classe, como assegura o art. 872, parágrafo único, da CLT, independentemente do trânsito em julgado da decisão (Súmula n. 246 do TST).

Nem sempre a publicação é feita de imediato, o que poderá acarretar prejuízos aos trabalhadores, que, na hipótese de perda de data-base, somente poderão usufruir dos benefícios fixados pela sentença a partir da sua publicação. Por isso, se não for publicado o acórdão nos vinte dias subsequentes ao julgamento, poderá qualquer dos litigantes ou o Ministério Público do Trabalho interpor recurso ordinário, fundado apenas na certidão de julgamento, inclusive com pedido de efeito suspensivo.

A sentença normativa poderá ser objeto de ação de cumprimento a partir do vigésimo dia subsequente ao do julgamento, fundada no acórdão ou na certidão de julgamento, salvo se for concedido efeito suspensivo à decisão respectiva pelo presidente do TST. Após a publicação do acórdão, quando as partes forem consideradas intimadas, seguir-se-á o procedimento recursal, como previsto em lei, com a intimação pessoal do Ministério Público. Como pode haver demora no julgamento do dissídio e na publicação do acórdão, a sentença normativa poderá determinar que as diferenças salariais resultantes do decidido sejam devidas a contar da data do ajuizamento da ação, quando proposto após a data-base ou originária, a fim de se evitarem distorções decorrentes da demora aludida, o que é salutar, porque as partes não podem sofrer prejuízos decorrentes de atrasos provocados pela demora da prestação jurisdicional.

Parágrafo único. A sentença normativa vigorará:
Parágrafo acrescentado pelo Decreto-lei n. 424, de 21.01.1969.

Normalmente, a lei em sentido *stricto sensu* é feita para vigorar por prazo indeterminado e aplica-se, com relação ao início de vigência, às disposições contidas na Lei de Introdução às normas do Direito Brasileiro. A sentença normativa, embora com força de lei, tem caráter de provisoriedade, de modo a reger-se, ante às suas peculiaridades pelas disposições ora analisadas.

***a)* a partir da data de sua publicação, quando ajuizado o dissídio após o prazo do art. 616, § 3º, ou, quando não existir acordo, convenção ou sentença normativa em vigor, da data do ajuizamento;**
Alínea acrescentada pelo Decreto-lei n. 424, de 21.01.1969.

A eficácia da sentença normativa deve ser vista sob os aspectos do prazo de duração ou de vigência e do início desta. A duração é de, no máximo, quatro anos, embora, na prática, esse prazo seja fixado em um ano, como será visto nos comentários ao art. 868, parágrafo único. Conforme determina a CLT (art. 616, § 3º), se houver convenção, acordo ou sentença em vigor, o dissídio deverá ser instaurado dentro do prazo de sessenta dias anteriores ao respectivo termo final, para que o novo instrumento possa ter vigência no dia imediato a esse termo.

Mas, em certas situações, há necessidade de as partes continuarem a negociação após aquele prazo, na busca de acordo, de modo que correm os trabalhadores o risco de perda da data-base, com gravames irreparáveis, caso o acordo não seja instrumentalizado. Para evitar esse risco, o TST, por meio da Instrução Normativa n. 4/93 (itens II e III), criou a figura do *protesto judicial*, requerido pela parte interessada ou por ambas, em comum acordo, ao tribunal competente, que, ao deferi-lo, concede mais trinta dias, a contar da sua intimação, para encerramento das tratativas negociais e, se for o caso, para o ajuizamento do dissídio coletivo. Essa Instrução Normativa foi revogada pelo TST, que, no entanto, manteve a medida do protesto no art. 219 do seu Regimento Interno.

Embora tenha sido cancelada essa instrução, a orientação permanece válida, porque é coerente com o espírito da negociação coletiva, que deve ser prestigiada e priorizada em relação ao julgamento do conflito pelo tribunal. As sentenças normativas, assim, passarão a vigorar a partir da publicação da sentença, quando houver perda de data-base e o dissídio for ajuizado além do prazo de que trata o art. 616, § 3º, da CLT – até sessenta dias antes do término de vigência do instrumento coletivo anterior. Como a publicação normalmente demora, pode o tribunal fixar a vigência da sentença a partir do ajuizamento da ação. Quando o dissídio coletivo for o primeiro da categoria, a sentença passará a vigorar da data do ajuizamento deste.

***b)* a partir do dia imediato ao termo final de vigência do acordo, convenção ou sentença normativa, quando ajuizado o dissídio no prazo do art. 616, § 3º.**

Alínea acrescentada pelo Decreto-lei n. 424, de 21.01.1969.

Nesse caso, a sentença coletiva entrará em vigor imediatamente após o término do instrumento anterior, se for ajuizado o dissídio dentro do prazo de sessenta dias anteriores ao término da norma coletiva anterior ou, mesmo ajuizado fora desse prazo, se for deferido protesto judicial, como já mencionado. Não haverá, portanto, solução de continuidade com relação à regulamentação das condições de trabalho entre patrões e empregados.

Seção III
Da Extensão das Decisões

Art. 868. Em caso de dissídio coletivo que tenha por motivo novas condiçoes de trabalho e no qual figure como parte apenas uma fração de empregados de uma empresa, poderá o Tribunal competente, na própria decisão, estender tais condições de trabalho, se julgar justo e conveniente, aos demais empregados da empresa que forem da mesma profissão dos dissidentes.

Extensão da sentença normativa é o ato pelo qual o tribunal do trabalho aumenta o âmbito de aplicação da regulamentação coletiva de trabalho emitida. Ela pode ocorrer quando o processo coletivo for instaurado pelo sindicato no interesse somente de parte dos trabalhadores de uma empresa, o que é raro acontecer, ou no interesse somente de parte da categoria profissional.

Assim, a fim de uniformizar a aplicação das condições de trabalho estipuladas para todos os trabalhadores da empresa representados pela entidade sindical, apresentam-se dois expedientes: a instauração de outro dissídio coletivo para beneficiar os demais trabalhadores ou a extensão, pelo tribunal, da sentença já proferida, sendo esta última hipótese a mais coerente, prática e rápida. Exceto se for observado o procedimento previsto neste artigo, é inviável aplicar condições constantes de sentença normativa às partes que não participaram do processo.

Parágrafo único. O Tribunal fixará a data em que a decisão deve entrar em execução, bem como o prazo de sua vigência, o qual não poderá ser superior a 4 (quatro) anos.

Embora se preveja a possibilidade de sentenças normativas com prazo de até quatro anos de duração, na prática isso não tem ocorrido, em razão das grandes mutações pelas quais passa a economia do nosso país, além das constantes alterações da legislação federal trabalhista. O direito do trabalho, como se sabe, é um dos mais dinâmicos ramos da ciência jurídica; portanto, são mesmo inviáveis prazos longos de instrumentos normativos. Em razão disso, a praxe arraigada estabeleceu o prazo de vigência das decisões normativas em um ano.

Art. 869. A decisão sobre novas condições de trabalho poderá também ser estendida a todos os empregados da mesma categoria profissional compreendida na jurisdição do Tribunal:

A busca de extensão da decisão ou de sua utilização como parâmetro para outro julgamento é procedimento importante na busca de isonomia dos direitos para os empregados da mesma categoria, na mesma região geoeconômica, representados pelo mesmo ou por outro sindicato profissional. Nas negociações coletivas, os sindicatos, como estratégia, procuram primeiramente negociar com as empresas maiores, que, normalmente, concedem melhores condições de trabalho aos empregados; depois, desencadeiam negociações com as outras empresas, a fim de aplicar, como parâmetro, as normas conquistadas naquelas, que abrangem cláusulas econômicas e sociais.

Para os empregados das entidades sindicais, a extensão das sentenças normativas era automática, conforme é assegurado no art. 10 da Lei n. 4.725/65, uma vez que os empregados não poderiam constituir sindicato próprio por não desenvolverem atividade econômica; não se pode, portanto, cogitar categoria profissional de empregados em entidades sindicais.

Mas não é correto esse entendimento em termos legais e constitucionais, uma vez que a proibição de organização sindical dos empregados de entidades sindicais, anteriormente constante da CLT (art. 526, parágrafo único), foi revogada pela Lei n. 11.295/2006, além de estar em desacordo com o disposto no art. 8º da Constituição de 1988, que assegura a livre associação e organização sindicais de forma geral. A única hipótese de vedação de associação e organização sindical prevista na Constituição é para os servidores públicos militares (art. 142, IV). O fato de não haver uma categoria econômica correspondente não impossibilita o ajuizamento do dissídio coletivo por parte dos empregados de sindicatos, pois, se assim fosse, também estariam impossibilitados de agir por meio dessa ação os empregados públicos, inclusive os das empresas públicas e de economia mista, o que não ocorre. Portanto, já que são livres a associação e a organização dos trabalhadores, têm os empregados de entidades sindicais o direito de negociação coletiva e do sucessivo ajuizamento da ação coletiva na busca de condições de trabalho peculiares à sua classe, de modo que estão tacitamente derrogadas as disposições da Lei n. 4.725/65 (art. 10), por incompatibilidade com o novo modelo sindical vigente no nosso país.

***a)* por solicitação de 1 (um) ou mais empregadores, ou de qualquer sindicato destes;**

São os sindicatos legitimados, ordinariamente, para negociar condições de trabalho e instaurar dissídio coletivo e nele se defender (art. 611 da CLT). Nos termos do referido art. 611, § 1º, têm as empresas legitimidade para negociar acordo coletivo de trabalho com os seus empregados por meio do sindicato profissional respectivo. Igualmente, estão elas legitimadas a instaurar dissídio coletivo de trabalho na busca de regulamentação de condições inerentes aos seus empregados e podem também solicitar a extensão de decisões normativas antes aplicáveis à parte dos trabalhadores ou a outras empresas, com o objetivo de uniformizar as normas regulamentares.

***b)* por solicitação de 1 (um) ou mais sindicatos de empregados;**

Como assegura o art. 8º, VI, da CF, e reconhecem, unanimemente, a doutrina e a jurisprudência, é obrigatória a participação dos sindicatos profissionais nas negociações coletivas de trabalho e, por consequência, nos dissídios coletivos, a fim de representar os trabalhadores da respectiva categoria. Assim, pelo lado profissional, é a eles que cabe pedir a extensão de decisões normativas em favor dos seus representados.

***c) ex officio*, pelo Tribunal que houver proferido a decisão;**

Como sustentamos, não cabe mais aos tribunais instaurar dissídio coletivo no caso de paralisação do trabalho, conforme comentários ao art. 857 da CLT. Porém, uma vez instaurado o dissídio e proferida a decisão normativa, nada obsta a que o tribunal do trabalho, por entender adequado e conveniente para o caso, venha a propor, de ofício, a extensão de uma decisão normativa para abranger, uniformemente, todos os empregados de uma mesma categoria profissional compreendida na sua jurisdição.

***d)* por solicitação da Procuradoria da Justiça do Trabalho.**

Igualmente, cabe ao Ministério Público do Trabalho propor ao tribunal competente a extensão de decisões normativas para todos os empregados de uma empresa ou para os integrantes de uma determinada categoria profissional, com o mesmo objetivo antes exposto, qual seja, de uniformizar o tratamento quanto aos direitos e às condições de trabalho para empregados que estão submetidos às mesmas peculiaridades em determinada região geoeconômica.

Art. 870. Para que a decisão possa ser estendida, na forma do artigo anterior, torna-se preciso que 3/4 (três quartos) dos empregadores e 3/4 (três quartos) dos empregados, ou os respectivos sindicatos, concordem com a extensão da decisão.

A decisão poderá ser estendida a todos os empregados da categoria somente com a concordância de três quartos dos empregados e dos empregadores, o que é praticamente inviável, pois, quando uma categoria concorda, normalmente a outra não aceita a extensão. No caso da extensão para os empregados da mesma empresa, não há necessidade da oitiva das partes e pode o tribunal estendê-la de ofício ou a requerimento dos interessados ou do Ministério Público do Trabalho, quando julgar conveniente e adequada. Como, na prática, normalmente não há a concordância requerida pela lei, o caminho mais adequado é o ajuizamento de um novo dissídio coletivo no qual os tribunais possam aplicar a decisão existente, não por extensão, mas ao tomá-la como parâmetro para manter uniformidade de tratamento nas categorias envolvidas.

§ 1º O Tribunal competente marcará prazo, não inferior a 30 (trinta) nem superior a 60 (sessenta) dias, a fim de que se manifestem os interessados.

Normalmente, os trabalhadores, maiores interessados na concessão das condições a serem estendidas, concordam com a proposta do tribunal, ao contrário das empresas ou categorias econômicas, que, salvo raras exceções, discordam da aplicação das novas condições de trabalho. Exemplo disso ocorre com relação aos recursos patronais interpostos contra as sentenças normativas, como regra, além do pedido de efeito suspensivo das condições de trabalho estipuladas, até que o TST venha a julgar o recurso ordinário aviado.

§ 2º Ouvidos os interessados e a Procuradoria da Justiça do Trabalho, será o processo submetido ao julgamento do Tribunal.

Como se observa dos dispositivos legais analisados, a extensão das decisões normativas para toda a categoria depende da aceitação das partes – categorias econômicas e profissionais –, por isso a sua dificuldade prática. Mas, mesmo que haja concordância delas, obrigatoriamente o Ministério Público do Trabalho será ouvido, na qualidade de fiscal da lei. A ele incumbe emitir o seu parecer sobre a legalidade ou a ilegalidade das cláusulas que se querem estender e também sobre a sua oportunidade e conveniência. É ele que primeiramente se manifesta, antes do julgamento, sobre as condições de trabalho a serem fixadas. Isso não significa que o tribunal deva aceitar o parecer ministerial; contudo, se não o adotar, cabe ao Ministério Público recorrer da sentença que vier a ser proferida, quer nas extensões de decisões, quer nos julgamentos normais e nos acordos apresentados para homologação.

Art. 871. Sempre que o Tribunal estender a decisão, marcará a data em que a extensão deva entrar em vigor.

A vigência das decisões de extensão segue os mesmos parâmetros estabelecidos no art. 867, parágrafo único, *a* e *b*, da CLT, na forma dos comentários feitos anteriormente.

Seção IV
Do Cumprimento das Decisões

Art. 872. Celebrado o acordo, ou transitada em julgado a decisão, seguir-se-á o seu cumprimento, sob as penas estabelecidas neste Título.

A sentença normativa poderá ser objeto de ação de cumprimento a partir do julgamento, fundada no acórdão ou na certidão de julgamento, independentemente do seu trânsito em julgado, salvo se for concedido efeito suspensivo pelo presidente do TST. Isso significa que, ao ser proferida a sentença normativa, estão os empregadores obrigados a cumpri-la, desde que não tenha sido suspensa pelo TST.

Os benefícios pagos aos trabalhadores, mesmo reformada a sentença pelo TST ou pelo STF, conforme o caso, não serão restituídos (art. 6º, § 3º, da Lei n. 4.725/65), razão por que o presidente do TST pode conceder efeito suspensivo à totalidade da sentença ou a determinadas cláusulas mediante comprovação, pela parte interessada, do *fumus boni juris* e do *periculum in mora* (art. 14 da Lei n. 10.192/2001).

Parágrafo único. Quando os empregadores deixarem de satisfazer o pagamento de salários, na conformidade da decisão proferida, poderão os empregados ou seus sindicatos, independentes de outorga de poderes de seus associados, juntando certidão de tal decisão, apresentar reclamação à Junta ou Juízo competente, observado o processo previsto no Capítulo II deste Título, sendo vedado, porém, questionar sobre a matéria de fato e de direito já apreciada na decisão.

Parágrafo com redação dada pela Lei n. 2.275, de 30.07.1954.

Veja nota deste Capítulo.

Diz a lei que, quando os empregadores deixarem de satisfazer o pagamento de salários, na conformidade da decisão proferida, poderão os empregados ou seus sindicatos propor reclamação trabalhista com vistas à satisfação dos direitos violados. Conforme entendimento pacificado na jurisprudência e na doutrina, para ajuizamento dessa ação não é necessário o trânsito em julgado da decisão normativa (Súmula n. 246 do TST). Assim, a ação de cumprimento pode ser proposta a partir do julgamento do dissídio coletivo, cuja sentença, nos termos da Lei n. 10.192/2001 (art. 12, § 2º), deverá ser publicada no prazo máximo de quinze dias. Se não o for no aludido prazo, bastará a certidão respectiva para instruir a ação (art. 7º, § 6º, da Lei n. 7.701/88).

Já na expressão *salários*, presente neste parágrafo único, estão compreendidos todos os direitos albergados pela norma coletiva, objeto da ação, como obrigação de dar, de fazer, de não fazer e de suportar. Não se trata de uma ação de execução, mas de cumprimento da norma coletiva instituída no respectivo instrumento. Sua finalidade é concretizar uma norma genérica e abstrata oriunda do dissídio coletivo. A sua natureza, portanto, é de ação condenatória com relação à imposição do cumprimento das normas criadas na sentença normativa ou em outro instrumento coletivo extrajudicial – convenção ou acordo coletivo de trabalho.

A ação de cumprimento é uma ação individual, quando for proposta pelo empregado, sozinho. Se proposta em coalizão com outros companheiros de trabalho, é uma reclamação plúrima. Se for ajuizada pelo sindicato, na qualidade de substituto processual, tratar-se-á de uma ação coletiva, que, na expressão do CDC (arts. 81, parágrafo único, III, 91 e 104), é a ação civil coletiva. Embora o art. 872, parágrafo único, da CLT, refira-se a associados, de acordo com a CF (art. 8º, III) e a Lei n. 8.073/90 (art. 3º), a legitimação sindical para essa ação abrange todos os integrantes da categoria, posição esta acolhida pelo STF e reforçada na Justiça do Trabalho ante o cancelamento da Súmula n. 310 do TST, que restringia o seu alcance aos associados do sindicato. Caso não haja sindicato organizado na categoria, podem as federações e confederações sindicais, sucessivamente, ajuizar a ação de cumprimento. A competência funcional-territorial para conhecer e julgar a ação de cumprimento é das Varas do Trabalho.

Finalmente, ao tratar-se de uma ação condenatória, não mais se pode discutir na ação de cumprimento questões de fato e de direito sobre a criação da norma trabalhista, as quais deveriam ter sido debatidas no âmbito do dissídio coletivo; pode a Justiça do Trabalho, todavia, analisar a legalidade e a inconstitucionalidade da norma, inclusive de ofício (art. 97 da CF).

Seção V
Da Revisão

Art. 873. Decorrido mais de 1 (um) ano de sua vigência, caberá revisão das decisões que fixarem condições de trabalho, quando se tiverem modificado as circunstâncias que as ditaram, de modo que tais condições se hajam tornado injustas ou inaplicáveis.

É a sentença normativa passível de ação rescisória (art. 966 do CPC/2015 – art. 485 do CPC/73), como qualquer outra decisão transitada em julgado. Mas, além disso, com base na teoria da imprevisão – cláusula *rebus sic stantibus* –, por se tratar de relação jurídica continuativa, pode a coisa julgada coletiva decorrente de sentença normativa ser *revogada* a qualquer tempo, transcorrido mais de um ano de vigência do instrumento normativo respectivo (art. 505, I, do CPC/2015 – arts. 471, I, do CPC/73 – e 836 e 873 da CLT). Na prática, os tribunais fixam apenas um ano de vigência para as normas coletivas; há situações, contudo, em que mesmo antes desse prazo, torna-se necessária a revisão de um instrumento normativo; nesse caso, pode o tribunal adaptar a lei ao momento atual, flexibilizar esse pressuposto processual e aceitar o pedido de revisão da norma coletiva.

O objeto da ação de revisão é alterar as condições de trabalho ajustadas anteriormente, quando se tiverem modificado as circunstâncias que as ditaram, de modo que tais condições hajam-se tornado injustas ou inaplicáveis. O que se busca é o reequilíbrio entre as partes, para evitar um ônus insuportável para uma e, para a outra, um enriquecimento ilícito e injustificado. Mas a alteração tem de ser imprevisível para as partes quando da elaboração do instrumento normativo.

Art. 874. A revisão poderá ser promovida por iniciativa do Tribunal prolator, da Procuradoria da Justiça do Trabalho, das associações sindicais ou de empregador ou empregadores interessados no cumprimento da decisão.

Em conformidade com a CF/88, os legitimados ordinários para o ajuizamento dessa ação são as entidades sindicais representativas das categorias econômica e profissional e as empresas, quando a norma aplicar-se aos seus empregados isoladamente. Não cabe mais aos presidentes dos tribunais instaurá-la de ofício, devido à proibição de interferência estatal na organização sindical (art. 8º, I, da CF).

Não é o caso do Ministério Público do Trabalho, que, na defesa do interesse público – defesa da ordem jurídica, do regime democrático e dos interesses indisponíveis da sociedade (art. 127 da CF) –, pode solicitar a revisão aludida. É exemplo o caso de uma greve motivada pela necessidade de alteração das condições de trabalho insuportáveis para uma das partes, em que o Ministério Público tem legitimidade para instaurar a instância e pedir ao tribunal que aprecie a alteração da norma coletiva, assim como para analisar a abusividade do movimento. Seria inócua, no caso, uma decisão que julgasse apenas a greve, e não o seu motivo, qual seja, a reivindicação que a motivou.

Parágrafo único. Quando a revisão for promovida por iniciativa do Tribunal prolator ou da Procuradoria, as associações sindicais e o empregador ou empregadores interessados serão ouvidos no prazo de 30 (trinta) dias. Quando promovida por uma das partes interessadas, serão as outras ouvidas também por igual prazo.

O termo anteriormente estipulado é o prazo para defesa da(s) parte(s). Durante esse prazo, que, aliás, é muito longo, as partes alinhavarão os argumentos e os dados favoráveis ou contrários à revisão, os quais deverão ser apresentados em audiência de conciliação e julgamento, igualmente obrigatória. Nessa audiência, o juiz conciliador ou instrutor deverá envidar todos os esforços necessários à busca de um entendimento entre as partes, podendo, conforme o caso, determinar diligências necessárias ao esclarecimento da questão discutida. Independentemente de haver acordo ou não, a questão será submetida à apreciação do tribunal para julgamento, ouvido, em qualquer hipótese, o Ministério Público do Trabalho.

Art. 875. A revisão será julgada pelo Tribunal que tiver proferido a decisão, depois de ouvida a Procuradoria da Justiça do Trabalho.

A ação revisional será julgada pelo tribunal que tiver proferido a decisão revisanda, depois de ser ouvido, obrigatoriamente, o Ministério Público do Trabalho, que atuará como fiscal da lei. O efeito da sentença normativa na ação revisional é *ex nunc*, ou seja, passam a vigorar as suas disposições a partir da data do ajuizamento da ação, caso procedente, sem atingir as situações pretéritas, como a sentença normativa de data-base.

A sentença normativa é um sucedâneo da negociação coletiva malograda. Assim, caso não cheguem as partes a um acordo sobre a pretendida modificação, cabe a busca de um comando normativo judicial, mediante o princípio do livre acesso à jurisdição (art. 5º, XXXV, da CF). Esse comando, com efeito, não obstante o disposto no art. 873, que se refere à sentença normativa, pode ser buscado no tocante à revisão dos demais instrumentos extrajudiciais - convenções, acordos e contratos coletivos de trabalho –, ressalvadas as matérias estranhas ao conteúdo do poder normativo da Justiça do Trabalho - por exemplo, redução da jornada de trabalho, participação nos lucros e resultados, compensação de jornada de trabalho, banco de horas etc. (sobre o poder normativo da Justiça do Trabalho e o procedimento nos dissídios coletivos, com maior profundidade, veja Raimundo Simão de Melo. *Dissídio coletivo de trabalho*. São Paulo, LTr, 2002).

CAPÍTULO V
DA EXECUÇÃO

A EC n. 24, de 09.12.1999, substituiu a expressão Juntas de Conciliação e Julgamento, como órgãos da Justiça do Trabalho, pelas expressões Juízes do Trabalho e Varas do Trabalho, essas confirmadas posteriormente pela EC n. 45, de 08.12.2004.

Seção I
Das Disposições Preliminares

Art. 876. As decisões passadas em julgado ou das quais não tenha havido recurso com efeito suspensivo; os acordos, quando não cumpridos; os termos de ajuste de conduta firmados perante o Ministério Público do Trabalho e os termos de conciliação firmados perante as Comissões de Conciliação Prévia serão executados pela forma estabelecida neste Capítulo.

Caput *com redação dada pela Lei n. 9.958, de 12.01.2000.*

Executam-se, na Justiça do Trabalho, os títulos executivos judiciais - sentenças ou acordos homologados em juízo - e três títulos executivos extrajudiciais: 1) o termo de ajustamento de conduta firmado perante o Ministério Público do Trabalho; 2) os termos de conciliação firmados perante as Comissões de Conciliação Prévia; e 3) as multas emanadas pelos órgãos encarregados da fiscalização trabalhista (estes últimos decorrentes da alteração do art. 114 da CF pela EC n. 45/2004). A IN n. 39 do Col. TST, muito embora *sub judice*, indicava a possibilidade de ampliação do rol de títulos executivos extrajudiciais ante a aplicação supletiva do art. 784 do CPC/2015, incluindo, entre os títulos extrajudiciais executáveis na seara trabalhista, o cheque e a nota promissória emitidos em reconhecimento de dívida inequivocamente de natureza trabalhista.

Notem que as sentenças transitadas em julgado – aquelas não mais passíveis de recurso – são objeto de execução definitiva, ou seja, pode-se entregar completamente os valores arrecadados ao exequente; enquanto as decisões que ainda não transitaram em julgado – aquelas atacadas por recursos recebidos no efeito meramente devolutivo – podem ser objeto de execução provisória (art. 520 do CPC/2015), ou seja, a execução para na penhora perfeita e acabada; não abrange, pois, atos que importem em alienação do domínio e não permite o levantamento de dinheiro por parte do exequente (art. 899, *caput*, da CLT). Os acordos não cumpridos, de que trata o artigo em comento, são aqueles firmados e homologados em juízo, visto que, nos termos do art. 831, parágrafo único, da CLT, referidas avenças têm força de sentença transitada em julgado.

Com relação à execução provisória, convém esclarecer que entendemos incabível na Justiça do Trabalho a aplicação do art. 521 do CPC/2015, que permite a liberação de valores ao exequente, independentemente de caução, antes do trânsito em julgado da sentença. Estabelece a norma processual civil que a caução a que se refere o inciso IV do art. 520 do CPC/2015 poderá ser dispensada quando: "I – o crédito for de natureza alimentar, independentemente de sua origem; II – o credor demonstrar situação de necessidade; III – pender o agravo do art. 1.042; IV – a sentença a ser provisoriamente cumprida estiver em consonância com súmula da jurisprudência do STF ou do STJ ou em conformidade com acórdão proferido no julgamento de casos repetitivos". Ora, a CLT é explícita quanto à execução provisória encerrar-se com a penhora (art. 899, *caput*), portanto, entendemos temerário liberar valores sem o manto da coisa julgada, especialmente porque isso traria insegurança jurídica. Esse também foi o entendimento do TST, ao analisar o Rec. Emb. n. 34500-47.2007.5.03.0064, sendo que a Ministra Relatora, Maria Cristina Irigoyen Peduzzi, ressaltou que não há omissão na legislação trabalhista sobre a matéria, ante a existência do art. 899 da CLT, que impede que a execução provisória prossiga após a penhora. Outro argumento em favor da não liberação de valores em sede de execução provisória está expresso no parágrafo único do art. 521 do CPC/2015, segundo o qual a exigência de caução será mantida quando da dispensa possa resultar manifesto risco de grave dano de difícil ou incerta reparação. Ora, liberar dinheiro em execução provisória pode impossibilitar o retorno ao *status quo ante* se a sentença ou acórdão vier a ser modificados posteriormente.

Apesar do posicionamento supra, alguns magistrados autorizam essa liberação sob o argumento de que o diploma consolidado não descreve a forma como a execução provisória deve se processar na Justiça do Trabalho (extração de carta de sentença etc.), razão pela qual se deveria utilizar a exceção do art. 521 do CPC/2015 em seara laboral, mormente para garantir os princípios da efetividade da prestação jurisdicional e celeridade.

Outro assunto que merece ser mencionado neste estudo refere-se à aplicação ou não do disposto no art. 515 do CPC/2015 em sede trabalhista. Segundo este artigo, "são títulos executivos judiciais, cujo cumprimento dar-se-á de acordo com os artigos previstos neste Título: [...] III – a decisão homologatória de autocomposição extrajudicial de qualquer natureza". Os processualistas civis entendem que referido dispositivo legal do CPC autoriza a homologação em juízo de mera petição de acordo, independentemente do ajuizamento de uma ação, o que cria um título executivo judicial com natureza jurídica de procedimento de jurisdição voluntária. Entendíamos que tal dispositivo não deveria ser aplicado na Justiça do Trabalho por três motivos: em primeiro lugar, porque os envolvidos no negócio jurídico trabalhista não possuem igualdade de condições para negociarem sem a intervenção do Estado, sendo certo que o trabalhador encontra-se em situação de hipossuficiência se comparado com o empregador (e/ou tomador de serviços), daí porque se faz necessário, sempre, o crivo do Poder Judiciário impedindo renúncia a direitos, disfarçada de transação, e isso só é possível se o magistrado verificar quais eram as lesões a direitos vindicadas, comparando-as com as condições do acordo. Em segundo lugar, nos procedimentos de jurisdição voluntária cíveis, há sempre a presença do Ministério Público, atuando em primeiro grau, analisando a pertinência ou não da homologação pretendida pelas partes, situação que não existe no processo laboral, porquanto o procurador trabalhista atua precipuamente em segundo grau e só excepcionalmente em primeiro. Por fim, quanto a este item, o excesso de processos a serem dirimidos pela Justiça do Trabalho não pode justificar a mitigação dos direitos trabalhistas. Entretanto, a Lei n. 13.467/2017 pôs fim à discussão e estabeleceu textualmente a possibilidade de homologação judicial de acordo extrajudicial ao editar o processo de jurisdição voluntária nos arts. 855-B a 855-E.

Parágrafo único. A Justiça do Trabalho executará, de ofício, as contribuições sociais previstas na alínea *a* do inciso I e no inciso II do *caput* do art. 195 da Constituição Federal, e seus acréscimos legais, relativas ao objeto da condenação constante das sentenças que proferir e dos acordos que homologar.

Parágrafo com redação dada pela Lei n. 13.467, de 13.07.2017.

Conforme comentários feitos ao art. 832 da CLT e seus respectivos parágrafos, a EC n. 20/98 deu à Justiça do Trabalho competência para executar, de ofício, as contribuições sociais decorrentes das sentenças que proferir ou dos acordos homologados em juízo. O referido dispositivo constitucional não era autoaplicável, razão pela qual adveio a Lei n. 10.035/2000, que regulamentou a execução das contribuições sociais pela Justiça trabalhista. Por meio dessa lei, foi incluído o parágrafo único no art. 876, de modo a deixar claro que os juízes do trabalho promoverão, independentemente de requerimento da autarquia federal, a execução das contribuições previdenciárias de responsabilidade de empregados e empregadores, quando forem resultantes de acordos homologados em juízo ou de sentenças prolatadas na esfera dessa Justiça especializada.

A Lei n. 11.457/2007 alterou o artigo em comento para acrescentar que a contribuição social a ser executada na Justiça do Trabalho deve incluir os valores resultantes do vínculo empregatício reconhecido em juízo (aqui entendidos como as ações meramente declaratórias). Referida alteração ia de encontro à jurisprudência do TST, cujo inciso I da Súmula n. 368 estipula que "a competência da Justiça do Trabalho, quanto à execução das contribuições previdenciárias, limita-se às sentenças condenatórias em pecúnia que proferir e aos valores, objeto de acordo homologado, que integrem o salário de contribuição". Note-se que essa súmula foi editada anteriormente ao advento da Lei n. 11.457/2007, razão pela qual acreditávamos que seria logo revogada. Entretanto, o STF, ao julgar o RE n. 569.056/PA (publicado no *DJe* n. 236, de 12.12.2008, *Ement.* v. 2.345-5, p. 848), corroborou o entendimento da súmula do TST ao aprovar a seguinte ementa: "Recurso extraordinário. Repercussão geral reconhecida. Competência da Justiça do Trabalho. Alcance do art. 114, VIII, da CF. 1. A competência da Justiça do Trabalho prevista no art. 114, VIII, da CF alcança apenas a execução das contribuições previdenciárias relativas ao objeto da condenação constante das sentenças que proferir. 2. Recurso extraordinário conhecido e desprovido". Além disso, por ocasião do referido julgamento, o STF, por maioria dos votos, aprovou a proposta do relator para a edição de uma súmula vinculante sobre o tema, que resultou na edição da Súmula vinculante n. 53, segundo a qual a competência da Justiça do Trabalho prevista no art. 114, VIII, da CF alcança a execução de ofício das contribuições previdenciárias relativas ao objeto da condenação constante das sentenças que proferir e acordos por ela homologados.

Destarte, apesar da clareza da Lei n. 11.457/2007, o entendimento da Corte Suprema pátria foi no sentido de que não compete à Justiça do Trabalho executar de ofício as parcelas de contribuições sociais quando das ações declaratórias do vínculo empregatício na esfera trabalhista. Assim, por ocasião da reforma trabalhista, o artigo em comento foi alterado para se adequar à jurisprudência vinculante do STF.

Art. 877. É competente para a execução das decisões o Juiz ou Presidente do Tribunal que tiver conciliado ou julgado originariamente o dissídio.

Na Justiça do Trabalho, a execução é considerada uma fase processual; por isso, não é tratada como um processo autônomo. Assim, será competente para executar a sentença ou o acordo homologado o juízo perante o qual tramitou a ação de conhecimento em primeiro grau. Não se trata aqui do princípio da identidade física do juiz, mas de manutenção da execução na mesma Vara do Trabalho onde tramitou a ação cognitiva.

Art. 877-A. É competente para a execução de título executivo extrajudicial o juiz que teria competência para o processo de conhecimento relativo à matéria.

Artigo acrescentado pela Lei n. 9.958, de 12.01.2000.

Até o advento da EC n. 45/2004, os únicos títulos extrajudiciais exequíveis na Justiça do Trabalho eram os termos de ajustamento de conduta firmados perante o Ministério Público do Trabalho e os termos de transação obtidos junto às Comissões de Conciliação Prévia (art. 876 da CLT). Atualmente, a maior parte da jurisprudência entende que a EC n. 45/2004 possibilitou, ainda, a execução das multas administrativas, fixadas pelas Superintendências Regionais do Trabalho, por parte da Justiça laboral. Por ora, os demais títulos extrajudiciais somente podem ser executados na Justiça comum. Entretanto, o Col. TST já sinalizou por meio da IN n. 39 que seria possível a ampliação do rol de títulos executivos extrajudiciais ante a aplicação supletiva do art. 784 do CPC/2015, incluindo, entre os títulos extrajudiciais executáveis na seara trabalhista, o cheque e a nota promissória emitidos em reconhecimento de dívida inequivocamente de natureza trabalhista.

Art. 878. A execução será promovida pelas partes, permitida a execução de ofício pelo juiz ou pelo Presidente do Tribunal apenas nos casos em que as partes não estiverem representadas por advogado.

Caput *com redação dada pela Lei n. 13.467, de 13.07.2017.*

A reforma trabalhista levada a efeito pela Lei n. 13.467/2017 modificou o princípio do impulso oficial do juiz na execução trabalhista. A partir da vigência da norma, ocorrida em 10.11.2017, o magistrado somente terá legitimidade para impulsionar a execução se o exequente não possuir advogado constituído nos autos. Se houver advogado este deverá prover os meios para prosseguimento do feito, sendo que – se notificado para impulsionar a execução – se quedar inerte, seu cliente sujeitar-se-á aos efeitos da prescrição intercorrente. Note-se que a CLT ficou mais rigorosa com o exequente que o próprio CPC, este, no art. 921, estabelece que haverá a suspensão da execução quando o credor não localizar o devedor ou seus bens e por pelo menos um ano não correrá prazo prescricional e esse prazo só voltará a correr se durante este lapso temporal o exequente deixar de se manifestar.

Ao explicitar que a execução pode ser promovida por qualquer interessado, o dispositivo legal em apreço abarca a possibilidade de o próprio executado impulsionar a execução. A doutrina entende aplicável, outrossim, na esfera laboral, o rol de legitimados identificados no art. 778, § 1º, do CPC/2015, o qual especifica que podem promover a execução, ou nela prosseguir o Ministério Público (nos casos previstos em lei), o espólio, os herdeiros ou os sucessores do exequente, sempre que, por morte deste, for a eles transmitido o direito resultante do título executivo. Podem também impulsionar a execução o cessionário, quando o direito resultante do título executivo for transferido àquele por ato entre vivos, e o sub-rogado, nos casos de sub-rogação legal ou convencional.

Parágrafo único. (*Revogado pela Lei n. 13.467, de 13.07.2017.*)

Art. 878-A. Faculta-se ao devedor o pagamento imediato da parte que entender devida à Previdência Social, sem prejuízo da cobrança de eventuais diferenças encontradas na execução *ex officio*.

Artigo acrescentado pela Lei n. 10.035, de 25.10.2000.

Se o devedor entender por bem, pode – independentemente da execução – fazer o pagamento da parte cabível ao INSS. Entretanto, o fato de o devedor adiantar-se e fazer o pagamento sem necessidade de execução forçada não o isenta do pagamento das diferenças porventura encontradas pela autarquia federal (sobre a execução das contribuições sociais na Justiça do Trabalho, veja os comentários ao art. 832 e seus parágrafos da CLT).

Art. 879. Sendo ilíquida a sentença exequenda, ordenar-se-á, previamente, a sua liquidação, que poderá ser feita por cálculo, por arbitramento ou por artigos.

Caput *com redação dada pela Lei n. 2.244, de 23.06.1954.*

Sentença líquida é aquela que, desde logo, delimita os valores, em moeda corrente, a serem pagos pelo vencido. Via de regra, os julgados costumam ser ilíquidos. O dispositivo legal em apreço estipula que a liquidação pode ocorrer por cálculos, por artigos (denominada pelo CPC/2015 de liquidação pelo procedimento comum) ou por arbitramento.

A CLT não conceitua cada uma das modalidades de liquidação. Portanto, na omissão do diploma celetista, cumpre-nos buscar auxílio junto ao CPC/2015, o qual estabelece, no art. 509, § 2º, que a liquidação por cálculos dar-se-á quando a fixação do valor da condenação depender apenas de operações aritméticas, contas estas que devem ser acompanhadas de memória discriminada; em outras palavras, a parte deve descrever, pormenorizadamente, como atingiu a importância lançada.

O art. 509, I, do CPC/2015, por seu turno, informa que somente haverá liquidação por arbitramento quando houver essa determinação na sentença ou quando isso for convencionado pelas partes; nesta última hipótese, o juiz poderá indeferir o requerimento, se entender ser possível a liquidação por meros cálculos. A lei permite ainda a liquidação por arbitramento quando a natureza do objeto assim o exigir. Nesse tipo de liquidação, o juiz nomeará um perito que, por meio de seu conhecimento técnico, arbitrará os parâmetros para a elaboração dos cálculos.

O art. 509, II, do CPC/2015 trata da liquidação por artigos (ou liquidação pelo procedimento comum), modalidade de liquidação empregada quando houver necessidade de alegarem-se e provarem-se fatos novos; ou seja, quando, no processo de conhecimento, o juiz entender demonstrada a obrigação do réu para com o autor, mas não fixar sua real extensão, o que ficará demonstrado na liquidação por artigos. O exequente fará uma petição apontando os artigos que pretende demonstrar, por todos os meios de prova em direito admitidos – testemunha, novos documentos etc. Abrir-se-á a oportunidade de o executado contestar os artigos, sob pena de revelia. Se forem demonstrados os artigos, passar-se-á à realização dos cálculos; se não, poderá o interessado propor novos artigos. A liquidação por artigos é comum na ação civil coletiva (modalidade de direitos individuais homogêneos).

---

§ 1º Na liquidação, não se poderá modificar, ou inovar, a sentença liquidanda, nem discutir matéria pertinente à causa principal.

Antigo parágrafo único renumerado pela Lei n. 8.432, de 11.06.1992.

Não podem as partes, ao liquidar a sentença proferida na fase de conhecimento, alterar-lhe o teor, tampouco tentar reformá-la nesse momento processual, sob pena de instaurar-se a instabilidade nas relações processuais e sociais.

§ 1º-A. A liquidação abrangerá, também, o cálculo das contribuições previdenciárias devidas.

Parágrafo acrescentado pela Lei n. 10.035, de 25.10.2000.

No momento da liquidação da sentença, serão elaborados também os cálculos relativos às contribuições previdenciárias devidas pelas partes, utilizando, para tanto, a regras específicas da legislação relativa à seguridade social (art. 879, § 4º, da CLT). Sobre a execução das contribuições sociais na Justiça do Trabalho, veja comentários ao art. 832 e seus parágrafos da CLT.

§ 1º-B. As partes deverão ser previamente intimadas para a apresentação do cálculo de liquidação, inclusive da contribuição previdenciária incidente.

Parágrafo acrescentado pela Lei n. 10.035, de 25.10.2000.

Não há a figura do contador em todos os TRTs, razão pela qual, nessas circunstâncias, as próprias partes devem apresentar o cálculo dos valores a serem quitados pelo executado, cálculos esses que devem abranger, inclusive, a quantia destinada ao pagamento das contribuições sociais perante o INSS. Saliente-se que não será a autarquia federal que deverá apresentar seus cálculos, mas os próprios devedores, o que fere o disposto no art. 142 do CTN, que determina ser de competência privativa da autoridade administrativa "calcular o montante do tributo devido". O INSS será intimado para manifestar-se, posteriormente, quanto aos cálculos já apresentados pelos litigantes.

§ 2º Elaborada a conta e tornada líquida, o juízo deverá abrir às partes prazo comum de oito dias para impugnação fundamentada com a indicação dos itens e valores objeto da discordância, sob pena de preclusão.

Parágrafo com redação dada pela Lei n. 13.467, de 13.07.2017.

O dispositivo em análise foi bastante alterado pela Lei n. 13.467/2017 e, ao contrário do que havia anteriormente, dispõe que é obrigação do juiz conceder às partes prazo comum de oito dias úteis (e não dez dias corridos como era na origem) para impugnação fundamentada quanto aos cálculos apresentados nos autos. Assim, o juiz determinará necessariamente a intimação das partes para que se manifestem sobre as contas e os interessados que se quedarem inertes, sofrerão as consequências da preclusão; se houver preclusão, as partes recalcitrantes não poderão impugnar os cálculos por meio de embargos à execução – executado – ou impugnação à conta de liquidação – exequente –, tampouco por agravo de petição. Notificada a parte para cumprimento desta determinação, esta deverá fazê-lo de maneira especificada, de modo a indicar item a item os erros porventura encontrados e a elaborar as contas que entender corretas. Se assim não agir, sua manifestação não será considerada e consumar-se-á a preclusão. Se as partes manifestarem-se, adequada e discriminadamente, sobre eles, poderão, após ser publicada a sentença de liquidação, voltar a discutir a questão em sede de embargos à execução e de impugnação à sentença de liquidação (veja comentário ao art. 884, § 3º, da CLT).

---

§ 3º Elaborada a conta pela parte ou pelos órgãos auxiliares da Justiça do Trabalho, o juiz procederá à intimação da União para manifestação, no prazo de 10 (dez) dias, sob pena de preclusão.

Parágrafo com redação dada pela Lei n. 11.457, de 16.03.2007.

A redação antiga estipulava que a Justiça especializada deveria intimar o INSS, via postal, para que se manifestasse acerca dos cálculos apresentados nos autos. Como o INSS não mais fiscalizará nem cobrará os valores de suas contribuições sociais, alterou-se o dispositivo legal para fazer constar que a intimação será dirigida à União, que, quando de sua manifestação, no decêndio, deverá falar não apenas sobre as contribuições sociais, mas também sobre o imposto de renda retido na fonte. Note-se que a intimação será dirigida à Procuradoria-Geral Federal, conforme estipula o art. 16, § 3º, II, da Lei 11.457/2007. Convém frisar que também a União, se discordar dos cálculos elaborados, deverá fazer a indicação dos itens e valores objetos da discordância, sob pena de preclusão.

---

§ 4º A atualização do crédito devido à Previdência Social observará os critérios estabelecidos na legislação previdenciária.

Parágrafo acrescentado pela Lei n. 10.035, de 25.10.2000.

A parcela relativa aos valores pertinentes ao Instituto Nacional de Seguridade Social é cálculo com base na legislação previdenciária e não na legislação trabalhista.

---

§ 5º O Ministro de Estado da Fazenda poderá, mediante ato fundamentado, dispensar a manifestação da União quando o valor total das verbas que integram o salário de contribuição, na forma do art. 28 da Lei n. 8.212, de 24 de julho de 1991, ocasionar perda de escala decorrente da atuação do órgão jurídico.

Parágrafo acrescentado pela Lei n. 11.457, de 16.03.2007.

A União poderá isentar seus procuradores de se manifestarem nos autos dos processos cujos valores sejam ínfimos a ponto de a cobrança do tributo vir a causar mais prejuízos que vantagens ao erário.

§ 6º Tratando-se de cálculos de liquidação complexos, o juiz poderá nomear perito para a elaboração e fixará, depois da conclusão do trabalho, o valor dos respectivos honorários com observância, entre outros, dos critérios de razoabilidade e proporcionalidade.

Parágrafo acrescentado pela Lei n. 12.405, de 16.05.2011.

O art. 879 da CLT sempre deixou implícita a ideia de que os cálculos da liquidação seriam promovidos ou pelo assistente de cálculo da Vara do Trabalho ou pelas partes interessadas (exequente e/ou executado). Entretanto, diante do excesso de serviço em algumas regiões brasileiras, como São Paulo, Campinas etc., passou a ser quase impossível que o serventuário da Justiça conseguisse, sozinho, apresentar cálculos de todos os processos que se encontram nessa fase processual. Mesmo quando as próprias partes apresentam pormenorizadamente suas contas, as discrepâncias entre os valores apurados pelo exequente e aqueles encontrados pelo executado são, por vezes, de tal monta que era difícil vislumbrar quem estava com a razão; daí porque, na prática, muitos juízes nomeavam peritos contábeis para elaborar cálculos mais minuciosos ou para conferir as contas apresentadas pelas partes. Os honorários periciais eram pagos por aquele que deu causa à nomeação do *expert*, e esse fato era apurado pela análise de qual das partes menos se aproximou do cálculo do perito nomeado ou então por qual delas deixou de apresentar os valores quando o juízo assim o determinou. Havia entendimentos, ainda, de que a responsabilidade pelo pagamento dos honorários periciais na fase de liquidação de sentença incumbia sempre à executada, pois fora sucumbente na fase de conhecimento. O valor da apuração dos honorários periciais sempre ficou a critério do juiz que observava o caso concreto para arbitrá-lo. O que se vê neste § 6º é a consagração legal daquilo que os Tribunais Regionais mais movimentados já faziam no seu cotidiano, trazendo aos jurisdicionados maior segurança jurídica. Convém lembrar que, a partir da Lei n. 13.467/2017, será possível deduzir do crédito do exequente o valor dos honorários periciais, ainda que seja beneficiário da justiça gratuita.

§ 7º A atualização dos créditos decorrentes de condenação judicial será feita pela Taxa Referencial (TR), divulgada pelo Banco Central do Brasil, conforme a Lei n. 8.177, de 1º de março de 1991.

Parágrafo acrescentado pela Lei n. 13.467, de 13.07.2017.

Muito embora o legislador que idealizou a reforma trabalhista de 2017 desejasse pôr fim à celeuma que se refere à forma de cálculo de atualização de créditos trabalhistas, não obteve êxito em seu intento.

A Lei n. 13.467/2017 entrou em vigor em 10.11.2017 e por meio do parágrafo em análise tentou impor como índice de correção monetária a Taxa Referencial. Ocorre que, logo em seguida, em dezembro de 2017, a 2ª Turma do STF julgou improcedente a Reclamação n. 22.012 ajuizada pela Federação Nacional dos Bancos contra decisão do TST que determinou a adoção do Índice de Preços ao Consumidor Amplo Especial (IPCA-e) no lugar da Taxa Referencial Diária (TRD) para a atualização de débitos trabalhistas. Com esta decisão foi revogada a liminar anteriormente concedida que suspendia a aplicação do IPCA-e na atualização de cálculos trabalhistas.

Prevaleceu o entendimento de que a decisão do TST de aplicação do IPCA-e por arrastamento ou atração não configura desrespeito ao julgamento do STF nas ADI ns. 4.357 e 4.425, que analisaram a emenda constitucional sobre precatórios.

Portanto, à luz do decidido pelo STF, o parágrafo em comento não passa pelo crivo da constitucionalidade.

Seção II
Do Mandado e da Penhora

Art. 880. Requerida a execução, o juiz ou presidente do tribunal mandará expedir mandado de citação do executado, a fim de que cumpra a decisão ou o acordo no prazo, pelo modo e sob as cominações estabelecidas ou, quando se tratar de pagamento em dinheiro, inclusive de contribuições sociais devidas à União, para que o faça em 48 (quarenta e oito) horas ou garanta a execução, sob pena de penhora.

Caput *com redação dada pela Lei n. 11.457, de 16.03.2007.*

A alteração perpetrada no artigo em análise foi feita para constar que a execução abrangerá as contribuições devidas à União (e não ao INSS, como impunha a redação anterior).

O legislador perdeu uma ótima oportunidade de, seguindo o exemplo do CPC, eliminar a citação para a execução no processo do trabalho, o que facilitaria em muito a busca pela efetividade da Justiça e traria maior celeridade à execução trabalhista. Enquanto o legislador não altera a lei, continua a discussão acerca da aplicabilidade ou não do art. 523, §§ 1º a 3º, do CPC/2015 em seara trabalhista. Diversas correntes formaram-se acerca do assunto. Apontaremos apenas as mais marcantes.

Segundo os adeptos da primeira corrente, o art. 523, §§ 1º a 3º, do CPC/2015, não poderia ser utilizado subsidiariamente ao processo do trabalho, pois a CLT é explícita, no *caput* do art. 880, sobre a forma de comunicação ao devedor quanto aos valores apurados na sentença de liquidação ser por citação direta do executado, pelo oficial de justiça. Destarte, para os defensores desta corrente, é inaplicável a notificação do réu por meio de seu advogado e inviável a imposição da multa de 10% sobre o montante da execução, porque não preenchidos os requisitos do art. 769 da CLT (que permite a aplicação subsidiária do direito processual comum apenas nas hipóteses de omissão do diploma consolidado quanto à matéria e, ainda assim, se houver compatibilidade com os princípios processuais trabalhistas). Destacam, ainda, que a ordem de aplicabilidade das fontes formais na execução laboral não segue a ordem da fase de cognição, sendo certo que o segundo diploma na ordem de aplicação na fase executiva é a Lei n. 6.830/80 (LEF), e não o CPC.

Para outros, os princípios da efetividade da prestação jurisdicional e da celeridade, próprios do processo trabalhista que visa à satisfação de crédito alimentar, justificariam a utilização subsidiária do art. 523, §§ 1º a 3º, do CPC/2015, que se mostra mais eficiente que o diploma consolidado (de 1943). Para tais operadores, tão logo fosse publicada a sentença de liquidação, o juiz do trabalho intimaria o advogado da parte devedora para que o débito fosse quitado no prazo de quinze dias. Na hipótese de o executado não efetuar o pagamento, aplicar-se-ia uma multa de 10% sobre o valor do débito. Essa penalidade, a nosso ver, poderia perfeitamente ser utilizada na Justiça especializada brasileira, uma vez que possui natureza jurídica de pena por litigância de má-fé, omissa na legislação trabalhista. De qualquer modo, a questão ainda é controvertida.

Outra corrente interessante é a que afirma ser pertinente a aplicação da penalidade por não cumprimento da sentença de liquidação no prazo estipulado pelo juiz, uma vez que o artigo em comento fixa: no mandado de citação, constará que a parte deve cumprir a decisão ou o acordo "no prazo, pelo modo e sob as *cominações estabelecidas*"(grifo nosso). Desse modo, o magistrado poderia estipular as cominações que entendesse pertinentes (até mesmo uma multa de 10%), sem prejuízo das sanções previstas no art. 903, § 6º, do CPC/2015, se presentes as hipóteses do art. 774 do CPC/2015.

Enquanto não pacificada a questão, tem-se que, após se iniciar a execução, o juiz determinará ao oficial de justiça proceder à citação do executado para que pague, espontaneamente, no prazo de 48 horas, o valor do seu débito, bem como as despesas processuais e as contribuições sociais. Se não o fizer, sujeitar-se-á às consequências legais, ou seja, ser-lhe-ão penhorados tantos bens quantos bastem à satisfação do crédito do exequente e à cobertura das demais despesas do processo.

§ 1º O mandado de citação deverá conter a decisão exequenda ou o termo de acordo não cumprido.

O oficial de justiça entregará ao executado, juntamente com o mandado, a cópia da parte dispositiva da sentença que está sendo executada ou do acordo homologado em juízo.

§ 2º A citação será feita pelos oficiais de justiça.

Ao contrário do que ocorre na fase de conhecimento, em que a citação do réu, via de regra, é feita pelo correio, na fase de execução a citação é feita por oficial de justiça, o que não significa dizer que deva ser pessoal; basta a entrega do mandado no endereço indicado.

§ 3º Se o executado, procurado por 2 (duas) vezes no espaço de 48 (quarenta e oito) horas, não for encontrado, far-se-á citação por edital, publicado no jornal oficial ou, na falta deste, afixado na sede da Junta ou Juízo, durante 5 (cinco) dias.

Veja nota deste Capítulo.

Não existe a citação por hora certa no processo trabalhista: ou a citação será feita pelo oficial de justiça, ou, se o executado estiver se ocultando, por edital.

Art. 881. No caso de pagamento da importância reclamada, será este feito perante o escrivão ou chefe de secretaria, lavrando-se termo de quitação, em 2 (duas) vias, assinadas pelo exequente, pelo executado e pelo mesmo escrivão ou chefe de secretaria, entregando-se a segunda via ao executado e juntando-se a outra ao processo.

Caput *com redação ajustada nos termos da Lei n. 409, de 25.09.1948.*

Se o executado quiser quitar seu débito, poderá fazê-lo diretamente ao exequente perante o serventuário da Justiça, que fornecerá o recibo de quitação. Na prática, também pode fazê-lo por meio de petição, na qual o exequente declara ter recebido o valor de seu crédito. Atualmente, pode-se solicitar a guia de depósitos por meio dos sítios dos diversos TRTs ou a própria parte elaborá-la pessoalmente pelo PJe.

Parágrafo único. Não estando presente o exequente, será depositada a importância, mediante guia, em estabelecimento oficial de crédito ou, em falta deste, em estabelecimento bancário idôneo.

Parágrafo com redação dada pela Lei n. 7.305, de 02.04.1985.

Se o executado quiser pagar a dívida, mas o exequente não estiver presente, deverá dirigir-se até a secretaria da Vara, retirar a guia de depósito e fazer o respectivo pagamento no banco credenciado, ou ainda, pode-se solicitar a guia de depósito por meio dos *sites* dos TRTs.

Art. 882. O executado que não pagar a importância reclamada poderá garantir a execução mediante depósito da quantia correspondente, atualizada e acrescida das despesas processuais, apresentação de seguro-garantia judicial ou nomeação de bens à penhora, observada a ordem preferencial estabelecida no art. 835 da Lei n. 13.105, de 16 de março de 2015 – Código de Processo Civil.

Caput *com redação dada pela Lei n. 13.467, de 13.07.2017.*

Se o executado pretender discutir o valor do débito, deverá garantir o pagamento da dívida, mediante depósito em dinheiro da importância apurada, atualizada e acrescida das despesas processuais, ou por meio da indicação de bens suficientes para essa garantia. Existe uma ordem de preferência para essa nomeação, ordem esta prevista no art. 835 do CPC/2015. Desse modo, o primeiro bem na ordem de preferência é dinheiro, em espécie ou em depósito ou aplicação em instituição financeira; seguido de títulos da dívida pública da União, dos estados e do Distrito Federal com cotação em mercado; de títulos e valores mobiliários com cotação em mercado; de veículos de via terrestre; bens imóveis; bens móveis em geral; semoventes; navios e aeronaves; ações e quotas de sociedades simples e empresárias; percentual do faturamento de empresa devedora; pedras e metais preciosos; direitos aquisitivos derivados de promessa de compra e venda e de alienação fiduciária em garantia; por fim, outros direitos.

A alteração ocorrida por meio da Lei n. 13.467/2017 acrescenta que é possível garantir o juízo por meio de seguro-garantia judicial. A OJ n. 59 da SDI-II do Col. TST já previa esta possibilidade ao fixar que "a carta de fiança bancária e o seguro-garantia judicial, desde que em valor não inferior ao do débito em execução, acrescido de 30%, equivalem a dinheiro para efeito da gradação dos bens penhoráveis, estabelecida no art. 835 do CPC/2015"(Resolução n. 209/2016, *DEJT* divulgado em 01, 02 e 03.06.2016). Porém não será qualquer seguro-garantia judicial que será aceito, mister se faz verificar as condições em que tal seguro foi elaborado, por exemplo, se contiver prazo de validade sem cláusula de renovação automática, impossível aceitar referido seguro porque vencido o prazo a execução estaria a descoberto.

Art. 883. Não pagando o executado, nem garantindo a execução, seguir-se-á penhora dos bens, tantos quantos bastem ao pagamento da impor-

tância da condenação, acrescida de custas e juros de mora, sendo estes, em qualquer caso, devidos a partir da data em que for ajuizada a reclamação inicial.

Artigo com redação dada pela Lei n. 2.244, de 23.06.1954.

Se o executado silenciar quanto ao pagamento e não indicar bens à penhora, o oficial de justiça penhorará os bens necessários à satisfação do crédito do exequente, segundo a ordem descrita no art. 835 do CPC/2015. Convém frisar que o diploma processual civil prevê, de maneira explícita, a possibilidade de penhora *on-line*. Permite-se que o executado substitua os bens penhorados por dinheiro. Por meio da penhora, o oficial de justiça identifica os bens e dá-lhes uma destinação específica, nomeando fiel depositário, que não pode desfazer-se dos bens sob sua guarda sem autorização judicial.

São impenhoráveis, nos termos do art. 833 do CPC/2015: "I – os bens inalienáveis e os declarados, por ato voluntário, não sujeitos à execução; II – os móveis, os pertences e as utilidades domésticas que guarnecem a residência do executado, salvo os de elevado valor ou os que ultrapassem as necessidades comuns correspondentes a um médio padrão de vida; III – os vestuários, bem como os pertences de uso pessoal do executado, salvo se de elevado valor; IV – os vencimentos, os subsídios, os soldos, os salários, as remunerações, os proventos de aposentadoria, as pensões, os pecúlios e os montepios, bem como as quantias recebidas por liberalidade de terceiro e destinadas ao sustento do devedor e de sua família, os ganhos de trabalhador autônomo e os honorários de profissional liberal, ressalvado o § 2º; V – os livros, as máquinas, as ferramentas, os utensílios, os instrumentos ou outros bens móveis necessários ou úteis ao exercício da profissão do executado; VI – o seguro de vida; VII – os materiais necessários para obras em andamento, salvo se essas forem penhoradas; VIII – a pequena propriedade rural, assim definida em lei, desde que trabalhada pela família; IX – os recursos públicos recebidos por instituições privadas para aplicação compulsória em educação, saúde ou assistência social; X – a quantia depositada em caderneta de poupança, até o limite de 40 (quarenta) salários-mínimos; XI – os recursos públicos do fundo partidário recebidos por partido político, nos termos da lei; XII – os créditos oriundos de alienação de unidades imobiliárias, sob regime de incorporação imobiliária, vinculados à execução da obra". O disposto nos incisos IV e X do *caput* do art. 883 não se aplica à hipótese de penhora para pagamento de prestação alimentícia, independentemente de sua origem, bem como às importâncias excedentes a 50 salários mínimos mensais, devendo a constrição observar o disposto nos arts. 528, § 8º, e 529, § 3º. Incluem-se na impenhorabilidade prevista no inciso V do *caput* os equipamentos, os implementos e as máquinas agrícolas pertencentes a pessoa física ou a empresa individual produtora rural, exceto quando tais bens tenham sido objeto de financiamento e estejam vinculados em garantia a negócio jurídico ou quando respondam por dívida de natureza alimentar, trabalhista ou previdenciária.

À falta de outros bens, podem ser penhorados, por força do art. 834 do CPC/2015, os frutos e os rendimentos dos bens inalienáveis. A Lei n. 8.009/90 trata da impenhorabilidade do bem de família; ela declara que o imóvel residencial próprio do casal ou da entidade familiar não pode ser objeto de penhora. De outro turno, o artigo ora comentado frisa que os juros de mora, no processo do trabalho, são devidos desde o ajuizamento da ação.

Art. 883-A. A decisão judicial transitada em julgado somente poderá ser levada a protesto, gerar inscrição do nome do executado em órgãos de proteção ao crédito ou no Banco Nacional de Devedores Trabalhistas (BNDT), nos termos da lei, depois de transcorrido o prazo de quarenta e cinco dias a contar da citação do executado, se não houver garantia do juízo.

Artigo acrescentado pela Lei n. 13.467, de 13.07.2017.

O artigo em comento coloca o crédito trabalhista (de caráter alimentício) em situação pior que a do crédito comum. Pelo art. 517 do CPC/2015 "a decisão judicial transitada em julgado poderá ser levada a protesto, nos termos da lei, depois de transcorrido o prazo para pagamento voluntário previsto no art. 523". Para o processo do trabalho, entretanto, o protesto e o lançamento do nome do executado em órgão de proteção ao crédito só podem ocorrer depois de 45 dias da citação para a execução e apenas se não houver garantia do juízo. A meu ver, esta espera imposta pelo legislador atenta contra o princípio da celeridade, mormente porque o crédito em execução tem caráter alimentar.

Seção III
Dos Embargos à Execução e da sua Impugnação

Art. 884. Garantida a execução ou penhorados os bens, terá o executado 5 (cinco) dias para apresentar embargos, cabendo igual prazo ao exequente para impugnação.

Para que o executado possa embargar a execução ou para que o exequente possa impugnar a sentença de liquidação, mister se faz que o juízo esteja garantido pelo devedor. A garantia do juízo, conforme já visto, é de responsabilidade do executado e pode ser feita por meio do depósito do valor do débito, pela indicação espontânea de bens à penhora, ou pela penhora de bens feita pelo oficial de justiça.

O artigo em apreço trata de duas peças distintas: a primeira é chamada de embargos à execução, os quais são opostos pelo executado com vistas a desconstituir o direito à execução ou aos atos a ela inerentes; além disso, o art. 884, § 3º, esclarece que, por meio dessa peça, o executado também pode discutir a conta de liquidação – desde que já não tenha havido preclusão; a segunda peça é a impugnação à conta de liquidação, de autoria do exequente, com vistas a atingir a extensão da condenação.

Ao contrário do que possa parecer, os embargos à execução não constituem meio de defesa; ao contrário, apresentam natureza jurídica de ação.

Convém lembrar que, com o advento da MP n. 2.180-35/2001, que criou o art. 1º-B da Lei n. 9.494/97, os entes públicos passaram a ter o prazo de trinta dias para opor embargos à execução, sendo certo que os particulares não participavam desse privilégio e continuavam a gozar do prazo de cinco dias mencionado no artigo ora comentado, contado a partir da garantia do juízo. A princípio tanto o TST como o STJ vinham negando vigência a este dispositivo, inclusive para a Fazenda Pública, por entenderem que ele ofendia os princípios basilares do processo: equidade e celeridade, com a criação de um privilégio injustificável. O TST, em 05.08.2005, ao julgar o RR n. 70/1992-011-04-00.7, chegou mesmo a, incidentalmente, declarar a inconstitucionalidade do art. 1º da MP n. 2.180-35/2001, por ausência de urgência política a justificar o meio utilizado para a ampliação do prazo para a oposição de embargos à execução, apresentando-se, a seu ver, como um privilégio inconstitucional. Julgamento de igual teor foi reiterado pelo TST ao analisar o RR n. 1201/1996-020 04-00.8.

O STF, entretanto, em 28.03.2007, por meio do Min. Cezar Peluso, deferiu medida cautelar na ADC n. 11, proposta pelo Governo do Distrito Federal para suspender os processos em que se discutisse a constitucionalidade do art. 1º-B da Lei n. 9.494/97, acrescentado pela MP n. 2.180-35/2001. Em 26.08.2009, o STF, por maioria de votos e, nos termos do voto do relator, resolveu questão de ordem no sentido de prorrogar o prazo da liminar concedida, vencido o Min. Marco Aurélio. A publicação desta decisão ocorrera em 11.12.2009.

Em 09.05.2013, ao julgar a Reclamação n. 11.947, o Min. Gilmar Mendes entendeu por bem julgar procedente referida reclamação e cassar a decisão do TST que julgava intempestivos os embargos à execução da União que foram apresentados em trinta dias, determinando que o TST proferisse outra decisão em seu lugar, de acordo com o entendimento firmado pelo STF no julgamento da ADC n. 11.

Portanto, até que se julgue o mérito da ADC n. 11, se os juízes e os tribunais concederem à Fazenda Pública prazo menor do que trinta dias, podem gerar controvérsia capaz de redundar na suspensão do feito e ampliar a demora na prestação jurisdicional em vez de diminuí-la. Nos termos do art. 535 do CPC/2015, a Fazenda Pública será intimada na pessoa de seu representante judicial, por carga, remessa ou meio eletrônico, para, querendo, no prazo de trinta dias e nos próprios autos, impugnar a execução.

Mudando de assunto, se, porventura, os interessados não tiverem como saber o momento em que foi feito o depósito da penhora, deverá a secretaria da Vara cientificá-los, para que, a partir de então, inicie-se a contagem do prazo para embargos à execução ou para a impugnação da sentença de liquidação.

No que tange à execução em face da Fazenda Pública, obedece ao disposto no art. 100 da CF, alterado pela EC n. 62/2009. Esclarece a Carta Magna que os pagamentos devidos pelas Fazendas Públicas Federal, estaduais, distrital e municipais, em virtude de sentença judiciária, far-se-ão exclusivamente na ordem cronológica de apresentação dos precatórios e à conta dos créditos respectivos, estando proibida a designação de casos ou de pessoas nas dotações orçamentárias e nos créditos adicionais abertos para este fim. Frisa que os créditos de natureza alimentícia compreendem aqueles decorrentes de salários, vencimentos, proventos, pensões e suas complementações, benefícios previdenciários e indenizações por morte ou invalidez, fundadas em responsabilidade civil, em virtude de sentença judicial transitada em julgado, e serão pagos com preferência sobre todos os demais débitos, exceto sobre aqueles cujos titulares possuam mais de 60 anos de idade ou sejam portadores de doenças legalmente consideradas graves. O § 2º do art. 100 da CF, com redação dada pela EC n. 94/2016, estabelece que os débitos de natureza alimentícia cujos titulares originários ou por sucessão hereditária tenham 60 anos de idade, ou sejam portadores de doença grave, ou pessoas com deficiência, assim definidos na forma da lei, serão pagos com preferência sobre todos os demais débitos, até o valor equivalente ao triplo fixado em lei para os fins de pagamento de débitos de pequeno valor, admitido o fracionamento para esta finalidade, sendo que o restante será pago na ordem do precatório. Na prática são feitos dois precatórios: um com o valor de até o triplo das RPVs e um outro com a diferença. Entretanto, a meu ver, o § 2º do art. 100 da CF é explícito no sentido de que pode haver o fracionamento do valor na hipótese dos hipossuficientes descritos acima, portanto, na minha opinião, o mais correto seria pagar por meio de ofício requisitório a parcela de até três vezes a quantia fixada como de pequeno valor e o restante por meio de precatório. Isso porque se a pessoa tem 60 anos ou mais, está com doença grave ou é portadora de alguma deficiência, precisa do dinheiro com toda a urgência, daí a exceção constitucional.

O § 3º do art. 100 da CF diz que a regra dos precatórios não se aplica aos pagamentos de obrigações definidas em leis, como de pequeno valor, que as Fazendas referidas devam fazer em virtude de sentença judicial transitada em julgado, e o § 4º decreta que poderão ser fixados, por leis próprias, valores distintos às entidades de direito público, segundo as diferentes capacidades econômicas, sendo o mínimo igual ao valor do maior benefício do regime geral de previdência social. O diploma constitucional veda a expedição de precatórios complementares ou suplementares de valor pago, bem como o fracionamento, a repartição ou a quebra do valor da execução para fins de enquadramento de parcela nos créditos de pequeno valor (observada a exceção do § 2º). Se o ente público não quitar os débitos de pequeno valor no prazo de sessenta dias, pode-se decretar o sequestro de bens para o pagamento correspondente.

Para fins de expedição do precatório, as entidades de direito público são obrigadas a incluir nos respectivos orçamentos a verba necessária para pagamento de seus débitos oriundos de sentenças com trânsito em julgado até 1º de julho, fazendo-se o pagamento até o final do exercício seguinte, quando terão seus valores atualizados monetariamente. As dotações orçamentárias e os créditos abertos serão consignados diretamente ao Poder Judiciário, cabendo ao presidente do tribunal que proferir a decisão exequenda determinar o pagamento integral e autorizar o sequestro da quantia respectiva, a requerimento do credor e exclusivamente para os casos de preterimento de seu direito de precedência ou de não alocação orçamentária do valor necessário à satisfação do seu débito. O presidente do tribunal competente que, por ato comissivo ou omissivo, retardar ou tentar frustrar a liquidação regular de precatórios incorrerá em crime de responsabilidade e responderá, também, perante o CNJ.

Os §§ 9º e 10 do art. 100 estabeleciam que no momento da expedição dos precatórios, independentemente de regulamentação, deles deveria ser abatido, a título de compensação, valor correspondente aos débitos líquidos e certos, inscritos ou não em dívida ativa e constituídos contra o credor original pela Fazenda Pública devedora, incluídas parcelas vincendas de parcelamentos, ressalvados aqueles cuja execução estivesse suspensa em virtude de contestação administrativa ou judicial; para tanto, a lei determinava que, antes da expedição dos precatórios, o Tribunal solicitasse à Fazenda Pública devedora, para resposta em até trinta dias, sob pena de perda do direito de abatimento, informação sobre os débitos que preenchessem as condições estabelecidas no § 9º do art. 100 da CF, para os fins nele previstos. O STF, entretanto, julgou inconstitucionais os §§ 9º e 10 do art. 100 da CF, aduzindo que não se poderia admitir um tipo unilateral e automático de compensação, com violação das garantias do devido processo legal, do contraditório e da ampla defesa. Julgou, ainda, violado o princípio da isonomia, uma vez que o particular jamais poderia fazer a mesma compensação que o ente público. O credor poderá, se quiser, utilizar os créditos dos precatórios para a compra de imóveis públicos do respectivo ente federado ou, ainda, ceder, total ou parcialmente, seus créditos em precatórios a terceiros, independentemente da concordância do devedor, não se aplicando ao cessionário as vantagens do crédito de pequeno valor ou os privilégios dos idosos e doentes. O § 12 do art. 100 da CF foi considerado parcialmente inconstitucional no que se refere à expressão "índice oficial de remuneração básica a caderneta de poupança".

O § 15 do art. 100 da CF estabelecia que "sem prejuízo do disposto neste artigo, lei complementar a esta Constituição Federal poderá estabelecer regime especial para pagamento de crédito de precatórios de Estados, Distrito Federal e Municípios, dispondo sobre vinculações à receita corrente líquida e forma e prazo de liquidação". O STF entendeu que os preceitos desse parágrafo atentavam contra os valores do Estado de Direito, do devido processo legal, do livre e eficaz acesso ao Poder Judiciário, da razoável duração do processo, da moralidade, impessoalidade e da igualdade, declarando inconstitucional não apenas o parágrafo ora mencionado, mas também todo o art. 97 do ADCT.

Doutro turno, a doutrina e a práxis têm admitido, em casos excepcionais, que as partes discutam a execução sem garanti-la – trata-se da figura da exceção de pré-executividade. Por meio desse instituto – que não tem previsão legal –, permite-se ao executado o direito de demonstrar, liminarmente, a falta dos pressupostos que autorizariam o prosseguimento da execução, com base na existência de defeito no título ou na sua inexequibilidade.

Para Amauri Mascaro Nascimento (*Curso de direito processual do trabalho*. 20. ed. São Paulo, Saraiva, 2001, p. 572-4), a objeção de pré-executividade ou exceção é cabível no processo do trabalho e aplica-se, no caso concreto, conforme a relevância da matéria. Para Nelson e Rosa Maria Nery (*Código de Processo Civil comentado e legislação processual civil extravagante em vigor*. 9. ed. São Paulo, Revista dos Tribunais, 2006, p. 907), o melhor seria chamar de objeção de pré-executividade, porque seu objeto é matéria de ordem pública decretada *ex officio* pelo juiz e, por isso mesmo, insuscetível de preclusão. O fundamento constitucional para este instituto está no art. 5º, XXXV e LV, da CF. Para Sérgio Pinto Martins (*Direito processual do trabalho*. 23. ed. São Paulo, Atlas, 2005, p. 691), seria simplesmente pré-executividade – nem exceção, nem objeção. Para esse autor, a natureza jurídica seria de defesa, incidente processual defensivo contra ilegalidades. Diz o autor que a pré-executividade não é compatível com o processo do trabalho por força do art. 884 da CLT. A maior parte da doutrina, entretanto, admite a exceção de pré-executividade no processo laboral. O prazo para sua interposição é até o momento que antecede a penhora e o recurso cabível é o agravo de petição, por ser o recurso próprio da fase de execução.

São as seguintes as hipóteses de seu cabimento: a) erro material; b) excesso de execução; c) parte ilegítima; d) título executivo inexistente. Mister se faz, para a admissibilidade da medida, que haja *urgência e excepcionalidade*, a fim de evitarem-se interposições protelatórias. Se a prova documental não for forte o suficiente para o acolhimento da exceção de plano, a única via adequada para obstar a execução seria os embargos à execução após a garantia do juízo, por permitirem a dilação probatória no processo de execução.

Quanto à denominação, Sérgio Shimura (*apud* FREDIANI, Yone. *Exceção de pré-executividade no processo do trabalho*. São Paulo, LTr, 2002, p. 43-4) estabelece o seguinte critério: chama de *objeção de pré-executividade* quando se trata de matéria que deve ser conhecida de ofício pelo juiz, isto é, matéria de ordem pública – pressupostos processuais e condições da ação; denomina *exceção de pré-executividade* a petição a envolver matéria que deve ser objeto de alegação da parte, sendo, porém, desnecessária qualquer dilação probatória para sua demonstração; por fim, chama de *embargos do devedor* quando envolver matéria que deve ser alegada pelas partes, cuja demonstração exige dilação probatória, cabível somente após a garantia do juízo (a CLT utiliza os termos embargos à execução e embargos à penhora como sinônimos de embargos do devedor).

O artigo que ora analisamos deixa claro que somente o executado pode opor embargos à execução; assim, aquele que não figurar como executado e vier a sofrer constrição ou ameaça de constrição na posse de seus bens por ato de apreensão judicial – penhora, por exemplo –, somente poderá defender judicialmente sua manutenção na posse ou a restituição de seus bens por meio de embargos de terceiros (arts. 674 a 680 do CPC/2015). Será considerado terceiro não apenas o proprietário do bem judicialmente apreendido ou que possa vir a ser apreendido, mas também o possuidor, o mero detentor, o cônjuge – este quando estiver na defesa da posse de bens dotais, próprios, reservados ou de sua meação – e o credor com garantia real.

O art. 675 do diploma processual civil estabelece que os embargos de terceiros podem ser opostos a qualquer tempo no processo de conhecimento enquanto não houver transitado em julgado a sentença, sendo que, na fase de execução, o terceiro tem prazo de até cinco dias para sua oposição, depois da adjudicação, da alienação por iniciativa particular ou da arrematação, mas sempre antes da assinatura da respectiva carta. Os embargos de terceiros serão distribuídos por dependência e correrão em autos distintos perante a mesma Vara que determinou a apreensão dos bens. Apresentam natureza jurídica de ação e, por esse motivo, a peça inicial deve ser elaborada conforme as regras do art. 319 do CPC/2015, deve estar acompanhada de documentos que comprovem a posse ou o domínio, bem como a qualidade de terceiro, e deve também vir acompanhada do respectivo rol de testemunhas.

O magistrado poderá designar audiência para que o embargante demonstre sua posse ou domínio por prova oral. Se o juiz entender provada a posse ou o domínio, poderá deferir, liminarmente, os embargos de terceiros; para tanto, expede o competente mandado de manutenção ou de restituição em favor do embargante, que receberá os bens após prestar caução de que os devolverá com seus rendimentos caso os embargos de terceiros sejam ao final rejeitados (art. 678, parágrafo único, do CPC/2015 – art. 1.051 do CPC/73); a referida decisão é interlocutória e, por isso, não é passível de recurso imediato na esfera trabalhista.

O prazo para contestação é de quinze dias, após o que haverá audiência de instrução e julgamento. Se os embargos de terceiros não forem contestados, o juiz os julgará de plano. A sentença que os aceita ou que os rejeita, na fase de execução trabalhista, desafia agravo de petição.

§ 1º A matéria de defesa será restrita às alegações de cumprimento da decisão ou do acordo, quitação ou prescrição da dívida.

Muito embora o parágrafo em apreço utilize a expressão *matéria de defesa*, conforme foi explicitado nos comentários ao *caput* deste artigo, os embargos à execução apresentam natureza jurídica de ação. Assim, nos termos do parágrafo em apreço, os embargos à execução terão como objeto a alegação de efetivo cumprimento da sentença exequenda, a afirmação de que houve acordo ou que já houve a quitação da dívida após a prolação da sentença exequenda, ou ainda a invocação da prescrição do débito. Ao se levar em consideração o fato de que não é possível, na execução, modificar a sentença exequenda (art. 879, § 1º, da CLT), todas as questões apontadas no referido dispositivo legal devem dizer respeito a fatos ocorridos após a publicação da decisão que se quer executar.

Especificamente quanto à prescrição, o art. 11-A dirimiu qualquer dúvida sobre a possibilidade ou não de arguição de prescrição intercorrente na execução trabalhista.

Outrossim, discute-se a possibilidade ou não de aplicação do art. 916 do CPC/2015 à execução trabalhista. Segundo o diploma processual civil, no prazo para a oposição dos embargos à execução, reconhecendo o crédito do exequente e comprovando o depósito de 30% do valor em execução, inclusive com relação a custas e demais despesas do processo, poderá o executado requerer o parcelamento do débito restante em até seis parcelas mensais, acrescidas de correção monetária e juros de 1% ao mês. Diz ainda o texto da lei que, se o juiz admitir o parcelamento, o exequente levantará a quantia depositada, e serão suspensos os atos executivos e, caso não seja admitido o parcelamento, o depósito de 30% fica mantido em favor do exequente. Fixa, também, que o não pagamento de qualquer das prestações acarreta o vencimento automático de todas as subsequentes, o imediato prosseguimento da execução e o impedimento de oposição de embargos à execução. Entendemos aplicável ao processo do trabalho o parcelamento supradescrito, mormente porque atende ao grande objetivo do processo (pacificação com justiça). A única ressalva a ser feita é no sentido de que seria salutar o magistrado convocar as partes para discutirem acerca das vantagens do parcelamento antes de admiti-lo.

---

§ 2º Se na defesa tiverem sido arroladas testemunhas, poderá o Juiz ou o Presidente do Tribunal, caso julgue necessários seus depoimentos, marcar audiência para a produção das provas, a qual deverá realizar-se dentro de 5 (cinco) dias.

Como os embargos à execução são, na verdade, uma ação do embargante em face do embargado, sempre que os embargos não forem indeferidos liminarmente deve-se abrir vista à parte contrária para que apresente os seus argumentos, de modo a respeitar-se o princípio da ampla defesa e do contraditório. Permite-se ainda a produção de todos os meios de prova legalmente admitidos, inclusive pericial e testemunhal. Desse modo, se houver necessidade, o juiz designará audiência de instrução para colher os depoimentos das testemunhas arroladas, desde que seja respeitado o número de testemunhas previsto para o processo de conhecimento.

---

§ 3º Somente nos embargos à penhora poderá o executado impugnar a sentença de liquidação, cabendo ao exequente igual direito e no mesmo prazo.

Parágrafo com redação dada pela Lei n. 2.244, de 23.06.1954.

O legislador utiliza os termos embargos à execução e embargos à penhora como expressões sinônimas, pois não faz distinção entre as duas figuras. O dispositivo em apreço deve ser lido em conjunto com o do art. 879, § 2º, da CLT, ou seja, se a parte deixou transcorrer em branco sua oportunidade de falar nos autos, preclusa está a oportunidade de opor embargos à execução com o objetivo de rediscutir os cálculos utilizados como base para a prolação da sentença de liquidação, sem a impedir, entretanto, de opô-los com relação às demais questões objeto de embargos à execução (art. 535 do CPC/2015 e art. 884, § 1º, da CLT).

Na hipótese de este ter sido concedido e a parte ter se manifestado de maneira pormenorizada, poderá ela opor embargos à execução ou impugnação da sentença de liquidação, e a decisão que vier a julgá-los sujeitar-se-á a agravo de petição.

§ 4º Julgar-se-ão na mesma sentença os embargos e as impugnações à liquidação apresentadas pelos credores trabalhista e previdenciário.

Parágrafo com redação dada pela Lei n. 10.035, de 25.10.2000.

O juiz apresentará uma única sentença em que analisará tanto a impugnação à sentença de liquidação quanto os embargos à execução, de modo a decidir até mesmo as controvérsias que envolvem as contribuições para o INSS. Nos termos do art. 918 do CPC/2015, aplicável subsidiariamente ao processo do trabalho, o juiz pode rejeitar os embargos à execução liminarmente quando: forem apresentados fora do prazo; a petição inicial for indeferida por inépcia; e quando forem manifestamente protelatórios. Segundo o art. 919 do CPC/2015, os embargos à execução não terão efeito suspensivo, o que vai ao encontro dos princípios da celeridade e efetividade do processo.

O art. 789-A da CLT determina que o magistrado arbitre o valor das custas na execução, inclusive quanto aos embargos à execução, custas estas que são quitadas ao final do processo. Os litigantes podem insurgir-se contra essa sentença com a interposição de agravo de petição fundamentado juridicamente e com discriminações numéricas quanto aos valores controvertidos, sendo certo que o valor não controvertido será objeto de execução definitiva.

§ 5º Considera-se inexigível o título judicial fundado em lei ou ato normativo declarados inconstitucionais pelo Supremo Tribunal Federal ou em aplicação ou interpretação tidas por incompatíveis com a Constituição Federal.

Parágrafo acrescentado pela MP n. 2.180-35, de 24.08.2001.

Convém salientar que a inexigibilidade do título judicial fundado em lei ou ato normativo declarado inconstitucional pelo STF ou em aplicações ou interpretações tidas por incompatíveis com a CF só terá lugar se o acórdão do STF, com efeito *erga omnes*, tiver transitado em julgado antes do trânsito em julgado da sentença que se pretende executar. Se o STF prolatar decisão para o caso concreto, ou seja, sem efeito *erga omnes*, a inexigibilidade do título apenas será levada a efeito após o Senado Federal expedir resolução suspendendo a execução da lei ou do ato normativo em todo o território nacional e se tal expedição ocorrer antes do trânsito em julgado da sentença exequenda.

O CPC/2015 possui dispositivo semelhante; trata-se do § 1º do art. 525.

§ 6º A exigência da garantia ou penhora não se aplica às entidades filantrópicas e/ou àqueles que compõem ou compuseram a diretoria dessas instituições.

Parágrafo acrescentado pela Lei n. 13.467, de 13.07.2017.

As entidades filantrópicas são associações criadas com o intuito de distribuir caridade, portanto, não possuem escopo de lucro. Etimologicamentea a palavra "filantropia" advém das expressões gregas *philos* e *anthropos* e pode ser entendida como amor ao ser humano. Justamente por não visarem à obtenção de lucro possuem uma série de imunidades e isenções fiscais e, com a reforma trabalhista, conseguiram a possibilidade de recorrer sem efetuar o depósito recursal. Portanto, se o trabalhador foi empregado de uma entidade ligada ao terceiro setor terá mais dificuldades na execução porque não terá o valor básico do depósito recursal efetuado em juízo.

Seção IV
Do Julgamento e dos Trâmites Finais da Execução

Art. 885. Não tendo sido arroladas testemunhas na defesa, o juiz ou presidente, conclusos os autos, proferirá sua decisão, dentro de 5 (cinco) dias, julgando subsistente ou insubsistente a penhora.

Se os embargos à execução versarem exclusivamente sobre matéria de direito ou se a prova for documental ou pericial, o juiz, a respeitar o princípio da ampla defesa e do contraditório, poderá prolatar a sentença, que terá natureza jurídica constitutiva ou desconstitutiva, a depender do que for decidido. Na sentença proferida nos embargos à execução ou na impugnação à sentença de liquidação, o juiz manterá ou não a penhora efetuada como garantia do juízo, que será julgada subsistente na primeira hipótese e insubsistente na segunda. Saliente-se que se a execução se processar por carta precatória, seguir-se-á a regra fixada na Súmula n. 419 do Col. TST.

Art. 886. Se tiverem sido arroladas testemunhas, finda a sua inquirição em audiência, o escrivão ou secretário fará, dentro de 48 (quarenta e oito) horas, conclusos os autos ao juiz ou presidente, que proferirá sua decisão, na forma prevista no artigo anterior.

Se tiverem sido arroladas testemunhas, o juiz determinará a instrução dos embargos à execução conforme determina o art. 884, § 2º, da CLT. Ao final dos depoimentos, os autos restarão conclusos para a prolação da sentença, conforme comentários feitos ao artigo anterior.

§ 1º Proferida a decisão, serão da mesma notificadas as partes interessadas, em registrado postal, com franquia.

A sentença poderá ser publicada por registro postal, ou ainda, pelo *Diário Oficial*. A partir da publicação começa a fluir o prazo de oito dias para a interposição de agravo de petição.

§ 2º Julgada subsistente a penhora, o juiz ou presidente mandará proceder logo à avaliação dos bens penhorados.

A avaliação dos bens é feita, atualmente, pelos oficiais de justiça avaliadores (veja arts. 721 e 888 da CLT).

Art. 887. A avaliação dos bens penhorados em virtude da execução de decisão condenatória, será feita por avaliador escolhido de comum acordo pelas partes, que perceberá as custas arbitradas pelo juiz, ou presidente do tribunal trabalhista, de conformidade com a tabela a ser expedida pelo Tribunal Superior do Trabalho.

O art. 3º da Lei n. 5.584, de 26.06.1970, dispõe de modo diverso.

O artigo em análise foi tacitamente derrogado pela Lei n. 5.584/70, que instituiu o oficial de justiça avaliador, cujas funções estão descritas no art. 721 da CLT.

§ 1º Não acordando as partes quanto à designação de avaliador, dentro de cinco dias após o despacho que o determinou a avaliação, será o avaliador designado livremente pelo juiz ou presidente do tribunal.

O texto foi tacitamente derrogado, já que a figura do avaliador foi substituída pelo oficial de justiça avaliador (Lei n. 5.584/70).

§ 2º Os servidores da Justiça do Trabalho não poderão ser escolhidos ou designados para servir de avaliador.

Também o parágrafo em análise foi derrogado tacitamente pela Lei n. 5.584/70. Atualmente, a própria CLT, em seu art. 721, determina que a avaliação dos bens seja feita por servidor da Justiça do Trabalho – oficial de justiça avaliador.

Art. 888. Concluída a avaliação, dentro de 10 (dez) dias, contados da data da nomeação do avaliador, seguir-se-á a arrematação que será anunciada por edital afixado na sede do Juízo ou Tribunal e publicado no jornal local, se houver, com a antecedência de 20 (vinte) dias.

Caput *com redação dada pela Lei n. 5.584, de 26.06.1970.*

O passo seguinte à avaliação pelo oficial de justiça avaliador é a alienação de tais bens a fim de que se possa entregar a efetiva prestação jurisdicional ao exequente; para tanto, mister se faz dar publicidade ao ato. O artigo em análise determina que essa publicidade far-se-á pela afixação de edital na sede do juízo e em jornal local, com antecedência de pelo menos vinte dias, em que se informem aos interessados o dia, a hora e o local da hasta pública, bem como se descrevam, pormenorizadamente, os bens, indicando-lhes a quantidade, o estado de conservação e o valor com o qual foram avaliados. A fixação do edital na sede do juízo e a publicação no jornal local, de preferência de grande circulação – para que o maior número de pessoas possa tomar conhecimento da hasta pública e haja maior probabilidade de alienação dos bens –, são providências cumulativas e indispensáveis, sem as quais haverá nulidade dessa fase processual. Nas grandes comarcas, a publicação é na sede das Varas do Trabalho e por meio do *Diário Oficial*.

Não existe, no processo trabalhista, a mesma distinção entre praça e leilão, existente no processo civil; a nossa classificação é outra: chamamos de praça à primeira tentativa de alienar os bens em hasta pública, respeitando-se como limite mínimo o valor da avaliação; se não houver licitante, passar-se-á a uma outra fase, que denominamos leilão (veja § 3º do artigo ora comentado). No leilão, o bem pode ser arrematado por qualquer lanço, mesmo que inferior ao valor da avaliação, desde que não seja considerado pelo juiz lanço vil. O parágrafo único do art. 891 do CPC/2015 considera vil o preço inferior ao mínimo estipulado pelo juiz e constante do edital, e, não tendo sido fixado preço mínimo, considera-se vil o preço inferior a 50% do valor da avaliação.

O art. 890 do CPC/2015 estabelece o rol de pessoas que podem apresentar-se como licitantes e explicita que podem lançar todos aqueles que tiverem a livre administração de seus bens, com exceção: "I – dos tutores, dos curadores, dos testamenteiros, dos administradores ou dos liquidantes, quanto aos bens confiados à sua guarda e à sua responsabilidade; II – dos mandatários, quanto aos bens de cuja administração ou alienação estejam encarregados; III – do juiz, do membro do Ministério Público e da Defensoria Pública, do escrivão, do chefe de secretaria e dos demais servidores e auxiliares da justiça, em relação aos bens e direitos objeto de alienação na localidade onde servirem ou a que se estender a sua autoridade; IV – dos servidores públicos em geral, quanto aos bens ou aos direitos da pessoa jurídica a que servirem ou que estejam sob sua administração direta ou indireta; V – dos leiloeiros e seus prepostos, quanto aos bens de cuja venda estejam encarregados; VI – dos advogados de qualquer das partes".

§ 1º A arrematação far-se-á em dia, hora e lugar anunciados e os bens serão vendidos pelo maior lance, tendo o exequente preferência para a adjudicação.

Parágrafo com redação dada pela Lei n. 5.584, de 26.06.1970.

A arrematação pode ser definida como a alienação dos bens penhorados e, via de regra, ocorre no saguão da Vara do Trabalho. O oficial de justiça avaliador inicia o pregão, descreve os bens praceados e aguarda que os licitantes apresentem seus lanços. Como já se disse, esse primeiro momento denomina-se *praça*, e o valor do lanço não pode ser inferior ao valor da avaliação dos bens.

Poderá o exequente, se assim o desejar, antes da assinatura do auto de arrematação, adjudicar os bens. Se estes tiverem sido arrematados, a adjudicação será feita pelo valor da arrematação; se não tiver havido licitante, pode o bem ser adjudicado pelo valor da avaliação. A adjudicação pode ser conceituada como uma forma de satisfação do crédito do exequente, na qual este último tem o direito de ficar com a propriedade dos bens que seriam levados à hasta pública ou que já tiverem sido arrematados, desde que o faça antes da assinatura do auto de arrematação. Alguns tribunais têm adotado o instituto da alienação particular previsto no art. 880 do CPC/2015, segundo o qual, se não for realizada a adjudicação dos bens penhorados, o exequente poderá requerer sejam eles alienados por sua própria iniciativa ou por intermédio de corretor credenciado perante a autoridade judiciária. Para tanto, o juiz deverá fixar um prazo no qual a alienação deve ser efetivada, a forma de publicidade, o preço mínimo, as condições de pagamento e as garantias, bem como, se for o caso, a comissão de corretagem. A alienação deve ser formalizada por termo nos autos, assinado pelo juiz, pelo exequente, pelo adquirente e, se estiver presente, pelo executado, expedindo-se carta de alienação do imóvel para o devido registro imobiliário, ou, se bem móvel, mandado de entrega ao adquirente. A lei estabelece, ainda, que os tribunais poderão expedir provimentos detalhando o procedimento da alienação prevista neste artigo, inclusive com o concurso de meios eletrônicos, e dispondo sobre o credenciamento dos corretores, os quais deverão estar em exercício profissional por não menos de cinco anos. Diante da omissão da CLT, muitos autores autorizam a aplicação subsidiária deste artigo no processo do trabalho, criando-se uma nova forma de expropriação de bens, acelerando a prestação jurisdicional. O TRT da 21ª Região, por exemplo, regulamentou a questão por meio de um provimento.

Ademais, o art. 13 da Lei n. 5.584/70 prevê a possibilidade de o executado remir sua dívida para que os bens penhorados voltem para sua propriedade, no prazo de 24 horas que antecedem a assinatura do auto de arrematação. Trata-se, portanto, de uma forma de quitar completamente o débito, pondo fim ao processo com a total satisfação do crédito do exequente. Não há, no processo do trabalho, a possibilidade de remição do bem, mas somente de remição do débito. A remição prefere à adjudicação, que prefere à arrematação.

---

§ 2º O arrematante deverá garantir o lance com o sinal correspondente a 20% (vinte por cento) do seu valor.

Parágrafo com redação dada pela Lei n. 5.584, de 26.06.1970.

Aquele que vier a arrematar o bem deverá, ato contínuo, retirar, na secretaria da Vara, uma guia de depósito e recolher, em banco oficial, o valor correspondente a 20% do valor da arrematação, a título de garantia de que, efetivamente, quitará seu débito (veja § 4º do artigo em análise).

---

§ 3º Não havendo licitante, e não requerendo o exequente a adjudicação dos bens penhorados, poderão os mesmos ser vendidos por leiloeiro nomeado pelo juiz ou presidente.

Parágrafo com redação dada pela Lei n. 5.584, de 26.06.1970.

Na hipótese de na praça não haver interessados na arrematação e de não pretender o exequente a adjudicação dos bens penhorados, haverá o leilão (veja comentário ao *caput* do art. 888 da CLT, em que se apresenta a distinção entre praça e leilão), ou seja, haverá a alienação do bem por qualquer lanço, à exceção do lanço vil. Alguns autores chamam o leilão de segunda praça, já que, via de regra, não é feito por leiloeiro oficial. Entretanto, dependendo do bem a ser alienado, pode o magistrado entender necessária a participação de leiloeiro oficial, o que será feito com esteio no parágrafo em análise.

---

§ 4º Se o arrematante, ou seu fiador, não pagar dentro de 24 (vinte e quatro) horas o preço da arrematação, perderá, em benefício da execução, o sinal de que trata o § 2º deste artigo, voltando à praça os bens executados.

Parágrafo com redação dada pela Lei n. 5.584, de 26.06.1970.

Será desfeita a arrematação se o arrematante deixar de pagar os 80% restantes no prazo de 24 horas contado da arrematação, sendo certo que perderá o sinal de 20%, cujo depósito fora efetuado logo após a arrematação, em favor da execução, ou seja, parte do crédito do exequente será satisfeita com o sinal perdido pelo arrematante. A partir de então, será designada nova praça, na qual estarão proibidos de lançar o arrematante e o fiador que deixaram de efetuar o depósito integral da arrematação (art. 897 do CPC/2015).

Art. 889. Aos trâmites e incidentes do processo da execução são aplicáveis, naquilo em que não contravierem ao presente Título, os preceitos que regem

o processo dos executivos fiscais para a cobrança judicial da dívida ativa da Fazenda Pública Federal.

O artigo em apreço trata da fonte formal a ser utilizada na fase de execução no processo do trabalho. O Decreto-lei n. 960/38, que regulava a cobrança judicial da dívida ativa da Fazenda Pública Federal, foi tacitamente derrogado pelo CPC/73, que passou a regular integralmente essa matéria.

Em 1980, entretanto, foi editada a Lei n. 6.830/80, que veio a disciplinar a cobrança dos créditos da Fazenda Pública Federal. A partir de então, os doutrinadores começaram a discutir se o dispositivo legal ora comentado teria sido ou não derrogado tacitamente, em 1973, pelo CPC. A doutrina majoritária entendeu que, na verdade, o artigo em análise apenas perdeu, temporariamente, sua eficácia, enquanto não havia nenhuma lei a regular, especificamente, os executivos fiscais.

Com a edição da Lei n. 6.830/80, teria o artigo em epígrafe voltado a ser plenamente eficaz. Portanto, na fase de execução, a fonte formal segue esta ordem: primeiro, aplicam-se a CLT e leis trabalhistas esparsas (tais como a Lei n. 5.584/70, o Decreto-lei n. 779/69 etc.); na falta de disposição trabalhista, aplica-se a Lei n. 6.830/80, e, na omissão desta, o CPC e demais diplomas legais afeitos ao direito comum, salvo quando se tratar da ordem da penhora, situação na qual o próprio diploma celetista (art. 882) determina a aplicação do art. 835 do CPC/2015. Note-se que o art. 854 do CPC/2015 prevê a possibilidade de penhora *on-line*.

Art. 889-A. Os recolhimentos das importâncias devidas, referentes às contribuições sociais, serão efetuados nas agências locais da Caixa Econômica Federal ou do Banco do Brasil S.A., por intermédio de documento de arrecadação da Previdência Social, dele se fazendo constar o número do processo.

Caput *acrescentado pela Lei n. 10.035, de 25.10.2000.*

A parte relativa ao INSS deve ser recolhida pelo executado em guia própria (GRPS) nas agências do Banco do Brasil e da Caixa Econômica Federal – os bancos que atendem à Justiça do Trabalho – e deve constar o número do processo a que se referem.

§ 1º Concedido parcelamento pela Secretaria da Receita Federal do Brasil, o devedor juntará aos autos a comprovação do ajuste, ficando a execução da contribuição social correspondente suspensa até a quitação de todas as parcelas.

Parágrafo com redação dada pela Lei n. 11.457, de 16.03.2007.

Alterou-se o dispositivo em apreço para se fazer constar que o parcelamento será processado pela Secretaria da Receita Federal do Brasil (e não mais pelo INSS). Manteve-se a regra de, para evitar que a Justiça do Trabalho proceda à execução dos débitos previdenciários e fiscais já negociados com a União, caber ao executado demonstrar nos autos que obteve o respectivo parcelamento. Assim, comprovada a negociação, haverá suspensão da cobrança até a efetiva quitação dos valores parcelados. Na hipótese de o executado deixar de pagar seu débito, a execução terá prosseguimento.

---

§ 2º As Varas do Trabalho encaminharão mensalmente à Secretaria da Receita Federal do Brasil informações sobre os recolhimentos efetivados nos autos, salvo se outro prazo for estabelecido em regulamento.

Parágrafo com redação dada pela Lei n. 11.457, de 16.03.2007.

A fim de que a autarquia federal possa controlar se os recolhimentos previdenciários vêm sendo efetivamente realizados, a Vara do Trabalho deve, mensalmente, enviar à Secretaria da Receita Federal do Brasil cópias das respectivas guias, devidamente quitadas.

Seção V
Da Execução por Prestações Sucessivas

Art. 890. A execução para pagamento de prestações sucessivas far-se-á com observância das normas constantes desta Seção, sem prejuízo das demais estabelecidas neste Capítulo.

Trata-se de artigo que especifica a fonte formal utilizada para a execução de créditos por prestações sucessivas.

Art. 891. Nas prestações sucessivas por tempo determinado, a execução pelo não pagamento de uma prestação compreenderá as que lhe sucederem.

Pode-se citar como exemplos de prestações sucessivas por tempo determinado os acordos firmados e homologados em juízo para pagamento em diversas parcelas. Assim, ao vencer uma das parcelas sem o respectivo pagamento, todas as subsequentes vencem automaticamente e pode o credor executá-las com o acréscimo da respectiva cláusula penal (veja arts. 408 a 416 do CC).

Art. 892. Tratando-se de prestações sucessivas por tempo indeterminado, a execução compreenderá inicialmente as prestações devidas até a data do ingresso na execução.

Apesar de não ser a regra, nada impede que o trabalhador ajuíze reclamatória trabalhista durante a vigência do contrato de trabalho; nessa hipótese, pode ocorrer de a condenação abranger verbas vencidas e vincendas. Em tais casos, estaremos diante de prestações sucessivas por tempo indeterminado, já que não sabemos até quando o contrato de trabalho continuará a viger.

A princípio, serão executadas apenas as prestações que se tenham vencido quando do início da execução, inclusive aquelas que venceram durante o interregno da prolação da sentença na fase de conhecimento e o momento em que a execução passa a ser promovida. As demais parcelas incluem-se na execução conforme for vencendo o prazo para pagamento sem que sejam adimplidas.

CAPÍTULO VI
DOS RECURSOS

A EC n. 24, de 09.12.1999, substituiu a expressão Juntas de Conciliação e Julgamento, como órgãos da Justiça do Trabalho, pelas expressões Juízes do Trabalho e Varas do Trabalho, essas confirmadas posteriormente pela EC n. 45, de 08.12.2004.

Art. 893. Das decisões são admissíveis os seguintes recursos:

Caput *e incisos com redação dada pela Lei n. 861, de 13.10.1949.*

É da própria natureza humana não se conformar com decisões que lhe sejam desfavoráveis. Ademais, a falibilidade humana pode acarretar julgamentos injustos.

A palavra recurso, de origem latina, significa regressar, voltar atrás, recuar. Sob o ponto de vista jurídico, recurso é o meio processual previsto em lei, à disposição da parte vencida, do terceiro interessado e do Ministério Público, que possibilita o reexame da decisão proferida, na mesma relação jurídico-processual, quer pelo mesmo órgão prolator, quer por órgão hierarquicamente superior, com o objetivo de se obter sua reforma ou modificação.

O recurso tem natureza jurídica de direito subjetivo processual, sendo corolário do direito de ação. Os recursos podem ser de natureza ordinária (aqueles que se destinam à revisão da matéria fática e de direito apreciadas no primeiro grau de jurisdição) ou extraordinária (aqueles que se destinam exclusivamente à revisão da matéria de direito). Para que a parte possa exercer sua faculdade de recorrer é necessário se observar pressupostos de ordem objetiva e subjetiva.

São pressupostos de ordem objetiva: a previsão legal (somente se admite a interposição de recurso que esteja previsto em lei); o cabimento (o recurso apresentado deve ser adequado à decisão impugnada); a tempestividade (o remédio jurídico deve ser interposto no prazo legal, sendo que, no âmbito trabalhista, o prazo é de oito dias, segundo o art. 6º, Lei n. 5.584/70, salvo no caso de oposição de embargos declaratórios, cujo prazo é de cinco dias, conforme art. 897-A, da CLT, e para interposição de recurso extraordinário, cujo prazo é de quinze dias, conforme o art. 1.003, § 5º, do CPC); o preparo (composto das custas processuais – pagas pelo vencido, e do depósito recursal, que tem natureza jurídica de garantia do juízo, sendo feito pelo empregador quando sucumbente no objeto de ação que o tenha condenado ao cumprimento de obrigação pecuniária); e a regularidade de representação (as partes podem exercer o *jus postulandi*, nos termos do art. 791 da CLT e da Súmula n. 425 do TST. Todavia, se estiverem representadas por advogado, este deverá estar regularmente constituído nos autos, sob pena de o recurso ser considerado inexistente; note-se, ainda, que a atual jurisprudência do TST não admite o oferecimento tardio de procuração na fase recursal, exceção feita às hipóteses dos arts. 76, § 2º, e 104, ambos do CPC, conforme Súmula n. 383).

São pressupostos de ordem subjetiva: a legitimidade (possuem legitimidade para recorrer aqueles que foram parte na relação jurídico-processual, o terceiro interessado e o Ministério Público; o sindicato também possui legitimidade para recorrer nos casos em que atua em nome próprio ou como substituto processual); a capacidade (somente quem tem capacidade de estar em juízo poderá recorrer); e o interesse (demonstrado pela situação jurídica desfavorável decorrente da decisão proferida).

A Súmula n. 283 do TST admite a interposição de recurso adesivo (art. 997, § 2º, do CPC) nas hipóteses de recurso ordinário, recurso de revista, recurso de embargos e agravo de petição.

No processo do trabalho, em regra, os recursos são dotados apenas do efeito devolutivo, não possuindo assim efeito suspensivo, de modo que se permite ao credor a execução provisória, até a penhora, nos termos do art. 899 da CLT.

I – embargos;

O recurso de embargos é o apelo técnico interposto contra as decisões proferidas pelo TST em dissídio coletivo (art. 894, I, *a*, da CLT) ou contra decisões de turmas divergentes entre si ou decisões proferidas pela Seção de Dissídios Individuais, bem como contra decisões contrárias à súmula ou orientação jurisprudencial do TST ou súmula vinculante do STF (art. 894, II, da CLT).

II – recurso ordinário;

O recurso ordinário é o remédio jurídico cabível contra decisões terminativas ou definitivas proferidas em primeiro grau, inclusive nas ações de competência originária dos TRTs (art. 895 da CLT).

III – recurso de revista;

O recurso de revista é o apelo técnico, de natureza extraordinária, cabível contra as decisões proferidas pelos TRTs, em dissídios individuais, cujo objetivo é a uniformização da jurisprudência (art. 896 da CLT).

IV – agravo.

Temos no direito processual trabalhista duas espécies de agravo: de petição, cabível contra as decisões proferidas na fase de execução (art. 897, *a*, da CLT), e de instrumento, cabível contra despachos que denegam seguimento a recursos (art. 897, *b*, da CLT).

§ 1º Os incidentes do processo são resolvidos pelo próprio Juízo ou Tribunal, admitindo-se a apreciação do merecimento das decisões interlocutórias somente em recursos da decisão definitiva.

Parágrafo único renumerado pelo Decreto-lei n. 8.737, de 19.01.1946.

O sistema processual trabalhista não admite recurso contra decisão interlocutória, salvo nas hipóteses de decisões de TRT contrárias à súmula ou OJ do TST, suscetíveis de impugnação mediante recurso para o mesmo tribunal ou que acolhem exceção de incompetência territorial, com a remessa dos autos para o Tribunal Regional distinto daquele a que se vincula o juízo excepcionado (art. 799, § 2º, da CLT), conforme entendimento consubstanciado na Súmula n. 214 do TST.

§ 2º A interposição de recurso para o Supremo Tribunal Federal não prejudicará a execução do julgado.

Parágrafo acrescentado pelo Decreto-lei n. 8.737, de 19.01.1946.

O legislador estendeu ao recurso extraordinário (art. 102, III, da CF) o efeito meramente devolutivo, característico a todos os recursos trabalhistas (art. 899 da CLT). Assim, é possível a execução provisória do julgado, mesmo nas hipóteses de recurso extraordinário ao STF (Súmula n. 505 do STF).

Art. 894. No Tribunal Superior do Trabalho cabem embargos, no prazo de 8 (oito) dias:

Caput *com redação dada pela Lei n. 11.496, de 22.06.2007.*

O recurso de embargos ao TST é uma modalidade de recurso interno, uma vez que nasce e se esgota no referido Tribunal.

Trata-se de recurso técnico, de índole extraordinária, cabível contra decisões divergentes proferidas pelo TST em dissídio coletivo ou contra decisões de turmas divergentes entre si ou decisões proferidas pela Seção de Dissídios Individuais, assim como contra decisões contrárias à súmula ou orientação jurisprudencial do TST ou súmula vinculante do STF (redação dada pela Lei n. 13.015/2014).

Logo, é um recurso cabível contra decisões tomadas pelo próprio TST, cujo objetivo é uniformizar a jurisprudência do referido Tribunal.

Não se aplica ao recurso de embargos o art. 899 da CLT (simples petição), em razão de ser o referido apelo de índole extraordinária, devendo, assim, ser fundamentado.

Deve-se ressaltar que a decisão capaz de ensejar recurso de embargos será sempre colegiada, consoante OJ n. 378 da SDI-1 do TST.

É necessário o preparo (pagamento de custas processuais e depósito recursal, até o limite da condenação).

O prazo é de oito dias. De ressaltar que, com o cancelamento da Súmula n. 434 do TST (Resolução n. 198/2015), bem como a previsão do art. 218, § 4º, do CPC, o ato processual praticado antes do termo inicial passou a ser considerado tempestivo.

Por ser um apelo técnico, não se permite a revisão de fatos e provas, mas somente matéria de direito (Súmula n. 126 do TST). Ainda, cumpre notar que para a interposição do presente recurso é indispensável que a parte esteja representada por advogado, conforme Súmula n. 425 do TST.

O juízo de admissibilidade recursal é feito pelo Ministro Presidente do TST e, posteriormente, pela Seção de Dissídios Coletivos (no caso de embargos infringentes) ou Individuais (na hipótese de embargos de divergência) juntamente com a análise do mérito.

I – de decisão não unânime de julgamento que:
Inciso acrescentado pela Lei n. 11.496, de 22.06.2007.

O inciso em análise trata dos chamados embargos infringentes. Somente cabe o presente apelo na hipótese de decisão não unânime.

***a)* conciliar, julgar ou homologar conciliação em dissídios coletivos que excedam a competência territorial dos Tribunais Regionais do Trabalho e estender ou rever as sentenças normativas do Tribunal Superior do Trabalho, nos casos previstos em lei; e**
Alínea acrescentada pela Lei n. 11.496, de 22.06.2007.

A fim de dar maior celeridade aos processos trabalhistas, o legislador reduziu as hipóteses de cabimento dos embargos infringentes opostos perante a Seção de Dissídios Coletivos, limitando o referido recurso apenas contra decisões não unânimes, que conciliem, julguem ou homologuem conciliação em dissídios coletivos que extrapolem a competência territorial dos TRTs, bem como aquelas que estenderem ou revirem as sentenças normativas do próprio TST, nos casos previstos em lei.

b) (vetado)

Alínea acrescentada pela Lei n. 11.496, de 22.06.2007.

II – das decisões das Turmas que divergirem entre si ou das decisões proferidas pela Seção de Dissídios Individuais, ou contrárias a súmula ou orientação jurisprudencial do Tribunal Superior do Trabalho ou súmula vinculante do Supremo Tribunal Federal.

Inciso acrescentado pela Lei n. 11.496, de 22.06.2007, e com redação dada pela Lei n. 13.015, de 21.07.2014.

Trata-se dos chamados embargos de divergência, opostos perante a Seção de Dissídios Individuais, cujo objetivo é a uniformização da jurisprudência do TST.

As hipóteses de cabimento correspondem às decisões de Turmas que divergirem entre si, ou de decisões proferidas pela SDI, ou ainda, decisões contrárias à súmula ou orientação jurisprudencial do TST e, também, contrárias à súmula vinculante do STF.

A Lei n. 13.015/2014 conferiu nova redação ao inciso em análise, destacando-se dois pontos:

Em primeiro lugar, a supressão do cabimento do recurso no caso de a decisão recorrida estar em harmonia com orientação jurisprudencial do STF. Assim, caso a decisão recorrida se encontre em consonância com orientação jurisprudencial do STF, não mais se admitirá a interposição do recurso de embargos ao TST.

Em segundo, referida alteração legislativa incluiu a hipótese de cabimento do recurso de embargos contra decisão contrária à sumula vinculante do STF.

Não se admite recurso de embargos divergentes quando a decisão recorrida está em harmonia com súmula ou OJ do TST.

Também, não se admite o referido recurso quando se trata de decisão divergente da mesma Turma do TST (OJ n. 95 da SDI-1 do TST).

Conforme entendimento da Súmula n. 458 do TST, é cabível recurso de embargos divergentes também no procedimento sumaríssimo. É importante destacar que a comprovação da divergência deve atender à Súmula n. 337 do TST, sob pena de não conhecimento do apelo.

Parágrafo único. ***(Revogado pela Lei n. 11.496, de 22.06.2007.)***

§ 2º A divergência apta a ensejar os embargos deve ser atual, não se considerando tal a ultrapassada por súmula do Tribunal Superior do Trabalho ou do Supremo Tribunal Federal, ou superada por iterativa e notória jurisprudência do Tribunal Superior do Trabalho.

Parágrafo acrescentado pela Lei n. 13.015, de 21.07.2014.

O referido parágrafo repete, de certa forma, o conteúdo da Súmula n. 333 do TST (referente ao recurso de revista), adequando-a ao recurso de embargos.

Ainda, traz como novidade legislativa a inclusão de súmula (mesmo a não vinculante) do STF como fato impeditivo para configuração da atualidade de divergência jurisprudencial, o que, na prática, já vinha sendo adotado pelos Tribunais.

Deve-se destacar, também, as Súmulas ns. 296 (especificidade de divergência jurisprudencial) e 337 (comprovação de divergência jurisprudencial), ambas do TST, eis que guardam relação com a redação do parágrafo em comento.

§ 3º O Ministro Relator denegará seguimento aos embargos:

Parágrafo acrescentado pela Lei n. 13.015, de 21.07.2014.

A Lei n. 13.015/2014 trouxe um comando imperativo para que o ministro relator do recurso de embargos ao TST denegue seguimento ao apelo, nas hipóteses descritas nos incisos I e II, a seguir mencionados.

Assim, não cabe ao ministro relator exercer faculdade de admitir ou não o recurso caso este se enquadre em uma das hipóteses dos incisos I e II, posto que o verbo "denegar" foi utilizado pelo legislador com caráter imperativo, devendo, assim, o ministro relator denegar seguimento ao apelo.

I – se a decisão recorrida estiver em consonância com súmula da jurisprudência do Tribunal Superior do Trabalho ou do Supremo Tribunal Federal, ou com iterativa, notória e atual jurisprudência do Tribunal Superior do Trabalho, cumprindo-lhe indicá-la;

Inciso acrescentado pela Lei n. 13.015, de 21.07.2014.

O ministro relator denegará seguimento ao recurso de embargos quando a decisão recorrida estiver em harmonia com súmula ou orientação jurisprudencial do TST ou do STF.

Também, será denegado seguimento ao recurso de embargos quando a decisão recorrida se encontrar em consonância com iterativa, notória e atual jurisprudência do TST, devendo o ministro relator indicá-la.

O inciso em questão repete, de certa maneira, o conteúdo da Súmula n. 333 do TST (referente ao recurso de revista), adequando-a ao recurso de embargos.

II – nas hipóteses de intempestividade, deserção, irregularidade de representação ou de ausência de qualquer outro pressuposto extrínseco de admissibilidade.

Inciso acrescentado pela Lei n. 13.015, de 21.07.2014.

Deverá o ministro relator denegar seguimento ao recurso de embargos nos casos em que o apelo não preencher os pressupostos de admissibilidade.

Para que a parte possa exercer sua faculdade de recorrer, é necessário se observar pressupostos de ordem objetiva e subjetiva.

São pressupostos de ordem objetiva: a previsão legal (somente se admite a interposição de recurso que esteja previsto em lei); o cabimento (o recurso apresentado deve ser adequado à decisão impugnada); a tempestividade (o remédio jurídico deve ser interposto no prazo legal, sendo que, no âmbito trabalhista, o prazo é de oito dias – segundo o art. 6º, Lei n. 5.584/70 –, salvo no caso de oposição de embargos declaratórios, cujo prazo é de cinco dias, conforme art. 897-A da CLT e para interposição de recurso extraordinário, cujo prazo é de quinze dias, conforme art. 1.003, § 5º, do CPC); o preparo (composto das custas processuais, pagas pelo vencido, e do depósito recursal, que tem natureza jurídica de garantia do juízo, sendo feito pelo empregador quando sucumbente no objeto de ação que o tenha condenado ao cumprimento de obrigação pecuniária); e regularidade de representação (por se tratar o recurso de embargos de apelo técnico, deve ser interposto por advogado devidamente constituído nos autos).

São pressupostos de ordem subjetiva: a legitimidade (possuem legitimidade para recorrer aqueles que foram parte na relação jurídico-processual, o terceiro interessado e o Ministério Público; o sindicato também possui legitimidade para recorrer nos casos em que atua em nome próprio ou como substituto processual); a capacidade (somente quem tem capacidade de estar em juízo poderá recorrer); e o interesse (demonstrado pela situação jurídica desfavorável decorrente da decisão proferida).

---

§ 4º Da decisão denegatória dos embargos caberá agravo, no prazo de 8 (oito) dias.

Parágrafo acrescentado pela Lei n. 13.015, de 21.07.2014.

Caso seja denegado seguimento ao recurso de embargos, a parte poderá questionar a decisão monocrática do ministro relator por intermédio do recurso de agravo interno, no prazo de oito dias, nos termos do art. 261, parágrafo único, do Regimento Interno do TST (Resolução Administrativa n. 1.937/2017).

De notar que, nos termos do art. 93, IX, da Carta Magna, toda decisão deverá ser fundamentada, sob pena de nulidade, incluindo-se aqui a decisão que denega seguimento ao recurso.

Art. 895. Cabe recurso ordinário para a instância superior:

O recurso ordinário é o remédio jurídico cabível contra as decisões definitivas ou terminativas proferidas pelas Varas do Trabalho e, em casos de competência originária, pelos TRTs (por exemplo: ação rescisória e mandado de segurança). Assim, temos que a instância superior a que se refere o presente artigo tanto pode ser o TRT como o próprio TST, conforme o julgamento tenha sido realizado pela Vara do Trabalho ou pelo TRT, respectivamente.

Importa destacar que não cabe recurso ordinário contra decisão que homologue acordo entre as partes, exceção feita à União no que se refere às contribuições previdenciárias, nos termos do parágrafo único, art. 831, da CLT.

O presente recurso pode ser interposto por simples petição (art. 899 da CLT), desde que a parte não esteja representada por advogado. É indispensável o preparo (pagamento de custas processuais e depósito recursal, até o limite da condenação) sempre que se tratar de condenação pecuniária. O prazo é de oito dias (art. 6º, Lei n. 5.584/70).

O recurso ordinário observa a regra geral de duplo grau de juízo de admissibilidade, ou seja, o primeiro juízo de admissibilidade é feito pelo juiz da Vara do Trabalho (juízo *a quo*) e o segundo pelo TRT (juízo *ad quem*), nos casos de decisões proferidas pela Vara do Trabalho. Em se tratando de recurso contra decisão proferida pelo TRT, o primeiro juízo de admissibilidade (*a quo*) é realizado pelo próprio TRT e o segundo (*ad quem*) é feito pelo TST.

I – das decisões definitivas ou terminativas das Varas e Juízos, no prazo de 8 (oito) dias; e

Inciso com acrescentado pela Lei n. 11.925, de 17.04.2009.

A EC n. 24/99 extinguiu a representação classista na Justiça do Trabalho, de modo que não mais se utiliza a expressão "Junta de Conciliação e Julgamento", mas sim Vara do Trabalho. Os "Juízos" a que se referem o presente inciso são os juízes de Direito que exercem jurisdição trabalhista nos termos dos arts. 668 e 669 da CLT.

Entende-se por decisão definitiva aquela que analisa o mérito, ou seja, a decisão que aprecia (acolhe ou rejeita) o pedido formulado pelo autor.

Por outro lado, decisão terminativa é aquela que implica extinção do feito sem análise de mérito, como no caso de o magistrado acolher preliminar de inépcia da petição inicial.

II – das decisões definitivas ou terminativas dos Tribunais Regionais, em processos de sua competência originária, no prazo de 8 (oito) dias, quer nos dissídios individuais, quer nos dissídios coletivos.

Inciso com acrescentado pela Lei n. 11.925, de 17.04.2009.

Quando a decisão atacada for proferida pelo TRT, em ação de sua competência originária (por exemplo: ação rescisória – Súmula n. 158 do TST; mandado de segurança – Súmula n. 201 do TST), a parte poderá interpor recurso ordinário ao TST.

---

§ 1º Nas reclamações sujeitas ao procedimento sumaríssimo, o recurso ordinário:

Parágrafo acrescentado pela Lei n. 9.957, de 12.01.2000.

Com o advento da Lei n. 9.957/2000, foi criado o procedimento sumaríssimo no processo do trabalho. A referida lei acrescentou ao art. 895 os §§ 1º e 2º, disciplinando o cabimento e processamento do recurso ordinário contra decisões proferidas em reclamações trabalhistas processadas pelo procedimento sumaríssimo.

I – *(vetado)*

Inciso acrescentado pela Lei n. 9.957, de 12.01.2000.

II – será imediatamente distribuído, uma vez recebido no Tribunal, devendo o relator liberá-lo no prazo máximo de 10 (dez) dias, e a Secretaria do Tribunal ou Turma colocá-lo imediatamente em pauta para julgamento, sem revisor;

Inciso acrescentado pela Lei n. 9.957, de 12.01.2000.

O legislador buscou conferir ao recurso ordinário em reclamação promovida pelo procedimento sumaríssimo a mesma celeridade almejada no primeiro grau de jurisdição, razão pela qual determinou a imediata distribuição do apelo junto ao TRT, excluiu a figura do revisor e, ainda, fixou o prazo máximo de dez dias para que o recurso seja incluído em pauta para julgamento.

III – terá parecer oral do representante do Ministério Público presente à sessão de julgamento, se este entender necessário o parecer, com registro na certidão;

Inciso acrescentado pela Lei n. 9.957, de 12.01.2000.

Havendo interesse público envolvido, o Ministério Público do Trabalho emitirá seu parecer oralmente, sendo que tal manifestação, se houver, será registrada na certidão de julgamento dos autos. A referida medida visa, assim como a anterior, conferir maior celeridade ao feito que se processa pelo procedimento sumaríssimo.

IV – terá acórdão consistente unicamente na certidão de julgamento, com a indicação suficiente do processo e parte dispositiva, e das razões de decidir do voto prevalente. Se a sentença for confirmada pelos próprios fundamentos, a certidão de julgamento, registrando tal circunstância, servirá de acórdão.

Inciso acrescentado pela Lei n. 9.957, de 12.01.2000.

O acórdão não terá relatório, apenas a fundamentação sucinta (indicando as razões de decidir) e o dispositivo (indicando se foi ou não dado provimento ao apelo). Caso a sentença seja confirmada por seus próprios fundamentos, a certidão do julgamento servirá como acórdão. Contudo, na hipótese de não se confirmar a decisão recorrida por seus próprios fundamentos, o relator deverá indicar suas razões de decidir, de modo sucinto.

§ 2º Os Tribunais Regionais, divididos em Turmas, poderão designar Turma para o julgamento dos recursos ordinários interpostos das sentenças prolatadas nas demandas sujeitas ao procedimento sumaríssimo.

Parágrafo acrescentado pela Lei n. 9.957, de 12.01.2000.

O legislador facultou aos TRTs, divididos em Turmas, por meio de seu regimento interno, designar uma delas para o julgamento dos recursos ordinários interpostos contra decisões proferidas no procedimento sumaríssimo, de modo a alcançar o ideal de maior celeridade aos processos sujeitos a referido procedimento. É de notar que essa faculdade é concedida somente aos Tribunais Regionais, não se podendo, assim, criar uma Vara especializada para julgar reclamações trabalhistas sujeitas ao procedimento sumaríssimo.

Art. 896. Cabe Recurso de Revista para Turma do Tribunal Superior do Trabalho das decisões proferidas em grau de recurso ordinário, em dissídio individual, pelos Tribunais Regionais do Trabalho, quando:

Caput *com redação dada pela Lei n. 9.756, de 17.12.1998.*

A redação original do art. 896 denominava o presente apelo como recurso extraordinário. Com o advento da Lei n. 861/49, mudou-se a nomenclatura para recurso de revista.

Recurso de revista é o apelo eminentemente técnico, de natureza extraordinária, cabível contra acórdãos proferidos pelos TRTs em dissídios individuais, cujo objetivo é a uniformização da jurisprudência.

Não se aplica ao recurso de revista disposto no art. 899 da CLT (simples petição), em razão de ser o referido apelo de índole extraordinária, devendo ser fundamentado, uma vez que se destina exclusivamente à análise de questões de direito.

Não cabe recurso de revista contra acórdão prolatado em agravo de instrumento, conforme entendimento da Súmula n. 218 do TST.

É necessário o preparo (pagamento de custas processuais e depósito recursal, até o limite da condenação).

O prazo é de oito dias, destacando-se que com o cancelamento da Súmula n. 434 do TST (Resolução n. 198/2015), bem como a previsão do art. 218, § 4º, do CPC, o ato processual praticado antes do termo inicial passou a ser considerado tempestivo.

Por ser um apelo técnico, de natureza extraordinária, não se permite a revisão de fatos e provas, mas somente discussão acerca de matéria de direito (Súmula n. 126 do TST).

Ainda, cumpre notar que para a interposição do presente recurso é indispensável que a parte esteja representada por advogado, conforme a Súmula n. 425 do TST.

O recurso de revista observa a regra geral de duplo grau de juízo de admissibilidade, ou seja, o primeiro juízo de admissibilidade é feito pelo Presidente do TRT que proferiu o acórdão (juízo *a quo*), e o segundo pelo ministro relator da Turma (juízo *ad quem*) que irá julgar o referido apelo.

Por se tratar de apelo extraordinário e técnico, é indispensável o prequestionamento da matéria (Súmula n. 297 do TST). Em outras palavras, o acórdão deve ser expresso acerca da tese jurídica adotada, sendo certo que, se isso não ocorrer, a parte deve antes prequestionar a matéria por meio de embargos de declaração, sob pena de se operar a preclusão.

Caso seja denegado seguimento ao recurso de revista, a parte poderá interpor agravo de instrumento (art. 897, *b*, da CLT).

***a)* derem ao mesmo dispositivo de lei federal interpretação diversa da que lhe houver dado outro Tribunal Regional do Trabalho, no seu Pleno ou Turma, ou a Seção de Dissídios Individuais do Tribunal Superior do**

Trabalho, ou contrariarem súmula de jurisprudência uniforme dessa Corte ou súmula vinculante do Supremo Tribunal Federal;

Alínea com redação dada pela Lei n. 13.015, de 21.07.2014.

A alínea em estudo trata da hipótese de divergência jurisprudencial acerca da interpretação de lei federal. Assim, tendo o acórdão atacado conferido interpretação divergente daquela dada por outro TRT, pela SDI do TST ou, ainda, interpretação dissonante da súmula de jurisprudência uniforme do TST, inclusive OJs (conforme entendimento consubstanciado na OJ n. 219 da SDI-1 do TST), poderá a parte interpor recurso de revista.

A Lei n. 13.015/2014 acrescentou, ainda, a possibilidade de interposição de recurso de revista no caso de a decisão proferida por um TRT ser contrária à súmula vinculante do STF.

Cumpre destacar que não se admite divergência jurisprudencial acerca de acórdãos proferidos no mesmo TRT.

A divergência jurisprudencial deve ser específica, de modo a revelar a existência de teses conflitantes na interpretação de um determinado dispositivo legal, não obstante a identidade entre os fatos que as ensejaram (Súmula n. 296, I, do TST).

***b)* derem ao mesmo dispositivo de lei estadual, Convenção Coletiva de Trabalho, Acordo Coletivo, sentença normativa ou regulamento empresarial de observância obrigatória em área territorial que exceda a jurisdição do Tribunal Regional prolator da decisão recorrida, interpretação divergente, na forma da alínea *a*;**

Alínea com redação dada pela Lei n. 9.756, de 17.12.1998.

A presente hipótese trata da interpretação divergente conferida por acórdão prolatado acerca de lei estadual, convenção coletiva, acordo coletivo, sentença normativa ou regulamento de empresa que exceda a jurisdição do Tribunal Regional prolator da decisão.

Compete à parte comprovar que a lei estadual, a norma coletiva ou o regulamento de empresa excede a jurisdição de um Tribunal Regional, sob pena de não conhecimento do recurso (OJ n. 147, I, da SDI-1 do TST). A Súmula n. 312 do TST afirma ser constitucional a alínea em análise.

***c)* proferidas com violação literal de disposição de lei federal ou afronta direta e literal à Constituição Federal.**

Alínea com redação dada pela Lei n. 9.756, de 17.12.1998.

Trata a alínea em questão da decisão do Tribunal Regional que viole literal disposição de lei federal ou, ainda, afronte de maneira direta e literal a Constituição da República. Desse modo, não se admite recurso de revista quando a violação for indireta ou reflexa.

Compete à parte indicar expressamente o dispositivo de lei ou da Constituição que se alega violado, sob pena de não se admitir o apelo (Súmula n. 221 do TST).

Contudo, a invocação expressa dos preceitos legais ou constitucionais que se entendem violados não significa que a parte esteja obrigada a utilizar expressões como "violado", "contrariado" entre outras (OJ n. 257 da SDI-1 do TST).

É de ressaltar, por fim, que a violação a que se refere a presente alínea pode ser de lei material ou processual, trabalhista ou civil.

---

§ 1º O recurso de revista, dotado de efeito apenas devolutivo, será interposto perante o Presidente do Tribunal Regional do Trabalho, que, por decisão fundamentada, poderá recebê-lo ou denegá-lo.

Parágrafo com redação dada pela Lei n. 13.015, de 21.07.2014.

O recurso de revista é interposto para o Presidente do Tribunal Regional que proferiu o acórdão recorrido, eis que ele é o responsável pelo primeiro juízo de admissibilidade, podendo receber ou denegar seguimento ao apelo, fundamentando sua decisão (art. 93, IX, da CF). Se denegado seguimento ao recurso, a parte poderá interpor agravo de instrumento (art. 897, *b*, da CLT).

Anteriormente à Lei n. 9.756/98, o Presidente do TRT poderia conceder efeito suspensivo ao recurso de revista. Após a referida norma legal, restou estabelecido o efeito meramente devolutivo ao recurso de revista, característica comum aos recursos trabalhistas, o que permite a execução provisória do julgado até a penhora.

---

§ 1º-A. Sob pena de não conhecimento, é ônus da parte:

Parágrafo acrescentado pela Lei n. 13.015, de 21.07.2014.

Referido parágrafo foi acrescentado pela Lei n. 13.015/2014, a fim de se determinar quais os ônus a que a parte está sujeita quando da interposição do recurso de revista, sob pena de o apelo não ser admitido.

I – indicar o trecho da decisão recorrida que consubstancia o prequestionamento da controvérsia objeto do recurso de revista;

Inciso acrescentado pela Lei n. 13.015, de 21.07.2014.

Entende-se por "prequestionamento" o ato de discutir de maneira prévia, perante o tribunal que proferiu a decisão recorrida (juízo *a quo*), determinada matéria ou tema, com o objetivo de que o tribunal que julgará o recurso (juízo *ad quem*) possa reexaminar referida matéria ou tema.

Caso o tribunal não tenha se manifestado expressamente sobre matéria ou tese arguida no recurso, incumbe à parte opor embargos de declaração com o fim de obter o pronunciamento sobre a questão.

Se, mesmo com a oposição de embargos de declaração, o tribunal não se manifestar, a questão jurídica é considerada prequestionada, nos termos da Súmula n. 297, III, do TST.

II – indicar, de forma explícita e fundamentada, contrariedade a dispositivo de lei, súmula ou orientação jurisprudencial do Tribunal Superior do Trabalho que conflite com a decisão regional;

Inciso acrescentado pela Lei n. 13.015, de 21.07.2014.

Também, é ônus da parte indicar – de maneira explícita e fundamentada – a alegada contrariedade ao dispositivo de lei, súmula ou OJ do TST na qual se fundamenta o recurso de revista, a fim de comprovar a divergência de interpretação dada pela decisão proferida pelo TRT.

III – expor as razões do pedido de reforma, impugnando todos os fundamentos jurídicos da decisão recorrida, inclusive mediante demonstração analítica de cada dispositivo de lei, da Constituição Federal, de súmula ou orientação jurisprudencial cuja contrariedade aponte;

Inciso acrescentado pela Lei n. 13.015, de 21.07.2014.

O parágrafo em análise atribui à parte o ônus de indicar as razões pelas quais entende ser necessária a reforma da decisão atacada.

Também, aduz ser responsabilidade da parte impugnar todos os fundamentos jurídicos da decisão recorrida, repetindo o que a jurisprudência já havia consagrado por meio da Súmula n. 422 do TST.

Por fim, deve a parte demonstrar, com argumentos e fundamentação jurídica, a contrariedade alegada, não podendo se limitar à mera indicação de dispositivo legal (norma infraconstitucional ou da CF), súmula ou OJ.

IV – transcrever na peça recursal, no caso de suscitar preliminar de nulidade de julgado por negativa de prestação jurisdicional, o trecho dos embargos declaratórios em que foi pedido o pronunciamento do tribunal sobre questão veiculada no recurso ordinário e o trecho da decisão regio-

nal que rejeitou os embargos quanto ao pedido, para cotejo e verificação, de plano, da ocorrência da omissão.

Inciso acrescentado pela Lei n. 13.467, de 13.07.2017.

Referido inciso foi acrescido pela Lei n. 13.467/2017.

No caso de alegação de nulidade do julgado em razão de negativa de prestação jurisdicional, a parte deve indicar de forma clara e precisa: o trecho dos embargos declaratórios no qual houve pedido de pronunciamento do tribunal acerca de questão levantada em recurso ordinário; o trecho da decisão regional que rejeitou os embargos declaratórios quanto ao pedido, a fim de comprovar a suscitada omissão.

Além disso, entendemos ser necessário indicar também o trecho do recurso ordinário no qual a matéria foi ventilada, para que se possa demonstrar que os embargos foram rejeitados de forma indevida pelo tribunal.

---

§ 2º Das decisões proferidas pelos Tribunais Regionais do Trabalho ou por suas Turmas, em execução de sentença, inclusive em processo incidente de embargos de terceiro, não caberá Recurso de Revista, salvo na hipótese de ofensa direta e literal de norma da Constituição Federal.

Parágrafo com redação dada pela Lei n. 9.756, de 17.12.1998.

Na fase de liquidação de sentença ou execução, somente se admite o recurso de revista na hipótese de ofensa inequívoca – direta e literal – à Constituição da República (Súmula n. 266 do TST).

O referido parágrafo tem por finalidade inibir medidas meramente procrastinatórias, uma vez que o processo – por já se encontrar na fase de execução – deve ser solucionado rapidamente, de modo que o credor receba seu crédito reconhecido pelo Poder Judiciário.

---

§§ 3º a 6º (*Revogados pela Lei n. 13.467, de 13.07.2017.*)

---

§ 7º A divergência apta a ensejar o recurso de revista deve ser atual, não se considerando como tal a ultrapassada por súmula do Tribunal Superior do Trabalho ou do Supremo Tribunal Federal, ou superada por iterativa e notória jurisprudência do Tribunal Superior do Trabalho.

Parágrafo acrescentado pela Lei n. 13.015, de 21.07.2014.

O objetivo do recurso de revista é a uniformização da jurisprudência. Assim, uma vez já pacificada determinada questão por meio de súmula, não há razão para se socorrer do apelo extraordinário.

Portanto, não se admite recurso de revista em que se discutem questões já superadas por reiterada e atual jurisprudência do TST (Súmula n. 333 do TST).

A Lei n. 13.015/2014 trouxe como novidade legislativa a inclusão de súmula (mesmo a não vinculante) do STF como fato impeditivo para configuração da atualidade de divergência jurisprudencial.

---

§ 8º Quando o recurso fundar-se em dissenso de julgados, incumbe ao recorrente o ônus de produzir prova da divergência jurisprudencial, mediante certidão, cópia ou citação do repositório de jurisprudência, oficial ou credenciado, inclusive em mídia eletrônica, em que houver sido publicada a decisão divergente, ou ainda pela reprodução de julgado disponível na internet, com indicação da respectiva fonte, mencionando, em qualquer caso, as circunstâncias que identifiquem ou assemelhem os casos confrontados.

Parágrafo acrescentado pela Lei n. 13.015, de 21.07.2014.

Para fins de comprovação da divergência jurisprudencial, compete à parte transcrever nas razões recursais as ementas ou os trechos dos acórdãos trazidos à configuração do dissídio, demonstrando o conflito de teses.

Admite-se, para comprovação da divergência jurisprudencial justificadora do recurso, a indicação de aresto extraído de repositório oficial na internet, desde que o recorrente transcreva o trecho divergente, aponte o sítio do qual foi extraído e decline o número do processo, o órgão prolator do acórdão e a data da respectiva publicação no *Diário Eletrônico da Justiça do Trabalho*.

Parte dos requisitos já estavam dispostos na Súmula n. 337 do TST.

---

§ 9º Nas causas sujeitas ao procedimento sumaríssimo, somente será admitido recurso de revista por contrariedade a súmula de jurisprudência uniforme do Tribunal Superior do Trabalho ou a súmula vinculante do Supremo Tribunal Federal e por violação direta da Constituição Federal.

Parágrafo acrescentado pela Lei n. 13.015, de 21.07.2014.

O legislador já havia reduzido as hipóteses de cabimento de recurso de revista em processos sujeitos ao procedimento sumaríssimo, com o objetivo de dar maior celeridade àquelas demandas (antiga redação do § 6º do art. 896 da CLT).

Portanto, somente será possível a interposição de recurso de revista no procedimento sumaríssimo nos casos de contrariedade a súmula do TST ou quando ocorrer violação direta à Carta Magna.

Acrescentou, ainda, a Lei n. 13.015/2014 a possibilidade de interposição de recurso de revista contra decisão contrária a súmula vinculante do STF.

É de notar que não se admite recurso de revista no procedimento sumaríssimo se o acórdão recorrido contrariar OJ do TST por ausência de previsão legal (Súmula n. 442 do TST).

---

§ 10. Cabe recurso de revista por violação a lei federal, por divergência jurisprudencial e por ofensa à Constituição Federal nas execuções fiscais e nas controvérsias da fase de execução que envolvam a Certidão Negativa de Débitos Trabalhistas (CNDT), criada pela Lei n. 12.440, de 7 de julho de 2011.

Parágrafo acrescentado pela Lei n. 13.015, de 21.07.2014.

O legislador, por meio da Lei n. 13.015/2014, ampliou as hipóteses de interposição do recurso de revista ao prever seu cabimento também nas execuções fiscais, bem como nas execuções que envolvam as Certidões Negativas de Débitos Trabalhistas.

Pela redação do parágrafo em comento, é possível a interposição de recurso de revista nos casos de violação à lei federal, divergência jurisprudencial e violação à CF.

Por ausência de expressa previsão legal, entende-se não ser cabível na hipótese de contrariedade a súmula vinculante do STF.

---

§ 11. Quando o recurso tempestivo contiver defeito formal que não se repute grave, o Tribunal Superior do Trabalho poderá desconsiderar o vício ou mandar saná-lo, julgando o mérito.

Parágrafo acrescentado pela Lei n. 13.015, de 21.07.2014.

Ocorrendo mero defeito formal, o ministro relator do recurso de revista poderá desconsiderar a falha e dar continuidade ao julgamento do feito ou, ainda, determinar que seja sanado o defeito.

Trata-se da aplicação do princípio da instrumentalidade, por meio do qual se consideram válidos os atos realizados de outro modo, desde que lhe preencham a finalidade essencial.

---

§ 12. Da decisão denegatória caberá agravo, no prazo de 8 (oito) dias.

Parágrafo acrescentado pela Lei n. 13.015, de 21.07.2014.

O legislador estabeleceu o cabimento do recurso de agravo (no prazo de oito dias) para impugnar decisão denegatória do recurso de revista.

§ 13. Dada a relevância da matéria, por iniciativa de um dos membros da Seção Especializada em Dissídios Individuais do Tribunal Superior do Trabalho, aprovada pela maioria dos integrantes da Seção, o julgamento a que se refere o § 3º poderá ser afeto ao Tribunal Pleno.

Parágrafo acrescentado pela Lei n. 13.015, de 21.07.2014.

Sendo a matéria relevante, o pronunciamento prévio do tribunal acerca da interpretação do direito (que o legislador denomina "julgamento") poderá ser atribuído ao Pleno do TST, por iniciativa de um dos ministros integrantes da SDI, mediante aprovação da maioria dos integrantes desta Seção.

§ 14. O relator do recurso de revista poderá denegar-lhe seguimento, em decisão monocrática, nas hipóteses de intempestividade, deserção, irregularidade de representação ou de ausência de qualquer outro pressuposto extrínseco ou intrínseco de admissibilidade.

Parágrafo acrescentado pela Lei n. 13.467, de 13.07.2017.

A Lei n. 13.467/2017 faculta ao ministro relator, por decisão monocrática, denegar seguimento ao recurso de revista, nas hipóteses em que os pressupostos de admissibilidade do apelo não estão presentes.

De notar que a possibilidade de indeferimento liminar (denegar seguimento) de recurso por ausência de pressupostos de admissibilidade já encontrava aplicação no âmbito processo do trabalho, como se observa pela redação da Súmula n. 435 do TST.

Art. 896-A. O Tribunal Superior do Trabalho, no recurso de revista, examinará previamente se a causa oferece transcendência com relação aos reflexos gerais de natureza econômica, política, social ou jurídica.

Artigo acrescentado pela MP n. 2.226, de 04.09.2001.

Por força da MP n. 2.226/2001, a qual se tornou definitiva em razão da EC n. 32, foi criado um novo pressuposto de admissibilidade para o recurso de revista, a denominada "transcendência".

A referida MP delegava ao Regimento Interno do TST a regulamentação do processamento da transcendência (art. 2º da MP n. 2.226/2001), de modo que caberia ao referido Tribunal analisar previamente se a causa oferece transcendência com relação aos reflexos gerais de natureza econômica, política, social ou jurídica. Entretanto, em razão de divergência interna, o TST não regulamentou os indicadores da transcendência.

O legislador, por meio da Lei n. 13.467/2017, revogou o art. 2º da MP n. 2.226/2001 e cuidou de regulamentar a questão da transcendência do recurso de revista, acrescendo seis parágrafos ao art. 896-A da CLT.

A expressão "transcendência" indica que apenas recursos que possuam repercussão para toda a sociedade serão analisados pelo TST, evitando assim que o Tribunal julgue casos nos quais não se ultrapassam os estreitos limites do processo.

Portanto, para que o TST analise o recurso de revista, a causa deve demonstrar discussão de tese jurídica que exceda o interesse das partes envolvidas no processo, repercutindo para toda a coletividade.

Importa destacar que referido instituto diz respeito tão somente ao recurso de revista, de modo que não alcança outros recursos na esfera trabalhista.

O Regimento Interno do TST (Resolução Administrativa n. 1.937/2017) trata da questão nos arts. 246 *usque* 249. Contudo, o Tribunal ainda não definiu critérios objetivos acerca dos indicadores da transcendência.

Por fim, o juízo de admissibilidade do recurso de revista a ser realizado pelo TRT deve se limitar aos pressupostos intrínsecos e extrínsecos do apelo, sem envolver o critério da transcendência, eis que tal análise é privativa do TST.

---

§ 1º São indicadores de transcendência, entre outros:

Parágrafo acrescentado pela Lei n. 13.467, de 13.07.2017.

O referido parágrafo arrola os indicadores da transcendência que serão analisados pelo TST.

Ao utilizar a expressão "entre outros" o legislador indicou se tratar de rol exemplificativo, de modo que outras normas jurídicas poderão ampliar referida lista.

I – econômica, o elevado valor da causa;

Inciso acrescentado pela Lei n. 13.467, de 13.07.2017.

Quanto ao indicador econômico da transcendência, o elevado valor da causa deve ser analisado sob o ponto de vista da empresa (considerando-se que o valor da condenação pode até inviabilizar a continuidade da atividade empresarial), assim como sob a ótica do trabalhador envolvido na reclamação trabalhista.

O simples fato de o valor discutido na reclamação trabalhista não ser elevado (para a empresa) não significa que o recurso não ofereça transcendência econômica.

A doutrina aponta algumas situações que poderiam se encaixar no critério ora analisado, tais como: ações com alguma influência na política econômica do governo, ações coletivas ou, ainda, ações cujo valor envolvido possam inviabilizar a atividade do empregador etc.

Caberá ao TST fixar o conceito de causa de elevado valor, para fins de aferição do critério econômico da transcendência.

II – política, o desrespeito da instância recorrida à jurisprudência sumulada do Tribunal Superior do Trabalho ou do Supremo Tribunal Federal;

Inciso acrescentado pela Lei n. 13.467, de 13.07.2017.

O inciso em análise trata de uma hipótese objetiva do critério de transcendência, já que envolve o desrespeito, pela decisão recorrida, à jurisprudência sumulada do TST ou do STF.

Muito embora o inciso em questão faça referência ao desrespeito "da instância recorrida", deve-se ler "da decisão recorrida", uma vez que os recursos são interpostos contra decisões e não contra a instância.

Como já referido, o recurso de revista tem por finalidade a uniformização da jurisprudência.

Assim, o inciso em análise tem por objetivo vincular as decisões das instâncias ordinárias à jurisprudência do TST.

III – social, a postulação, por reclamante-recorrente, de direito social constitucionalmente assegurado;

Inciso acrescentado pela Lei n. 13.467, de 13.07.2017.

A princípio, importa destacar que a expressão "reclamante" é utilizada para indicar o polo ativo na reclamação trabalhista, que pode ser tanto o empregado como o empregador.

Ao que parece, o legislador utilizou equivocadamente a expressão "reclamante-recorrente" para indicar trabalhador ou empregado, de modo que apenas estes poderiam, a partir de agora, interpor recurso de revista.

Entendemos, contudo, que o empregador também pode interpor recurso de revista para discutir direito social a ele constitucionalmente assegurado.

Dessa forma, entendemos que se comprovada a transcendência social no recurso de revista (bem como os demais pressupostos de admissibilidade), independentemente da parte que interpor o apelo, o recurso deve ser conhecido e analisado pelo TST.

Assim, caso a reclamação trabalhista envolva interpretação de direito social assegurado pela CF, bem como em norma legal federal, haverá transcendência social.

Da mesma forma, são indicadores de transcendência social os temas ligados à interpretação e aplicação de princípios e regras de direitos humanos previstos em normas internacionais aplicáveis no território brasileiro.

IV – jurídica, a existência de questão nova em torno da interpretação da legislação trabalhista.

Inciso acrescentado pela Lei n. 13.467, de 13.07.2017.

Entende-se por "questão nova" aquela sobre a qual ainda não se tenha fixado posicionamento majoritário a respeito. Em outras palavras, "questão nova" é aquela em que ainda não há consenso suficiente para a formação de jurisprudência.

Assim, tema cuja interpretação legal seja controvertida constitui indicador de transcendência jurídica.

---

§ 2º Poderá o relator, monocraticamente, denegar seguimento ao recurso de revista que não demonstrar transcendência, cabendo agravo desta decisão para o colegiado.

Parágrafo acrescentado pela Lei n. 13.467, de 13.07.2017.

O presente parágrafo trata da hipótese na qual o recurso de revista foi admitido pelo TRT e encaminhado ao TST.

Em tais situações, poderá o ministro relator, por decisão monocrática, denegar seguimento ao recurso de revista, quando entender que o recorrente não demonstrou transcendência no recurso.

Contra a decisão monocrática que denega seguimento ao recurso de revista, o recorrente poderá interpor agravo, a fim de que a Turma do TST (órgão colegiado destinatário dos recursos de revista) possa reexaminar a decisão denegatória.

---

§ 3º Em relação ao recurso que o relator considerou não ter transcendência, o recorrente poderá realizar sustentação oral sobre a questão da transcendência, durante cinco minutos em sessão.

Parágrafo acrescentado pela Lei n. 13.467, de 13.07.2017.

Para que o recorrente possa defender, exclusivamente, a tese de que o recurso de revista preenche o requisito de transcendência, o advogado poderá realizar sustentação oral por cinco minutos, independentemente de o Regimento Interno do TST prever ou não a sustentação oral no julgamento de agravo interno.

A fim de se adaptar à nova regulamentação legislativa, o Regimento Interno do TST (Resolução Administrativa n. 1.937/2017), em seu art. 247, § 3º, faculta ao recorrente o prazo de 5 minutos para sustentação oral em sessão, e ao recorrido, apenas no caso de divergência entre os componentes da Turma quanto à transcendência da matéria

---

§ 4º Mantido o voto do relator quanto à não transcendência do recurso, será lavrado acórdão com fundamentação sucinta, que constituirá decisão irrecorrível no âmbito do tribunal.

Parágrafo acrescentado pela Lei n. 13.467, de 13.07.2017.

Caso seja mantida a decisão que denegou seguimento ao recurso de revista por ausência de transcendência, não haverá possibilidade de interposição de novo recurso.

Assim, não caberá recurso de embargos (art. 894 do CLT) contra decisão que mantiver o voto do ministro relator quanto à ausência de transcendência no recurso de revista.

---

§ 5º É irrecorrível a decisão monocrática do relator que, em agravo de instrumento em recurso de revista, considerar ausente a transcendência da matéria.

Parágrafo acrescentado pela Lei n. 13.467, de 13.07.2017.

O presente parágrafo trata de situação diversa daquela discutida anteriormente (§§ 2º ao 4º).

Na hipótese de o recurso de revista não ser admitido pelo TRT, o remédio jurídico cabível contra esta decisão é o agravo de instrumento (art. 897, *b*, da CLT).

Se o ministro relator, ao receber o agravo de instrumento em recurso de revista, entender inexistir transcendência, sua decisão será irrecorrível.

Assim, a decisão monocrática proferida pelo ministro relator que, em agravo de instrumento em recurso de revista, entender ausente a transcendência, não comporta recurso.

Logo, para a hipótese prevista no parágrafo em análise, não se admite a interposição de agravo.

---

§ 6º O juízo de admissibilidade do recurso de revista exercido pela Presidência dos Tribunais Regionais do Trabalho limita-se à análise dos pressupostos intrínsecos e extrínsecos do apelo, não abrangendo o critério da transcendência das questões nele veiculadas.

Parágrafo acrescentado pela Lei n. 13.467, de 13.07.2017.

Conforme já exposto, o juízo de admissibilidade do recurso de revista a ser realizado pelo TRT deve se limitar aos pressupostos intrínsecos e extrínsecos do apelo, sem envolver o critério da transcendência, eis que tal análise é privativa do TST.

Art. 896-B. Aplicam-se ao recurso de revista, no que couber, as normas da Lei n. 5.869, de 11 de janeiro de 1973 (Código de Processo Civil), relativas ao julgamento dos recursos extraordinário e especial repetitivos.

Artigo acrescentado pela Lei n. 13.015, de 21.07.2014.

Com o advento da Lei n. 13.015/2014, foi inserida no âmbito do processo do trabalho a disciplina do recurso de revista repetitivo, por meio da inclusão dos arts. 896-B e 896-C da CLT.

A norma em análise autoriza a aplicação supletiva dos arts. 1.036 a 1.041 do CPC/2015 (arts. 543-B – recurso extraordinário repetitivo e 543-C – recurso especial repetitivo, ambos do CPC/73).

Art. 896-C. Quando houver multiplicidade de recursos de revista fundados em idêntica questão de direito, a questão poderá ser afetada à Seção Especializada em Dissídios Individuais ou ao Tribunal Pleno, por decisão da maioria simples de seus membros, mediante requerimento de um dos Ministros que compõem a Seção Especializada, considerando a relevância da matéria ou a existência de entendimentos divergentes entre os Ministros dessa Seção ou das Turmas do Tribunal.

Caput *acrescentado pela Lei n. 13.015, de 21.07.2014.*

O artigo em apreço apresenta, basicamente, três pressupostos para a adoção do procedimento de recursos de revista repetitivos.

O primeiro deles é a "multiplicidade de recursos de revista". O legislador não nos diz o que se entende por "multiplicidade", tendo o referido substantivo o significado de algo que apresenta grande número.

O segundo pressuposto trata de "idêntica questão de direito". A finalidade do procedimento especial destinado a racionalizar os julgamentos no âmbito do TST tem como condição a repetição da mesma questão de direito, de forma idêntica, em variados processos. A questão envolvida pode ser tanto de direito material como de direito processual.

O terceiro pressuposto trata da "existência de entendimentos divergentes". Para que ocorra a instauração do procedimento aqui estudado, é necessário que a questão jurídica seja relevante ou recaia sobre ela controvérsia interpretativa.

§ 1º O Presidente da Turma ou da Seção Especializada, por indicação dos relatores, afetará um ou mais recursos representativos da controvérsia para julgamento pela Seção Especializada em Dissídios Individuais ou pelo Tribunal Pleno, sob o rito dos recursos repetitivos.

Parágrafo acrescentado pela Lei n. 13.015, de 21.07.2014.

Após a indicação dos relatores, a seleção dos casos representativos a serem julgados pelo Pleno ou pela Seção Especializada (SDI) se dará pelo Presidente desta ou da Turma, mediante aprovação por decisão da maioria simples dos membros da Seção Especializada.

§ 2º O Presidente da Turma ou da Seção Especializada que afetar processo para julgamento sob o rito dos recursos repetitivos deverá expedir comunicação aos demais Presidentes de Turma ou de Seção Especializada, quc poderão afetar outros processos sobre a questão para julgamento conjunto, a fim de conferir ao órgão julgador visão global da questão.

Parágrafo acrescentado pela Lei n. 13.015, de 21.07.2014.

Deverá o Presidente da Turma ou da Seção Especializada, que afetar referidos recursos, expedir comunicado aos demais Presidentes de Turma ou Seção Especializada, os quais poderão encaminhar outros processos sobre a mesma questão jurídica, com o objetivo de que sejam julgados em conjunto.

Novamente o legislador utiliza o verbo no imperativo, de modo que não se trata de uma faculdade do Presidente da Turma ou Seção, mas sim uma obrigação expedir referido comunicado.

Buscou o legislador, por meio da expedição do mencionado comunicado aos demais Presidentes de Turma ou Seção, conferir ao órgão julgador visão global sobre a questão jurídica debatida.

§ 3º O Presidente do Tribunal Superior do Trabalho oficiará os Presidentes dos Tribunais Regionais do Trabalho para que suspendam os recursos interpostos em casos idênticos aos afetados como recursos repetitivos, até o pronunciamento definitivo do Tribunal Superior do Trabalho.

Parágrafo acrescentado pela Lei n. 13.015, de 21.07.2014.

Compete ao Presidente do TST oficiar aos Presidentes dos TRTs para que suspendam os julgamentos de recursos interpostos em casos idênticos aos afetados como recursos repetitivos, até que o TST se pronuncie em definitivo sobre a questão jurídica.

O objetivo é evitar que sejam julgados recursos que se encontram nos Tribunais Regionais, cuja matéria é idêntica àquela que será analisada pelo TST em razão da multiplicidade de recursos de revista fundados em idêntica questão jurídica.

§ 4º Caberá ao Presidente do Tribunal de origem admitir um ou mais recursos representativos da controvérsia, os quais serão encaminhados ao Tribunal Superior do Trabalho, ficando suspensos os demais recursos de revista até o pronunciamento definitivo do Tribunal Superior do Trabalho.

Parágrafo acrescentado pela Lei n. 13.015, de 21.07.2014.

Compete ao Presidente do tribunal de origem selecionar um ou mais recursos de revista representativos da controvérsia e encaminhá-los ao TST.

Os demais recursos de revista ficarão suspensos, até o pronunciamento definitivo do TST.

§ 5º O relator no Tribunal Superior do Trabalho poderá determinar a suspensão dos recursos de revista ou de embargos que tenham como objeto controvérsia idêntica à do recurso afetado como repetitivo.

Parágrafo acrescentado pela Lei n. 13.015, de 21.07.2014.

Considerando-se que o objetivo do procedimento em estudo é a uniformização da interpretação do direito, o ministro relator no TST pode determinar a suspensão dos demais recursos de revista e de embargos (que tratem da mesma questão jurídica) que aguardam julgamento no tribunal.

§ 6º O recurso repetitivo será distribuído a um dos Ministros membros da Seção Especializada ou do Tribunal Pleno e a um Ministro revisor.

Parágrafo acrescentado pela Lei n. 13.015, de 21.07.2014.

Nos termos do art. 896-C, § 1º, da CLT, poderá ser selecionado mais de um recurso. Assim, se houver mais de um recurso repetitivo, todos eles deverão ser distribuídos ao mesmo ministro relator e também ao revisor.

§ 7º O relator poderá solicitar, aos Tribunais Regionais do Trabalho, informações a respeito da controvérsia, a serem prestadas no prazo de 15 (quinze) dias.

Parágrafo acrescentado pela Lei n. 13.015, de 21.07.2014.

O presente dispositivo faculta ao ministro relator solicitar aos Tribunais Regionais informações sobre a controvérsia, repetindo-se a ideia contida no art. 1.038, III, do CPC. O legislador fixou o prazo de quinze dias para que as informações sejam prestadas.

§ 8º O relator poderá admitir manifestação de pessoa, órgão ou entidade com interesse na controvérsia, inclusive como assistente simples, na forma da Lei n. 5.869, de 11 de janeiro de 1973 (Código de Processo Civil).
Parágrafo acrescentado pela Lei n. 13.015, de 21.07.2014.

Poderá o ministro relator admitir a manifestação de terceiros quando se verificar presente o interesse na controvérsia (interesse no resultado do julgamento). No mesmo sentido é a redação do art. 1.038, I, do CPC.

§ 9º Recebidas as informações e, se for o caso, após cumprido o disposto no § 7º deste artigo, terá vista o Ministério Público pelo prazo de 15 (quinze) dias.
Parágrafo acrescentado pela Lei n. 13.015, de 21.07.2014.

O dispositivo em comento faz referência somente ao § 7º do art. 896-C da CLT, o qual se refere à solicitação de informações aos TRTs sobre a controvérsia.

Assim, após o recebimento das informações dos Tribunais Regionais, o Ministério Público do Trabalho terá prazo de quinze dias para se manifestar.

§ 10. Transcorrido o prazo para o Ministério Público e remetida cópia do relatório aos demais Ministros, o processo será incluído em pauta na Seção Especializada ou no Tribunal Pleno, devendo ser julgado com preferência sobre os demais feitos.
Parágrafo acrescentado pela Lei n. 13.015, de 21.07.2014.

Após o prazo de quinze dias, com ou sem manifestação do Ministério Público do Trabalho, e depois de remetidas cópias do relatório aos demais Ministros, o processo será incluído em pauta para julgamento, com preferência sobre os demais feitos.

§ 11. Publicado o acórdão do Tribunal Superior do Trabalho, os recursos de revista sobrestados na origem:
Parágrafo acrescentado pela Lei n. 13.015, de 21.07.2014.

Não obstante o parágrafo em apreço se referir à publicação do acórdão, entendemos que somente após o trânsito em julgado da decisão (já que o § 3º do presente artigo fala em "pronunciamento definitivo" e este pode não ocorrer com a simples publicação do acórdão) é que o Presidente do TST deve dar ciência aos Presidentes dos Tribunais Regionais sobre a decisão tomada.

A ciência se dará por meio de ofício instruído com cópia do acórdão relativo ao julgamento do recurso repetitivo.

I – terão seguimento denegado na hipótese de o acórdão recorrido coincidir com a orientação a respeito da matéria no Tribunal Superior do Trabalho; ou

Inciso acrescentado pela Lei n. 13.015, de 21.07.2014.

Caso o acórdão recorrido coincida com a orientação do TST, os recursos sobrestados não deverão ser admitidos (a legislação impõe que lhes seja denegado seguimento).

II – serão novamente examinados pelo Tribunal de origem na hipótese de o acórdão recorrido divergir da orientação do Tribunal Superior do Trabalho a respeito da matéria.

Inciso acrescentado pela Lei n. 13.015, de 21.07.2014.

Na hipótese de o acórdão recorrido divergir da orientação do TST sobre a matéria, os recursos sobrestados serão novamente examinados.

§ 12. Na hipótese prevista no inciso II do § 11 deste artigo, mantida a decisão divergente pelo Tribunal de origem, far-se-á o exame de admissibilidade do recurso de revista.

Parágrafo acrescentado pela Lei n. 13.015, de 21.07.2014.

Ao persistir a divergência entre a decisão proferida pelo TST (no julgamento do recurso de revista repetitivo) e aquela prolatada pelo TRT, o apelo será submetido ao juízo de admissibilidade perante o Presidente ou Vice-Presidente do Tribunal Regional.

§ 13. Caso a questão afetada e julgada sob o rito dos recursos repetitivos também contenha questão constitucional, a decisão proferida pelo Tribunal Pleno não obstará o conhecimento de eventuais recursos extraordinários sobre a questão constitucional.

Parágrafo acrescentado pela Lei n. 13.015, de 21.07.2014.

Se a questão de direito afetada e apreciada pelo procedimento dos recursos repetitivos versar sobre matéria constitucional, a decisão proferida não prejudicará a admissibilidade de recurso extraordinário (art. 102, § 3º, da CF).

§ 14. Aos recursos extraordinários interpostos perante o Tribunal Superior do Trabalho será aplicado o procedimento previsto no art. 543-B da Lei n. 5.869, de 11 de janeiro de 1973 (Código de Processo Civil), cabendo ao Presidente do Tribunal Superior do Trabalho selecionar um ou mais recursos representativos da controvérsia e encaminhá-los ao Supremo Tribunal Federal, sobrestando os demais até o pronunciamento definitivo da Corte, na forma do § 1º do art. 543-B da Lei n. 5.869, de 11 de janeiro de 1973 (Código de Processo Civil).

Parágrafo acrescentado pela Lei n. 13.015, de 21.07.2014.

Caso seja interposto recurso extraordinário perante o TST, deverá ser observado o procedimento previsto no art. 1.036, § 1º, do CPC.

Dessa forma, competirá ao Presidente do TST selecionar dois ou mais recursos representativos da controvérsia, encaminhando-os ao STF.

Também, cabe ao Presidente do TST sobrestar os demais processos, até que o STF se pronuncie em definitivo sobre a questão jurídica.

§ 15. O Presidente do Tribunal Superior do Trabalho poderá oficiar os Tribunais Regionais do Trabalho e os Presidentes das Turmas e da Seção Especializada do Tribunal para que suspendam os processos idênticos aos selecionados como recursos representativos da controvérsia e encaminhados ao Supremo Tribunal Federal, até o seu pronunciamento definitivo.

Parágrafo acrescentado pela Lei n. 13.015, de 21.07.2014.

É facultado ao Presidente do TST expedir ofícios aos TRTs e aos Presidentes das Turmas e da Seção Especializada para que suspendam os processos com idêntica questão jurídica àqueles selecionados como representativos da controvérsia e enviados ao STF, até que a Suprema Corte se pronuncie em definitivo sobre a *quaestio iuris*.

§ 16. A decisão firmada em recurso repetitivo não será aplicada aos casos em que se demonstrar que a situação de fato ou de direito é distinta das presentes no processo julgado sob o rito dos recursos repetitivos.

Parágrafo acrescentado pela Lei n. 13.015, de 21.07.2014.

O julgamento do recurso repetitivo se aplica a todos os demais recursos que tratam de idêntica questão de direito.

Contudo, caso seja demonstrado que a questão jurídica diverge daquela apreciada no procedimento dos recursos repetitivos, a decisão ali proferida não se aplica aos demais casos.

Em que pese o parágrafo em estudo fazer referência à questão de fato, importa frisar que o recurso de revista não admite reexame de matéria fática (Súmula n. 126 do TST).

§ 17. Caberá revisão da decisão firmada em julgamento de recursos repetitivos quando se alterar a situação econômica, social ou jurídica, caso em que será respeitada a segurança jurídica das relações firmadas sob a égide da decisão anterior, podendo o Tribunal Superior do Trabalho modular os efeitos da decisão que a tenha alterado.

Parágrafo acrescentado pela Lei n. 13.015, de 21.07.2014.

O objetivo do pronunciamento em recursos repetitivos consiste na necessidade de se uniformizar teses sobre questões de direito. Em resumo, procura-se fixar um precedente, a fim de que os juízes não julguem de maneira diferente casos idênticos.

Ocorre que a tese fixada pelo tribunal pode não ser a melhor. Dessa forma, a tese poderá ser modificada quando se alterar a situação econômica, social ou jurídica existente ao tempo em que a decisão foi adotada.

Assim, pode-se dizer que referida decisão não é imutável. No entanto, somente poderá ser modificada na hipótese prevista na lei, qual seja: alteração da situação econômica, social ou jurídica existente ao tempo em que a decisão foi adotada.

Art. 897. Cabe agravo, no prazo de 8 (oito) dias:

Caput *com redação dada pela Lei n. 8.432, de 11.06.1992.*

No direito processual do trabalho, temos dois tipos de agravo, sendo um destinado a atacar decisões na fase de execução (agravo de petição) e outro destinado a destrancar recursos (agravo de instrumento).

***a)* de petição, das decisões do Juiz ou Presidente, nas execuções;**

Alínea com redação dada pela Lei n. 8.432, de 11.06.1992.

O agravo de petição é o recurso cabível contra decisões, de caráter definitivo ou terminativo, proferidas pelo magistrado na fase de execução, no prazo de oito dias.

Cabe notar que não se admite, em regra, no âmbito do direito processual trabalhista, recurso contra decisões interlocutórias, conforme o art. 893, § 1º, CLT e entendimento consubstanciado na Súmula n. 214 do TST.

Assim, entendemos ser cabível agravo de petição contra decisão que julga embargos à execução, embargos à adjudicação, embargos à arrematação, embargos de terceiro, ou que extingue – total ou parcialmente – a execução (por exemplo, a decisão que declara a prescrição intercorrente, a decisão que acolhe exceção de pré-executividade).

Para a interposição do presente apelo, é necessário que o juízo se encontre garantido, o que em geral se verifica por meio de depósito para garantia do juízo realizado pelo recorrente ou, ainda, por força de constrição judicial.

Não se exige o pagamento de custas para a interposição de agravo de petição, sendo certo que somente serão cobradas ao final da execução.

Observa-se a regra geral de duplo grau de juízo de admissibilidade, ou seja, o primeiro juízo de admissibilidade é feito pelo magistrado de primeiro grau que proferiu a decisão atacada (juízo *a quo*) e o segundo pelo desembargador relator da Turma (juízo *ad quem*) que irá julgar o referido apelo.

Além dos pressupostos gerais, deve-se verificar o preenchimento dos requisitos previstos no § 1º do art. 897 da CLT, ou seja, delimitação e justificação da matéria.

***b)* de instrumento, dos despachos que denegarem a interposição de recursos.**

Alínea com redação dada pela Lei n. 8.432, de 11.06.1992.

O agravo de instrumento, no âmbito trabalhista, presta-se exclusivamente para destrancar recurso ao qual se tenha negado seguimento. É o apelo cabível contra despachos que denegam seguimento a recursos. Limita-se a discutir o despacho denegatório.

O juízo de admissibilidade é realizado em um único momento pelo juízo *ad quem*, sendo certo que, se conhecido o agravo de instrumento, o Tribunal irá determinar o processamento do recurso que havia sido trancado.

Com o advento da Lei n. 12.275/2010, criou-se um novo pressuposto de admissibilidade para o recurso de agravo de instrumento, uma vez que se passou a exigir o depósito recursal de 50% do valor do depósito do recurso que se pretende destrancar (art. 897, § 5º, I, c/c § 7º do art. 899, ambos da CLT). Assim, para a interposição do referido apelo, deve-se efetuar o depósito recursal sob pena de deserção.

§ 1º O agravo de petição só será recebido quando o agravante delimitar, justificadamente, as matérias e os valores impugnados, permitida a execução imediata da parte remanescente até o final, nos próprios autos ou por carta de sentença.

Parágrafo com redação dada pela Lei n. 8.432, de 11.06.1992.

O legislador estabeleceu como pressuposto de admissibilidade do recurso de agravo de petição a delimitação justificada das matérias e valores discutidos no apelo, de modo que se possa dar andamento à execução em relação às matérias e valores não impugnados no recurso.

O agravo de petição possui, como os demais recursos trabalhistas, efeito meramente devolutivo, sendo que sua interposição não obsta o prosseguimento da execução (Súmula n. 416 do TST), uma vez que o valor incontroverso será levantado pelo credor.

---

§ 2º O agravo de instrumento interposto contra o despacho que não receber agravo de petição não suspende a execução da sentença.

Parágrafo com redação dada pela Lei n. 8.432, de 11.06.1992.

Na hipótese de o agravo de petição ser denegado, a interposição de recurso de agravo de instrumento não irá suspender a execução.

O legislador reforça a regra geral dos recursos trabalhistas no sentido de possuírem efeito meramente devolutivo, possibilitando a execução – ainda que provisória – do julgado.

---

§ 3º Na hipótese da alínea *a* deste artigo, o agravo será julgado pelo próprio tribunal, presidido pela autoridade recorrida, salvo se se tratar de decisão de Juiz do Trabalho de 1ª Instância ou de Juiz de Direito, quando o julgamento competirá a uma das Turmas do Tribunal Regional a que estiver subordinado o prolator da sentença, observado o disposto no art. 679, a quem este remeterá as peças necessárias para o exame da matéria controvertida, em autos apartados, ou nos próprios autos, se tiver sido determinada a extração de carta de sentença.

Parágrafo com redação dada pela Lei n. 10.035, de 25.10.2000.

Compete ao TRT julgar o recurso de agravo de petição, quando a decisão recorrida tiver sido proferida por juiz do trabalho de primeiro grau ou juiz de direito, hipótese na qual o recurso será julgado por uma das Turmas do Tribunal Regional a que estiver vinculado o magistrado.

Em se tratando de ação de competência originária do próprio Tribunal Regional, o julgamento será realizado pelo pleno ou órgão especial do Tribunal, se houver.

Ainda, dispõe o presente parágrafo que o agravo de petição será julgado em autos apartados, cabendo à parte interessada providenciar a formação do instrumento, a fim de possibilitar o julgamento do apelo por parte do Tribunal, salvo no caso de ter sido determinada a extração de carta de sentença, situação em que o recurso será processado nos próprios autos. Tal determinação se dá pelo fato de se poder dar prosseguimento na execução em relação à matéria incontroversa.

Importa ressaltar que, na fase de liquidação ou execução de sentença somente se admite o recurso de revista na hipótese de ofensa inequívoca – direta e literal – à Constituição Federal (art. 896, § 2º, da CLT; Súmula n. 266 do TST).

§ 4º Na hipótese da alínea *b* deste artigo, o agravo será julgado pelo Tribunal que seria competente para conhecer o recurso cuja interposição foi denegada.

Parágrafo acrescentado pela Lei n. 8.432, de 11.06.1992.

O agravo de instrumento será julgado pelo Tribunal competente para conhecer do recurso que teve seguimento denegado.

Desse modo, se o agravo de instrumento for interposto contra despacho que denegou seguimento a recurso ordinário ou agravo de petição, será julgado pelo TRT.

Caso tenha sido denegado seguimento a recurso de revista, o TST será o competente para julgar o agravo de instrumento.

§ 5º Sob pena de não conhecimento, as partes promoverão a formação do instrumento do agravo de modo a possibilitar, caso provido, o imediato julgamento do recurso denegado, instruindo a petição de interposição:

Parágrafo acrescentado pela Lei n. 9.756, de 17.12.1998.

O presente parágrafo foi alterado pela Lei n. 9.756/98. Cabe à parte colacionar cópia das peças indispensáveis ao conhecimento do agravo de instrumento, bem como do recurso a que fora denegado seguimento, possibilitando, assim, caso seja conhecido e provido o agravo, o julgamento do recurso ao qual havia sido denegado seguimento.

A relação das peças indispensáveis e facultativas consta dos incisos I e II do parágrafo em estudo.

I – obrigatoriamente, com cópias da decisão agravada, da certidão da respectiva intimação, das procurações outorgadas aos advogados do agravante e do agravado, da petição inicial, da contestação, da decisão originária, do depósito recursal referente ao recurso que se pretende destrancar, da comprovação do recolhimento das custas e do depósito recursal a que se refere o § 7º do art. 899 desta Consolidação;

Inciso acrescentado pela Lei n. 9.756, de 17.12.1998, e com redação dada pela Lei n. 12.275, de 29.06.2010.

Compete à parte promover a formação do instrumento com cópia de todas as peças indicadas no referido inciso, sob pena de não conhecimento do recurso.

Reitera-se que o objetivo é possibilitar o imediato julgamento do recurso que havia sido trancado, caso seja o agravo de instrumento conhecido e provido.

É de notar que a ausência de peças desnecessárias, ainda que relacionadas no inciso em análise, não implica o não conhecimento do agravo, conforme entendimento consubstanciado na OJ Transitória n. 19 da SDI-1 do TST.

Importa destacar que por força da Lei n. 12.275/2010, passou-se a exigir o depósito recursal no montante de 50% do valor do recurso que se pretende destrancar, sob pena de deserção.

II – facultativamente, com outras peças que o agravante reputar úteis ao deslinde da matéria de mérito controvertida.

Inciso acrescentado pela Lei n. 9.756, de 17.12.1998.

As partes podem juntar ao agravo de instrumento peças que entendam por importantes para o julgamento do feito e que não constam do rol do inciso anterior.

---

§ 6º O agravado será intimado para oferecer resposta ao agravo e ao recurso principal, instruindo-a com as peças que considerar necessárias ao julgamento de ambos os recursos.

Parágrafo acrescentado pela Lei n. 9.756, de 17.12.1998.

Interposto o agravo de instrumento e não tendo o juiz reconsiderado sua decisão, o agravado será intimado a apresentar – se entender por bem – contraminuta ao agravo de instrumento e contrarrazões ao recurso principal, sendo-lhe facultado juntar cópia das peças que entender necessárias ao julgamento dos recursos.

O TST entende ser válido o traslado de peças essenciais realizado pelo agravado, conforme OJ n. 283 da SDI-1 do TST.

---

§ 7º Provido o agravo, a Turma deliberará sobre o julgamento do recurso principal, observando-se, se for o caso, daí em diante, o procedimento relativo a esse recurso.

Parágrafo acrescentado pela Lei n. 9.756, de 17.12.1998.

O Tribunal irá julgar, *a priori*, o agravo de instrumento e somente se este for conhecido e provido é que o recurso principal será analisado.

Uma vez conhecido e provido o agravo de instrumento, o julgamento se dará nos termos do procedimento relativo ao recurso principal.

---

§ 8º Quando o agravo de petição versar apenas sobre as contribuições sociais, o juiz da execução determinará a extração de cópias das peças necessárias, que serão autuadas em apartado, conforme dispõe o § 3º, parte final, e remetidas à instância superior para apreciação, após contraminuta.

Parágrafo acrescentado pela Lei n. 10.035, de 25.10.2000.

Tratando-se de agravo de petição em que se discuta somente contribuições previdenciárias, o magistrado irá determinar a extração de cópias e a formação de autos apartados, remetendo-os ao Tribunal para análise do apelo, prosseguindo-se a execução em relação aos valores devidos ao reclamante.

Art. 897-A. Caberão embargos de declaração da sentença ou acórdão, no prazo de 5 (cinco) dias, devendo seu julgamento ocorrer na primeira audiência ou sessão subsequente a sua apresentação, registrado na certidão, admitido efeito modificativo da decisão nos casos de omissão e contradição no julgado e manifesto equívoco no exame dos pressupostos extrínsecos do recurso.

Caput *acrescentado pela Lei n. 9.957, de 12.01.2000.*

Trata-se de remédio jurídico cujo objetivo é sanar omissão (o magistrado ou Tribunal não se pronuncia acerca de tese ou ponto sobre o qual deveria se manifestar), obscuridade (ausência de clareza na decisão, de modo que esta se torna ininteligível) ou contradição (afirmação de uma tese na fundamentação e negação da mesma tese no dispositivo) na decisão judicial.

O prazo é de cinco dias. Frise-se que, com o cancelamento da Súmula n. 434 do TST (Resolução n. 198/2015), bem como a previsão do art. 218, § 4º, do CPC, o ato processual praticado antes do termo inicial passou a ser considerado tempestivo.

Considerando o disposto no art. 1.024, § 2º, do CPC, bem como o art. 1º, § 1º, da IN n. 40/2016 do TST, caso ocorra omissão no juízo de admissibilidade do recurso de revista, é ônus da parte opor embargos de declaração para o órgão prolator da decisão a fim de supri-la, sob pena de preclusão.

Importa destacar que o TST cancelou a OJ n. 377, da SDI-1 (Resolução n. 204/2016), mudando, assim, o entendimento do Tribunal acerca do cabimento de embargos de declaração contra decisão de admissibilidade de recurso de revista.

Por fim, não há necessidade de preparo no que se refere aos embargos de declaração.

---

§ 1º Os erros materiais poderão ser corrigidos de ofício ou a requerimento de qualquer das partes.

Parágrafo renumerado pela Lei n. 13.015, de 21.07.2014.

O presente parágrafo praticamente repete o conteúdo do art. 833 da CLT, possibilitando, desse modo, a correção de ofício ou a requerimento das partes de erros materiais (evidentes erros ou enganos de escrita ou de cálculos).

---

§ 2º Eventual efeito modificativo dos embargos de declaração somente poderá ocorrer em virtude da correção de vício na decisão embargada e desde que ouvida a parte contrária, no prazo de 5 (cinco) dias.

Parágrafo acrescentado pela Lei n. 13.015, de 21.07.2014.

No caso de embargos de declaração com efeito modificativo (Súmula n. 278 do TST), deve-se dar vistas à parte contrária para manifestação, no prazo de cinco dias, sob pena de violação ao princípio do contraditório (OJ n. 142 da SDI-1 do TST).

No mesmo sentido é a disposição do art. 1.023, § 2º, do CPC.

---

§ 3º Os embargos de declaração interrompem o prazo para interposição de outros recursos, por qualquer das partes, salvo quando intempestivos, irregular a representação da parte ou ausente a sua assinatura.

Parágrafo acrescentado pela Lei n. 13.015, de 21.07.2014.

A oposição de embargos declaratórios interrompe o prazo para interposição de outros recursos por qualquer das partes (art. 1.026, CPC, aplicado subsidiariamente por força do art. 769 da CLT), exceto nos casos de intempestividade, irregularidade de representação processual ou ausência de assinatura.

Assim, uma vez opostos embargos de declaração (ressalvadas as situações de intempestividade, irregularidade de representação processual ou ausência de assinatura), o prazo para os recursos seguintes recomeça por inteiro, haja vista o efeito de interrupção referido no parágrafo em comento.

Ainda, cumpre notar que a interrupção do prazo recursal em virtude da oposição de embargos de declaração pela parte *ex adversa* não causa prejuízo àquele que interpôs seu recurso tempestivamente.

Na hipótese de os embargos de declaração serem rejeitados ou não modificarem a conclusão do julgamento anterior, o recurso interposto pela outra parte, antes da publicação do julgamento dos embargos de declaração, deverá ser processado e julgado, independentemente de ratificação (art. 1.024, § 5º, do CPC).

Entretanto, sendo os embargos de declaração acolhidos ou se alterarem a conclusão do julgamento anterior, entende-se que o recurso interposto pela outra parte – antes da publicação do julgamento dos embargos de declaração – depende de ratificação para ser processado e julgado.

Art. 898. Das decisões proferidas em dissídio coletivo que afete empresa de serviço público, ou, em qualquer caso, das proferidas em revisão, poderão recorrer, além dos interessados, o Presidente do Tribunal e a Procuradoria da Justiça do Trabalho.

Tratando-se de decisões proferidas em dissídio coletivo que produzam efeitos em empresas de serviço público, o Presidente do Tribunal e o Ministério Público do Trabalho possuem legitimidade para interposição de recurso.

Consoante disposição do art. 83, VI, da LC n. 75/93, compete ao Ministério Público do Trabalho, quando houver interesse, recorrer das decisões proferidas na Justiça do Trabalho nos processos em que for parte ou naqueles que atuar como *custos legis*.

Art. 899. Os recursos serão interpostos por simples petição e terão efeito meramente devolutivo, salvo as exceções previstas neste Título, permitida a execução provisória até a penhora.

Caput *com redação dada pela Lei n. 5.442, de 24.05.1968.*

Os recursos trabalhistas serão interpostos por simples petição, competindo à parte apenas indicar seu inconformismo com a decisão atacada, exceção feita ao recurso de embargos e ao recurso de revista, que, por se tratar de apelos técnicos, exigem fundamentação, sob pena de não conhecimento.

Cumpre notar, ainda, que a simples petição é válida para os casos em que a parte não está representada por advogado (ou seja, está exercendo o *jus postulandi*, conforme previsão do art. 791 da CLT e da Súmula n. 425 do TST), sendo certo que, havendo representação processual por advogado, o apelo deve conter os nomes e a qualificação das partes, os fundamentos de fato e de direito, bem como o pedido de nova decisão (art. 1.010 do CPC).

O presente artigo dispõe ainda que o efeito dos recursos trabalhistas é meramente devolutivo, possibilitando a execução – ainda que provisória – do julgado.

O efeito devolutivo consiste em transferir ao tribunal o conhecimento da matéria impugnada. Em outras palavras, devolve ao órgão *ad quem* (tribunal hierarquicamente superior àquele que proferiu a decisão) a reapreciação da matéria objeto da impugnação.

Além do efeito devolutivo, acima referido, podemos destacar o efeito suspensivo, pelo qual não se permite a execução da decisão até que se tenha o trânsito em julgado. De notar que a obtenção do efeito suspensivo ao recurso pode ser alcançada mediante requerimento dirigido ao Tribunal, ao relator ou ao presidente ou vice-presidente do Tribunal recorrido, nos termos da Súmula n. 414, I, do TST (art. 1.029, § 5º, do CPC). Ainda, o presidente do TST pode conferir efeito suspensivo ao recurso ordinário interposto contra decisão normativa pelo prazo improrrogável de 120 dias (arts. 7º, §§ 6º e 9º, da Lei n. 7.701/88).

Já o efeito translativo (art. 1.013, § 1º, do CPC; Súmula n. 393 do TST) se traduz na possibilidade de o Tribunal conhecer de matéria não arguida pelo recorrente em seu recurso (trata-se de matéria de ordem pública, que deve ser conhecida de ofício, não se operando assim a preclusão).

No que diz respeito ao efeito substitutivo (art. 1.008, CPC), tem-se que o julgamento proferido pelo Tribunal substituirá a decisão dada na instância inferior. De ressaltar que somente haverá referido efeito caso o recurso seja conhecido, independentemente de o apelo ser provido ou não, uma vez que, conhecido o recurso, o acórdão (ainda que tenha negado provimento ao apelo) substitui a decisão recorrida.

Entende-se por efeito extensivo quando o recurso interposto por um dos litisconsortes unitários a todos aproveita, exceto se distintos ou opostos os seus interesses (art. 1.005 do CPC).

O efeito diferido é decorrência do princípio da irrecorribilidade das decisões interlocutórias (art. 893, § 1º, da CLT). Como já estudado, as decisões interlocutórias (ressalvadas as exceções previstas na Súmula n. 214 do TST) não comportam recurso imediato, podendo, entretanto, tais matérias serem arguidas em preliminar do recurso que couber da decisão final, desde que o recorrente tenha manifestado seu inconformismo em audiência ou na primeira oportunidade que teve de falar nos autos (art. 795 da CLT). Assim, o efeito diferido tem por finalidade anular decisões interlocutórias que não poderiam ser imediatamente objeto de recurso.

Por fim, o efeito regressivo se traduz na possibilidade de retratação ou reconsideração pela mesma autoridade que proferiu a decisão recorrida. No processo do trabalho, referido efeito pode se verificar nos recursos de agravo de instrumento e agravo interno, sendo permitido ao julgador reconsiderar a decisão objeto do agravo. É exceção à regra prevista no art. 494 do CPC, pelo qual, ao prolatar a decisão, o magistrado cumpre e encerra seu ofício jurisdicional.

§ 1º Sendo a condenação de valor até 10 (dez) vezes o salário mínimo regional, nos dissídios individuais, só será admitido o recurso, inclusive o extraordinário, mediante prévio depósito da respectiva importância. Transitada em julgado a decisão recorrida, ordenar-se-á o levantamento imediato da importância do depósito, em favor da parte vencedora, por simples despacho do juiz.

Parágrafo acrescentado pelo Decreto-lei n. 75, de 21.11.1966, e com redação dada pela Lei n. 5.442, de 24.05.1968.

Conforme o art. 7º da Lei n. 5.584/70, a comprovação do depósito recursal se faz no mesmo prazo para a interposição do recurso, sob pena de o apelo não ser conhecido por ausência de preparo (deserto).

Cumpre notar que a interposição antecipada do recurso não prejudica o prazo para comprovação do depósito (Súmula n. 245 do TST).

O depósito recursal é requisito de admissibilidade (pressuposto objetivo) dos recursos ordinário, de revista, de embargos, de agravo de instrumento e extraordinário, sendo desnecessário nos casos em que inexiste condenação em pecúnia (Súmula n. 161 do TST).

A natureza jurídica do depósito recursal é de garantia do juízo, cujo objetivo é garantir, ainda que parcialmente, futura execução em favor do empregado.

As pessoas jurídicas de direito público (art. 1º, IV, Decreto-lei n. 779/69, e item X da Instrução Normativa n. 3/93 do TST), bem como o Ministério Público do Trabalho, não estão obrigadas a efetuar depósito recursal.

A massa falida também é dispensada de efetuar referido depósito (Súmula n. 86 do TST).

Havendo condenação solidária de duas ou mais empresas, o depósito realizado por uma delas aproveita as demais, salvo nos casos em que a empresa que efetuou o depósito pugne pela sua exclusão da lide (Súmula n. 128, III, do TST).

No caso de recurso em ação rescisória, quando for julgado procedente o pedido e imposta condenação em pecúnia, é necessário o depósito recursal, sob pena de deserção (Súmula n. 99 do TST).

Importa frisar que, no caso de recolhimento insuficiente de custas processuais ou do depósito recursal, apenas haverá deserção se, após concedido prazo de cinco dias (art. 1.007, § 2º, CPC), o recorrente não complementar e comprovar o valor (OJ n. 140 da SDI-1 do TST).

Após o trânsito em julgado da decisão, o depósito recursal será levantado pela parte vencedora, por simples despacho do magistrado.

O TST, por meio da Instrução Normativa n. 3/93 (republicada com as alterações introduzidas pela Resolução n. 190/2013), baixou instruções acerca do depósito recursal na Justiça do Trabalho.

§ 2º Tratando-se de condenação de valor indeterminado, o depósito corresponderá ao que for arbitrado para efeito de custas, pela Junta ou Juízo de Direito, até o limite de 10 (dez) vezes o salário mínimo da região.

Parágrafo acrescentado pelo Decreto-lei n. 75, de 21.11.1966, e com redação dada pela Lei n. 5.442, de 24.05.1968.

Veja nota deste Capítulo.

Com relação aos valores, cumpre destacar que são atualizados anualmente pelo TST, sendo certo que o depósito será equivalente ao valor da condenação (se líquida a sentença) ou de seu arbitramento (se ilíquida a sentença), observado o teto estabelecido pelo TST.

§ 3º *(Revogado pela Lei n. 7.033, de 05.10.1982.)*

§ 4º O depósito recursal será feito em conta vinculada ao juízo e corrigido com os mesmos índices da poupança.

Parágrafo com redação dada pela Lei n. 13.467, de 13.07.2017.

Anteriormente, o depósito recursal era feito na conta vinculada do FGTS do empregado. Na hipótese de recurso por trabalhador não vinculado ao regime do FGTS, admitia-se o depósito judicial (Súmula n. 426 do TST).

Com a alteração legislativa introduzida pela Lei n. 13.467/2017, o referido depósito passa a ser realizado em conta vinculada ao juízo, corrigido pelos mesmos índices da caderneta de poupança.

§ 5º (*Revogado pela Lei n. 13.467, de 13.07.2017.*)

§ 6º Quando o valor da condenação, ou o arbitrado para fins de custas, exceder o limite de 10 (dez) vezes o salário mínimo da região, o depósito para fins de recurso será limitado a este valor.

Parágrafo acrescentado pela Lei n. 5.442, de 24.05.1968.

O TST reajusta anualmente o valor do depósito recursal, destacando-se que tal depósito será equivalente ao valor da condenação (se líquida a sentença) ou de seu arbitramento (se ilíquida a sentença), observado o teto estabelecido pelo TST, sendo certo que os valores podem ser consultados no *site* do próprio Tribunal.

§ 7º No ato de interposição do agravo de instrumento, o depósito recursal corresponderá a 50% (cinquenta por cento) do valor do depósito do recurso ao qual se pretende destrancar.

Parágrafo acrescentado pela Lei n. 12.275, de 29.06.2010.

O referido parágrafo foi acrescentado pela Lei n. 12.275/2010, passando-se assim a se exigir depósito recursal para a interposição de recurso de agravo de instrumento, sob pena de deserção.

O depósito será efetuado no montante de 50% do valor do recurso que se pretende destrancar.

O objetivo do presente parágrafo é obstar a interposição de agravo de instrumento meramente procrastinatório, de modo a conferir maior celeridade à prestação da tutela jurisdicional.

O TST, por meio da Instrução Normativa n. 3/93 (republicada com as alterações introduzidas pela Resolução n. 190/2013), baixou instruções acerca do depósito recursal na Justiça do Trabalho.

Vale destacar que, na hipótese de o juízo já se encontrar garantido, não há que se falar em depósito recursal para a interposição de recursos.

§ 8º Quando o agravo de instrumento tem a finalidade de destrancar recurso de revista que se insurge contra decisão que contraria a jurisprudência uniforme do Tribunal Superior do Trabalho, consubstanciada nas suas súmulas ou em orientação jurisprudencial, não haverá obrigatoriedade de se efetuar o depósito referido no § 7º deste artigo.

Parágrafo acrescentado pela Lei n. 13.015, de 21.07.2014.

Como já exposto, o recurso de agravo de instrumento destina-se exclusivamente a destrancar recurso que não tenha sido admitido por ato monocrático – despacho denegatório – conforme o art. 897, *b*, da CLT.

O legislador optou por dispensar do depósito recursal (art. 899, § 7º, da CLT), na hipótese de o recurso de revista que a parte pretende destrancar atacar decisão contrária à jurisprudência uniforme (súmula ou OJ) do TST.

§ 9º O valor do depósito recursal será reduzido pela metade para entidades sem fins lucrativos, empregadores domésticos, microempreendedores individuais, microempresas e empresas de pequeno porte.

Parágrafo acrescentado pela Lei n. 13.467, de 13.07.2017.

Com a reforma trabalhista decorrente da Lei n. 13.467/2017, o depósito recursal foi reduzido pela metade para entidades sem fins lucrativos (como é o caso de condomínios residenciais, clubes recreativos, associações religiosas, entidades sindicais etc.), empregadores domésticos, microempreendedores individuais, microempresas e empresas de pequeno porte.

Há, agora, uma presunção legal de que todos estes empregadores não possuem condições financeiras de efetuar o depósito recursal integralmente.

---

§ 10. São isentos do depósito recursal os beneficiários da justiça gratuita, as entidades filantrópicas e as empresas em recuperação judicial.

Parágrafo acrescentado pela Lei n. 13.467, de 13.07.2017.

A Lei n. 13.467/2017 apresenta hipótese de isenção do depósito recursal para os beneficiários da justiça gratuita, entidades filantrópicas e empresas em recuperação judicial.

Embora não tenham sido mencionados no presente parágrafo, a massa falida (Súmula n. 86 do TST), as pessoas jurídicas de direito público (art. 1º, IV, do DL n. 779/69) e o Ministério Público do Trabalho também são isentas do depósito recursal.

---

§ 11. O depósito recursal poderá ser substituído por fiança bancária ou seguro garantia judicial.

Parágrafo acrescentado pela Lei n. 13.467, de 13.07.2017.

Outra novidade trazida pela Lei n. 13.467/2017 é a possibilidade de substituir o depósito recursal por fiança bancária ou seguro garantia judicial.

Importa destacar que a garantia deve se dar por prazo indeterminado, uma vez que não é possível fixar data exata para o término da tramitação do processo.

Ainda, no caso dessa substituição, necessário se faz o acréscimo de 30% no valor a ser garantido, conforme entendimento pacificado pela OJ n. 59 da SDI-2 do TST.

Art. 900. Interposto o recurso, será notificado o recorrido para oferecer as suas razões, em prazo igual ao que tiver o recorrente.

Conforme já referido, o prazo para os recursos trabalhistas é de oito dias (art. 6º da Lei n. 5.584/70), exceto nos casos de embargos de declaração (cujo prazo é de cinco dias, conforme os arts. 897-A da CLT e 1.023 do CPC) e de recurso extraordinário (cujo prazo é de quinze dias, a teor do disposto no art. 1.003, § 5º, do CPC).

Assim, o prazo para apresentação de contrarrazões é de oito dias (salvo no caso de contrarrazões em recurso extraordinário, cujo prazo será de quinze dias, conforme o art. 1.003, § 5º, do CPC).

Art. 901. Sem prejuízo dos prazos previstos neste Capítulo, terão as partes vistas dos autos em cartório ou na secretaria.

As partes podem consultar os autos em secretaria (Justiça do Trabalho) ou cartório (Justiça comum), caso estejam se valendo da prerrogativa prevista no art. 791 da CLT. Os advogados devidamente constituídos poderão ter vistas dos autos fora da secretaria ou do cartório.

Parágrafo único. Salvo quando estiver correndo prazo comum, aos procuradores das partes será permitido ter vista dos autos fora do cartório ou secretaria.

Parágrafo acrescentado pela Lei n. 8.638, de 31.03.1993.

Tratando-se de prazo comum, somente se poderá ter vistas dos autos fora da secretaria ou do cartório em conjunto ou mediante prévio ajuste, por meio de petição (art. 107, § 2º, do CPC).

Art. 902. ***(Revogado pela Lei n. 7.033, de 05.10.1982.)***

CAPÍTULO VII
DA APLICAÇÃO DAS PENALIDADES

Art. 903. As penalidades estabelecidas no Título anterior serão aplicadas pelo Juiz, ou Tribunal, que tiver de conhecer da desobediência, violação, recusa, falta ou coação, *ex officio*, ou mediante representação de qualquer interessado ou da Procuradoria da Justiça do Trabalho.

Artigo com redação dada pelo Decreto-lei n. 8.737, de 19.01.1946.

O presente dispositivo é, em verdade, um erro técnico do legislador, uma vez que o título anterior (Título IX) refere-se à atuação do Ministério Público do Trabalho, inexistindo penalidades. O artigo em questão se refere ao Título VIII (Da Justiça do Trabalho), o qual contém penalidades (arts. 722 a 733).

Art. 904. As sanções em que incorrerem as autoridades da Justiça do Trabalho serão aplicadas pela autoridade ou Tribunal imediatamente superior, conforme o caso, *ex officio*, ou mediante representação de qualquer interessado ou da Procuradoria.

Caput *com redação dada pelo Decreto-lei n. 8.737, de 19.01.1946.*

O artigo em comento determina que as sanções cabíveis serão aplicadas pela autoridade hierarquicamente superior. Assim, os juízes de primeiro grau terão suas penalidades administrativas (disciplinares) fixadas pelo TRT a que estiverem vinculados, sendo certo que no caso de crime comum e de responsabilidade serão julgados pelo TRF (art. 108, I, *a*, da CF).

Já os desembargadores (juízes de segundo grau), no caso de crime comum e de responsabilidade, serão julgados pelo STJ (art. 105, I, *a*, da CF).

Parágrafo único. Tratando-se de membro do Tribunal Superior do Trabalho será competente para a imposição de sanções o Senado Federal.

Antigo § 1º renumerado pelo Decreto-lei n. 229, de 28.02.1967.

O presente dispositivo se encontra tacitamente derrogado pelo art. 102, I, *c*, da Carta Magna, o qual estabeleceu que os ministros do TST serão julgados pelo STF, nas hipóteses de crimes comuns e de responsabilidade.

§ 2º *(Revogado pelo Decreto-lei n. 229, de 28.02.1967.)*

Art. 905. Tomando conhecimento do fato imputado, o Juiz, ou Tribunal competente, mandará notificar o acusado, para apresentar, no prazo de 15 (quinze) dias, defesa por escrito.

Artigo tacitamente derrogado pela LC n. 35/79 – Lei Orgânica da Magistratura Nacional (Loman).

§ 1º É facultado ao acusado, dentro do prazo estabelecido neste artigo, requerer a produção de testemunhas, até ao máximo de 5 (cinco). Nesse caso, será marcada audiência para a inquirição.

Dispositivo tacitamente derrogado pela LC n. 35/79 – Lei Orgânica da Magistratura Nacional (Loman).

§ 2º Findo o prazo de defesa, o processo será imediatamente concluso para julgamento, que deverá ser proferido no prazo de 10 (dez) dias.

Dispositivo tacitamente derrogado pela LC n. 35/79 – Lei Orgânica da Magistratura Nacional (Loman).

Art. 906. Da imposição das penalidades a que se refere este Capítulo, caberá recurso ordinário para o Tribunal Superior, no prazo de 10 (dez)

dias, salvo se a imposição resultar de dissídio coletivo, caso em que o prazo será de 20 (vinte) dias.

Considerando-se a unificação dos prazos recursais para oito dias, entendemos que o prazo mencionado no referido dispositivo não mais subsiste, posto que o art. 6º da Lei n. 5.584/70 refere-se a qualquer recurso, inclusive o previsto no artigo ora em comento.

Art. 907. Sempre que o infrator incorrer em pena criminal far-se-á remessa das peças necessárias à autoridade competente.

Uma vez constatada pelo juízo a existência de ilícito penal, deve-se oficiar à autoridade competente para que tome as providências cabíveis.

Art. 908. A cobrança das multas estabelecidas neste Título será feita mediante executivo fiscal, perante o Juiz competente para a cobrança de dívida ativa da Fazenda Pública Federal.

A cobrança de multas de que trata o presente artigo refere-se ao Título VIII (Da Justiça do Trabalho), Capítulo VII (Das Penalidades) da Consolidação, conforme comentário ao art. 903.

De acordo com a Lei n. 6.830/80, o órgão jurisdicional deverá informar à Fazenda Pública o valor das multas.

Parágrafo único. A cobrança das multas será promovida, no Distrito Federal e nos Estados em que funcionarem os Tribunais Regionais, pela Procuradoria da Justiça do Trabalho, e, nos demais Estados, de acordo com o disposto no Decreto-lei n. 960, de 17 de dezembro de 1938.

Artigo revogado pela Lei n. 6.830/80, que estabelece o procedimento para cobrança das referidas multas.

CAPÍTULO VIII
DISPOSIÇÕES FINAIS

Art. 909. A ordem dos processos no Tribunal Superior do Trabalho será regulada em seu regimento interno.

Compete privativamente aos Tribunais elaborar seus regimentos internos, conforme disposição do art. 96, I, *a*, da Carta Magna.

O Regimento Interno do TST é, atualmente, disciplinado pela Resolução Administrativa n. 1.937/2017.

Art. 910. Para os efeitos deste Título, equiparam-se aos serviços públicos os de utilidade pública, bem como os que forem prestados em armazéns de gêneros alimentícios, açougues, padarias, leiterias, farmácias, hospitais, minas, empresas de transportes e comunicações, bancos e estabelecimentos que interessem à segurança nacional.

A Organização Internacional do Trabalho (OIT) considera essenciais os serviços ou atividades que, em razão da paralisação, podem colocar em risco a vida, a segurança ou a saúde da população.

Segundo disposição do art. 10 da Lei de Greve (Lei n. 7.783/89), consideram-se serviços ou atividades essenciais: tratamento e abastecimento de água; produção e distribuição de energia elétrica, gás e combustíveis; assistência médica e hospitalar; distribuição e comercialização de medicamentos e alimentos; serviços funerários; transporte coletivo; captação e tratamento de esgoto e lixo; telecomunicações; guarda, uso e controle de substâncias radioativas, equipamentos e materiais nucleares; processamento de dados ligados a serviços essenciais; controle de tráfego aéreo; e compensação bancária.

TÍTULO XI
DISPOSIÇÕES FINAIS E TRANSITÓRIAS

Art. 911. Esta Consolidação entrará em vigor em 10 de novembro de 1943.

A CLT foi promulgada em 01.05.1943, todavia, somente passou a viger a partir de 10.11.1943, conforme determinado pelo presente dispositivo.

Art. 912. Os dispositivos de caráter imperativo terão aplicação imediata às relações iniciadas, mas não consumadas, antes da vigência desta Consolidação.

O artigo em apreço regula a aplicação da lei trabalhista no tempo.

A aplicação é imediata no que se refere à relação ainda em curso à época da entrada em vigor da CLT, ressalvando-se que, no tocante àquelas já findas antes da vigência do texto consolidado, a nova regra não poderia influir, sob pena de violação ao ato jurídico perfeito e o direito adquirido (art. 5º, XXXVI, da CF).

Art. 913. O Ministro do Trabalho, Indústria e Comércio expedirá instruções, quadros, tabelas e modelos que se tornarem necessários à execução desta Consolidação.

Veja nota 1 na página XXI.

O extinto Ministério do Trabalho expediu a Portaria n. 3.214/78, que regula situações referentes à segurança e medicina do trabalho, além de quadros, tabelas e modelos (por exemplo, o carimbo de férias coletivas para empresas com mais de 300 empregados, conforme art. 141, § 1º, da CLT).

Parágrafo único. O Tribunal Superior do Trabalho adaptará o seu regimento interno e o dos Tribunais Regionais do Trabalho às normas contidas nesta Consolidação.

O dispositivo foi revogado pelo art. 96, I, *a*, da Constituição da República, o qual atribuiu competência privativa aos Tribunais para elaborarem seus regimentos internos.

Art. 914. Continuarão em vigor os quadros, tabelas e modelos, aprovados em virtude de dispositivos não alterados pela presente Consolidação.

O artigo deixa claro que os quadros, tabelas e modelos aprovados por dispositivos não alterados pela CLT continuam em vigência.

Art. 915. Não serão prejudicados os recursos interpostos com apoio em dispositivos alterados ou cujo prazo para interposição esteja em curso à data da vigência desta Consolidação.

Os recursos são interpostos em conformidade com a legislação vigente à época de sua interposição.

Art. 916. Os prazos de prescrição fixados pela presente Consolidação começarão a correr da data da vigência desta, quando menores do que os previstos pela legislação anterior.

Trata-se da aplicação do princípio da norma mais benéfica ao empregado. Assim, na hipótese de ser o prazo prescricional previsto na Consolidação menor do que na legislação anterior, somente passaria a valer após a vigência da CLT.

Atualmente, os prazos prescricionais se encontram no art. 7º, XXIX, da CF, e na atual redação do art. 11 da CLT.

Art. 917. O Ministro do Trabalho marcará prazo para adaptação dos atuais estabelecimentos às exigências contidas no Capítulo "Da Segurança e da Medicina do Trabalho". Compete ainda àquela autoridade fixar os prazos dentro dos quais, em cada Estado, entrará em vigor a obrigatoriedade do uso da Carteira de Trabalho e Previdência Social, para os atuais empregados.

Caput *com redação dada pela Lei n. 6.514, de 22.12.1977.*

Veja nota 1 na página XXI.

O dispositivo em análise conferiu ao Ministro do Trabalho fixar os prazos para a adaptação dos estabelecimentos às novas normas de "Higiene e Segurança do Trabalho". É de notar que a Lei n. 6.514/77 conferiu nova redação ao Capítulo V, denominando-o "Da Segurança e da Medicina do Trabalho".

Parágrafo único. O Ministro do Trabalho, Indústria e Comércio fixará, para cada Estado e quando julgar conveniente, o início da vigência de parte ou de todos os dispositivos contidos no Capítulo "Da Segurança e da Medicina do Trabalho".

Parágrafo com redação dada pela Lei n. 6.514, de 22.12.1977.

Considerando-se a dimensão territorial do país, bem como a complexidade na implementação das novas exigências legais, o legislador conferiu ao Ministro do Trabalho a fixação dos prazos de vigência do Capítulo "Da Segurança e da Medicina do Trabalho" para cada Estado.

Art. 918. Enquanto não for expedida a Lei Orgânica da Previdência Social, competirá ao presidente do Tribunal Superior do Trabalho julgar os recursos interpostos com apoio no art. 1º, alínea *c*, do Decreto-lei n. 3.710, de 14 de outubro de 1941, cabendo recurso de suas decisões nos termos do disposto no art. 734, alínea *b*, desta Consolidação.

Caput *com redação dada pelo Decreto-lei n. 6.353, de 20.03.1944.*

Artigo derrogado tacitamente pela Lei n. 3.807/60 (Lei Orgânica da Previdência Social).

Parágrafo único. Ao diretor do Departamento de Previdência Social incumbirá presidir as eleições para a constituição dos Conselhos Fiscais dos Institutos e Caixas de Aposentadoria e Pensões e julgar, com recurso para a instância superior, os recursos sobre matéria técnico-administrativa dessas instituições.

Parágrafo com redação dada pelo Decreto-lei n. 6.353, de 20.03.1944.

Dispositivo derrogado tacitamente pela Lei n. 3.807/60 (Lei Orgânica da Previdência Social).

Art. 919. Ao empregado bancário, admitido até a data da vigência da presente Lei, fica assegurado o direito à aquisição da estabilidade nos termos do art. 15 do Decreto n. 24.615, de 09 de julho de 1934.

Antes da entrada em vigência da CLT, o empregado bancário adquiria estabilidade com dois anos de serviço. Após a vigência da CLT, a estabilidade passou a ser adquirida somente após dez anos de trabalho (art. 492). Assim, os empregados que já haviam adquirido estabilidade tiveram seu direito mantido.

Art. 920. Enquanto não forem constituídas as confederações, ou, na falta destas, a representação de classes, econômicas ou profissionais, que derivar da indicação desses órgãos ou dos respectivos presidentes, será suprida por equivalente designação ou eleição realizada pelas correspondentes federações.

Tendo em vista que o modelo e a organização sindical foram estabelecidos por força dos arts. 511 e seguintes, o legislador criou regra de transição até que as confederações fossem devidamente constituídas.

Art. 921. As empresas que não estiverem incluídas no enquadramento sindical de que trata o art. 577 poderão firmar contratos coletivos de trabalho com os sindicatos representativos da respectiva categoria profissional.

O dispositivo refere-se à possibilidade de as empresas celebrarem contratos coletivos de trabalho (atualmente, acordos e convenções coletivas, arts. 611 a 625 da CLT) com os sindicatos da categoria profissional.

Art. 922. O disposto no art. 301 regerá somente as relações de emprego iniciadas depois da vigência desta Consolidação.

Artigo acrescentado pelo Decreto-lei n. 6.353, de 20.03.1944.

Estabeleceu o art. 301 da CLT que o trabalho em minas e subsolos somente seria permitido a homens, com idade entre 21 e 50 anos. Assim, a fim de não prejudicar aqueles que já exerciam tais atividades, mas não se enquadravam nos critérios estabelecidos pela nova lei, o legislador determinou que somente a partir da vigência da CLT, ou seja, de 10.11.1943, é que referido dispositivo seria aplicado.

Rio de Janeiro, 1º de maio de 1943;
122º da Independência e 55º da República.

ANEXO I

DISPOSIÇÕES DA CF ORIENTADORAS PARA A CLT

CAPÍTULO II
DOS DIREITOS SOCIAIS

....

Art. 7º São direitos dos trabalhadores urbanos e rurais, além de outros que visem à melhoria de sua condição social:

I – relação de emprego protegida contra despedida arbitrária ou sem justa causa, nos termos de lei complementar, que preverá indenização compensatória, dentre outros direitos;

II – seguro-desemprego, em caso de desemprego involuntário;

III – fundo de garantia do tempo de serviço;

IV – salário mínimo, fixado em lei, nacionalmente unificado, capaz de atender a suas necessidades vitais básicas e às de sua família com moradia, alimentação, educação, saúde, lazer, vestuário, higiene, transporte e previdência social, com reajustes periódicos que lhe preservem o poder aquisitivo, sendo vedada sua vinculação para qualquer fim;

V – piso salarial proporcional à extensão e à complexidade do trabalho;

VI – irredutibilidade do salário, salvo o disposto em convenção ou acordo coletivo;

VII – garantia de salário, nunca inferior ao mínimo, para os que percebem remuneração variável;

VIII – décimo terceiro salário com base na remuneração integral ou no valor da aposentadoria;

IX – remuneração do trabalho noturno superior à do diurno;

X – proteção do salário na forma da lei, constituindo crime sua retenção dolosa;

XI – participação nos lucros, ou resultados, desvinculada da remuneração, e, excepcionalmente, participação na gestão da empresa, conforme definido em lei;

XII – salário-família pago em razão do dependente do trabalhador de baixa renda nos termos da lei;

Inciso com redação dada pela EC n. 20, de 15.12.1998.

XIII – duração do trabalho normal não superior a oito horas diárias e quarenta e quatro semanais, facultada a compensação de horários e a redução da jornada, mediante acordo ou convenção coletiva de trabalho;

XIV – jornada de seis horas para o trabalho realizado em turnos ininterruptos de revezamento, salvo negociação coletiva;

XV – repouso semanal remunerado, preferencialmente aos domingos;

XVI – remuneração do serviço extraordinário superior, no mínimo, em cinquenta por cento à do normal;

XVII – gozo de férias anuais remuneradas com, pelo menos, um terço a mais do que o salário normal;

XVIII – licença à gestante, sem prejuízo do emprego e do salário, com a duração de cento e vinte dias;

XIX – licença-paternidade, nos termos fixados em lei;

XX – proteção do mercado de trabalho da mulher, mediante incentivos específicos, nos termos da lei;

XXI – aviso-prévio proporcional ao tempo de serviço, sendo no mínimo de trinta dias, nos termos da lei;

XXII – redução dos riscos inerentes ao trabalho, por meio de normas de saúde, higiene e segurança;

XXIII – adicional de remuneração para as atividades penosas, insalubres ou perigosas, na forma da lei;

XXIV – aposentadoria;

XXV – assistência gratuita aos filhos e dependentes desde o nascimento até 5 (cinco) anos de idade em creches e pré-escolas;

Inciso acrescentado pela EC n. 53, de 19.12.2006.

XXVI – reconhecimento das convenções e acordos coletivos de trabalho;

XXVII – proteção em face da automação, na forma da lei;

XXVIII – seguro contra acidentes de trabalho, a cargo do empregador, sem excluir a indenização a que este está obrigado, quando incorrer em dolo ou culpa;

XXIX – ação, quanto aos créditos resultantes das relações de trabalho, com prazo prescricional de cinco anos para os trabalhadores urbanos e rurais, até o limite de dois anos após a extinção do contrato de trabalho;

Inciso com redação dada pela EC n. 28, de 25.05.2000.

a) (Revogada pela EC n. 28, de 25.05.2000.)

b) (Revogada pela EC n. 28, de 25.05.2000.)

XXX – proibição de diferença de salários, de exercício de funções e de critério de admissão por motivo de sexo, idade, cor ou estado civil;

XXXI – proibição de qualquer discriminação no tocante a salário e critérios de admissão do trabalhador portador de deficiência;

XXXII – proibição de distinção entre trabalho manual, técnico e intelectual ou entre os profissionais respectivos;

XXXIII – proibição de trabalho noturno, perigoso ou insalubre a menores de 18 (dezoito) e de qualquer trabalho a menores de 16 (dezesseis) anos, salvo na condição de aprendiz, a partir de 14 (quatorze) anos;

Inciso com redação dada pela EC n. 20, de 15.12.1998.

XXXIV – igualdade de direitos entre o trabalhador com vínculo empregatício permanente e o trabalhador avulso.

Parágrafo único. São assegurados à categoria dos trabalhadores domésticos os direitos previstos nos incisos IV, VI, VIII, XV, XVII, XVIII, XIX, XXI e XXIV, bem como a sua integração à previdência social.

Art. 8º É livre a associação profissional ou sindical, observado o seguinte:

I – a lei não poderá exigir autorização do Estado para a fundação de sindicato, ressalvado o registro no órgão competente, vedadas ao Poder Público a interferência e a intervenção na organização sindical;

II – é vedada a criação de mais de uma organização sindical, em qualquer grau, representativa de categoria profissional ou econômica, na mesma base territorial, que será definida pelos trabalhadores ou empregadores interessados, não podendo ser inferior à área de um Município;

III – ao sindicato cabe a defesa dos direitos e interesses coletivos ou individuais da categoria, inclusive em questões judiciais ou administrativas;

IV – a assembleia geral fixará a contribuição que, em se tratando de categoria profissional, será descontada em folha, para custeio do sistema confederativo da representação sindical respectiva, independentemente da contribuição prevista em lei;

V – ninguém será obrigado a filiar-se ou a manter-se filiado a sindicato;

VI – é obrigatória a participação dos sindicatos nas negociações coletivas de trabalho;

VII – o aposentado filiado tem direito a votar e ser votado nas organizações sindicais;

VIII – é vedada a dispensa do empregado sindicalizado a partir do registro da candidatura a cargo de direção ou representação sindical e, se eleito, ainda que suplente, até um ano após o final do mandato, salvo se cometer falta grave nos termos da lei.

Parágrafo único. As disposições deste artigo aplicam-se à organização de sindicatos rurais e de colônias de pescadores, atendidas as condições que a lei estabelecer.

Art. 9º É assegurado o direito de greve, competindo aos trabalhadores decidir sobre a oportunidade de exercê-lo e sobre os interesses que devam por meio dele defender.

§ 1º A lei definirá os serviços ou atividades essenciais e disporá sobre o atendimento das necessidades inadiáveis da comunidade.

§ 2º Os abusos cometidos sujeitam os responsáveis às penas da lei.

Art. 10. É assegurada a participação dos trabalhadores e empregadores nos colegiados dos órgãos públicos em que seus interesses profissionais ou previdenciários sejam objeto de discussão e deliberação.

Art. 11. Nas empresas de mais de duzentos empregados, é assegurada a eleição de um representante destes com a finalidade exclusiva de promover-lhes o entendimento direto com os empregadores.

....

Seção V
Do Tribunal Superior do Trabalho, dos Tribunais Regionais do Trabalho e dos Juízes do Trabalho

Seção com denominação dada pela EC n. 92, de 12.07.2016.

Art. 111. São órgãos da Justiça do Trabalho:

I – o Tribunal Superior do Trabalho;

II – os Tribunais Regionais do Trabalho;

III – Juízes do Trabalho.

Inciso com redação dada pela EC n. 24, de 09.12.1999.

§§ 1º a 3º *(Revogados pela EC n. 45, de 08.12.2004.)*

Art. 111-A. O Tribunal Superior do Trabalho compor-se-á de vinte e sete Ministros, escolhidos dentre brasileiros com mais de trinta e cinco anos e menos de sessenta e cinco anos, de notável saber jurídico e reputação ilibada, nomeados pelo Presidente da República após aprovação pela maioria absoluta do Senado Federal, sendo:

Caput com redação dada pela EC n. 92, de 12.07.2016.

I – um quinto dentre advogados com mais de dez anos de efetiva atividade profissional e membros do Ministério Público do Trabalho com mais de dez anos de efetivo exercício, observado o disposto no art. 94;

Inciso acrescentado pela EC n. 45, de 08.12.2004.

II – os demais dentre juízes dos Tribunais Regionais do Trabalho, oriundos da magistratura da carreira, indicados pelo próprio Tribunal Superior.

Inciso acrescentado pela EC n. 45, de 08.12.2004.

§ 1º A lei disporá sobre a competência do Tribunal Superior do Trabalho.

Parágrafo acrescentado pela EC n. 45, de 08.12.2004.

§ 2º Funcionarão junto ao Tribunal Superior do Trabalho:

Parágrafo acrescentado pela EC n. 45, de 08.12.2004.

I – a Escola Nacional de Formação e Aperfeiçoamento de Magistrados do Trabalho, cabendo-lhe, dentre outras funções, regulamentar os cursos oficiais para o ingresso e promoção na carreira;

Inciso acrescentado pela EC n. 45, de 08.12.2004.

II – o Conselho Superior da Justiça do Trabalho, cabendo-lhe exercer, na forma da lei, a supervisão administrativa, orçamentária, financeira e patrimonial da Justiça do Trabalho de primeiro e segundo graus, como órgão central do sistema, cujas decisões terão efeito vinculante.

Inciso acrescentado pela EC n. 45, de 08.12.2004.

§ 3º Compete ao Tribunal Superior do Trabalho processar e julgar, originariamente, a reclamação para a preservação de sua competência e garantia da autoridade de suas decisões.

Parágrafo acrescentado pela EC n. 93, de 12.07.2016.

Art. 112. A lei criará varas da Justiça do Trabalho, podendo, nas comarcas não abrangidas por sua jurisdição, atribuí-la aos juízes de direito, com recurso para o respectivo Tribunal Regional do Trabalho.

Artigo com redação dada pela EC n. 45, de 08.12.2004.

Art. 113. A lei disporá sobre a constituição, investidura, jurisdição, competência, garantias e condições de exercício dos órgãos da Justiça do Trabalho.

Artigo com redação dada pela EC n. 24, de 09.12.1999.

Art. 114. Compete à Justiça do Trabalho processar e julgar:

Caput *com redação dada pela EC n. 45, de 08.12.2004.*

I – as ações oriundas da relação de trabalho, abrangidos os entes de direito público externo e da administração pública direta e indireta da União, dos Estados, do Distrito Federal e dos Municípios;

Inciso acrescentado pela EC n. 45, de 08.12.2004.

II – as ações que envolvam exercício do direito de greve;

Inciso acrescentado pela EC n. 45, de 08.12.2004.

III – as ações sobre representação sindical, entre sindicatos, entre sindicatos e trabalhadores, e entre sindicatos e empregadores;

Inciso acrescentado pela EC n. 45, de 08.12.2004.

IV – os mandados de segurança, *habeas corpus* e *habeas data*, quando o ato questionado envolver matéria sujeita à sua jurisdição;

Inciso acrescentado pela EC n. 45, de 08.12.2004.

V – os conflitos de competência entre órgãos com jurisdição trabalhista, ressalvado o disposto no art. 102, I, *o*;

Inciso acrescentado pela EC n. 45, de 08.12.2004.

VI – as ações de indenização por dano moral ou patrimonial, decorrentes da relação de trabalho;

Inciso acrescentado pela EC n. 45, de 08.12.2004.

VII – as ações relativas às penalidades administrativas impostas aos empregadores pelos órgãos de fiscalização das relações de trabalho;

Inciso acrescentado pela EC n. 45, de 08.12.2004.

VIII – a execução, de ofício, das contribuições sociais previstas no art. 195, I, *a*, e II, e seus acréscimos legais, decorrentes das sentenças que proferir;

Inciso acrescentado pela EC n. 45, de 08.12.2004.

IX – outras controvérsias decorrentes da relação de trabalho, na forma da lei.

Inciso acrescentado pela EC n. 45, de 08.12.2004.

§ 1º Frustrada a negociação coletiva, as partes poderão eleger árbitros.

§ 2º Recusando-se qualquer das partes à negociação coletiva ou à arbitragem, é facultado às mesmas, de comum acordo, ajuizar dissídio coletivo de natureza econômica, podendo a Justiça do Trabalho decidir o conflito, respeitadas as disposições mínimas legais de proteção ao trabalho, bem como as convencionadas anteriormente.

Parágrafo com redação dada pela EC n. 45, de 08.12.2004.

§ 3º Em caso de greve em atividade essencial, com possibilidade de lesão do interesse público, o Ministério Público do Trabalho poderá ajuizar dissídio coletivo, competindo à Justiça do Trabalho decidir o conflito.

Parágrafo com redação dada pela EC n. 45, de 08.12.2004.

Art. 115. Os Tribunais Regionais do Trabalho compõem-se de, no mínimo, sete juízes, recrutados, quando possível, na respectiva região, e nomeados pelo Presidente da República dentre brasileiros com mais de trinta e menos de sessenta e cinco anos, sendo:

Caput *com redação dada pela EC n. 45, de 08.12.2004.*

I – um quinto dentre advogados com mais de dez anos de efetiva atividade profissional e membros do Ministério Público do Trabalho com mais de dez anos de efetivo exercício, observado o disposto no art. 94;

Inciso acrescentado pela EC n. 45, de 08.12.2004.

II – os demais, mediante promoção de juízes do trabalho por antiguidade e merecimento, alternadamente.

Inciso acrescentado pela EC n. 45, de 08.12.2004.

§ 1º Os Tribunais Regionais do Trabalho instalarão a justiça itinerante, com a realização de audiências e demais funções de atividade jurisdicional, nos limites territoriais da respectiva jurisdição, servindo-se de equipamentos públicos e comunitários.

Parágrafo com redação dada pela EC n. 45, de 08.12.2004.

§ 2º Os Tribunais Regionais do Trabalho poderão funcionar descentralizadamente, constituindo Câmaras regionais, a fim de assegurar o pleno acesso do jurisdicionado à justiça em todas as fases do processo.

Parágrafo acrescentado pela EC n. 45, de 08.12.2004.

Art. 116. Nas Varas do Trabalho, a jurisdição será exercida por um juiz singular.

Caput *com redação dada pela EC n. 24, de 09.12.1999.*

Parágrafo único. *(Revogado pela EC n. 24, de 09.12.1999.)*

Art. 117. *(Revogado pela EC n. 24, de 09.12.1999.)*

ANEXO II

COMPOSIÇÃO ATUAL DE CADA UM DOS TRTs (ART. 670, CLT)

Para efeito do art. 670 da CLT, cada TRT será assim composto:

Região	Composição		
	Total	Togados, Vitalícios	Classistas, Temporários
1ª Região – Estado do Rio de Janeiro	54	36	18
2ª Região – Estado de São Paulo	94	94	–
3ª Região – Estado de Minas Gerais	36	24	12
4ª Região – Estado do Rio Grande do Sul	36	24	12
5ª Região – Estado da Bahia	29	19	10
6ª Região – Estado de Pernambuco	18	12	6
7ª Região – Estado do Ceará	14	14	–
8ª Região – Estados do Pará e do Amapá	23	15	8
9ª Região – Estado do Paraná	28	18	10
10ª Região – Distrito Federal	17	11	6
11ª Região – Estados do Amazonas e de Roraima	14	14	–
12ª Região – Estado de Santa Catarina	18	12	6
13ª Região – Estado da Paraíba	8	6	2
14ª Região – Estados de Rondônia e Acre	8	6	2
15ª Região – Campinas – Estado de São Paulo	55	55	–

16ª Região – Estado do Maranhão	8	6	2
17ª Região – Estado do Espírito Santo	12	12	–
18ª Região – Estado de Goiás	13	13	–
19ª Região – Estado de Alagoas	8	6	2
20ª Região – Estado de Sergipe	8	6	2
21ª Região – Estado do Rio Grande do Norte	8	6	2
22ª Região – Estado do Piauí	8	6	2
23ª Região – Estado do Mato Grosso	8	6	2
24ª Região – Estado do Mato Grosso do Sul	8	6	2

De acordo com o art. 2º, da EC n. 24, de 09.12.1999:

Art. 2º É assegurado o cumprimento dos mandatos dos atuais ministros classistas temporários do Tribunal Superior do Trabalho e dos atuais juízes classistas temporários dos Tribunais Regionais do Trabalho e das Juntas de Conciliação e Julgamento.

Quadro de leis que criaram os respectivos TRTs e definiram sua composição:

Região	Lei n.
1ª Região – Estado do Rio de Janeiro	Lei n. 5.839, de 05.12.1972; Lei n. 6.904, de 30.04.1981; Lei n. 7.119, de 30.08.1983; Lei n. 7.617, de 08.09.1987; e Lei n. 8.531, de 15.12.1992.
2ª Região – Estado de São Paulo	Lei n. 5.839, de 05.12.1972; Lei n. 6.635, de 02.05.1979; Lei n. 6.904, de 30.04.1981; Lei n. 7.119, de 30.08.1983; Lei n. 8.480, de 07.11.1992; e Lei n. 12.098, de 24.11.2009.
3ª Região – Estado de Minas Gerais	Lei n. 5.839, de 05.12.1972; Lei n. 7.119, de 30.08.1983; Lei n. 7.421, de 17.12.1985; e Lei n. 8.497, de 26.11.1992.
4ª Região – Estado do Rio Grande do Sul	Lei n. 5.839, de 05.12.1972; Lei n. 6.904, de 30.04.1981; Lei n. 7.119, de 30.08.1983; Lei n. 7.911, de 07.12.1989; e Lei n. 8.491, de 20.11.1992.
5ª Região – Estado da Bahia	Lei n. 5.839, de 05.12.1972; Lei n. 6.904, de 30.04.1981; Lei n. 7.325, de 18.06.1985; Lei n. 8.190, de 07.06.1991; e Lei n. 8.493, de 20.11.1992.

6ª Região – Estado de Pernambuco	Lei n. 5.839, de 05.12.1972; Lei n. 7.119, de 30.08.1983; Lei n. 7.325, de 18.06.1985; e Lei n. 8.471, de 07.10.1992.
7ª Região – Estado do Ceará	Lei n. 5.839, de 05.12.1972; e Lei n. 11.999, de 29.07.2009.
8ª Região – Estados do Pará e do Amapá	Lei n. 5.839, de 05.12.1972; Lei n. 7.325, de 18.06.1985; Lei n. 8.217, de 27.08.1991; e Lei n. 8.947, de 08.12.1994.
9ª Região – Estado do Paraná	Lei n. 6.241, de 22.09.1975; Lei n. 7.325, de 18.06.1985; Lei n. 7.907, de 06.12.1989; e Lei n. 8.492, de 20.11.1992.
10ª Região – Distrito Federal	Lei n. 6.927, de 07.07.1981; Lei n. 7.325, de 18.06.1985; e Lei n. 8.474, de 20.10.1992.
11ª Região – Estados do Amazonas e de Roraima	Lei n. 6.915, de 01.06.1981; Lei n. 7.842, de 18.10.1989; Lei n. 8.621, de 08.01.1993; e Lei n. 11.987, de 27.07.2009.
12ª Região – Estado de Santa Catarina	Lei n. 6.928, de 07.07.1981; Lei n. 7.842, de 18.10.1989; e Lei n. 8.621, de 08.01.1993.
13ª Região – Estado da Paraíba	Lei n. 7.324, de 18.06.1985.
14ª Região – Estados de Roraima e Acre	Lei n. 7.523, de 17.07.1986.
15ª Região – Campinas – Estado de São Paulo	Lei n. 7.520, de 15.07.1986; Lei n. 8.473, de 19.10.1992; e Lei n. 12.001, de 29.07.2009.
16ª Região – Estado do Maranhão	Lei n. 7.671, de 21.09.1988.
17ª Região – Estado do Espírito Santo	Lei n. 7.872, de 08.11.1989; e Lei n. 11.986, de 27.07.2009.
18ª Região – Estado de Goiás	Lei n. 7.873, de 09.11.1989; e Lei n. 11.964, de 03.07.2009.
19ª Região – Estado de Alagoas	Lei n. 8.219, de 29.08.1991.
20ª Região – Estado de Sergipe	Lei n. 8.233, de 10.09.1991; e Lei n. 9.845, de 20.10.1999.
21ª Região – Estado do Rio Grande do Norte	Lei n. 8.215, de 25.07.1991.
22ª Região – Estado do Piauí	Lei n. 8.221, de 05.09.1991.
23ª Região – Estado do Mato Grosso	Lei n. 8.430, de 08.06.1992.
24ª Região – Estado do Mato Grosso do Sul	Lei n. 8.431, de 09.06.1992.

ANEXO III

DIVISÃO TERRITORIAL ATUAL DOS TRTs (ART. 674, CLT)

Art. 674. Para efeito da jurisdição dos Tribunais Regionais, o território nacional é dividido nas 24 (vinte e quatro) Regiões seguintes:

1ª Região – Estado do Rio de Janeiro
2ª Região – Estado de São Paulo
3ª Região – Estado de Minas Gerais
4ª Região – Estado do Rio Grande do Sul
5ª Região – Estado da Bahia
6ª Região – Estado de Pernambuco
7ª Região – Estado do Ceará
8ª Região – Estados do Pará e do Amapá
9ª Região – Estado do Paraná
10ª Região – Distrito Federal
11ª Região – Estados do Amazonas e de Roraima
12ª Região – Estado de Santa Catarina
13ª Região – Estado da Paraíba
14ª Região – Estados de Rondônia e do Acre
15ª Região – Campinas – Estado de São Paulo (área não abrangida pela jurisdição estabelecida na 2ª Região)
16ª Região – Estado do Maranhão
17ª Região – Estado do Espírito Santo
18ª Região – Estado de Goiás
19ª Região – Estado de Alagoas
20ª Região – Estado de Sergipe
21ª Região – Estado do Rio Grande do Norte

22ª Região – Estado do Piauí	
23ª Região – Estado do Mato Grosso	
24ª Região – Estado do Mato Grosso do Sul	

Exceção feita ao TRT da 15ª Região, os demais têm sua sede na capital do respectivo Estado; o TRT da 8ª Região tem sede em Belém; o TRT da 11ª Região tem sede em Manaus.

Quadro de leis que criaram os respectivos TRTs ou que definiram sua sede:

Região	Lei n.
1ª Região – Estado do Rio de Janeiro	Lei n. 5.839, de 05.12.1972.
2ª Região – Estado de São Paulo	Lei n. 5.839, de 05.12.1972.
3ª Região – Estado de Minas Gerais	Lei n. 5.839, de 05.12.1972.
4ª Região – Estado do Rio Grande do Sul	Lei n. 5.839, de 05.12.1972.
5ª Região – Estado da Bahia	Lei n. 5.839, de 05.12.1972.
6ª Região – Estado de Pernambuco	Lei n. 5.839, de 05.12.1972.
7ª Região – Estado do Ceará	Lei n. 5.839, de 05.12.1972.
8ª Região – Estados do Pará e do Amapá	Lei n. 5.839, de 05.12.1972.
9ª Região – Estado do Paraná	Lei n. 6.241, de 22.09.1975.
10ª Região – Distrito Federal	Lei n. 6.927, de 07.07.1981.
11ª Região – Estados do Amazonas e de Roraima	Lei n. 6.915, de 01.06.1981.
12ª Região – Estado de Santa Catarina	Lei n. 6.928, de 07.07.1981.
13ª Região – Estado da Paraíba	Lei n. 7.324, de 18.06.1985.
14ª Região – Estados de Rondônia e do Acre	Lei n. 7.523, de 17.07.1986.
15ª Região – Campinas – Estado de São Paulo (área não abrangida pela jurisdição estabelecida na 2ª Região)	Lei n. 7.520, de 15.07.1986.
16ª Região – Estado do Maranhão	Lei n. 7.671, de 21.09.1988.
17ª Região – Estado do Espírito Santo	Lei n. 7.872, de 08.11.1989.
18ª Região – Estado de Goiás	Lei n. 7.873, de 09.11.1989.
19ª Região – Estado de Alagoas	Lei n. 8.219, de 29.08.1991.
20ª Região – Estado de Sergipe	Lei n. 8.233, de 10.09.1991.
21ª Região – Estado do Rio Grande do Norte	Lei n. 8.215, de 25.07.1991.
22ª Região – Estado do Piauí	Lei n. 8.221, de 05.09.1991.
23ª Região – Estado do Mato Grosso	Lei n. 8.430, de 08.06.1992.
24ª Região – Estado do Mato Grosso do Sul	Lei n. 8.431, de 09.06.1992.

ANEXO IV

LC N. 75, DE 20.05.1993 *(EXCERTOS)*

Dispõe sobre a organização, as atribuições e o Estatuto do Ministério Público da União.

O PRESIDENTE DA REPÚBLICA:

Faço saber que o CONGRESSO NACIONAL decreta e eu sanciono a seguinte Lei Complementar:

....

TÍTULO II
DOS RAMOS DO MINISTÉRIO PÚBLICO DA UNIÃO

....

CAPÍTULO II
DO MINISTÉRIO PÚBLICO DO TRABALHO

Seção I
Da Competência, dos Órgãos e da Carreira

Art. 83. Compete ao Ministério Público do Trabalho o exercício das seguintes atribuições junto aos órgãos da Justiça do Trabalho:

I – promover as ações que lhe sejam atribuídas pela Constituição Federal e pelas leis trabalhistas;

II – manifestar-se em qualquer fase do processo trabalhista, acolhendo solicitação do juiz ou por sua iniciativa, quando entender existente interesse público que justifique a intervenção;

III – promover a ação civil pública no âmbito da Justiça do Trabalho, para defesa de interesses coletivos, quando desrespeitados os direitos sociais constitucionalmente garantidos;

IV – propor as ações cabíveis para declaração de nulidade de cláusula de contrato, acordo coletivo ou convenção coletiva que viole as liberdades individuais ou coletivas ou os direitos individuais indisponíveis dos trabalhadores;

V – propor as ações necessárias à defesa dos direitos e interesses dos menores, incapazes e índios, decorrentes das relações de trabalho;

VI – recorrer das decisões da Justiça do Trabalho, quando entender necessário, tanto nos processos em que for parte, como naqueles em que oficiar como fiscal da lei, bem como pedir revisão dos Enunciados da Súmula de Jurisprudência do Tribunal Superior do Trabalho;

VII – funcionar nas sessões dos Tribunais Trabalhistas, manifestando-se verbalmente sobre a matéria em debate, sempre que entender necessário, sendo-lhe assegurado o direito de vista dos processos em julgamento, podendo solicitar as requisições e diligências que julgar convenientes;

VIII – instaurar instância em caso de greve, quando a defesa da ordem jurídica ou o interesse público assim o exigir;

IX – promover ou participar da instrução e conciliação em dissídios decorrentes da paralisação de serviços de qualquer natureza, oficiando obrigatoriamente nos processos, manifestando sua concordância ou discordância, em eventuais acordos firmados antes da homologação, resguardado o direito de recorrer em caso de violação à lei e à Constituição Federal;

X – promover mandado de injunção, quando a competência for da Justiça do Trabalho;

XI – atuar como árbitro, se assim for solicitado pelas partes, nos dissídios de competência da Justiça do Trabalho;

XII – requerer as diligências que julgar convenientes para o correto andamento dos processos e para a melhor solução das lides trabalhistas;

XIII – intervir obrigatoriamente em todos os feitos nos segundo e terceiro graus de jurisdição da Justiça do Trabalho, quando a parte for pessoa jurídica de Direito Público, Estado estrangeiro ou organismo internacional.

Art. 84. Incumbe ao Ministério Público do Trabalho, no âmbito das suas atribuições, exercer as funções institucionais previstas nos Capítulos I, II, III e IV do Título I, especialmente:

I – integrar os órgãos colegiados previstos no § 1º do art. 6º, que lhes sejam pertinentes;

II – instaurar inquérito civil e outros procedimentos administrativos, sempre que cabíveis, para assegurar a observância dos direitos sociais dos trabalhadores;

III – requisitar à autoridade administrativa federal competente, dos órgãos de proteção ao trabalho, a instauração de procedimentos administrativos, podendo acompanhá-los e produzir provas;

IV – ser cientificado pessoalmente das decisões proferidas pela Justiça do Trabalho, nas causas em que o órgão tenha intervindo ou emitido parecer escrito;

V – exercer outras atribuições que lhe forem conferidas por lei, desde que compatíveis com sua finalidade.

Art. 85. São órgãos do Ministério Público do Trabalho:

I – o Procurador-Geral do Trabalho;

II – o Colégio de Procuradores do Trabalho;

III – o Conselho Superior do Ministério Público do Trabalho;

IV – a Câmara de Coordenação e Revisão do Ministério Público do Trabalho;

V – a Corregedoria do Ministério Público do Trabalho;

VI – os Subprocuradores-Gerais do Trabalho;

VII – os Procuradores Regionais do Trabalho;

VIII – os Procuradores do Trabalho.

Art. 86. A carreira do Ministério Público do Trabalho será constituída pelos cargos de Subprocurador-Geral do Trabalho, Procurador Regional do Trabalho e Procurador do Trabalho.

Parágrafo único. O cargo inicial da carreira é o de Procurador do Trabalho e o do último nível o de Subprocurador-Geral do Trabalho.

Seção II
Do Procurador-Geral do Trabalho

Art. 87. O Procurador-Geral do Trabalho é o Chefe do Ministério Público do Trabalho.

Art. 88. O Procurador-Geral do Trabalho será nomeado pelo Procurador-Geral da República, dentre integrantes da Instituição, com mais de 35 (trinta e cinco) anos de idade e de 5 (cinco) anos na carreira, integrantes de lista tríplice escolhida mediante voto plurinominal, facultativo e secreto, pelo Colégio de Procuradores para um mandato de 2 (dois) anos, permitida uma recondução, observado o mesmo processo. Caso não haja número suficiente de candidatos com mais de 5 (cinco) anos na carreira, poderá concorrer à lista tríplice quem contar mais de 2 (dois) anos na carreira.

Parágrafo único. A exoneração do Procurador-Geral do Trabalho, antes do término do mandato, será proposta ao Procurador-Geral da República pelo Conselho Superior, mediante deliberação obtida com base em voto secreto de 2/3 (dois terços) de seus integrantes.

Art. 89. O Procurador-Geral do Trabalho designará, dentre os Subprocuradores-Gerais do Trabalho, o Vice-Procurador-Geral do Trabalho, que o substituirá em seus impedimentos. Em caso de vacância, exercerá o cargo o Vice-Presidente do Conselho Superior, até o seu provimento definitivo.

Art. 90. Compete ao Procurador-Geral do Trabalho exercer as funções atribuídas ao Ministério Público do Trabalho junto ao Plenário do Tribunal Superior do Trabalho, propondo as ações cabíveis e manifestando-se nos processos de sua competência.

Art. 91. São atribuições do Procurador-Geral do Trabalho:

I – representar o Ministério Público do Trabalho;

II – integrar, como membro nato, e presidir o Colégio de Procuradores do Trabalho, o Conselho Superior do Ministério Público do Trabalho e a Comissão de Concurso;

III – nomear o Corregedor-Geral do Ministério Público do Trabalho, segundo lista tríplice formada pelo Conselho Superior;

IV – designar um dos membros e o Coordenador da Câmara de Coordenação e Revisão do Ministério Público do Trabalho;

V – designar, observados os critérios da lei e os estabelecidos pelo Conselho Superior, os ofícios em que exercerão suas funções os membros do Ministério Público do Trabalho;

VI – designar o Chefe da Procuradoria Regional do Trabalho dentre os Procuradores Regionais do Trabalho lotados na respectiva Procuradoria Regional;

VII – decidir, em grau de recurso, os conflitos de atribuição entre os órgãos do Ministério Público do Trabalho;

VIII – determinar a abertura de correição, sindicância ou inquérito administrativo;

IX – determinar a instauração de inquérito ou processo administrativo contra servidores dos serviços auxiliares;

X – decidir processo disciplinar contra membro da carreira ou servidor dos serviços auxiliares, aplicando as sanções que sejam de sua competência;

XI – decidir, atendendo a necessidade do serviço, sobre:

a) remoção a pedido ou por permuta;

b) alteração parcial da lista bienal de designações;

XII – autorizar o afastamento de membros do Ministério Público do Trabalho, ouvido o Conselho Superior, nos casos previstos em lei;

XIII – dar posse aos membros do Ministério Público do Trabalho;

XIV – designar membro do Ministério Público do Trabalho para:

a) funcionar nos órgãos em que a participação da Instituição seja legalmente prevista, ouvido o Conselho Superior;

b) integrar comissões técnicas ou científicas, relacionadas às funções da Instituição, ouvido o Conselho Superior;

c) assegurar a continuidade dos serviços, em caso de vacância, afastamento temporário, ausência, impedimento ou suspeição do titular, na inexistência ou falta do substituto designado;

XV – homologar, ouvido o Conselho Superior, o resultado do concurso para ingresso na carreira;

XVI – fazer publicar aviso de existência de vaga, na lotação e na relação bienal de designações;

XVII – propor ao Procurador-Geral da República, ouvido o Conselho Superior, a criação e extinção de cargos da carreira e dos ofícios em que devam ser exercidas suas funções;

XVIII – elaborar a proposta orçamentária do Ministério Público do Trabalho, submetendo-a, para aprovação, ao Conselho Superior;

XIX – encaminhar ao Procurador-Geral da República a proposta orçamentária do Ministério Público do Trabalho, após sua aprovação pelo Conselho Superior;

XX – organizar a prestação de contas do exercício anterior, encaminhando-a ao Procurador-Geral da República;

XXI – praticar atos de gestão administrativa, financeira e de pessoal;

XXII – elaborar o relatório de atividades do Ministério Público do Trabalho;

XXIII – coordenar as atividades do Ministério Público do Trabalho;

XXIV – exercer outras atribuições previstas em lei.

Art. 92. As atribuições do Procurador-Geral do Trabalho, previstas no artigo anterior, poderão ser delegadas:

I – ao Coordenador da Câmara de Coordenação e Revisão, as dos incisos XIV, alínea *c*, e XXIII;

II – aos Chefes das Procuradorias Regionais do Trabalho nos Estados e no Distrito Federal, as dos incisos I, XIV, alínea *c*, XXI e XXIII.

Seção III
Do Colégio de Procuradores do Trabalho

Art. 93. O Colégio de Procuradores do Trabalho, presidido pelo Procurador-Geral do Trabalho, é integrado por todos os membros da carreira em atividade no Ministério Público do Trabalho.

Art. 94. São atribuições do Colégio de Procuradores do Trabalho:

I – elaborar, mediante voto plurinominal, facultativo e secreto, a lista tríplice para a escolha do Procurador-Geral do Trabalho;

II – elaborar, mediante voto plurinominal, facultativo e secreto, a lista sêxtupla para a composição do Tribunal Superior do Trabalho, sendo elegíveis os membros do Ministério Público do Trabalho com mais de 10 (dez) anos na carreira, tendo mais de 35 (trinta e cinco) e menos de 65 (sessenta e cinco) anos de idade;

III – elaborar, mediante voto plurinominal, facultativo e secreto, a lista sêxtupla para os Tribunais Regionais do Trabalho, dentre os Procuradores com mais de 10 (dez) anos de carreira;

IV – eleger, dentre os Subprocuradores-Gerais do Trabalho e mediante voto plurinominal, facultativo e secreto, 4 (quatro) membros do Conselho Superior do Ministério Público do Trabalho.

§ 1º Para os fins previstos nos incisos deste artigo, prescindir-se-á de reunião do Colégio de Procuradores, procedendo-se segundo dispuser o seu Regimento Interno, exigido o voto da maioria absoluta dos eleitores.

§ 2º Excepcionalmente, em caso de interesse relevante da Instituição, o Colégio de Procuradores reunir-se-á em local designado pelo Procurador-Geral do Trabalho, desde que convocado por ele ou pela maioria de seus membros.

§ 3º O Regimento Interno do Colégio de Procuradores do Trabalho disporá sobre seu funcionamento.

Seção IV
Do Conselho Superior do Ministério Público do Trabalho

Art. 95. O Conselho Superior do Ministério Público do Trabalho, presidido pelo Procurador-Geral do Trabalho, tem a seguinte composição:

I – o Procurador-Geral do Trabalho e o Vice-Procurador-Geral do Trabalho, que o integram como membros natos;

II – 4 (quatro) Subprocuradores-Gerais do Trabalho, eleitos para um mandato de 2 (dois) anos, pelo Colégio de Procuradores do Trabalho, mediante voto plurinominal, facultativo e secreto, permitida uma reeleição;

III – 4 (quatro) Subprocuradores-Gerais do Trabalho, eleitos para um mandato de 2 (dois) anos, por seus pares, mediante voto plurinominal, facultativo e secreto, permitida uma reeleição.

§ 1º Serão suplentes dos membros de que tratam os incisos II e III os demais votados, em ordem decrescente, observados os critérios gerais de desempate.

§ 2º O Conselho Superior elegerá o seu Vice-Presidente, que substituirá o Presidente em seus impedimentos e em caso de vacância.

Art. 96. O Conselho Superior do Ministério Público do Trabalho reunir-se-á ordinariamente, uma vez por mês, em dia previamente fixado, e, extraordinariamente, quando convocado pelo Procurador-Geral do Trabalho ou por proposta da maioria absoluta de seus membros.

Art. 97. Salvo disposição em contrário, as deliberações do Conselho Superior serão tomadas por maioria de votos, presente a maioria absoluta dos seus membros.

§ 1º Em caso de empate, prevalecerá o voto do Presidente, exceto em matéria de sanções, caso em que prevalecerá a solução mais favorável ao acusado.

§ 2º As deliberações do Conselho Superior serão publicadas no *Diário da Justiça*, exceto quando o Regimento Interno determinar sigilo.

Art. 98. Compete ao Conselho Superior do Ministério Público do Trabalho:

I – exercer o poder normativo no âmbito do Ministério Público do Trabalho, observados os princípios desta Lei Complementar, especialmente para elaborar e aprovar:

a) o seu Regimento Interno, o do Colégio de Procuradores do Trabalho e o da Câmara de Coordenação e Revisão do Ministério Público do Trabalho;

b) as normas e as instruções para o concurso de ingresso na carreira;

c) as normas sobre as designações para os diferentes ofícios do Ministério Público do Trabalho;

d) os critérios para distribuição de procedimentos administrativos e quaisquer outros feitos no Ministério Público do Trabalho;

e) os critérios de promoção por merecimento na carreira;

f) o procedimento para avaliar o cumprimento das condições do estágio probatório;

II – indicar os integrantes da Câmara de Coordenação e Revisão do Ministério Público do Trabalho;

III – propor a exoneração do Procurador-Geral do Trabalho;

IV – destituir, por iniciativa do Procurador-Geral do Trabalho e pelo voto de 2/3 (dois terços) de seus membros, antes do término do mandato, o Corregedor-Geral;

V – elaborar a lista tríplice destinada à promoção por merecimento;

VI – elaborar a lista tríplice para Corregedor-Geral do Ministério Público do Trabalho;

VII – aprovar a lista de antiguidade do Ministério Público do Trabalho e decidir sobre as reclamações a ela concernentes;

VIII – indicar o membro do Ministério Público do Trabalho para promoção por antiguidade, observado o disposto no art. 93, II, alínea *d*, da Constituição Federal;

IX – opinar sobre a designação de membro do Ministério Público do Trabalho para:

a) funcionar nos órgãos em que a participação da Instituição seja legalmente prevista;

b) integrar comissões técnicas ou científicas relacionadas às funções da Instituição;

X – opinar sobre o afastamento temporário de membro do Ministério Público do Trabalho;

XI – autorizar a designação, em caráter excepcional, de membros do Ministério Público do Trabalho, para exercício de atribuições processuais perante juízos, tribunais ou ofícios diferentes dos estabelecidos para cada categoria;

XII – determinar a realização de correições e sindicâncias e apreciar os relatórios correspondentes;

XIII – determinar a instauração de processos administrativos em que o acusado seja membro do Ministério Público do Trabalho, apreciar seus relatórios e propor as medidas cabíveis;

XIV – determinar o afastamento do exercício de suas funções, de membro do Ministério Público do Trabalho, indiciado ou acusado em processo disciplinar, e o seu retorno;

XV – designar a comissão de processo administrativo em que o acusado seja membro do Ministério Público do Trabalho;

XVI – decidir sobre o cumprimento do estágio probatório por membro do Ministério Público do Trabalho, encaminhando cópia da decisão ao Procurador-Geral da República, quando for o caso, para ser efetivada sua exoneração;

XVII – decidir sobre remoção e disponibilidade de membro do Ministério Público do Trabalho, por motivo de interesse público;

XVIII – autorizar, pela maioria absoluta de seus membros, que o Procurador-Geral da República ajuíze a ação de perda de cargo contra membro vitalício do Ministério Público do Trabalho, nos casos previstos em lei;

XIX – opinar sobre os pedidos de reversão de membro da carreira;

XX – aprovar a proposta de lei para o aumento do número de cargos da carreira e dos ofícios;

XXI – deliberar sobre a realização de concurso para o ingresso na carreira, designar os membros da Comissão de Concurso e opinar sobre a homologação dos resultados;

XXII – aprovar a proposta orçamentária que integrará o projeto de orçamento do Ministério Público da União;

XXIII – exercer outras funções atribuídas em lei.

§ 1º Aplicam-se ao Procurador-Geral e aos demais membros do Conselho Superior as normas processuais em geral, pertinentes aos impedimentos e suspeição dos membros do Ministério Público.

§ 2º As deliberações relativas aos incisos I, alíneas *a* e *e*, XI, XIII, XIV, XV e XVII somente poderão ser tomadas com o voto favorável de dois terços dos membros do Conselho Superior.

Seção V
Da Câmara de Coordenação e Revisão do Ministério Público do Trabalho

Art. 99. A Câmara de Coordenação e Revisão do Ministério Público do Trabalho é um órgão de coordenação, de integração e de revisão do exercício funcional na Instituição.

Art. 100. A Câmara de Coordenação e Revisão do Ministério Público do Trabalho será organizada por ato normativo, e o Regimento Interno, que disporá sobre seu funcionamento, será elaborado pelo Conselho Superior.

Art. 101. A Câmara de Coordenação e Revisão do Ministério Público do Trabalho será composta por 3 (três) membros do Ministério Público do Trabalho, sendo 1 (um) indicado pelo Procurador-Geral do Trabalho e 2 (dois) pelo Conselho Superior do Ministério Público do Trabalho, juntamente com seus suplentes, para um mandato de 2 (dois) anos, sempre que possível, dentre integrantes do último grau da carreira.

Art. 102. Dentre os integrantes da Câmara de Coordenação e Revisão, um deles será designado pelo Procurador-Geral para a função executiva de Coordenador.

Art. 103. Compete à Câmara de Coordenação e Revisão do Ministério Público do Trabalho:

I – promover a integração e a coordenação dos órgãos institucionais do Ministério Público do Trabalho, observado o princípio da independência funcional;

II – manter intercâmbio com órgãos ou entidades que atuem em áreas afins;

III – encaminhar informações técnico-jurídicas aos órgãos institucionais do Ministério Público do Trabalho;

IV – resolver sobre a distribuição especial de feitos e procedimentos, quando a matéria, por sua natureza ou relevância, assim o exigir;

V – resolver sobre a distribuição especial de feitos, que por sua contínua reiteração, devam receber tratamento uniforme;

VI – decidir os conflitos de atribuição entre os órgãos do Ministério Público do Trabalho.

Parágrafo único. A competência fixada nos incisos IV e V será exercida segundo critérios objetivos previamente estabelecidos pelo Conselho Superior.

Seção VI
Da Corregedoria do Ministério Público do Trabalho

Art. 104. A Corregedoria do Ministério Público do Trabalho, dirigida pelo Corregedor-Geral, é o órgão fiscalizador das atividades funcionais e da conduta dos membros do Ministério Público.

Art. 105. O Corregedor-Geral será nomeado pelo Procurador-Geral do Trabalho dentre os Subprocuradores-Gerais do Trabalho, integrantes de lista tríplice elaborada pelo Conselho Superior, para mandato de 2 (dois) anos, renovável uma vez.

§ 1º Não poderão integrar a lista tríplice os membros do Conselho Superior.

§ 2º Serão suplentes do Corregedor-Geral os demais integrantes da lista tríplice, na ordem em que os designar o Procurador-Geral.

§ 3º O Corregedor-Geral poderá ser destituído, por iniciativa do Procurador-Geral, antes do término do mandato, pelo voto de 2/3 (dois terços) dos membros do Conselho Superior.

Art. 106. Incumbe ao Corregedor-Geral do Ministério Público:

I – participar, sem direito a voto, das reuniões do Conselho Superior;

II – realizar, de ofício ou por determinação do Procurador-Geral ou do Conselho Superior, correições e sindicâncias, apresentando os respectivos relatórios;

III – instaurar inquérito contra integrante da carreira e propor ao Conselho Superior a instauração do processo administrativo consequente;

IV – acompanhar o estágio probatório dos membros do Ministério Público do Trabalho;

V – propor ao Conselho Superior a exoneração de membro do Ministério Público do Trabalho que não cumprir as condições do estágio probatório.

Seção VII
Dos Subprocuradores-Gerais do Trabalho

Art. 107. Os Subprocuradores-Gerais do Trabalho serão designados para oficiar junto ao Tribunal Superior do Trabalho e nos ofícios na Câmara de Coordenação e Revisão.

Parágrafo único. A designação de Subprocurador-Geral do Trabalho para oficiar em órgãos jurisdicionais diferentes do previsto para a categoria dependerá de autorização do Conselho Superior.

Art. 108. Cabe aos Subprocuradores-Gerais do Trabalho, privativamente, o exercício das funções de:

I – Corregedor-Geral do Ministério Público do Trabalho;

II – Coordenador da Câmara de Coordenação e Revisão do Ministério Público do Trabalho.

Art. 109. Os Subprocuradores-Gerais do Trabalho serão lotados nos ofícios na Procuradoria-Geral do Trabalho.

Seção VIII
Dos Procuradores Regionais do Trabalho

Art. 110. Os Procuradores Regionais do Trabalho serão designados para oficiar junto aos Tribunais Regionais do Trabalho.

Parágrafo único. Em caso de vaga ou de afastamento de Subprocurador-Geral do Trabalho por prazo superior a 30 (trinta) dias, poderá ser convocado pelo Procurador-Geral, mediante aprovação do Conselho Superior, Procurador Regional do Trabalho para substituição.

Art. 111. Os Procuradores Regionais do Trabalho serão lotados nos ofícios nas Procuradorias Regionais do Trabalho nos Estados e no Distrito Federal.

Seção IX
Dos Procuradores do Trabalho

Art. 112. Os Procuradores do Trabalho serão designados para funcionar junto aos Tribunais Regionais do Trabalho e, na forma das leis processuais, nos litígios trabalhistas que envolvam, especialmente, interesses de menores e incapazes.

Parágrafo único. A designação de Procurador do Trabalho para oficiar em órgãos jurisdicionais diferentes dos previstos para a categoria dependerá de autorização do Conselho Superior.

Art. 113. Os Procuradores do Trabalho serão lotados nos ofícios nas Procuradorias Regionais do Trabalho nos Estados e no Distrito Federal.

Seção X
Das Unidades de Lotação e de Administração

Art. 114. Os ofícios na Procuradoria-Geral do Trabalho e nas Procuradorias Regionais do Trabalho nos Estados e no Distrito Federal são unidades de lotação e de administração do Ministério Público do Trabalho.

Art. 115. A estrutura básica das unidades de lotação e de administração será organizada por regulamento, nos termos da lei.

....

TÍTULO IV
DAS DISPOSIÇÕES FINAIS E TRANSITÓRIAS

....

Art. 272. São transformados em cargos de Procurador do Trabalho de 1ª Categoria 100 (cem) cargos de Procurador do Trabalho de 2ª Categoria.

Art. 273. Os cargos de Procurador do Trabalho de 1ª e de 2ª Categoria passam a denominar-se, respectivamente, Procurador Regional do Trabalho e Procurador do Trabalho.

§ 1º Até que sejam criados novos cargos de Subprocurador-Geral do Trabalho, os atuais Procuradores do Trabalho de 1ª Categoria, cujo cargo passa a denominar-se Procurador Regional do Trabalho e que estejam atuando junto ao Tribunal Superior do Trabalho, ali permanecerão exercendo suas atribuições.

§ 2º Os vencimentos iniciais dos cargos de Procurador Regional do Trabalho e de Procurador do Trabalho serão iguais aos dos cargos de Procurador Regional da República e de Procurador da República, respectivamente.

....

Art. 294. Esta Lei Complementar entra em vigor na data de sua publicação.

Art. 295. Revogam-se as disposições em contrário.

Brasília, 20 de maio de 1993;
172º da Independência
e 105º da República.

ITAMAR FRANCO
Maurício Corrêa

ANEXO V

PORTARIA N. 88 (SIT/DSST), DE 28.04.2009, E DECRETO N. 6.481, DE 12.06.2008

PORTARIA N. 88, DE 28 DE ABRIL DE 2009

A Secretária de Inspeção do Trabalho, no uso das atribuições que lhes são conferidas pelo inciso I do artigo 405 da Consolidação das Leis do Trabalho – CLT, resolve:

Art. 1º Para efeitos do art. 405, inciso I, da CLT, são considerados locais e serviços perigosos ou insalubres, proibidos ao trabalho do menor de 18 (dezoito) anos, os descritos no item I – Trabalhos Prejudiciais à Saúde e à Segurança, do Decreto n. 6.481, de 12 de junho de 2008, que publicou a Lista das Piores Formas do Trabalho Infantil.

Art. 2º Fica revogada a Portaria n. 20, de 13 de setembro de 2001, publicada no *Diário Oficial da União* n. 177, de 14 de setembro de 2001, Seção I, pág. 46.

Art. 3º Esta Portaria entra em vigor na data de sua publicação.

Ruth Beatriz Vasconcelos Vilela

DECRETO N. 6.481, DE 12 DE JUNHO DE 2008

Regulamenta os artigos 3º, alínea d, *e 4º da Convenção n. 182 da Organização Internacional do Trabalho (OIT) que trata da proibição das piores formas de trabalho infantil e ação imediata para sua eliminação, aprovada pelo Decreto Legislativo n. 178, de 14 de dezembro de 1999, e promulgada pelo Decreto n. 3.597, de 12 de setembro de 2000, e dá outras providências.*

O PRESIDENTE DA REPÚBLICA, no uso das atribuições que lhe confere o art. 84, inciso IV, da Constituição, e tendo em vista o disposto nos artigos 3º, alínea *d*, e 4º da Convenção n. 182 da Organização Internacional do Trabalho (OIT),

DECRETA:

Art. 1º Fica aprovada a Lista das Piores Formas de Trabalho Infantil (Lista TIP), na forma do Anexo, de acordo com o disposto nos artigos 3º, *d*, e 4º da Convenção n. 182 da Organização Internacional do Trabalho – OIT, aprovada pelo Decreto Legislativo n. 178, de 14 de dezembro de 1999 e promulgada pelo Decreto n. 3.597, de 12 de setembro de 2000.

Art. 2º Fica proibido o trabalho do menor de dezoito anos nas atividades descritas na Lista TIP, salvo nas hipóteses previstas neste decreto.

§ 1º A proibição prevista no *caput* poderá ser elidida:

I – na hipótese de ser o emprego ou trabalho, a partir da idade de dezesseis anos, autorizado pelo Ministério do Trabalho e Emprego, após consulta às organizações de empregadores e de trabalhadores interessadas, desde que fiquem plenamente garantidas a saúde, a segurança e a moral dos adolescentes; e

II – na hipótese de aceitação de parecer técnico circunstanciado, assinado por profissional legalmente habilitado em segurança e saúde no trabalho, que ateste a não exposição a riscos que possam comprometer a saúde, a segurança e a moral dos adolescentes, depositado na unidade descentralizada do Ministério do Trabalho e Emprego da circunscrição onde ocorrerem as referidas atividades.

§ 2º As controvérsias sobre a efetiva proteção dos adolescentes envolvidos em atividades constantes do parecer técnico referido no § 1º, inciso II, serão objeto de análise por órgão competente do Ministério do Trabalho e Emprego, que tomará as providências legais cabíveis.

§ 3º A classificação de atividades, locais e trabalhos prejudiciais à saúde, à segurança e à moral, nos termos da Lista TIP, não é extensiva aos trabalhadores maiores de dezoito anos.

Art. 3º Os trabalhos técnicos ou administrativos serão permitidos, desde que fora das áreas de risco à saúde, à segurança e à moral, ao menor de dezoito e maior de dezesseis anos e ao maior de quatorze e menor de dezesseis, na condição de aprendiz.

Art. 4º Para fins de aplicação das alíneas *a*, *b* e *c* do artigo 3º da Convenção n. 182, da OIT, integram as piores formas de trabalho infantil:

I – todas as formas de escravidão ou práticas análogas, tais como venda ou tráfico, cativeiro ou sujeição por dívida, servidão, trabalho forçado ou obrigatório;

II – a utilização, demanda, oferta, tráfico ou aliciamento para fins de exploração sexual comercial, produção de pornografia ou atuações pornográficas;

III – a utilização, recrutamento e oferta de adolescente para outras atividades ilícitas, particularmente para a produção e tráfico de drogas; e

IV – o recrutamento forçado ou compulsório de adolescente para ser utilizado em conflitos armados.

Art. 5º A Lista TIP será periodicamente examinada e, se necessário, revista em consulta com as organizações de empregadores e de trabalhadores interessadas.

Parágrafo único. Compete ao Ministério do Trabalho e Emprego organizar os processos de exame e consulta a que se refere o *caput*.

Art. 6º Este Decreto entra em vigor noventa dias após a data de sua publicação.

Brasília, 12 de junho de 2008; 187º da Independência e 120º da República.

LUIZ INÁCIO LULA DA SILVA

Carlos Lupi

LISTA DAS PIORES FORMAS DE TRABALHO INFANTIL (LISTA TIP)

I. TRABALHOS PREJUDICIAIS À SAÚDE E À SEGURANÇA

Atividade: Agricultura, Pecuária, Silvicultura e Exploração Florestal

Item	Descrição dos Trabalhos	Prováveis Riscos Ocupacionais	Prováveis Repercussões à Saúde
1.	Na direção e operação de tratores, máquinas agrícolas e esmeris, quando motorizados e em movimento	Acidentes com máquinas, instrumentos ou ferramentas perigosas	Afecções musculoesqueléticas (bursites, tendinites, dorsalgias, sinovites, tenossinovites); mutilações; esmagamentos; fraturas
2.	No processo produtivo do fumo, algodão, sisal, cana-de-açúcar e abacaxi	Esforço físico e posturas viciosas; exposição a poeiras orgânicas e seus contaminantes, como fungos e agrotóxicos; contato com substâncias tóxicas da própria planta; acidentes com animais peçonhentos; exposição, sem proteção adequada, à radiação solar, calor, umidade, chuva e frio; acidentes com instrumentos perfurocortantes	Afecções musculoesqueléticas (bursites, tendinites, dorsalgias, sinovites, tenossinovites); pneumoconioses; intoxicações exógenas; cânceres; bissinoses; hantaviroses; urticárias; envenenamentos; intermações; queimaduras na pele; envelhecimento precoce; câncer de pele; desidratação; doenças respiratórias; ceratoses actínicas; ferimentos e mutilações; apagamento de digitais
3.	Na colheita de cítricos, pimenta-malagueta e semelhantes	Esforço físico, levantamento e transporte manual de peso; posturas viciosas; exposição, sem proteção adequada, à radiação solar, calor, umidade, chuva e frio; contato com ácido da casca; acidentes com instrumentos perfurocortantes	Afecções musculoesqueléticas (bursites, tendinites, dorsalgias, sinovites, tenossinovites); intermações; queimaduras na pele; envelhecimento precoce; câncer de pele; desidratação; doenças respiratórias; ceratoses actínicas; apagamento de digitais; ferimentos; mutilações

4.	No beneficiamento do fumo, sisal, castanha-de-caju e cana-de-açúcar	Esforço físico, levantamento e transporte de peso; exposição a poeiras orgânicas, ácidos e substâncias tóxicas	Fadiga física; afecções musculoesqueléticas, (bursites, tendinites, dorsalgias, sinovites, tenossinovites); intoxicações agudas e crônicas; rinite; bronquite; vômitos; dermatites ocupacionais; apagamento das digitais
5.	Na pulverização, manuseio e aplicação de agrotóxicos, adjuvantes, e produtos afins, incluindo limpeza de equipamentos, descontaminação, disposição e retorno de recipientes vazios	Exposição a substâncias químicas, tais como pesticidas e fertilizantes, absorvidos por via oral, cutânea e respiratória	Intoxicações agudas e crônicas; polineuropatias; dermatites de contato; dermatites alérgicas; osteomalácias do adulto induzidas por drogas; cânceres; arritmias cardíacas; leucemias e episódios depressivos
6.	Em locais de armazenamento ou de beneficiamento em que haja livre desprendimento de poeiras de cereais e de vegetais	Exposição a poeiras e seus contaminantes	Bissinoses; asma; bronquite; rinite alérgica; enfizema; pneumonia e irritação das vias aéreas superiores
7.	Em estábulos, cavalariças, currais, estrebarias ou pocilgas, sem condições adequadas de higienização	Acidentes com animais e contato permanente com vírus, bactérias, parasitas, bacilos e fungos	Afecções musculoesqueléticas (bursites, tendinites, dorsalgias, sinovites, tenossinovites); contusões; tuberculose; carbúnculo; brucelose; leptospirose; tétano; psitacose; dengue; hepatites virais; dermatofitoses; candidíases; leishmanioses cutâneas e cutaneomucosas e blastomicoses
8.	No interior ou junto a silos de estocagem de forragem ou grãos com atmosferas tóxicas, explosivas ou com deficiência de oxigênio	Exposição a poeiras e seus contaminantes; queda de nível; explosões; baixa pressão parcial de oxigênio	Asfixia; dificuldade respiratória; asma ocupacional; pneumonia; bronquite; rinite; traumatismos; contusões e queimaduras

9.	Com sinalizador na aplicação aérea de produtos ou defensivos agrícolas	Exposição a substâncias químicas, tais como pesticidas e fertilizantes, absorvidos por via oral, cutânea e respiratória	Intoxicações exógenas agudas e crônicas; polineuropatias; dermatites; rinite; bronquite; leucemias; arritmia cardíaca; cânceres; leucemias; neurastenia e episódios depressivos
10.	Na extração e corte de madeira	Acidentes com queda de árvores, serra de corte, máquinas e ofidismo	Afecções musculoesqueléticas (bursites, tendinites, dorsalgias, sinovites, tenossinovites); esmagamentos; amputações; lacerações; mutilações; contusões; fraturas; envenenamento e blastomicose
11.	Em manguezais e lamaçais	Exposição à umidade; cortes; perfurações; ofidismo e contato com excrementos	Rinite; resfriados; bronquite; envenenamentos; intoxicações exógenas; dermatites; leptospirose; hepatites virais; dermatofitoses e candidíases

Atividade: Pesca

Item	Descrição dos Trabalhos	Prováveis Riscos Ocupacionais	Prováveis Repercussões à Saúde
12.	Na cata de iscas aquáticas	Trabalho noturno; exposição à radiação solar, umidade, frio e a animais carnívoros ou peçonhentos; afogamento	Transtorno do ciclo vigília-sono; queimaduras na pele; envelhecimento precoce; hipotermia; lesões; envenenamentos; perfuração da membrana do tímpano; perda da consciência; labirintite e otite média não supurativa e apneia prolongada

13.	Na cata de mariscos	Exposição à radiação solar, chuva, frio; posturas inadequadas e movimentos repetitivos; acidentes com instrumentos perfurocortantes; horário flutuante, como as marés; águas profundas	Queimaduras na pele; envelhecimento precoce; câncer de pele; desidratação; doenças respiratórias; ceratoses actínicas; hipertermia; fadiga física; dores musculares nos membros e coluna vertebral; ferimentos; fadiga; distúrbios do sono; afogamento
14.	Que exijam mergulho, com ou sem equipamento	Apneia prolongada e aumento do nitrogênio circulante	Afogamento; perfuração da membrana do tímpano; perda de consciência; barotrauma; embolia gasosa; síndrome de Raynaud; acrocianose; otite barotraumática; sinusite barotraumática; labirintite e otite média não supurativa
15.	Em condições hiperbáricas	Exposição a condições hiperbáricas, sem períodos de compressão e descompressão	Morte; perda da consciência; perfuração da membrana do tímpano; intoxicação por gases (oxigênio ou nitrogênio); barotrauma; embolia gasosa; síndrome de Raynaud; acrocianose; otite barotraumática; sinusite barotraumática; labirintite; otite média não supurativa; osteonecrose asséptica e mal dos caixões (doença descompressiva)

Atividade: Indústria Extrativa

Item	Descrição dos Trabalhos	Prováveis Riscos Ocupacionais	Prováveis Repercussões à Saúde
16.	Em cantarias e no preparo de cascalho	Esforço físico; posturas viciosas; acidentes com instrumentos perfurocortantes; exposição a poeiras minerais, inclusive sílica	Afecções musculoesqueléticas (bursites, tendinites, dorsalgias, sinovites, tenossinovites); Dort/LER; ferimentos e mutilações; rinite; asma; pneumoconioses; tuberculose
17.	De extração de pedras, areia e argila (retirada, corte e separação de pedras; uso de instrumentos contusocortantes, transporte e arrumação de pedras)	Exposição à radiação solar, chuva; exposição à sílica; levantamento e transporte de peso excessivo; posturas inadequadas e movimentos repetitivos; acidentes com instrumentos perfurocortantes; condições sanitárias precárias; corpos estranhos	Queimaduras na pele; envelhecimento precoce; câncer de pele; desidratação; doenças respiratórias; hipertermia; fadiga física; dores musculares nos membros e coluna vertebral; lesões e deformidades osteomusculares; comprometimento do desenvolvimento psicomotor; ferimentos; mutilações, parasitoses múltiplas e gastroenterites; ferimentos nos olhos (córnea e esclera)
18.	De extração de mármores, granitos, pedras preciosas, semipreciosas e outros minerais	Levantamento e transporte de peso excessivo; acidentes com instrumentos contundentes e perfurocortantes; exposição a poeiras inorgânicas; acidentes com eletricidade e explosivos; gases asfixiantes	Fadiga física; afecções musculoesqueléticas (bursites, tendinites, dorsalgias, sinovites, tenossinovites); esmagamentos; traumatismos; ferimentos; mutilações; queimaduras; silicose; bronquite; bronquiolite; rinite; tuberculose; asma ocupacional; enfisema; fibrose pulmonar; choque elétrico; queimaduras e mutilações; asfixia

19.	Em escavações, subterrâneos, pedreiras, garimpos, minas em subsolo e a céu aberto	Esforços físicos intensos; soterramento; exposição a poeiras inorgânicas e a metais pesados	Afecções musculoesqueléticas (bursites, tendinites, dorsalgias, sinovites, tenossinovites); asfixia; anóxia; hipóxia; esmagamentos; queimaduras; fraturas; silicoses; tuberculose; asma ocupacional; bronquites; enfisema pulmonar; cânceres; lesões oculares; contusões; ferimentos; alterações mentais; fadiga e estresse
20.	Em locais onde haja livre desprendimento de poeiras minerais	Exposição a poeiras inorgânicas	Pneumoconioses associadas com tuberculose; asma ocupacional; rinite; silicose; bronquite e bronquiolite
21.	Em salinas	Esforços físicos intensos; levantamento e transporte manual de peso; movimentos repetitivos; exposição, sem proteção adequada, à radiação solar, chuva e frio	Fadiga física; estresse; afecções musculoesqueléticas (bursites, tendinites, dorsalgias, sinovites, tenossinovites); Dort/LER; intermações; queimaduras na pele; envelhecimento precoce; câncer de pele; desidratação; doenças respiratórias; ceratoses actínicas

Atividade: Indústria de Transformação

Item	Descrição dos Trabalhos	Prováveis Riscos Ocupacionais	Prováveis Repercussões à Saúde
22.	De lixa nas fábricas de chapéu ou feltro	Acidentes com máquinas e instrumentos perigosos; exposição à poeira	Ferimentos; lacerações; mutilações; asma e bronquite
23.	De jateamento em geral, exceto em processos enclausurados	Exposição à poeira mineral	Silicose; asma; bronquite; bronquiolite; estresse e alterações mentais

24.	De douração, prateação, niquelação, galvanoplastia, anodização de alumínio, banhos metálicos ou com desprendimento de fumos metálicos	Exposição a fumos metálicos (cádmio, alumínio, níquel, cromo etc.), névoas, vapores e soluções ácidas e cáusticas; exposição a altas temperaturas; umidade	Intoxicações agudas e crônicas; asma ocupacional; rinite; faringite; sinusite; bronquite; pneumonia; edema pulmonar; estomatite ulcerativa crônica; dermatite de contato; neoplasia maligna dos brônquios e pulmões; ulceração ou necrose do septo nasal; queimaduras
25.	Na operação industrial de reciclagem de papel, plástico e metal	Exposição a riscos biológicos (bactérias, vírus, fungos e parasitas), como contaminantes do material a ser reciclado, geralmente advindo de coleta de lixo	Dermatoses ocupacionais; dermatites de contato; asma; bronquite; viroses; parasitoses; cânceres
26.	No preparo de plumas e crinas	Exposição ao mercúrio e querosene, além de poeira orgânica	Transtornos da personalidade e de comportamento; episódios depressivos; neurastenia; ataxia cerebelosa; encefalopatia; transtorno extrapiramidal do movimento; gengivite crônica; estomatite ulcerativa e arritmias cardíacas
27.	Na industrialização do fumo	Exposição à nicotina	Intoxicações exógenas; tonturas e vômitos
28.	Na industrialização de cana-de-açúcar	Exposição a poeiras orgânicas	Bagaçose; asma; bronquite e pneumonite
29.	Em fundições em geral	Exposição a poeiras inorgânicas, a fumos metálicos (ferro, bronze, alumínio, chumbo, manganês e outros); exposição a altas temperaturas; esforços físicos intensos	Intoxicações; siderose; saturnismo; beriliose; estanhose; bronquite crônica; bronquite asmática; bronquite obstrutiva; sinusite; cânceres; ulceração ou necrose do septo nasal; desidratação e intermação; afecções musculoesqueléticas (bursites, tendinites, dorsalgias, sinovites, tenossinovites)

30.	Em tecelagem	Exposição à poeira de fios e fibras mistas e sintéticas; exposição a corantes; posturas inadequadas e esforços repetitivos	Bissinose; bronquite crônica; bronquite asmática; bronquite obstrutiva; sinusite; fadiga física; Dort/LER
31.	No beneficiamento de mármores, granitos, pedras preciosas, semipreciosas e outros bens minerais	Esforços físicos intensos; acidentes com máquinas perigosas e instrumentos perfurocortantes; exposição a poeiras inorgânicas; acidentes com eletricidade	Afecções musculoesqueléticas (bursites, tendinites, dorsalgias, sinovites, tenossinovites); traumatismos; ferimentos; mutilações; silicose; bronquite; bronquiolite; rinite; tuberculose; asma ocupacional; enfisema; fibrose pulmonar; choque elétrico
32.	Na produção de carvão vegetal	Exposição à radiação solar, chuva; contato com amianto; picadas de insetos e animais peçonhentos; levantamento e transporte de peso excessivo; posturas inadequadas e movimentos repetitivos; acidentes com instrumentos perfurocortantes; queda de toras; exposição à vibração, explosões e desabamentos; combustão espontânea do carvão; monotonia; estresse da tensão da vigília do forno; fumaça contendo subprodutos da pirólise e combustão incompleta: ácido pirolenhoso, alcatrão, metanol, acetona, acetato, monóxido de carbono, dióxido de carbono e metano	Queimaduras na pele; envelhecimento precoce; câncer de pele; desidratação; doenças respiratórias; hipertermia; reações na pele ou generalizadas; fadiga física; dores musculares nos membros e coluna vertebral; lesões e deformidades osteomusculares; comprometimento do desenvolvimento psicomotor; Dort/LER; ferimentos; mutilações; traumatismos; lesões osteomusculares; síndromes vasculares; queimaduras; sofrimento psíquico; intoxicações agudas e crônicas
33.	Em contato com resíduos de animais deteriorados, glândulas, vísceras, sangue, ossos, couros, pelos ou dejetos de animais	Exposição a vírus, bactérias, bacilos, fungos e parasitas	Tuberculose; carbúnculo; brucelose; hepatites virais; tétano; psitacose; ornitose; dermatoses ocupacionais e dermatites de contato

34.	Na produção, processamento e manuseio de explosivos, inflamáveis líquidos, gasosos ou liquefeitos	Exposição a vapores e gases tóxicos; risco de incêndios e explosões	Queimaduras; intoxicações; rinite; asma ocupacional; dermatoses ocupacionais e dermatites de contato
35.	Na fabricação de fogos de artifícios	Exposição a incêndios, explosões, corantes de chamas (cloreto de potássio, antimônio trissulfito) e poeiras	Queimaduras; intoxicações; enfisema crônico e difuso; bronquite e asma ocupacional
36.	De direção e operação de máquinas e equipamentos elétricos de grande porte	Esforços físicos intensos e acidentes com sistemas; circuitos e condutores de energia elétrica	Afecções musculoesqueléticas (bursites, tendinites, dorsalgias, sinovites, tenossinovites); mutilações; esmagamentos; fraturas; queimaduras; perda temporária da consciência; carbonização; parada cardiorrespiratória
37.	Em curtumes, industrialização de couros e fabricação de peles e peliças	Esforços físicos intensos; exposição a corantes, alvejantes, álcalis, desengordurantes, ácidos, alumínio, branqueadores, vírus, bactérias, bacilos, fungos e calor	Afecções musculoesqueléticas (bursites, tendinites, dorsalgias, sinovites, tenossinovites); tuberculose; carbúnculo; brucelose; antrax; cânceres; rinite crônica; conjuntivite; pneumonite; dermatites de contato; dermatose ocupacional e queimaduras
38.	Em matadouros ou abatedouros em geral	Esforços físicos intensos; riscos de acidentes com animais e ferramentas perfurocortantes e exposição a agentes biológicos	Afecções musculoesqueléticas (bursites, tendinites, dorsalgias, sinovites, tenossinovites); contusões; ferimentos; tuberculose; carbúnculo; brucelose e psitacose; antrax
39.	Em processamento ou empacotamento mecanizado de carnes	Acidentes com máquinas, ferramentas e instrumentos perfurocortantes; esforços repetitivos e riscos biológicos	Afecções musculoesqueléticas (bursites, tendinites, dorsalgias, sinovites, tenossinovites); contusão; amputação; corte; Dort/LER; tuberculose; carbúnculo; brucelose; psitacose

40.	Na fabricação de farinha de mandioca	Esforços físicos intensos; acidentes com instrumentos perfurocortantes; posições inadequadas; movimentos repetitivos; altas temperaturas e poeiras	Afecções musculoesqueléticas (bursites, tendinites, dorsalgias, sinovites, tenossinovites); contusão; amputações; cortes; queimaduras; Dort/LER; cifose; escoliose; afecções respiratórias e dermatoses ocupacionais
41.	Em indústrias cerâmicas	Levantamento e transporte de peso; posturas inadequadas e movimentos repetitivos; exposição ao calor e à umidade; exposição à poeira; acidentes com máquinas e quedas	Fadiga física; dores musculares nos membros e coluna vertebral; lesões e deformidades osteomusculares; comprometimento do desenvolvimento psicomotor; desidratação; intermação; doenças respiratórias, com risco de silicose; fraturas; mutilações; choques elétricos
42.	Em olarias nas áreas de fornos ou com exposição à umidade excessiva	Levantamento e transporte de peso; posturas inadequadas e movimentos repetitivos; exposição ao calor e à umidade; exposição à poeira; acidentes com máquinas e quedas	Fadiga física; dores musculares nos membros e coluna vertebral; lesões e deformidades osteomusculares; comprometimento do desenvolvimento psicomotor; desidratação; intermação; doenças respiratórias, com risco de silicose; fraturas; mutilações; choques elétricos
43.	Na fabricação de botões e outros artefatos de nácar, chifre ou osso	Acidentes com máquinas e ferramentas perfurocortantes; esforços repetitivos e vibrações, poeiras e ruídos	Contusões; perfurações; cortes; dorsalgia; cervicalgia; síndrome cervicobraquial; tendinites; bursites; Dort/LER; alteração temporária do limiar auditivo; hipoacusia e perda da audição

44.	Na fabricação de cimento ou cal	Esforços físicos intensos; exposição a poeiras (sílica); altas temperaturas; efeitos abrasivos sobre a pele	Afecções musculoesqueléticas (bursites, tendinites, dorsalgias, sinovites, tenossinovites); silicose; asma ocupacional; bronquite; dermatites; dermatoses ocupacionais; intermação; ferimentos; mutilações; fadiga e estresse
45.	Na fabricação de colchões	Exposição a solventes orgânicos, pigmentos de chumbo, cádmio e manganês e poeiras	Encefalopatias tóxicas agudas e crônicas; hipertensão arterial; arritmias cardíacas; insuficiência renal; hipotireoidismo; anemias; dermatoses ocupacionais e irritação da pele e mucosas
46.	Na fabricação de cortiças, cristais, esmaltes, estopas, gesso, louças, vidros ou vernizes	Esforços físicos intensos; exposição a poeiras (sílica), metais pesados, altas temperaturas, corantes e pigmentos metálicos (chumbo, cromo e outros) e calor	Afecções musculoesqueléticas (bursites, tendinites, dorsalgias, sinovites, tenossinovites); queimaduras; catarata; silicose; asma ocupacional; bronquite; enfisema; intoxicação; dermatoses ocupacionais; intermação
47.	Na fabricação de porcelanas	Exposição a poeiras minerais e ao calor; posições inadequadas	Pneumoconioses e dermatites; fadiga física e intermação; afecções musculoesqueléticas (bursites, tendinites, dorsalgias, sinovites, tenossinovites); Dort/LER
48.	Na fabricação de artefatos de borracha	Esforços físicos intensos; exposição a produtos químicos, antioxidantes, plastificantes, dentre outros, e ao calor	Afecções musculoesqueléticas (bursites, tendinites, dorsalgias, sinovites, tenossinovites); câncer de bexiga e pulmão; asma ocupacional; bronquite; enfisema; intoxicação; dermatoses ocupacionais; intermação e intoxicações; queimaduras

49.	Em destilarias de álcool	Exposição a vapores de etanol, metanol e outros riscos químicos; risco de incêndios e explosões	Cânceres; dermatoses ocupacionais; dermatites de contato; intermação; asma ocupacional; bronquites; queimaduras
50.	Na fabricação de bebidas alcoólicas	Exposição a vapores de etanol e a poeira de cereais; exposição a bebidas alcoólicas, ao calor, à formação de atmosferas explosivas; incêndios e outros acidentes	Queimaduras; asfixia; tonturas; intoxicação; irritação das vias aéreas superiores; irritação da pele e mucosas; cefaleia e embriaguez
51.	No interior de resfriadores, casas de máquinas, ou junto de aquecedores, fornos ou altos-fornos	Exposição a temperaturas extremas, frio e calor	Frio; hipotermia com diminuição da capacidade física e mental; calor, hipertermia; fadiga; desidratação; desequilíbrio hidroeletrolítico e estresse
52.	Em serralherias	Exposição a poeiras metálicas tóxicas, (chumbo, arsênico cádmio), monóxido de carbono, estilhaços de metal, calor, e acidentes com máquinas e equipamentos	Neoplasia maligna dos brônquios e pulmões; bronquite; pneumonite; edema pulmonar agudo; enfisema intersticial; queimaduras; cortes; amputações; traumatismos; conjuntivite; catarata e intoxicações
53.	Em indústrias de móveis	Esforços físicos intensos; exposição à poeira de madeiras, solventes orgânicos, tintas e vernizes; riscos de acidentes com máquinas, serras e ferramentas perigosas	Afecções musculoesqueléticas (bursites, tendinites, dorsalgias, sinovites, tenossinovites); neoplasia maligna dos brônquios e pulmões; bronquite; pneumonite; edema pulmonar agudo; enfisema intersticial; asma ocupacional; cortes; amputações; traumatismos; dermatose ocupacional; anemias; conjuntivite

54.	No beneficiamento de madeira	Esforços físicos intensos; exposição à poeira de madeiras; risco de acidentes com máquinas, serras, equipamentos e ferramentas perigosas	Afecções musculoesqueléticas (bursites, tendinites, dorsalgias, sinovites, tenossinovites); asma ocupacional; bronquite; pneumonite; edema pulmonar agudo; enfisema intersticial; asma ocupacional; dermatose ocupacional; esmagamentos; ferimentos; amputações; mutilações; fadiga; estresse e Dort/LER
55.	Com exposição a vibrações localizadas ou de corpo inteiro	Vibrações localizadas ou generalizadas	Síndrome cervicobraquial; dor articular; moléstia de Dupuytren; capsulite adesiva do ombro; bursites; epicondilite lateral; osteocondrose do adulto; doença de Kohler; hérnia de disco; artroses e aumento da pressão arterial
56.	De desmonte ou demolição de navios e embarcações em geral	Esforços físicos intensos; exposição a fumos metálicos (ferro, bronze, alumínio, chumbo e outros); uso de ferramentas pesadas; altas temperaturas	Afecções musculoesqueléticas (bursites, tendinites, dorsalgias, sinovites, tenossinovites); asfixia; perda da consciência; fibrilação ventricular; queimaduras; fraturas; contusões; intermação; perfuração da membrana do tímpano

Atividade: Produção e Distribuição de Eletricidade, Gás e Água

Item	Descrição dos Trabalhos	Prováveis Riscos Ocupacionais	Prováveis Repercussões à Saúde
57.	Em sistemas de geração, transmissão e distribuição de energia elétrica	Exposição à energia de alta-tensão; choque elétrico e queda de nível	Eletrochoque; fibrilação ventricular; parada cardiorrespiratória; traumatismos; escoriações; fraturas

Atividade: Construção

Item	Descrição dos Trabalhos	Prováveis Riscos Ocupacionais	Prováveis Repercussões à Saúde
58.	Construção civil e pesada, incluindo construção, restauração, reforma e demolição	Esforços físicos intensos; risco de acidentes por queda de nível, com máquinas, equipamentos e ferramentas; exposição à poeira de tintas, cimento, pigmentos metálicos e solventes; posições inadequadas; calor; vibrações e movimentos repetitivos	Afecções musculoesqueléticas (bursites, tendinites, dorsalgias, sinovites, tenossinovites); mutilações; fraturas; esmagamentos; traumatismos; afecções respiratórias; dermatites de contato; intermação; síndrome cervicobraquial; dores articulares; intoxicações; polineuropatia periférica; doenças do sistema hematopoiético; leucocitose; episódios depressivos; neurastenia; dermatoses ocupacionais; Dort/LER; cortes; contusões; traumatismos

Atividade: Comércio (Reparação de Veículos Automotores, Objetos Pessoais e Domésticos)

Item	Descrição dos Trabalhos	Prováveis Riscos Ocupacionais	Prováveis Repercussões à Saúde
59.	Em borracharias ou locais onde sejam feitos recapeamento ou recauchutagem de pneus	Esforços físicos intensos; exposição a produtos químicos, antioxidantes, plastificantes, entre outros, e calor	Afecções musculoesqueléticas (bursites, tendinites, dorsalgias, sinovites, tenossinovites); queimaduras; câncer de bexiga e pulmão; asma ocupacional; bronquite; enfisema; intoxicação; dermatoses ocupacionais; intermação e intoxicações

Atividade: Transporte e Armazenagem

Item	Descrição dos Trabalhos	Prováveis Riscos Ocupacionais	Prováveis Repercussões à Saúde
60.	No transporte e armazenagem de álcool, explosivos, inflamáveis líquidos, gasosos e liquefeitos	Exposição a vapores tóxicos; risco de incêndio e explosões	Intoxicações; queimaduras; rinite e dermatites de contato
61.	Em porão ou convés de navio	Esforços físicos intensos; risco de queda de nível; isolamento, calor e outros riscos inerentes às cargas transportadas	Afecções musculoesqueléticas (bursites, tendinites, dorsalgias, sinovites, tenossinovites); lesões; fraturas; contusões; traumatismos; fobia e transtorno do ciclo vigília-sono
62.	Em transporte de pessoas ou animais de pequeno porte	Acidentes de trânsito	Ferimentos; contusões; fraturas; traumatismos e mutilações

Atividade: Saúde e Serviços Sociais

Item	Descrição dos Trabalhos	Prováveis Riscos Ocupacionais	Prováveis Repercussões à Saúde
63.	No manuseio ou aplicação de produtos químicos, incluindo limpeza de equipamentos, descontaminação, disposição e retorno de recipientes vazios	Exposição a quimioterápicos e outras substâncias químicas de uso terapêutico	Intoxicações agudas e crônicas; polineuropatia; dermatites de contato; dermatite alérgica; osteomalácia do adulto induzida por drogas; cânceres; arritmia cardíaca; leucemias; neurastenia e episódios depressivos
64.	Em contato com animais portadores de doenças infectocontagiosas e em postos de vacinação de animais	Exposição a vírus, bactérias, parasitas e bacilos	Tuberculose; carbúnculo; brucelose; psitacose; raiva; asma; rinite; conjuntivite; pneumonia; dermatite de contato e dermatose ocupacional

65.	Em hospitais, serviços de emergência, enfermarias, ambulatórios, postos de vacinação e outros estabelecimentos destinados ao cuidado da saúde humana, em que se tenha contato direto com os pacientes ou se manuseiem objetos de uso dos pacientes não previamente esterilizados	Exposição a vírus, bactérias, parasitas e bacilos; estresse psíquico e sofrimento; acidentes com material biológico	Tuberculose; aids; hepatite; meningite; carbúnculo; toxoplasmose; viroses, parasitoses; zoonoses; pneumonias; candidíases; dermatoses; episódios depressivos e sofrimento mental
66.	Em laboratórios destinados ao preparo de soro, de vacinas e de outros produtos similares	Exposição a vírus, bactérias, parasitas, bacilos e contato com animais de laboratório	Envenenamentos; cortes; lacerações; hepatite; aids; tuberculose; carbúnculo; brucelose; psitacose; raiva; asma; rinite crônica; conjuntivite; zoonoses; ansiedade e sofrimento mental

Atividade: Serviços Coletivos, Sociais, Pessoais e Outros

Item	Descrição dos Trabalhos	Prováveis Riscos Ocupacionais	Prováveis Repercussões à Saúde
67.	Em lavanderias industriais	Exposição a solventes, cloro, sabões, detergentes, calor e movimentos repetitivos	Polineurites; dermatoses ocupacionais; blefarites; conjuntivites; intermação; fadiga e queimaduras
68.	Em tinturarias e estamparias	Exposição a solventes, corantes, pigmentos metálicos, calor e umidade	Hipotireoidismo; anemias; polineuropatias; encefalopatias; hipertensão arterial; arritmia cardíaca; insuficiência renal; infertilidade masculina; queimaduras; intermação e depressão do Sistema Nervoso Central

69.	Em esgotos	Esforços físicos intensos; exposição a produtos químicos utilizados nos processos de tratamento de esgoto, tais como cloro, ozônio, sulfeto de hidrogênio e outros; riscos biológicos; espaços confinados e riscos de explosões	Afecções musculoesqueléticas (bursites, tendinites, dorsalgias, sinovites, tenossinovites); escolioses; disfunção olfativa; alcoolismo; asma; bronquite; lesões oculares; dermatites; dermatoses; asfixia; salmoneloses; leptospirose e disfunções olfativas
70.	Na coleta, seleção e beneficiamento de lixo	Esforços físicos intensos; exposição aos riscos físicos, químicos e biológicos; exposição a poeiras tóxicas, calor; movimentos repetitivos; posições antiergonômicas	Afecções musculoesqueléticas (bursites, tendinites, dorsalgias, sinovites, tenossinovites); ferimentos; lacerações; intermações; resfriados; Dort/LER; deformidades da coluna vertebral; infecções respiratórias; piodermites; desidratação; dermatoses ocupacionais; dermatites de contato; alcoolismo e disfunções olfativas
71.	Em cemitérios	Esforços físicos intensos; calor; riscos biológicos (bactérias, fungos, ratos e outros animais, inclusive peçonhentos); risco de acidentes e estresse psíquico	Afecções musculoesqueléticas (bursites, tendinites, dorsalgias, sinovites, tenossinovites); ferimentos; contusões; dermatoses ocupacionais; ansiedade; alcoolismo; desidratação; câncer de pele; neurose profissional e ansiedade
72.	Em serviços externos, que impliquem manuseio e porte de valores que coloquem em risco a sua segurança (*office boys*, mensageiros, contínuos)	Acidentes de trânsito e exposição à violência	Traumatismos; ferimentos; ansiedade e estresse

73.	Em ruas e outros logradouros públicos (comércio ambulante, guardador de carros, guardas mirins, guias turísticos, transporte de pessoas ou animais, entre outros)	Exposição à violência, drogas, assédio sexual e tráfico de pessoas; exposição à radiação solar, chuva e frio; acidentes de trânsito; atropelamento	Ferimentos e comprometimento do desenvolvimento afetivo; dependência química; doenças sexualmente transmissíveis; atividade sexual precoce; gravidez indesejada; queimaduras na pele; envelhecimento precoce; câncer de pele; desidratação; doenças respiratórias; hipertermia; traumatismos; ferimentos
74.	Em artesanato	Levantamento e transporte de peso; manutenção de posturas inadequadas; movimentos repetitivos; acidentes com instrumentos perfurocortantes; corpos estranhos; jornadas excessivas	Fadiga física; dores musculares nos membros e coluna vertebral; lesões e deformidades osteomusculares; comprometimento do desenvolvimento psicomotor; Dort/LER; ferimentos; mutilações; ferimentos nos olhos; fadiga; estresse; distúrbios do sono
75.	De cuidado e vigilância de crianças, de pessoas idosas ou doentes	Esforços físicos intensos; violência física, psicológica e abuso sexual; longas jornadas; trabalho noturno; isolamento; posições antiergonômicas; exposição a riscos biológicos	Afecções musculoesqueléticas (bursites, tendinites, dorsalgias, sinovites, tenossinovites); Dort/LER; ansiedade; alterações na vida familiar; síndrome do esgotamento profissional; neurose profissional; fadiga física; transtornos do ciclo vigília-sono; depressão e doenças transmissíveis

Atividade: Serviço Doméstico

Item	Descrição dos Trabalhos	Prováveis Riscos Ocupacionais	Prováveis Repercussões à Saúde
76.	Domésticos	Esforços físicos intensos; isolamento; abuso físico, psicológico e sexual; longas jornadas de trabalho; trabalho noturno; calor; exposição ao fogo, posições antiergonômicas e movimentos repetitivos; tracionamento da coluna vertebral; sobrecarga muscular e queda de nível	Afecções musculoesqueléticas (bursites, tendinites, dorsalgias, sinovites, tenossinovites); contusões; fraturas; ferimentos; queimaduras; ansiedade; alterações na vida familiar; transtornos do ciclo vigília-sono; Dort/LER; deformidades da coluna vertebral (lombalgias, lombociatalgias, escolioses, cifoses, lordoses); síndrome do esgotamento profissional e neurose profissional; traumatismos; tonturas e fobias

Atividade: Todas

Item	Descrição dos Trabalhos	Prováveis Riscos Ocupacionais	Prováveis Repercussões à Saúde
77.	De manutenção, limpeza, lavagem ou lubrificação de veículos, tratores, motores, componentes, máquinas ou equipamentos, em que se utilizem solventes orgânicos ou inorgânicos, óleo diesel, desengraxantes ácidos ou básicos ou outros produtos derivados de óleos minerais	Exposição a solventes orgânicos, neurotóxicos, desengraxantes, névoas ácidas e alcalinas	Dermatoses ocupacionais; encefalopatias; queimaduras; leucocitoses; elaiconiose; episódios depressivos; tremores; transtornos de personalidade e neurastenia
78.	Com utilização de instrumentos ou ferramentas perfurocortantes, sem proteção adequada capaz de controlar o risco	Perfurações e cortes	Ferimentos e mutilações
79.	Em câmaras frigoríficas	Exposição a baixas temperaturas e a variações súbitas	Hipotermia; eritema pérnio; geladura (frostbite) com necrose de tecidos; bronquite; rinite; pneumonias

80.	Com levantamento, transporte, carga ou descarga manual de pesos, quando realizados raramente, superiores a 20 quilos para o gênero masculino e superiores a 15 quilos para o gênero feminino; e superiores a 11 quilos para o gênero masculino e superiores a 7 quilos para o gênero feminino, quando realizados frequentemente	Esforço físico intenso; tracionamento da coluna vertebral; sobrecarga muscular	Afecções musculoesqueléticas (bursites, tendinites, dorsalgias, sinovites, tenossinovites); lombalgias; lombociatalgias; escolioses; cifoses; lordoses; maturação precoce das epífises
81.	Ao ar livre, sem proteção adequada contra exposição à radiação solar, chuva, frio	Exposição, sem proteção adequada, à radiação solar, chuva e frio	Intermações; queimaduras na pele; envelhecimento precoce; câncer de pele; desidratação; doenças respiratórias; ceratoses actínicas; hipertermia; dermatoses; dermatites; conjuntivite; queratite; pneumonite; fadiga; intermação
82.	Em alturas superiores a 2 (dois) metros	Queda de nível	Fraturas; contusões; traumatismos; tonturas; fobias
83.	Com exposição a ruído contínuo ou intermitente acima do nível previsto na legislação pertinente em vigor, ou a ruído de impacto	Exposição a níveis elevados de pressão sonora	Alteração temporária do limiar auditivo; hipoacusia; perda da audição; hipertensão arterial; ruptura traumática do tímpano; alterações emocionais; alterações mentais e estresse

84.	Com exposição ou manuseio de arsênico e seus compostos, asbestos, benzeno, carvão mineral, fósforo e seus compostos, hidrocarbonetos, outros compostos de carbono, metais pesados (cádmio, chumbo, cromo e mercúrio) e seus compostos, silicatos, ácido oxálico, nítrico, sulfúrico, bromídrico, fosfórico, pícrico, álcalis cáusticos ou substâncias nocivas à saúde conforme classificação da Organização Mundial da Saúde (OMS)	Exposição aos compostos químicos acima dos limites de tolerância	Neoplasia maligna dos brônquios e pulmões; angiossarcoma do fígado; polineuropatias; encefalopatias; neoplasia maligna do estômago, laringe e pleura; mesoteliomas; asbestoses; arritmia cardíaca; leucemias; síndromes mielodisplásicas; transtornos mentais; *cor pulmonale*; silicose e síndrome de Caplan
85.	Em espaços confinados	Isolamento; contato com poeiras, gases tóxicos e outros contaminantes	Transtorno do ciclo vigília-sono; rinite; bronquite; irritabilidade e estresse
86.	De afiação de ferramentas e instrumentos metálicos em afiadora, rebolo ou esmeril, sem proteção coletiva contra partículas volantes	Acidentes com material cortante e com exposição a partículas metálicas cortantes desprendidas da afiadora	Ferimentos e mutilações
87.	De direção, operação, de veículos, máquinas ou equipamentos, quando motorizados e em movimento (máquinas de laminação, forja e de corte de metais, máquinas de padaria, como misturadores e cilindros de massa, máquinas de fatiar, máquinas em trabalhos com madeira, serras circulares, serras de fita e guilhotinas, esmeris, moinhos, cortadores e misturadores, equipamentos em fábricas de papel, guindastes ou outros similares)	Esforços físicos; acidentes com ferramentas e com sistemas condutores de energia elétrica	Afecções musculoesqueléticas (bursites, tendinites, dorsalgias, sinovites, tenossinovites); mutilações; esmagamentos; fraturas; queimaduras e parada cardiorrespiratória

88.	Com exposição a radiações ionizantes e não ionizantes (micro-ondas, ultravioleta ou *laser*)	Exposição a radiações não ionizante e ionizante (raios X, gama, alfa e beta) em processos industriais, terapêuticos ou propedêuticos (em saúde humana ou animal) ou em prospecção; processamento, estocagem e transporte de materiais radioativos	Carcinomas basocelular e espinocelular; neoplasia maligna da cavidade nasal, brônquios, pulmões, ossos e cartilagens articulares; sarcomas ósseos; leucemias; síndromes mielodisplásicas; anemia aplástica; hemorragias; agranulocitose; polineuropatia; blefarite; conjuntivite; catarata; gastroenterite; afecções da pele e do tecido conjuntivo relacionadas com a radiação, osteonecrose e infertilidade masculina
89.	De manutenção e reparo de máquinas e equipamentos elétricos, quando energizados	Esforços físicos intensos; exposição a acidentes com sistemas, circuitos e condutores de energia elétrica e acidentes com equipamentos e ferramentas contusocortantes	Afecções musculoesqueléticas (bursites, tendinites, dorsalgias, sinovites, tenossinovites); mutilações; esmagamentos; fraturas; queimaduras; perda temporária da consciência; carbonização; parada cardiorrespiratória

II. TRABALHOS PREJUDICIAIS À MORALIDADE

Item	Descrição dos Trabalhos
1.	Aqueles prestados de qualquer modo em prostíbulos, boates, bares, cabarés, danceterias, casas de massagem, saunas, motéis, salas ou lugares de espetáculos obscenos, salas de jogos de azar e estabelecimentos análogos
2.	De produção, composição, distribuição, impressão ou comércio de objetos sexuais, livros, revistas, fitas de vídeo ou cinema e CDs pornográficos, de escritos, cartazes, desenhos, gravuras, pinturas, emblemas, imagens e quaisquer outros objetos pornográficos que possam prejudicar a formação moral
3.	De venda, a varejo, de bebidas alcoólicas
4.	Com exposição a abusos físicos, psicológicos ou sexuais

ANEXO VI

NORMAS TRABALHISTAS NO PERÍODO DA COVID-19

INTRODUÇÃO

No ano de 2020, o mundo conheceu um problema sério que foi a pandemia do coronavírus, que teve reflexos muito grandes nas relações de trabalho, pois, com a determinação de fechamento de empresas, o governo brasileiro teve de achar saídas para evitar desemprego.

Logo no início do período de isolamento social, o governo brasileiro editou uma Medida Provisória, a de número 927, que, embora tenha expirado em 19 de julho sem ter sido convertida em lei, trouxe grandes previsões para solucionar os principais problemas trabalhistas que surgiram. Essa Medida Provisória foi editada para ser aplicada a trabalhadores, urbanos e rurais, e aos domésticos.

TELETRABALHO

O teletrabalho ou o trabalho remoto poderia ser instituído por ato unilateral do empregador a empregados, estagiários e aprendizes, mediante notificação prévia com antecedência de 48 horas.

ANTECIPAÇÃO DE FÉRIAS

Mediante ato unilateral do empregador, este poderia conceder férias aos empregados, após notificação prévia de no mínimo 48 horas, indicando o período de férias, que não poderia ser inferior a cinco dias.

As férias poderiam ser concedidas mesmo se o empregado estivesse no período aquisitivo, podendo as partes, ainda, por meio de acordo individual, antecipar períodos futuros de férias.

Deveriam ser priorizados na concessão das férias os empregados do "grupo de risco" da Covid-19.

Para as férias concedidas nesse período, o pagamento do 1/3 poderia ser realizado após as férias ou até a data do pagamento do 13º salário.

O abono pecuniário de parte das férias deveria ter a concordância do empregador.

O pagamento das férias poderia ser realizado até o 5º dia útil do mês seguinte ao início das férias.

Para a aplicação das férias coletivas, não era necessária a comunicação aos órgãos competentes como previsto na CLT.

ANTECIPAÇÃO DE FERIADOS

Os empregadores poderiam antecipar feriados não religiosos, informando os empregados sobre a antecipação, com 48 horas de antecedência, e indicação expressa dos feriados antecipados.

Os feriados religiosos também poderiam ser antecipados mediante concordância do empregado por meio de acordo individual escrito.

Feriados não religiosos poderiam ser utilizados para compensar o saldo em banco de horas.

BANCO DE HORAS

Os empregadores que interrompessem suas atividades durante o período, poderiam constituir regime de compensação de jornada, por meio de banco de horas e mediante acordo individual ou coletivo.

A compensação poderia ocorrer com prorrogação da jornada de trabalho em até duas horas diárias, não excedendo o total de dez horas diárias, durante o período de dezoito meses, a contar da data de encerramento do estado de calamidade pública.

SEGURANÇA E MEDICINA DO TRABALHO

Estiveram suspensas a exigibilidade dos exames médicos ocupacionais, clínicos e complementares, exceto dos exames demissionais, salvo se o médico responsável pela área verificasse que a prorrogação causava risco à saúde do trabalhador.

Se o empregado realizou exame ocupacional há menos de 180 dias, poderia ser dispensado do exame demissional.

Os exames que forem suspensos deveriam ser realizados no prazo de 60 dias após a data de encerramento do estado de calamidade pública.

Ficava suspensa a obrigatoriedade de realização de treinamentos previstos nas normas regulamentadoras de segurança e saúde no trabalho, devendo a sua realização ocorrer no prazo de 90 dias contado da data de encerramento do estado de calamidade pública.

Poderia o empregador realizar o treinamento por EAD, desde que garantisse aos empregados formas de realizar as atividades com segurança.

RECOLHIMENTO DO FGTS

Os empregadores podiam recolher o FGTS referente às competências de março, abril e maio de 2020 e, caso quisessem, parcelar esses valores em até 6 parcelas mensais, a partir de julho/2020, sem incidência de multa, atualização e encargos, com vencimento no dia 7 de cada mês.

DOENÇA OCUPACIONAL

Os casos de contaminação pelo coronavírus (Covid-19) não seriam considerados ocupacionais, exceto mediante comprovação do nexo causal.

VENCIMENTO DE NORMAS COLETIVAS

As normas coletivas vencidas ou a vencer no prazo de 180 dias, contado da data de entrada em vigor da MP n. 927/2020, poderiam ser prorrogadas, após esse prazo, por mais 90 dias, a critério do empregador.

MEDIDAS EXCLUSIVAS PARA A ÁREA DA SAÚDE

SUSPENSÃO DE FÉRIAS E LICENÇAS

Os empregadores da área da saúde poderiam suspender as férias ou licenças não remuneradas dos profissionais da área de saúde ou daqueles que desempenhassem funções essenciais, mediante comunicação formal da decisão ao trabalhador.

PRORROGAÇÃO DA JORNADA

Por meio de acordo individual, poderia ser realizada a prorrogação da jornada de trabalho, ou adoção de escalas de horas suplementares entre a 13ª e 24ª horas, mesmo no caso dos empregados em escala 12 x 36, desde que garantido o repouso semanal remunerado.

As horas suplementares decorrentes dessa prorrogação poderiam ser compensadas no prazo de 18 meses, contado da data de encerramento do estado de calamidade pública, por meio de banco de horas ou remuneradas como hora extra.

Domingos Sávio Zainaghi

SÚMULAS, ORIENTAÇÕES JURISPRUDENCIAIS E PRECEDENTES NORMATIVOS DO TRIBUNAL SUPERIOR DO TRABALHO (TST)

SÚMULAS DO TST

1. Prazo judicial

Quando a intimação tiver lugar na sexta-feira, ou a publicação com efeito de intimação for feita nesse dia, o prazo judicial será contado da segunda-feira imediata, inclusive, salvo se não houver expediente, caso em que fluirá no dia útil que se seguir.

2. Gratificação natalina (cancelada pela Res. n. 121, de 28.10.2003)

3. Gratificação natalina (cancelada pela Res. n. 121, de 28.10.2003)

4. Custas (cancelada pela Res. n. 121, de 28.10.2003)

5. Reajustamento salarial (cancelada pela Res. n. 121, de 28.10.2003)

6. Equiparação salarial. Art. 461 da CLT (redação do item VI alterada na sessão do Tribunal Pleno realizada em 09.06.2015)

I – Para os fins previstos no § 2º do art. 461 da CLT, só é válido o quadro de pessoal organizado em carreira quando homologado pelo Ministério do Trabalho, excluindo-se, apenas, dessa exigência o quadro de carreira das entidades de direito público da administração direta, autárquica e fundacional aprovado por ato administrativo da autoridade competente. (ex-Súmula n. 6 – alterada pela Res. n. 104/2000)

II – Para efeito de equiparação de salários em caso de trabalho igual, conta-se o tempo de serviço na função e não no emprego. (ex-Súmula n. 135 – RA n. 102/82)

III – A equiparação salarial só é possível se o empregado e o paradigma exercerem a mesma função, desempenhando as mesmas tarefas, não importando se os cargos têm, ou não, a mesma denominação. (ex-OJ n. 328 da SDI-1)

IV – É desnecessário que, ao tempo da reclamação sobre equiparação salarial, reclamante e paradigma estejam a serviço do estabelecimento, desde que o pedido se relacione com situação pretérita. (ex-Súmula n. 22 – RA n. 57/70)

V – A cessão de empregados não exclui a equiparação salarial, embora exercida a função em órgão governamental estranho à cedente, se esta responde pelos salários do paradigma e do reclamante. (ex-Súmula n. 111 – RA n. 102/80)

VI – Presentes os pressupostos do art. 461 da CLT, é irrelevante a circunstância de que o desnível salarial tenha origem em decisão judicial que beneficiou o paradigma, exceto: a) se decorrente de vantagem pessoal ou de tese jurídica superada pela jurisprudência de Corte Superior; b) na hipótese de equiparação salarial em cadeia, suscitada em defesa, se o empregador produzir prova do alegado fato modificativo, impeditivo ou extintivo do direito à equiparação salarial em relação ao paradigma remoto, considerada irrelevante, para esse efeito, a existência de diferença de tempo de serviço na função superior a dois anos entre o reclamante e os empregados paradigmas componentes da cadeia equiparatória, à exceção do paradigma imediato.

Redação dada pela Res. n. 198, de 09.06.2015.

VII – Desde que atendidos os requisitos do art. 461 da CLT, é possível a equiparação salarial de trabalho intelectual, que pode ser avaliado por sua perfeição técnica, cuja aferição terá critérios objetivos. (ex-OJ n. 298 da SDI-1)

VIII – É do empregador o ônus da prova do fato impeditivo, modificativo ou extintivo da equiparação salarial. (ex-Súmula n. 68 – RA n. 9/77)

IX – Na ação de equiparação salarial, a prescrição é parcial e só alcança as diferenças salariais vencidas no período de 5 (cinco) anos que precedeu o ajuizamento. (ex-Súmula n. 274 – alterada pela Res. n. 121/2003)

X – O conceito de "mesma localidade" de que trata o art. 461 da CLT refere-se, em princípio, ao mesmo município, ou a municípios distintos que, comprovadamente, pertençam à mesma região metropolitana. (ex-OJ n. 252 da SDI-1 – inserida em 13.03.2002)

Redação dada pela Res. n. 129, de 05.04.2005.

7. Férias

A indenização pelo não deferimento das férias no tempo oportuno será calculada com base na remuneração devida ao empregado na época da reclamação ou, se for o caso, na da extinção do contrato.

8. Juntada de documento

A juntada de documentos na fase recursal só se justifica quando provado o justo impedimento para sua oportuna apresentação ou se referir a fato posterior à sentença.

9. Ausência do reclamante

A ausência do reclamante, quando adiada a instrução após contestada a ação em audiência, não importa arquivamento do processo.

10. Professor. Dispensa sem justa causa. Término do ano letivo ou no curso de férias escolares. Aviso-prévio

O direito aos salários do período de férias escolares assegurado aos professores (art. 322, *caput* e § 3º, da CLT) não exclui o direito ao aviso-prévio, na hipótese de dispensa sem justa causa ao término do ano letivo ou no curso das férias escolares.

Redação dada pela Res. n. 185, de 14.09.2012.

11. Honorários de advogado (cancelada pela Res. n. 121, de 28.10.2003)

12. Carteira profissional

As anotações apostas pelo empregador na carteira profissional do empregado não geram presunção *juris et de jure*, mas apenas *juris tantum*.

13. Mora

O só pagamento dos salários atrasados em audiência não ilide a mora capaz de determinar a rescisão do contrato de trabalho.

14. Culpa recíproca

Reconhecida a culpa recíproca na rescisão do contrato de trabalho (art. 484 da CLT), o empregado tem direito a 50% (cinquenta por cento) do valor do aviso-prévio, do décimo terceiro salário e das férias proporcionais.

Redação dada pela Res. n. 121, de 28.10.2003.

15. Atestado médico

A justificação da ausência do empregado motivada por doença, para a percepção do salário-enfermidade e da remuneração do repouso semanal, deve observar a ordem preferencial dos atestados médicos estabelecida em lei.

16. Notificação

Presume-se recebida a notificação 48 (quarenta e oito) horas depois de sua postagem. O seu não recebimento ou a entrega após o decurso desse prazo constitui ônus de prova do destinatário.

Redação dada pela Res. n. 121, de 28.10.2003.

17. Adicional de insalubridade (cancelada pela Res. n. 148, de 26.06.2008)

18. Compensação

A compensação, na Justiça do Trabalho, está restrita a dívidas de natureza trabalhista.

19. Quadro de carreira

A Justiça do Trabalho é competente para apreciar reclamação de empregado que tenha por objeto direito fundado em quadro de carreira.

20. Resilição contratual (cancelada pela Res. n. 106, de 15.03.2001)

21. Aposentadoria (cancelada pela Res. n. 30, de 27.04.1994)

22. Equiparação salarial (cancelada em decorrência da sua incorporação à nova redação da Súmula n. 6)

23. Recurso

Não se conhece de recurso de revista ou de embargos, se a decisão recorrida resolver determinado item do pedido por diversos fundamentos e a jurisprudência transcrita não abranger a todos.

24. Serviço extraordinário

Insere-se no cálculo da indenização por antiguidade o salário relativo a serviço extraordinário, desde que habitualmente prestado.

25. Custas processuais. Inversão do ônus da sucumbência. (alterada a Súmula e incorporadas as OJs ns. 104 e 186 da SDI-1)

I – A parte vencedora na primeira instância, se vencida na segunda, está obrigada, independentemente de intimação, a pagar as custas fixadas na sentença originária, das quais ficara isenta a parte então vencida.

II – No caso de inversão do ônus da sucumbência em segundo grau, sem acréscimo ou atualização do valor das custas e se estas já foram devidamente recolhidas, descabe um novo pagamento pela parte vencida, ao recorrer. Deverá ao final, se sucumbente, reembolsar a quantia. (ex-OJ n. 186 da SDI-I)

III – Não caracteriza deserção a hipótese em que, acrescido o valor da condenação, não houve fixação ou cálculo do valor devido a título de custas e tampouco intimação da parte para o preparo do recurso, devendo ser as custas pagas ao final. (ex-OJ n. 104 da SDI-I)

IV – O reembolso das custas à parte vencedora faz-se necessário mesmo na hipótese em que a parte vencida for pessoa isenta do seu pagamento, nos termos do art. 790-A, parágrafo único, da CLT.

Redação dada pela Res. n. 197, de 12.05.2015.

26. Estabilidade (cancelada pela Res. n. 121, de 28.10.2003)

27. Comissionista

É devida a remuneração do repouso semanal e dos dias feriados ao empregado comissionista, ainda que pracista.

28. Indenização

No caso de se converter a reintegração em indenização dobrada, o direito aos salários é assegurado até a data da primeira decisão que determinou essa conversão.

Redação dada pela Res. n. 121, de 28.10.2003.

29. Transferência

Empregado transferido, por ato unilateral do empregador, para local mais distante de sua residência, tem direito a suplemento salarial correspondente ao acréscimo da despesa de transporte.

30. Intimação da sentença

Quando não juntada a ata ao processo em 48 horas, contadas da audiência de julgamento (art. 851, § 2º, da CLT), o prazo para recurso será contado da data em que a parte receber a intimação da sentença.

31. Aviso-prévio (cancelada pela Res. n. 31, de 27.04.1994)

32. Abandono de emprego

Presume-se o abandono de emprego se o trabalhador não retornar ao serviço no prazo de 30 (trinta) dias após a cessação do benefício previdenciário nem justificar o motivo de não o fazer.

Redação dada pela Res. n. 121, de 28.10.2003.

33. Mandado de segurança. Decisão judicial transitada em julgado

Não cabe mandado de segurança de decisão judicial transitada em julgado.

34. Gratificação natalina (cancelada pela Res. n. 121, de 28.10.2003)

35. Depósito recursal. Complementação (cancelada pela Res. n. 121, de 28.10.2003)

36. Custas

Nas ações plúrimas, as custas incidem sobre o respectivo valor global.

37. Prazo (cancelada pela Res. n. 32, de 27.04.1994)

38. Recurso (cancelada pela Res. n. 121, de 28.10.2003)

39. Periculosidade

Os empregados que operam em bomba de gasolina têm direito ao adicional de periculosidade (Lei n. 2.573, de 15.08.1955).

40. Processo administrativo (cancelada pela Res. n. 121, de 28.10.2003)

41. Quitação (cancelada pela Res. n. 121, de 28.10.2003)

42. Recurso (cancelada pela Res. n. 121, de 28.10.2003)

43. Transferência

Presume-se abusiva a transferência de que trata o § 1º do art. 469 da CLT, sem comprovação da necessidade do serviço.

44. Aviso-prévio

A cessação da atividade da empresa, com o pagamento da indenização, simples ou em dobro, não exclui, por si só, o direito do empregado ao aviso-prévio.

45. Serviço suplementar

A remuneração do serviço suplementar, habitualmente prestado, integra o cálculo da gratificação natalina prevista na Lei n. 4.090, de 13.07.1962.

46. Acidente de trabalho

As faltas ou ausências decorrentes de acidente do trabalho não são consideradas para os efeitos de duração de férias e cálculo da gratificação natalina.

47. Insalubridade

O trabalho executado em condições insalubres, em caráter intermitente, não afasta, só por essa circunstância, o direito à percepção do respectivo adicional.

48. Compensação

A compensação só poderá ser arguida com a contestação.

49. Inquérito judicial (cancelada pela Res. n. 121, de 28.10.2003)

50. Gratificação natalina

A gratificação natalina, instituída pela Lei n. 4.090, de 13.07.1962, é devida pela empresa cessionária ao servidor público cedido enquanto durar a cessão.

51. Norma regulamentar. Vantagens e opção pelo novo regulamento. Art. 468 da CLT (incorporada a OJ n. 163 da SDI-1)

I – As cláusulas regulamentares, que revoguem ou alterem vantagens deferidas anteriormente, só atingirão os trabalhadores admitidos após a revogação ou alteração do regulamento. (ex-Súmula n. 51 – RA n. 41/73)

II – Havendo a coexistência de dois regulamentos da empresa, a opção do empregado por um deles tem efeito jurídico de renúncia às regras do sistema do outro. (ex-OJ n. 163 da SDI-1 – inserida em 26.03.1999)

Redação dada pela Res. n. 129, de 05.04.2005.

52. Tempo de serviço

O adicional de tempo de serviço (quinquênio) é devido, nas condições estabelecidas no art. 19 da Lei n. 4.345, de 26.06.1964, aos contratados sob o regime da CLT, pela empresa a que se refere a mencionada lei, inclusive para o fim de complementação de aposentadoria.

53. Custas

O prazo para pagamento das custas, no caso de recurso, é contado da intimação do cálculo.

54. Optante

Rescindindo por acordo seu contrato de trabalho, o empregado estável optante tem direito ao mínimo de 60% (sessenta por cento) do total da indenização em dobro, calculada sobre o maior salário percebido no emprego. Se houver recebido menos do que esse total, qualquer que tenha sido a forma de transação, assegura-se-lhe a complementação até aquele limite.

55. Financeiras

As empresas de crédito, financiamento ou investimento, também denominadas financeiras, equiparam-se aos estabelecimentos bancários para os efeitos do art. 224 da CLT.

56. Balconista (cancelada pela Res. n. 121, de 28.10.2003)

57. Trabalhador rural (cancelada pela Res. n. 3, de 28.04.1993)

58. Pessoal de obras

Ao empregado admitido como pessoal de obras, em caráter permanente e não amparado pelo regime estatutário, aplica-se a legislação trabalhista.

59. Vigia (cancelada pela Res. n. 121, de 28.10.2003)

60. Adicional noturno. Integração no salário e prorrogação em horário diurno (incorporada a OJ n. 6 da SDI-1)

I – O adicional noturno, pago com habitualidade, integra o salário do empregado para todos os efeitos. (ex-Súmula n. 60 – RA n. 105/74)

II – Cumprida integralmente a jornada no período noturno e prorrogada esta, devido é também o adicional quanto às horas prorrogadas. Exegese do art. 73, § 5º, da CLT. (ex-OJ n. 6 da SDI-1 – inserida em 25.11.1996)

Redação dada pela Res. n. 129, de 05.04.2005.

61. Ferroviário

Aos ferroviários que trabalham em estação do interior, assim classificada por autoridade competente, não são devidas horas extras (art. 243 da CLT).

62. Abandono de emprego

O prazo de decadência do direito do empregador de ajuizar inquérito em face do empregado que incorre em abandono de emprego é contado a partir do momento em que o empregado pretendeu seu retorno ao serviço.

63. Fundo de garantia

A contribuição para o Fundo de Garantia do Tempo de Serviço incide sobre a remuneração mensal devida ao empregado, inclusive horas extras e adicionais eventuais.

64. Prescrição (cancelada pela Res. n. 121, de 28.10.2003)

65. Vigia

O direito à hora reduzida de 52 minutos e 30 segundos aplica-se ao vigia noturno.

66. Tempo de serviço (cancelada pela Res. n. 121, de 28.10.2003)

67. Gratificação. Ferroviário

Chefe de trem, regido pelo estatuto dos ferroviários (Decreto n. 35.530, de 19.09.1959), não tem direito à gratificação prevista no respectivo art. 110.

68. (Convertida na Súmula n. 6)

69. Rescisão do contrato

A partir da Lei n. 10.272, de 05.09.2001, havendo rescisão do contrato de trabalho e sendo revel e confesso quanto à matéria de fato, deve ser o empregador condenado ao pagamento das verbas rescisórias, não quitadas na primeira audiência, com acréscimo de 50% (cinquenta por cento).

Redação dada pela Res. n. 121, de 28.10.2003.

70. Adicional de periculosidade

O adicional de periculosidade não incide sobre os triênios pagos pela Petrobras.

71. Alçada

A alçada é fixada pelo valor dado à causa na data de seu ajuizamento, desde que não impugnado, sendo inalterável no curso do processo.

72. Aposentadoria

O prêmio-aposentadoria instituído por norma regulamentar da empresa não está condicionado ao disposto no § 2º do art. 14 da Lei n. 8.036, de 11.05.1990.

Redação dada pela Res. n. 121, de 28.10.2003.

73. Despedida. Justa causa

A ocorrência de justa causa, salvo a de abandono de emprego, no decurso do prazo do aviso-prévio dado pelo empregador, retira do empregado qualquer direito às verbas rescisórias de natureza indenizatória.

Redação dada pela Res. n. 121, de 28.10.2003.

74. Confissão (atualizada em decorrência do CPC/2015)

I – Aplica-se a confissão à parte que, expressamente intimada com aquela cominação, não comparecer à audiência em prosseguimento, na qual deveria depor. (ex-Súmula n. 74 – RA n. 69/78)

Redação dada pela Res. n. 174, de 24.05.2011.

II – A prova pré-constituída nos autos pode ser levada em conta para confronto com a confissão ficta (arts. 442 e 443, do CPC de 2015 – art. 400, I, do CPC de 1973), não implicando cerceamento de defesa o indeferimento de provas posteriores.(ex-OJ n. 184 da SDI-1 – inserida em 08.11.2000)

Redação dada pela Res. 208, de 19.04.2016.

III – A vedação à produção de prova posterior pela parte confessa somente a ela se aplica, não afetando o exercício, pelo magistrado, do poder/dever de conduzir o processo.

Acrescentado pela Res. n. 174, de 24.05.2011.

75. Ferroviário (cancelada pela Res. n. 121, de 28.10.2003)

76. Horas extras (cancelada pela Res. n. 121, de 28.10.2003)

77. Punição

Nula é a punição de empregado se não precedida de inquérito ou sindicância internos a que se obrigou a empresa por norma regulamentar.

78. Gratificação (cancelada pela Res. n. 121, de 28.10.2003)

79. Tempo de serviço (cancelada pela Res. n. 121, de 28.10.2003)

80. Insalubridade

A eliminação da insalubridade mediante fornecimento de aparelhos protetores aprovados pelo órgão competente do Poder Executivo exclui a percepção do respectivo adicional.

81. Férias

Os dias de férias gozados após o período legal de concessão deverão ser remunerados em dobro.

82. Assistência

A intervenção assistencial, simples ou adesiva, só é admissível se demonstrado o interesse jurídico e não o meramente econômico.

Redação dada pela Res. n. 121, de 28.10.2003.

83. Ação rescisória. Matéria controvertida (incorporada a OJ n. 77 da SDI-2)

I – Não procede pedido formulado na ação rescisória por violação literal de lei se a decisão rescindenda estiver baseada em texto legal infraconstitucional de interpretação controvertida nos Tribunais. (ex-Súmula n. 83 – alterada pela Res. n. 121/2003)

II – O marco divisor quanto a ser, ou não, controvertida, nos Tribunais, a interpretação dos dispositivos legais citados na ação rescisória é a data da inclusão, na Orientação Jurisprudencial do TST, da matéria discutida. (ex-OJ n. 77 da SDI-2 – inserida em 13.03.2002)

Redação dada pela Res. n. 137, de 04.08.2005.

84. Adicional regional

O adicional regional, instituído pela Petrobras, não contraria o art. 7º, XXXII, da CF/1988.

Redação dada pela Res. n. 121, de 28.10.2003.

85. Compensação de jornada (inserido o item VI)

I – A compensação de jornada de trabalho deve ser ajustada por acordo individual escrito, acordo coletivo ou convenção coletiva. (ex-Súmula n. 85 – primeira parte – alterada pela Res. n. 121/2003)

II – O acordo individual para compensação de horas é válido, salvo se houver norma coletiva em sentido contrário. (ex-OJ n. 182 da SDI-1 – inserida em 08.11.2000)

III – O mero não atendimento das exigências legais para a compensação de jornada, inclusive quando encetada mediante acordo tácito, não implica a repetição do pagamento das horas excedentes à jornada normal diária, se não dilatada a jornada máxima semanal, sendo devido apenas o respectivo adicional. (ex-Súmula n. 85 – segunda parte – Res. n. 121/2003)

IV – A prestação de horas extras habituais descaracteriza o acordo de compensação de jornada. Nesta hipótese, as horas que ultrapassarem a jornada semanal normal deverão ser pagas como horas extraordinárias e, quanto àquelas destinadas à compensação, deverá ser pago a mais apenas o adicional por trabalho extraordinário. (ex-OJ n. 220 da SDI-1 – inserida em 20.06.2001)

Redação dada pela Res. n. 129, de 05.04.2005.

V – As disposições contidas nesta súmula não se aplicam ao regime compensatório na modalidade "banco de horas", que somente pode ser instituído por negociação coletiva.

Acrescentado pela Res. n. 174, de 24.05.2011.

VI – Não é válido acordo de compensação de jornada em atividade insalubre, ainda que estipulado em norma coletiva, sem a necessária inspeção prévia e permissão da autoridade competente, na forma do art. 60 da CLT.

Acrescentado pela Res. n. 209, de 30.05.2016.

86. Deserção. Massa falida. Empresa em liquidação extrajudicial (incorporada a OJ n. 31 da SDI-1)

Não ocorre deserção de recurso da massa falida por falta de pagamento de custas ou de depósito do valor da condenação. Esse privilégio, todavia, não se aplica à empresa em liquidação extrajudicial. (primeira parte – ex-Súmula n. 86 – RA n. 69/78; segunda parte – ex-OJ n. 31 da SDI-1 – inserida em 14.03.1994)

Redação dada pela Res. n. 129, de 05.04.2005.

87. Previdência privada

Se o empregado, ou seu beneficiário, já recebeu da instituição previdenciária privada, criada pela empresa, vantagem equivalente, é cabível a dedução de seu valor do benefício a que faz jus por norma regulamentar anterior.

88. Jornada de trabalho. Intervalo entre turnos (cancelada pela Res. n. 42, de 08.02.1995)

89. Falta ao serviço

Se as faltas já são justificadas pela lei, consideram-se como ausências legais e não serão descontadas para o cálculo do período de férias.

90. Horas *in itinere*. Tempo de serviço (incorporadas as Súmulas ns. 324 e 325 e as OJs ns. 50 e 236 da SDI-1)

I – O tempo despendido pelo empregado, em condução fornecida pelo empregador, até o local de trabalho de difícil acesso, ou não servido por transporte público regular, e para o seu retorno é computável na jornada de trabalho. (ex-Súmula n. 90 – RA n. 80/78)

II – A incompatibilidade entre os horários de início e término da jornada do empregado e os do transporte público regular é circunstância que também gera o direito às horas *in itinere*. (ex-OJ n. 50 da SDI-1 – inserida em 01.02.1995)

III – A mera insuficiência de transporte público não enseja o pagamento de horas *in itinere*. (ex-Súmula n. 324 – RA n. 16/93)

IV – Se houver transporte público regular em parte do trajeto percorrido em condução da empresa, as horas *in itinere* remuneradas limitam-se ao trecho não alcançado pelo transporte público. (ex-Súmula n. 325 – RA n. 17/93)

V – Considerando que as horas *in itinere* são computáveis na jornada de trabalho, o tempo que extrapola a jornada legal é considerado como extraordinário e sobre ele deve incidir o adicional respectivo. (ex-OJ n. 236 da SDI-1 – inserida em 20.06.2001)

Redação dada pela Res. n. 129, de 05.04.2005.

91. Salário complessivo

Nula é a cláusula contratual que fixa determinada importância ou percentagem para atender englobadamente vários direitos legais ou contratuais do trabalhador.

92. Aposentadoria

O direito à complementação de aposentadoria, criado pela empresa, com requisitos próprios, não se altera pela instituição de benefício previdenciário por órgão oficial.

93. Bancário

Integra a remuneração do bancário a vantagem pecuniária por ele auferida na colocação ou na venda de papéis ou valores mobiliários de empresas pertencentes ao mesmo grupo econômico, se exercida essa atividade no horário e no local de trabalho e com o consentimento, tácito ou expresso, do banco empregador.

94. Horas extras (cancelada pela Res. n. 121, de 28.10.2003)

95. (Convertida na Súmula n. 362)

96. Marítimo

A permanência do tripulante a bordo do navio, no período de repouso, além da jornada, não importa presunção de que esteja à disposição do empregador ou em regime de prorrogação de horário, circunstâncias que devem resultar provadas, dada a natureza do serviço.

97. Aposentadoria. Complementação

Instituída complementação de aposentadoria por ato da empresa, expressamente dependente de regulamentação, as condições desta devem ser observadas como parte integrante da norma.

Redação dada pela Res. Administrativa n. 96/80.

98. FGTS. Indenização. Equivalência. Compatibilidade (incorporada a OJ n. 299 da SDI-1)

I – A equivalência entre os regimes do Fundo de Garantia do Tempo de Serviço e da estabilidade prevista na CLT é meramente jurídica e não econômica, sendo indevidos valores a título de reposição de diferenças. (ex-Súmula n. 98 – RA n. 57/80)

II – A estabilidade contratual ou a derivada de regulamento de empresa são compatíveis com o regime do FGTS. Diversamente ocorre com a estabilidade legal (decenal, art. 492 da CLT), que é renunciada com a opção pelo FGTS. (ex-OJ n. 299 da SDI-1)

Redação dada pela Res. n. 129, de 05.04.2005.

99. Ação rescisória. Deserção. Prazo (incorporada a OJ n. 117 da SDI-2)

Havendo recurso ordinário em sede de rescisória, o depósito recursal só é exigível quando for julgado procedente o pedido e imposta condenação em pecúnia, devendo este ser efetuado no prazo recursal, no limite e nos termos da legislação vigente, sob pena de deserção. (ex-Súmula n. 99 – alterada pela Res. n. 110/2002 – e ex-OJ n. 117 da SDI-2)

Redação dada pela Res. n. 137, de 04.08.2005.

100. Ação rescisória. Decadência (incorporadas as OJs ns. 13, 16, 79, 102, 104, 122 e 145 da SDI-2)

I – O prazo de decadência, na ação rescisória, conta-se do dia imediatamente subsequente ao trânsito em julgado da última decisão proferida na causa, seja de mérito ou não. (ex-Súmula n. 100 – alterada pela Res. n. 109/2001)

II – Havendo recurso parcial no processo principal, o trânsito em julgado dá-se em momentos e em tribunais diferentes, contando-se o prazo decadencial para a ação rescisória do trânsito em julgado de cada decisão, salvo se o recurso tratar de preliminar ou prejudicial que possa tornar insubsistente a decisão recorrida, hipótese em que flui a decadência a partir do trânsito em julgado da decisão que julgar o recurso parcial. (ex-Súmula n. 100 – alterada pela Res. n. 109/2001)

III – Salvo se houver dúvida razoável, a interposição de recurso intempestivo ou a interposição de recurso incabível não protrai o termo inicial do prazo decadencial. (ex-Súmula n. 100 – alterada pela Res. n. 109/2001)

IV – O juízo rescindente não está adstrito à certidão de trânsito em julgado juntada com a ação rescisória, podendo formar sua convicção através de outros elementos dos autos quanto à antecipação ou postergação do *dies a quo* do prazo decadencial. (ex-OJ n. 102 da SDI-2)

V – O acordo homologado judicialmente tem força de decisão irrecorrível, na forma do art. 831 da CLT. Assim sendo, o termo conciliatório transita em julgado na data da sua homologação judicial. (ex-OJ n. 104 da SDI-2)

VI – Na hipótese de colusão das partes, o prazo decadencial da ação rescisória somente começa a fluir para o Ministério Público, que não interveio no processo principal, a partir do momento em que tem ciência da fraude. (ex-OJ n. 122 da SDI-2)

VII – Não ofende o princípio do duplo grau de jurisdição a decisão do TST que, após afastar a decadência em sede de recurso ordinário, aprecia desde logo a lide, se a causa versar questão exclusivamente de direito e estiver em condições de imediato julgamento. (ex-OJ n. 79 da SDI-2 – inserida em 13.03.2002)

VIII – A exceção de incompetência, ainda que oposta no prazo recursal, sem ter sido aviado o recurso próprio, não tem o condão de afastar a consumação da coisa julgada e, assim, postergar o termo inicial do prazo decadencial para a ação rescisória. (ex-OJ n. 16 da SDI-2 – inserida em 20.09.2000)

IX – Prorroga-se até o primeiro dia útil, imediatamente subsequente, o prazo decadencial para ajuizamento de ação rescisória quando expira em férias forenses, feriados, finais de semana ou em dia em que não houver expediente forense. Aplicação do art. 775 da CLT. (ex-OJ n. 13 da SDI-2 – inserida em 20.09.2000)

X – Conta-se o prazo decadencial da ação rescisória, após o decurso do prazo legal previsto para a interposição do recurso extraordinário, apenas quando esgotadas todas as vias recursais ordinárias. (ex-OJ n. 145 da SDI-2)

Redação dada pela Res. n. 137, de 04.08.2005.

101. Diárias de viagem. Salário (incorporada a OJ n. 292 da SDI-1)

Integram o salário, pelo seu valor total e para efeitos indenizatórios, as diárias de viagem que excedam a 50% (cinquenta por cento) do salário do empregado, enquanto perdurarem as viagens. (Primeira parte – ex-Súmula n. 101 – RA n. 65/80; segunda parte – ex-OJ n. 292 da SDI-1 – inserida em 11.08.2003)

Redação dada pela Res. n. 129, de 05.04.2005.

102. Bancário. Cargo de confiança (incorporadas as Súmulas ns. 166, 204 e 232 e as OJs ns. 15, 222 e 288 da SDI-1)

I – A configuração, ou não, do exercício da função de confiança a que se refere o art. 224, § 2º, da CLT, dependente da prova das reais atribuições do empregado, é insuscetível de exame mediante recurso de revista ou de embargos. (ex-Súmula n. 204 – alterada pela RA n. 121/2003)

II – O bancário que exerce a função a que se refere o § 2º do art. 224 da CLT e recebe gratificação não inferior a um terço de seu salário já tem remuneradas as duas horas extraordinárias excedentes de seis. (ex-Súmula n. 166 – RA n. 102/82)

III – Ao bancário exercente de cargo de confiança previsto no art. 224, § 2º, da CLT são devidas as 7ª e 8ª horas, como extras, no período em que se verificar o pagamento a menor da gratificação de 1/3. (ex-OJ n. 288 da SDI-1)

IV – O bancário sujeito à regra do art. 224, § 2º, da CLT cumpre jornada de trabalho de 8 (oito) horas, sendo extraordinárias as trabalhadas além da oitava. (ex-Súmula n. 232 – RA n. 14/85)

V – O advogado empregado de banco, pelo simples exercício da advocacia, não exerce cargo de confiança, não se enquadrando, portanto, na hipótese do § 2º do art. 224 da CLT. (ex-OJ n. 222 da SDI-1 – inserida em 20.06.2001)

VI – O caixa bancário, ainda que caixa executivo, não exerce cargo de confiança. Se perceber gratificação igual ou superior a um terço do salário do posto efetivo, essa remunera apenas a maior responsabilidade do cargo e não as duas horas extraordinárias além da sexta. (ex-Súmula n. 102 – RA n. 66/80)

VII – O bancário exercente de função de confiança, que percebe a gratificação não inferior ao terço legal, ainda que norma coletiva contemple percentual superior, não tem direito às sétima e oitava horas como extras, mas tão somente às diferenças de gratificação de função, se postuladas. (ex-OJ n. 15 da SDI-1 – inserida em 14.03.1994)

Redação dada pela Res. n. 129, de 05.04.2005.

103. Tempo de serviço. Licença-prêmio (cancelada pela Res. n. 121, de 28.10.2003)

104. Férias. Trabalhador rural (cancelada pela Res. n. 121, de 28.10.2003)

105. Funcionário público. Quinquênios (cancelada pela Res. n. 121, de 28.10.2003)

106. Aposentadoria. Ferroviário. Competência (cancelada pela Res. n. 157, de 31.08.2009)

107. Ação rescisória. Prova (cancelada pelo Enunciado n. 299, Res. n. 9/89)

108. Compensação de horário. Acordo (cancelada pela Res. n. 85, de 13.08.1998)

109. Gratificação de função

O bancário não enquadrado no § 2º do art. 224 da CLT, que receba gratificação de função, não pode ter o salário relativo a horas extraordinárias compensado com o valor daquela vantagem.

Redação dada pela Res. Administrativa n. 97, de 10.09.1980.

110. Jornada de trabalho. Intervalo

No regime de revezamento, as horas trabalhadas em seguida ao repouso semanal de 24 horas, com prejuízo do intervalo mínimo de 11 horas consecutivas para descanso entre jornadas, devem ser remuneradas como extraordinárias, inclusive com o respectivo adicional.

111. (Convertida na Súmula n. 6)

112. Trabalho noturno. Petróleo

O trabalho noturno dos empregados nas atividades de exploração, perfuração, produção e refinação do petróleo, industrialização do xisto, indústria petroquímica e transporte de petróleo e seus derivados, por meio de dutos, é regulado pela Lei n. 5.811, de 11.10.1972, não se lhe aplicando a hora reduzida de 52 minutos e 30 segundos prevista no art. 73, § 2º, da CLT.

Entendemos que a referência correta é ao art. 73, § 1º, da CLT.

113. Bancário. Sábado. Dia útil

O sábado do bancário é dia útil não trabalhado, não dia de repouso remunerado. Não cabe a repercussão do pagamento de horas extras habituais em sua remuneração.

114. Prescrição intercorrente

É inaplicável na Justiça do Trabalho a prescrição intercorrente.

Veja Súmula n. 327 do STF (prescrição intercorrente).

115. Horas extras. Gratificações semestrais

O valor das horas extras habituais integra a remuneração do trabalhador para o cálculo das gratificações semestrais.

Redação dada pela Res. n. 121, de 28.10.2003.

116. Funcionário público. Cedido. Reajuste salarial (cancelada pela Res. n. 121, de 28.10.2003)

117. Bancário. Categoria diferenciada

Não se beneficiam do regime legal relativo aos bancários os empregados de estabelecimento de crédito pertencentes a categorias profissionais diferenciadas.

118. Jornada de trabalho. Horas extras

Os intervalos concedidos pelo empregador na jornada de trabalho, não previstos em lei, representam tempo à disposição da empresa, remunerados como serviço extraordinário, se acrescidos ao final da jornada.

119. Jornada de trabalho

Os empregados de empresas distribuidoras e corretoras de títulos e valores mobiliários não têm direito à jornada especial dos bancários.

120. (Convertida na Súmula n. 6)

121. Funcionário público. Gratificação de produtividade (cancelada pela Res. n. 121, de 28.10.2003)

122. Revelia. Atestado médico (incorporada a OJ n. 74 da SDI-1)

A reclamada, ausente à audiência em que deveria apresentar defesa, é revel, ainda que presente seu advogado munido de procuração, podendo ser ilidida a revelia mediante a apresentação de atestado médico, que deverá declarar, expressamente, a impossibilidade de locomoção do empregador ou do seu preposto no dia da audiência. (primeira parte – ex-OJ n. 74 da SDI-1 – inserida em 25.11.1996; segunda parte – ex-Súmula n. 122 – alterada pela Res. n. 121/2003)

Redação dada pela Res. n. 129, de 05.04.2005.

123. Competência. Art. 106 da CF (cancelada pela Res. n. 121, de 28.10.2003)

124. Bancário. Salário-hora. Divisor (alterada em razão do julgamento do processo TST-IRR n. 849-83.2013.5.03.0138)

I – o divisor aplicável para o cálculo das horas extras do bancário será:

a) 180, para os empregados submetidos à jornada de seis horas prevista no *caput* do art. 224 da CLT;

b) 220, para os empregados submetidos à jornada de oito horas, nos termos do § 2º do art. 224 da CLT.

II – Ressalvam-se da aplicação do item anterior as decisões de mérito sobre o tema, qualquer que seja o seu teor, emanadas de Turma do TST ou da SBDI-I, no período de 27.09.2012 até 21.11.2016, conforme a modulação aprovada no precedente obrigatório firmado no Incidente de Recursos de Revista Repetitivos n. TST-IRR-849-83.2013.5.03.0138, *DEJT* 19.12.2016.

Redação dada pela Res. n. 219, de 26.06.2017.

125. Contrato de trabalho. Art. 479 da CLT

O art. 479 da CLT aplica-se ao trabalhador optante pelo FGTS admitido mediante contrato por prazo determinado, nos termos do art. 30, § 3º, do Decreto n. 59.820, de 20.12.1966.

126. Recurso. Cabimento

Incabível o recurso de revista ou de embargos (arts. 896 e 894, *b*, da CLT) para reexame de fatos e provas.

127. Quadro de carreira

Quadro de pessoal organizado em carreira, aprovado pelo órgão competente, excluída a hipótese de equiparação salarial, não obsta reclamação fundada em preterição, enquadramento ou reclassificação.

128. Depósito recursal (incorporadas as OJs ns. 139, 189 e 190 da SDI-1)

I – É ônus da parte recorrente efetuar o depósito legal, integralmente, em relação a cada novo recurso interposto, sob pena de deserção. Atingido o valor da condenação, nenhum depósito mais é exigido para qualquer recurso. (ex-Súmula n. 128 – alterada pela Res. n. 121/2003, que incorporou a OJ n. 139 da SDI-1 – inserida em 27.11.1998)

II – Garantido o juízo, na fase executória, a exigência de depósito para recorrer de qualquer decisão viola os incisos II e LV do art. 5º da CF/88. Havendo, porém, elevação do valor do débito, exige-se a complementação da garantia do juízo. (ex-OJ n. 189 da SDI-1 – inserida em 08.11.2000)

III – Havendo condenação solidária de duas ou mais empresas, o depósito recursal efetuado por uma delas aproveita as demais, quando a empresa que efetuou o depósito não pleiteia sua exclusão da lide. (ex-OJ n. 190 da SDI-1 – inserida em 08.11.2000)

Redação dada pela Res. n. 129, de 05.04.2005.

129. Contrato de trabalho. Grupo econômico

A prestação de serviços a mais de uma empresa do mesmo grupo econômico, durante a mesma jornada de trabalho, não caracteriza a coexistência de mais de um contrato de trabalho, salvo ajuste em contrário.

130. Adicional noturno (cancelada pela Res. n. 121, de 28.10.2003)

131. Salário mínimo. Vigência (cancelada pela Res. n. 121, de 28.10.2003)

132. Adicional de periculosidade. Integração (incorporadas as OJs ns. 174 e 267 da SDI-1)

I – O adicional de periculosidade, pago em caráter permanente, integra o cálculo de indenização e de horas extras (ex-Prejulgado n. 3). (ex-Súmula n. 132 – RA n. 102/82 – e ex-OJ n. 267 da SDI-1 – inserida em 27.09.2002)

II – Durante as horas de sobreaviso, o empregado não se encontra em condições de risco, razão pela qual é incabível a integração do adicional de periculosidade sobre as mencionadas horas. (ex-OJ n. 174 da SDI-1 – inserida em 08.11.2000)

Redação dada pela Res. n. 129, de 05.04.2005.

133. Embargos infringentes (cancelada pela Res. n. 121, de 28.10.2003)

134. Salário. Menor não aprendiz (cancelada pela Res. n. 121, de 28.10.2003)

135. (Convertida na Súmula n. 6)

136. Juiz. Identidade física (cancelada pela Res. n. 185, de 14.09.2012)

137. Adicional de insalubridade (cancelada pela Res. n. 121, de 28.10.2003)

138. Readmissão

Em caso de readmissão, conta-se a favor do empregado o período de serviço anterior, encerrado com a saída espontânea (ex-Prejulgado n. 9).

139. Adicional de insalubridade (incorporada a OJ n. 102 da SDI-1)

Enquanto percebido, o adicional de insalubridade integra a remuneração para todos os efeitos legais. (ex-OJ n. 102 da SDI-1 – inserida em 01.10.1997)

Redação dada pela Res. n. 129, de 05.04.2005.

140. Vigia

É assegurado ao vigia sujeito ao trabalho noturno o direito ao respectivo adicional (ex-Prejulgado n. 12).

141. Dissídio coletivo (cancelada pela Res. n. 121, de 28.10.2003)

142. Gestante. Dispensa (cancelada pela Res. n. 121, de 28.10.2003)

143. Salário profissional

O salário profissional dos médicos e dentistas guarda proporcionalidade com as horas efetivamente trabalhadas, respeitado o mínimo de 50 (cinquenta) horas (ex-Prejulgado n. 15).

144. Ação rescisória (cancelada pela Res. n. 121, de 28.10.2003)

145. Gratificação de Natal (cancelada pela Res. n. 121, de 28.10.2003)

146. Trabalho em domingos e feriados, não compensado (incorporada a OJ n. 93 da SDI-1)

O trabalho prestado em domingos e feriados, não compensado, deve ser pago em dobro, sem prejuízo da remuneração relativa ao repouso semanal.

Redação dada pela Res. n. 121, de 28.10.2003.

147. Férias. Indenização (cancelada pela Res. n. 121, de 28.10.2003)

148. Gratificação natalina

É computável a gratificação de Natal para efeito de cálculo de indenização (ex-Prejulgado n. 20).

149. Tarefeiro. Férias

A remuneração das férias do tarefeiro deve ser calculada com base na média da produção do período aquisitivo, aplicando-se-lhe a tarifa da data da concessão (ex-Prejulgado n. 22).

150. Demissão. Incompetência da Justiça do Trabalho (cancelada pela Res. n. 121, de 28.10.2003)

151. Férias. Remuneração (cancelada pela Res. n. 121, de 28.10.2003)

152. Gratificação. Ajuste tácito

O fato de constar do recibo de pagamento de gratificação o caráter de liberalidade não basta, por si só, para excluir a existência de ajuste tácito (ex-Prejulgado n. 25).

153. Prescrição

Não se conhece de prescrição não arguida na instância ordinária (ex-Prejulgado n. 27).

154. Mandado de segurança (cancelada pela Res. n. 121, de 28.10.2003)

155. Ausência ao serviço

As horas em que o empregado falta ao serviço para comparecimento necessário, como parte, à Justiça do Trabalho não serão descontadas de seus salários (ex-Prejulgado n. 30).

156. Prescrição. Prazo

Da extinção do último contrato começa a fluir o prazo prescricional do direito de ação em que se objetiva a soma de períodos descontínuos de trabalho (ex-Prejulgado n. 31).

157. Gratificação

A gratificação instituída pela Lei n. 4.090, de 13.07.1962, é devida na resilição contratual de iniciativa do empregado (ex-Prejulgado n. 32).

158. Ação rescisória

Da decisão de Tribunal Regional do Trabalho, em ação rescisória, é cabível recurso ordinário para o Tribunal Superior do Trabalho, em face da organização judiciária trabalhista (ex-Prejulgado n. 35).

159. Substituição de caráter não eventual e vacância do cargo (incorporada a OJ n. 112 da SDI-1)

I – Enquanto perdurar a substituição que não tenha caráter meramente eventual, inclusive nas férias, o empregado substituto fará jus ao salário contratual do substituído. (ex-Súmula n. 159 – alterada pela Res. n. 121/2003)

II – Vago o cargo em definitivo, o empregado que passa a ocupá-lo não tem direito a salário igual ao do antecessor. (ex-OJ n. 112 da SDI-1 – inserida em 01.10.1997)

Redação dada pela Res. n. 129, de 05.04.2005.

160. Aposentadoria por invalidez

Cancelada a aposentadoria por invalidez, mesmo após cinco anos, o trabalhador terá direito de retornar ao emprego, facultado, porém, ao empregador, indenizá-lo na forma da lei (ex-Prejulgado n. 37).

161. Depósito. Condenação a pagamento em pecúnia

Se não há condenação a pagamento em pecúnia, descabe o depósito de que tratam os §§ 1º e 2º do art. 899 da CLT (ex-Prejulgado n. 39).

162. Insalubridade (cancelada pela Res. n. 59, de 20.06.1996)

163. Aviso-prévio. Contrato de experiência

Cabe aviso-prévio nas rescisões antecipadas dos contratos de experiência, na forma do art. 481 da CLT (ex-Prejulgado n. 42).

164. Procuração. Juntada (cancelada pela Res. n. 210/2016)

165. Depósito. Recurso. Conta vinculada (cancelada pela Res. n. 87, de 08.10.1998)

166. (Convertida na Súmula n. 102)

167. Vogal. Investidura. Recurso (cancelada pela Res. n. 121, de 28.10.2003)

168. Prescrição. Prestações periódicas. Contagem (cancelada pelo Enunciado n. 294, Res. n. 4/89)

169. Ação rescisória. Justiça do Trabalho. Depósito prévio (cancelada pela Res. n. 121, de 28.10.2003)

170. Sociedade de economia mista. Custas

Os privilégios e isenções no foro da Justiça do Trabalho não abrangem as sociedades de economia mista, ainda que gozassem desses benefícios anteriormente ao Decreto-lei n. 779, de 21.08.1969 (ex-Prejulgado n. 50).

171. Férias proporcionais. Contrato de trabalho. Extinção

Salvo na hipótese de dispensa do empregado por justa causa, a extinção do contrato de trabalho sujeita o empregador ao pagamento da remuneração das férias proporcionais, ainda que incompleto o período aquisitivo de 12 (doze) meses (art. 147 da CLT) (ex-Prejulgado n. 51).

Redação dada pela Res. n. 121, de 28.10.2003.

172. Repouso remunerado. Horas extras. Cálculo

Computam-se no cálculo do repouso remunerado as horas extras habitualmente prestadas (ex-Prejulgado n. 52).

173. Salário. Empresa. Cessação de atividades

Extinto, automaticamente, o vínculo empregatício com a cessação das atividades da empresa, os salários só são devidos até a data da extinção (ex-Prejulgado n. 53).

174. Previdência. Lei n. 3.841/60. Aplicação (cancelada pela Res. n. 121, de 28.10.2003)

175. Recurso adesivo. Art. 500 do CPC. Inaplicabilidade (cancelada pela Res. n. 121, de 28.10.2003)

176. Fundo de garantia. Levantamento do depósito (cancelada pela Res. n. 130, de 05.05.2005)

177. Dissídio coletivo. Sindicato. Representação (cancelada pela Res. n. 121, de 28.10.2003)

178. Telefonista. Art. 227, e parágrafos, da CLT. Aplicabilidade

É aplicável à telefonista de mesa de empresa que não explora o serviço de telefonia o disposto no art. 227, e seus parágrafos, da CLT (ex-Prejulgado n. 59).

179. Inconstitucionalidade. Art. 22 da Lei n. 5.107/66 (cancelada pela Res. n. 121, de 28.10.2003)

180. Ação de cumprimento. Substituição processual. Desistência (cancelada pela Res. n. 121, de 28.10.2003)

181. Adicional. Tempo de serviço. Reajuste semestral. Lei n. 6.708/79 (cancelada pela Res. n. 121, de 28.10.2003)

182. Aviso-prévio. Indenização compensatória. Lei n. 6.708, de 30.10.1979

O tempo do aviso-prévio, mesmo indenizado, conta-se para efeito da indenização adicional prevista no art. 9º da Lei n. 6.708, de 30.10.1979.

183. Embargos. Recurso de revista. Despacho denegatório. Agravo de instrumento. Não cabimento (cancelada pela Res. n. 121, de 28.10.2003)

184. Embargos declaratórios. Omissão em recurso de revista. Preclusão

Ocorre preclusão se não forem opostos embargos declaratórios para suprir omissão apontada em recurso de revista ou de embargos.

185. Embargos sob intervenção do Banco Central. Liquidação extrajudicial. Juros. Correção monetária. Lei n. 6.024/74 (cancelada pela Res. n. 121, de 28.10.2003)

186. Licença-prêmio. Conversão em pecúnia. Regulamento da empresa

A licença-prêmio, na vigência do contrato de trabalho, não pode ser convertida em pecúnia, salvo se expressamente admitida a conversão no regulamento da empresa.

Redação dada pela Res. n. 121, de 28.10.2003.

187. Correção monetária. Incidência

A correção monetária não incide sobre o débito do trabalhador reclamante.

188. Contrato de trabalho. Experiência. Prorrogação

O contrato de experiência pode ser prorrogado, respeitado o limite máximo de 90 (noventa) dias.

189. Greve. Competência da Justiça do Trabalho. Abusividade

A Justiça do Trabalho é competente para declarar a abusividade, ou não, da greve.

Redação dada pela Res. n. 121, de 28.10.2003.

190. Poder normativo do TST. Condições de trabalho. Inconstitucionalidade. Decisões contrárias ao STF

Ao julgar ou homologar ação coletiva ou acordo nela havido, o Tribunal Superior do Trabalho exerce o poder normativo constitucional, não podendo criar ou homologar condições de trabalho que o Supremo Tribunal Federal julgue iterativamente inconstitucionais.

191. Adicional de periculosidade. Incidência. Base de cálculo (cancelada a parte final da antiga redação e inseridos os itens II e III)

I – O adicional de periculosidade incide apenas sobre o salário básico e não sobre este acrescido de outros adicionais.

Redação dada pela Res. n. 214, de 28.11.2016.

II – O adicional de periculosidade do empregado eletricitário, contratado sob a égide da Lei n. 7.369/85, deve ser calculado sobre a totalidade das parcelas de natureza salarial. Não é válida norma coletiva mediante a qual se determina a incidência do referido adicional sobre o salário básico.

Acrescentado pela Res. n. 214, de 28.11.2016.

III – A alteração da base de cálculo do adicional de periculosidade do eletricitário promovida pela Lei n. 12.740/2012 atinge somente contrato de trabalho firmado a partir de sua vigência, de modo que, nesse caso, o cálculo será realizado exclusivamente sobre o salário básico, conforme determina o § 1º do art. 193 da CLT.

Acrescentado pela Res. n. 214, de 28.11.2016.

192. Ação rescisória. Competência (atualizada em decorrência do CPC/2015)

I – Se não houver o conhecimento de recurso de revista ou de embargos, a competência para julgar ação que vise a rescindir a decisão de mérito é do Tribunal Regional do Trabalho, ressalvado o disposto no item II. (ex-Súmula n. 192 – alterada pela Res. n. 121/2003)

II – Acórdão rescindendo do Tribunal Superior do Trabalho que não conhece de recurso de embargos ou de revista, analisando arguição de violação de dispositivo de lei material ou decidindo em consonância com súmula de direito material ou com iterativa, notória e atual jurisprudência de direito material da Seção de Dissídios Individuais (Súmula n. 333), examina o mérito da causa, cabendo ação rescisória da competência do Tribunal Superior do Trabalho. (ex-Súmula n. 192 – alterada pela Res. n. 121/2003)

III – Sob a égide do art. 512 do CPC de 1973, é juridicamente impossível o pedido explícito de desconstituição de sentença quando substituída por acórdão do Tribunal Regional ou superveniente sentença homologatória de acordo que puser fim ao litígio.

Redação dada pela Res. n. 212, de 19.09.2016.

IV – Na vigência do CPC de 1973, é manifesta a impossibilidade jurídica do pedido de rescisão de julgado proferido em agravo de instrumento que, limitando-se a aferir o eventual desacerto do juízo negativo de admissibilidade do recurso de revista, não substitui o acórdão regional, na forma do art. 512 do CPC. (ex-OJ n. 105 da SDI-2)

Redação dada pela Res. n. 212, de 19.09.2016.

V – A decisão proferida pela SDI, em sede de agravo regimental, calcada na Súmula n. 333, substitui acórdão de Turma do TST, porque emite juízo de mérito, comportando, em tese, o corte rescisório. (ex-OJ n. 133 da SDI-2)

Redação dada pela Res. n. 137, de 04.08.2005.

193. Correção monetária. Juros. Cálculo. Execução de sentença. Pessoa jurídica de direito público (cancelada pela Res. n. 105, de 07.12.2000)

194. Ação rescisória. Justiça do Trabalho. Depósito prévio (cancelada pela Res. n. 142, de 27.09.2007)

195. Embargos. Agravo regimental. Cabimento (cancelada pela Res. n. 121, de 28.10.2003)

196. Recurso adesivo. Prazo (cancelada pela Res. n. 121, de 28.10.2003)

197. Prazo

O prazo para recurso da parte que, intimada, não comparecer à audiência em prosseguimento para a prolação da sentença conta-se de sua publicação.

198. Prescrição (cancelada pelo Enunciado n. 294, Res. n. 4/89)

199. Bancário. Pré-contratação de horas extras (incorporadas as OJs ns. 48 e 63 da SDI-1)

I – A contratação do serviço suplementar, quando da admissão do trabalhador bancário, é nula. Os valores assim ajustados apenas remuneram a jornada normal, sendo devidas as horas extras com o adicional de, no mínimo, 50% (cinquenta por cento), as quais não configuram pré-contratação, se pactuadas após a admissão do bancário. (ex-Súmula n. 199 – alterada pela Res. n. 41/95 – e ex-OJ n. 48 da SDI-1 – inserida em 25.11.1996)

II – Em se tratando de horas extras pré-contratadas, opera-se a prescrição total se a ação não for ajuizada no prazo de cinco anos, a partir da data em que foram suprimidas. (ex-OJ n. 63 da SDI-1 – inserida em 14.03.1994)

Redação dada pela Res. n. 129, de 05.04.2005.

200. Juros de mora. Incidência

Os juros de mora incidem sobre a importância da condenação já corrigida monetariamente.

201. Recurso ordinário em mandado de segurança

Da decisão de Tribunal Regional do Trabalho em mandado de segurança cabe recurso ordinário, no prazo de 8 (oito) dias, para o Tribunal Superior do Trabalho, e igual dilação para o recorrido e interessados apresentarem razões de contrariedade.

202. Gratificação por tempo de serviço. Compensação

Existindo, ao mesmo tempo, gratificação por tempo de serviço outorgada pelo empregador e outra da mesma natureza prevista em acordo coletivo, convenção coletiva ou sentença normativa, o empregado tem direito a receber, exclusivamente, a que lhe seja mais benéfica.

203. Gratificação por tempo de serviço. Natureza salarial

A gratificação por tempo de serviço integra o salário para todos os efeitos legais.

204. (Convertida na Súmula n. 102)

205. Grupo econômico. Execução. Solidariedade (cancelada pela Res. n. 121, de 28.10.2003)

206. FGTS. Incidência sobre parcelas prescritas

A prescrição da pretensão relativa às parcelas remuneratórias alcança o respectivo recolhimento da contribuição para o FGTS.

Redação dada pela Res. n. 121, de 28.10.2003.

207. Conflitos de leis trabalhistas no espaço. Princípio da *lex loci executionis* (cancelada pela Res. n. 181, de 16.04.2012)

208. Recurso de revista. Admissibilidade. Interpretação de cláusula de natureza contratual (cancelada pela Res. n. 59, de 20.06.1996)

209. Cargo em comissão. Reversão (cancelada pela Res. n. 81, de 25.11.1985)

210. Recurso de revista. Execução de sentença (cancelada pela Res. n. 121, de 28.10.2003)

211. Juros de mora e correção monetária. Independência do pedido inicial e do título executivo judicial

Os juros de mora e a correção monetária incluem-se na liquidação, ainda que omisso o pedido inicial ou a condenação.

212. Despedimento. Ônus da prova

O ônus de provar o término do contrato de trabalho, quando negados a prestação de serviço e o despedimento, é do empregador, pois o princípio da continuidade da relação de emprego constitui presunção favorável ao empregado.

213. Embargos de declaração. Suspensão do prazo recursal (cancelada pela Res. n. 46, de 06.04.1995)

214. Decisão interlocutória. Irrecorribilidade

Na Justiça do Trabalho, nos termos do art. 893, § 1º, da CLT, as decisões interlocutórias não ensejam recurso imediato, salvo nas hipóteses de decisão:

a) de Tribunal Regional do Trabalho contrária à Súmula ou Orientação Jurisprudencial do Tribunal Superior do Trabalho;

b) suscetível de impugnação mediante recurso para o mesmo Tribunal;

c) que acolhe exceção de incompetência territorial, com a remessa dos autos para Tribunal Regional distinto daquele a que se vincula o juízo excepcionado, consoante o disposto no art. 799, § 2º, da CLT.

Redação dada pela Res. n. 127, de 03.03.2005.

215. Horas extras não contratadas expressamente. Adicional devido (cancelada pela Res. n. 28, de 27.04.1994)

216. Deserção. Relação de empregados. Autenticação mecânica desnecessária (cancelada pela Res. n. 87, de 08.10.1998)

217. Depósito recursal. Credenciamento bancário. Prova dispensável

O credenciamento dos bancos para o fim de recebimento do depósito recursal é fato notório, independendo da prova.

218. Recurso de revista. Acórdão proferido em agravo de instrumento

É incabível recurso de revista interposto de acórdão regional prolatado em agravo de instrumento.

219. Honorários advocatícios. Cabimento. (alterada a redação do item I e acrescidos os itens IV a VI em decorrência do CPC/2015)

I – Na Justiça do Trabalho, a condenação ao pagamento de honorários advocatícios não decorre pura e simplesmente da sucumbência, devendo a parte, concomitantemente: a) estar assistida por sindicato da categoria profissional; b) comprovar a percepção de salário inferior ao dobro do salário mínimo ou encontrar-se em situação econômica que não lhe permita demandar sem prejuízo do próprio sustento ou da respectiva família (art. 14, § 1º, da Lei n. 5.584/1970). (ex-OJ n. 305 da SDI-1).

Redação dada pela Res. n. 204, de 15.03.2016.

II – É cabível a condenação ao pagamento de honorários advocatícios em ação rescisória no processo trabalhista.

Redação dada pela Res. n. 174, de 24.05.2011.

III – São devidos os honorários advocatícios nas causas em que o ente sindical figure como substituto processual e nas lides que não derivem da relação de emprego.

Acrescentado pela Res. n. 174, de 24.05.2011.

IV – Na ação rescisória e nas lides que não derivem de relação de emprego, a responsabilidade pelo pagamento dos honorários advocatícios da sucumbência submete-se à disciplina do Código de Processo Civil (arts. 85, 86, 87 e 90).

Acrescentado pela Res. n. 204, de 15.03.2016.

V – Em caso de assistência judiciária sindical ou de substituição processual sindical, excetuados os processos em que a Fazenda Pública for parte, os honorários advocatícios são devidos entre o mínimo de dez e o máximo de vinte por cento sobre o valor da condenação, do proveito econômico obtido ou, não sendo possível mensurá-lo, sobre o valor atualizado da causa (CPC de 2015, art. 85, § 2º).

Acrescentado pela Res. n. 204, de 15.03.2016.

VI – Nas causas em que a Fazenda Pública for parte, aplicar-se-ão os percentuais específicos de honorários advocatícios contemplados no Código de Processo Civil.

Acrescentado pela Res. n. 204, de 15.03.2016.

220. Honorários advocatícios. Substituição processual (cancelada pela Res. n. 55, de 11.04.1996)

221. Recurso de revista. Violação de lei. Indicação de preceito

A admissibilidade do recurso de revista por violação tem como pressuposto a indicação expressa do dispositivo de lei ou da Constituição tido como violado.

Redação dada pela Res. n. 185, de 14.09.2012.

222. Dirigentes de associações profissionais. Estabilidade provisória (cancelada pela Res. n. 84, de 13.08.1998)

223. Prescrição. Opção pelo sistema do Fundo de Garantia do Tempo de Serviço. Termo inicial (cancelada pela Res. n. 121, de 28.10.2003)

224. Competência. Ação de cumprimento. Sindicato. Desconto assistencial (cancelada pela Res. n. 121, de 28.10.2003)

225. Repouso semanal. Cálculo. Gratificações por tempo de serviço e produtividade

As gratificações por tempo de serviço e produtividade, pagas mensalmente, não repercutem no cálculo do repouso semanal remunerado.

226. Bancário. Gratificação por tempo de serviço. Integração no cálculo das horas extras

A gratificação por tempo de serviço integra o cálculo das horas extras.

227. Salário-família. Trabalhador rural (cancelada pela Res. n. 121, de 28.10.2003)

228. Adicional de insalubridade. Base de cálculo (Súmula cuja eficácia está suspensa por decisão liminar do Supremo Tribunal Federal)

A partir de 9 de maio de 2008, data da publicação da Súmula Vinculante n. 4 do Supremo

Tribunal Federal, o adicional de insalubridade será calculado sobre o salário básico, salvo critério mais vantajoso fixado em instrumento coletivo.

Redação dada pela Res. n. 185, de 14.09.2012.

Veja Recl. n. 6.266-0 (DJe 05.08.2009), STF.

229. Sobreaviso. Eletricitários

Por aplicação analógica do art. 244, § 2º, da CLT, as horas de sobreaviso dos eletricitários são remuneradas à base de 1/3 sobre a totalidade das parcelas de natureza salarial.

Redação dada pela Res. n. 121, de 28.10.2003.

230. Aviso-prévio. Substituição pelo pagamento das horas reduzidas da jornada de trabalho

É ilegal substituir o período que se reduz da jornada de trabalho, no aviso-prévio, pelo pagamento das horas correspondentes.

231. Quadro de carreira. Homologação pelo Conselho Nacional de Política Salarial. Eficácia (cancelada pela Res. n. 121, de 28.10.2003)

232. (Convertida na Súmula n. 102)

233. Bancário. Chefe (cancelada pela Res. n. 121, de 28.10.2003)

O bancário no exercício da função de chefia, que recebe gratificação não inferior a 1/3 do salário do cargo efetivo, está inserido na exceção do § 2º do art. 224 da CLT, não fazendo jus ao pagamento das sétima e oitava horas como extras.

234. Bancário. Subchefe (cancelada pela Res. n. 121, de 28.10.2003)

235. Distrito Federal e autarquias. Correção automática dos salários. Inaplicabilidade da Lei n. 6.708/79 (cancelada pela Res. n. 121, de 28.10.2003)

236. Honorários periciais. Responsabilidade (cancelada pela Res. n. 121, de 28.10.2003)

237. Bancário. Tesoureiro (cancelada pela Res. n. 121, de 28.10.2003)

238. Bancário. Subgerente (cancelada pela Res. n. 121, de 28.10.2003)

239. Bancário. Empregado de empresa de processamento de dados (incorporadas as OJs ns. 64 e 126 da SDI-1)

É bancário o empregado de empresa de processamento de dados que presta serviço a banco integrante do mesmo grupo econômico, exceto quando a empresa de processamento de dados presta serviços a banco e a empresas não bancárias do mesmo grupo econômico ou a terceiros. (primeira parte – ex-Súmula n. 239 – Res. n. 15/85; segunda parte – ex-OJs ns. 64 e 126 da SDI-1 – inseridas, respectivamente, em 13.09.1994 e 20.04.1998)

Redação dada pela Res. n. 129, de 05.04.2005.

240. Bancário. Gratificação de função e adicional por tempo de serviço

O adicional por tempo de serviço integra o cálculo da gratificação prevista no art. 224, § 2º, da CLT.

241. Salário-utilidade. Alimentação

O vale para refeição, fornecido por força do contrato de trabalho, tem caráter salarial, integrando a remuneração do empregado, para todos os efeitos legais.

242. Indenização adicional. Valor

A indenização adicional, prevista no art. 9º da Lei n. 6.708, de 30.10.1979 e no art. 9º da Lei n. 7.238, de 28.10.1984, corresponde ao salário mensal, no valor devido na data da comunicação do despedimento, integrado pelos adicionais legais ou convencionados, ligados à unidade de tempo mês, nao sendo computável a gratificação natalina.

243. Opção pelo regime trabalhista. Supressão das vantagens estatutárias

Exceto na hipótese de previsão contratual ou legal expressa, a opção do funcionário público pelo regime trabalhista implica a renúncia dos direitos inerentes ao regime estatutário.

244. Gestante. Estabilidade provisória (incorporadas as OJs ns. 88 e 196 da SDI-1)

I – O desconhecimento do estado gravídico pelo empregador não afasta o direito ao pagamento da indenização decorrente da estabilidade (art. 10, II, *b*, do ADCT). (ex-OJ n. 88 da SDI-1)

II – A garantia de emprego à gestante só autoriza a reintegração se esta se der durante o período de estabilidade. Do contrário, a garantia restringe-se aos salários e demais direitos correspondentes ao período de estabilidade. (ex-Súmula n. 244 – alterada pela Res. n. 121/2003)

III – A empregada gestante tem direito à estabilidade provisória prevista no art. 10, II, *b*, do Ato das Disposições Constitucionais Transitórias, mesmo na hipótese de admissão mediante contrato por tempo determinado.

Redação dada pela Res. n. 185, de 14.09.2012.

245. Depósito recursal. Prazo

O depósito recursal deve ser feito e comprovado no prazo alusivo ao recurso. A interposição antecipada deste não prejudica a dilação legal.

246. Ação de cumprimento. Trânsito em julgado da sentença normativa

É dispensável o trânsito em julgado da sentença normativa para a propositura da ação de cumprimento.

247. Quebra de caixa. Natureza jurídica

A parcela paga aos bancários sob a denominação "quebra de caixa" possui natureza salarial, integrando o salário do prestador de serviços, para todos os efeitos legais.

248. Adicional de insalubridade. Direito adquirido

A reclassificação ou a descaracterização da insalubridade, por ato da autoridade competente, repercute na satisfação do respectivo adicional, sem ofensa a direito adquirido ou ao princípio da irredutibilidade salarial.

249. Aumento salarial setorizado. Tabela única (cancelada pela Res. n. 121, de 28.10.2003)

250. Plano de classificação. Parcelas antiguidade e desempenho. Aglutinação ao salário (cancelada pela Res. n. 121, de 28.10.2003)

251. Participação nos lucros. Natureza salarial (cancelada pela Res. n. 33, de 04.05.1994)

252. Funcionário público. Cedido. Reajuste salarial (cancelada pela Res. n. 121, de 28.10.2003)

253. Gratificação semestral. Repercussões

A gratificação semestral não repercute no cálculo das horas extras, das férias e do aviso-prévio, ainda que indenizados. Repercute, contudo, pelo seu duodécimo na indenização por antiguidade e na gratificação natalina.

Redação dada pela Res. n. 121, de 28.10.2003.

254. Salário-família. Termo inicial da obrigação

O termo inicial do direito ao salário-família coincide com a prova da filiação. Se feita em juízo, corresponde à data de ajuizamento do pedido, salvo se comprovado que anteriormente o empregador se recusara a receber a respectiva certidão.

255. Substituição processual. Desistência (cancelada pela Res. n. 121, de 28.10.2003)

256. Contrato de prestação de serviços. Legalidade (cancelada pela Res. n. 121, de 28.10.2003)

257. Vigilante

O vigilante, contratado diretamente por banco ou por intermédio de empresas especializadas, não é bancário.

258. Salário-utilidade. Percentuais

Os percentuais fixados em lei relativos ao salário *in natura* apenas se referem às hipóteses em que o empregado percebe salário mínimo, apurando-se, nas demais, o real valor da utilidade.

Redação dada pela Res. n. 121, de 28.10.2003.

259. Termo de conciliação. Ação rescisória

Só por ação rescisória é impugnável o termo de conciliação previsto no parágrafo único do art. 831 da CLT.

260. Salário-maternidade. Contrato de experiência (cancelada pela Res. n. 121, de 28.10.2003)

261. Férias proporcionais. Pedido de demissão. Contrato vigente há menos de um ano

O empregado que se demite antes de complementar 12 (doze) meses de serviço tem direito a férias proporcionais.

Redação dada pela Res. n. 121, de 28.10.2003.

262. Prazo judicial. Notificação ou intimação em sábado. Recesso forense (incorporada a OJ n. 209 da SDI-1)

I – Intimada ou notificada a parte no sábado, o início do prazo se dará no primeiro dia útil imediato e a contagem, no subsequente. (ex-Súmula n. 262 – Res. n. 10/86)

II – O recesso forense e as férias coletivas dos Ministros do Tribunal Superior do Trabalho suspendem os prazos recursais. (ex-OJ n. 209 da SDI-1 – inserida em 08.11.2000)

Redação dada pela Res. n. 194, de 19.05.2014.

263. Petição inicial. Indeferimento. Instrução obrigatória deficiente (nova redação em decorrência do CPC/2015)

Salvo nas hipóteses do art. 330 do CPC de 2015 (art. 295 do CPC de 1973), o indeferimento da petição inicial, por encontrar-se desacompanhada de documento indispensável à propositura da ação ou não preencher outro requisito legal, somente é cabível se, após intimada para suprir a irregularidade em 15 (quinze) dias, mediante indicação precisa do que deve ser corrigido ou completado, a parte não o fizer (art. 321 do CPC de 2015).

Redação dada pela Res. n. 208, de 19.04.2016.

264. Hora suplementar. Cálculo

A remuneração do serviço suplementar é composta do valor da hora normal, integrado por parcelas de natureza salarial e acrescido do adicional previsto em lei, contrato, acordo, convenção coletiva ou sentença normativa.

265. Adicional noturno. Alteração de turno de trabalho. Possibilidade de supressão

A transferência para o período diurno de trabalho implica a perda do direito ao adicional noturno.

266. Recurso de revista. Admissibilidade. Execução de sentença

A admissibilidade do recurso de revista interposto de acórdão proferido em agravo de petição, na liquidação de sentença ou em processo incidente na execução, inclusive os embargos de terceiro, depende de demonstração inequívoca de violência direta à Constituição Federal.

267. Bancário. Valor do salário-hora. Divisor (cancelada pela Res. n. 121, de 28.10.2003)

268. Prescrição. Interrupção. Ação trabalhista arquivada

A ação trabalhista, ainda que arquivada, interrompe a prescrição somente em relação aos pedidos idênticos.

Redação dada pela Res. n. 121, de 28.10.2003.

269. Diretor eleito. Cômputo do período como tempo de serviço

O empregado eleito para ocupar cargo de diretor tem o respectivo contrato de trabalho suspenso, não se computando o tempo de serviço desse período, salvo se permanecer a subordinação jurídica inerente à relação de emprego.

270. Representação processual. Mandato expresso. Ausência de firma reconhecida (cancelada pela Res. n. 49, de 24.08.1995)

271. Substituição processual. Adicionais de insalubridade e de periculosidade (cancelada pela Res. n. 121, de 28.10.2003)

272. Agravo de instrumento. Traslado deficiente (cancelada pela Res. n. 121, de 28.10.2003)

273. Constitucionalidade. Decretos-leis ns. 2.012/83 e 2.045/83 (cancelada pela Res. n. 121, de 28.10.2003)

274. (Convertida na Súmula n. 6)

275. Prescrição. Desvio de função e reenquadramento (incorporada a OJ n. 144 da SDI-1)

I – Na ação que objetive corrigir desvio funcional, a prescrição só alcança as diferenças salariais vencidas no período de 5 (cinco) anos que precedeu o ajuizamento. (ex-Súmula n. 275 – alterada pela Res. n. 121/2003)

II – Em se tratando de pedido de reenquadramento, a prescrição é total, contada da data do enquadramento do empregado. (ex-OJ n. 144 da SDI-1 – inserida em 27.11.1998)

Redação dada pela Res. n. 129, de 05.04.2005.

276. Aviso-prévio. Renúncia pelo empregado

O direito ao aviso-prévio é irrenunciável pelo empregado. O pedido de dispensa de cumprimento não exime o empregador de pagar o respectivo valor, salvo comprovação de haver o prestador dos serviços obtido novo emprego.

277. Convenção coletiva de trabalho ou acordo coletivo de trabalho. Eficácia. Ultratividade

As cláusulas normativas dos acordos coletivos ou convenções coletivas integram os contratos individuais de trabalho e somente poderão ser modificadas ou suprimidas mediante negociação coletiva de trabalho.

Redação dada pela Res. n. 185, de 14.09.2012.

278. Embargos de declaração. Omissão no julgado

A natureza da omissão suprida pelo julgamento de embargos declaratórios pode ocasionar efeito modificativo no julgado.

279. Recurso contra sentença normativa. Efeito suspensivo. Cassação

A cassação de efeito suspensivo concedido a recurso interposto de sentença normativa retroage à data do despacho que o deferiu.

280. Convenção coletiva. Sociedade de economia mista. Audiência prévia do órgão oficial competente (cancelada pela Res. n. 2/90)

281. Piso salarial. Professores (cancelada pela Res. n. 121, de 28.10.2003)

282. Abono de faltas. Serviço médico da empresa

Ao serviço médico da empresa ou ao mantido por esta última mediante convênio compete abonar os primeiros 15 (quinze) dias de ausência ao trabalho.

283. Recurso adesivo. Pertinência no processo do trabalho. Correlação de matérias

O recurso adesivo é compatível com o processo do trabalho e cabe, no prazo de 8 (oito) dias, nas hipóteses de interposição de recurso ordinário, de agravo de petição, de revista e de embargos, sendo desnecessário que a matéria nele veiculada esteja relacionada com a do recurso interposto pela parte contrária.

284. Correção monetária. Empresas em liquidação. Lei n. 6.024/74 (cancelada pela Res. n. 121, de 28.10.2003)

285. Recurso de revista. Admissibilidade parcial pelo juiz-presidente do Tribunal Regional do Trabalho. Efeito (cancelada pela Res. n. 204, de 15.03.2016)

286. Sindicato. Substituição processual. Convenção e acordo coletivos

A legitimidade do sindicato para propor ação de cumprimento estende-se também à observância de acordo ou de convenção coletivos.

Redação dada pela Res. n. 98, de 11.09.2000.

287. Jornada de trabalho. Gerente bancário

A jornada de trabalho do empregado de banco gerente de agência é regida pelo art. 224, § 2º, da CLT. Quanto ao gerente-geral de agência bancária, presume-se o exercício de encargo de gestão, aplicando-se-lhe o art. 62 da CLT.

Redação dada pela Res. n. 121, de 28.10.2003.

288. Complementação dos proventos da aposentadoria (nova redação para o item I e acrescidos os itens III e IV em decorrência do julgamento do processo TST-E-ED-RR-235-20.2010.5.20.0006 pelo Tribunal Pleno em 12.04.2016)

I – A complementação dos proventos de aposentadoria, instituída, regulamentada e paga diretamente pelo empregador, sem vínculo com as entidades de previdência privada fechada, é regida pelas normas em vigor na data de admissão do empregado, ressalvadas as alterações que forem mais benéficas (art. 468 da CLT).

Redação dada pela Res. n. 207/2016.

II – Na hipótese de coexistência de dois regulamentos de planos de previdência complementar, instituídos pelo empregador ou por entidade de previdência privada, a opção do beneficiário por um deles tem efeito jurídico de renúncia às regras do outro.

Acrescentado pela Res. n. 193, de 11.12.2013.

III – Após a entrada em vigor das Leis Complementares ns. 108 e 109, de 29.05.2001, reger-se-á a complementação dos proventos de aposentadoria pelas normas vigentes na data da implementação dos requisitos para obtenção do benefício, ressalvados o direito adquirido do participante que anteriormente implementara os requisitos para o benefício e o direito acumulado do empregado que até então não preenchera tais requisitos.

Acrescentado pela Res. n. 207/2016.

IV – O entendimento da primeira parte do item III aplica-se aos processos em curso no Tribunal Superior do Trabalho em que, em 12.04.2016, ainda não haja sido proferida decisão de mérito por suas Turmas e Seções.

Acrescentado pela Res. n. 207/2016.

289. Insalubridade. Adicional. Fornecimento do aparelho de proteção. Efeito

O simples fornecimento do aparelho de proteção pelo empregador não o exime do pagamento do adicional de insalubridade. Cabe-lhe tomar as medidas que conduzam à diminuição ou eliminação da nocividade, entre as quais as relativas ao uso efetivo do equipamento pelo empregado.

290. Gorjetas. Natureza jurídica. Ausência de distinção quanto à forma de recebimento (cancelada pela Res. n. 121, de 28.10.2003)

291. Horas extras. Habitualidade. Supressão. Indenização

A supressão total ou parcial, pelo empregador, de serviço suplementar prestado com habitualidade, durante pelo menos 1 (um) ano, assegura ao empregado o direito à indenização correspondente ao valor de 1 (um) mês das horas suprimidas, total ou parcialmente, para cada ano ou fração igual ou superior a seis meses de prestação de serviço acima da jornada normal. O cálculo observará a média das horas suplementares nos últimos 12 (doze) meses anteriores à mudança, multiplicada pelo valor da hora extra do dia da supressão.

Redação dada pela Res. n. 174, de 24.05.2011.

292. Adicional de insalubridade. Trabalhador rural (cancelada pela Res. n. 121, de 28.10.2003)

293. Adicional de insalubridade. Causa de pedir. Agente nocivo diverso do apontado na inicial

A verificação mediante perícia de prestação de serviços em condições nocivas, considerado agente insalubre diverso do apontado na inicial, não prejudica o pedido de adicional de insalubridade.

294. Prescrição. Alteração contratual. Trabalhador urbano

Tratando-se de ação que envolva pedido de prestações sucessivas decorrente de alteração do pactuado, a prescrição é total, exceto quando o direito à parcela esteja também assegurado por preceito de lei.

295. Aposentadoria espontânea. Depósito do FGTS. Período anterior à opção (cancelada pela Res. n. 152, de 17.11.2008)

296. Recurso. Divergência jurisprudencial. Especificidade (incorporada a OJ n. 37 da SDI-1)

I – A divergência jurisprudencial ensejadora da admissibilidade, do prosseguimento e do conhecimento do recurso há de ser específica, revelando a existência de teses diversas na interpretação de um mesmo dispositivo legal, embora idênticos os fatos que as ensejaram. (ex-Súmula n. 296 – Res. n. 6/89)

II – Não ofende o art. 896 da CLT decisão de Turma que, examinando premissas concretas de especificidade da divergência colacionada no apelo revisional, conclui pelo conhecimento ou desconhecimento do recurso. (ex-OJ n. 37 da SDI-1 – inserida em 01.02.1995)

Redação dada pela Res. n. 129, de 05.04.2005.

297. Prequestionamento. Oportunidade. Configuração

I – Diz-se prequestionada a matéria ou questão quando na decisão impugnada haja sido adotada, explicitamente, tese a respeito.

II – Incumbe à parte interessada, desde que a matéria haja sido invocada no recurso principal, opor embargos declaratórios objetivando o pronunciamento sobre o tema, sob pena de preclusão.

III – Considera-se prequestionada a questão jurídica invocada no recurso principal sobre a qual se omite o Tribunal de pronunciar tese, não obstante opostos embargos de declaração.

Redação dada pela Res. n. 121, de 28.10.2003.

298. Ação rescisória. Violação a disposição de lei. Pronunciamento explícito

I – A conclusão acerca da ocorrência de violação literal a disposição de lei pressupõe pronunciamento explícito, na sentença rescindenda, sobre a matéria veiculada.

II – O pronunciamento explícito exigido em ação rescisória diz respeito à matéria e ao enfoque específico da tese debatida na ação, e não, necessariamente, ao dispositivo legal tido por violado. Basta que o conteúdo da norma reputada violada haja sido abordado na decisão rescindenda para que se considere preenchido o pressuposto.

III – Para efeito de ação rescisória, considera-se pronunciada explicitamente a matéria tratada na sentença quando, examinando remessa de ofício, o Tribunal simplesmente a confirma.

IV – A sentença meramente homologatória, que silencia sobre os motivos de convencimento do juiz, não se mostra rescindível, por ausência de pronunciamento explícito.

V – Não é absoluta a exigência de pronunciamento explícito na ação rescisória, ainda que esta tenha por fundamento violação de dispositivo de lei. Assim, prescindível o pronunciamento explícito quando o vício nasce no próprio julgamento, como se dá com a sentença *extra*, *citra* e *ultra petita*.

Redação dada pela Res. n. 177, de 06.02.2012.

299. Ação rescisória. Decisão rescindenda. Trânsito em julgado. Comprovação. Efeitos (nova redação do item II em decorrência do CPC/2015)

I – É indispensável ao processamento da ação rescisória a prova do trânsito em julgado da decisão rescindenda. (ex-Súmula n. 299 – Res. n. 8/89)

II – Verificando o relator que a parte interessada não juntou à inicial o documento comprobatório, abrirá prazo de 15 (quinze) dias para que o faça (art. 321 do CPC de 2015), sob pena de indeferimento. (ex-Súmula n. 299 – Res. n. 8/89)

Redação dada pela Res. n. 211, de 22.08.2016.

III – A comprovação do trânsito em julgado da decisão rescindenda é pressuposto processual indispensável ao tempo do ajuizamento da ação rescisória. Eventual trânsito em julgado posterior ao ajuizamento da ação rescisória não reabilita a ação proposta, na medida em que o ordenamento jurídico não contempla a ação rescisória preventiva. (ex-OJ n. 106 da SDI-2)

IV – O pretenso vício de intimação, posterior à decisão que se pretende rescindir, se efetivamente ocorrido, não permite a formação da coisa julgada material. Assim, a ação rescisória deve ser julgada extinta, sem julgamento do mérito, por carência de ação, por inexistir decisão transitada em julgado a ser rescindida. (ex-OJ n. 96 da SDI-2 – inserida em 27.09.2002)

Redação dada pela Res. n. 137, de 04.08.2005.

300. Competência da Justiça do Trabalho. Cadastramento no PIS

Compete à Justiça do Trabalho processar e julgar ações ajuizadas por empregados em face de empregadores relativas ao cadastramento no Programa de Integração Social (PIS).

301. Auxiliar de laboratório. Ausência de diploma. Efeitos

O fato de o empregado não possuir diploma de profissionalização de auxiliar de laboratório não afasta a observância das normas da Lei n. 3.999, de 15.12.1961, uma vez comprovada a prestação de serviços na atividade.

302. Processo administrativo (cancelada pela Res. n. 121, de 28.10.2003)

303. Fazenda Pública. Reexame necessário (nova redação em decorrência do CPC/2015)

I – Em dissídio individual, está sujeita ao reexame necessário, mesmo na vigência da Constituição Federal de 1988, decisão contrária à Fazenda Pública, salvo quando a condenação não ultrapassar o valor correspondente a:

Redação dada pela Res. 211, de 22.08.2016.

a) 1.000 (mil) salários mínimos para a União e as respectivas autarquias e fundações de direito público;

Redação dada pela Res. 211, de 22.08.2016.

b) 500 (quinhentos) salários mínimos para os Estados, o Distrito Federal, as respectivas autarquias e fundações de direito público e os Municípios que constituam capitais dos Estados;

Redação dada pela Res. 211, de 22.08.2016.

c) 100 (cem) salários mínimos para todos os demais Municípios e respectivas autarquias e fundações de direito público.

Acrescentada pela Res. 211, de 22.08.2016.

II – Também não se sujeita ao duplo grau de jurisdição a decisão fundada em:

Redação dada pela Res. 211, de 22.08.2016.

a) súmula ou orientação jurisprudencial do Tribunal Superior do Trabalho;

Acrescentada pela Res. 211, de 22.08.2016.

b) acórdão proferido pelo Supremo Tribunal Federal ou pelo Tribunal Superior do Trabalho em julgamento de recursos repetitivos;

Acrescentada pela Res. 211, de 22.08.2016.

c) entendimento firmado em incidente de resolução de demandas repetitivas ou de assunção de competência;

Acrescentada pela Res. 211, de 22.08.2016.

d) entendimento coincidente com orientação vinculante firmada no âmbito administrativo do próprio ente público, consolidada em manifestação, parecer ou súmula administrativa.

Acrescentada pela Res. 211, de 22.08.2016.

III – Em ação rescisória, a decisão proferida pelo Tribunal Regional do Trabalho está sujeita ao duplo grau de jurisdição obrigatório quando desfavorável ao ente público, exceto nas hipóteses dos incisos anteriores. (ex-OJ n. 71 da SDI-1)

Redação dada pela Res. n. 211, de 22.08.2016.

IV – Em mandado de segurança, somente cabe reexame necessário se, na relação processual, figurar pessoa jurídica de direito público como parte prejudicada pela concessão da ordem. Tal situação não ocorre na hipótese de figurar no feito como impetrante e terceiro interessado pessoa de direito privado, ressalvada a hipótese de matéria administrativa. (ex-OJs ns. 72 e 73 da SDI-1).

Redação dada pela Res. n. 211, de 22.08.2016.

304. Correção monetária. Empresas em liquidação. Art. 46 do ADCT/CF

Os débitos trabalhistas das entidades submetidas aos regimes de intervenção ou liquidação extrajudicial estão sujeitos a correção monetária desde o respectivo vencimento até seu efetivo pagamento, sem interrupção ou suspensão, não incidindo, entretanto, sobre tais débitos, juros de mora.

305. Fundo de Garantia do Tempo de Serviço. Incidência sobre o aviso-prévio

O pagamento relativo ao período de aviso-prévio, trabalhado ou não, está sujeito a contribuição para o FGTS.

306. Indenização adicional. Pagamento devido com fundamento nos arts. 9º da Lei n. 6.708/79 e 9º da Lei n. 7.238/84 (cancelada pela Res. n. 121, de 28.10.2003)

307. Juros. Irretroatividade do Decreto-lei n. 2.322, de 26.02.1987

A fórmula de cálculo de juros prevista no Decreto-lei n. 2.322, de 26.02.1987 somente é aplicável a partir de 27.02.1987. Quanto ao período anterior, deve-se observar a legislação então vigente.

308. Prescrição quinquenal (incorporada a OJ n. 204 da SDI-1)

I – Respeitado o biênio subsequente à cessação contratual, a prescrição da ação trabalhista concerne às pretensoes imediatamente anteriores a cinco anos, contados da data do ajuizamento da reclamação e, não, às anteriores ao quinquênio da data da extinção do contrato. (ex-OJ n. 204 da SDI-1 – inserida em 08.11.2000)

II – A norma constitucional que ampliou o prazo de prescrição da ação trabalhista para 5 (cinco) anos é de aplicação imediata e não atinge pretensões já alcançadas pela prescrição bienal quando da promulgação da CF/88. (ex-Súmula n. 308 – Res. n. 6/92)

Redação dada pela Res. n. 129, de 05.04.2005.

309. Vigia portuário. Terminal privativo. Não obrigatoriedade de requisição

Tratando-se de terminais privativos destinados à navegação de cabotagem ou de longo curso, não é obrigatória a requisição de vigia portuário indicado por sindicato.

310. Substituição processual. Sindicato (cancelada pela Res. n. 119, de 25.09.2003)

311. Benefício previdenciário a dependente de ex-empregado. Correção monetária. Legislação aplicável

O cálculo da correção monetária incidente sobre débitos relativos a benefícios previdenciários devidos a dependentes de ex-empregado pelo empregador, ou por entidade de previdência privada a ele vinculada, será o previsto na Lei n. 6.899, de 08.04.1981.

312. Constitucionalidade. Alínea *b* do art. 896 da CLT

É constitucional a alínea *b* do art. 896 da CLT, com a redação dada pela Lei n. 7.701, de 21.12.1988.

313. Complementação de aposentadoria. Proporcionalidade. Banespa

A complementação de aposentadoria, prevista no art. 106, e seus parágrafos, do regulamento de pessoal editado em 1965, só é integral para os empregados que tenham 30 (trinta) ou mais anos de serviços prestados exclusivamente ao banco.

314. Indenização adicional. Verbas rescisórias. Salário corrigido

Se ocorrer a rescisão contratual no período de 30 (trinta) dias que antecede à data-base, observado a Súmula n. 182 do TST, o pagamento das verbas rescisórias com o salário já corrigido não afasta o direito à indenização adicional prevista nas Leis ns. 6.708, de 30.10.1979 e 7.238, de 28.10.1984.

315. IPC de março/90. Lei n. 8.030, de 12.04.1990 (Plano Collor). Inexistência de direito adquirido

A partir da vigência da Medida Provisória n. 154, de 15.03.1990, convertida na Lei n. 8.030, de 12.04.1990, não se aplica o IPC de março de 1990, de 84,32% (oitenta e quatro vírgula trinta e dois por cento), para a correção dos salários, porque o direito ainda não se havia incorporado ao patrimônio jurídico dos trabalhadores, inexistindo ofensa ao inciso XXXVI do art. 5º da CF/88.

316. IPC de junho/87. Decreto-lei n. 2.335/87 (Plano Bresser). Existência de direito adquirido (cancelada pela Res. n. 37, de 16.11.1994)

317. URP de fevereiro/89. Lei n. 7.730/89 (Plano Verão). Existência de direito adquirido (cancelada pela Res. n. 37, de 16.11.1994)

318. Diárias. Base de cálculo para sua integração no salário

Tratando-se de empregado mensalista, a integração das diárias no salário deve ser feita tomando-se por base o salário mensal por ele percebido e não o valor do dia de salário, somente sendo devida a referida integração quando o valor das diárias, no mês, for superior à metade do salário mensal.

319. Reajustes salariais ("gatilhos"). Aplicação aos servidores públicos contratados sob a égide da legislação trabalhista

Aplicam-se aos servidores públicos, contratados sob o regime da CLT, os reajustes decorrentes da correção automática dos salários pelo mecanismo denominado "gatilho", de que tratam os Decretos-leis ns. 2.284, de 10.03.1986, e 2.302, de 21.11.1986.

320. Horas *in itinere*. Obrigatoriedade de cômputo na jornada de trabalho

O fato de o empregador cobrar, parcialmente ou não, importância pelo transporte fornecido, para local de difícil acesso ou não servido por transporte regular, não afasta o direito à percepção das horas *in itinere*.

321. Decisão administrativa. Recurso (cancelada pela Res. n. 135, de 30.06.2005)

322. Diferenças salariais. Planos econômicos. Limite

Os reajustes salariais decorrentes dos chamados "gatilhos" e URPs, previstos legalmente como antecipação, são devidos tão somente até a data-base de cada categoria.

323. URP de abril e maio de 1988. Decreto-lei n. 2.425/88 (cancelada pela Res. n. 38, de 16.11.1994)

324. (Convertida na Súmula n. 90)

325. (Convertida na Súmula n. 90)

326. Complementação de aposentadoria. Prescrição total

A pretensão à complementação de aposentadoria jamais recebida prescreve em 2 (dois) anos contados da cessação do contrato de trabalho.

Redação dada pela Res. n. 174, de 24.05.2011.

327. Complementação de aposentadoria. Diferenças. Prescrição parcial

A pretensão a diferenças de complementação de aposentadoria sujeita-se à prescrição parcial e quinquenal, salvo se o pretenso direito decorrer de verbas não recebidas no curso da relação de emprego e já alcançadas pela prescrição, à época da propositura da ação.

Redação dada pela Res. n. 174, de 24.05.2011.

328. Férias. Terço constitucional

O pagamento das férias, integrais ou proporcionais, gozadas ou não, na vigência da CF/88, sujeita-se ao acréscimo do terço previsto no respectivo art. 7º, XVII.

329. Honorários advocatícios. Art. 133 da CF/88

Mesmo após a promulgação da CF/88, permanece válido o entendimento consubstanciado na Súmula n. 219 do Tribunal Superior do Trabalho.

330. Quitação. Validade

A quitação passada pelo empregado, com assistência de entidade sindical de sua categoria, ao empregador, com observância dos requisitos exigidos nos parágrafos do art. 477 da CLT, tem eficácia liberatória em relação às parcelas expressamente consignadas no recibo, salvo se oposta ressalva expressa e especificada ao valor dado à parcela ou parcelas impugnadas.

I – A quitação não abrange parcelas não consignadas no recibo de quitação e, consequentemente, seus reflexos em outras parcelas, ainda que estas constem desse recibo.

II – Quanto a direitos que deveriam ter sido satisfeitos durante a vigência do contrato de trabalho, a quitação é válida em relação ao período expressamente consignado no recibo de quitação.

Redação dada pela Res. n. 108, de 05.04.2001.

331. Contrato de prestação de serviços. Legalidade

I – A contratação de trabalhadores por empresa interposta é ilegal, formando-se o vínculo diretamente com o tomador dos serviços, salvo no caso de trabalho temporário (Lei n. 6.019, de 03.01.1974).

II – A contratação irregular de trabalhador, mediante empresa interposta, não gera vínculo de emprego com os órgãos da administração pública direta, indireta ou fundacional (art. 37, II, da CF/88).

III – Não forma vínculo de emprego com o tomador a contratação de serviços de vigilância (Lei n. 7.102, de 20.06.1983) e de conservação e limpeza, bem como a de serviços especializados ligados à atividade-meio do tomador, desde que inexistente a pessoalidade e a subordinação direta.

IV – O inadimplemento das obrigações trabalhistas, por parte do empregador, implica a responsabilidade subsidiária do tomador dos serviços quanto àquelas obrigações, desde que haja participado da relação processual e conste também do título executivo judicial.

Redação dada pela Res. n. 174, de 24.05.2011.

V – Os entes integrantes da Administração Pública direta e indireta respondem subsidiariamente, nas mesmas condições do item IV, caso evidenciada a sua conduta culposa no cumprimento das obrigações da Lei n. 8.666, de 21.06.1993, especialmente na fiscalização do cumprimento das obrigações contratuais e legais da prestadora de serviço como empregadora. A aludida responsabilidade não decorre de mero inadimplemento das obrigações trabalhistas assumidas pela empresa regularmente contratada.

Acrescentado pela Res. n. 174, de 24.05.2011.

VI – A responsabilidade subsidiária do tomador de serviços abrange todas as verbas decorrentes da condenação referentes ao período da prestação laboral.

Acrescentado pela Res. n. 174, de 24.05.2011.

332. Complementação de aposentadoria. Petrobras. Manual de Pessoal. Norma programática

As normas relativas à complementação de aposentadoria, inseridas no Manual de Pessoal da Petrobras, têm caráter meramente programático, delas não resultando direito à referida complementação.

333. Recursos de revista. Conhecimento

Não ensejam recurso de revista decisões superadas por iterativa, notória e atual jurisprudência do Tribunal Superior do Trabalho.

Redação dada pela Res. n. 155, de 18.02.2009.

334. Competência. Ação de cumprimento. Sindicato. Desconto assistencial (cancelada pela Res. n. 59, de 20.06.1996)

335. Embargos para a Seção Especializada em Dissídios Individuais contra decisão em agravo de instrumento oposto a despacho denegatório de recurso de revista (cancelada pela Res. n. 121, de 28.10.2003)

336. Constitucionalidade. § 2º do art. 9º do Decreto-lei n. 1.971, de 30.11.1982

É constitucional o § 2º do art. 9º do Decreto-lei n. 1.971, de 30.11.1982, com a redação dada pelo Decreto-lei n. 2.100, de 28.12.1983.

337. Comprovação de divergência jurisprudencial. Recursos de revista e de embargos (incorporada a OJ n. 317 da SDI-1)

I – Para comprovação da divergência justificadora do recurso, é necessário que o recorrente:

a) Junte certidão ou cópia autenticada do acórdão paradigma ou cite a fonte oficial ou o repositório autorizado em que foi publicado; e

b) Transcreva, nas razões recursais, as ementas e/ou trechos dos acórdãos trazidos à configuração do dissídio, demonstrando o conflito de teses que justifique o conhecimento do recurso, ainda que os acórdãos já se encontrem nos autos ou venham a ser juntados com o recurso. (ex-Súmula n. 337 – alterada pela Res. n. 121/2003)

II – A concessão de registro de publicação como repositório autorizado de jurisprudência do TST torna válidas todas as suas edições anteriores. (ex-OJ n. 317 da SDI-1)

Redação dada pela Res. n. 129, de 05.04.2005.

III – A mera indicação da data de publicação, em fonte oficial, de aresto paradigma é inválida para comprovação de divergência jurisprudencial, nos termos do item I, *a*, desta súmula, quando a parte pretende demonstrar o conflito de teses mediante a transcrição de trechos que integram a fundamentação do acórdão divergente, uma vez que só se publicam o dispositivo e a ementa dos acórdãos. (incluída pela Res. n. 173/2010)

IV – É válida para a comprovação da divergência jurisprudencial justificadora do recurso a indicação de aresto extraído de repositório oficial na internet, desde que o recorrente:

a) transcreva o trecho divergente;

b) aponte o sítio de onde foi extraído; e

c) decline o número do processo, o órgão prolator do acórdão e a data da respectiva publicação no *Diário Eletrônico da Justiça do Trabalho*.

Redação dada pela Res. n. 185, de 14.09.2012.

V – A existência do código de autenticidade na cópia, em formato *pdf*, do inteiro teor do aresto paradigma, juntada aos autos, torna-a equivalente ao documento original e também supre a ausência de indicação da fonte oficial de publicação.

Acrescentado pela Res. n. 220, de 18.09.2017.

338. Jornada de trabalho. Registro. Ônus da prova (incorporadas as OJs ns. 234 e 306 da SDI-1)

I – É ônus do empregador que conta com mais de 10 (dez) empregados o registro da jornada de trabalho na forma do art. 74, § 2º, da CLT. A não apresentação injustificada dos controles de frequência gera presunção relativa de veracidade da jornada de trabalho, a qual pode ser elidida por prova em contrário. (ex-Súmula n. 338 – alterada pela Res. n. 121/2003)

II – A presunção de veracidade da jornada de trabalho, ainda que prevista em instrumento normativo, pode ser elidida por prova em contrário. (ex-OJ n. 234 da SDI-1 – inserida em 20.06.2001)

III – Os cartões de ponto que demonstram horários de entrada e saída uniformes são inválidos como meio de prova, invertendo-se o ônus da prova, relativo às horas extras, que passa a ser do empregador, prevalecendo a jornada da inicial se dele não se desincumbir. (ex-OJ n. 306 da SDI-1)

Redação dada pela Res. n. 129, de 05.04.2005.

339. CIPA. Suplente. Garantia de emprego. CF/88 (incorporadas as OJs ns. 25 e 329 da SDI-1)

I – O suplente da CIPA goza da garantia de emprego prevista no art. 10, II, *a*, do ADCT a partir da promulgação da Constituição Federal de 1988. (ex-Súmula n. 339 – Res. n. 39/94 – e ex-OJ n. 25 da SDI-1 – inserida em 29.03.1996)

II – A estabilidade provisória do cipeiro não constitui vantagem pessoal, mas garantia para as atividades dos membros da CIPA, que somente tem razão de ser quando em atividade a empresa. Extinto o estabelecimento, não se verifica a despedida arbitrária, sendo impossível a reintegração e indevida a indenização do período estabilitário. (ex-OJ n. 329 da SDI-1)

Redação dada pela Res. n. 129, de 05.04.2005.

340. Comissionista. Horas extras

O empregado, sujeito a controle de horário, remunerado à base de comissões, tem direito ao adicional de, no mínimo, 50% (cinquenta por cento) pelo trabalho em horas extras, calculado sobre o valor-hora das comissões recebidas no mês, considerando-se como divisor o número de horas efetivamente trabalhadas.

Redação dada pela Res. n. 121, de 28.10.2003.

341. Honorários do assistente técnico

A indicação do perito assistente é faculdade da parte, a qual deve responder pelos respectivos honorários, ainda que vencedora no objeto da perícia.

342. Descontos salariais. Art. 462 da CLT

Descontos salariais efetuados pelo empregador, com a autorização prévia e por escrito do empregado, para ser integrado em planos de assistência odontológica, médico-hospitalar, de seguro, de previdência privada, ou de entidade cooperativa, cultural ou recreativo-associativa de seus trabalhadores, em seu benefício e de seus dependentes, não afrontam o disposto no art. 462 da CLT, salvo se ficar demonstrada a existência de coação ou de outro defeito que vicie o ato jurídico.

343. Bancário. Hora de salário (cancelada pela Res. n. 185, de 14.09.2012)

344. Salário-família. Trabalhador rural

O salário-família é devido aos trabalhadores rurais somente após a vigência da Lei n. 8.213, de 24.07.1991.

345. Bandepe. Regulamento Interno de Pessoal não confere estabilidade aos empregados

O Regulamento Interno de Pessoal (RIP) do Banco do Estado de Pernambuco – Bandepe, na parte que trata de seu regime disciplinar, não confere estabilidade aos seus empregados.

346. Digitador. Intervalos intrajornada. Aplicação analógica do art. 72 da CLT

Os digitadores, por aplicação analógica do art. 72 da CLT, equiparam-se aos trabalhadores nos serviços de mecanografia (datilografia, escrituração ou cálculo), razão pela qual têm direito a intervalos de descanso de 10 (dez) minutos a cada 90 (noventa) de trabalho consecutivo.

347. Horas extras habituais. Apuração. Média física

O cálculo do valor das horas extras habituais, para efeito de reflexos em verbas trabalhistas, observará o número de horas efetivamente prestadas e a ele aplica-se o valor do salário-hora da época do pagamento daquelas verbas.

348. Aviso-prévio. Concessão na fluência da garantia de emprego. Invalidade

É inválida a concessão do aviso-prévio na fluência da garantia de emprego, ante a incompatibilidade dos dois institutos.

349. Acordo de compensação de horário em atividade insalubre, celebrado por acordo coletivo. Validade (cancelada pela Res. n. 174, de 24.05.2011)

350. Prescrição. Termo inicial. Ação de cumprimento. Sentença normativa

O prazo de prescrição com relação à ação de cumprimento de decisão normativa flui apenas da data de seu trânsito em julgado.

351. Professor. Repouso semanal remunerado. Art. 7º, § 2º, da Lei n. 605, de 05.01.1949 e art. 320 da CLT

O professor que recebe salário mensal à base de hora-aula tem direito ao acréscimo de 1/6 a título de repouso semanal remunerado, considerando-se para esse fim o mês de quatro semanas e meia.

352. Custas. Prazo para comprovação (cancelada pela Res. n. 114, de 21.11.2002)

353. Embargos. Agravo. Cabimento (atualizada em decorrência do CPC/2015)

Não cabem embargos para a Seção de Dissídios Individuais de decisão de Turma proferida em agravo, salvo:

a) da decisão que não conhece de agravo de instrumento ou de agravo pela ausência de pressupostos extrínsecos;

b) da decisão que nega provimento a agravo contra decisão monocrática do Relator, em que se proclamou a ausência de pressupostos extrínsecos de agravo de instrumento;

c) para revisão dos pressupostos extrínsecos de admissibilidade do recurso de revista, cuja ausência haja sido declarada originariamente pela Turma no julgamento do agravo;

d) para impugnar o conhecimento de agravo de instrumento;

e) para impugnar a imposição de multas previstas nos arts. 1.021, § 4º, do CPC de 2015 ou 1.026, § 2º, do CPC de 2015 (art. 538, parágrafo único, do CPC de 1973, ou art. 557, § 2º, do CPC de 1973).

Redação dada pela Res. n. 208, de 19.04.2016.

f) contra decisão de Turma proferida em agravo em recurso de revista, nos termos do art. 894, II, da CLT.

Redação dada pela Res. n. 189, de 27.02.2013.

354. Gorjetas. Natureza jurídica. Repercussões

As gorjetas, cobradas pelo empregador na nota de serviço ou oferecidas espontaneamente pelos clientes, integram a remuneração do empregado, não servindo de base de cálculo para as parcelas de aviso-prévio, adicional noturno, horas extras e repouso semanal remunerado.

355. Conab. Estabilidade. Aviso Direh n. 2 de 12.12.1984

O aviso Direh n. 2, de 12.12.1984, que concedia estabilidade aos empregados da Conab, não tem eficácia, porque não aprovado pelo Ministério ao qual a empresa se subordina.

356. Alçada recursal. Vinculação ao salário mínimo

O art. 2º, § 4º, da Lei n. 5.584, de 26.06.1970, foi recepcionado pela CF/88, sendo lícita a fixação do valor da alçada com base no salário mínimo.

357. Testemunha. Ação contra a mesma reclamada. Suspeição

Não torna suspeita a testemunha o simples fato de estar litigando ou de ter litigado contra o mesmo empregador.

358. Radiologista. Salário profissional. Lei n. 7.394, de 29.10.1985

O salário profissional dos técnicos em radiologia é igual a 2 (dois) salários mínimos e não a 4 (quatro).

359. Substituição processual. Ação de cumprimento. Art. 872, parágrafo único, da CLT. Federação. Legitimidade (cancelada pela Res. n. 121, de 28.10.2003)

360. Turnos ininterruptos de revezamento. Intervalos intrajornada e semanal

A interrupção do trabalho destinada a repouso e alimentação, dentro de cada turno, ou o intervalo para repouso semanal, não descaracteriza o turno de revezamento com jornada de 6 (seis) horas previsto no art. 7º, XIV, da CF/88.

361. Adicional de periculosidade. Eletricitários. Exposição intermitente

O trabalho exercido em condições perigosas, embora de forma intermitente, dá direito ao empregado a receber o adicional de periculosidade de forma integral, porque a Lei n. 7.369, de 20.09.1985, não estabeleceu nenhuma proporcionalidade em relação ao seu pagamento.

362. FGTS. Prescrição. (redação alterada na sessão do Tribunal Pleno realizada em 09.06.2015)

I – Para os casos em que a ciência da lesão ocorreu a partir de 13.11.2014, é quinquenal a prescrição do direito de reclamar contra o não recolhimento de contribuição para o FGTS, observado o prazo de dois anos após o término do contrato;

II – Para os casos em que o prazo prescricional já estava em curso em 13.11.2014, aplica-se o prazo prescricional que se consumar primeiro: trinta anos, contados do termo inicial, ou cinco anos, a partir de 13.11.2014 (STF-ARE-709212/DF).

Redação dada pela Res. n. 198, de 09.06.2015.

363. Contrato nulo. Efeitos

A contratação de servidor público, após a CF/88, sem prévia aprovação em concurso público, encontra óbice no respectivo art. 37, II e § 2º, somente lhe conferindo direito ao pagamento da contraprestação pactuada, em relação ao número de horas trabalhadas, respeitado o valor da hora do salário mínimo, e dos valores referentes aos depósitos do FGTS.

Redação dada pela Res. n. 121, de 28.10.2003.

364. Adicional de periculosidade. Exposição eventual, permanente e intermitente (inserido o item II)

I – Tem direito ao adicional de periculosidade o empregado exposto permanentemente ou que, de forma intermitente, sujeita-se a condições de risco. Indevido, apenas, quando o contato dá-se de forma eventual, assim considerado o fortuito, ou o que, sendo habitual, dá-se por tempo extremamente reduzido. (ex-OJs da SDI-1 ns. 5 – inserida em 14.03.1994 – e 280)

Redação dada pela Res. n. 174, de 24.05.2011.

II – Não é válida a cláusula de acordo ou convenção coletiva de trabalho fixando o adicional de periculosidade em percentual inferior ao estabelecido em lei e proporcional ao tempo de exposição ao risco, pois tal parcela constitui medida de higiene, saúde e segurança do trabalho, garantida por norma de ordem pública (arts. 7º, XXII e XXIII, da CF e 193, § 1º, da CLT).

Acrescentado pela Res. n. 209, de 30.05.2016.

365. Alçada. Ação rescisória e mandado de segurança (conversão das OJs ns. 8 e 10 da SDI-1)

Não se aplica a alçada em ação rescisória e em mandado de segurança. (ex-OJs ns. 8 e 10 da SDI-1 – inseridas em 01.02.1995)

366. Cartão de ponto. Registro. Horas extras. Minutos que antecedem e sucedem a jornada de trabalho. (nova redação)

Não serão descontadas nem computadas como jornada extraordinária as variações de horário do registro de ponto não excedentes de cinco minutos, observado o limite máximo de dez minutos diários. Se ultrapassado esse limite, será considerada como extra a totalidade do tempo que exceder a jornada normal, pois configurado tempo à disposição do empregador, não importando as atividades desenvolvidas pelo empregado ao longo do tempo residual (troca de uniforme, lanche, higiene pessoal, etc.).

Redação dada pela Res. n. 197, de 12.05.2015.

367. Utilidades *in natura*. Habitação. Energia elétrica. Veículo. Cigarro. Não integração ao salário (conversão das OJs ns. 24, 131 e 246 da SDI-1)

I – A habitação, a energia elétrica e veículo fornecidos pelo empregador ao empregado, quando indispensáveis para a realização do trabalho, não têm natureza salarial, ainda que, no caso de veículo, seja ele utilizado pelo empregado também em atividades particulares. (ex-OJs ns. 131 da SDI-1 – inserida em 20.04.1998 e ratificada pelo Tribunal Pleno em 07.12.2000 – e 246 – inserida em 20.06.2001)

II – O cigarro não se considera salário-utilidade em face de sua nocividade à saúde. (ex-OJ n. 24 da SDI-1 – inserida em 29.03.1996)

368. Descontos previdenciários e fiscais. Competência. Responsabilidade pelo pagamento. Forma de cálculo

I – A Justiça do Trabalho é competente para determinar o recolhimento das contribuições fiscais. A competência da Justiça do Trabalho, quanto à execução das contribuições previdenciárias, limita-se às sentenças condenatórias em pecúnia que proferir e aos valores, objeto de acordo homologado, que integrem o salário de contribuição. (ex-OJ n. 141 da SDI-1 – inserida em 27.11.1998)

II – É do empregador a responsabilidade pelo recolhimento das contribuições previdenciárias e fiscais, resultantes de crédito do empregado oriundo de condenação judicial. A culpa do empregador pelo inadimplemento das verbas remuneratórias, contudo, não exime a responsabilidade do empregado pelos pagamentos do imposto de renda devido e da contribuição previdenciária que recaia sobre sua quota-parte. (ex-OJ n. 363 da SBDI-1, parte final)

Redação dada pela Res. n. 219, de 26.06.2017.

III – Os descontos previdenciários relativos à contribuição do empregado, no caso de ações trabalhistas, devem ser calculados mês a mês, de conformidade com o art. 276, § 4º, do Decreto n. 3.048/1999 que regulamentou a Lei n. 8.212/1991, aplicando-se as alíquotas previstas no art. 198, observado o limite máximo do salário de contribuição (ex-OJs ns. 32 e 228 da SBDI-1 – inseridas, respectivamente, em 14.03.1994 e 20.06.2001)

IV – Considera-se fato gerador das contribuições previdenciárias decorrentes de créditos trabalhistas reconhecidos ou homologados em juízo, para os serviços prestados até 04.03.2009, inclusive, o efetivo pagamento das verbas, configurando-se a mora a partir do dia dois do mês seguinte ao da liquidação (art. 276, *caput*, do Decreto n. 3.048/99). Eficácia não retroativa da alteração legislativa promovida pela Medida Provisória n. 449/2008, posteriormente convertida na Lei n. 11.941/2009, que deu nova redação ao art. 43 da Lei n. 8.212/91.

Acrescentado pela Res. n. 219, de 26.06.2017.

V – Para o labor realizado a partir de 05.03.2009, considera-se fato gerador das contribuições previdenciárias decorrentes de créditos trabalhistas reconhecidos ou homologados em juízo a data da efetiva prestação dos serviços. Sobre as contribuições previdenciárias não recolhidas a partir da prestação dos serviços incidem juros de mora e, uma vez apurados os créditos previdenciários, aplica-se multa a partir do exaurimento do prazo de citação para pagamento, se descumprida a obrigação, observado o limite legal de 20% (art. 61, § 2º, da Lei n. 9.430/96).

Acrescentado pela Res. n. 219, de 26.06.2017.

VI – O imposto de renda decorrente de crédito do empregado recebido acumuladamente deve ser calculado sobre o montante dos rendimentos pagos, mediante a utilização de tabela progressiva resultante da multiplicação da quantidade de meses a que se refiram os rendimentos pelos valores constantes da tabela progressiva mensal correspondente ao mês do recebimento ou crédito, nos termos do art. 12-A da Lei n. 7.713, de 22.12.1988, com a redação conferida pela Lei n. 13.149/2015, observado o procedimento previsto nas Instruções Normativas da Receita Federal do Brasil.

Acrescentado pela Res. n. 219, de 26.06.2017.

369. Dirigente sindical. Estabilidade provisória (conversão das OJs ns. 34, 35, 86, 145 e 266 da SDI-1)

I – É assegurada a estabilidade provisória ao empregado dirigente sindical, ainda que a comunicação do registro da candidatura ou da eleição e da posse seja realizada fora do prazo previsto no art. 543, § 5º, da CLT, desde que a ciência ao empregador, por qualquer meio, ocorra na vigência do contrato de trabalho.

Redação dada pela Res. n. 185, de 14.09.2012.

II – O art. 522 da CLT foi recepcionado pela Constituição Federal de 1988. Fica limitada, assim, a estabilidade a que alude o art. 543, § 3º, da CLT a sete dirigentes sindicais e igual número de suplentes.

Redação dada pela Res. n. 174, de 24.05.2011.

III – O empregado de categoria diferenciada eleito dirigente sindical só goza de estabilidade se exercer na empresa atividade pertinente à categoria profissional do sindicato para o qual foi eleito dirigente. (ex-OJ n. 145 da SDI-1 – inserida em 27.11.1998)

IV – Havendo extinção da atividade empresarial no âmbito da base territorial do sindicato, não há razão para subsistir a estabilidade. (ex-OJ n. 86 da SDI-1 – inserida em 28.04.1997)

V – O registro da candidatura do empregado a cargo de dirigente sindical durante o período de aviso-prévio, ainda que indenizado, não lhe assegura a estabilidade, visto que inaplicável a regra do § 3º do art. 543 da Consolidação das Leis do Trabalho. (ex-OJ n. 35 da SDI-1 – inserida em 14.03.1994)

370. Médico e engenheiro. Jornada de trabalho. Leis ns. 3.999/61 e 4.950-A/66 (conversão das OJs ns. 39 e 53 da SDI-1)

Tendo em vista que as Leis n. 3.999/61 e 4.950-A/66 não estipulam a jornada reduzida, mas apenas estabelecem o salário mínimo da categoria para uma jornada de 4 horas para os médicos e de 6 horas para os engenheiros, não há que se falar em horas extras, salvo as excedentes à oitava, desde que seja respeitado o salário mínimo/horário das categorias. (ex-OJs ns. 39 e 53 da SDI-1 – inseridas, respectivamente, em 07.11.1994 e 29.04.1994)

371. Aviso-prévio indenizado. Efeitos. Superveniência de auxílio-doença no curso deste (conversão das OJs ns. 40 e 135 da SDI-1)

A projeção do contrato de trabalho para o futuro, pela concessão do aviso-prévio indenizado, tem efeitos limitados às vantagens econômicas obtidas no período de pré-aviso, ou seja, salários, reflexos e verbas rescisórias. No caso de concessão de auxílio-doença no curso do aviso-prévio, todavia, só se concretizam os efeitos da dispensa depois de expirado o benefício previdenciário. (ex-OJs ns. 40 e 135 da SDI-1 – inseridas, respectivamente, em 28.11.1995 e 27.11.1998)

372. Gratificação de função. Supressão ou redução. Limites (conversão das OJs ns. 45 e 303 da SDI-1)

I – Percebida a gratificação de função por dez ou mais anos pelo empregado, se o empregador, sem justo motivo, revertê-lo a seu cargo efetivo, não poderá retirar-lhe a gratificação tendo em vista o princípio da estabilidade financeira. (ex-OJ n. 45 da SDI-1 – inserida em 25.11.1996)

II – Mantido o empregado no exercício da função comissionada, não pode o empregador reduzir o valor da gratificação. (ex-OJ n. 303 da SDI-1)

373. Gratificação semestral. Congelamento. Prescrição parcial (conversão da OJ n. 46 da SDI-1)

Tratando-se de pedido de diferença de gratificação semestral que teve seu valor congelado, a prescrição aplicável é a parcial. (ex-OJ n. 46 da SDI-1 – inserida em 29.03.1996)

374. Norma coletiva. Categoria diferenciada. Abrangência (conversão da OJ n. 55 da SDI-1)

Empregado integrante de categoria profissional diferenciada não tem o direito de haver de seu empregador vantagens previstas em instrumento coletivo no qual a empresa não foi representada por órgão de classe de sua categoria. (ex-OJ n. 55 da SDI-1 – inserida em 25.11.1996)

375. Reajustes salariais previstos em norma coletiva. Prevalência da legislação de política salarial (conversão da OJ n. 69 da SDI-1 e da OJ n. 40 da SDI-2)

Os reajustes salariais previstos em norma coletiva de trabalho não prevalecem frente à legislação superveniente de política salarial. (ex-OJs ns. 69 da SDI-1 – inserida em 14.03.1994 – e 40 da SDI-2 – inserida em 20.09.2000)

376. Horas extras. Limitação. Art. 59 da CLT. Reflexos (conversão das OJs ns. 89 e 117 da SDI-1)

I – A limitação legal da jornada suplementar a duas horas diárias não exime o empregador de pagar todas as horas trabalhadas. (ex-OJ n. 117 da SDI-1 – inserida em 20.11.1997)

II – O valor das horas extras habitualmente prestadas integra o cálculo dos haveres trabalhistas, independentemente da limitação prevista no *caput* do art. 59 da CLT. (ex-OJ n. 89 da SDI-1 – inserida em 28.04.1997)

377. Preposto. Exigência da condição de empregado

Exceto quanto à reclamação de empregado doméstico, ou contra micro ou pequeno empresário, o preposto deve ser necessariamente empregado do reclamado. Inteligência do art. 843, § 1º, da CLT e do art. 54 da Lei Complementar n. 123, de 14 de dezembro de 2006.

Redação dada pela Res. n. 146, de 24.04.2008.

378. Estabilidade provisória. Acidente de trabalho. Art. 118 da Lei n. 8.213/91 (conversão das OJs ns. 105 e 230 da SDI-1)

I – É constitucional o art. 118 da Lei n. 8.213/91 que assegura o direito à estabilidade provisória por período de 12 meses após a cessação do auxílio-doença ao empregado acidentado. (ex-OJ n. 105 da SDI-1 – inserida em 01.10.1997)

II – São pressupostos para a concessão da estabilidade o afastamento superior a 15 dias e a consequente percepção do auxílio-doença acidentário, salvo se constatada, após a despedida, doença profissional que guarde relação de causalidade com a execução do contrato de emprego. (primeira parte – ex-OJ n. 230 da SDI-1 – inserida em 20.06.2001)

III – O empregado submetido a contrato de trabalho por tempo determinado goza da garantia provisória de emprego, decorrente de acidente de trabalho, prevista no art. 118 da Lei n. 8.213/91.

Acrescentado pela Res. n. 185, de 14.09.2012.

379. Dirigente sindical. Despedida. Falta grave. Inquérito judicial. Necessidade (conversão da OJ n. 114 da SDI-1)

O dirigente sindical somente poderá ser dispensado por falta grave mediante a apuração em inquérito judicial, inteligência dos arts. 494 e 543, § 3º, da CLT. (ex-OJ n. 114 da SDI-1 – inserida em 20.11.1997)

380. Aviso-prévio. Início da contagem. Art. 132 do Código Civil de 2002 (conversão da OJ n. 122 da SDI-1)

Aplica-se a regra prevista no *caput* do art. 132 do Código Civil de 2002 à contagem do prazo do aviso-prévio, excluindo-se o dia do começo e incluindo o do vencimento. (ex-OJ n. 122 da SDI-1 – inserida em 20.04.1998)

381. Correção monetária. Salário. Art. 459 da CLT (conversão da OJ n. 124 da SDI-1)

O pagamento dos salários até o 5º dia útil do mês subsequente ao vencido não está sujeito à correção monetária. Se essa data limite for ultrapassada, incidirá o índice da correção monetária do mês subsequente ao da prestação dos serviços, a partir do dia 1º. (ex-OJ n. 124 da SDI-1 – inserida em 20.04.1998)

382. Mudança de regime celetista para estatutário. Extinção do contrato. Prescrição bienal (conversão da OJ n. 128 da SDI-1)

A transferência do regime jurídico de celetista para estatutário implica extinção do contrato de trabalho, fluindo o prazo da prescrição bienal a partir da mudança de regime. (ex-OJ n. 128 da SDI-1 – inserida em 20.04.1998)

383. Recurso. Mandato. Irregularidade de representação. CPC de 2015, arts. 104 e 76, § 2º (nova redação em decorrência do CPC/2015)

Redação dada pela Res. n. 210, de 27.10.2016.

I – É inadmissível recurso firmado por advogado sem procuração juntada aos autos até o momento da sua interposição, salvo mandato tácito. Em caráter excepcional (art. 104 do CPC de 2015), admite-se que o advogado, independentemente de intimação, exiba a procuração no prazo de 5 (cinco) dias após a interposição do recurso, prorrogável por igual período mediante despacho do juiz. Caso não a exiba, considera-se ineficaz o ato praticado e não se conhece do recurso.

Redação dada pela Res. n. 210, de 27.10.2016.

II – Verificada a irregularidade de representação da parte em fase recursal, em procuração ou substabelecimento já constante dos autos, o relator ou o órgão competente para julgamento do recurso designará prazo de 5 (cinco) dias para que seja sanado o vício. Descumprida a determinação, o relator não conhecerá do recurso, se a providência couber ao recorrente, ou determinará o desentranhamento das contrarrazões, se a providência couber ao recorrido (art. 76, § 2º, do CPC de 2015).

Redação dada pela Res. n. 210, de 27.10.2016.

384. Multa convencional. Cobrança (conversão das OJs ns. 150 e 239 da SDI-1)

I – O descumprimento de qualquer cláusula constante de instrumentos normativos diversos não submete o empregado a ajuizar várias ações, pleiteando em cada uma o pagamento da multa referente ao descumprimento de obrigações previstas nas cláusulas respectivas. (ex-OJ n. 150 da SDI-1 – inserida em 27.11.1998)

II – É aplicável multa prevista em instrumento normativo (sentença normativa, convenção ou acordo coletivo) em caso de descumprimento de obrigação prevista em lei, mesmo que a norma coletiva seja mera repetição de texto legal. (ex-OJ n. 239 da SDI-1 – inserida em 20.06.2001)

385. Feriado local ou forense. Ausência de expediente. Prazo recursal. Prorrogação. Comprovação. Necessidade (alterada em decorrência do CPC/2015)

Redação dada pela Res. n. 220, de 18.09.2017.

I – Incumbe à parte o ônus de provar, quando da interposição do recurso, a existência de feriado local que autorize a prorrogação do prazo recursal (art. 1.003, § 6º, do CPC de 2015). No caso de o recorrente alegar a existência de feriado local e não o comprovar no momento da interposição do recurso, cumpre ao relator conceder o prazo de 5 (cinco) dias para que seja sanado o vício (art. 932, parágrafo único, do CPC de 2015), sob pena de não conhecimento se da comprovação depender a tempestividade recursal;

Redação dada pela Res. n. 220, de 18.09.2017.

II – Na hipótese de feriado forense, incumbirá à autoridade que proferir a decisão de admissibilidade certificar o expediente nos autos;

Redação dada pela Res. n. 220, de 18.09.2017.

III – Admite-se a reconsideração da análise da tempestividade do recurso, mediante prova documental superveniente, em agravo de instrumento, agravo interno, agravo regimental, ou embargos de declaração, desde que, em momento anterior, não tenha havido a concessão de prazo para a comprovação da ausência de expediente forense.

Redação dada pela Res. n. 220, de 18.09.2017.

386. Policial militar. Reconhecimento de vínculo empregatício com empresa privada (conversão da OJ n. 167 da SDI-1)

Preenchidos os requisitos do art. 3º da CLT, é legítimo o reconhecimento de relação de emprego entre policial militar e empresa privada, independentemente do eventual cabimento de penalidade disciplinar prevista no Estatuto do Policial Militar. (ex-OJ n. 167 da SDI-1 – inserida em 26.03.1999)

387. Recurso. Fac-símile. Lei n. 9.800/99 (atualizada em decorrência do CPC/2015)

I – A Lei n. 9.800, de 26.05.1999, é aplicável somente a recursos interpostos após o início de sua vigência. (ex-OJ n. 194 da SDI-1 – inserida em 08.11.2000)

II – A contagem do quinquídio para apresentação dos originais de recurso interposto por intermédio de fac-símile começa a fluir do dia subsequente ao término do prazo recursal, nos termos do art. 2º da Lei n. 9.800/99, e não do dia seguinte à interposição do recurso, se esta se deu antes do termo final do prazo. (ex-OJ n. 337 da SDI-1 – primeira parte – *DJ* 04.05.2004)

III – Não se tratando a juntada dos originais de ato que dependa de notificação, pois a parte, ao interpor o recurso, já tem ciência de seu ônus processual, não se aplica a regra do art. 224 do CPC de 2015 (art. 184 do CPC de 1973) quanto ao *dies a quo*, podendo coincidir com sábado, domingo ou feriado. (ex-OJ n. 337, *in fine*, da SDI-1, *DJ* 04.05.2004)

Redação dada pela Res. n. 208, de 19.04.2016.

IV – A autorização para utilização do fac-símile, constante do art. 1º da Lei n. 9.800, de 26.05.1999, somente alcança as hipóteses em que o documento é dirigido diretamente ao órgão jurisdicional, não se aplicando à transmissão ocorrida entre particulares.

Acrescentado pela Res. n. 174, de 24.05.2011.

388. Massa falida. Arts. 467 e 477 da CLT. Inaplicabilidade (conversão das OJs ns. 201 e 314 da SDI-1)

A massa falida não se sujeita à penalidade do art. 467 e nem à multa do § 8º do art. 477, ambos da CLT. (ex-OJs ns. 201 e 314 da SDI-1)

389. Seguro-desemprego. Competência da Justiça do Trabalho. Direito à indenização por não liberação de guias (conversão das OJs ns. 210 e 211 da SDI-1)

I – Inscreve-se na competência material da Justiça do Trabalho a lide entre empregado e empregador tendo por objeto indenização pelo não fornecimento das guias do seguro-desemprego. (ex-OJ n. 210 da SDI-1 – inserida em 08.11.2000)

II – O não fornecimento pelo empregador da guia necessária para o recebimento do seguro-desemprego dá origem ao direito à indenização. (ex-OJ n. 211 da SDI-1 – inserida em 08.11.2000)

390. Estabilidade. Art. 41 da CF/88. Celetista. Administração direta, autárquica ou fundacional. Aplicabilidade. Empregado de

empresa pública e sociedade de economia mista. Inaplicável (conversão das OJs ns. 229 e 265 da SDI-1 e da OJ n. 22 da SDI-2)

I – O servidor público celetista da administração direta, autárquica ou fundacional é beneficiário da estabilidade prevista no art. 41 da CF/88. (ex-OJs ns. 265 da SDI-1 – inserida em 27.09.2002 – e 22 da SDI-2 – inserida em 20.09.2000)

II – Ao empregado de empresa pública ou de sociedade de economia mista, ainda que admitido mediante aprovação em concurso público, não é garantida a estabilidade prevista no art. 41 da CF/88. (ex-OJ n. 229 da SDI-1 – inserida em 20.06.2001)

391. Petroleiros. Lei n. 5.811/72. Turno ininterrupto de revezamento. Horas extras e alteração da jornada para horário fixo (conversão das OJs ns. 240 e 333 da SDI-1)

I – A Lei n. 5.811/72 foi recepcionada pela CF/88 no que se refere à duração da jornada de trabalho em regime de revezamento dos petroleiros. (ex-OJ n. 240 da SDI-1 – inserida em 20.06.2001)

II – A previsão contida no art. 10 da Lei n. 5.811/72, possibilitando a mudança do regime de revezamento para horário fixo, constitui alteração lícita, não violando os arts. 468 da CLT e 7º, VI, da CF/88. (ex-OJ n. 333 da SDI-1)

392. Dano moral e material. Relação de trabalho. Competência da Justiça do Trabalho (redação alterada na sessão do Tribunal Pleno realizada em 27.10.2015)

Nos termos do art. 114, inc. VI, da Constituição da República, a Justiça do Trabalho é competente para processar e julgar ações de indenização por dano moral e material, decorrentes da relação de trabalho, inclusive as oriundas de acidente de trabalho e doenças a ele equiparadas, ainda que propostas pelos dependentes ou sucessores do trabalhador falecido.

Redação dada pela Res. n. 200, de 27.10.2015.

393. Recurso ordinário. Efeito devolutivo em profundidade. Art. 1.013, § 1º, do CPC de 2015. Art. 515, § 1º, do CPC de 1973. (nova redação em decorrência do CPC/2015)

Redação dada pela Res. n. 208, de 19.04.2016.

I – O efeito devolutivo em profundidade do recurso ordinário, que se extrai do § 1º do art. 1.013 do CPC de 2015 (art. 515, § 1º, do CPC de 1973), transfere ao Tribunal a apreciação dos fundamentos da inicial ou da defesa, não examinados pela sentença, ainda que não renovados em contrarrazões, desde que relativos ao capítulo impugnado.

Redação dada pela Res. n. 208, de 19.04.2016.

II – Se o processo estiver em condições, o tribunal, ao julgar o recurso ordinário, deverá decidir desde logo o mérito da causa, nos termos do § 3º do art. 1.013 do CPC de 2015, inclusive quando constatar a omissão da sentença no exame de um dos pedidos.

Redação dada pela Res. n. 208, de 19.04.2016.

394. Fato superveniente. Art. 493 do CPC de 2015. Art. 462 do CPC de 1973 (atualizada em decorrência do CPC/2015)

Redação dada pela Res. n. 208, de 19.04.2016.

O art. 493 do CPC de 2015 (art. 462 do CPC de 1973), que admite a invocação de fato constitutivo, modificativo ou extintivo do direito, superveniente à propositura da ação, é aplicável de ofício aos processos em curso em qualquer instância trabalhista. Cumpre ao juiz ou tribunal ouvir as partes sobre o fato novo antes de decidir.

Redação dada pela Res. n. 208, de 19.04.2016.

395. Mandato e substabelecimento. Condições de validade (nova redação dos itens I e II e acrescido o item V em decorrência do CPC/2015)

I – Válido é o instrumento de mandato com prazo determinado que contém cláusula estabelecendo a prevalência dos poderes para atuar até o final da demanda (§ 4º do art. 105 do CPC de 2015). (ex-OJ n. 312 da SDI-1 – *DJ* 11.08.2003)

Redação dada pela Res. n. 211, de 22.08.2016.

II – Se há previsão, no instrumento de mandato, de prazo para sua juntada, o mandato só tem validade se anexado ao processo o respectivo instrumento no aludido prazo. (ex-OJ n. 313 da SDI-1 – *DJ* 11.08.2003)

Redação dada pela Res. n. 211, de 22.08.2016.

III – São válidos os atos praticados pelo substabelecido, ainda que não haja, no mandato, poderes expressos para substabelecer (art. 667, e parágrafos, do Código Civil de 2002). (ex-OJ n. 108 da SDI-1 – inserida em 01.10.1997)

IV – Configura-se a irregularidade de representação se o substabelecimento é anterior à outorga passada ao substabelecente. (ex-OJ n. 330 da SDI-1)

V – Verificada a irregularidade de representação nas hipóteses dos itens II e IV, deve o juiz suspender o processo e designar prazo razoável para que seja sanado o vício, ainda que em instância recursal (art. 76 do CPC de 2015).

Acrescentado pela Res. n. 211, de 22.08.2016.

396. Estabilidade provisória. Pedido de reintegração. Concessão do salário relativo ao período de estabilidade já exaurido. Inexistência de julgamento *extra petita* (conversão das OJs ns. 106 e 116 da SDI-1)

I – Exaurido o período de estabilidade, são devidos ao empregado apenas os salários do período compreendido entre a data da despedida e o final do período de estabilidade, não lhe sendo assegurada a reintegração no emprego. (ex-OJ n. 116 da SDI-1 – inserida em 01.10.1997)

II – Não há nulidade por julgamento *extra petita* da decisão que deferir salário quando o pedido for de reintegração, dados os termos do art. 496 da CLT. (ex-OJ n. 106 da SDI-1 – inserida em 20.11.1997)

397. Ação rescisória. Art. 966, IV, do CPC de 2015. Art. 485, IV, do CPC de 1973. Ação de cumprimento. Ofensa à coisa julgada emanada de sentença normativa modificada em grau de recurso. Inviabilidade. Cabimento de mandado de segurança (atualizada em decorrência do CPC/2015)

Redação dada pela Res. n. 208, de 19.04.2016.

Não procede ação rescisória calcada em ofensa à coisa julgada perpetrada por decisão proferida em ação de cumprimento, em face de a sentença normativa, na qual se louvava, ter sido modificada em grau de recurso, porque em dissídio coletivo somente se consubstancia coisa julgada formal. Assim, os meios processuais aptos a atacarem a execução da cláusula reformada são a exceção de pré-executividade e o mandado de segurança, no caso de descumprimento do art. 514 do CPC de 2015 (art. 572 do CPC de 1973). (ex-OJ n. 116 da SDI-2 – *DJ* 11.08.2003)

Redação dada pela Res. n. 211, de 22.08.2016.

398. Ação rescisória. Ausência de defesa. Inaplicáveis os efeitos da revelia (alterada em decorrência do CPC/2015)

Redação dada pela Res. n. 219, de 18.06.2017.

Na ação rescisória, o que se ataca é a decisão, ato oficial do Estado, acobertado pelo manto da coisa julgada. Assim, e considerando que a coisa julgada envolve questão de ordem pública, a revelia não produz confissão na ação rescisória. (ex-OJ n. 126 da SBDI-2 – *DJ* 09.12.2003).

Redação dada pela Res. n. 219, de 18.06.2017.

399. Ação rescisória. Cabimento. Sentença de mérito. Decisão homologatória de adjudicação, de arrematação e de cálculos (conversão das OJs ns. 44, 45 e 85, primeira parte, da SDI-2)

I – É incabível ação rescisória para impugnar decisão homologatória de adjudicação ou arrematação. (ex-OJs ns. 44 e 45 da SDI-2 – inseridas em 20.09.2000)

II – A decisão homologatória de cálculos apenas comporta rescisão quando enfrentar as questões envolvidas na elaboração da conta de liquidação, quer solvendo a controvérsia das partes quer explicitando, de ofício, os motivos pelos quais acolheu os cálculos oferecidos por uma das partes ou pelo setor de cálculos, e não contestados pela outra. (ex-OJ n. 85 da SDI-2 – primeira parte – inserida em 13.03.2002 e alterada em 26.11.2002)

400. Ação rescisória de ação rescisória. Violação manifesta de norma jurídica. Indicação da mesma norma jurídica apontada na rescisória primitiva (mesmo dispositivo de

lei sob o CPC de 1973) (nova redação em decorrência do CPC/2015)

Redação dada pela Res. n. 208, de 19.04.2016.

Em se tratando de rescisória de rescisória, o vício apontado deve nascer na decisão rescindenda, não se admitindo a rediscussão do acerto do julgamento da rescisória anterior. Assim, não procede rescisória calcada no inciso V do art. 966 do CPC de 2015 (art. 485, V, do CPC de 1973) para discussão, por má aplicação da mesma norma jurídica, tida por violada na rescisória anterior, bem como para arguição de questões inerentes à ação rescisória primitiva. (ex-OJ n. 95 da SDI-2 – inserida em 27.09.2002 e alterada *DJ* 16.04.2004)

Redação dada pela Res. n. 208, de 19.04.2016.

401. Ação rescisória. Descontos legais. Fase de execução. Sentença exequenda omissa. Inexistência de ofensa à coisa julgada (conversão da OJ n. 81 da SDI-2)

Os descontos previdenciários e fiscais devem ser efetuados pelo juízo executório, ainda que a sentença exequenda tenha sido omissa sobre a questão, dado o caráter de ordem pública ostentado pela norma que os disciplina. A ofensa à coisa julgada somente poderá ser caracterizada na hipótese de o título exequendo, expressamente, afastar a dedução dos valores a título de imposto de renda e de contribuição previdenciária. (ex-OJ n. 81 da SDI-2 – inserida em 13.03.2002)

402. Ação rescisória. Prova nova. Dissídio coletivo. Sentença normativa (nova redação em decorrência do CPC/2015)

Redação dada pela Res. n. 217, de 17.04.2017.

I – Sob a vigência do CPC de 2015 (art. 966, inciso VII), para efeito de ação rescisória, considera-se prova nova a cronologicamente velha, já existente ao tempo do trânsito em julgado da decisão rescindenda, mas ignorada pelo interessado ou de impossível utilização, à época, no processo.

Redação dada pela Res. n. 217, de 17.04.2017.

II – Não é prova nova apta a viabilizar a desconstituição de julgado: a) sentença normativa proferida ou transitada em julgado posteriormente à sentença rescindenda; b) sentença normativa preexistente à sentença rescindenda, mas não exibida no processo principal, em virtude de negligência da parte, quando podia e deveria louvar-se de documento já existente e não ignorado quando emitida a decisão rescindenda. (ex-OJ n. 20 da SBDI-2 – inserida em 20.09.2000).

Redação dada pela Res. n. 217, de 17.04.2017.

403. Ação rescisória. Dolo da parte vencedora em detrimento da vencida. Art. 485, III, do CPC (conversão das OJs ns. 111 e 125 da SDI-2)

I – Não caracteriza dolo processual, previsto no art. 485, III, do CPC, o simples fato de a parte vencedora haver silenciado a respeito de fatos contrários a ela, porque o procedimento, por si só, não constitui ardil do qual resulte cerceamento de defesa e, em consequência, desvie o juiz de uma sentença não condizente com a verdade. (ex-OJ n. 125 da SDI-2)

II – Se a decisão rescindenda é homologatória de acordo, não há parte vencedora ou vencida, razão pela qual não é possível a sua desconstituição calcada no inciso III do art. 485 do CPC (dolo da parte vencedora em detrimento da vencida), pois constitui fundamento de rescindibilidade que supõe solução jurisdicional para a lide. (ex-OJ n. 111 da SDI-2)

404. Ação rescisória. Fundamento para invalidar confissão. Confissão ficta. Inadequação do enquadramento no art. 485, VIII, do CPC de 1973

Redação dada pela Res. n. 209, de 30.05.2016.

O art. 485, VIII, do CPC de 1973, ao tratar do fundamento para invalidar a confissão como hipótese de rescindibilidade da decisão judicial, referia-se à confissão real, fruto de erro, dolo ou coação, e não à confissão ficta resultante de revelia.

Redação dada pela Res. n. 209, de 30.05.2016.

405. Ação rescisória. Tutela provisória. (nova redação em decorrência do CPC/2015)

Redação dada pela Res. n. 208, de 19.04.2016.

Em face do que dispõem a MP n. 1.984-22/2000 e o art. 969 do CPC de 2015, é cabível o pedido de tutela provisória formulado na petição inicial de ação rescisória ou na fase recursal, visando a suspender a execução da decisão rescindenda.

Redação dada pela Res. n. 208, de 19.04.2016.

406. Ação rescisória. Litisconsórcio. Necessário no polo passivo e facultativo no ativo. Inexistente quanto aos substituídos pelo sindicato (conversão das OJs ns. 82 e 110 da SDI-2)

I – O litisconsórcio, na ação rescisória, é necessário em relação ao polo passivo da demanda, porque supõe uma comunidade de direitos ou de obrigações que não admite solução díspar para os litisconsortes, em face da indivisibilidade do objeto. Já em relação ao polo ativo, o litisconsórcio é facultativo, uma vez que a aglutinação de autores se faz por conveniência e não pela necessidade decorrente da natureza do litígio, pois não se pode condicionar o exercício do direito individual de um dos litigantes no processo originário à anuência dos demais para retomar a lide. (ex-OJ n. 82 da SDI-2 – inserida em 13.03.2002)

II – O Sindicato, substituto processual e autor da reclamação trabalhista, em cujos autos fora proferida a decisão rescindenda, possui legitimidade para figurar como réu na ação rescisória, sendo descabida a exigência de citação de todos os empregados substituídos, porquanto inexistente litisconsórcio passivo necessário. (ex-OJ n. 110 da SDI-2)

407. Ação rescisória. Ministério Público. Legitimidade *ad causam* prevista no art. 967, III, *a*, *b* e *c* do CPC de 2015. Art. 487, III, *a* e *b*, do CPC de 1973. Hipóteses meramente exemplificativas (nova redação em decorrência do CPC/2015)

Redação dada pela Res. n. 208, de 19.04.2016.

A legitimidade *ad causam* do Ministério Público para propor ação rescisória, ainda que não tenha sido parte no processo que deu origem à decisão rescindenda, não está limitada às alíneas *a*, *b* e *c* do inciso III do art. 967 do CPC de 2015 (art. 487, III, *a* e *b*, do CPC de 1973), uma vez que traduzem hipóteses meramente exemplificativas (ex-OJ n. 83 da SDI-2 – inserida em 13.03.2002)

Redação dada pela Res. n. 208, de 19.04.2016.

408. Ação rescisória. Petição inicial. Causa de pedir. Ausência de capitulação ou capitulação errônea no art. 966 do CPC de 2015. Art. 485 do CPC de 1973. Princípio *iura novit curia* (nova redação em decorrência do CPC/2015)

Redação dada pela Res. n. 208, de 19.04.2016.

Não padece de inépcia a petição inicial de ação rescisória apenas porque omite a subsunção do fundamento de rescindibilidade no art. 966 do CPC de 2015 (art. 485 do CPC de 1973) ou o capitula erroneamente em um de seus incisos. Contanto que não se afaste dos fatos e fundamentos invocados como causa de pedir, ao Tribunal é lícito emprestar-lhes a adequada qualificação jurídica (*iura novit curia*). No entanto, fundando-se a ação rescisória no art. 966, inciso V, do CPC de 2015 (art. 485, inciso V, do CPC de 1973), é indispensável expressa indicação, na petição inicial da ação rescisória, da norma jurídica manifestamente violada (dispositivo legal violado sob o CPC de 1973), por se tratar de causa de pedir da rescisória, não se aplicando, no caso, o princípio *iura novit curia*. (ex-OJs ns. 32 e 33 da SDI-2 – inseridas em 20.09.2000)

Redação dada pela Res. n. 208, de 19.04.2016.

409. Ação rescisória. Prazo prescricional. Total ou parcial. Violação do art. 7º, XXIX, da CF/88. Matéria infraconstitucional (conversão da OJ n. 119 da SDI-2)

Não procede ação rescisória calcada em violação do art. 7º, XXIX, da CF/88 quando a questão envolve discussão sobre a espécie de prazo prescricional aplicável aos créditos trabalhistas, se total ou parcial, porque a matéria tem índole infraconstitucional, construída, na Justiça do Trabalho, no plano jurisprudencial. (ex-OJ n. 119 da SDI-2)

410. Ação rescisória. Reexame de fatos e provas. Inviabilidade (conversão da OJ n. 109 da SDI-2)

A ação rescisória calcada em violação de lei não admite reexame de fatos e provas do processo que originou a decisão rescindenda. (ex-OJ n. 109 da SDI-2)

411. Ação rescisória. Sentença de mérito. Decisão de Tribunal Regional do Trabalho em agravo regimental confirmando decisão monocrática do relator que, aplicando a Súmula n. 83 do TST, indeferiu a petição inicial da ação rescisória. Cabimento (conversão da OJ n. 43 da SDI-2)

Se a decisão recorrida, em agravo regimental, aprecia a matéria na fundamentação, sob o enfoque das Súmulas ns. 83 do TST e 343 do STF, constitui sentença de mérito, ainda que haja resultado no indeferimento da petição inicial e na extinção do processo sem julgamento do mérito. Sujeita-se, assim, à reforma pelo TST, a decisão do Tribunal que, invocando controvérsia na interpretação da lei, indefere a petição inicial de ação rescisória. (ex-OJ n. 43 da SDI-2 – inserida em 20.09.2000)

412. Ação rescisória. Regência pelo CPC de 1973. Sentença de mérito. Questão processual (nova redação em decorrência do CPC/2015)

Redação dada pela Res. n. 217, de 17.04.2017.

Sob a égide do CPC de 1973, pode uma questão processual ser objeto de rescisão desde que consista em pressuposto de validade de uma sentença de mérito. (ex-OJ n. 46 da SBDI-2 – inserida em 20.09.2000).

Redação dada pela Res. n. 217, de 17.04.2017.

413. Ação rescisória. Sentença de mérito. Violação do art. 896, *a*, da CLT (nova redação em decorrência do CPC/2015)

É incabível ação rescisória, por violação do art. 896, *a*, da CLT, contra decisão transitada em julgado sob a égide do CPC de 1973 que não conhece de recurso de revista, com base em divergência jurisprudencial, pois não se cuidava de sentença de mérito (art. 485 do CPC de 1973). (ex-OJ n. 47 da SDI-2 – inserida em 20.09.2000)

Redação dada pela Res. n. 209, de 30.05.2016.

414. Mandado de segurança. Tutela provisória concedida antes ou na sentença (nova redação em decorrência do CPC de 2015)

Redação dada pela Res. n. 217, de 17.04.2017.

I – A tutela provisória concedida na sentença não comporta impugnação pela via do mandado de segurança, por ser impugnável mediante recurso ordinário. É admissível a obtenção de efeito suspensivo ao recurso ordinário mediante requerimento dirigido ao tribunal, ao relator ou ao presidente ou ao vice-presidente do tribunal recorrido, por aplicação subsidiária ao processo do trabalho do art. 1.029, § 5º, do CPC de 2015.

Redação dada pela Res. n. 217, de 17.04.2017.

II – No caso de a tutela provisória haver sido concedida ou indeferida antes da sentença, cabe mandado de segurança, em face da inexistência de recurso próprio.

Redação dada pela Res. n. 217, de 17.04.2017.

III – A superveniência da sentença, nos autos originários, faz perder o objeto do mandado de segurança que impugnava a concessão ou o indeferimento da tutela provisória.

Redação dada pela Res. n. 217, de 17.04.2017.

415. Mandado de segurança. Petição inicial. Art. 321 do CPC de 2015. Art. 284 do CPC de 1973. Inaplicabilidade (nova redação em decorrência do CPC/2015)

Redação dada pela Res. n. 208, de 19.04.2016.

Exigindo o mandado de segurança prova documental pré-constituída, inaplicável o art. 321 do CPC de 2015 (art. 284 do CPC de 1973) quando verificada, na petição inicial do *mandamus*, a ausência de documento indispensável ou de sua autenticação. (ex-OJ n. 52 da SDI-2 – inserida em 20.09.2000)

Redação dada pela Res. n. 208, de 19.04.2016.

416. Mandado de segurança. Execução. Lei n. 8.432/92. Art. 897, § 1º, da CLT. Cabimento (conversão da OJ n. 55 da SDI-2)

Devendo o agravo de petição delimitar justificadamente a matéria e os valores objeto de discordância, não fere direito líquido e certo o prosseguimento da execução quanto aos tópicos e valores não especificados no agravo. (ex-OJ n. 55 da SDI-2 – inserida em 20.09.2000)

417. Mandado de segurança. Penhora em dinheiro (alterado o item I, atualizado o item II e cancelado o item III, modulando-se os efeitos da presente redação de forma a atingir unicamente as penhoras em dinheiro em execução provisória efetivadas a partir de 18.03.2016, data de vigência do CPC/2015)

I – Não fere direito líquido e certo do impetrante o ato judicial que determina penhora em dinheiro do executado para garantir crédito exequendo, pois é prioritária e obedece à gradação prevista no art. 835 do CPC de 2015 (art. 655 do CPC de 1973).

Redação dada pela Res. n. 212, de 19.09.2016.

II – Havendo discordância do credor, em execução definitiva, não tem o executado direito líquido e certo a que os valores penhorados em dinheiro fiquem depositados no próprio banco, ainda que atenda aos requisitos do art. 840, I, do CPC de 2015 (art. 666, I, do CPC de 1973). (ex-OJ n. 61 da SDI-2 – inserida em 20.09.2000)

Redação dada pela Res. n. 212, de 19.09.2016.

418. Mandado de segurança visando à homologação de acordo (nova redação em decorrência do CPC de 2015)

Redação dada pela Res. n. 217, de 17.04.2017.

A homologação de acordo constitui faculdade do juiz, inexistindo direito líquido e certo tutelável pela via do mandado de segurança.

Redação dada pela Res. n. 217, de 17.04.2017.

419. Competência. Embargos de terceiro. Execução por carta precatória. Juízo deprecado (alterado em decorrência do CPC/2015)

Redação dada pela Res. n. 212, de 19.09.2016.

Na execução por carta precatória, os embargos de terceiro serão oferecidos no juízo deprecado, salvo se indicado pelo juízo deprecante o bem constrito ou se já devolvida a carta (art. 676, parágrafo único, do CPC de 2015).

Redação dada pela Res. n. 212, de 19.09.2016.

420. Competência funcional. Conflito negativo. TRT e Vara do Trabalho de idêntica região. Não configuração (conversão da OJ n. 115 da SDI-2)

Não se configura conflito de competência entre Tribunal Regional do Trabalho e Vara do Trabalho a ele vinculada. (ex-OJ n. 115 da SDI-2)

421. Embargos de declaração. Cabimento. Decisão monocrática do relator calcada no art. 932 do CPC de 2015. Art. 557 do CPC de 1973 (alterado em decorrência do CPC/2015)

Redação dada pela Res. n. 208, de 19.04.2016.

I – Cabem embargos de declaração da decisão monocrática do relator prevista no art. 932 do CPC de 2015 (art. 557 do CPC de 1973), se a parte pretende tão somente juízo integrativo retificador da decisão e, não, modificação do julgado.

Redação dada pela Res. 208, de 19.04.2016.

II – Se a parte postular a revisão no mérito da decisão monocrática, cumpre ao relator converter os embargos de declaração em agravo, em face dos princípios da fungibilidade e celeridade processual, submetendo-o ao pronunciamento do Colegiado, após a intimação do recorrente para, no prazo de 5 (cinco) dias, complementar as razões recursais, de modo a ajustá-las às exigências do art. 1.021, § 1º, do CPC de 2015.

Redação dada pela Res. 208, de 19.04.2016.

422. Recurso. Fundamento ausente ou deficiente. Não conhecimento. (redação alterada, com inserção dos itens I, II e III)

I – Não se conhece de recurso para o Tribunal Superior do Trabalho se as razões do recorrente não impugnam os fundamentos da decisão recorrida, nos termos em que proferida.

II – o entendimento referido no item anterior não se aplica em relação à motivação secundária e impertinente, consubstanciada em despacho de admissibilidade de recurso ou em decisão monocrática.

III – Inaplicável a exigência do item I relativamente ao recurso ordinário da competência de Tribunal Regional do Trabalho, exceto em caso de recurso cuja motivação é inteiramente dissociada dos fundamentos da sentença.

Redação dada pela Res. n. 199, de 09.06.2015.

423. Turno ininterrupto de revezamento. Fixação de jornada de trabalho mediante negociação coletiva. Validade (conversão da OJ n. 169 da SDI-1)

Estabelecida jornada superior a seis horas e limitada a oito horas por meio de regular negociação coletiva, os empregados submetidos a turnos ininterruptos de revezamento não têm direito ao pagamento da 7ª e 8ª horas como extras.

424. Recurso administrativo. Pressuposto de admissibilidade. Depósito prévio da multa administrativa. Não recepção pela Constituição Federal do § 1º do art. 636 da CLT

O § 1º do art. 636 da CLT, que estabelece a exigência de prova do depósito prévio do valor da multa cominada em razão de autuação administrativa como pressuposto de admissibilidade de recurso administrativo, não foi recepcionado pela Constituição Federal de 1988, ante a sua incompatibilidade com o inciso LV do art. 5º.

425. *Jus postulandi* na Justiça do Trabalho. Alcance

O *jus postulandi* das partes, estabelecido no art. 791 da CLT, limita-se às Varas do Trabalho e aos Tribunais Regionais do Trabalho, não alcançando a ação rescisória, a ação cautelar, o mandado de segurança e os recursos de competência do Tribunal Superior do Trabalho.

426. Depósito recursal. Utilização da guia GFIP. Obrigatoriedade

Nos dissídios individuais o depósito recursal será efetivado mediante a utilização da Guia de Recolhimento do FGTS e Informações à Previdência Social – GFIP, nos termos dos §§ 4º e 5º do art. 899 da CLT, admitido o depósito judicial, realizado na sede do juízo e à disposição deste, na hipótese de relação de trabalho não submetida ao regime do FGTS.

Redação dada pela Res. n. 174, de 24.05.2011.

427. Intimação. Pluralidade de advogados. Publicação em nome de advogado diverso daquele expressamente indicado. Nulidade

Havendo pedido expresso de que as intimações e publicações sejam realizadas exclusivamente em nome de determinado advogado, a comunicação em nome de outro profissional constituído nos autos é nula, salvo se constatada a inexistência de prejuízo.

Redação dada pela Res. n. 174, de 24.05.2011.

428. Sobreaviso. Aplicação analógica do art. 244, § 2º, da CLT

I – O uso de instrumentos telemáticos ou informatizados fornecidos pela empresa ao empregado, por si só, não caracteriza o regime de sobreaviso.

II – Considera-se em sobreaviso o empregado que, à distância e submetido a controle patronal por instrumentos telemáticos ou informatizados, permanecer em regime de plantão ou equivalente, aguardando a qualquer momento o chamado para o serviço durante o período de descanso.

Redação dada pela Res. n. 185, de 14.09.2012.

429. Tempo à disposição do empregador. Art. 4º da CLT. Período de deslocamento entre a portaria e o local de trabalho

Considera-se à disposição do empregador, na forma do art. 4º da CLT, o tempo necessário ao deslocamento do trabalhador entre a portaria da empresa e o local de trabalho, desde que supere o limite de 10 (dez) minutos diários.

Redação dada pela Res. n. 174, de 24.05.2011.

430. Administração Pública Indireta. Contratação. Ausência de concurso público. Nulidade. Ulterior privatização. Convalidação. Insubsistência do vício

Convalidam-se os efeitos do contrato de trabalho que, considerado nulo por ausência de concurso público, quando celebrado originalmente com ente da Administração Pública Indireta, continua a existir após a sua privatização.

Redação dada pela Res. n. 177, de 06.02.2012.

431. Salário-hora. Empregado sujeito ao regime geral de trabalho (art. 58, *caput*, da CLT). 40 horas semanais. Cálculo. Aplicação do divisor 200

Para os empregados a que alude o art. 58, *caput*, da CLT, quando sujeitos a 40 horas semanais de trabalho, aplica-se o divisor 200 (duzentos) para o cálculo do valor do salário-hora.

Redação dada pela Res. n. 185, de 14.09.2012.

432. Contribuição sindical rural. Ação de cobrança. Penalidade por atraso no recolhimento. Inaplicabilidade do art. 600 da CLT. Incidência do art. 2º da Lei n. 8.022/1990

O recolhimento a destempo da contribuição sindical rural não acarreta a aplicação da multa progressiva prevista no art. 600 da CLT, em decorrência da sua revogação tácita pela Lei n. 8.022, de 12 de abril de 1990.

Redação dada pela Res. n. 177, de 06.02.2012.

433. Embargos. Admissibilidade. Proces-

so em fase de execução. Acórdão de Turma publicado na vigência da Lei n. 11.496, de 26.06.2007. Divergência de interpretação de dispositivo constitucional

A admissibilidade do recurso de embargos contra acórdão de Turma em Recurso de Revista em fase de execução, publicado na vigência da Lei n. 11.496, de 26.06.2007, condiciona-se à demonstração de divergência jurisprudencial entre Turmas ou destas e a Seção Especializada em Dissídios Individuais do Tribunal Superior do Trabalho em relação à interpretação de dispositivo constitucional.

Redação dada pela Res. n. 177, de 06.02.2012.

434. Recurso. Interposição antes da publicação do acórdão impugnado. Extemporaneidade (cancelada pela Res. n. 198, de 09.06.2015)

435. Decisão monocrática. Relator. Art. 932 do CPC de 2015. Art. 557 do CPC de 1973. Aplicação subsidiária ao processo do trabalho (atualizada em decorrência do CPC/2015)

Aplica-se subsidiariamente ao processo do trabalho o art. 932 do CPC de 2015 (art. 557 do CPC de 1973).

Redação dada pela Res. n. 208, de 19.04.2016.

436. Representação processual. Procurador da União, Estados, Municípios e Distrito Federal, suas autarquias e fundações públicas. Juntada de instrumento de mandato (conversão da OJ n. 52 da SDI-I e inserção do item II à redação)

I – A União, Estados, Municípios e Distrito Federal, suas autarquias e fundações públicas, quando representadas em juízo, ativa e passivamente, por seus procuradores, estão dispensadas da juntada de instrumento de mandato e de comprovação do ato de nomeação.

II – Para os efeitos do item anterior, é essencial que o signatário ao menos declare-se exercente do cargo de procurador, não bastando a indicação do número de inscrição na Ordem dos Advogados do Brasil.

Redação dada pela Res. n. 185, de 14.09.2012.

437. Intervalo intrajornada para repouso e alimentação. Aplicação do art. 71 da CLT (conversão das OJs ns. 307, 342, 354, 380 e 381 da SDI-1)

I – Após a edição da Lei n. 8.923/94, a não concessão ou a concessão parcial do intervalo intrajornada mínimo, para repouso e alimentação, a empregados urbanos e rurais, implica o pagamento total do período correspondente, e não apenas daquele suprimido, com acréscimo de, no mínimo, 50% sobre o valor da remuneração da hora normal de trabalho (art. 71 da CLT), sem prejuízo do cômputo da efetiva jornada de labor para efeito de remuneração.

II – É inválida cláusula de acordo ou convenção coletiva de trabalho contemplando a supressão ou redução do intervalo intrajornada porque este constitui medida de higiene, saúde e segurança do trabalho, garantido por norma de ordem pública (art. 71 da CLT e art. 7º, XXII, da CF/1988), infenso à negociação coletiva.

III – Possui natureza salarial a parcela prevista no art. 71, § 4º, da CLT, com redação introduzida pela Lei n. 8.923, de 27 de julho de 1994, quando não concedido ou reduzido pelo empregador o intervalo mínimo intrajornada para repouso e alimentação, repercutindo, assim, no cálculo de outras parcelas salariais.

IV – Ultrapassada habitualmente a jornada de seis horas de trabalho, é devido o gozo do intervalo intrajornada mínimo de uma hora, obrigando o empregador a remunerar o período para descanso e alimentação não usufruído como extra, acrescido do respectivo adicional, na forma prevista no art. 71, *caput* e § 4º da CLT.

Redação dada pela Res. n. 185, de 14.09.2012.

438. Intervalo para recuperação térmica do empregado. Ambiente artificialmente frio. Horas extras. Art. 253 da CLT. Aplicação analógica

O empregado submetido a trabalho contínuo em ambiente artificialmente frio, nos termos do parágrafo único do art. 253 da CLT, ainda que não labore em câmara frigorífica, tem direito ao intervalo intrajornada previsto no *caput* do art. 253 da CLT.

Redação dada pela Res. n. 185, de 14.09.2012.

439. Danos morais. Juros de mora e atualização monetária. Termo inicial

Nas condenações por dano moral, a atualização monetária é devida a partir da data da decisão de arbitramento ou de alteração do valor. Os juros incidem desde o ajuizamento da ação, nos termos do art. 883 da CLT.

Redação dada pela Res. n. 185, de 14.09.2012.

440. Auxílio-doença acidentário. Aposentadoria por invalidez. Suspensão do contrato de trabalho. Reconhecimento do direito à manutenção de plano de saúde ou de assistência médica

Assegura-se o direito à manutenção de plano de saúde ou de assistência médica oferecido pela empresa ao empregado, não obstante suspenso o contrato de trabalho em virtude de auxílio-doença acidentário ou de aposentadoria por invalidez.

Redação dada pela Res. n. 185, de 14.09.2012.

441. Aviso-prévio. Proporcionalidade

O direito ao aviso-prévio proporcional ao tempo de serviço somente é assegurado nas rescisões de contrato de trabalho ocorridas a partir da publicação da Lei n. 12.506, em 13 de outubro de 2011.

Redação dada pela Res. n. 185, de 14.09.2012.

442. Procedimento sumaríssimo. Recurso de revista fundamentado em contrariedade a orientação jurisprudencial. Inadmissibilidade. Art. 896, § 6º, da CLT, acrescentado pela Lei n. 9.957, de 12.01.2000 (conversão da OJ n. 352 da SDI-1)

Nas causas sujeitas ao procedimento sumaríssimo, a admissibilidade de recurso de revista está limitada à demonstração de violação direta a dispositivo da Constituição Federal ou contrariedade a Súmula do Tribunal Superior do Trabalho, não se admitindo o recurso por contrariedade a Orientação Jurisprudencial deste Tribunal (Livro II, Título II, Capítulo III, do RITST), ante a ausência de previsão no art. 896, § 6º, da CLT.

Redação dada pela Res. n. 185, de 14.09.2012.

443. Dispensa discriminatória. Presunção. Empregado portador de doença grave. Estigma ou preconceito. Direito à reintegração

Presume-se discriminatória a despedida de empregado portador do vírus HIV ou de outra doença grave que suscite estigma ou preconceito. Inválido o ato, o empregado tem direito à reintegração no emprego.

Redação dada pela Res. n. 185, de 14.09.2012.

444. Jornada de trabalho. Norma coletiva. Lei. Escala de 12 por 36. Validade

É válida, em caráter excepcional, a jornada de doze horas de trabalho por trinta e seis de descanso, prevista em lei ou ajustada exclusivamente mediante acordo coletivo de trabalho ou convenção coletiva de trabalho, assegurada a remuneração em dobro dos feriados trabalhados. O empregado não tem direito ao pagamento de adicional referente ao labor prestado na décima primeira e décima segunda horas.

Redação dada pela Res. n. 185, de 14.09.2012.

445. Inadimplemento de verbas trabalhistas. Frutos. Posse de má-fé. Art. 1.216 do Código Civil. Inaplicabilidade ao Direito do Trabalho

A indenização por frutos percebidos pela posse de má-fé, prevista no art. 1.216 do Código Civil, por tratar-se de regra afeta a direitos reais, mostra-se incompatível com o Direito do Trabalho, não sendo devida no caso de inadimplemento de verbas trabalhistas.

Acrescentada pela Res. n. 189, de 27.02.2013.

446. Maquinista ferroviário. Intervalo intrajornada. Supressão parcial ou total. Horas extras devidas. Compatibilidade entre os arts. 71, § 4º, e 238, § 5º, da CLT

A garantia ao intervalo intrajornada, prevista no art. 71 da CLT, por constituir-se em medida de higiene, saúde e segurança do empregado, é aplicável também ao ferroviário maquinista integrante da categoria "c" (equipagem de trem em geral), não havendo incompatibilidade entre as regras inscritas nos arts. 71, § 4º, e 238, § 5º, da CLT.

Acrescentada pela Res. n. 193, de 11.12.2013.

447. Adicional de periculosidade. Permanência a bordo durante o abastecimento da aeronave. Indevido

Os tripulantes e demais empregados em serviços auxiliares de transporte aéreo que, no momento do abastecimento da aeronave, permanecem a bordo não têm direito ao adicional de periculosidade a que aludem o art. 193 da CLT e o Anexo 2, item 1, "c", da NR 16 do MTE.

Acrescentada pela Res. n. 193, de 11.12.2013.

448. Atividade insalubre. Caracterização. Previsão na Norma Regulamentadora n. 15 da Portaria do Ministério do Trabalho n. 3.214/78. Instalações sanitárias. (conversão da OJ n. 4 da SDI-1 com nova redação do item II)

I – Não basta a constatação da insalubridade por meio de laudo pericial para que o empregado tenha direito ao respectivo adicional, sendo necessária a classificação da atividade insalubre na relação oficial elaborada pelo Ministério do Trabalho.

II – A higienização de instalações sanitárias de uso público ou coletivo de grande circulação, e a respectiva coleta de lixo, por não se equiparar à limpeza em residências e escritórios, enseja o pagamento de adicional de insalubridade em grau máximo, incidindo o disposto no Anexo 14 da NR-15 da Portaria do MTE n. 3.214/78 quanto à coleta e industrialização de lixo urbano.

Redação dada pela Res. n. 194, de 19.05.2014.

449. Minutos que antecedem e sucedem a jornada de trabalho. Lei n. 10.243, de 19.06.2001. Norma coletiva. Flexibilização. Impossibilidade (conversão da OJ n. 372 da SDI-1)

A partir da vigência da Lei n. 10.243, de 19.06.2001, que acrescentou o § 1º ao art. 58 da CLT, não mais prevalece cláusula prevista em convenção ou acordo coletivo que elastece o limite de 5 minutos que antecedem e sucedem a jornada de trabalho para fins de apuração das horas extras.

Redação dada pela Res. n. 194, de 19.05.2014.

450. Férias. Gozo na época própria. Pagamento fora do prazo. Dobra devida. Arts. 137 e 145 da CLT (conversão da OJ n. 386 da SDI-1)

É devido o pagamento em dobro da remuneração de férias, incluído o terço constitucional, com base no art. 137 da CLT, quando, ainda que gozadas na época própria, o empregador tenha descumprido o prazo previsto no art. 145 do mesmo diploma legal.

Redação dada pela Res. n. 194, de 19.05.2014.

451. Participação nos lucros e resultados. Rescisão contratual anterior à data da distribuição dos lucros. Pagamento proporcional aos meses trabalhados. Princípio da isonomia (conversão da OJ n. 390 da SDI-1)

Fere o princípio da isonomia instituir vantagem mediante acordo coletivo ou norma regulamentar que condiciona a percepção da parcela participação nos lucros e resultados ao fato de estar o contrato de trabalho em vigor na data prevista para a distribuição dos lucros. Assim, inclusive na rescisão contratual antecipada, é devido o pagamento da parcela de forma proporcional aos meses trabalhados, pois o ex-empregado concorreu para os resultados positivos da empresa.

Redação dada pela Res. n. 194, de 19.05.2014.

452. Diferenças salariais. Plano de Cargos e Salários. Descumprimento. Critérios de promoção não observados. Prescrição parcial (conversão da OJ n. 404 da SDI-1)

Tratando-se de pedido de pagamento de diferenças salariais decorrentes da inobservância dos critérios de promoção estabelecidos em Plano de Cargos e Salários criado pela empresa, a prescrição aplicável é a parcial, pois a lesão é sucessiva e se renova mês a mês.

Redação dada pela Res. n. 194, de 19.05.2014.

453. Adicional de periculosidade. Pagamento espontâneo. Caracterização de fato incontroverso. Desnecessária a perícia de que trata o art. 195 da CLT (conversão da OJ n. 406 da SDI-1)

O pagamento de adicional de periculosidade efetuado por mera liberalidade da empresa, ainda que de forma proporcional ao tempo de exposição ao risco ou em percentual inferior ao máximo legalmente previsto, dispensa a realização da prova técnica exigida pelo art. 195 da CLT, pois torna incontroversa a existência do trabalho em condições perigosas.

Redação dada pela Res. n. 194, de 19.05.2014.

454. Competência da Justiça do Trabalho. Execução de ofício. Contribuição social referente ao Seguro de Acidente de Trabalho (SAT). Arts. 114, VIII, e 195, I, *a*, da Constituição da República (conversão da OJ n. 414 da SDI-1)

Compete à Justiça do Trabalho a execução, de ofício, da contribuição referente ao Seguro de Acidente de Trabalho (SAT), que tem natureza de contribuição para a seguridade social (arts. 114, VIII, e 195, I, *a*, da CF), pois se destina ao financiamento de benefícios relativos à incapacidade do empregado decorrente de infortúnio no trabalho (arts. 11 e 22 da Lei n. 8.212/91).

Redação dada pela Res. n. 194, de 19.05.2014.

455. Equiparação salarial. Sociedade de economia mista. Art. 37, XIII, da CF/88. Possibilidade (conversão da OJ n. 353 da SDI-1 com nova redação)

À sociedade de economia mista não se aplica a vedação à equiparação prevista no art. 37, XIII, da CF/88, pois, ao admitir empregados sob o regime da CLT, equipara-se a empregador privado, conforme disposto no art. 173, § 1º, II, da CF/88.

Redação dada pela Res. n. 194, de 19.05.2014.

456. Representação. Pessoa jurídica. Procuração. Invalidade. Identificação do outorgante e de seu representante (inseridos os itens II e III em decorrência do CPC/2015)

I – É inválido o instrumento de mandato firmado em nome de pessoa jurídica que não contenha, pelo menos, o nome do outorgante e do signatário da procuração, pois estes dados constituem elementos que os individualizam.

Redação dada pela Res. n. 194, de 19.05.2014.

II – Verificada a irregularidade de representação da parte na instância originária, o juiz designará prazo de 5 (cinco) dias para que seja sanado o vício. Descumprida a determinação, extinguirá o processo, sem resolução de mérito, se a providência couber ao reclamante, ou considerará revel o reclamado, se a providência lhe couber (art. 76, § 1º, do CPC de 2015).

Acrescentado pela Res. n. 211, de 22.08.2016.

III – Caso a irregularidade de representação da parte seja constatada em fase recursal, o relator designará prazo de 5 (cinco) dias para que seja sanado o vício. Descumprida a determinação, o relator não conhecerá do recurso, se a providência couber ao recorrente, ou determinará o desentranhamento das contrarrazões, se a providência couber ao recorrido (art. 76, § 2º, do CPC de2015).

Acrescentado pela Res. n. 211, de 22.08.2016.

457. Honorários periciais. Beneficiário da Justiça gratuita. Responsabilidade da União pelo pagamento. Res. n. 66/2010 do CSJT. Observância (conversão da OJ n. 387 da SDI-1 com nova redação)

A União é responsável pelo pagamento dos honorários de perito quando a parte sucumbente no objeto da perícia for beneficiária da assistência judiciária gratuita, observado o procedimento disposto nos arts. 1º, 2º e 5º da Res. n. 66/2010 do Conselho Superior da Justiça do Trabalho – CSJT.

Redação dada pela Res. n. 194, de 19.05.2014.

458. Embargos. Procedimento sumaríssimo. Conhecimento. Recurso interposto após vigência da Lei n. 11.496, de 22.06.2007, que conferiu nova redação ao art. 894, da CLT (conversão da OJ n. 405 da SDI-1 com nova redação)

Em causas sujeitas ao procedimento sumaríssimo, em que pese a limitação imposta no art. 896, § 6º, da CLT à interposição de recurso de revista, admitem-se os embargos interpostos na vigência da Lei n. 11.496, de 22.06.2007, que conferiu nova redação ao art. 894 da CLT, quando demonstrada a divergência jurisprudencial entre Turmas do TST, fundada em interpretações diversas acerca da aplicação de mesmo dispositivo constitucional ou de matéria sumulada.

Redação dada pela Res. n. 194, de 19.05.2014.

459. Recurso de revista. Nulidade por negativa de prestação jurisdicional (atualizada em decorrência do CPC de 2015)

Redação dada pela Res. n. 219, de 18.06.2017.

O conhecimento do recurso de revista, quanto à preliminar de nulidade, por negativa de prestação jurisdicional, supõe indicação de violação do art. 832 da CLT, do art. 489 do CPC de 2015 (art. 458 do CPC de 1973) ou do art. 93, IX, da CF/1988.

Redação dada pela Res. n. 219, de 18.06.2017.

460. Vale-transporte. Ônus da prova

É do empregador o ônus de comprovar que o empregado não satisfaz os requisitos indispensáveis para a concessão do vale-transporte ou não pretenda fazer uso do benefício.

Acrescentado pela Res. n. 209, de 30.05.2016.

461. FGTS. Diferenças. Recolhimento. Ônus da prova

É do empregador o ônus da prova em relação à regularidade dos depósitos do FGTS, pois o pagamento é fato extintivo do direito do autor (art. 373, II, do CPC de 2015).

Acrescentado pela Res. n. 209, de 30.05.2016.

462. Multa do art. 477, § 8º, da CLT. Incidência. Reconhecimento judicial da relação de emprego

A circunstância de a relação de emprego ter sido reconhecida apenas em juízo não tem o condão de afastar a incidência da multa prevista no art. 477, § 8º, da CLT. A referida multa não será devida apenas quando, comprovadamente, o empregado der causa à mora no pagamento das verbas rescisórias.

Acrescentado pela Res. n. 209, de 30.05.2016.

463. Assistência judiciária gratuita. Comprovação (conversão da OJ n. 304 da SBDI-1, com alterações decorrentes do CPC/2015)

Acrescentado pela Res. n. 219, de 18.06.2017.

I – A partir de 26.06.2017, para a concessão da assistência judiciária gratuita à pessoa natural, basta a declaração de hipossuficiência econômica firmada pela parte ou por seu advogado, desde que munido de procuração com poderes específicos para esse fim (art. 105 do CPC de 2015).

Acrescentado pela Res. n. 219, de 18.06.2017.

II – No caso de pessoa jurídica, não basta a mera declaração: é necessária a demonstração cabal de impossibilidade de a parte arcar com as despesas do processo.

Acrescentado pela Res. n. 219, de 18.06.2017.

ORIENTAÇÕES JURISPRUDENCIAIS DO TRIBUNAL PLENO DO TST

1. Precatório. Crédito trabalhista. Pequeno valor. Emenda Constitucional n. 37/2002

Há dispensa da expedição de precatório, na forma do art. 100, § 3º, da CF/88, quando a execução contra a Fazenda Pública não exceder os valores definidos, provisoriamente, pela Emenda Constitucional n. 37/2002, como obrigações de pequeno valor, inexistindo ilegalidade, sob esse prisma, na determinação de sequestro da quantia devida pelo ente público.

2. Precatório. Revisão de cálculos. Limites da competência do presidente do TRT

O pedido de revisão dos cálculos, em fase de precatório, previsto no art. 1º-E da Lei n. 9.494/97, apenas poderá ser acolhido desde que: *a)* o requerente aponte e especifique claramente quais são as incorreções existentes nos cálculos, discriminando o montante que seria correto, pois do contrário a incorreção torna-se abstrata; *b)* o defeito nos cálculos esteja ligado à incorreção material ou à utilização de critério em descompasso com a lei ou com o título executivo judicial; e *c)* o critério legal aplicável ao débito não tenha sido objeto de debate nem na fase de conhecimento, nem na fase de execução.

3. Precatório. Sequestro. Emenda Constitucional n. 30/2000. Preterição. ADI n. 1.662-8. Art. 100, § 2º, da CF/88

O sequestro de verbas públicas para satisfação de precatórios trabalhistas só é admitido na hipótese de preterição do direito de precedência do credor, a ela não se equiparando as situações de não inclusão da despesa no orçamento ou de não pagamento do precatório até o final do exercício, quando incluído no orçamento.

4. Mandado de segurança. Decisão de TRT. Incompetência originária do Tribunal Superior do Trabalho

Ao Tribunal Superior do Trabalho não compete apreciar, originariamente, mandado de segurança impetrado em face de decisão de TRT.

5. Recurso ordinário. Cabimento (conversão da OJ n. 70 da SDI-1)

Não cabe recurso ordinário contra decisão em agravo regimental interposto em reclamação correicional ou em pedido de providência.

6. Precatório. Execução. Limitação da condenação imposta pelo título judicial exequendo à data do advento da Lei n. 8.112, de 11.12.1990

Em sede de precatório, não configura ofensa à coisa julgada a limitação dos efeitos pecuniários da sentença condenatória ao período anterior ao advento da Lei n. 8.112, de 11.12.1990, em que o exequente submetia-se à legislação trabalhista, salvo disposição expressa em contrário na decisão exequenda.

7. Juros de mora. Condenação da Fazenda Pública

I – Nas condenações impostas à Fazenda Pública, incidem juros de mora segundo os seguintes critérios:

a) 1% (um por cento) ao mês, até agosto de 2001, nos termos do § 1º do art. 39 da Lei n. 8.177, de 01.03.1991;

b) 0,5% (meio por cento) ao mês, de setembro de 2001 a junho de 2009, conforme determina o art. 1º-F da Lei n. 9.494, de 10.09.1997, introduzido pela Medida Provisória n. 2.180-35, de 24.08.2001;

II – A partir de 30 de junho de 2009, atualizam-se os débitos trabalhistas da Fazenda Pública, mediante a incidência dos índices oficiais de remuneração básica e juros aplicados à caderneta de poupança, por força do art. 5º da Lei n. 11.960, de 29.06.2009.

III – A adequação do montante da condenação deve observar essa limitação legal, ainda que em sede de precatório.

Redação dada pela Res. n. 175, de 24.05.2011.

8. Precatório. Matéria administrativa. Remessa necessária. Não cabimento

Em sede de precatório, por se tratar de decisão de natureza administrativa, não se aplica o disposto no art. 1º, V, do Decreto-lei n. 779, de 21.08.1969, em que se determina a remessa necessária em caso de decisão judicial desfavorável a ente público.

9. Precatório. Pequeno valor. Individualização do crédito apurado. Reclamação tra-

balhista plúrima. Execução direta contra a Fazenda Pública. Possibilidade

Tratando-se de reclamações trabalhistas plúrimas, a aferição do que vem a ser obrigação de pequeno valor, para efeito de dispensa de formação de precatório e aplicação do disposto no § 3º do art. 100 da CF/88, deve ser realizada considerando-se os créditos de cada reclamante.

10. Precatório. Processamento e pagamento. Natureza administrativa. Mandado de segurança. Cabimento

É cabível mandado de segurança contra atos praticados pela Presidência dos Tribunais Regionais em precatório em razão de sua natureza administrativa, não se aplicando o disposto no inciso II do art. 5º da Lei n. 1.533, de 31.12.1951.

11. Recurso em matéria administrativa. Prazo. Órgão colegiado. Oito dias. Art. 6º da Lei n. 5.584, de 26.06.1970

Se não houver norma específica quanto ao prazo para interposição de recurso em matéria administrativa de decisão emanada de órgão Colegiado do Tribunal Regional do Trabalho, aplica-se, por analogia, a regra geral dos prazos adotados na Justiça do Trabalho, ou seja, oito dias, conforme estabelecido no art. 6º da Lei n. 5.584, de 26.06.1970. O prazo de dez dias a que alude o art. 59 da Lei n. 9.784, de 29.01.1999, aplica-se somente à interposição de recursos de decisões prolatadas monocraticamente.

12. Precatório. Procedimento de natureza administrativa. Incompetência funcional do presidente do TRT para declarar a inexigibilidade do título exequendo

O Presidente do TRT, em sede de precatório, não tem competência funcional para declarar a inexigibilidade do título judicial exequendo, com fundamento no art. 884, § 5º, da CLT, ante a natureza meramente administrativa do procedimento.

13. Precatório. Quebra da ordem de precedência. Não demonstração da posição do exequente na ordem cronológica. Sequestro indevido

É indevido o sequestro de verbas públicas quando o exequente/requerente não se encontra em primeiro lugar na lista de ordem cronológica para pagamento de precatórios ou quando não demonstrada essa condição.

ORIENTAÇÕES JURISPRUDENCIAIS DA SEÇÃO DE DISSÍDIOS INDIVIDUAIS 1 (SDI-1) DO TST

1. (Convertida na OJ n. 110 da SDI-2)

2. (Cancelada pelo Tribunal Pleno em 26.06.2008)

3. (Convertida na OJ Transitória n. 33 da SDI-1)

4. (Convertida na Súmula n. 448)

5. (Convertida na Súmula n. 364)

6. Adicional noturno. Prorrogação em horário diurno (cancelada em decorrência da redação da Súmula n. 60)

7. Advogado. Atuação fora da Seção da OAB onde o advogado está inscrito. Ausência de comunicação (Lei n. 4.215/63, § 2º, art. 56). Infração disciplinar. Não importa nulidade

A despeito da norma então prevista no art. 56, § 2º, da Lei n. 4.215/63, a falta de comunicação do advogado à OAB para o exercício profissional em seção diversa daquela na qual tem inscrição não importa nulidade dos atos praticados, constituindo apenas infração disciplinar, que cabe àquela instituição analisar.

8. (Convertida na Súmula n. 365)

9. Alçada. Decisão contrária à entidade pública. Cabível a remessa de ofício. Decreto-lei n. 779/69 e Lei n. 5.584/70 (cancelada em decorrência da redação da Súmula n. 303)

10. (Convertida na Súmula n. 365)

11. (Convertida na Súmula n. 356)

12. Anistia. Emenda Constitucional n. 26/85. Efeitos financeiros da promulgação

Os efeitos financeiros decorrentes da anistia concedida pela Emenda Constitucional n. 26/85 contam-se desde a data da sua promulgação.

13. APPA. Decreto-lei n. 779/69. Depósito recursal e custas. Não isenção (mantida)

14. Aviso-prévio cumprido em casa. Verbas rescisórias. Prazo para pagamento

Em caso de aviso-prévio cumprido em casa, o prazo para pagamento das verbas rescisórias é até o décimo dia da notificação de despedida.

15. Bancário. Gratificação de função superior a 1/3 e inferior ao valor constante de norma coletiva. Inexistência de direito às 7ª e 8ª horas. Direito à diferença do adicional, se e quando pleiteada (cancelada em decorrência da redação da Súmula n. 102)

16. Banco do Brasil. ACP. Adicional de Caráter Pessoal. Indevido (inserido dispositivo)

A isonomia de vencimentos entre servidores do Banco Central do Brasil e do Banco do Brasil, decorrente de sentença normativa, alcançou apenas os vencimentos e vantagens de caráter permanente. Dado o caráter personalíssimo do Adicional de Caráter Pessoal – ACP e não integrando a remuneração dos funcionários do Banco do Brasil, não foi ele contemplado na decisão normativa para efeitos de equiparação à tabela de vencimentos do Banco Central do Brasil.

Redação dada pela Res. n. 129, de 05.04.2005.

17. Banco do Brasil. AP e ADI

Os adicionais AP, ADI ou AFR, somados ou considerados isoladamente, sendo equivalentes a 1/3 do salário do cargo efetivo (art. 224, § 2º, da CLT), excluem o empregado ocupante de cargo de confiança do Banco do Brasil da jornada de 6 horas.

18. Complementação de aposentadoria. Banco do Brasil (redação dada pela incorporação das OJs ns. 19, 20, 21, 136 e 289 da SDI-1)

I – O valor das horas extras integra a remuneração do empregado para o cálculo da complementação de aposentadoria, desde que sobre ele incida a contribuição à Caixa de Previdência dos Funcionários do Banco do Brasil – Previ, observa-do o respectivo regulamento no tocante à integração.

Redação dada pela Res. n. 175, de 24.05.2011.

II – Os adicionais AP e ADI não integram o cálculo para a apuração do teto da complementação de aposentadoria. (ex-OJ n. 21 da SDI-1)

III – No cálculo da complementação de aposentadoria deve-se observar a média trienal. (ex-OJs ns. 19 e 289, ambas da SDI-1)

IV – A complementação de aposentadoria proporcional aos anos de serviço prestados exclusivamente ao Banco do Brasil somente se verifica a partir da Circular Funci n. 436/1963. (ex-OJ n. 20 da SDI-1)

V – O telex Direc do Banco do Brasil n. 5.003/87 não assegura a complementação de aposentadoria integral, porque não aprovado pelo órgão competente ao qual a instituição se subordina. (ex-OJ n. 136 da SDI-1)

19. (Convertida na OJ n. 18 da SDI-1)

20. (Convertida na OJ n. 18 da SDI-1)

21. (Convertida na OJ n. 18 da SDI-1)

22. (Convertida na OJ Transitória n. 34 da SDI-1)

23. (Convertida na Súmula n. 366)

24. (Convertida na Súmula n. 367)

25. Cipa. Suplente. Antes da CF/88. Não tem direito à estabilidade (cancelada em decorrência da redação da Súmula n. 339)

26. Competência da Justiça do Trabalho. Complementação de pensão requerida por viúva de ex-empregado

A Justiça do Trabalho é competente para apreciar pedido de complementação de pensão postulada por viúva de ex-empregado, por se tratar de pedido que deriva do contrato de trabalho.

27. (Convertida na Súmula n. 355)

28. Correção monetária sobre as diferenças salariais. Universidades Federais. Devida. Lei n. 7.596/87

Incide correção monetária sobre as diferenças salariais dos servidores das universidades federais, decorrentes da aplicação retroativa dos efeitos financeiros assegurados pela Lei n. 7.596/87, pois a correção monetária tem como escopo único minimizar a desvalorização da moeda em decorrência da corrosão inflacionária.

29. (Convertida na OJ n. 148 da SDI-2)

30. (Convertida na Súmula n. 352)

31. Depósito recursal e custas. Empresa em liquidação extrajudicial. Súmula n. 86. Não pertinência (cancelada em decorrência da redação da Súmula n. 86)

32. (Convertida na Súmula n. 368)

33. Deserção. Custas. Carimbo do banco. Validade

O carimbo do banco recebedor na guia de comprovação do recolhimento das custas supre a ausência de autenticação mecânica.

34. (Convertida na Súmula n. 369)

35. (Convertida na Súmula n. 369)

36. Instrumento normativo. Cópia não autenticada. Documento comum às partes. Validade

O instrumento normativo em cópia não autenticada possui valor probante, desde que não haja impugnação ao seu conteúdo, eis que se trata de documento comum às partes.

37. Embargos. Violação do art. 896 da CLT (cancelada em decorrência da redação da Súmula n. 296)

38. Empregado que exerce atividade rural. Empresa de reflorestamento. Prescrição própria do rurícola (Lei n. 5.889/73, art. 10 e Decreto n. 73.626/74, art. 2º, § 4º)

O empregado que trabalha em empresa de reflorestamento, cuja atividade está diretamente ligada ao manuseio da terra e de matéria-prima, é rurícola e não industriário, nos termos do Decreto n. 73.626, de 12.02.1974, art. 2º, § 4º, pouco importando que o fruto de seu trabalho seja destinado à indústria. Assim, aplica-se a prescrição própria dos rurícolas aos direitos desses empregados.

39. (Convertida na Súmula n. 370)

40. (Convertida na Súmula n. 371)

41. Estabilidade. Instrumento normativo. Vigência. Eficácia

Preenchidos todos os pressupostos para a aquisição de estabilidade decorrente de acidente ou doença profissional, ainda durante a vigência do instrumento normativo, goza o empregado de estabilidade mesmo após o término da vigência deste.

42. FGTS. Multa de 40% (incorporadas as OJs ns. 107 e 254 da SDI-1)

I – É devida a multa do FGTS sobre os saques corrigidos monetariamente ocorridos na vigência do contrato de trabalho. Art. 18, § 1º, da Lei n. 8.036/90 e art. 9º, § 1º, do Decreto n. 99.684/90. (ex-OJ n. 107 da SDI-1)

II – O cálculo da multa de 40% do FGTS deverá ser feito com base no saldo da conta vinculada na data do efetivo pagamento das verbas rescisórias, desconsiderada a projeção do aviso-prévio indenizado, por ausência de previsão legal. (ex-OJ n. 254 da SDI-1)

43. Conversão de salários de cruzeiros para cruzados. Decreto-lei n. 2.284/86

A conversão de salários de cruzeiros para cruzados, nos termos do Decreto-lei n. 2.284/86, não afronta direito adquirido dos empregados.

44. Gestante. Salário-maternidade

É devido o salário-maternidade, de 120 dias, desde a promulgação da CF/88, ficando a cargo do empregador o pagamento do período acrescido pela Carta.

45. (Convertida na Súmula n. 372)

46. (Convertida na Súmula n. 373)

47. Hora extra. Adicional de insalubridade. Base de cálculo

A base de cálculo da hora extra é o resultado da soma do salário contratual mais o adicional de insalubridade.

48. Horas extras pactuadas após a admissão do bancário não configura pré-contratação. Súmula n. 199. Inaplicável (cancelada em decorrência da redação da Súmula n. 199)

49. (Convertida na Súmula n. 428)

50. Horas *in itinere*. Incompatibilidade de horários. Devidas. Aplicável a Súmula n. 90 (cancelada em decorrência da redação da Súmula n. 90)

51. Legislação eleitoral. Empresas públicas e sociedades de economia mista

Aos empregados das empresas públicas e das sociedades de economia mista regidos pela CLT aplicam-se as vedações dispostas no art. 15 da Lei n. 7.773, de 08.06.1989.

52. (Convertida na Súmula n. 436)

53. (Convertida na Súmula n. 370)

54. Multa. Cláusula penal. Valor superior ao principal

O valor da multa estipulada em cláusula penal, ainda que diária, não poderá ser superior à obrigação principal corrigida, em virtude da aplicação do art. 412 do Código Civil de 2002 (art. 920 do Código Civil de 1916).

55. (Convertida na Súmula n. 374)

56. Nossa Caixa Nosso Banco (Caixa Econômica do Estado de São Paulo). Regulamento. Gratificação especial e/ou anuênios

Direito reconhecido apenas àqueles empregados que tinham 25 anos de efetivo exercício prestados exclusivamente à Caixa.

57. PCCS. Devido o reajuste do adiantamento. Lei n. 7.686/88, art. 1º

É devido o reajuste da parcela denominada "adiantamento do PCCS", conforme a redação do art. 1º da Lei n. 7.686/88.

58. Plano Bresser. IPC jun/87. Inexistência de direito adquirido

Inexiste direito adquirido ao IPC de junho de 1987 (Plano Bresser), em face da edição do Decreto-lei n. 2.335/87.

59. Plano Verão. URP de fevereiro de 1989. Inexistência de direito adquirido

Inexiste direito adquirido à URP de fevereiro de 1989 (Plano Verão), em face da edição da Lei n. 7.730/89.

60. Portuários. Hora noturna. Horas extras. (Lei n. 4.860/65, arts. 4º e 7º, § 5º) (incorporada a OJ n. 61 da SDI-1)

I – A hora noturna no regime de trabalho no porto, compreendida entre dezenove horas e sete horas do dia seguinte, é de sessenta minutos.

II – Para o cálculo das horas extras prestadas pelos trabalhadores portuários, observar-se-á somente o salário básico percebido, excluídos os adicionais de risco e produtividade. (ex-OJ n. 61 da SDI-1)

61. (Convertida na OJ n. 60 da SDI-1)

62. Prequestionamento. Pressuposto de admissibilidade em apelo de natureza extraordinária. Necessidade, ainda que se trate de incompetência absoluta

É necessário o prequestionamento como pressuposto de admissibilidade em recurso de natureza extraordinária, ainda que se trate de incompetência absoluta.

63. Prescrição total. Horas extras. Pré-contratadas e suprimidas. Termo inicial. Data da supressão (cancelada em decorrência da redação da Súmula n. 199)

64. Probam. Súmula n. 239. Inaplicável. Não são bancários seus empregados (cancelada em decorrência da redação da Súmula n. 239)

65. Professor adjunto. Ingresso no cargo de professor titular. Exigência de concurso público não afastada pela Constituição Federal de 1988 (CF/88, arts. 37, II, e 206, V)

O acesso de professor adjunto ao cargo de professor titular só pode ser efetivado por meio de concurso público, conforme dispõem os arts. 37, II, e 206, V, da CF/88.

66. (Convertida na Súmula n. 351)

67. (Convertida na Súmula n. 358)

68. (Convertida na OJ Transitória n. 35 da SDI-1)

69. (Convertida na Súmula n. 375)

70. (Convertida na OJ n. 5 do Tribunal Pleno)

71. Remessa *ex officio*. Ação rescisória. Decisões contrárias a entes públicos (art. 1º, V, do Decreto-lei n. 779/69 e inciso II, do art. 475, do CPC). Cabível (cancelada em decorrência da redação da Súmula n. 303)

72. Remessa *ex officio*. Mandado de segurança concedido. Impetrante e terceiro interessado pessoas de direito privado. Incabível, ressalvadas as hipóteses de matéria administrativa, de competência do órgão especial (cancelada em decorrência da redação da Súmula n. 303)

73. Remessa *ex officio*. Mandado de segurança. Incabível. Decisões proferidas pelo TRT e favoráveis ao impetrante ente público. Inaplicabilidade do art. 12 da Lei n. 1.533/51 (cancelada em decorrência da redação da Súmula n. 303)

74. Revelia. Ausência da reclamada. Comparecimento de advogado (cancelada em decorrência da redação da Súmula n. 122)

75. Substabelecimento sem o reconhecimento de firma do substabelecente. Inválido (anterior à Lei n. 8.952/94)

Não produz efeitos jurídicos recurso subscrito por advogado com poderes conferidos em substabelecimento em que não consta o reconhecimento de firma do outorgante. Entendimento aplicável antes do advento da Lei n. 8.952/94.

76. Substituição dos avanços trienais por quinquênios. Alteração do contrato de trabalho. Prescrição total. CEEE

A alteração contratual consubstanciada na substituição dos avanços trienais por quinquênios decorre de ato único do empregador, momento em que começa a fluir o prazo fatal de prescrição.

77. (Convertida na Súmula n. 357)

78. (Convertida na Súmula n. 360)

79. URP de abril e maio de 1988. Decreto-lei n. 2.425/88

Existência de direito apenas ao reajuste de 7/30 de 16,19% a ser calculado sobre o salário de março e incidente sobre o salário dos meses de abril e maio, não cumulativamente e corrigidos desde a época própria até a data do efetivo pagamento.

80. (Convertida na OJ n. 110 da SDI-2)

81. (Convertida na Súmula n. 394)

82. Aviso-prévio. Baixa na CTPS

A data de saída a ser anotada na CTPS deve corresponder à do término do prazo do aviso-prévio, ainda que indenizado.

83. Aviso-prévio. Indenizado. Prescrição

A prescrição começa a fluir no final da data do término do aviso prévio. Art. 487, § 1º, CLT.

84. Aviso-prévio. Proporcionalidade (cancelada pela Res. n. 186, de 14.09.2012)

85. (Convertida na Súmula n. 363)

86. (Convertida na Súmula n. 369)

87. Entidade pública. Exploração de atividade eminentemente econômica. Execução. Art. 883 da CLT (mantida)

É direta a execução contra a APPA e Minascaixa (§ 1º do art. 173, da CF/88).

88. Gestante. Estabilidade provisória (cancelada em decorrência da redaçao da Súmula n. 244)

89. (Convertida na Súmula n. 376)

90. Agravo de instrumento. Traslado. Não exigência de certidão de publicação do acórdão regional. Res. n. 52/96. Instrução Normativa n. 6/96 (cancelada em decorrência da redação do art. 897 da CLT; Lei n. 9.756/98)

Quando o despacho denegatório de processamento de recurso de revista não se fundou na intempestividade deste, não é necessário o traslado da certidão de publicação do acórdão regional.

91. Anistia. Art. 8º, § 1º, ADCT. Efeitos financeiros. ECT

Em 19.05.1997, a SDI-Plena decidiu, pelo voto prevalente do Exmo. Sr. Presidente, que os efeitos financeiros da readmissão do empregado anistiado serão contados a partir do momento em que este manifestou o desejo de retornar ao trabalho e, na ausência de prova, da data do ajuizamento da ação.

92. Desmembramento de municípios. Responsabilidade trabalhista

Em caso de criação de novo município, por desmembramento, cada uma das novas entidades responsabiliza-se pelos direitos trabalhistas do empregado no período em que figurarem como real empregador.

93. Domingos e feriados trabalhados e não compensados. Aplicação da Súmula n. 146 (cancelada em decorrência da redação da Súmula n. 146)

94. Embargos. Exigência. Indicação expressa do dispositivo legal tido como violado (cancelada em decorrência da redação da Súmula n. 221)

95. Embargos para SDI. Divergência oriunda da mesma Turma do TST. Inservível

Em 19.05.1997, a SDI-Plena, por maioria, decidiu que acórdãos oriundos da mesma Turma, embora divergentes, não fundamentam divergência jurisprudencial de que trata a alínea *b* do art. 894 da Consolidação das Leis do Trabalho para embargos à Seção Especializada em Dissídios Individuais, Subseção I.

96. Férias. Salário-substituição. Devido. Aplicação da Súmula n. 159 (cancelada em decorrência da redação da Súmula n. 159)

97. Horas extras. Adicional noturno. Base de cálculo

O adicional noturno integra a base de cálculo das horas extras prestadas no período noturno.

98. (Convertida na OJ Transitória n. 36 da SDI-1)

99. (Convertida na Súmula n. 377)

100. Salário. Reajuste. Entes públicos

Os reajustes salariais previstos em legislação federal devem ser observados pelos Estados-membros, suas Autarquias e Fundações Públicas nas relações contratuais trabalhistas que mantiverem com seus empregados.

101. Reintegração convertida em indenização dobrada. Efeitos. Aplicação da Súmula n. 28 (cancelada em decorrência da redação da Súmula n. 28)

102. Adicional de insalubridade. Integração na remuneração (cancelada em decorrência da redação da Súmula n. 139)

103. Adicional de insalubridade. Repouso semanal e feriados

O adicional de insalubridade já remunera os dias de repouso semanal e feriados.

104. (Convertida na Súmula n. 25)

105. (Convertida na Súmula n. 378)

106. (Convertida na Súmula n. 396)

107. (Convertida na OJ n. 42 da SDI-1)

108. (Convertida na Súmula n. 395)

109. (Convertida na OJ Transitória n. 37 da SDI-1)

110. Representação irregular. Procuração apenas nos autos de agravo de instrumento (cancelada em decorrência do CPC de 2015 – Res. n. 212, de 19.09.2016)

111. Recurso de revista. Divergência jurisprudencial. Aresto oriundo do mesmo Tribunal Regional. Lei n. 9.756/98. Inservível ao conhecimento

Não é servível ao conhecimento de recurso de revista aresto oriundo de mesmo Tribunal Regional do Trabalho, salvo se o recurso houver sido interposto anteriormente à vigência da Lei n. 9.756/98.

112. Vacância do cargo. Salário do sucessor. Súmula n. 159. Inaplicável (cancelada em decorrência da redação da Súmula n. 159)

113. Adicional de transferência. Cargo de confiança ou previsão contratual de transferência. Devido. Desde que a transferência seja provisória

O fato de o empregado exercer cargo de confiança ou a existência de previsão de transferência no contrato de trabalho não exclui o direito ao adicional. O pressuposto legal apto a legitimar a percepção do mencionado adicional é a transferência provisória.

114. (Convertida na Súmula n. 379)

115. (Convertida na Súmula n. 459)

116. (Convertida na Súmula n. 396)

117. (Convertida na Súmula n. 376)

118. Prequestionamento. Tese explícita. Inteligência da Súmula n. 297

Havendo tese explícita sobre a matéria, na decisão recorrida, desnecessário contenha nela referência expressa do dispositivo legal para ter-se como prequestionado este.

119. Prequestionamento inexigível. Violação nascida na própria decisão recorrida. Súmula n. 297. Inaplicável

É inexigível o prequestionamento quando a violação indicada houver nascido na própria decisão recorrida. Inaplicável a Súmula n. 297 do TST.

120. Recurso. Assinatura da petição ou das razões recursais. Art. 932, parágrafo único, do CPC de 2015 (alterada em decorrência do CPC/2015)

Redação dada pela Res. n. 212, de 19.09.2016.

I – Verificada a total ausência de assinatura no recurso, o juiz ou o relator concederá prazo de 5 (cinco) dias para que seja sanado o vício. Descumprida a determinação, o recurso será reputado inadmissível (art. 932, parágrafo único, do CPC de 2015).

Acrescentada pela Res. n. 212, de 19.09.2016.

II – É válido o recurso assinado, ao menos, na petição de apresentação ou nas razões recursais.

Acrescentada pela Res. n. 212, de 19.09.2016.

121. Substituição processual. Diferença do adicional de insalubridade. Legitimidade

O sindicato tem legitimidade para atuar na qualidade de substituto processual para pleitear diferença de adicional de insalubridade.

122. (Convertida na Súmula n. 380)

123. Bancários. Ajuda-alimentação

A ajuda-alimentação prevista em norma coletiva em decorrência de prestação de horas extras tem natureza indenizatória e, por isso, não integra o salário do empregado bancário. ERR n. 118739/94, SDI-Plena. Em 10.02.1998, a SDI-Plena, por maioria, decidiu que ajuda-alimentação paga ao bancário, em decorrência de prestação de horas extras por prorrogação de jornada, tem natureza indenizatória e, portanto, não integrativa ao salário.

124. (Convertida na Súmula n. 381)

125. Desvio de função. Quadro de carreira

O simples desvio funcional do empregado não gera direito a novo enquadramento, mas apenas às diferenças salariais respectivas, mesmo que o desvio de função haja iniciado antes da vigência da CF/88.

126. Súmula n. 239. Empresa de processamento de dados. Inaplicável (cancelada em decorrência da redação da Súmula n. 239)

127. Hora noturna reduzida. Subsistência após a CF/88

O art. 73, § 1º, da CLT, que prevê a redução da hora noturna, não foi revogado pelo inciso IX do art. 7º da CF/88.

128. (Convertida na Súmula n. 382)

129. Prescrição. Complementação da pensão e auxílio-funeral

A prescrição extintiva para pleitear judicialmente o pagamento da complementação de pensão e do auxílio-funeral é de 2 anos, contados a partir do óbito do empregado.

130. Prescrição. Ministério Público. Arguição. *Custos legis*. Ilegitimidade (atualizada em decorrência do CPC/2015)

Ao exarar o parecer na remessa de ofício, na qualidade de *custos legis*, o Ministério Público não tem legitimidade para arguir a prescrição em favor de entidade de direito público, em matéria de direito patrimonial

Acrescentada pela Res. n. 209, de 30.05.2016.

131. (Convertida na Súmula n. 367)

132. Agravo regimental. Peças essenciais nos autos principais

Inexistindo lei que exija a tramitação do agravo regimental em autos apartados, tampouco previsão no Regimento Interno do Regional, não pode o agravante ver-se apenado por não haver colacionado cópia de peças dos autos principais, quando o agravo regimental deveria fazer parte dele.

133. Ajuda-alimentação. PAT. Lei n. 6.321/76. Não integração ao salário

A ajuda-alimentação fornecida por empresa participante do programa de alimentação ao trabalhador, instituído pela Lei n. 6.321/76, não tem caráter salarial. Portanto, não integra o salário para nenhum efeito legal.

134. Autenticação. Pessoa jurídica de direito público. Dispensada. Medida Provisória n. 1.360, de 12.03.1996

São válidos os documentos apresentados, por pessoa jurídica de direito público, em fotocópia não autenticada, posteriormente à edição da Medida Provisória n. 1.360/96 e suas reedições.

A MP n. 1.360, de 12.03.1996, converteu-se na Lei n. 10.522, de 19.07.2002.

135. (Convertida na Súmula n. 371)

136. (Convertida na OJ n. 18 da SDI-1)

137. (Convertida na OJ Transitória n. 38 da SDI-1)

138. Competência residual. Regime jurídico único. Limitação da execução (incorporada a OJ n. 249 da SDI-1)

Compete à Justiça do Trabalho julgar pedidos de direitos e vantagens previstos na legislação trabalhista referente a período anterior à Lei n. 8.112/90, mesmo que a ação tenha sido ajuizada após a edição da referida lei. A superveniência de regime estatutário em substituição ao celetista, mesmo após a sentença, limita a execução ao período celetista. (1ª parte – ex-OJ n. 138 da SDI-1; 2ª parte – ex-OJ n. 249)

139. Depósito recursal. Complementação devida. Aplicação da Instrução Normativa n. 3/93, II (cancelada em decorrência da redação da Súmula n. 128)

140. Depósito recursal e custas processuais. Recolhimento insuficiente. Deserção (nova redação em decorrência do CPC/2015)

Redação dada pela Res. n. 217, de 26.04.2017.

Em caso de recolhimento insuficiente das custas processuais ou do depósito recursal, somente haverá deserção do recurso se, concedido o prazo de 5 (cinco) dias previsto no § 2º do art. 1.007 do CPC de 2015, o recorrente não complementar e comprovar o valor devido.

Redação dada pela Res. n. 217, de 26.04.2017.

141. (Convertida na Súmula n. 368)

142. Embargos de declaração. Efeito modificativo. Vista prévia à parte contrária (cancelado o item II em decorrência do CPC/2015)

I – É passível de nulidade decisão que acolhe embargos de declara-ção com efeito modificativo sem que seja concedida oportunidade de manifestação prévia à parte contrária.

Redação dada pela Res. n. 214, de 28.11.2016.

143. Empresa em liquidação extrajudicial. Execução. Créditos trabalhistas. Lei n. 6.024/74

A execução trabalhista deve prosseguir diretamente na Justiça do Trabalho mesmo após a decretação da liquidação extrajudicial. Lei n. 6.830/80, arts. 5º e 29, aplicados supletivamente (CLT, art. 889 e CF/88, art. 114).

144. Enquadramento funcional. Prescrição extintiva (cancelada em decorrência da redação da Súmula n. 275)

145. (Convertida na Súmula n. 369)

146. (Convertida na OJ Transitória n. 39 da SDI-1)

147. Lei estadual, norma coletiva ou norma regulamentar. Conhecimento indevido do recurso de revista por divergência jurisprudencial (incorporada a OJ n. 309 da SDI-1)

I – É inadmissível o recurso de revista fundado tão somente em divergência jurisprudencial, se a parte não comprovar que a lei estadual, a norma coletiva ou o regulamento da empresa extrapolam o âmbito do TRT prolator da decisão recorrida. (ex-OJ n. 309 da SDI-1)

II – É imprescindível a arguição de afronta ao art. 896 da CLT para o conhecimento de embargos interpostos em face de acórdão de Turma que conhece indevidamente de recurso de revista, por divergência jurisprudencial, quanto a tema regulado por lei estadual, norma coletiva ou norma regulamentar de âmbito restrito ao Regional prolator da decisão.

148. Lei n. 8.880/94, art. 31. Constitucionalidade

É constitucional o art. 31 da Lei n. 8.880/94, que prevê a indenização por demissão sem justa causa.

149. (Convertida na Súmula n. 383)

150. (Convertida na Súmula n. 384)

151. Prequestionamento. Decisão regional que adota a sentença. Ausência de prequestionamento

Decisão regional que simplesmente adota os fundamentos da decisão de primeiro grau não preenche a exigência do prequestionamento, tal como previsto na Súmula n. 297.

152. Revelia. Pessoa jurídica de direito público. Aplicável (art. 844 da CLT)

Pessoa jurídica de direito público sujeita-se à revelia prevista no art. 844 da CLT.

153. (Convertida na OJ Transitória n. 57 da SDI-1)

154. Atestado médico – INSS. Exigência prevista em instrumento normativo (cancelada pela Res. n. 158, de 13.10.2009)

155. (Convertida na OJ Transitória n. 40 da SDI-1)

156. Complementação de aposentadoria. Diferenças. Prescrição (cancelada em decorrência da redação da Súmula n. 327)

157. (Convertida na OJ Transitória n. 41 da SDI-1)

158. Custas. Comprovação de recolhimento. Darf eletrônico. Validade

O denominado "Darf eletrônico" é válido para comprovar o recolhimento de custas por entidades da Administração Pública Federal, emitido conforme a IN-SRF 162, de 04.11.1988.

A IN-SRF n. 162/88 foi revogada pela IN-SRF n. 181/2002.

159. Data de pagamento. Salários. Alteração

Diante da inexistência de previsão expressa em contrato ou em instrumento normativo, a alteração de data de pagamento pelo empregador não viola o art. 468, desde que observado o parágrafo único do art. 459, ambos da CLT.

160. Descontos salariais. Autorização no ato da admissão. Validade

É inválida a presunção de vício de consentimento resultante do fato de ter o empregado anuído expressamente com descontos salariais na oportunidade da admissão. É de se exigir demonstração concreta do vício de vontade.

161. (Convertida na Súmula n. 385)

162. Multa. Art. 477 da CLT. Contagem do prazo. Aplicável o art. 132 do Código Civil de 2002

A contagem do prazo para quitação das verbas decorrentes da rescisão contratual prevista no art. 477 da CLT exclui necessariamente o dia da notificação da demissão e inclui o dia do vencimento, em obediência ao disposto no art. 132 do Código Civil de 2002 (art. 125 do Código Civil de 1916).

163. Norma regulamentar. Opção pelo novo regulamento. Art. 468 da CLT e Súmula n. 51. Inaplicáveis (cancelada em decorrência da redação da Súmula n. 51)

164. Oficial de justiça *ad hoc*. Inexistência de vínculo empregatício

Não se caracteriza o vínculo empregatício na nomeação para o exercício das funções de oficial de justiça *ad hoc*, ainda que feita de forma reiterada, pois exaure-se a cada cumprimento de mandado.

165. Perícia. Engenheiro ou médico. Adicional de insalubridade e periculosidade. Válido. Art. 195 da CLT

O art. 195 da CLT não faz qualquer distinção entre o médico e o engenheiro para efeito de caracterização e classificação da insalubridade e periculosidade, bastando para a elaboração do laudo seja o profissional devidamente qualificado.

166. (Convertida na OJ Transitória n. 42 da SDI-1)

167. (Convertida na Súmula n. 386)

168. (Convertida na OJ Transitória n. 43 da SDI-1)

169. (Convertida na Súmula n. 423)

170. (Convertida na OJ n. 4 da SDI-1)

171. Adicional de insalubridade. Óleos minerais. Sentido do termo "manipulação"

Para efeito de concessão de adicional de insalubridade não há distinção entre fabricação e manuseio de óleos minerais – Portaria n. 3.214 do Ministério do Trabalho, NR n. 15, Anexo XIII.

172. Adicional de insalubridade ou periculosidade. Condenação. Inserção em folha de pagamento

Condenada ao pagamento do adicional de insalubridade ou periculosidade, a empresa deverá inserir, mês a mês e enquanto o trabalho for executado sob essas condições, o valor correspondente em folha de pagamento.

173. Adicional de insalubridade. Atividade a céu aberto. Exposição ao sol e ao calor

I – Ausente previsão legal, indevido o adicional de insalubridade ao trabalhador em atividade a céu aberto, por sujeição à radiação solar (art. 195 da CLT e Anexo 7 da NR 15 da Portaria n. 3.214/78 do MTE).

II – Tem direito ao adicional de insalubridade o trabalhador que exerce atividade exposto ao calor acima dos limites de tolerância, inclusive em ambiente externo com carga solar, nas condições previstas no Anexo 3 da NR 15 da Portaria n. 3.214/78 do MTE.

Redação dada pela Res. n. 186, de 14.09.2012.

174. Adicional de periculosidade. Horas de sobreaviso. Indevido (cancelada em decorrência da redação da Súmula n. 132)

175. Comissões. Alteração ou supressão. Prescrição total (incorporada a OJ n. 248 da SDI-1)

A supressão das comissões, ou a alteração quanto à forma ou ao percentual, em prejuízo do empregado, é suscetível de operar a prescrição total da ação, nos termos da Súmula n. 294 do TST, em virtude de cuidar-se de parcela não assegurada por preceito de lei.

176. (Convertida na OJ Transitória n. 44 da SDI-1)

177. Aposentadoria espontânea. Efeitos (cancelada pelo Tribunal Pleno do TST na sessão extraordinária de 25.10.2006)

178. Bancário. Intervalo de 15 minutos. Não computável na jornada de trabalho

Não se computa, na jornada do bancário sujeito a seis horas diárias de trabalho, o intervalo de quinze minutos para lanche ou descanso.

179. (Convertida na OJ Transitória n. 77 da SDI-1)

180. (Convertida na OJ Transitória n. 45 da SDI-1)

181. Comissões. Correção monetária. Cálculo

O valor das comissões deve ser corrigido monetariamente para em seguida obter-se a média para efeito de cálculo de férias, 13º salário e verbas rescisórias.

182. Compensação de jornada. Acordo individual. Validade (cancelada em decorrência da redação da Súmula n. 85)

183. (Convertida na OJ Transitória n. 46 da SDI-1)

184. Confissão ficta. Produção de prova posterior (cancelada em decorrência da redação da Súmula n. 74)

185. Contrato de trabalho com a associação de pais e mestres – APM. Inexistência de responsabilidade solidária ou subsidiária do Estado

O Estado-membro não é responsável subsidiária ou solidariamente com a Associação de Pais e Mestres pelos encargos trabalhistas dos empregados contratados por esta última, que deverão ser suportados integral e exclusivamente pelo real empregador.

186. (Convertida na Súmula n. 25)

187. (Convertida na OJ Transitória n. 47 da SDI-1)

188. Decisão normativa que defere direitos. Falta de interesse de agir para ação individual

Falta interesse de agir para a ação individual, singular ou plúrima, quando o direito já foi reconhecido através de decisão normativa, cabendo, no caso, ação de cumprimento.

189. Depósito recursal. Agravo de petição. IN/TST n. 3/93 (cancelada em decorrência da redação da Súmula n. 128)

190. Depósito recursal. Condenação solidária (cancelada em decorrência da redação da Súmula n. 128)

191. Contrato de empreitada. Dono da obra de construção civil. Responsabilidade

Diante da inexistência de previsão legal específica, o contrato de empreitada de construção civil entre o dono da obra e o empreiteiro não enseja responsabilidade solidária ou subsidiária nas obrigações trabalhistas contraídas pelo empreiteiro, salvo sendo o dono da obra uma empresa construtora ou incorporadora.

Redação dada pela Res. n. 175, de 24.05.2011.

192. Embargos declaratórios. Prazo em dobro. Pessoa jurídica de Direito Público. Decreto-lei n. 779/69

É em dobro o prazo para a interposição de embargos declaratórios por pessoa jurídica de direito público.

193. Equiparação salarial. Quadro de carreira. Homologação. Governo estadual. Válido (cancelada em decorrência da redação da Súmula n. 6)

194. (Convertida na Súmula n. 387)

195. Férias indenizadas. FGTS. Não incidência

Não incide a contribuição para o FGTS sobre as férias indenizadas.

196. Gestante. Contrato de experiência. Estabilidade provisória. Não assegurada (cancelada em decorrência da redação da Súmula n. 244)

197. Gratificação semestral. Repercussão no 13º salário. Súmula n. 78 do TST. Aplicável (cancelada em decorrência da redação da Súmula n. 253)

198. Honorários periciais. Atualização monetária

Diferentemente da correção aplicada aos débitos trabalhistas, que têm caráter alimentar, a atualização monetária dos honorários periciais é fixada pelo art. 1º da Lei n. 6.899/81, aplicável a débitos resultantes de decisões judiciais.

199. Jogo do bicho. Contrato de trabalho. Nulidade. Objeto ilícito

É nulo o contrato de trabalho celebrado para o desempenho de atividade inerente à prática do jogo do bicho, ante a ilicitude de seu objeto, o que subtrai o requisito de validade para a formação do ato jurídico.

200. Mandato tácito. Substabelecimento inválido

É inválido o substabelecimento de advogado investido de mandato tácito.

201. (Convertida na Súmula n. 388)

202. (Convertida na OJ Transitória n. 48 da SDI-1)

203. (Convertida na OJ Transitória n. 54 da SDI-1)

204. Prescrição. Contagem do prazo. Art. 7º, XXIX, da CF (cancelada em decorrência da redação da Súmula n. 308)

205. Competência material. Justiça do Trabalho. Ente público. Contratação irregular. Regime especial. Desvirtuamento (cancelada pela Res. n. 156, de 23.04.2009)

206. Professor. Horas extras. Adicional de 50%

Excedida a jornada máxima (art. 318 da CLT), as horas excedentes devem ser remuneradas com o adicional de, no mínimo, 50% (art. 7º, XVI, CF/88).

207. Programa de incentivo à demissão voluntária. Indenização. Imposto de renda. Não incidência

A indenização paga em virtude de adesão a programa de incentivo à demissão voluntária não está sujeita à incidência do imposto de renda.

208. Radiologista. Gratificação de raios X. Redução. Lei n. 7.923/89

A alteração da gratificação por trabalho com raios X, de quarenta para dez por cento, na forma da Lei n. 7.923/89, não causou prejuízo ao trabalhador porque passou a incidir sobre o salário incorporado com todas as demais vantagens.

209. Recesso forense. Suspensão dos prazos recursais (arts. 181, I, e 148 do RI/TST) (cancelada em decorrência da redação da Súmula n. 262)

210. (Convertida na Súmula n. 389)

211. (Convertida na Súmula n. 389)

212. (Convertida na OJ Transitória n. 49 da SDI-1)

213. Telex. Operadores. Art. 227 da CLT. Inaplicável

O operador de telex de empresa, cuja atividade econômica não se identifica com qualquer uma das previstas no art. 227 da CLT, não se beneficia de jornada reduzida.

214. (Convertida na OJ Transitória n. 58 da SDI-1)

215. Vale-transporte. Ônus da prova (cancelada pela Res. n. 175, de 24.05.2011)

216. Vale-transporte. Servidor público celetista. Lei n. 7.418/85. Devido

Aos servidores públicos celetistas é devido o vale-transporte, instituído pela Lei n. 7.418/85, de 16 de dezembro de 1985.

217. Agravo de instrumento. Traslado. Lei n. 9.756/98. Guias de custas e de depósito recursal

Para a formação do agravo de instrumento, não é necessária a juntada de comprovantes de recolhimento de custas e de depósito recursal relativamente ao recurso ordinário, desde que não seja objeto de controvérsia no recurso de revista a validade daqueles recolhimentos.

218. (Convertida na OJ n. 241 da SDI-1, posteriormente convertida na OJ Transitória n. 55 da SDI-1)

219. Recurso de revista ou de embargos fundamentado em Orientação Jurisprudencial do TST

É válida, para efeito de conhecimento do recurso de revista ou de embargos, a invocação de Orientação Jurisprudencial do Tribunal Superior do Trabalho, desde que, das razões recursais, conste o seu número ou conteúdo.

220. Acordo de compensação. Extrapolação da jornada (cancelada em decorrência da redação da Súmula n. 85)

221. (Convertida na OJ Transitória n. 56 da SDI-1)

222. Bancário. Advogado. Cargo de confiança (cancelada em decorrência da redação da Súmula n. 102)

223. Compensação de jornada. Acordo individual tácito. Inválido (cancelada em decorrência da redação da Súmula n. 85)

224. Complementação de aposentadoria. Reajuste. Lei n. 9.069, de 29.06.1995

I – A partir da vigência da Medida Provisória n. 542, de 30.06.1994, convalidada pela Lei n. 9.069, de 29.06.1995, o critério de reajuste da complementação de aposentadoria passou a ser anual e não semestral, aplicando-se o princípio *rebus sic stantibus* diante da nova ordem econômica.

II – A alteração da periodicidade do reajuste da complementação de aposentadoria – de semestral para anual – não afeta o direito ao resíduo inflacionário apurado nos meses de abril, maio e junho de 1994, que deverá incidir sobre a correção realizada no mês de julho de 1995.

225. Contrato de concessão de serviço público. Responsabilidade trabalhista

Celebrado contrato de concessão de serviço público em que uma empresa (primeira concessionária) outorga a outra (segunda concessionária), no todo ou em parte, mediante arrendamento, ou qualquer outra forma contratual, a título transitório, bens de sua propriedade:

I – em caso de rescisão do contrato de trabalho após a entrada em vigor da concessão, a segunda concessionária, na condição de sucessora, responde pelos direitos decorrentes do contrato de trabalho, sem prejuízo da responsabilidade subsidiária da primeira concessionária pelos débitos trabalhistas contraídos até a concessão;

II – no tocante ao contrato de trabalho extinto antes da vigência da concessão, a responsabilidade pelos direitos dos trabalhadores será exclusivamente da antecessora.

226. Crédito trabalhista. Cédula de crédito rural. Cédula de crédito industrial. Penhorabilidade

Diferentemente da cédula de crédito industrial garantida por alienação fiduciária, na cédula rural pignoratícia ou hipotecária o bem permanece sob o domínio do devedor (executado), não constituindo óbice à penhora na esfera trabalhista (Decreto-lei n. 167/67, art. 69; CLT, arts. 10 e 30 e Lei n. 6.830/80).

227. Denunciação da lide. Processo do trabalho. Incompatibilidade (cancelada pela Comissão de Jurisprudência e de Precedentes Normativos do TST em 18.11.2005)

228. (Convertida na Súmula n. 368)

229. (Convertida na Súmula n. 390)

230. (Convertida na Súmula n. 378)

231. (Convertida na OJ Transitória n. 50 da SDI-1)

232. FGTS. Incidência. Empregado transferido para o exterior. Remuneração

O FGTS incide sobre todas as parcelas de natureza salarial pagas ao empregado em virtude de prestação de serviços no exterior.

233. Horas extras. Comprovação de parte do período alegado

A decisão que defere horas extras com base em prova oral ou documental não ficará limitada ao tempo por ela abrangido, desde que o julgador fique convencido de que o procedimento questionado superou aquele período.

234. Horas extras. Folha individual de presença (FIP) instituída por norma coletiva. Prova oral. Prevalência (cancelada em decorrência da redação da Súmula n. 338)

235. Horas extras. Salário por produção

O empregado que recebe salário por produção e trabalha em sobrejornada tem direito à percepção apenas do adicional de horas extras, exceto no caso do empregado cortador de cana, a quem é devido o pagamento das horas extras e do adicional respectivo.

Redação dada pela Res. n. 182, de 16.04.2012.

236. Horas *in itinere*. Horas extras. Adicional devido (cancelada em decorrência da redação da Súmula n. 90)

237. Ministério Público do trabalho. Legitimidade para recorrer. Sociedade de economia mista. Empresa pública (incorporada a OJ n. 338 da SDI-I)

I – O Ministério Público do Trabalho não tem legitimidade para recorrer na defesa de interesse patrimonial privado, ainda que de empresas públicas e sociedades de economia mista.

Redação dada pela Res. n. 210, de 27.06.2016.

II – Há legitimidade do Ministério Público do Trabalho para recorrer de decisão que declara a existência de vínculo empregatício com sociedade de economia mista ou empresa pública, após a Constituição Federal de 1988, sem a prévia aprovação em concurso público, pois é matéria de ordem pública.

Acrescentado pela Res. n. 210, de 27.06.2016.

238. Multa. Art. 477 da CLT. Pessoa jurídica de direito público. Aplicável

Submete-se à multa do art. 477 da CLT a pessoa jurídica de direito público que não observa o prazo para pagamento das verbas rescisórias, pois nivela-se a qualquer particular, em direitos e obrigações, despojando-se do *jus imperii* ao celebrar um contrato de emprego.

239. (Convertida na Súmula n. 384)

240. (Convertida na Súmula n. 391)

241. (Convertida na OJ Transitória n. 55 da SDI-1)

242. Prescrição total. Horas extras. Adicional. Incorporação

Embora haja previsão legal para o direito à hora extra, inexiste previsão para a incorporação ao salário do respectivo adicional, razão pela qual deve incidir a prescrição total.

243. Prescrição total. Planos econômicos

Aplicável a prescrição total sobre o direito de reclamar diferenças salariais resultantes de planos econômicos.

244. Professor. Redução da carga horária. Possibilidade

A redução da carga horária do professor, em virtude da diminuição do número de alunos, não constitui alteração contratual, uma vez que não implica redução do valor da hora-aula.

245. Revelia. Atraso. Audiência

Inexiste previsão legal tolerando atraso no horário de comparecimento da parte na audiência.

246. (Convertida na Súmula n. 367)

247. Servidor público. Celetista concursado. Despedida imotivada. Empresa pública ou sociedade de economia mista. Possibilidade

I – A despedida de empregados de empresa pública e de sociedade de economia mista, mesmo admitidos por concurso público, independe de ato motivado para sua validade.

II – A validade do ato de despedida do empregado da Empresa Brasileira de Correios e Telégrafos (ECT) está condicionada à motivação, por gozar a empresa do mesmo tratamento destinado à Fazenda Pública em relação à imunidade tributária e à execução por precatório, além das prerrogativas de foro, prazos e custas processuais.

248. (Convertida na OJ n. 175 da SDI-1)

249. (Convertida na OJ n. 138 da SDI-1)

250. (Convertida na OJ Transitória n. 51 da SDI-1)

251. Descontos. Frentista. Cheques sem fundos

É lícito o desconto salarial referente à devolução de cheques sem fundos, quando o frentista não observar as recomendações previstas em instrumento coletivo.

252. Equiparação salarial. Mesma localidade. Conceito. Art. 461 da CLT (cancelada em decorrência da redação da Súmula n. 6)

253. Estabilidade provisória. Cooperativa. Lei n. 5.764/71. Conselho Fiscal. Suplente. Não assegurada

O art. 55 da Lei n. 5.764/71 assegura a garantia de emprego apenas aos empregados eleitos diretores de Cooperativas, não abrangendo os membros suplentes.

254. (Convertida na OJ n. 42 da SDI-1)

255. Mandato. Contrato social. Desnecessária a juntada (atualizada em decorrência do CPC/2015)

O art. 75, inciso VIII, do CPC de 2015 (art. 12, VI, do CPC de 1973) não determina a exibição dos estatutos da empresa em juízo como condição de validade do instrumento de mandato outorgado ao seu procurador, salvo se houver impugnação da parte contrária.

Redação dada pela Res. n. 208, de 19.04.2016.

256. Prequestionamento. Configuração. Tese explícita. Súmula n. 297

Para fins do requisito do prequestionamento de que trata a Súmula n. 297, há necessidade de que haja, no acórdão, de maneira clara, elementos que levem à conclusão de que o Regional adotou uma tese contrária à lei ou à súmula.

257. Recurso de revista. Fundamentação. Violação de lei. Vocábulo violação. Desnecessidade (alterada em decorrência da redação do inciso II do art. 894 da CLT, incluído pela Lei n. 11.496/2007)

A invocação expressa no recurso de revista dos preceitos legais ou constitucionais tidos como violados não significa exigir da parte a utilização das expressões "contrariar", "ferir", "violar" etc.

Redação dada pela Res. n. 182, de 16.04.2012.

258. (Convertida na Súmula n. 364)

259. Adicional noturno. Base de cálculo. Adicional de periculosidade. Integração

O adicional de periculosidade deve compor a base de cálculo do adicional noturno, já que também neste horário o trabalhador permanece sob as condições de risco.

260. Agravo de instrumento. Recurso de revista. Procedimento sumaríssimo. Lei n. 9.957/2000. Processos em curso

I – É inaplicável o rito sumaríssimo aos processos iniciados antes da vigência da Lei n. 9.957/2000.

II – No caso de o despacho denegatório de recurso de revista invocar, em processo iniciado antes da Lei n. 9.957/2000, o § 6º do art. 896 da CLT (rito sumaríssimo), como óbice ao trânsito do apelo calcado em divergência jurisprudencial ou violação de dispositivo infraconstitucional, o Tribunal superará o obstáculo, apreciando o recurso sob esses fundamentos.

261. Bancos. Sucessão trabalhista

As obrigações trabalhistas, inclusive as contraídas à época em que os empregados trabalhavam para o banco sucedido, são de responsabilidade do sucessor, uma vez que a este foram transferidos os ativos, as agências, os direitos e deveres contratuais, caracterizando típica sucessão trabalhista.

262. Coisa julgada. Planos econômicos. Limitação à data-base na fase de execução

Não ofende a coisa julgada a limitação à data-base da categoria, na fase executória, da condenação ao pagamento de diferenças salariais decorrentes de planos econômicos, quando a decisão exequenda silenciar sobre a limitação, uma vez que a limitação decorre de norma cogente. Apenas quando a sentença exequenda houver expressamente afastado a limitação à data-base é que poderá ocorrer ofensa à coisa julgada.

263. Contrato por prazo determinado. Lei especial (estadual e municipal). Incompetência da Justiça do Trabalho (cancelada pela Comissão de Jurisprudência e de Precedentes Normativos do TST em 10.09.2004)

264. Depósito recursal. PIS/Pasep. Ausência de indicação na guia de depósito recursal. Validade

Não é essencial para a validade da comprovação do depósito recursal a indicação do número do PIS/Pasep na guia respectiva.

265. (Convertida na Súmula n. 390)

266. (Convertida na Súmula n. 369)

267. Horas extras. Adicional de periculosidade. Base de cálculo (cancelada em decorrência da redação da Súmula n. 132)

268. Indenização adicional. Leis ns. 6.708/79 e 7.238/84. Aviso-prévio. Projeção. Estabilidade provisória

Somente após o término do período estabilitário é que se inicia a contagem do prazo do aviso-prévio para efeito das indenizações previstas nos arts. 9º da Lei n. 6.708/79 e 9º da Lei n. 7.238/84.

269. Justiça gratuita. Requerimento de isenção de despesas processuais. Momento oportuno

I – O benefício da justiça gratuita pode ser requerido em qualquer tempo ou grau de jurisdição, desde que, na fase recursal, seja o requerimento formulado no prazo alusivo ao recurso.

II – Indeferido o requerimento de justiça gratuita formulado na fase recursal, cumpre ao relator fixar prazo para que o recorrente efetue o preparo (art. 99, § 7º, do CPC de 2015).

Acrescentado pela Res. n. 219, de 18.06.2017.

270. Programa de incentivo à demissão voluntária. Transação extrajudicial. Parcelas oriundas do extinto contrato de trabalho. Efeitos

A transação extrajudicial que importa rescisão do contrato de trabalho ante a adesão do empregado a plano de demissão voluntária implica quitação exclusivamente das parcelas e valores constantes do recibo.

271. Rurícola. Prescrição. Contrato de emprego extinto. Emenda Constitucional n. 28/2000. Inaplicabilidade

O prazo prescricional da pretensão do rurícola, cujo contrato de emprego já se extinguira ao sobrevir a Emenda Constitucional n. 28, de 26.05.2000, tenha sido ou não ajuizada a ação trabalhista, prossegue regido pela lei vigente ao tempo da extinção do contrato de emprego.

272. Salário mínimo. Servidor. Salário-base inferior. Diferenças. Indevidas

A verificação do respeito ao direito ao salário mínimo não se apura pelo confronto isolado do salário-base com o mínimo legal, mas deste com a soma de todas as parcelas de natureza salarial recebidas pelo empregado diretamente do empregador.

273. *Telemarketing*. Operadores. Art. 227 da CLT. Inaplicável (cancelada pela Res. n. 175, de 24.05.2011)

274. Turno ininterrupto de revezamento. Ferroviário. Horas extras. Devidas

O ferroviário submetido a escalas variadas, com alternância de turnos, faz jus à jornada especial prevista no art. 7º, XIV, da CF/88.

275. Turno ininterrupto de revezamento. Horista. Horas extras e adicional. Devidos

Inexistindo instrumento coletivo fixando jornada diversa, o empregado horista submetido a turno ininterrupto de revezamento faz jus ao pagamento das horas extraordinárias laboradas além da 6ª, bem como ao respectivo adicional.

276. Ação declaratória. Complementação de aposentadoria

É incabível ação declaratória visando a declarar direito à complementação de aposentadoria, se ainda não atendidos os requisitos necessários à aquisição do direito, seja por via regulamentar, ou por acordo coletivo.

277. Ação de cumprimento fundada em decisão normativa que sofreu posterior reforma, quando já transitada em julgado a sentença condenatória. Coisa julgada. Não configuração

A coisa julgada produzida na ação de cumprimento é atípica, pois dependente de condição resolutiva, ou seja, da não modificaçao da decisão normativa por eventual recurso. Assim, modificada a sentença normativa pelo TST, com a consequente extinção do processo, sem julgamento do mérito, deve-se extinguir a execução em andamento, uma vez que a norma sobre a qual se apoiava o título exequendo deixou de existir no mundo jurídico.

278. Adicional de insalubridade. Perícia. Local de trabalho desativado

A realização de perícia é obrigatória para a verificação de insalubridade. Quando não for possível sua realização, como em caso de fechamento da empresa, poderá o julgador utilizar-se de outros meios de prova.

279. Adicional de periculosidade. Eletricitários. Base de cálculo. Lei n. 7.369/85, art. 1º. Interpretação (cancelada)

280. (Convertida na Súmula n. 364)

281. (Convertida na OJ Transitória n. 52 da SDI-1)

282. Agravo de instrumento. Juízo de admissibilidade *ad quem*

No julgamento de Agravo de Instrumento, ao afastar o óbice apontado pelo TRT para o processamento do recurso de revista, pode o juízo *ad quem* prosseguir no exame dos demais pressupostos extrínsecos e intrínsecos do recurso de revista, mesmo que não apreciados pelo TRT.

283. Agravo de instrumento. Peças essenciais. Traslado realizado pelo agravado. Validade

É válido o traslado de peças essenciais efetuado pelo agravado, pois a regular formação do agravo incumbe às partes e não somente ao agravante.

284. Agravo de instrumento. Traslado. Ausência de certidão de publicação. Etiqueta adesiva imprestável para aferição da tempestividade (cancelada em decorrência do CPC/2015)

285. Agravo de instrumento. Traslado. Carimbo do protocolo do recurso ilegível. Inservível (cancelada em decorrência do CPC/2015)

286. Agravo de instrumento. Traslado. Mandato tácito. Ata de audiência. Configuração

I – A juntada da ata de audiência, em que consignada a presença do advogado, desde que não estivesse atuando com mandato expresso, torna dispensável a procuração deste, porque demonstrada a existência de mandato tácito.

II – Configurada a existência de mandato tácito fica suprida a irregularidade detectada no mandato expresso.

Redação dada pela Res. n. 167, de 26.04.2010.

287. Autenticação. Documentos distintos. Despacho denegatório do recurso de revista e certidão de publicação (cancelada em decorrência do CPC/2015)

288. Bancário. Cargo de confiança. Art. 224, § 2º, CLT. Gratificação. Pagamento a menor (cancelada em decorrência da redação da Súmula n. 102)

289. (Convertida na OJ n. 18 da SDI-1)

290. Contribuição sindical patronal. Ação de cumprimento. Incompetência da Justiça do Trabalho (cancelada pela Comissão de Jurisprudência e de Precedentes Normativos do TST em 30.06.2005)

291. (Convertida na OJ Transitória n. 53 da SDI-1)

292. Diárias. Integração ao salário. Art. 457, § 2º, da CLT (cancelada em decorrência da redação da Súmula n. 101)

293. (Convertida na letra *f* da Súmula n. 353 do TST)

294. (Convertida na OJ Transitória n. 78 da SDI-1)

295. (Convertida na OJ Transitória n. 79 da SDI-1)

296. Equiparação salarial. Atendente e auxiliar de enfermagem. Impossibilidade

Sendo regulamentada a profissão de auxiliar de enfermagem, cujo exercício pressupõe habilitação técnica, realizada pelo Conselho Regional de Enfermagem, impossível a equiparação salarial do simples atendente com o auxiliar de enfermagem.

297. Equiparação salarial. Servidor público da administração direta, autárquica e fundacional. Art. 37, XIII, da CF/88

O art. 37, XIII, da CF/88, veda a equiparação de qualquer natureza para o efeito de remuneração do pessoal do serviço público, sendo juridicamente impossível a aplicação da norma infraconstitucional prevista no art. 461 da CLT quando se pleiteia equiparação salarial entre servidores públicos, independentemente de terem sido contratados pela CLT.

298. Equiparação salarial. Trabalho intelectual. Possibilidade (cancelada em decorrência da redação da Súmula n. 6)

299. Estabilidade contratual e FGTS. Compatibilidade (cancelada em decorrência da redação da Súmula n. 98)

300. Execução trabalhista. Correção monetária. Juros. Lei n. 8.177/91, art. 39, e Lei n. 10.192/2001, art. 15

Não viola norma constitucional (art. 5º, II e XXXVI) a determinação de aplicação da TRD como fator de correção monetária dos débitos trabalhistas, cumulada com juros de mora, previstos no art. 39 da Lei n. 8.177/91 e convalidado pelo art. 15 da Lei n. 10.192/2001.

301. FGTS. Diferenças. Ônus da prova. Lei n. 8.036/90, art. 17 (cancelada pela Res. n. 175, de 24.05.2011)

302. FGTS. Índice de correção. Débitos trabalhistas

Os créditos referentes ao FGTS, decorrentes de condenação judicial, serão corrigidos pelos mesmos índices aplicáveis aos débitos trabalhistas.

303. (Convertida na Súmula n. 372)

304. Honorários advocatícios. Assistência judiciária. Declaração de pobreza. Comprovação (cancelada em decorrência da sua aglutinação ao item I da Súmula n. 463 do TST)

305. (Convertida na Súmula n. 219)

306. Horas extras. Ônus da prova. Registro invariável (cancelada em decorrência da redação da Súmula n. 338)

307. (Convertida na Súmula n. 437)

308. Jornada de trabalho. Alteração. Retorno à jornada inicialmente contratada. Servidor público

O retorno do servidor público (administração direta, autárquica e fundacional) à jornada inicialmente contratada não se insere nas vedações do art. 468 da CLT, sendo a sua jornada definida em lei e no contrato de trabalho firmado entre as partes.

309. (Convertida na OJ n. 147 da SDI-1)

310. Litisconsortes. Procuradores distintos. Prazo em dobro. Art. 229, *caput* e §§ 1º e 2º, do CPC de 2015. Art. 191 do CPC de 1973. Inaplicável ao processo do trabalho (atualizada em decorrência do CPC/2015)

Inaplicável ao processo do trabalho a norma contida no art. 229, *caput* e §§ 1º e 2º, do CPC de 2015 (art. 191 do CPC de 1973), em razão de incompatibilidade com a celeridade que lhe é inerente.

Redação dada pela Res. n. 208, de 19.04.2016.

311. (Convertida na Súmula n. 383)

312. (Convertida na Súmula n. 395)

313. (Convertida na Súmula n. 395)

314. (Convertida na Súmula n. 388)

315. Motorista. Empresa. Atividade predominantemente rural. Enquadramento como trabalhador rural (cancelada pela Res. n. 200, de 27.10.2015)

316. Portuários. Adicional de risco. Lei n. 4.860/65

O adicional de risco dos portuários, previsto no art. 14 da Lei n. 4.860/65, deve ser proporcional ao tempo efetivo no serviço considerado sob risco e apenas concedido àqueles que prestam serviços na área portuária.

317. Repositório de jurisprudência autorizado após a interposição do recurso. Validade (cancelada em decorrência da redação da Súmula n. 337)

318. Autarquia. Fundação pública. Legitimidade para recorrer. Representação processual (alterada em decorrência do CPC de 2015)

I – Os Estados e os Municípios não têm legitimidade para recorrer em nome das autarquias e das fundações públicas.

Redação dada pela Res. n. 220, de 18.09.2017.

II – Os procuradores estaduais e municipais podem representar as respectivas autarquias e fundações públicas em juízo somente se designados pela lei da respectiva unidade da federação (art. 75, IV, do CPC de 2015) ou se investidos de instrumento de mandato válido.

Acrescentado pela Res. n. 220, de 18.09.2017.

319. Representação regular. Estagiário. Habilitação posterior

Válidos são os atos praticados por estagiário se, entre o substabelecimento e a interposição do recurso, sobreveio a habilitação, do então estagiário, para atuar como advogado.

320. Sistema de protocolo integrado. Norma interna. Eficácia limitada a recursos da competência do TRT que a editou. Art. 896, § 1º, da CLT (cancelada pela Comissão de Jurisprudência e de Precedentes Normativos do TST em 10.09.2004)

321. Vínculo empregatício com a Administração Pública. Período anterior à CF/88

Salvo os casos de trabalho temporário e de serviço de vigilância, previstos nas Leis ns. 6.019, de 03.01.1974, e 7.102, de 20.06.1983, é ilegal a contratação de trabalhadores por empresa interposta, formando-se o vínculo empregatício diretamente com o tomador dos serviços, inclusive ente público, em relação ao período anterior à vigência da CF/88.

322. Acordo coletivo de trabalho. Cláusula de termo aditivo prorrogando o acordo para prazo indeterminado. Inválida

Nos termos do art. 614, § 3º, da CLT, é de 2 anos o prazo máximo de vigência dos acordos e das convenções coletivas. Assim sendo, é inválida, naquilo que ultrapassa o prazo total de 2 anos, a cláusula de termo aditivo que prorroga a vigência do instrumento coletivo originário por prazo indeterminado.

323. Acordo de compensação de jornada. "Semana espanhola". Validade

É válido o sistema de compensação de horário quando a jornada adotada é a denominada "semana espanhola", que alterna a prestação de 48 horas em uma semana e 40 horas em outra, não violando os arts. 59, § 2º, da CLT e 7º, XIII, da CF/88 o seu ajuste mediante acordo ou convenção coletiva de trabalho.

324. Adicional de periculosidade. Sistema elétrico de potência. Decreto n. 93.412/86, art. 2º, § 1º

É assegurado o adicional de periculosidade apenas aos empregados que trabalham em sistema elétrico de potência em condições de risco, ou que o façam com equipamentos e instalações elétricas similares, que ofereçam risco equivalente, ainda que em unidade consumidora de energia elétrica.

325. Aumento salarial concedido pela empresa. Compensação no ano seguinte em antecipação sem a participação do sindicato profissional. Impossibilidade

O aumento real, concedido pela empresa a todos os seus empregados, somente pode ser reduzido mediante a participação efetiva do sindicato profissional no ajuste, nos termos do art. 7º, VI, da CF/88.

326. (Convertida na Súmula n. 366)

327. (Convertida na Súmula n. 392)

328. Equiparação salarial. Cargo com a mesma denominação. Funções diferentes ou similares. Não autorizada a equiparação (cancelada em decorrência da redação da Súmula n. 6)

329. Estabilidade. Cipeiro. Suplente. Extinção do estabelecimento. Indenização indevida (cancelada em decorrência da redação da Súmula n. 339)

330. (Convertida na Súmula n. 395)

331. Justiça gratuita. Declaração de insuficiência econômica. Mandato. Poderes específicos desnecessários (cancelada pela Res. n. 210, de 27.06.2016)

332. Motorista. Horas extras. Atividade externa. Controle de jornada por tacógrafo. Res. n. 816/86 do Contran

O tacógrafo, por si só, sem a existência de outros elementos, não serve para controlar a jornada de trabalho de empregado que exerce atividade externa.

333. (Convertida na Súmula n. 391)

334. Remessa *ex officio*. Recurso de revista. Inexistência de recurso ordinário voluntário de ente público. Incabível

Incabível recurso de revista de ente público que não interpôs recurso ordinário voluntário da decisão de primeira instância, ressalvada a hipótese de ter sido agravada, na segunda instância, a condenação imposta. ERR 522601/98, Tribunal Pleno. Em 28.10.2003, o Tribunal Pleno decidiu, por maioria, ser incabível recurso de revista de ente público que não interpôs recurso ordinário voluntário.

335. Contrato nulo. Administração Pública. Efeitos. Conhecimento do recurso por violação do art. 37, II e § 2º, da CF/88

A nulidade da contratação sem concurso público, após a CF/88, bem como a limitação de seus efeitos, somente poderá ser declarada por ofensa ao art. 37, II, se invocado concomitantemente o seu § 2º, todos da CF/88.

336. Embargos interpostos anteriormente à vigência da Lei n. 11.496/2007. Recurso não conhecido com base em orientação jurisprudencial. Desnecessário o exame das violações de lei e da Constituição Federal alegadas no recurso de revista

Estando a decisão recorrida em conformidade com orientação jurisprudencial, desnecessário o exame das divergências e das violações de lei e da Constituição alegadas em embargos interpostos antes da vigência da Lei n. 11.496/2007, salvo nas hipóteses em que a orientação jurisprudencial não fizer qualquer citação do dispositivo constitucional.

Redação dada pela Res. n. 178, de 06.02.2012.

337. (Convertida na Súmula n. 387)

338. Ministério Público do Trabalho. Legitimidade para recorrer. Sociedade de eco-

nomia mista e empresa pública. Contrato nulo (cancelada em decorrência da sua incorporação à nova redação da OJ n. 237 da SDI-1)

339. Teto remuneratório. Empresa pública e sociedade de economia mista. Art. 37, XI, da CF/88 (anterior à Emenda Constitucional n. 19/98)

As empresas públicas e as sociedades de economia mista estão submetidas à observância do teto remuneratório previsto no inciso XI do art. 37 da CF/88, sendo aplicável, inclusive, ao período anterior à alteração introduzida pela Emenda Constitucional n. 19/98.

340. (Convertida na Súmula n. 393)

341. FGTS. Multa de 40%. Diferenças decorrentes dos expurgos inflacionários. Responsabilidade pelo pagamento

É de responsabilidade do empregador o pagamento da diferença da multa de 40% sobre os depósitos do FGTS, decorrente da atualização monetária em face dos expurgos inflacionários.

342. (Convertida na Súmula n. 437)

343. Penhora. Sucessão. Art. 100 da CF/88. Execução

É válida a penhora em bens de pessoa jurídica de direito privado, realizada anteriormente à sucessão pela União ou por Estado-membro, não podendo a execução prosseguir mediante precatório. A decisão que a mantém não viola o art. 100 da CF/88.

344. FGTS. Multa de 40%. Diferenças decorrentes dos expurgos inflacionários. Prescrição. Termo inicial (alterada em decorrência do julgamento do processo TST IUJ-RR 1577/2003-019-03-00.8)

O termo inicial do prazo prescricional para o empregado pleitear em juízo diferenças da multa do FGTS, decorrentes dos expurgos inflacionários, deu-se com a vigência da Lei Complementar n. 110, em 30.06.2001, salvo comprovado trânsito em julgado de decisão proferida em ação proposta anteriormente na Justiça Federal, que reconheça o direito à atualização do saldo da conta vinculada.

Redação mantida pela Res. n. 175, de 24.05.2011.

345. Adicional de periculosidade. Radiação ionizante ou substância radioativa. Devido

A exposição do empregado a radiação ionizante ou a substância radioativa enseja a percepção do adicional de periculosidade, pois a regulamentação ministerial (Portarias do Ministério do Trabalho ns. 3.393, de 17.12.1987, e 518, de 07.04.2003), ao reputar perigosa a atividade, reveste-se de plena eficácia, porquanto expedida por força de delegação legislativa contida no art. 200, *caput* e inciso VI, da CLT. No período de 12.12.2002 a 06.04.2003, enquanto vigeu a Portaria n. 496 do Ministério do Trabalho, o empregado faz jus ao adicional de insalubridade.

346. Abono previsto em norma coletiva. Natureza indenizatória. Concessão apenas aos empregados em atividade. Extensão aos inativos. Impossibilidade

A decisão que estende aos inativos a concessão de abono de natureza jurídica indenizatória, previsto em norma coletiva apenas para os empregados em atividade, a ser pago de uma única vez, e confere natureza salarial à parcela, afronta o art. 7º, XXVI, da CF/88.

347. Adicional de periculosidade. Sistema elétrico de potência. Lei n. 7.369, de 20.09.1985, regulamentada pelo Decreto n. 93.412, de 14.10.1986. Extensão do direito aos cabistas, instaladores e reparadores de linhas e aparelhos em empresa de telefonia

É devido o adicional de periculosidade aos empregados cabistas, instaladores e reparadores de linhas e aparelhos de empresas de telefonia, desde que, no exercício de suas funções, fiquem expostos a condições de risco equivalente ao do trabalho exercido em contato com sistema elétrico de potência.

348. Honorários advocatícios. Base de cálculo. Valor líquido. Lei n. 1.060, de 05.02.1950

Os honorários advocatícios, arbitrados nos termos do art. 11, § 1º, da Lei n. 1.060, de 05.02.1950, devem incidir sobre o valor líquido da condenação, apurado na fase de liquidação de sentença, sem a dedução dos descontos fiscais e previdenciários.

349. Mandato. Juntada de nova procuração. Ausência de ressalva. Efeitos

A juntada de nova procuração aos autos, sem ressalva de poderes conferidos ao antigo patrono, implica revogação tácita do mandato anterior.

350. Ministério Público do Trabalho. Nulidade do contrato de trabalho não suscitada pelo ente público no momento da defesa. Arguição em parecer. Possibilidade

O Ministério Público do Trabalho pode arguir, em parecer, na primeira vez que tenha de se manifestar no processo, a nulidade do contrato de trabalho em favor de ente público, ainda que a parte não a tenha suscitado, a qual será apreciada, sendo vedada, no entanto, qualquer dilação probatória.

Redação dada pela Res. n. 162, de 16.12.2009.

351. Multa. Art. 477, § 8º, da CLT. Verbas rescisórias reconhecidas em juízo (cancelada pela Res. n. 163, de 16.11.2009)

352. (Convertida na Súmula n. 442)

353. (Convertida na Súmula n. 455)

354. (Convertida na Súmula n. 437)

355. Intervalo interjornadas. Inobservância. Horas extras. Período pago como sobrejornada. Art. 66 da CLT. Aplicação analógica do § 4º do art. 71 da CLT

O desrespeito ao intervalo mínimo interjornadas previsto no art. 66 da CLT acarreta, por analogia, os mesmos efeitos previstos no § 4º do art. 71 da CLT e na Súmula n. 110 do TST, devendo-se pagar a integralidade das horas que foram subtraídas do intervalo, acrescidas do respectivo adicional.

356. Programa de Incentivo à Demissão Voluntária (PDV). Créditos trabalhistas reconhecidos em juízo. Compensação. Impossibilidade

Os créditos tipicamente trabalhistas reconhecidos em juízo não são suscetíveis de compensação com a indenização paga em decorrência de adesão do trabalhador a Programa de Incentivo à Demissão Voluntária (PDV).

357. (Convertida na Súmula n. 434)

358. Salário mínimo e piso salarial proporcional à jornada reduzida. Empregado. Servidor público (redação alterada na sessão do Tribunal Pleno realizada em 16.02.2016)

Redação dada pela Res. n. 202, de 16.02.2016.

I – Havendo contratação para cumprimento de jornada reduzida, inferior à previsão constitucional de oito horas diárias ou quarenta e quatro semanais, é lícito o pagamento do piso salarial ou do salário mínimo proporcional ao tempo trabalhado.

Redação dada pela Res. n. 202, de 16.02.2016.

II – Na Administração Pública direta, autárquica e fundacional não é válida remuneração de empregado público inferior ao salário mínimo, ainda que cumpra jornada de trabalho reduzida. Precedentes do Supremo Tribunal Federal.

Redação dada pela Res. n. 202, de 16.02.2016.

359. Substituição processual. Sindicato. Legitimidade. Prescrição. Interrupção

A ação movida por sindicato, na qualidade de substituto processual, interrompe a prescrição, ainda que tenha sido considerado parte ilegítima *ad causam*.

360. Turno ininterrupto de revezamento. Dois turnos. Horário diurno e noturno. Caracterização

Faz jus à jornada especial prevista no art. 7º, XIV, da CF/88 o trabalhador que exerce suas atividades em sistema de alternância de turnos, ainda que em dois turnos de trabalho, que compreendam, no todo ou em parte, o horário diurno e o noturno, pois submetido à alternância de horário prejudicial à saúde, sendo irrelevante que a atividade da empresa se desenvolva de forma ininterrupta.

361. Aposentadoria espontânea. Unicidade do contrato de trabalho. Multa de 40% do FGTS sobre todo o período

A aposentadoria espontânea não é causa de extinção do contrato de trabalho se o empregado permanece prestando serviços ao empregador após a jubilação. Assim, por ocasião da sua dispensa imotivada, o empregado tem direito à multa de 40% do FGTS sobre a totalidade dos depósitos efetuados no curso do pacto laboral.

362. Contrato nulo. Efeitos. FGTS. Medida Provisória n. 2.164-41, de 24.08.2001, e art. 19-A da Lei n. 8.036, de 11.05.1990. Irretroatividade

Não afronta o princípio da irretroatividade da lei a aplicação do art. 19-A da Lei n. 8.036, de 11.05.1990, aos contratos declarados nulos celebrados antes da vigência da Medida Provisória n. 2.164-41, de 24.08.2001.

363. Descontos previdenciários e fiscais. Condenação do empregador em razão do inadimplemento de verbas remuneratórias. Responsabilidade do empregado pelo pagamento. Abrangência (cancelada em decorrência da aglutinação da sua parte final ao item II da Súmula n. 368 do TST)

364. Estabilidade. Art. 19 do ADCT. Servidor público de fundação regido pela CLT

Fundação instituída por lei e que recebe dotação ou subvenção do Poder Público para realizar atividades de interesse do Estado, ainda que tenha personalidade jurídica de direito privado, ostenta natureza de fundação pública. Assim, seus servidores regidos pela CLT são beneficiários da estabilidade excepcional prevista no art. 19 do ADCT.

365. Estabilidade provisória. Membro de conselho fiscal de sindicato. Inexistência

Membro de conselho fiscal de sindicato não tem direito à estabilidade prevista nos arts. 543, § 3º, da CLT e 8º, VIII, da CF/88, porquanto não representa ou atua na defesa de direitos da categoria respectiva, tendo sua competência limitada à fiscalização da gestão financeira do sindicato (art. 522, § 2º, da CLT).

366. Estagiário. Desvirtuamento do contrato de estágio. Reconhecimento do vínculo empregatício com a Administração Pública direta ou indireta. Período posterior à Constituição Federal de 1988. Impossibilidade

Ainda que desvirtuada a finalidade do contrato de estágio celebrado na vigência da Constituição Federal de 1988, é inviável o reconhecimento do vínculo empregatício com ente da Administração Pública direta ou indireta, por força do art. 37, II, da CF/88, bem como o deferimento de indenização pecuniária, exceto em relação às parcelas previstas na Súmula n. 363 do TST, se requeridas.

367. Aviso-prévio de 60 dias. Elastecimento por norma coletiva. Projeção. Reflexos nas parcelas trabalhistas

O prazo de aviso-prévio de 60 dias, concedido por meio de norma coletiva que silencia sobre alcance de seus efeitos jurídicos, computa-se integralmente como tempo de serviço, nos termos do § 1º do art. 487 da CLT, repercutindo nas verbas rescisórias.

368. Descontos previdenciários. Acordo homologado em juízo. Inexistência de vínculo empregatício. Parcelas indenizatórias. Ausência de discriminação. Incidência sobre o valor total

É devida a incidência das contribuições para a Previdência Social sobre o valor total do acordo homologado em juízo, independentemente do reconhecimento de vínculo de emprego, desde que não haja discriminação das parcelas sujeitas à incidência da contribuição previdenciária, conforme parágrafo único do art. 43 da Lei n. 8.212, de 24.07.1991, e do art. 195, I, *a*, da CF/88.

369. Estabilidade provisória. Delegado sindical. Inaplicável

O delegado sindical não é beneficiário da estabilidade provisória prevista no art. 8º, VIII, da CF/88, a qual é dirigida, exclusivamente, àqueles que exerçam ou ocupem cargos de direção nos sindicatos, submetidos a processo eletivo.

370. FGTS. Multa de 40%. Diferenças dos expurgos inflacionários. Prescrição. Interrupção decorrente de protestos judiciais

O ajuizamento de protesto judicial dentro do biênio posterior à Lei Complementar n. 110, de 29.06.2001, interrompe a prescrição, sendo irrelevante o transcurso de mais de dois anos da propositura de outra medida acautelatória, com o mesmo objetivo, ocorrida antes da vigência da referida lei, pois ainda não iniciado o prazo prescricional, conforme disposto na Orientação Jurisprudencial n. 344 da SDI-1.

371. Irregularidade de representação. Substabelecimento não datado. Inaplicabilidade do art. 654, § 1º, do Código Civil (atualizada em decorrência do CPC/2015)

Não caracteriza a irregularidade de representação a ausência da data da outorga de poderes, pois, no mandato judicial, ao contrário do mandato civil, não é condição de validade do negócio jurídico. Assim, a data a ser considerada é aquela em que o instrumento for juntado aos autos, conforme preceitua o art. 409, IV, do CPC de 2015 (art. 370, IV, do CPC de 1973). Inaplicável o art. 654, § 1º, do Código Civil.

Redação dada pela Res. n. 208, de 19.04.2016.

372. (Convertida na Súmula n. 449)

373. (Convertida na Súmula n. 456)

374. Agravo de instrumento. Representação processual. Regularidade. Procuração ou substabelecimento com cláusula limitativa de poderes ao âmbito do Tribunal Regional do Trabalho

É regular a representação processual do subscritor do agravo de instrumento ou do recurso de revista que detém mandato com poderes de representação limitados ao âmbito do Tribunal Regional do Trabalho, pois, embora a apreciação desse recurso seja realizada pelo Tribunal Superior do Trabalho, a sua interposição é ato praticado perante o Tribunal Regional do Trabalho, circunstância que legitima a atuação do advogado no feito.

375. Auxílio-doença. Aposentadoria por invalidez. Suspensão do contrato de trabalho. Prescrição. Contagem

A suspensão do contrato de trabalho, em virtude da percepção do auxílio-doença ou da aposentadoria por invalidez, não impede a fluência da prescrição quinquenal, ressalvada a hipótese de absoluta impossibilidade de acesso ao Judiciário.

376. Contribuição previdenciária. Acordo homologado em juízo após o trânsito em julgado da sentença condenatória. Incidência sobre o valor homologado

É devida a contribuição previdenciária sobre o valor do acordo celebrado e homologado após o trânsito em julgado de decisão judicial, respeitada a proporcionalidade de valores entre as parcelas de natureza salarial e indenizatória deferidas na decisão condenatória e as parcelas objeto do acordo.

377. Embargos de declaração. Decisão denegatória de recurso de revista exarado por presidente do TRT. Descabimento. Não interrupção do prazo recursal (cancelada pela Res. n. 204, de 15.03.2016)

378. Embargos. Interposição contra decisão monocrática. Não cabimento (atualizada em decorrência do CPC/2015)

Não encontra amparo no art. 894 da CLT, quer na redação anterior quer na redação posterior à Lei n. 11.496, de 22.06.2007, recurso de embargos interposto à decisão monocrática exarada nos moldes do art. 932 do CPC de 2015 (art. 557 do CPC de 1973), pois o comando legal restringe seu cabimento à pretensão de reforma de decisão colegiada proferida por Turma do Tribunal Superior do Trabalho.

Redação dada pela Res. n. 208, de 19.04.2016.

379. Empregado de cooperativa de crédito. Bancário. Equiparação. Impossibilidade (republicada em razão de erro material no registro da referência legislativa)

Os empregados de cooperativas de crédito não se equiparam a bancário, para efeito de aplicação do art. 224 da CLT, em razão da inexistência de expressa previsão legal, considerando, ainda, as diferenças estruturais e operacionais entre as instituições financeiras e as cooperativas de crédito. Inteligência das Leis ns. 4.595, de 31.12.1964, e 5.764, de 16.12.1971.

380. (Convertida na Súmula n. 437)

381. (Convertida na Súmula n. 437)

382. Juros de mora. Art. 1º-F da Lei n. 9.494, de 10.09.1997. Inaplicabilidade à Fazenda Pública quando condenada subsidiariamente

A Fazenda Pública, quando condenada subsidiariamente pelas obrigações trabalhistas devidas pela empregadora principal, não se beneficia da limitação dos juros, prevista no art. 1º-F da Lei n. 9.494, de 10.09.1997.

383. Terceirização. Empregados da empresa prestadora de serviços e da tomadora. Isonomia. Art. 12, *a*, da Lei n. 6.019, de 03.01.1974

A contratação irregular de trabalhador, mediante empresa interposta, não gera vínculo de emprego com ente da Administração Pública, não afastando, contudo, pelo princípio da isonomia, o direito dos empregados terceirizados às mesmas verbas trabalhistas legais e normativas asseguradas àqueles contratados pelo tomador dos serviços, desde que presente a igualdade de funções. Aplicação analógica do art. 12, *a*, da Lei n. 6.019, de 03.01.1974.

384. Trabalhador avulso. Prescrição bienal. Termo inicial (cancelada pela Res. n. 186, de 14.09.2012)

385. Adicional de periculosidade. Devido. Armazenamento de líquido inflamável no prédio. Construção vertical

É devido o pagamento do adicional de periculosidade ao empregado que desenvolve suas atividades em edifício (construção vertical), seja em pavimento igual ou distinto daquele onde estão instalados tanques para armazenamento de líquido inflamável, em quantidade acima do limite legal, considerando-se como área de risco toda a área interna da construção vertical.

386. (Convertida na Súmula n. 450)

387. (Convertida na Súmula n. 457)

388. Jornada 12 x 36. Jornada mista que compreenda a totalidade do período noturno. Adicional noturno. Devido

O empregado submetido à jornada de 12 horas de trabalho por 36 de descanso, que compreenda a totalidade do período noturno, tem direito ao adicional noturno, relativo às horas trabalhadas após as 5 horas da manhã.

389. Multa prevista no art. 1.021, §§ 4º e 5º, do CPC de 2015. Art. 557, § 2º, do CPC de 1973. Recolhimento. Pressuposto recursal. Beneficiário da justiça gratuita e Fazenda Pública. Pagamento ao final

Redação dada pela Res. n. 209, de 30.05.2016.

Constitui ônus da parte recorrente, sob pena de deserção, depositar previamente a multa aplicada com fundamento nos §§ 4º e 5º, do art. 1.021, do CPC de 2015 (§ 2º do art. 557 do CPC de 1973), à exceção da Fazenda Pública e do beneficiário de justiça gratuita, que farão o pagamento ao final.

Redação dada pela Res. n. 209, de 30.05.2016.

390. (Convertida na Súmula n. 451)

391. Portuários. Submissão prévia de demanda à comissão paritária. Lei n. 8.630, de 25.02.1993. Inexigibilidade

A submissão prévia de demanda à comissão paritária, constituída nos termos do art. 23 da Lei n. 8.630, de 25.02.1993 (Lei dos Portos), não é pressuposto de constituição e desenvolvimento válido e regular do processo, ante a ausência de previsão em lei.

392. Prescrição. Interrupção. Ajuizamento de protesto judicial. Marco inicial

O protesto judicial é medida aplicável no processo do trabalho, por força do art. 769 da CLT e do art. 15 do CPC de 2015. O ajuizamento da ação, por si só, interrompe o prazo prescricional, em razão da inaplicabilidade do § 2º do art. 240 do CPC de 2015 (§ 2º do art. 219 do CPC de 1973), incompatível com o disposto no art. 841 da CLT.

Redação dada pela Res. n. 209, de 30.05.2016.

393. Professor. Jornada de trabalho especial. Art. 318 da CLT. Salário mínimo. Proporcionalidade

A contraprestação mensal devida ao professor, que trabalha no limite máximo da jornada prevista no art. 318 da CLT, é de um salário mínimo integral, não se cogitando do pagamento proporcional em relação a jornada prevista no art. 7º, XIII, da Constituição Federal.

394. Repouso Semanal Remunerado – RSR. Integração das horas extras. Não repercussão no cálculo das férias, do décimo terceiro salário, do aviso-prévio e dos depósitos do FGTS

A majoração do valor do repouso semanal remunerado, em razão da integração das horas extras habitualmente prestadas, não repercute no cálculo das férias, da gratificação natalina, do aviso-prévio e do FGTS, sob pena de caracterização de *bis in idem*.

395. Turno ininterrupto de revezamento. Hora noturna reduzida. Incidência

O trabalho em regime de turnos ininterruptos de revezamento não retira o direito à hora noturna reduzida, não havendo incompatibilidade entre as disposições contidas nos arts. 73, § 1º, da CLT e 7º, XIV, da Constituição Federal.

396. Turnos ininterruptos de revezamento. Alteração da jornada de 8 para 6 horas diárias. Empregado horista. Aplicação do divisor 180

Para o cálculo do salário-hora do empregado horista, submetido a turnos ininterruptos de revezamento, considerando a alteração da jornada de 8 para 6 horas diárias, aplica-se o divisor 180, em observância ao disposto no art. 7º, VI, da Constituição Federal, que assegura a irredutibilidade salarial.

397. Comissionista misto. Horas extras. Base de cálculo. Aplicação da Súmula n. 340 do TST

O empregado que recebe remuneração mista, ou seja, uma parte fixa e outra variável, tem direito a horas extras pelo trabalho em sobrejornada. Em relação à parte fixa, são devidas as horas simples acrescidas do adicional de horas extras. Em relação à parte variável, é devido somente o adicional de horas extras, aplicando-se à hipótese o disposto na Súmula n. 340 do TST.

398. Contribuição previdenciária. Acordo homologado em juízo sem reconhecimento de vínculo de emprego. Contribuinte individual. Recolhimento da alíquota de 20% a cargo do tomador e 11% a cargo do prestador de serviços

Nos acordos homologados em juízo em que não haja o reconhecimento de vínculo empregatício, é devido o recolhimento da contribuição previdenciária, mediante a alíquota de 20% a cargo do tomador de serviços e de 11% por parte do prestador de serviços, na qualidade de contribuinte individual, sobre o valor total do acordo, respeitado o teto de contribuição. Inteligência do § 4º do art. 30 e do inciso III do art. 22, todos da Lei n. 8.212, de 24.07.1991.

399. Estabilidade provisória. Ação trabalhista ajuizada após o término do período de garantia no emprego. Abuso do exercício do direito de ação. Não configuração. Indenização devida

O ajuizamento de ação trabalhista após decorrido o período de garantia de emprego não configura abuso do exercício do direito de ação, pois este está submetido apenas ao prazo prescricional inscrito no art. 7º, XXIX, da CF/1988, sendo devida a indenização desde a dispensa até a data do término do período estabilitário.

400. Imposto de renda. Base de cálculo. Juros de mora. Não integração. Art. 404 do Código Civil brasileiro

Os juros de mora decorrentes do inadimplemento de obrigação de pagamento em dinheiro não integram a base de cálculo do imposto de renda, independentemente da natureza jurídica da obrigação inadimplida, ante o cunho indenizatório conferido pelo art. 404 do Código Civil de 2002 aos juros de mora.

401. Prescrição. Marco inicial. Ação condenatória. Trânsito em julgado da ação declaratória com mesma causa de pedir remota ajuizada antes da extinção do contrato de trabalho

O marco inicial da contagem do prazo prescricional para o ajuizamento de ação condenatória, quando advém a dispensa do empregado no curso de ação declaratória que possua a mesma causa de pedir remota, é o trânsito em julgado da decisão proferida na ação declaratória e não a data da extinção do contrato de trabalho.

402. Adicional de risco. Portuário. Terminal privativo. Arts. 14 e 19 da Lei n. 4.860, de 26.11.1965. Indevido

O adicional de risco previsto no art. 14 da Lei n. 4.860, de 26.11.1965, aplica-se somente aos portuários que trabalham em portos organizados, não podendo ser conferido aos que operam terminal privativo.

403. Advogado empregado. Contratação anterior à Lei n. 8.906, de 04.07.1994. Jornada de trabalho mantida com o advento da lei. Dedicação exclusiva. Caracterização

O advogado empregado contratado para jornada de 40 horas semanais, antes da edição da Lei n. 8.906, de 04.07.1994, está sujeito ao regime de dedicação exclusiva disposto no art. 20 da referida lei, pelo que não tem direito à jornada de 20 horas semanais ou 4 diárias.

404. (Convertida na Súmula n. 452)

405. (Convertida na Súmula n. 458)

406. (Convertida na Súmula n. 453)

407. Jornalista. Empresa não jornalística. Jornada de trabalho reduzida. Arts. 302 e 303 da CLT

O jornalista que exerce funções típicas de sua profissão, independentemente do ramo de atividade do empregador, tem direito à jornada reduzida prevista no art. 303 da CLT.

408. Juros de mora. Empresa em liquidação extrajudicial. Sucessão trabalhista

É devida a incidência de juros de mora em relação aos débitos trabalhistas de empresa em liquidação extrajudicial sucedida nos moldes dos arts. 10 e 448 da CLT. O sucessor responde pela obrigação do sucedido, não se beneficiando de qualquer privilégio a este destinado.

409. Multa por litigância de má-fé. Recolhimento. Pressuposto recursal. Inexigibilidade (nova redação em decorrência do CPC/2015)

O recolhimento do valor da multa imposta como sanção por litigância de má-fé (art. 81 do CPC de 2015 - art. 18 do CPC de 1973) não é pressuposto objetivo para interposição dos recursos de natureza trabalhista.

Redação dada pela Res. 209, de 30.05.2016.

410. Repouso semanal remunerado. Concessão após o sétimo dia consecutivo de trabalho. Art. 7º, XV, da CF. Violação

Viola o art. 7º, XV, da CF a concessão de repouso semanal remunerado após o sétimo dia consecutivo de trabalho, importando no seu pagamento em dobro.

411. Sucessão trabalhista. Aquisição de empresa pertencente a grupo econômico. Responsabilidade solidária do sucessor por débitos trabalhistas de empresa não adquirida. Inexistência

O sucessor não responde solidariamente por débitos trabalhistas de empresa não adquirida, integrante do mesmo grupo econômico da empresa sucedida, quando, à época, a empresa devedora direta era solvente ou idônea economicamente, ressalvada a hipótese de má-fé ou fraude na sucessão.

412. Agravo interno ou agravo regimental. Interposição em face de decisão colegiada. Não cabimento. Erro grosseiro. Inaplicabilidade do princípio da fungibilidade recursal (nova redação em decorrência do CPC/2015)

Redação dada pela Res. n. 209, de 30.05.2016.

É incabível agravo interno (art. 1.021 do CPC de 2015, art. 557, § 1º, do CPC de 1973) ou agravo regimental (art. 235 do RITST) contra decisão proferida por Órgão colegiado. Tais recursos destinam-se, exclusivamente, a impugnar decisão monocrática nas hipóteses previstas. Inaplicável, no caso, o princípio da fungibilidade ante a configuração de erro grosseiro.

Redação dada pela Res. n. 209, de 30.05.2016.

413. Auxílio-alimentação. Alteração da natureza jurídica. Norma coletiva ou adesão ao PAT

A pactuação em norma coletiva conferindo caráter indenizatório à verba "auxílio-alimentação" ou a adesão posterior do empregador ao Programa de Alimentação do Trabalhador – PAT – não altera a natureza salarial da parcela, instituída anteriormente, para aqueles empregados que, habitualmente, já percebiam o benefício, a teor das Súmulas ns. 51, I, e 241 do TST.

414. (Convertida na Súmula n. 454)

415. Horas extras. Reconhecimento em juízo. Critério de dedução/abatimento dos valores comprovadamente pagos no curso do contrato de trabalho

A dedução das horas extras comprovadamente pagas daquelas reconhecidas em juízo não pode ser limitada ao mês de apuração, devendo ser integral e aferida pelo total das horas extraordinárias quitadas durante o período imprescrito do contrato de trabalho.

416. Imunidade de jurisdição. Organização ou organismo internacional

As organizações ou organismos internacionais gozam de imunidade absoluta de jurisdição quando amparados por norma internacional incorporada ao ordenamento jurídico brasileiro, não se lhes aplicando a regra do Direito Consuetudinário relativa à natureza dos atos praticados. Excepcionalmente, prevalecerá a jurisdição brasileira na hipótese de renúncia expressa à cláusula de imunidade jurisdicional.

417. Prescrição. Rurícola. Emenda Constitucional n. 28, de 26.05.2000. Contrato de trabalho em curso

Não há prescrição total ou parcial da pretensão do trabalhador rural que reclama direitos relativos a contrato de trabalho que se encontrava em curso à época da promulgação da Emenda Constitucional n. 28, de 26.05.2000, desde que ajuizada a demanda no prazo de cinco anos de sua publicação, observada a prescrição bienal.

418. Equiparação salarial. Plano de cargos e salários. Aprovação por instrumento coletivo. Ausência de alternância de critérios de promoção por antiguidade e merecimento

Não constitui óbice à equiparação salarial a existência de plano de cargos e salários que, referendado por norma coletiva, prevê critério de promoção apenas por merecimento ou antiguidade, não atendendo, portanto, o requisito de alternância dos critérios, previsto no art. 461, § 2º, da CLT.

419. Enquadramento. Empregado que exerce atividade em empresa agroindustrial. Definição pela atividade preponderante da empresa (cancelada pela Res. n. 200, de 27.10.2015)

420. Turnos ininterruptos de revezamento. Elastecimento da jornada de trabalho. Norma coletiva com eficácia retroativa. Invalidade

É inválido o instrumento normativo que, regularizando situações pretéritas, estabelece jornada de oito horas para o trabalho em turnos ininterruptos de revezamento.

421. Honorários advocatícios. Ação de indenização por danos morais e materiais decorrentes de acidente de trabalho ou de doença profissional. Ajuizamento perante a Justiça comum antes da promulgação da Emenda Constitucional n. 45/2004. Posterior remessa dos autos à Justiça do Trabalho. Art. 85 do CPC de 2015. Art. 20 do CPC de 1973. Incidência (atualizada em decorrência do CPC/2015)

Redação dada pela Res. n. 208, de 19.04.2016.

A condenação em honorários advocatícios nos autos de ação de indenização por danos morais e materiais decorrentes de acidente de trabalho ou de doença profissional, remetida à Justiça do Trabalho após ajuizamento na Justiça comum, antes da vigência da Emenda Constitucional n. 45/2004, decorre da mera sucumbência, nos termos do art. 85 do CPC de 2015 (art. 20 do CPC de 1973), não se sujeitando aos requisitos da Lei n. 5.584/1970.

Redação dada pela Res. n. 208, de 19.04.2016.

ORIENTAÇÕES JURISPRUDENCIAIS TRANSITÓRIAS DA SEÇÃO DE DISSÍDIOS INDIVIDUAIS 1 (SDI-1) DO TST

Orientações Jurisprudenciais da SDI-1 que tratam de matérias transitórias e/ou de aplicação restrita ao TST ou a determinado Tribunal Regional.

1. FGTS. Multa de 40%. Complementação. Indevida

A rescisão contratual operada antes da vigência da Constituição Federal de 1988, com o pagamento da multa sobre os depósitos do FGTS no percentual de 10%, é ato jurídico perfeito, não se admitindo retroatividade. Assim, indevido o deferimento da complementação, a título de diferenças de multa do FGTS, do percentual de 30%, referente ao período do primeiro contrato rescindido e pago de acordo com a norma vigente à época (Lei n. 5.107/66, art. 6º).

Redação dada pela Res. n. 129, de 05.04.2005.

2. CSN. Licença remunerada

É devido o valor das horas extras até então habitualmente prestadas.

Redação dada pela Res. n. 129, de 05.04.2005.

3. Súmula n. 337. Inaplicabilidade

A Súmula n. 337 do TST é inaplicável a recurso de revista interposto anteriormente à sua vigência.

Redação dada pela Res. n. 129, de 05.04.2005.

4. (Cancelada pela Res. n. 175, de 24.05.2011)

5. Servita. Bonificação de assiduidade e produtividade paga semanalmente. Repercussão no repouso semanal remunerado

O valor das bonificações de assiduidade e produtividade, pago semanalmente e em caráter permanente pela empresa Servita, visando incentivar o melhor rendimento dos empregados, possui natureza salarial, repercutindo no cálculo do repouso semanal remunerado.

Redação dada pela Res. n. 129, de 05.04.2005.

6. Adicional de produtividade. Decisão normativa. Vigência. Limitação

O adicional de produtividade previsto na decisão normativa, proferida nos autos do Dissídio Coletivo n. 6/79, tem sua eficácia limitada à vigência do respectivo instrumento normativo.

Redação dada pela Res. n. 129, de 05.04.2005.

7. Banrisul. Complementação de aposentadoria. ADI e cheque-rancho. Não integração. (incorporação da OJ Transitória n. 8 da SDI-1)

As parcelas ADI e cheque-rancho não integram a complementação de aposentadoria dos empregados do Banrisul.

Redação dada pela Res. n. 129, de 05.04.2005.

8. (Convertida na OJ Transitória n. 7 da SDI-1)

9. BNCC. Garantia de emprego. Não assegurada

O Regulamento do BNCC não garante a estabilidade ao empregado nos moldes daquela prevista na CLT, mas apenas a garantia no emprego, ou seja, a garantia contra a despedida imotivada.

10. BNCC. Juros. Súmula n. 304 do TST. Inaplicável

A extinção do BNCC não foi decretada pelo Banco Central mas por deliberação de seus acionistas. Portanto, inaplicável a Súmula n. 304 do TST e, em seus débitos trabalhistas, devem incidir os juros de mora.

11. Complementação de aposentadoria. Ceagesp

Para o empregado se beneficiar da aposentadoria integral, prevista no § 1º do art. 16 do Regulamento Geral n. 1/63, da Ceagesp, o empregado deverá contar com 30 anos ou mais de efetivo serviço à Ceagesp.

12. CSN. Adicional de insalubridade e de periculosidade. Salário complessivo. Prevalência do acordo coletivo

O pagamento do adicional de insalubridade e periculosidade embutido no salário contratual dos empregados da CSN não caracteriza a complessividade salarial, uma vez que essa forma de pagamento decorre de acordo coletivo há muitos anos em vigor.

Redação dada pela Res. n. 129, de 05.04.2005.

13. CSN. Licença remunerada. Aviso-prévio. Concomitância. Possibilidade

Devido às circunstâncias especialíssimas ocorridas na CSN (Próspera), considera-se válida a concessão de aviso-prévio durante o período da licença remunerada.

14. Defensoria Pública. Opção pela carreira

Servidor investido na função de defensor público até a data em que foi instalada a Assembleia Nacional Constituinte tem direito à opção pela carreira, independentemente de realização de concurso público (celetista ou estatutário), bastando que a opção tenha sido feita até a data supra.

15. Energipe. Participação nos lucros. Incorporação anterior à CF/88. Natureza salarial

A parcela participação nos lucros, incorporada ao salário do empregado anteriormente à CF/88, possui natureza salarial e gera reflexos em todas as verbas salariais.

16. Agravo de instrumento interposto na vigência da Lei n. 9.756/98 e anteriormente à edição da Instrução Normativa n. 16/99 do TST. Traslado de peças. Obrigatoriedade

Não há como dizer que a exigência de traslado de peças necessárias ao julgamento de ambos os recursos (o agravo e o recurso principal) somente se tornou obrigatória após a edição da Instrução Normativa n. 16/99, pois trata-se apenas de meio destinado à interpretação acerca das novas exigências que se tornaram efetivas a partir da vigência da Lei n. 9.756/98.

17. Agravo de instrumento interposto na vigência da Lei n. 9.756/98. Embargos declaratórios

Para comprovar a tempestividade do recurso de revista, basta a juntada da certidão de publicação do acórdão dos embargos declaratórios opostos perante o Regional, se conhecidos.

18. Agravo de instrumento interposto na vigência da Lei n. 9.756/98. Peça indispensável. Certidão de publicação do acórdão regional. Necessária a juntada, salvo se nos autos houver elementos que atestem a tempestividade da revista

A certidão de publicação do acórdão regional é peça essencial para a regularidade do traslado do agravo de instrumento, porque imprescindível para aferir a tempestividade do recurso de revista e para viabilizar, quando provido, seu imediato julgamento, salvo se nos autos houver elementos que atestem a tempestividade da revista.

19. Agravo de instrumento. Interposto na vigência da Lei n. 9.756/98. Peças dispensáveis à compreensão da controvérsia. Desnecessária a juntada

Mesmo na vigência da Lei n. 9.756/98, a ausência de peças desnecessárias à compreensão da controvérsia, ainda que relacionadas no inciso I do § 5º do art. 897 da CLT, não implica o não conhecimento do agravo.

20. Agravo de instrumento. Ministério Público. Pressupostos extrínsecos

Para aferição da tempestividade do AI interposto pelo Ministério Público, desnecessário o traslado da certidão de publicação do despacho agravado, bastando a juntada da cópia da intimação pessoal na qual conste a respectiva data de recebimento (Lei Complementar n. 75/93, art. 84, IV).

21. Agravo de instrumento. Traslado. Certidão. Instrução Normativa n. 6/96 do TST

Certidão do Regional afirmando que o AI está formado de acordo com IN n. 6/96 do TST não confere autenticidade às peças.

22. (Convertida na OJ n. 287 da SDI-1)

23. Autenticação. Documento único. Cópia. Verso e anverso

Inexistindo impugnação da parte contrária, bem como o disposto no art. 795 da CLT, é válida a autenticação aposta em uma face da folha que contenha documento que continua no verso, por constituir documento único.

24. Abono. Complementação de aposentadoria. Reajuste. CVRD (valia)

A Resolução n. 7/89 da CVRD, que instituiu o benefício "abono aposentadoria" (art. 6º), determina que o reajuste seja feito na mesma época e com o mesmo índice aplicado pelo INSS ou observada a variação do IGP ou da OTN, aplicando-se o maior deles.

25. Banco Meridional. Complementação de aposentadoria. Reajustes. Extensão

Os reajustes salariais concedidos sobre quaisquer parcelas aos empregados ativos devem ser estendidos aos inativos, com exclusão apenas das parcelas ressalvadas expressamente no Regulamento do Banco.

26. Banerj. Plano Bresser. Acordo coletivo de trabalho de 1991. Não é norma programática

É de eficácia plena e imediata o *caput* da cláusula 5ª do Acordo Coletivo de Trabalho de 1991/92 celebrado pelo Banerj contemplando o pagamento de diferenças salariais do Plano Bresser, sendo devido o percentual de 26,06% nos meses de janeiro a agosto de 1992, inclusive.

27. Banrisul. Gratificação Jubileu. Prescrição

A Gratificação Jubileu, instituída pela Resolução n. 1.761/67, que foi alterada, reduzindo-se o seu valor, pela Resolução n. 1.885/70, era devida a todo empregado que completasse 25, 30, 35 e 40 anos de serviço no Banco. Era vantagem a ser paga de uma única vez, na data da aposentadoria, fluindo desta data o prazo prescricional, sendo inaplicável a Súmula n. 294 do TST, que é restrita aos casos em que se postulam prestações sucessivas.

28. CDHU. Sucessão trabalhista

Considerando a moldura fática delineada pelo Regional, conduz-se à ilação de que a CDHU foi a sucessora da Conesp, uma vez que ocupou os imóveis e assumiu os contratos anteriores, dando sequência às obras com o mesmo pessoal.

29. CEEE. Equiparação salarial. Quadro de carreira. Reestruturação em 1991. Válido

O quadro de carreira implantado na CEEE em 1977 foi homologado pelo Ministério do Trabalho. A reestruturação procedida em 1991, mesmo não homologada, é válida.

30. Cisão parcial de empresa. Responsabilidade solidária. Proforte

É solidária a responsabilidade entre a empresa cindida subsistente e aquelas que absorverem parte do seu patrimônio, quando constatada fraude na cisão parcial.

31. Planos Bresser e Verão. Acordo coletivo autorizando a quitação através da concessão de folgas remuneradas. Conversão em pecúnia após a extinção do contrato de trabalho. Inviabilidade

Acordo coletivo celebrado entre as partes autorizando a quitação dos valores devidos a título de Planos Bresser e Verão em folgas remuneradas é válido. Incabível a conversão do valor correspondente às folgas remuneradas em pecúnia quando extinto o contrato de trabalho pelo advento de aposentadoria voluntária.

32. Complementação de aposentadoria. Banco do Brasil. Sucumbência. Inversão

Imposta condenação originária em diferenças de complementação de aposentadoria, por ocasião do julgamento de recurso de revista, imperativo o exame no acórdão, sob pena de negativa de prestação jurisdicional, de postulação aduzida em contestação e/ou em contrarrazões visando à limitação da condenação à média trienal e ao teto, matéria insuscetível de prequestionamento.

33. Adicional de insalubridade. Base de cálculo, na vigência do Decreto-lei n. 2.351/87: piso nacional de salários (conversão da OJ n. 3 da SDI-1)

Na vigência do Decreto-lei n. 2.351/87, o piso nacional de salários é a base de cálculo para o adicional de insalubridade.

34. BRDE. Entidade autárquica de natureza bancária. Lei n. 4.595/64, art. 17. Res. Bacen n. 469/70, art. 8º. CLT, art. 224, § 2º. CF, art. 173, § 1º (conversão da OJ n. 22 da SDI-1)

O Banco Regional de Desenvolvimento do Extremo Sul – BRDE é uma entidade autárquica de natureza bancária, e, como tal, submete-se ao art. 173, § 1º, da Constituição Federal de 1988. Desta forma, sendo a natureza das atividades por ele exercidas similares às de qualquer instituição financeira, seus empregados são bancários, regendo-se pelas normas especiais a eles referentes, inclusive o art. 224 da CLT.

35. Reajustes salariais. Bimestrais e quadrimestrais (Lei n. 8.222/91). Simultaneidade inviável (conversão da OJ n. 68 da SDI-1)

Nova antecipação bimestral, na mesma época do reajuste quadrimestral, constitui verdadeiro *bis in idem*, pois o bimestre anterior, que servia como base de cálculo, já teve o INPC considerado para fim do reajuste quadrimestral.

36. Hora *in itinere*. Tempo gasto entre a portaria da empresa e o local do serviço. Devida. Açominas (conversão da OJ n. 98 da SDI-1)

Configura-se como hora *in itinere* o tempo gasto pelo obreiro para alcançar seu local de trabalho a partir da portaria da Açominas.

Redação mantida pela Res. n. 175, de 24.05.2011.

37. Minascaixa. Legitimidade passiva *ad causam* enquanto não concluído o procedimento de liquidação extrajudicial (conversão da OJ n. 109 da SDI-1)

A Minascaixa tem legitimidade passiva *ad causam* para figurar nas demandas contra ela ajuizadas enquanto não tiver concluído o processo de liquidação extrajudicial ao qual se encontra submetida.

38. Banco Meridional. Circular n. 34.046/89. Dispensa sem justa causa (conversão da OJ n. 137 da SDI-1)

A inobservância dos procedimentos disciplinados na Circular n. 34.046/89 do Banco Meridional, norma de caráter eminentemente procedimental, não é causa para a nulidade da dispensa sem justa causa.

39. FGTS. Opção retroativa. Concordância do empregador. Necessidade (conversão da OJ n. 146 da SDI-1)

A concordância do empregador é indispensável para que o empregado possa optar retroativamente pelo sistema do Fundo de Garantia por Tempo de Serviço.

40. Banrisul. Complementação de aposentadoria (conversão da OJ n. 155 da SDI-1)

A Resolução n. 1.600/64, vigente à época da admissão do empregado, incorporou-se ao contrato de trabalho, pelo que sua alteração não poderá prejudicar o direito adquirido, mesmo em virtude da edição da Lei n. 6.435/77. Incidência das Súmulas ns. 51 e 288.

41. Complementação de aposentadoria. Fundação Clemente de Faria. Banco Real (conversão da OJ n. 157 da SDI-1)

É válida a cláusula do Estatuto da Fundação Clemente de Faria que condicionou o direito à complementação de aposentadoria à existência de recursos financeiros, e também previa a suspensão, temporária ou definitiva, da referida complementação.

42. Petrobras. Pensão por morte do empregado assegurada no manual de pessoal. Estabilidade decenal. Opção pelo regime do FGTS

I – Tendo o empregado adquirido a estabilidade decenal, antes de optar pelo regime do FGTS, não há como negar-se o direito à pensão, eis que preenchido o requisito exigido pelo Manual de Pessoal. (ex-OJ n. 166 da SDI-1 – inserida em 26.03.99)

II – O benefício previsto no manual de pessoal da Petrobras, referente ao pagamento de pensão e auxílio-funeral aos dependentes do empregado que vier a falecer no curso do contrato de trabalho, não se estende à hipótese em que sobrevém o óbito do trabalhador quando já extinto o contrato de trabalho.

Redação dada pela Res. n. 182, de 16.04.2012.

43. SUDS. Gratificação. Convênio da União com Estado. Natureza salarial enquanto paga (conversão da OJ n. 168 da SDI-1)

A parcela denominada "Complementação Suds" paga aos servidores em virtude de convênio entre o estado e a União Federal tem natureza salarial, enquanto paga, pelo que repercute nos demais créditos trabalhistas do empregado.

44. Anistia. Lei n. 6.683/79. Tempo de afastamento. Não computável para efeito de indenização e adicional por tempo de serviço, licença-prêmio e promoção (conversão da OJ n. 176 da SDI-1)

O tempo de afastamento do anistiado pela Lei n. 6.683/79 não é computável para efeito do pagamento de indenização por tempo de serviço, licença-prêmio e promoção.

45. Comissionista puro. Abono. Lei n. 8.178/91. Não incorporação (conversão da OJ n. 180 da SDI-1)

É indevida a incorporação do abono instituído pela Lei n. 8.178/91 aos empregados comissionistas.

46. Complementação de aposentadoria. Banco Itaú (conversão da OJ n. 183 da SDI-1)

O empregado do Banco Itaú admitido na vigência da Circular BB-05/66, que passou para a inatividade posteriormente à vigência da RP-40/74, está sujeito ao implemento da condição "idade mínima de 55 anos".

47. Décimo terceiro salário. Dedução da 1ª parcela. URV. Lei n. 8.880/94 (conversão da OJ n. 187 da SDI-1)

Ainda que o adiantamento do 13º salário tenha ocorrido anteriormente à edição da Lei n. 8.880/94, as deduções deverão ser realizadas considerando o valor da antecipação, em URV, na data do efetivo pagamento, não podendo a 2ª parcela ser inferior à metade do 13º salário, em URV.

48. Petromisa. Sucessão. Petrobras. Legitimidade (conversão da OJ n. 202 da SDI-1)

Em virtude da decisão tomada em assembleia, a Petrobras é a real sucessora da Petromisa, considerando que recebeu todos os bens móveis e imóveis da extinta Petromisa.

49. Serpro. Norma regulamentar. Reajustes salariais. Superveniência de sentença normativa. Prevalência (conversão da OJ n. 212 da SDI-1)

Durante a vigência do instrumento normativo, é lícita ao empregador a obediência à norma coletiva (DC n. 8.948/90) que alterou as diferenças interníveis previstas no Regulamento de Recursos Humanos. (ex-OJ n. 212 da SDI-1 – inserida em 08.11.2000)

50. Férias. Abono instituído por instrumento normativo e terço constitucional. Simultaneidade inviável (conversão da OJ n. 231 da SDI-1)

O abono de férias decorrente de instrumento normativo e o abono de 1/3 (um terço) previsto no art. 7º, XVII, da CF/88 têm idêntica natureza jurídica, destinação e finalidade, constituindo-se *bis in idem* seu pagamento simultâneo, sendo legítimo o direito do empregador de obter compensação de valores porventura pagos.

51. Complementação de aposentadoria. Caixa Econômica Federal. Auxílio-alimentação. Supressão. Súmulas ns. 51 e 288 (conversão da OJ n. 250 da SDI-1)

A determinação de supressão do pagamento de auxílio-alimentação aos aposentados e pensionistas da Caixa Econômica Federal, oriunda do Ministério da Fazenda, não atinge aqueles ex-empregados que já percebiam o benefício.

52. Agravo de instrumento. Acórdão do TRT não assinado. Interposto anteriormente à Instrução Normativa n. 16/99 (conversão da OJ n. 281 da SDI-1)

Nos agravos de instrumento interpostos anteriormente à edição da Instrução Normativa n. 16/99, a ausência de assinatura na cópia não a torna inválida, desde que conste o carimbo aposto pelo servidor certificando que confere com o original.

53. Custas. Embargos de terceiro. Interpostos anteriormente à Lei n. 10.537/2002. Inexigência de recolhimento para a interposição de agravo de petição (conversão da OJ n. 291 da SDI-1)

Tratando-se de embargos de terceiro, incidentes em execução, ajuizados anteriormente à Lei n. 10.537/2002, incabível a exigência do recolhimento de custas para a interposição de agravo de petição por falta de previsão legal.

54. Plano econômico (Collor). Execução. Correção monetária. Índice de 84,32%. Lei n. 7.738/89. Aplicável (conversão da OJ n. 203 da SDI-1)

Aplica-se o índice de 84,32%, relativo ao IPC de março de 1990, para a correção monetária do débito trabalhista, por ocasião da execução, nos termos da Lei n. 7.738/89.

55. Plano Collor. Servidores celetistas do GDF. Legislação Federal. Prevalência (conversão da OJ n. 218 da SDI-1 e incorporação da OJ n. 241 da SDI-1)

Inexiste direito adquirido às diferenças salariais de 84,32% do IPC de março de 1990 aos servidores celetistas da Administração Direta, Fundações e Autarquias do Distrito Federal.

56. Anistia. Lei n. 8.878/94. Efeitos financeiros devidos a partir do efetivo retorno à atividade (conversão da OJ n. 221 da SDI-1)

Os efeitos financeiros da anistia concedida pela Lei n. 8.878/94 somente serão devidos a partir do efetivo retorno à atividade, vedada a remuneração em caráter retroativo.

57. Adicional de insalubridade. Deficiência de iluminamento. Limitação (conversão da OJ n. 153 da SDI-1) Somente após 26.02.1991 foram, efetivamente, retiradas do mundo jurídico as normas ensejadoras do direito ao adicional de insalubridade por iluminamento insuficiente no local da prestação de serviço, como previsto na Portaria n. 3.751/90 do Ministério do Trabalho.

58. URPs de junho e julho de 1988. Suspensão do pagamento. Data-base em maio. Decreto-lei n. 2.425/88. Inexistência de violação a direito adquirido (conversão da OJ n. 214 da SDI-1)

O Decreto-lei n. 2.425, de 07.04.1988, não ofendeu o direito adquirido dos empregados com data-base em maio, pelo que não fazem jus às URPs de junho e julho de 1988.

59. Interbras. Sucessão. Responsabilidade

A Petrobras não pode ser responsabilizada solidária ou subsidiariamente pelas obrigações trabalhistas da extinta Interbras, da qual a União é a real sucessora, nos termos do art. 20 da Lei n. 8.029, de 12.04.1990 (atual art. 23, em face da renumeração dada pela Lei n. 8.154, de 28.12.1990).

60. Adicional por tempo de serviço. Base de cálculo. Salário-base. Art. 129 da Constituição do Estado de São Paulo

O adicional por tempo de serviço – quinquênio –, previsto no art. 129 da Constituição do Estado de São Paulo, tem como base de cálculo o vencimento básico do servidor público estadual, ante o disposto no art. 11 da Lei Complementar do Estado de São Paulo n. 713, de 12.04.1993.

61. Auxílio cesta-alimentação previsto em norma coletiva. CEF. Cláusula que estabelece natureza indenizatória à parcela. Extensão aos aposentados e pensionistas. Impossibilidade

Havendo previsão em cláusula de norma coletiva de trabalho de pagamento mensal de auxílio cesta-alimentação somente a empregados em atividade, dando-lhe caráter indenizatório, é indevida a extensão desse benefício aos aposentados e pensionistas. Exegese do art. 7º, XXVI, da Constituição Federal.

62. Petrobras. Complementação de aposentadoria. Avanço de nível. Concessão de parcela por acordo coletivo apenas para os empregados da ativa. Extensão para os inativos. Art. 41 do Regulamento do Plano de Benefícios da Petros

Ante a natureza de aumento geral de salários, estende-se à complementação de aposentadoria dos ex-empregados da Petrobras benefício concedido indistintamente a todos os empregados da ativa e estabelecido em norma coletiva, prevendo a concessão de aumento de nível salarial – "avanço de nível" –, a fim de preservar a paridade entre ativos e inativos assegurada no art. 41 do Regulamento do Plano de Benefícios da Fundação Petrobras de Seguridade Social – Petros.

63. Petrobras. Complementação de aposentadoria. Integralidade. Condição. Idade mínima. Lei n. 6.435, de 15.07.1977

Os empregados admitidos na vigência do Decreto n. 81.240, de 20.01.1978, que regulamentou a Lei n. 6.435, de 15.07.1977, ainda que anteriormente à alteração do Regulamento do Plano de Benefícios da Petros, sujeitam-se à condição "idade mínima de 55 anos" para percepção dos proventos integrais de complementação de aposentadoria.

64. Petrobras. Parcelas gratificação contingente e participação nos resultados deferidas por norma coletiva a empregados da ativa. Natureza jurídica não salarial. Não integração na complementação de aposentadoria

As parcelas gratificação contingente e participação nos resultados, concedidas por força de acordo coletivo a empregados da Petrobras em atividade, pagas de uma única vez, não integram a complementação de aposentadoria.

65. Representação judicial da União. Assistente jurídico. Apresentação do ato de designação

A ausência de juntada aos autos de documento que comprove a designação do assistente jurídico como representante judicial da União (art. 69 da Lei Complementar n. 73, de

10.02.1993) importa irregularidade de representação.

66. SPTrans. Responsabilidade subsidiária. Não configuração. Contrato de concessão de serviço público. Transporte coletivo

A atividade da São Paulo Transportes S/A - SPTrans de gerenciamento e fiscalização dos serviços prestados pelas concessionárias de transporte público, atividade descentralizada da Administração Pública, não se confunde com a terceirização de mão de obra, não se configurando a responsabilidade subsidiária.

67. Telemar. Privatização. Plano de Incentivo à Rescisão Contratual (Pirc). Previsão de pagamento da indenização com redutor de 30%. Aplicação limitada ao período da reestruturação

Não é devida a indenização com redutor de 30%, prevista no Plano de Incentivo à Rescisão Contratual da Telemar, ao empregado que, embora atenda ao requisito estabelecido de não haver aderido ao Pirc, foi despedido em data muito posterior ao processo de reestruturação da empresa, e cuja dispensa não teve relação com o plano.

68. Banco do Estado de São Paulo S.A. - Banespa. Convenção coletiva. Reajuste salarial. Superveniência de acordo em dissídio coletivo. Prevalência

O acordo homologado no Dissídio Coletivo n. TST - DC - 810.950/2001.3, que estabeleceu a garantia de emprego aos empregados em atividade do Banco do Estado de São Paulo S.A. - Banespa e que, portanto, não se aplica aos empregados aposentados, prevalece sobre a fixação do reajuste salarial previsto na convenção coletiva firmada entre a Federação Nacional do Bancos - Fenaban e os sindicatos dos bancários, ante a consideração do conjunto das cláusulas constantes do acordo e em respeito às disposições dos arts. 5º, XXXVI, e 7º, XXVI, da CF/1988.

69. Banco do Brasil. Complementação de aposentadoria. Alteração do plano de cargos comissionados. Extensão aos inativos

As alterações na estrutura do Plano de Cargos Comissionados do Banco do Brasil, introduzidas pelas Cartas-Circulares Direc/Funci 96/0904 e 96/0957, dentre as quais a substituição do Abono de Função e Representação (AFR) pelo Adicional de Função (AF) e pelo Adicional Temporário de Revitalização (ATR), não autorizam o pagamento de diferenças de complementação de aposentadoria aos inativos por só abrangerem os empregados em atividade, bem como em razão de o Plano de Incentivo à Aposentadoria da época do jubilamento não conter previsão de aplicação de eventual alteração na estrutura dos cargos comissionados àqueles que se aposentassem.

70. Caixa Econômica Federal. Bancário. Plano de Cargos em Comissão. Opção pela jornada de oito horas. Ineficácia. Exercício de funções meramente técnicas. Não caracterização de exercício de função de confiança

Ausente a fidúcia especial a que alude o art. 224, § 2º, da CLT, é ineficaz a adesão do empregado à jornada de oito horas constante do Plano de Cargos em Comissão da Caixa Econômica Federal, o que importa no retorno à jornada de seis horas, sendo devidas como extras a sétima e a oitava horas laboradas. A diferença de gratificação de função recebida em face da adesão ineficaz poderá ser compensada com as horas extraordinárias prestadas.

71. Empresa Brasileira de Correios e Telégrafos - ECT. Plano de Cargos e Salários. Progressão horizontal por antiguidade. Necessidade de deliberação da diretoria para comprovar o efetivo cumprimento dos requisitos do PCCS. Condição puramente potestativa para a concessão da promoção. Invalidade

A deliberação da diretoria da Empresa Brasileira de Correios e Telégrafos - ECT, prevista no Plano de Carreira, Cargos e Salários como requisito necessário para a concessão de progressão por antiguidade, por se tratar de condição puramente potestativa, não constitui óbice ao deferimento da progressão horizontal por antiguidade aos empregados, quando preenchidas as demais condições dispostas no aludido plano.

72. Petrobras. Domingos e feriados trabalhados. Regime de turnos ininterruptos de revezamento. Pagamento em dobro concedido por liberalidade do empregador. Incor-

poração ao contrato de trabalho. Supressão unilateral. Acordo coletivo posterior que valida a supressão. Retroação da norma coletiva. Impossibilidade

O pagamento em dobro, concedido por liberalidade da empresa, dos domingos e feriados trabalhados de forma habitual pelo empregado da Petrobras submetido ao regime de turnos ininterruptos de revezamento não pode ser suprimido unilateralmente, pois é vantagem incorporada ao contrato de trabalho, nos termos do art. 468 da CLT. Assim, o acordo coletivo, posteriormente firmado, somente opera efeitos a partir da data de sua entrada em vigor, sendo incabível a utilização da norma coletiva para regular situação pretérita.

73. Volkswagen do Brasil Ltda. Participação nos lucros e resultados. Pagamento mensal em decorrência de norma coletiva. Natureza indenizatória

A despeito da vedação de pagamento em periodicidade inferior a um semestre civil ou mais de duas vezes no ano cível, disposta no art. 3º, § 2º, da Lei n. 10.101, de 19.12.2000, o parcelamento em prestações mensais da participação nos lucros e resultados de janeiro de 1999 a abril de 2000, fixado no acordo coletivo celebrado entre o Sindicato dos Metalúrgicos do ABC e a Volkswagen do Brasil Ltda., não retira a natureza indenizatória da referida verba (art. 7º, XI, da CF), devendo prevalecer a diretriz constitucional que prestigia a autonomia privada coletiva (art. 7º, XXVI, da CF).

74. Hospital de Clínicas de Porto Alegre. Custas processuais. Recolhimento. Isenção. Art. 15 da Lei n. 5.604, de 02.09.1970

A isenção tributária concedida pelo art. 15 da Lei n. 5.604, de 02.09.1970, ao Hospital de Clínicas de Porto Alegre compreende as custas processuais, por serem estas espécie do gênero tributo.

75. Parcela "sexta parte". Art. 129 da Constituição do Estado de São Paulo. Extensão aos empregados de sociedade de economia mista e empresa pública. Indevida

A parcela denominada "sexta parte", instituída pelo art. 129 da Constituição do Estado de São Paulo, é devida apenas aos servidores estaduais, celetistas e estatutários da Administração Pública direta, das fundações e das autarquias, conforme disposição contida no art. 124 da Constituição Estadual, não se estendendo aos empregados de sociedade de economia mista e de empresa pública, integrantes da Administração Pública indireta, submetidas ao regime jurídico próprio das empresas privadas, nos termos do art. 173, § 1º, II, da Constituição Federal.

76. Complementação de aposentadoria. Integralidade. Empregado do Estado de São Paulo admitido antes da Lei Estadual n. 200, de 13.05.1974. Implementação do requisito relativo aos 30 anos de serviço efetivo. Incidência da Súmula n. 288 do TST

É assegurado o direito à percepção de complementação de aposentadoria integral ao ex-empregado do Estado de São Paulo que, admitido anteriormente ao advento da Lei Estadual n. 200, de 13.05.1974, implementou 30 anos de serviço efetivo, ante a extensão das regras de complementação de aposentadoria previstas na Lei Estadual n. 1.386, de 19.12.1951. Incidência da Súmula n. 288 do TST.

77. BNDES. Arts. 224 a 226 da CLT. Aplicável a seus empregados (conversão da OJ n. 179 da SDI-1)

Até o advento da Lei n. 10.556, de 13.11.2002, era aplicável aos empregados do BNDES a jornada de trabalho dos bancários prevista nos arts. 224 a 226 da CLT.

78. Embargos à SDI contra decisão em recurso de revista não conhecido quanto aos pressupostos intrínsecos. Recurso interposto antes da vigência da Lei n. 11.496, de 22.06.2007, que conferiu nova redação ao art. 894 da CLT. Necessária a indicação expressa de ofensa ao art. 896 da CLT. (conversão da OJ n. 294 da SDI-1 com nova redação)

Para a admissibilidade e conhecimento de embargos, interpostos antes da vigência da Lei n. 11.496/2007, contra decisão mediante a qual não foi conhecido o recurso de revista pela análise dos pressupostos intrínsecos, necessário que a parte embargante aponte expressamente a violação ao art. 896 da CLT.

Redação dada pela Res. n. 194, de 19.05.2014.

79. Embargos. Recurso interposto antes da vigência da Lei n. 11.496, de 22.06.2007, que conferiu nova redação ao art. 894 da CLT. Revista não conhecida por má aplicação de súmula ou de orientação jurisprudencial. Exame do mérito pela SDI. (conversão da OJ n. 295 da SDI-1 com nova redação)

A SDI, ao conhecer dos embargos, interpostos antes da vigência da Lei n. 11.496/2007, por violação do art. 896 – por má aplicação de súmula ou de orientação jurisprudencial pela Turma –, julgará desde logo o mérito, caso conclua que a revista merecia conhecimento e que a matéria de fundo se encontra pacificada neste Tribunal.

Redação dada pela Res. n. 194, de 19.05.2014.

ORIENTAÇÕES JURISPRUDENCIAIS DA SEÇÃO DE DISSÍDIOS INDIVIDUAIS 2 (SDI-2) DO TST

1. (Convertida na Súmula n. 405)

2. Ação rescisória. Adicional de insalubridade. Base de cálculo. Salário mínimo. Cabível

Viola o art. 192 da CLT decisão que acolhe pedido de adicional de insalubridade com base na remuneração do empregado.

3. (Convertida na Súmula n. 405)

4. Ação rescisória. Banco do Brasil. Adicional de caráter pessoal. ACP

Procede, por ofensa ao art. 5º, XXXVI, da CF/88, o pedido de rescisão de julgado que acolheu Adicional de Caráter Pessoal em favor de empregado do Banco do Brasil S.A.

5. Ação rescisória. Banco do Brasil. AP e ADI. Horas extras. Súmula n. 83 do TST. Aplicável

Não se acolhe pedido de rescisão de julgado que deferiu a empregado do Banco do Brasil S.A. horas extras após a sexta, não obstante o pagamento dos adicionais AP e ADI, ou AFR quando a decisão rescindenda for anterior à Orientação Jurisprudencial n. 17 da Seção de Dissídios Individuais do TST (07.11.1994). Incidência das Súmulas ns. 83 do TST e 343 do STF.

6. Ação rescisória. Cipeiro suplente. Estabilidade. ADCT da CF/88, art. 10, II, *a*. Súmula n. 83 do TST

Rescinde-se o julgado que nega estabilidade a membro suplente de Cipa, representante de empregado, por ofensa ao art. 10, II, *a*, do ADCT da CF/88, ainda que se cuide de decisão anterior à Súmula n. 339 do TST. Incidência da Súmula n. 83 do TST.

Redação dada pela Res. n. 137, de 04.08.2005.

7. Ação rescisória. Competência. Criação de Tribunal Regional do Trabalho. Na omissão da lei, é fixada pelo art. 678, I, *c*, item 2, da CLT

A Lei n. 7.872/89, que criou o Tribunal Regional do Trabalho da 17ª Região, não fixou a sua competência para apreciar as ações rescisórias de decisões oriundas da 1ª Região, o que decorreu do art. 678, I, *c*, item 2, da CLT.

Redação dada pela Res. n. 137, de 04.08.2005.

8. Ação rescisória. Complementação de aposentadoria. Banespa. Súmula n. 83 do TST

Não se rescinde julgado que acolheu pedido de complementação de aposentadoria integral em favor de empregado do Banespa, antes da Súmula n. 313 do TST, em virtude da notória controvérsia jurisprudencial então reinante. Incidência da Súmula n. 83 do TST.

Redação dada pela Res. n. 137, de 04.08.2005.

9. Ação rescisória. Conab. Aviso Direh n. 2/84. Súmula n. 83 do TST. Aplicável

Não se rescinde julgado que reconheceu garantia de emprego com base no Aviso Direh n. 2/84 da Conab, antes da Súmula n. 355 do TST, em virtude da notória controvérsia jurisprudencial então reinante. Incidência da Súmula n. 83 do TST.

10. Ação rescisória. Contrato nulo. Administração Pública. Efeitos. Art. 37, II e § 2º, da CF/88

Somente por ofensa ao art. 37, II e § 2º, da CF/88, procede o pedido de rescisão de julgado para considerar nula a contratação, sem concurso público, de servidor, após a CF/88.

11. Ação rescisória. Correção monetária. Lei n. 7.596/87. Universidades federais. Implantação tardia do plano de classificação de cargos. Violação de lei. Súmula n. 83 do TST. Aplicável

Não se rescinde julgado que acolhe pedido de correção monetária decorrente da implantação tardia do Plano de Classificação de Cargos de Universidade Federal previsto na Lei n. 7.596/87, à época em que era controvertida tal matéria na jurisprudência. Incidência da Súmula n. 83 do TST.

12. Ação rescisória. Decadência. Consumação antes ou depois da edição da Medida Provisória n. 1.577/97. Ampliação do prazo

I – A vigência da Medida Provisória n. 1.577/97 e de suas reedições implicou o elastecimento do prazo decadencial para o ajuizamento da ação rescisória a favor dos entes de direito público, autarquias e fundações públicas. Se o biênio decadencial do art. 495 do CPC de 1973 findou após a entrada em vigor da referida medida provisória e até sua suspensão pelo STF em sede liminar de ação direta de inconstitucionalidade (ADI n. 1.753-2), tem-se como aplicável o prazo decadencial elastecido à rescisória. (ex-OJ n. 17 da SDI-2)

Redação dada pela Res. n. 208, de 19.04.2016.

II – A regra ampliativa do prazo decadencial para a propositura de ação rescisória em favor de pessoa jurídica de direito público não se aplica se, ao tempo em que sobreveio a Medida Provisória n. 1.577/97, já se exaurira o biênio do art. 495 do CPC. Preservação do direito adquirido da parte à decadência já consumada sob a égide da lei velha. (ex-OJ n. 12 da SDI-2)

Redação dada pela Res. n. 208, de 19.04.2016.

13. Ação rescisória. Decadência. *Dies ad quem*. Art. 775 da CLT. Aplicável (cancelada em decorrência da redação da Súmula n. 100)

14. Ação rescisória. Decadência. *Dies a quo*. Recurso intempestivo (cancelada em decorrência da redação da Súmula n. 100)

15. Ação rescisória. Decadência. Duas decisões rescindendas (cancelada em decorrência da redação da Súmula n. 100)

16. Ação rescisória. Decadência. Exceção de incompetência (cancelada em decorrência da redação da Súmula n. 100)

17. (Convertida na OJ n. 12 da SDI-2)

18. Ação rescisória. Decadência. União. Lei Complementar n. 73/93, art. 67. Lei n. 8.682/93, art. 6º

O art. 67 da Lei Complementar n. 73/93 interrompeu todos os prazos, inclusive o de decadência, em favor da União no período compreendido entre 14.02.1993 e 14.08.1993.

19. Ação rescisória. Desligamento incentivado. Imposto de renda. Abono pecuniário. Violação de lei. Súmula n. 83 do TST. Aplicável

Havendo notória controvérsia jurisprudencial acerca da incidência de imposto de renda sobre parcela paga pelo empregador ("abono pecuniário") a título de "desligamento incentivado", improcede pedido de rescisão do julgado. Incidência da Súmula n. 83 do TST.

20. (Convertida na Súmula n. 402)

21. Ação rescisória. Duplo grau de jurisdição. Trânsito em julgado. Inobservância. Decreto-lei n. 779/69, art. 1º, V. Incabível

É incabível ação rescisória para a desconstituição de sentença não transitada em julgado porque ainda não submetida ao necessário duplo grau de jurisdição, na forma do Decreto-lei n. 779/69. Determina-se que se oficie ao Presidente do TRT para que proceda à avocatória do processo principal para o reexame da sentença rescindenda.

Redação dada pela Res. n. 137, de 04.08.2005.

22. (Convertida na Súmula n. 390)

23. Ação rescisória. Estabilidade. Período pré-eleitoral. Violação de lei. Súmula n. 83 do TST. Aplicável

Não procede pedido de rescisão de sentença de mérito que assegura ou nega estabilidade pré-eleitoral, quando a decisão rescindenda for anterior à Orientação Jurisprudencial n. 51 da Seção de Dissídios Individuais do TST (25.11.1996). Incidência da Súmula n. 83 do TST.

24. Ação rescisória. Estabilidade provisória. Reintegração em período posterior. Direito limitado aos salários e consectários do período da estabilidade

Rescinde-se o julgado que reconhece estabilidade provisória e determina a reintegração de empregado, quando já exaurido o respectivo período de estabilidade. Em juízo rescisório, restringe-se a condenação quanto aos salários e consectários até o termo final da estabilidade.

25. Ação rescisória. Regência pelo CPC de 1973. Expressão "lei" do art. 485, V, do CPC de 1973. Não inclusão do ACT, CCT, portaria, regulamento, súmula e orientação jurisprudencial de tribunal (atualizada em decorrência do CPC/2015)

Redação dada pela Res. n. 212, de 19.09.2016.

Não procede pedido de rescisão fundado no art. 485, V, do CPC de 1973 quando se aponta contrariedade à norma de convenção coletiva de trabalho, acordo coletivo de trabalho, portaria do Poder Executivo, regulamento de empresa e súmula ou orientação jurisprudencial de tribunal. (ex-OJ n. 25 da SDI-2 e ex-OJ n. 118 da SDI-2)

Redação dada pela Res. n. 212, de 19.09.2016.

26. Ação rescisória. Gratificação de nível superior. Suframa

A extensão da gratificação instituída pela Suframa aos servidores celetistas exercentes de atividade de nível superior não ofende as disposições contidas nos arts. 37, XIII, e 39, § 1º, da CF/88.

27. Ação rescisória. Honorários advocatícios (cancelada em decorrência da redação da Súmula n. 219)

28. Ação rescisória. Juízo rescisório. Restituição da parcela já recebida. Deve a parte propor ação própria (cancelada pela Res. n. 149, de 17.11.2008)

29. Ação rescisória. Matéria constitucional. Súmula n. 83 do TST e Súmula n. 343 do STF. Inaplicáveis (cancelada em decorrência da redação da Súmula n. 83)

30. Ação rescisória. Multa. Art. 920 do Código Civil de 1916 (art. 412 do Código Civil de 2002) (incorporação da OJ n. 31 da SDI-2)

Não se acolhe, por violação do art. 920 do Código Civil de 1916 (art. 412 do Código Civil de 2002), pedido de rescisão de julgado que: *a)* em processo de conhecimento, impôs condenação ao pagamento de multa, quando a decisão rescindenda for anterior à Orientação Jurisprudencial n. 54 da Subseção I Especializada em Dissídios Individuais do TST (30.05.1994), incidindo o óbice da Súmula n. 83 do TST; (ex-OJ n. 30 da SDI-2) *b)* em execução, rejeita-se limitação da condenação ao pagamento de multa, por inexistência de violação literal. (ex-OJ n. 31 da SDI-2)

Redação dada pela Res. n. 137, de 04.08.2005.

31. (Convertida na OJ n. 30 da SDI-2)

32. (Convertida na Súmula n. 408)

33. (Convertida na Súmula n. 408)

34. Ação rescisória. Planos econômicos

I – O acolhimento de pedido em ação rescisória de plano econômico, fundada no art. 485, inciso V, do CPC de 1973, pressupõe, necessariamente, expressa invocação na petição inicial de afronta ao art. 5º, inciso XXXVI, da Constituição Federal de 1988. A indicação de ofensa literal a preceito de lei ordinária atrai a incidência da Súmula n. 83 do TST e Súmula n. 343 do STF.

Redação dada pela Res. n. 208, de 19.04.2016.

II – Se a decisão rescindenda é posterior à Súmula n. 315 do TST (Res. n. 7, *DJ* 22.09.93), inaplicável a Súmula n. 83 do TST.

Redação dada pela Res. n. 208, de 19.04.2016.

35. Ação rescisória. Planos econômicos. Coisa julgada. Limitação à data-base na fase de execução

Não ofende a coisa julgada a limitação à data-base da categoria, na fase executória, da condenação ao pagamento de diferenças salariais decorrentes de planos econômicos, quando a decisão exequenda silenciar sobre a limitação, uma vez que a limitação decorre de norma cogente. Apenas quando a sentença exequenda houver expressamente afastado a limitação à data-base é que poderá ocorrer ofensa à coisa julgada.

36. Ação rescisória. Prequestionamento. Violação ocorrida na própria decisão rescindenda (cancelada em decorrência da redação da Súmula n. 298)

37. Ação rescisória. Prescrição quinquenal. Matéria constitucional. Súmula n. 83 do TST e Súmula n. 343 do STF. Inaplicáveis (cancelada em decorrência da redação da Súmula n. 83)

38. Ação rescisória. Professor adjunto. Ingresso no cargo de professor titular. Exigência de concurso público (Lei n. 7.596/87, Decreto n. 94.664/87 e art. 206, V, CF/88)

A assunção do professor adjunto ao cargo de professor titular de universidade pública, sem prévia aprovação em concurso público, viola o art. 206, V, da Constituição Federal. Procedência do pedido de rescisão do julgado.

39. Ação rescisória. Reajustes bimestrais e quadrimestrais. Lei n. 8.222/91. Súmula n. 83 do TST. Aplicável

Havendo controvérsia jurisprudencial à época, não se rescinde decisão que aprecia a possibilidade de cumulação das antecipações bimestrais e reajustes quadrimestrais de salário previstos na Lei n. 8.222/91. Incidência da Súmula n. 83 do TST.

40. (Convertida na Súmula n. 375)

41. Ação rescisória. Sentença *citra petita*. Cabimento

Revelando-se a sentença *citra petita*, o vício processual vulnera os arts. 141 e 492 do CPC de 2015 (arts. 128 e 460 do CPC de 1973), tornando-a passível de desconstituição, ainda que não interpostos embargos de declaração.

Redação dada pela Res. n. 208, de 19.04.2016.

42. Ação rescisória. Sentença de mérito. Competência do TST. Acórdão rescindendo do TST. Não conhecimento de recurso. Súmula n. 192. Não aplicação (cancelada em decorrência da redação da Súmula n. 192)

43. (Convertida na Súmula n. 411)

44. (Convertida na Súmula n. 399)

45. (Convertida na Súmula n. 399)

46. (Convertida na Súmula n. 412)

47. (Convertida na Súmula n. 413)

48. Ação rescisória. Sentença e acórdão. Substituição (cancelada em decorrência da redação da Súmula n. 192)

49. Mandado de segurança. Açao de cumprimento fundada em decisão normativa que sofreu posterior reforma, quando já transitada em julgado a sentença condenatória proferida na ação de cumprimento (cancelada em decorrência da conversão da OJ n. 116 na Súmula n. 397)

50. (Convertida na Súmula n. 414)

51. (Convertida na Súmula n. 414)

52. (Convertida na Súmula n. 415)

53. Mandado de segurança. Cooperativa em liquidação extrajudicial. Lei n. 5.764/71, art. 76. Inaplicável. Não suspende a execução

A liquidação extrajudicial de sociedade cooperativa não suspende a execução dos créditos trabalhistas existentes contra ela.

54. Mandado de segurança. Embargos de terceiro. Cumulação. Penhora. Incabível (atualizada em decorrência do CPC/2015)

Ajuizados embargos de terceiro (art. 674 do CPC de 2015 - art. 1.046 do CPC de 1973) para pleitear a desconstituição da penhora, é incabível mandado de segurança com a mesma finalidade.

Redação dada pela Res. n. 208, de 19.04.2016.

55. (Convertida na Súmula n. 416)

56. Mandado de segurança. Execução. Pendência de recurso extraordinário

Não há direito líquido e certo à execução definitiva na pendência de recurso extraordinário, ou de agravo de instrumento visando a destrancá-lo.

57. Mandado de segurança. INSS. Tempo de serviço. Averbação e/ou reconhecimento

Conceder-se-á mandado de segurança para impugnar ato que determina ao INSS o reconhecimento e/ou averbação de tempo de serviço.

58. (Convertida na Súmula n. 414)

59. Mandado de segurança. Penhora. Carta de fiança bancária. Seguro garantia judicial (nova redação em decorrência do CPC/2015)

Redação dada pela Res. n. 209, de 30.05.2016.

A carta de fiança bancária e o seguro garantia judicial, desde que em valor não inferior ao do débito em execução, acrescido de trinta por cento, equivalem a dinheiro para efeito da gradação dos bens penhoráveis, estabelecida no art. 835 do CPC de 2015 (art. 655 do CPC de 1973).

Redação dada pela Res. n. 209, de 30.05.2016.

60. (Convertida na Súmula n. 417)

61. (Convertida na Súmula n. 417)

62. (Convertida na Súmula n. 417)

63. Mandado de segurança. Reintegração. Ação cautelar

Comporta a impetração de mandado de segurança o deferimento de reintegração no emprego em ação cautelar.

64. Mandado de segurança. Reintegração liminarmente concedida

Não fere direito líquido e certo a concessão de tutela antecipada para reintegração de empregado protegido por estabilidade provisória decorrente de lei ou norma coletiva.

65. Mandado de segurança. Reintegração liminarmente concedida. Dirigente sindical

Ressalvada a hipótese do art. 494 da CLT, não fere direito líquido e certo a determinação liminar de reintegração no emprego de dirigente sindical, em face da previsão do inciso X do art. 659 da CLT.

66. Mandado de segurança. Sentença homologatória de adjudicação. Incabível (atualizado o item I e incluído o item II em decorrência do CPC/2015)

I – Sob a égide do CPC de 1973 é incabível o mandado de segurança contra sentença homologatória de adjudicação, uma vez que existe meio próprio para impugnar o ato judicial, consistente nos embargos à adjudicação (CPC de 1973, art. 746).

Redação dada pela Res. n. 212, de 19.09.2016.

II – Na vigência do CPC de 2015 também não cabe mandado de segurança, pois o ato judicial pode ser impugnado por simples petição, na forma do art. 877, *caput*, do CPC de 2015.

Redação dada pela Res. n. 212, de 19.09.2016.

67. Mandado de segurança. Transferência. Art. 659, IX, da CLT

Não fere direito líquido e certo a concessão de liminar obstativa de transferência de empregado, em face da previsão do inciso IX do art. 659 da CLT.

68. Antecipação de tutela. Competência

Nos Tribunais, compete ao relator decidir sobre o pedido de antecipação de tutela, submetendo sua decisão ao Colegiado respectivo, independentemente de pauta, na sessão imediatamente subsequente.

Redação dada pela Res. n. 137, de 04.08.2005.

69. Fungibilidade recursal. Indeferimento liminar de ação rescisória ou mandado de segurança. Recurso para o TST. Recebimento como agravo regimental e devolução dos autos ao TRT

Recurso ordinário interposto contra despacho monocrático indeferitório da petição inicial de ação rescisória ou de mandado de segurança pode, pelo princípio de fungibilidade recursal, ser recebido como agravo regimental. Hipótese de não conhecimento do recurso pelo TST e devolução dos autos ao TRT, para que aprecie o apelo como agravo regimental.

70. Ação rescisória. Regência pelo CPC de 1973. Manifesto e inescusável equívoco no direcionamento. Inépcia da inicial. Extinção do processo (atualizada em decorrência do CPC/2015)

Redação dada pela Res. n. 220, de 18.09.2017.

Sob a égide do CPC de 1973, o manifesto equívoco da parte em ajuizar ação rescisória no TST para desconstituir julgado proferido pelo TRT, ou vice-versa, implica a extinção do processo sem julgamento do mérito por inépcia da inicial.

Redação dada pela Res. n. 220, de 18.09.2017.

71. Ação rescisória. Salário profissional. Fixação. Múltiplo de salário mínimo. Art. 7º, IV, da CF/88

A estipulação do salário profissional em múltiplos do salário mínimo não afronta o art. 7º, IV, da Constituição Federal de 1988, só incorrendo em vulneração do referido preceito constitucional a fixação de correção automática do salário pelo reajuste do salário mínimo.

72. Ação rescisória. Prequestionamento quanto à matéria e ao conteúdo da norma, não necessariamente do dispositivo legal tido por violado (cancelada em decorrência da redação da Súmula n. 298)

73. (Convertida na Súmula n. 435)

74. (Convertida na Súmula n. 421)

75. Remessa de ofício. Ação rescisória. Prequestionamento. Decisão regional que simplesmente confirma a sentença (cancelada em decorrência da redação da Súmula n. 298)

76. Ação rescisória. Ação cautelar proposta sob a vigência do CPC de 1973. Suspensão da execução. Juntada de documento indispensável. Possibilidade de êxito na rescisão do julgado (atualizada em decorrência do CPC/2015)

Redação dada pela Res. n. 220, de 18.09.2017.

É indispensável a instrução da ação cautelar proposta sob a vigência do CPC de 1973 com as provas documentais necessárias à aferição da plausibilidade de êxito na rescisão do julgado. Assim sendo, devem vir junto com a inicial da cautelar as cópias da petição inicial da ação rescisória principal, da decisão rescindenda, da certidão do trânsito em julgado da decisão rescindenda e informação do andamento atualizado da execução.

Redação dada pela Res. n. 220, de 18.09.2017.

77. Ação rescisória. Aplicação da Súmula n. 83 do TST. Matéria controvertida. Limite temporal. Data de inserção em orientação jurisprudencial do TST (cancelada em decorrência da redação da Súmula n. 83)

78. Ação rescisória. Cumulação sucessiva de pedidos. Rescisão da sentença e do acórdão. Ação única. Art. 326 do CPC de 2015. Art. 289 do CPC de 1973 (atualizada em decorrência do CPC/2015)

Redação dada pela Res. n. 208, de 19.04.2016.

É admissível o ajuizamento de uma única ação rescisória contendo mais de um pedido, em ordem sucessiva, de rescisão da sentença e do acórdão. Sendo inviável a tutela jurisdicional de um deles, o julgador está obrigado a apreciar os demais, sob pena de negativa de prestação jurisdicional.

79. Ação rescisória. Decadência afastada. Imediato julgamento do mérito. Inexistência de ofensa ao duplo grau de jurisdição (cancelada em decorrência da redação da Súmula n. 100)

80. Ação rescisória. Decadência. *Dies a quo*. Recurso deserto. Súmula n. 100 do TST

O não conhecimento do recurso por deserção não antecipa o *dies a quo* do prazo decadencial para o ajuizamento da ação rescisória, atraindo, na contagem do prazo, a aplicação da Súmula n. 100 do TST.

81. (Convertida na Súmula n. 401)

82. (Convertida na Súmula n. 406)

83. (Convertida na Súmula n. 407)

84. Ação rescisória. ausência da decisão rescindenda e/ou da certidão de seu trânsito em julgado devidamente autenticadas. Concessão de prazo para complementação da documentação (alterada em decorrência do CPC de 2015)

Redação dada pela Res. n. 220, de 18.09.2017.

São peças essenciais para o julgamento da ação rescisória a decisão rescindenda e/ou a certidão do seu trânsito em julgado, devidamente autenticadas, à exceção de cópias reprográficas apresentadas por pessoa jurídica de direito público, a teor do art. 24 da Lei n. 10.522/2002, ou declaradas autênticas pelo advogado na forma do art. 830 da CLT com a redação dada pela Lei n. 11.925/2009. Em fase recursal, verificada a ausência de qualquer delas, cumpre ao Relator do recurso ordinário conceder o prazo de 5 (cinco) dias ao recorrente para que seja complementada a documentação exigível, nos termos do art. 932, parágrafo único, do CPC de 2015.

Redação dada pela Res. n. 220, de 18.09.2017.

85. Ação rescisória. Sentença homologatória de cálculo. Existência de contraditório. Decisão de mérito. Cabimento (cancelada; 1ª parte convertida na Súmula n. 399 e parte final incorporada à Súmula n. 298)

86. (Convertida na Súmula n. 414)

87. Mandado de segurança. Reintegração em execução provisória. Impossibilidade (cancelada pela Res. n. 137, de 04.08.2005)

88. Mandado de segurança. Valor da causa. Custas processuais. Cabimento

Incabível a impetração de mandado de segurança contra ato judicial que, de ofício, arbitrou novo valor à causa, acarretando a majoração das custas processuais, uma vez que cabia à parte, após recolher as custas, calculadas com base no valor dado à causa na inicial, interpor recurso ordinário e, posteriormente, agravo de instrumento no caso de o recurso ser considerado deserto.

89. *Habeas corpus*. Depositário. Termo de depósito não assinado pelo paciente. Necessidade de aceitação do encargo. Impossibilidade de prisão civil

A investidura no encargo de depositário depende da aceitação do nomeado que deve assinar termo de compromisso no auto de penhora, sem o que, é inadmissível a restrição de seu direito de liberdade.

90. (Convertida na Súmula n. 422)

91. Mandado de segurança. Autenticação de cópias pelas Secretarias dos Tribunais Regionais do Trabalho. Requerimento indeferido. Art. 789, § 9º, da CLT

Não sendo a parte beneficiária da assistência judiciária gratuita, inexiste direito líquido e certo à autenticação, pelas Secretarias dos Tribunais, de peças extraídas do processo principal, para formação do agravo de instrumento.

92. Mandado de segurança. Existência de recurso próprio

Não cabe mandado de segurança contra decisão judicial passível de reforma mediante recurso próprio, ainda que com efeito diferido.

93. Penhora sobre parte da renda de estabelecimento comercial. Possibilidade (alterada em decorrência do CPC/2015)

Redação dada pela Res. n. 220, de 18.09.2017.

Nos termos do art. 866 do CPC de 2015, é admissível a penhora sobre a renda mensal ou faturamento de empresa, limitada a percentual, que não comprometa o desenvolvimento regular de suas atividades, desde que não haja outros bens penhoráveis ou, havendo outros bens, eles sejam de difícil alienação ou insuficientes para satisfazer o crédito executado.

Redação dada pela Res. n. 220, de 18.09.2017.

94. Ação rescisória. Colusão. Fraude à lei. Reclamatória simulada extinta

A decisão ou acordo judicial subjacente à reclamação trabalhista, cuja tramitação deixa nítida a simulação do litígio para fraudar a lei e prejudicar terceiros, enseja ação rescisória, com lastro em colusão. No juízo rescisório, o processo simulado deve ser extinto.

95. (Convertida na Súmula n. 400)

96. Ação rescisória. Vício de intimação da decisão rescindenda. Ausência da formação da coisa julgada material. Carência de ação (cancelada em decorrência da redação da Súmula n. 299)

97. Ação rescisória. Violação do art. 5º, II, LIV e LV, da Constituição Federal. Princípios da legalidade, do devido processo legal, do contraditório e da ampla defesa

Os princípios da legalidade, do devido processo legal, do contraditório e da ampla defesa não servem de fundamento para a desconstituição de decisão judicial transitada em julgado, quando se apresentam sob a forma de pedido genérico e desfundamentado, acompanhando dispositivos legais que tratam especificamente da matéria debatida, estes sim, passíveis de fundamentarem a análise do pleito rescisório.

Redação dada pela Res. n. 137, de 04.08.2005.

98. Mandado de segurança. Cabível para atacar exigência de depósito prévio de honorários periciais

É ilegal a exigência de depósito prévio para custeio dos honorários periciais, dada a incompatibilidade com o processo do trabalho, sendo cabível o mandado de segurança visando à realização da perícia, independentemente do depósito.

Redação dada pela Res. n. 137, de 04.08.2005.

99. Mandado de segurança. Esgotamento de todas as vias processuais disponíveis. Trânsito em julgado formal. Descabimento

Esgotadas as vias recursais existentes, não cabe mandado de segurança.

100. Recurso ordinário para o TST. Decisão de TRT proferida em agravo regimental contra liminar em ação cautelar ou em mandado de segurança. Incabível

Não cabe recurso ordinário para o TST de decisão proferida pelo Tribunal Regional do Trabalho em agravo regimental interposto contra despacho que concede ou não liminar em ação cautelar ou em mandado de segurança, uma vez que o processo ainda pende de decisão definitiva do Tribunal *a quo*.

101. Ação rescisória. Inciso IV do art. 966 do CPC de 2015. Art. 485, IV, do CPC de 1973. Ofensa a coisa julgada. Necessidade de fixação de tese na decisão rescindenda (atualizada em decorrência do CPC/2015)

Redação dada pela Res. n. 208, de 19.04.2016.

Para viabilizar a desconstituição do julgado pela causa de rescindibilidade do inciso IV, do art. 966 do CPC de 2015 (inciso IV do art.

485 do CPC de 1973), é necessário que a decisão rescindenda tenha enfrentado as questões ventiladas na ação rescisória, sob pena de inviabilizar o cotejo com o título executivo judicial tido por desrespeitado, de modo a se poder concluir pela ofensa à coisa julgada.

Redação dada pela Res. 208, de 19.04.2016.

102. Ação rescisória. Certidão de trânsito em julgado. Descompasso com a realidade. Presunção relativa de veracidade (cancelada em decorrência da redação da Súmula n. 100)

103. Ação rescisória. Contradição entre fundamentação e parte dispositiva do julgado. Cabimento. Erro de fato

É cabível a rescisória para corrigir contradição entre a parte dispositiva do acórdão rescindendo e a sua fundamentação, por erro de fato na retratação do que foi decidido.

104. Ação rescisória. Decadência. Sentença homologatória de acordo. Momento do trânsito em julgado (cancelada em decorrência da redação da Súmula n. 100)

105. Ação rescisória. Decisão rescindenda. Agravo de instrumento. Não substituição. Impossibilidade jurídica (cancelada em decorrência da redação da Súmula n. 192)

106. Ação rescisória. Decisão rescindenda. Ausência de trânsito em julgado. Descabimento de ação rescisória preventiva (cancelada em decorrência da redação da Súmula n. 299)

107. Ação rescisória. Decisão rescindenda de mérito. Sentença declaratória de extinção de execução. Satisfação da obrigação (atualizada em decorrência do CPC/2015)

Embora não haja atividade cognitiva, a decisão que declara extinta a execução, nos termos do art. 924, incisos I a IV c/c art. 925 do CPC de 2015 (art. 794 c/c 795 do CPC de 1973), extingue a relação processual e a obrigacional, sendo passível de corte rescisório.

Redação dada pela Res. 208, de 19.04.2016.

108. (Convertida na Súmula n. 404)

109. (Convertida na Súmula n. 410)

110. (Convertida na Súmula n. 406)

111. (Convertida na Súmula n. 403)

112. Ação rescisória. Violação de lei. Decisão rescindenda por duplo fundamento. Impugnação parcial

Para que a violação da lei dê causa à rescisão de decisão de mérito alicerçada em duplo fundamento, é necessário que o Autor da ação rescisória invoque causas de rescindibilidade que, em tese, possam infirmar a motivação dúplice da decisão rescindenda.

113. Ação cautelar. Efeito suspensivo ao recurso ordinário em mandado de segurança. Incabível. Ausência de interesse. Extinção (cancelada em decorrência do CPC/2015)

114. (Convertida na Súmula n. 419)

115. (Convertida na Súmula n. 420)

116. (Convertida na Súmula n. 397)

117. Ação rescisória. Depósito recursal. Pedido rescisório procedente. Condenação em pecúnia. Instrução Normativa n. 3/93, III (cancelada em decorrência da redação da Súmula n. 99)

118. (Convertida na OJ n. 25 da SDI-2)

119. (Convertida na Súmula n. 409)

120. (Convertida na Súmula n. 418)

121. (Convertida na Súmula n. 405)

122. Ação rescisória. Decadência. Ministério Público. *Dies a quo* do prazo. Contagem. Colusão das partes (cancelada em decorrência da redação da Súmula n. 100)

123. Ação rescisória. Interpretação do sentido e alcance do título executivo. Inexistência de ofensa à coisa julgada

O acolhimento da ação rescisória calcada em ofensa à coisa julgada supõe dissonância patente entre as decisões exequenda e rescindenda, o que não se verifica quando se faz necessária a interpretação do título executivo judicial para se concluir pela lesão à coisa julgada.

124. Ação rescisória. Art. 966, inciso II, do CPC de 2015. Art. 485, II, do CPC de 1973. Arguição de incompetência absoluta. Prequestionamento inexigível (atualizada em decorrência do CPC/2015)

Redação dada pela Res. n. 208, de 19.04.2016.

Na hipótese em que a ação rescisória tem como causa de rescindibilidade o inciso II do art. 966 do CPC de 2015 (inciso II do art. 485 do CPC de 1973), a arguição de incompetência absoluta prescinde de prequestionamento.

Redação dada pela Res. n. 208, de 19.04.2016.

125. (Convertida na Súmula n. 403)

126. (Convertida na Súmula n. 398)

127. Mandado de segurança. Decadência. Contagem. Efetivo ato coator

Na contagem do prazo decadencial para ajuizamento de mandado de segurança, o efetivo ato coator é o primeiro em que se firmou a tese hostilizada e não aquele que a ratificou.

128. Ação rescisória. Concurso público anulado posteriormente. Aplicação da Súmula n. 363 do TST

O certame público posteriormente anulado equivale à contratação realizada sem a observância da exigência contida no art. 37, II, da Constituição Federal de 1988. Assim sendo, aplicam-se à hipótese os efeitos previstos na Súmula n. 363 do TST.

129. Ação anulatória. Competência originária

Em se tratando de ação anulatória, a competência originária se dá no mesmo juízo em que praticado o ato supostamente eivado de vício.

130. Ação civil pública. Competência. Local do dano. Lei n. 7.347/85, art. 2º. Código de Defesa do Consumidor, art. 93

I – A competência para a Ação Civil Pública fixa-se pela extensão do dano.

II – Em caso de dano de abrangência regional, que atinja cidades sujeitas à jurisdição de mais de uma Vara do Trabalho, a competência será de qualquer das Varas das localidades atingidas, ainda que vinculadas a Tribunais Regionais do Trabalho distintos.

III – Em caso de dano de abrangência suprarregional ou nacional, há competência concorrente para a Ação Civil Pública das Varas do Trabalho das sedes dos Tribunais Regionais do Trabalho.

IV – Estará prevento o juízo a que a primeira ação houver sido distribuída.

Redação dada pela Res. n. 186, de 14.09.2012.

131. Ação rescisória. Ação cautelar para suspender execução da decisão rescindenda. Pendência de trânsito em julgado da ação rescisória principal. Efeitos

A ação cautelar não perde o objeto enquanto ainda estiver pendente o trânsito em julgado da ação rescisória principal, devendo o pedido cautelar ser julgado procedente, mantendo-se os efeitos da liminar eventualmente deferida, no caso de procedência do pedido rescisório ou, por outro lado, improcedente, se o pedido da ação rescisória principal tiver sido julgado improcedente.

132. Ação rescisória. Acordo homologado. Alcance. Ofensa à coisa julgada

Acordo celebrado – homologado judicialmente – em que o empregado dá plena e ampla quitação, sem qualquer ressalva, alcança não só o objeto da inicial, como também todas as demais parcelas referentes ao extinto contrato de trabalho, violando a coisa julgada, a propositura de nova reclamação trabalhista.

133. Ação rescisória. Decisão em agravo regimental. Aplicação da Súmula n. 333. Juízo de mérito (cancelada em decorrência da redação da Súmula n. 192)

134. Ação rescisória. Decisão que declara preclusa a oportunidade de impugnação da sentença de liquidação. Produção de coisa julgada formal. Irrescindibilidade (alterada em decorrência do CPC/2015)

Redação dada pela Res. n. 220, de 18.09.2017.

A decisão proferida em embargos à execução ou em agravo de petição que apenas declara preclusa a oportunidade de impugnação da sentença de liquidação não é rescindível, em virtude de produzir tão somente coisa julgada formal.

Redação dada pela Res. n. 220, de 18.09.2017.

135. Ação rescisória. Violação do art. 37, *caput*, da CF/88. Necessidade de prequestionamento

A ação rescisória calcada em violação do art. 37, *caput*, da Constituição Federal, por desrespeito ao princípio da legalidade administrativa exige que ao menos o princípio constitucional tenha sido prequestionado na decisão.

136. Ação rescisória. Erro de fato. Caracterização (atualizada em decorrência do CPC/2015)

A caracterização do erro de fato como causa de rescindibilidade de decisão judicial transitada em julgado supõe a afirmação categórica e indiscutida de um fato, na decisão rescindenda, que não corresponde à realidade dos autos. O fato afirmado pelo julgador, que pode ensejar ação rescisória calcada no inciso VIII do art. 966 do CPC de 2015 (inciso IX do art. 485 do CPC de 1973), é apenas aquele que se coloca como premissa fática indiscutida de um silogismo argumentativo, não aquele que se apresenta ao final desse mesmo silogismo, como conclusão decorrente das premissas que especificaram as provas oferecidas, para se concluir pela existência do fato. Esta última hipótese é afastada pelo § 1º do art. 966 do CPC de 2015 (§ 2º do art. 485 do CPC de 1973), ao exigir que não tenha havido controvérsia sobre o fato e pronunciamento judicial esmiuçando as provas.

Redação dada pela Res. n. 208, de 19.04.2016.

137. Mandado de segurança. Dirigente sindical. Art. 494 da CLT. Aplicável

Constitui direito líquido e certo do empregador a suspensão do empregado, ainda que detentor de estabilidade sindical, até a decisão final do inquérito em que se apure a falta grave a ele imputada, na forma do art. 494, *caput* e parágrafo único, da CLT.

138. Mandado de segurança. Incompetência da Justiça do Trabalho. Cobrança de honorários advocatícios. Contrato de natureza civil (cancelada pelo Tribunal Pleno, em sessão extraordinária, realizada no dia 04.05.2006)

139. (Convertida na Súmula n. 414)

140. Mandado de segurança contra liminar, concedida ou denegada em outra segurança. Incabível (art. 8º da Lei n. 1.533/51)

Não cabe mandado de segurança para impugnar despacho que acolheu ou indeferiu liminar em outro mandado de segurança.

141. (Convertida na Súmula n. 418)

142. Mandado de segurança. Reintegração liminarmente concedida

Inexiste direito líquido e certo a ser oposto contra ato de Juiz que, antecipando a tutela jurisdicional, determina a reintegração do empregado até a decisão final do processo, quando demonstrada a razoabilidade do direito subjetivo material, como nos casos de anistiado pela Lei n. 8.878/94, aposentado, integrante de comissão de fábrica, dirigente sindical, portador de doença profissional, portador de vírus HIV ou detentor de estabilidade provisória prevista em norma coletiva.

143. *Habeas corpus*. Penhora sobre coisa futura e incerta. Prisão. Depositário infiel

Não se caracteriza a condição de depositário infiel quando a penhora recair sobre coisa futura e incerta, circunstância que, por si só, inviabiliza a materialização do depósito no momento da constituição do paciente em depositário, autorizando-se a concessão de *habeas corpus* diante da prisão ou ameaça de prisão que sofra.

144. Mandado de segurança. Proibição de prática de atos futuros. Sentença genérica. Evento futuro. Incabível

O mandado de segurança não se presta à obtenção de uma sentença genérica, aplicável a eventos futuros, cuja ocorrência é incerta.

145. Ação rescisória. Decadência. Não esgotamento das vias recursais. Prazo legal do recurso extraordinário (cancelada em decorrência da redação da Súmula n. 100)

146. Ação rescisória. Início do prazo para apresentação da contestação. Art. 774 da CLT (atualizada em decorrência do CPC/2015)

A contestação apresentada em ação rescisória obedece à regra relativa à contagem de prazo constante do art. 774 da CLT, sendo inaplicável o art. 231 do CPC de 2015 (art. 241 do CPC de 1973).

Redação dada pela Res. n. 208, de 19.04.2016.

147. Ação rescisória. Valor da causa (cancelada pela Res. n. 142, de 27.09.2007)

148. Custas. Mandado de segurança. Recurso ordinário. Exigência do pagamento (conversão da OJ n. 29 da SDI-1)

É responsabilidade da parte, para interpor recurso ordinário em mandado de segurança, a comprovação do recolhimento das custas processuais no prazo recursal, sob pena de deserção. (ex-OJ n. 29)

149. Conflito de competência. Incompetência territorial. Hipótese do art. 651, § 3º, da CLT. Impossibilidade de declaração de ofício de incompetência relativa

Não cabe declaração de ofício de incompetência territorial no caso do uso, pelo trabalhador, da faculdade prevista no art. 651, § 3º, da CLT. Nessa hipótese, resolve-se o conflito pelo reconhecimento da competência do juízo do local onde a ação foi proposta.

150. Ação rescisória. Regência pelo CPC de 1973. Decisão rescindenda que extingue o processo sem resolução de mérito por acolhimento de coisa julgada. Conteúdo meramente processual. Impossibilidade jurídica do pedido (atualizada em decorrência do CPC/2015)

Redação dada pela Res. n. 212, de 19.09.2016.

Reputa-se juridicamente impossível o pedido de corte rescisório de decisão que, reconhecendo a existência de coisa julgada, nos termos do art. 267, V, do CPC de 1973, extingue o processo sem resolução de mérito, o que, ante o seu conteúdo meramente processual, a torna insuscetível de produzir a coisa julgada material.

Redação dada pela Res. n. 212, de 19.09.2016.

151. Ação rescisória e mandado de segurança. Procuração. Poderes específicos para ajuizamento de reclamação trabalhista. Irregularidade de representação processual. Fase recursal. Vício processual sanável

Redação dada pela Res. n. 211, de 22.08.2016.

A procuração outorgada com poderes específicos para ajuizamento de reclamação trabalhista não autoriza a propositura de ação rescisória e mandado de segurança. Constatado, todavia, o defeito de representação processual na fase recursal, cumpre ao relator ou ao tribunal conceder prazo de 5 (cinco) dias para a regularização, nos termos da Súmula n. 383, item II, do TST.

Redação dada pela Res. n. 211, de 22.08.2016.

152. Ação rescisória e mandado de segurança. Recurso de revista de acórdão regional que julga ação rescisória ou mandado de segurança. Princípio da fungibilidade. Inaplicabilidade. Erro grosseiro na interposição do recurso

A interposição de recurso de revista de decisão definitiva de Tribunal Regional do Trabalho em ação rescisória ou em mandado de segurança, com fundamento em violação legal e divergência jurisprudencial e remissão expressa ao art. 896 da CLT, configura erro grosseiro, insuscetível de autorizar o seu recebimento como recurso ordinário, em face do disposto no art. 895, *b*, da CLT.

153. Mandado de segurança. Execução. Ordem de penhora sobre valores existentes em conta salário. Art. 649, IV, do CPC de 1973. Ilegalidade (atualizada em decorrência do CPC/2015)

Redação dada pela Res. n. 220, de 18.09.2017.

Ofende direito líquido e certo decisão que determina o bloqueio de numerário existente em conta salário, para satisfação de crédito trabalhista, ainda que seja limitado a determinado percentual dos valores recebidos ou a valor revertido para fundo de aplicação ou poupança, visto que o art. 649, IV, do CPC de 1973 contém norma imperativa que não admite interpretação ampliativa, sendo a exceção prevista no art. 649, § 2º, do CPC de 1973 espécie e não gênero de crédito de natureza alimentícia, não englobando o crédito trabalhista

Redação dada pela Res. n. 220, de 18.09.2017.

154. Ação rescisória. Acordo prévio ao ajuizamento da reclamação. Quitação geral. Lide simulada. Possibilidade de rescisão da sentença homologatória de acordo apenas se verificada a existência de vício de consentimento

A sentença homologatória de acordo prévio ao ajuizamento de reclamação trabalhista, no qual foi conferida quitação geral do extinto contrato, sujeita-se ao corte rescisório tão somente se verificada a existência de fraude ou vício de consentimento.

155. Ação rescisória e mandado de segurança. Valor atribuído à causa na inicial. Majoração de ofício. Inviabilidade (cancelada pela Res. n. 206/2016)

156. *Habeas corpus* originário no TST. Substitutivo de recurso ordinário em *habeas corpus*. Cabimento contra decisão definitiva proferida por Tribunal Regional do Trabalho

É cabível ajuizamento de *habeas corpus* originário no Tribunal Superior do Trabalho, em substituição de recurso ordinário em *habeas cor-*

pus, de decisão definitiva proferida por Tribunal Regional do Trabalho, uma vez que o órgão colegiado passa a ser a autoridade coatora no momento em que examina o mérito do *habeas corpus* impetrado no âmbito da Corte local.

157. Ação rescisória. Decisões proferidas em fases distintas de uma mesma ação. Coisa julgada. Não configuração (atualizada em decorrência do CPC/2015)

A ofensa à coisa julgada de que trata o inciso IV do art. 966 do CPC de 2015 (inciso IV do art. 485 do CPC de 1973) refere-se apenas a relações processuais distintas. A invocação de desrespeito à coisa julgada formada no processo de conhecimento, na correspondente fase de execução, somente é possível com base na violação do art. 5º, XXXVI, da Constituição da República.

Redação dada pela Res. n. 208, de 19.04.2016.

158. Ação rescisória. Declaração de nulidade de decisão homologatória de acordo em razão de colusão (art. 485, III, do CPC). Multa por litigância de má-fé. Impossibilidade

A declaração de nulidade de decisão homologatória de acordo, em razão da colusão entre as partes (art. 485, III, do CPC), é sanção suficiente em relação ao procedimento adotado, não havendo que ser aplicada a multa por litigância de má-fé.

ORIENTAÇÕES JURISPRUDENCIAIS DA SEÇÃO DE DISSÍDIOS COLETIVOS (SDC) DO TST

1. Acordo coletivo. Descumprimento. Existência de ação própria. Abusividade da greve deflagrada para substituí-la (cancelada pela Comissão de Jurisprudência e de Precedentes Normativos do TST em 29.04.2004)

2. Acordo homologado. Extensão a partes não subscreventes. Inviabilidade

É inviável aplicar condições constantes de acordo homologado nos autos de dissídio coletivo, extensivamente, às partes que não o subscreveram, exceto se observado o procedimento previsto no art. 868 e seguintes, da CLT.

3. Arresto. Apreensão. Depósito. Pretensões insuscetíveis de dedução em sede coletiva

São incompatíveis com a natureza e finalidade do dissídio coletivo as pretensões de provimento judicial de arresto, apreensão ou depósito.

4. Disputa por titularidade de representação. Incompetência da Justiça do Trabalho (cancelada pela Comissão de Jurisprudência e de Precedentes Normativos do TST em 26.09.2006)

5. Dissídio coletivo. Pessoa jurídica de direito público. Possibilidade jurídica. Cláusula de natureza social

Em face de pessoa jurídica de direito público que mantenha empregados, cabe dissídio coletivo exclusivamente para apreciação de cláusulas de natureza social. Inteligência da Convenção n. 151 da Organização Internacional do Trabalho, ratificada pelo Decreto Legislativo n. 206/2010.

Redação dada pela Res. n. 186, de 14.09.2012.

6. Dissídio coletivo. Natureza jurídica. Imprescindibilidade de realização de assembleia de trabalhadores e negociação prévia (cancelada pela Seção de Dissídios Coletivos do TST em 10.08.2000)

7. Dissídio coletivo. Natureza jurídica. Interpretação de norma de caráter genérico. Inviabilidade

Não se presta o dissídio coletivo de natureza jurídica à interpretação de normas de caráter genérico, a teor do disposto no art. 313, II, do RITST.

8. Dissídio coletivo. Pauta reivindicatória não registrada em ata. Causa de extinção

A ata da assembleia de trabalhadores que legitima a atuação da entidade sindical respectiva em favor de seus interesses deve registrar, obrigatoriamente, a pauta reivindicatória, produto da vontade expressa da categoria.

9. Enquadramento sindical. Incompetência material da Justiça do Trabalho

O dissídio coletivo não é meio próprio para o Sindicato vir a obter o reconhecimento de que a categoria que representa é diferenciada, pois esta matéria – enquadramento sindical – envolve a interpretação de norma genérica, notadamente do art. 577 da CLT.

10. Greve abusiva não gera efeitos

É incompatível com a declaração de abusividade de movimento grevista o estabelecimento de quaisquer vantagens ou garantias a seus partícipes, que assumiram os riscos inerentes à utilização do instrumento de pressão máximo.

11. Greve. Imprescindibilidade de tentativa direta e pacífica da solução do conflito. Etapa negocial prévia

É abusiva a greve levada a efeito sem que as partes hajam tentado, direta e pacificamente, solucionar o conflito que lhe constitui o objeto.

12. Greve. Qualificação jurídica. Ilegitimidade ativa *ad causam* do sindicato profissional que deflagra o movimento (cancelada pela Res. n. 166, de 26.04.2010)

13. Legitimação da entidade sindical. Assembleia deliberativa. *Quorum* de validade. Art. 612 da CLT (cancelada pela Comissão de Jurisprudência e de Precedentes Normativos do TST em 09.10.2003)

14. Sindicato. Base territorial excedente de um município. Obrigatoriedade da realização de múltiplas assembleias (cancelada pela Comissão de Jurisprudência e de Precedentes Normativos do TST em 13.11.2003)

15. Sindicato. Legitimidade *ad processum*. Imprescindibilidade do registro no Ministério do Trabalho

A comprovação da legitimidade *ad processum* da entidade sindical se faz por seu registro no órgão competente do Ministério do Trabalho, mesmo após a promulgação da Constituição Federal de 1988.

16. Taxa de homologação de rescisão contratual. Ilegalidade

É contrária ao espírito da lei (art. 477, § 7º, da CLT) e da função precípua do Sindicato a cláusula coletiva que estabelece taxa para homologação de rescisão contratual, a ser paga pela empresa a favor do sindicato profissional.

17. Contribuições para entidades sindicais. Inconstitucionalidade de sua extensão a não associados

As cláusulas coletivas que estabeleçam contribuição em favor de entidade sindical, a qualquer título, obrigando trabalhadores não sindicalizados, são ofensivas ao direito de livre associação e sindicalização, constitucionalmente assegurado, e, portanto, nulas, sendo passíveis de devolução, por via própria, os respectivos valores eventualmente descontados.

18. Descontos autorizados no salário pelo trabalhador. Limitação máxima de 70% do salário-base

Os descontos efetuados com base em cláusula de acordo firmado entre as partes não podem ser superiores a 70% do salário-base percebido pelo empregado, pois deve-se assegurar um mínimo de salário em espécie ao trabalhador.

19. Dissídio coletivo contra empresa. Legitimação da entidade sindical. Autorização dos trabalhadores diretamente envolvidos no conflito

A legitimidade da entidade sindical para a instauração da instância contra determinada empresa está condicionada à prévia autorização dos trabalhadores da suscitada diretamente envolvidos no conflito.

20. Empregados sindicalizados. Admissão preferencial. Condição violadora do art. 8º, V, da CF/88

Viola o art. 8º, V, da CF/1988 cláusula de instrumento normativo que estabelece a preferência, na contratação de mão de obra, do trabalhador sindicalizado sobre os demais.

21. Ilegitimidade *ad causam* do sindicato. Ausência de indicação do total de associados da entidade sindical. Insuficiência de *quorum* (art. 612 da CLT) (cancelada pela Comissão de Jurisprudência e de Precedentes Normativos do TST em 13.11.2003)

22. Legitimidade *ad causam* do sindicato. Correspondência entre as atividades exercidas pelos setores profissional e econômico envolvidos no conflito. Necessidade

É necessária a correspondência entre as atividades exercidas pelos setores profissional e econômico, a fim de legitimar os envolvidos no conflito a ser solucionado pela via do dissídio coletivo.

23. Legitimidade *ad causam*. Sindicato representativo de segmento profissional ou patronal. Impossibilidade

A representação sindical abrange toda a categoria, não comportando separação fundada na maior ou menor dimensão de cada ramo ou empresa.

24. Negociação prévia insuficiente. Realização de mesa-redonda perante a DRT. Art. 114, § 2º, da CF/88. Violação (cancelada pela Comissão de Jurisprudência e de Precedentes Normativos do TST em 31.03.2004)

25. Salário normativo. Contrato de experiência. Limitação. Tempo de serviço. Possibilidade

Não fere o princípio da isonomia salarial (art. 7º, XXX, da CF/88) a previsão de salário normativo tendo em vista o fator tempo de serviço.

26. Salário normativo. Menor empregado. Art. 7º, XXX, da CF/88. Violação

Os empregados menores não podem ser discriminados em cláusula que fixa salário mínimo profissional para a categoria.

27. Custas. Ausência de intimação. Deserção. Caracterização

A deserção se impõe mesmo não tendo havido intimação, pois incumbe à parte, na defesa do próprio interesse, obter os cálculos necessários para efetivar o preparo.

28. Edital de convocação da AGT. Publicação. Base territorial. Validade

O edital de convocação para a AGT deve ser publicado em jornal que circule em cada um dos municípios componentes da base territorial.

29. Edital de convocação e ata da assembleia geral. Requisitos essenciais para instauração de dissídio coletivo

O edital de convocação da categoria e a respectiva ata da AGT constituem peças essenciais à instauração do processo de dissídio coletivo.

30. Estabilidade da gestante. Renúncia ou transação de direitos constitucionais. Impossibilidade

Nos termos do art. 10, II, *a*, do ADCT, a proteção à maternidade foi erigida à hierarquia constitucional, pois retirou do âmbito do direito potestativo do empregador a possibilidade de despedir arbitrariamente a empregada em estado gravídico. Portanto, a teor do art. 9º da CLT, torna-se nula de pleno direito a cláusula que estabelece a possibilidade de renúncia ou transação, pela gestante, das garantias referentes à manutenção do emprego e salário.

31. Estabilidade do acidentado. Acordo homologado. Prevalência. Impossibilidade. Violação do art. 118 da Lei n. 8.213/91

Não é possível a prevalência de acordo sobre legislação vigente, quando ele é menos benéfico do que a própria lei, porquanto o caráter imperativo dessa última restringe o campo de atuação da vontade das partes.

32. Reivindicações da categoria. Fundamentação das cláusulas. Necessidade. Aplicação do Precedente Normativo n. 37 do TST

É pressuposto indispensável à constituição válida e regular da ação coletiva a apresentação em forma clausulada e fundamentada das reivindicações da categoria, conforme orientação do item VI, *e*, da Instrução Normativa n. 4/93.

33. Ação rescisória. Ministério Público. Legitimidade restrita. Hipóteses do art. 487, I e III, do CPC (cancelada pela Res. n. 137, de 04.08.2005)

34. Acordo extrajudicial. Homologação. Justiça do Trabalho. Prescindibilidade

É desnecessária a homologação, por Tribunal Trabalhista, do acordo extrajudicialmente celebrado, sendo suficiente, para que surta efeitos, sua formalização perante o Ministério do Trabalho (art. 614 da CLT e art. 7º, XXVI, da Constituição Federal).

35. Edital de convocação da AGT. Disposição estatutária específica. Prazo mínimo entre a publicação e a realização da assembleia. Observância obrigatória

Se os estatutos da entidade sindical contam com norma específica que estabeleça prazo mínimo entre a data de publicação do edital convocatório e a realização da assembleia correspondente, então a validade desta última depende da observância desse interregno.

36. Empregados de empresa de processamento de dados. Reconhecimento como categoria diferenciada. Impossibilidade

É por lei e não por decisão judicial, que as categorias diferenciadas são reconhecidas como tais. De outra parte, no que tange aos profissionais da informática, o trabalho que desempenham sofre alterações, de acordo com a atividade econômica exercida pelo empregador.

37. Empregados de entidades sindicais. Estabelecimento de condições coletivas de trabalho distintas daquelas às quais sujeitas as categorias representadas pelos empregadores. Impossibilidade jurídica. Art. 10 da Lei n. 4.725/65 (cancelada pela Comissão de Jurisprudência e de Precedentes Normativos do TST em 26.09.2006)

38. Greve. Serviços essenciais. Garantia das necessidades inadiáveis da população usuária. Fator determinante da qualificação jurídica do movimento

É abusiva a greve que se realiza em setores que a lei define como sendo essenciais à comunidade, se não é assegurado o atendimento básico das necessidades inadiáveis dos usuários do serviço, na forma prevista na Lei n. 7.783/89.

PRECEDENTES NORMATIVOS DA SEÇÃO DE DISSÍDIOS COLETIVOS (SDC) DO TST

1. Antecipação salarial trimestral (negativo) (cancelado pela Res. n. 86, de 08.10.1998)

2. Abono pecuniário (negativo) (cancelado pela Res. n. 86, de 08.10.1998)

3. Adicional de insalubridade (negativo) (cancelado pela Res. n. 81, de 13.08.1998)

4. Ajuda de custo por quilometragem rodada (negativo) (cancelado pela Res. n. 81, de 13.08.1998)

5. Anotações de comissões (positivo)

O empregador é obrigado a anotar, na CTPS, o percentual das comissões a que faz jus o empregado.

6. Garantia de salário no período de amamentação (positivo)

É garantido às mulheres, no período de amamentação, o recebimento do salário, sem prestação de serviços, quando o empregador não cumprir as determinações dos §§ 1º e 2º do art. 389 da CLT.

7. Assistência sindical (negativo) (cancelado pela Res. n. 81, de 13.08.1998)

8. Atestados de afastamento e salários (positivo)

O empregador é obrigado a fornecer atestados de afastamento e salários ao empregado demitido.

9. Auxílio-alimentação (negativo) (cancelado pela Res. n. 86, de 08.10.1998)

10. Banco do Brasil como parte em dissídio coletivo no TRT (positivo)

Os Tribunais Regionais do Trabalho são incompetentes para processar e julgar dissídios coletivos em que sejam partes o Banco do Brasil S.A. e entidades sindicais dos bancários.

Redação dada pela Res. n. 86, de 08.10.1998.

11. Bonificação a quem se aposenta (negativo) (cancelado pela Res. n. 86, de 08.10.1998)

12. Horário de caixa (negativo) (cancelado pela Res. n. 81, de 13.08.1998)

13. Local para sindicalização (negativo) (cancelado pela Res. n. 86, de 08.10.1998)

Não se concede cláusula prevendo a cessão de local na empresa destinado à sindicalização.

14. Desconto no salário (positivo)

Proíbe-se o desconto no salário do empregado dos valores de cheques não compensados ou sem fundos, salvo se não cumprir as resoluções da empresa.

15. Comissão sobre cobrança (positivo)

Se não obrigado por contrato a efetuar cobranças, o vendedor receberá comissões por esse serviço, respeitadas as taxas em vigor para os demais cobradores.

16. Comissão para disciplinar quadro de carreira da empresa (negativo) (cancelado pela Res. n. 86, de 08.10.1998)

17. Complementação de auxílio-doença (negativo) (cancelado pela Res. n. 86, de 08.10.1998)

18. Contrato de experiência (negativo) (cancelado pela Res. n. 86, de 08.10.1998)

19. Cursos e reuniões obrigatórios (positivo) (cancelado pela Res. n. 81, de 13.08.1998)

20. Empregado rural. Contrato escrito (positivo)

Sendo celebrado contrato por tarefa, parceria ou meação, por escrito, obriga-se o empregador a fornecer uma via deste ao empregado, devidamente datada e assinada pelas partes.

21. Dedução do auxílio-doença para aquisição de férias (negativo) (cancelado pela Res. n. 86, de 08.10.1998)

22. Creche (positivo)

Determina-se a instalação de local destinado à guarda de crianças em idade de amamentação, quando existentes na empresa mais de 30 (trinta) mulheres maiores de 16 (dezesseis) anos, facultado o convênio com creches.

23. Criação de feriado (negativo) (cancelado pela Res. n. 86, de 08.10.1998)

24. Dispensa do aviso-prévio (positivo)

O empregado despedido fica dispensado do cumprimento do aviso-prévio quando comprovar a obtenção de novo emprego, desonerando a empresa do pagamento dos dias não trabalhados.

25. Eleições das Cipas (negativo) (cancelado pela Res. n. 81, de 13.08.1998)

26. Estabilidade ao beneficiário do auxílio-doença (negativo) (cancelado pela Res. n. 86, de 08.10.1998)

27. Estabilidade ao empregado que retorna de férias (negativo) (cancelado pela Res. n. 86, de 08.10.1998)

28. Férias proporcionais (negativo) (cancelado pela Res. n. 81, de 13.08.1998)

29. Greve. Competência dos Tribunais para declará-la abusiva (positivo)

Compete aos Tribunais do Trabalho decidir sobre o abuso do direito de greve.

30. Empregado acidentado. Garantia no emprego (positivo) (cancelado pela Res. n. 81, de 13.08.1998)

31. Professor (janelas) (positivo)

Os tempos vagos (janelas) em que o professor ficar à disposição do curso serão remunerados como aula, no limite de 1 (uma) hora diária por unidade.

32. Jornada do estudante (positivo)

Proíbe-se a prorrogação da jornada de trabalho do empregado estudante, ressalvadas as hipóteses dos arts. 59 e 61 da CLT.

33. Licença-prêmio (negativo) (cancelado pela Res. n. 81, de 13.08.1998)

34. Empregado rural. Moradia (positivo)

Ao empregado que residir no local de trabalho fica assegurada a moradia em condições de habitabilidade, conforme exigências da autoridade local.

35. Mão de obra locada (positivo) (cancelado pela Res. n. 81, de 13.08.1998)

36. 13º salário – multa (negativo) (cancelado pela Res. n. 81, de 13.08.1998)

37. Dissídio coletivo. Fundamentação de cláusulas. Necessidade (positivo)

Nos processos de dissídio coletivo só serão julgadas as cláusulas fundamentadas na representação, em caso de ação originária, ou no recurso.

38. Adicional por tempo de serviço (negativo) (cancelado pela Res. n. 86, de 08.10.1998)

39. Readmissão. Preferência (negativo) (cancelado pela Res. n. 86, de 08.10.1998)

40. Repouso semanal do comissionista (positivo) (cancelado pela Res. n. 81, de 13.08.1998)

41. Relação nominal de empregados (positivo)

As empresas encaminharão à entidade profissional cópia das guias de contribuição sindical e assistencial, com a relação nominal dos respectivos salários, no prazo máximo de 30 dias após o desconto.

42. Seguro obrigatório (positivo)

Institui-se a obrigação do seguro, por acidente ou morte, para empregados que transportem valores ou exerçam as atividades de vigia ou vigilante.

43. Horas extras. Adicional (positivo) (cancelado pela Res. n. 81, de 13.08.1998)

44. Transporte (negativo) (cancelado pela Res. n. 86, de 08.10.1998)

45. Trimestralidade (negativo) (cancelado pela Res. n. 81, de 13.08.1998)

46. Verbas rescisórias (positivo) (cancelado pela Res. n. 81, de 13.08.1998)

47. Dispensa de empregado (positivo)

O empregado despedido será informado, por escrito, dos motivos da dispensa.

48. Empregado rural. Concessão de terra (positivo) (cancelado pela Res. n. 125, de 02.09.2004)

49. Gestante. Garantia de emprego (positivo) (cancelado pela Res. n. 81, de 13.08.1998)

50. Empregado rural. Defensivos agrícolas (positivo)

O empregador rural é obrigado a possuir o receituário agronômico de defensivos agrícolas e a observar as medidas de prevenção nele contidas.

51. CIPAs. Suplentes. Garantia de emprego (positivo) (cancelado pela Res. n. 81, de 13.08.1998)

52. Recebimento do PIS (positivo)

Garante-se ao empregado o recebimento do salário do dia em que tiver de se afastar para recebimento do PIS.

53. Empregado rural. Rescisão do contrato de trabalho do chefe de família (positivo)

A rescisão do contrato de trabalho rural, sem justa causa, do chefe da unidade familiar é extensiva à esposa, às filhas solteiras e aos filhos até 20 anos de idade, que exerçam atividades na propriedade, mediante opção destes.

54. Transporte para audiência (negativo) (cancelado pela Res. n. 86, de 08.10.1998)

55. Jornalista. Contrato de trabalho (positivo)

O empregador é obrigado a mencionar no contrato de trabalho o órgão de imprensa no qual o jornalista vai trabalhar.

56. Constitucionalidade (positivo)

São constitucionais os Decretos-leis ns. 2.012/83, 2.024/83 e 2.045/83.

57. Empregado rural. Insalubridade (positivo) (cancelado pela Res. n. 81, de 13.08.1998)

58. Salário. Pagamento ao analfabeto (positivo)

O pagamento de salário ao empregado analfabeto deverá ser efetuado na presença de 2 (duas) testemunhas.

59. Empregado rural. Aferição das balanças (positivo)

O instrumento de peso e medida, utilizado pelos empregadores para aferição das tarefas no regime de produção, deverá ser conferido pelo INPM.

60. Empregado rural. Latão de café (positivo)

O latão de café terá capacidade de 60 litros e será padronizado de acordo com as normas do INPM.

61. Cobrança de títulos (positivo)

Salvo disposição contratual, é vedado ao empregador responsabilizar o empregado pelo inadimplemento do cliente, até mesmo quanto a títulos.

62. Empregado rural. Conservação das casas (positivo)

Os empregadores são responsáveis pelos reparos nas residências que cedam aos empregados rurais, desde que os danos não decorram de culpa destes.

63. Empregado rural. Ficha de controle da produção (positivo)

Quando da colheita, o café será entregue na lavoura ou no monte, fornecendo-se ao trabalhador uma ficha com o valor da respectiva produção.

64. Empregado rural. Horário e local de condução (positivo)

Fornecendo o empregador condução para o trabalho, informará ele aos empregados, previamente, os locais e horários do transporte.

65. Empregado rural. Pagamento de salário (positivo)

O pagamento do salário será efetuado em moeda corrente e no horário de serviço, para isso permitido o seu prolongamento até duas horas após o término da jornada de trabalho.

66. Garrafas "bicadas" (positivo)

Constituem ônus do empregador aceitar a devolução de garrafas "bicadas" e o extravio de engradados, salvo se não cumpridas as disposições contratuais pelo empregado.

67. Remuneração por produção (positivo)

Quando o serviço for contratado por produção, a remuneração não poderá ser inferior à diária correspondente ao salário normativo.

68. Empregado rural. Faltas ao serviço. Compras (positivo)

Autoriza-se o chefe de família, se empregado rural, a faltar ao serviço um dia por mês ou meio dia por quinzena, para efetuar compras, sem remuneração ou mediante compensação de horário, mas sem prejuízo do repouso remunerado, desde que não tenha falta injustificada durante o mês.

69. Empregado rural. Pagamento de dia não trabalhado (positivo)

O empregado rural fará jus ao salário do dia, quando comparecer ao local de prestação de serviço ou ponto de embarque, se fornecida a condução pelo empregador, e não puder trabalhar em consequência de chuva ou de outro motivo alheio à sua vontade.

70. Licença para estudante (positivo)

Concede-se licença não remunerada nos dias de prova ao empregado estudante, desde que avisado o patrão com 72 horas de antecedência e mediante comprovação.

71. Empregado rural. Transporte. Condições de segurança (positivo)

Quando fornecidos pelo empregador, os veículos destinados a transportar trabalhadores rurais deverão satisfazer as condições de segurança e comodidade, sendo proibido o carregamento de ferramentas soltas junto às pessoas conduzidas.

72. Multa. Atraso no pagamento de salário (positivo)

Estabelece-se multa de 10% sobre o saldo salarial, na hipótese de atraso no pagamento de salário até 20 dias, e de 5% por dia no período subsequente.

73. Multa. Obrigação de fazer (positivo)

Impõe-se multa, por descumprimento das obrigações de fazer, no valor equivalente a 10% do salário básico, em favor do empregado prejudicado.

74. Desconto assistencial (positivo) (cancelado pela Res. n. 82, de 13.08.1998)

75. Contrato de experiência. Readmissão (positivo) (cancelado pela Res. n. 81, de 13.08.1998)

76. Aviso-prévio de 60 dias (positivo) (cancelado pela Res. n. 81, de 13.08.1998)

77. Empregado transferido. Garantia de emprego (positivo)

Assegura-se ao empregado transferido, na forma do art. 469 da CLT, a garantia de emprego por 1 (um) ano após a data da transferência.

78. Professor. Redução salarial não configurada (negativo)

Não configura redução salarial ilegal a diminuição de carga horária motivada por inevitável supressão de aulas eventuais ou de turmas.

79. Trabalhador temporário. Descanso semanal (positivo)

Concede-se ao trabalhador temporário o acréscimo de 1/6 ao seu salário diário, correspondente ao descanso semanal remunerado, por aplicação analógica do art. 3º da Lei n. 605/49.

80. Serviço militar. Garantia de emprego ao alistando (positivo)

Garante-se o emprego do alistando, desde a data da incorporação no serviço militar até 30 dias após a baixa.

81. Atestados médicos e odontológicos (positivo)

Assegura-se eficácia aos atestados médicos e odontológicos fornecidos por profissionais do sindicato dos trabalhadores, para o fim de abono de faltas ao serviço, desde que existente convênio do sindicato com a Previdência Social, salvo se o empregador possuir serviço próprio ou conveniado.

82. Dissídio coletivo. Garantia de salários e consectários (positivo)

Defere-se a garantia de salários e consectários ao empregado despedido sem justa causa, desde a data do julgamento do dissídio coletivo até 90 dias após a publicação do acórdão, limitado o período total a 120 dias.

83. Dirigentes sindicais. Frequência livre (positivo)

Assegura-se a frequência livre dos dirigentes sindicais para participarem de assembleias e reuniões sindicais devidamente convocadas e comprovadas, sem ônus para o empregador.

84. Seguro de vida. Assalto (positivo)

Institui-se a obrigação do seguro de vida, em favor do empregado e seus dependentes previdenciários, para garantir a indenização nos casos de morte ou invalidez permanente, decorrentes de assalto, consumado ou não, desde que o empregado se encontre no exercício das suas funções.

85. Garantia de emprego. Aposentadoria voluntária (positivo)

Defere-se a garantia de emprego, durante os 12 meses que antecedem a data em que o empregado adquire direito à aposentadoria voluntária, desde que trabalhe na empresa há pelo menos 5 anos. Adquirido o direito, extingue-se a garantia.

86. Representantes dos trabalhadores. Estabilidade no emprego (positivo)

Nas empresas com mais de 200 (duzentos) empregados é assegurada a eleição direta de um representante, com as garantias do art. 543, e seus parágrafos, da CLT.

87. Trabalho em domingos e feriados. Pagamento dos salários (positivo)

É devida a remuneração em dobro do trabalho em domingos e feriados não compensados, sem prejuízo do pagamento do repouso remunerado, desde que, para este, não seja estabelecido outro dia pelo empregador.

88. Desconto em folha (positivo) (cancelado pela Res. n. 81, de 13.08.1998)

89. Reembolso de despesas (positivo)

Defere-se o reembolso das despesas de alimentação e pernoite a motorista e ajudante, quando executarem tarefas a mais de 100 km da empresa.

90. Trabalho noturno. Adicional de 60% (positivo) (cancelado pela Res. n. 81, de 13.08.1998)

91. Acesso de dirigente sindical à empresa (positivo)

Assegura-se o acesso dos dirigentes sindicais às empresas, nos intervalos destinados a alimentação e descanso, para desempenho de suas funções, vedada a divulgação de matéria político-partidária ou ofensiva.

92. Garantia de repouso remunerado. Ingresso com atraso (positivo)

Assegura-se o repouso remunerado ao empregado que chegar atrasado, quando permitido seu ingresso pelo empregador, compensado o atraso no final da jornada de trabalho ou da semana.

93. Comprovante de pagamento (positivo)

O pagamento do salário será feito mediante recibo, fornecendo-se cópia ao empregado, com a identificação da empresa, e do qual constarão a remuneração, com a discriminação das parcelas, a quantia líquida paga, os dias trabalhados ou o total da produção, as horas extras e os descontos efetuados, inclusive para a Previdência Social, e o valor correspondente ao FGTS.

94. Empregado rural. Salário-doença (positivo) (cancelado pela Res. n. 81, de 13.08.1998)

95. Abono de falta para levar filho ao médico (positivo)

Assegura-se o direito à ausência remunerada de 1 (um) dia por semestre ao empregado, para levar ao médico filho menor ou dependente previdenciário de até 6 (seis) anos de idade, mediante comprovação no prazo de 48 (quarenta e oito) horas.

96. Aviso-prévio. Redução da jornada (positivo) (cancelado pela Res. n. 81, de 13.08.1998)

97. Proibição de estorno de comissões (positivo)

Ressalvada a hipótese prevista no art. 7º da Lei n. 3.207/57, fica vedado às empresas o desconto ou estorno das comissões do empregado, incidentes sobre mercadorias devolvidas pelo cliente, após a efetivação de venda.

98. Retenção da CTPS. Indenização (positivo)

Será devida ao empregado a indenização correspondente a 1 (um) dia de salário, por dia de atraso, pela retenção de sua carteira profissional após o prazo de 48 (quarenta e oito) horas.

99. Nova função. Salário (positivo) (cancelado pela Res. n. 81, de 13.08.1998)

100. Férias. Início do período de gozo (positivo)

O início das férias, coletivas ou individuais, não poderá coincidir com sábado, domingo, feriado ou dia de compensação de repouso semanal.

101. Adicional de transferência (positivo) (cancelado pela Res. n. 81, de 13.08.1998)

102. Assistência jurídica aos vigias (positivo)

A empresa prestará assistência jurídica a seu empregado que, no exercício da função de vigia, praticar ato que o leve a responder a ação penal.

103. Gratificação de caixa (positivo)

Concede-se ao empregado que exercer permanentemente a função de caixa a gratificação de 10% sobre seu salário, excluídos do cálculo adicionais, acréscimos e vantagens pessoais.

104. Quadro de avisos (positivo)

Defere-se a afixação, na empresa, de quadro de avisos do sindicato, para comunicados de interesse dos empregados, vedados os de conteúdo político-partidário ou ofensivo.

105. Anotação na carteira profissional (positivo)

As empresas ficam obrigadas a anotar na carteira de trabalho a função efetivamente exercida pelo empregado, observada a Classificação Brasileira de Ocupações (CBO).

106. Empregado rural. Atividade insalubre. Fornecimento de leite (positivo)

Os empregadores que se dedicarem à pecuária leiteira fornecerão, diariamente, 1 (um) litro de leite aos trabalhadores que exerçam atividades insalubres.

107. Empregado rural. Caixa de medicamentos (positivo)

Nos locais de trabalho no campo serão mantidos pelo empregador medicamentos e materiais de primeiros socorros.

108. Empregado rural. Abrigo no local de trabalho (positivo)

Os empregadores rurais ficam obrigados a construir abrigos rústicos, nos locais de trabalho, para proteção de seus empregados.

109. Desconto-moradia (positivo)

Autoriza-se o desconto da moradia fornecida ao empregado somente quando o imóvel tiver o *habite-se* concedido pela autoridade competente.

110. Empregado rural. Ferramentas. Fornecimento pelo empregador (positivo)

Serão fornecidas gratuitamente, pelo empregador, as ferramentas necessárias à execução do trabalho.

111. Relação de empregados (positivo)

Obriga-se a empresa a remeter ao sindicato profissional, uma vez por ano, a relação dos empregados pertencentes à categoria.

112. Jornalista. Seguro de vida (positivo)

Institui-se a obrigação do seguro de vida em favor de jornalista designado para prestar serviço em área de risco.

113. Transporte de acidentados, doentes e parturientes (positivo)

Obriga-se o empregador a transportar o empregado, com urgência, para local apropriado, em caso de acidente, mal súbito ou parto, desde que ocorram no horário de trabalho ou em consequência deste.

114. Contagem do tempo gasto com transporte (positivo) (cancelado pela Res. n. 81, de 13.08.1998)

115. Uniformes (positivo)

Determina-se o fornecimento gratuito de uniformes, desde que exigido seu uso pelo empregador.

116. Férias. Cancelamento ou adiantamento (positivo)

Comunicado ao empregado o período do gozo de férias individuais ou coletivas, o empregador somente poderá cancelar ou modificar o início previsto se ocorrer necessidade imperiosa e, ainda assim, mediante o ressarcimento, ao empregado, dos prejuízos financeiros por este comprovados.

117. Pagamento do salário com cheque (positivo)

Se o pagamento do salário for feito em cheque, a empresa dará ao trabalhador o tempo necessário para descontá-lo, no mesmo dia.

118. Quebra de material (positivo)

Não se permite o desconto salarial por quebra de material, salvo nas hipóteses de dolo ou recusa de apresentação dos objetos danificados, ou ainda, havendo previsão contratual, de culpa comprovada do empregado.

119. Contribuições sindicais – inobservância de preceitos constitucionais

A Constituição da República, em seus arts. 5º, XX, e 8º, V, assegura o direito de livre associação e sindicalização. É ofensiva a essa modalidade de liberdade cláusula constante de acordo, convenção coletiva ou sentença normativa estabelecendo contribuição em favor de entidade sindical a título de taxa para custeio do sistema confederativo, assistencial, revigoramento ou fortalecimento sindical e outras da mesma espécie, obrigando trabalhadores não sindicalizados. Sendo nulas as estipulações que inobservem tal restrição, tornam-se passíveis de devolução os valores irregularmente descontados.

Redação dada pela Res. n. 82/98.

120. Sentença normativa. Duração. Possibilidade e limites

A sentença normativa vigora, desde seu termo inicial até que sentença normativa, convenção coletiva de trabalho ou acordo coletivo de trabalho superveniente produza sua revogação, expressa ou tácita, respeitado, porém, o prazo máximo legal de quatro anos de vigência.

Redação dada pela Res. n. 176, de 24.05.2011.

ÍNDICE ALFABÉTICO-REMISSIVO DA CLT

ÍNDICE ALFABÉTICO-REMISSIVO DAS SÚMULAS DO TST